JN425927

[2021년판]

판례·쟁점 중심

국세·지방세 기본법

-조세법령용어와 부칙 규정의 해석방법 포함-

변호사 최 진 수 저

진 원 사

머리말

이 책은 국세기본법과 지방세기본법에 관한 대법원 판례에 나타난 쟁점을 중심으로 주요 조문의 판례를 빠짐없이 망라하면서, 조세쟁송에서 자주 문제되는 조세법령 용어의 해석방법 및 부칙의 적용례·경과조치 규정 등의 해석에 관하여 중점을 두고 기술한 것으로서, 졸저 '최신 조세판례의 현황과 쟁점'중 '국세기본법' 부분에 누락 쟁점을 모두 넣어 대폭 보완하고, 지방세기본법의 대응 조문과 관련 판례를 함께 적어 같은 점과 다른 점을 비교·첨언한 것이다.

국세기본법과 지방세기본법은 양법의 제1조에서 밝히고 있듯이, 국세·지방세에 관한 기본적이고 공통적인 사항과 납세자의 권리·의무 및 권리구제에 관한 사항을 규정함으로써 국세·지방세에 관한 법률관계를 명확하게 함을 목적으로 한다. 따라서 양기본법에 대한 이해는 개별세법에 대한 적확한 이해의 토대를 이루므로, 조세법에 대한 이해의 출발점으로서 그 중요성은 많은 말을 필요로 하지 않는다.

국세기본법과 지방세기본법은 많은 조문이 동일한 내용을 담고 있지만, 일부는 상이한 부분이 있고, 현재는 조문의 내용이 서로 동일하더라도 개정시기의 차이로 일부 시기는 그 내용이 상이한 경우가 있다. 따라서 많은 경우에 양자의 해석·적용이 동일하고 한쪽의 관련 판례는 다른 쪽의 해석·적용에 그대로 참조될 수 있지만, 서로 달리 해석·적용하여야 할 경우도 적지 않다. 그리하여, 이미 오랜 기간 동안 판례가 풍성하게 형성되어 온 국세기본법을 중심으로 그 개별 조문과 관련 국세·지방세 판례를 먼저 살피고 그에 상응하는 지방세기본법의 개별 조문 내용과 그 해석·적용이 국세기본법과 동일한지 여부 및 상이점이 무엇인지를 덧붙이는 방식으로 기술하였다.

실제의 조세쟁송에서는 조세법령상 특정 용어가 구체적으로 어떠한 의미를 갖는 것인지에 관하여 납세의무자와 과세관청의 견해가 서로 달라 주된 쟁점이 되는 경우가 많고 그에 따라 과세처분의 적법 여부가 갈리게 된다. 조세법령 용어의 일반적·추상적 해석론의 설명에서 더 나아가 보다 구체적인 해석방법에 관하여 기왕의 판례를 중심으로 탐색해 본 결과를 정리하였다.

일반 민사법과 달리 조세법령은 그 개정이 빈번하게 이루어진다. 대법원 판례의 해석을 무력화하는 개정 역시 잦다. 수시로 개정되는 조세법령 중 해당 사안의 적용법령을 확정하기 위해서는 부칙에 있는 일반적·개별적 적용례나 경과조치 규정 등에 대한 꼼꼼한 검토가 필요하다. 그래서 부칙의 일반론, 적용례나 경과조치 규정의 구체적 해석 사례, 법령 개정에 따른 부칙의 효력 등에 관하여도 살펴보았다.

조세법령의 해석·적용에 유용한 본문·단서와 전단·후단, 적용·준용·유추적용, 확인적 규정과 창설적 규정, 예시적 열거 규정과 한정적 열거 규정 등의 구분에도 지면을 할애하였다.

수많은 조세법령에 헤아릴 수 없을 만큼의 조문들이 있지만 모든 조세법령의 모든 조문에 관련 판례가 풍성하게 존재하는 것은 아니다. 개별 세목에 관한 다툼이라 하여 당해 개별세법의 해석만 문제되는 예는 많지 않고 대개는 관련 기본법의 법리와 해석이 함께 문제되므로, 기본법 및 그 중 특정 조문에는 관련 판례가 광범위하게 형성되어 있다. 판례가 있다는 것은 실제 다툼이 있다는 것이고, 판례가 많다는 것은 그만큼 실제 분쟁이 많다는 것이어서 그 양에 비례하여 실무가에게 중요함을 나타내는 것이다. 예규나 기본통칙, 상급청의 회신, 심사·심판례 등의 행정해석이 행정실무에서 우선적으로 참조·고려되는 경향이 없지 않으나, 법령의 해석·적용에 관한 최종적인 공권적 판단으로서 모두를 기속하는 규범력을 가진 판례의 존재와 의미를 간과해서는 안 되기에, 양기본법에 관한 대법원 판례에 나타난 쟁점을 중심으로 주요 조문의 판례를 빠짐없이 망라하여 유용한 참고자료가 되도록 하였다.

대법원 판례는 판시사항이나 판결요지, 그리고 추상적 법리에 관한 판시 부분만으로는 참 뜻을 이해할 수 없는 경우가 많다. 그래서 구체적 사안과 함께 원심의 판단까지 가급적 상세하게 담으려고 하였고, 판례 원문을 그대로 인용하여 가공·첨삭에 따른 오독·오해의 여지를 경계하였다. 많은 부분이 각주로 처리되어 가독성이 떨어질 수도 있으나, 이는 판례의 정확한 이해를 위해 한정된 지면 속에 많은 내용을 담기 위한 노력의 일환이다. 본문에서 각주까지 꼼꼼히 챙겨 읽으면 오히려 그 내용의 풍성함이 장점으로 다가올 것으로 생각된다. 사후의 법령 개정으로 유효하지 않게 된 판례, 서로 배치되는 판례, 명백한 오류가 보이는 판례 등은 해당 부분에서 사견을 적시함으로써 판례의 입장을 올바르게 이해하는 데 도움이 되도록 하였다.

지난번 졸저에 이어서 이번에도 틈틈이 겨를을 내어 검토와 교정에 힘써 큰 도움을 준 문중흠 판사와 김송경 사무관에게 다시금 감사의 마음을 표한다. 필자와는 사법연수원에서 사제의 연을 맺고, 수년간 법학전문대학원 교수로서 후학 양성에 기여하다가 실무로 복귀하는 와중에 졸저의 검토와 교정에 도움을 보태준 김영주 변호사에게도 깊디깊은 고마움과 함께 전도에 대한 축원의 맘을 전한다.

필자는 10여 년 전부터 "최진수의 실무 쟁점 노트(http://blog.naver.com/yejeeyena)"라는 제하의 블로그에 다양한 법률상 쟁점에 관하여 나름의 생각을 정리한 실무노트를 수시로 게재하고 있는데, 이 책의 일부 내용도 단편적으로 게재되어 있다. 이 책의 내용 중 의문이 있거나 잘못된 점이 있으면 위 블로그에 좋은 의견을 제시해 주시기를 바라 마지않고 현재의 부족함은 향후의 증보·개정 작업 등을 통해 채워 넣는 노력을 다할 것을 다짐하면서 이 글을 맺기로 한다.

2021. 3. 22.

잠실 자택에서 저자 씀

범 례

'●' 표시 판결은 판례공보 게재 판례, 'ㅇ' 표시 판결은 미게재 판례임.

'구 ㅇㅇㅇ세법'은 당해 판결 사안의 적용 법령이고, 'ㅇㅇㅇ세법'은 현행 법령임.

목 차

1. 조세법의 기본원리(조세법률주의와 조세공평주의)

● 대법원 2017. 4. 20. 선고 2015두45700 전원합의체 판결 [증여세부과처분취소]

▌조세법률주의, 법률의 유보·우위

판시사항

[1] 조세법률주의 원칙의 의미 / 법률의 위임 없이 명령 또는 규칙 등의 행정입법으로 과세요건 등에 관한 사항을 규정하거나 법률에 규정된 내용을 함부로 유추·확장하는 내용의 해석규정을 마련하는 것이 조세법률주의 원칙에 위배되는지 여부(○)

[2] 법률의 위임의 근거가 없어 무효였던 법규명령이 법 개정으로 위임의 근거가 부여되면 그때부터 유효한 법규명령으로 볼 수 있는지 여부(○) 및 법규명령이 개정된 법률에 규정된 내용을 함부로 유추·확장하는 내용의 해석규정이어서 위임의 한계를 벗어난 것으로 인정될 경우, 법규명령이 여전히 무효인지 여부(○)

이 유

조세법률주의 원칙은 과세요건 등 국민의 납세의무에 관한 사항을 국민의 대표기관인 국회가 제정한 법률로써 규정하여야 하고, 그 법률을 집행하는 경우에도 이를 엄격하게 해석·적용하여야 하며, 행정편의적인 확장해석이나 유추적용을 허용하지 아니함을 뜻한다.[1] 그러므로 법률의 위임 없이 명령 또는 규칙 등의 행정입법으로 과세요건 등에 관한 사항을 규정하거나 법률에 규정된 내용을 함부로 유추·확장하는 내용의 해석규정을 마련하는 것은 조세법률주의 원칙에 위배된다(2006두8648 전원합의체 판결 등 참조).

한편 일반적으로 법률의 위임에 따라 효력을 갖는 법규명령의 경우에 그 위임의 근거가 없어 무효였더라도 나중에 법 개정으로 위임의 근거가 부여되면 그때부터는 유효한 법규명령으로 볼 수 있다(대법원 1995. 6. 30. 선고 93추83 판결[2] 참조). 그러나 그 법규명령이 개정된 법률에 규정된 내용을 함부로

---

1) ◎ 조세법률주의 원칙의 파생 원칙인 엄격해석의 원칙

○ 대법원 2006. 5. 25. 선고 2005다19163 판결 ; "조세법률주의의 원칙에서 파생되는 엄격해석의 원칙은 과세요건에 해당하는 경우에는 물론이고 비과세 및 조세감면요건에 해당하는 경우에도 적용되는 것으로서, 납세자에게 유리하다고 하여 비과세요건이나 조세감면요건을 합리적 이유 없이 확장해석하거나 유추해석하는 것은 조세법의 기본이념인 조세공평주의에 반하는 결과를 초래하게 되므로 허용되어서는 아니된다."

○ 대법원 2007. 5. 10. 선고 2006두16182 판결 ; "조세법률주의의 원칙상 과세요건이거나 비과세요건 또는 조세감면요건을 막론하고 조세법규의 해석은 특별한 사정이 없는 한 법문대로 해석할 것이고, 납세자에게 유리하다고 하여 합리적 이유 없이 확장해석하거나 유추해석하는 것은 허용되지 아니하며, 특히 감면요건 가운데 명백히 특혜규정이라고 볼 수 있는 것은 엄격하게 해석하는 것이 조세공평의 원칙에도 부합한다."

2) "일반적으로 법률의 위임에 의하여 효력을 갖는 법규명령의 경우 구법에 위임의 근거가 없어 무효였더라도 사후에 법개정으로 위임의 근거가 부여되면 그 때부터는 유효한 법규명령이 된다고 할 것이나, 반대로 구법의 위임에 의한 유효한 법규명령이 법개정으로 위임의 근거가 없어지게 되면 그 때부터 무효인 법규명령이 되는 것은 당연하다. 따라서, 어떤 법령의 위임 근거 유무에 따른 유효 여부를 심사하려면 법개정의 전 후에 걸쳐 모두 심사하여야만 그 법규명령의 시기에 따른 유효·무효를 판단할 수 있을 것이다."

유추·확장하는 내용의 **해석규정**이어서 위임의 한계를 벗어난 것으로 인정될 경우에는 그 법규명령은 **여전히 무효**로 봄이 타당하다.[3)]

※ 조세법령 위임입법의 한계

모든 국민은 '법률'이 정하는 바에 의하여 납세의 의무를 지고(헌법 제38조), 조세의 종목과 세율은 '법률'로 정해야(헌법 제59조; 조세법률주의의 원칙) 하지만, 대통령은 법률에서 '구체적으로 범위를 정하여 위임받은 사항'(위임명령)과 법률을 '집행하기 위하여 필요한 사항'(집행명령)에 관하여 대통령령을 발할 수 있다(헌법 제75조).

위임입법과 관련한 쟁점으로는, ① 위임의 근거가 되는 '위임 법률 규정'이 '구체적으로 범위를 정하여 위임'하지 않은 위헌법률에 해당하여 무효인지 여부, ② 유효한 위임 법률 규정이 존재하는 경우 그 하위 법령의 내용이 '모법의 위임 범위'를 벗어나 무효인지 여부, ③ 위임 법률 규정이 존재하지 않는 경우라도 하위 법령의 내용이 '모법의 해석을 구체화한 확인적 규정'이어서 유효한 것으로 볼 수 있는지 여부 등이 있다.

법원이 법률 하위의 법규명령, 규칙, 조례, 행정규칙 등이 위헌·위법인지를 심사하려면 그것이 '재판의 전제'가 되어야 한다.[4)]

조세의 종목과 세율 등 납세의무에 관한 '기본적, 본질적 사항'은 법률로써 규정하여야 하고,[5)] 법률의 위임 없이 명령·규칙 등의 행정입법으로 과세요건 등 납세의무에 관한 기본적, 본질적 사항을

---

3) **【구체적 사안】**
구 상속세 및 증여세법 시행령 제31조 제6항이 모법인 2010. 1. 1. 법률 제9916호로 개정되기 전의 구 상속세 및 증여세법 제41조 제1항의 규정 취지에 반하고 위임범위를 벗어난 것으로서 무효이고, 2010. 1. 1. 상속세 및 증여세법 개정에도 불구하고 여전히 무효라고 한 사례.

4) **◎ 법률 하위 규정에 대한 위헌·위법 심사의 요건인 '재판의 전제성'**
대법원 2019. 6. 13. 선고 2017두33985 판결 ; "법원이 법률 하위의 법규명령, 규칙, 조례, 행정규칙 등(이하 '규정'이라 한다)이 위헌·위법인지를 심사하려면 그것이 '재판의 전제'가 되어야 한다. 여기에서 '재판의 전제'란 구체적 사건이 법원에 계속 중이어야 하고, 위헌·위법인지가 문제 된 경우에는 규정의 특정 조항이 해당 소송사건의 재판에 적용되는 것이어야 하며, 그 조항이 위헌·위법인지에 따라 그 사건을 담당하는 법원이 다른 판단을 하게 되는 경우를 말한다. 따라서 법원이 구체적 규범통제를 통해 위헌·위법으로 선언할 심판대상은, 해당 규정의 전부가 불가분적으로 결합되어 있어 그 일부를 무효로 하는 경우 나머지 부분이 유지될 수 없는 결과를 가져오는 특별한 사정이 없는 한, 원칙적으로 해당 규정 중 재판의 전제성이 인정되는 조항에 한정된다."

5) 헌법상 법치주의는 법률유보원칙, 즉 행정작용에는 국회가 제정한 형식적 법률의 근거가 요청된다는 원칙을 그 핵심적 내용으로 한다. 나아가 오늘날의 법률유보원칙은 단순히 행정작용이 법률에 근거를 두기만 하면 충분한 것이 아니라, 국가공동체와 그 구성원에게 기본적이고도 중요한 의미를 갖는 영역, 특히 국민의 기본권 실현에 관련된 영역에 있어서는 행정에 맡길 것이 아니고 국민의 대표자인 입법자 스스로 그 본질적 사항에 대하여 결정하여야 한다는 요구, 즉 의회유보원칙까지 내포한다. 따라서 국민의 권리·의무에 관한 기본적이고 본질적인 사항은 국회가 정하여야 하고, 헌법상 보장된 국민의 자유나 권리를 제한할 때에는 적어도 그 제한의 본질적인 사항에 관하여 국회가 법률로써 스스로 규율하여야 한다. 헌법 제75조에 따라, 대통령은 법률에서 구체적으로 범위를 정하여 위임받은 사항과 법률을 집행하기 위하여 필요한 사항에 관하여만 대통령령을 발할 수 있으므로, 법률의 시행령은 모법인 법률에 의하여 위임받은 사항이나 법률이 규정한 범위 내에서 법률을 현실적으로 집행하는 데 필요한 세부적인 사항만을 규정할 수 있을 뿐, 법률에 의한 위임이 없는 한 법률이 규정한 개인의 권리·의무에 관한 내용을 변경·보충하거나 법률에 규정되지 아니한 새로운 내용을 규정할 수는 없다(대법원 2020. 9. 3. 선고 2016두32992 전원합의체 판결).

규정하는 것은 헌법이 정한 조세법률주의 원칙에 위배되는데, 법인세·종합소득세와 같이 납세의무자에게 조세의 납부의무뿐만 아니라 스스로 과세표준과 세액을 계산하여 신고하여야 하는 의무까지 부과하는 경우에는 '신고의무 이행에 필요한 기본적인 사항'과 '신고의무불이행 시 납세의무자가 입게 될 불이익' 등은 납세의무를 구성하는 기본적, 본질적 내용에 해당한다.[6)]

법률이 하위법령에 위임하여 규정하게 하는 경우, 구체적·개별적 위임만이 허용되고[7)] 포괄적·백지적 위임은 허용되지 않으며(과세요건 법정주의), 그 법률과 하위법령은 일의적이고 명확해야 한다(과세요건 명확주의).[8)] 누구라도 위임 법률 규정으로부터 위임명령에 규정될 내용의 대강을 예측할 수 있어

---

6) 대법원 2015. 8. 20. 선고 2012두23808 전원합의체 판결 ; "어떠한 사안이 국회가 형식적 법률로 스스로 규정하여야 하는 본질적 사항에 해당될 것인지 여부는, 구체적 사례에서 관련된 이익 내지 가치의 중요성, 규제 또는 침해의 정도와 방법 등을 고려하여 개별적으로 결정하여야 할 것이지만, 규율대상이 국민의 기본권 및 기본적 의무와 관련한 중요성을 가질수록 그리고 그에 관한 공개적 토론의 필요성 또는 상충하는 이익 사이의 조정 필요성이 클수록, 그것이 국회의 법률에 의해 직접 규율될 필요성은 더 증대된다고 보아야 한다. 그런데 헌법 제37조 제2항과 제38조는 국민의 모든 자유와 권리는 국가안전보장·질서유지 또는 공공복리를 위하여 필요한 경우에 한하여 법률로써 제한할 수 있으며 제한하는 경우에도 자유와 권리의 본질적인 내용을 침해할 수 없고, 모든 국민은 법률이 정하는 바에 의하여 납세의무를 진다고 규정하고 있으며, 헌법 제59조와 제75조는 조세의 종목과 세율은 법률로 정하여야 하고, 법률의 위임은 구체적으로 범위를 정해야 한다는 한계를 제시하고 있다. 이러한 규정에 비추어 보면, 국민에게 납세의 의무를 부과하기 위해서는 조세의 종목과 세율 등 납세의무에 관한 기본적, 본질적 사항은 국민의 대표기관인 국회가 제정한 법률로써 규정하여야 하고, 법률의 위임 없이 명령 또는 규칙 등의 행정입법으로 과세요건 등 납세의무에 관한 기본적, 본질적 사항을 규정하는 것은 헌법이 정한 조세법률주의 원칙에 위배된다고 할 것이다. 특히 법인세, 종합소득세와 같이 납세의무자에게 조세의 납부의무뿐만 아니라 스스로 과세표준과 세액을 계산하여 신고하여야 하는 의무까지 부과하는 경우에는 신고의무 이행에 필요한 기본적인 사항과 신고의무불이행 시 납세의무자가 입게 될 불이익 등은 납세의무를 구성하는 기본적, 본질적 내용으로서 법률로 정하여야 한다."

7) ○ 대법원 2000. 10. 19. 선고 98두6265 전원합의체 판결 ; 헌법 제75조의 규정상 대통령령으로 정할 사항에 관한 법률의 위임은 구체적으로 범위를 정하여 이루어져야 하고, 이 때 '구체적으로 범위를 정'한다고 함은 위임의 목적·내용·범위와 그 위임에 따른 행정입법에서 준수하여야 할 목표·기준 등의 요소가 미리 규정되어 있는 것을 가리킨다. 그리고 이러한 위임이 있는지 여부를 판단함에 있어서는 직접적인 위임 규정의 형식과 내용 외에 당해 법률의 전반적인 체계와 취지·목적 등도 아울러 고려하여야 하고, 규율 대상의 종류와 성격에 따라서는 요구되는 구체성의 정도 또한 달라질 수 있으나, 국민의 기본권을 제한하거나 침해할 소지가 있는 사항에 관한 위임에 있어서는 위와 같은 구체성 내지 명확성이 보다 엄격하게 요구된다.
○ 대법원 2015. 8. 20. 선고 2012두23808 전원합의체 판결 ; "특정 사안과 관련하여 법률에서 하위 법령에 위임을 한 경우에 모법의 위임범위를 확정하거나 하위 법령이 위임의 한계를 준수하고 있는지 여부를 판단할 때에는, 하위 법령이 규정한 내용이 입법자가 형식적 법률로 스스로 규율하여야 하는 본질적 사항으로서 의회유보의 원칙이 지켜져야 할 영역인지 여부, 당해 법률 규정의 입법 목적과 규정 내용, 규정의 체계, 다른 규정과의 관계 등을 종합적으로 고려하여야 하고, 위임 규정 자체에서 그 의미 내용을 정확하게 알 수 있는 용어를 사용하여 위임의 한계를 분명히 하고 있는데도 그 문언적 의미의 한계를 벗어났는지 여부나, 하위 법령의 내용이 모법 자체로부터 그 위임된 내용의 대강을 예측할 수 있는 범위 내에 속한 것인지 여부, 수권 규정에서 사용하고 있는 용어의 의미를 넘어 그 범위를 확장하거나 축소하여서 위임 내용을 구체화하는 단계를 벗어나 새로운 입법을 한 것으로 평가할 수 있는지 여부 등을 구체적으로 따져 보아야 한다."
○ 대법원 2008. 4. 10. 선고 2007두4841 판결 ; "법령상의 어떤 용어가 별도의 법률상의 의미를 가지지 않으면서 일반적으로 통용되는 의미를 가지고 있다면, 상위규범에 그 용어의 의미에 대한 별도의 정의규정을 두고 있지 않고 권한을 위임받은 하위규범에서 그 용어의 사용기준을 정하고 있다 하더라도 하위규범이 상위규범에서 위임한 한계를 벗어났다고 볼 수 없으며, 행정규칙에서 사용하는 개념이 달리 해석될 여지가 있다 하더라도 행정청이 수권의 범위 내에서 법령이 위임한 취지 및 형평과 비례의 원칙에 기초하여 합목적적으로 기준을 설정하여 그 개념을 해석적용하고 있다면 개념이 달리 해석될 여지가 있다는 것만으로 이를 사용한 행정규칙이 법령의 위임한계를 벗어났다고는 할 수 없다."

8) 대법원 1996. 12. 6. 선고 96누3913 판결 ; "헌법 제38조(납세의 의무), 제59조(조세의 종목과 세율)에서 채택하고 있는

야 하고, 일반적·추상적·개괄적인 규정이라 할지라도 법관의 법보충 작용으로서의 해석을 통하여 그 의미가 구체화·명확화될 수 있다면 그 규정이 명확성을 결여하여 과세요건 명확주의에 반하는 것으로 볼 수는 없다.[9)]

'위임명령'과 달리, '집행명령'은 상위법령의 위임이 없더라도 행정관청이 일반적 직권에 의하여 발할 수 있다.[10)] 시행령이 모법의 해석상 가능한 것을 명시한 것에 지나지 않거나 모법 조항의 취지를

조세법률주의의 원칙은 과세요건과 징수절차 등 조세권 행사의 요건과 절차는 국민의 대표기관인 국회가 제정한 법률로써 규정하여야 한다는 것이나, 과세요건과 징수절차에 관한 사항을 명령·규칙 등 하위법령에 위임하여 규정하게 할 수 없는 것은 아니고, 이러한 사항을 하위법령에 위임하여 규정하게 하는 경우 구체적·개별적 위임만이 허용되며 포괄적·백지적 위임은 허용되지 아니하고(과세요건 법정주의), 이러한 법률 또는 그 위임에 따른 명령·규칙의 규정은 일의적이고 명확하여야 한다(과세요건 명확주의)는 것이다."

9) ○ 대법원 2007. 10. 26. 선고 2007두9884 판결 [시설부담금부과처분취소] ; "조세나 부담금의 부과요건과 징수절차를 법률로 규정하였다고 하더라도 그 규정 내용이 지나치게 추상적이고 불명확하면 부과관청의 자의적인 해석과 집행을 초래할 염려가 있으므로 법률 또는 그 위임에 따른 명령·규칙의 규정은 일의적이고 명확해야 할 것이나, 법률규정은 일반성, 추상성을 가지는 것이어서 법관의 법보충작용으로서의 해석을 통하여 그 의미가 구체화, 명확화될 수 있으므로, 조세나 부담금에 관한 규정이 관련 법령의 입법 취지와 전체적 체계 및 내용 등에 비추어 그 의미가 분명해질 수 있다면 이러한 경우에도 명확성을 결여하였다고 하여 위헌이라고 할 수는 없고, 헌법 제75조는 … 위임입법의 헌법상 근거를 마련함과 동시에 위임은 구체적으로 범위를 정하여 하도록 하여 그 한계를 제시하고 있는데, 이는 행정부에 입법을 위임하는 수권법률의 명확성원칙에 관한 것으로서 법률의 명확성원칙이 행정입법에 관하여 구체화된 특별규정이라고 할 수 있다. 한편, 위임입법의 경우 그 한계는 예측가능성인바, 이는 법률에 이미 대통령령으로 규정될 내용 및 범위의 기본사항이 구체적으로 규정되어 있어서 누구라도 당해 법률로부터 대통령령 등에 규정될 내용의 대강을 예측할 수 있어야 함을 의미하고, 이러한 예측가능성의 유무는 당해 특정조항 하나만을 가지고 판단할 것은 아니고 관련 법조항 전체를 유기적·체계적으로 종합 판단하여야 하며 각 대상법률의 성질에 따라 구체적·개별적으로 검토하여 법률조항과 법률의 입법 취지를 종합적으로 고찰할 때 합리적으로 그 대강이 예측될 수 있는 것이라면 위임의 한계를 일탈하지 아니한 것이다."

○ 대법원 2014. 11. 27. 선고 2013두16876 판결 ; "과세요건 명확주의에 반하는지 여부는, 납세자의 입장에서 어떠한 행위가 과세요건인 당해 문구에 해당하여 과세의 대상이 되는 것으로 예견할 수 있을 것인가, 당해 문구의 불확정성이 행정관청의 입장에서 자의적이고 차별적으로 법률을 적용할 가능성을 부여하는가, 입법 기술적으로 보다 확정적인 문구를 선택할 것을 기대할 수 있을 것인가 하는 등의 기준에 따라 종합적인 판단을 요한다. 그런데 과세요건의 다양한 요소를 조세법령에 일의적으로 구분하여 규정하는 것은 입법기술상으로 매우 어려운 일이므로, 일반적·추상적·개괄적인 규정이라 할지라도 법관의 법보충 작용으로서의 해석을 통하여 그 의미가 구체화·명확화될 수 있다면 그 규정이 명확성을 결여하여 과세요건 명확주의에 반하는 것으로 볼 수 없다."

10) ◎ **집행명령**

헌법 제75조에 의하면 대통령은 '법률에서 구체적으로 범위를 정하여 위임받은 사항'과 '법률을 집행하기 위하여 필요한 사항'에 관하여만 대통령령을 발할 수 있으므로, 법률의 시행령은 모법인 '법률에 의하여 위임받은 사항'(**위임명령**)이나 법률이 규정한 범위 내에서 '법률을 현실적으로 집행하는 데 필요한 세부적인 사항'(**집행명령**)만을 규정할 수 있을 뿐, 법률에 의한 위임이 없는 한 법률이 규정한 개인의 권리·의무에 관한 내용을 변경·보충하거나 법률에 규정되지 아니한 새로운 내용을 규정할 수는 없다(대법원 1995. 1. 24. 선고 93다37342 전원합의체 판결). 법률이나 상위명령에서 구체적으로 범위를 정한 개별적인 위임이 있을 때에 발할 수 있는 '**위임명령**'과 달리, '**집행명령**'은 상위법령의 시행에 필요한 세부적 사항을 정하기 위하여 상위법령의 위임이 없더라도 행정관청이 일반적 직권에 의하여 발할 수 있다. "이 법 시행에 관하여 필요한 사항은 대통령령으로 정한다."는 규정은, 법률의 시행에 필요한 집행명령을 발할 수 있음을 규정한 것에 지나지 아니하고, 과세요건에 관한 법규의 제정까지도 포괄적으로 대통령령에 위임한 규정이라고는 볼 수 없다(대법원 2000. 3. 16. 선고 98두11731 전원합의체 판결). 소득세법 제101조 제5항("그 밖에 부당행위계산에 필요한 사항은 대통령령으로 정한다.")에 대해, 대법원 2020. 6. 18. 선고 2016두43411 전원합의체 판결의 다수의견은 위임명령 규정으로 보나, 반대의견은 "법률의 시행에 필요한 집행명령을 발할 수 있다는 의미일 뿐, 그것이 양도가액이나 양도차액 등과 같은 과세요건에 관한 법규의 제정까지도 포괄적으로 대통령령에 위임한

구체화하기 위한 것인 때에는 모법의 위임규정이 없더라도 무효라고 볼 수 없다.[11]

일반적으로 법률의 위임에 따라 효력을 갖는 법규명령의 경우에 그 위임의 근거가 없어 무효였더라도 나중에 법 개정으로 위임의 근거가 부여되면 그때부터는 유효한 법규명령으로 볼 수 있으나, 그 법규명령이 개정된 법률에 규정된 내용을 함부로 유추·확장하는 내용의 해석규정이어서 위임의 한계를 벗어난 것으로 인정될 경우에는 그 법규명령은 여전히 무효이다.[12]

● 대법원 2017. 8. 29. 선고 2016다224961 판결 [공탁금출급청구권확인]

▌조세법률관계, 조세법률주의, 사법상 계약

판시사항

[1] 조세채권채무관계의 특색

[2] 사법상 계약에 의하여 납세의무 없는 자에게 조세채무를 부담하게 하거나 이를 보증하게 하는 것이 허용되는지 여부(×)

이 유

조세채권은 국세징수법에 의하여 우선권 및 자력집행권 등이 인정되는 권리로서 사적 자치가 인정되는 사법상의 채권과 그 성질을 달리할 뿐 아니라, 부당한 조세징수로부터 국민을 보호하고 조세부담의 공평을 기하기 위하여 그 성립과 행사는 법률에 의해서만 가능하고 법률의 규정과 달리 당사자가 그 내용 등을 임의로 정할 수 없으며, 조세채무관계는 공법상의 법률관계로서 그에 관한 쟁송은 원칙적으로 행정소송법의 적용을 받고, 조세는 공익성과 공공성 등의 특성을 갖는다는 점에서도 사법상의 채권과 구별된다.

따라서 조세에 관한 법률이 아닌 사법상 계약에 의하여 납세의무 없는 자에게 조세채무를 부담하게 하거나 이를 보증하게 하여 이들로부터 조세채권의 종국적 만족을 실현하는 것은 앞서 본 조세의 본질적 성격에 반할 뿐 아니라 과세관청이 과세징수상의 편의만을 위해 법률의 규정 없이 조세채권의

규정이라고 볼 수 없다."라고 하였다. 집행명령은 근거법령인 상위법령이 폐지되면 실효되나, 상위법령이 개정됨에 그친 경우에는 개정법령과 성질상 모순, 저촉되지 아니하고 개정된 상위법령의 시행에 필요한 사항을 규정하고 있는 이상 당연히 실효되지 않고 개정법령의 시행을 위한 집행명령이 제정, 발효될 때까지는 여전히 그 효력을 유지한다(88누6962).

11) 대법원 2016. 12. 1. 선고 2014두8650 판결 ; "법률의 시행령은 그 법률에 의한 위임이 없으면 개인의 권리·의무에 관한 내용을 변경·보충하거나 법률에 규정되지 아니한 새로운 내용을 정할 수는 없지만, 시행령의 내용이 모법의 입법 취지와 관련 조항 전체를 유기적·체계적으로 살펴보아 모법의 해석상 가능한 것을 명시한 것에 지나지 아니하거나 모법 조항의 취지에 근거하여 이를 구체화하기 위한 것인 때에는 모법의 규율 범위를 벗어난 것으로 볼 수 없으므로, 모법에 이에 관하여 직접 위임하는 규정을 두지 않았다고 하더라도 이를 무효라고 볼 수 없다." ☛ 시행령의 의제(간주) 규정이 법률 조항의 취지를 구체화한 것으로서 유효하다고 본 예로는 대법원 2018. 11. 29. 선고 2016두65602 판결, 모법의 규정취지에 반할 뿐 아니라 그 위임범위를 벗어난 것으로서 무효라고 본 예로는 대법원 2009. 3. 19. 선고 2006두19693 전원합의체 판결이 있다.

12) 대법원 2017. 4. 20. 선고 2015두45700 전원합의체 판결.

성립 및 행사 범위를 임의로 확대하는 것으로서 허용될 수 없다.[13)]

※ 조세법률주의에 반하는 사법상 계약의 무효

조세법률주의 내지 과세요건법정주의에 따라, 조세채권의 성립과 행사는 법률에 의해서만 가능하고, 사법상의 계약이나 행정청의 부관에 의하여 조세채무를 부담하게 하거나 이를 보증하게 하는 것은 허용되지 않는다.[14)]

○ 대법원 2018. 4. 26.자 2018아541 결정 [위헌법률심판제청]

▌과세요건법정주의, 과세요건명확주의, 조세평등주의

판시사항

[1] 구 소득세법 제119조 제9호 (나)목(**비거주자**의 국내원천소득 중 하나인 '**국내원천 부동산등 양도소득**')이 **과세요건법정주의**, **과세요건명확주의**에 위배되는지 여부(×)[15)]

---

13) **【구체적 사안】**
원심이, ① 지방자치단체인 피고는 이 사건 신탁계약 제22조 제1항 제2호, 즉 수탁자가 신탁재산을 환가하여 정산할 경우 '처분대금 수납 시까지 고지된 재산세 등 당해세'를 제2순위로 충당하도록 한 내용을 근거로, 수탁자인 소외 신탁회사에 대하여 위탁자인 소외 회사에 부과된 재산세 등 상당액을 피고 자신에게 직접 지급할 것을 요구하고 있으나, 조세법률주의의 원칙상 원래의 납세의무자가 아닌 소외 신탁회사가 사법상 계약에 불과한 이 사건 신탁계약에 기하여 조세채무를 부담한다고 볼 수 없는 점, ② 이 사건 신탁계약 제22조 제1항 제2호를 피고로 하여금 소외 신탁회사에 대한 권리를 직접 취득하게 하는 '제3자를 위한 계약'으로도 볼 수 없는 점, ③ 위탁자에 대한 조세채권에 기하여는 수탁자인 소외 신탁회사 소유의 신탁재산을 압류하거나 그 신탁재산에 대한 집행법원의 경매절차에서 배당을 받을 수도 없는 점 등을 종합하면, 피고는 소외 신탁회사를 상대로 위탁자를 납세의무자로 하는 재산세 등 상당액의 지급을 구할 수 없다는 이유로, 신탁재산인 이 사건 각 부동산의 처분대금에 관하여 원고들보다 우선하여 정산받을 권리가 있다는 피고의 주장을 배척한 것은 정당하다고 한 예.

14) ○ 대법원 1989. 2. 14. 선고 88누1653 판결 ; "원심이 국가에 대한 납세의무는 각 세법의 규정에 의하여 정하여질 성질의 것이지 행정청의 부관에 의하여 납세의무 없는 자에게 납세의무를 부담시킬 수 없다 하여 부산직할시장이 자동차운송사업양도양수 인가 시에 원고가 전세여객자동차 운행개시 전까지 소외 회사의 체납국세 등을 청산할 것을 인가조건으로 하였으므로 원고로서는 이 사건 세금을 납부해야 할 의무가 있다는 피고의 주장을 배척한 것도 옳고"
○ 대법원 2010. 5. 27. 선고 2007도11279 판결 ; "국세기본법은 제29조에서 세법에 따라 제공하는 담보의 종류를 제한적·열거적으로 규정하는 한편, 제31조에서 납세담보의 제공방법에 대하여도 별도로 정하고 있으므로, 이와 같이 국세기본법이 정하는 방법에 의하지 아니한 납세담보 제공의 약정은 조세법률주의의 원칙에 비추어 세법상 담보제공으로서의 효력이 없음은 물론, 그 사법상 담보설정계약으로서의 효력도 인정되지 않는다." ☞ 한편, 납세담보를 제공할 수 있는 세법상 근거가 없다고 할지라도 납세의무자와 납세보증보험사업자 사이에 이를 납세보증보험의 대상으로 하는 납세보증보험계약을 체결하는 것까지 막을 수는 없고, 다만 이러한 경우 그 납세보증보험계약은 과세관청에 대하여 효력이 없을 뿐이다(대법원 2005. 8. 25. 선고 2004다58277 판결).

15) **【이 유】** "이 사건 법률조항(구 소득세법(2015. 12. 15. 법률 제13558호로 개정되기 전의 것) 제119조 제9호 (나)목)은 '내국법인의 주식 또는 출자지분 중 양도일이 속하는 사업연도 개시일 현재 그 법인의 자산총액 중 제94조 제1항 제1호 및 제2호의 자산가액의 합계액이 100분의 50 이상인 법인의 주식 또는 출자지분으로서 증권시장에 상장되지 아니한 주식 또는 출자지분의 양도소득'을 비거주자의 국내원천소득의 하나로 규정하고 있다. 이처럼 이 사건 법률조항은 비거주자에 대한 소득세 과세대상이 되는 국내원천소득을 정한 규정으로서, 애당초 그러한 소득에 대하여 적용되는 세율이나 세액계산의 방법 등까지 정하고자 한 것이 아니다. 그리고 구 소득세법이 제121조 제2항에 이 사건 법률조항이 정한 소득에 대한 과세방법에 관한 규정을 두고 있고, 위 규정과 제104조 제1항 등 관련 소득세법의 규정을 유기적,

[2] 조세평등주의의 의미 / 거주자와 비거주자 구별에 따른 과세소득의 범위 및 과세방법 등의 차이가 헌법상 평등의 원칙에 위배되는지 여부(×)[16]

이 유

헌법 제11조 제1항은 모든 국민은 법 앞에 평등하고 누구든지 합리적 이유 없이는 생활의 모든 영역에서 차별을 받지 아니한다는 평등원칙을 선언하고 있다. 이와 같은 평등원칙이 세법 영역에서 구현된 것이 **조세평등주의**로서, 조세의 부과와 징수는 납세자의 담세능력에 상응하여 공정하고 평등하게 이루어져야 하고, 합리적인 이유 없이 특정의 납세의무자를 불리하게 차별하거나 우대하는 것은 허용되지 아니한다. 다만 조세평등주의에서의 평등은 일체의 차별적 대우를 부정하는 절대적 평등을 의미하는 것이 아니라 입법과 법의 적용에 있어서 합리적인 근거가 없는 차별을 배제하는 **상대적 평등**을 뜻하며, 따라서 **합리적 근거가 있는 차별**은 평등원칙에 반하는 것이 아니다(2011헌바177 결정 등 참조).

● 대법원 2016. 12. 15. 선고 2014두44502 판결 [이행강제금부과처분취소]

▌조세법률주의, 법률의 유보·우위

판시사항

[1] 지방세법 제4조[17] 제2항, 지방세법 시행령 제4조 제1항 제1호[18]의 위임에 따라 행정안전부장관

체계적으로 해석하면 위 소득에 대하여 적용되는 세율이나 구체적인 세액계산의 방법 등을 충분히 알 수 있다. 따라서 이 사건 법률조항 자체에 세율 등의 과세요건이 규정되어 있지 않다는 이유만으로 **과세요건법정주의**에 위배된다고 할 수 없다. 나아가 이 사건 법률조항의 문언을 살펴보면 그 의미가 다의적이라거나 불명확하다고 할 수 없으므로, 위 규정이 **과세요건명확주의**에 반한다고 볼 수도 없다."

16) **【이 유】** "소득세법은 소득세의 납세의무자를 거주자와 비거주자로 구별하고, 이에 따라 과세소득의 범위 및 과세방법 등에 차이를 두고 있다. 즉 거주자는 거주지국 과세원칙에 따라 소득의 발생 장소를 묻지 아니하고 모든 소득에 대하여 납세의무를 부담하지만, 비거주자는 원천지국 과세원칙에 따라 국내원천소득에 한하여 납세의무를 부담한다. 이처럼 소득세법이 거주자와 비거주자에 대한 과세범위를 달리하는 것은 과세관할권에 관하여 속인주의와 속지주의 두 제도를 병행하는 세계적 추세에 따른 것이다. 또한 비거주자는 여러 과세국의 과세권이 중복되거나 어떠한 과세국의 과세권에도 미치지 않을 수 있으므로, 소득세법에 의한 과세를 할 때에는 거주자와 달리 취급할 필요가 있다. 따라서 이 사건 법률조항이 비거주자의 소득세 과세대상이 되는 부동산주식의 양도소득 요건을 거주자보다 완화하여 규정하고, 이로 인하여 결과적으로 그 양도소득에 대하여 적용되는 세율이 거주자와 다르게 되었다는 이유만으로, 그것이 합리적 근거가 없는 차별에 해당하여 헌법상 평등의 원칙에 위배된다고 할 수는 없다."

17) **지방세법 제4조(부동산 등의 시가표준액)** ① 이 법에서 적용하는 토지 및 주택에 대한 시가표준액은 「부동산 가격공시에 관한 법률」에 따라 공시된 가액으로 한다. 다만, 개별공시지가 또는 개별주택가격이 공시되지 아니한 경우에는 특별자치시장·특별자치도지사·시장·군수 또는 구청장(자치구의 구청장을 말한다. 이하 같다)이 같은 법에 따라 국토교통부장관이 제공한 토지가격비준표 또는 주택가격비준표를 사용하여 산정한 가액으로 하고, 공동주택가격이 공시되지 아니한 경우에는 대통령령으로 정하는 기준에 따라 특별자치시장·특별자치도지사·시장·군수 또는 구청장이 산정한 가액으로 한다. 〈개정 2016.12.27.〉 ② 제1항 외의 건축물(새로 건축하여 건축 당시 개별주택가격 또는 공동주택가격이 공시되지 아니한 주택으로서 토지부분을 제외한 건축물을 포함한다), 선박, 항공기 및 그 밖의 과세대상에 대한 시가표준액은 거래가격, 수입가격, 신축·건조·제조가격 등을 고려하여 정한 기준가격에 종류, 구조, 용도, 경과연수 등 과세대상별 특성을 고려하여 대통령령으로 정하는 기준에 따라 지방자치단체의 장이 결정한 가액으로 한다. ③ 행정안전부장관은

이 고시로 정한 '건물 및 기타물건 시가표준액 조정기준'이 법규명령으로서의 효력을 가지는지 여부 (○)

[2] 하위법령의 규정이 상위법령의 규정에 저촉되는지 명백하지 않지만 하위법령의 의미를 상위법령에 합치되는 것으로 해석하는 것이 가능한 경우, 하위법령이 상위법령에 위반된다는 이유로 무효를 선언할 수 있는지 여부(×)

[3] '2012년도·2013년도 건물 및 기타건물 시가표준액 조정기준' 중 '**멸실 개축**'과 '**멸실외 개축**'의 **시가표준액산출비율**을 달리 정하고 있는 부분이 **명확성 원칙**, **평등 원칙**에 위배되는지 여부(×)[19)]

이 유

일반적으로 행정 각부의 장이 정하는 고시라 하더라도 그것이 특히 법령의 규정에서 특정 행정기관에서 법령 내용의 구체적 사항을 정할 수 있는 권한을 부여함으로써 그 법령 내용을 보충하는 기능을 가질 경우에는 그 형식과 상관없이 근거 법령 규정과 결합하여 대외적으로 구속력이 있는 **법규명령**으로서의 효력을 가진다.

한편 국가의 법체계는 그 자체로 통일체를 이루고 있으므로 상·하규범 사이의 충돌은 최대한 배제되어야 하며 또한 규범이 무효라고 선언될 경우에 생길 수 있는 법적 혼란과 불안정 및 새로운 규범이

제2항에 따른 시가표준액의 적정한 기준을 산정하기 위하여 조사·연구가 필요하다고 인정하는 경우에는 대통령령으로 정하는 관련 전문기관에 의뢰하여 이를 수행하게 할 수 있다. 〈신설 2015.12.29, 2017.7.26.〉 ④ 제1항과 제2항에 따른 시가표준액의 결정은 「지방세기본법」 제147조에 따른 지방세심의위원회에서 심의한다. 〈개정 2016.12.27〉

18) **지방세법 시행령 제4조(건축물 등의 시가표준액 결정 등)** ① 법 제4조제2항에서 "대통령령으로 정하는 기준"이란 과세대상별 구체적 특성을 고려하여 다음 각 호의 방식에 따라 행정안전부장관이 정하는 기준을 말한다. 〈개정 2020.12.31.〉 1. 오피스텔: 행정안전부장관이 고시하는 표준가격기준액에 다음 각 목의 사항을 적용한다. 가. 오피스텔의 용도별·층별 지수 나. 오피스텔의 규모·형태·특수한 부대설비 등의 유무 및 그 밖의 여건에 따른 가감산율(가감산율) … …

19) **【이 유】** "이 사건 산출요령(구 건축법 제80조 제1항 제1호, **지방세법** 제4조 제2항, **지방세법 시행령** 제4조 제1항 제1호의 **위임**에 따라 **행정자치부장관**이 정한 '2012년도·2013년도 건물 및 기타건물 **시가표준액 조정기준**' 중 '멸실 개축'과 '멸실외 개축'의 시가표준액산출비율을 달리 정하고 있는 부분)이 정하고 있는 '멸실 개축'과 '멸실외 개축'은 건축법 시행령이 정한 '개축'의 일종으로서 모두 기존 건축물의 전부 또는 일부의 '철거'를 전제로 한다. 사전적으로 '철거'는 건축물 등의 전부 또는 일부를 제거하는 행위 개념인 반면 '멸실'은 '철거 등의 사유로 건축물이 그 경제적 효용을 상실할 정도로 파괴된 상태'를 의미하므로, '멸실 개축'과 '멸실외 개축'은 철거된 기존 건축물 부분이 경제적 효용을 상실하여 멸실 상태에 이르렀는지 여부를 기준으로 구별하는 것이 사전적 정의에 부합한다. 따라서 '**멸실 개축**'은 기존 건축물의 전부 또는 일부가 철거되어 경제적 효용을 상실한 상태에서 새롭게 종전과 같은 규모의 범위에서 건축물을 다시 축조하는 것을 의미하고, '**멸실외 개축**'은 기존 건축물의 전부 또는 일부가 철거되었으나 철거 부분 중 경제적 효용을 상실하지 아니한 부분을 다시 활용하여 종전과 같은 규모의 범위에서 건축물을 다시 축조하는 것을 의미한다고 보아야 한다. 그런데 이와 같이 '멸실 개축'과 '멸실외 개축'을 구별하는 것은 개축된 건축물의 시가표준액을 산정하기 위한 것인데, '멸실외 개축'의 경우 철거된 기존 건축물 부분을 다시 활용하는 범위에서 개축 비용이 절감될 것이므로 이 사건 조정기준이 멸실 개축보다 낮은 ㎡당 시가표준액산출비율을 적용하도록 한 점은 타당하다. 그러므로 이 사건 산출요령이 멸실 개축과 멸실외 개축의 의미가 명확하지 아니하여 **명확성 원칙에 위배된다고 볼 수 없**을 뿐만 아니라, '멸실외 개축'의 경우 멸실 개축에 비하여 공사비가 절감됨을 반영하여 ㎡당 시가표준액산출비율을 낮게 정한 것으로서 합리적 이유 없이 멸실 개축과 멸실외 개축을 달리 취급한다고 볼 수 없어서 **평등원칙에 위배된다고 볼 수도 없다**."

cf. 건축법 시행령 제2조 제3호 ; '개축' = "기존 건축물의 전부 또는 일부[내력벽·기둥·보·지붕틀 중 셋 이상이 포함되는 경우를 말한다]를 철거하고 그 대지에 종전과 같은 규모의 범위에서 건축물을 다시 축조하는 것"

제정될 때까지의 법적 공백 등으로 인한 폐해를 회피할 필요성이 있음에 비추어 보면, 하위법령의 규정이 상위법령의 규정에 저촉되는지 여부가 명백하지 아니한 경우에, 관련 법령의 내용과 입법 취지 및 연혁 등을 종합적으로 살펴 **하위법령의 의미를 상위법령에 합치**되는 것으로 **해석**[20]하는 것도 가능한 경우라면, 하위법령이 상위법령에 위반된다는 이유로 쉽게 무효를 선언할 것은 아니다 (2000두2716 판결, 대법원 2012. 10. 25. 선고 2010두3527 판결[21] 등 참조).[22]

※ 법령보충적 행정규칙의 대외적 구속력

상급행정기관이 하급행정기관에 대하여 업무처리지침이나 법령의 해석적용에 관한 기준을 정하여서 발하는 이른바 행정규칙은 일반적으로 행정조직 내부에서만 효력을 가질 뿐 대외적인 구속력을 갖는 것은 아니지만, 법령의 규정이 특정 행정기관에 그 법령 내용의 구체적 사항을 정할 수 있는 권한을 부여하면서 그 권한 행사의 절차나 방법을 특정하고 있지 않은 관계로 수임행정기관이 행정규칙인 '고시'의 형식으로 그 법령의 내용이 될 사항을 구체적으로 정하고 있는 경우에는, 그 고시가 당해 법령의 위임한계를 벗어나지 않는 한, 그와 결합하여 대외적으로 구속력이 있는 법규명령으로서 효력을 가진다.[23]

---

20) 이른바 '하위규범의 상위규범합치적 해석'('헌법 합치적 해석' 포함)을 말하는데, 이는 '체계적 해석'의 일종이다. 어느 하나가 적용우위에 있지 않은 서로 다른 영역의 규범들 사이에서 일견 모순·충돌이 발생하는 것처럼 보이는 경우에도 상호 조화롭게 해석하는 것이 가능하다면 양자의 모순·충돌을 이유로 쉽게 어느 일방 또는 쌍방의 무효를 선언할 것은 아니다(대법원 2018. 6. 21. 선고 2015두48655 전원합의체 판결).

21) "구 조세특례제한법 제106조 제1항 제6호는 '정부업무대행단체가 공급하는 재화 또는 용역으로서 대통령령이 정하는 것'을 부가가치세 면제 대상으로 규정하고, 그 위임에 따른 구 조세특례제한법 시행령(2008. 2. 29. 대통령령 제20720호로 개정되기 전의 것) 제106조 제8항(이하 '이 사건 시행령 조항'이라고 한다)은 "법 제106조 제1항 제6호에서 '재화 또는 용역으로서 대통령령이 정하는 것'이라 함은 정부업무대행단체가 그 고유의 목적사업으로서 재정경제부령이 정하는 사업을 위하여 공급하는 재화 또는 용역을 말한다. 다만 다음 각 호의 어느 하나에 해당하는 사업을 제외한다."고 하면서 제7호에서 '주차장운영업 및 자동차견인업'을 규정하였다. 한편 이 사건 시행령 조항 본문의 위임에 의한 구 조세특례제한법 시행규칙(2008. 4. 29. 기획재정부령 제16호로 개정되기 전의 것) 제48조 제1항 [별표 10] 제25호(이하 '이 사건 시행규칙 조항'이라고 한다)는 정부업무대행단체의 면세사업의 하나로 원고가 영위하는 '자연공원법에 의한 국립공원에의 입장, 주차장 및 야영장의 사용에 관한 업무'를 규정하고 있다. 그리고 이 사건 시행규칙 조항은 … 이 사건 처분의 과세기간 이후인 2009. 4. 7. 개정되어 면세사업 대상에서 주차장의 사용에 관한 업무는 제외되었다. … 원심은, 원고가 영위하는 '국립공원 주차장의 사용에 관한 업무'를 정부업무대행단체의 면세사업의 하나로 규정한 이 사건 시행규칙 조항은 상위법령인 이 사건 시행령 조항의 개정으로 그에 배치되게 되어 효력이 없다고 판단하였다. … 이 사건 시행령 및 시행규칙 조항의 내용 및 개정 연혁 등을 종합하여 보면, 정부업무대행단체의 면세사업의 범위는 일단 이 사건 시행령 조항의 본문과 그 위임에 의한 시행규칙 규정에 의하여 정해지고, 그 중 일부는 이 사건 시행령 조항의 단서 규정에 의하여 면세사업의 범위에서 제외되는 형식으로 규정된 것이라고 못 볼 바 아니다. 그렇게 보면 원고가 영위하는 '국립공원 주차장의 사용에 관한 업무'는 이 사건 시행령 조항 본문과 이 사건 시행규칙 조항에 따라 일단 면세사업의 범위에 포함되었다가 이 사건 시행령 조항 단서 제7호에서 면세제외 대상 사업으로 규정됨으로써 결국 면세사업에 해당하지 않게 되었다고 할 것이다. … 원고가 영위하는 국립공원 내 주차장운영업이 부가가치세가 면제되는 정부업무대행단체의 면세사업에 해당하지 않는다고 본 결론은 정당"

22) 이 판례는 이행강제금 부과처분 취소소송에 관한 것인데, 과세처분과 동일한 성격의 침익적 행정처분인 개발부담금이나 이행강제금 등의 부과처분에 관한 판례나 조세법률주의와 그 궤를 같이 하는 죄형법정주의가 적용되는 형벌법규 해석에 관한 판례는 조세법령의 해석에도 그대로 적용될 가능성이 크므로 두루 참조함이 바람직하다.

23) ○ 대법원 1987. 9. 29. 선고 86누484 판결 ; "상급행정기관이 하급행정기관에 대하여 업무처리지침이나 법령의 해석적용

○ 대법원 2016. 12. 29. 선고 2010두3138 판결 [종합부동산세등경정거부처분취소]

▌세법 해석, 조세평등의 원칙, 형평과세

판시사항

전국의 다른 지방자치단체는 관할구역 내 문화재로 지정된 토지에 대하여 **재산세를 면제**하는 내용의 **조례**를 두고 있어서 구 종합부동산세법 제6조 제2항에 의한 재산세감면조례의 준용으로 **종합부동산세** 등이 **면제**되는 반면, ○○구는 위와 같은 **조례를 두지 않**고 있다는 이유로 그에 대하여 종합부동산세 등이 과세되는 것은, **국세기본법 제18조 제1항**[24] 등에 **위반**하여 종합부동산세의

에 관한 기준을 정하여 발하는 이른바 행정규칙은 일반적으로 행정조직 내부에서만 효력을 가질 뿐 대외적인 구속력을 갖는 것은 아니지만, 법령의 규정이 특정행정기관에게 그 법령내용의 구체적 사항을 정할 수 있는 권한을 부여하면서 그 권한행사의 절차나 방법을 특정하고 있지 아니한 관계로 수임행정기관이 행정규칙의 형식으로 그 법령의 내용이 될 사항을 구체적으로 정하고 있다면 그와 같은 행정규칙, 규정은 위에서 본 행정규칙이 갖는 일반적 효력으로서가 아니라, 행정기관에 법령의 구체적 내용을 보충할 권한을 부여한 법령규정의 효력에 의하여 그 내용을 보충하는 기능을 갖게 된다 할 것이고, 따라서 이와 같은 행정규칙, 규정은 당해 법령의 위임한계를 벗어나지 아니하는 한 그것들과 결합하여 대외적인 구속력이 있는 법규명령으로서의 효력을 갖게 된다고 보아야 할 것인 바, 1982.12.21. 개정된 소득세법 제23조 제4항, 제45조 제1항 제1호에 의하면 양도소득세의 양도차익계산은 기준시가에 의할 것을 원칙으로 하면서 다만 대통령령이 정하는 경우에는 실지거래가액에 의하도록 규정하고 1982.12.31. 개정된 소득세법시행령 제170조 제4항 제2호는 위 위임규정에 따라 양도소득세의 실지거래가액이 적용될 경우의 하나로서 "국세청장이 지역에 따라 정하는 일정규모 이상의 거래 기타 부동산투기의 억제를 위하여 필요하다고 인정되어 국세청장이 지정하는 거래에 있어서 양도 또는 취득당시의 실지거래가액을 확인할 수 있는 경우"라고 규정하여 국세청장으로 하여금 양도소득세의 실지거래가액이 적용될 부동산투기억제를 위하여 필요하다고 인정되는 거래를 지정하게 하면서 그 지정의 절차나 방법에 관하여 아무런 제한을 두고 있지 아니하고 있고 이에 따라 국세청장이 재산제세사무처리규정 제72조 제3항에서 양도소득세의 실지거래가액이 적용될 부동산투기억제를 위하여 필요하다고 인정되는 거래의 유형을 열거하고 있으므로 이는 비록 위 재산제세사무처리규정이 국세청장의 훈령형식으로 되어 있다 하더라도 이에 의한 거래지정은 소득세법시행령의 위임에 따라 그 규정의 내용을 보충하는 기능을 가지면서 그와 결합하여 대외적 효력을 발생하게 된다 할 것이고 그 보충규정의 내용이 위 법령의 위임한계를 벗어났다는 등 특별한 사정이 없는 한 양도소득세의 실지거래가액에 의한 과세의 법령상의 근거가 된다고 할 것이다."

○ 대법원 2017. 5. 31. 선고 2017두30764 판결 ; "관계 법령의 내용, 형식 및 취지 등을 종합하면, 이 사건 조정기준('2014년도 건물 및 기타물건 시가표준액 조정기준')의 각 규정들은 일정한 유형의 위반 건축물에 대한 이행강제금의 산정기준이 되는 시가표준액에 관하여 행정자치부장관으로 하여금 정하도록 한 위 건축법 및 지방세법령의 위임에 따른 것으로서 그 법령 규정의 내용을 보충하고 있으므로, 그 법령 규정과 결합하여 대외적인 구속력이 있는 법규명령으로서의 효력을 가지고, 그중 증·개축 건물과 대수선 건물에 관한 특례를 정한 이 사건 산출요령의 규정들도 마찬가지라고 보아야 한다. … 이 사건 조정기준 및 이 사건 산출요령은 대수선건물에 대한 시가표준액을 정하면서 대수선 행위가 적법한지 여부에 따라 대수선 산출비율의 적용 여부를 구별하고 있지 아니하다. 따라서 무단 대수선 건물에 대하여 부과하는 이행강제금의 액수를 산정할 때에도 그 기준이 되는 시가표준액은 이 사건 조정기준 및 이 사건 산출요령 규정의 문언대로 대수선 산출비율을 적용하여야 하고, 합리적 이유 없이 그 적용을 배제하는 것은 허용되지 아니한다."

○ 대법원 2012. 7. 5. 선고 2010다72076 판결 ; "행정규칙이나 규정이 상위법령의 위임범위를 벗어난 경우에는 법규명령으로서의 대외적 구속력을 인정할 여지는 없다. 이는 행정규칙이나 규정의 '내용'이 위임범위를 벗어난 경우뿐 아니라 상위법령의 위임규정에서 특정하여 정한 권한행사의 '절차'나 '방식'에 위배되는 경우도 마찬가지라 할 것이므로, 상위법령에서 세부사항 등을 시행규칙으로 정하도록 위임하였음에도 이를 고시 등 행정규칙으로 정하였다면 그 역시 대외적 구속력을 가지는 법규명령으로서의 효력이 인정될 수 없다."

24) **국세기본법 제18조(세법 해석의 기준 및 소급과세의 금지)** ① 세법을 해석·적용할 때에는 과세의 형평과 해당 조항의 합목적성에 비추어 납세자의 재산권이 부당하게 침해되지 아니하도록 하여야 한다. **지방세기본법 제20조(해석의 기준 등)** ① 이 법 또는 지방세관계법을 해석·적용할 때에는 과세의 형평과 해당 조항의 목적에 비추어 납세자의 재산권이

과세대상인 부동산의 소재지에 따라 그 감면 여부를 달리 한 경우에 해당하여 위법한 처분이라고 한 예.[25)][26)]

부당하게 침해되지 아니하도록 하여야 한다.

25) **【이 유】** "구 종합부동산세법(2010. 3. 31. 법률 제10220호로 개정되기 전의 것, 이하 '종부세법'이라고 한다)은 제1조에서 "이 법은 고액의 부동산 보유자에 대하여 종합부동산세를 부과하여 부동산보유에 대한 조세부담의 형평성을 제고하고, 부동산의 가격안정을 도모함으로써 지방재정의 균형발전과 국민경제의 건전한 발전에 이바지함을 목적으로 한다."고 정하고, 제6조 제2항에서 "지방세법 제7조 내지 제9조의 규정에 의한 시·군의 감면조례에 의한 재산세의 감면규정은 종합부동산세를 부과함에 있어서 이를 준용한다."고 정하고 있다. 그리고 구 지방세법(2008. 2. 29. 법률 제8864호로 개정되기 전의 것, 이하 '지방세법'이라고 한다)은 제7조 제1항에서 "지방자치단체는 공익상 기타의 사유로 인하여 과세를 부적당하다고 인정할 때에는 과세하지 아니할 수 있다."고 정하고, 제9조에서 "제7조 및 제8조의 규정에 의하여 지방자치단체가 과세면제·불균일과세 또는 일부과세를 하고자 할 때에는 행정자치부장관의 허가를 얻어 당해 지방자치단체의 조례로써 정하여야 한다."고 정하고 있다. 한편 구 국세기본법(2007. 12. 31. 법률 제8830호로 개정되기 전의 것, 이하 '국세기본법'이라고 한다)은 제1조에서 "이 법은 국세에 관한 기본적인 사항 및 공통적인 사항과 위법 또는 부당한 국세처분에 대한 불복절차를 규정함으로써 국세에 관한 법률관계를 확실하게 하고, 과세의 공정을 도모하며, 국민의 납세의무의 원활한 이행에 기여함을 목적으로 한다."고 정하고, 제3조 제1항에서 "이 법은 세법에 우선하여 적용한다."고 정하며, **제18조 제1항**에서 "세법의 해석·적용에 있어서는 과세의 형평과 당해 조항의 합목적성에 비추어 납세자의 재산권이 부당히 침해되지 아니하도록 하여야 한다."고 정하고 있다.
위 각 규정의 내용과 체계 및 ① 종합부동산세는 과세기준일을 지방세법에 규정된 재산세의 과세기준일로, 납세의무자를 과세기준일 현재 주택분 재산세 및 토지분 재산세의 납세의무자로 각기 정하고 있는 등 그 과세요건에서 지방세인 재산세와 공통되는 측면이 있으나, 국세로서 국세기본법이 우선하여 적용되는 이상 종합부동산세의 과세표준과 세율 및 감면 여부를 적용함에 있어서는 그 납세의무자들 사이에 과세의 형평이 이루어져야 하는 점, ② 이와 같은 취지에서 종합부동산세법 제6조 제4항, 구 종합부동산세법 시행령(2008. 2. 29. 대통령령 제20720호로 개정되기 전의 것) 제2조는 시·군의 감면조례에 의한 재산세의 감면규정이 전국적인 과세형평을 저해하는 것으로 인정되는 경우에는 종합부동산세를 부과할 때 재산세감면조례를 준용하지 아니한다고 규정하고 있는 점, ③ 행정자치부장관이 2003. 10. 16. 시달한 지방세감면조례 표준안에 의하면 문화재로 지정된 모든 부동산에 대하여 재산세 등을 면제하도록 규정되어 있고, 이에 따라 관할구역 내에 문화재로 지정된 토지가 있는 전국의 지방자치단체들은 ㅇㅇ구를 제외하고는 모두 위 표준안과 같은 내용의 조례 규정을 두고 있었던 점, ④ ㅇㅇ구 또한 2010. 10. 31. ㅇㅇ구세 감면조례를 개정하여 문화재로 지정된 토지에 대하여 재산세를 면제하는 규정을 신설하였는데, 이는 종전의 감면조례에서 문화재로 지정된 토지에 대하여 재산세를 면제하지 아니한 것은 잘못이라는 반성적 고려에서 이루어진 것인 점 등을 종합하여 보면, 이 사건 처분은 국세기본법 제18조 제1항 등에 위반하여 종합부동산세의 과세대상인 부동산의 소재지에 따라 그 감면 여부를 달리 한 경우에 해당하여 위법한 처분이라고 보아야 할 것이다."

26) **【구체적 사안】**
원심이, ① 원고는 문화재보호법에 따라 문화재로 지정된 ㅇㅇ구 이 사건 토지를 포함한 종합부동산세 과세대상 부동산에 대하여 2005년·2006년 귀속 종합부동산세·농어촌특별세를 신고·납부한 사실, ② 원고는, 전국 대부분의 지방자치단체는 문화재로 지정된 토지에 대하여 재산세를 면제하는 내용의 조례(재산세감면조례)를 두고 있어서 구 종합부동산세법 제6조 제2항에 의한 재산세감면조례의 준용으로 종합부동산세 등이 면제되는 반면, ㅇㅇ구는 위와 같은 조례를 두지 않고 있다는 이유로 종합부동산세 등이 과세되는 것은 조세평등의 원칙에 반하므로 당초 신고·납부한 종합부동산세 등을 감액해 달라는 취지의 경정청구를 하였으나, 피고가 이를 거부하는 이 사건 처분을 한 사실 등을 인정한 다음, 종합부동산세는 지방교부세법에 따라 지방자치단체에 전액 교부되므로 지방세적 성격이 없다고 할 수 없는데, 구 지방세법 제7조 및 제9조에 의하여 지방세를 면제할 것인지는 각 지방자치단체가 재정사정 등을 고려하여 각각의 필요에 따라 결정할 사항이고 지방세 면제에 관한 조례를 제정할 것인지 및 그러한 조례를 어떠한 내용으로 제정할 것인지 등은 지방자치단체의 자치권에 속한다는 등의 이유로, ㅇㅇ구가 다른 지방자치단체와 달리 문화재로 지정된 토지에 대한 재산세감면조례를 두지 아니 함으로 인하여 이 사건 토지에 대하여 종합부동산세 등이 과세되더라도 이를 두고 조세평등의 원칙에 반한다고 할 수 없다고 판단한 것은 **위법**하다고 한 예.

● 대법원 2017. 11. 29. 선고 2017두56681 판결 [취득세부과처분취소등]

▌조세법률주의, 합법성원칙 예외, 정당한 사유, 취득세·재산세 중과세율 배제

판시사항

고급오락장용 부동산 취득자가 취득 후 바로 고급오락장이 아닌 다른 용도로 이용하고자 하였으나 **책임질 수 없는 장애**로 취득 후 30일 이내에 용도변경공사를 착공하지 못하였고 장애가 해소되는 즉시 용도변경공사를 착공하려는 의사가 명백한 경우에는, **취득세 '중과세율'**을 적용할 수 없는 **정당한 사유**가 있고, 위와 같은 장애가 취득 시점에 연이은 재산세 과세기준일까지 계속되고, 그러한 장애가 없었다면 재산세 과세기준일에 용도변경공사가 이루어졌을 것으로 보이는 **특별한 사정**이 있는 경우에는, 고급오락장용 부동산의 보유에 따른 **재산세 중과세율** 역시 적용할 수 없다고 한 예.

☞ **'종합부동산세 추징'에 관한 동일 취지 판결** ; 대법원 2018. 10. 12.자 2018두47929 심리불속행 판결(주택건설사업자가 주택건설용으로 취득한 토지에 대한 조세특례제한법상 종합부동산세 분리과세 및 추징 특례 규정 적용 사안)[27]

☞ **'미등기양도자산 양도소득세 중과'에 관한 동일 취지 판결 ; 대법원 2018. 3. 15. 선고 2017두32791 판결**[28]

---

27) 원심(부산고등법원 2018. 5. 18. 선고 2017누23384 판결) ; "조세특례제한법 제104조의19 제1항 제1호, 제3항(이하 **'이 사건 쟁점조항'**이라한다)에 의하면, 주택법에 따라 주택건설사업자 등록을 한 주택건설사업자가 주택을 건설하기 위하여 취득한 토지 중 취득일부터 5년 이내에 주택법에 따른 사업계획의 승인을 받을 토지는 종합부동산세법 제13조 제1항에 따른 과세표준 합산의 대상이 되는 토지의 범위에 포함되지 아니하는 것으로 보되, 취득한 날부터 5년 이내에 주택법에 따른 주택건설을 위하여 주택법에 따른 사업계획의 승인을 받지 못한 경우에는 대통령령으로 정하는 바에 따라 종합부동산세액과 이자상당 가산액을 추징한다. 위 규정은 주택건설사업의 특성상 대규모 토지를 사전에 확보해야 하고 사업계획승인에 3~5년이 걸리는 점을 감안하여 주택건설사업자가 주택을 건설하기 위하여 취득한 토지에 관하여 종합부동산세를 부과할 경우 과세부담이 주택가격으로 전가되어 분양가 상승 요인으로 작용할 수 있으므로 과세표준 합산배제를 통해 종합부동산세를 감면해주되, 그 취득일로부터 사업계획승인에 필요한 상당한 기간이라 볼 수 있는 5년 이내에 사업계획승인을 받지 못한 경우 당초 감면받은 종합부동산세액과 이자상당 가산액을 추징함으로써 종합부동산세 감면 혜택이 다른 목적에 악용되는 것을 방지하고 부수적으로 주택건설사업자가 사업 수행을 게을리하지 않도록 하는 데 그 취지가 있다. 따라서 사업계획의 승인을 받지 못한 원인이 납세의무자에게 책임을 돌릴 수 없는 등 '정당한 사유'로 인한 것일 때에는 감면된 종합부동산세 등을 추징할 수 없다고 봄이 상당하다(대법원 1994. 9. 13. 선고 94누4141 판결, 대법원 2016. 9. 8. 선고 2016두37867 판결 등 참조, 피고가 이 사건 처분이 적법하다고 주장하면서 인용하는 대법원 1995. 3. 17. 선고 94누8686 판결은 추징요건에 관한 사안이 아니므로 이 사건에 적용할 수 없다). 그리고 위에서 말하는 '정당한 사유'라 함은 법령에 의한 금지·제한 등 주택건설 사업자가 마음대로 할 수 없는 외부적인 사유는 물론 사업계획승인을 받기 위한 정상적인 노력을 다하였음에도 시간적인 여유가 없어 유예기간을 넘긴 내부적인 사유도 포함하고, 정당한 사유의 유무를 판단함에 있어서는 위와 같은 입법취지를 충분히 고려하면서 토지의 취득목적에 비추어 그 목적사업에 직접 사용하는데 걸리는 준비기간의 장단, 목적사업에 사용할 수 없는 법령·사실상의 장애사유 및 장애정도, 당해 주택건설 사업자가 사업계획승인을 받기 위하여 진지한 노력을 다하였는지 여부, 행정 관청의 귀책사유가 가미되었는지 여부 등을 아울러 참작하여 구체적인 사안에 따라 개별적으로 판단함이 상당하다. … 다음과 같은 사정들에 비추어 보면, 원고가 이 사건 토지 취득 후 5년의 유예기간 내에 이 사건 사업계획의 승인을 받지 못한 데에는 원고에게 책임을 돌릴 수 없는 정당한 사유가 있다고 봄이 타당하다. … 따라서 원고에게 이 사건 토지 취득과 관련하여 조세특례제한법 제104조의19 제3항이 정한 추징사유가 있다고 볼 수 없으므로, 이와 다른 전제에서 한 피고의 이 사건 처분은 위법하다."

28) 미등기자산의 취득에 있어서 양도자에게 자산의 미등기양도를 통한 조세회피목적이나 전매이득취득 등 투기목적이

⇔ **합법성원칙의 예외**를 **부정**한 **예**로는, **대법원 2017. 7. 11. 선고 2016두64722 판결**[29)]

이 유

이와 같은[30)] **고급오락장**에 대한 **취득세 등 중과제도**는 이른바 사치성 재산이라고 할 수 있는 고급오락장의 취득으로 발현되는 높은 담세력을 근거로 이에 대하여 중과세함으로써 사치·낭비풍조를 억제하고 국가 전체적으로 한정된 자원을 보다 더 생산적인 분야에 투자하도록 유도함과 동시에 국민의 건전한 소비생활을 정착시키려는 데 그 **입법 취지**가 있다. 그러니 비록 취득 당시의 현황이 고급오락장이었다고 하더라도 객관적 사정에 비추어 취득 후 곧바로 다른 용도로 사용할 것이 예정된 경우에는, 사치·향락적 소비시설의 유통이 전제되지 아니하여 고급오락장으로서 취득세 등을 중과할 필요가 없다는 점을 반영하여 이 사건 **단서**를 두게 된 것임을 알 수 있다.

이러한 고급오락장에 대한 취득세 등 중과세 규정의 입법 취지와 이 사건 단서를 포함한 관련 규정의 체계 등을 종합하면, 고급오락장 취득 전후의 객관적 사정에 비추어 취득자가 취득 후 바로 고급오락장이 아닌 다른 용도로 이용하고자 하였으나 **책임질 수 없는 장애**로 인하여 취득 후 30일 이내에 용도변경공사를 착공하지 못하였고, 그러한 장애가 해소되는 즉시 용도변경공사를 착공하려는 의사가 명백한 경우라면, 취득세 **중과세율을 적용할 수 없는 정당한 사유**가 있다고 보아야 한다. 이와 달리 납세의무자인 취득자와 무관하거나 그에게 **책임지울 수 없는 사유**로 인하여 이 사건 단서에서 정한 형식적 요건을 갖추지 못한 경우에까지 일률적으로 중과세율을 적용하는 것은 고급오락장을 중과하는 본래의 입법 취지에 반할 뿐만 아니라 납세의무자의 예측가능성과 법적 안정성을 현저히 해칠 우려가 있다.[31)32)]

없다고 인정되고, 양도 당시 그 자산의 취득에 관한 등기를 하지 아니한 책임을 양도자에게 추궁하는 것이 가혹하다고 판단되는 등 **부득이한 사정**이 인정되는 경우, **양도소득세**가 **중과**되는 **미등기양도자산**에서 **제외**된다고 한 예.

29) "법인세법 제3조 제3항 제5호 및 이 사건 시행령 조항은 비영리국내법인이 고정자산의 처분일 현재 3년 이상 계속하여 고유목적사업에 직접 사용하지 아니하는 고정자산의 처분으로 인하여 생기는 수입에 관하여 법인세를 부과한다고 규정하고 있을 뿐, 고유목적사업에 직접 사용하지 못한 데 정당한 사유가 있는 경우에는 달리 본다는 규정을 두고 있지 아니하므로, 토지의 처분대금을 법인세 과세소득으로 보아야 하는지를 결정함에 있어 해당 비영리법인이 토지를 직접 사용하지 못한 데 정당한 사유가 있는지 없는지는 이를 따질 필요가 없다."

30) 구 지방세법(2016. 12. 27. 법률 제14475호로 개정되기 전의 것, 이하 '법'이라고만 한다) 제13조 제5항 제4호는 본문에서 '**고급오락장**에 해당하는 부동산을 취득한 경우 **취득세율**을 법 제11조에 따른 세율과 중과기준세율의 100분의 400을 합한 세율을 적용하여 계산한 금액을 그 세액으로 한다'고 규정하면서, 단서(이하 '이 사건 단서'라고 한다)에서 '고급오락장용 건축물을 취득한 날부터 30일 이내에 고급오락장이 아닌 용도로 사용하거나 고급오락장이 아닌 용도로 사용하기 위하여 용도변경공사를 착공하는 경우를 제외한다'고 규정하고 있다. 한편 법 제111조 제1항 제1호 (다)목 2) 및 제2호 (가)목은 고급오락장용 토지 및 건축물의 **재산세 세율**을 각 과세표준의 1,000분의 40으로 규정하고 있다.

31) 이어서, "원고가 무도유흥주점으로 사용되던 이 사건 부동산을 제2종 근린생활시설 등으로 사용할 목적으로 취득하였고, 취득 후 이 사건 부동산에 관한 용도변경공사 도급계약을 체결하고 이 사건 부동산의 용도를 제2종 근린생활시설(스포츠센터)로 변경하는 용도변경사용승인을 얻어 용도변경공사를 착공하려고 하였으나, 이 사건 부동산에 대한 유치권을 주장하는 소외 1이 그 인도를 거부하는 바람에 용도변경공사를 착공하지 못하였고, 원고는 위와 같은 장애가 해소되자마자 곧바로 용도변경공사를 착공하려고 한 것으로 보인다. 이러한 이 사건 부동산의 취득 목적과 그에 따른 후속 용도변경공사의 착공이 늦어지게 된 경위 등에 비추어 볼 때, 만약 원고가 이 사건 부동산을 취득함과 동시에 곧바로 이를 인도받았더라면 취득한 날부터 30일 이내이자 재산세 과세기준일 전인 2016. 5. 19. 무렵에는 충분히 용도변경공사를 착공할 수 있었을 것으로 판단된다. 위와 같은 사정을 앞서 본 법리에 비추어 살펴보면, 비록 원고가 무도유흥주점으로

※ 합법성 원칙의 예외로서 과세 감면사유인 '정당한 사유'의 인정 여부

조세법률주의와 그 파생원칙인 엄격해석의 원칙, 합법성의 원칙에 따라, 법률이 정한 그대로 조세를 부과·징수하여야 함은 물론, 법률에 근거하지 않고 조세를 감면할 수 없음이 원칙이다. 따라서 세법에서 명문으로 감면 사유로 규정하고 있지 아니하고 있음에도 불구하고 '정당한 사유'라는 이유만으로 조세를 감면할 수는 없다(합법성 원칙의 우선).[33] 그런데 판례는 추징[34]이나 중과[35] 등의 일정한

사용되던 이 사건 부동산을 취득한 날부터 30일 이내에 용도변경공사를 착공하지 못하였다고 하더라도, 용도변경공사를 착공하지 못한 데에는 원고에게 책임지울 수 없는 장애가 있었다고 할 것이고, 그러한 장애가 해소되자마자 곧바로 용도변경공사를 착공하려고 한 이상, 이 사건 부동산의 취득에 대하여는 고급오락장 취득에 따른 취득세 중과세율을 적용할 수 없는 정당한 사유가 있다고 봄이 타당하다. 또한 이와 같이 고급오락장용 부동산의 취득에 따른 취득세 중과세율을 적용할 수 없는 장애가 취득 시점에 연이은 재산세 과세기준일까지 계속되었고, 그러한 장애사유가 없었다면 재산세 과세기준일에 용도변경공사가 이루어졌을 것으로 보이는 특별한 사정이 존재하므로, 고급오락장용 부동산의 보유에 따른 재산세 중과세율 역시 적용할 수 없다고 봄이 타당하다."라고 판시.

32) 이에 반하여, 원심이 인용한 제1심판결(부산지방법원 2017. 2. 9. 선고 2016구합24053 판결)은, "조세법률주의의 원칙상 과세요건이나 비과세요건 또는 조세감면요건을 막론하고 조세법규의 해석은 특별한 사정이 없는 한 법문대로 해석할 것이고 합리적 이유 없이 확장해석하거나 유추해석하는 것은 허용되지 않는바, 원고의 주장과 같이 소외 1이 유치권을 주장하며 이 사건 부동산을 점유하는 등의 사정으로 불가피하게 용도변경공사 착공이 지연되었다고 하더라도 위 규정의 '건축물을 취득한 날'을 건축물을 인도받은 날 또는 사실상 지배를 확보한 날 등으로 달리 해석할 수 없고, 원고가 지방세법 제13조 제5항 제3호 단서에 규정된 요건을 갖추지 못한 이상 취득목적을 이유로 중과세율 적용대상에서 제외할 근거가 없다. 원고가 들고 있는 대법원 2012. 2. 9. 선고 2009두23938 판결은 현행 지방세법 제13조 제5항 제4호 단서 규정과 동일한 내용의 구 지방세법(2007. 12. 31. 법률 제8835호로 개정된 것) 제112조 제2항 제4호 단서 규정이 신설되기 이전의 사안에 관한 것이어서 이 사건에서 원용할 것이 아니다."라고 판시하였는데, 과세 제외의 명문 규정이 신설되기 전의 사안에서 **대법원 2012. 2. 9. 선고 2009두23938 판결**은 "취득세 중과세 규정의 입법 취지가 사치·향락적 소비시설의 유통을 억제하고자 하는 데 있는 점 등을 고려하면, 취득 당시의 현황이 고급오락장이더라도 그 취득 전후의 객관적 사정에 비추어 취득자가 이를 취득한 후 바로 고급오락장이 아닌 다른 용도로 이용하고자 함을 명확히 확인할 수 있을 뿐만 아니라, 나아가 취득자가 취득 후 짧은 기간 안에 실제 고급오락장이 아닌 용도로 사용하기 위해 그 현황을 변경시킨 경우까지 취득세를 중과세할 수는 없다고 보아야 한다."라고 판시한 바 있다.

33) ○ 대법원 1995. 3. 17. 선고 94누8686 판결 ; "조세법규의 해석은 특별한 사정이 없는 한 법문대로 해석하여야 하고, 합리적인 이유 없이 확장해석하거나 유추해석하는 것은 허용되지 않는다고 할 것인바, 지방세법시행규칙 제104조의15 제5호는 분리과세대상토지의 하나로 … 규정하고 있으므로 당해 과세연도 과세기준일 현재 사업계획의 승인을 얻지 못한 토지는 분리과세대상토지에 해당하지 않는다고 할 것이고, 종합토지세는 보유하는 토지에 담세력을 인정하여 과세하는 수익세적 성격을 지닌 재산세로서 당해 토지를 보유하는 동안 매년 독립적으로 납세의무가 발생하고, 따라서 과세표준도 매년 독립적으로 과세기준일 현재의 토지의 현황이나 이용상황에 따라 구분되는 것이므로 과세기준일 현재 사업계획의 승인을 얻지 못한 데에 정당한 사유가 있는지 여부는 위 규정 소정의 분리과세대상토지 해당 여부를 좌우하는 사유가 되지 못한다고 할 것이다."

○ 대법원 2002. 2. 8. 선고 2000두9847 판결 ; "구 지방세법(1998. 12. 31. 법률 제5631호로 개정되기 전의 것) 제234조의15 제2항 제3호, 제4항, 제234조의16 제3항, 같은법시행령(1998. 12. 31. 대통령령 제15982호로 개정되기 전의 것) 제194조의15 제1항 제2호 (가)목, 제194조의17 등의 규정들을 종합하여 본즉, 종합토지세의 분리과세의 대상이 되는 전·답·과수원은 공부상 등재된 지목에 관계없이 적어도 그 사실상의 현황이 농작물 등의 경작에 이용되는 토지일 것을 요한다고 할 것이고, 정당한 사유가 있어 경작에 사용하지 못하였다고 하여 달리 볼 것은 아니라 할 것이다."

○ 대법원 2000. 8. 22. 선고 99두4006 판결 ; "(구 법인세법) 시행규칙 제18조 제3항은 법인의 비업무용 부동산을 개별적으로 열거하고 그 예외사유에 대하여도 제4항에서 열거하고 있으므로, 제3항 각 호의 1에 해당한다면 제4항의 예외사유가 없는 한 그 부동산은 비업무용 부동산으로 볼 수밖에 없고, 정당한 사유를 일반적 예외사유로 볼 근거도 없을 뿐 아니라 제4항을 예시적 규정으로 볼 수도 없다."

○ 대법원 1997. 12. 12. 선고 97누14644 판결 ; "종합토지세에 있어서는 비영리 사업자가 토지를 그 사업에 직접 사용하고 있지 아니하고 그 사업에 직접 사용할 건축물을 건축하고 있지도 아니하는 한, 비영리 사업자가 정당한

경우[36]에는 예외적으로 세법에 명문의 규정이 없음에도 '정당한 사유'(납세의무자에게 책임지울 수 없는

사유가 있어서 토지를 그 사업에 직접 사용하지 못하거나 그 사업에 직접 사용할 건축물을 건축하지 못하고 있다고 하더라도, 지방세법 제234조의12 제2호의 규정에 따른 비과세 대상이 될 수 없다."

○ 대법원 1997. 2. 11. 선고 96누13095 판결 ; "위 규정 내용에 비추어 위와 같이 양도일까지 1년 이상 계속하여 당해 법인의 업무에 직접 사용하지 아니한 이상 그와 같이 사용하지 아니한 데에 정당한 사유가 있는지의 여부는 묻지 아니하고 위의 특별부가세의 비과세 및 감면에 관한 규정의 적용이 배제되는 것이라고 보아야 할 것이다."

34) 대법원 1994. 9. 13. 선고 94누4141 판결 ; "2년 이상 계속하여 가동한 공장을 이전할 목적으로 구 공장의 토지와 건물을 먼저 양도하여 소득세법 제6조 제2항 제2호(1989. 12. 30. 법률 제4163호로 삭제되기 전의 것)에 의하여 양도소득세를 면제받은 경우에, 그 면제된 세액의 추징을 규정한 소득세법시행령 제18조 제5항 제1호(1989. 12. 30. 대통령령 제12877호로 삭제되기 전의 것) 소정의 유예기간을 넘겨 신설될 공장을 시공하거나 준공하여 사업을 개시하였다고 하더라도, 그 추징의 입법취지는 소득세감면의 혜택이 부동산투기 등 비생산적인 목적에 악용됨을 방지하여 소득세감면의 본뜻을 살리고자 하는 사후관리의 측면에서 규정된 것이므로, 그 지연의 원인이 납세의무자에게 책임을 돌릴 수 없는 사유에서 비롯되었을 때에는 같은 시행령 조항을 적용하여 면제된 양도소득세를 추징할 수 없다고 보아야 할 것이고, 이는 명문의 규정이 없다 하여 달리 해석할 것은 아니다."

35) 대법원 2004. 12. 24. 선고 2003두7453 판결 ; "(구 지방세법) 시행령 제84조의4 제2항 제7호 (다)목은 건설업을 영위하는 법인이 도급계약에 의하여 공사를 시공하고 도급인으로부터 공사비의 대가로 양수한 토지는 그 취득일로부터 3년 내에 매각한 경우에만 이를 비업무용 토지로 보지 아니하도록 규정하고 있을 뿐 3년 내에 매각하지 못한 데에 정당한 사유가 있는 경우를 비업무용 토지의 예외사유로 규정하고 있지 아니하나, 비업무용 토지에 대하여 중과세하는 취지 및 비업무용 토지에 관한 일반규정인 시행령 제84조의4 제1항 제1호에서 비업무용 토지에 대한 예외사유로 정당한 사유를 들고 있는 점 등을 고려하면, 건설업을 영위하는 법인이 도급계약에 의하여 공사를 시공하고 도급인으로부터 공사비의 대가로 양수한 토지를 유예기간인 3년 이내에 매각하지 못하였다고 하더라도 매각하지 못한 데에 정당한 사유가 있는 경우에는 시행령 제84조의4 제2항 제7호 (다)목 소정의 토지로서 비업무용 토지에서 제외된다고 보아야 할 것이다."

36) ○ 대법원 2013. 2. 28. 선고 2011두32416 판결 ; "구 조세감면규제법(1990. 12. 31. 법률 제4285호로 개정되기 전의 것. 이하 같다) 제56조의2 제1항은 '한국증권거래소에 처음으로 주식을 상장하고자 하는 법인은 자산재평가법 제4조, 제38조의 규정에 불구하고 매월 1일을 재평가일로 하여 자산재평가법에 의한 재평가를 할 수 있다'고 정하고, 구 법인세법(1994. 12. 22. 법률 제4803호로 개정되기 전의 것) 제15조 제1항 제5호는 '자산재평가법의 규정에 의한 재평가차액은 당해 사업연도의 소득금액 계산상 익금에 산입하지 아니한다'고 정하고 있다. 그런데 1990. 12. 31. 법률 제4285호로 개정된 조세감면규제법 부칙 제23조 제1항, 조세특례제한법 시행령 제138조는 '구 조세감면규제법 제56조의2 제1항에 의하여 재평가를 한 법인이 2003. 12. 31.까지 한국증권거래소에 주식을 상장하지 아니하는 경우 이미 행한 재평가는 자산재평가법에 의한 재평가로 보지 아니한다'고 정하고 있다. 위 각 규정의 입법 취지는 주식시장의 활성화를 위하여 주식의 상장을 전제로 자산재평가를 한 법인에 대하여는 자산재평가법상의 재평가요건을 갖추지 못하였더라도 그 재평가차액을 법인세의 과세대상에서 제외함으로써 주식의 상장을 유도하되, 사후 당해 법인이 주식의 상장을 게을리하는 경우에는 이러한 과세특례를 박탈함으로써 이를 악용하는 것을 방지하고자 하는 데 있다고 할 것이다. 따라서 구 조세감면규제법 제56조의2 제1항에 의하여 자산재평가를 한 법인이 2003. 12. 31.까지 주식을 상장하지 못하였더라도 그 원인이 당해 법인에게 책임을 돌릴 수 없는 정당한 사유에서 비롯되었을 경우에는 재평가차액에 대하여 법인세를 과세할 수 없다고 보아야 한다." ☞ 원심이, 정부, 그리고 그 감독 아래 있는 한국증권거래소는 생명보험회사의 주식 상장을 제한하기 위하여 한국증권거래소의 '유가증권상장규정'(구 증권거래법(2004. 1. 29. 법률 제7114호로 개정되기 전의 것) 제88조 제2항에 기한 것으로, 같은 법 제115조 제1항은 그 제정이나 변경 등에 대하여 금융감독위원회의 승인을 얻도록 정하고 있다)에 '생명보험회사가 상장하기 위하여는 상장이익을 보험계약자에게 배분함으로써 상호회사적 성격을 해소하여야 한다'는 취지의 이 사건 상장요건규정을 두었고, 그 결과 2007. 4. 30.경까지는 생명보험회사의 주식 상장에 제도적 장애가 존재하였던 점, 그러나 이 사건 상장요건규정은 그 법적 근거가 충분하지 아니하였으므로 정부와 한국증권거래소는 생명보험회사도 다른 주식회사와 동일한 조건으로 주식을 상장할 수 있도록 이 사건 상장요건규정을 개정함으로써 그와 같은 제도적 장애를 제거하였어야 하는 점 등 이 사건 변론과정에 나타난 여러 사정을 종합하여 보면, 생명보험회사인 원고가 상장시한인 2003. 12. 31.까지 주식을 상장하지 못한 것은 그에게 책임을 돌릴 수 없는 정당한 사유에서 비롯되었다고 봄이 타당하다는 이유로, 그와 다른 전제에서 이루어진 이 사건 부과처분이 위법하다고 판단한 것은 정당하다고 한 예.

장애·사유, 책임을 돌릴 수 없는 사유, 부득이한 사정, 특별한 사정 등으로 표현된다), 헌법합치적 법률해석[37] 등을 이유로 조세의 감면을 긍정한다. 이는 국세기본법 제18조 제1항에 근거하여, 과세의 '형평'과 해당 조항의 '합목적성'에 비추어 납세자의 재산권이 부당하게 침해되지 아니하도록 세법을 해석·적용한 것으로 볼 수 있다.

○ 대법원 2011. 4. 28. 선고 2009두3842 판결 ; 해운업을 영위하는 갑 회사가 구 조세감면규제법(1990. 12. 31. 법률 제4285호로 개정되기 전의 것) 제56조의2 제1항 등에 의하여 주식 상장을 전제로 자산재평가를 한 다음 그 재평가차액을 익금에 산입하지 아니한 채 법인세를 신고·납부하였는데, 이후 2003. 12. 31.까지 주식을 상장하지 아니하자 과세관청이 위 재평가차액을 소득금액계산에 익금산입하여 법인세를 증액하는 부과처분을 한 **사안**에서, 갑 회사가 주식을 상장하지 못한 것은 증권감독원의 사전감리결과 감가상각비를 과소 계상하여 이익을 과대 계상한 사실이 밝혀졌기 때문이므로 거기에 **정당한 사유가 있다고 할 수 없**고, 갑 회사가 제출한 증거만으로는 상장하지 못한 것이 증권관리위원회가 주식시장에 신규로 상장되는 주식의 양을 조절하기 위해 갑 회사의 상장을 받아들이지 아니하였기 때문이라는 사실을 인정할 수 없으며, 그 밖에 갑 회사가 상장 신청을 철회하였다거나 주식공모가에 관한 주간사와의 견해 차이로 인하여 상장하지 아니하였다는 등의 사정만으로는 갑 회사가 주식을 상장하지 아니한 데에 정당한 사유가 있다고 할 수 없으므로, 위 법인세 부과처분은 적법하다고 본 원심판단을 수긍한 사례.

37) ○ 대법원 2014. 9. 4. 선고 2009두10840 판결 ; 제1 주택을 소유하던 甲이 제2 주택을 취득하여 보유하다가 또 다른 주택을 보유한 乙과 혼인을 하였는데, 그 후 제1 주택이 매각되자 甲이 구 소득세법(2009. 12. 31. 법률 제9897호로 개정되기 전의 것) 제104조 제1항 제2호의3에서 정한 '1세대 3주택 이상에 해당하는 주택'의 양도에 대한 중과세율을 적용하여 양도소득세를 신고·납부하였다가 양도세율이 일반세율이어야 한다며 감액경정청구를 하였으나 과세관청이 이를 거부한 사안에서, "① 구 소득세법 제104조 제1항 제2호의3은 투기 목적의 주택 소유를 억제하여 주택 가격의 안정과 주거생활의 안정을 도모하려는 취지에서 양도소득세를 중과세하는 규정인바, 혼인으로써 3주택 이상 보유자가 되는 경우에는 투기 목적의 주택 소유라고 보기 어려운 점, ② 1세대3주택 중과세율의 적용이 배제된다고 하여 곧바로 양도소득세가 비과세되거나 감면되는 것은 아니고 별도로 비과세 또는 감면요건에 해당하지 않는 한 원칙으로 돌아가 일반세율이 적용되어 과세되므로 이를 두고 특혜라고 할 것은 아닌 점, ③ 이 사건의 경우 2주택 보유자인 원고가 다른 1주택 보유자와 혼인하여 1세대3주택자가 된 지 10개월여 만에 이 사건 주택을 양도하였는바, 이와 같이 혼인으로 일시적으로 3주택자가 된 경우까지 1세대3주택 중과세율을 적용하는 것은 헌법상 보장되는 혼인의 자유를 지나치게 침해하는 것으로서 헌법합치적 법률해석의 원칙상 허용되기 어려운 점, ④ 이를 감안하여 2012. 2. 2. 대통령령 제23588호로 개정된 소득세법 시행령은 제167조의3 제9항을 신설하여 혼인으로 1세대3주택 이상을 보유하게 된 경우로서 혼인한 날부터 5년 이내에 해당 주택을 양도하는 경우에는 배우자의 보유 주택 수를 차감하여 해당 1세대의 보유 주택 수를 계산하도록 규정하고 있는 점 등을 종합하여 보면, 이 사건 주택의 양도에 대하여는 1세대3주택 중과세율을 적용할 수 없다고 함이 상당하다."라고 판단한 예.

○ 대법원 2014. 2. 27. 선고 2010두27806 판결 ; "구 소득세법 제104조 제1항 제2호의3, 구 소득세법 시행령 제167조의3 제1항 제2호 (가)목, 제10호 등은, 투기목적의 주택 소유를 억제하여 주택 가격의 안정과 주거생활의 안정을 도모하려는 취지에서 1세대3주택 이상에 해당하는 주택의 양도에 대하여 원칙적으로 60%의 중과세율을 적용하도록 하는 한편, 임대주택의 공급을 활성화함으로써 서민과 중산층의 주거안정을 지원하기 위하여 장기임대주택과 더불어 일반주택도 중과세율의 적용 대상에서 제외하고 있다. 이러한 입법 취지와 관련 규정의 체계 등에 비추어 보면, 일반주택(이하 '종전주택'이라 한다)과 장기임대주택을 소유한 거주자가 다른 주택(이하 '대체주택'이라 한다)을 취득함으로써 장기임대주택을 제외하고도 2주택을 소유하게 되었더라도, 주거를 이전하기 위하여 대체주택을 취득한 것으로서 거주자에게 투기목적이 없고 대체주택을 취득한 후 종전주택을 양도하기까지 소요된 기간이 주택거래의 현실 등에 비추어 사회통념상 일시적이라고 인정되는 특별한 사정이 있는 경우에는 종전주택의 양도를 1세대3주택 이상에 해당하는 주택의 양도로 보아 양도소득세를 중과할 수는 없다고 봄이 상당하다. 그렇다면, 원심으로서는 원고가 종전주택인 이 사건 아파트를 양도하기 전에 미리 대체주택인 자양동 아파트를 취득하게 된 경위, 원고가 이 사건 아파트와 자양동 아파트를 동시에 보유하면서 실제로 사용한 용도 등을 심리하여 이 사건 아파트의 양도를 1세대3주택 이상에 해당하는 주택의 양도로 보지 아니할 특별한 사정이 있는지를 판단하였어야 한다."

2. 조세법의 해석 방법

문리해석·엄격해석과 목적론적 해석

● 대법원 2017. 10. 12. 선고 2016다212722 판결 [부당이득금]

▌문리해석, 엄격해석, 합목적적 해석

판시사항

[1] 조세법규의 해석 원칙(= **문리해석**, **엄격해석**) 및 조세법규에 관하여 **합목적적 해석**이 불가피한 경우

[2] 전기통신사업자인 甲 회사가 아이엠티이천 서비스는 인지세법 시행령 제4조 제2호에서 말하는 '이동전화 또는 개인휴대통신 역무'에 해당하지 않는다고 주장하면서 국가를 상대로 위 서비스의 가입신청서에 관하여 납부한 인지세 상당의 부당이득반환을 구한 사안에서, **합목적적 해석**으로 아이엠티이천 서비스는 위 조항의 '이동전화 또는 개인휴대통신 역무'에 해당한다고 한 사례.[38)]

---

38) **【이 유】** "**인지세법** 제1조 제1항은 "국내에서 재산에 관한 권리 등의 창설·이전 또는 변경에 관한 계약서나 이를 증명하는 그 밖의 문서를 작성하는 자는 해당 문서를 작성할 때에 이 법에 따라 그 문서에 대한 인지세를 납부할 의무가 있다."라고 규정하고 있고, 인지세법 제3조 제1항 제7호 (나)목 및 그 시행령 제4조 제2호는 인지세를 납부하여야 할 과세문서의 하나로서 '전기통신사업법에 따른 기간통신역무 중 무선전화인 이동전화 또는 개인휴대통신 역무를 이용하기 위하여 작성하는 계약서 또는 가입신청서'를 규정하고 있다. …
앞서 본 인지세법령에서 인용하고 있는 구 전기통신사업법(2013. 3. 23. 법률 제11690호로 개정되기 전의 것, 이하 같다)은 제2조 제11호에서 '기간통신역무'를 전화·인터넷접속 등과 같이 음성·데이터·영상 등을 그 내용이나 형태의 변경 없이 송신 또는 수신하게 하는 전기통신역무 등으로 규정하고 있을 뿐, 그 하위분류에 속하는 개념인 '무선전화인 이동전화 또는 개인휴대통신 역무'에 관하여 명시적으로 정의하는 규정은 따로 마련되어 있지 않다. 다만 구 전기통신사업법 시행령(2012. 2. 28. 대통령령 제23642호로 개정되기 전의 것) 제2조에서 구 전기통신사업법 제4조 제3항의 위임에 따른 보편적 역무의 세부 내용으로서 요금감면 전화 서비스의 대상이 되는 기간통신역무로 '이동전화 서비스, 개인휴대통신 서비스, 아이엠티이천 서비스 및 무선호출 서비스'를 들면서[제2항 제3호 (다)목], 다시 일부 감면대상자에 대한 요금감면 전화 서비스를 '이동전화 서비스, 개인휴대통신 서비스 및 아이엠티이천 서비스'로 한정하는 등[제3항 본문 단서 및 제4호 (가)목], 이동전화 서비스 및 개인휴대통신 서비스와 아이엠티이천 서비스를 각기 구분하여 규정하고 있기는 하다.
그러나 ① 인지세는 국내에서 재산에 관한 권리 등의 창설·이전 또는 변경에 관한 문서에 대해 과세하는 조세로서, 인지세법 제3조 제1항 제7호 (나)목 및 그 시행령 제4조 제2호에서 '전기통신사업법에 따른 기간통신역무 중 무선전화인 이동전화 또는 개인휴대통신 역무에 관한 가입신청서'를 과세문서로 규정한 것 역시 이러한 가입신청을 통하여 무선전화인 이동통신 서비스의 이용에 관한 권리가 설정되기 때문이다. ② 그런데 아이엠티이천 서비스는 그 이전에 등장한 '셀룰러', '피씨에스' 등의 서비스와 비교하면 기술적인 측면에만 차이가 있을 뿐, 무선전화인 이동통신 서비스의 이용에 관한 권리가 설정되는 본질적인 속성에서는 아무런 차이가 없다. ③ 입법자의 의사 역시 이러한 공통의 본질적 속성을 기준으로 인지세 과세대상을 정한 것으로 추단될 뿐만 아니라, 입법기술적인 면에서도 시시각각 이루어지는 과학기술의 발전에 따라 새로이 등장하는 이동통신 서비스에 대하여 일일이 인지세의 과세대상으로 규정하는 방식을 택하기는 곤란해 보인다. ④ 비록 앞서 본 구 전기통신사업법 시행령 제2조는 아이엠티이천 서비스에 관하여 '이동전화 서비스' 및 '개인휴대통신 서비스'를 병렬적으로 나열하고 있으나, 이는 구 전기통신사업법 제4조 제3항의 위임에 따라 보편적 역무의 세부 내용을 규정한 것에 불과하여, 인지세 과세문서 여부와는 무관한 위 시행령 규정에 터잡아 아이엠티이천 서비스가 인지세 과세대상인 '이동전화 또는 개인휴대통신 역무'에서 배제된다고 볼 수는 없다. ⑤ 그 외에도 이 사건 당시 구 전기통신사업법의 위임에 따라 마련된 방송통신위원회고시(이동전화서비스 번호이동성 시행 등에 관한 기준, 이용약관 인가대상 기간통신역무와 기간통신사업자, 전기통신번호관리세칙 등)에서도 '이동전화 서비스'란 용어

이 유

조세법률주의의 원칙상 조세법규의 해석은 특별한 사정이 없는 한 **법문대로 해석**하여야 하고 합리적 이유 없이 확장해석하거나 유추해석하는 것은 허용되지 않는다. 그렇지만 법규 상호 간의 해석을 통하여 그 의미를 명백히 할 필요가 있는 경우에는 조세법률주의가 지향하는 법적 안정성 및 예측가능성을 해치지 않는 범위 내에서 입법 취지 및 목적 등을 고려한 **합목적적 해석**을 하는 것은 불가피하다(대법원 2008. 2. 15. 선고 2007두4438 판결[39] 등 참조).

※ 조세법령의 일반적 해석방법 ; 문리해석·엄격해석의 원칙과 예외적 합목적적 해석

법해석의 목표는 법적 안정성을 저해하지 않는 범위 내에서 구체적 타당성을 찾는 데 있다.[40] 일반적으로 법령의 해석은, 가능한 한 법률에 사용된 **문언의 통상적인 의미에 충실**하게 해석하는 것이 원칙이다(**문리해석**[41]의 원칙). 침익적 행정처분에 해당하는 조세부과처분의 근거 법령의 해석은 **더욱 엄격하게 해석·적용**하여야 하고, 처분의 상대방에게 지나치게 불리한 방향으로 **확대해석이나 유추해석을 해서는 안 된다**.[42] 조세법률주의의 원칙에 따라[43] 과세요건이거나 비과세요건 또는 조세감면요

는 아이엠티이천 서비스를 포함하는 의미로 사용되었고, 이와 동일한 취지의 규정들이 현재까지 그대로 유지되고 있다. 이러한 사정을 고려하면, 아이엠티이천 서비스는 인지세법 시행령 제4조 제2호의 '이동전화 또는 개인휴대통신 역무'에 해당한다고 봄이 상당하다."

39) 구 지방세법(2006. 9. 1. 법률 제7972호로 개정되기 전의 것) 제273조의2의 입법 취지 및 목적에 비추어, 이미 종전부터 사실상 취득가격을 취득세 등의 과세표준으로 하고 있어서 부동산 실거래가 신고제도 시행 이후에도 아무런 세부담의 증가가 없는 경매로 인한 주택의 취득까지 위 조항의 적용대상에 포함시키려 한 것으로는 보이지 않는 점, 경매의 사법상 효력이 매매와 유사하다고 하나 매매가 당사자 사이의 의사합치에 의한 것임에 반하여 경매는 매도인의 지위를 갖는 소유자의 의사와 무관하게 법원이 그 소유물을 매도하는 것이어서 그 경매가격의 형성에 소유자의 의사가 반영될 여지가 전혀 없는 점, 구 지방세법은 취득세 등의 과세표준에 관한 규정에서 경매에 의한 주택의 취득을 일반적인 개인 간의 매매에 의한 주택의 취득과 구분하여 달리 규정하고 있어 취득세 등과 관련해서는 경매를 일반적인 개인 간의 매매와 동일하게 보기 어려운 점 등을 종합해 보면, 위 조항에서 정하고 있는 '개인 간에 유상거래를 원인으로 취득·등기하는 주택'에는 경매로 인하여 취득·등기하는 주택은 포함되지 않는다고 한 사례.

40) 대법원 2009. 4. 23. 선고 2006다81035 판결 ; "법은 원칙적으로 불특정 다수인에 대하여 동일한 구속력을 갖는 사회의 보편타당한 규범이므로 이를 해석함에 있어서는 법의 표준적 의미를 밝혀 객관적 타당성이 있도록 하여야 하고, 가급적 모든 사람이 수긍할 수 있는 일관성을 유지함으로써 법적 안정성이 손상되지 않도록 하여야 한다. 그리고 실정법이란 보편적이고 전형적인 사안을 염두에 두고 규정되기 마련이므로 사회현실에서 일어나는 다양한 사안에서 그 법을 적용함에 있어서는 구체적 사안에 맞는 가장 타당한 해결이 될 수 있도록, 즉 구체적 타당성을 가지도록 해석할 것도 또한 요구된다. 요컨대, 법해석의 목표는 어디까지나 법적 안정성을 저해하지 않는 범위 내에서 구체적 타당성을 찾는 데에 두어야 할 것이다." ☞ '법적 안정성'이 '구체적 타당성'보다는 우위에 있다.

41) 문리해석은 법문(法文)을 구성하고 있는 언어의 통상적인 의미와 문법적 규칙에 따라 법령의 의미를 파악하는 해석방법이다.

42) 대법원 2016. 11. 25. 선고 2015두37815 판결 [개발부담금부과처분취소] ; "법해석의 목표는 법적 안정성을 침해하지 않는 범위에서 구체적 타당성을 추구하는 데 있다. 이를 위하여 가능한 한 법률에 사용된 **문언의 통상적인 의미에 충실**하게 법률을 해석하는 것이 원칙이고, 나아가 법률의 입법 취지와 목적, 그 제·개정 연혁, 법질서 전체와의 조화, 다른 법령과의 관계 등을 고려하는 **체계적·논리적 해석**방법을 추가적으로 동원하여 법해석의 목표에 맞는 타당한 해석을 하여야 한다. **침익적 행정처분**은 수익적 행정처분에 대응하는 개념으로 상대방의 권익을 제한하거나 상대방에게 의무를 부과하는 것이므로 헌법상 요구되는 명확성의 원칙에 따라 그 근거가 되는 행정법규를 **더욱 엄격하게 해석·적용**하여야 하고, 행정처분의 상대방에게 지나치게 불리한 방향으로 확대해석이나 유추해석을 해서는 안 된다."

건을 막론하고 조세법규의 해석 역시 특별한 사정이 없는 한 법문대로 해석할 것이고, 납세자에게 유리하다고 하여 합리적 이유 없이 확장해석하거나 유추해석하는 것은 허용되지 아니하며, 특히 감면요건 가운데 명백히 특혜규정이라고 볼 수 있는 것은 엄격하게 해석하는 것이 조세공평의 원칙에도 부합한다.[44]

법령 해석방법은 문리해석에서 출발하여, **체계적 해석**, **역사적 해석**, **목적론적 해석**이 추가적으로 동원된다.[45] 문언 자체가 비교적 명확한 개념으로 구성되어 있다면 원칙적으로 추가적 해석 방법은 활용할 필요가 없거나 제한될 수밖에 없다.[46] 특별한 사정이 없는 한, 문언의 정당한 해석의 범위[47]를

43) 엄격해석의 원칙은 조세법률주의 원칙의 파생 원칙이다.

44) 대법원 2011. 1. 27. 선고 2010도1191 판결.

45) 체계적 해석은, 어느 법규정의 의미를 그 자체로서 파악하는 것이 아니라 다른 법규정 내지 전체 법질서와의 체계적 연관 하에서 파악하는 것이다. 이는 '국가의 법체계는 그 자체로 하나의 모순 없는 통일체를 이루고 있다'(대법원 2018. 6. 21. 선고 2015두48655 전원합의체 판결)고 보는 데서 비롯된다. 판례에서는 "법질서 전체와의 조화, 다른 법령과의 관계 등을 고려하는 체계적·논리적 해석방법"(대법원 2017. 12. 21. 선고 2015도8335 전원합의체 판결), "법령의 통일적·체계적인 해석상"(대법원 2001. 4. 27. 선고 2000두9076 판결), "위임명령에 규정될 내용 … 예측가능성의 유무는 당해 위임조항 하나만을 가지고 판단할 것이 아니라 그 위임조항이 속한 법률이나 상위명령의 전반적인 체계와 취지·목적, 당해 위임조항의 규정형식과 내용 및 관련 법규를 유기적·체계적으로 종합 판단"(대법원 2002. 8. 23. 선고 2001두5651 판결) 등으로 표현되어 있다.
역사적 해석은, '입법자의 의사'를 해석 기준으로 삼는 것으로서 입법 연혁, 입법 당시 학설·판례 등으로 알 수 있다. 목적론적 해석은 법규의 객관적인 합리적 목적을 기준으로 한 해석으로서 판례상으로는 '입법 취지 및 목적 등을 고려한 합목적적 해석'(대법원 2017. 10. 12. 선고 2016다212722 판결)으로 표현되어 있다. 판례는, '법적 안정성 및 예측가능성을 해치지 않는 범위 내'에서 허용된다고 판시하고 있다(대법원 2017. 10. 12. 선고 2016다212722 판결). 판례는 "가능한 문언의 의미 내에서 당해 규정의 입법 취지와 목적 등을 고려한 법률체계적 연관성에 따라 그 문언의 논리적 의미를 분명히 밝히는 체계적·논리적 해석방법"(대법원 2007. 6. 14. 선고 2007도2162 판결), "(문리해석에서) 나아가 법률의 입법 취지와 목적, 그 제·개정 연혁, 법질서 전체와의 조화, 다른 법령과의 관계 등을 고려하는 체계적·논리적 해석방법을 추가적으로 동원"(대법원 2009. 4. 23. 선고 2006다81035 판결) 등의 판시에서 보듯이 체계적·논리적 해석방법에 체계적 해석, 역사적 해석, 목적론적 해석을 포섭하고 있다.

46) ○ 대법원 2009. 4. 23. 선고 2006다81035 판결 ; "법률의 문언 자체가 비교적 명확한 개념으로 구성되어 있다면 원칙적으로 더 이상 다른 해석방법은 활용할 필요가 없거나 제한될 수밖에 없고, 어떠한 법률의 규정에서 사용된 용어에 관하여 그 법률 및 규정의 입법 취지와 목적을 중시하여 문언의 통상적 의미와 다르게 해석하려 하더라도 당해 법률 내의 다른 규정들 및 다른 법률과의 체계적 관련성 내지 전체 법체계와의 조화를 무시할 수 없으므로, 거기에는 일정한 한계가 있을 수밖에 없다."
○ 대법원 2017. 12. 21. 선고 2015도8335 전원합의체 판결 ; "법률을 해석할 때 입법 취지와 목적, 제·개정 연혁, 법질서 전체와의 조화, 다른 법령과의 관계 등을 고려하는 체계적·논리적 해석 방법을 사용할 수 있으나, 문언 자체가 비교적 명확한 개념으로 구성되어 있다면 원칙적으로 이러한 해석 방법은 활용할 필요가 없거나 제한될 수밖에 없다. 죄형법정주의 원칙(☞ 조세법률주의)이 적용되는 형벌(☞ 조세)법규의 해석에서는 더욱 그러하다." ☞ **체계적·논리적 해석의 한계**

47) 대법원 2018. 11. 29. 선고 2016두50037 판결은, "구 지방세특례제한법(2015. 12. 29. 법률 제13637호로 개정되기 전의 것) 제45조 제1항 및 구 지방세특례제한법 시행령(2014. 11. 19. 대통령령 제25751호로 개정되기 전의 것) 제22조 제1호(이 사건 면제조항)는 '정부로부터 허가 또는 인가를 받거나 민법 외의 법률에 따라 설립되거나 그 적용을 받는 장학단체가 그 고유업무에 직접 사용하기 위하여 취득하는 부동산에 대하여는 취득세를 면제한다'고 규정하고 있다. 이 사건 면제조항에서 정한 '장학단체'란 그 규정의 취지에 비추어 '학자금·장학금 기타 명칭에 관계없이 학생 등의 장학을 목적으로 금전을 지급·지원하거나, 금전에 갈음한 물건·용역 또는 시설을 설치·운영 또는 제공하거나 지원하는 장학사업을 주된 목적으로 하는 단체'를 의미하고, 장학사업이 그 부대사업의 하나에 불과한 단체는 위 조항에서 정한 '장학단체'에 해당한다고 볼 수 없다."라고 하였는데, 이는 '장학단체'라는 문언 자체의 통상적 의미 범위 내에서도

벗어난 확장해석은 물론 제한·축소해석도 허용되지 않으나,[48] 예외적으로 납세자에게 불리하게 합목적적 축소해석을 하여 감면을 배제한 예,[49] 납세자에게 불리하게 합목적적 확장해석을 한 예,[50] 납세자에게 유리하게 합목적적 축소해석을 한 예,[51][52] 납세자에게 유리하게 합목적적 확장해석을 한 예,[53] 위헌의 소지를 없애기 위해 '헌법합치적 해석' 내지 '하위규범의 상위규범합치적 해석'의 일환으로 법문언을 한정 해석한 예[54]가 있다.

도출될 수 있는 해석이라 할 수 있다.

48) 대법원 2015. 11. 19. 선고 2015두295 전원합의체 판결 다수의견에 대한 보충의견 ; "이 사건 조항의 규제 대상인 '대형마트로 등록된 대규모점포'를 그 구성 부분 중 '상품판매 장소'만으로 한정하는 것은 **문언의 정당한 해석의 범위를 벗어난 제한·축소해석**이라고 볼 수밖에 없다. 나아가 반대의견이 근거로 들고 있는 '**침익적 처분규정의 엄격해석의 원칙**'은, 침익적 처분의 근거인 행정법규의 문언을 처분상대방에게 불리하도록 부당하게 유추·확장 해석하는 것을 제한하는 법리일 뿐, 이 사건 조항과 같이 문언상 아무런 유보가 없는 규정의 제한·축소해석의 합당한 근거가 되지는 못한다. … '구 유통산업발전법상 규제의 취지·목적'이나 '용역제공 장소 업주의 영업의 자유 등에 대한 침해를 최소화할 필요성'에 따른 **목적론적 해석**을 통하여서만 반대의견과 같은 결론에 이를 수 있다고 보인다. 그런데 여기서 앞서 본 바와 같은 문언의 가능한 의미에 따른 해석이, 규범의 수범자인 이해당사자들에게 **현저히 불합리**한 결과를 낳거나 **구체적 타당성에 어긋**나는 경우에는 법질서 전체의 이념, 처분 근거법규의 기능과 목적 등 여러 요소를 모두 고려하여 통상의 문언상 의미보다 **한정적으로 해석**하는 것이 가능할 것이다."

49) 대법원 2008. 2. 15. 선고 2007두4438 판결 ; 구 지방세법상 취득세 감경대상인 '개인 간에 유상거래를 원인으로 취득·등기하는 주택'에 '경매'로 인하여 취득·등기하는 주택은 포함되지 않는다고 한 사례.

50) 대법원 2017. 10. 12. 선고 2016다212722 판결 ; 전기통신사업자인 甲 회사가 아이엠티이천 서비스는 인지세법 시행령 제4조 제2호에서 말하는 '이동전화 또는 개인휴대통신 역무'에 해당하지 않는다고 주장하면서 국가를 상대로 위 서비스의 가입신청서에 관하여 납부한 인지세 상당의 부당이득반환을 구한 사안에서, 아이엠티이천 서비스는 위 조항의 '이동전화 또는 개인휴대통신 역무'에 해당한다고 한 사례.

51) 대법원 2014. 6. 26. 선고 2012두12822 판결 ; 구 국세기본법(2007. 12. 31. 법률 제8830호로 개정되고 2010. 12. 27. 법률 제10405호로 개정되기 전의 것) 제45조의2 제1항에 의하여 경정청구기간이 이의신청·심사청구 또는 심판청구기간으로 제한되는 '세법에 따른 결정 또는 경정이 있는 경우'란 과세관청의 결정 또는 경정으로 인하여 증가된 과세표준 및 세액 부분만을 뜻한다고 해석한 예.

52) 대법원 2019. 5. 16. 선고 2018두36110 판결('2차 과점주주가 단지 1차 과점주주의 과점주주라는 사정만으로 1차 과점주주를 넘어 2차 과점주주에까지 그 보충적 납세의무를 확장하여 국세기본법 제39조 제2호에서 규정한 과점주주에 해당한다고 보는 것은 위 조항의 취지와 엄격해석의 필요성에 비추어 특별한 사정이 없는 한 허용되지 않는다.')의 경우, '엄격해석'을 그 근거로 내세우나 실제로는 납세자에게 유리하게 '합목적적 축소해석'을 한 사례로 볼 수 있다.

53) 대법원 2017. 4. 13. 선고 2016두59713 판결 ; 이미 독점규제 및 공정거래에 관한 법률에 따라 설립 내지는 전환된 지주회사가 계열회사가 아닌 국내 회사의 주식을 일시에 취득함으로써 국내 회사를 자회사로 새로 편입하여 국내 회사의 과점주주가 된 경우에도, 구 조세특례제한법(2010. 12. 27. 개정 전) 제120조 제6항 제8호("독점규제 및 공정거래에 관한 법률에 따른 지주회사(금융지주회사를 포함한다)가 되거나 지주회사가 같은 법 또는 「금융지주회사법」에 따른 자회사의 주식을 취득하는 경우")에서 정한 "지주회사가 된 경우"에 해당한다고 하여 감면을 긍정한 예. ☞ 현재는 지방세특례제한법 제57조의2(기업합병·분할 등에 대한 감면) ⑤ 제3호에 "지주회사가 「독점규제 및 공정거래에 관한 법률」 제2조제3호에 따른 동일한 기업집단 내 계열회사가 아닌 회사의 과점주주인 경우를 제외한다."는 문구가 추가되어 있다. ⇔ 동일 조항에 대하여 대법원 2014. 1. 23. 선고 2011두2781 판결은 납세자에게 불리하게 합목적적 축소해석을 하여 감면을 배제하였다(독점규제 및 공정거래에 관한 법률의 지주회사에 관한 규정이 적용되지 아니하는 구 간접투자자산 운용업법상의 사모투자전문회사나 투자목적회사에 대해서는 구 조세특례제한법 제120조 제6항 제8호의 적용을 부정한 사례).

54) 대법원 2000. 10. 6. 선고 98두18916 판결 ; "구 국세기본법(1998. 12. 28. 개정 전) 제11조 제1항은 서류의 **공시송달사유**로 제3호에서 "제10조 제4항에서 규정한 자가 송달할 장소에 없는 경우로서 등기우편으로 송달하였으나 **수취인의 부재**로 반송되는 경우 등 대통령령이 정하는 경우" … 국세기본법시행령(1999. 12. 28. 개정 전) 제7조의2는 위 "대통령령이

견해의 대립이 있는 경우 서로 자신의 견해는 문리해석, 상대방의 의견은 목적론적 해석이라 주장하여 그 구별이 어려운 경우도 있다.[55)]

※ 과거·현재·미래의 시제(時制) 등에 따른 해석

과거·현재·미래의 **시제**(時制), 행위 간의 시간적 선후, 판단 기준 시점 등 시간적 요소가 조세법령 해석에 중요하여 문제가 되는 경우가 있는데, 이 경우에도 문언의 통상적인 의미에 따른 엄격해석이 원칙적이나,[56)] 실제로는 법령의 문언 자체가 명확하지 않거나 입법 취지나 목적과 정합적이지 못한 경우가 있어 목적론적 해석이 동원된다.

'~ㄴ, 은'은 과거 시제, '~는'은 현재 시제, '~ㄹ, 을'은 미래 시제의 각 관형형 어미이므로, 이에 따르는 것이 문언에 충실한 원칙적 해석이라 할 것이나, 개별 규정의 입법 취지와 규율목적 등에 부합하는 해석을 할 필요가 있는 경우도 있다.[57)]

정하는 경우"로서 제1호에서 "서류를 등기우편으로 송달하였으나 **수취인**이 **부재중**인 것으로 확인되어 반송됨으로써 납부기한 내 송달이 곤란하다고 인정되는 경우"를, 제2호에서 "세무공무원이 2회 이상 납세자를 방문하여 서류를 교부하고자 하였으나 **수취인**이 **부재중**인 것으로 확인되어 납부기한 내 송달이 곤란하다고 인정되는 경우"를 들고 있는바, 위 구 국세기본법 제11조 제1항 제3호는 1996. 12. 30. 법률 제5189호로 개정되면서 공시송달사유를 종전의 규정보다 확대함으로써 납세의무자가 책임질 수 없는 사유로 인하여 불복기간이 경과된 경우에도 과세처분에 대하여 불복할 기회를 상실하게 되는 등으로 **헌법** 제27조 제1항이 정한 **재판을 받을 권리**를 **과도하게 침해할 가능성**을 안고 있으므로, 위 규정 및 구 국세기본법시행령 제7조의2 제1호, 제2호에서 '**수취인의 부재**'라 함은 납세의무자가 기존의 송달할 장소로부터 장기간 이탈한 경우로서 과세권 행사에 장애가 있는 경우로 한정 해석함이 상당하다 할 것이다. … 원심이, …송달을 받을 자가 거주하지 아니하는 경우에 한하는 것이 아니라 단순히 외출 등의 사유로 일시 부재중인 경우를 포함하는 것으로 해석된다는 전제 아래 이 사건 납세고지서가 적법하게 공시송달되었다고 판단한 것은 … 위법"

55) 대법원 2018. 10. 18. 선고 2016다220143 전원합의체 판결 다수의견에 대한 보충의견 ; "반대의견은 … 문리해석상으로도 자연스럽다고 주장한다. 그러나 이는 문리해석의 범위를 벗어나서 전형적인 목적론적 축소해석에 해당한다. … 반대의견의 이러한 주장은 법률 조항에서 명시하지 않은 내용을 추가함으로써 그 적용을 배제하는 방향으로 이루어지는 해석이다. 이는 엄밀한 의미에서 문리해석이라기보다는 목적론적 해석이라고 보아야 한다."

56) 대법원 2018. 5. 17. 선고 2017도14749 전원합의체 판결 ; "(1) 국회증언감정법 제15조 제1항 단서에 규정된 재적위원은 위원회가 존속하고 있는 상태에서의 재적위원을 의미한다고 해석하는 것이 문언의 통상적인 용법에 부합한다. 재적의 사전적 의미는 명부에 이름이 올라 있음을 뜻한다. 국회법은 여러 조항에서 재적위원이라는 용어를 사용하고 있다. … 위와 같이 국회법이 규정하고 있는 재적위원은 모두 위원회가 존속하고 있는 것을 전제로 하여 현재 위원회에 적을 두고 있는 위원을 의미하고 있고, 위원회가 소멸하여 더 이상 존속하지 않는 경우를 상정하고 있다고 보기는 어렵다. 만일 재적위원의 범위에 위원회가 소멸하였으나 과거 위원회가 존속할 당시 재적위원이었던 사람도 포함된다고 해석하면 이미 존속기간이 지난 위원회를 다시 활동하게 하는 것과 사실상 같게 된다. 그렇게 되면 그 종기를 다시 언제로 보아야 할지 확정하는 것이 어렵게 되며, 재적위원이었던 사람이 사망, 당선무효, 기타의 사유로 국회의원 자격을 상실한 경우에도 재적위원에 포함되는지 등 여러 면에서 불명확한 상태를 초래한다. … 따라서 국회증언감정법 제15조 제1항 단서에서 특별히 '재적위원이었던 자'를 포함한다고 볼 만한 문언을 사용하지 않고 단순히 '재적위원'이라고만 규정하고 있는 이상 이는 위에서 본 것과 같이 국회법의 여러 규정에서 사용하고 있는 재적위원과 동일한 의미로 해석하는 것이 타당하다."

57) 대법원 2013. 6. 13. 선고 2013두1850 판결 ; "구 상속세 및 증여세법 … 제66조는 '다음 각 호의 1에 해당하는 재산은 제60조의 규정에 불구하고 당해 재산이 담보하는 채권액 등을 기준으로 대통령령이 정하는 바에 의하여 평가한 가액과 제60조의 규정에 의하여 평가한 가액 중 큰 금액을 그 재산의 가액으로 한다.'고 정하면서, 그 제1호에서 '저당권 또는 질권이 설정된 재산'을 들고 있다. … 시행령 제63조 제1항 제3호는 근저당권이 설정된 재산의 경우 상증세법

판례는, '~는'이란 문언 자체는 중립적 기술이어서, 반드시 과거나 장래 한 쪽의 상태만을 규율하는 것이라고 단정할 수 없고, 입법 취지와 규율목적 등에 부합하는 해석을 필요로 한다고 한다.58)

"출연하여 설립한"의 의미에 관하여, '설립을 위하여 재산을 출연하고 정관작성, 이사선임, 설립등기 등의 과정에서 설립에 실질적으로 지배적인 영향력을 행사하는 것'으로 본 예59)가 있는 반면에, '출

제66조 소정의 '대통령령이 정하는 바에 의하여 평가한 가액'으로 '평가기준일 현재 당해 재산이 담보하는 채권액'을 정하고 있다. 담보로 제공된 재산에 관한 평가의 특례를 규정한 상증세법 제66조는 증여재산의 평가에 관하여 시가주의 원칙을 정한 상증세법 제60조 제1항의 규정을 보충하여 시가에 보다 근접한 가액을 산정하려는 취지에서 마련된 것인 점, 증여일 당일에 설정된 근저당권에 의하여 담보되는 채권액은 통상 당해 재산에 관한 증여시점의 시가를 정확히 반영할 가능성이 크므로 증여와 근저당 사이의 선후관계를 분명히 가려 증여 이전에 설정된 근저당권에 의해 담보되는 채권액만이 증여재산의 시가를 제대로 반영하는 것으로 한정하여 볼 필요가 없는 점 등을 종합하여 보면, 당해 재산에 관하여 증여일 당일에 근저당권이 설정되었다면 다른 특별한 사정이 없는 한 이는 상증세법 제66조 제1호에서 정하는 '저당권 또는 질권이 설정된 재산'에 해당한다고 할 것이고, 결국 그 근저당권이 담보하는 채권액은 상증세법 시행령 제63조 제1항 제3호 소정의 '평가기준일 현재 당해 재산이 담보하는 채권액'에 해당된다고 할 것이다."

58) 대법원 2017. 4. 20. 선고 2011두21447 전원합의체 판결의 다수의견에 대한 보충의견 ; "반대의견은, 다수의견이 구 상속세 및 증여세법 제16조 제2항 단서의 "출연자와 '특수관계에 있지 아니하는' 내국법인의 주식을 출연하는 경우"라는 문언을 "출연자와 '출연 직후 특수관계에 있지 않게 되는' 내국법인의 주식을 출연하는 경우"라고 고쳐 읽어야 도출될 수 있는 해석으로서 법률 문언을 벗어난 견해라고 주장한다. 이러한 주장에 따른다면, 반대의견은 같은 문언을 "출연자와 '출연 직전 특수관계에 있지 않았던' 내국법인의 주식을 출연하는 경우"라고 고쳐 읽어야 도출될 수 있는 해석이라고 마찬가지로 비판할 수 있다. 그러나 '특수관계에 있지 아니하는'이란 문언 자체는 특수관계가 존재하지 않는 상태를 중립적으로 기술한 것이어서, 반드시 '특수관계에 있었던' 과거의 상태만을 규율하는 것이라거나 '특수관계에 있게 될' 장래의 상태만을 규율하는 것이라고 단정할 수 없다. 오히려 특수관계를 규정한 개별 세법규정의 입법 취지와 규율목적 등에 부합하는 해석을 필요로 하는 것이다. … 출연자가 공익법인에 내국법인 주식의 100분의 5를 초과하는 주식을 출연하였으나, 출연자의 내국법인 지배와 무관하여 과세대상으로 볼 수 없는 '출연자와 특수관계에 있지 아니하는 내국법인의 주식'에 해당하는지 여부는 주식이 출연된 이후에 출연자가 여전히 내국법인의 의사결정 과정에 영향력을 미칠 수 있는지를 살펴야 한다. 출연자와 내국법인 사이에 특수관계가 있는지, 구체적으로 출연자 등이 내국법인의 최대주주인지를 주식이 출연된 이후의 사정을 기준으로 판단하는 것이 옳다. … 반대의견이 법 제16조 제2항 단서의 문언에 충실한 견해라는 주장은 타당하지 않고, 오히려 반대의견은 특수관계의 판단에 있어서 개별 세법규정의 입법 취지와 규율목적 등을 고려하여야 한다는 점을 간과하고 있는 것이다." ☞ **[쟁점의 개요]** 공익법인에 대한 주식 출연의 규제대상이 내국법인의 최대주주였던 자의 출연이냐, 아니면 내국법인의 최대주주가 되는 자에 대한 출연이냐의 쟁점에서, 주식 출연 이후에 공익법인을 통한 내국법인의 지배를 막고자 하는 것이 법 제48조 제1항 단서의 입법 취지라는 점에 관하여는 이견이 없으나, 이를 관철하기 위하여 입법자는 **출연 이후**에 내국법인의 **최대주주가 되는 자**의 출연을 규제하고자 하였다는 것이 **다수의견**이고, **출연 이전**에 내국법인의 **최대주주였던 자**의 출연을 규제하고자 하였다는 것이 **반대의견**임.

59) 대법원 2017. 4. 20. 선고 2011두21447 전원합의체 판결의 다수의견 ; "이 사건에서는 당해 공익법인이 '주식 출연자 등이 재산을 출연하여 설립한 공익법인'에 해당하는지, 즉 '재산을 출연하여 비영리법인을 설립한 자'의 의미가 쟁점이다. … 조세법규의 해석 원칙과 입법취지, 이 사건 시행령 조항의 입법연혁, 특수관계에 있는 비영리법인의 범위를 정한 다른 조세법규의 내용, 정관작성이나 이사선임 등의 설립행위가 공익법인의 운영과정에 미치는 영향력 등을 종합적으로 고려하면, 이 사건 시행령 조항에서 정한 '재산을 출연하여 비영리법인을 설립한 자'란 비영리법인의 설립을 위하여 재산을 출연하고 정관작성, 이사선임, 설립등기 등의 과정에서 그 비영리법인의 설립에 실질적으로 지배적인 영향력을 행사한 자를 의미하는 것으로 보아야 한다. … '설립'의 의미를 도외시하거나 무의미한 것으로 만드는 해석은 허용될 수 없다. 납세의무자에게 불리한 결과를 초래하는 경우에는 더욱 그러하다. … '주식 출연자 등이 재산을 출연하여 설립에 이른 비영리법인'이라는 의미로 해석하는 것은, 이 사건 시행령 조항 중 '설립'이라는 문언을 사실상 삭제함으로써 주식 출연자 등이 비영리법인의 설립을 위하여 재산을 '출연'한 경우에는 설립과정에 관여하지 않더라도 언제나 그 비영리법인을 특수관계자의 범위에 포함시키는 결과가 되어 채택할 수 없다. … 주식 출연자가 비영리법인의 설립에 실질적으로 지배적인 영향력을 행사하였는지는 반드시 발기인 등의 지위에서 정관작성 또는 이사선임 과정 등에 참여한 경우로 한정할 것은 아니고 정관작성이나 이사선임에서 출연자의 관여 정도 등과 같이 그 실질을 따져 판단하여야

자·출연이 설립 시에 이루어진 경우뿐 아니라, 관련 특별법 규정에서 예정하고 있던 출자·출연이 설립 후에 이루어진 경우'도 포함하는 것으로 완화하여 해석한 예[60]도 있다.

한편, '연간 포탈세액'에서 '연간'의 의미는 역법상의 한 해인 '1. 1.부터 12. 31.까지의 1년 간'으로 이해하는 것이 '일반적'이고 '법규의 명확성'의 요청에 보다 부응하는 해석이다.[61]

※ "또는", "및"과 "와, 과"의 해석

'조사'나 '접속부사'도 사전적 의미에 맞게 해석하는 것이 문리해석과 엄격해석에 부합한다. **"또는"**은 나열된 2개 이상의 사항 중 하나라는 선택적 의미를 갖는 접속부사로서 "~나, 이나, 거나"와 같다.

하며, 설립 이후 주식 출연자의 행태 등을 통하여 이를 추단할 수도 있다."

60) 대법원 2015. 12. 23. 선고 2015두43353 판결 ; "구 지방세특례제한법(2014. 1. 1. 법률 제12175호로 개정되기 전의 것, 이하 같다) 제85조의2 제3항(이하 '이 사건 감면조항'이라 한다)은 "지방자치단체가 자본금 또는 재산을 출연하여 설립한 상법에 따른 주식회사(이하 '출자법인'이라 한다) 또는 민법에 따른 재단법인에 대해서는 다음 각 호에서 정하는 바에 따라 2013년 12월 31일까지 지방세를 경감한다."고 규정하면서, 제3호에서 "과세기준일 현재 그 고유업무에 직접 사용하는 부동산에 대해서는 재산세(지방세법 제112조에 따른 부과액을 포함한다)의 100분의 75(100분의 75의 범위에서 조례로 따로 정하는 경우에는 그 율)에 지방자치단체의 출자·출연비율을 곱한 금액을 경감한다."고 규정하고 있다. … 이 사건 감면조항은 지방자치단체가 출자·출연한 법인의 공익적 성격을 고려하여 재산세 등을 감면함으로써 재정적 부담을 완화하고 지방자치단체의 경제·사회 정책 등에 부응하는 데에 그 취지가 있다. 그리고 특별법에 의하여 설립되는 법인에 대한 국가나 지방자치단체의 출자·출연 의무는 특별법의 관련 규정에 따라 미리 확정되고, 다만 실제 출자·출연행위는 관계기관의 업무 협의, 예산 상황 등을 고려하여 법인의 설립과는 별도의 절차에 따라 진행되는 것으로 보인다. 이러한 사정 등을 종합하여 보면, 이 사건 감면조항에서 규정한 출자법인에는 지방자치단체의 출자·출연이 설립 시에 이루어진 법인뿐 아니라, 특별법의 관련 규정에서 예정하고 있던 지방자치단체의 출자·출연이 설립 후에 이루어진 법인도 포함된다고 해석함이 타당하다." ☜ **원심**은, 이 사건 감면조항에서 규정한 출자법인은 지방자치단체가 지방공기업법에 따라 출자하고 직접 설립의 주체가 된 '지방공사 및 지방공단 외의 출자법인'만을 의미한다는 전제에서, 공공기관의 운영에 관한 법률에 따른 공공기관으로 설립된 후에 비로소 지방자치단체가 출자한 원고(한국가스공사)는 이 사건 감면조항에서 규정한 출자법인에 해당하지 아니한다고 한데 대하여, **대법원**은, 원고는 구 한국가스공사법에 의하여 지방자치단체가 국가 및 한국전력공사와 함께 원고에 대한 자본금 출자를 예정하고 있는 상태에서 설립되었고, 그 후 그 예정된 바에 따라 실제로 지방자치단체의 출자가 이루어졌으므로, 원고는 이 사건 감면조항에서 규정한 출자법인에 해당한다고 한 예.

61) 대법원 2000. 4. 20. 선고 99도3822 전원합의체 판결 ; "원래 조세포탈범의 죄수는 위반사실의 구성요건 충족 회수를 기준으로 하여 예컨대, 소득세포탈범은 각 과세년도의 소득세마다, 법인세포탈범은 각 사업년도의 법인세마다, 그리고 부가가치세의 포탈범은 각 과세기간인 6월의 부가가치세마다 1죄가 성립하는 것이 원칙이나, 본항은 연간 포탈세액이 일정액 이상이라는 가중사유를 구성요건화하여 조세범처벌법 제9조 제1항의 행위와 합쳐서 하나의 범죄유형으로 하고 그에 대한 법정형을 규정한 것이므로, 조세의 종류를 불문하고 1년간 포탈한 세액을 모두 합산한 금액이 본항 소정의 금액 이상인 때에는 본항 위반의 1죄만이 성립하고, 또한 본항 위반죄는 1년 단위로 하나의 죄를 구성하며 그 상호간에는 경합범 관계에 있다 할 것이고, 따라서 본항에 있어서 '연간'은 그 적용대상이 되는지 여부를 판단하기 위한 포탈세액을 합산하여야 할 대상기간을 의미할 뿐만 아니라, 그 죄수와 기판력의 객관적 범위를 결정하는 주요한 구성요건의 하나이므로 일반인의 입장에서 보아 어떠한 조세포탈행위가 본항 위반의 죄가 되고 또 어떤 형벌이 과하여지는지 알 수 있도록 그 개념이 명확하여야 하는데, 본항에서와 같이 연간이라는 용어를 사용하면서 그 기산시점을 특정하지 아니한 경우에는 역법상의 한 해인 1월 1일부터 12월 31일까지의 1년간으로 이해하는 것이 일반적이며 이렇게 보는 것이 형벌법규의 명확성의 요청에 보다 부응한다 할 것이고, 그리고 포탈범칙행위는 조세범처벌법 제9조의3 소정의 신고·납부기한이 경과한 때에 비로소 기수에 이르는(주세포탈 이외에는 미수범을 처벌하지 아니한다) 점 등에 비추어 보면, 본항에서 말하는 '연간 포탈세액 등'은 각 세목의 과세기간 등에 관계없이 각 연도별(1월 1일부터 12월 31일까지)로 포탈한 또는 부정 환급받은 모든 세액을 합산한 금액을 의미한다 할 것이다." ⇔ [반대의견] "기소된 최초의 포탈 등 범칙행위의 성립시기인 어느 해의 특정 시점으로부터 1년의 기간을 뜻하는 것이라고 해석하여야 한다."

"**및**"과 "**와, 과**"는 2개 이상의 사항을 함께 필요로 하는 경우에 사용하는 병합적 의미[62]의 접속부사와 조사로서 서로 바꾸어 쓸 수 있다.[63] 판례는 'A 및 B', 'A와B'는 둘 다 'A 단독으로 또는 B와 함께'의 의미를 갖고, 'A를 배제한 B만'의 의미는 갖지 않는다고 해석한다.[64]

---

62) 대법원 2009. 10. 22. 선고 2007두3480 전원합의체 판결 ; "**구 지방세법**(2007. 12. 31. 법률 제8835호로 개정되기 전의 것) 제112조 제2항 제3호(이 사건 법률조항)는 취득세 중과세대상인 고급주택에 관하여 '주거용 건축물 또는 그 부속토지의 면적과 가액이 대통령령이 정하는 기준을 초과하는 주거용 건축물과 그 부속토지'라고 규정함으로써 고급주택의 요건으로 면적과 가액의 두 요소를 함께 반영하여 양자 모두 일정한 기준을 초과할 것을 요구하고 있음에도, 그 위임을 받은 구 지방세법 **시행령**(2007. 12. 31. 대통령령 제20517호로 개정되기 전의 것) 제84조의3 제3항 제4호(이 사건 시행령조항)는 '1구의 공동주택의 연면적(공용면적을 제외한다)이 245㎡(복층형의 경우에는 274㎡로 하되, 1개 층의 면적이 245㎡를 초과하는 것을 제외한다)를 초과하는 공동주택과 그 부속토지'를 취득세 중과세대상인 고급주택의 하나로 규정함으로써 공동주택의 경우에는 단독주택의 경우와는 달리 면적이 일정한 기준을 초과하기만 하면 그 가액과 관계없이 취득세를 중과세하도록 정하고 있어 결과적으로 이 사건 법률조항보다 취득세 중과세대상의 범위를 확장하고 있다. 이 사건 시행령조항이 이 사건 법률조항보다 납세자에게 불리한 방향으로 취득세 중과세대상의 범위를 확장한 것은 모법인 위 법률조항의 규정취지에 반할 뿐만 아니라 그 위임범위를 벗어난 것으로서 무효라고 봄이 상당하다." ☛ 이에 대하여 **반대의견**은, "이 사건 법률조항은 그 규정형식에도 불구하고 대통령령에 모든 종류의 주택에 관하여 반드시 면적과 가액을 함께 반영하여 고급주택 요건을 정하도록 위임한 것이 아니라 주택의 유형에 따라 합리적으로 판단하여 면적이나 가액 중 어느 하나만을 기준으로 고급주택 여부를 정하는 것도 위임하였다는 점을 누구라도 어렵지 않게 예측할 수 있다."라는 '합목적적 해석'에 기초해 위 시행령조항이 유효하다고 하였다. **현재**는 지방세법 제13조 제5항 제3호에서 "고급주택: 주거용 건축물 또는 그 부속토지의 면적과 가액이 대통령령으로 정하는 기준을 초과하거나 해당 건축물에 67제곱미터 이상의 수영장 등 대통령령으로 정하는 부대시설을 설치한 주거용 건축물과 그 부속토지"라고 규정하고, 시행령 제28조 제4항 단서에서 "공동주택과 그 부속토지는 법 제4조 제1항에 따른 취득 당시의 시가표준액이 9억원을 초과하는 경우만 해당한다."라고 규정한 다음, 제4호에서 연면적 기준을 정하고 있다. 한편, **소득세법** 제89조 소정의 1세대 1주택 비과세 양도소득에서 제외되는 고급 또는 고가 주택에 관하여, 2002. 12. 18. 개정 전에는 "거주용건물의 연면적·가액 및 시설 등이 대통령령이 정하는 기준을 초과하는 고급주택을 제외한다"라고 규정하였다가, 개정 후에는 "가액이 대통령령이 정하는 기준을 초과하는 고가주택을 제외한다"라고 규정하고 있다.

63) "및"의 해석에 관한 대법원 2010. 11. 25. 선고 2009두4746 판결과 "과"의 해석에 관한 대법원 2011. 1. 27. 선고 2009두1617 판결이 동일한 의미로 판시하고 있다.

64) ○ 대법원 2010. 11. 25. 선고 2009두4746 판결 ; "조세법률주의 원칙상 과세요건은 엄격하게 해석하여야 한다. **구 소득세법**(2009. 12. 31. 법률 제9897호로 개정되기 전의 것) **제101조** 제1항은 '납세지 관할세무서장 등은 양도소득이 있는 거주자의 행위 또는 계산이 그 거주자와 특수관계 있는 자와의 거래로 인하여 당해 소득에 대한 조세의 부담을 부당하게 감소시킨 것으로 인정되는 때에는 그 거주자의 행위 또는 계산에 관계없이 당해 연도의 소득금액을 계산할 수 있다'고 규정하고 있고, 구 소득세법 **시행령**(2002. 12. 30. 대통령령 제17825호로 개정되기 전의 것) **제98조** 제1항 제4호(이 사건 조항)는 위와 같은 '특수관계 있는 자'의 하나로 '당해 거주자 및 그와 제1호 내지 제3호에 규정하는 자가 소유한 주식 또는 출자지분의 합계가 총발행주식수 또는 총출자지분의 100분의 50 이상이거나 당해 거주자가 대표자인 법인'을 들고 있다. 이 사건 조항은 구 소득세법 시행령(1994. 12. 31. 대통령령 제14467호로 전부 개정되기 전의 것) 제111조 제1항 제5호의 '당해 소득자가 단독으로 또는 제1호 내지 제3호에 게기하는 자와 공동으로 총발행주식 또는 총출자지분의 100분의 50 이상을 출자하였거나 그 소득자가 대표자인 법인'을 개정한 것인데, 그 개정 전후의 규정을 대비하여 보면 이 사건 조항은 개정 전의 조항을 단순히 문구정리한 것에 지나지 아니하여 개정 전의 조항과 다른 의미로 해석할 것은 아닌바, 개정 전의 조항에 비추어 이 사건 조항의 '당해 거주자 및 그와 제1호 내지 제3호에 규정하는 자'라 함은 '당해 거주자' 및 '당해 거주자와 제1호 내지 제3호에 규정하는 자'를 의미한다고 볼 것이다. 따라서 이 사건 조항에 해당하기 위해서는 당해 거주자가 단독으로 또는 그 제1호 내지 제3호에 규정하는 자와 함께 소유한 주식 등의 합계가 총발행주식수 등의 100분의 50 이상인 법인이어야 하고, 당해 거주자는 그 주식 등을 소유하지 아니한 채 그와 제1호 내지 제3호에 규정하는 자만이 그 주식 등을 소유한 법인은 이 사건 조항의 특수관계자에 해당하지 않는다고 보아야 한다." ☜ 원고가 소외 1, 2에게 명의신탁하였던 소외 3 회사의 주식 8,005주(이 사건 주식)를 소외 4 회사에 양도한 후 그 양도소득세를 신고·납부하였는데, 원고의 자녀들인 소외 5, 6이 소외 4 회사의 총발행주식의 99%를 소유한 **사안**에서, **원심**이, 원고가 소외 4 회사의 주식을 소유하고 있지 않더라도 원고의 자녀들이 총발행주식의

※ "이전"·"이후"와 "전"·"후", "이상"·"이하"와 "과반수", "미만", "미달"의 해석

"**이전**"과 "**이후**", "**이상**"과 "**이하**"는 기준점을 포함하는 것이고,[65] "**전**"과 "**후**", "**과반수**", "**미만**", "**미달**"은 기준점을 포함하지 아니하는 것이 사전적 의미에 부합하므로,[66] 각각의 사전적 의미에 맞게 해석하는 것이 문리해석과 엄격해석에 부합하지만, 과거의 조세법령상 부칙의 적용례 규정("…은 이 법 시행 이후 …부터 적용한다.")에서는 "이후"과 "후"를 제대로 준별하지 않아 해석상 문제되는 경우가 있었다.[67] "미달"의 경우 하한으로 "0"가 포함되는지에 관하여 이를 긍정한 판례가 있다.[68] 상속세

99%를 소유하고 있으므로, 소외 4 회사와 원고는 이 사건 조항에 규정된 특수관계 있는 자에 해당하여, 원고가 소외 4 회사에 이 사건 주식을 양도한 것은 부당행위계산부인 대상에 해당한다고 판단한 데 대하여, **대법원**은, 원고와 그 자녀들이 명의신탁관계에 있다는 등의 특별한 사정이 없는 한 원고는 소외 4 회사의 주식을 소유한 자가 아니므로 소외 4 회사는 원고와의 관계에서 이 사건 조항이 규정하는 특수관계에 있는 자에 해당하지 아니한다고 판단한 예. **현재** 소득세법 시행령 제98조(부당행위계산의 부인) 제1항은, "법 제41조 및 제101조에서 '특수관계인'이란 「국세기본법 시행령」 제1조의2 제1항, 제2항 및 같은 조 제3항 제1호에 따른 특수관계인을 말한다."라고 규정하고 있다.

○ 대법원 2011. 1. 27. 선고 2009두1617 판결 ; "**구 상속세 및 증여세법 시행령**(2002. 12. 30. 대통령령 제17828호로 개정되기 전의 것, 이하 '상증세법 시행령'이라 한다) 제26조 제4항 제1호는 상증법 제35조 제1항 제1호의 '특수관계에 있는 자'의 하나로 양도자 또는 양수자(이하 '양도자 등'이라 한다)와 상증세법 시행령 제19조 제2항 제2호의 '사용인'의 관계에 있는 자를 규정하고 있다. 한편 상증세법 시행령 제13조 제6항 제2호는 '사용인'에 '출자에 의하여 지배하고 있는 법인의 임원'을 포함하되 제19조 제2항 제2호에서도 같다고 규정하고, 제13조 제8항 제1호에서는 같은 조 제6항 제2호의 '출자에 의하여 지배하고 있는 법인'의 하나로 ' 제19조 제2항 제6호에 해당하는 법인'을 들고 있는데, 제19조 제2항 제6호(이하 '**이 사건 조항**'이라 한다)는 '**주주 등 1인**(상증세법 시행령 제26조 제4항 제1호 후문에 의하여 '양도자 등'으로 본다)**과 제1호 내지 제5호의 자**가 발행주식총수 등의 100분의 30 이상을 출자하고 있는 법인'을 규정하고 있다. 이 사건 조항이 주식의 보유 주체를 '양도자 등과 제1호 내지 제5호의 자가'라고 규정하고 있는 점, 상증세법 시행령 제13조 제6항 제2호의 '상속인과 출연 당시 사용인의 관계에 있는 자'는 '상속인의 직접 피용자'만을 의미할 뿐 '상속인의 특수관계자의 직접 피용자'까지 여기에 포함된다고 볼 수는 없고, 따라서 상속인은 전혀 출자하지 아니한 채 그의 특수관계자만이 출자하여 지배하고 있는 법인의 임원 역시 상속인의 사용인에 해당하지 않는다고 해석함이 상당한 점, 양도자 등은 전혀 출자하지 않고 제19조 제2항 제1호 내지 제5호의 자만이 발행주식총수 등의 100분의 30 이상을 출자하고 있는 법인의 임원까지 제19조 제2항 제2호의 '사용인'에 포함되는 것으로 해석하는 경우, 특수관계자의 범위가 양도자 등의 출자 여부와 무관한 법인의 임원으로 지나치게 확대되는 결과가 초래될 수 있는 점, 조세법률주의의 원칙상 과세요건은 엄격하게 해석하여야 하는 점 등을 종합해 보면, 이 사건 조항은 '양도자 등이 단독으로' 또는 '양도자 등과 상증세법 시행령 제19조 제2항 제1호 내지 제5호에 규정하는 자가 함께' 발행주식총수 등의 100분의 30 이상을 출자하고 있는 법인을 의미한다고 해석하여야 하고, **양도자 등은 출자하지 아니한 채** ' 제19조 제2항 **제1호 내지 제5호의 자만**이 발행주식총수 등의 100분의 30 이상을 **출자**하고 있는 **법인'은 이에 해당하지 않는다**고 봄이 타당하다." ☞ 대법원 2016. 1. 28. 선고 2015두52241 판결도 동일하다. 2012. 2. 2. 상증세법 시행령 개정으로 종전의 "주주 등 1인과 제1호 내지 제5호의 자"라는 문언이 "본인, 제1호부터 제5호까지의 자 또는 본인과 제1호부터 제5호까지의 자가 공동으로"라는 문언으로 변경되어 고가양도인, 저가양수인이 출자자일 필요가 없게 되었다.

65) 대법원 2017. 12. 22. 선고 2014두44847 판결 ; 이 사건 주식의 양도가 이루어진 날이 이 사건 회사의 2004 사업연도 종료일인 2005. 3. 31.이므로 1주당 순손익가치 산정 시 '평가기준일 이전 1년이 되는 사업연도'는 2004 사업연도로 보아야 하고, 따라서 이 사건 주식의 순손익가치는 2002 사업연도부터 2004 사업연도까지의 순손익액을 기초로 산정되어야 한다고 한 예.

66) 예컨대, "4월 1일 이후"라고 하면 그 기산일 4월 1일을 포함하고, "4월 1일 후"라 하면 그 기산일 4월 2일부터 그 뒤를 의미한다.

67) ○ 대법원 2016. 2. 18. 선고 2015두1243 판결 ; 구 소득세법(2005. 12. 31. 법률 제7837호로 개정된 것) 부칙(법률 제7837호) 제1조는 "이 법은 2006년 1월 1일부터 시행한다."라고, 제5조는 "제17조 제1항 제6호의2 및 제7호의 개정규정은 이 법 시행 후 최초로 개시하는 과세기간부터 적용한다."라고 규정한 쟁점 규정과 관련하여, **원심**인 서울고등법원 2015. 1. 9. 선고 2013누27359 판결이, "문언에 따라 엄격하게 해석하면, 구 소득세법은 2006. 1. 1. 0시부터 시행되고 2006 과세연도 또한 2006. 1. 1. 0시에 개시되므로, 이 법 시행 '후' 최초로 개시하는 과세기간은 같은 시점에 개시하는

및 증여세법상 '상속인'에 포함되는 '대습상속인'(민법 제1001조)의 요건 중 '상속개시 전 사망'의 해석과 관련하여 '**전**'의 의미에 대해, 문언의 사전적 의미 그대로 해석할 경우 초래할 '현저히 불공평하고 불합리'한 결과를 피해서 법률 규정의 '입법 취지'에 부합되게 '합목적적'으로 해석한 예(민사판례)[69]도

2006 과세연도가 아닌 2007 과세연도부터 적용되는 것으로 볼 여지가 없지 않다. … 소득세법, 법인세법, 조세특례제한법 등의 다른 조세 관련 법령을 포함한 여러 부칙 등을 살펴보더라도 아래 표와 같이 '시행 이후 최초로 개시하는 과세기간'이라는 표현은 사용되지 않고, '시행 후 최초로 개시하는 과세기간'이라는 표현만을 사용하고 있는데, 법령을 개정하면서 특별한 이유 없이 1년 후부터 적용하는 것은 매우 이례적인 것이라는 점을 고려할 때, 당해 과세연도를 포함시키는 경우 '시행 후 최초로 개시하는 과세기간'이라는 표현을 사용하는 것으로 입법관행이 성립되었다고 봄이 상당하다. 또한 이와 같은 오랫동안의 입법관행에 비추어 보더라도 '시행 후'라는 문언이 '시행 이후'를 의미한다고 해석하였다고 하여 납세자의 예측가능성을 침해할 여지가 있다고 보기도 어렵다."라고 한 데 대하여, **대법원**은 "원심은, 구 소득세법의 입법 취지와 목적, 그 개정 연혁, 다른 조세법령 부칙의 입법례, 납세자의 예측가능성 및 법적 안정성 등을 이유로 특정외국법인의 배당가능 유보소득 금액을 국내 거주자의 배당소득으로 간주하는 근거 규정인 구 소득세법 제17조 제1항 제6호의2는 2006. 1. 1.부터 개시하는 과세기간에 적용된다고 판단하였다. … 원심의 이러한 판단에 … 구 소득세법의 적용시기에 관한 법리 등을 오해한 위법이 없다."라고 판시. ☞ 대체로 2014년 말부터는 '이후'와 '후'를 준별하여 규정하고 있다.

○ 대법원 2013. 3. 28. 선고 2012재두299 판결 ; "이 사건 전부 개정 조감법 부칙은 제1조에서 그 시행일을 '1994. 1. 1.'로 규정하는 한편, 제2조(이하 '이 사건 적용례 규정'이라 한다)에서 '일반적 적용례'라는 제목 아래 "이 법 중 소득세 및 법인세에 관한 개정규정은 이 법 시행 후 최초로 개시하는 과세연도분부터 적용한다."고 규정하였다. 따라서 이 사건 전부 개정 조감법은 위 규정이 적용대상으로 정한 '1994. 1. 1. 이후 최초로 개시하는 사업연도분 법인세'에 대하여만 적용되고, 그 적용대상에서 제외된 '1994. 1. 1. 이전에 개시된 사업연도분 법인세'에 대하여는 구법인 이 사건 일부 개정 조감법의 규정이 실효되지 않고 계속 적용된다고 봄이 타당하다. … 따라서 이 사건 전부 개정 조감법의 시행일인 1994. 1. 1. 전에 개시된 사업연도분 법인세의 과세에 대하여는 그 과세요건사실이 언제 완성되었는지를 묻지 않고 여전히 구법인 이 사건 일부 개정 조감법이 적용된다." ☞ 대법원도 '이전'과 '전'을 제대로 준별하지 않고 판시하고 있음을 알 수 있다.

68) 대법원 2011. 1. 27. 선고 2010도1191 판결 ; "구 소득세법(2005. 12. 31. 법률 제7837호로 개정되기 전의 것) 제94조 제1항 제3호 (가)목은 구 증권거래법에 의한 주권상장법인(이하 '주권상장법인'이라 한다)의 주식 등과 관련하여 그 소유주식의 비율·시가총액 등을 감안하여 대통령령이 정하는 대주주의 양도행위로 인하여 발생하는 소득만을 양도소득세 과세대상으로 정하고 있다. 그 위임을 받은 구 소득세법 시행령(2009. 2. 4. 대통령령 제21301호로 개정되기 전의 것, 이하 '구 시행령'이라 한다) 제157조 제4항 제1호는 주권상장법인의 주식 등의 양도일이 속하는 사업연도의 직전사업연도 종료일 현재 당해 법인의 주식 등의 합계액의 100분의 3 이상을 소유한 주주 등이 그 주식을 양도함으로써 발생한 소득을 양도소득세 과세대상으로 하면서, 직전사업연도 종료일 현재에는 100분의 3에 미달하였으나 그 후 주식 등을 취득함으로써 100분의 3 이상을 소유하게 되는 때에는 그 취득일 이후 그 주식을 양도함으로써 발생한 소득도 양도소득세 과세대상이 된다고 규정하고 있다. 주권상장법인의 주식 등의 양도에 따른 소득의 발생에도 불구하고 일정한 경우 그 양도소득세 과세대상에서 제외하고 있는 위 각 규정은 그 입법 취지와 내용에 비추어 양도소득세의 비과세 혹은 감면 요건을 규정한 특혜규정이라 할 것이어서 그 범위의 해당 여부에 관한 판정은 조세공평의 원칙에 입각하여 엄격히 이루어져야 할 것인바, 구 시행령 제157조 제4항 제1호 소정의 '직전사업연도 종료일 현재에는 100분의 3에 미달하였으나 그 후 주식 등을 취득함으로써 100분의 3 이상을 소유하게 되는 때'에는 '직전사업연도 종료일 현재 당해 주식을 보유하지 않고 있다가 그 후 주식 등을 취득함으로써 100분의 3 이상을 소유하는 경우'도 포함된다고 보는 것이 앞서 본 법리 및 위 각 규정 전체의 취지에 부합하는 합리적인 해석이라 할 것이다."

69) 대법원 2001. 3. 9. 선고 99다13157 판결 ; "상속인이 될 직계비속이나 형제자매(피대습자)의 직계비속 또는 배우자(대습자)는 피대습자가 상속개시 전에 사망한 경우에는 대습상속을 하고, 피대습자가 상속개시 후에 사망한 경우에는 피대습자를 거쳐 피상속인의 재산을 본위상속을 하므로 두 경우 모두 상속을 하는데, 만일 피대습자가 피상속인의 사망, 즉 상속개시와 동시에 사망한 것으로 추정되는 경우에만 그 직계비속 또는 배우자가 본위상속과 대습상속의 어느 쪽도 하지 못하게 된다면 동시사망 추정 이외의 경우에 비하여 현저히 불공평하고 불합리한 것이라 할 것이고, 이는 앞서 본 대습상속제도 및 동시사망 추정규정의 입법 취지에도 반하는 것이므로, 민법 제1001조의 '상속인이 될 직계비속이 상속개시 전에 사망한 경우'에는 '상속인이 될 직계비속이 상속개시와 동시에 사망한 것으로 추정되는 경우'도 포함하

있다.

※ '등(等)', "그 밖에(기타) ~한 경우", "~에 준하는"의 의미와 해석

일반적으로 "등"이라는 표현은 그 앞에 구체적으로 '열거된 단어와 유사'한 것을 포괄하는 의미로 사용되므로, "등"에 포섭될 수 있는 것은 앞서 열거된 것에 '준하는' 것이어야 한다.[70] 예컨대, "증자·합병 '등'의 사유"라는 법문에서 '등'에는 '주식 분할'도 포함된다고 해석할 수 있다.[71] 문리해석·엄격해석의 입장에서 시행령이 모법의 위임범위를 벗어난 무효가 아닌지에 관한 논란을 없애기 위해(법원은 합목적적인 해석으로 무효의 규정이 아니라고 판단하였다), 모법 조항에 "등"을 추가하여 개정한 예도 있다.[72]

는 것으로 합목적적으로 해석함이 상당하고, 따라서 피고의 처인 망 소외 3이 피상속인인 망 소외 1과 동시에 사망한 것으로 추정된다는 점이 피고가 망 소외 1의 재산을 대습상속함에 장애가 된다고 볼 수 없다."

70) 대법원 2012. 12. 4.자 2010마817 결정 ; "정보통신망 이용촉진 및 정보보호 등에 관한 법률(이하 '정보통신망법'이라고 한다) 제44조 제1항은 '이용자는 사생활 침해 또는 명예훼손 등 타인의 권리를 침해하는 정보를 정보통신망에 유통시켜서는 아니 된다.'고 규정하고, … 위 규정은, 정보통신서비스 이용자 수의 증가와 함께 정보통신망에서 유통되는 정보의 영향력이 매우 커지고 있고, 이에 따라 개인정보의 침해나 각종 명예훼손성 정보의 유통 등으로 인한 사회적 피해도 커지고 있음을 고려하여 이에 대처한다는 취지에서 입법된 것으로서, 일반적으로 "등"이라는 표현은 그 앞에 구체적으로 열거된 단어와 유사한 것을 포괄하는 의미로 사용되는바, 그럼에도 위 규정 중 '등 타인의 권리'라는 문언에 집착하여 이를 제한 없이 '타인의 모든 권리'라고 해석할 경우에는 과연 위 조문이 의미하는 '타인의 권리를 침해하는 정보'의 범위가 어디까지인지 매우 불명확하게 되고, 그 결과 이렇듯 불명확한 정보의 유통을 방지하기 위하여 정보통신서비스 제공자가 어느 정도의 노력을 기울여야 하는지 또한 모호하게 되어 정보통신서비스제공자에게 지나치게 과중한 부담을 지우게 된다. … '사생활을 침해하는 정보'나 '명예를 훼손하는 정보' 및 '이에 준하는 타인의 권리를 침해하는 정보'만을 의미할 뿐, 거기에서 더 나아가 '타인의 상표권을 침해하는 정보'까지 포함하지는 않는다고 보는 것이 합리적이다." ☛ 의존명사 '등'의 사전적 의미는, ① (명사나 어미 '-는' 뒤에 쓰여) 그 밖에도 같은 종류의 것이 더 있음을 나타내거나(울산, 구미, 창원 등과 같은 공업 도시), ② (명사 뒤에 쓰여) 두 개 이상의 대상을 열거한 다음에 쓰여, 대상을 그것만으로 한정함을 나타내는데, 법령에서 전자의 의미로 많이 쓰인다.

71) 대법원 2015. 12. 10. 선고 2015두41531 판결 ; "상증세법 제63조 제1항 제1호 (가)목은 한국증권거래소에서 거래되는 주식은 평가기준일 이전·이후 각 2월간에 공표된 매일의 한국증권거래소 최종시세가액의 평균액에 의하여 평가하되, 다만 평가기준일 이전·이후 각 2월의 기간 중에 '증자·합병 등의 사유'가 발생하여 해당 평균액에 의하는 것이 부적당한 경우에는 평가기준일 이전·이후 각 2월의 기간 중 대통령령이 정하는 바에 따라 계산한 기간의 평균액에 의하도록 규정하고 있다. 이와 같이 '증자·합병 등의 사유'가 발생한 경우 상장주식의 평가가액을 달리 산정하도록 규정한 것은 그러한 사유가 향후 주가의 형성에 상당한 영향을 미친다는 점을 감안한 것인 점, 주식 분할의 경우 납입 자본금의 증감이 없지만 기존 주식을 일정 비율로 분할함으로써 발행주식 총수가 늘어나고 같은 비율로 각 주주의 소유주식 수도 늘어날 뿐만 아니라 1주당 가격을 낮추어 주식 거래를 촉진함으로써 통상적으로 주가상승을 초래하게 되는 점 등에 비추어 보면, 상증세법 제63조 제1항 제1호 (가)목에서 정한 '증자·합병 등의 사유'에는 **주식 분할도 포함**된다고 보아야 한다." ☛ 구 상속세 및 증여세법 시행규칙 제17조의3 제1항 제3호 소정의 1주당 순손익가치의 배제사유인 "합병·분할·증자 또는 감자를 하였거나 주요업종이 바뀐 경우"라는 법문에, '합병'과 실질적으로 유사한 결과가 발생한다는 이유로, '완전모회사인 비상장회사가 자회사를 청산하여 모든 자산·부채를 그대로 승계하는 경우'가 포함된다고 해석한 예도 있다(대법원 2017. 2. 3. 선고 2014두14228 판결).

72) 대법원 2008. 4. 24. 선고 2006두187 판결 ; "조세법률주의의 원칙상 조세법규의 해석은 특별한 사정이 없는 한 법문대로 해석하여야 하고 합리적 이유 없이 확장해석하거나 유추해석하는 것은 허용되지 않지만, 법규 상호간의 해석을 통하여 그 의미를 명백히 할 필요가 있는 경우에는 조세법률주의가 지향하는 법적 안정성 및 예측가능성을 해치지 않는 범위 내에서 입법 취지 및 목적 등을 고려한 **합목적적인 해석**을 하는 것은 허용된다 할 것이다. 구 법인세법(2007. 12. 31. 법률 제8831호로 개정되기 전의 것) 제67조는 "법인세의 과세표준을 신고하거나 결정 또는 경정함에 있어서 익금에 산입한 금액은 그 귀속자에 따라 상여·배당·기타사외유출·사내유보 등 대통령령이 정하는 바에 따라 처분한다"고 하고, 구 법인세법 시행령(2008. 2. 22. 대통령령 제20619호로 개정되기 전의 것) 제106조 제1항 제1호 단서는

"그 밖에(기타) ~한 경우", "~에 준하는 경우"의 해석도 "~ 등"과 마찬가지로, 앞서 병렬적으로 열거한 것들의 속성을 지닌 유사한 것들을 포괄하는 규정으로 볼 것이다.[73)74)]

"귀속이 불분명한 경우에는 대표자에게 귀속된 것으로 본다"고 규정하고 있다. 구 법인세법 제67조에서의 소득처분은 법인세의 과세표준을 신고하거나 결정 또는 경정함에 있어서 익금에 산입한 금액이 법인의 내부에 유보된 것인지 또는 사외로 유출된 것인지를 확정하고, 만일 당해 금액이 사외로 유출된 것이라면 누구에게 어떤 소득의 형태로 귀속된 것인지를 특정하여 그 귀속자와 소득의 종류를 확정하는 세법상의 절차로서 이미 특정과세연도에 귀속된 소득을 사후적으로 확인하는 절차인바, 익금에 산입한 금액이 사외로 유출된 것이 분명한 경우에는 반드시 귀속자가 있을 것임에도 불구하고, 과세자료 등을 통하여 그 귀속자를 객관적으로 확정할 수 없는 '귀속불분명'의 경우를 충분히 예상할 수 있으므로, 구 법인세법 제67조가 … '그 귀속자에 따라'라는 문언을 사용하였다고 하더라도, 위 법조가 대통령령에 위임하고 있는 소득처분의 종류와 내용에는 사외유출된 익금가산액의 귀속이 불분명한 경우를 포함하고 있다고 봄이 상당하다. 같은 취지에서, 구 법인세법 시행령 제106조 제1항 제1호 단서가 **모법의 위임범위를 벗어난 무효의 규정이 아니**라고 본 원심의 판단은 정당하고" ☛ 2007. 12. 31. 개정 시 "그 귀속자에 따라"를 "그 귀속자 등에게"로 개정하였다.

73) ○ 대법원 2008. 6. 12. 선고 2007두23255 판결 ; "(구) 부가가치세법(이하 '법'이라 한다) 제12조 제1항 제5호, 구 부가가치세법 시행령(2005. 3. 18. 대통령령 제18740호로 개정되기 전의 것) 제30조는 '정부의 허가나 인가를 받은 학교·학원·강습소·훈련원·교습소 기타 비영리단체 및 청소년기본법에 의한 청소년수련시설에서 학생 등에게 지식·기술 등을 가르치는 교육용역'을 면세대상 교육용역으로 정하고 있는바, 이와 같이 면세대상 교육용역의 요건으로 '정부의 허가나 인가'를 요구하고 있는 이유는 정부가 당해 학교나 학원 등의 교육기관을 지도·감독하겠다는 것인 점, 시행령 제30조가 '기타 비영리단체'를 학원·강습소·훈련원·교습소와 병렬적으로 나열하고 있는 점 등을 종합하면, 시행령 제30조에서 말하는 '기타 비영리단체'라 함은 정부의 허가나 인가를 받아 설립된 모든 비영리단체를 의미하는 것이 아니라, 초·중등교육법, 고등교육법, 영유아보육법, 유아교육법, 학원의 설립·운영 및 과외교습에 관한 법률, 체육시설의 설치·이용에 관한 법률, 평생교육법 등(이하 '교육시설관련법'이라 한다)과 같이 학교나 학원 등에 대한 구체적 시설 및 설비의 기준을 정한 교육시설관련법에 따른 허가나 인가를 받아 설립된 비영리단체를 의미한다고 할 것이다."
○ 대법원 2017. 11. 14. 선고 2017도3449 판결 ; "구 정치자금법 제3조 제1호에서 정한 '그 밖에 정치활동을 하는 자'에 해당하려면 같은 호에서 구체적으로 열거한 사람 또는 단체에 준하여 '정당, 공직선거, 후원회와 직접 관련된 활동을 주로 하는 사람이나 단체'로 볼 수 있을 정도에 이르러야 한다."
○ 대법원 1984. 7. 24. 선고 84누62 판결[징수유예신청거부처분취소] ; "국세징수법 제17조 제 1항은 '세무서장은 납세자가 납세의 고지 또는 독촉을 받은 후에 제15조 제1항 각호의 1에 해당하는 사유로 고지된 국세 또는 체납액을 납부기한까지 납부할 수 없다고 인정하는 때에는 대통령령이 정하는 바에 의하여 납부기한을 다시 정하여 징수를 유예할 수 있다'고 규정하였고 같은법 제15조 제1항은 그 제1호 내지 제4호에서 '재해 또는 도난으로 재산에 심한 손실을 받은 때, 사업에 현저한 손실을 받은 때, 사업이 중대한 위기에 처한 때, 납세자 또는 그 동거가족의 질병이나 중상해로 장기치료를 요하는 때'를 들고 그 제5호에서 '제1호 내지 제4호에 준하는 사유가 있는 때'를 들고 있으며 위 법 제15조 제1항 제5호의 '제1호 내지 제4호에 준하는 사유'라 함은 그 제1호 내지 제4호에 열거한 사유들에 비추어 국세의 징수절차를 즉시 강행하는 경우 납세자에게 돌이킬 수 없는 손해를 가하여 그의 경제생활을 위태롭게 할 우려가 있는 모든 사유를 포괄하는 것이라 할 것 인바"

74) 앞서 병렬적으로 열거한 것들과 유사한 것인지의 판단이 쉬운 것은 아니다. '체육필수시설에 관하여 담보신탁계약이 체결되었다가 그 계약에서 정한 공개경쟁입찰방식의 매각 절차나 수의계약으로 위 시설이 일괄하여 이전되는 경우'가, "「민사집행법」에 따른 경매"(제1호), "「채무자 회생 및 파산에 관한 법률에 의한 환가"(제2호), "「국세징수법」·「관세법」 또는 「지방세징수법」에 따른 압류 재산의 매각"(제3호)에 "준하는 절차"(제4호)에 해당하는지에 관하여, 2016다220143 전원합의체 판결의 다수의견은 긍정하였으나, 반대의견을 부정하였는데, 서로 문리해석에 부합한다고 주장하였다.

개별 조세법령 용어 개념의 탐색 방법

● 대법원 2020. 6. 11. 선고 2017두36953 판결 [취득세등부과처분취소]

▌법령용어 해석, 지방세특례제한법, 취득세 감면, 공동주택 정의, 다가구주택

판시사항

구 건축법 시행령 제3조의5 [별표 1] 제1호 (다)목에서 정한 '**다가구주택**'이 임대주택 등에 대한 취득세 감면조항인 구 지방세특례제한법 제31조 제1항 제1호에 따라 취득세가 면제되는 '**공동주택**'에 포함되는지 여부(원칙적 ×)

이 유

이 사건 법률조항[75]에 의하면, 임대주택법 제2조 제4호에 따른 임대사업자(임대용 부동산 취득일부터 60일 이내에 임대사업자로 등록한 경우를 포함한다)가 임대할 목적으로 2015. 12. 31.까지 그 **전단**에 따라 **공동주택**을 '**건축**'하거나, **후단**에 따라 공동주택 또는 오피스텔을 '**건축주로부터 최초로 분양**'받은 경우 그 공동주택 또는 오피스텔의 전용면적이 60㎡ 이하이면 취득세가 면제된다. 그리고 이 사건 법률조항 중 '**공동주택**'의 정의에 관하여 구 **지방세특례제한법 제2조 제1항 제3호**는 "주택법 제2조 제2호에 따른 공동주택을 말하되 기숙사는 제외한다."라고 규정하고 있다.[76] 이와 같이 이 사건 법률조항은 임대주택의 건설 및 분양을 촉진하여 장기적인 주거생활의 안정을 도모하기 위하여 임대사업자가 취득한 임대주택에 대하여 취득세 감면의 혜택을 부여하면서도, 조세형평 등을 고려하여 감면대상의 범위를 임대주택의 구체적 취득방법 등에 따라 제한하면서 그 임대주택을 원칙적으로 전용면적이 60㎡ 이하인 '주택법 제2조 제2호에 따른 공동주택'에 한정하고 있다(2017두32401 참조).

한편 구 **주택법**(2016. 1. 19. 법률 제13782호로 개정되기 전의 것, 이하 같다) **제2조**[77] **제2호**는 '**공동주택**'을

---

75) 구 지방세특례제한법(2015. 7. 24. 법률 제13435호로 개정되기 전의 것의 것) 제31조 제1항 제1호

76) **지방세특례제한법 제2조(정의)** ① 이 법에서 사용하는 용어의 뜻은 다음과 같다. 〈개정 2018.12.24.〉
2의 2. "주택"이란 「지방세법」 제104조 제3호에 따른 주택을 말한다.
3. "공동주택"이란 「주택법」 제2조 제3호에 따른 공동주택을 말하되 기숙사는 제외한다.
② 이 법에서 사용하는 용어의 뜻은 특별한 규정이 없으면 「지방세기본법」, 「지방세징수법」 및 「지방세법」에서 정하는 바에 따른다. 다만, "제3장 지방소득세 특례"에서 사용하는 용어의 뜻은 「지방세기본법」, 「지방세징수법」 및 「지방세법」에서 정하는 경우를 제외하고 「조세특례제한법」 제2조에서 정하는 바에 따른다. 〈개정 2016.12.27〉

77) **주택법 제2조(정의)** 이 법에서 사용하는 용어의 뜻은 다음과 같다. 〈개정 2020.6.9〉
1. "주택"이란 세대(세대)의 구성원이 장기간 독립된 주거생활을 할 수 있는 구조로 된 건축물의 전부 또는 일부 및 그 부속토지를 말하며, 단독주택과 공동주택으로 구분한다.
2. "단독주택"이란 1세대가 하나의 건축물 안에서 독립된 주거생활을 할 수 있는 구조로 된 주택을 말하며, 그 종류와 범위는 대통령령으로 정한다.
3. "공동주택"이란 건축물의 벽·복도·계단이나 그 밖의 설비 등의 전부 또는 일부를 공동으로 사용하는 각 세대가 하나의 건축물 안에서 각각 독립된 주거생활을 할 수 있는 구조로 된 주택을 말하며, 그 종류와 범위는 대통령령으로 정한다.
4. "준주택"이란 주택 외의 건축물과 그 부속토지로서 주거시설로 이용가능한 시설 등을 말하며, 그 범위와 종류는

"건축물의 벽·복도·계단이나 그 밖의 설비 등의 전부 또는 일부를 공동으로 사용하는 각 세대가 하나의 건축물 안에서 각각 독립된 주거생활을 할 수 있는 구조로 된 주택을 말하며, 그 종류와 범위는 대통령령으로 정한다."라고 규정하고 있다. 그 위임에 따른 구 **주택법 시행령**(2016. 8. 11. 대통령령 제27444호로 개정되기 전의 것, 이하 같다) 제2조 제1항은 '공동주택'의 종류와 범위를 용도별 건축물의 종류를 정하고 있는 구 **건축법 시행령**(2016. 2. 11. 대통령령 제26974호로 개정되기 전의 것, 이하 같다) **제3조의5 [별표 1]**[78] 제2호 가목 내지 다목에 따라 **아파트**, **연립주택**, **다세대주택**으로 한정하고 있다. 반면 구 건축법 시행령 제3조의5 [별표 1] 제1호 다목은 **다가구주택**을 '**단독주택**'의 하나로 들면서 주택으로 쓰는 층수, 1개 동의 주택으로 쓰이는 바닥면적, 거주할 수 있는 세대수 등과 같은 다가구주택의 요건을 정하고 있다.

조세법률주의 원칙상 과세요건이나 비과세요건 또는 조세감면요건을 막론하고 조세법규의 해석은

대통령령으로 정한다.

⇒ **주택법 시행령 제2조(단독주택의 종류와 범위)** 「주택법」(이하 "법"이라 한다) 제2조제2호에 따른 단독주택의 종류와 범위는 다음 각 호와 같다.

1. 「건축법 시행령」 별표 1 제1호가목에 따른 단독주택
2. 「건축법 시행령」 별표 1 제1호나목에 따른 다중주택
3. 「건축법 시행령」 별표 1 제1호다목에 따른 다가구주택

제3조(공동주택의 종류와 범위) ① 법 제2조제3호에 따른 공동주택의 종류와 범위는 다음 각 호와 같다.

1. 「건축법 시행령」 별표 1 제2호가목에 따른 아파트(이하 "아파트"라 한다)
2. 「건축법 시행령」 별표 1 제2호나목에 따른 연립주택(이하 "연립주택"이라 한다)
3. 「건축법 시행령」 별표 1 제2호다목에 따른 다세대주택(이하 "다세대주택"이라 한다)

제4조(준주택의 종류와 범위) 법 제2조제4호에 따른 준주택의 종류와 범위는 다음 각 호와 같다.

1. 「건축법 시행령」 별표 1 제2호라목에 따른 기숙사
2. 「건축법 시행령」 별표 1 제4호거목 및 제15호다목에 따른 다중생활시설
3. 「건축법 시행령」 별표 1 제11호나목에 따른 노인복지시설 중 「노인복지법」 제32조제1항제3호의 노인복지주택
4. 「건축법 시행령」 별표 1 제14호나목2)에 따른 오피스텔

78) **건축법 시행령 제3조의5(용도별 건축물의 종류) [별표 1]**

1. 단독주택[단독주택의 형태를 갖춘 가정어린이집·공동생활가정·지역아동센터 및 노인복지시설(노인복지주택은 제외한다)을 포함한다]
   가. 단독주택
   나. 다중주택 …
   다. 다가구주택: 다음의 요건을 모두 갖춘 주택으로서 공동주택에 해당하지 아니하는 것을 말한다.
      1) 주택으로 쓰는 층수(지하층은 제외한다)가 3개 층 이하일 것. 다만, 1층의 전부 또는 일부를 필로티 구조로 하여 주차장으로 사용하고 나머지 부분을 주택 외의 용도로 쓰는 경우에는 해당 층을 주택의 층수에서 제외한다.
      2) 1개 동의 주택으로 쓰이는 바닥면적(부설 주차장 면적은 제외한다. 이하 같다)의 합계가 660제곱미터 이하일 것
      3) 19세대(대지 내 동별 세대수를 합한 세대를 말한다) 이하가 거주할 수 있을 것
   라. 공관
2. 공동주택 …
   가. 아파트: 주택으로 쓰는 층수가 5개 층 이상인 주택
   나. 연립주택: 주택으로 쓰는 1개 동의 바닥면적(2개 이상의 동을 지하주차장으로 연결하는 경우에는 각각의 동으로 본다) 합계가 660제곱미터를 초과하고, 층수가 4개 층 이하인 주택
   다. 다세대주택: 주택으로 쓰는 1개 동의 바닥면적 합계가 660제곱미터 이하이고, 층수가 4개 층 이하인 주택(2개 이상의 동을 지하주차장으로 연결하는 경우에는 각각의 동으로 본다)
   라. 기숙사 …

특별한 사정이 없는 한 법문대로 해석할 것이고, 합리적 이유 없이 확장해석하거나 유추해석하는 것은 허용되지 아니하며, 특히 감면요건 규정 가운데 명백히 특혜규정이라고 볼 수 있는 것은 **엄격하게 해석**하는 것이 조세공평의 원칙에도 부합한다(2003두7392 참조).

위와 같은 관련 규정의 문언과 체계, 이 사건 법률조항의 취지, 특히 구 지방세특례제한법에서 '공동주택'에 관하여 **별도의 정의규정**을 두고 있는 점 등을 종합하면, 이 사건 법률조항에 의하여 취득세가 면제되는 **'공동주택'**은 구 건축법 시행령 제3조의5 [별표 1] 제2호 가목 내지 다목에서 정한 **아파트, 연립주택 및 다세대주택**을 의미하는 것이고, 특별한 사정이 없는 한 구 건축법 시행령 제3조의5 [별표 1] 제1호 다목에서 정한 **다가구주택**은 **공동주택에 포함되지 않는다**고 보아야 한다.[79]

---

79) **【구체적 사안】**

○ **사실관계** ; ① 원고(선정당사자)와 선정자는 주택임대업을 영위할 목적으로 2015. 4. 19.경 소외인으로부터 신축건물인 4층 단독주택(이 사건 건물)을 1/2 지분씩 매수하였고, 2015. 5. 26. 1/2 지분씩 소유권이전등기를 하였으며, 2015. 7. 14. 각 임대사업자 등록을 마쳤다. 한편 이 사건 건물은 소유권보존등기 당시부터 부동산등기부등본에 단독주택으로 등기되었고, 건축물대장에도 단독주택(다가구주택)으로 등재되었으며, 원고와 선정자는 위 임대사업자등록 당시 이 사건 건물을 단독주택인 다가구주택으로 표시하였다. ② 원고와 선정자는 2015. 5. 26. 피고에게 이 사건 건물의 취득가액 14억 3500만 원을 과세표준으로 하여 취득세 43,050,000원, 농어촌특별세 599,900원, 지방교육세 4,305,000원 합계 47,954,900원을 신고·납부하였다. ③ 원고와 선정자는 2015. 6. 15. 피고에게 '이 사건 건물은 총 18가구로 이루어져 있으므로 각 가구별로 취득세를 산정하여야 하고, 각 가구별 취득가액이 6억 원 이하에 해당하므로 1천분의 10의 취득세율이 적용되어야 한다'는 취지로 취득세 등 경정청구를 하였다. 그러나 피고는 2015. 6. 25. '이 사건 건물은 단독주택이므로 각 가구별 취득가액이 아니라 건물 전체의 취득가액을 기준으로 세율을 산정하여야 하고, 이 사건 건물의 취득가액이 9억 원을 초과하므로 1천분의 30의 취득세율이 적용된다'는 이유로 위 경정청구를 거부하였다. ④ 원고와 선정자는 2015. 7. 10. 다시 피고에게 '이 사건 건물은 사실상 공동주택에 해당하므로 이 사건 법률조항을 적용하여 취득세가 감면되어야 한다'는 취지로 취득세 등 경정청구를 하였다. 그러나 피고는 2015. 7. 17. '이 사건 건물은 건축물대장상 단독주택(다가구주택)으로 등재되어 있으므로 공동주택에 해당하지 않아 이 사건 법률조항에서 정한 감면대상에 해당하지 않는다'는 이유로 위 경정청구를 거부하였다.

○ **판단** ; **[1]** 이 사건 법률조항의 적용 여부에 관하여(2015. 7. 17.자 경정거부처분 관련) ; 원고와 선정자는 구 건축법 시행령 제3조의5 [별표 1] 제1호 다목에서 정한 다가구주택의 요건을 충족하고 공부상 등재현황도 단독주택인 이 사건 건물 전체를 하나의 주택으로 보아 소외인으로부터 1/2지분씩 취득하였다고 봄이 타당하므로, 그 취득 당시 이 사건 건물은 구 지방세특례제한법 제2조 제1항 제3호에서 정한 '공동주택'에 해당한다고 볼 수 없어 이 사건 법률조항에 따른 취득세 면제대상에 해당하지 않는다. 다. 같은 취지에서 원심(대전고등법원 2017. 2. 9. 선고 2016누12927 판결)이, 이 사건 건물은 다가구주택으로서 단독주택에 해당하고, 단독주택에 해당하는 다가구주택을 공동주택에 해당하는 다세대주택과 동일하게 볼 수 없으므로 이 사건 법률조항의 '공동주택'에 해당한다고 할 수 없으며, 이 사건 법률조항이 다세대주택과 달리 다가구주택을 취득세 면제대상에서 제외한 것은 공평과세의 원칙에 반하지 않는다는 취지로 판단한 것은, 앞서 본 규정과 법리에 따른 것으로 정당하다. 한편 원고가 상고이유에서 들고 있는 대법원 판결들은 관련법령에서 별도의 정의규정을 두고 있지 않았을 때의 판시이거나 사안이 다른 것으로서 이 사건에서 원용하기에 적절하지 아니하다. **[2]** 취득세 과세표준 및 세율에 관하여(2015. 6. 25.자 경정거부처분 관련) ; 원심은 원고와 선정자가 이 사건 건물을 14억 3500만 원에 매수하였고, 이 사건 건물은 단독주택에 해당하는 다가구주택으로서 그 전체가 하나의 주택인 이상 이 사건 건물 전체의 취득가액인 14억 3500만 원을 기준으로 취득세율 1천분의 30을 적용하여 세액을 계산하는 것이 구 지방세법 제11조 제1항 제8호의 문리해석에 부합한다는 취지로 판단하였다. 원심의 위와 같은 판단은 정당하다.

● 대법원 2018. 6. 15. 선고 2018두34428 판결 [취득세부과처분취소]

▌법령용어 해석, 취득세, 주택, 감면

판시사항

행정중심복합도시로 이전하는 행정기관 등을 따라 이주하는 공무원이 해당 지역에 거주하기 위한 주택을 신축할 목적으로 **나대지** 상태의 토지를 취득한 경우, 위 토지의 취득에 관하여 **'주택'**의 취득에 관한 구 지방세특례제한법(2016. 12. 27. 법률 제14477호로 **개정**되기 **전**의 것) 제81조 제3항이 적용되는지 여부(×) / 위와 같은 공무원이 나대지 상태의 위 토지를 취득한 이후에 그 지상에 구 지방세특례제한법 제81조 제3항 제2호 각 목에 해당하는 전용면적의 주택을 신축하여 1가구 1주택이 되었다는 사정만으로 이미 취득세 납세의무가 성립한 위 토지에 관하여 그 취득 당시로 소급하여 구 지방세특례제한법 제81조 제3항이 적용된다고 볼 수 있는지 여부(×)[80]

● 대법원 2015. 8. 27. 선고 2015두40002 판결 [취득세부과처분취소]

▌법령용어 해석, 취득세, 주택, 감면

판시사항

구 지방세특례제한법 제40조의2의 도입 취지와 목적 / 구 지방세특례제한법 제40조의2에서 **취득세의 감면대상**으로 삼고 있는 **'주택'**의 의미(= **사람의 주거용인 건축물**) / 새로이 취득한 건축물이 주거용으로서 기능을 상당 부분 상실함으로써 정상적인 주거생활에 사용할 수 없어 주거용 건축물인 '주택'으로 볼 수 없는 경우, 위 감면조항에 따른 취득세 감면대상에 해당하는지 여부(×)

---

80) **【이 유】** "구 지방세특례제한법(2016. 12. 27. 법률 제14477호로 개정되기 전의 것) 제81조 제3항(이하 '이 사건 조항'이라고 한다)은 '제1호 각 목의 자가 해당 지역에 거주할 목적으로 주택을 취득함으로써 대통령령이 정하는 1가구 1주택이 되는 경우에는 제2호 각 목에서 정하는 바에 따라 취득세를 감면한다'고 규정하면서 제1호 (나)목에서 '「신행정수도 후속대책을 위한 연기·공주지역 행정중심복합도시 건설을 위한 특별법」(이하 '행복도시법'이라고 한다) 제16조에 따른 이전계획에 따라 행정중심복합도시로 이전하는 중앙행정기관 및 그 소속기관(이전계획에 포함되어 있지 않은 중앙행정기관의 소속기관으로서 행정중심복합도시로 이전하는 소속기관을 포함하며, 이하 '중앙행정기관'등이라 한다)을 따라 이주하는 공무원'을 그 적용대상에 포함시키고 있고, 제2호 각 목은 '제1호 각 목에 해당하는 경우 전용면적에 따라 취득세를 차등하여 감면'하도록 규정하고 있다.
한편 이 사건 조항 중 '주택'의 의미에 관하여, **구 지방세특례제한법 제2조 제1항 제2호의2**는 '이 법에서 사용하는 주택이란 지방세법 제104조 제3호에 따른 주택을 말한다'고 규정하고 있고, **지방세법 제104조 제3호 본문**은 '주택이란 주택법 제2조 제1호에 따른 주택을 말한다'고 규정하고 있으므로, 이 사건 조항에서 말하는 '주택을 취득한 경우'란 **주택법 제2조 제1호**에 따라 세대의 구성원이 장기간 독립한 주거생활을 할 수 있는 구조로서 주거용으로 사용될 수 있는 상태의 건축물과 그 부속토지를 취득한 경우에 해당되어야 한다고 봄이 타당하다.
따라서 행정중심복합도시로 이전하는 행정기관 등을 따라 이주하는 공무원이 해당 지역에 거주하기 위한 주택을 신축할 목적으로 나대지 상태의 토지를 취득하였다 하더라도, 위 토지를 취득할 당시는 주거용으로 사용될 수 있는 건축물의 부속토지를 취득한 것이 아니므로, 위 토지의 취득에 관하여 '주택'의 취득에 관한 이 사건 조항이 적용된다고 볼 수는 없다. 또한 부동산 취득세는 본래 재화의 이전이라는 사실 자체를 포착하여 거기에 담세력을 인정하고 부과하는 유통세의 일종이므로, 위와 같은 공무원이 나대지 상태의 위 토지를 취득한 이후에 그 지상에 이 사건 조항 제2호 각 목에 해당하는 전용면적의 주택을 신축하여 1가구 1주택이 되었다는 사정만으로 이미 취득세 납세의무가 성립한 위 토지에 관하여 그 취득 당시로 소급하여 이 사건 조항이 적용된다고 볼 수도 없다."

이 유

지방세법이나 지방세특례제한법[81]은 '주택'에 관하여 **별도의 정의규정을 두고 있지 아니**하고, 지방세법은 취득세에 관하여 '**고급주택**'을 일정한 '**주거용 건축물**'(제13조 제5항 제3호)로 정하거나 재산세에 관하여 '**주택**'을 '**주택법 제2조 제1호의 규정에 의한 주택**'(제104조 제3호)으로 정하고 있어 그 개념이 **건축법에서 정한 '건축물'과는 일치하지 아니**하므로, 지방세법이나 지방세특례제한법의 **개별 규정에서 '건축물'이 아닌 '주택'이라는 용어를 사용**하고 있는 경우에 그 '주택'에 포함되는 건축물의 범위는 **각 규정의 취지와 목적**에 따라 **달리 해석**되어야 한다(대법원 2013. 11. 28. 선고 2013두13945 판결[82] 등 참조).

한편 이 사건 감면조항[83]을 도입한 **취지와 목적**은 2005년 부동산 세제 개편으로 '부동산 가격공시

---

81) 2012. 10. 2. 법률 제11487호로 개정되기 전의 것을 말한다.

82) 대법원 2013. 11. 28. 선고 2013두13945 판결 ; "구 지방세특례제한법(2011. 6. 7. 법률 제10789호로 개정되기 전의 것) 제40조의2는 … 정하고 있다(이하 '이 사건 법률규정'이라고 한다). 그런데 구 지방세법(2011. 7. 25. 법률 제10924호로 개정되기 전의 것) 제6조는 취득세에 관한 용어들을 정의하면서 제4호에서 취득세의 과세대상인 '**건축물**'을 '건축법 제2조 제1항 제2호에 따른 건축물과 그 밖의 시설물 등'으로 규정하고 있다. 한편 구 **건축법**(2011. 7. 21. 법률 제10892호로 개정되기 전의 것) 제2조 제1항 제2호는 **건축물**을 '토지에 정착하는 공작물 중 지붕과 기둥 또는 벽이 있는 것과 이에 딸린 시설물, 지하나 고가의 공작물에 설치하는 사무소·공연장·점포·차고·창고, 그 밖에 대통령령으로 정하는 것'으로 정하고, 같은 조 제2항은 건축물을 그 **용도**에 따라 **단독주택**(제1호), **공동주택**(제2호), **업무시설**(제14호) 등으로 구분하되, 각 용도에 속하는 건축물의 세부 용도는 대통령령으로 정하도록 위임하고 있다. 그에 따라 용도별 건축물의 종류를 정하고 있는 구 건축법 시행령(2011. 6. 29. 대통령령 제22993호로 개정되기 전의 것) 제3조의4 [별표 1] 제14호는 업무시설을 **공공업무시설**과 **일반업무시설**로 구분하면서 '**오피스텔**(업무를 주로 하며, 분양하거나 임대하는 구획 중 일부의 구획에서 숙식을 할 수 있도록 한 건축물로서 국토해양부장관이 고시하는 기준에 적합한 것을 말한다)'을 **일반업무시설**의 하나로 규정하고 있다. 이와 같이 지방세법은 제6조 제4호에서 건축법상 오피스텔이 취득세의 과세대상인 '건축물'에 해당된다는 것을 정하고 있을 뿐이고 지방세법이나 지방세특례제한법에서는 '주택'에 관하여 별도의 정의규정을 두고 있지 아니하고, 지방세법은 취득세에 관하여 '고급주택'을 '일정한 주거용 건축물'(제13조 제5항 제3호)로 정하거나 재산세에 관하여 '주택'을 '주택법 제2조 제1호의 규정에 의한 주택'(제104조 제3호)으로 정하고 있어 그 개념이 위 '건축물'과는 일치하지 아니하므로, 지방세법이나 지방세특례제한법의 개별 규정에서 '건축물'이 아닌 '주택'이라는 용어를 사용하고 있는 경우에 그 '주택'에 포함되는 건축물의 범위는 각 규정의 취지와 목적에 따라 달리 해석되어야 할 것이다. 한편 구 지방세특례제한법 제40조의2는 2005. 1. 5. 법률 제7332호로 개정된 지방세법(이하 '구 지방세법'이라고 한다) 제273조의2에 그 연원을 두고 있다. 이 사건 법률규정과 같이 유상거래를 원인으로 한 주택의 취득에 대하여 취득세 등을 경감하도록 규정한 구 지방세법 제273조의2를 도입한 취지와 목적은 2005년 부동산 세제 개편으로 인하여 '부동산 가격공시 및 감정평가에 관한 법률'에 의한 개별주택가격과 공동주택가격이 주택의 시가표준액이 되는 등 취득세의 과세표준이 상승함에 따른 납세의무자의 급격한 세부담 증가를 완화하고 주택거래의 활성화를 도모하기 위한 데에 있고, 이 사건 법률규정의 취지와 목적도 그와 같은 것으로 이해된다. 그러나 건축법상 **오피스텔**은 '부동산 가격공시 및 감정평가에 관한 법률'에 의하여 그 가격이 공시되는 개별주택 또는 공동주택에 포함되지 아니할 뿐만 아니라, 오피스텔이 사실상 주거용으로 사용된다고 하더라도 그것은 당초 업무시설로 건축된 것이어서 주택거래의 활성화와는 거리가 있다. 이와 같은 구 지방세특례제한법 등 관련 규정들의 내용과 이 사건 법률 규정의 입법목적 등을 종합하여 보면, 이 사건 법률 규정에 의하여 취득세에 관한 세액 경감의 대상이 되는 '주택'은 지방세법 제6조 제4호에서 정한 '건축물'과는 구별되는 것으로서 **건축법상 오피스텔은 그 '주택'에 포함되지 아니한다**고 보아야 할 것이다."

83) 구 지방세특례제한법(2012. 10. 2. 개정 전의 것) 제40조의2는 본문에서 유상거래를 원인으로 하여 2012. 12. 31.까지 지방세법에 따른 취득세의 과세표준이 9억 원 이하인 **주택**을 취득하여 그 각 호의 어느 하나에 해당하게 된 경우에는 취득세의 100분의 50을 경감하도록 정하면서, 그 각 호에서 '1주택이 되는 경우'(제1호)와 '대통령령으로 정하는 일시적으로 2주택이 되는 경우'(제2호)를 들고 있고(이 사건 감면조항), 그 시행령 제17조의2는 "법 제40조의2 제2호에서 '대통령

및 감정평가에 관한 법률'에 의한 개별주택가격과 공동주택가격이 주택의 시가표준액이 되는 등 취득세와 등록세 과세표준이 상승함에 따른 납세의무자의 급격한 세부담 증가를 완화하고 주택거래의 활성화를 도모하기 위한 데에 있다(대법원 2013. 10. 17. 선고 2013두10403 판결[84] 등 참조).

따라서 이 사건 감면조항에서 취득세의 감면대상으로 삼고 있는 **'주택'**은 **사람의 주거용인 건축물**을 가리키는 것으로 보아야 하므로(대법원 2014. 3. 27. 선고 2013두24747 판결[85] 참조), 새로이 취득한 건축물이 주거용으로서의 기능을 상당 부분 상실함으로써 정상적인 주거생활에 사용할 수 없어 더 이상 주거용 건축물인 '주택'으로 볼 수 없다면 이는 이 사건 감면조항에 따른 취득세의 감면대상에 해당한다고 할 수 없다.

그리고 이 사건 감면조항은 새로운 주택의 취득으로 인하여 1주택 보유자가 되는 경우 또는 일시적으로 2주택 보유자가 되는 경우만을 그 적용대상으로 삼고 있으므로, 새로운 주택의 취득으로 인하여 3주택 이상 보유자가 되는 경우에는 이 사건 감면조항에 따른 취득세의 감면대상에 해당하지

령으로 정하는 일시적으로 2주택이 되는 경우'란 이사, 근무지의 이동, 본인이나 가족의 취학, 질병의 요양, 그 밖의 사유로 인하여 다른 주택을 취득하였으나 종전의 주택을 처분하지 못한 경우를 말한다."고 규정하고 있다.

84) 대법원 2013. 10. 17. 선고 2013두10403 판결 ; "구 건축법 시행령(2006. 10. 26. 대통령령 제19714호로 개정되기 전의 것) 제3조의4 [별표 1]은 건축물을 그 용도에 따라 제1호 단독주택, 제2호 공동주택 등으로 구분하고, 그 제2호에서 **공동주택**의 하나로 "(라)목 **기숙사**(학교 또는 공장 등의 학생 또는 종업원 등을 위하여 쓰는 것으로서 공동취사 등을 할 수 있는 구조를 갖추되, 독립된 주거의 형태를 갖추지 아니한 것, 이하 '건축법상 기숙사'라 한다)"를 규정하고 있다. … 구 지방세법 제180조는 재산세에서 사용하는 용어를 정의하면서 제3호에서 재산세의 과세대상인 '주택'을 '주택법 제2조 제1호의 규정에 의한 주택'으로 규정하고, 구 주택법(2009. 2. 3. 법률 제9405호로 개정되기 전의 것) 제2조 제1호, 제2호 및 그 위임에 의한 **주택법 시행령** 제2조 제1항이 '공동주택의 종류와 범위는 건축법 시행령 [별표 1] 제2호 (가)목 내지 (다)목의 규정이 정하는 바에 의한다'고 규정하고 있어, **재산세에 관하여는 건축법상 기숙사가 '주택'의 범위에서 제외**되어 있다. … 취득세와 등록세에 관한 구 지방세법의 개별 규정에서 '건축물'이 아닌 '주택'이라는 용어를 사용하고 있는 경우에 그 '주택'에 포함되는 건축물의 범위는 각 규정의 취지와 목적에 따라 달리 해석되어야 할 것이다. … 이 사건 법률 규정을 도입한 취지와 목적은 2005년 부동산 세제 개편으로 '부동산 가격공시 및 감정평가에 관한 법률'에 의한 개별주택가격과 공동주택가격이 주택의 시가표준액이 되는 등 취득세와 등록세 과세표준이 상승함에 따른 납세의무자의 급격한 세부담 증가를 완화하고 주택거래의 활성화를 도모하기 위한 데에 있다. 그러나 건축법상 기숙사는 '부동산 가격공시 및 감정평가에 관한 법률'에 의하여 그 가격이 공시되는 공동주택에 포함되지 않을 뿐만 아니라, 그 건축물의 용도가 학교 또는 공장 등의 학생 또는 종업원 등을 위하여 쓰는 것으로서 통상적으로는 자주 거래되지 않으므로 주택거래의 활성화와는 거리가 있다. 이에 따라 2010. 3. 31. 제정된 **지방세특례제한법 제2조 제3호**도 '공동주택이란 주택법 제2조 제2호에 따른 공동주택을 말하되, **기숙사는 제외**한다'고 규정함으로써 그와 같은 취지를 확인하고 있다. 이와 같은 구 지방세법 등의 관련 규정들의 내용과 이 사건 법률 규정의 입법 목적 등을 종합하여 보면, 이 사건 법률 규정에 의하여 취득세와 등록세에 관한 세액 경감의 대상이 되는 **'주택'**은 구 지방세법 제104조 제4호에서 정한 **'건축물'과는 구별**되는 것으로서 **건축법상 기숙사는 그 '주택'에 포함되지 않는다**고 보아야 할 것이다."

85) 대법원 2014. 3. 27. 선고 2013두24747 판결 ; "원심은, 이 사건 감면조항에서 말하는 **'주택'의 의미**는 사람의 주거용인 건물을 가리키는 것임이 사전상으로 명백하고, '일시적 2주택'의 범위도 지방세특례제한법 시행령 제17조의2에서 명확하게 정하고 있으며, 여기에 이 사건 감면조항의 취지와 관련 규정의 문언 내용 및 체계 등을 더하여 보면, 이 사건 감면조항의 적용에 있어서 보유주택의 수를 산정할 때 상속한 주택 지분이 제외되지 아니한다고 해석하는 것이 충분히 가능하다는 이유로, 이 사건 감면조항이 조세법률의 명확성 원칙에 위배된다는 원고의 주장을 배척하였다. … 원심의 위와 같은 판단은 정당하고, … 이미 주택을 보유하고 있는 상태에서 피상속인이 소유하던 주택의 일부 지분을 상속하여 이를 추가로 보유하고 있는 상속인과 피상속인이 소유하던 주택을 전혀 상속하지 아니한 상속인 사이에는 취득세의 담세력 등에 차이가 있다고 할 것이다. 따라서 피상속인이 소유하던 주택을 상속인들이 공동상속하였는지 아니면 상속인 중 1인이 단독상속하였는지에 따라 이 사건 감면조항의 적용범위가 달라질 수 있다는 사정만으로 이 사건 감면조항이 조세공평의 원칙에 위배된다고 볼 수 없다."

않는다.[86)]

※ 조세법령상 정의규정의 개관

국세에 관하여 세법에 별도의 규정이 있는 경우를 제외하고는 국세기본법에서 정하는 바에 따르므로(동법 제3조 제1항), 용어의 정의도 개별 세법에 별도의 규정이 있는 경우를 제외하고는 **국세기본법 제2조,**[87)] 시행령 제1조의2(특수관계인의 범위)에서 정하는 바에 따르면 된다. 개별 세법의 정의규정으로

---

86) **【구체적 사안】**
사건 각 주택이 취득 당시 철거 등의 절차가 진행되어 주거용으로서의 기능을 상당 부분 상실함으로써 정상적인 주거생활에 사용할 수 없는 건축물에 해당한다면 원고는 취득세의 감면대상이 아닌 건축물과 그 대지를 취득한 것에 불과하여 취득세의 감면을 받을 수 없고, 감면대상인 주택으로 보더라도 원고는 3주택 보유자가 되었으므로 감면대상에 해당하지 않는다고 한 예.

87) **국세기본법 제2조(정의)** 이 법에서 사용하는 용어의 뜻은 다음과 같다. 〈개정 2020.6.9〉
1. "국세"란 국가가 부과하는 조세 중 다음 각 목의 것을 말한다. 가. 소득세 …
2. "세법"이란 국세의 종목과 세율을 정하고 있는 법률과 「국세징수법」, 「조세특례제한법」, 「국제조세조정에 관한 법률」, 「조세범 처벌법」 및 「조세범 처벌절차법」을 말한다.
3. "원천징수"란 세법에 따라 원천징수의무자가 국세(이와 관계되는 가산세는 제외한다)를 징수하는 것을 말한다.
4. "가산세"란 이 법 및 세법에서 규정하는 의무의 성실한 이행을 확보하기 위하여 세법에 따라 산출한 세액에 가산하여 징수하는 금액을 말한다.
5. 삭제 〈2018.12.31〉
6. "체납처분비"란 「국세징수법」 중 체납처분에 관한 규정에 따른 재산의 압류, 보관, 운반과 매각에 든 비용(매각을 대행시키는 경우 그 수수료를 포함한다)을 말한다.
7. "지방세"란 「지방세기본법」에서 규정하는 세목을 말한다.
8. "공과금"이란 「국세징수법」에서 규정하는 체납처분의 예에 따라 징수할 수 있는 채권 중 국세, 관세, 임시수입부가세, 지방세와 이와 관계되는 체납처분비를 제외한 것을 말한다.
9. "납세의무자"란 세법에 따라 국세를 납부할 의무(국세를 징수하여 납부할 의무는 제외한다)가 있는 자를 말한다.
10. "납세자"란 납세의무자(연대납세의무자와 납세자를 갈음하여 납부할 의무가 생긴 경우의 제2차 납세의무자 및 보증인을 포함한다)와 세법에 따라 국세를 징수하여 납부할 의무를 지는 자를 말한다.
11. "제2차 납세의무자"란 납세자가 납세의무를 이행할 수 없는 경우에 납세자를 갈음하여 납세의무를 지는 자를 말한다.
12. "보증인"이란 납세자의 국세 또는 체납처분비의 납부를 보증한 자를 말한다.
13. "과세기간"이란 세법에 따라 국세의 과세표준 계산의 기초가 되는 기간을 말한다.
14. "과세표준"이란 세법에 따라 직접적으로 세액산출의 기초가 되는 과세대상의 수량 또는 가액을 말한다.
15. "과세표준신고서"란 국세의 과세표준과 국세의 납부 또는 환급에 필요한 사항을 적은 신고서를 말한다.
15의 2. "과세표준수정신고서"란 당초에 제출한 과세표준신고서의 기재사항을 수정하는 신고서를 말한다.
16. "법정신고기한"이란 세법에 따라 과세표준신고서를 제출할 기한을 말한다.
17. "세무공무원"이란 다음 각 목의 사람을 말한다. 가. 국세청장, 지방국세청장, 세무서장 또는 그 소속 공무원 …
18. "정보통신망"이란 「전기통신기본법」 제2조제2호에 따른 전기통신설비를 활용하거나 전기통신설비와 컴퓨터 및 컴퓨터의 이용기술을 활용하여 정보를 수집, 가공, 저장, 검색, 송신 또는 수신하는 정보통신체계를 말한다.
19. "전자신고"란 과세표준신고서 등 이 법 또는 세법에 따른 신고 관련 서류를 국세청장이 정하여 고시하는 정보통신망(이하 "국세정보통신망"이라 한다)을 이용하여 신고하는 것을 말한다.
20. "**특수관계인**"이란 본인과 다음 각 목의 어느 하나에 해당하는 관계에 있는 자를 말한다. 이 경우 이 법 및 세법을 적용할 때 본인도 그 특수관계인의 특수관계인으로 본다.
가. 혈족·인척 등 대통령령으로 정하는 친족관계
나. 임원·사용인 등 대통령령으로 정하는 경제적 연관관계
다. 주주·출자자 등 대통령령으로 정하는 경영지배관계

법인세법 제2조,[88] 시행령 제2조 ①(조합법인), ②(외국법인), ⑤(경제적 연관관계 또는 경영지배관계 등), 소득세법 제1조의2,[89] 시행령 제2조(주소와 거소의 판정), 제2조의2(거주자 또는 비거주자가 되는 시기), 제3조(해외현지법인등의 임직원 등에 대한 거주자 판정), 제4조(거주기간의 계산), 부가가치세법 제2조,[90] 상속세 및

---

21. "세무조사"란 국세의 과세표준과 세액을 결정 또는 경정하기 위하여 질문을 하거나 해당 장부·서류 또는 그 밖의 물건(이하 "장부등"이라 한다)을 검사·조사하거나 그 제출을 명하는 활동을 말한다.

88) **법인세법 제2조(정의)** 이 법에서 사용하는 용어의 뜻은 다음과 같다. 〈개정 2018.12.24〉
1. "내국법인"이란 본점, 주사무소 또는 사업의 실질적 관리장소가 국내에 있는 법인을 말한다.
2. "비영리내국법인"이란 내국법인 중 다음 각 목의 어느 하나에 해당하는 법인을 말한다.
가. 「민법」 제32조에 따라 설립된 법인
나. 「사립학교법」이나 그 밖의 특별법에 따라 설립된 법인으로서 「민법」 제32조에 규정된 목적과 유사한 목적을 가진 법인(대통령령으로 정하는 조합법인 등이 아닌 법인으로서 그 주주·사원 또는 출자자에게 이익을 배당할 수 있는 법인은 제외한다)
다. 「국세기본법」 제13조제4항에 따른 법인으로 보는 단체(이하 "법인으로 보는 단체"라 한다)
3. "외국법인"이란 본점 또는 주사무소가 외국에 있는 단체(사업의 실질적 관리장소가 국내에 있지 아니하는 경우만 해당한다)로서 대통령령으로 정하는 기준에 해당하는 법인을 말한다.
4. "비영리외국법인"이란 외국법인 중 외국의 정부·지방자치단체 및 영리를 목적으로 하지 아니하는 법인(법인으로 보는 단체를 포함한다)을 말한다.
5. "사업연도"란 법인의 소득을 계산하는 1회계기간을 말한다.
6. "연결납세방식"이란 둘 이상의 내국법인을 하나의 과세표준과 세액을 계산하는 단위로 하여 제2장의3에 따라 법인세를 신고·납부하는 방식을 말한다.
7. "연결법인"이란 연결납세방식을 적용받는 내국법인을 말한다.
8. "연결집단"이란 연결법인 전체를 말한다.
9. "연결모법인"이란 연결집단 중 다른 연결법인을 완전 지배하는 연결법인을 말한다.
10. "연결자법인"이란 연결모법인의 완전 지배를 받는 연결법인을 말한다.
11. "연결사업연도"란 연결집단의 소득을 계산하는 1회계기간을 말한다.
12. "특수관계인"이란 법인과 경제적 연관관계 또는 경영지배관계 등 대통령령으로 정하는 관계에 있는 자를 말한다. 이 경우 본인도 그 특수관계인의 특수관계인으로 본다.
13. "합병법인"이란 합병에 따라 설립되거나 합병 후 존속하는 법인을 말한다.
14. "피합병법인"이란 합병에 따라 소멸하는 법인을 말한다.
15. "분할법인"이란 분할(분할합병을 포함한다. 이하 같다)에 따라 분할되는 법인을 말한다.
16. "분할신설법인"이란 분할에 따라 설립되는 법인을 말한다.

89) **소득세법 제1조의2(정의)** ① 이 법에서 사용하는 용어의 뜻은 다음과 같다. 〈개정 2018.12.31〉
1. "거주자"란 국내에 주소를 두거나 183일 이상의 거소를 둔 개인을 말한다.
2. "비거주자"란 거주자가 아닌 개인을 말한다.
3. "내국법인"이란 「법인세법」 제2조제1호에 따른 내국법인을 말한다.
4. "외국법인"이란 「법인세법」 제2조제3호에 따른 외국법인을 말한다.
5. "사업자"란 사업소득이 있는 거주자를 말한다.

90) **부가가치세법 제2조(정의)** 이 법에서 사용하는 용어의 뜻은 다음과 같다. 〈개정 2020.12.22〉
1. "재화"란 재산 가치가 있는 물건 및 권리를 말한다. 물건과 권리의 범위에 관하여 필요한 사항은 대통령령으로 정한다.
2. "용역"이란 재화 외에 재산 가치가 있는 모든 역무(역무)와 그 밖의 행위를 말한다. 용역의 범위에 관하여 필요한 사항은 대통령령으로 정한다.
3. "사업자"란 사업 목적이 영리이든 비영리이든 관계없이 사업상 독립적으로 재화 또는 용역을 공급하는 자를 말한다.
4. "간이과세자"란 제61조제1항에 따라 직전 연도의 재화와 용역의 공급에 대한 대가(부가가치세가 포함된 대가를 말한다. 이하 "공급대가"라 한다)의 합계액이 대통령령으로 정하는 금액에 미달하는 사업자로서, 제7장에 따라 간편한 절차로 부가가치세를 신고·납부하는 개인사업자를 말한다.

증여세법 제2조,[91] 시행령 제2조(주소와 거소의 정의 등), 제2조의2(특수관계인의 범위), 국세징수법 제2조 제1항[92] 등이 있다.

---

5. "일반과세자"란 간이과세자가 아닌 사업자를 말한다.
6. "과세사업"이란 부가가치세가 과세되는 재화 또는 용역을 공급하는 사업을 말한다.
7. "면세사업"이란 부가가치세가 면제되는 재화 또는 용역을 공급하는 사업을 말한다.
8. "비거주자"란 「소득세법」 제1조의2제1항제2호에 따른 비거주자를 말한다.
9. "외국법인"이란 「법인세법」 제2조제3호에 따른 외국법인을 말한다.

91) **상속세 및 증여세법 제2조(정의)** 이 법에서 사용하는 용어의 뜻은 다음과 같다. 〈개정 2020.12.22〉
1. "상속"이란 「민법」 제5편에 따른 상속을 말하며, 다음 각 목의 것을 포함한다.
가. 유증
나. 「민법」 제562조에 따른 증여자의 사망으로 인하여 효력이 생길 증여(상속개시일 전 10년 이내에 피상속인이 상속인에게 진 증여채무 및 상속개시일 전 5년 이내에 피상속인이 상속인이 아닌 자에게 진 증여채무의 이행 중에 증여자가 사망한 경우의 그 증여를 포함한다. 이하 "사인증여"라 한다)
다. 「민법」 제1057조의2에 따른 피상속인과 생계를 같이 하고 있던 자, 피상속인의 요양간호를 한 자 및 그 밖에 피상속인과 특별한 연고가 있던 자(이하 "특별연고자"라 한다)에 대한 상속재산의 분여
라. 「신탁법」 제59조에 따른 유언대용신탁(이하 "유언대용신탁"이라 한다)
마. 「신탁법」 제60조에 따른 수익자연속신탁(이하 "수익자연속신탁"이라 한다)
2. "상속개시일"이란 피상속인이 사망한 날을 말한다. 다만, 피상속인의 실종선고로 인하여 상속이 개시되는 경우에는 실종선고일을 말한다.
3. "상속재산"이란 피상속인에게 귀속되는 모든 재산을 말하며, 다음 각 목의 물건과 권리를 포함한다. 다만, 피상속인의 일신에 전속하는 것으로서 피상속인의 사망으로 인하여 소멸되는 것은 제외한다.
가. 금전으로 환산할 수 있는 경제적 가치가 있는 모든 물건
나. 재산적 가치가 있는 법률상 또는 사실상의 모든 권리
4. "상속인"이란 「민법」 제1000조, 제1001조, 제1003조 및 제1004조에 따른 상속인을 말하며, 같은 법 제1019조제1항에 따라 상속을 포기한 사람 및 특별연고자를 포함한다.
5. "수유자"란 다음 각 목에 해당하는 자를 말한다.
가. 유증을 받은 자
나. 사인증여에 의하여 재산을 취득한 자
다. 유언대용신탁 및 수익자연속신탁에 의하여 신탁의 수익권을 취득한 자
6. "증여"란 그 행위 또는 거래의 명칭·형식·목적 등과 관계없이 직접 또는 간접적인 방법으로 타인에게 무상으로 유형·무형의 재산 또는 이익을 이전(현저히 낮은 대가를 받고 이전하는 경우를 포함한다)하거나 타인의 재산가치를 증가시키는 것을 말한다. 다만, 유증, 사인증여, 유언대용신탁 및 수익자연속신탁은 제외한다.
7. "증여재산"이란 증여로 인하여 수증자에게 귀속되는 모든 재산 또는 이익을 말하며, 다음 각 목의 물건, 권리 및 이익을 포함한다.
가. 금전으로 환산할 수 있는 경제적 가치가 있는 모든 물건
나. 재산적 가치가 있는 법률상 또는 사실상의 모든 권리
다. 금전으로 환산할 수 있는 모든 경제적 이익
8. "거주자"란 국내에 주소를 두거나 183일 이상 거소를 둔 사람을 말하며, "비거주자"란 거주자가 아닌 사람을 말한다. 이 경우 주소와 거소의 정의 및 거주자와 비거주자의 판정 등에 필요한 사항은 대통령령으로 정한다.
9. "수증자"란 증여재산을 받은 거주자(본점이나 주된 사무소의 소재지가 국내에 있는 비영리법인을 포함한다) 또는 비거주자(본점이나 주된 사무소의 소재지가 외국에 있는 비영리법인을 포함한다)를 말한다.
10. "특수관계인"이란 본인과 친족관계, 경제적 연관관계 또는 경영지배관계 등 대통령령으로 정하는 관계에 있는 자를 말한다. 이 경우 본인도 특수관계인의 특수관계인으로 본다.

92) **국세징수법 제2조(정의)** ① 이 법에서 사용하는 용어의 뜻은 다음과 같다. [2020. 12. 29. 전부개정]
1. "납부기한"이란 납세의무가 확정된 국세(가산세를 포함한다. 이하 같다)를 납부하여야 할 기한으로서 다음 각 목의 구분에 따른 기한을 말한다.
가. 법정납부기한: 국세의 종목과 세율을 정하고 있는 법률, 「국세기본법」, 「조세특례제한법」 및 「국제조세조정에

지방세에 관하여도 지방세관계법(지방세징수법, 지방세법, 지방세특례제한법, 조세특례제한법 및 제주특별자치도 설치 및 국제자유도시 조성을 위한 특별법)에 별도의 정의규정이 있는 경우를 제외하고는 **지방세기본법 제2조**[93])에서 정하는 바에 따르면 된다(동법 제3조).

관한 법률」에서 정한 기한

나. 지정납부기한: 관할 세무서장이 납부고지를 하면서 지정한 기한

2. "체납"이란 국세를 지정납부기한까지 납부하지 아니하는 것을 말한다. 다만, 지정납부기한 후에 납세의무가 성립·확정되는 「국세기본법」 제47조의4에 따른 납부지연가산세 및 같은 법 제47조의5에 따른 원천징수 등 납부지연가산세의 경우 납세의무가 확정된 후 즉시 납부하지 아니하는 것을 말한다.
3. "체납자"란 국세를 체납한 자를 말한다.
4. "체납액"이란 체납된 국세와 강제징수비를 말한다.

93) **지방세기본법 제2조(정의)** ① 이 법에서 사용하는 용어의 뜻은 다음과 같다. 〈개정 2020.12.29〉

1. "지방자치단체"란 특별시·광역시·특별자치시·도·특별자치도·시·군·구(자치구를 말한다. 이하 같다)를 말한다.
2. "지방자치단체의 장"이란 특별시장·광역시장·특별자치시장·도지사·특별자치도지사·시장·군수·구청장(자치구의 구청장을 말한다. 이하 같다)을 말한다.
3. "지방세"란 특별시세, 광역시세, 특별자치시세, 도세, 특별자치도세 또는 시·군세, 구세(자치구의 구세를 말한다. 이하 같다)를 말한다.
4. "지방세관계법"이란 「지방세징수법」, 「지방세법」, 「지방세특례제한법」, 「조세특례제한법」 및 「제주특별자치도 설치 및 국제자유도시 조성을 위한 특별법」을 말한다.
5. "과세표준"이란 「지방세법」에 따라 직접적으로 세액산출의 기초가 되는 과세물건의 수량·면적 또는 가액 등을 말한다.
6. "표준세율"이란 지방자치단체가 지방세를 부과할 경우에 통상 적용하여야 할 세율로서 재정상의 사유 또는 그 밖의 특별한 사유가 있는 경우에는 이에 따르지 아니할 수 있는 세율을 말한다.
7. "과세표준 신고서"란 지방세의 과세표준·세율·납부세액 등 지방세의 납부 또는 환급을 위하여 필요한 사항을 기재한 신고서를 말한다.
8. "과세표준 수정신고서"란 처음 제출한 과세표준 신고서의 기재사항을 수정하는 신고서를 말한다.
9. "법정신고기한"이란 이 법 또는 지방세관계법에 따라 과세표준 신고서를 제출할 기한을 말한다.
10. "세무공무원"이란 지방자치단체의 장 또는 지방세의 부과·징수 등에 관한 사무를 위임받은 공무원을 말한다.
11. "납세의무자"란 「지방세법」에 따라 지방세를 납부할 의무(지방세를 특별징수하여 납부할 의무는 제외한다)가 있는 자를 말한다.
12. "납세자"란 납세의무자(연대납세의무자와 제2차 납세의무자 및 보증인을 포함한다)와 특별징수의무자를 말한다.
13. "제2차 납세의무자"란 납세자가 납세의무를 이행할 수 없는 경우에 납세자를 갈음하여 납세의무를 지는 자를 말한다.
14. "보증인"이란 납세자의 지방세 또는 체납처분비의 납부를 보증한 자를 말한다.
15. "납세고지서"란 납세자가 납부할 지방세의 부과 근거가 되는 법률 및 해당 지방자치단체의 조례 규정, 납세자의 주소·성명, 과세표준, 세율, 세액, 납부기한, 납부장소, 납부기한까지 납부하지 아니한 경우에 이행될 조치 및 지방세 부과가 법령에 어긋나거나 착오가 있는 경우의 구제방법 등을 기재한 문서로서 세무공무원이 작성한 것을 말한다.
16. "신고납부"란 납세의무자가 그 납부할 지방세의 과세표준과 세액을 신고하고, 신고한 세금을 납부하는 것을 말한다.
17. "부과"란 지방자치단체의 장이 이 법 또는 지방세관계법에 따라 납세의무자에게 지방세를 부담하게 하는 것을 말한다.
18. "징수"란 지방자치단체의 장이 이 법 또는 지방세관계법에 따라 납세자로부터 지방자치단체의 징수금을 거두어들이는 것을 말한다.
19. "보통징수"란 세무공무원이 납세고지서를 납세자에게 발급하여 지방세를 징수하는 것을 말한다.
20. "특별징수"란 지방세를 징수할 때 편의상 징수할 여건이 좋은 자로 하여금 징수하게 하고 그 징수한 세금을 납부하게 하는 것을 말한다.
21. "특별징수의무자"란 특별징수에 의하여 지방세를 징수하고 이를 납부할 의무가 있는 자를 말한다.
22. "지방자치단체의 징수금"이란 지방세 및 체납처분비를 말한다.

조세특례제한법 제2조의 정의 규정은 제1항에서 동법에서 사용하는 “내국인”, “과세연도”, “과세표준신고”, “익금”, “손금”, “이월과세”, “과세이연”, “조세특례”, “수도권”, “수도권과밀억제권역”, “연구개발”, “인력개발” 등 용어의 뜻을 규정하고,[94] 제2항에서 “제1항에 규정된 용어 외의 용어에 관하여는

---

23. “가산세”란 이 법 또는 지방세관계법에서 규정하는 의무를 성실하게 이행하도록 하기 위하여 의무를 이행하지 아니할 경우에 이 법 또는 지방세관계법에 따라 산출한 세액에 가산하여 징수하는 금액을 말한다.
24. 삭제 〈2020.12.29〉
25. “체납처분비”란 「지방세징수법」 제3장의 체납처분에 관한 규정에 따른 재산의 압류·보관·운반과 매각에 드는 비용(매각을 대행시키는 경우 그 수수료를 포함한다)을 말한다.
26. “공과금”이란 「지방세징수법」 또는 「국세징수법」에서 규정하는 체납처분의 예에 따라 징수할 수 있는 채권 중 국세·관세·임시수입부가세 및 지방세와 이에 관계되는 체납처분비를 제외한 것을 말한다.
27. “지방자치단체조합”이란 「지방자치법」 제159조제1항에 따른 지방자치단체조합을 말한다.
28. “지방세통합정보통신망”이란 「전자정부법」 제2조제10호에 따른 정보통신망으로서 행정안전부령으로 정하는 기준에 따라 행정안전부장관이 고시하는 지방세에 관한 정보통신망을 말한다.
29. “전자신고”란 과세표준 신고서 등 이 법 또는 지방세관계법에 따른 신고 관련 서류를 지방세통합정보통신망을 통하여 신고하는 것을 말한다.
30. “전자납부”란 지방자치단체의 징수금을 지방세통합정보통신망 또는 제136조제1항제1호에 따라 지방세통합정보통신망과 지방세수납대행기관 정보통신망을 연계한 인터넷, 전화통신장치, 자동입출금기 등의 전자매체를 이용하여 납부하는 것을 말한다.
31. “전자송달”이란 이 법 또는 지방세관계법에 따라 지방세통합정보통신망 또는 「정보통신망 이용촉진 및 정보보호 등에 관한 법률」 제2조제1항제1호에 따른 정보통신망으로서 이 법에 따른 송달을 위하여 지방세통합정보통신망과 연계된 정보통신망(이하 “연계정보통신망”이라 한다)을 이용하여 송달을 하는 것을 말한다.
32. “체납자”란 지방세를 납부기한까지 납부하지 아니한 납세자를 말한다.
33. “체납액”이란 체납된 지방세와 체납처분비를 말한다.
34. “특수관계인”이란 본인과 다음 각 목의 어느 하나에 해당하는 관계에 있는 자를 말한다. 이 경우 이 법 및 지방세관계법을 적용할 때 본인도 그 특수관계인의 특수관계인으로 본다.
   가. 혈족·인척 등 대통령령으로 정하는 친족관계
   나. 임원·사용인 등 대통령령으로 정하는 경제적 연관관계
   다. 주주·출자자 등 대통령령으로 정하는 경영지배관계
35. “과세자료”란 제127조에 따른 과세자료제출기관이 직무상 작성하거나 취득하여 관리하는 자료로서 지방세의 부과·징수와 납세의 관리에 필요한 자료를 말한다.

94) **조세특례제한법 제2조(정의)** ① 이 법에서 사용하는 용어의 뜻은 다음과 같다. 〈개정 2019.12.31〉
1. “내국인”이란 「소득세법」에 따른 거주자 및 「법인세법」에 따른 내국법인을 말한다.
2. “과세연도”란 「소득세법」에 따른 과세기간 또는 「법인세법」에 따른 사업연도를 말한다.
3. “과세표준신고”란 「소득세법」 제70조, 제71조, 제74조 및 제110조에 따른 과세표준확정신고 및 「법인세법」 제60조에 따른 과세표준의 신고를 말한다.
4. “익금”이란 「소득세법」 제24조에 따른 총수입금액 또는 「법인세법」 제14조에 따른 익금을 말한다.
5. “손금”이란 「소득세법」 제27조에 따른 필요경비 또는 「법인세법」 제14조에 따른 손금을 말한다.
6. “**이월과세**”란 개인이 해당 사업에 사용되는 사업용고정자산 등(이하 이 호에서 “종전사업용고정자산등”이라 한다)을 현물출자 등을 통하여 법인에 양도하는 경우 이를 양도하는 개인에 대해서는 「소득세법」 제94조에 따른 양도소득에 대한 소득세(이하 “양도소득세”라 한다)를 과세하지 아니하고, 그 대신 이를 양수한 법인이 그 사업용고정자산등을 양도하는 경우 개인이 종전사업용고정자산등을 그 법인에 양도한 날이 속하는 과세기간에 다른 양도자산이 없다고 보아 계산한 같은 법 제104조에 따른 양도소득 산출세액 상당액을 법인세로 납부하는 것을 말한다.
7. “**과세이연**”이란 공장의 이전 등을 위하여 개인이 해당 사업에 사용되는 사업용고정자산 등(이하 이 호에서 “종전사업용고정자산등”이라 한다)을 양도하고 그 양도가액으로 다른 사업용고정자산 등(이하 이 호에서 “신사업용고정자산등”이라 한다)을 대체 취득한 경우 종전사업용고정자산등의 양도에 따른 양도차익 중 다음의 계산식에 따라 계산한 금액(신사업용고정자산등의 취득가액이 종전사업용고정자산등의 양도가액을 초과하는 경우에는 종전사업용고정자산등의 양도에 따른 양도차익을 한도로 한다. 이하 이 호에서 “과세이연금액”이라 한다)에 대해서는 양도소득세를

이 법에서 특별히 정하는 경우를 제외하고는 제3조 제1항 제1호부터 제19호까지에 규정된 법률(소득세법, 법인세법 등 개별세법)에서 사용하는 용어의 예에 따른다."라고 규정하고 있으므로, '조세특례제한법 → 소득세법, 법인세법 등 개별세법 → 국세기본법'의 순으로 용어의 뜻을 탐색하면 되고, **국제조세조정에 관한 법률 제2조**의 정의 규정은 제1항에서 동법에서 사용하는 "국제거래", "국내사업장", "특수관계", "국외특수관계인", "정상가격", "과세당국", "조세조약", "체약상대국", "권한 있는 당국", "상호합의절차" 등 용어의 뜻을 규정하고,95) 제2항에서 "제1항에 규정된 것 외의 용어에 관하여는 이 법에서

과세하지 아니하되, 신사업용고정자산등을 양도할 때 신사업용고정자산등의 취득가액에서 과세이연금액을 뺀 금액을 취득가액으로 보고 양도소득세를 과세하는 것을 말한다. 종전사업용고정자산등의 양도에 따른 양도차익 × (신사업용고정자산등의 취득가액 / 종전사업용고정자산등의 양도가액)

8. "조세특례"란 일정한 요건에 해당하는 경우의 특례세율 적용, 세액감면, 세액공제, 소득공제, 준비금의 손금산입 등의 조세감면과 특정 목적을 위한 익금산입, 손금불산입 등의 중과세를 말한다.
9. "수도권"이란 「수도권정비계획법」 제2조제1호에 따른 수도권을 말한다.
10. "수도권과밀억제권역"이란 「수도권정비계획법」 제6조제1항제1호에 따른 과밀억제권역을 말한다.
11. "연구개발"이란 과학적 또는 기술적 진전을 이루기 위한 활동과 새로운 서비스 및 서비스전달체계를 개발하기 위한 활동을 말하며, 대통령령으로 정하는 활동을 제외한다.
12. "인력개발"이란 내국인이 고용하고 있는 임원 또는 사용인을 교육·훈련시키는 활동을 말한다.

95) **국제조세조정에 관한 법률 제2조(정의)** [2020. 12. 22. 전부개정] ① 이 법에서 사용하는 용어의 뜻은 다음과 같다.
1. "국제거래"란 거래 당사자 중 어느 한쪽이나 거래 당사자 양쪽이 비거주자 또는 외국법인(비거주자 또는 외국법인의 국내사업장은 제외한다)인 거래로서 유형자산 또는 무형자산의 매매·임대차, 용역의 제공, 금전의 대차(대차), 그 밖에 거래자의 손익 및 자산과 관련된 모든 거래를 말한다.
2. "국내사업장"이란 다음 각 목에 따른 국내사업장을 말한다.
   가. 「소득세법」 제120조에 따른 비거주자의 국내사업장
   나. 「법인세법」 제94조에 따른 외국법인의 국내사업장
3. "특수관계"란 다음 각 목의 어느 하나에 해당하는 관계를 말하며, 그 세부 기준은 대통령령으로 정한다.
   가. 거래 당사자 중 어느 한쪽이 다른 쪽의 의결권 있는 주식(출자지분을 포함한다. 이하 같다)의 50퍼센트 이상을 직접 또는 간접으로 소유하고 있는 경우 그 거래 당사자 간의 관계
   나. 제3자와 그 친족 등 대통령령으로 정하는 자가 거래 당사자 양쪽의 의결권 있는 주식의 50퍼센트 이상을 직접 또는 간접으로 각각 소유하고 있는 경우 그 거래 당사자 간의 관계
   다. 거래 당사자 간에 자본의 출자관계, 재화·용역의 거래관계, 금전의 대차관계 등에 따라 소득을 조정할 만한 공통의 이해관계가 있고, 거래 당사자 중 어느 한쪽이 다른 쪽의 사업 방침을 실질적으로 결정할 수 있는 경우 그 거래 당사자 간의 관계
   라. 거래 당사자 간에 자본의 출자관계, 재화·용역의 거래관계, 금전의 대차관계 등에 따라 소득을 조정할 만한 공통의 이해관계가 있고, 제3자가 거래 당사자 양쪽의 사업 방침을 실질적으로 결정할 수 있는 경우 그 거래 당사자 간의 관계
4. "국외특수관계인"이란 거주자, 내국법인 또는 국내사업장과 특수관계에 있는 비거주자 또는 외국법인(비거주자 또는 외국법인의 국내사업장은 제외한다)을 말한다.
5. "정상가격"이란 거주자, 내국법인 또는 국내사업장이 국외특수관계인이 아닌 자와의 통상적인 거래에서 적용하거나 적용할 것으로 판단되는 가격을 말한다.
6. "과세당국"이란 납세지 관할 세무서장 또는 지방국세청장을 말한다.
7. "조세조약"이란 소득·자본·재산에 대한 조세 또는 조세행정의 협력에 관하여 우리나라가 다른 국가(고유한 세법이 적용되는 지역을 포함한다)와 체결한 조약·협약·협정·각서 등 국제법에 따라 규율되는 모든 유형의 국제적 합의를 말한다.
8. "체약상대국"이란 우리나라와 조세조약을 체결한 국가를 말한다.
9. "권한 있는 당국"이란 다음 각 목의 구분에 따른 자를 말한다.
   가. 우리나라의 경우: 기획재정부장관 또는 그의 권한을 위임받은 자

특별히 정하는 경우를 제외하고는 「조세특례제한법」 제2조 제1항에 따른 용어의 예와 같은 법 제3조 제1항 제1호부터 제12호까지, 제18호 및 제19호에 규정된 법률에 따른 용어의 예에 따른다."라고 규정하고 있으므로, '국제조세조정에 관한 법률 → 조세특례제한법 → 소득세법, 법인세법 등 개별세법 → 국세기본법'의 순으로 용어의 뜻을 탐색하면 되며, **지방세법 제2조**의 정의 규정은 "이 법에서 사용하는 용어의 뜻은 별도의 규정이 없으면 「지방세기본법」 및 「지방세징수법」[96]에서 정하는 바에 따른다."라고 규정하고 있으므로, '지방세법 → 지방세기본법, 지방세징수법'의 순으로 용어의 뜻을 탐색하면 되고, **지방세특례제한법 제2조**의 정의 규정은 제1항에서 동법에서 사용하는 "고유업무", "수익사업", "주택", "수도권", "과밀억제권역", "지방세 특례", "재산세", "직접 사용", "내국인", "과세연도", "과세표준신고", "익금", "손금", "이월과세" 등 용어의 뜻을 규정하고,[97] 제2항에서 "이 법에서 사용하는 용어의 뜻은 특별한 규정이 없으면 「지방세기본법」, 「지방세징수법」 및 「지방세법」에서 정하는 바에 따른다. 다만, '제3장 지방소득세 특례'에서 사용하는 용어의 뜻은 「지방세기본법」, 「지방세징수법」 및 「지방세법」에서 정하는 경우를 제외하고 「조세특례제한법」 제2조에서 정하는 바에 따른다."라고

나. 체약상대국의 경우: 조세조약에서 권한 있는 당국으로 지정된 자

10. "상호합의절차"란 조세조약의 적용 및 해석이나 부당한 과세처분 또는 과세소득의 조정에 대하여 우리나라의 권한 있는 당국과 체약상대국의 권한 있는 당국 간에 협의를 통하여 해결하는 절차를 말한다.

96) **지방세징수법 제2조(정의)** ① 이 법에서 사용하는 용어의 뜻은 다음과 같다. 〈개정 2020.12.29〉

1. "체납자"란 납세자로서 지방세를 납부기한까지 납부하지 아니한 자를 말한다.
2. "체납액"이란 체납된 지방세와 체납처분비를 말한다.

② 제1항 외에 이 법에서 사용하는 용어의 뜻은 「지방세기본법」에서 정하는 바에 따른다.

97) **지방세특례제한법 제2조(정의)** ① 이 법에서 사용하는 용어의 뜻은 다음과 같다.

1. "**고유업무**"란 법령에서 개별적으로 규정한 업무와 법인등기부에 목적사업으로 정하여진 업무를 말한다.
2. "수익사업"이란 「법인세법」 제4조제3항에 따른 수익사업을 말한다.

2의 2. "주택"이란 「지방세법」 제104조제3호에 따른 주택을 말한다.

3. "공동주택"이란 「주택법」 제2조제3호에 따른 공동주택을 말하되 기숙사는 제외한다.
4. "수도권"이란 「수도권정비계획법」 제2조제1호에 따른 수도권을 말한다.
5. "과밀억제권역"이란 「수도권정비계획법」 제6조제1항제1호에 따른 과밀억제권역을 말한다.
6. "지방세 특례"란 세율의 경감, 세액감면, 세액공제, 과세표준 공제(중과세 배제, 재산세 과세대상 구분전환을 포함한다) 등을 말한다.
7. "재산세"란 「지방세법」 제111조에 따라 부과된 세액을 말한다.
8. "**직접 사용**"이란 부동산·차량·건설기계·선박·항공기 등의 소유자가 해당 부동산·차량·건설기계·선박·항공기 등을 사업 또는 업무의 목적이나 용도에 맞게 사용하는 것을 말한다.
9. "내국인"이란 「지방세법」에 따른 거주자 및 내국법인을 말한다.
10. "과세연도"란 「지방세법」에 따른 과세기간 또는 사업연도를 말한다.
11. "과세표준신고"란 「지방세법」 제95조, 제103조의5 및 제103조의23에 따른 과세표준의 신고를 말한다.
12. "익금"이란 「소득세법」 제24조에 따른 총수입금액 또는 「법인세법」 제14조에 따른 익금을 말한다.
13. "손금"이란 「소득세법」 제27조에 따른 필요경비 또는 「법인세법」 제14조에 따른 손금을 말한다.
14. "**이월과세**"란 개인이 해당 사업에 사용되는 사업용고정자산 등(이하 이 호에서 "종전사업용고정자산등"이라 한다)을 현물출자 등을 통하여 법인에 양도하는 경우 이를 양도하는 개인에 대해서는 「지방세법」 제103조에 따른 양도소득에 대한 개인지방소득세 (이하 "양도소득분 개인지방소득세"라 한다)를 과세하지 아니하고, 그 대신 이를 양수한 법인이 그 사업용고정자산 등을 양도하는 경우 개인이 종전사업용고정자산등을 그 법인에 양도한 날이 속하는 과세기간에 다른 양도자산이 없다고 보아 계산한 같은 법 제103조의3에 따른 양도소득에 대한 개인지방소득세 산출세액(이하 "양도소득분 개인지방소득 산출세액"이라 한다) 상당액을 법인지방소득세로 납부하는 것을 말한다.

규정하고 있으므로, '지방세특례제한법 → 지방세기본법, 지방세징수법, 지방세 → 조세특례제한법 → 소득세법, 법인세법 등 개별세법 → 국세기본법'의 순으로 용어의 뜻을 탐색하면 된다.

※ 조세 법령용어 개념의 구체적인 탐색 방법

개별 조세법령용어의 정의, 개념이 무엇인지를 해석하여 밝히는 것이 조세법령 적용의 첫걸음인데 이에 대한 다툼이 과세관청과 납세자 간 다툼의 상당 부분을 차지한다.

개별 조세법령용어의 정의, 개념을 알기 위해서는, 대체로 (1) 당해 조세법령에 정의규정이 있으면 그에 따르고(당해 조세법령의 정의규정에서 다른 조세법령의 정의규정, 관련 법령의 정의규정을 그대로 인용하는 경우에도 순차로 그에 따르면 된다[98]), (2) 그것이 없으면 다른 조세법령의 정의규정[99]이나 용례(당해 용어의 정의규정이 없는 경우 그 용어의 법령상 사용례와 사전적 정의 등에 비추어 개념을 추출해 낼 수도 있다)[100](국세라면

98) ○ 대법원 2018. 6. 15. 선고 2018두34428 판결 ; 구 지방세특례제한법(2016. 12. 27. 개정 전) 제81조(중앙행정기관·공공기관 등의 지방이전에 따른 감면) 제3항에 따라 취득세가 감면되는 '주택'의 의미에 관하여, 동법의 '주택'에 관한 정의 규정인 제2조 제1항 제2호의2는 '지방세법 제104조 제3호'의 정의 규정을, 지방세법 제104조 제3호 본문은 '주택법 제2조 제1호'의 정의 규정을 순차로 직접 인용하고 있는 사안(**지방세특례제한법 → 지방세법 → 주택법**)에서, 구 지방세특례제한법 제81조 제3항에서 말하는 '주택을 취득한 경우'란 주택법 제2조 제1호에 따라 세대의 구성원이 장기간 독립한 주거생활을 할 수 있는 구조로서 주거용으로 사용될 수 있는 상태의 건축물과 그 부속토지를 취득한 경우에 해당되어야 하고, 해당 지역에 거주하기 위한 주택을 신축할 목적으로 나대지 상태의 토지를 취득하였다 하더라도, 위 토지를 취득할 당시는 주거용으로 사용될 수 있는 건축물의 부속토지를 취득한 것이 아니므로, 위 토지의 취득에 관하여 '주택'의 취득에 관한 구 지방세특례제한법 제81조 제3항이 적용된다고 볼 수는 없다고 판시.
○ 대법원 2020. 6. 11. 선고 2017두36953 판결 ; 구 지방세특례제한법(2015. 7. 24. 개정 전의 것) 제31조 제1항 제1호에 따라 취득세가 면제되는 '공동주택'의 의미에 관하여, 동법의 '공동주택' 정의 규정인 제2조 제1항 제3호는 "주택법 제2조 제2호"의 정의 규정을, 구 주택법(2016. 1. 19. 개정되기 전의 것) 제2조 제2호와 그 위임에 따른 구 주택법 시행령(2016. 8. 11. 개정되기 전의 것) 제2조 제1항은 "구 건축법 시행령(2016. 2. 11. 개정되기 전의 것) 제3조의5 [별표 1] '제2호' 각 목"의 정의 규정을 순차로 직접 인용하고 있는 사안(**지방세특례제한법 → 주택법 → 주택법 시행령 → 건축법 시행령**)에서, 구 건축법 시행령 제3조의5 [별표 1] '제1호' (다)목에서 정한 '다가구주택'은 취득세가 면제되는 '공동주택'에 포함되지 않는다고 판시.

99) 예컨대, 국세기본법 시행령 제63조의2(세무조사를 다시 할 수 있는 경우) 제2호(각종 과세자료의 처리를 위한 재조사나 국세환급금의 결정을 위한 확인조사 등을 하는 경우) 중 '과세자료'의 의미는 과세자료의 제출 및 관리에 관한 법률 제2조(정의) 제2호의 규정('과세자료'란 제4조에 따른 과세자료제출기관이 직무상 작성 또는 취득하여 관리하는 자료로서 국세의 부과·징수와 납세의 관리에 필요한 자료를 말한다)에 따르면 된다.
대법원 2015. 5. 28. 선고 2014두43257 판결 ; "구 국세기본법 시행령 제63조의2 제2호 전단에 정한 '각종 과세자료의 처리를 위한 재조사'에서의 '각종 과세자료'란 세무조사권을 남용하거나 자의적으로 행사할 우려가 없는 과세관청 외의 기관이 그 직무상 목적을 위하여 작성하거나 취득하여 과세관청에 제공한 자료로서 국세의 부과·징수와 납세의 관리에 필요한 자료를 의미하고, 이러한 자료에는 과세관청이 종전 세무조사에서 작성하거나 취득한 과세자료는 포함되지 아니한다고 해석함이 타당하다." ☛ 위 판결의 '각종 과세자료'의 개념 정의는, '과세자료의 제출 및 관리에 관한 법률' 제2조 제2호 소정의 '과세자료'의 정의를 토대로 한 것이다. 2016. 12. 27. 전부개정 지방세기본법 제2조 제1항 제35호는, "'과세자료'란 제127조에 따른 과세자료제출기관이 직무상 작성하거나 취득하여 관리하는 자료로서 지방세의 부과·징수와 납세의 관리에 필요한 자료를 말한다."는 정의규정을 두었다.

100) 대법원 2020. 3. 12. 선고 2018다264161 판결은, "납부 후 그 납부의 기초가 된 신고 또는 부과를 취소함에 따라 발생한 국세환급금의 경우 국세환급가산금의 기산일은 국세기본법 시행령 제43조의3 제1항 제1호 단서에 따라 '그 국세가 2회 이상 분할납부된 경우' 등이 아닌 이상 같은 호 본문에 따라 '국세 납부일의 다음날'로 봄이 타당하다. 따라서 동일한 과세기간 및 세목의 국세에 대하여 당초 신고 또는 부과에 따른 납부 이후에 증액경정처분 및 그에 따른 납부가 이루어진 경우 국세환급가산금의 기산일은 국세기본법 시행령 제43조의3 제1항 제1호 본문에 따라

국세 법령부터 살피고 나아가 지방세 법령을 살핀다), (3) 그것도 없으면 관련 법령[101]의 정의규정이나 용례,[102] (4) 일반 민사법령의 정의규정이나 용례, (5) 사전적·일반적 의미를 순차로 살펴 해석을 도출해 내면 된다. 즉, '(1) **당해 조세법령의 정의** ⇒ (2) **타 조세법령의 정의** ⇒ (3) **관련 법령의 정의** ⇒ (4) **민사법령의 정의** ⇒ (5) **사전적·일반적 의미**' 순으로 탐색해 보면 된다(물론, 위 순서가 절대적인 것은 아니고 서로 보완·종합하여 정의·개념을 도출해 낼 수도 있다). 예컨대, 대법원 2009. 4. 23. 선고 2006다81035 판결[103]은 구 임대주택법 제15조 제1항에서 규정하는 '임차인'의 개념에 관하여, '임대주택법

각각의 국세환급금이 발생한 국세 납부일의 다음날로 보아야 한다. 그 이유는 다음과 같다. 첫째, 위와 같은 경우 이는 납세자가 당초의 신고 또는 부과나 각 증액경정처분마다 그에 따른 각각의 세액을 별도로 납부한 것일 뿐 국세기본법 시행령 제43조의3 제1항 제1호 단서의 '분할납부'에 해당한다고 보기 어렵다. …"라고 판시하였는데, 국세기본법 시행령상의 '분할납부'라는 용어가 국세기본법에는 존재하지 않고 개별 세법(상속세 및 증여세법 제70조(자진납부) 제2항, 제71조(연부연납) 제2항, 제72조(연부연납 가산금) 및 소득세법 제65조(중간예납) 제2항, 제77조(분할납부), 제112조(양도소득세의 분할납부), 조세특례제한법 제16조의3(벤처기업 주식매수선택권 행사이익 납부특례) 제1항 제2, 3호 등)에서 쓰이고 있고 위 각 규정으로부터 추출할 수 있는 '분할납부'의 공통된 의미는 '당시 이미 납세의무가 확정되어 납부해야 할 세액에 대하여 애초의 납부기한을 연장하여 그 일부씩을 여러 회로 나누어 납부하는 것'으로 볼 수 있는데, 위 단서 소정의 '분할납부'의 의미 역시 개별 세법에서의 그 용례와 동일하게 해석되어야 한다는 점에서도 위 판시는 타당하다고 할 수 있다.

101) 예컨대, '주택'의 개념과 종류(단독주택과 공동주택, 다가구주택과 다세대주택, 다중주택, 아파트, 연립주택 등)에 관하여는 주택법시행령과 건축법시행령을(양 법령의 분류가 상이한 부분도 있다), 건축 관련 용어(신축, 증축, 개축, 재축, 발코니 등)의 개념은 건축법과 그 시행령을 각 참조하면 된다.

102) 대법원 2017. 6. 15. 선고 2017두32401 판결 ; "구 지방세특례제한법(2013. 1. 1. 법률 제11618호로 개정되기 전의 것) 제31조 제1항(이하 '이 사건 조항'이라 한다)에 의하여 '임대주택법 제2조 제4호에 따른 임대사업자'가 임대주택의 취득에 대하여 취득세를 감면받기 위해서는 임대할 목적으로 그 전단에 따라 공동주택을 '건축'하거나, 후단에 따라 공동주택 또는 오피스텔을 '건축주로부터 최초로 분양'받아야 한다. 이와 같이 이 사건 조항은 임대주택의 건설 및 분양을 촉진하여 서민의 장기적인 주거생활의 안정을 도모하기 위하여 임대사업자가 취득한 임대주택에 대하여 취득세 감면의 혜택을 부여하면서도, 조세형평 등을 고려하여 감면대상의 범위를 임대주택의 구체적 취득방법 등에 따라 제한하고 있다. 즉, 이 사건 조항 전단은 임대사업자가 임대를 목적으로 건축한 일정한 건설임대주택으로 감면대상을 한정하고 있고, 이 사건 조항 후단은, 임대사업자가 매매 등으로 취득한 매입임대주택 중에서도 건축주로부터 최초로 분양받은 경우에 한하여 취득세를 감면하도록 하고 있다. 이러한 이 사건 조항의 내용과 체계 및 취지 등에 비추어 보면, 이 사건 조항 후단에서 정하고 있는 '건축주로부터 최초로 분양받은 경우'란 건축행위를 통한 건축물의 분양을 그 전제로 하는 것이므로, 임대사업자가 이 사건 조항 후단에 의하여 취득세 감면의 혜택을 누리기 위해서는 건축물을 건축한 자로부터 분양계약에 따라 임대주택을 최초로 매입하여 취득하여야 한다."(甲 회사가 신축하여 사용승인을 받은 건물 중 5개 층을 乙 회사가 취득하여 상하수도설비공사 등을 시행하고 근린생활시설이던 해당 부분의 용도를 공동주택(아파트)으로 변경하였는데, 丙이 용도변경된 부분 중 2세대를 매입하여 임대사업자등록을 마치고 취득세 신고를 하면서 구 지방세특례제한법(2013. 1. 1. 법률 제11618호로 개정되기 전의 것) 제31조 제1항에 따라 취득세 면제를 구하였으나 과세 관청이 이에 해당하지 않는다는 이유로 취득세를 부과한 사안에서, 乙 회사는 이미 신축된 건물을 매수한 다음 용도를 근린생활시설에서 공동주택으로 변경하였을 뿐 이를 건축하지 아니하였으므로, 丙이 乙 회사로부터 건물 일부를 매입한 것이 위 조항 후단에서 정한 '건축주로부터 최초로 분양받은 경우'에 해당한다고 할 수 없다고 한 사례). ☞ 같은 취지로, 건축물의 분양에 관한 법률 제2조(정의) 제2호는 '분양'이란 '분양사업자가 건축하는 건축물의 전부 또는 일부를 2인 이상에게 판매하는 것', 제3호는 '분양사업자'란 '건축주로서 건축물을 분양하는 자', 제4호는 '분양받은 자'란 '분양사업자와 건축물의 분양계약을 체결한 자'를 말한다고 규정하고 있고, 집합건물의 소유 및 관리에 관한 법률 제9조(담보책임) 제1항은 '분양자'를 '구분소유 건물을 건축하여 분양한 자'로 정의하고 있다.

103) "임대주택법상 임대주택의 '임차인'에 관하여 **특별한 해석규정은 없**고, 원심이 말하는 이른바 '실질적 의미의 임차인'을 포함한다는 취지의 규정도 없다. 다만, 같은 법 제3조에서 "임대주택의 건설·공급 및 관리에 관하여 이 법에서 정하지 아니한 사항에 대하여는 주택법 및 주택임대차보호법을 적용한다"고 규정하고 있을 뿐인데, 주택법은 물론이고 주거용

→ 주택법·주택임대차보호법(주택 관련 법령) → 민법, 일반적 의미'의 순으로, 앞서 본 대법원 2013. 11. 28. 선고 2013두13945 판결은 구 지방세특례제한법 제40조의2에 의한 취득세 경감 대상인 '주택'의 범위에 관하여, '지방세특례제한법 → 지방세법 → 건축법'의 순으로 살펴본 다음 해석을 도출해 내고 있다.

동일한 법령에서의 동일한 용어는 법령에 다른 규정이 있는 등 특별한 사정이 없는 한 동일하게 해석·적용되어야 한다.[104][105] 이와 달리 해석하는 예[106]가 있으나, 이는 바람직하지 않다. 장기 부과제척기간과 부정과소신고가산세 및 조세범처벌법상 조세포탈죄의 공통된 요건인 '사기 기타 부정한 행위'는 원칙적으로 동일한 의미로서 동일하게 적용되어야 하지만, 판례는, 예외적으로, 납세자에게

건물의 임대차에 관하여 민법에 대한 특례를 규정한 주택임대차보호법에서도 특별히 '임차인'이라는 용어에 관한 **해석규정은 보이지 않**는다(다만, 주택임대차보호법 제3조의2 제1항에서 일정한 법인을 임차인에 포함시키고, 제9조에서 일정한 경우 사망한 임차인의 권리의무를 사실상의 혼인관계에 있는 자 등이 승계하도록 규정하고 있을 뿐이다). 결국, 임대주택법상의 임차인이라는 용어는 임대차에 관한 **일반법인 민법**의 규정, 그리고 **사회에서 통상적으로 이해**되는 '임차인'의 의미로 돌아가 **해석할 수밖에 없**는바, 그것은 **민법 제618조**가 규정하는 바와 같이 임대차계약에서 목적물의 사용수익권을 가짐과 동시에 차임지급의무를 부담하는 측의 일방당사자를 의미한다고 보는 것이 **문언에 충실**하면서도 **가장 보편타당**한 **해석**이라고 할 것이다."

104) 대법원 2013. 10. 24. 선고 2011두21157 판결.

105) ○ 대법원 2019. 12. 27. 선고 2019두47834 판결 ; "수입물품의 과세가격 결정에 관한 이들 규정의 문언과 체계 및 취지, 특히 관세법 제32조 제1항이 관세법 제30조에서 사용된 '거래가격'이라는 용어를 그대로 사용하고 있는 점 등에 비추어 보면, 관세법 제32조 제1항의 '과세가격으로 인정된 사실이 있는 유사물품의 거래가격'은 '관세법 제30조에 따라 과세가격으로 인정된 유사물품의 거래가격'만을 의미하고, '과세관청이 신고가격을 부인하고 관세법 제31조 내지 제35조에서 정한 방법에 따라 결정한 과세가격'은 여기에 포함되지 않는다고 해석함이 타당하다."
○ 대법원 2017. 7. 11. 선고 2015두45182 판결 ; 법인세법 제18조의2 제1항에 따른 법인주주의 수입배당금 익금불산입 금액 산정 시 차감·조정하는 '차입금의 이자'는, 당해 법률조항의 문언과 체계, 입법취지 등을 종합적으로 고려하여 보면, 법인세법 시행령 제19조 제7호에서 손비의 한 항목으로 규정한 '차입금 이자'를 의미한다고 한 사례.

106) ○ 대법원 2009. 2. 12. 선고 2004두10289 판결은 구 상속세법(1993. 12. 31. 법률 제4662호로 개정되기 전의 것) 제4조(상속세과세가액) 제1항의 "상속인"에는 '상속 포기자'를 포함시키면서, 동법 제18조 제1항 중 "상속세 납부의무자"인 "상속인"에는 '상속 포기자'를 제외하고, 동일 조항에서 "상속인별 상속세 분담비율의 산정기준"이 되는 '상속재산'에 포함되는 '괄호 규정' 안의 '상속인이 받은 증여재산'의 "상속인"에는 '상속 포기자'를 포함시키는 것으로 해석하였는바, 이는 동일 법률 및 동일 조항에서 사용된 동일 용어의 개념을 달리하여 해석한 것으로서 바람직하지 않은 것이고, 통일적으로 해석했어야 한다고 본다. 현행 상속세 및 증여세법은 제2조의 정의 규정에서 "이 법에서 사용하는 용어의 뜻은 다음과 같다. … 4. '상속인'이란 … 상속을 포기한 사람 … 포함한다."라고 규정하여, 제3조의2(상속세 납부의무)와 제13조(상속세 과세가액) 소정의 각 "상속인"에는 모두 '상속 포기자'를 포함하는 것으로 규정하고 있다.
○ 대법원 2012. 3. 29. 선고 2011두4855 판결은, 구 국세기본법 제22조의2(2018. 12. 31. 개정으로 제22조의3으로 이동) 제1항("세법의 규정에 의하여 당초 확정된 세액을 증가시키는 경정은 당초 확정된 세액에 관한 이 법 또는 세법에서 규정하는 권리·의무관계에 영향을 미치지 아니한다.")에 관하여, "위 규정의 문언 및 위 규정의 입법 취지가 증액경정처분이 있더라도 불복기간이나 경정청구기간의 경과 등으로 더 이상 다툴 수 없게 된 당초 신고나 결정에서의 세액에 대한 불복을 제한하려는 데에 있음에 비추어 보면, 증액경정처분이 있는 경우 당초 신고나 결정은 증액경정처분에 흡수됨으로써 독립한 존재가치를 잃게 되어 원칙적으로는 증액경정처분만이 항고소송의 심판대상이 되고 납세자는 그 항고소송에서 당초 신고나 결정에 대한 위법사유도 함께 주장할 수 있으나, 불복기간이나 경정청구기간의 도과로 더 이상 다툴 수 없게 된 세액에 관하여는 그 취소를 구할 수 없고 증액경정처분에 의하여 증액된 세액의 범위 내에서만 취소를 구할 수 있다고 할 것이다."라고 판시하여, '당초 확정된 세액'의 의미를 '불복기간이나 경정청구기간의 도과로 더 이상 다툴 수 없게 된 세액'(쟁송법적 개념)으로 보고 있는 듯하나, 위 규정에서 '확정'의 의미는 그 직전의 '납세의무의 확정'에 관한 제22조 규정 소정의 '확정'의 개념, 즉 실체법적 개념과 동일하게 보는 것이 체계적·정합적인 해석이다.

선임·관리·감독상의 과실은 있으나 납세자가 쉽게 인식하거나 예상할 수 없었던 사용인 등의 배임적 부정행위의 경우에는, 각 제도의 취지와 구체적 타당성을 고려한 '합헌적 법률해석'으로 그 적용을 달리하여 부정과소신고가산세의 중과는 부정하면서도, 장기 부과제척기간의 적용은 긍정하고 있다.[107] 국제조세조정에 관한 법률 제53조(해외금융계좌의 신고) 제2항 소정의 '실질적 소유자'와 국제조

---

107) 대법원 2021. 2. 18. 선고 2017두38959 판결 ; "납세자에게 선임, 관리·감독상의 과실은 있었으나 납세자가 이를 쉽게 인식하거나 예상할 수 없었던 사용인 등 제3자가 행한 **배임적 부정행위**를 놓고, **부당과소신고가산세**의 중과를 **부정**하는 한편, **장기 부과제척기간**을 **적용**하는 해석은, 구 국세기본법(2011. 12. 31. 법률 제11124호로 개정되기 전의 것) 규정의 문언에 어긋나지 않으면서도 각 제도의 취지와 구체적 타당성을 고려한 **합헌적 법률해석**의 결과라고 보아야 한다. **가)** 대법원은 장기 부과제척기간에서의 부정한 행위나 부당과소신고가산세에서의 부당한 방법에 대하여 「조세범 처벌법」상 조세포탈죄에서 말하는 '사기 기타 부정한 행위'와 마찬가지로 '조세의 부과와 징수를 불가능하게 하거나 현저히 곤란하게 하는 위계 기타 부정한 적극적 행위를 말한다'고 판시하여(2013두7667 판결, 2015두44158 판결 등 참조), 그 행위 태양을 따로 구별하지는 않았다. 또한 2011. 12. 31. 법률 제11124호로 국세기본법이 개정되면서, 장기 부과제척기간이나 부당과소신고가산세의 행위 요건을 "대통령령으로 정하는 사기나 그 밖의 부정한 행위"라고 규정하였고, 그 위임에 따라 2012. 2. 2. 대통령령 제23592호로 개정된 국세기본법 시행령 제12조의2 제1항은 '사기나 그 밖의 부정한 행위'란 조세포탈죄에 관한 「조세범 처벌법」 제3조 제6항 각호의 어느 하나에 해당하는 행위를 말한다고 규정함으로써 **입법적으로 세 개의 행위태양이 일치**하는 것**처럼 보인다**. **나)** 그러나 이 사건에 적용되는 구 국세기본법이나 그 이후 개정된 국세기본법 모두 단순히 '납세자가 부정한 행위로써 국세를 포탈'하거나, '납세자가 부정한 행위로써 과세표준을 과소신고'한 경우라고만 규정했을 뿐, 납세자 본인이 아닌 제3자의 부정한 행위를 어떻게 볼 것인지에 대해서는 **아무런 규정을 두지 않**았다. 이처럼 별도로 규정하고 있지 않은 제3자의 부정한 행위에 대해서는 관련되는 해당 제도의 도입목적과 그 취지를 고려하여 헌법 규범과 일반 법 원리에 부합하도록 정당한 해석을 한 다음 이를 기초로 구체적 타당성에 맞는 결론을 도출해야 할 것이다. **다)** 부정한 행위를 이유로 그만큼의 제재를 중과하는 **부당과소신고가산세**에 있어서는 대표자나 사실상 대표자가 아닌 사용인 등의 배임적 부정행위를 납세자 본인의 부정한 행위로 볼 경우, 그 부정한 행위의 범죄 피해자 본인에게 적극적인 제재를 가하는 것이어서 헌법상 자기책임의 원리나 과잉금지 원칙에 위배된다. 이때에는 제3자의 부정한 행위를 납세자 본인의 부정한 행위에 포함되지 않는다고 헌법에 부합하는 방향으로 해석함으로써 납세자의 법적 권리가 침해되는 결과를 시정하지 않을 수 없다. 반면, **장기 부과제척기간**에 있어서는 이러한 제3자의 배임적 부정행위를 납세자 본인의 부정한 행위로 보아 부과제척기간을 연장하여도 별다른 헌법위반 문제는 발생하지 않고, 오히려 부과제척기간을 연장하지 않을 경우 납세자 본인이 손해배상청구 등을 통하여 피해를 회복하였음에도 이에 대한 조세의 부담까지 면하는 부당한 결과가 초래될 수 있다. 이때에는 장기 부과제척기간의 입법취지를 고려하여 장기 부과제척기간 적용을 긍정하는 방향으로 해석하는 것이 타당하고 가능한 해석 범위 내에 있다. 비록 장기 부과제척기간과 부당과소신고가산세의 **기본적인 적용 요건**이 '납세자의 부정한 행위'라고 **동일한 문언**으로 이루어져 있더라도, 장기 부과제척기간은 부정한 행위로 방해된 조세 부과권의 행사기간을 보장하는 제도이고, 부당과소신고가산세는 부정행위 자체에 대하여 새로 무거운 제재를 부과하는 제도이므로, 양 제도의 운용에 있어서 모든 경우에 그 적용을 같이 하여야 한다고 보는 것은 양 제도가 갖는 차이를 무시하는 것과 다름없다. 위와 같이 양자에 대하여 헌법에 위반되지 않으면서도 각 제도의 취지를 살려 구체적 타당성에 맞게 합리적으로 해석할 수 있는 방안이 있고 그것이 문언상으로도 충분히 가능함에도 양자의 규정 형태가 동일하다는 문언 형식에 얽매여 양자에 대하여 모두 납세자 본인의 부정한 행위로 보거나 혹은 모두 납세자 본인의 부정한 행위로 보지 않는 것은 다른 것을 다르게 취급하여야 한다는 정의의 요청에 반한다. **라)** 위와 같이 해석하는 것이 사용자 등의 배임적 부정행위로 인하여 국세 부과권의 행사가 방해되었으나 사후에 그것이 드러나 국세를 부과하게 되는 경우 '사용자 등의 배임적 부정행위'로 생긴 비정상적 상황을 국세를 정상적으로 부과할 수 있는 상황으로 되돌리는 한편, 사용자 등의 배임적 부정행위로 피해를 입은 납세자 본인에게도 사용자 등의 배임적 부정행위로 인한 과소신고를 높은 세율이 적용되는 부당과소신고가 아니라 일반과소신고로 평가함으로써 공익과 사익의 조화를 도모하는 결과가 된다."

⇔ 이에 대하여 **반대의견**은, "동일한 문언을 두고 한쪽에서는 적용을 긍정하면서 다른 한쪽에서는 적용을 부정한다면, 수범자로서는 어느 것을 따라야 할지 알 수 없다. … '같은 것은 같게, 다른 것은 다르게' 대우하는 것은 **정의의 고전적 명제**이다. 합리적 이유 없이 같은 것을 다르게 대우하는 것은 평등의 원칙을 침해한다. 입법자가 같은 문언으로 같게 규율하고자 한 법률을 합리적 이유 없이 다르게 취급한다면 법질서의 통일성을 유지할 수 없다. 어떤 경우에

세조정에 관한 법률 제3조·국세기본법 제14조(실질과세)의 각 제1항 소정의 '사실상 귀속되는 자'는 별개의 용어이고 따라서 별개의 개념 해석이 가능하다.[108]

앞서 본 바와 같이, 다른 법령에서 동일용어의 정의를 탐색하는 것은, "법률용어의 일관성과 법체계의 통일성" 관점에서 도출되는 것이다.[109] 소득세법상 자산의 양도· 취득시기에 관한 규정은 상속세 및 증여세법에서 상속재산의 귀속을 결정함에 있어서도 준용된다고 해석하는 것이 '세법의 전체적 체계'에 부합한다.[110] 건물 등의 '시가표준액 결정 고시'에서 가산율 50% 적용대상인 '인텔리전트빌딩

장기 부과제척기간을 적용하고 부당과소신고가산세를 부과할 것인지는 근본적으로 입법 정책의 영역에 속하는 문제이다. 이에 관한 법해석을 할 때에는 법률 문언에 나타난 입법자의 의사를 최대한 존중하여 법질서의 통일성과 체계적 정당성을 유지하는 방향으로 해야 한다."라고 비판하고 있는데, 반대의견이 논리적으로 우월하다.

108) 대법원 2020. 3. 12. 선고 2019도11381 판결 ; "구 국제조세조정법 제34조의 해외금융계좌 신고제도는 과세관청으로 하여금 과세 관련 정보를 효율적으로 획득할 수 있도록 하기 위함이지, 실질과세원칙에 따른 납세의무에 어떤 영향을 미치거나 납세의무자의 범위를 확대하는 것은 아니다. 따라서 구 국제조세조정법 제34조 제1항, 제4항에 의하여 해외금융계좌의 신고의무를 지는 '실질적 소유자'는 세법상 실질과세원칙에 따라 소득세 등의 납세의무자에 해당하는지 여부와는 별도로 판단하여야 한다." ☞ 참고로, 상속세 및 증여세법 제45조의2(명의신탁재산의 증여 의제) 제1항에서는 '실제소유자', 지방세법 제7조(납세의무자 등) 제2항에서는 '사실상 취득'이라는 용어를 쓰고 있고, '실질적 소유자'라는 용례는 보이지 않는다.

109) ○ 대법원 2018. 10. 30. 선고 2014다61654 전원합의체 판결 ; "형법은 명예훼손죄와 모욕죄를 구분하여 규정하고 있다. 명예훼손죄가 성립하려면 사실을 적시(摘示)하여야 한다. 그것이 진실인지 허위인지에 따라 법정형을 달리하고 있다(형법 제307조 제1항, 제2항). 사실을 적시하지 않은 경우에는 모욕죄가 성립할 수 있을 뿐이다(형법 제311조). 민법에는 어떠한 경우에 명예훼손이나 모욕으로 인한 불법행위가 성립하는지에 관하여 명시적인 규정이 없지만, 민법상 명예훼손 등을 형법상 명예훼손이나 모욕과 동일하게 보는 것이 법률용어의 일관성과 법체계의 통일성 관점에서 바람직하다."

○ 대법원 2019. 10. 17. 선고 2018두104 판결 ; "지방자치법 제17조 제1항 중 '재산의 취득·관리·처분에 관한 사항' 부분이 '재산의 취득·관리·처분'이라는 일반·추상적 용어를 사용하고 있다 하더라도, '재산', '취득', '관리', '처분' 개념은 다수의 법률에서 널리 사용하는 용어이고, 특히 지방자치단체의 재산에 관한 사항을 규율하고 있는 지방자치법과 구 공유재산법 등 관련 법률의 조항들을 통해 그 의미를 파악하는 것이 가능하며"

○ 대법원 2018. 5. 30. 선고 2017두46127 판결 ; "공무원연금법 제64조 제1항 제3호(이하 '이 사건 조항'이라 한다)는 공무원이 금품 및 향응 수수, 공금의 횡령·유용으로 징계 해임된 경우에는 퇴직급여 및 퇴직수당의 일부를 감액하여 지급한다고 정하고 있다. … 이 사건 조항의 '금품 수수'에서 '수수'는 그 문언상 '금품을 받는 행위'인 '수수(收受)'로 새길 수도 있고, '금품을 주는 행위와 받는 행위'를 의미하는 '수수(授受)'로 새길 수도 있으므로, 이 사건 조항의 '수수'를 '수수(收受)'라고 해석하더라도 문언의 통상적인 의미에서 벗어나지 않는다. 그런데 이 사건 조항은 금품 및 향응 수수, 공금의 횡령·유용으로 징계 해임된 공무원에 대하여 퇴직급여 등을 감액함으로써 공직사회의 부패를 방지하려는 목적으로 2005. 5. 31. 법률 제7543호로 신설되었다. 이 사건 조항이 신설될 당시 공무원의 징계에 관하여 규정하고 있던 구 국가공무원법(2008. 3. 28. 법률 제8996호로 개정되기 전의 것)은 제61조 제1항에서 "공무원은 직무와 관련하여 직접 또는 간접을 불문하고 사례·증여 또는 향응을 수수(授受)할 수 없다."라고 규정하였고, 제83조의2 제1항에서 "징계의결의 요구는 징계사유가 발생한 날로부터 2년[금품 및 향응 수수(授受), 공금의 횡령·유용의 경우에는 3년]을 경과한 때에는 이를 행하지 못한다."라고 정하였다. 이와 같은 이 사건 조항의 문언과 입법 취지, 관련 법령의 내용과 체계 등을 종합하여 보면, 이 사건 조항 중 '금품 수수'를 '금품을 주거나 받는 행위'라고 해석함이 타당하다."

110) 대법원 2007. 6. 15. 선고 2005두13148 판결 ; "상속세 및 증여세법에는 재산양도계약이 이행되는 도중에 상속이 개시되는 경우 상속재산의 범위에 관하여 별도의 규정이 없고, 다만 소득세법에 양도소득세의 과세표준인 양도차익을 산정함에 있어 기준이 되는 자산의 양도시기 또는 취득시기에 관한 규정이 있을 뿐이나, 이들 규정은 양도소득세의 과세요건을 결정함에 있어서 적용됨은 물론이고 상속세 및 증여세법에 있어 상속재산의 귀속을 결정함에 있어서도 준용된다고 해석하는 것이 세법의 전체적 체계에 부합한다고 할 것이다." ☜ 망인이 렌털회사와 사이에 건물 내부 시설물에 관하여 60개월의 확정장기할부판매계약을 체결하고 수회 할부금을 지급하다 사망한 **사안**에서, 위 계약은

시스템'의 개념은 '법령의 통일적·체계적인 해석상' 취득세 과세대상에 관한 구 지방세법 시행규칙의 '인텔리전트빌딩시스템'의 개념 규정과 동일하다고 보아야 한다.111) 구 지방세법 시행령 제131조의2(현행 제101조 ; 별도합산과세대상 토지의 범위) 제1항 소정의 '건축물의 바닥면적'의 의미는 동일한 문언인 구 토지초과이득세법 시행령 제11조 제1항 소정의 '건축물의 바닥면적'과 동일하게 '지하층을 포함한 각 층의 바닥면적 중 가장 넓은 것'을 말하고,112) 이와 달리 구 조세특례제한법 시행령 제60조의2(수도권 밖으로 본사를 이전하는 법인에 대한 세액감면 등) 제5항 소정의 '건물이 정착된 면적'은 그 문언 그대로의 의미로 '1층의 바닥면적'을 의미한다.113)

구 소득세법 시행규칙 제78조 제3항의 할부조건부 판매계약으로서 그 대상자산은 구 소득세법 시행령 제162조 제1항 제3호에 의하여 첫 회 할부금을 지급한 때 세법상 취득한 것이 되므로 망인의 상속재산에 포함된다고 하고, 장기할부구매 중인 시설물에 대한 상속개시일 현재의 미상환할부금채무를 상속재산의 가액에서 차감한 사례.

111) 대법원 2001. 4. 27. 선고 2000두9076 판결 ; "건물 시가표준액 결정에 있어서 가산율 50% 적용대상인 위 각 고시 소정의 '인텔리전트빌딩시스템'의 개념에 대해서 시가표준액 결정에 관한 규정에서는 정의하고 있지 않고, 취득세 과세대상에 관하여 규정하고 있는 위 시행규칙 제40조의3 제2호에서 '건물의 냉·난방, 급·배수, 방화, 방범 등의 자동관리를 위하여 설치하는 인텔리젼트 빌딩 시스템 시설'이라고 규정하고 있을 뿐이라 하여도, 법령의 통일적·체계적인 해석상 위 개념 규정이 위 고시 소정의 '인텔리전트빌딩시스템'의 개념과 동일하다고 보아야"

112) ○ 대법원 2015. 6. 24. 선고 2012두7073 판결 [종합부동산세등부과처분취소] ; "구 지방세법 제182조 제1항 제2호는 별도합산과세대상인 토지를 '과세기준일 현재 납세의무자가 소유하고 있는 대통령령이 정하는 건축물의 부속토지' 등으로 규정하고, 구 지방세법 시행령 제131조의2 제1항 제2호는 '건축물의 바닥면적(건물 외의 시설물의 경우에는 그 수평투영면적을 말한다)에 일정한 용도지역별 적용배율을 곱하여 산정한 면적 범위 안의 토지'를 들고 있다. 구 건축법(2009. 6. 9. 법률 제9774호로 개정되기 전의 것) 제2조 제1항 제2호가 "건축물이란 토지에 정착하는 공작물 중 지붕과 기둥 또는 벽이 있는 것과 이에 딸린 시설물, 지하나 고가(고가)의 공작물에 설치하는 사무소·공연장·점포·차고·창고, 그 밖에 대통령령으로 정하는 것을 말한다."고 규정함으로써 건축물의 범위에 지하에 설치한 공작물을 포함하고 있고, 구 건축법 시행령 제119조 제1항 제3호 본문이 "바닥면적: 건축물의 각 층 또는 그 일부로써 벽, 기둥, 그 밖에 이와 비슷한 구획의 중심선으로 둘러싸인 부분의 수평투영면적으로 한다."고 규정함으로써 바닥면적의 계산에 관하여 특별히 지하층을 배제하고 있지 않은 점, 구 지방세법은 건축물의 부속토지와 같이 경제활동에 제공되고 있는 토지에 대하여 조세정책상 낮은 세율을 적용하고자 이러한 토지를 별도합산과세대상으로 정하였는데, 건축물의 부속토지를 경제활동에 이용한다는 측면에서 볼 때 토지소유자가 토지의 지상을 활용하는 경우와 지하를 활용하는 경우를 달리 취급할 이유가 없는 점 등에 비추어 보면, 구 지방세법 시행령 제131조의2 제1항 제2호에서 규정한 건축물의 바닥면적은 지하층을 포함한 각 층의 바닥면적 중 가장 넓은 것으로 보아야 한다."
○ 대법원 1994. 5. 13. 선고 93누18242 판결 [토지초과이득세부과처분취소] ; "원심은, 토지초과이득세법 제9조 제3항 제2호 (가)목, 같은법 시행령 제26조 제2항 제1호의 면적을 계산함에 있어서 같은 법 시행령 제11조 제1항 소정의 건축물의 바닥면적은 건축물이 여러 층으로 이루어진 경우에는 지하층을 포함한 각층의 바닥면적 중 가장 넓은 것이라는 이유로 이 사건 원고 소유의 토지면적이 이 사건 건물 중 지하1층의 바닥면적으로 계산한 기준면적을 초과하지 아니하여 그 전체가 유휴토지 등에 해당되지 않는다고 판단하였는바, 토지초과이득세법시행령 제11조 제1항에 의하면 건물 이외의 시설물의 경우에는 그 수평투영면적에 의하도록 규정되어 있는 점과 토지초과이득세법 제1조, 제3조, 구 건축법(1991. 5. 31.법률 제4381호로 전면 개정되기 전의 것) 제53조, 구 같은법 시행령(1992. 5. 30.대통령령 제13655호로 전면 개정되기 전의 것) 제101조 제1항 제3호, 건축법 제73조, 같은법 시행령 제109조 제1항 제3호 등의 규정취지에 비추어 볼 때 위와 같은 원심의 판단은 정당한 것으로 수긍이 되고,"

113) 대법원 2009. 8. 20. 선고 2008두11372 판결 ; "구 조세특례제한법(2002. 12. 11. 법률 제6762호로 개정되기 전의 것, 이하 '구 법'이라 한다) 제63조의2 제1항 제2호, 제2항 제2호, 제3항에 의하면, 수도권생활지역에 소재하는 법인이 본사를 대통령령이 정하는 수도권생활지역 외의 지역으로 2005. 12. 31.까지 이전하는 경우에는 '당해 과세연도의 과세표준에서 토지 및 건물의 양도차익(주택을 신축하여 판매하는 법인이 대통령령이 정하는 주택 및 주택에 부수되는 토지를 양도함으로써 발생하는 소득을 제외한다)을 차감한 금액'에 '당해 과세연도 이전본사 근무인원의 이전 후에 받는 급여총액이 법인 전체인원의 연간급여총액에서 차지하는 비율'과 '당해 과세연도 이전본사 근무인원이 수도권 안의 본사 근무인원과 이전본사 근무인원의 합계인원에서 차지하는 비율'을 곱하여 산출한 금액에 상당하는 소득에

법령에서 쓰인 용어에 관해 정의규정이 없는 경우에는 원칙적으로 사전적인 정의 등 일반적으로 받아들여진 의미에 따라야 한다.[114)]

'해석에 따른 부당한 결과'의 유무도 해석의 방향을 정하는 중요한 고려사항이다. 판례에서는 "만일 ~라고 해석하면(보는 경우), ~ 할 우려(모순되거나 부당한 결과의 발생)가 있다."는 등의 방식으로 판시한다.[115)]

대하여, 이전일이 속하는 과세연도와 그 다음 과세연도의 개시일부터 5년 이내에 종료하는 과세연도에 있어서는 법인세의 전액을, 그 다음 5년 이내에 종료하는 과세연도에 있어서는 법인세의 50/100에 상당하는 세액을 감면하도록 규정되어 있다. 그리고 구 법 시행령(2003. 12. 30. 대통령령 제18176호로 개정되기 전의 것) 제60조의2 제5항은, '대통령령이 정하는 주택 및 주택에 부수되는 토지'라 함은 판매를 목적으로 신축한 주택과 당해 주택에 부수되는 토지로서, 건물이 정착된 면적에 도시계획구역 내의 토지의 경우에는 5배, 도시계획구역 외의 토지의 경우에는 10배를 곱하여 산정한 면적 이내의 토지를 말한다고 규정하고 있다. 위 각 규정의 문언과 법인세법에서의 용어사용례 등을 앞서 본 법리에 비추어 살펴보면, 구 법 시행령 제60조의2 제5항 소정의 '건물이 정착된 면적'은 '1층의 바닥면적'을 의미하는 것으로 보아야 할 것이다."

114) ○ 대법원 2017. 12. 21. 선고 2015도8335 전원합의체 판결 ; "법령에서 쓰인 용어에 관해 정의규정이 없는 경우에는 원칙적으로 사전적인 정의 등 일반적으로 받아들여진 의미에 따라야 한다. 국립국어원의 표준국어대사전은 항로를 '항공기가 통행하는 공로'로 정의하고 있다. 국어학적 의미에서 항로는 공중의 개념을 내포하고 있음을 분명히 알 수 있다. 기록에 나타난 모든 자료를 살펴보아도, 항공기 운항과 관련하여 '항로'가 지상에서의 이동 경로를 가리키는 용어로 쓰인 예를 찾을 수 없다."

○ 대법원 2016. 12. 15. 선고 2014두44502 판결 ; "'멸실 개축'과 '멸실외 개축'은 건축법 시행령이 정한 '개축'의 일종으로서 모두 기존 건축물의 전부 또는 일부의 '철거'를 전제로 한다. 사전적으로 '**철거**'는 건축물 등의 전부 또는 일부를 제거하는 행위 개념인 반면 '**멸실**'은 '철거 등의 사유로 건축물이 그 경제적 효용을 상실할 정도로 파괴된 상태'를 의미하므로, '**멸실 개축**'과 '**멸실외 개축**'은 철거된 기존 건축물 부분이 경제적 효용을 상실하여 멸실 상태에 이르렀는지 여부를 기준으로 구별하는 것이 사전적 정의에 부합한다. … '멸실외 개축'의 경우 철거된 기존 건축물 부분을 다시 활용하는 범위에서 개축 비용이 절감될 것이므로 이 사건 조정기준이 멸실 개축보다 낮은 ㎡당 시가표준액 산출비율을 적용하도록 한 점은 타당하다. … 명확성 원칙에 위배된다고 볼 수 없을 뿐만 아니라, … 평등원칙에 위배된다고 볼 수도 없다."

○ 대법원 2017. 12. 13. 선고 2016다233576 판결 ; "일반적으로 **서명**은 기명날인과 달리 명의자 본인이 자신의 이름을 쓰는 것을 의미한다. … 구 보증인보호법 제3조 제1항에서 정한 '보증인의 서명'은 원칙적으로 보증인이 직접 자신의 이름을 쓰는 것을 의미하며 타인이 보증인의 이름을 대신 쓰는 것은 이에 해당하지 아니한다고 해석함이 타당하다."

○ 대법원 2010. 11. 25. 선고 2008두18205 판결 ; "구 조세특례제한법 … 제25조 제1항 제1호는 **특정설비투자세액공제**에 관하여 '대통령령이 정하는 에너지절약시설에 2000. 12. 31.까지 투자(**중고품**에 의한 투자를 제외한다)하는 경우에는 당해 투자금액의 100분의 5에 상당하는 금액을 법인세에서 공제한다'고 규정하고 있다. … 이 사건 세액공제조항의 괄호에서 정하고 있는 세액공제 제외대상인 '**중고품**'은 일반적으로 '그 제작 목적에 따라 실제 사용된 바 있는 시설'을 의미한다고 할 것인데"

○ 대법원 2011. 7. 21. 선고 2008두150 전원합의체 판결의 반대의견 ; "시행령 제87조 제1항은 납세의무자인 법인과 같은 항 각호의 1의 '**관계'에 있는 자**를 특수관계자로 규정하고 있는데, '**관계**'란 둘 이상의 주체가 서로 관련을 맺는 것을 의미하므로 납세의무자인 법인을 기준으로 하여 거래상대방이 위 각호의 1에 해당하는 경우뿐만 아니라 거래상대방을 기준으로 하여 납세의무자인 법인이 위 각호의 1에 해당하는 경우에도 그 거래상대방이 납세의무자인 법인과 위 각호의 1의 '관계'에 있다고 할 수 있다." ⇔ **다수의견(문언해석, 일방관계설)**

115) 대법원 2020. 10. 15. 선고 2017두47403 판결 ; "구 지방세법 제20조 제4항이 정한 재산권 등의 이전 등을 등기 또는 등록하려는 경우의 취득세 신고·납부기한인 "등기 또는 등록을 하기 전까지"는 이 사건 시행령 조항이 정한 바와 같이 "등기 또는 등록의 신청서를 등기·등록관서에 접수하는 날까지"를 의미한다고 봄이 상당하다. … 구 지방세법 제21조는 취득세 납세의무자가 구 지방세법 제20조 제4항이 정한 취득세 신고·납부기한까지 취득세를 신고 또는 납부하지 아니하는 경우 과세관청이 가산세를 징수하는 내용을 포함하고 있다. 그런데 원고의 주장과 같이 구 지방세법 제20조 제4항의 "등기 또는 등록을 하기 전까지"를 "등기 또는 등록절차가 완료되는 날까지"로 보는 경우, 재산권

각 '세목별 특성' 예컨대, 부가가치세는 소득세·법인세와 달리 실질적인 소득이 아닌 형식적인 거래의 외형에 대하여 부과하는 거래세의 형태를 띠는 점,[116] 등록세는 등기 또는 등록이란 단순한 사실의 존재를 과세물건으로 하는 점,[117] 취득세나 증권거래세는 유통세·행위세로서의 성격을 갖는 점[118] 등도 고려하여 해석해야 한다.

법령 용어의 문언을 사실상 삭제함으로써 그 의미를 도외시하거나 무의미한 것으로 만드는 해석은 바람직하지 않으나(납세의무자에게 불리한 결과를 초래하는 경우에는 더욱 그러하다),[119] 예외적인 경우도 있다.

등의 이전 등을 등기 또는 등록하려는 경우의 취득세 신고·납부기한은 등기 또는 등록절차가 완료되는 날이 되는데, 그 등기 또는 등록절차는 취득세가 납부되지 아니한 상태에서는 완료될 수 없으므로, 결국 과세관청이 구 지방세법 제21조에 근거하여 구 지방세법 제20조 제4항이 정한 취득세 신고·납부기한의 미준수로 가산세를 징수하는 경우는 존재할 수 없게 된다. 따라서 구 지방세법 제20조 제4항의 "등기 또는 등록을 하기 전까지"는 "등기 또는 등록의 신청서를 등기·등록관서에 접수하는 날까지"로 해석할 수밖에 없다."

116) ○ 대법원 2017. 5. 18. 선고 2012두22485 전원합의체 판결 ; "부가가치세는 재화나 용역이 생산·제공되거나 유통되는 모든 단계에서 창출된 부가가치를 과세표준으로 하고 소비행위에 담세력을 인정하여 과세하는 소비세로서의 성격을 가지고 있지만, … 부가가치세법은 부가가치 창출을 위한 '재화 또는 용역의 공급'이라는 거래 그 자체를 과세대상으로 하고 있을 뿐 그 거래에서 얻은 소득이나 부가가치를 직접적인 과세대상으로 삼고 있지 않다. 이와 같이 우리나라의 부가가치세는 실질적인 소득이 아닌 거래의 외형에 대하여 부과하는 거래세의 형태를 띠고 있으므로, 부가가치세법상 납세의무자에 해당하는지 여부 역시 원칙적으로 그 거래에서 발생한 이익이나 비용의 귀속이 아니라 재화 또는 용역의 공급이라는 거래행위를 기준으로 판단하여야 한다. 그리고 부가가치세의 과세원인이 되는 재화의 공급으로서의 인도 또는 양도는 재화를 사용·소비할 수 있도록 소유권을 이전하는 행위를 전제로 하므로, 재화를 공급하는 자는 위탁매매나 대리와 같이 부가가치세법에서 별도의 규정을 두고 있지 않는 한 계약상 또는 법률상의 원인에 의하여 그 재화를 사용·소비할 수 있는 권한을 이전하는 행위를 한 자를 의미한다고 보아야 한다."
○ 대법원 2008. 9. 25. 선고 2008두11211 판결 ; "전단계 세액공제방식을 채택하고 있는 우리나라의 부가가치세는 소득세·법인세와 달리 실질적인 소득이 아닌 형식적인 거래의 외형에 대하여 부과하는 거래세의 형태를 띠고 있어 비용 공제의 개념이 없고, 사업자의 손익 여부와 무관하게 부과되는 점"

117) 대법원 2002. 6. 28. 선고 2000두7896 판결.

118) ○ 대법원 2018. 9. 13. 선고 2015두57345 판결 ; "취득세는 본래 재화의 이전이라는 사실 자체를 포착하여 거기에 담세력을 인정하고 부과하는 유통세의 일종으로 취득자가 재화를 사용·수익·처분함으로써 얻을 수 있는 이익을 포착하여 부과하는 것이 아니다. 이처럼 부동산 취득세는 부동산의 취득행위를 과세객체로 하는 행위세이므로"
○ 대법원 2020. 10. 29. 선고 2017두52979 판결 ; "증권거래세는 주권의 유상 양도라는 사실 자체를 포착하여 이익의 발생 여부와 관계없이 주권의 양도자를 담세자로 하여 과세되는 유통세이다. … 증권거래세는 주권의 유상 양도라는 사실 자체를 과세대상으로 하는 행위세이고"

119) ○ 대법원 2017. 4. 20. 선고 2011두21447 전원합의체 판결의 다수의견 ; "이 사건에서는 당해 공익법인이 '주식 출연자 등이 재산을 출연하여 설립한 공익법인'에 해당하는지, 즉 '재산을 출연하여 비영리법인을 설립한 자'의 의미가 쟁점이다. … 조세법규의 해석 원칙과 입법취지, 이 사건 시행령 조항의 입법연혁, 특수관계에 있는 비영리법인의 범위를 정한 다른 조세법규의 내용, 정관작성이나 이사선임 등의 설립행위가 공익법인의 운영과정에 미치는 영향력 등을 종합적으로 고려하면, 이 사건 시행령 조항에서 정한 '재산을 출연하여 비영리법인을 설립한 자'란 비영리법인의 설립을 위하여 재산을 출연하고 정관작성, 이사선임, 설립등기 등의 과정에서 그 비영리법인의 설립에 실질적으로 지배적인 영향력을 행사한 자를 의미하는 것으로 보아야 한다. … '설립'의 의미를 도외시하거나 무의미한 것으로 만드는 해석은 허용될 수 없다. 납세의무자에게 불리한 결과를 초래하는 경우에는 더욱 그러하다. … '주식 출연자 등이 재산을 출연하여 설립에 이른 비영리법인'이라는 의미로 해석하는 것은, 이 사건 시행령 조항 중 '설립'이라는 문언을 사실상 삭제함으로써 주식 출연자 등이 비영리법인의 설립을 위하여 재산을 '출연'한 경우에는 설립과정에 관여하지 않더라도 언제나 그 비영리법인을 특수관계자의 범위에 포함시키는 결과가 되어 채택할 수 없다. … 주식 출연자가 비영리법인의 설립에 실질적으로 지배적인 영향력을 행사하였는지는 반드시 발기인 등의 지위에서 정관작성 또는 이사선임 과정 등에 참여한 경우로 한정할 것은 아니고 정관작성이나 이사선임에서 출연자의 관여 정도 등과 같이 그 실질을 따져 판단하여야 하며, 설립 이후 주식 출연자의 행태 등을 통하여 이를 추단할 수도 있다."

※ '결정'과 '경정'의 의미

세법상 '결정'은 과세관청이 최초로 과세표준과 세액을 정하는 것, '경정'은 과세관청의 과세처분이나 납세자의 신고의 오류를 바로잡기 위해 하는 결정을 의미한다. 예컨대, 법인세·소득세 등 신고납세방식 조세에서 '결정·경정'은 납세의무자가 과세표준신고를 하지 않아 과세관청이 조사하여 결정하거나('결정') 과세표준신고는 하였지만 그 신고에 오류·탈루가 있어 과세관청이 이를 시정하여 결정하는 것('경정')을 말한다.[120]

※ 법령 용어의 문언을 사실상 삭제한 해석의 예 ; '직접'과 '최초로'의 해석

판례는 '직접 사용', '직접 공급', '직접 공제' 등의 경우에 사용된 '**직접**'의 의미를 문언 그대로 엄격하게 보지 않고 도외시하는 경우가 있는데, '직접 사용'의 경우 '제3자에게 임대 또는 위탁하는 방법'으로 당해 용도에 제공하는 것도 포함하곤 하였다.[121] '직접 사용'과 관련하여 '임대용 부동산을 제외한다.'

○ 대법원 2014. 6. 12. 선고 2012두20915 판결 ; "특수관계가 없는 자 사이의 거래에서는 서로 이해관계가 일치하지 않는 것이 일반적이어서 대가와 시가 사이에 차이가 있다는 사정만으로 그 차액을 거래 상대방에게 증여하였다고 보기 어려우므로, 법 제35조 제2항은 특수관계자 사이의 거래와는 달리 특수관계가 없는 자 사이의 거래에 대하여는 '거래의 관행상 정당한 사유가 없을 것'이라는 과세요건을 추가하고 있다. … 법 제35조 제2항에 따른 과세처분이 적법하기 위해서는 ① 양도자가 특수관계가 없는 자에게 시가보다 현저히 높은 가액으로 재산을 양도하였다는 점뿐만 아니라 ② 거래의 관행상 정당한 사유가 없다는 점도 과세관청이 증명하여야 한다." ☞ 과세실무상 ① 요건으로부터 ② 요건이 당연히 인정되는 것으로 보는 경향이 있으나, 양자는 별개의 요건이므로 과세관청으로서는 ② 요건을 별도로 증명해야 한다.

120) ○ 국세기본법 제22조(납세의무의 확정) 제2항 소정의 '결정', '경정', 제3항 소정의 '결정', 소득세법 제80조(결정과 경정) 제1항 소정의 '결정', 제2항 소정의 '경정', 법인세법 제66조(결정 및 경정) 제1항 소정의 '결정', 제2항 소정의 '경정', 국세기본법 제45조의2(경정 등의 청구) 제1항 소정의 '결정', '경정', 제2항 소정의 '결정', '경정' 등의 용례 참조.

○ 대법원 2000. 10. 27. 선고 2000다25590 판결 ; "구 법인세법(1998. 12. 28. 법률 제5581호로 개정되기 전의 것) 제38조의2의 결손금소급공제는 중소기업을 대상으로 특별히 조세정책적 목적에서 인정된 제도로서 이 경우의 환급청구권은 납세자의 신청에 기하여 관할 세무서장이 이월결손금의 발생 등 그 실체적 요건 및 절차적 요건의 충족 여부를 판단하여 **환급세액을 결정**함으로써 비로소 **확정**되므로 위 환급세액의 성질은 과오납의 성질을 가지는 것이라 볼 수 없으며, 구 지방세법(1998. 12. 31. 법률 제5615호로 개정되기 전의 것) 제178조 제2항에서 법인세의 결정·경정이라 함은 납세의무자가 과세표준신고를 하지 않아 과세관청이 조사하여 결정하거나 과세표준신고는 하였지만 그 신고에 오류·탈루가 있어 이를 시정하여 결정하는 것을 말하므로, 구 법인세법 제38조의2의 결손금소급공제에 의한 환급세액의 결정은 구 지방세법 제178조 제2항의 결정·경정에 해당한다고 볼 수 없고, 구 지방세법 제178조 제2항이 **1998. 12. 31.** 법률 제5615호로 개정되어 결손금소급공제에 의한 환급으로 인하여 세액이 달라진 경우가 법인세할 주민세의 환부 대상에 추가되었다고 하더라도 개정된 규정은 시행 후(1999. 1. 1.) 최초로 법인세를 환급 받는 분부터 적용하도록 되어 있으므로 이와 달리 볼 것도 아니다. 또한 법인세할 주민세는 비록 법인세액을 그 과세표준으로 하는 것이지만 이는 지방세로서 국세인 법인세와는 그 부과주체, 과세요건, 부과절차 등에 있어서 서로 다른 별개의 조세이므로, 구 법인세법 제38조의2에 의한 환급결정이 있었다 하더라도 그에 따라 법인세할 주민세가 당연히 환부되어야 하는 것은 아니다."

121) ○ 대법원 2011. 1. 27. 선고 2008두15039 판결 ; 구 경기도 도세감면 조례(2003. 12. 29. 전부 개정되어 2008. 12. 30. 전부 개정되기 전의 것) 제9조 단서가 취득세와 등록세 추징사유의 하나로 들고 있는 '노인복지시설에 직접 사용하지 아니하고 다른 용도로 사용하는 경우'에서 말하는 '직접 사용'의 의미는 당해 재산의 용도가 직접 그 본래의 업무에 사용하는 것이면 충분하고, 그 사용의 방법이 원고 스스로 그와 같은 용도에 제공하거나 혹은 제3자에게 임대 또는 위탁하여 그와 같은 용도에 제공하는지 여부는 가리지 않는다고 할 것이므로, 원고가 이 사건 건물 등을 취득한 후 ○○공익재단에 임대한 것만으로는 위 추징사유에 해당하지 아니한다고 판단한 예.

거나,[122] '공장용 부동산을 중소기업자에게 임대하고자 하는 자를 포함한다.'[123]는 등의 명문의 괄호

○ 대법원 2006. 12. 7. 선고 2005두10255 판결 ; "구 지방세법(2005. 1. 5. 법률 제7332호로 개정되기 전의 것) 제107조 제1호, 제127조 제1항 제1호, 제184조 제1호 소정의 비영리사업자가 부동산을 그 사업에 직접 사용하는 것인지 아니면 수익사업에 사용하는 것인지의 여부는 당해 비영리사업자의 사업목적과 취득목적을 고려하여 그 실제의 사용관계를 기준으로 객관적으로 판단하여야 할 것이다." ☜ 학교법인이 학생 및 교직원들의 후생복지시설로 사용할 목적으로 취득한 건물의 일부를 제3자에게 위탁관리하게 하고 그로부터 임대보증금 및 임대료를 지급받았다고 하더라도 위 부동산을 수익사업에 사용한 것으로 볼 수 없다고 한 사례.

○ 물적분할에 대한 과세이연 요건 중 하나인 '직접 사용'의 의미에 관한, 대법원 2018. 6. 28. 선고 2016두40986 판결 ; "'승계받은 사업을 계속 영위할 것'이라는 요건(구 법인세법 제46조 제1항 제3호)은 분할 전후 사업의 실질적 동일성이 유지되도록 하는 것으로서, 분할등기일이 속하는 사업연도 종료일 전에 승계한 고정자산가액의 2분의 1 이상을 처분하거나 승계한 사업에 직접 사용하지 아니한 경우에는 사업의 폐지와 다름없다고 본다(구 법인세법 시행령 제83조 제4항, 제80조 제3항). 처분 또는 직접 사용 여부는 입법 취지와 해당 사업 내용을 고려하여 실제의 사용관계를 기준으로 객관적으로 판단하여야 한다. … 분할신설법인은 승계한 고정자산을 화학제품제조 사업부문과 도시개발 사업부문에 실제 사용하였고, 그 사용 방식에 있어 업무위탁을 하였다고 하여 달리 볼 수 없다." ☞ 2018. 2. 13. 개정 시행령 제80조의2(적격합병의 요건 등) 제7항에서는 판례의 해석에 부합되게 '직접'을 삭제하여 '사용'이라고만 규정하고 있다.

○ 대법원 2019. 10. 31. 선고 2018두54125 판결 ; 원심이, 사업시행자인 원고가 개별 업체들로부터 재화와 용역을 공급받은 뒤 이를 일체화하여 '도시철도건설용역'을 지방자치단체인 의정부시에 '직접 공급'한 것으로 보아야 한다 하여 원고의 기부채납거래는 지방자치단체에 도시철도건설용역을 직접 공급하는 것으로서 구 조세특례제한법 제105조 제1항 제3호 가목('국가 및 지방자치단체에 직접 공급하는 도시철도건설용역')에 의하여 영세율이 적용되는 거래라고 판단한 것은 정당하다고 한 예.

○ 부가가치세 과세표준에 포함하지 아니하는 '에누리액'의 요건 중 하나인 '직접 공제'의 의미에 관한, 대법원 2015. 12. 23. 선고 2013두19615 판결 ; "구 부가가치세법 시행령 제52조 제2항은 '법 제13조 제2항 제1호에 규정하는 에누리액은 재화 또는 용역의 공급에 있어서 그 품질·수량 및 인도·공급대가의 결제 기타 공급조건에 따라 그 재화 또는 용역의 공급 당시의 통상의 공급가액에서 일정액을 직접 공제하는 금액으로 한다.'고 규정하고 있다. 이와 같이 재화나 용역의 공급과 관련하여 그 품질·수량이나 인도·공급대가의 결제 등의 공급조건이 원인이 되어 통상의 공급가액에서 직접 공제·차감되는 에누리액은, 그 발생시기가 재화나 용역의 공급시기 전으로 한정되지 아니하고 그 공제·차감의 방법에도 특별한 제한이 없다. 따라서 공급자가 재화나 용역의 공급 시 통상의 공급가액에서 일정액을 공제·차감한 나머지 가액만을 받는 방법뿐만 아니라, 공급가액을 전부 받은 후 그중 일정액을 반환하거나 또는 이와 유사한 방법에 의하여 발생할 수 있다."

122) 대법원 2015. 3. 26. 선고 2014두43097 판결 ; "구 지방세특례제한법(2011. 12. 31. 법률 제11138호로 개정되어 2012. 1. 1.부터 시행되기 전의 것, 이하 '지특법'이라 한다) 제14조 제3항, 제94조는 농업협동조합법에 따라 설립된 조합(조합공동사업법인을 포함한다) 등이 고유업무에 직접 사용하기 위하여 취득하는 부동산(임대용 부동산은 제외한다)에 대하여는 취득세를 면제하되(이하 '이 사건 면제조항'이라 한다), 취득일부터 1년 이내에 정당한 사유 없이 해당 용도로 직접 사용하지 아니하는 경우 또는 그 사용일부터 2년 이상 해당 용도로 직접 사용하지 아니하고 매각·증여하거나 다른 용도로 사용하는 경우에는 해당 부분에 대하여 감면된 취득세를 추징한다(이하 '이 사건 추징조항'이라 한다)고 규정하고 있다. … 이 사건 면제조항과 추징조항의 문언과 입법 취지, 이 사건 면제조항과 추징조항은 농업협동조합 등 공익적 업무를 수행하는 특정한 법인들을 대상으로 하여 해당 법인의 고유업무에 직접 사용하기 위하여 취득하는 부동산에 대하여 취득세를 면제하도록 하면서도 임대용 부동산을 면제대상에서 제외하는 등 그 사용방법을 제한하고 있고 아울러 매각·증여와 같이 유상 또는 무상으로 소유권이 이전된 경우를 추징사유의 하나로 규정하고 있는 점 등을 종합하여 보면, 농업협동조합이 어느 부동산을 '고유업무에 직접 사용'한다고 함은 농업협동조합이 그 부동산의 소유자 또는 사실상 취득자의 지위에서 현실적으로 이를 농업협동조합의 업무 자체에 직접 사용하는 것을 의미한다고 봄이 타당하다. … 원고가 이 사건 각 건물을 이 사건 법인에 현물출자하여 소유자로서의 지위를 상실한 이후에는 이 사건 각 건물이 원고의 고유업무에 직접 사용되고 있다고 볼 수 없으므로, 원고가 이 사건 각 건물을 그 사용일부터 2년 이내에 현물출자한 이상 이 사건 추징조항에서 정한 추징사유가 발생하였다고 봄이 타당하고, 이 사건 법인이 이 사건 면제조항에서 정한 취득세 면제대상 법인에 해당한다거나 이 사건 각 건물이 이 사건 법인에 현물출자된 이후에도 미곡종합처리장의 용도로 사용되고 있다고 하여 달리 보기는 어렵다."

규정을 둔 경우나, '직접 사용'과 동일시 할 수 있는 분양·임대 등의 행위 태양을 명문으로 규정한 경우[124]에는 그 명문 규정의 내용 및 해석에 의함이 당연하다. 2014. 1. 1. 개정 시 지방세특례제한법 제2조 제1항 제8호에 '직접 사용'이란 '부동산의 소유자가 해당 부동산을 사업 또는 업무의 목적이나 용도에 맞게 사용하는 것'을 말한다.'라는 정의규정이 신설되었는데, '직접 사용'과 관련한 다른 명문 규정이 없는 경우에 위와 같은 정의규정의 신설로 말미암아 종래의 판례와는 달리 부동산의 사용 주체가 부동산의 소유자여야만 '직접 사용'에 해당하는 것인지에 관하여 명시적인 대법원 판례는 없으나, 일련의 심리불속행 판결을 통해 부동산의 사용 주체가 부동산의 소유자여야만 '직접 사용'에 해당하는 것으로 보고 있음을 간취해 낼 수 있다.[125][126] 한편, 소득세법 제104조 제1항 제8호, 제104조의3

123) 대법원 2012. 11. 29. 선고 2012두17179 판결 ; "구 지방세법 제276조 제1항은 그 본문의 괄호규정(이하 '이 사건 괄호규정'이라 한다)에서 '공장용 부동산을 중소기업자에게 임대하고자 하는 경우'를 예외적으로 그 본문에 의한 취득세와 등록세 면제대상에 포함시키고 있는바, 위 규정의 입법 취지와 개정연혁, 그 본문과 단서의 관계 등에 비추어 볼 때, 이 사건 괄호규정의 '공장용 부동산'은 그 본문규정의 '산업용 건축물'과 달리 보기 어렵다고 할 것이고, 따라서 산업용 건축물 등을 신축 또는 증축하고자 하는 자가 부동산을 취득하더라도 스스로 이를 산업용 건축물 등의 용도에 직접 사용하지 아니하고 제3자에게 임대할 목적이 있는 경우에는 그 임대가 이 사건 괄호규정이 정하는 중소기업자에 대한 임대가 아닌 한 구 지방세법 제276조 제1항 본문에 의한 취득세와 등록세의 면제대상에 해당하지 않는다고 해석함이 상당하다."

124) 대법원 2018. 4. 10. 선고 2017두74085 판결 ; "구 지방세특례제한법(2016. 12. 27. 법률 제14477호로 개정되기 전의 것) 제58조의2 제1항 제1호는 본문(이 사건 경감규정)에서 '산업집적활성화 및 공장설립에 관한 법률(이하 '산업집적법') 제28조의2에 따라 지식산업센터의 설립승인을 받은 자에 대해서는 지식산업센터를 신축하거나 증축하여 산업집적법 제28조의5 제1항 제1호 및 제2호에 따른 시설용(이하 '사업시설용')으로 직접 사용하거나 분양하거나 임대하기 위하여 취득하는 부동산과 신축 또는 증축한 지식산업센터에 대해서는 취득세의 100분의 50 … 을 경감한다.'고 정하고, 그 단서 (나)목(이 사건 추징규정)에서 '그 취득일부터 5년 이내에 매각·증여하거나 다른 용도로 분양·임대하는 경우 그 해당 부분에 대해서는 경감된 취득세를 추징한다.'고 정하고 있다. 이는 지식산업센터를 신축하거나 증축하여 사업시설용으로 직접 사용하거나 사업시설용으로 분양하거나 임대하고자 하는 자에게 세제 혜택을 주어 산업의 집적을 활성화하고 지식산업센터를 원활하게 설립할 수 있도록 지원하려는 것으로서, 지식산업센터를 신축하였으나 이를 사업시설용이 아닌 다른 용도로 분양하거나 임대하는 경우에도 그 혜택을 주려는 취지가 아님이 분명하다. … 관련 규정의 체계, 내용과 입법 취지 등을 종합하면, 지식산업센터를 신축하였으나 그 취득일부터 5년 이내에 이를 사업시설용으로 직접 사용하지 않을 자에게 분양하거나 임대한 경우에는, 그것을 사업시설용으로 직접 사용할 자에게 분양하거나 임대한 것과 마찬가지로 볼 수 있는 등의 특별한 사정이 없는 한, 해당 부분에 관하여 경감받은 취득세는 이 사건 추징규정에 따라 추징할 수 있다고 보아야 한다. … 이 사건 각 호실은 그 취득일부터 5년 이내에 이를 사업시설용으로 직접 사용하지 않을 부동산임대사업자들에게 분양되었고 그 임대사업자들이 원고에게 이 사건 각 호실을 사업시설용으로 사용할 자에게 임대하여야 한다는 계약상의 채무를 부담하고 있다는 사정만으로는 신축자인 원고가 이를 사업시설용으로 직접 사용할 자에게 분양하거나 임대한 것과 마찬가지라고 볼 수는 없다."

125) ○ 대법원 2020. 7. 29.자 2020두37505 판결(심리불속행)의 원심(서울고등법원 2020. 3. 27. 선고 2019누54483 판결)이 인용한 1심 판결(서울행정법원 2019. 7. 12. 선고 2018구합87118 판결) ; "구 지방세특례제한법(2018. 12. 24. 법률 제16057호로 개정되기 전의 것) 제44조(평생교육시설에 대한 감면, 이 사건 조항)가 정한 '직접 사용'이란 부동산이 평생교육시설로 사용되는 것을 의미할 뿐만 아니라 그 사용 주체가 부동산의 소유자일 것을 요건으로 한다고 새겨야 하므로, 이와 다른 전제에 선 원고의 주장은 이유 없다. … ③ 지방세특례제한법에서 자주 사용하는 용어인 '직접 사용'에 대하여 그 정의규정이 따로 존재하지 않아 그동안 소유자가 해당 부동산 등을 그 해당 목적에 사용하는 것으로 한정하여야 하는지(인적 감면), 아니면 제3자가 해당 부동산 등을 해당 목적에 사용하는 경우에도 그 소유자에게 감면을 적용할 것인지(물적 감면)에 대하여 법령 해석상 다툼의 소지가 있었다. 이에 **2014. 1. 1.** 법률 제12175호로 개정된 지방세특례제한법에서 정의규정을 신설하여 '직접 사용'의 주체를 부동산 등의 소유자로 명확히 함으로써 해당 부동산의 소유자가 아닌 제3자가 사용하는 경우는 감면이 배제되는 것을 원칙으로 하였다. 이는 지방세 감면의 수혜자는 해당 부동산 등의 소유자이고, 만일 해당 부동산 등을 사용하는 자가 소유자가 아닐 경우 그 부동산 등의

에 따라 '양도소득세가 중과되는 비업무용 농지' 및 조세특례제한법 제69조의 '자경농지에 대한 양도소득세의 감면'과 관련해서는 그 시행령에 '직접 경작'의 의미가 구체적으로 정의되어 있는데,[127] 이는 관련 법률인 농지법 제2조 제5호의 '자경'에 대한 정의와 동일한 것이다.[128] 그리고 '직접 부담', '해당

소유자는 부동산 등을 사용하는 자로부터 임대료 등을 지급받을 뿐 그 자신이 어떠한 공익적 목적을 가지고 해당 부동산 등을 소유하는 것이 아니며, 설령 그 부동산 등이 지방세특례제한법이 정한 사회적·공익적 목적에 따라 사용된다고 하더라도 이는 부동산 소유자의 의사와는 무관한 사용자의 의사에 따른 것이므로 그와 같은 경우까지 조세를 감면하지는 않겠다는 정책적인 고려에서 비롯된 것이다. ④ 구 지방세특례제한법 제43조 제2항은 평생교육단체가 과세기준일 현재 해당 사업에 직접 사용하는 부동산에 대하여 재산세를 면제하고, 이 사건 조항은 평생교육시설에 직접 사용하는 부동산에 대해 재산세를 면제한다고 규정하고 있을 뿐 직접 사용의 주체를 명시하지 아니하고 있다. 그러나 이 사건 조항은 평생교육단체를 제외한 자가 소유하는 당해 부동산을 평생교육시설에 사용하는 경우의 재산세 면제를 규정한 것일 뿐이므로, 부동산 소유자가 아닌 자가 해당 부동산을 해당 사업에 직접 사용하는 경우까지 포괄하는 규정으로 해석되지는 않는다. ⑤ 원고는 구 지방세특례제한법 제19조에서 정한 '어린이집 및 유치원에 대한 감면', 제20조에서 정한 '노인복지시설에 대한 감면', 제55조에서 정한 '문화재에 대한 감면' 등의 규정이 소유자가 해당 부동산을 직접 사용하는 것을 감면하는 외에 제3자가 해당 용도대로 사용하는 경우 또한 감면함을 전제로 하고 있음을 근거로 이 사건 조항의 경우에도 그와 같이 해석하여야 한다고 주장한다. 그러나 위 각 규정들은 원칙적으로 지방세특례제한법상의 '직접 사용'의 주체를 부동산 소유자로 한정하되 어린이집 및 유치원, 노인복지시설, 문화재 등 일부 시설에 관해서는 그 사용용도 및 목적, 지원 필요성 등을 감안하여 부동산 소유자가 아닌 제3자가 해당 용도대로 사용하는 경우에도 감면이 인정되는 예외를 명시적으로 규정한 것으로서, 위 각 규정의 문언 및 그 해석을 들어 이 사건 조항 또한 구 지방세특례제한법 제2조 제8호에서 정한 바와 달리 부동산 소유자가 아닌 자가 해당 부동산을 사용한 경우에도 '직접 사용'에 해당한다고 볼 것은 아니다."

○ 대법원 2019. 5. 30.자 2019두34968 판결(심리불속행)의 원심인 서울고등법원 2019. 1. 29. 선고 2018누70020 판결 ; "구 「지방세특례제한법」 제19조 제1항은 영유아보육법에 따른 영유아어린이집을 설치·운영하기 위하여 취득하는 부동산에 대하여 취득세를 면제한다고 규정하고 있고, 「지방세특례제한법」 제178조 제2호는 부동산에 대한 감면을 적용할 때 '해당 용도로 직접 사용한 기간이 2년 미만인 상태에서 매각·증여하거나 다른 용도로 사용하는 경우'에는 감면된 취득세를 추징하도록 규정하고 있으며, 구 지방세특례제한법(2017. 12. 26. 법률 제15295호로 개정되기 전의 것) 제2조 제1항 제8호는 '직접 사용'이란 부동산의 소유자가 해당 부동산을 사업 또는 업무의 목적이나 용도에 맞게 사용하는 것을 말한다고 규정하고 있으므로(구 「지방세특례제한법」 제19조 제2항은 영유아어린이집으로 사용되는 부동산에 대한 재산세의 면제와 관련하여서는 부동산 소유자가 직접 사용하는 경우와 부동산 소유자와 사용자가 서로 다른 경우를 구분하여 규정하고 있다), 영유아보육법에 따른 영유아어린이집을 설치·운영하기 위하여 취득하여 그 취득세가 면제된 부동산의 경우에 있어서 취득세 추징 사유에 관한 규정인 「지방세특례제한법」 제178조 제2호의 '해당 용도로 직접 사용'이란 그 부동산을 취득한 소유자가 그 부동산을 영유아어린이집의 설치·운영의 용도로 사용하는 것을 의미한다고 봄이 타당하다."

126) 종래에도 '직접 사용'의 법문상 주체는 '취득자' 즉, '소유자'였고, 지방세특례제한법 제14조(농업협동조합 등의 농어업 관련 사업 등에 대한 감면)에서 제1항과는 달리 구별하여 제2항과 제3항에서만 "(임대용 부동산은 제외한다. 이하 이 항에서 같다)"는 별도의 명문 규정을 둔 의미가 없어진다는 점{제21조(청소년단체 등에 대한 감면)의 제1항과 제2항의 경우도 마찬가지이다} 등의 측면에서 보면, 위 신설 규정만으로 종래의 판례 해석과 달리 '직접 사용'의 의미를 봄에는 의문의 여지가 있을 수 있다.

127) 조세특례제한법 시행령 제66조 ⑬ 법 제69조 제1항 본문에서 "대통령령으로 정하는 방법으로 직접 경작"이란 다음 각 호의 어느 하나에 해당하는 것을 말한다. 〈2016.2.5.〉 1. 거주자가 그 소유농지에서 농작물의 경작 또는 다년생식물의 재배에 상시 종사하는 것 2. 거주자가 그 소유농지에서 농작업의 2분의 1 이상을 자기의 노동력에 의하여 경작 또는 재배하는 것.

128) 대법원 2010. 9. 30. 선고 2010두8423 판결 ; "구 조세특례제한법 제69조 제1항에서 8년 이상 직접 경작한 토지를 양도소득세 면제 대상으로 선언하면서 그 구체적인 범위를 대통령령에서 정하도록 위임하고 있는바, 그 위임을 받은 시행령 제66조 제4항에서 8년 이상 자기가 경작한 농지 중 제외되는 대상을 규정하고, 제12항에서는 농지법 제2조 제5호의 자경 규정과 동일한 내용으로 '직접 경작'의 의미를 구체화하여 규정한 것이므로, 구 조세특례제한법 시행령 제66조 제12항이 위임 근거 규정이 없다거나 위임입법의 한계를 벗어난 것으로서 무효의 규정이라고 할 수 없다.

용도에 직접 지출'의 경우, '직접'의 의미를 그 문언 그대로 충실하게 따라 해석한 판례와 행정해석의 예가 있다.[129)]

'**최초로**'라는 문언의 경우에도 입법 취지, 관련 규정의 개정 연혁 및 체계 등에 비추어 사실상 삭제한 것과 같은 의미로 본 예가 있다.[130)] 종래에 부칙의 적용례 규정에서 '최초로'라는 문언을 관용적으

… 구 소득세법 제104조의3 제1항 제1호 (가)목은 양도소득세가 중과되는 비업무용 농지에 관하여 '소유자가 농지소재지에 거주하지 아니하거나 자기가 경작하지 아니하는 농지'라고 하여 대략적인 판단 기준을 제시하면서 그 구체적인 범위를 대통령령으로 정하도록 위임하고 있는바, 그 위임을 받은 시행령 제168조의8 제2항에서 '농지소재지 거주'와 '자기 경작'의 의미를 구체화·명확화하고, 특히 '자기 경작'에 관하여는 농지법 제2조 제5호의 자경 규정과 동일한 내용으로 구체화하여 규정한 것에 불과하므로, 구 소득세법 시행령 제168조의8 제2항이 위임의 범위를 벗어난 무효의 규정이라고 할 수 없다."

129) ○ 대법원 2020. 7. 23. 선고 2016두48294 판결 ; 원고가 지출한 의료비 중 새마을금고중앙회로부터 보전받은 공제금 상당액은 구 소득세법 시행령(2014. 1. 1. 개정 전) 제110조 제1항에 규정된 '근로자가 직접 부담하는 의료비'에 해당하지 않아 근로소득공제 대상이 될 수 없다고 한 예.
○ 상속세 및 증여세법 제46조 제5호의 위임에 따른 시행령 제35조(비과세되는 증여재산의 범위 등) 제4항 소정의 "해당 용도에 직접 지출한 것"의 의미에 관하여, 상속세 및 증여세법 기본통칙 46-35…1은, "법 제46조 제5호에 따른 증여세가 비과세되는 생활비 또는 교육비는 필요시마다 직접 이러한 비용에 충당하기 위하여 증여로 취득한 재산을 말하는 것이며, 생활비 또는 교육비의 명목으로 취득한 재산의 경우에도 그 재산을 정기예금·적금 등에 사용하거나 주식, 토지, 주택 등의 매입자금 등으로 사용하는 경우에는 증여세가 비과세되는 생활비 또는 교육비로 보지 아니한다."라고 정하고 있다.

130) 대법원 2013. 7. 25. 선고 2011두22358 판결 ; "구 조세특례제한법(2000. 12. 29. 법률 제6297호로 개정되기 전의 것. '구 조특법') 제14조 제1항은 제4호에서 '벤처기업에 출자함으로써 최초로 취득한 대통령령이 정하는 주식 또는 출자지분'의 양도로 인하여 발생하는 소득을 양도소득세의 과세대상에서 제외하는 과세특례를 정하는 한편, 그 단서에서 '타인의 주식이나 출자지분을 양수하는 방법으로 출자하여 양도하는 경우'를 위 과세특례의 적용대상에서 제외하고 있다. … 구 조특법 제14조 제1항 제4호가 규정하는 벤처기업에의 출자에 대한 양도소득세 과세특례제도는 종전에는 개인이 조합을 결성하여 벤처기업에 투자하는 경우에만 조세감면 혜택을 부여함에 따라 개인의 벤처기업에 대한 투자실적이 저조하였던 점 등을 고려하여 개인이 벤처기업에 직접 투자하는 경우에도 각종 조합을 통하여 투자하는 것과 동일한 조세감면 혜택을 줌으로써 개인의 벤처기업에 대한 직접 투자를 활성화하려는 취지에서 도입된 것이다. 한편 2000. 12. 29. 법률 제6297호로 개정된 조세특례제한법(**개정 조특법**) 제13조는 제1항에서 중소기업창업투자회사 등이 벤처기업 등에 '출자하여 취득한 주식 또는 출자지분'의 양도차익에 대한 법인세 비과세를 정하면서, 그 제2항에서 제1항의 적용대상을 '그 각 호가 정하는 4가지 방법(① 기업의 설립 시에 자본금으로 납입하는 방법, ② 기업이 설립된 후 7년 이내에 유상증자하는 경우로서 증자대금을 납입하는 방법, ③ 기업이 설립된 후 7년 이내에 잉여금의 자본전입에 의하는 방법, ④ 기업이 설립된 후 7년 이내에 채무의 자본전환에 의하는 방법)으로 취득한 주식 또는 출자지분'으로 명문화하였다. 그리고 개정 조특법 제14조는 같은 내용을 구 조특법 제14조 제1항이 규율대상으로 삼았던 벤처기업 등에의 출자에 대한 양도소득세 과세특례제도에 관하여도 그대로 규정함과 아울러 구 조특법 제14조 제1항 제4호의 **법문에 있었던 '최초로'라는 문구를 삭제**하였다. 이러한 개정 조특법의 규정은 제13조 제1항의 법인세 비과세제도와 제14조 제1항의 양도소득세 과세특례제도의 주된 취지가 자금조달능력이 부족한 창업 초기의 벤처기업 등에 대한 신규투자를 지원하려는 데 있음을 감안하여 그 적용대상을 일률적으로 '기업 설립 후 7년 이내에 취득하는 주식 또는 출자지분'으로 제한하면서 '출자에 의한 주식 또는 출자지분 취득'의 유형을 구체화한 것일 뿐, 그 취득의 유형을 종전보다 확대하여 정한 것으로 볼 수는 없다.
위와 같은 구 조특법 제14조 제1항 제4호의 입법 취지, 관련 규정의 개정 연혁 및 체계 등에 비추어 보면, 구 조특법 제14조 제1항 단서가 말하는 '타인의 주식이나 출자지분을 양수하는 방법으로 출자하는 경우'란 결국 '출자에 의하여 최초로 주식 또는 출자지분을 취득하는 것이 아닌 경우'를 확인적으로 설명한 것으로 이해되므로, 구 조특법 제14조 제1항 제4호에서 말하는 '벤처기업에 출자함으로써 최초로 취득하는 주식'이란 '출자자의 지위에서 벤처기업으로부터 직접 취득하는 주식'을 의미한다고 봄이 타당하다. 따라서 개인이 벤처기업이 설립되는 때에 자본금을 납입하여 주식을 취득하여 보유하던 중 주식발행초과금의 자본전입에 따라 무상주가 발행되어 이를 취득하는 경우에는 그 무상주 역시 출자자의 지위에서 벤처기업으로부터 직접 취득한 주식에 해당하여 구 조특법 제14조 제1항 제4호에서

로 써 왔으나 그 의미가 '법 시행 후 … 부터 적용한다.'는 적용례 규정 자체에 이미 내포되어 있어 동어반복에 지나지 않으므로 '최초로'라는 문언 자체에 독자적인 의미가 있는 것은 아니었고, 그에 따라 2013. 1. 1. 시행 법령 이후의 적용례 규정에는 '최초로'라는 문언이 없다.[131] 부칙의 적용례 규정이 아닌 경우에서도 '최초로'라는 문언이 동어반복에 불과하여 삭제하고 보아도 무방한 예가 있다.[132] '대도시 밖에 있는'이라는 요건은 '대도시로 전입하는'이라는 요건을 부연하여 설명하는 것에 지나지 않는다는 취지의 판례[133]도 같은 취지이다(즉, 다른 용어의 의미에 이미 내포되어 있는 의미의 용어는 동어반복에 지나지 않아 별다른 의미를 부여하지 않고 해석하는 것이 가능하다).

"□□법에 따른 ○○"의 의미

● 대법원 2015. 10. 29. 선고 2015두44424 판결 [양도소득세부과처분취소]

▌법령용어 해석

판시사항

구 조세특례제한법 제68조 제2항에서 정한 '초지법에 따른 초지'가 구 초지법 제5조에 따라 초지조성허가를 받은 초지로 제한되는지 여부(×) ☞ 동법 제66조 제4항에서 규정하고 있는 "초지"의 개념에 관하여, 종전의 "「초지법」에 따른 초지(이하 "초지"라 한다)"가 2016. 12. 20.자 개정으로 현재는 "「초지법」 제5조에 따른 초지조성허가를 받은 초지(이하 "초지"라 한다)"로 변경되었다.

정한 양도소득세 과세특례의 적용대상이 된다. 주식발행초과금의 자본전입에 따라 무상주가 발행되더라도 주주의 입장에서는 원칙적으로 그가 가진 주식의 수만 늘어날 뿐이고 그가 보유하는 총 주식의 자본금에 대한 비율이나 실질적인 재산적 가치에 차이가 없다는 점에 비추어 보더라도 위와 같이 해석할 것이다." ☜ 원심이, '출자에 의하여 최초로 취득한 주식'은 출자에 의하여 '처음으로' 취득한 주식을 가리키는데 주식발행초과금의 자본전입에 따라 취득한 무상주는 거기에 해당하지 아니하여 양도소득세 과세특례의 적용대상이 될 수 없다고 판단한 것은 잘못이라고 한 예.

131) 2012. 1. 1. 개정 부칙 제2조(일반적 적용례) ① 이 법은 이 법 시행 후 최초로 발생하는 소득분부터 적용한다. ② 이 법 중 양도소득에 관한 개정규정은 이 법 시행 후 최초로 양도하는 자산부터 적용한다. ⇒ 2013. 1. 1. 개정 부칙 제2조(일반적 적용례) ① 이 법은 이 법 시행 후 발생하는 소득분부터 적용한다. ② 이 법 중 양도소득에 관한 개정규정은 이 법 시행 후 양도하는 분부터 적용한다.
2011. 12. 31. 개정 법인세법 부칙 제2조(일반적 적용례) 이 법은 이 법 시행 후 최초로 개시하는 사업연도 분부터 적용한다. ⇒ 2013. 1. 1. 개정 법인세법 부칙 제2조(일반적 적용례) 이 법은 이 법 시행 후 개시하는 사업연도분부터 적용한다.

132) 대법원 2017. 6. 15. 선고 2017두32401 판결에서 문제된 구 지방세특례제한법(2013. 1. 1. 법률 제11618호로 개정되기 전의 것) 제31조 제1항 소정의 '건축주로부터 최초로 분양받은 경우'의 법문에서 '최초로'의 개념은 '건축주로부터 분양'이라는 문구에 이미 내포되어 있어 '최초로'를 삭제하고 해석해도 무방한 것으로 볼 수 있다.

133) 대법원 2018. 11. 29. 선고 2016두65602 판결 ; "전입은 기존 장소에서 새로운 장소로 이동하는 것을 당연한 전제로 하는 것인 만큼, 법인의 본점 등을 특정하는 '대도시 밖에 있는'이라는 요건은 전입하는 새로운 대도시가 아닌 장소에 있다는 의미로서 '대도시로 전입하는'이라는 요건을 부연하여 설명하는 것으로 볼 수 있다." ☜ 등록면허세 중과세 대상인 '대도시 밖에 있는 법인의 본점이나 주사무소를 대도시로 전입함에 따른 등기'에 관한 해석인데, 그 타당성에는 의문이 있다.

이 유

이 사건 조항134)에서 양도소득세 면제대상의 하나로 '**초지법에 따른 초지**'라고만 규정하고 있을 뿐, 나아가 그 면제대상을 '초지법 제5조에 따라 초지조성허가를 받은 초지'로 제한하고 있지 아니하다. 농업회사법인에 대한 과세특례를 도입한 구 조세특례제한법 제68조의 입법 목적은 농촌지역의 생산인력 부족현상 심화에 따른 문제점을 보완하고자 협업적·기업적 농업경영을 할 수 있도록 농업회사법인의 설립·육성을 적극적으로 지원하는 데에 있으므로, 이 사건 조항에서 정한 양도소득세 면제대상인 '초지'에 해당하는지 여부를 초지조성허가 유무에 따라 달리 보아야 할 이유도 없다. 구 초지법에서도 초지조성허가 없이 초지를 조성하는 것을 금지하는 규정이 없고, 다만 구 초지법 제5조에 따른 초지조성허가를 받은 경우에는 각종 허가·인가 등을 받은 것으로 의제되며 초지의 조성에 필요한 자금의 전부 또는 일부를 보조받을 수 있는 등 여러 혜택을 부여하고 있다. 이러한 이 사건 조항의 문언과 입법 목적 및 구 초지법 제5조에서 초지조성허가에 관한 규정을 둔 취지 등을 고려하여 보면, 이 사건 조항에서 정한 '**초지법에 따른 초지**'는 구 초지법 제5조에 따라 초지조성허가를 받은 초지로 제한되는 것이 아니라 구 **초지법 제2조 제1호에 따른 초지**를 의미하는 것으로 보는 것이 타당하다.135)

※ 조세법령용어 정의 규정의 해석

[1] 조세법령용어의 개념을 정의하는 방법으로는, (1) 당해 조세법령에서 직접 정의하는 방법, (2)

---

134) 구 조세특례제한법(2010. 1. 1. 법률 제9921호로 개정되기 전의 것, 이하 같다) 제68조 제2항(이하 '이 사건 조항'이라 한다)은 대통령령이 정하는 농업인이 2009년 12월 31일 이전에 농지 또는 '**초지법에 따른 초지**'를 농업회사법인에 현물출자함으로써 발생하는 소득에 대하여는 양도소득세를 면제한다고 규정하고 있다. 한편 구 초지법(2013. 3. 23. 법률 제11690호로 개정되기 전의 것, 이하 같다) 제2조 제1호는 "**초지**라 함은 다년생개량목초의 재배에 이용되는 토지 및 사료작물재배지와 목도·진입도로·축사 및 농림수산식품부령이 정하는 부대시설을 위한 토지를 말한다."고 규정하고, 제5조 제1항은 "초지조성을 하고자 하는 자는 대통령령이 정하는 바에 따라 해당 토지의 소재지를 관할하는 시장·군수에게 초지조성허가를 신청하여야 한다."고 규정하고 있으며, 같은 조 제2항은 "시장·군수는 제1항의 규정에 의하여 초지조성허가를 할 때에는 초지조성기간 등 농림수산식품부령이 정하는 조건을 붙일 수 있다."고 규정하고 있다.

135) **【구체적 사안】**

ㅇ **인정 사실** ; ① 원고들이 2009. 11. 19. 토지를 농업회사법인에 현물출자하면서 '초지법에 따른 초지'에 해당한다고 보아 양도소득세를 납부하지 아니한 사실, ② 피고는 2013. 4. 2. 원고들에게 양도소득세 면제대상에 해당하지 않는다는 이유로 양도소득세 부과 처분을 한 사실, ③ 토지가 구 초지법 제2조 제1호에서 정한 초지에 해당하나, 이에 대하여 구 초지법 제5조에 따른 초지조성허가를 받은 적은 없는 사실.

ㅇ **원심** ; ① 구 초지법은 전체적으로 '제5조에 따라 초지조성허가를 받은 초지'에 관하여 규율하고 있을 뿐이고, 그 밖의 초지에 관하여는 규율하고 있지 아니한 점, ② 구 초지법 제2조 제1호에서 정한 초지의 정의에 부합하는 토지라 하더라도 구 초지법 제5조에 따라 초지조성허가를 받지 않은 토지는 구 초지법을 위반하여 조성된 초지로서 구 초지법에 따른 초지로 볼 수 없는 점, ③ 이 사건 조항에서 정한 '초지법에 따른 초지'에 초지조성허가를 받지 않은 초지도 포함된다고 해석하면 이 사건 조항의 입법취지와 무관하게 조세회피수단으로 악용될 우려가 있는 점 등을 종합하면, 이 사건 조항에서 정한 '초지법에 따른 초지'는 '구 초지법 제5조에 따라 초지조성허가를 받은 초지'를 의미한다는 이유로, 이 사건 각 토지가 이 사건 조항에서 정한 양도소득세 면제대상에 해당한다는 원고들의 주장을 배척.

ㅇ **대법원** ; 원심 파기

다른 조세법령의 개념을 인용하는 방법,[136)137)] (3) 조세법령 아닌 다른 법령의 개념을 인용하는 방법 {조세법령에서 ① "ㅁㅁ법에 따른(의한) ○○"이라고 규정하여 명시적으로 인용하는 경우가 많지만, ② 다른 법령의 구체적 정의 내용을 그대로 옮겨 규정하는 경우도 있다}[138)139)] 등이 있다.

[2] 당해 조세법령에서 직접 용어를 정의하는 경우에도, ① 정의 조항(개개 법률은 제1조의 '목적' 조항에 이어 제2조에 '정의' 조항을 두는 경우가 많다)[140)]에서 「이 법에서 "○○"이란 … … 을 말한다.」는 식으로 정하는 방법, ② 개별 조문 중간에 '약칭'을 사용하여 「… … (이하 "○○"이라 한다)」는 식으로 정하는 방법(최초로 나오는 용어가 해당 용어가 빈번히 사용되는 부분과 떨어져 있는 경우에는 빈번하게 사용되는 부분의 첫 번째 용어에서 약칭을 할 수도 있다[141)142)]), ③ 개별 조문 중간에 정의 규정을 두어 「○○(… … 을 말한다.

---

136) **지방세법 제2조(정의)** 이 법에서 사용하는 용어의 뜻은 별도의 규정이 없으면 지방세기본법 및 지방세징수법에서 정하는 바에 따른다.
조세특례제한법 제2조(정의) ② 제1항에 규정된 용어 외의 용어에 관하여는 이 법에서 특별히 정하는 경우를 제외하고는 제3조 제1항 제1호(소득세법)부터 제19호(농어촌특별세법)까지에 규정된 법률에서 사용하는 용어의 예에 따른다.

137) 대법원 1995. 7. 28. 선고 95다17618 판결 ; "구 조세감면규제법(1991. 12. 27. 법률 제4451호로 개정되기 전의 것) 제2조 제2항에 의하면 "제1항 이외의 용어에 관하여는 이 법에서 특별히 정하는 경우를 제외하고는 제3조에 게기하는 법률(소득세법 등)에서 사용하는 용어의 예에 의한다"고 규정하고 있고, 제2조 제1항 등 같은 법의 각 규정에서는 양도소득세 감면의 종합한도 규정인 같은 법 제88조의2[→ 조특법 제133조(양도소득세 및 증여세 감면의 종합한도)] 소정의 "개인"에 관하여 특별히 정하고 있지 아니하므로, 위 "개인"은 **소득세법에서 사용하는 "개인"이라는 용어의 예에 따라 해석**하면 된다 할 것이다. 그런데 구 소득세법(1992.12.8. 법률 제4520호로 개정되기 전의 것) 제1조 제1항은 소득세 납세의무자인 "개인"을 거주자와 비거주자로 구분하고 있고, 한편 소득세법 제1조 제3항 및 소득세법시행규칙(1993.3.2. 개정 전) 제2조 제1항에 의하면, 법인격 없는 사단·재단 기타 단체 중 국세기본법 제13조(및 이를 받은 국세기본법시행령 제8조)에 의하여 법인으로 보는 단체 이외의 단체가 그 대표자 또는 관리인이 선임되어 있고 이익의 분배 방법 및 비율이 정하여져 있지 아니한 때에는 그 단체를 거주자로 보도록 정하고 있으므로(이는 위 "개인"의 개념을 보다 분명히 하는 규정이라 할 것이다), 결국 소득세법에서 말하는 "개인"은 단순한 자연인뿐만 아니라 위와 같이 거주자로 보는 법인격 없는 단체도 포함하는 의미로 사용되고 있다고 봄이 상당하다 할 것이다. 따라서 위 조세감면규제법 제88조의 2 소정의 "개인"도 단순한 자연인뿐만 아니라 위와 같이 거주자로 보는 법인격 없는 단체도 포함하는 의미라 할 것인바, 원고 종중이 국세기본법 제13조 제1항 및 국세기본법시행령 제8조 소정의 요건에 해당하지 아니함은 기록상 분명하고, 그 대표자는 선임되어 있으나 이익의 분배방법 및 비율이 정하여져 있지 아니함은 원심이 적절히 인정 판단하고 있는 바와 같으므로, 결국 원고 종중이 이 사건 토지를 양도한 데 대한 양도소득세에 관하여도 그 감면의 종합한도 규정인 위 조세감면규제법 제88조의2가 적용된다 할 것이다."

138) 예컨대, 법인세 제17조(자본거래로 인한 수익의 익금불산입) 제1항에서 제1호는 "주식발행액면초과액: 액면금액 이상으로 주식을 발행한 경우 그 액면금액을 초과한 금액", 제2호는 "주식의 포괄적 교환차익: 「상법」 제360조의2에 따른 주식의 포괄적 교환을 한 경우로서 같은 법 제360조의7에 따른 자본금 증가의 한도액이 완전모회사의 증가한 자본금을 초과한 경우의 그 초과액"이라고 규정하여, 제2호는 전자의 방식, 제1호는 후자의 방식으로 규정하고 있다{2011. 4. 14. 전문개정 전 구 상법 제459조(자본준비금) 제1항 제1호는 '주식발행액면초과액'을 "액면이상의 주식을 발행한 때에는 그 액면을 초과한 금액"이라고 규정하고 있었다}.

139) 대법원 2012. 11. 22. 선고 2010두17564 전원합의체 판결 ; "구 법인세법(2005. 12. 31. 개정 전) 제17조는 자본거래로 인한 수익으로서 익금에 산입하지 아니하는 것의 하나로 제1호에서 '주식발행액면초과액'을 들고 있는데, 여기에서 말하는 주식발행액면초과액이란 그 **문언상** 액면 이상의 주식을 발행한 경우 그 액면을 초과한 금액, 즉 주주가 납입한 주식의 인수가액(보통은 주식의 발행가액과 일치한다)에서 액면가액을 차감한 금액을 의미함이 분명하다. 구 법인세법 시행령(2003. 12. 30. 개정 전의 것, '개정 전 시행령') 제15조 제1항이 구 법인세법 제17조 제1호의 주식발행액면초과액은 구 상법(2011. 4. 14. 개정 전) 제459조 제1항 제1호에 해당하는 금액, 즉 '액면 이상의 주식을 발행한 때에는 그 액면을 초과한 금액'으로 한다고 규정하였던 것도 이를 **확인**한 것으로 이해된다."

140) **[예]** 국세기본법 제2조(정의), 부가가치세법 제2조(정의) 이 법에서 사용하는 용어의 뜻은 다음과 같다./ 소득세법 제1조의2(정의) ① 이 법에서 사용하는 용어의 뜻은 다음과 같다.

이하 같다)」는 식으로 정하는 방법 등 3가지가 있다(이 경우 정의 규정 이하의 다른 조문에 규정된 동일 용어는 동일한 개념으로 보아야 한다[143]).

동일 조문 중에 동일 용어를 2회 사용하면서 뒤에 나오는 용어에 정의 규정을 둔 이례적인 예[144]가

---

141) 예컨대, 법인세법 제15조(익금의 범위) 제2항 제1호는 "제52조 제1항에 따른 특수관계인인 개인으로부터 유가증권을 같은 조 제2항에 따른 시가보다 낮은 가액으로 매입하는 경우 시가와 그 매입가액의 차액에 상당하는 금액", 제17조(자본거래로 인한 수익의 익금불산입) 제1항 제1호 단서는 "다만, 채무의 출자전환으로 주식등을 발행하는 경우에는 그 주식등의 제52조 제2항에 따른 시가를 초과하여 발행된 금액은 제외한다."라고 각 규정한 다음, 제52조(부당행위계산의 부인) 제1항은 "납세지 관할 세무서장 또는 관할지방국세청장은 내국법인의 행위 또는 소득금액의 계산이 대통령령으로 정하는 특수관계인(이하 "특수관계인"이라 한다)과의 거래로 인하여 그 법인의 소득에 대한 조세의 부담을 부당하게 감소시킨 것으로 인정되는 경우에는 그 법인의 행위 또는 소득금액의 계산(이하 "부당행위계산"이라 한다)에 관계없이 그 법인의 각 사업연도의 소득금액을 계산할 수 있다.", 제2항은 "제1항을 적용할 때에는 건전한 사회 통념 및 상거래 관행과 특수관계인이 아닌 자 간의 정상적인 거래에서 적용되거나 적용될 것으로 판단되는 가격(요율·이자율·임대료 및 교환 비율과 그 밖에 이에 준하는 것을 포함하며, 이하 이 조에서 "시가"라 한다)을 기준으로 한다."라고 규정하고 있다. 법인세법 시행령은 제14조(재산가액의 평가 등) 제1항 제1호 라목에서 "법 제52조에 따른 시가(이하 "시가"라 한다)"라고 규정하고 있으므로, 그 뒤의 시행령 제72조(자산의 취득가액 등) 제2항 제7호("그 밖의 방법으로 취득한 자산 : 취득당시의 시가") 소정의 '시가'의 의미도 '법 제52조에 따른 시가' 즉 '부당행위계산 부인 규정'에서의 시가를 의미한다(이는 대법원 2015. 8. 27. 선고 2012두16084 판결의 논거가 될 수 있다).

142) 대법원 2013. 6. 14. 선고 2011두29250 판결 ; "구 법인세법(2010. 12. 30. 법률 제10423호로 개정되기 전의 것, 이하 같다) 제15조는 제1항에서 "익금은 자본 또는 출자의 납입 및 이 법에서 규정하는 것을 제외하고 당해 법인의 순자산을 증가시키는 거래로 인하여 발생하는 수익의 금액으로 한다."고 규정하면서, 제3항에서 "제1항의 규정에 의한 수익의 범위 및 구분 등에 관하여 필요한 사항은 대통령령으로 정한다."고 규정하고, 그 위임을 받은 구 법인세법시행령(2000. 12. 29. 개정 전) 제11조는 수익의 하나로 제2호에서 '자산의 양도금액'을 규정하고 있다. 한편 구 법인세법 제41조 제1항 제3호의 위임을 받은 구 법인세법시행령 제72조 제1항은 제1호 내지 제4호에서 매입한 자산, 자기가 제조·생산·건설한 자산, 현물출자 등에 의하여 취득한 자산·주식 등의 취득가액 산정방법을 규정한 다음, 제5호[⇒제2항 제7호]에서 "제1호 내지 제4호 외의 방법으로 취득한 자산의 취득가액은 취득 당시의 시가로 한다."고 규정하고 있다. 위 각 규정의 내용과 그 입법 취지 등에 비추어 보면, 자산의 **교환**으로 발생하는 수익으로서 익금에 산입하여야 할 '자산의 양도금액'은 특별한 사정이 없는 한 구 법인세법시행령 제72조 제1항 제5호에서 교환으로 취득한 자산의 취득가액으로 정한 '그 취득 당시의 시가'에 의하여 산정하여야 한다고 봄이 타당하다. 한편 구 법인세법시행령은 제72조 제1항 제5호에서 말하는 '시가'의 개념이나 그 산정방법을 별도로 규정하지 않은 채 다만 제14조 제1항 제1호 (다)목[⇒(라)목]의 괄호(이하 '이 사건 괄호규정'이라 한다)에서 '**법 제52조의 규정에 의한 시가**'를 **그 이하의 조문**에서는 '**시가'로 약칭**하도록 하고 있다. … 이러한 관련 법령의 체계와 개정 연혁 등에 비추어 보면, 구 법인세법시행령 제72조 제1항 제5호에서 말하는 '시가' 역시 구 법인세법 제52조의 규정에 의한 시가를 의미한다고 봄이 타당"

143) 대법원 2012. 10. 11. 선고 2011두6899 판결 ; "구 상속세 및 증여세법 시행령(2008. 2. 22. 개정 전) **제13조 제6항 제2호**는, 법(2007. 12. 31. 개정 전) 제16조 제2항 제2호 소정의 공익법인등의 출연재산에 대한 상속세과세가액 불산입 범위를 정함에 있어서의 출연자와 특수관계에 있는 자의 하나로 '재정경제부령이 정하는 사용인'을 들면서 '(출자에 의하여 지배하고 있는 법인의 사용인을 포함한다. 이하 같다)'고 규정하고 있다[이 규정은 2002. 12. 30. 개정되기 전에는 '사용인(출자에 의하여 지배하고 있는 법인의 임원을 포함한다. 이하 이 호 및 제19조 제2항 제2호에서 같다)'이라고 규정하고 있었다]. 그리고 이 규정 이하에 나오는 법 시행령 **제19조 제2항 제2호**는 '사용인과 사용인 외의 자로서 당해주주등의 재산으로 생계를 유지하는 자'라고 규정하고 있을 뿐 그 '사용인'의 의미나 범위에 관하여 별도의 규정을 두고 있지 않다. … 위 규정들의 문언 및 법 시행령 제13조 제6항 제2호의 개정경위 등을 종합하면, 법 **시행령 제53조** 제3항, **제19조** 제2항 제2호에서 정한 '사용인'은 법 **시행령 제13조** 제6항 제2호 소정의 '사용인'과 동일한 개념으로서 '출자에 의하여 지배하고 있는 법인의 사용인'을 포함하고, 따라서 최대주주등이 30% 이상 출자하고 있는 회사의 사용인도 여기에 포함된다고 보아야 한다."

144) **상속세 및 증여세법 시행규칙 제17조의3(1주당 최근 3년간의 순손익액의 계산방법) 제1항**은, "영 제56조 제2항 제1호에서 '일시적이고 우발적인 사건으로 해당 법인의 최근 3년간 순손익액이 증가하는 등 기획재정부령으로 정하는 경우'란 다음 각 호의 어느 하나에 해당하는 경우를 말한다."라고 한 다음, **제3호**에 "평가기준일전 3년이 되는 날이 속하는

있는데 이것이 바람직하지 않음은 물론이다.

이미 정의된 법령용어를 다시 약칭하는 것은 바람직하지 않으나, 부득이한 경우에는 정의 후 최초로 나오는 용어에서 다시 약칭하기도 한다.145)

사업연도 개시일부터 평가기준일까지의 기간 중 합병 또는 분할을 하였거나 주요 업종이 바뀐 경우"를, **제7호**에 "주요 업종(당해 법인이 영위하는 사업중 직접 사용하는 유형고정자산의 가액이 가장 큰 업종을 말한다)에 있어서 정상적인 매출발생기간이 3년 미만인 경우"를 각 규정하고 있다. 2001. 4. 3. 위 조문 신설 당시 제3호가 규정된 후, 2003. 12. 31. 개정 시 제7호를 추가하면서 제3호의 '주요업종'에 정의규정을 더하지 않고 제7호에 '주요업종'의 정의를 포함시킨 것인데, 이것이 제3호와 제7호의 '주요업종'의 의미를 달리 보려 한 의도적인 것이라기보다는 단순한 입법의 오류로 보인다(위 조항의 2010. 3. 31. 개정 시에는 제2호와 제6호 두 곳에 '자산수증이익등'이라는 용어를 사용하면서 선행하는 제2호에 "기업회계기준의 자산수증이익, 채무면제이익, 보험차익 및 재해손실(이하 이 조에서 '자산수증이익 등'이라 한다)"는 정의규정을 두었다). '주요업종'의 의미에 관하여 위 조항 외에는 조세법령 어디에도 정의규정이 보이지 않으므로, 제3호의 '주요업종'의 의미는 제7호의 '주요업종'의 정의와 동일하다고 해석함이 타당하다.

cf. 서울고등법원 2017. 9. 15. 선고 2016누77355 판결 ; "구 상증세법 시행규칙 제17조의3 제1항 제3호에서 '주요업종'에 관하여 정의하고 있지 아니하다. 다만 같은 항 제7호에서는 '기획재정부령으로 정하는 경우'의 하나로 '주요 업종(당해 법인이 영위하는 사업 중 직접 사용하는 유형고정자산의 가액이 가장 큰 업종을 말한다)에 있어서 정상적인 매출발생기간이 3년 미만인 경우'를 들면서 주요 업종에 대하여 정의하고 있다. 또 법인세법 시행령 제6조 제2항에서는 납세지의 범위와 관련하여 "주된 사업장 또는 주된 부동산의 소재지"라 함은 직전 사업연도에 사업수입금액이 가장 많은 사업장 또는 부동산의 소재지를 말한다고 규정하고 있고, 소득세법 시행령 제85조에서는 2개 이상의 사업장을 가진 사업자의 중소기업 해당 여부를 판단하는 기준인 주업종은 수입금액이 가장 큰 업종을 말한다고 정의하고 있으며, 조세특례제한법 시행령 제2조는 중소기업의 범위를 정함에 있어서 2 이상의 서로 다른 사업을 영위하는 경우에는 사업별 사업수입금액이 큰 사업을 주된 사업으로 본다고 정하고 있다. … 다음과 같은 사정을 위에서 본 법령의 규정에 나타난 '주요업종' 등의 정의에 비추어 보면, 이 사건 회사가 숙박업을 폐업하기 전에도 이 사건 회사의 주요 업종은 전대업이었다고 봄이 상당하므로, 이 사건 주식 평가기준일 전 3년이 되는 날이 속하는 사업연도인 2009년도에 이 사건 회사의 주요업종이 바뀐 경우에 해당하지 아니한다고 봄이 타당하다. … 전대업에 직접 사용하는 부분의 가액이 숙박업에 직접 사용하는 가액보다 커서 결국 전대업 부분의 유형고정자산의 가액이 가장 클 것으로 보인다. … 전대업의 수입금액이 숙박업의 수입금액보다 큰 것으로 평가되었다."

145) 대법원 2016. 7. 27. 선고 2015두46390 판결[과징금부과처분취소등] ; "구 사회복지사업법(2012. 1. 26. 개정 전) 제2조 제4호는 '사회복지시설'에 관하여 "사회복지사업을 할 목적으로 설치된 시설을 말한다."라고, 제34조 제1항은 "국가나 지방자치단체는 사회복지시설(이하 '시설'이라 한다)을 설치·운영할 수 있다."라고 각 규정하고 있다. 또한 구 사회복지사업법 제40조 제1항은 "보건복지부장관 … 은 **시설**이 다음 각 호의 어느 하나에 해당할 때에는 그 시설의 개선, 사업의 정지, 시설의 장의 교체를 명하거나 시설의 폐쇄를 명할 수 있다."라고 규정하고, 그 각 호의 하나로 "회계부정이나 불법행위 또는 그 밖의 부당행위 등이 발견되었을 때"(제4호)를 들고 있다. … ① 구 사회복지사업법 제40조 제1항에서 정한 '시설의 개선'에서 '**시설**'이라 함은 구 사회복지사업법 제34조 제1항이 규정한 것과 같이 '**사회복지시설**'**의 약칭**으로서, 사회복지사업을 할 목적으로 조직화된 유기적 일체로서의 사회복지시설을 의미한다고 보아야 하고 이를 '물적인 설비'에 국한된 것으로 보기 어려운 점, ② 사회복지시설의 회계부정, 불법행위 또는 그 밖의 부당행위에 관하여 '과거의 잘못된 점을 고치는 것' 역시 해당 시설이 장래를 향하여 원활히 운영될 수 있도록 하기 위한 전제가 되므로, '**개선**'의 통상적인 문언적 의미를 벗어나지 아니한다고 볼 수 있는 점, ③ 만약 '개선'의 의미를 이와 달리 보아 '회계부정이나 불법행위 또는 그 밖의 부당행위 등'이 있음에도 문제 된 금원 상당액을 해당 사회복지시설 내로 환원 내지 입금하도록 할 수 없고 다만 장래를 향하여 관계 법령에 부합하는 회계처리를 하거나 불법행위 또는 부당행위를 금지하는 내용의 개선명령만 할 수 있다고 볼 경우, 해당 사회복지시설의 원활한 운영에도 지장을 초래할 우려가 있을 뿐만 아니라 문제가 발생한 사회복지시설에 대하여 잘못을 바로잡아 그 목적으로 하는 사회복지사업을 공정·투명·적정하게 수행할 수 있도록 하려는 구 사회복지사업법 제40조 제1항의 개선명령제도의 입법 취지에도 부합하지 아니하는 점, ④ 구 사회복지사업법 제40조 제1항은 개선명령의 내용이나 방법 등을 특별히 특정·제한하고 있지 아니한 점 등을 종합하여 보면, 관할 행정청이 '회계부정이나 불법행위 또는 그 밖의 부당행위 등'으로 인하여 사회복지시설의 운용에 사용되어야 할 자금이 그 목적과 무관한 용도로 사용되는 등 사회복지시설에 금전적 손실이 발생한 경우 그 금액 상당을 해당 사회복지시설로 다시 입금 내지 회복하도록 명하는 것도 구 사회복지사업법 제40조

[3] 당해 세법에서 직접 용어를 정의하면서 그 개념을 시행령에 위임함에 따라 시행령에서 정의하는 경우도 있다.146) 시행령에서 모법의 용어를 정의하고 있는 경우, 모법에 그에 관한 위임 규정이 있거나, 위임 규정이 없더라도 시행령 규정이 모법의 해석상 가능한 것을 명시한 것에 지나지 않거나 모법 조항의 취지에 근거하여 이를 구체화하기 위한 것인 때에는 유효하나, 법률에 의한 위임이 없이 개인의 권리·의무에 관한 내용을 변경·보충하거나 법률에 규정되지 아니한 새로운 내용을 정하는 것은 무효이다.147) 법률에 의한 위임규정이 존재하더라도 시행령 규정이 모법의 규정취지에 반할 뿐 아니라 그 위임범위를 벗어난 경우에는 무효이다.148) 행정규칙에서 사용하는 개념이 달리 해석될

제1항이 정한 개선명령으로서 허용된다고 보아야 한다."

146) 예컨대, 국세기본법 제2조 제20호는, "**특수관계인**이란 본인과 다음 각 목의 어느 하나에 해당하는 관계에 있는 자를 말한다."라고 한 다음, 각 목에서 "가. 혈족·인척 등 대통령령으로 정하는 친족관계 나. 임원·사용인 등 대통령령으로 정하는 경제적 연관관계 다. 주주·출자자 등 대통령령으로 정하는 경영지배관계"를 들고, 그 시행령 제1조의2(특수관계인의 범위)는 제1항에서 '친족관계', 제2항에서 '경제적 연관관계', 제3항에서 '경영지배관계'를 각 정의하고 있다.

147) ○ 대법원 2020. 10. 15. 선고 2017두47403 판결 ; "법률의 시행령은 그 법률에 의한 위임이 없으면 개인의 권리·의무에 관한 내용을 변경·보충하거나 법률에 규정되지 아니한 새로운 내용을 정할 수는 없지만, 시행령의 내용이 모법의 입법 취지와 관련 조항 전체를 유기적·체계적으로 살펴보아 모법의 해석상 가능한 것을 명시한 것에 지나지 아니하거나 모법 조항의 취지에 근거하여 이를 구체화하기 위한 것인 때에는 모법의 규율 범위를 벗어난 것으로 볼 수 없으므로, 모법에 이에 관하여 직접 위임하는 규정을 두지 않았다고 하더라도 이를 무효라고 볼 수는 없다. … 구 지방세법(2015. 12. 29. 법률 제13636호로 개정되기 전의 것) 제20조 제4항은 "재산권과 그 밖의 권리의 취득·이전에 관한 사항을 공부에 등기하거나 등록하려는 경우에는 **등기 또는 등록을 하기 전까지** 취득세를 신고납부하여야 한다."라고 규정하고 있다. 위 조항 중 "등기 또는 등록을 하기 전까지"의 의미에 관하여 구 지방세법 시행령(2019. 2. 8. 대통령령 제29512호로 개정되기 전의 것) 제35조(이하 '이 사건 시행령 조항'이라고 한다)는 "법 제20조 제4항에 따른 등기 또는 등록을 하기 전까지는 **등기 또는 등록의 신청서를 등기·등록관서에 접수하는 날까지**로 한다."라고 규정하고 있다. … 구 지방세법 제20조 제4항이 정한 재산권 등의 이전 등을 등기 또는 등록하려는 경우의 취득세 신고·납부기한인 "등기 또는 등록을 하기 전까지"는 이 사건 시행령 조항이 정한 바와 같이 "등기 또는 등록의 신청서를 등기·등록관서에 접수하는 날까지"를 의미한다고 봄이 상당하다. 따라서 이 사건 시행령 조항은 구 지방세법 제20조 제4항의 해석 가능한 것을 명시한 것이거나 이를 구체화한 것으로서 구 지방세법 제20조 제4항이 이에 관하여 직접 위임하는 규정을 두지 않았더라도, 무효라고 볼 수 없다."

○ 대법원 2016. 12. 1. 선고 2014두8650 판결 ; "구 법인세법(2008. 12. 26. 법률 제9267호로 개정되기 전의 것) 제98조 제6항은 "제93조 제10호의 규정에 의한 유가증권을 증권거래법에 의한 증권회사를 통하여 양도하는 경우에는 당해 증권회사가 제1항의 규정에 의하여 원천징수를 하여야 한다. 다만, 증권거래법에 의하여 주식을 상장하는 경우로서 이미 발행된 주식을 양도하는 경우에는 당해 주식을 발행한 법인이 원천징수하여야 한다."라고 규정하고 있고, 제120조의2 제1항 본문은 '제93조의 규정에 의한 국내원천소득을 외국법인에게 지급하는 자'로 하여금 지급명세서를 납세지 관할 세무서장에게 제출하도록 규정하고 있다. 한편 구 법인세법 시행령(2010. 2. 18. 대통령령 제22035호로 개정되기 전의 것) 제162조의2 제3항(이하 '이 사건 시행령 조항'이라 한다)은 "법 제98조 제6항의 규정에 의하여 법인세를 원천징수하는 경우에는 당해 원천징수의무자가 그 지급금액에 대한 지급명세서를 제출하여야 한다."라고 규정하고 있다. … 구 법인세법 제93조에 정한 외국법인의 국내원천소득에 관하여 구 법인세법 제120조의2 제1항 본문에 따른 **지급명세서 제출의무를 부담하는 자** 또한 제98조에 정한 해당 소득의 **원천징수의무자**를 의미한다고 보아야 할 것이다. 구 법인세법 제98조 제6항 단서는 '증권거래법에 의하여 주식을 상장하는 경우로서 이미 발행된 주식을 양도하는 경우'에 해당 주식을 발행한 법인을 원천징수의무자로 규정하고 있으므로 이 경우 구 법인세법 제120조의2 제1항 본문에 따라 지급명세서 제출의무를 부담하는 자는 원천징수의무자인 해당 주식의 발행법인이고, 이와 동일한 취지를 규정한 이 사건 시행령 조항은 구 법인세법 관련 규정의 의미를 명시한 것에 지나지 아니하므로 이를 무효로 볼 수 없다."

148) 대법원 2017. 4. 20. 선고 2015두45700 전원합의체 판결 ; "**구 상속세 및 증여세법**(2003. 12. 30. 법률 제7010호로 개정되어 2010. 1. 1. 법률 제9916호로 개정되기 전의 것) **제41조** 제1항(이하 '개정 전 법률 조항'이라고 한다)은 결손금이 있거나 휴업 또는 폐업 중인 법인(이하 '특정법인'이라고 한다)의 주주 또는 출자자와 특수관계에 있는

여지가 있다는 것만으로 이를 사용한 행정규칙이 법령의 위임한계를 벗어났다고는 할 수 없다.[149)]

[4] 조세법령에서 다른 법령의 개념을 인용하여 "ㅁㅁ법에 따른(의한) ○○"이라고 규정하고 있는 경우, 그 법령에 따른 인가·허가·등록이나 자격 등의 구비가 개념 속에 포함되는지에 대해서는 개별적인 경우에 따라 당해 법령에 따른 인가·허가·등록이나 자격 등의 구비가 필요하다고 본 사례[150)]와

자가 당해 특정법인과 다음 각 호의 1에 해당하는 거래를 통하여 당해 특정법인의 주주 또는 출자자가 '이익을 얻은 경우'에는 그 이익에 상당하는 금액을 당해 특정법인의 주주 또는 출자자의 증여재산가액으로 한다고 규정하고, 제2항은 그 이익의 계산방법을 대통령령에 위임하였다. 구 상속세 및 증여세법 **시행령**(2003. 12. 30. 대통령령 제18177호로 개정되어 2014. 2. 21. 대통령령 제25195호로 개정되기 전의 것) **제31조 제6항**(이하 '이 사건 시행령 조항'이라고 한다)은 '개정 전 법률 조항에 의한 이익은 증여재산가액 등(결손금이 있는 법인의 경우에는 당해 결손금을 한도로 한다)에 그 최대주주 등의 주식 등의 비율을 곱하여 계산한 금액(당해 금액이 1억 원 이상인 경우에 한한다)으로 한다'고 규정하고 있다. 개정 전 법률 조항은 특정법인과의 일정한 거래를 통하여 최대주주 등이 '이익을 얻은 경우'에 이를 전제로 그 '이익의 계산'만을 시행령에 위임하고 있음에도 이 사건 시행령 조항은 특정법인이 얻은 이익이 바로 '주주 등이 얻은 이익'이 된다고 보아 증여재산가액을 계산하도록 하였다. 또한 개정 전 법률 조항에 의하면 특정법인에 대한 재산의 무상제공 등이 있더라도 주주 등이 '실제로 얻은 이익이 없다면' 증여세 부과대상에서 제외될 수 있으나, 이 사건 시행령 조항에 의하면 특정법인에 재산의 무상제공 등이 있는 경우 그 자체로 주주 등이 이익을 얻은 것으로 간주되어 증여세 납세의무를 부담하게 된다. 결국 이 사건 시행령 조항은 모법인 개정 전 법률 조항의 규정 취지에 반할 뿐만 아니라 그 위임범위를 벗어난 것이다. … **2010. 1. 1.** 법률 제9916호로 **개정**된 구 상속세 및 증여세법(2011. 12. 31. 법률 제11130호로 개정되기 전의 것, 이하 '상증세법'이라고 한다) 제41조 제1항(이하 '개정 법률 조항'이라고 한다)은 종전에 특정법인의 주주 등이 '이익을 얻은 경우'라고만 하던 것을 '대통령령으로 정하는 이익을 얻은 경우'로 그 문언이 일부 변경되었으나, 이 사건 시행령 조항은 2014. 2. 21. 대통령령 제25195호로 개정되기 전까지 그대로 존치되어 왔다. … 개정 법률 조항은 그 문언의 일부 개정에도 불구하고 개정 전 법률 조항과 마찬가지로 재산의 무상제공 등 특정법인과의 거래를 통하여 특정법인의 주주 등이 이익을 얻었음을 전제로 하여 그 이익, 즉 '주주 등이 보유한 특정법인 주식 등의 가액 증가분'의 정당한 계산방법에 관한 사항만을 대통령령에 위임한 규정이라고 볼 것이다. … 이 사건 시행령 조항은 특정법인에 재산의 무상제공 등이 있으면 그 자체로 주주 등이 이익을 얻은 것으로 간주함으로써, 주주 등이 실제로 얻은 이익의 유무나 다과와 무관하게 증여세 납세의무를 부담하도록 정하고 있으므로, 결국 이 사건 시행령 조항은 모법인 개정 법률 조항의 규정 취지에 반할 뿐만 아니라 그 위임범위를 벗어난 것으로서 2010. 1. 1. 상증세법 개정에도 불구하고 여전히 무효라고 봄이 타당하다."

149) 대법원 2008. 4. 10. 선고 2007두4841 판결 ; "법령상의 어떤 용어가 별도의 법률상의 의미를 가지지 않으면서 일반적으로 통용되는 의미를 가지고 있다면, 상위규범에 그 용어의 의미에 대한 별도의 정의규정을 두고 있지 않고 권한을 위임받은 하위규범에서 그 용어의 사용기준을 정하고 있다 하더라도 하위규범이 상위규범에서 위임한 한계를 벗어났다고 볼 수 없으며, 행정규칙에서 사용하는 개념이 달리 해석될 여지가 있다 하더라도 행정청이 수권의 범위 내에서 법령이 위임한 취지 및 형평과 비례의 원칙에 기초하여 합목적적으로 기준을 설정하여 그 개념을 해석적용하고 있다면 개념이 달리 해석될 여지가 있다는 것만으로 이를 사용한 행정규칙이 법령의 위임한계를 벗어났다고는 할 수 없다."

150) ○ 대법원 2019. 1. 17. 선고 2015두60662 판결 ; "구 부가가치세법(2013. 6. 7. 전부개정 전) 제12조 제1항 제11호는 금융·보험 용역으로서 대통령령으로 정하는 것에 해당하는 용역의 공급에 대하여 부가가치세를 면제한다고 정하고 있다. 그 위임에 따라 구 부가가치세법 시행령(2013. 2. 15. 개정 전) 제33조 제1항은 '은행법에 의한 은행업'(제1호)과 '그 밖의 금전대부업'(제18호)을 금융·보험 용역의 하나로 열거하고 있 … 다. 은행법은 예금을 받거나 유가증권 또는 그 밖의 채무증서를 발행하여 불특정 다수인으로부터 채무를 부담함으로써 조달한 자금을 대출하는 것을 업으로 하는 것을 은행업으로 정의하고 있다(제2조 제1항 제1호). 대부업 등의 등록 및 금융이용자 보호에 관한 법률은 금전의 대부(어음할인·양도담보, 그 밖에 이와 비슷한 방법을 통한 금전의 교부를 포함한다)를 업으로 하는 것 등으로 대부업을 정의하고 있다(제2조 제1호). 은행업이나 대부업(이하 '은행업 등'이라 한다)은 **관련 법령에 따른 인가나 등록 등의 절차를 마친 다음** 불특정 다수인을 상대로 자금을 융통하거나 중개하는 용역을 제공하는 것을 업으로 하여 그에 대한 수수료 성격의 대가를 지급받는 것을 본질로 하는 것으로서, 이러한 금융·보험 용역의 공급은 부가가치세 부과대상에 해당한다. 다만 … 부가가치세를 면제할 뿐이다. … 금융지주회사는 경영관리업무 등의 하나로 자신이 지배·경영하고 있는 특정 자회사 등에 단순히 개별적인 자금지원을 할 수 있을 뿐이다. 이것이 은행업자 등이 **인가**

필요하지 않다고 본 사례[151]로 나뉘어져 있는데, 원칙적으로 전자와 같이 봄이 타당하다. '가구당 전용면적'을 기준으로 '국민주택' 해당 여부를 판단하는, '건축법 시행령 [별표 1] 제1호 (다)목에 해당하는' '다가구주택'은 관련 법령에 따른 '다가구주택'의 요건을 적법하게 충족하여 공부상 '다가구주택'으로 등재된 건축물만 해당한다.[152)]

등을 받은 다음 불특정 다수인을 상대로 자금을 융통하거나 중개하여 수수료 성격의 대가를 받는 은행업 등에 해당하지 않음은 분명하다." ☞ 제1호가 '은행법에 의한 은행업'이라고 규정하고 있음에 비해, 제18호는 'ㅇㅇ법에 의한'이라는 문언 없이 단순히 '그 밖의 금전대부업'이라고만 규정하고 있으므로, 대부업의 경우에도 관련 법령에 따른 인가나 등록 등의 절차를 마친 대부업에 한하는지 의문이 있을 수 있으나, 위 판시는 '그 밖의 금전대부업'이 '**관련 법령에 따른 인가나 등록 등의 절차를 마친 대부업**'임을 밝히고 있다.

○ 대법원 2013. 5. 9. 선고 2011두5834 판결 ; "구 부가가치세법 시행령 … 제29조 … 제1호에서는 '의료법에 규정하는 의사 등이 제공하는 용역'을, 제2호에서는 '의료법에 규정하는 안마사 등이 제공하는 용역'을, 제5호에서는 '수의사법에 규정하는 수의사가 제공하는 용역'을 들고 있다. 이러한 법령규정의 문언 내용과 취지 및 체계 등에 비추어 보면, … 부가가치세가 면제되는 의료보건용역은 **의료법이나 수의사법에 규정하는 의사**나 **안마사** … 공급의 주체가 되어 **의료법이나 수의사법의 규정에 따라 제공**하는 의료보건용역을 의미한다고 봄이 타당하다. 따라서 의료법에 규정하는 안마사가 아닌 사람이 의료법에 규정하는 안마사를 고용하여 제공하는 안마용역은 … 해당하지 아니한다. … 의료법에 규정하는 안마사가 아닌 사람은 의료법에 규정하는 안마사와 공동으로도 안마시술소를 개설할 수 없다고 할 것이므로, 의료법에 규정하는 안마사가 아닌 사람과 의료법에 규정하는 안마사가 공동으로 안마시술소를 개설한 다음 의료법에 규정하는 안마사를 고용하여 제공하는 안마용역도 … 부가가치세 면제 대상에 해당하지 아니한다."

○ 대법원 2009. 8. 20. 선고 2007두15926 판결 ; "부가가치세가 면제되는 금융·보험용역의 하나로 '여신전문금융업법에 의한 여신전문금융업'을 규정하고 있는바, … 여신전문금융업법 제3조에 따라 **적법한 등록**을 하고 여신전문금융업 중의 하나인 시설대여업을 영위하던 종합금융회사가 금융감독위원회로부터 영업인가 취소처분과 함께 시설대여업 등록 취소처분을 받은 후에 그 각 취소처분 전에 체결된 기존의 시설대여계약에 따라 청산의 목적범위 내에서 계약의 이행이 완료될 때까지 시설대여 용역을 계속 공급하면서 그 대가를 수령하는 행위는 특별한 사정이 없는 한 당초 시설대여업 등록의 효력범위 내의 것으로서 … 부가가치세 면제대상인 여신전문금융업에 해당한다."

151) 대법원 2015. 10. 29. 선고 2015두44424 판결 ; "이 사건 조항에서 양도소득세 면제대상의 하나로 '초지법에 따른 초지'라고만 규정하고 있을 뿐, 나아가 그 면제대상을 '초지법 제5조에 따라 초지조성허가를 받은 초지'로 제한하고 있지 아니하다. … 이 사건 조항의 문언과 입법 목적 및 구 초지법 제5조에서 초지조성허가에 관한 규정을 둔 취지 등을 고려하여 보면, 이 사건 조항에서 정한 '초지법에 따른 초지'는 구 초지법 제5조에 따라 초지조성허가를 받은 초지로 제한되는 것이 아니라 구 초지법 제2조 제1호에 따른 초지를 의미하는 것으로 보는 것이 타당하다."

152) 대법원 2021. 1. 28. 선고 2020두42637 판결 ; "이 사건 면세조항(**조세특례제한법 제106조 제1항 제4호**)에 의하면 '대통령령으로 정하는 국민주택'의 공급에 대하여는 부가가치세가 면제된다. 그 위임에 따른 조세특례제한법 **시행령 제106조 제4항 제1호**는 위 '대통령령으로 정하는 국민주택'을 '제51조의2 제3항에 규정된 규모 이하의 주택'으로 정하고 있고, 같은 법 **시행령 제51조의2 제3항**은 위 규모를 '주택법에 따른 국민주택 규모'라고 정하면서 그 괄호 부분(이하 '이 사건 **괄호규정**'이라고 한다)에서 "기획재정부령이 정하는 다가구주택의 경우에는 가구당 전용면적을 기준으로 한 면적을 말한다"라고 정하고 있다. 그 위임에 따른 조세특례제한법 **시행규칙 제20조**는 위 '기획재정부령이 정하는 다가구주택'을 '**건축법 시행령 [별표 1] 제1호 (다)목**에 해당하는 것'으로 정하고 있다. 그리고 **주택법 제2조 제6호**는 '국민주택 규모'를 "주거의 용도로만 쓰이는 면적(이하 '주거전용면적'이라 한다)이 1호 또는 1세대당 85제곱미터 이하인 주택(수도권정비계획법 제2조 제1호에 따른 수도권을 제외한 도시지역이 아닌 읍 또는 면 지역은 1호 또는 1세대당 주거전용면적이 100제곱미터 이하인 주택을 말한다)"으로 정하고 있다. … 위와 같이 주택법령에서 인용하고 있는 구 건축법 시행령은 단독주택 중 '다중주택'과 '다가구주택'의 요건을 **분명하게 구분**하면서 특히 '다중주택'의 경우 각 실별로 취사시설을 설치할 수 없다고 규정하고 있는 점, '다중주택'과 '다가구주택'은 주차장법령에 따른 부설주차장의 설치기준에도 차이가 있는데, '다가구주택'의 경우 공동주택에 준하여 그 설치기준의 적용을 받기 때문에 '다중주택'에 비해 많은 주차대수의 부설주차장을 설치해야 하는 점 등을 종합하면, 이 사건 괄호규정의 '다가구주택'은 특별한 사정이 없는 한 관련 법령에 따른 '다가구주택'의 요건을 적법하게 충족하여 공부상 '다가구주택'으로 등재된 건축물만 해당한다고 봄이 타당하다. 이와 달리 '다중주택'으로 건축허가 및 사용승인을 받은 다음 용도변경의 허가 없이 각 실별로 취사시설을 설치함으로써 사실상 '다가구주택'의 용도로 개조한 경우에는 이 사건 괄호규정의 '다가구주택'에

“ㅁㅁ법에 따른(의한)”의 문구는 없이 “○○”이라고만 규정하고 있는 경우, 그 관련 법령에 따른 인가·허가·등록이나 자격 등의 구비가 개념 속에 포함되는지도 문제되는데,[153] 당해 법령에서 “ㅁㅁ법에 따른(의한)”의 문구를 둔 경우와 두지 않은 경우가 병존한다면(예컨대, 재화·용역의 공급에 대한 부가가치세 면세 규정) 양자를 구분하여 규정한 입법자의 의사를 존중함이 원칙적이다.

한편으로는 후술하는 바와 같이, 사법상 법률용어의 경우 세법에서 명시적으로 수정·보완하여 규정하지 않는 한 그 개념을 세법에서도 그대로 동일하게 사용한 것(차용개념)으로 보고 해석함이 원칙적이다.

[5] 두 개의 용어에 관하여 정의 규정에서 명확하게 구별하고 있거나, 개별 조항에서 명시적으로 구별·구분하여 규율하고 있는 경우, 원칙적으로 양자를 문언에 따라 엄격하게 구별하여 해석하여야 하고 쉽사리 어느 한 쪽으로 확장해석이나 유추해석해서는 안 되는데,[154][155] 불명확한 입법의 오류를

해당한다고 볼 수 없으므로, 이 사건 면세조항의 적용과 관련하여 가구당 전용면적이 아닌 주택의 전체 주거전용면적을 기준으로 주택법에 따른 국민주택 규모 이하인지 여부를 판단하여야 한다.”

153) ○ 대법원 2017. 5. 11. 선고 2015두37549 판결 ; “기본인쇄교재는 도서의 일반적인 형태와 내용을 갖추고 있으므로 **도서관법에 따른 국제표준자료번호를 부여받았는지 여부와 관계없이** 부가가치세 면세대상에 해당한다.” ☞ 부가가치세법 제26조 제1항 제8호는 ‘도서’라고만 규정하고 있다.
○ 대법원 2000. 2. 11. 선고 98두2119 판결 ; “구 부가가치세법(1998. 12. 28. 개정 전) 제12조 제1항 제13호에 의하여 부가가치세 면세대상이 되는 인적용역의 하나로 구 부가가치세법시행령(1998. 12. 31. 개정 전) 제35조 제2호 (다)목에서 규정한 ‘기술사업 … 또는 이와 유사한 업을 영위하는 자’라 함은 **관계 법령에 의하여 기술사의 자격이 인정된 자** 또는 **그와 동급 이상의 자격이 인정된 자**를 말한다고 할 것이다.” ☞ 구 부가가치세법 제12조 제1항 제13호는 ’변호사·공인회계사·세무사·관세사 기타 대통령령이 정하는 자가 직업상 제공하는 인적용역‘이라고 규정하였다.
○ 대법원 2019. 1. 17. 선고 2015두60662 판결 ; “구 부가가치세법 시행령 … ‘그 밖의 금전대부업’(제18호)을 금융·보험용역의 하나로 열거하고 … 은행업이나 대부업은 **관련 법령에 따른 인가나 등록 등의 절차를 마친 다음** 불특정 다수인을 상대로 자금을 융통하거나 중개하는 용역을 제공하는 것을 업으로 하여 그에 대한 수수료 성격의 대가를 지급받는 것을 본질로 하는 것으로서 … 부가가치세를 면제할 뿐이다.”

154) 대법원 2018. 11. 15. 선고 2015다247257 판결(민사판결).

155) ○ 대법원 2019. 12. 27. 선고 2018두37472 판결 ; “규정의 문언 내용과 체계, 구 법인세법 제24조 제1항 제1호와 제2호에서 ‘법 제24조 제2항에 따른 기부금’과 ‘법 제24조 제2항에 따라 손금에 산입되는 기부금’을 **구분**하고 있는 점 및 조세법률주의의 원칙상 … 법문대로 해석하여야 하는 점 등을 종합하면, 고유목적사업준비금 손금산입 한도액의 전제가 되는 ‘수익사업에서 발생한 소득’의 계산에 관한 구 법인세법 시행령 제56조 제3항 괄호 밖의 부분에서 말하는 ‘법 제24조 제2항에 따른 기부금’은 구 법인세법 제24조 제2항에 따라 손금에 산입되는 기부금인 ‘법정기부금의 손금산입 한도액’이 아니라 ‘비영리내국법인이 법정기부금으로 지출한 금액’을 의미하는 것으로 보아야 한다.”
○ 대법원 2016. 8. 29. 선고 2016두33902 판결 ; “개정 조세특례제한법 시행령 제2조 제2항 단서 및 제2호는 ‘**중소기업**’과 ‘**유예기간 중에 있는 기업**’을 **구분하여 사용**하고 있는데, 위 단서는 위 제2호 사유 외에는 ‘중소기업’이 각 호의 어느 하나의 사유로 ‘중소기업’에 해당하지 아니하게 된 경우를 ‘유예기간을 적용하지 아니하는 사유’로 명시하고 있으므로, 이러한 문언에 비추어 위 제2호 사유를 제외하고 ‘유예기간을 적용하지 아니하는 사유’에 대하여 정한 위 단서 규정을 가지고 이미 진행 중이던 유예기간의 실효규정으로까지 해석하기는 어렵다. … 이러한 사정들에 비추어 앞에서 본 조세특례제한법령의 관련 규정들을 살펴보면, 개정 조세특례제한법 시행령 제2조 제2항 단서에 따라 그 유예기간을 적용하지 아니하는 ‘중소기업’에는 이미 ‘유예기간 중에 있는 기업’이 포함되지 않는다고 해석함이 타당하다.”
○ 대법원 2016. 5. 27. 선고 2014두44274 판결 ; “구 증권거래세법 제3조 **제2호**에서 증권회사가 증권거래세의 납세의무자인 경우를 ‘제1호 외에 증권회사를 통하여 주권 등을 양도하는 경우’라고 규정함으로써 주권의 거래장소나 방법을 기준으로 하고 있는 점, 구 증권거래세법 제1조 및 제2조 제1항 제2호 등에서 상장주식에 관하여는 ‘유가증권시장 등에 상장된 주권’이라고 **달리 규정**하고 있는 점 등 관련 규정의 체계에 비추어 보면, 구 증권거래세법 제3조 **제1호**

규정의 입법 취지와 개정연혁, 체계 등에 비추어 합목적적 해석으로 교정한 예도 있지만,156) 입법자가

가목에서 정한 '유가증권시장 등에서 양도되는 주권'은 상장주식 자체를 가리키는 것이 아니라 실제로 유가증권시장 등에서 양도되는 경우의 해당 주권을 의미하는 것으로 해석된다."

○ 대법원 2016. 1. 14. 선고 2013두10267 판결 ; "구 법인세법 … 제93조는 외국법인의 국내원천소득의 하나로 제1호에서 '다음 각 목에 규정하는 소득으로서 소득세법 제16조 제1항에 규정하는 이자소득 및 기타 대금의 이자와 신탁의 이익. 다만 거주자 또는 내국법인의 국외사업장을 위하여 그 국외사업장이 직접 차용한 차입금의 이자는 제외한다'고 규정 … 고 있다. ① 구 법인세법 제93조 제1호는 비거주자나 외국법인이 내국법인 등으로부터 지급받는 이자소득을 원칙적으로 국내원천소득으로 정하면서 거주자 또는 내국법인의 국외사업장이 직접 차용한 차입금의 이자만을 예외적으로 국내원천소득에서 제외하도록 명시하고 있는 점, … ④ 구 법인세법 제93조 제1호 등이 법인과 그 사업장을 각각 구별하여 규율하고 있으므로 … 등을 종합하여 보면, 내국법인인 보증인이 외국법인인 주채무자를 위해 비거주자나 외국법인인 채권자에게 지급하는 이자소득의 경우에는 … 국내원천소득에 해당하여 내국법인인 보증인은 … 법인세를 원천징수할 의무가 있고, 주채무자가 보증인의 해외 자회사라고 하여 이와 달리 볼 것은 아니다."

○ 대법원 2015. 12. 23. 선고 2013두22475 판결 ; "규정의 문언 내용과 체계 및 개정 연혁, 구 조특법은 임시투자세액의 공제요건과 그 배제요건을 구분하여, 제130조 제1항에서 제26조 제1항의 임시투자세액 공제요건을 갖춘 사업에 대한 투자 중에서 수도권 안의 투자에 대하여 임시투자세액의 공제를 배제하고 있는 점, 이러한 배제요건에 관한 개정 조특법 제130조 제1항의 적용관계를 규정한 이 사건 부칙조항은 그 배제범위가 종전보다 확대됨에 따라 기존의 임시투자세액 공제사업에 대하여 구 조특법의 배제요건을 그대로 적용하기 위하여 마련된 규정으로 보일 뿐, 개정 조특법 시행 후에 새로이 임시투자세액 공제사업으로 추가된 사업에 대하여도 구 조특법의 배제요건을 적용하기 위한 것으로는 보이지 않는 점 등에 비추어 보면, 이 사건 부칙조항에서 그 적용대상 사업장을 명시적으로 한정하고 있지는 않지만, 위 부칙조항의 적용대상인 '사업장'이란 '개정 조특법 제130조 제1항의 사업장 중에서 구 조특법 시행 당시 이미 임시투자세액 공제사업으로 지정되어 공제요건을 갖춘 사업장'만을 의미한다고 해석함이 타당하다."

○ 대법원 2015. 10. 15. 선고 2014두37924 판결 ; "(구 상속세 및 증여세)법은 제37조 제1항과 제41조의4 제1항 제1호에서 부동산과 금전의 무상사용·대여에 따른 이익의 증여에 관하여, 제42조 제1항 제1호에서 부동산과 금전을 제외한 나머지 재산의 무상사용에 따른 이익의 증여에 관하여 각 규정하고, 같은 항 제2호에서 용역의 무상제공에 따른 이익의 증여에 관하여 별도로 규정함으로써, 재산의 무상사용에 따른 이익의 증여를 용역의 무상제공에 따른 이익의 증여와 구분하여 규정하고 있는 점 등에 비추어 살펴보면, 법 제41조의4 제1항 제1호에서 규정한 금전의 무상대여에 따른 적정 이자율에 의한 이자 상당액의 이익은 법 제42조 제1항 제2호에서 규정한 '무상으로 용역을 제공받음으로써 얻은 이익'에는 해당하지 아니한다."

○ 대법원 2012. 10. 25. 선고 2010두3527 판결 ; "구 부가가치세법(2008. 12. 26. 개정 전) 제12조 제1항 제17호는 부가가치세 면제 대상의 하나로 '국가·지방자치단체·지방자치단체조합(이하 '국가 등'이라고 한다)이 공급하는 재화 또는 용역으로서 대통령령이 정하는 것'을 규정하고 있다. … 문언 내용과 취지, 그리고 구 조세특례제한법(2007. 12. 31. 개정 전) 제106조 제1항 제6호가 정부업무를 대행하는 단체(이하 '정부업무대행단체'라고 한다)가 공급하는 재화 또는 용역에 대한 부가가치세 면제제도를 별도로 마련하고 있는 점 등을 종합하여 보면, … '국가 등이 공급하는 재화 또는 용역'이란 국가 등이 공급주체가 되어 국가 등의 명의와 계산으로 공급하는 재화 또는 용역을 의미하고, 국가 등으로부터 시설의 관리 등을 위탁받은 단체(국립공원관리공단)가 그 명의와 계산으로 재화 또는 용역을 공급하는 경우는 여기에 해당하지 아니한다고 할 것이다."

156) 대법원 2013. 2. 28. 선고 2012두23426 판결 ; "구 지방세법(2005. 12. 31. 법률 제7843호로 개정되기 전의 것) 제276조 제1항은 "산업입지및개발에관한법률에 의하여 지정된 산업단지 … 산업기술단지 안에서 산업용 건축물·연구시설 및 시험생산용 건축물로서 대통령령이 정하는 건축물(이하 '산업용 건축물 등'이라 한다)을 신축하거나 증축하고자 하는 자(공장용 부동산을 중소기업자에게 임대하고자 하는 자를 포함한다)가 취득하는 부동산에 대하여는 취득세와 등록세를 면제한다. 다만 그 취득일부터 3년 내에 정당한 사유 없이 산업용 건축물 등의 용도에 직접 사용하지 아니하는 경우 또는 그 사용일부터 2년 이상 산업용 건축물 등의 용도로 직접 사용하지 아니하고 매각하거나 다른 용도로 사용하는 경우 그 해당 부분에 대하여는 면제된 취득세·등록세를 추징한다."라고 규정하고 있다. 구 지방세법 제276조 제1항은 그 본문의 괄호규정에서 '공장용 부동산을 중소기업자에게 임대하고자 하는 경우'(이하 '이 사건 괄호규정'이라 한다)를 예외적으로 그 본문에 의한 취득세와 등록세 면제 대상에 포함하고 있는바, 위 규정의 입법 취지와 개정 연혁, 그 본문과 단서의 관계 등에 비추어 볼 때, 이 사건 괄호규정의 '공장용 부동산'은 그 본문규정의 '산업용 건축물 등'과 달리 보기 어렵다. 따라서 산업용 건축물 등이 건축되지 않은 공장용지는 이 사건 괄호규정의 '공장용 부동산'에

의도적으로 명확히 구별하여 규정한 두 용어를 별다른 합리적 이유 없이 동일하게 취급해 버린 예도 보인다.157)

'○○'이라는 용어의 개념에 관하여 동일 법령의 다른 규정에서는 '○○(□□을 포함한다)'라고 명시하고 있는 경우, 단순히 '○○'이라고만 규정하고 있다면 그 개념에는 □□을 포함하지 않는 것으로 해석하여야 한다.158)

포함되지 않으므로 위와 같은 공장용지를 이 사건 괄호규정이 정하는 중소기업자에게 임대하여 그 중소기업자가 산업용 건축물을 신축하였다 하더라도 구 지방세법 제276조 제1항 본문에 의한 취득세와 등록세의 면제 대상에 해당하지 않는다고 해석함이 타당하다." ☞ 2014. 1. 1. 지방세특례제한법 개정 시 '괄호규정'을 "「공장용 건축물(「건축법」 제2조 제1항 제2호에 따른 건축물을 말한다)을 건축하여 중소기업자에게 임대하려는 자를 포함한다」"로 개정하여(제78조 제4항 제2호 가목), 괄호 밖의 '산업용 건축물등'과 '공장용 건축물'이 구별되는 개념임을 명확히 하였다.

157) 대법원 2020. 1. 16. 선고 2019두53075 판결 ; "구 도시 및 주거환경정비법(2017. 2. 8. 법률 제14567호로 전부개정되기 전의 것) 제65조 제4항은 '제2항 후단의 규정에 의한 정비기반시설은 그 정비사업이 준공인가되어 관리청에 준공인가통지를 한 때에 사업시행자에게 귀속 또는 양도된 것으로 본다'는 취지로 규정하여, 정비사업의 시행으로 인하여 용도가 폐지되는 정비기반시설의 소유권변동시기가 '정비사업이 준공인가되어 관리청에 준공인가통지를 한 때'임을 명확히 하고 있다." ☞ '귀속'은 민법 제267조(공유자의 지분포기 등의 경우의 귀속), 제1043조(포기한 상속재산의 귀속), 제1058조(상속재산의 국가 귀속) 등의 규정과 같이 부동산의 경우 등기를 요하지 않는 법률의 규정에 의한 물권변동(민법 제187조)의 경우에 쓰이고, '양도'는 민법 제188조(동산물권양도의 효력) 제1항('동산에 관한 물권의 양도는 그 동산을 인도하여야 효력이 생긴다.') 제196조(점유권의 양도) 제1항('점유권의 양도는 점유물의 인도로 그 효력이 생긴다.') 제449조(채권의 양도성), 제450조(지명채권양도의 대항요건) 등의 규정처럼 법률행위에 의한 물권변동의 경우에 쓰이며, 위 법 제65조는 제1항에서 사업시행자가 시장·군수 또는 주택공사 등인 경우에는 종래의 정비기반시설은 사업시행자에게, 새로이 설치된 정비기반시설은 국가 또는 지방자치단체에 각각 무상으로 '귀속'되는 것으로, 제2항에서 그 외 사업시행자의 경우에는 새로이 설치한 정비기반시설은 국가 또는 지방자치단체에 무상으로 '귀속'되고 종래의 정비기반시설은 일정 범위 안에서 사업시행자에게 무상으로 '양도'되는 것으로 각 규정한 다음, 제4항에서 당해 정비기반시설은 그 정비사업이 준공인가되어 관리청에 준공인가통지를 한 때에 국가 또는 지방자치단체에 '귀속'되거나 사업시행자에게 '귀속' 또는 '양도'된 것으로 본다고 규정하여, 굳이 '귀속'과 '양도'의 용어를 명백하게 구별하여 사용하고 있으므로, '귀속'의 경우에는 소유권변동시기가 위 '준공인가통지 시'로 볼 것이지만, 시장·군수 등 외의 사업시행자에 대한 종래의 정비기반시설의 소유권변동시기는 위 '준공인가통지 시'가 아니라 그 후 그에 따른 '양도'를 원인으로 한 '소유권이전등기 시'라고 해석함이 옳다.

158) 대법원 2021. 1. 14. 선고 2020두40914 판결 ; "이 사건 면세조항(**조세특례제한법 제106조 제1항 제4호**)에 따르면 '대통령령으로 정하는 국민주택'의 공급에 대해서는 부가가치세가 면제된다. 그 위임에 따른 조세특례제한법 **시행령 제106조 제4항 제1호**는 위 '대통령령으로 정하는 국민주택'을 '제51조의2 제3항에 규정된 규모 이하의 주택'으로 정하고 있고, 같은 법 **시행령 제51조의2 제3항**은 위 규모를 '주택법에 따른 국민주택 규모'라고 정하고 있다. … 구 주택법 제2조는 제1호에서 '주택'을 '세대의 구성원이 장기간 독립된 주거생활을 할 수 있는 구조로 된 건축물의 전부 또는 일부 및 그 부속토지'로 정의하면서 이를 '단독주택'과 '공동주택'으로 구분하고, 이와 별도로 제1의2호에서 '준주택'을 '주택 외의 건축물과 그 부속토지로서 주거시설로 이용가능한 시설 등'으로 정의하면서 그 범위와 종류는 대통령령에 위임하고 있다. 그 위임에 따른 구 주택법 시행령(2016. 8. 11. 대통령령 제27444호로 전부 개정되기 전의 것) 제2조의2 제4호는 '**준주택**'의 하나로 '건축법 시행령 [별표 1] 제14호 (나)목에 따른 **오피스텔**'을 들고 있다. 그리고 용도별 건축물의 종류를 정하고 있는 건축법 시행령 [별표 1] 제14호 (나)목은 '**오피스텔**'을 '단독주택' 또는 '공동주택'과 구분되는 '**업무시설**'의 하나로 정하면서 '업무를 주로 하며, 분양하거나 임대하는 구획 중 일부 구획에서 숙식을 할 수 있도록 한 건축물로서 국토교통부장관이 고시하는 기준에 적합한 것'으로 정의하고 있다. … 조세특례제한법 시행령 제106조 제4항 제1호는 위와 같이 '주택'이라고만 규정하고 있다. 한편 같은 법령인 조세특례제한법 시행령에는 '주택'에 '주택법 시행령 규정에 따른 오피스텔' 또는 '주거에 사용하는 오피스텔'이 포함된다고 명시하고 있는 다른 규정이 있다. 즉, ① 조세특례제한법 제95조의2 제1항의 위임에 따라 근로자의 종합소득세액에서 공제되는 월세액의 범위를 정한 조세특례제한법 시행령 제95조 제2항, ② 같은 법 제96조 제1항의 위임에 따라 소형주택 임대사업자에 대한 세액감면이 적용되는 임대주택의 범위를 정한 같은 법 시행령 제96조 제2항 제2호, ③ 같은 법 제97조의6 제1항의

세법이 규정하는 '납부기한'에는 '법정납부기한'과 '지정납부기한'이 있는데, 둘을 명확히 구분하여 용어를 사용하고 있는 '국세징수권 소멸시효 기산일' 규정과 달리, 구분하지 않은 채 '납부기한'이라는 용어만을 사용한 규정의 경우, 그 납부기한의 의미는 해당 제도의 목적, 납부기한을 기준으로 삼은 취지 등에 비추어 개별적으로 해석한다.[159] 2020. 12. 29. 전부개정 국세징수법 제2조의 정의 규정에 '납부기한'을 '법정납부기한'과 '지정납부기한'으로 구분하여 각 용어의 뜻을 규정하였다.[160]

조세법령이 특정 용어의 개념 중 일부 요건을 동일 용어에 대한 다른 법령의 일부 규정에 따르도록 정하면서 다른 요건과 범위에 관하여는 달리 규정하고 있는 경우, 그 개념에의 해당 여부는 원칙적으

위임에 따라 임대주택 부동산투자회사의 현물출자자에 대한 과세특례가 적용되는 '임대주택용으로 사용되는 부분'의 범위를 정한 같은 법 시행령 제97조의6 제2항 제1호, ④ 같은 법 제99조의2 제1항의 위임에 따라 취득자에 대한 양도소득세 과세특례가 적용되는 신축주택 등의 범위를 정한 같은 법 시행령 제99조의2 제1항 제9호 등은 주택에 일정한 주거용 오피스텔을 포함하고 있다. 위 법령의 문언·내용과 체계, 이 사건 면세조항이 국민주택 규모 이하의 주택 공급에 대하여 부가가치세를 면제하는 취지, 주택과 오피스텔에 대한 각종 법적 규율의 차이, **특히** 조세특례제한 법령의 다른 규정에서 이 사건 면세조항과 달리 '오피스텔'또는 '주거에 사용하는 오피스텔'이 '주택'에 포함된다고 **명시**하고 있는 점과의 균형 등을 종합하면, 특별한 사정이 없는 한 공급 당시 **공부상 용도가 업무시설인 오피스텔**은 그 규모가 주택법에 따른 국민주택 규모 이하인지 여부와 관계없이 이 사건 **면세조항의 '국민주택'**에 해당한다고 **볼 수 없다**."

159) 대법원 2012. 3. 22. 선고 2010두27523 전원합의체 판결 ; "세법이 규정하는 **납부기한**에는 조세를 자진하여 납부하도록 개별 세법이 신고납세방식의 조세 등에 관하여 미리 정해 둔 법정납부기한과 과세관청이 납세고지를 하면서 고지일부터 30일 내로 지정하는 지정납부기한이 있다. … 국세징수권 소멸시효의 기산일에 관한 규정이 문언상 법정신고납부기한과 납세고지에 의한 납부기한으로 명확히 구분하여 용어를 사용하고 있는 데 반하여, 다른 규정은 그 문언에 명확히 법정납부기한과 지정납부기한을 구분하지 않은 채 일률적으로 납부기한이라는 용어만을 사용하고 있을 뿐이어서 납부기한의 의미를 해당 제도의 목적, 납부기한을 기준으로 삼은 취지 등에 비추어 개별적으로 해석하도록 하고 있다. 같은 맥락에서 채무자회생법 제179조 제9호가 규정하는 납부기한도 그 문언 자체만으로는 법정납부기한과 지정납부기한 중 어느 것을 뜻하는지가 분명하지 않으므로, 조세채권이 갖는 공공성과 회생절차의 목적, 이들 조세를 공익채권으로 규정한 취지, 납부기한을 기준으로 구분하도록 한 이유, 회생절차에 관여된 다수 이해관계인의 이익 등을 두루 고려하여 그 의미를 이해하여야 한다. … 채무자회생법 제179조 제9호가 규정하는 납부기한은 원칙적으로 과세관청의 의사에 따라 결정되는 지정납부기한이 아니라 개별 세법이 객관적이고 명확하게 규정하고 있는 법정납부기한을 의미하는 것으로 보아야 한다."

160) **국세징수법 제2조(정의)** ① 이 법에서 사용하는 용어의 뜻은 다음과 같다.

1. "납부기한"이란 납세의무가 확정된 국세(가산세를 포함한다. 이하 같다)를 납부하여야 할 기한으로서 다음 각 목의 구분에 따른 기한을 말한다.
   가. 법정납부기한: 국세의 종목과 세율을 정하고 있는 법률, 「국세기본법」, 「조세특례제한법」 및 「국제조세조정에 관한 법률」에서 정한 기한
   나. 지정납부기한: 관할 세무서장이 납부고지를 하면서 지정한 기한
2. "체납"이란 국세를 지정납부기한까지 납부하지 아니하는 것을 말한다. 다만, 지정납부기한 후에 납세의무가 성립·확정되는 「국세기본법」 제47조의4에 따른 납부지연가산세 및 같은 법 제47조의5에 따른 원천징수 등 납부지연가산세의 경우 납세의무가 확정된 후 즉시 납부하지 아니하는 것을 말한다.

② 제1항제1호를 적용하는 경우 다음 각 호의 기한은 지정납부기한으로 본다. 다만, 「소득세법」 제65조제4항, 「부가가치세법」 제48조제4항 후단 및 같은 법 제66조제3항, 「종합부동산세법」 제16조제3항 후단에 따라 세액의 결정이 없었던 것으로 보는 경우는 제외한다.

1. 관할 세무서장이 「소득세법」 제65조제1항 전단에 따라 중간예납세액을 징수하여야 하는 기한
2. 관할 세무서장이 「부가가치세법」 제48조제3항 본문 및 같은 법 제66조제1항 본문에 따라 부가가치세액을 징수하여야 하는 기한
3. 관할 세무서장이 「종합부동산세법」 제16조제1항에 따라 종합부동산세액을 징수하여야 하는 기한

로 조세법령에 따라 판단하여야 하고, 다른 법령에 의하여 판단할 수는 없다.[161)]

'ㅁㅁ법 제○조에 따라 계산한 금액'은 계산방법의 인용으로서, 해당 금액을 직접 인용하는 'ㅁㅁ법 제○조에 따른 금액'과는 구별하여 달리 해석하여야 한다.[162)] 같은 취지에서 '~ 규정을 준용하여 …

---

161) 대법원 2015. 4. 23. 선고 2013두10458 판결 ; "구 중소기업기본법(2011. 7. 25. 법률 제10952호로 개정되기 전의 것) 제2조, 구 중기법 시행령 제3조 등이 중소기업을 육성하기 위한 시책의 대상이 되는 중소기업의 업종별 기준을 규정하고 있을 뿐 업종 자체에는 제한을 두지 아니한 반면, 구 조특법과 그 시행령은 중소기업기본법령의 일부 규정에 의하여 중소기업의 요건을 정하면서도 조세정책적 고려에서 조세특례의 적용대상을 특정한 업종의 중소기업으로 제한하는 등 중소기업의 요건과 범위에 관하여 중소기업기본법령과 달리 규정하고 있는 점(구 조특법 제5조, 구 조특법 시행령 제2조 제1항 본문), 또한 구 조특법과 그 시행령은 중소기업의 규모 확대나 법령의 변경으로 인하여 중소기업에 해당하지 아니하게 되는 경우 일정기간 중소기업으로 유예하는 규정을 별도로 두고 있고(구 조특법 시행령 제2조 제2항, 제5항), 그 유예사유, 유예기간과 기산일 등도 중소기업기본법령의 그것과 다르게 규정하고 있는 점 등에 비추어 보면, 구 조특법에 규정된 중소기업 조세특례의 적용대상인 중소기업의 해당 여부나 그 유예 여부는 구 조특법과 그 시행령에 따라 판단하여야 하고, 중소기업기본법령에 의하여 판단할 수는 없다. 따라서 원고가 구 중기법 시행령 부칙 제2항에 의하여 구 조특법에 규정된 중소기업 조세특례의 적용대상인 중소기업으로 유예될 수는 없다고 할 것이다."

162) **서울고등법원 2018. 6. 12. 선고 2018누33038 판결(대법원 2018. 10. 25.자 2018두50000 심리불속행 판결)** ; **법인지방소득세의 과세표준**에 관하여 규정한 **지방세법 제103조의19**에서 말하는 '법인세법 제13조에 따라 계산한 금액'이란, 법인세법에 따른 신고·경정 과세표준과 동일한 금액을 의미하는 것(피고 과세청 주장)이 아니라, 법인세법 제13조를 준용하여 계산한 금액을 의미하는 것으로서 지방세법에 외국납부세액의 세액공제에 관한 규정이 없는 이상 외국납부세액은 법인지방소득세의 과세표준에서 제외되어야 한다고 한 사례) ; "가) 외국법인세액을 법인세액에서 공제할 수 있도록 하는 법인세법 제57조 제4항, 제1항은 동일한 소득에 대한 국가 간의 중복과세를 방지하여 내국법인의 조세부담을 감경하려는 데에 그 취지가 있다. 법인세법 제15조 제2항 제2호는 이러한 취지를 구현하기 위한 규정으로서, 법인세법 제57조 제4항, 제1항 제1호에 따라 세액공제되는 외국법인세액은 외국에 세액을 납부하기에 앞서 일단 국내 법인의 소득을 구성하였다고 의제하여 익금산입한 후 외국세액 납부에 따른 세액공제의 수순을 밟도록 한 것이다. 즉, 법인세법 제57조 제4항에 따른 외국법인세액을 익금으로 보는 데에는 이에 대한 세액공제가 뒤따른다는 점이 당연히 전제되어 있는 것으로서, 외국법인세액이 세액에서 공제되지 않는 경우에는 이를 익금에 포함시킬 수 없으며, 법인세법 제15조 제2항 제2호가 '외국법인세액(세액공제된 경우만 해당한다)'이라고 명시하고 있는 것도 이러한 이유 때문이다. 만일 법인지방소득세에서 외국법인세액이 세액공제되지 않음에도 불구하고 이를 익금에 포함시킨다면 손금 산입을 선택한 경우에 비해 과세표준이 외국법인세액의 두 배에 해당하는 금액만큼 증가하게 되고, 이로써 오히려 법인세법 제57조의 규정 취지에 반하여 내국법인의 조세부담을 가중시키는 결과를 초래할 뿐만 아니라, 세액공제를 전제로 의제되는 익금에 대하여 과세가 이루어지는 것이어서 응능부담의 원칙에도 반하게 된다. 나) … 에 의하면, 지방세법 제103조의19의 신설 이유가 법인지방소득세의 과세표준을 법인세의 과세표준과 동일하게 하는 데 있었음은 인정되나, 지방세법 제103조의19를 신설할 당시 입법자의 의도가 위 가)항에서 본 바와 같은 사정까지 고려하였음에도 불구하고 법인지방소득세의 과세표준을 언제나 법인세 과세표준과 동일하게 하려 한 것이라고 인정할만한 자료는 찾아볼 수 없다. 오히려 지방세법은 각 사업연도의 익금 총액에서 손금 총액을 공제한 금액인 소득을 과세표준으로 하되 개별적인 사유에 의한 세액공제나 감면 등은 지방세특례제한법 등에서 법인세와 별도의 규정을 마련하여 적용하고 있어 지방세와 법인세는 전체적인 구조와 목적에 차이가 있다. 또한 지방세법 제103조의19는 '법인지방소득세의 과세표준을 법인세법 제13조에 따라 계산한 금액으로 한다'고 규정하고 있는데, 법인세법 제13조에 따라 과세표준을 계산함에 있어 세액공제가 없는 경우에도 외국법인세액을 익금에 산입하는 것은 법인세법 제15조 제2항 제2호에도 반하는 결과로 되는 점 등을 고려할 때, 지방세법 제103조의19의 위 문언은, 피고들 주장과 같이 법인세 과세표준으로 '신고'된 금액이 곧 법인지방소득세의 과세표준과 같다는 뜻으로 풀이할 수는 없고, 그 과세표준 계산방법을 법인세법에 따르라는 뜻이라고 해석하는 것이 타당하다. 다) 더욱이 원고는 법인세 과세표준을 신고할 때에는 이 사건 외국법인세액을 법인세액에서 공제 받을지 손금에 산입할지 선택할 수 있었으나, 법인지방소득세 과세표준을 신고할 때에는 위와 같은 선택 권한이 없었을 뿐 아니라, 법인세 과세표준 신고 당시 법인지방소득세에서는 외국법인세액이 세액공제 없이도 익금에 포함된다는 것까지 가정하여 과세표준을 계산하였어야 한다고 볼 합리적인 이유도 없다. 라) 위와 같은 사정을 종합하여 볼 때, 지방세법상 세액공제가 되지 않는 이 사건 외국납부세액은 법인지방소득세의 과세표준에

계산한 금액'의 문언 역시 계산 방법 규정을 준용한 것으로 봄이 타당하다.[163] '전입을 법인의 설립으로 보아 세율을 적용한다.'는 의미는 세율의 적용에 관하여만 본점 등의 전입을 법인의 설립으로 보도록 한 것이다.[164]

포함될 수 없다고 보는 것이 타당하다." ☛ 2019.12.31. 개정 시 "법인세법 제13조에 따라 계산한 법인세의 과세표준 … 과 동일한 금액으로 한다."로 개정되었고, 2020.12.29. 개정 시 제2항 이하에 '외국법인세액 차감'에 관한 규정을 신설하였다.

163) 대법원 2015. 8. 27. 선고 2015두36621 판결 ; "구 법인세법(2008. 12. 26. 법률 제9267호로 개정되기 전의 것) 제18조의3 제1항은 내국법인의 각 사업연도 소득금액을 계산할 때 해당 법인이 출자한 다른 내국법인으로부터 받은 수입배당금액 중 일정액을 익금불산입하도록 규정하면서, 제4호에서 '해당 내국법인에게 배당을 지급한 다른 내국법인(해당 내국법인의 계열회사인 경우로 한정한다)이 계열회사에 출자한 경우에는 제18조의2 제1항 제4호의 규정을 준용하여 대통령령이 정하는 바에 따라 계산한 금액'에 상당하는 수입배당금액은 익금불산입 범위에서 제외하도록 규정하고 있다. 한편 구 법인세법 제18조의2 제1항 제4호 본문은 지주회사의 수입배당금액 중 "자회사가 독점규제 및 공정거래에 관한 법률에 따른 계열회사(이하 이 호 및 제18조의3에서 '계열회사'라 한다)에 출자한 경우 당해 자회사로부터 받은 수입배당금액에 당해 자회사가 계열회사에 출자한 금액을 감안하여 대통령령이 정하는 율을 곱하여 산출한 금액"에 상당하는 부분은 익금불산입 범위에서 제외하도록 하면서도, 단서에서 "다만, 다음 각 목의 어느 하나에 해당하는 경우를 제외한다"라고 규정하고 있고, 그 다목에서 '금융지주회사법 제2조 제1항 제2호의 규정에 따른 자회사가 대통령령이 정하는 기관투자자에 해당하는 경우'를 들고 있다. 구 법인세법 제18조의3 제1항 제4호는 일반 내국법인이 연쇄적인 출자를 통하여 계열회사를 확장하는 것을 억제하기 위하여 익금불산입되는 수입배당금액의 범위를 제한하는 규정인 반면, 구 법인세법 제18조의2 제1항 제4호 단서 다목은 금융지주회사의 설립을 통한 원활한 금융구조조정을 지원하기 위하여 금융지주회사에 대하여는 재출자한 자회사로부터 받은 수입배당금액이라고 하더라도 일정한 요건하에 다시 익금불산입 범위에 포함하도록 하는 예외를 규정한 것이다. 이와 같은 관련 규정들의 문언과 입법 취지 등을 고려하여 보면, 금융지주회사가 아닌 일반 내국법인에 대하여 수입배당금액 익금불산입 범위에서 제외하는 금액의 계산에 관하여 규정한 구 법인세법 제18조의3 제1항 제4호에서 준용하도록 한 제18조의2 제1항 제4호는 그 본문만을 의미하고 단서 다목은 이에 해당하지 아니한다고 봄이 타당하다." ☞ '제18조의2 제1항 제4호의 규정을 준용하여 대통령령이 정하는 바에 따라 계산한 금액'이라고 되어 있으므로, '제18조의2 제1항 제4호'의 규정 중 계산 방법 규정을 준용한 것이고, 그 본문이 계산 방법에 관한 규정이므로 준용대상은 본문만을 의미하는 것으로 봄이 타당하다.

164) ○ 대법원 2013. 5. 9. 선고 2012두28940 판결 ; "구 지방세법 제138조 제1항 본문은 '다음 각 호의 1에 해당하는 등기를 하는 때에는 그 세율을 제131조 및 제137조에 규정한 당해 세율의 100분의 300으로 한다.'고 규정하면서, 제2호에서 '대도시 외의 법인이 대도시 내에로의 본점 또는 주사무소의 전입(전입 후 5년 이내에 자본 또는 출자액을 증가하는 경우를 포함한다)에 따른 등기. 이 경우 전입은 법인의 설립으로 보아 세율을 적용한다.'고 규정하고 있다. 한편 구 지방세법 제127조 제1항 제3호는 '사립학교법에 의한 학교법인 또는 사회복지사업법에 의한 사회복지법인의 설립과 합병의 등기'를 등록세 비과세대상으로 규정하고 있다. 구 지방세법 제127조 제1항 제3호가 사립학교법에 의한 학교법인 등의 '설립과 합병의 등기'에 대하여만 등록세 비과세의 혜택을 부여하도록 규정한 것은 다른 등기에 관하여는 그러한 혜택을 부여할 필요가 없다는 정책적 판단을 반영한 것으로 보이는 점, 구 지방세법 제138조 제1항 제2호 후문은 등록세 중과세대상인 법인등기에 대하여 중과세제도의 취지에 부합하도록 그 세율의 적용에 관하여만 본점 또는 주사무소의 전입을 법인의 설립으로 보도록 하는 규정일 뿐 등록세 비과세대상을 정하는 규정이 아닌 점 등에 비추어 보면, 사립학교법에 의한 학교법인 등이 대도시 외에서 대도시 내로 주사무소를 전입함에 따른 등기는 구 지방세법 제138조 제1항 제2호에 의한 등록세 중과세대상에 해당한다고 할 것이다."
○ 대법원 2019. 1. 10. 선고 2017두31538 판결 ; "구 지방세법 제28조 제1항은 각호에서 각 등록면허세의 과세대상인 각 등록에 대한 일반적인 세율을 정하고 있는데, 제6호 (가)목은 영리법인의 설립 및 자본증가 등에 관하여, (라)목은 본점 등의 이전에 관하여 별도로 규정하고 있다. 대도시의 인구집중 억제 및 환경보존 등을 위하여 마련된 구 지방세법 제28조 제2항과 제3항은 구 지방세법 제28조 제1항 각호에서 들고 있는 각 등록면허세 과세대상 중 제6호 등에 규정한 등기에 대하여 중과세율을 적용하는 경우를 정하고 있을 뿐이다. 즉, 구 지방세법 제28조 제2항 제2호에서 '전입을 법인의 설립으로 보아 세율을 적용한다'는 의미는 등록면허세 중과세대상인 법인등기에 대하여 중과세제도의 취지에 부합하도록 그 세율의 적용에 관하여만 본점 등의 전입을 법인의 설립으로 보도록 하는 것이다. 따라서 구

[6] 적극적 개념 규정이 없더라도, 당해 조세법령에서 열거되어 규정된 소극적 배제 규정과 그 입법 취지를 통해 정의를 도출해 낼 수도 있다.[165] 병렬적으로 나열된 다른 항목의 공통된 속성으로부터 개념을 도출해 낼 수도 있다.[166]

[7] 각종 조세 관련 법령에서 사업의 구분, 사업의 범위, 업종의 분류에 관하여는 **'한국표준산업분류'**에 의하도록 규정하고 있는데,[167] 산업 활동의 유사성의 측면에서 별 차이가 없는 활동을 포함시키는,

---

지방세법 제28조 제2항 제2호의 규정에 따라 그 세율의 적용에 관하여는 본점 등의 전입을 법인의 설립으로 본다고 하더라도, '본점 이전에 관한 법인등기'가 '법인설립에 관한 법인등기'로 간주되거나 위 각 법인등기에 관한 등록면허세 과세대상이 동일한 것으로 간주되는 것이 아니다."

165) 대법원 2014. 3. 27. 선고 2011두11549 판결 ; "조특법 제6조는 제1항에서 창업중소기업에 대한 소득세 또는 법인세의 감면에 관하여 규정하면서 제4항에서 '합병·분할·현물출자 또는 사업의 양수를 통하여 종전의 사업을 승계하거나 종전의 사업에 사용되던 자산을 인수 또는 매입하여 동종의 사업을 영위하는 경우'(제1호 본문), '거주자가 영위하던 사업을 법인으로 전환하여 새로운 법인을 설립하는 경우'(제2호), '폐업 후 사업을 다시 개시하여 폐업 전의 사업과 동종의 사업을 영위하는 경우'(제3호), '사업을 확장하거나 다른 업종을 추가하는 경우 등 새로운 사업을 최초로 개시하는 것으로 보기 곤란한 경우'(제4호)를 창업의 범위에서 제외하고 있는데, 그 취지는 새로운 사업을 최초로 개시함으로써 **원시적인 사업창출**의 효과가 있는 경우에만 소득세 또는 법인세의 감면혜택을 주려는 데 있다고 봄이 상당하다. 이러한 관련 규정의 취지와 문언 내용 등에 비추어 보면, 종전의 사업에 사용되던 자산을 인수 또는 매입하여 동종의 사업을 영위한 경우에는 그것이 설령 종전 사업체의 유휴설비를 이용하거나 사실상 폐업한 업체의 자산을 이용하여 사업을 개시하는 경우에 해당하더라도 원시적인 사업창출의 효과가 없으므로, 조특법 제6조 제4항 제1호 본문이 창업의 범위에서 제외한 '종전의 사업에 사용되던 자산을 인수 또는 매입한 경우'에 해당한다고 봄이 타당하다. 그리고 여기에서 말하는 '자산을 인수한 경우'에는 자산을 임차하여 사용하는 경우도 포함된다." ☞ 관련 법령인 '중소기업창업 지원법' 제2조 제1호는 "'창업'이란 중소기업을 새로 설립하는 것을 말한다. 이 경우 창업의 범위는 대통령령으로 정한다."라고 하고 그 시행령 제2조 제1항 각호는 창업에 해당하지 않는 경우를 위 조특법 규정보다는 좁게 규정하고 있으나, 위 조특법상 창업 개념은 우선적으로 위 조특법 규정으로부터 추출됨이 당연하다.

166) ○ 대법원 2008. 6. 12. 선고 2007두23255 판결 ; "구 부가가치세법 시행령(2005. 3. 18. 대통령령 제18740호로 개정되기 전의 것) 제30조는 '정부의 허가나 인가를 받은 학교·학원·강습소·훈련원·교습소 기타 비영리단체 및 청소년기본법에 의한 청소년수련시설에서 학생 등에게 지식·기술 등을 가르치는 교육용역'을 면세대상 교육용역으로 정하고 있는바, 이와 같이 면세대상 교육용역의 요건으로 '정부의 허가나 인가'를 요구하고 있는 이유는 정부가 당해 학교나 학원 등의 교육기관을 지도·감독하겠다는 것인 점, 시행령 제30조가 '기타 비영리단체'를 **학원·강습소·훈련원·교습소**와 병렬적으로 나열하고 있는 점 등을 종합하면, 시행령 제30조에서 말하는 '기타 비영리단체'라 함은 정부의 허가나 인가를 받아 설립된 모든 비영리단체를 의미하는 것이 아니라, 초·중등교육법, 고등교육법, 영유아보육법, 유아교육법, 학원의 설립·운영 및 과외교습에 관한 법률, 체육시설의 설치·이용에 관한 법률, 평생교육법 등(교육시설관련법)과 같이 학교나 학원 등에 대한 구체적 시설 및 설비의 기준을 정한 교육시설관련법에 따른 허가나 인가를 받아 설립된 비영리단체를 의미한다고 할 것이다."

○ 대법원 2016. 5. 27. 선고 2014두44274 판결 ; "구 증권거래세법 제3조 **제2호**에서 증권회사가 증권거래세의 납세의무자인 경우를 '제1호 외에 증권회사를 통하여 주권 등을 양도하는 경우'라고 규정함으로써 주권의 **거래장소나 방법**을 기준으로 하고 있는 점, 구 증권거래세법 제1조 및 제2조 제1항 제2호 등에서 상장주식에 관하여는 '유가증권시장 등에 상장된 주권'이라고 달리 규정하고 있는 점 등 관련 규정의 체계에 비추어 보면, 구 증권거래세법 제3조 **제1호 가목**에서 정한 '유가증권시장 등에서 양도되는 주권'은 상장주식 자체를 가리키는 것이 아니라 **실제로 유가증권시장 등에서 양도**되는 경우의 해당 주권을 의미하는 것으로 해석된다."

167) **소득세법 제19조(사업소득)** ③ 제1항 각 호에 따른 사업의 범위에 관하여는 이 법에 특별한 규정이 있는 경우 외에는 「통계법」 제22조에 따라 통계청장이 고시하는 한국표준산업분류에 따르고 …

부가가치세법 시행령 제4조(사업의 구분) ① 재화나 용역을 공급하는 사업의 구분은 이 영에 특별한 규정이 있는 경우를 제외하고는 통계청장이 고시하는 해당 과세기간 개시일 현재의 한국표준산업분류에 따른다.

조세특례제한법 제2조(정의) ③ 이 법에서 사용되는 업종의 분류는 이 법에 특별한 규정이 있는 경우를 제외하고는 「통계법」 제22조에 따라 통계청장이 고시하는 한국표준산업분류에 따른다.

'한국표준산업분류의 작성 목적과 적용 원칙 등에 부합하는 해석'을 하여야지, 조세법률주의의 원칙에 따른 엄격해석의 원칙을 적용할 것은 아니다.[168] 한국표준산업분류가 변경되어 조세특례제한법에 따른 조세특례를 적용받지 못하게 되는 업종에 대해서는 한국표준산업분류가 변경된 과세연도와 그 다음 과세연도까지는 변경 전의 한국표준산업분류에 따른 업종에 따라 조세특례를 적용한다(조세특례제한법 제2조 ③ 단서).

차용·고유 개념

사법상 법률용어의 개념을 세법에서 명시적으로 수정·보완하여 규정(예컨대, 상속세 및 증여세법상 '상속'·'상속인'·'증여',[169] 소득세법상 '양도',[170] 지방세법상 취득세 과세대상인 '취득',[171] 재산세 납세의무자인 '재산을

168) 대법원 2013. 2. 28. 선고 2010두29192 판결 ; "한국표준산업분류는 생산단위가 주로 수행하는 산업활동을 그 **유사성**에 따라 체계적으로 유형화한 것으로서, 이를 적용할 때는 그 산출물(생산된 재화 또는 제공된 서비스)뿐만 아니라 투입물과 생산공정 등을 함께 고려하여 각 생산단위의 산업활동을 가장 정확하게 설명한 항목에 분류해야 하는 것이 원칙이다. … 일반행정 및 산업정책 관련 법령에서 그 법령의 적용대상 영역을 한정하는 기준으로도 널리 준용되고 있다. 또한 각종 조세 관련 법령에서도 개별 조항에 열거된 업종을 구체화함에 있어 그 업종의 분류를 한국표준산업분류에 의하도록 하는 규정이 다수 있고, 소득세법 제19조, 소득세법 시행령 제29조, 제34조도 그 중 하나이다. 이처럼 각종 조세 관련 법령에서 업종의 분류를 한국표준산업분류에 의하도록 한 것은 전체 업종의 세부적인 분류에 요구되는 전문적·기술적 지식과 식견의 필요성, 소요되는 시간과 인력의 양, 그리고 한국표준산업분류가 유엔이 제정한 국제표준산업분류를 기초로 한 것으로서 국내외에 걸쳐 가장 공신력 있는 업종분류결과로서 받아들여지고 있는 사정 등에 비추어, 개별 법령에서 직접 업종을 분류하는 것보다는 통계청장이 기존에 고시한 한국표준산업분류에 따르는 것이 더 합리적이고 효율적이라고 판단한 데 따른 것으로 이해된다. 따라서 매매계약상의 매수인 지위 양도가 소득세법 시행령 제34조에서 규정한 '부동산공급업'에 포함되어 소득세법 제19조 제1항 제12호에서 규정한 부동산매매업에 해당하는지는 위와 같은 한국표준산업분류의 작성 목적과 적용 원칙 등에 비추어 그것이 한국표준산업분류상의 '부동산공급업'으로 분류될 수 있는지에 달려있다고 할 것이다. … 한국표준산업분류가 부동산공급업에 포함되는 것으로 규정한 '구입한 부동산을 임대 또는 운영하지 않고 재판매하는 경우'의 전형적인 사례인 '부동산에 관한 매매계약을 체결하고 대금을 청산한 다음 그 부동산을 재판매하는 경우'는 물론, 그와 **산업활동의 유사성의 측면에서 별 차이가 없는** '부동산에 관한 매매계약을 체결한 다음 대금의 청산 전에 재판매하는 경우, 즉 매매계약상의 매수인 지위를 양도하는 경우'도 한국표준산업분류상의 부동산공급업에 포함된다고 보는 것이 **한국표준산업분류의 작성 목적과 적용 원칙 등에 부합하는 해석**이라 할 것이다." ☞ 원심의 엄격해석을 배척한 사례.

169) 상속세 및 증여세법 제2조 제1호, 제4호, 제6호.

170) 대법원 2011. 7. 21. 선고 2010두23644 전원합의체 판결의 **다수의견** ; "양도소득세는 자산의 양도로 인한 소득에 대하여 과세되는 것이므로, 외관상 자산이 매매·교환·현물출자 등(아래에서는 '매매 등'이라고 한다)에 의하여 양도된 것처럼 보이더라도, 그 매매 등의 계약이 처음부터 무효이거나 나중에 취소되는 등으로 효력이 없는 때에는, 양도인이 받은 매매대금 등은 원칙적으로 양수인에게 원상회복으로 반환되어야 할 것이어서 이를 양도인의 소득으로 보아 양도소득세의 과세대상으로 삼을 수 없음이 원칙이다. 그러나 구 소득세법 제88조 제1항 본문은 … 라고 **규정**하고 있을 뿐 자산이 유상으로 이전된 **원인**인 매매 등 계약이 **법률상 유효할 것까지를 요구하고 있지는 않다**. … 이전등기가 말소되지 아니한 채 남아 있고 매도인 또는 중간의 매도인이 수수한 매매대금도 매수인 또는 제3자에게 반환하지 아니한 채 그대로 보유하고 있는 때에는 예외적으로, 매도인 등에게 자산의 양도로 인한 소득이 있다고 보아 양도소득세 과세대상이 된다고 봄이 상당하다." ☞ 다수의견에 대한 **보충의견** ; "'양도'를 … 라고 정의하고 있는 구 소득세법 제88조 제1항 본문의 규정에서 알 수 있듯이, 구 소득세법상 양도소득세 과세대상인 자산의 '양도'는 **소득세법 고유의 개념**일 뿐 사법상의 그것과 반드시 일치하여야 하는 것은 아니다."
⇔ **반대의견(사법상 양도 개념)** ; "'양도'의 개념과 관련하여, 구 소득세법 제88조 제1항 본문에서는 '양도'를 '자산이 유상으로 사실상 이전되는 것'을 말한다고 규정하고 있으나, 위의 '사실상 이전되는 것'을 수식하는 표현으로 위 법조항 앞머리에 '자산에 대한 등기 또는 등록에 관계없이'라는 문언을 사용하고 있으므로, 여기서 '사실상 이전'이란

사실상 소유하고 있는 자'[172] 등)하지 않고 있는 한, 원칙적으로 사법상 법률용어의 개념을 세법에서도 그대로 동일하게 사용한 것(차용개념)으로 보고 해석함이 옳다.

판례도 "'주주'나 '소유'의 개념에 대하여 세법이 별도의 정의 규정을 두고 있지 않은 이상 특별한 사정이 없는 한 민사법과 동일하게 해석하는 것이 법적 안정성이나 조세법률주의가 요구하는 엄격해석의 원칙에 부합한다."[173]거나, "지방세법에서 법인의 설립에 관한 별도의 정의규정을 두고 있지

'법률상 이전'에 대응하는 것으로서 권리 이전의 원인행위가 유효하게 이루어졌으나 권리의 이전을 위한 법률상의 성립요건으로서 등기나 등록만을 갖추지 못하고 있을 때를 의미한다고 보는 것이 위 법조항의 전후 문맥에 비추어 타당하다. 그렇다면 구 소득세법상의 양도는 엄연히 권리이전의 원인행위가 유효하게 이루어진 것을 전제로 하는 것으로서 원인행위인 매매계약이 무효여서 매도인이 양도로 인한 소득을 보유할 적법한 권원이 없는 경우에는 자산의 양도가 있다거나 자산의 양도로 인한 소득이 있다고 볼 수 없다. 따라서 위와 같은 한도 내에서는 **사법상 양도 개념과 세법상 양도 개념은 별개로 구분될 수 없**는 것이고, 이와 달리 구 소득세법상 양도를 그 원인인 계약의 유·무효와 관계없이 사실상의 이전이라고만 해석하는 것은 사법상 양도 개념과 세법상 양도 개념의 **통일적 해석**에 장애가 되는 것이어서 받아들이기 어렵다."

171) 지방세법 제6조 제1호, 제7조 제2항 이하.
대법원 2018. 3. 22. 선고 2014두43110 전원합의체 판결 ; "구 지방세법(2010. 1. 1. 법률 제9924호로 개정되기 전의 것) 제105조는 제1항에서 취득세는 부동산 등의 '취득'에 대하여 그 취득자에게 부과한다고 규정하고, 제2항에서 부동산 등의 취득에 있어서는 민법 기타 관계 법령에 의한 등기·등록 등을 이행하지 아니한 경우라도 '사실상 취득'한 때에는 이를 취득한 것으로 본다고 규정하고 있다. 구 지방세법 제111조 제7항의 위임에 따른 구 지방세법 시행령(2010. 7. 6. 대통령령 제22251호로 개정되기 전의 것,) 제73조는 취득세 과세물건의 취득 시기에 관하여 제1항에서 유상승계취득의 경우에는 사실상의 잔금지급일(이에 해당하지 아니하는 경우에는 그 계약상의 잔금지급일)에 취득한 것으로 본다고 규정하고, 제3항 본문에서 제1항에 의한 취득일 전에 등기 또는 등록을 한 경우에는 그 등기일 또는 등록일에 취득한 것으로 본다고 규정하고 있다. 위와 같은 관련 규정의 문언 내용과 아울러 구 지방세법 제105조 제2항에서 규정한 '사실상 취득'이란 일반적으로 등기와 같은 소유권 취득의 형식적 요건을 갖추지는 못하였으나 대금의 지급과 같은 소유권 취득의 실질적 요건을 갖춘 경우를 말하는 점 등을 종합하여 보면, 매수인이 부동산에 관한 매매계약을 체결하고 소유권이전등기에 앞서 매매대금을 모두 지급한 경우 사실상의 잔금지급일에 구 지방세법 제105조 제2항에서 규정한 '사실상 취득'에 따른 취득세 납세의무가 성립하고, 그 후 그 사실상의 취득자가 그 부동산에 관하여 매매를 원인으로 한 소유권이전등기를 마치더라도 이는 잔금지급일에 '사실상 취득'을 한 부동산에 관하여 소유권 취득의 형식적 요건을 추가로 갖춘 것에 불과하므로, 잔금지급일에 성립한 취득세 납세의무와 별도로 그 등기일에 구 지방세법 제105조 제1항에서 규정한 '취득'을 원인으로 한 새로운 취득세 납세의무가 성립하는 것은 아니다."

172) 지방세법 제107조(납세의무자) ① 재산세 과세기준일 현재 재산을 사실상 소유하고 있는 자는 재산세를 납부할 의무가 있다.
대법원 2020. 9. 3. 선고 2018다283773 판결 ; "지방세법 제107조 제1항에 따라 재산세 납세의무를 부담하는 '재산을 사실상 소유하고 있는 자'는 공부상 소유자로 등재된 여부를 불문하고 당해 토지나 재산에 대한 실질적인 소유권을 가진 자를 의미한다."

173) ○ 대법원 2013. 3. 14. 선고 2011두24842 판결 ; "구 지방세법 제22조 제2호에서 말하는 '주주'나 '소유'의 개념에 대하여 구 지방세법이 별도의 정의 규정을 두고 있지 않은 이상 민사법과 동일하게 해석하는 것이 법적 안정성이나 조세법률주의가 요구하는 엄격해석의 원칙에 부합하는 점, 주식은 취득세의 과세대상물건이 아닐 뿐만 아니라, 구 지방세법 제22조 제2호는 출자자의 제2차 납세의무에 관하여 규정하면서 그 이하의 조항에서 말하는 과점주주의 개념을 일률적으로 정의하고 있어서 위 규정에서 말하는 '주주'가 되는 시기나 주식의 '소유' 여부를 결정할 때도 취득세에서의 취득시기에 관한 규정이 그대로 적용된다고 보기는 어려운 점 등을 종합하면, 이들 규정에서 말하는 '주주'나 '과점주주'가 되는 시기는 특별한 사정이 없는 한 사법상 주식 취득의 효력이 발생한 날을 의미한다고 할 것이다."
○ 대법원 2010. 4. 29. 선고 2007두11092 판결 ; "이 사건 조항 소정의 '소유'의 개념에 대하여 구 소득세법에 별도의 정의 규정을 두고 있지 않은 이상 특별한 사정이 없는 한 민사법과 동일하게 해석하는 것이 법적 안정성이나 조세법률

아니하는 이상 법 제138조 제1항 제3호에서 규정한 법인의 설립은 회사의 설립에 관한 일반적 규정을 둔 상법과 동일하게 해석함이 타당하다."[174]라고 하여 명시적으로 판시하고 있다. 동일한 취지에서, 조세법규의 해석은 '특별한 사정'이 없는 한 '법문대로' 해석하여야 하는 점 등을 근거로 조세법령상 '배우자'의 의미는 '법률상 배우자'만을 의미한다고 판시[175][176](사실혼을 법률혼과 동일하게 취급·해석하기

주의가 요구하는 엄격해석의 원칙에 부합하는 점 등을 종합하면, 대주는 대차기간 동안 주식의 소유권을 차주에게 이전하여 차주로 하여금 이를 이용하게 하고 차주는 대차기간 종료시 동종·동량의 주식을 대주에게 반환할 것을 약정함으로써 성립하는 이른바 '주식대차계약'에 따라 차주에게 이전된 대차주식은 이 사건 조항에서 규정하는 '주주 등이 기준일 현재 소유하고 있는 당해 법인의 주식'에 포함되지 않는다고 봄이 상당하고, 차주로부터 대차주식을 조기에 반환받을 권리 또는 대차기간 중 대차주식에서 발생한 배당금 등을 차주로부터 반환받을 권리가 대주에게 유보되어 있다 하더라도 이는 대주의 차주에 대한 채권적 권리에 불과하여 위와 같은 해석에 아무런 영향을 미치지 아니한다." ☛ 2013. 2. 15. 개정 시 "주주가 일정기간 후에 같은 종류로서 같은 양의 주식등을 반환받는 조건으로 주식등을 대여하는 경우 주식등을 대여한 날부터 반환받은 날까지의 기간 동안 그 주식등은 대여자의 주식등으로 보아 제4항부터 제7항까지의 규정을 적용한다."는 의제규정이 신설되었다.

174) 대법원 2009. 5. 14. 선고 2008두14067 판결 ; "회사의 설립은 기본적으로 설립행위와 설립등기가 필요하고, 상법에 의하면 회사는 그 설립등기를 함으로써 성립하며(상법 제172조), 법인격을 취득하는데(상법 제171조 제1항), 설립등기의 효력에 관한 상법 제172조는 지점 등의 경우에 적용되는 상업등기의 일반적 효력에 관한 상법 제37조와 다른 강행규정인 점 등을 종합하면, 지방세법에서 법인의 설립에 관한 별도의 정의규정을 두고 있지 아니하는 이상 법 제138조 제1항 제3호에서 규정한 법인의 설립은 회사의 설립에 관한 일반적 규정을 둔 상법과 동일하게 해석함이 타당하다. 따라서 설립등기를 마친 후 폐업을 하여 사업실적이 없는 상태에 있는 법인의 주식 전부를 제3자가 매수한 다음 법인의 임원, 자본, 상호, 목적사업 등을 변경한 경우가 법인의 설립에 해당한다고 볼 수는 없으며, 가사 그것이 등록세 등의 중과를 회피하기 위한 것이라고 하더라도 법상 개별적이고 구체적인 법률규정을 두고 있지 않은 이상 달리 볼 것은 아니다." ☛ 2010. 1. 1. 개정 시 "(휴면법인을 인수하는 경우를 포함한다. 이하 이 호에서 같다)"는 괄호규정을 신설하여 입법적으로 해결하였다.

175) 대법원 2017. 9. 7. 선고 2016두35083 판결 ; "조세법규의 해석은 특별한 사정이 없는 한 '법문대로' 해석하여야 하는 점 등을 종합하면, 양도소득세의 비과세요건인 '1세대 1주택'에 해당하는지를 판단할 때 거주자와 함께 1세대를 구성하는 '배우자'는 '법률상 배우자'만을 의미한다고 해석되므로, 거주자가 주택의 양도 당시 이미 이혼하여 법률상 배우자가 없다면, 그 이혼을 무효로 볼 수 있는 사정이 없는 한 종전 배우자와는 분리되어 따로 1세대를 구성하는 것으로 보아야 한다. 한편 협의이혼에서 이혼의 의사는 법률상의 부부관계를 해소하려는 의사를 말하므로, 일시적으로나마 법률상의 부부관계를 해소하려는 당사자 간의 합의하에 협의이혼신고가 된 이상, 그 협의이혼에 다른 목적이 있다고 하더라도 양자 간에 이혼의 의사가 없다고는 말할 수 없고, 그 협의이혼은 무효로 되지 아니한다." ☞ '법문대로'의 해석이 조세법령상 '배우자' = 민법(가족법)상 '법률상 배우자'임을 나타내고 있다. 위 판시에서 '법률'은 모두 민법 중 가족법을 말하고, '배우자', '이혼' 모두 사법(가족법)상 유효한 법률관계를 전제로 한 것으로 볼 수 있다. 당해 구체적 사안에서, '원고가 양도소득세를 회피할 목적으로 이혼하였다거나 **이혼 후**에도 소외인과 사실상 혼인관계를 유지하였다는 사정만으로 그 이혼을 무효로 볼 수 없다.'고 하였다. 2018. 12. 31. 개정 시 '거주자의 양도소득에 대한 납세의무'에 관한 규정에서의 정의규정인 소득세법 제88조 중 제6호('1세대'의 정의)에서 '배우자'에 '(법률상 이혼을 하였으나 생계를 같이 하는 등 사실상 이혼한 것으로 보기 어려운 관계에 있는 사람을 포함한다. 이하 이 호에서 같다)'는 괄호규정을 추가하였다.

176) **◎ 법문상 '배우자'의 의미가 '법률상 배우자'만을 의미한다고 본 다른 예**

○ 대법원 1999. 9. 3. 선고 98두8360 판결 ; "구 상속세법(1994. 12. 22. 법률 제4805호로 개정되기 전의 것) 제11조 제1항 제1호는 국내에 주소를 둔 자의 사망으로 인하여 상속이 개시된 경우에 상속개시 당시 피상속인에게 배우자가 있는 경우에는 금 12,000,000원에 결혼연수를 곱하여 계산한 금액에 금 100,000,000원을 합한 금액을 과세가액에서 공제하도록 규정하고 있는바, 여기서 말하는 배우자란 법률상의 배우자를 뜻하는 것으로 사실혼 관계에 있는 배우자는 이에 해당하지 아니한다 할 것이고, 그 결혼연수를 계산함에 있어서도 법률혼이 성립한 기간만을 그 대상으로 하여야 할 것이다."

○ 대법원 1991. 4. 26. 선고 90누6897 판결 ; "상속세법 제34조 제1항에 의하면, 배우자 또는 직계존비속에게 양도한 재산은 양도자가 당해 재산을 양도한 때에 그 재산의 가액을 그 양수자에게 증여한 것으로 본다고 규정하였는바,

위해서는 다른 '특별한 근거'가 있어야 한다[177])하고, 상여처분이 의제되는 '대표자'는 '법인등기부상 대표자로 등재되어 있는 자',[178] 상속세 및 증여세법상 경정청구 특례조항에서 규정한 '상속회복청구소송'는 '민법 제999조 소정의 상속회복의 소'를 의미하며,[179] 국세기본법 제25조 제1항 소정의 '연대납세의무'의 법률적 성질은 '민법상의 연대채무'와 근본적으로 다르지 아니하고,[180] 외국의 법인격 없는 사단·재단 기타 단체가 법인세법상 '외국법인'인지는 우리나라의 사법(私法)상 단체의 구성원으로부터 독립된 별개의 권리·의무의 귀속주체로 볼 수 있는지 여부에 따라 판단하여야 한다고[181] 밝히고 있다.[182]

여기서 말하는 배우자란 법률상의 배우자를 뜻하는 것이며 사실상의 배우자는 이에 해당하지 아니한다고 할 것이다."

177) ◎ **법률혼과 사실혼을 세법상 동일하게 취급한 예**

○ 대법원 2016. 8. 30. 선고 2016두36864 판결 ; 취득세 특례세율이 적용되는 지방세법 제15조 제1항 제6호의 "민법 제834조, 제839조의2 및 제840조에 따른 재산분할로 인한 취득"에 '사실혼 해소 시 재산분할로 인한 취득'도 포함된다고 판시.

○ 국세기본법 시행령 제1조의2(특수관계인의 범위) 제1항의 "친족관계"로서 제3호는 "배우자(사실상의 혼인관계에 있는 자를 포함한다)"라고 명문으로 규정하여 '사실혼 배우자'를 포함시키고 있다.

178) 대법원 2010. 10. 28. 선고 2010두11108 판결 ; "구 법인세법 시행령 … 제106조 제1항 제1호 단서는 사외유출된 금액의 귀속이 불분명한 경우에는 대표자에게 귀속된 것으로 본다고 하면서 괄호 안에 예외적으로 소액주주가 아닌 주주 등인 임원 및 그와 특수관계에 있는 자가 소유하는 주식 등을 합하여 당해 법인의 발행주식총수 또는 출자총액의 100분의 30 이상을 소유하고 있는 경우의 그 임원이 법인의 경영을 사실상 지배하고 있는 경우에는 그 자를 대표자로 한다고 규정하여 대표자가 아니면서 사실상 대표자로 간주할 수 있는 경우를 위 규정상의 괄호안의 사유로 제한하고 있는 점에 비추어 보면, 위 규정상 상여처분이 의제되는 대표자는 법인등기부상 대표자로 등재되어 있는 자이거나, 위 괄호 안의 요건을 갖춘 주주 등 임원 중 법인의 경영을 사실상 지배하고 있는 자이어야 할 것이므로, 법인등기부상 대표자로 등재되어 있지 아니하고 괄호 안의 주주 등인 임원으로서의 요건도 갖추지 못한 자의 경우에는 설령 그 자가 법인의 경영을 사실상 지배하고 있다고 하더라도 위 규정에서 말하는 대표자에 해당한다고 할 수 없다."

179) 대법원 2007. 11. 29. 선고 2005두10743 판결 ; "구 상증법 제79조 제1호, 구 상증법 시행령 제81조 제2항에 의하면, 구 상증법에 의하여 상속세과세표준 및 세액을 신고한 자 또는 상속세과세표준 및 세액의 결정 또는 경정을 받은 자로서 상속재산에 대한 피상속인 또는 상속인과 그 외의 제3자와의 분쟁으로 인한 상속회복청구소송의 확정판결로 말미암아 상속개시일 현재 상속인간 상속재산가액의 변동이 있는 경우에는 그 사유가 발생한 날부터 6월 이내에 대통령령이 정하는 바에 의하여 결정 또는 경정을 청구할 수 있고, 위 조항에서 규정한 상속회복청구소송이라 함은 민법 제999조 소정의 상속회복의 소를 의미한다."

180) 대법원 1999. 7. 13. 선고 99두2222 판결 ; "구 국세기본법 제25조 제1항 소정의 연대납세의무의 법률적 성질은 민법상의 연대채무와 근본적으로 다르지 아니하여, 각 연대납세의무자는 개별 세법에 특별한 규정이 없는 한 원칙적으로 고유의 납세의무 부분이 없이 공동사업 등에 관계된 국세의 전부에 대하여 전원이 연대하여 납세의무를 부담하는 것이므로, 국세를 부과함에 있어서는 연대납세의무자인 각 공유자 또는 공동사업자에게 개별적으로 당해 국세 전부에 대하여 납세의 고지를 할 수 있고, 또 연대납세의무자의 1인에 대한 과세처분의 하자는 상대적 효력만을 가지므로, 연대납세의무자의 1인에 대한 과세처분의 무효 또는 취소 등의 사유는 다른 연대납세의무자에게 그 효력이 미치지 않는다고 할 것이다."

181) 대법원 2017. 12. 28. 선고 2017두59253 판결 ; "외국의 법인격 없는 사단·재단 기타 단체가 구 소득세법(2013. 1. 1. 법률 제11611호로 개정되기 전의 것) 제119조 또는 구 법인세법(2013. 1. 1. 법률 제11607호로 개정되기 전의 것) 제93조에 정한 국내원천소득을 얻어 이를 구성원들에게 분배하는 영리단체에 해당하는 경우, 구 법인세법상 외국법인으로 볼 수 있다면 그 단체를 납세의무자로 하여 국내원천소득에 대하여 법인세를 과세하여야 하고, 구 법인세법상 외국법인으로 볼 수 없다면 단체의 구성원들을 납세의무자로 하여 그들 각자에게 분배되는 소득금액에 대하여 그 구성원들의 지위에 따라 소득세나 법인세를 과세하여야 한다. 그리고 여기서 그 단체를 외국법인으로 볼 수 있는지 여부에 관하여는 구 법인세법상 외국법인의 구체적 요건에 관하여 본점 또는 주사무소의 소재지 외에 별다른 규정이 없는 이상 단체가 설립된 국가의 법령 내용과 단체의 실질에 비추어 우리나라의 사법(私法)상 단체의 구성원으로부터 독립된 별개의 권리·의무의 귀속주체로 볼 수 있는지 여부에 따라 판단하여야 한다." ☞ 2013. 2.

세법상 수정된 사법상 법률용어의 개념도 그 수정·보완 부분을 제외하고는 사법상 법률용어의 개념을 기초로 해석함이 옳다.183) 국세기본법 또는 세법에서 규정하는 서류의 송달에 관하여는 국세기본법에 명문의 규정(제8조~제12조)이 있으므로 민사소송법상 송달 규정이 적용되는 것은 아니지만,184) 개별 규정 중의 '주소, 거소, 영업소 또는 사무소' 등의 개념은 동일 문언의 민법이나 민사소송법상 개념과 동일하게 해석하면 된다.185)

---

15. 개정 시 법인세법 시행령 제1조 제2항에 외국법인의 구체적 요건에 관한 규정이 신설되었고, 이는 2019. 2. 12. 개정 시 제2조로 조문 이동하였다.

182) 그 외에, 세법상 증여 개념을 별도로 규정하지 않고 사법상 증여 개념을 차용하던 당시에 대법원 1996. 2. 27. 선고 95누13197 판결이 "사용대차로 인한 이익을 증여로 의제하는 규정을 두고 있지 않은 우리 법제하에서 이는 증여세의 과세대상이 아니다."라고 판시한 것도 같은 취지이다.

183) 대법원 2020. 1. 16. 선고 2019두53075 판결은, 구 도시 및 주거환경정비법(2017. 2. 8. 법률 제14567호로 전부개정되기 전의 것) 제65조 제2항("시장·군수 또는 주택공사 등이 아닌 사업시행자가 정비사업의 시행으로 새로이 설치한 정비기반시설은 그 시설을 관리할 국가 또는 지방자치단체에 무상으로 귀속되고, 정비사업의 시행으로 인하여 용도가 폐지되는 국가 또는 지방자치단체 소유의 정비기반시설은 그가 새로이 설치한 정비기반시설의 설치비용에 상당하는 범위 안에서 사업시행자에게 무상으로 양도된다.") 후단에 따라 사업시행자가 용도폐지되는 정비기반시설을 구성하는 부동산을 무상승계 취득하는 것에 대한 취득세 납세의무 성립일인 취득시기는 제4항에서 정한 '정비사업이 준공인가되어 관리청에 준공인가통지를 한 때'라고 하면서,
그 이유로 "(1) 구 지방세법(2016. 3. 29. 법률 제14116호로 개정되기 전의 것) 제7조 제2항은 취득세의 과세대상이 되는 부동산 취득에 관하여 민법 기타 관계 법령에 따른 등기·등록 등을 이행하지 아니한 경우라도 사실상 취득하면 취득한 것으로 보도록 규정하고 있다. 그리고 구 지방세법 제10조 제7항의 위임에 따른 구 지방세법 시행령(2015. 12. 31. 대통령령 제26836호로 개정되기 전의 것) 제20조 제1항 본문은 무상승계취득의 경우 그 '계약일'에 취득한 것으로 보도록 하면서도 괄호 안에서 상속 또는 유증으로 인한 취득의 경우에는 그 취득시기를 '상속 또는 유증 개시일'로 규정하고 있다. 계약에 의한 무상승계취득의 경우에는 그 취득원인이 되는 계약이 성립하면 그 자체로 사실상의 취득이 있다고 볼 수 있다. 반면 상속 또는 유증으로 인한 무상승계취득의 경우에는 성질상 '계약일'을 상정할 수 없을 뿐만 아니라 그 소유권변동시기가 법률에 규정되어 있어서 그 시기 이전에는 사실상의 취득이 있다고 보기 어렵다. 구 지방세법 시행령 제20조 제1항 본문은 이러한 점을 고려하여 상속 또는 유증으로 인한 무상승계취득의 경우에는 계약에 의한 무상승계취득의 경우와는 달리 그 취득시기를 소유권변동시기로 규정한 것이다. (2) 구 지방세법 시행령 제20조는 취득의 유형에 따라 취득시기를 구체적으로 규정하면서도 사업시행자가 구 도시정비법 제65조 제2항 후단에 따라 정비기반시설을 무상으로 승계취득하는 경우의 취득시기에 관하여는 아무런 규정을 두고 있지 않다. 그런데 구 도시정비법 제65조 제2항 후단에 의한 취득 역시 계약에 의한 취득이 아니어서 '계약일'을 상정할 수 없고, 아래에서 보는 바와 같이 소유권변동시기가 법률에 규정되어 있으므로, 그 이전에는 사실상의 취득이 있다고 보기 어려워, 결국 그 취득시기는 상속 또는 유증의 경우에 준하여 판단할 수밖에 없다. 그렇다면 그 취득시기는 법률에 정한 소유권변동시기가 되어야 한다."라고 판시하였는데,
이는 지방세법령상 취득시기에 관하여 아무런 규정을 두고 있지 않은 경우에 사법상 소유권변동시기를 기초로 해석함이 옳다는 입장에 선 것으로 볼 수 있다. 용도폐지 정비기반시설의 사법상 소유권변동시기를 '준공인가통지 시'가 아닌 '소유권이전등기 시'로 보는 사견에 의하더라도, 취득세 과세대상인 부동산 취득의 '사실상 취득 시기'는 위 판결과 마찬가지로 '준공인가통지 시'로 해석할 수 있다.

184) 대법원 2010. 5. 13. 선고 2009두3460 판결 ; "국세기본법에는 민사소송법 제182조(구속된 사람 등에게 할 송달)와 같은 특별규정이나 민사소송법 중 송달에 관한 규정을 준용하는 규정이 없으므로 구치소 등에 구속된 사람에 대한 납세고지서의 송달은 특별한 사정이 없으면 국세기본법 제8조 제1항에 따라 주소·거소·영업소 또는 사무소로 하면 되고, 이 경우 그 곳에서 송달받을 사람을 만나지 못한 때에는 그 사용인 기타 종업원 또는 동거인으로서 사리를 판별할 수 있는 사람에게 송달할 수 있다." ☞ 2018. 12. 31. 개정 시 민사소송법 제182조와 유사한(동일하지는 않다) 특별규정이 국세기본법 제8조 제5항에 신설됨.

185) '주소, 거소'의 경우 민법 제18조(주소), 제19조(거소), 제21조(가주소)를, '영업소 또는 사무소'의 경우 민사소송법 제183조 제1항 소정의 '영업소 또는 사무소'의 개념에 관한 2003다58959이나 2014다43076의 민사판결 등을 참조하여

조세법상 별도의 개념 규정이 없을 때, 사법상 법률용어를 조세법 고유의 독자적 개념(고유개념)으로 해석하는 것은 조세법의 기본원리인 조세법률주의의 관점이나 '국가의 법체계는 그 자체로 하나의 모순 없는 통일체를 이룬다.'[186]는 관점에서 허용될 수 없는 해석론이다.[187] 판례도 '법률용어의 일관성과 법체계의 통일성 관점', '법령의 통일적·체계적인 해석' 등을 강조하고 있고,[188] "동일한 법령에서의 용어는 법령에 다른 규정이 있는 등 특별한 사정이 없는 한 동일하게 해석·적용되어야 한다."는 해석원칙[189]을 제시하고 있다.

조세법령상 '합병', '분할' 등의 회사법상 용어(예컨대, 법인세법 제2조 정의 규정의 13호(합병법인), 14호(피합병법인), 15호(분할법인), 16호(분할신설법인), 상속세 및 증여세법 제38조(합병에 따른 이익의 증여) 등)도 상법에 따른 '합병', '분할' 등의 의미로 봄이 원칙이지만, 입법취지에 따른 목적론적 해석으로 예외적으로 달리 해석한 예[190]도 있다.

조세법령용어의 개념을 민사법과 동일하게 해석한 판례가 나오면 그 즉시 조세법령에 별도의 특별규정을 신설하는 경우가 다반사인 것이 입법 현실이므로, 신설 특별규정의 존부 및 그 규정에 대한 부칙의 적용례 규정을 잘 살펴서, 당해 사안에 판례이론이 적용되는지, 신설 특별규정이 적용되는지를 알아보아야 한다.

사법상 무효·취소·해제의 조세법률관계에의 영향

● 대법원 2018. 11. 9. 선고 2015두41630 판결 [양도소득세등부과처분취소]

▌3자간 등기명의신탁, 양도시기

판시사항

[1] 부동산의 <u>양도</u>가 <u>무효</u>인 경우, <u>양도소득세</u>의 <u>과세대상</u>인지 여부(×)[191]

동일하게 해석하면 된다.

186) 대법원 2018. 6. 21. 선고 2015두48655 전원합의체 판결.

187) 일정한 기준 없이 전체 법체계와 유리되어 조세법 고유의 독자적 개념에 따른 합목적적 해석, 구체적 타당성을 강조하다 보면 자칫 '이현령비현령'(耳懸鈴鼻懸鈴 ; 귀에 걸면 귀걸이, 코에 걸면 코걸이) 식으로 해석하는 잘못을 범할 수 있다.

188) 앞서 본 대법원 2018. 10. 30. 선고 2014다61654 전원합의체 판결, 대법원 2001. 4. 27. 선고 2000두9076 판결, 대법원 2007. 6. 15. 선고 2005두13148 판결 등.

189) 대법원 2013. 10. 24. 선고 2011두21157 판결.

190) 대법원 2017. 2. 3. 선고 2014두14228 판결 ; "<u>완전모회사</u>인 비상장회사가 그 <u>자회사를 청산</u>하여 <u>모든 자산·부채를 그대로 승계</u>한 경우에는 **<u>실질적</u>**으로 자회사를 **<u>합병</u>**한 경우와 <u>유사한 결과</u>가 발생하므로, 평가기준일부터 최근 3년간 이내에 이와 같은 청산이 있었다면 해당 비상장회사의 <u>과거 실적을 토대로 미래의 기대수익을 예측하는 것이 불합리</u>하다는 점에서 자회사를 <u>합병</u>한 경우와 <u>다름이 없다</u>. 이에 비추어 보면, 구 상증세법 시행규칙 제17조의3 제1항 제3호가 정한 1주당 <u>순손익가치의 배제사유</u>에는 특별한 사정이 없는 한 완전모회사인 비상장회사가 그 자회사를 청산하여 모든 자산·부채를 그대로 승계하는 경우도 <u>포함</u>된다고 봄이 타당하다."

191) **최근 관련 판례** ; 대법원 2016. 8. 18. 선고 2014두10981 판결(외관상 자산이 강제경매절차에 의하여 양도된 것처럼

[2] 매도인이 부동산을 양도하면서 **3자간 등기명의신탁** 약정에 따라 명의수탁자 명의로 그 소유권이전등기를 마쳐준 다음, 매수인인 명의신탁자와 대금을 청산한 경우, **명의수탁자 명의**로 마친 **소유권이전등기**가 '**대금**을 **청산**하기 **전**에 한 **소유권이전등기**'에 해당하는지 여부(×) 및 그 부동산의 **양도시기**(= **대금청산일**)[192]

● 대법원 2018. 9. 13. 선고 2015두57345 판결 [취득세경정거부처분취소]

▌취득세, 해제

판시사항

취득행위 후 **합의해제**, **해제조건의 성취** 또는 **해제권의 행사** 등에 의한 소급적 실효가 **이미 성립한**

보이더라도, 강제경매절차의 기초가 된 경매부동산에 관한 채무자 명의의 등기가 원인무효인 경우, 채무자에게 양도소득세를 과세할 수 있는지 여부 ×), 대법원 2016. 11. 10. 선고 2016두45400 판결(부담부증여계약이 해제된 경우 양도소득세의 과세대상이 되는지 ×), 대법원 2015. 2. 26. 선고 2014두440763 판결(매매계약이 합의해제된 경우 양도소득세 부과대상이 되는 '자산의 양도'에 해당하는지 여부 ×)

192) **【이 유】** "구 소득세법(2006. 12. 30. 법률 제8144호로 개정되기 전의 것) 제88조 제1항 전문은 양도소득세에서의 양도를 자산에 대한 등기 또는 등록에 관계없이 매도 등으로 인하여 그 자산이 유상으로 사실상 이전되는 것으로 정의하고 있다. 그리고 같은 법 제98조는 "자산의 양도차익을 계산함에 있어서 그 취득시기 및 양도시기에 관하여는 대통령령으로 정한다."라고 규정하고, 그 위임을 받은 **구 소득세법 시행령**(2008. 2. 29. 대통령령 제20720호로 개정되기 전의 것) **제162조 제1항**은 '법 제98조의 규정에 의한 취득시기 및 양도시기는 다음 각호의 경우를 제외하고는 당해 자산의 대금을 청산한 날로 한다'고 하면서 **제2호**(이하 '**이 사건 조항**'이라 한다)에서 '대금을 청산하기 전에 소유권이전등기를 한 경우에는 등기부에 기재된 등기접수일'을 규정하고 있다. 이러한 관련 규정의 문언과 체계에 더하여 이 사건 조항의 입법 취지, 3자간 등기명의신탁 약정에 따른 명의수탁자 명의 등기의 성격과 효력 등 다음과 같은 사정들을 종합하여 보면, 3자간 등기명의신탁 약정에 따라 명의수탁자 명의로 마친 소유권이전등기는 이 사건 조항에서 말하는 소유권이전등기에 해당하지 않는다고 보는 것이 타당하다. 따라서 매도인이 부동산을 양도하면서 3자간 등기명의신탁 약정에 따라 명의수탁자 명의로 그 소유권이전등기를 마쳐준 다음 매수인인 명의신탁자와 대금을 청산한 경우 해당 부동산의 양도시기는 구 소득세법 시행령 제162조 제1항 본문에 따라 그 대금을 청산한 날이라고 보아야 한다. **가.** 이 사건 조항의 문언과 입법 취지 등에 비추어 보면, 위 조항은 자산을 양수하는 자가 대금을 청산하기 전에 그 자산에 관한 소유권이전등기를 한 경우에는 자산의 양도시기를 등기부에 기재된 등기접수일로 의제하는 규정으로, 여기에서 말하는 소유권이전등기는 원칙적으로 해당 자산을 양수하는 자가 그 양수의 원인이 된 법률행위 등을 등기원인으로 하여 마치는 등기를 의미하는 것으로 이해된다. **나.** 한편 부동산의 양도가 무효인 경우에는 특별한 사정이 없는 한 양수인 명의로 소유권이전등기가 마쳐졌더라도 양도소득세의 과세대상인 자산의 양도에 해당한다거나 자산의 양도로 인한 소득이 있다고 할 수 없다. 따라서 이러한 경우에는 설령 양수인이 대금을 청산하기 전에 원인무효의 소유권이전등기를 하였더라도 이 사건 조항을 적용하여 등기접수일을 해당 부동산의 양도시기로 볼 수는 없다. **다.** 그런데 부동산을 매수한 명의신탁자가 3자간 등기명의신탁 약정에 따라 명의수탁자 명의로 소유권이전등기를 마치는 경우, 그 등기는 매수인 명의의 것이 아님은 물론이고 매도인과 매수인 사이의 매매계약을 등기원인으로 하는 것도 아니다. 그러한 명의수탁자 명의의 등기는 무효인 명의신탁약정에 따른 것으로서 부동산 실권리자명의 등기에 관한 법률(이하 '부동산실명법'이라 한다) 제4조 제2항 본문에 의하여 무효이다. 그리고 그 효력이 없다는 점에서는 명의수탁자 명의의 등기도 일반적인 원인무효의 등기와 다르지 않다. 다만 명의수탁자가 제3자에게 신탁부동산을 임의로 처분하는 경우 제3자는 유효하게 그 소유권을 취득하게 되는데, 이러한 점에서는 일반적인 원인무효의 등기와 차이가 있다. 하지만 이처럼 제3자가 신탁부동산을 유효하게 취득하게 되는 것은 부동산실명법이 거래의 안전을 도모하기 위하여 명의신탁약정과 그에 따른 등기의 무효를 제3자에게 대항하지 못하도록 규정한 결과일 뿐이다. 즉, 제3자는 위 규정으로 인하여 결과적으로 소유권을 취득하게 되는 것에 불과하므로, 그 소유권 취득의 전제로서 명의수탁자가 신탁부동산의 소유권 내지 이를 처분할 수 있는 지위를 취득하였다고 평가할 수는 없다."

취득세채권에 영향을 미치는지 여부(×)[193)]

※ 사법상 무효·취소·해제의 조세 법률관계에의 영향

조세 법률관계는 기본적으로 사법상 법률관계를 기초로 하므로, 사법상 법률행위가 '무효'(일단 효력이 발생한 유효한 법률행위라도 나중에 취소되거나 해제되면 그 소급효로 말미암아 처음부터 무효인 것으로 된다[194)]) 이면, 그에 대한 조세의 부과는 원칙적으로 허용되지 않는 것으로 보아야 할 것이지만, 사법상 법률행위의 구체적 하자의 유형(무효·취소·해제 등) 및 과세물건·세목에 따른 당해 조세의 개별적 특성에 의해 달리 취급될 수 있다. 허가받을 것을 전제로 한 '토지거래 허가구역' 내 토지에 관한 매매계약은 '유동적 무효'상태에 있어 일반적인 무효와는 달리 취급된다.[195)] 민법 제406조의 '채권자취소'는 '취소'라는 용어에도 불구하고 민법총칙상의 일반적인 '취소'와는 그 효과가 상이하므로 그 조세 법률관계에의 영향 역시 개별 세목별로 별도로 검토되어야 한다.

(1) 소득을 과세물건으로 하는 **소득세·법인세**의 경우 판례는, 소득의 존재 여부에 관한 원칙적인 판단 기준으로 사법상의 법적 귀속(소득을 얻게 된 사법상 원인관계의 유효)에 둔 것과 경제적 귀속(소득의

---

193) 【이 유】 "취득세는 본래 재화의 이전이라는 사실 자체를 포착하여 거기에 담세력을 인정하고 부과하는 유통세의 일종으로 취득자가 재화를 사용·수익·처분함으로써 얻을 수 있는 이익을 포착하여 부과하는 것이 아니다. 이처럼 부동산 취득세는 부동산의 취득행위를 과세객체로 하는 행위세이므로, 그에 대한 조세채권은 그 취득행위라는 과세요건 사실이 존재함으로써 당연히 발생하고, 일단 적법하게 취득한 이상 그 이후에 계약이 합의해제되거나, 해제조건의 성취 또는 해제권의 행사 등에 의하여 소급적으로 실효되었다 하더라도 이는 이미 성립한 조세채권의 행사에 아무런 영향을 줄 수 없다. 이러한 취득세의 성격과 본질 등에 비추어 보면, 매매계약에 따른 소유권이전등기가 마쳐진 이후 매매계약에서 정한 조건이 사후에 성취되어 대금감액이 이루어졌다 하더라도, 당초의 취득가액을 기준으로 한 적법한 취득행위가 존재하는 이상 위와 같은 사유는 특별한 사정이 없는 한 취득행위 당시의 과세표준을 기준으로 성립한 조세채권의 행사에 아무런 영향을 줄 수 없고, 따라서 위와 같은 사유만을 이유로 구 지방세기본법(2015. 5. 18. 법률 제13293호로 개정되기 전의 것) 제51조 제1항 제1호에 따른 통상의 경정청구나 같은 조 제2항 제3호, 구 지방세기본법 시행령(2017. 3. 27. 대통령령 제27958호로 전부 개정되기 전의 것) 제30조 제2호 등에 따른 후발적 경정청구를 할 수도 없다."

194) 민법 제141조(취소의 효과) 취소된 법률행위는 처음부터 무효인 것으로 본다.
민법 제548조(해제의 효과, 원상회복의무) ① 당사자 일방이 계약을 해제한 때에는 각 당사자는 그 상대방에 대하여 원상회복의 의무가 있다.

195) **토지거래허가구역 내 토지의 거래허가**에 관하여, 종래에는 '국토의 계획 및 이용에 관한 법률' 제118조에서 규정하였다가, 현재는 '부동산 거래신고 등에 관한 법률'(2016. 1. 19. 제정, 2017. 1. 20. 시행) 제11조에서 규정하고 있다. ❶ 토지거래허가 받을 것을 전제로 한 거래계약(허가를 배제하거나 잠탈하는 내용의 계약이 아닌 계약)의 경우, 허가를 받을 때까지는 법률상 미완성의 법률행위로서 소유권 등 권리의 이전 또는 설정에 관한 거래의 효력이 전혀 발생하지 않음은 확정적 무효의 경우와 다를 바 없지만, 일단 허가를 받으면 그 계약은 소급하여 유효한 계약이 되고 이와 달리 불허가가 된 때에는 무효로 확정되므로, 허가를 받기까지는 '유동적 무효'의 상태에 있다(90다12243). ❷ 그 후 허가구역 지정이 해제되거나 허가구역 지정기간이 만료되었음에도 재지정을 하지 아니한 때에는 그 토지거래계약이 허가구역 지정이 해제되기 전에 확정적으로 무효로 된 경우를 제외하고는, 더 이상 관할 행정청으로부터 토지거래허가를 받을 필요가 없이 확정적으로 유효로 되어 거래 당사자는 그 계약에 기하여 바로 토지의 소유권 등 권리의 이전 또는 설정에 관한 이행청구를 할 수 있고, 상대방도 반대급부의 청구를 할 수 있으며, 여전히 그 계약이 유동적 무효상태에 있다고 볼 것은 아니다(2009다41465). ❸ 토지거래계약 허가구역 내 토지에 관하여 허가를 배제하거나 잠탈하는 내용으로 매매계약이 체결된 경우, 그 계약은 체결된 때부터 확정적으로 무효이고, 계약체결 후 허가구역 지정이 해제되거나 허가구역 지정기간 만료 이후 재지정을 하지 아니한 경우라 하더라도 이미 확정적으로 무효로 된 계약이 유효로 되는 것이 아니다(2017다228618).

현실적 지배·관리·향수)에 둔 것으로 나뉜다.

양도소득세의 경우 전자의 입장에서, 대법원 2011. 7. 21. 선고 2010두23644 전원합의체 판결의 다수의견은 "외관상 자산이 매매·교환·현물출자 등에 의하여 양도된 것처럼 보이더라도, 그 매매 등의 계약이 처음부터 무효이거나 나중에 취소[196]되는 등으로 효력이 없는 때에는, 양도인이 받은 매매대금 등은 원칙적으로 양수인에게 원상회복으로 반환되어야 할 것이어서 이를 양도인의 소득으로 보아 양도소득세의 과세대상으로 삼을 수 없음이 원칙이다."[197]라고 하고(위 전원합의체 판결 후에도 같은 취지의 판시가 이어지고 있다[198]), 대법원 2012. 11. 29. 선고 2011두31802 판결은, 위 원칙론을 인용한

---

196) 대법원 1987. 5. 12. 선고 86누916 판결 ; '갑과 을이 각자 자기소유 부동산을 교환하기로 하는 계약을 체결하고 갑이 을에게 위 부동산에 대한 소유권이전등기를 경료하여 주었으나 을이 그 의무를 이행하지 않아 위 교환계약이 사기를 원인으로 취소되어 계약의 효력이 상실됨으로써 원상회복의 문제만이 남게 되었다면, 위 부동산에 관하여 선의의 제3취득자가 있어 갑 명의로 소유권이전등기를 환원하지 못하고 있다 하더라도 갑에게 위 부동산의 양도로 인한 소득이 있다고 볼 수 없다.'고 한 예.

197) 예외적으로, 매매 등 계약이 법률상 무효임에도 불구하고 종국적으로 경제적 이익이 매도인 등에게 귀속된 두 가지 경우에는 매도인 등에게 자산의 양도로 인한 소득이 있다고 보아 양도소득세 과세대상이 된다고 하였다.
즉, "구 소득세법 제88조 제1항 본문은 "제4조 제1항 제3호 및 이 장에서 '양도'라 함은 자산에 대한 등기 또는 등록에 관계없이 매도, 교환, 법인에 대한 현물출자 등으로 인하여 그 자산이 유상으로 사실상 이전되는 것을 말한다."라고 규정하고 있을 뿐 자산이 유상으로 이전된 원인인 매매 등 계약이 법률상 유효할 것까지를 요구하고 있지는 않다. 한편 매매 등 계약이 처음부터 국토의 계획 및 이용에 관한 법률('국토계획법'이라고 한다)이 정한 토지거래허가를 배제하거나 잠탈할 목적으로 이루어진 경우와 같이, 위법 내지 탈법적인 것이어서 무효임에도 불구하고 당사자 사이에서는 그 매매 등 계약이 유효한 것으로 취급되어 매도인 등이 그 매매 등 계약의 이행으로서 매매대금 등을 수수하여 그대로 보유하고 있는 경우에는 종국적으로 경제적 이익이 매도인 등에게 귀속된다고 할 것이고 그럼에도 그 매매 등 계약이 법률상 무효라는 이유로 그 매도인 등이 그로 인하여 얻은 양도차익에 대하여 양도소득세를 과세할 수 없다고 보는 것은 그 매도인 등으로 하여금 과세 없는 양도차익을 향유하게 하는 결과로 되어 조세정의와 형평에 심히 어긋난다. 이러한 점 등을 종합적으로 고려하면, ① 국토계획법이 정한 토지거래허가구역 내의 토지를 매도하고 그 대금을 수수하였으면서도 토지거래허가를 배제하거나 잠탈할 목적으로 매매가 아닌 증여가 이루어진 것처럼 가장하여 매수인 앞으로 증여를 원인으로 한 이전등기까지 마친 경우 또는 ② 토지거래허가구역 내의 토지를 매수하였으나 그에 따른 토지거래허가를 받지 아니하고 이전등기를 마치지도 아니한 채 그 토지를 제3자에게 전매하여 그 매매대금을 수수하고서도 최초의 매도인이 제3자에게 직접 매도한 것처럼 매매계약서를 작성하고 그에 따른 토지거래허가를 받아 이전등기까지 마친 경우에, 그 이전등기가 말소되지 아니한 채 남아 있고 매도인 또는 중간의 매도인이 수수한 매매대금도 매수인 또는 제3자에게 반환하지 아니한 채 그대로 보유하고 있는 때에는 예외적으로, 매도인 등에게 자산의 양도로 인한 소득이 있다고 보아 양도소득세 과세대상이 된다고 봄이 상당하다."라고 판시하였다. 제3자에게 그 토지를 전매하지 아니하고 그 토지를 취득할 수 있는 권리를 양도한 경우에도 동일한 법리가 적용된다(대법원 2012. 2. 23. 선고 2007도9143 판결).
위 다수의견의 보충의견도, 위 두 가지 경우가 예외적 과세대상임을 밝히고 있다. 즉, "자산이 양도되는 원인인 매매 등 계약이 처음부터 무효이거나 취소 또는 해제된 때에는, 원상회복되어야 하는 결과, 그 양도인이 수수하였던 매매대금 등의 대가도 양수인에게 반환되어야 한다. … 이와 같은 경우에는 처음부터 자산의 양도가 없고 따라서 양도소득도 발생하지 아니하여 양도소득세의 과세대상에 해당하지 아니하는 것으로 취급하는 것이 간명하다. 종래 대법원이 1997. 1. 21. 선고 96누8901 판결 등에서 매매 등 계약이 무효이거나 취소 또는 해제된 때에는 아직 원상회복되지 않고 있더라도 양도소득세의 과세대상인 자산의 양도에 해당한다거나 자산의 양도로 인한 소득이 있다고는 할 수 없다고 판시한 것은 바로 위에서 본 것과 같은 이유에서 나온 것이라고 이해하여야 할 것이고, 그 결론은 일응 타당하다. 그러나 다수의견이 들고 있는 두 경우에는 사정이 다르다. … 다른 사유로 매매 등 계약이 무효인 경우와는 현저히 구별된다. … 다수의견은 이러한 부당함을 시정하려는 것일 뿐이라고 이해하여야 할 것이다. 다수의견은 위에서 본 두 경우도 자산의 양도에 해당하고 양도소득세의 과세대상이 된다고 보려는 것일 뿐 양도시기 등에 관한 소득세법상의 일반적인 법리까지 변경하려는 것은 아니다."라고 판시하였다.

198) ○ 대법원 2018. 11. 9. 선고 2015두41630 판결 ; "부동산의 양도가 무효인 경우에는 특별한 사정이 없는 한 양수인

다음 "부동산에 대한 매매계약을 체결하면서 양수인 앞으로 미리 소유권이전등기를 경료하였는데 양수인이 잔대금지급채무를 이행하지 아니하는 등으로 양도인이 매매계약을 해제[199]하거나 해제조건이 성취되었다면, 위 매매계약은 그 효력이 소급하여 상실되어[200] 양도가 이루어지지 않는 것이 되므로 양도소득세의 과세요건인 자산의 양도가 있다고 볼 수 없고, 위 부동산에 대한 제3취득자가 있어 양도인 앞으로의 원상회복이 이행불능이 됨으로써 양도인이 이로 인한 손해배상청구권을 취득하더라도 이를 위 부동산의 양도로 인한 소득이라고 볼 수는 없다(대법원 1989. 7. 11. 선고 88누8609 판결[201] 등 참조)."[202]라고 판시하고 있다. 수증자의 인수채무액 상당 부분은 양도소득세의 과세대상이

명의로 소유권이전등기가 마쳐졌더라도 양도소득세의 과세대상인 자산의 양도에 해당한다거나 자산의 양도로 인한 소득이 있다고 할 수 없다(대법원 1997. 1. 21. 선고 96누8901 판결 등 참조)." ☞ 대법원 1997. 1. 21. 선고 96누8901 판결(위 판결의 참조판결)은, "양도소득세는 자산의 양도와 그에 따른 소득이 있음을 전제로 하여 과세되는 것이므로, … 이 사건 임야의 양도가 원고 종중의 규약에 따른 적법한 절차를 거치지 아니하여 무효인 이상 그 대표자가 양도대금을 수령하여 사용하였다거나 매수인 명의로 소유권이전등기가 경료되었는데도 그 말소청구소송 등을 제기하지 않고 있다고 하더라도, 이를 두고 양도소득세의 과세대상인 자산의 양도에 해당한다거나 자산의 양도로 인한 소득이 있다고는 할 수 없는 것이다."라고 판시하여, 양도대금의 경제적 귀속을 추인할 수 있는 일부 간접사실의 존재에도 불구하고 법적 귀속을 기준으로 양도소득의 존재를 부정하였다. cf. 민법 제275조(물건의 총유) ① 법인이 아닌 사단의 사원이 집합체로서 물건을 소유할 때에는 총유로 한다. ② 총유에 관하여는 사단의 정관 기타 계약에 의하는 외에 다음 2조의 규정에 의한다. 제276조(총유물의 관리, 처분과 사용, 수익) ① 총유물의 관리 및 처분은 사원총회의 결의에 의한다.

○ 대법원 2016. 8. 18. 선고 2014두10981 판결 ; "외관상 자산이 강제경매절차에 의하여 양도된 것처럼 보이더라도, 강제경매절차의 기초가 된 경매부동산에 관한 채무자 명의의 등기가 원인무효의 것인 때에는, 매수인은 경매부동산의 소유권을 취득할 수 없고 강제경매절차를 통하여 채무자에게 돌아간 이익이 있으면 원칙적으로 원상회복으로 반환의 대상이 될 수 있을 뿐이므로, 이 경우 특별한 사정이 없는 한 채무자에게 매각대금 상당의 양도소득이 귀속되었다고 보아 양도소득세를 과세할 수는 없다고 할 것이다. … 상고이유에서 들고 있는 대법원 2011. 7. 21. 선고 2010두23644 전원합의체 판결은 사안이 달라 이 사건에 원용하기에 적절하지 아니하다."

199) '합의해제'도 포함된다(대법원 2015. 2. 26. 선고 2014두440763 판결). 합의해제와 달리, 환매약정에 따른 '환매'(대법원 2015. 8. 27. 선고 2013두12652 판결)나, '재매수'(대법원 2015. 5. 14. 선고 2014두46263 판결)는 원칙적으로 새로운 매매에 해당하므로 양도소득세의 과세요건을 이미 충족한 당초 매매계약에 따른 자산의 양도에 영향을 미칠 수 없다.

200) 해제조건 성취의 경우, 계약의 효력이 반드시 소급하여 상실되는 것은 아니다. 민법 제147조에 따르면, 해제조건 있는 법률행위는 조건이 성취한 때로부터 그 효력을 잃는 것이 원칙이고(제2항), 당사자가 조건성취의 효력을 그 성취 전에 소급하게 할 의사를 표시한 때에 그 의사에 의하도록(제3항) 하고 있다. 실권특약(예컨대, '매수인이 중도금을 약정한 일자에 지급하지 아니하면 그 계약을 무효로 한다.'는 매매계약상 특약)은 법정해제의 요건을 경감하는 특약으로서 채무불이행 자체로써 계약은 그 일자에 자동적으로 해제되고(대법원 1988. 12. 20. 선고 88다카132 판결 등) 해제의 일반효로서 소급효가 인정된다.

201) 대법원 1989. 7. 11. 선고 88누8609 판결 ; **원심**이, 원고가 이 사건 부동산을 소외 주택조합에 매도하는 매매계약을 체결하고 그 소유권이전등기를 먼저 경료하여 주었으나 위 조합이 위 매매대금을 지급하지 아니하여 원고는 1988. 1. 22. 부득이 소외 조합과 이 사건 부동산에 대한 매매계약을 해제하기로 합의하였으므로 위 양도는 합의해제에 의하여 그 효력이 소급적으로 소멸되었다고 주장한 데에 대하여, '원고와 소외 조합 간에 위와 같은 합의해제가 이루어졌다 하더라도 계약의 합의해제는 계약에 의하여 발생한 권리관계의 변동을 원상으로 회복시키기로 하는 새로운 계약에 불과하고 계약의 효력은 원칙적으로 당사자 사이에서만 발생할 뿐 다른 사람의 권리관계에 영향을 미칠 수 없는 법리이므로, 양도계약의 이행에 의한 재산의 양도가 있게 됨으로써 양도소득세를 부과할 수 있는 국가의 조세채권이 발생한 후 위 양도계약의 당사자가 그 양도계약을 합의해제하였다 하더라도 그로 인하여 이미 발생한 국가의 조세채권에 아무런 영향을 줄 수가 없다 할 것이고, 뿐만 아니라 위 조합이 이 사건 부동산을 양도받아 다시 이를 제3자에게 모두 양도하고 소유권이전등기까지 경료하여 준 이상, 위 양도계약이 합의해제(또는 법정해제)되었다 하더라도 다른 사정이 없는 한 위 해제에 따른 원상회복으로서 이 사건 부동산의 소유권을 원고에게 반환하여야 하는 위 조합의 채무는 이미 이행불능의 상태에 이르렀으므로 원고는 소외 조합에 대하여 이 사건 부동산의 이행불능

되는 '부담부증여' 계약이 해제된 경우에도, 그 계약의 효력이 소급적으로 상실되어 양도소득세의 과세요건인 자산의 양도가 처음부터 없었던 것이 된다.[203]

반면에, 다른 소득세나 법인세의 경우 후자의 입장에서, "과세소득이 되는지 여부는 이를 경제적인 측면에서 보아 현실로 이득을 지배 관리하면서 이를 향수하고 있고 담세력이 있는 것으로 판단되면 족하고 그 소득을 얻게 된 원인관계에 대한 법률적 평가는 반드시 적법·유효한 것이어야 하는 것은 아니"{대법원 1995. 11. 10. 선고 95누7758 판결(법인세)[204] ; 동일 판시의 판례로 대법원 1994. 12. 27. 선고 94누5823 판결(법인세),[205] 대법원 1991. 12. 10. 선고 91누5303 판결(법인세),[206] 대법원 1985. 5. 28. 선고 83누123 판결과 대법

당시 시가 상당의 손해배상채권을 취득하여 위 양도로 인한 소득이 없다고는 할 수 없다.'고 판단하였으나, **대법원**은 "부동산에 대한 매매계약이 합의해제되면 매매계약의 효력은 상실되어 양도가 이루어지지 않는 것이 되므로 양도소득세의 과세요건인 자산의 양도가 있다고 볼 수 없으며, 위 부동산에 대한 제3취득자가 있어 양도인 앞으로의 원상회복이 이행불능이 됨으로써 양도인이 이로 인한 손해배상청구권을 취득하더라도 이를 위 부동산의 양도로 인한 소득이라고 볼 수는 없다."라고 판단한 예.

202) 이어서 "제3취득자가 있어 원고 앞으로의 원상회복이 이행불능이 됨으로써 원고가 취득하게 된 손해배상채권이나 원고가 반환하지 않고 있는 일부 매매대금에 대하여 그 실질을 이 사건 부동산의 양도로 인한 소득이라고 볼 수도 없다."라고 판시하여, 경제적 측면에서 양도소득의 실질을 갖는다고 볼 여지가 있는, 해제로 인한 원상회복의무의 이행불능으로 말미암은 '전보배상채권'이나 '미반환 매매대금'은 양도소득에 해당하지 않는다고 하였다.

203) 대법원 2016. 11. 10. 선고 2016두45400 판결.

204) 이어서 "원심이 위 4대의 차량에 대한 매매대금을 원고의 익금으로 산입할 것인가의 여부를 판단하기 위하여는 위 4대에 대한 매매계약의 유·무만 따질 것이 아니라 원고가 현실적으로 위 매매대금을 지배·관리하면서 그 이득을 향수하고 있는지의 여부도 따졌어야 할 것이다. … 원심이 이에 나가지 아니하고 단지 위 매매계약이 무효라는 이유만으로 위 4대에 대한 매매대금을 익금으로 처리할 수 없다고 판단한 조치는 일응 잘못된 것이기는 하나, 기록에 의하면 위 소외 1은 위 4대에 대한 매매대금을 원고에게 입금시킨 것이 아니고 자신이 임의로 사용한 것임을 알 수 있는바, 그렇다면 위 소외 1이 매각한 위 4대의 차량에 대하여는 원고에게 매매계약의 효력이 미치지 아니할 뿐 아니라 원고가 그 매매로 인한 현실적 이득을 지배 관리하면서 이를 향수하는 지위에 있는 것도 아니어서 위 4대에 대한 매매대금을 원고의 익금으로 산입할 수 없는 것이므로, 위 4대에 대한 매매대금을 익금으로 산입하지 아니한 원심의 조치는 결과적으로 정당하고"라고 판시하였다. ☞ 과세소득 여부를 판단함에 있어 법적 귀속(소득을 얻게 된 원인관계의 유·무효 여부)와 경제적 귀속(이득의 현실적 지배·관리·향수 여부) 둘 다를 따져봐야 한다고 하면서, 둘 다가 부정된다 하여 익금 산입을 부정한 사안이다(경제적 귀속 여부만으로 익금 산입 여부를 판단한 것은 아니다).

205) 대법원 1994. 12. 27. 선고 94누5823 판결 ; 원고 법인(귀금속도매업체)이 밀수금괴를 매입하여 판매한 행위를 영업활동으로 보아 한 법인세부과처분이 적법하다고 한 예. ☞ 원고 법인의 밀수금괴 매입행위는 사회질서 위반 행위로 무효(민법 제103조)이나 불법원인급여 규정(민법 제746조)에 의해 원고 법인에 밀수금괴의 소유권이 귀속되었고, 원고 법인 소유의 금괴를 선의의 제3자에게 판매한 행위는 유효하고, 악의의 제3자에게 판매한 행위는 무효이나 이 역시 불법원인급여 규정의 적용으로 금괴판매대금이 원고법인에 귀속되므로, 이를 과세소득으로 한 것은 적법한 것이다. 과세소득의 법적 귀속이 인정되는 사안이다. cf. 대법원 2017. 10. 26. 선고 2017도9254 판결 ; "민법 제746조가 불법의 원인으로 인하여 재산을 급여한 때에는 그 이익의 반환을 청구하지 못한다고 규정한 뜻은, 그러한 급여를 한 사람은 그 원인행위가 법률상 무효임을 내세워 상대방에게 부당이득반환청구를 할 수 없음은 물론 급여한 물건의 소유권이 자기에게 있다고 하여 소유권에 기한 반환청구도 할 수 없다는 데 있으므로, 결국 그 물건의 소유권은 급여를 받은 상대방에게 귀속된다."

206) 대법원 1991. 12. 10. 선고 91누5303 판결 ; "소외 회사의 대표이사인 소외 2 등이 소외 회사의 명의로 부금을 수입하거나 금원을 차입하고도 이를 … 장부에 기장하지 않고 비밀장부를 만들어 소위 부외부채로 관리하면서 이를 유용하였다면 비록 그와 같은 차입행위가 상호신용금고법 제17조 소정의 차입한도제한과 차입절차를 위배한 것이 되어 사법상으로는 소외 회사의 차입행위로서는 무효가 된다 하더라도 그 부외부채의 상대계정인 현금은 일단 소외 회사에 들어온 법인의 수익으로 보아야 할 것이며, … 원심이 위와 같이 소외 회사의 이 사건 차입금은 상호신용금고법 제17조의 규정에 위반한 것이 되어 소외 회사의 차입금으로서는 무효이므로 법인세법상 소외 회사의 수익이 될 수 없다고

원 2020. 6. 25. 선고 2017두58991 판결(종합소득세, 이자소득),[207] 대법원 2015. 7. 16. 선고 2014두5514 전원합의체 판결(소득세, 기타소득)[208]등이 있다[209])라고 하거나, "소득세법은 개인의 소득이라는 경제적 현상에 착안하여 담세력이 있다고 보여지는 것에 과세하려는데 그 근본취지가 있다 할 것이므로 과세소득은 이를 경제적 측면에서 보아 현실로 이득을 지배 관리하면서 이를 향수하고 있어 담세력이 있는 것으로 판단되면 족하고 그 소득을 얻게 된 원인관계에 대한 법률적 평가가 반드시 적법하고 유효한 것이어야 하는 것은 아니"(대법원 1983. 10. 25. 선고 81누136 판결[210])라고 한 것이 있다.

양도소득세에 재산세적 측면이 있어 일부 다른 점이 있다 하더라도 근본적으로는 소득을 과세물건으로 한다는 점에서 다른 소득세와 공통되고, 개인의 자산 양도소득과 법인의 자산 양도소득을 달리 취급할 결정적 이유도 없으므로(법인세법상 손익 조정의 수단으로 악용의 소지가 있는 합의해제의 경우[211])는

판단하였음은 필경 법인의 소득에 관한 법리를 오해하였다 할 것" ☞ 과세소득의 법적 귀속은 부정되나 경제적 귀속이 인정되는 사안에서 법인의 익금으로 인정한 것이다.

207) ○ 대법원 1985. 5. 28. 선고 83누123 판결 ; "원고와 소외 재단법인 간의 이 사건 금전소비대차행위가 원고가 위 재단법인의 대표이사로 재직 중에 이루어진 것으로 법인과 이사 사이에 이익이 상반되는 법률행위라 하더라도 위 소비대차에서 발생한 이 사건 이자소득을 과세소득에서 제외시킬 것은 아니라 할 것이므로 원심이 위 소비대차 당시 위 재단법인에 특별대리인이 선임되어 있었는지 여부 및 특별대리인의 선임 없이 이루어진 금전소비대차계약에 따른 이자 지급의 성격에 관하여 심리판단하지 아니하였다 한들 이는 판결 결과에 아무런 영향을 끼칠 바 되지 못한다 할 것" ☞ 과세소득의 법적 귀속은 부정되나 경제적 귀속이 인정되는 사안으로서 법적 귀속 여부를 고려함이 없이 경제적 귀속만으로 과세소득에 해당함을 밝힌 것이다.
○ 대법원 2020. 6. 25. 선고 2017두58991 판결 ; "원심의 판단과 같이 원고 3이 2015. 5. 21. 소외 1 등에게 그들의 기망을 이유로 각 대여계약을 적법하게 취소하였다고 하더라도, 소외 1 등에게 위 각 대여계약에 따른 이자를 반환하지 아니한 채 이를 그대로 보유하고 있다면, 경제적인 측면에서 보아 위 원고의 담세력이 있는 2008 내지 2010년 귀속 각 이자소득이 여전히 존재한다고 보아야 한다. 따라서 원심으로서는 위 원고가 소외 1 등으로부터 수령한 각 이자를 소외 1 등에게 반환하였는지 여부를 따져 본 다음, 위 거부처분의 위법 여부를 판단하였어야 할 것이다."

208) 소득세법상 기타소득으로서 형사법상 범죄행위인 뇌물수수에 관한 사안이다. '뇌물', '알선수재 및 배임수재 금품'은 위법소득이지만, 민법 제746조(불법원인급여)에 의해 수령자의 소득으로 법률상 귀속되므로, 경제적 측면에서만 수령자에게 귀속된 것이 아니다. 따라서 대법원 2015. 7. 16. 선고 2014두5514 전원합의체 판결 중 "뇌물 등의 위법소득을 얻은 자가 그 소득을 종국적으로 보유할 권리를 갖지 못함에도 그가 얻은 소득을 과세대상으로 삼는 것은, 그가 사실상 소유자나 정당한 권리자처럼 경제적 측면에서 현실로 이득을 지배·관리하고 있음"이라고 한 부분은 적절치 못한 면이 있다.

209) 대법원 1979. 8. 28. 선고 79누188 판결(사업소득세 사안)은, 원심이 '사법상 유효한 매매계약에 기한 수입 뿐 아니라 사법상 무효인 매매계약에 기한 수입도 세법상 과세수입에 포함된다.'고 한 것은 정당하다고 하였다.

210) 이어진 판시 ; "원심은 원고가 소외 1 주식회사의 부사장으로 재직하면서 … 공장부지의 양도로 인한 이익은 소외 1 주식회사의 익금으로 산입되어야 할 것임에도 불구하고 이를 회사에 입금시키지 아니하고 원고 개인이 이를 취득 … 법인세법에 의하여 상여로 처분된 금액은 갑종근로소득으로 보도록 되어 있으므로 결국 원고에게는 종합소득세 부과대상인 근로소득이 존재한다고 설시한 다음 위와 같은 원고의 소득이 범죄행위로 인한 위법소득에 해당된다 하더라도 소외 1 주식회사는 … 원심변론종결시까지도 원고의 위법소득에 대한 환원조치를 취하고 있지 않으니 이는 과세소득에서 제외시킬 수 없다고 판단 … 정당하고" ☞ 원고의 회사 자금 횡령에 따른 소득은 소득처분으로 귀속이 의제된 소득이므로 사법상 적법·유효한 소유권 귀속 여부와는 무관하다.

211) 대법원 2005. 1. 27. 선고 2004두2332 판결 ; 원고와 소외 보험회사 및 건설회사는 2000. 4. 30.자 이 사건 합의를 통하여 위 3자 간 이 사건 대차거래가 이루어진 1998.부터 2000.까지 회계장부를 소급, 수정하여 당초부터 소외 건설회사가 소외 보험회사로부터 금전을 차용한 것으로 3년 간의 회계장부를 모두 정정하기로 하는 등 이 사건 거래를 해제하기로 약정하였으므로, 이 사건 거래는 이 사건 합의에 의하여 소급적으로 해제되었고, 따라서 그 대출금에 관련된 이 사건 법인세 부분은 감액경정되어야 한다는 원고의 주장에 대하여, 원심이, '이 사건 합의는 원고가

이론의 여지가 있다), 어느 쪽이든 원칙적으로 소득의 존재 여부에 관한 원칙적인 판단 기준을 사법상의 법적 귀속(소득을 얻게 된 사법상 원인관계의 존재 여부)에 두고, 예외적으로 경제적 귀속(소득의 현실적 지배·관리·향수)에 두는 통일적 기준에 따름이 바람직하다.[212)]

종래에, '사법상 하자 있는 법률행위로 인한 소득'이 '위법소득(법률적으로 하자 있는 행위에 의하여 얻은 수입)'[213)] 중 하나의 유형으로 포섭되어 위법소득 일반에 대하여 그 과세 가능 여부에 관한 논의가

소외 보험회사로부터 차입한 1,750억 원을 그 경제적 실질에 부합되도록 소외 보험회사와 건설회사 간의 채권채무관계로 양성화하기로 하고, 이와 상충되는 대차거래에 관한 기존 약정 등을 전부 무효로 하기로 하는 것인바, 이 사건 거래가 모두 이행된 이후에 당사자 사이에 이루어진 위와 같은 합의는 부당한 이 사건 거래를 시정하도록 하는 금융감독원의 조치요구에 따라 원고를 비롯한 당사자들이 기존의 대출관계를 해소한 다음 이를 당초의 대출의도에 따라 소외 보험회사와 건설회사 사이의 직접적인 대차거래관계라는 새로운 거래관계로 변경하기로 하고 그에 맞추어 그 동안의 채권채무관계를 정산하는 방법으로 회계처리를 수정하기로 하는 내용의 새로운 약정을 한 것으로 볼 것이므로, 이는 당사자 사이에 장래에 향하여 그 효력이 발생함은 별론으로 하고, 위와 같은 합의의 효력이 당연히 이 사건 거래 시로 소급하는 것은 아니라고 할 것이다. 나아가, 원고를 비롯한 당사자 사이에 이 사건 합의로써 그 동안의 대차거래에 관한 기존 약정 등을 전부 무효로 하기로 하였다고 하더라도, 원고가 주장하는 바의 이 사건 합의 시까지 이 사건 거래로 원고가 부담하였던 차입금에 대한 지급이자 및 취득하였던 대여금에 대한 수입이자 등 손익이 소급적으로 소멸된다고 한다면, 이미 과세요건이 충족되어 유효하게 성립한 조세법률관계를 당사자의 사후 약정에 의해 자의적으로 변경함으로써 법인세 과세를 면할 수 있는 조세회피행위를 용인하는 결과가 되어 부당하다고 할 것인 점에 비추어 보면(특히, 원고를 제외한 소외 보험회사나 건설회사는 모두 누적결손이 매우 큰 법인으로서 이 사건 합의의 소급효를 인정할 경우 원고에게 발생한 과세권은 상실되는 한편, 소외 보험회사나 건설회사에 대하여는 실질적으로 위 합의에 따른 과세가 어렵다는 점을 고려하면 더욱 그러하다), 원고가 주장하는 바의 이 사건 합의는 원고가 이미 신고하여 납부한 이 사건 1999 사업연도의 법인세 납세의무에 아무런 영향을 미칠 수 없다.'고 판단한 것은 정당한 것으로 수긍이 가고, 계약의 해제에 관한 법리를 오해한 위법 등이 없다고 판단한 예.

212) 대법원 2014. 12. 24. 선고 2010두19775 판결 ; 甲 회사의 근로복지공단에 대한 산재보험료가 체납되었음을 이유로 甲 회사 소유의 부동산에 대해 공매처분이 이루어졌고 과세관청이 위 공매로 인하여 甲 회사에 자산의 양도로 인한 소득이 발생하였다고 보아 법인세 및 특별부가세를 부과한 사안에서, 신고(보고)납부방식으로 징수되는 산업재해보상보험법상의 산재보험료납부의무는 보험가입자인 사업자의 신고(보고)행위에 의하여 구체적으로 확정되는데, 근로복지공단에 제출된 보험료보고서는 甲 회사의 적법한 대표자 등에 의하여 제출된 것이 아니어서 甲 회사의 산재보험료납부의무를 확정시키는 효력이 없고, 따라서 甲 회사에 납부의무가 없는 체납보험료에 근거한 위 공매처분은 무효이며(법적 측면), 나아가 공매에 따른 매각대금도 甲 회사에 납부의무가 없는 체납보험료 및 체납처분비에 전부 충당된 이상(경제적 측면) 공매로 인하여 甲 회사에 자산의 양도로 인한 소득이 발생하였다고 볼 수 없다고 한 사례 ☞ 양도소득세에 관한 전원합의체판결 이후의 판결로서 법인의 자산양도소득에 관하여 1차적으로 원인관계의 사법상 무효를 판단하고, 2차적으로 경제적 귀속 여부까지 나아가 판단한 것으로 볼 수 있다.

213) 대법원 2011. 7. 21. 선고 2010두23644 전원합의체 판결 다수의견에 대한 보충의견 2는, "종래 대법원은 법인소득·사업소득·이자소득 등에서는 법률적으로 하자 있는 행위에 의하여 얻은 수입, 이른바 위법소득도 이를 일관되게 과세대상이라고 보아 왔다. … 이자제한법 소정의 제한이율을 초과하는 이자, 손해금이라도 현실로 지급된 때에는 과세의 대상이 되는 이자소득을 구성하고(대법원 1985. 7. 23. 선고 85누323 판결), 사법상 유효한 매매계약에 기한 수입뿐 아니라 사법상 무효인 매매계약에 기한 수입도 사업소득에 포함된다(대법원 1979. 8. 28. 선고 79누188 판결)고 하는 등 민사법상 무효인 위법소득도 과세소득으로 인정하여 왔다."라고 하여, '사법상 무효인 계약에 기한 수입' 등 '법률적으로 하자 있는 행위에 의하여 얻은 수입'을 '위법소득'이라 하였고, 대법원 1983. 10. 25. 선고 81누136 판결은 '범죄행위로 인한 소득'을 '위법소득'이라 하였다.

위 참조판결 중 대법원 1985. 7. 23. 선고 85누323 판결은, "이자제한법 소정의 제한이율을 초과하는 이자, 손해금은 그 기초가 되는 약정자체가 무효이므로 약정한 이행기가 도래하였다 하더라도 이자, 손해금채권은 발생할 여지가 없고 다만 채무자의 임의의 지급을 기대할 수밖에 없으므로 그 수입실현의 개연성이 있다고는 할 수 없고 따라서 제한초과의 이자, 손해금은 현실로 지급된 때에는 과세의 대상이 되는 소득을 구성하게 되나 비록 약정의 이행기가 도래하여도 아직 미지급된 이상 소득세법 제28조 제1항의 '수입할 금액'에 해당하지 아니한다 할 것이다."라고 판시하였

있어 왔으나, 위법소득에 관한 과세 여부 역시 개별적 사안을 살펴서 위의 통일적 기준(원칙-법적 귀속, 경제적 귀속에 의한 예외적 과세 인정)에 따름이 옳다.[214] 위법소득을 얻기 위하여 지출한 비용이나 지출 자체에 위법성이 있는 비용의 경우, 사회질서에 심히 반하는 등의 특별한 사정이 없는 한 손금산입이 인정된다.[215]

세법 규정 중에 "발생 원인이 되는 행위의 적법 또는 불법 여부는 고려하지 아니한다."는 명문의 규정을 둔 경우도 있다.[216]

는데, 그 당시 판례(대법원 1994. 8. 26. 선고 94다20952 판결)는 "이자제한법 소정 이율을 초과한 이자를 임의로 지급한 경우에 그 이자의 지급을 무효라고 하여 다시 그 반환을 청구할 수 있는 것이 아니"라고 하였으므로(불법원인급여규정을 적용한 것이다), 초과 지급 이자는 수령자에게 법적으로 귀속되어 과세대상소득이 됨은 당연한 것이고, 이를 가지고 "종래 대법원은 법인소득·사업소득·이자소득 등에서는 법률적으로 하자 있는 행위에 의하여 얻은 수입, 이른바 위법소득도 이를 일관되게 과세대상이라고 보아 왔다."거나 "민사법상 무효인 위법소득도 과세소득으로 인정하여 왔다."라고 할 것은 아니다. 현행 이자제한법 제2조는 '계약상의 이자로서 제1항에서 정한 최고이자율을 초과하는 부분은 무효로 한다.'(제3항)고 하고, '채무자가 최고이자율을 초과하는 이자를 임의로 지급한 경우에는 초과 지급된 이자 상당금액은 원본에 충당되고, 원본이 소멸한 때에는 그 반환을 청구할 수 있다.'고 규정하고 있으므로, 초과 지급 이자가 원칙적으로는 과세소득이 되지 아니한다고 보아야 한다.

214) 【comment】 종래에, 위법소득(적법하지 않은 행위에 의하여 얻은 소득)으로 ① 형사상 범죄행위(절도, 사기, 공갈, 횡령, 배임, 수뢰, 도박, 매춘, 밀수, 마약판매 등)로 인한 소득(협의의 위법소득), ② 사법상 하자 있는 법률행위로 인한 소득, ③ 행정법규에 위반된 거래로 인한 소득(무허가, 미등록 영업소득 등)을 들면서, 그 개별적 사안의 구분 없이 위법소득 일반에 대하여 일률적으로 그 과세 여부에 관한 논의를 전개해 왔다.
그러나 위법소득에 관한 과세 여부는 개별적 사안을 살펴서 원칙적으로 소득의 법적 귀속 여부라는 통일적·획일적 기준에 따라 판단하고 나아가 예외적으로 경제적 귀속 여부를 따져 판단함이 옳다. ① 유형의 대다수 경우는 사법상 원인관계가 사회질서 위반 행위로 무효(민법 제103조)이나 불법원인급여 규정(민법 제746조)에 의해 수령자에게 급여물의 소유권이 귀속되므로 소득의 법적 귀속이 인정되어 과세소득이 될 수 있고, 사기·공갈의 경우는 사법상 원인관계에 취소사유의 하자가 있으나 제척기간 3년 내 취소의 의사표시가 없는 한 과세소득이 될 수 있으며, 횡령의 경우 법인세법상 소득처분에 의한 의제소득으로서 과세소득이 될 수 있고, 절도의 경우 사법상 원인관계가 전혀 없어 그 물건은 반환대상에 불과하므로 과세소득이 될 수 없다고 보면 된다. ③ 유형의 경우도 대체로 사법상 원인관계의 무효사유로 되지는 않아 과세소득이 될 수 있을 것이다.

215) ○ 대법원 2009. 6. 23. 선고 2008두7779 판결 ; "법인세법은 익금과 손금의 범위를 완결적으로 규정한 것이 아니라 그 범위를 예시하면서 포괄적으로 규정하고, 그 특례규정으로서 손금불산입과 손금산입의 각 사항을 열거하여 규정하고 있으므로, 원칙적으로 자산총액을 감소시킨 것은 손금불산입 등으로 열거되어 있지 않은 한 손금이 된다고 보아야 할 것이다. 또한 구 법인세법 제9조 제1항, 제3항, 같은 법 시행령 제12조 제2항의 각 규정에 따르면 일반적으로 위법소득을 얻기 위하여 지출한 비용이나 지출 자체에 위법성이 있는 비용의 손금산입을 부인하는 내용의 규정이 없을 뿐만 아니라, 법인세는 원칙적으로 다른 법률에 의한 금지의 유무에 관계없이 담세력에 따라 과세되어야 하고 순소득이 과세대상으로 되어야 하는 점 등을 종합하여 보면, 위법소득을 얻기 위하여 지출한 비용이나 지출 자체에 위법성이 있는 비용에 대하여도 그 손금산입을 인정하는 것이 사회질서에 심히 반하는 등의 특별한 사정이 없는 한 손금으로 산입함이 타당하다." ☞ 외환위기 상황에서 신탁겸영은행이 수탁고 격감, 기존 신탁계약 등의 대규모 해지·인출사태 등을 방지하기 위하여 다른 시중은행들과 협의를 거쳐 한 보전금의 지출은, 접대비는 아니지만 사업상 필요할 뿐만 아니라 통상적인 것이었으므로 법인세법상 손금으로 산입하여야 한다고 한 사례.
○ 대법원 2015. 2. 26. 선고 2014도16164 판결 ; "소득세는 원칙적으로 소득이 다른 법률에 의하여 금지되는지 여부와 관계없이 담세력에 따라 과세하여야 하고 순소득을 과세대상으로 하여야 하므로 범죄행위로 인한 위법소득을 얻기 위하여 지출한 비용이더라도 필요경비로 인정함이 원칙이라 할 것이나, 그 비용의 지출이 사회질서에 심히 반하는 등 특별한 사정이 있는 경우라면 필요경비로 인정할 수 없다고 할 것이다." ☞ 유흥주점의 유흥접객원과 영업상무 등에 대한 성매매 수당 내지 성매매 손님 유치 수당은 성매매 및 그것을 유인하는 행위를 전제로 지급된 것으로서 선량한 풍속 기타 사회질서에 심히 반하므로 필요경비로 인정할 수 없다고 한 예.

216) **소득세법 제21조(기타소득)** ① 기타소득은 이자소득·배당소득·사업소득·근로소득·연금소득·퇴직소득 및 양도소득

해제에 말미암은 미실현 소득금액을 '해제일이 속하는 사업연도' 소득금액에 대한 차감사유로 하는 '법 규정'(예컨대, 법인세법 시행령 제69조 제3항)이나 '특별한 사정'이 있는 예외적인 경우에는, 계약의 해제가 당초 성립하였던 납세의무에 영향을 미칠 수 없다.[217]

(2) **부가가치세**의 경우, 공급계약이 처음부터 무효이거나 나중에 취소, 해제[218]되는 등으로 효력이 없는 때에는, 부가가치세의 과세대상으로 삼을 수 없다. 스포츠 도박 사업자가 정보통신망에 구축된 시스템 등을 통하여 고객들에게 도박에 참여할 수 있는 기회를 제공하고 이에 대한 대가로서 금전을 지급받는 행위는 부가가치세 과세대상이다.[219] 부가가치세법 시행령 제70조 제1항 제2호는 '계약의

외의 소득으로서 다음 각 호에서 규정하는 것으로 한다. 〈개정 2018.12.31〉

3. 「사행행위 등 규제 및 처벌특례법」에서 규정하는 행위(적법 또는 불법 여부는 고려하지 아니한다)에 참가하여 얻은 재산상의 이익
4. 「한국마사회법」에 따른 승마투표권, 「경륜·경정법」에 따른 승자투표권, 「전통소싸움경기에 관한 법률」에 따른 소싸움경기투표권 및 「국민체육진흥법」에 따른 체육진흥투표권의 구매자가 받는 환급금(발생 원인이 되는 행위의 적법 또는 불법 여부는 고려하지 아니한다)
14. 슬롯머신(비디오게임을 포함한다) 및 투전기, 그 밖에 이와 유사한 기구(이하 "슬롯머신등"이라 한다)를 이용하는 행위에 참가하여 받는 당첨금품·배당금품 또는 이에 준하는 금품(이하 "당첨금품등"이라 한다)
23. 뇌물
24. 알선수재 및 배임수재에 의하여 받는 금품

217) 대법원 2017. 9. 21. 선고 2016두60201 판결 ; "법인세법이나 관련 규정에서 일정한 계약의 해제에 대하여 그로 말미암아 실현되지 아니한 소득금액을 그 해제일이 속하는 사업연도의 소득금액에 대한 차감사유 등으로 별도로 규정하고 있거나 경상적·반복적으로 발생하는 상품판매계약 등의 해제에 대하여 납세의무자가 기업회계의 기준이나 관행에 따라 그 해제일이 속한 사업연도의 소득금액을 차감하는 방식으로 법인세를 신고해 왔다는 등의 특별한 사정이 있는 경우에는, 그러한 계약의 해제가 당초 성립하였던 납세의무에 영향을 미칠 수 없으므로 후발적 경정청구사유가 될 수 없다. … 구 법인세법 시행령 제69조 제1항은 '도급공사 및 예약매출을 포함하는 건설·제조 기타 용역의 제공으로 인한 익금과 손금은 작업진행률을 기준으로 하여 계산한 수익과 비용을 각각 해당 사업연도의 익금과 손금에 산입한다'고 규정하고 있다. 그런데 2012. 2. 2. 대통령령 제23589호로 개정된 법인세법 시행령은 제69조 제3항을 신설하여 '작업진행률에 의한 익금과 손금이 공사계약의 해약으로 인하여 확정된 금액과 차액이 발생된 경우에는 그 차액을 해약일이 속하는 사업연도의 익금 또는 손금에 산입한다'라고 규정함으로써, 계약의 해제로 인하여 실현되지 아니한 소득금액을 그 해제일이 속하는 사업연도의 손금에 산입하도록 하여 후발적 사유를 원인으로 한 경정청구권의 행사를 제한하고 있고"

218) ○ 대법원 2002. 9. 27. 선고 2001두5989 판결 ; "원심은 이 사건 건물에 대한 매매계약이 매수인의 채무불이행으로 인하여 해제된 사실을 인정한 다음, 해제 전에 이 사건 부과처분이 이루어졌다 하더라도 해제의 소급효로 인하여 이 사건 매매계약의 효력이 소급하여 상실되는 이상 부가가치세의 부과 대상이 되는 이 사건 건물의 공급은 처음부터 없었던 셈이 되므로, 이 사건 처분은 위법하다 할 것"
○ 대법원 1998. 3. 10. 선고 96누13941 판결 ; "원심은 이 사건 건물 부분이 분양된 후 이에 대한 부가가치세 신고가 이루어지지 아니하여 피고가 1993. 6. 16.에 당초의 부가가치세 부과처분을 하였고, 그 이후인 같은 해 9. 16.에 증액경정처분을 하였는데 증액경정처분이 있기 이전인 같은 해 5. 22.부터 같은 해 7. 8.까지 사이에 이 사건 건물 부분에 관한 분양계약이 합의해제된 것이라면 이는 부과처분 전의 합의해제에 해당하고, 이 사건 건물 부분에 대한 분양계약이 부과처분 전에 합의해제 되고, 이미 수령한 분양대금까지 모두 반환된 것이라면 재화의 공급은 처음부터 없었던 것이 되므로, 이 사건 건물 부분에 대한 부과처분은 위법하다고 판단하였는바, … 원심의 위와 같은 판단은 옳고 … 이 사건 합의해제가 납세의무 성립 후에 있었다고 하여 달리 볼 것도 아니다."

219) 대법원 2017. 4. 7. 선고 2016도19704 판결 ; "도박은 참여한 사람들이 서로 재물을 걸고 우연한 사정이나 사태에 따라 재물의 득실을 결정하는 것이다. 따라서 도박행위는 일반적으로 부가가치를 창출하는 것이 아니므로 부가가치세 과세대상이 아니다. 그러나 도박사업을 하는 경우 고객이 지급한 돈이 단순히 도박에 건 판돈이 아니라 사업자가 제공하는 재화 또는 용역에 대한 대가에 해당한다면 부가가치세 과세대상이다. 따라서 스포츠 도박 사업자가 정보통신

해제로 재화 또는 용역이 공급되지 아니한 경우'를 수정세금계산서 발급사유로 정하고 있다.[220)]

계속적 용역 공급계약의 해지(법정해지, 합의해지)는 계약 소멸의 소급효가 없고 장래효만 있어 기공급분에 대한 부가가치세 납세의무에 영향을 미치지 아니한다.[221)222)]

(3) **증여세**의 경우, 증여행위가 '부존재'하거나 '무효'(미성년자와 이해상반되는 친권자의 행위, 주무관청의 허가 없이 한 재단법인의 기본재산 처분, 의료법 등 강행법규 위반 행위 등)이면 증여세의 과세대상이 될 수 없다.[223)] 위 '무효'에는 증여행위의 '취소'에 따른 무효도 포함되나, 그 실질이 합의해제인 취소나,

---

망에 구축된 시스템 등을 통하여 고객들에게 도박에 참여할 수 있는 기회를 제공하고 이에 대한 대가로서 금전을 지급받는 경우에는 비록 그 행위가 사행성을 조장하더라도 재산적 가치가 있는 재화 또는 용역의 공급에 해당하므로 부가가치세 과세대상으로 보아야 한다." ☛ 재화·용역의 공급 계약은 사회질서 위반 행위로 사법상 무효이나, '고객이 지급한 돈'의 소유권은 민법 제746조의 불법원인급여물로서 도박사업자에게 이전된다.

220) 2012. 7. 1. 이후 최초로 수정세금계산서 발급사유가 생기는 분부터 적용한다는 개별적 적용례(부칙 제7조)를 두고 있다.

221) ○ 대법원 2003. 5. 16. 선고 2001두9264 판결 ; "공급단위를 구획할 수 없는 용역을 계속적으로 공급하는 것을 내용으로 하는 계약에 있어서 용역의 공급 도중 당사자 사이의 합의나 당사자 일방의 채무불이행 등으로 인해 계약관계가 종료하더라도 특별한 사정이 없는 한 이미 용역을 제공하여 공급시기가 도래함으로써 발생한 부가가치세 납세의무에는 아무런 영향을 미칠 수 없다. … 이 사건 계약(건물의 분양 및 이에 부수되는 홍보, 시공비용의 융통 등 포괄적이고 복합적인 용역을 분양완료시까지 계속적으로 공급하는 계약)은 용역의 계속적 공급계약에 해당하므로 위와 같은 사정으로 그 계약관계가 종료되었다고 하더라도 계약의 효력을 장래에 향하여 소멸하게 하는 효력밖에 없어 이미 공급한 용역이 처음부터 없었던 것으로 되는 것은 아니라는 취지로 판단 … 정당하고"
○ 대법원 2015. 8. 19. 선고 2015두1588 판결 ; "중간지급 조건부 용역의 공급의 경우 원칙적으로 당사자 사이의 약정에 의하여 대가의 각 부분을 분할 지급받기로 한 때에 용역의 공급시기와 익금의 귀속시기가 도래하고, 각 분할지급시기가 도래하기 전에 당사자가 별도 약정으로 대가의 지급시기를 늦추기로 합의하였다면 그에 따라 용역의 공급시기와 익금의 귀속시기가 변경될 수 있지만, 분할지급시기가 도래한 이후에는 그와 같은 합의를 하더라도 원칙적으로 이미 발생한 부가가치세와 법인세 납세의무에 영향을 미칠 수 없다. 그리고 위와 같은 분할지급시기가 도래하기 전에 지급유예의 합의를 하였다고 하더라도, 이후 계약이 중도에 해지되어 장래를 향하여 효력을 잃게 되는 경우에는 그 계약에 의한 용역제공이 완료되고 원칙적으로 이미 공급한 용역에 관한 대가를 지급받을 권리가 확정되므로, 해지 시까지 이미 공급한 부분에 관한 용역의 공급시기와 익금의 귀속시기는 계약 해지 시에 도래한다고 보아야 한다."

222) 대법원 2005. 1. 27. 선고 2004두2332 판결(우회대출거래의 당사자들 사이에 금융감독원의 시정조치 요구에 따라 기존의 대출관계를 해소하도록 하는 내용의 합의를 한 경우, 그로 인하여 기존 대출거래의 효력이 소급적으로 소멸한다고 볼 수 없으므로 이미 신고·납부한 법인세의 경정사유가 되지 않는다고 한 사례) 역시 소비대차, 임대차, 위임, 고용 등의 계속적 계약에서 채무자가 채무 내용에 좇은 이행을 시작하기 전에는 해제가 가능하나, 그 이후에는 해지로 보아야 한다는 점을 감안한 해석으로 볼 수 있다.

223) ○ 대법원 2013. 1. 24. 선고 2010두27189 판결 ; "증여를 원인으로 한 소유권이전등기가 경료되었더라도 그 등기원인이 된 증여행위가 부존재하거나 무효인 경우라면 그로 인한 소유권이전의 효력이 처음부터 발생하지 아니하므로 소유권이전등기의 말소를 명하는 판결의 유무와 관계없이 증여세의 과세대상이 될 수 없다. 그리고 친권자가 미성년자와 이해상반되는 행위를 특별대리인에 의하지 않고 한 경우에는 특별한 사정이 없는 한 그 행위는 무효이다."
○ 대법원 2005. 6. 10. 선고 2003도5631 판결 ; "재단법인의 기본재산의 처분은 정관변경을 요하는 것이므로 주무관청의 허가가 없으면 그 처분행위는 물권계약으로 무효일 뿐 아니라 채권계약으로서도 무효이며, 증여를 원인으로 주권이 교부되고 명의개서절차까지 완료되었다고 하더라도 그 원인이 된 증여행위가 부존재하거나 무효인 경우라면 그로 인한 재산 이전의 효력이 처음부터 발생하지 아니하므로 증여세의 과세대상이 될 수 없다고 할 것이다."
○ 대법원 1998. 4. 24. 선고 98두2164 판결 ; "당초의 증여가 일단 유효하게 성립하여 그로 인한 소유권이전등기가 적법하게 마쳐졌음에도 당사자 사이에 담합이 이루어져 그 소유권이전등기가 원인무효인 것처럼 제소하여 말소등기를 명하는 판결을 받아 동 등기를 말소한 경우에는 당사자 사이에 기존의 증여계약에 대한 일종의 합의해제가 성립하였다

사해행위 취소판결에 따른 취소는 포함되지 않는다.[224] 명의신탁 증여의제 증여세의 경우 명의개서가 강행법규 위반(자기주식 취득 금지)으로 무효이더라도 과세대상이 될 수 있다.[225]

합의해제의 경우 상속세 및 증여세법에 의하여[226] 일정한 경우(수증자가 '금전 아닌 증여재산'[227])을 당사

고 봄이 상당 … 증여를 원인으로 한 소유권이전등기가 원인무효라는 이유로 그 말소를 명하는 판결이 확정되었다면 일단 그 증여는 처음부터 무효라고 볼 것이므로 이와 달리 그 증여가 부존재 또는 무효가 아닌데도 당사자 사이에 담합하여 원인무효인 것처럼 제소하여 판결을 받은 것이라는 점은 예외적 사유로서 이를 주장하는 과세관청에 그 입증책임이 있다고 할 것이다." ☞ 즉, "처분청; '증여를 원인으로 한 소유권이전등기'에 기초한 증여세 부과처분 → 납세자; '위 등기의 말소등기 확정판결' 증명 → 처분청; '담합 판결' 증명"의 공방구조가 된다.

○ 대법원 2003. 9. 23. 선고 2003두1493 판결 ; 원고(의사)와 소외인(의사 아닌 자)이 각 그 재산을 출자하여 동업으로 원고 명의의 개인 병원을 개설·운영하다가 의료법인을 설립하여 원고 명의 개인 병원에 관한 일체의 권리·의무를 의료법인에 포괄적으로 양도한 데 대하여, 피고가, 원고의 의료법인 출연 재산액을 초과하는 의료법인의 개인 병원 채무 인수액은 원고가 의료법인으로부터 증여받은 '제3자에 의한 채무인수이익'이라 하여 증여세 부과처분을 한 **사안**에서, **원심**이, 실질과세의 원칙에 따라 의료법인의 인수채무 중 원고의 부담 부분에 해당하는 50%만을 원고가 출연한 재산 총액과 비교하여 보면 의료법인에 의한 채무인수이익은 없다고 판단한 데 대하여, **대법원**은, 의사와 의사 아닌 자가 각 그 재산을 출자하여 함께 병원을 개설한 후 그것을 운영하여 얻은 수입을 동등한 비율로 배분하기로 하는 내용의 약정은 강행법규인 의료법 제30조 제2항 위반으로 무효이므로, 병원 운영과 관련하여 얻은 이익이나 취득한 재산, 부담하게 된 채무 등은 모두 의사 개인에게 귀속되는 것이고, 의사 아닌 동업자는 위 동업약정이 무효로 돌아감에 따라 그 출자물의 반환만을 구할 수 있을 뿐이어서, 대출금 반환 채무는 법적 외관에 있어서 뿐만이 아니라 그 실질에 있어서도 전액 의사 개인의 채무로 보아야 한다고 한 사례. ☞ 이 역시 사법상 원인관계의 유효 여부에 따른 법적 실질을 우선적 판단기준으로 한 것이다.

224) ○ 대법원 2005. 7. 29. 선고 2003두13465 판결 ; "증여자가 재산을 증여하여 수증자 명의로 소유권이전등기까지 적법하게 마친 다음, 그에 대한 증여세과세처분이 있게 되자 그 증여가 증여세 과세대상이 됨을 알지 못하였다 하여 착오를 이유로 이를 취소하고, 증여세 납세의무자인 수증자 역시 그 취소를 전제로 증여세과세처분의 적법성을 다툰다면, 이는 그 착오의 내용이나 증여 의사표시를 취소하는 목적에 비추어 그 실질에 있어서는 과세처분 후 증여계약을 합의해제하는 경우로 볼 것이므로, 그 취소로 인한 증여세과세처분의 효력에 대하여도 증여계약의 합의해제에 관한 위 법리가 적용된다."

○ 대법원 2012. 8. 23. 선고 2012두8151 판결 ; "조세회피를 목적으로 명의신탁에 따른 등기 등이 일단 이루어진 이상 그 후 사해행위취소 판결에 의하여 그 등기 등의 명의가 실제 소유자 앞으로 원상회복되었다고 하더라도 사해행위 취소 판결에는 소급효가 없으므로 그때까지는 명의신탁에 따른 등기 등이 유지됨으로써 조세회피의 목적이 달성되는 점 등에 비추어 볼 때, 명의신탁에 따른 등기 등이 이루어지고 그에 대하여 과세관청이 이 사건 법률조항 본문에 따라 증여세 부과처분을 한 후 그 등기 등이 사해행위취소 판결로 원상회복되었다고 하여 이 사건 법률조항이 정한 증여의제규정의 적용이 배제되는 것은 아니라고 할 것이다. 따라서 위와 같은 사유는 … 후발적 경정청구사유에 해당하지 않는다고 보아야 한다."

225) 대법원 2011. 9. 8. 선고 2007두17175 판결 ; "이 사건 법률조항의 입법 취지는 명의신탁제도를 이용한 조세회피행위를 효과적으로 방지하여 조세정의를 실현한다는 취지에서 실질과세원칙에 대한 예외를 인정한 데에 있는바, 이 사건 법률조항 단서 제1호에서 말하는 조세는 증여세에 한정되지 아니하는 점, 이 사건 법률조항이 재산의 실제 소유자와 명의자가 다른 경우를 그 규율대상으로 한다고 규정하고 있을 뿐 명의자 앞으로의 등기 등이 법률상 유효할 것까지를 요구하고 있지는 아니한 점, 명의신탁약정에 따른 등기 등이 이루어진 이상 그 등기 등이 강행법규 위반 등으로 인하여 무효인 경우에도 조세회피의 목적은 달성될 수 있는 점 등에 비추어 보면, 명의신탁약정에 따라 실제 소유자가 아닌 제3자 명의로 이루어진 등기 등이 강행법규 위반 등으로 인하여 무효라는 이유만으로 이 사건 법률조항 본문의 적용이 배제되는 것은 아니라고 할 것이다. 원심이 원용한 85누313 판결은 1990. 12. 31. 법률 4283호로 개정되기 전의 구 상속세법 제32조의2 제1항이 적용되던 사안에 관한 것이어서 이 사건에 원용하기에 적절하지 아니하다."
⇔ 85누313 판결 ; "부동산의 실질소유자 아닌 제3자 명의로 된 등기가 원인무효의 등기인 경우에는 부동산의 실질소유자와 등기명의자가 다른 경우에 실질소유자가 그 명의자에게 증여한 것으로 본다는 상속세법 제32조의 2의 규정은 적용할 수 없다 할 것이므로 그 원인무효의 등기만에 의하여 그 실질소유자가 그 등기명의자에게 그 부동산을 증여한 것으로 볼 수는 없다 할 것이다."

자 간의 합의에 따라 증여세 과세표준 신고기한 이내에 과세표준과 세액을 결정받지 않은 상태에서 '증여자에게'[228] 반환하는 경우) 외에는 그 소급효가 제한되어 과세대상이 된다.[229] 법정해제[230]의 경우, 부담부 증여가 아니면[231] 증여계약으로 이미 이행한 부분에 대하여는 해제가 영향을 미치지 아니하므로(민법 제558조), 해제의 소급효가 문제되지 않고 과세대상이 된다.

(4) **취득세**의 경우, 계약이 무효이거나 취소된 경우에는 처음부터 취득세의 과세대상이 되는 사실상의 취득행위가 있다고 할 수 없으나,[232] '유동적 무효'인 토지거래계약허가구역 내 토지 취득이 확정적으로 유효하게 된 경우 그 취득시기는 '잔금지급일',[233] 취득세 신고·납부의무 발생일은 '허가

226) **상속세 및 증여세법 제4조**(증여세 과세대상) ④ 수증자가 증여재산(금전은 제외한다)을 당사자 간의 합의에 따라 제68조에 따른 증여세 과세표준 신고기한 이내에 증여자에게 반환하는 경우(반환하기 전에 제76조에 따라 과세표준과 세액을 결정받은 경우는 제외한다)에는 처음부터 증여가 없었던 것으로 보며, 제68조에 따른 증여세 과세표준 신고기한이 지난 후 3개월 이내에 증여자에게 반환하거나 증여자에게 다시 증여하는 경우에는 그 반환하거나 다시 증여하는 것에 대해서는 증여세를 부과하지 아니한다. ☛ 이는 증여로 의제된 명의신탁재산에 대하여 그 명의신탁을 해지하고 반환하는 경우에도 적용된다(2011두8765).

227) 금전을 증여받은 경우에는 증여세 신고기한 이내에 같은 금액 상당의 금전을 반환하더라도 증여가 없었던 것으로 보지 않고 증여세의 부과대상이 된다. 증여세의 신고기한 이내에 반환한 경우 처음부터 증여가 없었던 것으로 보도록 하는 대상에서 '금전을 제외'한 것은, "증여받은 금전은 증여와 동시에 본래 수증자가 보유하고 있던 현금자산에 혼입되어 수증자의 재산에서 이를 분리하여 특정할 수 없게 되는 특수성이 있어 현실적으로 '당초 증여받은 금전'과 '반환하는 금전'의 동일성 여부를 확인할 방법이 없고, 또한 금전은 그 증여와 반환이 용이하여 증여세의 신고기한 이내에 증여와 반환을 반복하는 방법으로 증여세를 회피하는 데 악용될 우려가 커"고, "일단 수증자가 증여자로부터 금전을 증여받은 이상 그 후 합의해제에 의하여 동액 상당의 금전을 반환하더라도 법률적인 측면은 물론 경제적인 측면에서도 이미 수증자의 재산은 실질적으로 증가되었다고 할 수 있고, 또한 증여계약의 합의해제에 의한 반환은 원래의 증여와 다른 별개의 재산 처분행위에 해당하는 사정 등"에 따른 것이다(대법원 2016. 2. 18. 선고 2013두7384 판결).

228) 법문에 '증여자에게'라는 문구가 없던 당시에, 대법원 2011. 9. 29. 선고 2011두8765 판결은, "명의수탁자가 명의신탁받은 재산을 명의신탁자 명의로 재산을 반환하는 경우뿐 아니라 명의신탁자의 지시에 따라 제3자 명의로 반환하는 경우라고 하더라도 마찬가지라고 보아야 한다."라고 하였으나, 2015. 12. 15. 전문개정 시 "증여자에게 반환하는 경우"로 제한하는 문구가 들어갔으므로, 위 판시는 이제 유효하지 않다.

229) 대법원 1999. 11. 26. 선고 98두10738 판결 ; "1993. 12. 31. 법률 제4662호로 개정된 구 상속세법 제29조의2 제4항은 증여계약의 합의해제에 대한 효력을 제한 … 자유시장경제질서를 선언하고 있는 헌법 규정에 위반된다고 할 수 없고, 또한 입법자는 합의해제의 효력을 과세의 각 단계별로 규율할 수 있는 것이고, 이 규정은 이미 성립한 증여세 납부의무가 증여계약의 합의해제로 영향을 받지 않는다는 것을 바탕으로 하여 증여세 신고기한 내에서만 예외적으로 합의해제의 소급효를 인정하고 있는 것이므로 이를 들어 실질적 조세법률주의에 위반된다거나 재산권보장의 원칙에 어긋난다고 할 수 없으며"

230) 증여계약은, ① 증여의 의사가 서면으로 표시되지 아니한 경우에는 각 당사자가 이를 해제할 수 있고(민법 제555조), ② 수증자의 증여자(또는 그 배우자나 직계혈족)에 대한 범죄행위, 증여자에 대한 부양의무 불이행 시 증여자가(민법 제556조), ③ 증여 후 증여자 재산상태의 현저한 변경 시 증여자가(민법 제557조) 해제할 수 있도록 민법이 규정하고 있는데, ①은 그 법적 성격이 해제가 아니라 '철회'에 해당하고(2009다37831), ②, ③은 법정해제 사유에 해당한다.

231) 상대 부담 있는(부담부) 증여에 대하여는 쌍무계약에 관한 규정이 준용되어(민법 제561조) 부담의무 있는 상대방이 자신의 의무를 이행하지 아니할 때에는 비록 증여계약이 이미 이행되어 있다 하더라도 증여자는 그 계약을 해제할 수 있고, 그 경우 제558조는 적용되지 아니하므로, 해제의 소급효가 인정된다.

232) 대법원 2013. 6. 28. 선고 2013두2778 판결 ; "증여계약이 무효이거나 취소된 경우에는 처음부터 취득세의 과세대상이 되는 사실상의 취득행위가 있다고 할 수 없으나"

233) 대법원 2012. 12. 27. 선고 2012두19229 판결 ; "구 지방세법(2010. 3. 31. 법률 제10221호로 전부 개정되기 전의 것) 제105조 제2항은 부동산의 취득에 관하여 민법 등 관계 법령의 규정에 의한 등기 등을 이행하지 아니한 경우라도

일'이나 '허가구역 해제일'[234]이고, 계약이 합의해제되거나, 해제조건의 성취 또는 해제권의 행사 등에 의하여 소급적으로 실효된 경우에 이는 이미 성립한 조세채권의 행사에 아무런 영향을 줄 수 없다.[235]

지방세법 시행령[236]에는 해당 취득물건을 등기·등록하지 아니하고 일정한 요건의 서류에 의하여

사실상으로 취득한 때에는 취득한 것으로 본다고 규정하고 있고, 여기서 '사실상 취득'이란 일반적으로 등기와 같은 소유권 취득의 형식적 요건을 갖추지는 못하였으나 대금의 지급과 같은 소유권 취득의 실질적 요건을 갖춘 경우를 말한다. 한편 「국토의 계획 및 이용에 관한 법률」에 의한 토지거래계약허가구역 내의 토지에 관하여 장차 허가를 받을 것을 전제로 매매계약을 체결하여 그 대금을 지급한 경우, 비록 그 매매계약이 허가를 받을 때까지는 법률상 미완성의 법률행위로서 효력이 발생하지 아니하지만, 그 후 허가를 받거나 그 토지가 토지거래계약허가구역에서 해제되었다면 그 매매계약은 소급하여 유효한 계약이 되므로, 취득세 부과에 있어서의 토지의 취득시기는 잔금지급일로 보아야 할 것이다."

234) 대법원 2012. 11. 29. 선고 2012두16695 판결 ; "구 지방세법 제120조 제1항은 취득세 과세물건을 취득한 자는 그 취득한 날부터 30일 이내에 그 세액을 신고하고 납부하도록 규정하고 있다. 위 규정 내용과 입법 취지에 비추어 볼 때, 토지거래 허가구역 내의 토지에 관한 매매계약이 토지거래 허가를 받지 아니하여 유동적 무효 상태에 있다면, 구 지방세법 시행령(2010. 9. 20. 대통령령 제22395호로 전부 개정되기 전의 것) 제73조 제1항 각 호에서 취득 시기로 정한 사실상 또는 계약상 잔금지급일이 도래하였다고 하더라도 그 매매계약이 확정적으로 유효하게 되었다고 할 수 없으므로 취득세 신고·납부의무가 있다고 할 수 없고, 그 후 토지거래 허가를 받거나 토지거래 허가구역 지정이 해제되는 등의 사유로 그 매매계약이 확정적으로 유효하게 되었을 때 비로소 취득세 신고·납부의무가 있다고 할 것이므로, 구 지방세법 제120조 제1항에 따른 취득세 신고·납부는 그때부터 30일 이내에 하면 된다고 해석함이 타당하다." ☛ 2014. 1. 1. 개정 지방세법 제20조 제1항에 토지거래계약에 관한 허가구역에 있는 토지를 취득하는 경우로서 토지거래계약에 관한 허가를 받기 전에 거래대금을 완납한 경우에는 그 허가일이나 허가구역의 지정 해제일 또는 축소일로부터 60일 이내에 신고·납부하도록 하는 규정을 신설하였다.

235) 대법원 2018. 9. 13. 선고 2015두57345 판결.

○ 대법원 2013. 11. 28. 선고 2011두27551 판결 ; "유상승계취득의 경우 사실상의 잔금지급일 등을 원칙적인 취득시기로 보도록 규정하고 있으므로, 부동산에 관한 매매계약을 체결하고 매매대금을 모두 지급하면 소유권이전등기를 마치지 아니하였더라도 취득세의 과세대상이 되는 사실상의 취득행위가 존재하게 되어 그에 대한 조세채권이 당연히 성립하고, 그 후 합의에 의하여 매매계약을 해제하고 그 부동산을 반환하였더라도 이미 성립한 조세채권의 행사에 영향을 줄 수 없다."

○ 대법원 2013. 6. 28. 선고 2013두2778 판결 ; "무상승계취득의 경우에는 그 계약일에 취득한 것으로 보도록 규정하고 있으므로, 부동산에 관한 증여계약이 성립하면 그 자체로 취득세의 과세대상이 되는 사실상의 취득행위가 존재하게 되어 그에 대한 조세채권이 당연히 성립하고, 증여계약으로 인하여 수증자가 일단 부동산을 적법하게 취득한 다음에는 그 후 합의에 의하여 계약을 해제하고 그 부동산을 반환하는 경우에도 이미 성립한 조세채권의 행사에 영향을 줄 수 없다. … 착오를 이유로 증여계약의 취소가 이루어졌다고 하더라도 그 착오의 내용이나 증여 의사표시를 취소하는 목적 등에 비추어 볼 때 사실상 과세처분이 이루어진 이후의 사정에 근거한 것으로서 그 실질에 있어서는 과세처분 후 증여계약을 합의해제하는 것에 불과한 경우에는 그 취소로 인한 취득세 과세처분의 효력에 대하여도 합의해제에 관한 위 법리가 그대로 적용된다고 할 것이다."

○ 대법원 1998. 12. 8. 선고 98두14228 판결 ;"농지법 제8조 제1항 소정의 농지취득자격증명은 농지를 취득하는 자가 그 소유권에 관한 등기를 신청할 때에 첨부하여야 할 서류로서, 농지를 취득하는 자에게 농지취득의 자격이 있다는 것을 증명하는 것일 뿐, 농지취득의 원인이 되는 법률행위의 효력을 발생시키는 요건은 아니므로, 증여 대상이 된 농지들에 관하여 원고들 명의의 소유권이전등기가 경료되었는지 여부에 관계없이 원고들은 위 증여계약일(1997. 1. 20.)에 위 각 토지를 취득하였고 이에 따라 취득세 납세의무 또한 그 때 성립한 것으로 보아야 할 것이며, 그 후 원고들의 소유권이전등기 신청이 반려되고 원고들이 위 각 토지의 소유권 취득을 포기하였다 하더라도 이미 성립한 조세채권에는 영향을 줄 수 없다고 판단하였는바, … 정당하고" ☞ 농지취득자격증명 미발급 ≠ 무효사유, 농지 취득 포기 약정 = 합의해제

236) **지방세법 시행령 제20조(취득의 시기 등)** ① 무상승계취득의 경우에는 그 계약일(상속 또는 유증으로 인한 취득의 경우에는 상속 또는 유증 개시일을 말한다)에 취득한 것으로 본다. 다만, 해당 취득물건을 등기·등록하지 아니하고 다음 각 호의 어느 하나에 해당하는 서류에 의하여 계약이 해제된 사실이 입증되는 경우에는 취득한 것으로 보지

계약이 해제된 사실이 증명되는 경우에는 취득한 것으로 보지 아니하는 특칙을 두고 있다.[237]

해제권 행사에 따른 해제의 원상회복으로 소유권이전등기의 방식을 취하였다 하더라도 이는 새로운 취득으로 볼 수 없어 취득세 과세대상이 되는 부동산 취득에 해당하지 않는다.[238]

(5) **등록면허세**의 경우, 등기 또는 등록의 유·무효나 실질적인 권리귀속 여부와는 관계가 없이 과세대상이 된다.[239]

아니한다. 〈개정 2017.7.26.〉 ☞ 아래 각 호의 괄호 부분은 2016. 12. 30. 개정 시 추가되었다. 2014. 8. 12. 개정 전에는 '화해조서·인낙조서·공정증서의 작성 및 사서증서에 대한 공증인의 인증이 취득일부터 60일이 지난 후에 이루어지더라도 무방하다.'고 보았다(대법원 2016. 1. 28. 선고 2015두52012 판결).

1. 화해조서·인낙조서(해당 조서에서 취득일부터 60일 이내에 계약이 해제된 사실이 입증되는 경우만 해당한다)
2. 공정증서(공증인이 인증한 사서증서를 포함하되, 취득일부터 60일 이내에 공증받은 것만 해당한다)
3. 행정안전부령으로 정하는 계약해제신고서(취득일부터 60일 이내에 제출된 것만 해당한다)

② 유상승계취득의 경우에는 다음 각 호에서 정하는 날에 취득한 것으로 본다. 〈개정 2017.7.26〉

1. 법 제10조 제5항 제1호부터 제4호까지의 규정 중 어느 하나에 해당하는 유상승계취득의 경우에는 그 사실상의 잔금지급일
2. 제1호에 해당하지 아니하는 유상승계취득의 경우에는 그 계약상의 잔금지급일(계약상 잔금지급일이 명시되지 아니한 경우에는 계약일부터 60일이 경과한 날을 말한다). 다만, 해당 취득물건을 등기·등록하지 아니하고 다음 각 목의 어느 하나에 해당하는 서류에 의하여 계약이 해제된 사실이 입증되는 경우에는 취득한 것으로 보지 아니한다.
   가. 화해조서·인낙조서(해당 조서에서 취득일부터 60일 이내에 계약이 해제된 사실이 입증되는 경우만 해당한다)
   나. 공정증서(공증인이 인증한 사서증서를 포함하되, 취득일부터 60일 이내에 공증받은 것만 해당한다)
   다. 행정안전부령으로 정하는 계약해제신고서(취득일부터 60일 이내에 제출된 것만 해당한다)
   라. 부동산 거래신고 관련 법령에 따른 부동산거래계약 해제 등 신고서(취득일부터 60일 이내에 등록관청에 제출한 경우만 해당한다)

237) 대법원 2006. 2. 9. 선고 2005두4212 판결 ; "지방세법 시행령 제73조 제1항은 유상승계취득의 경우에는 다음 각 호에 정하는 날에 취득한 것으로 본다고 규정하고, 그 제1호에서 지방세법 제111조 제5항 각 호의 1에 해당하는 유상승계취득의 경우에는 그 사실상의 잔금지급일에, 그 제2호 본문에서 지방세법 제111조 제5항 각 호의 1에 해당하지 아니하는 유상승계취득의 경우에는 그 계약상의 잔금지급일(계약상 잔금지급일이 명시되지 아니한 경우에는 계약일부터 30일이 경과되는 날)에 각 취득한 것으로 규정하면서, 다만 제2호 단서에서 취득 후 30일 이내에 민법 제543조 내지 제546조의 규정에 의한 원인으로 계약이 해제된 사실이 화해조서·인낙조서·공정증서 등에 의하여 입증되는 경우에는 취득한 것으로 보지 아니한다고 규정하고 있으며, 시행령 제73조 제3항에서는 위 제1항의 규정에 의한 취득일 전에 등기를 한 경우에는 그 등기일에 취득한 것으로 본다고 규정하고 있는바, 위 시행령 제73조 제1항 제2호 단서는 그 규정 취지가 계약상 잔금지급일(계약상 잔금지급일이 명시되지 아니한 경우에는 계약일로부터 30일이 경과되는 날)에 실제로 잔금이 지급되지 않은 상태에서 계약이 해제되어 사실상 취득하였다고 보기 어려운 경우까지 계약상 잔금지급일에 취득한 것으로 보아 취득세를 과세하게 되는 불합리한 점을 보완하기 위한 것인 점에 비추어, 시행령 제73조 제1항 제1호에 의한 사실상의 잔금지급이 이루어지거나 같은 조 제3항에 의한 등기를 마침으로써 취득이 이루어진 경우에는 그 적용이 없다고 할 것이다. 같은 취지에서 원심이, 원고가 계약상 잔금지급일 이전에 이 사건 부동산에 관한 소유권이전등기를 마침으로써 취득세 과세요건은 완성되었다 할 것이고, 비록 그 등기일로부터 30일 이내에 계약이 해제되고 그 사실이 인증서에 의하여 입증된다고 하더라도 시행령 제73조 제1항 제2호 단서의 규정이 적용되지 않는다고 판단한 것은 정당하고"

238) 대법원 2020. 1. 30. 선고 2018두32927 판결 ; "해제권의 행사에 따라 부동산매매계약이 적법하게 해제되면 그 계약의 이행으로 변동되었던 물권은 당연히 그 계약이 없었던 상태로 복귀하는 것이므로 매도인이 비록 그 원상회복의 방법으로 소유권이전등기의 방식을 취하였다 하더라도 특별한 사정이 없는 이상 이는 매매 등과 유사한 새로운 취득으로 볼 수 없어 취득세 과세대상이 되는 부동산 취득에 해당하지 않는다."

239) ○ 대법원 2002. 6. 28. 선고 2000두7896 판결 ; "등록세는 재산권 기타 권리의 취득·이전·변경 또는 소멸에 관한 사항을 공부에 등기 또는 등록하는 경우에 등기 또는 등록이란 단순한 사실의 존재를 과세물건으로 하여 그 등기

※ 사해행위 취소의 조세법률관계에의 영향

민법 제406조의 채권자취소권의 행사[240]로 인한 **사해행위**의 '**취소**'와 원상회복은, 민법총칙상의 일반적인 '취소'와는 달리, 채권자와 수익자 또는 전득자 사이에서 상대적으로 그 효력이 발생할 뿐이고 채무자가 직접 권리를 소급하여 취득하는 것이 아니므로(채권자와 수익자·전득자 간 상대적·비소급적 무효), 채권자가 수익자와 전득자를 상대로 사해행위취소와 일탈재산의 원상회복을 구하는 판결을 받아 그 등기 등의 명의를 원상회복시켰다고 하더라도, ① '재산세 납세의무자'인 '사실상의 소유자'는 '수익자 또는 전득자'이고,[241] ② 명의수탁자인 '수익자·전득자'에 대한 '명의신탁증여의제 증여세' 규정의 적용이 배제되는 것은 아니며,[242] ③ 사해행위로 증여받은 '수익자의 상속인'이 상속 후의 사해

또는 등록을 받는 자에게 부과하는 세금으로서, 그 등기 또는 등록의 유·무효나 실질적인 권리귀속 여부와는 관계가 없는 것이므로 등기 또는 등록명의자와 실질적인 권리귀속 주체가 다르다거나 일단 공부에 등재되었던 등기 또는 등록이 뒤에 원인무효로 말소되었다 하더라도 위와 같은 사유는 그 등기 또는 등록에 따른 등록세 부과처분의 효력에 아무런 영향이 없다 할 것이다."

○ 대법원 2018. 4. 10. 선고 2017두35684 판결 ; "지방세법은 2010. 3. 31. 법률 제10221호로 전부 개정되면서 세목 체계를 간소화하기 위해 종래 등록세 중 취득과 관련된 과세대상을 취득세로 통합하고 나머지 과세대상에 대하여는 별도의 세목인 등록면허세를 신설하였다. … 등록면허세의 과세대상인 등록 … '제2장에 따른 취득을 원인으로 이루어지는 등기 또는 등록'을 제외하고 있다. … 법률상 유효한 취득을 원인으로 한 등기로 한정하고 있지는 않다. 따라서 등기의 원인이 무효인 경우라도 그 등기 자체가 등록면허세의 과세대상인 등록에서 제외되는 이른바 '취득을 원인으로 이루어지는 등기'가 아니라고 할 수는 없다. … 구 지방세법 제6조 제1호에서 정한 취득이라면 취득세의 과세 여부만 문제 될 뿐 등록면허세의 과세대상은 아니라고 할 것이고, 그 취득을 원인으로 등기가 이루어진 후 등기의 원인이 무효로 밝혀져 취득세 과세대상에 해당하지 않더라도 등록면허세 납세의무가 새롭게 성립하는 것은 아니라고 봄이 타당하다." ☞ 임야 소유자의 대리인을 자처하는 사람이 위임장을 위조하여 원고에게 임야를 매도하고 원고 명의의 소유권이전등기를 마쳤다가, 그 소유권이전등기의 말소를 명하는 판결이 확정되자, 원고의 기납부 취득세 등의 환급청구에 대해, 피고가 위 소유권이전등기가 원인무효라 하더라도 그 등기의 경료로 등록면허세 및 지방교육세 납세의무는 성립되었다고 보아, 등록면허세 및 지방교육세를 부과처분한 것이 위법하다고 한 예.

240) **민법 제406조(채권자취소권)** ① 채무자가 채권자를 해함을 알고 재산권을 목적으로 한 법률행위를 한 때에는 채권자는 그 취소 및 원상회복을 법원에 청구할 수 있다. 그러나 그 행위로 인하여 이익을 받은 자나 전득한 자가 그 행위 또는 전득당시에 채권자를 해함을 알지 못한 경우에는 그러하지 아니하다.
제407조(채권자취소의 효력) 전조의 규정에 의한 취소와 원상회복은 모든 채권자의 이익을 위하여 그 효력이 있다.

241) 대법원 2000. 12. 8. 선고 98두11458 판결 ; "지방세법 제182조 제1항은 과세기준일 현재 재산세과세대장에 소유자로 등재되어 있는 자를 재산세 납세의무자로 하고, 다만 권리의 양도 기타 사유로 인하여 재산세과세대장에 등재된 자의 권리에 변동이 생겼거나 재산세과세대장에 등재되지 아니하였을 때에는 사실상 소유자를 납세의무자로 한다고 규정하고 있는바, 위 규정의 취지는 원칙적으로 **재산세**는 당해 재산의 과세대장에 소유자로 등재된 사람이 납세의무를 부담하는 것이지만 재산세과세대장에 소유자로 등재되어 있는 자로부터 재산을 매수하여 그 대금 전액을 지불한 경우와 같이 실질적인 소유권 변동이 있는 경우에는 재산세과세대장상의 소유자 명의에 불구하고 그 재산을 사실상 소유하는 사람에게 재산세 납세의무를 부담시킨다는 것이다. 한편, 민법 제406조의 채권자취소권의 행사로 인한 사해행위의 취소와 일탈재산의 원상회복은 채권자와 수익자 또는 전득자에 대한 관계에 있어서만 그 효력이 발생할 뿐이고 채무자가 직접 권리를 취득하는 것이 아니므로 채권자가 수익자와 전득자를 상대로 사해행위취소와 일탈재산의 원상회복을 구하는 판결을 받아 그 등기 명의를 원상회복시켰다고 하더라도 재산세 납세의무자인 사실상의 소유자는 수익자라고 할 것이다."

242) 대법원 2012. 8. 23. 선고 2012두8151 판결 ; "이 사건 법률조항(**명의신탁증여의제** 증여세 규정)은 명의신탁제도를 이용한 조세회피행위를 효과적으로 방지하여 조세정의를 실현하기 위하여 실질과세원칙에 대한 예외를 인정한 것이다. 이러한 입법 취지에 더하여 조세회피를 목적으로 명의신탁에 따른 등기 등이 일단 이루어진 이상 그 후 사해행위취소 판결에 의하여 그 등기 등의 명의가 실제 소유자 앞으로 원상회복되었다고 하더라도 사해행위취소 판결에는 소급효가 없으므로 그때까지는 명의신탁에 따른 등기 등이 유지됨으로써 조세회피의 목적이 달성되는 점 등에 비추어

행위취소 판결을 후발적 경정청구 사유로 삼아 '상속세' 납세의무를 면할 수는 없다.[243)]

사해행위취소 판결로 주식의 증여계약이 취소되고 채무자 명의로 원상회복된 주식이 강제경매절차에서 매각되어 매각대금이 모두 채권자에게 배당된 경우, '증권거래세' 납세의무를 부담하는 '주권의 양도자'는 수익자 또는 전득자가 아닌 '채무자'이다.[244)]

※ 사법상 소급효의 조세 법률관계에의 영향

취소·해제에 의한 법률행위의 소급적 무효 이외에도, 사법상 소급효가 그대로 조세 법률관계에 영향을 미치는지 여부가 문제될 수 있는데, 세법에 별도 규정을 둔 경우가 많다. 상속재산의 분할은 상속개시된 때에 소급하여 그 효력이 있으나(민법 제1015조), 상속세 및 증여세법 제4조 제3항[245)246)]은

볼 때, 명의신탁에 따른 등기 등이 이루어지고 그에 대하여 과세관청이 이 사건 법률조항 본문에 따라 증여세 부과처분을 한 후 그 등기 등이 사해행위취소 판결로 원상회복되었다고 하여 이 사건 법률조항이 정한 증여의제규정의 적용이 배제되는 것은 아니라고 할 것이다. 따라서 위와 같은 사유는 구 국세기본법(2010. 1. 1. 법률 제9911호로 개정되기 전의 것, 이하 같다) 제45조의2 제2항이 정한 후발적 경정청구사유에 해당하지 않는다고 보아야 한다."

243) 대법원 2020. 11. 26. 선고 2014두46485 판결 ; "재산을 증여받은 수증자가 사망하여 증여받은 재산을 상속재산으로 한 상속개시가 이루어졌다면, 이후 사해행위취소 판결에 의하여 그 증여계약이 취소되고 상속재산이 증여자의 책임재산으로 원상회복되었다고 하더라도, 수증자의 상속인은 국세기본법 제45조의2 제2항이 정한 후발적 경정청구를 통하여 상속재산에 대한 **상속세** 납세의무를 면할 수 없다." ☜ 원심(서울고등법원 2014. 11. 20. 선고 2014누53027 판결)이, 이 사건 토지를 증여받은 소외인이 사망하여 그 토지를 상속재산으로 한 상속개시가 이루어진 이상, 이후에 소외 은행 등의 사해행위취소 판결에 의하여 그 증여계약이 취소되고 위 토지가 증여자의 책임재산으로 원상회복되어 강제집행까지 이루어졌다고 하더라도, 그러한 사유는 원고가 소외인의 상속인으로서 위 토지를 상속재산에 포함하여 이루어진 상속세 부과처분에 대하여 국세기본법 제45조의2 제2항에서 정한 후발적 경정을 청구할 사유에 해당하지 아니하므로, 원고의 경정청구를 거부한 처분이 적법하다는 취지로 판단한 것은 정당하다고 한 예.

244) 대법원 2020. 10. 29. 선고 2017두52979 판결 ; "증권거래세법은 주권 또는 지분(이하 '주권'이라 한다)의 양도를 **증권거래세**의 과세대상으로 정하고 있는데(제1조, 제2조 본문), '양도'는 계약상 또는 법률상의 원인에 의하여 유상으로 소유권이 이전되는 것을 말한다(제1조의2 제3항). … 증권거래세는 주권의 유상 양도라는 사실 자체를 포착하여 이익의 발생 여부와 관계없이 주권의 양도자를 담세자로 하여 과세되는 유통세이다. … 증권거래세는 주권의 유상 양도라는 사실 자체를 과세대상으로 하는 행위세이고, 주권이 증권시장 밖에서 증권회사를 통하지 않고 양도되는 경우 주권의 양도자가 담세자이자 납세의무자가 된다. 사해행위취소에 따라 채무자 소유명의로 원상회복된 주식이 강제경매절차에서 매각되는 경우 주권의 양도행위 자체에서 드러나는 주권의 양도자는 소유명의자인 채무자이다. 사해행위취소로 채권자의 강제집행을 위해 채무자 명의 책임재산으로 회복되는 것일 뿐 채무자가 그 재산에 대한 권리를 직접 취득하는 것은 아니라고 하더라도, 원상회복에 이은 강제경매절차에서 채무자 소유명의 주식이 매각되었다는 거래의 외관과 그 매각대금이 채무자의 채무 변제에 충당되어 채무 소멸의 효력이 발생하였다는 거래의 법률효과가 채무자 소유 주식이 강제경매절차에서 매각된 거래와 일치하는 만큼, 과세관청도 이러한 주권의 유상 양도라는 증권거래세 과세대상에 대해 주권의 양도자를 채무자로 보아 과세권을 행사해야 한다."

245) **상속세 및 증여세법 제4조**(증여세 과세대상) ③ 상속개시 후 상속재산에 대하여 등기·등록·명의개서 등(이하 "등기등"이라 한다)으로 각 상속인의 상속분이 확정된 후, 그 상속재산에 대하여 공동상속인이 협의하여 분할한 결과 특정 상속인이 당초 상속분을 초과하여 취득하게 되는 재산은 그 분할에 의하여 상속분이 감소한 상속인으로부터 증여받은 것으로 보아 증여세를 부과한다. 다만, 제67조에 따른 상속세 과세표준 신고기한 이내에 분할에 의하여 당초 상속분을 초과하여 취득한 경우와 당초 상속재산의 분할에 대하여 무효 또는 취소 등 대통령령으로 정하는 정당한 사유가 있는 경우에는 증여세를 부과하지 아니한다. [전문개정 2015.12.15.]

⇒ **영 제3조의2**(증여세 과세대상) 법 제4조 제3항 단서에서 "무효 또는 취소 등 대통령령으로 정하는 정당한 사유"란 다음 각 호의 어느 하나에 해당하는 경우를 말한다. 〈개정 2017.2.7〉

1. 상속회복청구의 소에 의한 법원의 확정판결에 따라 상속인 및 상속재산에 변동이 있는 경우

상속재산협의분할의 사법상 소급효를 제한한 증여의제 규정을 두고 있다.[247] 상속의 포기는 상속개시된 때에 소급하여 그 효력이 있으므로(민법 제1042조), 제1순위 상속인이었던 자가 상속개시 후 상속을 포기하는 경우에는 그 소급효에 의하여 상속개시 당시부터 상속인이 아니었던 것과 같은 지위에 놓이게 되나,[248] 상속세 및 증여세법 제2조 제4호는 "상속인"의 개념에 '상속을 포기한 사람'을 포함하는 것으로 규정하고 있다. 점유시효취득으로 인한 소유권 취득의 효력은 점유를 개시한 때에 소급하나(민법 제247조 제1항), 양도소득세에서의 '양도시기·취득시기'나 취득세에서의 '사실상 취득 시기'는 그 각 세법상 고유개념으로서 그 각 세법 규정에 따라 정해지고,[249] 점유시효취득의 민사상 소급효와

---

2. 「민법」 제404조에 따른 채권자대위권의 행사에 의하여 공동상속인들의 법정상속분대로 등기 등이 된 상속재산을 상속인 사이의 협의분할에 의하여 재분할하는 경우
3. 법 제67조에 따른 상속세과세표준 신고기한(이하 "상속세과세표준 신고기한"이라 한다) 내에 상속세를 물납하기 위하여 「민법」 제1009조에 따른 법정상속분으로 등기·등록 및 명의개서 등을 하여 물납을 신청하였다가 제71조에 따른 물납허가를 받지 못하거나 물납재산의 변경명령을 받아 당초의 물납재산을 상속인 사이의 협의분할에 의하여 재분할하는 경우

246) 지방세법 제7조 제13항은 상속세 및 증여세법 제4조 제3항 소정의 상속분 초과 취득 재산을 취득세 과세대상으로 의제하고 있다.

247) ○ 대법원 2002. 7. 12. 선고 2001두441 판결 ; "공동상속인 상호 간에 상속재산에 관하여 협의분할이 이루어짐으로써 공동상속인 중 일부가 고유의 상속분을 초과하는 재산을 취득하게 되었다고 하여도 이는 상속개시 당시에 소급하여 피상속인으로부터 승계받은 것으로 보아야 하고 다른 공동상속인으로부터 증여받은 것으로 볼 수 없으며, 상속세및증여세법 제31조 제3항에서 … 고 규정하고 있는 것은 각 상속인의 상속분이 확정되어 등기 등이 된 후 상속인들 사이의 별도 협의에 의하여 상속재산을 재분할하는 경우에 적용된다고 봄이 상당하다." ☞ 원심이, 이 사건 부동산에 관하여 당초 상속인들의 법정 상속분에 따른 소유권이전등기가 경료된 바 있기는 하나, 이는 상속인들 사이의 상속재산 분할에 관한 분쟁의 와중에서 분할에 관한 상속인들 사이의 합의 이전에, 또는 합의 이후에 그 합의내용에 반하여 피상속인의 장남인 소외인에 의하여 일방적으로 이루어진 것이므로, 위 제31조 제3항 소정의 각 상속인의 상속분이 확정되어 등기된 경우라고 볼 수 없고, 따라서 그 후 상속재산의 협의분할에 따라 이 사건 부동산에 관하여 원고의 법정 상속분을 초과하여 소유권경정등기가 경료되었다 하더라도 그 초과부분을 다른 상속인들로부터 증여받은 것으로 볼 수는 없다고 판단한 것은 정당하다고 한 예.
○ 대법원 1994. 3. 22. 선고 93누19535 판결 ; 1980. 8. 30. 원고의 남편인 소외 1이 사망한 뒤 공동상속인들이 상속재산인 부동산에 관하여 상속등기를 하지 않고 있던 중 소외 회사가 공동상속인들 중 1인인 소외 2에 대한 채권을 보전하기 위하여 1982. 4. 28. 공동상속인들의 명의로 그들의 법정상속지분에 따라 재산상속을 원인으로 한 소유권이전의 대위등기를 신청하여 그대로 상속등기가 경료되었는데, 공동상속인들은 1983. 7. 6.경 상속부동산을 원고의 단독소유로 하기로 하는 상속재산분할협의를 마치고 그 달 11. 상속부동산 위에 원고 명의의 가등기까지 마쳤으나 본등기를 미루어 오다가 뒤늦게 본등기를 하면서 그 등기의 편의상 법무사가 요청하는 대로 1990. 12. 28.과 1991. 1. 7.에 2회에 걸쳐 분할협의를 한 양 그 약정서를 작성한 사안에서, "상속개시 후 타인의 대위에 의한 법정상속지분대로의 상속등기가 이루어진 상태를 오랜 기간 방치하여 두었다가 10년이 지난 후에야 공동상속인 간에 위 등기내용과 다른 협의분할이 실현되었고 원고가 위에서 본 바와 같이 대위등기에 기하여 다른 공동상속인들의 지분에 대하여 가등기를 경료하였다 하여도 그것이 오히려 위에서 본 바와 같이 다른 공동상속인들에 대한 협의분할을 원인으로 한 원고 앞으로의 등기청구권을 보전하기 위한 것임이 인정되는 이상 그 사유만으로는 위와 달리 판단할 만한 특별한 사유가 되지 못한다."고 판시하여 원고가 법정상속분을 초과하는 상속재산을 다른 공동상속인들로부터 증여받았음을 전제로 하는 이 사건 과세처분은 위법하다고 판단한 것은 수긍할 수 있다고 한 예.

248) 대법원 2009. 2. 12. 선고 2004두10289 판결.

249) ○ 대법원 1997. 5. 7. 선고 96누525 판결 ; "구 소득세법(1994. 12. 22. 법률 제4803호로 전문 개정되기 전의 것) 제27조와 같은법시행령(1994. 12. 31. 대통령령 제14467호로 전문 개정되기 전의 것) 제53조에서 규정하고 있는 자산의 취득시기 및 양도시기는 특별한 규정이 없는 한 사실상 소유권을 취득한 시점을 기준으로 하고 있고, 취득시효가 완성된 부동산의 점유자는 그 시효 완성 시에 사실상의 소유권을 취득한다고 할 것이므로, 취득시효 완성 시를

는 무관하다.

※ '부동산' '명의신탁'과 조세 법률관계

'부동산 실권리자명의 등기에 관한 법률'(이하 '부동산실명법'이라 한다) 제4조에 따라, 부동산 명의신탁약정[250]은 무효이고(제1항), '매도인 선의의 계약명의신탁'[251] 이외의 명의신탁약정에 따른 물권변동도 무효(제2항)이지만, 그 각 무효로 제3자에게 대항하지는 못한다(제3항). 부동산 명의신탁의 유형은, ① 양자(2자) 간 등기명의신탁,[252] ② 3자 간 등기명의신탁,[253] ③ 계약명의신탁[254]으로 나뉜다.[255]

위 법령상의 취득시기로 보아야 할 것이고, 민법 제247조 제1항이 정하고 있는 취득시효의 소급효는 주로 취득시효기간 동안의 점유자의 점유를 적법한 것으로 본다는 데 의미가 있으므로 위 조항을 이유로 취득시기를 달리 볼 것은 아니라고 할 것이다." ☞ **소득세법 시행령 제162조(양도 또는 취득의 시기) ① 6.** 「민법」 제245조 제1항의 규정에 의하여 부동산의 소유권을 취득하는 경우에는 당해부동산의 점유를 개시한 날

○ 대법원 2004. 11. 25. 선고 2003두13342 판결 ; "취득세는 … 사실상의 취득행위 자체를 과세객체로 하는 것이고, 지방세법 제105조 제2항 … 사실상으로 취득한 때에는 이를 취득한 것으로 보도록 규정하고 있으므로, 부동산에 관한 점유취득시효가 완성되면 취득자는 유상승계취득에 있어 잔금이 청산된 경우와 같이 등기명의인에 대하여 소유권이전등기청구권을 가지게 되는 등 그 자체로 취득세의 과세객체가 되는 사실상의 취득행위가 존재한다고 봄이 상당하다. 같은 취지에서 원심이, 원고가 이 사건 부동산을 취득한 시기는 피고의 주장과 같이 시효취득을 원인으로 원고가 제기한 소유권이전등기청구소송에서 이전등기를 명하는 법원의 결정이 확정된 2002. 7. 28.이 아니라 점유개시로부터 20년의 점유취득시효가 완성된 1991. 6. 9.이라고 할 것이며 이에 따른 취득세의 신고납부기한 다음날인 1991. 7. 9.부터 5년의 부과제척기간이 진행되어 이 사건 처분일인 2002. 8. 2.에는 이미 제척기간이 만료되었다고 판단한 것은 정당하고"

250) "명의신탁약정"이란 부동산에 관한 소유권이나 그 밖의 물권(= "부동산에 관한 물권")을 보유한 자 또는 사실상 취득하거나 취득하려고 하는 자[= "실권리자"]가 타인과의 사이에서 대내적으로는 실권리자가 부동산에 관한 물권을 보유하거나 보유하기로 하고 그에 관한 등기(가등기 포함)는 그 타인의 명의로 하기로 하는 약정[위임·위탁매매의 형식에 의하거나 추인에 의한 경우 포함]을 말한다(부동산실명법 제2조 제1호).

251) "부동산에 관한 물권을 취득하기 위한 계약에서 명의수탁자가 어느 한쪽 당사자가 되고 상대방 당사자는 명의신탁약정이 있다는 사실을 알지 못한 경우"(부동산실명법 제4조 제2항 단서).

252) 명의신탁자가 그 소유인 부동산의 등기명의를 명의수탁자에게 이전하는 '양자 간 등기명의신탁'('신탁자 소유 부동산에 관한 양자 간 등기명의신탁')이 전형적이지만, 부동산 소유자가 그 소유하는 부동산의 전부 또는 일부 지분에 관하여 제3자(명의신탁자)를 위하여 '대외적으로만' 보유하는 관계에 관한 약정(명의신탁약정)을 하는 '수탁자 소유 부동산에 관한 양자 간 등기명의신탁'도 있는데, 두 유형의 구체적 법률관계는 상이하다.

253) 중간생략등기형 명의신탁이라고도 하고, 신탁자가 수탁자와 명의신탁 약정을 맺고 신탁자가 매매계약의 당사자가 되어 매도인과 매매계약을 체결하되 다만 등기를 매도인으로부터 수탁자 앞으로 직접 이전하는 명의신탁 관계를 말한다(2001도6209).

254) 계약명의신탁이라 함은, 신탁자가 수탁자와 명의신탁 약정을 맺고 수탁자가 매매계약의 당사자가 되어 매도인과 매매계약을 체결한 후 그 등기를 수탁자 앞으로 이전등기하는 경우의 명의신탁 관계를 말한다(2001도6209). 매도인이 명의신탁약정의 존재 사실에 대하여 선의인지, 악의인지에 따라 구체적 법률관계가 달라진다.

255) ◎ 3자간 등기명의신탁과 계약명의신탁의 구별
어떤 사람이 타인을 통하여 부동산을 매수함에 있어 매수인 명의 및 소유권이전등기 명의를 그 타인 명의로 하기로 하였다면 특별한 사정이 없는 한 대외적으로는 그 타인을 매매 당사자로 보아야 할 것이므로(2010다41348, 2010다41355 판결, 2005다48154, 48161 판결 등), 명의신탁약정이 '3자간 명의신탁 약정'인지 '계약명의신탁'인지 문제되는 경우 원칙적으로 '계약명의신탁'으로 보아야 하고, '3자간 명의신탁 약정'이라고 주장하는 측이 그 사실을 증명하여야 한다. '계약명의자인 명의수탁자가 아니라 명의신탁자에게 계약에 따른 법률효과를 직접 귀속시킬 의도로 계약을 체결하였다는 등의 특별한 사정'이 인정된다면 명의신탁자가 계약당사자이므로, 3자간 등기명의신탁으로 보아야 하겠지만(2010다52799), 명의신탁관계는 그들 사이의 내부적인 관계에 불과하므로 '계약의 상대방인 매도인이 그

부동산실명법 제8조 각 호에 따라, ① 종중의 명의신탁, ② 부부 간 명의신탁, ③ 종교단체 산하 조직 보유 부동산에 관한 종교단체 명의의 명의신탁은 '유효'하고, 유효한 명의신탁의 일반적 법리에 따라, 신탁자와 수탁자와의 대내적 관계에서는 소유권이 신탁자에게 유보되고, 제3자에 대한 대외적 관계에서는 수탁자만이 소유자로 되지만(85다카253), ① 조세 포탈, ② 강제집행의 면탈 또는 ③ 법령상 제한의 회피를 목적으로 하는 명의신탁의 경우에는 '무효'이다.

(1) 양도소득세

매도인이 매수인(명의신탁자)과 명의수탁자 간 '3자 간 등기명의신탁' 약정에 따라 수탁자 명의로 소유권이전등기를 마쳐준 다음 대금을 청산한 경우, 매도인은 양도소득세 납세의무를 부담하고,[256] 그 양도시기는 수탁자 명의로의 등기일이 아니라 신탁자와의 대금청산일이다.[257] 매도인 선의의 계약명의신탁에서 매도인으로부터 명의수탁자로의 소유권이전은 유효하므로, 매도인은 양도소득세 납세의무를 부담한다. 2자 간 등기명의신탁에서 신탁자로부터 수탁자로의 소유권이전등기, 3자 간 등기명의신탁에서 매도인으로부터 명의수탁자로의 소유권이전등기[258]는 둘 다 무효이므로, 양도소득세 납세의무 대상이 아니다.

명의신탁자가 자신의 의사로 명의신탁재산을 양도한 경우에는 명의신탁자, 명의수탁자가 임의로 양도한 경우에는 '특별한 사정'(양도소득 전액을 명의신탁자에게 즉시 자발적으로 환원한 경우)이 없는 한 명의수탁자가 양도소득세의 납세의무자가 된다.[259] 명의신탁 주택이 '1세대 3주택 이상에 해당하는 주택'

명의신탁관계를 알고 있었다'는 것만으로는 위와 같은 특별한 사정을 인정하기에 부족하다(2013스133).

256) 대법원 2016. 10. 27. 선고 2016두43091 판결 ; "3자 간 등기명의신탁의 경우 명의신탁약정과 그에 따른 수탁자 명의의 등기는 무효이나 매도인과 명의신탁자 사이의 매매계약은 여전히 유효하다. … 매도인과 명의신탁자 사이의 매매계약이 유효한 이상 명의신탁자로부터 매매대금을 전부 수령한 매도인은 소득세법상 양도소득세 납세의무를 부담하게 되고, 이후 명의신탁자가 자신의 의사에 따라 부동산을 양도할 경우 그 양도소득에 대한 납세의무는 명의신탁자가 부담하여야 한다."

257) 대법원 2018. 11. 9. 선고 2015두41630 판결.

258) 대법원 2018. 11. 9. 선고 2015두41630 판결 참조.

259) ◎ **명의신탁 부동산의 양도에 대한 양도소득세의 납세의무자**

○ 대법원 2003. 12. 12. 선고 2003다30616 판결 ; "명의신탁자가 부동산을 양도하여 그 양도로 인한 소득이 명의신탁자에게 귀속되었다면, 국세기본법 제14조 제1항 등에서 규정하고 있는 실질과세의 원칙상 당해 양도소득세의 납세의무자는 양도의 주체인 명의신탁자이지 명의수탁자가 그 납세의무자가 되는 것은 아니다." ☞ 실질적인 소유자가 아닌 명의수탁자에 대한 양도소득세 부과처분은 그 하자가 중대·명백하다고 할 수 없어 당연 무효라고 볼 수는 없다.

○ 대법원 2014. 9. 4. 선고 2012두10710 판결 [2자간 등기명의신탁 사안] ; "명의신탁자가 자신의 의사에 의해 명의신탁재산을 양도하는 경우에는 그가 양도소득을 사실상 지배, 관리, 처분할 수 있는 지위에 있다고 할 것이어서 양도소득의 납세의무자가 된다고 할 것이지만 명의수탁자가 명의신탁자의 위임이나 승낙 없이 임의로 명의신탁재산을 양도하였다면 그 양도주체는 명의수탁자이지 명의신탁자가 아니고 양도소득이 명의신탁자에게 환원되지 않는 한 명의신탁자가 양도소득을 사실상 지배, 관리, 처분할 수 있는 지위에 있지 아니하므로 '사실상 소득을 얻은 자'로서 양도소득세의 납세의무자가 된다고 할 수 없다. … 명의수탁자가 명의신탁자의 위임이나 승낙 없이 임의로 처분한 명의신탁재산으로부터 얻은 양도소득을 명의신탁자에게 환원하였다고 하기 위하여는, 명의수탁자가 양도대가를 수령하는 즉시 그 전액을 자발적으로 명의신탁자에게 이전하는 등 사실상 위임사무를 처리한 것과 같이 명의신탁자가 양도소득을 실질적으로 지배, 관리, 처분할 수 있는 지위에 있어 명의신탁자를 양도의 주체로 볼 수 있는 경우라야 하고, 특별한 사정이 없는 한 단지 명의신탁자가 명의수탁자에 대한 소송을 통해 상당한 시간이 경과한 후에 양도대가 상당액을 회수하였다고 하여 양도소득의 환원이 있다고 할 수는 없다." ☞ 대법원 1999. 11. 26. 선고 98두7084 판결 ; 수탁자가

인지 여부를 판단함에 있어, 3자 간 등기명의신탁의 경우에는 명의신탁자의 소유로,260) '매도인 선의의 계약명의신탁'의 경우에는 명의수탁자의 소유로261) 보아 판단한다.

(2) 상속세·증여세

납세자가 부정행위로 상속세·증여세를 포탈하는 경우로서 '제3자의 명의로 되어 있는 피상속인 또는 증여자의 재산을 상속인이나 수증자가 보유하고 있거나 그 자의 명의로 실명전환을 한 경우'에는 해당 재산의 상속 또는 증여가 있음을 안 날부터 1년 이내에 상속세 및 증여세를 부과할 수 있는 '부과제척기간 특례' 규정이 있다.262)

임의로 허위채무 부담을 통한 강제경매의 방법으로 명의신탁재산을 처분하자 신탁자가 채권가압류, 손해배상청구소송 및 강제집행 등 강제적인 방법을 통하여 그 경락대금의 일부를 불법행위로 인한 손해배상으로 수령한 경우, 양도소득이 신탁자에게 환원된 것으로 볼 수 없다고 한 사례.

○ 대법원 1997. 10. 10. 선고 96누6387 판결 ; "명의신탁된 부동산의 양도로 인한 자산양도차익 예정신고·납부를 해야 하는 자는 양도의 주체인 명의신탁자라고 할 것이므로 명의수탁자의 명의로 신고·납부한 것은 납세의무자의 적법한 신고·납부로 볼 수 없다 하여 소외 1 명의의 신고 부분에 대한 예정신고납부세액공제를 배제하고 신고·납부불성실가산세를 부과한 이 사건 부과처분은 적법하다."

○ 대법원 1995. 11. 10. 선고 95누4551 판결 ; '과세관청이 명의신탁 사실을 모르고 부동산의 양도에 따른 양도소득세를 명의수탁자에게 부과한 경우, 명의수탁자가 이를 행정상 쟁송 또는 소송을 통하여 다투지 아니함으로써 형식적으로 명의수탁자의 양도소득세의 납부의무가 확정되었다고 하여 위 부동산의 양도에 따른 명의신탁자의 양도소득세의 납부의무가 소멸하는 것은 아니므로, 과세관청이 위 양도소득세 체납을 이유로 명의신탁 재산인 부동산을 공매한 후 그 매득금 중 대부분을 위 체납세액에 충당한 것이라면, 위 부동산의 양도소득인 위 공매대금 중 체납세액에 충당한 금원 상당은 사실상 명의신탁자에게 귀속되었다고 보아야 한다.'고 한 예.

○ 대법원 1993. 9. 24. 선고 93누517 판결 ; "이미 증여세가 과세된 부동산이 양도된 경우에 있어서도 증여세와 양도소득세는 납세의무의 성립요건과 그 시기 및 납세의무자를 서로 달리하는 것으로서, 과세관청이 각 부과처분을 함에 있어서 납세의무자를 누구로 볼 것인가는 각각의 과세요건에 따라 그 실질에 맞추어 독립적으로 판단하여야 하는 것이고, 이 경우 설사 부동산의 명의자가 그에게 부과된 증여세액을 자진납부한 바 있다고 하더라도, 그 후 당해 부동산의 양도시를 기준으로 당초의 명의자 앞으로의 등기가 명의신탁등기로서 당해 양도행위 및 소득귀속의 주체가 여전히 명의신탁자임이 밝혀졌다면, 그 실질상의 양도인인 명의신탁자를 양도소득세의 납세의무자로 하는 것이 당연한 것이며, 단지 명의수탁자가 그에게 부과된 증여세를 납부하였다는 이유만으로 다시 위 부동산의 양도에 따른 양도소득세도 명의수탁자에게 부과하여야 한다고는 할 수 없다. … 과세관청이 위 증여세와 양도소득세에 관한 과세권을 행사함에 있어 목적부동산의 소유권의 귀속에 관하여 상반된 입장을 취하였다는 이유만으로 명의신탁자에 대한 양도소득세부과처분이 신의성실의 원칙이나 금반언의 원칙에 위배되는 것이라고는 볼 수 없다 할 것이다."

260) 대법원 2016. 10. 27. 선고 2016두43091 판결 ; "3자 간 등기명의신탁 관계에서는 명의신탁자가 대상 주택을 지배·관리하면서 사실상 이를 처분할 수 있는 지위에 있고 그 처분에 따른 소득의 귀속주체가 된다는 점에서, 투기 목적의 주택 소유를 억제하려는 이 사건 조항의 입법 취지 등을 고려할 때 위 조항의 적용에 있어서는 명의신탁자가 대상 주택을 소유하는 것으로 봄이 옳다."

261) 대법원 2014. 2. 13. 선고 2011두5056 판결 ; 甲이 자신이 소유한 주택을 양도하였고 위 주택 양도 당시 아파트를 보유하고 있었는데 甲과 함께 1세대를 구성하는 甲의 처 乙이 丙 등과 공동투자약정에 따라 또 다른 재건축아파트의 조합원 분양권을 취득하여 장차 건립될 신규아파트의 입주자로 선정된 후 丙에게 신규아파트의 조합원 분양권을 양도하여 丙 명의로 소유권보존등기가 마쳐지자, 과세관청이 甲의 위 주택의 양도가 1세대3주택 소유자의 주택 양도에 해당한다고 보아 甲에게 양도소득세 중과세 부과처분을 한 사안에서, 신규아파트에 관한 분양계약의 상대방으로서 분양계약에 관한 수분양자 명의의 변경에 동의 또는 승낙한 재건축조합이 乙과 丙 사이의 신규아파트 중 乙의 투자지분에 상응하는 1/4 지분에 관한 명의신탁 약정사실을 알고 있었다는 점에 대한 과세관청의 증명이 없는 한, 신규아파트에 관하여 소유권보존등기를 마친 丙으로서는 乙이 명의신탁한 신규아파트 중 1/4 지분에 관하여 완전한 소유권을 취득하므로, 乙이 신규아파트 중 1/4 지분을 소유하고 있다고 볼 수 없음에도 이와 달리 본 원심판결에 위법이 있다고 한 사례.

262) 국세기본법 제26조의2 제5항 제1호.

(3) 취 득 세

3자 간 등기명의신탁에서 매도인으로부터 명의신탁자로의 사실상의 소유권 이전,[263] 매도인 선의의 계약명의신탁에서 매도인으로부터 명의수탁자로의 소유권이전,[264] 유효한 명의신탁관계[265]에서 신탁자로부터 수탁자에게로 경료된 소유권이전등기가 명의신탁해지를 원인으로 말소되거나[266] 명의신탁해지를 원인으로 한 신탁자 명의의 소유권이전등기[267]가 된 경우는 취득세 납세의무 대상이고,

---

263) 대법원 2018. 3. 22. 선고 2014두43110 전원합의체 판결의 다수의견 ; "매수인이 부동산에 관한 매매계약을 체결하고 소유권이전등기에 앞서 매매대금을 모두 지급한 경우 사실상의 잔금지급일에 … '사실상 취득'에 따른 취득세 납세의무가 성립하고, 그 후 그 사실상의 취득자가 그 부동산에 관하여 매매를 원인으로 한 소유권이전등기를 마치더라도 이는 잔금지급일에 '사실상 취득'을 한 부동산에 관하여 소유권 취득의 형식적 요건을 추가로 갖춘 것에 불과하므로, 잔금지급일에 성립한 취득세 납세의무와 별도로 그 등기일에 … '취득'을 원인으로 한 새로운 취득세 납세의무가 성립하는 것은 아니다. 이러한 법리는 매매대금을 모두 지급하여 부동산을 사실상 취득한 자가 3자간 등기명의신탁 약정에 따라 명의수탁자 명의로 소유권이전등기를 마쳤다가 그 후 해당 부동산에 관하여 자신의 명의로 소유권이전등기를 마친 경우에도 마찬가지로 적용된다고 할 것이다. … 3자간 등기명의신탁에서 명의신탁자의 매수인 지위는 일반 매매계약에서 매수인 지위와 근본적으로 다르지 않다. … 명의신탁자가 부동산에 관한 매매계약을 체결하고 매매대금을 모두 지급하였다면 잔금지급일에 … '사실상 취득'에 따른 취득세 납세의무가 성립한다. … 명의수탁자 명의의 소유권이전등기를 이유로 이미 성립한 명의신탁자의 취득세 납세의무가 소급하여 소멸한다거나 성립하지 않았다고 볼 수는 없다. … 명의신탁자가 명의수탁자 명의의 소유권이전등기를 말소한 다음 그 부동산에 관하여 매도인으로부터 자신의 명의로 소유권이전등기를 마치더라도, 이는 당초의 매매를 원인으로 한 것으로서 잔금지급일에 '사실상 취득'을 한 부동산에 관하여 소유권 취득의 형식적 요건을 추가로 갖춘 것에 불과하다. … 명의수탁자로부터 바로 소유권등기를 이전받는 형식을 취하였다고 하여 위와 달리 평가할 수도 없다. … 어느 경우이든 잔금지급일에 성립한 취득세 납세의무와 별도로 그 등기일에 새로운 취득세 납세의무가 성립한다고 볼 수는 없다." ☞ 이러한 법리는 부동산실명법 시행 전에 매매대금을 모두 지급하여 부동산을 사실상 취득한 자가 3자 간 등기명의신탁 약정에 따라 명의수탁자 명의로 소유권이전등기를 마쳤다가 그 후 부동산실명법 제11조에서 정한 유예기간의 경과에 따라 무효가 된 명의수탁자 명의의 소유권이전등기를 말소한 다음 그 부동산에 관하여 당초 매매를 원인으로 하여 그 명의로 소유권이전등기를 마친 경우에도 마찬가지로 적용된다(대법원 2013. 3. 14. 선고 2010두28151 판결).

264) ○ 대법원 2017. 7. 11. 선고 2012두28414 판결 ; "계약명의신탁에 의하여 부동산의 등기를 매도인으로부터 명의수탁자 앞으로 이전한 경우 명의신탁자는 매매계약의 당사자가 아니고 명의수탁자와 체결한 명의신탁약정도 무효이어서 매도인이나 명의수탁자에게 소유권이전등기를 청구할 수 있는 지위를 갖지 못한다. 따라서 명의신탁자가 매매대금을 부담하였더라도 그 부동산을 사실상 취득한 것으로 볼 수 없으므로, 명의신탁자에게는 취득세 납세의무가 성립하지 않는다."

○ 대법원 2017. 9. 12. 선고 2015두39026 판결 ; "명의신탁자와 명의수탁자가 계약명의신탁약정을 맺고 명의수탁자가 당사자가 되어 명의신탁약정이 있다는 사실을 알지 못하는 소유자와 부동산에 관한 매매계약을 체결한 경우 그 계약은 일반적인 매매계약과 다를 바 없이 유효하므로, 그에 따라 매매대금을 모두 지급하면 소유권이전등기를 마치지 아니하였더라도 명의수탁자에게 취득세 납세의무가 성립하고, 이후 그 부동산을 제3자에게 전매하고서도 최초의 매도인이 제3자에게 직접 매도한 것처럼 소유권이전등기를 마친 경우에도 마찬가지이다."

265) 부동산실명법 제2조 제1호 단서 소정의 '양도담보', '구분소유적 공유관계의 상호명의신탁'과 부동산실명법 제8조 소정의 '종중, 배우자 및 종교단체'의 명의신탁은 유효하다.

266) ○ 대법원 1999. 9. 3. 선고 98다12171 판결 ; "명의신탁에 의하여 신탁자로부터 수탁자에게로 경료된 부동산에 관한 소유권이전등기를 그 해지를 원인으로 하여 말소하는 경우라면 이로써 명의신탁에 의하여 대외관계에 있어서 수탁자에게 이전되었던 당해 부동산의 소유권이 다시 신탁자에게로 회복되어 신탁자는 그 소유권을 새로이 취득하는 것이라 할 것이고, 따라서 이는 위 지방세법의 규정에서 말하는 부동산의 취득에 해당한다."

○ 대법원 1999. 10. 8. 선고 98두11496 판결 ; "원고가 소외인 등 4인에게 이 사건 각 부동산을 양도담보로 제공하여 위 소외인들 명의로 매매를 원인으로 한 각 소유권이전등기를 경료하였다가 그 후 차용금을 변제하고 위 소외인들로부터 위 각 소유권이전등기의 말소등기를 경료받은 것은 … 취득세 과세대상이 되는 부동산 취득에 해당한다."

267) ○ 대법원 2002. 5. 28. 선고 2002두2079 판결 ; "취득세의 부과대상이 되는 부동산의 취득은 원칙적으로 소유권이전의

명의신탁 부동산을 제3자에게 처분한 경우 제3자의 등기는 유효하므로 이 역시 취득세 납세의무 대상[268]이지만, 2자 간 등기명의신탁에서 명의신탁자로부터 수탁자로의 소유권이전,[269] 3자 간 등기명의신탁에서 매도인으로부터 수탁자로의 소유권이전등기[270]는 취득세 납세의무 대상이 아니다.

부동산 명의신탁약정에 따른 실권리자의 사실상 취득으로서 법정신고기한까지 과세표준 신고서를 제출하지 아니한 경우의 부과제척기간은 10년이다.[271]

(4) 재 산 세

3자간 등기명의신탁의 신탁자가 매수인으로서 대금을 모두 지급한 경우, 재산세 과세기준일 당시 소유권이전등기를 마치기 전이라도 부동산의 실질적 소유자로서 재산세 납부의무를 부담하고, 등기명의자인 수탁자가 과세처분에 따라 재산세를 납부했다 하더라도 신탁자에게 부당이득반환청구권을 갖는 것은 아니다.[272]

형식에 의한 부동산 취득의 모든 경우를 포함하므로 명의신탁해지를 원인으로 소유권이전등기를 마친 경우도 여기에 해당하고, 또 토지의 특정 부분을 구분하여 취득하고 편의상 그 토지 전체에 대하여 지분이전등기를 마친 이른바 구분소유적 공유관계에 있는 등기부상의 공유자가 공유자들 상호간의 명의신탁관계를 해소하기 위하여 명의신탁해지를 원인으로 한 지분이전등기를 마친 경우도 취득세 비과세대상을 한정적으로 규정한 위 지방세법 제110조 제4호의 '공유권의 분할로 인한 취득'에 해당하지 아니하므로 취득세 부과대상에 해당한다."

○ 대법원 1991. 6. 11. 선고 90누8114 판결 ; "원고가 명의수탁자인 소외회사로부터 명의신탁을 해지하고 그 소유권이전등기를 넘겨받았다 하더라도 이와 같은 경우에는 … 취득세비과세대상에 해당하지 아니하는 것"

268) 대법원 2018. 3. 22. 선고 2014두43110 전원합의체 판결 다수의견의 보충의견 ; "명의수탁자 명의의 등기에 기초하여 부동산을 취득한 제3자에게 취득세 납세의무가 성립한다고 하여 그 등기를 보유하였던 명의수탁자에게도 마찬가지로 취득세 납세의무가 성립한다고 보아야 할 근거는 없다."

269) 대법원 2017. 12. 13. 선고 2015두52296 판결 ; "원심은 … 유치원 건물의 소유권자인 ○○○교회가 소외인에게 위 유치원 건물에 관한 소유권보존등기 명의를 신탁하였다고 전제한 다음, … 위 소유권보존등기는 무효로서 원고를 비롯한 상속인들은 그 말소등기의무를 승계한 것에 불과하고 상속등기를 마치지도 아니하였으므로, 원고가 소외인의 상속인이더라도 위 유치원 건물에 관한 취득세를 납부할 의무가 없다는 취지로 판단하였다. … 명의수탁자의 취득세 납세의무에 관한 법리를 오해한 잘못이 없다."

270) 대법원 2018. 3. 22. 선고 2014두43110 전원합의체 판결 다수의견의 보충의견 ; "명의수탁자 명의로 등기할 때 객관적으로 취득세 납세의무가 없음에도 위법한 행위를 숨기기 위해 취득세를 신고납부하게 되는 문제는 일반원칙으로 돌아가 경정청구제도 등을 통하여 시정하면 충분하다. … 무효인 명의신탁약정에 따라 아무런 효력이 없는 등기만을 보유하고 있을 뿐인 명의수탁자는 신탁부동산을 유효하게 취득할 수 없으므로 명의수탁자에게 취득세 납세의무가 성립한다고 볼 수 없고"

271) 지방세기본법 제38조 제1항 제2호 나목. 앞서의 취득세 납세의무 대상 사례 중 '3자 간 등기명의신탁에서 매도인으로부터 명의신탁자로의 사실상의 소유권 이전'이 여기에 해당한다.

272) 대법원 2020. 9. 3. 선고 2018다283773 판결 ; "명의신탁자가 소유자로부터 부동산을 양수하면서 명의수탁자와 사이에 명의신탁약정을 하여 소유자로부터 바로 명의수탁자 명의로 해당 부동산의 소유권이전등기를 하는 3자간 등기명의신탁의 경우 명의신탁자의 매수인 지위는 일반 매매계약에서 매수인 지위와 근본적으로 다르지 않으므로, 명의신탁자가 부동산에 관한 매매계약을 체결하고 매매대금을 모두 지급하였다면 재산세 과세기준일 당시 그 부동산에 관한 소유권이전등기를 마치기 전이라도 해당 부동산에 대한 실질적인 소유권을 가진 자로서 특별한 사정이 없는 한 그 재산세를 납부할 의무가 있다. 그런데 과세관청이 3자간 등기명의신탁에 따라 해당 부동산의 공부상 소유자가 된 명의수탁자에게 재산세 부과처분을 하고 이에 따라 명의수탁자가 재산세를 납부하였더라도 명의수탁자가 명의신탁자 또는 그 상속인을 상대로 재산세 상당의 금액에 대한 부당이득반환청구권을 가진다고 보기는 어렵다." ☛ 이러한 법리는 양자간 등기명의신탁 또는 3자간 등기명의신탁의 명의수탁자가 명의신탁된 해당 부동산에 부과된 **종합부동산세** 또는 해당 부동산을 이용한 임대사업으로 인한 **임대소득**과 관련된 **종합소득세**, **지방소득세**, **부가가치세** 등을 납부한 경우에

특수관계인

○ 대법원 2020. 12. 10. 선고 2020두39754 판결[증여세부과처분취소]

▌국세기본법 우선 적용 원칙, 특수관계인

판시사항

원심이, 소외 3(소외 1이 경영에 관하여 사실상의 영향력을 행사하고 있는 기업집단의 소속기업에서 임원으로 재직하다가 퇴직 후 5년이 경과하지 않은 2012. 7. 4. 원고 공익재단의 이사로 취임한 사람)이 소외 1(원고 공익재단에 대한 주식 출연자)의 **특수관계인**에 해당하는지 여부를 2019. 12. 31. 개정 전의 구 국세기본법 제3조 제1항 본문 소정의 **국세기본법 우선 적용 원칙**에 따라 2012. 2. 2. 개정 **상속세 및 증여세법 시행령** 제12조의2 제1항 제3호 가.목[273]이 아니라 **국세기본법 제2조 제20호**[274]에 따라 판단하여야 한다는 **원고의 주장**[275]을 **배척**[276]한 것이 정당하다고 한 예. ☛ 2019. 12. 31. 개정 국세기본법 제3조 제1항 도 같다(대법원 2020. 11. 26. 선고 2019다298222, 298239 판결).

273) 본인이 개인인 경우: 본인이 직접 또는 본인과 제1호에 해당하는 관계에 있는 자가 임원에 대한 임면권의 행사 및 사업방침의 결정 등을 통하여 그 경영에 관하여 사실상의 영향력을 행사하고 있는 기획재정부령으로 정하는 기업집단의 소속 기업[해당 기업의 임원(「법인세법 시행령」 제20조제1항제4호에 따른 임원과 퇴직 후 5년이 지나지 아니한 그 임원이었던 사람을 말한다. 이하 같다)을 포함한다]

274) 2011. 12. 31. 개정 **국세기본법 제2조 제20호 다목** 주주·출자자 등 대통령령으로 정하는 경영지배관계
2012. 2. 2. 개정 **국세기본법 시행령 제1조의2**(특수관계인의 범위) ③ 법 제2조 제20호 다목에서 "주주·출자자 등 대통령령으로 정하는 경영지배관계"란 다음 각 호의 구분에 따른 관계(이하 "경영지배관계"라 한다)를 말한다.
1. 본인이 개인인 경우 ☛ 해당 기업의 '임원'은 포함되어 있지 않다.
 가. 본인이 직접 또는 그와 친족관계 또는 경제적 연관관계에 있는 자를 통하여 법인의 경영에 대하여 지배적인 영향력을 행사하고 있는 경우 그 법인
 나. 본인이 직접 또는 그와 친족관계, 경제적 연관관계 또는 가목의 관계에 있는 자를 통하여 법인의 경영에 대하여 지배적인 영향력을 행사하고 있는 경우 그 법인

275) **원고의 주장 ; 구 국세기본법 제3조 제1항 본문**에 의하면 국세기본법은 개별세법에 우선하여 적용되는 것이고, 이에 대한 예외는 같은 항 **단서**에 의하여 같은 항 각 호에 열거된 사항에 한하여, 법률 형태의 특례규정으로만 허용되는데, 국세기본법 제3조 제1항 각호에서는, 특수관계인의 범위를 정하고 있는 '국세기본법 제1장(총칙) 제1절(통칙) 제2조'를 개별세법으로 하여금 특례규정을 둘 수 있는 예외적인 경우로 규정하지 않고 있을 뿐만 아니라, 법률이 아닌 상속세 및 증여세법 시행령에서 퇴직 임원을 특수관계인으로 규정하고 있으므로, 상속세 및 증여세법 시행령상 특수관계인 규정을 국세기본법 우선 적용원칙의 예외가 되는 특례규정으로 볼 수 없다. 따라서 소외 3이 소외 1의 특수관계인인지 여부는 국세기본법을 기준으로 판단하여야 하고, 국세기본법이 2011. 12. 31. 개정(2012. 1. 1. 시행)되면서 제2조(정의 규정) 제20호에서 특수관계인에 관한 규정(구체적인 범위는 같은법 시행령 제1조의2에서 정함)을 둔 이래 퇴직 임원을 특수관계인으로 규정한 적이 없으므로, 소외 3은 소외 1의 특수관계인에 해당되지 않는다.

276) **원심(부산고등법원 2020. 5. 8. 선고 2019누21092 판결)** ; "1) 국세기본법이 **2011. 12. 31.** 법률 제11124호로 일부개정(2012. 1. 1. 시행, 이하 '**개정 국세기본법**'이라 한다)되면서 정의규정인 **제2조**에 특수관계인에 관한 규정을 신설하였는데, 그 내용을 보면 같은 조 **제20호**에서 '특수관계인이란 본인과 다음 각 목의 어느 하나에 해당하는 관계에 있는 자를 말한다. 이 경우 이 법 및 세법[국세의 종목과 세율을 정하고 있는 법률 등을 말한다(개정 국세기본법 제2조 제2호, 이하 편의상 '개별세법'이라 한다)]을 적용할 때 본인도 그 특수관계인의 특수관계인으로 본다'라고 하면서 **각 목**에서 '혈족·인척 등 대통령령으로 정하는 친족관계(가.목)', '임원·사용인 등 대통령령으로 정하는 경제적 연관관계(나.목)', '주주·출자자 등 대통령령으로 정하는 경영지배관계(다.목)'를 규정하였고, 위와 같은 위임에 따라 **국세기본법 시행령**(2012. 2. 2. 대통령령 제23592호로 일부개정된 것) **제1조의2**에서 특수관계인의 구체적인 범위를 신설하였다.

("국세에 관하여 세법에 별도의 규정이 있는 경우를 제외하고는 이 법에서 정하는 바에 따른다.")은 '개별 세법 우선'

한편, 개정 국세기본법 **제3조 제1항 본문**에서는 '이 법은 개별세법에 우선하여 적용한다'고 하면서, 그 단서에서 열거한 사항에 관하여 개별세법에서 특례규정을 두고 있는 경우 그 개별세법에서 정하는 바에 따르도록 하고 있었는데, 특수관계인에 관한 제2조는 위 단서에서 열거한 사항에 포함되어 있지 않았다.

2) 그러나 다음과 같은 사정들에 비추어 보면, 국세기본법이 아닌 **상속세및증여세법에 따라** 소외 3을 소외 1의 특수관계인으로 본 것은 정당하다. ❶ **국세기본법**은 국세에 관한 기본적이고 공통적인 사항을 규정함으로써 국세에 관한 법률관계를 명확히 하고, 과세를 공정하게 하며, 국민의 납세의무의 원활한 이행에 이바지함을 목적으로 하는 것으로, 개정 국세기본법 제2조 제20호의 특수관계인에 관한 규정은 정의규정에 해당한다. 국세기본법이 개정되기 전 개별세법은 개별 규정에 따라 필요한 경우 특수관계인 요건을 규정하고 있었고, 개별세법에 특수관계인의 정의가 산재되어 있어 납세자의 혼란을 초래한다는 문제점이 지적되자 특수관계인 범위에 관해 개별세법 간 통일성을 확보하는 한편 어느 일방이 본인의 특수관계인에 해당되는 경우 기본법 또는 세법을 적용할 때 본인도 그 일방(특수관계인)의 특수관계인으로 간주하여 쌍방 관계임을 입법적으로 명확히 하기 위해 개정 국세기본법에서 특수관계인에 관한 일반적 정의규정을 신설하게 되었다. 이는 종래 특별관계인의 범위에 관한 반성적 고려에 기인한 것이 아니라 국세기본법 규정을 중심으로 특수관계인에 대한 통일적 체계를 유지하기 위한 것으로서, 국세기본법의 정의 규정에서 정한 기본원칙에 반하거나 명시적 규정을 배척하는 것이 아니라면 개별세법에서 필요한 경우 추가적으로 특수관계인의 범위와 내용을 결정할 수 있다 할 것이고, 개별세법의 목적이나 특수성에 비추어 특수관계인의 범위를 달리 정할 필요성 또한 적지 않다. ❷ **개정 국세기본법**은 정부가 발의한 국세기본법 일부개정법률안과 4건의 의원 발의 일부개정법률안이 대안반영 폐기된 후 마련된 것으로서, 특수관계인에 관한 내용은 정부가 발의한 국세기본법 일부개정안에 포함되어 있었는데, 국세기본법의 소관부처이자 개별세법의 소관부처인 기획재정부는 개정 국세기본법의 특수관계인 규정과 관련하여 "개별세법에서는 국세기본법의 특수관계인을 인용하되, 각 제도의 취지상 범위조정이 필요한 부분만 추가규정"한다는 의견을 밝혀(을 제21호증), 개정 국세기본법의 입법의도가 개별세법에서 특수관계인의 범위를 달리 정하는 것을 금지하고자 한 것은 아니었음을 알 수 있다. ❸ 개정 국세기본법상 특수관계인에 관한 규정이 같은 법 제3조 단서에 명시되지 않았음을 이유로 원고의 주장과 같이 해석하는 경우 국세기본법에서 정한 특수관계인의 범위와 달리 정한 다른 개별세법의 특수관계인 규정 부분은 그 효력을 상실하게 되는 것일 텐데, 그러한 의도를 가진 국세기본법의 개정이었다면, 개별세법의 개정이 함께 추진되거나 적어도 그에 상응하는 개별세법의 후속개정이 뒤따르는 것이 자연스럽다. 또한 개정 국세기본법 및 그 시행령에서도 개별세법이 그 개정을 통하여 국세기본법에서 정한 특수관계인의 범위에 맞출 수 있는 시간적 여유를 두거나, 즉시 시행하는 것이라면 국세기본법의 개정으로 인하여 개별세법에 따른 특수관계인의 범위가 달라지는 만큼(특히 국세기본법에서 정한 특수관계인의 범위가 개별세법에서 정한 특수관계인의 범위보다 넓은 경우) 경과조치 등을 두는 것이 맞다. 그러나 기획재정부는 국세기본법 개정안을 마련하면서, 국세기본법에서 정한 특수관계인의 범위에 맞추어 개별세법의 개정을 추진하지 않았고, 개정 국세기본법 및 그 시행령에서도 별도의 유예기간 없이 즉시 시행하면서, 시행일 외에 특수관계인과 관련된 아무런 경과조치도 두지 않았다. 오히려 국세기본법 **시행령 제1조의2**에서 국세기본법의 위임에 따라 특수관계인의 범위를 규정하면서 **같은 날 개별 세법 시행령**에서 별도로 특수관계인의 범위를 규정하면서 국세기본법에서 규정하고 있는 특수관계인의 범위 중 인용할 부분에 대하여 명시적으로 특정하는 외에 국세기본법 시행령과는 그 범위를 달리 정한 상속세및증여세법 시행령이 개정·시행(개정 상속세및증여세법 시행령을 말한다)되었다. ❹ 국세기본법 정의규정의 조문형식 및 개정경과 등에 비추어 볼 때, "세법상 특수관계인의 범위를 통합·단순화"한다는 개정 국세기본법의 취지는 국세기본법과 개별세법상 공통된 범위에서 특수관계인 규정을 정비하면서 그 의미를 명확히 한 것으로 봄이 타당하다. ❺ **원고**는 국세기본법 제3조에서 국세기본법이 세법에 우선하여 적용한다고 규정하고는 있으므로 국세기본법과 다른 세법상 특수관계인의 범위와 내용은 인정할 수 없다고 **주장**하나, 앞서 본 국세기본법의 취지에 비추어 볼 때 이는 세법상 특수관계인의 범위와 내용의 결정은 개별 세법이 달리 정하지 않으면 국세기본법의 내용에 따르고, 세법이 국세기본법이 정한 원칙에 반하여 개별 법령을 정할 수 없다는 의미로 보아야 하고, 국세기본법이 정한 원칙 내에서 개별 세법이 필요한 규정을 정하는 것까지 모두 금지한다는 것으로는 해석할 수는 없다. ❻ **개정 상속세및증여세법 시행령 제12조의2**는 특수관계인의 범위를 규정하면서 '사용인'에 대하여 "출자에 의하여 지배하고 있는 법인의 사용인"을 포함하고, '임원'에 대하여 '퇴직 후 5년이 지나지 않은 임원이었던 자'를 포함하고 있다. 이는 변칙적인 부의 세습을 방지하기 위해 국세기본법보다 특수관계인의 범위를 넓게 규정한 것으로, 증여세의 경우 세법상 특수관계인의 범위를 회피하되 실질적인 유착관계를 이용하여 조세회피행위를 행할 개연성이 높을 뿐 아니라, 상속·증여의 특성상 임원의 경우 재직 시 뿐 아니라 퇴직 이후에도 재직하던 회사와 관련된 주식이나 기타 자산의 처리 등과 관련하여 경제적 연관관계가 있다고 할 것인바, 개정 상속세및증여세법 시행령 제12조의 2에서 특수관계인의 범위에 퇴직 후 5년이 지나지

으로 변경하였다.277)

○ 대법원 2017. 9. 21. 선고 2017두32029 판결 [증여세부과처분취소]

▌특수관계인(쌍방관계설), 저가양수 이익 증여

판시사항

국세기본법 제2조 제20호 후문278) 신설(2011. 12. 31. 개정, 2012. 1. 1. 시행) 후 특수관계인의 범위(= 납세의무자 및 그 거래상대방의 쌍방 모두를 기준으로 파악; 쌍방관계설 채택)279) / 상증세법상 고가양도·저가양

않은 임원이었던 자를 포함시킨 것이 본인과 경제적 연관관계 있는 자를 특수관계인으로 한다는 국세기본법의 기본원칙에 반한다고 할 수도 없고, 구체적으로 퇴직 후 5년으로 퇴직임원의 범위를 정하여 규정하고 있다. ❼ **원고**는 특수관계인에 관한 국세기본법 제2조 제20호는 개별세법의 특수관계인 규정에 우선 적용된다는 것이 확립된 대법원의 태도라고 **주장**하나, 원고가 들고 있는 **대법원 2017. 9. 21. 선고 2017두32029 판결**은 특수관계인의 범위에 관하여 이른바 쌍방관계설을 채택한 국세기본법의 취지에 따라 특수관계인을 판단해야 하고, 국세기본법의 기본적이고 공통적인 사항과 달리 특수관계인을 판단할 수 없다는 것으로, 국세기본법 규정에 따라 특수관계인의 범위를 한정해야 한다는 취지로 볼 수 없고, **대법원 2014. 6. 26. 선고 2012두911 판결** 또한 세무조사대상의 기준과 선정방식에 관한 구 국세기본법 제81조의5가 도입된 배경과 취지 등을 종합하여 구 국세기본법 제81조의5가 마련된 이후에는 개별 세법이 정한 질문·조사권은 국세기본법 제81조의5가 정한 요건과 한계 내에서만 허용된다는 것으로, 국세기본법의 정한 원칙 내에서 특수관계인의 범위를 규정하고 있는 이 사건과는 사안이 다르다고 할 것이다."

277) **지방세기본법**은 2010. 3. 31. 제정 당시부터 **제3조**(지방세관계법과의 관계)에 "지방세에 관하여 지방세관계법에 별도의 규정이 있는 경우를 제외하고는 이 법에서 정하는 바에 따른다."라고 규정하였다.

278) **국세기본법 제2조(정의)** 이 법에서 사용하는 용어의 뜻은 다음과 같다. 20. "특수관계인"이란 본인과 다음 각 목의 어느 하나에 해당하는 관계에 있는 자를 말한다. 이 경우 이 법 및 세법을 적용할 때 본인도 그 특수관계인의 특수관계인으로 본다. **〈개정 2011.12.31〉**

279) **◎ 국세기본법 제2조 제20호 후문 신설 전 판례 ; 일방관계설**
대법원 2011. 7. 21. 선고 2008두150 전원합의체 판결의 다수의견 ; "구 법인세법 시행령(2002. 12. 30. 대통령령 제17826호로 개정되기 전의 것) 제87조 제1항은 "법 제52조 제1항에서 '대통령령이 정하는 특수관계에 있는 자'라 함은 법인과 다음 각호의 1의 관계에 있는 자를 말한다."고 규정하면서 그 제1호 내지 제8호에서 당해 법인과 일정한 관계에 있는 법인 및 개인을 특정하여 열거하고 있다. … 문언상 납세의무자인 법인을 기준으로 하여 그와 위 각호의 1의 관계에 있는 자만이 특수관계자에 해당한다고 보아야 한다. 이와 달리 납세의무자인 법인과 거래를 한 상대방을 기준으로 하여 납세의무자인 법인이 위 각호의 1의 관계에 있는 경우에 위 거래상대방이 특수관계자에 해당한다고 보는 것은 위 시행령 조항의 문언에 반하여 허용될 수 없다. 뿐만 아니라, 특수관계자의 범위를 어떻게 정할지는 입법정책의 문제이므로 위 시행령 조항을 그 문언과 달리 확장해석하거나 유추해석하는 방법으로 특수관계자의 범위를 넓혀야 할 이유도 없다. … 시행령 제87조 제1항 제4호는 납세의무자인 법인의 주주(제2호에 해당한다)가 발행주식총수의 100분의 30 이상을 출자하고 있는 다른 법인을 특수관계자로 규정하고 있는바, 위 제4호를 위와 같은 법리에 따라 해석하면 **납세의무자인 법인의 주주**가 발행주식총수의 100분의 **30 이상을 출자하고 있는 다른 법인**만이 특수관계자에 해당하고, 납세의무자인 법인의 주주가 발행주식총수의 100분의 **30 미만을 출자**하고 있는 **다른 법인**은 **그 법인의 주주**가 납세의무자인 법인의 발행주식총수의 100분의 30 이상을 소유하고 있다 하더라도 **특수관계자에 해당하지 않는다**고 보아야 한다. … 원심은, 소외인이 1999 내지 2001 사업연도 기간 동안 원고의 발행주식 48.57%와 소외 회사의 발행주식 20%를 소유하였다는 이유로 시행령 제87조 제1항 제4호에 의하여 소외 회사는 위 기간 동안 원고의 특수관계자에 해당하고, 따라서 피고가 원고의 소외 회사에 대한 주식양도 및 금원대여를 부당행위계산으로 보아 주식의 시가와 실제양도가액의 차액 및 시중금리에 따른 이자와 실제수령이자의 차액을 익금 산입하고, 나아가 원고의 소외 회사에 대한 대여금을 특수관계자에 대한 업무무관가지급금으로 보아 그에 상응하는 차입금의 지급이자 상당액을 손금 불산입한 것은 적법하다고 판단하였는바, 이는 특수관계자의 범위에 관한 법리를 오해하여 판단을 그르친 것" ⇔ **반대의견** ; 쌍방관계설

수 이익 증여에서, 특수관계 판단의 기준 시기(= 계약 당시)[280]

● 대법원 2017. 12. 22. 선고 2014두44847 판결 [양도소득세부과처분취소]

▌부당행위계산부인, 특수관계인, 친족, 양자

판시사항

양자의 경우 친양자와 달리 입양 전의 친족관계가 그대로 존속하므로 양가뿐만 아니라 생가를 기준으로도 특수관계에 있는지를 판단하여야 하는지(○)[281]

● 대법원 2018. 2. 8. 선고 2017두48451 판결 [증여세부과처분취소]

▌특수관계인, 사용인, 임원, 최대주주 할증평가

판시사항

법인등기부상 형식적으로 등재된 이사가 특수관계인인 '사용인'에 해당하는지 여부(○) ; 원심[282]

---

280) **【구체적 사안】**
원고들이 2012. 2. 15. 소외인(당시 소외 회사의 발행주식 46,000주 중 33.37%에 해당하는 15,350주를 보유한 지배주주)으로부터 소외 회사의 주식 중 각 4,600주를 1주당 10,000원에 매수한 후, 다음달 15. 매매대금을 지급하고 그 주식을 취득한 **사안**에서, ① 원고들은, 소외인이 발행주식 총수의 30% 이상을 보유하고 있는 소외 회사의 사용인으로서 소외인의 특수관계인에 해당하므로, 소외인 역시 원고들의 특수관계인에 해당한다고 보는 것이 구 국세기본법(2014. 1. 1. 법률 제12162호로 개정되기 전의 것) 제2조 제20호의 취지에 부합하고, 따라서 원고들이 소외인으로부터 주식을 저가양수한 행위에 대하여는 구 상속세 및 증여세법(2015. 12. 15. 법률 제13557호로 개정되기 전의 것) 제35조 제1항 제1호가 적용되며, ② 소외인이 2012. 2. 15. 원고들을 포함한 4명의 매수인들과 일괄하여 주식 매매계약을 체결하였으므로 소외인이 원고들의 특수관계인에 해당하는지의 여부는 그 매매계약 시점을 기준으로 판단하면 되고, 원고들 주장과 같이 원고들에게 유리하도록 특수관계가 없는 원고들 외의 매수인들이 먼저 주식을 양수한 것으로 본 후 소외인과 원고들 사이에 특수관계가 있는지를 따질 것은 아니라고 판단한 사례.

281) **【구체적 사안】**
○ **사실관계** ; ① 구재○의 아들로 구철□, 구태□, 구평□ 등이 있다. 구철□는 구재○의 사촌인 구상○의 아들로 입양되었는데, 그 아들로 구△성, 원고 구△훈, 구△준이 있다. 구△성의 처로 원고 1이 있고, 자녀들로 원고 2, 원고 3, 소외녀, 원고 4가 있다. 한편 구태□의 아들로 구△엽이 있고, 구□회의 아들로 구△용이 있다. ② 원고들과 소외녀, 구△준은 2005. 3. 31. 구△엽, 구△용, 허○각(이하 '양수인들'이라고 한다)에게 ○○생명보험(주)(이 사건 회사) 발행의 이 사건 주식 합계 5,562,341주를 1주당 10원(이 사건 양도가액)에 양도하였다. ③ 피고들은 원고들이 특수관계 있는 양수인들에게 이 사건 주식을 시가에 미달하게 양도하여 조세의 부담을 부당하게 감소시켰다는 이유로, 구 상속세 및 증여세법 제63조의 보충적 평가방법에 따라 이 사건 주식의 가액을 1주당 2,898원(구△엽과 구△용이 양수한 주식은 100분의 30을 가산한 1주당 3,767원)으로 산정하여 2011. 5. 4.부터 2011. 5. 12.까지 사이에 원고들에게 2005년 귀속 양도소득세를 각각 부과하였다(이 사건 처분).
○ **판단** ; 구철□의 생가를 기준으로 구△엽, 구△용은 구△성(원고 1은 출가녀이므로 남편 구△성을 기준으로 판단한다) 및 원고 구△훈의 4촌 부계혈족이면서, 원고 2, 3, 4의 5촌 부계혈족에 해당하므로, 구 소득세법 시행령 제98조 제1항 제1호 등이 규정한 '특수관계 있는 자'에 해당한다.

282) 서울고등법원 2017. 5. 24. 선고 2016누70866 판결 ; "**원고들**은, 구 상속세및증여세법 시행령 제19조 제2항 제2호의 특수관계인으로서 '사용인'이란 실제 해당 회사와 고용계약관계를 맺고 근로제공에 대한 대가를 지급받는 자를 의미하는 것으로, 단지 법인등기부상 임원으로 등재되어 있을 뿐 실제 이 사건 회사와 아무런 고용계약관계를 맺고 그 업무를 수행한 사실이 없고, 그 대가를 받은 적도 없는 원고들은 위 사용인에 포함되는 것으로 볼 수 없으므로,

이, 원고들이 이 사건 회사의 법인등기부상 이사로 등재되어 있었던 이상 임원으로서 구 상증세법 시행령 제53조 제3항, 제19조 제2항 제2호에서 정한 사용인에 해당하므로 이 사건 회사의 최대주주인 유○○과 특수관계에 있고, **회사와 고용계약을 체결하여 실제 업무를 수행하지 않**았다거나 **대가를 받은 적이 없**다 하여 **달리 볼 수 없**을 뿐만 아니라, 그러한 경우에도 **특수관계인으로서 규율할 필요성은 존재**한다는 이유를 들어, 이 사건 주식의 명의신탁이 구 상증세법 시행령 제53조 제5항 제6호에서 정한 최대주주 할증평가 예외사유에 해당한다는 취지의 원고들 주장을 배척한 것은 잘못이 없다고 한 예.

☞ '사용인', '임원'의 정의에 관한 위와 같은 판시는 현행 법령하에서도 유효하다.[283]

● 대법원 2017. 4. 20. 선고 2011두21447 판결 [증여세부과처분취소]

▌공익법인 출연 재산, 비과세

판시사항

[1] 구 상속세 및 증여세법 시행령 제19조 제2항 제4호[284][285]에서 정한 **'재산을 출연하여 비영리법**

이 사건 명의신탁은 구 상속세및증여세법 시행령 제53조 제5항 제6호에서 정한 '최대주주등이 보유하고 있는 주식등을 최대주주등외의 자가 법 제47조 제2항에서 규정하고 있는 기간 이내에 증여받은 경우로서 증여로 인하여 최대주주등에 해당되지 아니하는 경우'이어서 할증평가의 예외사유에 해당하고, 따라서 이 사건 주식은 최대주주 할증평가 대상이 될 수 없다고 **주장**한다. 살피건대, 구 상속세및증여세법 시행령 제53조 제3항, 제19조 제2항 제2호에서 정한 '사용인'은 같은 시행령 제13조 제6항 제2호 소정의 '사용인'과 동일한 개념으로서 '출자에 의하여 지배하고 있는 법인의 사용인'을 포함하므로 최대주주등이 30% 이상 출자하고 있는 회사의 사용인도 여기에 포함되며, 같은 시행령의 위임을 받은 구 상속세 및 증여세법 시행규칙(2005. 3. 19. 기획재정부령 제425호로 개정되기 전의 것) 제4조는 사용인의 정의에 대해 '임원·상업사용인 및 그 밖에 고용계약관계에 있는 자를 말한다.'라고 규정하고 있으며, 사용인 중 임원에 대해서는 같은 시행령 제13조 제4항 제1호에서 '법인세법 시행령 제43조 제6항의 규정에 의한 임원과 퇴직 후 5년이 경과하지 아니한 그 임원이었던 자를 말한다. 이하 같다.'라고 규정하고 있고, 구 법인세법 시행령(2005. 8. 19. 대통령령 제19010호로 개정되기 전의 것) 제43조 제6항 제1호는 임원에 대하여 '이사회의 구성원 전원'을 규정하고 있다. 위 규정들을 종합하면, 원고들이 이 사건 회사의 법인등기부상 이사로 등재되어 있었던 이상 임원으로서 사용인에 해당한다 할 것이고, 회사와 고용계약을 체결하고 실제 업무를 수행하거나 대가를 받은 적이 없다 하여 달리 볼 아무런 근거가 없을 뿐만 아니라, 그러한 경우에도 특수관계인으로서 규율할 필요성은 마찬가지로 존재한다 할 것이다."

283) 상속세 및 증여세법 시행령 제2조의2(특수관계인의 범위) 제1항 제2호는 "사용인(출자에 의하여 지배하고 있는 법인의 사용인을 포함한다. 이하 같다)", 제2항은 "제1항 제2호에서 '사용인'이란 임원, 상업사용인, 그 밖에 고용계약관계에 있는 자를 말한다."라고, 제1항 제3호 가목은 "기업집단의 소속 기업[해당 기업의 임원(「법인세법 시행령」 제40조제1항에 따른 임원을 말한다. 이하 같다)과 … (퇴직임원)을 포함한다]"라고 각 규정하고(위와 같은 '사용인', '임원'의 정의규정은 2012. 2. 2. 개정 영 제12조의2에 신설되었다가, 2016. 2. 5. 개정 시 제2조의2로 조문 이동하여 현재에 이르고 있다), 법인세법 시행령 제40조 제1항은 "다음 각 호(1. 법인의 회장, 사장, 부사장, 이사장, 대표이사, 전무이사 및 상무이사 등 이사회의 구성원 전원과 청산인 … 5. 그 밖에 제1호부터 제4호까지의 규정에 준하는 직무에 종사하는 자)의 어느 하나에 해당하는 직무에 종사하는 자(이하 '임원'이라 한다)"라고 규정하고 있으므로(위와 같은 법인세법 시행령상 '임원'의 정의규정은 1998. 12. 31. 전부개정 시 제43조 제6항, 2009. 2. 4. 개정 시 제20조 제1항 제4호, 2018. 2. 13. 개정 시 제42조 제1항, 2019. 2. 12. 개정 시 제40조 제1항에 각 규정하여 현재에 이르고 있다), 위 판시는 현재도 유효하다.

284) **구 상속세및증여세법시행령 제19조(금융재산 상속공제)** ② 법 제22조 제2항에서 "대통령령이 정하는 최대주주 또는 최대출자자"라 함은 주주 또는 출자자(이하 "주주 등"이라 한다) 1인과 다음 각호의 1에 해당하는 관계가 있는 자의 보유주식 등을 합하여 그 보유주식 등의 합계가 가장 많은 경우의 당해주주 등을 말한다. 〈개정 1999.12.31.〉 4.

인을 설립한 자'의 의미 = 비영리법인의 설립을 위하여 재산을 출연하고 정관작성, 이사선임, 설립등기 등의 과정에서 그 비영리법인의 설립에 실질적으로 지배적인 영향력을 행사한 자(○), '재산을 출연하여 설립에 이른 자'(×)

[2] 주식 출연자가 비영리법인의 설립에 실질적으로 지배적인 영향력을 행사하였는지 여부의 판단방법 ; 반드시 발기인 등의 지위에서 정관작성 또는 이사선임 과정 등에 참여한 경우로 한정할 것은 아니고 정관작성이나 이사선임에서 출연자의 관여 정도 등과 같이 그 실질을 따져 판단하여야 하며, 설립 이후 주식 출연자의 행태 등을 통하여 이를 추단할 수도 있다.

3. 조세법의 기본원칙

실질과세의 원칙

○ 대법원 2018. 2. 28. 선고 2016두58031 판결 [법인세부과처분취소]

▌실질과세 원칙, 조세법률주의

판시사항

[1] 실질과세 원칙의 주된 목적 / 실질과세 원칙과 조세법률주의의 관계 ; 상호보완적·불가분적 관계, 조세법률주의 》 실질과세

[2] 법인 소유의 부동산을 취득하고자 하는 경우 가능한, 거래의 두 가지 법적 형식

이 유

국세기본법 제14조[286]는 … 규정하고 있다. 이러한 실질과세의 원칙은 헌법상의 기본이념인 평등

주주 등 1인과 제1호 내지 제3호의 자가 이사의 과반수를 차지하거나 재산을 출연하여 설립한 비영리법인
⇒ 상속세 및 증여세법 시행령 제2조의2(특수관계인의 범위) ① 법 제2조제10호에서 "본인과 친족관계, 경제적 연관관계 또는 경영지배관계 등 대통령령으로 정하는 관계에 있는 자"란 본인과 다음 각 호의 어느 하나에 해당하는 관계에 있는 자를 말한다. 〈개정 2019.2.12.〉 법 제2조 제10호에서 "본인과 친족관계, 경제적 연관관계 또는 경영지배관계 등 대통령령으로 정하는 관계에 있는 자"란 본인과 다음 각 호의 어느 하나에 해당하는 관계에 있는 자를 말한다. 〈개정 2016.2.5.〉 4. 본인, 제1호부터 제3호까지의 자 또는 본인과 제1호부터 제3호까지의 자가 공동으로 재산을 출연하여 설립하거나 이사의 과반수를 차지하는 비영리법인

285) **국세기본법 시행령 제1조의2(특수관계인의 범위)**[본조신설 2012.2.2] ④ 제3항 제1호 각 목, 같은 항 제2호 가목부터 다목까지의 규정을 적용할 때 다음 각 호의 구분에 따른 요건에 해당하는 경우 해당 법인의 경영에 대하여 지배적인 영향력을 행사하고 있는 것으로 본다.
2. 비영리법인인 경우 가. 법인의 이사의 과반수를 차지하는 경우 나. 법인의 출연재산(설립을 위한 출연재산만 해당한다)의 100분의 30 이상을 출연하고 그 중 1인이 설립자인 경우

286) **국세기본법 제14조(실질과세)** ① 과세의 대상이 되는 소득, 수익, 재산, 행위 또는 거래의 귀속이 명의일 뿐이고 사실상 귀속되는 자가 따로 있을 때에는 사실상 귀속되는 자를 납세의무자로 하여 세법을 적용한다. ② 세법 중 과세표준의 계산에 관한 규정은 소득, 수익, 재산, 행위 또는 거래의 명칭이나 형식에 관계없이 그 실질 내용에 따라 적용한다. ③ 제3자를 통한 간접적인 방법이나 둘 이상의 행위 또는 거래를 거치는 방법으로 이 법 또는 세법의 혜택을 부당하게 받기 위한 것으로 인정되는 경우에는 그 경제적 실질 내용에 따라 당사자가 직접 거래를 한 것으로

의 원칙을 조세법률관계에 구현하기 위한 실천적 원리로서, 조세의 부담을 회피할 목적으로 과세요건사실에 관하여 실질과 괴리되는 비합리적인 형식이나 외관을 취하는 경우에 그 형식이나 외관에 불구하고 실질에 따라 담세력이 있는 곳에 과세함으로써 부당한 조세회피행위를 규제하고 과세의 형평을 제고하여 조세정의를 실현하고자 하는 데 **주된 목적**이 있다. 이는 조세법의 기본원리인 조세법률주의와 대립관계에 있는 것이 아니라 조세법규를 다양하게 변화하는 경제생활관계에 적용함에 있어 예측가능성과 법적 안정성이 훼손되지 않는 **범위 내**[287]에서 합목적적이고 탄력적으로 해석함으로써 조세법률주의의 형해화를 막고 실효성을 확보한다는 점에서 **조세법률주의와 상호보완적이고 불가분적인 관계**에 있다고 할 것이다(대법원 2012. 1. 19. 선고 2008두8499 전원합의체 판결[288] 등 참조). …

법인 또는 개인이 다른 **법인 소유의 부동산**을 **취득**하고자 하는 경우 이를 위한 **거래의 법적 형식**은 해당 부동산을 법인으로부터 **직접 취득**하는 방식과 그 부동산을 소유하는 법인 자체에 대한 지배권을 취득할 수 있는 **주식을 양수**하는 방식 **모두**가 **가능**하다.[289]

보거나 연속된 하나의 행위 또는 거래를 한 것으로 보아 이 법 또는 세법을 적용한다.

지방세기본법 제17조(실질과세) ① 과세의 대상이 되는 소득·수익·재산·행위 또는 거래가 서류상 귀속되는 자는 명의만 있을 뿐 사실상 귀속되는 자가 따로 있을 때에는 사실상 귀속되는 자를 납세의무자로 하여 이 법 또는 지방세관계법을 적용한다. ② 이 법 또는 지방세관계법 중 과세표준 또는 세액의 계산에 관한 규정은 소득·수익·재산·행위 또는 거래의 명칭이나 형식에 관계없이 그 실질내용에 따라 적용한다.

287) 대법원 2012. 1. 19. 선고 2008두8499 전원합의체 판결 **[보충의견]** ; "실질과세의 원칙을 지나치게 확장하여 적용하게 되면 조세법률주의가 형해화되고 과세권이 남용될 수 있다는 부작용이 생길 수 있다. … 다수의견 … 같이 그 적용범위를 납세의무자가 조세를 회피할 목적으로 실질과 괴리되는 비합리적인 거래의 형식이나 외관을 취하였다는 등의 예외적 사정이 증명되는 경우로 한정한다면, 위와 같은 부작용의 우려가 현실화되는 것은 필요한 범위에서 적절하게 통제될 수 있다." **⇒ 조세법률주의 원칙 〉 실질과세 원칙**

288) **[다수의견]** ; "실질과세의 원칙 중 구 국세기본법 제14조 제1항이 규정하고 있는 실질귀속자 과세의 원칙은 소득이나 수익, 재산, 거래 등의 과세대상에 관하여 그 귀속 명의와 달리 실질적으로 귀속되는 자가 따로 있는 경우에는 형식이나 외관을 이유로 그 귀속 명의자를 납세의무자로 삼을 것이 아니라 실질적으로 귀속되는 자를 납세의무자로 삼겠다는 것이고, 이러한 원칙은 구 지방세법 제82조에 의하여 지방세에 관한 법률관계에도 준용된다. 따라서 구 지방세법 제105조 제6항을 적용함에 있어서도, 당해 주식이나 지분의 귀속 명의자는 이를 지배·관리할 능력이 없고 그 명의자에 대한 지배권 등을 통하여 실질적으로 이를 지배·관리하는 자가 따로 있으며, 그와 같은 명의와 실질의 괴리가 위 규정의 적용을 회피할 목적에서 비롯된 경우에는, 당해 주식이나 지분은 실질적으로 이를 지배·관리하는 자에게 귀속된 것으로 보아 그를 납세의무자로 삼아야 할 것이다. 그리고 그 경우에 해당하는지는 당해 주식이나 지분의 취득 경위와 목적, 취득자금의 출처, 그 관리와 처분과정, 귀속명의자의 능력과 그에 대한 지배관계 등 제반 사정을 종합적으로 고려하여 판단하여야 할 것이다."

289) **【구체적 사안】**

ㅇ **사실관계** ; ① 원고(주식회사 ㅇㅇ스타)와 주식회사 ㅇㅇ주택은 2009년 무렵 한국토지공사로부터 이 사건 토지를 매수해서 주식회사 ㅇㅇ주택이 이미 매수하여 둔 인접 토지와 함께 공동으로 개발하여 그 지상에 오피스텔을 신축·분양하는 사업을 추진하기로 하였다. ② 원고 등은 한국토지공사가 주관하는 이 사건 토지의 입찰에 참가하였으나, 김ㅇㅇ, 마ㅇㅇ, ㈜ㅇㅇㅇ종합건설, 나ㅇㅇ가 2009. 9. 21. 이 사건 토지를 440억 원에 공동으로 분양받아 계약금 44억 원을 지급하였다(이후 이ㅇㅇ이 ㈜ㅇㅇㅇ종합건설을 대신하여 이 사건 토지의 공동매수인으로 들어가게 되었고, 이하 '김ㅇㅇ 등'이라 한다). ③ 원고는 김ㅇㅇ 등으로부터 이 사건 토지를 분양받을 수 있는 권리(이 사건 분양권)를 포함한 이 사건 토지의 매수인 지위를 승계하려 하였고, 김ㅇㅇ 등이 과다한 매매대금을 요구하자 2009. 11. 5. 적정가격에 이 사건 분양권을 매수하기 위하여 ㈜ㅇㅇ건설과 사이에 토지매입 용역업무 대행계약을 체결하여 김ㅇㅇ 등과의 협상을 진행하였다. ④ 김ㅇㅇ 등은 2009. 12. 17. 공동으로 ㅇㅇ디앤아이㈜를 설립한 후 김ㅇㅇ 43%, 마ㅇㅇ 25%, 나ㅇㅇ 20%, 이ㅇㅇ 12%의 비율로 ㅇㅇ디앤아이 발행 주식을 보유하였고, 2009. 12. 18. ㅇㅇ디앤아이에 이 사건 분양권을 양도하였다. ⑤ 원고는 **2010. 1. 8.** ㅇㅇ디앤아이 및 그 주주들인 김ㅇㅇ 등과 사이에

⇒ 동일 사안의 동일 판시 ; 대법원 2018. 2. 28. 선고 2017두58236 판결,[290] 대법원 2018. 2. 28. 선고 2017두60741 판결[291]

ㅇㅇ디앤아이가 보유하던 이 사건 분양권을 44억 원, 김ㅇㅇ 등이 보유하던 ㅇㅇ디앤아이 주식 전부를 100억 원(ㅇㅇ디앤아이의 자본금 별도, 이하 '이 사건 쟁점 금액'), 합계 144억 원에 양수하기로 하는 내용의 '토지분양권 및 주식 양도·양수 계약'을 체결하였다. ⑥ 이후 원고는 2010. 4. 7. 김ㅇㅇ 등과 사이에 ㅇㅇ디앤아이 주식의 양도대금을 100억 원에서 101억 5,900만 원으로 변경하였고, 2010. 4. 7.과 2010. 5. 28.에 걸쳐 위 101억 5,900만 원을 지급하였다. ⑦ 원고는 2010. 5. 28. ㅇㅇ디앤아이 및 한국토지공사와 이 사건 토지에 관한 ㅇㅇ디앤아이의 매매계약상 일체의 권리·의무를 승계하기로 하는 내용의 권리의무승계계약을 체결하고, 한국토지공사에 이 사건 토지의 매매대금 중 잔금 합계 396억 원을 지급한 뒤 원고 앞으로 소유권이전등기를 마쳤다. ⑧ 중부지방국세청장은 이 사건 **쟁점 금액**이 이 사건 **분양권**에 대한 **프리미엄**으로서 **ㅇㅇ디앤아이의 자산양도소득**에 해당한다고 보아 100억 원을 ㅇㅇ디앤아이의 2010 사업연도 익금에 산입하고, 이를 김ㅇㅇ, 마ㅇㅇ에 대한 상여로, 나ㅇㅇ, 이ㅇㅇ에 대한 배당으로 각 소득처분한 뒤 소득금액변동통지를 하였다. ⑨ 피고는 2014. 1. 7. ㅇㅇ디앤아이에 대하여 2010 사업연도 법인세 3,018,331,134원(가산세 포함)을 경정·고지하였고, ㅇㅇ디앤아이가 이를 체납하자 ㅇㅇ디앤아이의 주식을 100% 보유한 원고를 제2차 납세의무자로 지정하고 2014. 3. 26. 원고에 대하여 2010 사업연도 법인세 3,145,101,030원(가산세 포함)의 납부통지를 하였다.

ㅇ **판단** ; 이 사건 쟁점 금액이 자산양도소득으로서 ㅇㅇ디앤아이에 귀속된다고 볼 수 없으므로 ㅇㅇ디앤아이에 대한 2010 사업연도 법인세 부과처분은 위법하고, 따라서 주된 납세의무의 존재를 전제로 하는 원고의 제2차 납세의무는 더 나아가 살펴볼 필요 없이 성립할 수 없다. ① 김ㅇㅇ 등의 ㅇㅇ디앤아이 주식 양도와 ㅇㅇ디앤아이의 이 사건 분양권 양도가 동시에 이루어진 이 사건 거래에 대하여 원고에게 이 사건 분양권을 이전하기 위한 목적에서 이루어졌다는 사정만으로 실질과 괴리되는 비합리적인 형식이나 외관을 취하였다고 보아 그중 김ㅇㅇ 등의 ㅇㅇ디앤아이 주식 양도만을 부인할 수는 없다. ② 이 사건 분양권의 프리미엄은 거래의 형식에 따라서 얼마든지 김ㅇㅇ 등이 보유하던 ㅇㅇ디앤아이 주식의 재산적 가치에 반영되어 거래될 수 있고, 원고가 김ㅇㅇ 등으로부터 ㅇㅇ디앤아이 주식을 양수할 당시부터 그 주식이 사실상 아무런 가치가 없었다고 보기 어려우므로, 이 사건 쟁점 금액이 이 사건 분양권의 프리미엄 가치와 동일하다고 하여 그 경제적 효과만을 따져 실질적으로 ㅇㅇ디앤아이에 귀속되었다고 할 수도 없다. ③ 또한 김ㅇㅇ 등은 ㅇㅇ디앤아이를 설립하기 이전부터 원고로부터 이 사건 분양권의 매도 제안을 받고 있었고, 당시 김ㅇㅇ 등이 이 사건 분양권을 ㅇㅇ디앤아이에 양도하여 이 사건 토지의 개발사업을 진행하여야 할 필요가 있었다고 볼만한 구체적인 사정도 보이지 않으며, 이 사건 쟁점 금액이 실제로도 원고로부터 김ㅇㅇ 등에게 직접 지급된 사정 등을 고려할 때, 이 사건 거래를 ㅇㅇ디앤아이로부터 이 사건 분양권만을 취득하는 하나의 거래로 재구성하여 이 사건 쟁점 금액이 ㅇㅇ디앤아이에 귀속된 후 다시 김ㅇㅇ 등에게 사외유출되었다고 보기 어렵다. ④ 오히려 이 사건 거래와 같이 김ㅇㅇ 등의 ㅇㅇ디앤아이 주식 양도와 ㅇㅇ디앤아이의 이 사건 분양권 양도가 동시에 이루어진 경우라면, 김ㅇㅇ 등이 거친 여러 단계의 거래가 처음부터 조세회피의 목적을 이루기 위한 수단에 불과하여 그 실질이 김ㅇㅇ 등이 이 사건 분양권을 원고에게 직접 양도하는 것과 동일하게 평가되는 경우가 있을 수는 있지만, 그러한 경우 역시 이 사건 쟁점 금액이 ㅇㅇ디앤아이에 귀속되는 것은 아니라는 점에는 변함이 없다. ⇒ 원심의 판단은 그 이유 설시에 잘못이 있으나, 원고에게 제2차 납세의무가 성립하지 아니한다고 본 결론은 정당하다.

290) ㅇㅇ디앤아이(주)의 주주 원고 김ㅇㅇ(43%), 원고 마ㅇㅇ(25%)이 주식 매도대금으로 (주)ㅇㅇ스타로부터 각각 수령한 43억 원, 25억 원을 과세관청이 ㅇㅇ디앤아이(주)의 원고들에 대한 상여로 각 소득처분한 뒤 원고들에게 소득금액변동통지를 하자, 원고들은 소득금액변동통지에 따라 2010년 귀속 종합소득세를 수정신고 및 납부한 뒤, 피고 세무서에게 종합소득세의 과세표준과 세액을 당초 신고와 같이 감액하여 달라는 취지로 경정청구를 하였으나, 피고가 이를 거부하는 이 사건 처분을 한 사안.

291) ㅇㅇ디앤아이(주)의 주주 원고 나ㅇㅇ(20%), 원고 이ㅇㅇ(12%)이 주식 매도대금으로 (주)ㅇㅇ스타로부터 각각 수령한 20억 원, 12억 원을 과세관청이 ㅇㅇ디앤아이(주)의 원고들에 대한 배당으로 각 소득처분한 뒤 원고들에게 소득금액변동통지를 하자, 원고들은 소득금액변동통지에 따라 2010년 귀속 종합소득세를 수정신고 및 납부한 뒤, 피고 세무서에게 종합소득세의 과세표준과 세액을 감액하여 달라는 취지로 경정청구를 하였으나, 피고가 이를 거부하는 이 사건 처분을 한 사안.

○ 대법원 2017. 8. 24. 선고 2014두6838 판결 [양도소득세등부과처분취소]

▌실질과세 원칙, 실질귀속자, 이혼 재산분할

판시사항

이혼이 법률적으로 유효한 이상[292] 그에 따라 이루어진 **재산분할도 유효**하므로, 재산 취득의 경위, 재산 형성·유지에 대한 기여도 등에 비추어 **과도한 재산분할**이 이루어짐으로써 적정한 재산분할의 범위를 초과하는 부분에 대하여는 명의신탁된 것으로 봄이 상당하다는 **특별한 사정**이 없는 한, 재산분할 이후에도 여전히 전 명의자에게 **실질적**으로 **귀속**된다고 볼 수 없다는 이유로, 피고가 원고를 실질적 소유자라고 보고 원고에게 양도소득세 부과처분을 한 것은 위법하다고 판단한 것에 실질과세의 원칙에 관한 법리를 오해한 잘못이 없다고 한 예.

---

292) ○ 대법원 2016. 12. 29. 선고 2016다249816 판결 ; "이혼의 효력발생 여부에 관한 형식주의 아래에서의 이혼신고의 법률상 중대성에 비추어, 협의이혼에 있어서의 이혼의 의사는 법률상의 부부관계를 해소하려는 의사를 말한다 할 것이므로, **일시적으로나마 그 법률상의 부부관계를 해소하려는 당사자간의 합의**하에 협의이혼신고가 된 이상, 그 협의이혼에 **다른 목적이 있다 하더라도** 양자간에 **이혼의 의사가 없다고는 할 수 없**고 따라서 그 협의이혼은 **무효로 되지 아니한다.**" ☞ ① 소외인과 피고는 1977년 혼인신고를 마친 법률상 부부였으나 2013. 11. 8. 협의이혼한 사실, ② 이 사건 부동산은 본래 소외인 소유였는데, 2010. 1. 11. 증여를 원인으로 하여 피고 앞으로 소유권이전등기가 마쳐졌다가, 이후 원고가 제기한 이 사건 관련소송 확정판결에 따라 2014. 6. 27. 위 소유권이전등기가 말소된 사실, ③ 피고는 2014. 7. 2. '2014. 6. 27. 재산분할'을 원인으로 다시 이 사건 부동산에 관하여 소유권이전등기를 마친 사실관계 하에서, **원심**은 이 사건 부동산에 관한 위 2014. 7. 2.자 소유권이전행위가 정당한 재산분할의 범위 내의 것이므로 사해행위에 해당하지 않는다는 피고의 주장에 대하여, 위 소유권이전행위는 진정한 재산분할행위라기보다는 원고의 이 사건 관련소송 확정판결에 기한 강제집행을 회피하거나 면탈하고자 소외인과 피고가 통모한 행위이므로 정당한 재산분할의 범위 내의 것인지 여부를 따질 필요도 없이 사해행위에 해당한다는 취지로 판단하였으나, **대법원**은, "설령 소외인과 원고에게 **채무면탈 등 다른 목적이 있었다고 하더라**도 그러한 사정만으로 양자 간에 **이혼의 의사가 없었다고 단정하기는 어렵다**. 그리고 소외인과 원고 사이의 위 **협의이혼을 무효로 보기 어렵다면**, 위 소유권이전행위는 그 등기원인에서도 명시되었듯이 **협의이혼에 따른 진정한 재산분할**로 봄이 상당하다. 다만 그것이 재산분할로서 상당한 정도를 넘는 과대한 것이라면 그 상당한 정도를 벗어나는 부분에 한해서 사해행위 취소의 대상으로 될 수 있을 뿐이다. 따라서 원심으로서는, 원고가 소외인과 피고 사이의 위 협의이혼이 무효라는 점을 증명하지 못한다면, 소외인과 피고 쌍방의 재산 보유 상황 등 두 사람의 혼인 이후 이혼에 이르기까지의 모든 사정을 종합하여 피고가 받을 적정한 재산분할의 액수를 확정한 다음 이를 초과하는 부분이 있을 경우 그 부분에 한하여 사해행위로서 취소를 명하였어야 한다."고 판단한 예.

○ 대법원 1997. 1. 24. 선고 95도448 판결 ; "민법 제836조 제1항, 호적법 제79조, 제79조의2, 호적법시행규칙 제87조 제1항 등의 규정에 의하면, **협의상 이혼**은 이혼의사의 존부에 관하여 가정법원의 확인을 받아 호적법이 정한 바에 의하여 신고하여야 효력이 생기도록 규정하고 있으므로, 협의상 이혼이 가장이혼으로서 무효로 인정되려면 누구나 납득할 만한 특별한 사정이 인정되어야 하고, 그렇지 않으면 이혼당사자 간에 일시적으로나마 법률상 적법한 이혼을 할 의사가 있었다고 보는 것이 이혼신고의 법률상 및 사실상의 중대성에 비추어 상당하다 할 것이다. 그리고 협의상 이혼의 의사표시가 기망에 의하여 이루어진 것일지라도 그것이 취소되기까지는 유효하게 존재하는 것이므로, 협의상 이혼의사의 합치에 따라 이혼신고를 하여 호적에 그 협의상 이혼사실이 기재되었다면, 이는 공정증서원본불실기재죄에 정한 불실의 사실에 해당하지 않는다고 할 것이다."

● 대법원 2015. 7. 23. 선고 2013두21373 판결 [법인세등부과처분취소]

▌실질과세, 다단계거래, 조세조약

판시사항

[1] 실질과세 원칙이 조세조약의 해석과 적용에서도 그대로 적용되는지 여부(○)

[2] 납세의무자가 자신의 지배·관리 아래에 있는 양도인과 양수인을 거래당사자로 내세워 양도거래를 한 경우, 납세의무자와 양수인 간에 직접 양도거래가 이루어진 것으로 보아 과세할 수 있는지 여부(○) / 이후 납세의무자가 조세회피 목적에서 동일한 양수인을 형식상 거래당사자로 내세워 제3자와 새로운 양도거래를 한 경우, 당초의 양도거래가 자산 이전이 없는 명목상 양도에 지나지 않는다고 볼 수 있는지 여부(×)

이 유

[1] 대한민국 정부와 네덜란드왕국 정부 간의 소득에 대한 조세의 이중과세회피와 탈세방지를 위한 협약(이하 '한·네 조세조약'이라 한다) 제14조 제4항은 부동산, 일정한 동산 및 선박·항공기의 양도로 인한 이득 이외의 재산의 양도로부터 발생하는 이득은 그 양도인이 거주자로 되어 있는 나라에서만 과세하도록 규정하고 있다.

구 국세기본법(2007. 12. 31. 법률 제8830호로 개정되기 전의 것, 이하 같다) **제14조 제1항**에서 규정하는 **실질과세의 원칙**[293]은 소득이나 수익, 재산, 거래 등의 과세대상에 관하여 그 귀속명의와 달리 실질적으로 귀속되는 자가 따로 있는 경우에는 형식이나 외관을 이유로 그 귀속명의자를 납세의무자로 삼을

---

293) **국제조세조정에 관한 법률 제3조(국제거래에 관한 실질과세)** [2020. 12. 22. 전부개정] ① 국제거래에서 과세의 대상이 되는 소득, 수익, 재산, 행위 또는 거래의 귀속이 명의일 뿐이고 사실상 귀속되는 자가 따로 있는 경우에는 사실상 귀속되는 자를 납세의무자로 하여 조세조약을 적용한다. ② 국제거래에서 과세표준의 계산에 관한 규정은 소득, 수익, 재산, 행위 또는 거래의 명칭이나 형식과 관계없이 그 실질 내용에 따라 조세조약을 적용한다. ③ 국제거래에서 이 법 및 조세조약의 혜택을 부당하게 받기 위하여 제3자를 통한 간접적인 방법으로 거래하거나 둘 이상의 행위 또는 거래를 거친 것(이하 이 조에서 "우회거래"라 한다)으로 인정되는 경우에는 그 경제적 실질에 따라 당사자가 직접 거래한 것으로 보거나 연속된 하나의 행위 또는 거래를 한 것으로 보아 이 법 및 조세조약을 적용한다. ④ 우회거래를 통하여 우리나라에 납부할 조세부담이 대통령령으로 정하는 비율 이상으로 현저히 감소하는 경우(해당 우회거래의 금액 및 우리나라에 납부할 조세부담의 감소된 금액 등이 대통령령으로 정하는 요건에 해당하는 경우는 제외한다) 납세의무자가 해당 우회거래에 정당한 사업 목적이 있다는 사실 등 조세를 회피할 의도가 없음을 입증하지 아니하면 이 법 및 조세조약의 혜택을 부당하게 받기 위하여 거래한 것으로 추정하여 제3항을 적용한다. 〈신설 2019.12.31.〉 ⑤ 제4항을 적용할 때 우리나라에 납부할 조세부담의 계산과 그 밖에 필요한 사항은 대통령령으로 정한다. 〈신설 2019.12.31.〉

국제조세조정에 관한 법률 시행령 제3조(국제거래에 대한 실질과세) [2021. 2. 17. 전부개정] ① 법 제3조 제4항에서 "우회거래를 통하여 우리나라에 납부할 조세부담이 대통령령으로 정하는 비율 이상으로 현저히 감소하는 경우"란 우회거래를 통해 우리나라에 납부할 조세부담(이하 이 조에서 "조세부담"이라 한다)이 그 거래의 경제적 실질에 따라 계산한 조세부담의 50퍼센트 이하가 되는 경우를 말한다. ② 법 제3조제4항에서 "대통령령으로 정하는 요건에 해당하는 경우"란 다음 각 호의 요건을 모두 갖춘 경우를 말한다. 1. 우회거래의 금액이 10억원 이하일 것 2. 우회거래를 통한 조세부담 감소액이 1억원 이하일 것 ③ 제1항 및 제2항제2호에 따른 조세부담은 다음 각 호의 조세만 포함하여 산정한다. 1. 소득세 2. 법인세 3. 그 밖에 조세조약의 적용대상이 되는 조세 ④ 제1항부터 제3항까지에서 규정한 사항 외에 조세부담 계산 등에 필요한 사항은 기획재정부령으로 정한다. [본조신설 2020.2.11.]

것이 아니라 실질적으로 귀속되는 자를 납세의무자로 삼겠다는 것이므로, 재산의 귀속명의자는 이를 지배·관리할 능력이 없고, 그 명의자에 대한 지배권 등을 통하여 실질적으로 이를 지배·관리하는 자가 따로 있으며, 그와 같은 **명의와 실질의 괴리**가 **조세를 회피할 목적**에서 비롯된 경우에는, 그 재산에 관한 소득은 그 재산을 실질적으로 지배·관리하는 자에게 귀속된 것으로 보아 그를 납세의무자로 삼아야 할 것이고, 이러한 원칙은 법률과 같은 효력을 가지는 **조세조약의 해석**에 있어서도 이를 배제하는 특별한 규정이 없는 한 그대로 적용된다고 할 것이다(대법원 2013. 4. 11. 선고 2011두3159 판결 등 참조).[294]

[2] 납세의무자가 자신의 **지배·관리 아래에 있는 양도인과 양수인**을 거래당사자로 내세워 양도거래를 한 경우 그 양도와 양수의 주체 모두에 관하여 명의와 실질에 괴리가 있는 것처럼 보이더라도 납세의무자 대신 **양도인을 내세운 것만이 조세회피의 목적**에서 비롯된 것일 뿐 그 양도거래에서 **양수인을 내세운 것**에는 아무런 **조세회피의 목적이 없**다면 특별한 사정이 없는 한 그 양도의 사법상 효과를 양수인에게 귀속시키는 것까지 부인할 것은 아니므로, 이러한 경우에는 실질과세의 원칙에 따라 과세상 의미를 갖지 않는 **양도인과 양수인 간의 양도거래를 제외**하고 **납세의무자와 양수인 간에 직접 양도거래**가 이루어진 것으로 보아 **과세**할 수 있다고 할 것이다.

이후 그 납세의무자가 **조세회피의 목적에서 동일한 양수인을 형식상의 거래당사자**로 내세워 **제3자와 새로운 양도거래**를 한 경우 새로운 양도거래의 실질귀속자를 그 납세의무자로 보아야 한다고 하더라도 그러한 사정만으로 당초의 양도거래가 자산의 이전이 없는 명목상의 양도에 지나지 않는다고 볼 것도 아니다.[295]

---

294) **【구체적 사안】**

○ **사실관계** ; ① IPIC는 아부다비 정부가 100% 지분을 보유하면서 세계 각국의 석유 관련 사업에 대한 투자를 목적으로 설립한 아랍에미리트연합국 법인인 사실, ② IPIC는 핀란드 법인인 **Flagellum OY**의 발행주식 100%를 보유하고 있고, Flagellum OY는 네덜란드 법인인 **Hanocal**의 발행주식 100%를 보유하고 있는 사실, ③ IPIC는 오스트리아 법인인 IPIC Holdings GmbH의 발행주식 100%를 보유하고 있고, IPIC Holdings GmbH는 네덜란드 법인인 원고의 발행주식 100%를 보유하고 있는 사실, ④ 한편 Hanocal은 1999. 12.경 소외 국내정유회사가 발행하는 우선주 122,541,211주(총 발행주식의 50%)를 1주당 5,000원에 취득하였고, 2006. 2. 9. 원고에게 그중 49,016,485주(총 발행주식의 20%)를 1주당 4,500원에 양도한 사실, ⑤ Hanocal은 2006. 3. 10. 피고에게 한·네 조세조약에 따라 주식양도로 인한 소득에 대하여 법인세 비과세·면제신청을 하였으나, 피고는 Hanocal과 Flagellum OY가 도관회사에 불과하고 주식양도로 인한 소득의 실질귀속자는 IPIC로서 한·네 조세조약이 적용될 수 없다고 보아 2008. 4. 1. 원고에게 구 법인세법 제98조 제1항 제4호 등에 따라 법인세를 결정·고지하는 처분을 한 사실.

IPIC(UAE) → (100%) Flagellum OY(핀) → (100%) **Hanocal**(네) ⇒ 원고(네) (100%) ← GmbH(오) (100%) ← **IPIC**

⇓

○○중공업(주)

○ **판단** ; Hanocal의 설립 목적과 사업활동 내역, 인적·물적 기반, 주식의 취득과 양도 및 그 배당금과 양도대금의 지배·관리 내역 등에 비추어 볼 때, Hanocal은 주식의 취득과 양도에 관하여 형식상 거래당사자의 역할을 수행하였을 뿐 그 실질적 주체는 IPIC이며, 이러한 형식과 실질의 괴리는 오직 한·네 조세조약을 적용받아 조세를 회피할 목적에서 비롯된 것으로 볼 수 있다는 이유로, 한·네 조세조약을 적용할 수 없다고 판단.

295) **【구체적 사안】**

구 국세기본법 제14조에서 규정하는 실질과세의 원칙은 **과세요건의 해당 여부를 판단하기 위한 목적의 범위 내**에서 소득이나 수익, 재산, 거래 등의 실질적인 내용과 귀속관계를 파악하는 것이라고 전제한 다음, Hanocal이 소외 국내정유회사에 자금을 지원하는 조건으로 ○○그룹 계열사로부터 소외 국내정유회사의 지분 20%에 관한 우선매수권을

○ 대법원 2017. 10. 26. 선고 2015두53084 판결 [법인세부과처분취소]

▌실질과세, 증명책임

판시사항

[1] 과세대상의 귀속 명의자와 실질적 지배·관리자가 다른 경우 납세의무를 부담하는 자(= **실질적 지배·관리자**) 및 그러한 경우에 해당하는지를 판단하는 기준

[2] 거래 등의 귀속 명의와 실질적인 귀속주체가 다르다고 다투어지는 경우, 과세요건사실의 존부와 과세표준에 관한 **증명책임**의 소재(= **과세관청**) 및 과세관청이 **사업명의자**를 실사업자로 보아 과세를 한 경우, 거래 등의 **귀속 명의와 실질이 다르다**는 점을 **사업명의자**가 **주장·증명할 필요**가 생기는지 여부(○)와 이 경우 증명의 필요 정도

이 유

소득이나 수익, 재산, 행위 또는 거래 등의 과세대상에 관하여 귀속 명의와 달리 실질적으로 이를 지배·관리하는 자가 따로 있는 경우에는 형식이나 외관을 이유로 귀속 명의자를 납세의무자로 삼을 것이 아니라, 실질과세의 원칙에 따라 실질적으로 해당 과세대상을 지배·관리하는 자를 납세의무자로 삼아야 하고, 그러한 경우에 해당하는지는 명의사용의 경위와 당사자의 약정 내용, 명의자의 관여 정도와 범위, 내부적인 책임과 계산 관계, 과세대상에 대한 독립적인 관리·처분 권한의 소재 등 여러 사정을 종합적으로 고려하여 판단하여야 한다.

그리고 소득 등의 **귀속 명의와 실질적인 귀속주체가 다르다**는 점에 관하여는 **과세처분을 받은 명의자**가 법관으로 하여금 상당한 의문을 갖게 할 정도로 주장·증명할 필요가 있으나,[296] 그 결과 소득 등의 실질이 명의자에게 귀속되었는지가 불분명하게 되어 법관이 확신할 수 없게 되었다면, 그로 인한 불이익은 과세요건사실의 존부 및 과세표준에 관하여 궁극적인 **증명책임**을 지는 **과세관청**

추가로 취득하게 되자, 소외 국내정유회사 지분의 절반을 초과하여 소유할 수 없다는 주주 간의 약정을 준수하고 사업상 위험을 분산하기 위하여 우선매수권의 행사 직전에 이 사건 주식을 원고에게 양도하게 된 것인데, 원고의 설립 목적과 사업활동 내역, 인적·물적 기반, 주식 취득자금 조달 경위 등에 비추어 원고가 IPIC의 지배·관리 아래에 있고 주식양도로 인한 소득이 실질적으로 IPIC에 귀속되며 원고가 2010. 8.경 이 사건 주식을 ○○중공업(주)에 양도한 새로운 거래에 있어서 그 양도소득의 실질귀속자를 IPIC로 볼 수 있다고 하더라도, 이 사건 **주식양도의 민사법적인 효력이 인정**되므로 이 사건 주식의 양도거래에 관한 **양도인과 양수인이 IPIC로 동일**하여 **양도거래 자체가 없다거나 과세대상인 양도소득이 존재할 수 없다**고 볼 것은 **아니**라는 등의 이유로, 이 사건 **주식의 양도거래가 IPIC라는 하나의 법인 내에서 이루어진 명목상의 양도나 자산의 내부적 이동에 불과**하여 **과세대상이 되는 거래로 볼 수 없다**는 **원고의 주장을 배척**한 원심의 판단은 정당하다고 한 사례.

296) 【comment】 대법원 2015. 2. 26. 선고 2014도14990 판결은, "사업자등록을 한 경우에는 그 사업에 관한 거래에서 대외적으로 권리·의무의 주체가 되는 사업자가 그 명의자임을 밝힌 것이므로, 극히 예외적인 경우가 아니라면 그 명의자의 사업자로서의 지위를 쉽게 부정하여서는 아니될 것이며, 다른 사람의 부탁에 의하여 사업자등록을 하였다는 사정만을 가지고 섣불리 그 사업자등록이 형식적인 것에 불과하고 그 명의자가 사업자가 아니라고 단정하여서는 아니될 것이다."라고 하여, '사업자등록'에 강한 사실상 추정력을 부여하고 있으므로, 과세관청이 사업명의자를 실사업자로 보아 과세를 한 경우 '사업명의자 = 실사업자'로 추인되고, 귀속 명의와 실질이 다르다는 점은 과세처분을 받은 사업명의자가 주장·증명하여야 할 필요가 생기는 것으로 볼 수 있다.

에게 돌아간다(대법원 2014. 5. 16. 선고 2011두9935 판결[297] 참조).[298] … 한편 상고이유에서 들고 있는 대법원 2012. 1. 19. 선고 2008두8499 전원합의체 판결과 대법원 2015. 7. 23. 선고 2013두21373 판결 등은 거래명의자가 소득 등의 귀속 명의와 실질의 괴리를 들어 명의자 자신에 대한 과세처분의 취소를 구하고 있는 이 사건과는 사안을 달리하는 것이어서 이 사건에 원용하기에 적절하지 아니하다.[299]"[300]

---

297) "과세요건사실의 존부 및 과세표준에 관하여는 원칙적으로 과세관청이 증명할 책임을 부담하는바, 이는 거래 등의 귀속 명의와 실질적인 귀속주체가 다르다고 다투어지는 경우에도 증명책임을 전환하는 별도의 법률 규정이 있는 등의 특별한 사정이 없는 한 마찬가지이다. 다만 과세관청이 사업명의자를 실사업자로 보아 과세를 한 이상 거래 등의 귀속 명의와 실질이 다르다는 점은 그 과세처분을 받은 사업명의자가 주장·증명할 필요가 생기는데, 이 경우에 증명의 필요는 법관으로 하여금 과세요건이 충족되었다는 데 대하여 상당한 의문을 가지게 하는 정도면 족하다. 그 결과 거래 등의 실질이 명의자에게 귀속되었는지 여부가 불분명하게 되고 법관이 확신을 가질 수 없게 되었다면 그로 인한 불이익은 궁극적인 증명책임을 부담하는 과세관청에 돌아간다. 이와 달리 사업명의자가 아닌 사실상의 사업자에게 실질과세가 가능하다는 점에 대한 주장·증명책임은 명의자 과세를 다투는 자에게 있다고 한 대법원 1984. 6. 26. 선고 84누68 판결, 대법원 1987. 10. 28. 선고 86누635 판결 등은 구 소득세법(1994. 12. 22. 법률 제4803호로 전문 개정되기 전의 것) 제7조 제1항 및 그 시행령(1994. 12. 31. 대통령령 제14467호로 전문 개정되기 전의 것) 제21조에서 규정하였던 명의자 과세 제도가 1996. 1. 1. 폐지되기 전까지 시행될 당시의 소득세 사건에 대한 것으로서 이와 다른 사건에서는 적용될 수 없다." ☞ 甲이 乙 회사와 독립채산제 판매약정을 체결한 다음 乙 회사의 영업소에서 乙 회사의 영업이사 직함을 사용하여 乙 회사가 생산한 정제유를 乙 회사 명의로 판매하였고, 乙 회사는 위 영업소의 매입·매출을 합산하여 법인세 및 부가가치세를 신고·납부하였는데, 과세관청이 위 영업소의 영업을 乙 회사의 사업으로 보아 乙 회사에 부가가치세 등 부과처분을 한 **사안**에서, 甲이 乙 회사로부터 정제유를 공급받아 그의 책임과 계산 아래 독립하여 이를 판매하였으므로 위 영업소의 거래와 그로 인한 소득은 실질적으로 甲에게 귀속되는 것이고, 따라서 위 처분이 실질과세의 원칙에 위배되어 위법하다고 본 원심판단이 옳다고 한 사례.

298) **【comment】** 즉, " 피고 과세관청의 증명책임(과세처분 상대방 원고 = '사업명의자') → 원고의 '귀속 명의와 실질이 다르다는 점'에 대한 '증명의 필요'('상당한 의문') → 피고 과세관청의 증명책임(사업명의자= 실사업자)"의 공방구조가 된다.

299) **【comment】 이 부분 판시는,** 거래명의자가 소득 등의 귀속 명의와 실질의 괴리를 들어 **명의자 자신에 대한 과세처분의 취소를 구**하는 경우에는, 과세관청이 실질과세 원칙의 적용을 주장하는 경우의 과세요건사실인 "명의와 실질의 괴리가 **조세를 회피할 목적**에서 비롯된 것"이 필요치 않음을 나타내는 취지를 담고 있다.

300) **【구체적 사안】**
○ 사실관계 ; (1) ○○교통 (주)를 공동으로 운영하던 김○○과 전○○은 2007년경 ○○운수 (주)를 인수하여 운영하던 중, 2010. 2. 18. ○○교통이 보유하던 ○○운수 발행의 이 사건 주식을 전○○의 아들이 대표로 있는 원고에게 매도하기로 하는 주식양수도계약을 체결하였다. (2) 전○○은 2010. 2. 18. ○○운수 등의 명의로 147억 원을 대출받아 이 중 141억 1,400만 원을 원고 명의의 계좌로 입금하였는데, 위 돈은 **같은 날** ○○교통 명의의 계좌로 곧바로 이체되었다가 여러 단계를 거쳐 ○○교통과 ○○운수 명의의 각 대출금채무를 변제하는 등의 용도로 사용되었다. (3) 그 후 전○○은 ○○운수 명의의 여○○에 대한 12억 원의 채무를 변제하기 위하여, 2010. 3. 3. 이 사건 주식을 여○○이 운영하는 (주) ○○○버스에 양도하기로 하는 주식매매계약을 원고 명의로 체결하였다.
○ 판단 ; 원심이, 다음과 같은 사정을 종합하여, 피고가 원고의 2010 사업연도 법인세 과세표준으로 산정한 143억 5,000만 원은 **실질적으로 원고에게 귀속되었다고 보기 어렵**고, 이와 달리 원고가 143억 5,000만 원의 자산수증이익을 얻었음을 전제로 한 이 사건 처분은 위법하다고 판단한 것은 정당하다. (1) 원고는 주식양수도계약 당시 이른바 페이퍼컴퍼니로서 전○○의 지배하에 있었다. (2) 2010. 2. 18. 원고 명의의 계좌로 입금된 돈은 같은 날 즉시 다른 계좌로 이체되어 원고와는 전혀 관련이 없는 용도로 사용되었다. (3) 김○○과 전○○ 간의 2010. 2. 18.자 주식양수도 계약서는 이들이 공동으로 운영하던 ○○교통과 ○○운수를 각기 분리하여 경영하기로 하는 합의의 일환으로 작성된 것으로서, 그 후 전○○은 원고와 거래관계가 없는 여○○ 측에게 이 사건 주식을 양도하였다.
cf. [계좌 명의인이 송금액에 관하여 실질적으로 이익귀속자가 된 것인지에 관한 민사 참조 판결]
대법원 2003. 6. 13. 선고 2003다8862 판결 ; "소외 1은 횡령한 돈 5,620만 원을 원고로부터 퇴직금 중간정산금으로

※ 귀속 명의와 실질이 다르다는 점에 관한 증명책임과 증명의 필요에 관한 판례

○ **대법원 2018. 6. 28. 선고 2018두35025 판결** ; "원심은, 원고가 홍콩 소재 소외 법인의 실질적인 주주임을 인정하기 부족하므로, **소외 법인 명의**의 2006년도부터 2010년도까지 소득이 **실제로는 원고에게 귀속**되었음을 전제로 한 피고의 종합소득세 부과처분은 **과세요건 사실이 증명되지 않**아 위법하다고 판단하였다. 원고가 소외 법인 또는 그 자회사들의 경영 등에 일부 관여하였다는 등의 사정은 인정되지만, 원고가 소외 법인의 설립자금 미화 50만 달러를 납입 또는 위 금액 상당의 재산을 출자하였다거나 소외 법인의 소득을 개인적으로 유용하였음을 인정할 자료가 없고, 원고가 아닌 제3자가 실질주주일 가능성을 배제할 수 없다는 점 등을 그 이유로 들었다. … 원심[301]의 위와 같은 판단에 증명책임에 관한 법리 오해와 논리·경험칙 위반 등 … 잘못은 없다."

○ **대법원 2017. 7. 11. 선고 2015두55134, 55141 판결** ; 원고 1(벨기에 법인)이 원고 2(국내법인)에게 주식을 양도하고, 원고 2가 양도소득의 10%를 원천징수하여 납부한 후, 원고 1이 피고에게, 한·벨 조세조약에 의하여 양도소득이 비과세되어야 한다는 이유로 원천징수세액 전부의 환급을 구하는 **경정청구**를 한 데 대하여, 피고가 2월 이내에 아무런 통지를 하지 않음으로써 경정청구를 거부한 것으로 간주된 **사안**에서, 원심이 "조세조약에 따른 비과세를 주장하는 원고들은 벨기에 거주자로 이 사건

받은 것이라면서 그 보관을 부탁하며 처인 피고 1의 예금계좌로 송금하였으나, 피고 1이 송금 받은 그 날 남편인 소외 1에게 처분 용도를 문의하여 소외 1의 지시에 따라 2회에 걸쳐 5,600만 원은 소외 1의 예금계좌로 송금하고, 그 이후 나머지 20만 원은 소외 1에게 교부한 사실을 확정하였으면서도, 부당이득의 성립 여부를 판단함에 있어서는 소외 1이 채무변제조로 위 돈을 송금하였음을 전제로 피고 1이 이를 송금 받음에 있어 고의나 중과실이 있는지의 여부를 판단하고 있는바, 이러한 원심판결에는 이유모순의 위법이 있다. 소외 1이 횡령한 돈 5,620만 원이 처인 피고 1의 예금계좌로 입금되었다고 하더라도, 그로 인하여 피고 1이 위 돈 상당을 이득하였다고 하기 위해서는 피고 1이 위 돈을 **영득할 의사로 송금 받았다**거나 소외 1로부터 이를 증여받는 등으로 **위 돈에 관한 처분권을 취득하여 실질적인 이득자가 되었다고 볼 만한 사정**이 인정되어야 할 것인데, 원심이 인정한 사실은, 피고 1이 남편인 소외 1로부터 퇴직금 중간정산금이라며 그 보관을 의뢰 받고 자신의 계좌로 위 돈을 송금 받았다가 **송금 받은 그 날** 소외 1에게 처분 용도를 물어 소외 1의 **지시에 따라** 송금된 돈의 대부분을 곧바로 소외 1에게 송금하고 나머지 돈도 그 무렵 소외 1에게 교부하여 주었다는 것인바, 이와 같은 송금 및 반환 경위에 비추어 볼 때 피고 1이 위 돈을 자신의 구좌로 송금받았다고 하여 **실질적으로 이익의 귀속자가 되었다고 보기는 어려우므로,** 이와 다른 전제에 선 원고의 피고 1에 대한 부당이득반환 주장은 나아가 살필 필요 없이 이유 없다. 결국, 피고 1의 경우 위 돈을 송금받음에 있어 **고의·중과실이 있었는지의 여부는 이를 판단할 필요 없이** 부당이득이 성립되지 아니하므로 원심의 결론은 정당하다고 할 것이다.

301) **서울행정법원 2016. 11. 11. 선고 2014구합74558 판결**(1심) ; "소외 회사는 HH유통과 동일한 형태의 사업을 영위하고 있으면서도 사업을 영위하기 위한 독자적인 인적, 물적 시설이 없었고, 소외 회사, HH유통, RRR, 그리고 이 사건 자회사들의 직원은 그 소속과 업무 등이 명확하게 구분되지 않은 채 원고의 지시 아래 근무하고 있었으므로, 원고가 HH유통, RRR, 그리고 이 사건 자회사들의 직원들을 통해 소외 회사의 업무 전반을 지배, 관리하고 있던 것이 아닌가하는 강한 의심이 들기는 한다. 그러나 원고 개인이 소득의 명의자인 소외 회사에 대한 지배권 등을 통하여 실질적으로 그 소득을 지배, 관리하고 있었다고 인정하기 위해서는 원고의 소외 회사에 대한 지배권이 인정되어야 할 텐데, … 소유와 경영이 분리되는 주식회사의 경우 주식에 관하여 의결권 등을 통하여 주주권을 실질적으로 행사함으로써 법인의 재산을 사실상 임의처분하거나 관리, 운용할 수 있는 지위에 서서 법인의 운영을 지배한다고 볼 수 있는 자에 해당하여야 비로소 그에게 담세력이 있다고 인정할 수 있을 것이다. 따라서 원고가 소외 회사의 실질주주에 해당하여야 소외 회사 명의 소득이 원고 개인에게 귀속되었다고 인정할 수 있을 것인데, … 피고가 제출한 을 제00호증의 각 기재만으로는 2006년부터 2010년까지 소외 회사 명의 소득의 귀속이 명목뿐이고 사실상 그 소득을 얻은 자가 원고라는 사실이 충분히 입증되었다고 보기 어렵다."

양도소득의 실질귀속을 입증할 책임을 부담한다. 그런데 원고들이 제출한 증거들만으로는 원고 1이 이 사건 양도소득의 실질귀속자라는 사실을 인정하기 부족하다."고 판시하여 원고 1이 실질귀속자라는 점을 원고들이 증명하여야 한다고 전제한 부분은, 부적절하다고 판단한 예.[302)]

○ **대법원 2019. 10. 17. 선고 2015두55844 판결** ; 피고가 주식매수 자문용역**계약서**상 **계약 당사자**로서 용역비의 **귀속명의자**인 원고(법무법인)를 소득의 실질귀속자로 보아 **과세**한 사안에서, 원심이 들고 있는 사정만으로는 용역비의 귀속 명의와 실질이 다르다는 점에 관하여 **주장·증명의 필요**를 부담하는 원고가 법관으로 하여금 **상당한 의문**을 가지게 할 정도로 증명을 한 것으로 보기 어렵다고 한 사례.[303)]

○ **대법원 2015. 11. 27. 선고 2014두2270 판결** [관세등부과처분취소] ; [1] 국내 소비자가 해외 판매자에게서 직접 수입하는 것과 같은 거래의 **외관**을 취하였으나 **실질**에서는 국내사업자가 해외 판매자에게서 직접 수입하여 다시 국내 소비자에게 판매하는 거래의 경우, 물품을 수입한 실제 소유자를 국내사업자로 볼 수 있는지 여부(○) 및 이 경우에 해당하기 위하여 증명할 사항(= 해외 판매자와 국내사업자, 그리고 국내사업자와 국내 소비자 간의 **2단계 거래가 실질적으로 존재**하는 사정 등) [2] 국내사업자가 해외 판매자를 실질적으로 지배·관리하면서 소득이나 수익을 지배·관리하였으나 국내사업자와 국내 소비자 간에 별도의 국내 거래가 있었다는 사정이 증명되지 아니한 경우, 물품을 수입한 실제 소유자를 국내 소비자로 보아야 하는지 여부(○)[304)305)]

---

302) **【comment】** 경정청구거부처분 취소소송과 원천징수처분 취소소송 둘 다 **과세관청**이 **실질귀속자**에 대한 **증명책임**을 부담한다는 취지로 볼 수 있다.

303) **[대법원의 판단 근거]** ; "과세관청이 귀속명의자를 소득의 실질귀속자로 보아 과세를 한 이상 거래 등의 귀속 명의와 실질이 다르다는 점은 그 과세처분을 받은 귀속명의자가 주장·증명할 필요가 생기는데, 이 경우에 증명의 필요는 법관으로 하여금 과세요건이 충족되었다는 데 대하여 상당한 의문을 가지게 하는 정도면 족하지만, 그 증명이 상당한 의문을 가지게 하는 정도에 이르지 못한다면 귀속명의자에 대한 과세처분을 위법하다고 볼 것은 아니다."라고 한 다음, "1) 이 사건 용역비를 지급하는 주체가 매도인에서 매수인으로 바뀌면서 용역비를 확정하는 이 사건 용역계약서가 작성되었고, 이 사건 용역계약서 작성 당시 소외인과 박중○은 그 계약 명의자를 박○○와 원고로 정하여 기재하였다. 즉 이 사건 용역계약서 기재에 따르면 소외인과 박중○은 매수인인 박○○와 법인인 원고를 이 사건 용역계약의 당사자, 적어도 용역비 지급 및 수령주체로 정한 것으로 볼 수 있다. 이 사건 용역계약서의 주된 내용은 소외회사 인수와 관련하여 원고가 인수대상자 물색, 쌍방 의견 조정 및 협상 자문 등의 용역을 제공하는 대가로 박○○로부터 용역비를 받는다는 것인데, 이 사건 용역계약서가 사후적으로 작성되었다는 점을 포함하여 원심이 든 판시 사정을 종합하여 보아도 위와 같은 내용의 이 사건 용역계약서가 형식적으로 작성된 허위 계약서라고 인정하기는 부족하다. 2) 이 사건 용역비 중 상당한 금액은 실질적으로 원고의 비용으로 사용되었다. … 주식의 인수대상자 물색 등과 같은 중개행위가 법률사무가 아니라고 하더라도 법무법인이 기업의 인수·합병에 관한 부수업무로서 그러한 행위를 한 경우에 그 소득은 법무법인에 귀속될 수 있다. 4) 원고의 대표변호사 강○은 이 사건 용역 제공의 주체를 소외인 개인으로 보았다고 하면서도 원고 명의를 사용한 소외인에 대하여 별다른 조치를 취하지 않았을 뿐만 아니라 오히려 소외인에게 원고 명의를 사용할 권한이 있다고 인정하고 있다. 따라서 원고의 대표변호사가 이 사건 용역계약 체결 사실을 알았는지 여부는 원고의 소득 귀속에 방해가 되지 않는다고 보아야 한다. 원심 판단에는 처분문서의 증명력 또는 과세관청이 명의자를 소득의 실질귀속자로 보아 과세를 한 경우 거래 등의 귀속 명의와 실질이 다르다는 점에 관한 주장·증명이 필요한 당사자와 그 증명의 정도 등에 관한 법리를 오해하여 판결에 영향을 미친 위법이 있다."라고 판시.

304) **【이 유】** "구 관세법(2010. 12. 30. 법률 제10424호로 개정되기 전의 것) 제19조 제1항은 "다음 각 호의 1에 해당되는 자는 관세의 납세의무자가 된다."라고 규정하면서, 제1호 본문에서 "수입신고를 한 물품에 대하여는 그 물품을 수입한 화주"를 들고 있는데, 위 규정에서 관세의 납세의무자인 '그 물품을 수입한 화주'라 함은 그 물품을 수입한 실제

○ 대법원 2016. 11. 9. 선고 2013두23317 판결[법인세부과처분등취소]

▌실질과세, 원천징수의무, 조세조약

판시사항

[1] 실질과세의 원칙이 국내원천소득에 대한 원천징수에도 그대로 적용되는지 여부(○) / 국내원천소득 지급자의 의무 = 소득에 관하여 귀속 명의와 달리 실질적으로 귀속되는 자가 따로 있는지를 조사하여 실질적인 귀속자를 기준으로 원천징수할 의무

[2] 국내원천소득 지급자가 거래 또는 소득금액의 지급과정에서 성실하게 조사하여 확보한 자료 등을 통해서도 실질적인 귀속자가 따로 있다는 사실을 알 수 없었던 경우까지 실질적인 귀속자를 기준으로 법인세를 원천징수할 의무가 있는지 여부(×)

이 유

구 국세기본법 제14조 제1항이 규정하는 실질과세의 원칙은 구 법인세법 제98조 제1항 제3호[306]가

소유자를 의미한다. 한편 과세처분 취소소송에서 과세처분의 적법성 및 과세요건사실의 존재에 대한 증명책임은 원칙적으로 과세관청에게 있으므로, 물품을 수입한 명의자와 물품을 수입한 실제 소유자가 다르다는 이유로 과세처분을 한 경우 과세처분의 상대방이 **물품을 수입한 실제 소유자**라는 점에 대한 **증명책임**은 **과세관청**에게 있다. … 국내 소비자가 해외 판매자로부터 물품을 직접 주문하여 국내 소비자 명의로 배송이 이루어지고 그 명의로 수입통관절차를 거친 경우에는 국내 소비자의 편의나 해외 판매자의 판매촉진·반품 등과 관련하여 일부 보조적 행위를 한 국내사업자가 따로 있다고 하더라도 특별한 사정이 없는 한 물품을 수입한 실제 소유자는 국내사업자가 아니라 국내 소비자라고 봄이 타당하다. 다만 국내 소비자가 해외 판매자로부터 직접 수입하는 것과 같은 거래의 외관을 취하였다고 하더라도 그 실질에서는 국내사업자가 해외 판매자로부터 직접 수입하여 다시 국내 소비자에게 판매하는 거래에 해당하는 경우라면 그 물품을 수입한 실제 소유자를 국내사업자로 볼 수 있겠지만, 이러한 경우에 해당하기 위해서는 해외 판매자와 국내사업자, 그리고 국내사업자와 국내 소비자 간의 **2단계 거래가 실질적으로 존재**하는 사정 등이 **증명되어야** 하고, 설령 국내사업자가 해외 판매자를 실질적으로 지배·관리하면서 그 소득이나 수익을 지배·관리하였다고 하더라도 이는 국내사업자를 실질적인 해외 판매자로 보아 그와 국내 소비자 간에 수입 거래가 있었다고 할 수는 있을지언정 국내사업자와 국내 소비자 간에 별도의 국내 거래가 있었다고 단정할 수는 없으므로, 이러한 사정이 충분히 증명되지 아니한 경우에는 물품을 수입한 실제 소유자를 여전히 국내 소비자로 보아야 한다."

305) **【구체적 사안】**
원심이, ① 국내 소비자가 이 사건 인터넷쇼핑몰을 통해 해외 판매자인 미국 현지법인으로부터 건강기능식품 등을 직접 구매하고 소액면세물품으로 배송받아 관세 등을 면제받은 사실, ② 피고는 국내 판매자인 원고가 이 사건 인터넷쇼핑몰을 실질적으로 운영하면서 건강기능식품을 수입하여 국내 소비자에게 판매하였음에도 동생 소외인이 설립한 미국 현지법인을 이용하여 마치 국내 소비자가 해외 판매자로부터 직접 수입한 거래인 것처럼 가장하여 관세 등을 회피하였다고 보아, 원고에게 관세 등을 부과하는 이 사건 처분을 한 사실 등을 인정한 다음, 이 사건 인터넷쇼핑몰이 국내 소비자만을 대상으로 개설되어 판매물품의 현금결제, 반품 및 환불이 국내에서 이루어진 점, 반품된 물품이 원고에 의하여 국내에서 전량 재판매되거나 폐기처분된 점, 원고가 판매대금 중 상당 부분을 자신의 부동산 구입자금 등으로 사용한 점 등에 비추어, 이 사건 인터넷쇼핑몰의 운영자 및 수입화주로서 관세 및 부가가치세의 납세의무를 부담하는 자를 원고로 보아야 한다는 이유로, 이 사건 처분은 적법하다고 판단한 데 대하여, **대법원**은, "국내 소비자는 자신이 화주가 되어 해외로부터 직접 건강기능식품 등을 수입하는 거래를 하였다고 보아야 하고, 원심이 들고 있는 사정만으로 국내 소비자가 국내 거래를 통하여 원고가 수입을 마친 건강기능식품 등을 다시 구입하는 거래에 해당한다고 단정할 수는 없다."고 판단한 예.

306) 구 법인세법(2008. 12. 26. 법률 제9267호로 개정되기 전의 것) 제98조 제1항 제3호는 외국법인에 대하여 제93조 제1호의 소득, 즉 구 소득세법 제16조 제1항에서 규정하는 이자소득으로서 국내사업장과 실질적으로 관련되지 아니하

규정하는 국내원천이자소득에 대한 **원천징수**에도 그대로 **적용**되므로, 국내원천이자소득을 지급하는 자는 특별한 사정이 없는 한 그 소득에 관하여 귀속 명의와 달리 실질적으로 귀속되는 자가 따로 있는지를 조사하여 실질적인 귀속자를 기준으로 그 소득에 대한 법인세를 원천징수할 의무가 있다.[307]

다만 국내원천이자소득을 지급하는 자가 거래 또는 소득금액의 지급과정에서 **성실하게 조사하여 확보한 자료 등을 통**해서도 그 소득의 실질적인 귀속자가 따로 있다는 사실을 **알 수 없었던 정당한 사유**가 있는 경우에는, **실질적인 귀속자**를 기준으로 그 소득에 대한 법인세를 **원천징수할 의무가 있다고 볼 수 없다**(대법원 2013. 4. 11. 선고 2011두3159 판결[308] 등[309] 참조).[310]

거나 그 국내사업장에 귀속되지 아니하는 소득의 금액(이하 '국내원천이자소득'이라 한다)을 지급하는 자는 제97조의 규정에 불구하고 그 지급하는 때에 지급액의 100분의 25 등을 당해 법인의 각 사업연도의 소득에 대한 법인세로서 원천징수하여야 한다고 규정하고 있다. 다만 대한민국과 일본국 간의 소득에 대한 조세의 이중과세회피와 탈세방지를 위한 협약 제11조 제2항에 의하면, 이자가 발생하는 일방체약국이 타방체약국의 거주자에 대해 과세하는 경우 그 이자소득에 대한 세율은 이자 총액의 10%로 제한된다.

307) 대법원 2014. 9. 4. 선고 2012두1747, 1754 판결 ; 원심이, ① 홍콩에 본점을 둔 외국법인인 원고가 국내에서 판매한 화학제품의 대금을 회수하고 국내사업장인 원고 지점에 필요한 영업자금을 지원하기 위하여 홍콩에 원고 본점 명의로 예금계좌를 개설하고 금융거래를 하여 온 사실, ② 원고는 원고 지점으로부터 잉여자금의 예치를 받거나 원고 지점에 부족자금을 대여함으로써 원고 본점 명의로 1999~2003 사업연도 동안에 발생한 수입이자 합계 1,186,315,578원, 지급이자 합계 238,479,336원을 원고 본점에 귀속되는 손익으로 보아 홍콩의 과세당국에 법인세 신고를 하였던 사실, ③ 그런데 피고는 원고 본점이 서류상의 명목회사에 불과하여 위 수입이자와 지급이자가 원고 지점의 손익으로 귀속된다고 보아 순이자수입을 국내원천소득으로 하여 원고에게 법인세를 부과하는 등의 이 사건 각 처분을 한 사실 등을 인정한 다음, ① 원고 본점이 이사회를 개최하고 배당을 실시하는 등의 독자적인 활동을 하고 있어 단순히 서류상의 회사로 보기 어려운 점, ② 원고 본점은 자금관리 등을 하고 원고 지점은 국내 판매지원활동 등을 하도록 업무분장이 되어 있는데, 원고 지점은 원고 본점 명의의 예금계좌에 대한 지배·관리·처분 권한이 전혀 없을 뿐만 아니라 원고의 국내 고객들도 원고 지점을 거치지 않고 원고 본점에 직접 대금을 입금하였던 점, ③ 위 수입이자와 지급이자는 원고 본점 고유의 독자적인 자금운용 의사결정에 의하여 발생하였고 원고 지점의 화학제품 판매지원활동과는 직접적인 관련이 없는 점 등에 비추어 볼 때, 위 수입이자와 지급이자는 원고 본점에 귀속되는 손익으로 보아야 한다는 이유로 이 사건 각 처분 중 그에 관한 부분은 위법하다고 판단한 것에 실질과세의 원칙이나 국내사업장에 귀속되는 외국법인의 국내원천사업소득에 관한 법리를 오해한 잘못이 없다고 한 예.

308) "구 법인세법 제98조 제1항 제3호 … 규정하고 있다. 따라서 외국법인에 대하여 국내원천배당소득을 지급하는 자는 우리나라가 그 외국법인이 거주자로 되어 있는 나라와 체결한 조세조약 등에서 구 법인세법 제98조 제1항 제3호에서 정한 세율보다 낮은 제한세율을 적용하여 과세하거나 비과세하도록 규정하고 있지 아니한 한 위 규정에 따른 세율을 적용하여 그 소득에 대한 법인세를 원천징수할 의무가 있다. 그리고 구 국세기본법 제14조 제1항이 규정하는 실질과세의 원칙은 구 법인세법 제98조 제1항 제3호가 규정하는 국내원천배당소득에 대한 원천징수에도 그대로 적용되므로, 국내원천배당소득을 지급하는 자는 특별한 사정이 없는 한 그 소득에 관하여 귀속 명의와 달리 실질적으로 귀속되는 자가 따로 있는지를 조사하여 실질적인 귀속자를 기준으로 그 소득에 대한 법인세를 원천징수할 의무가 있다. 다만 국내원천배당소득을 지급하는 자는 조세수입의 조기확보와 조세징수의 효율성 도모 등의 공익적 요청에 따라 원천징수의무를 부담하는 반면, 질문검사권 등 세법이 과세관청에 부여한 각종 조사권한은 가지고 있지 아니한 점 등을 고려하면, 국내원천배당소득을 지급하는 자가 거래 또는 소득금액의 지급과정에서 성실하게 조사하여 확보한 자료 등을 통해서도 그 소득의 실질적인 귀속자가 따로 있다는 사실을 알 수 없었던 경우까지 실질적인 귀속자를 기준으로 그 소득에 대한 법인세를 원천징수할 의무가 있다고 볼 수는 없다." ☞ 원심이, 원고가 2002년경 사건 외국법인의 사건 주식 매입과 관련하여 기업평가를 위한 실사를 받을 당시 그 실사 주체는 CVC 아시아의 투자자문사인 CVC AP였고, 주식 매매계약서의 서명자도 CVC AP 소속 직원인 소외 1이었던 점, 원고의 직원과 CVC 아시아 직원 사이에 오고 간 이메일에도 원고에 대한 투자주체가 CVC 아시아 등으로 되어 있었던 점, 사건 배당소득에 대한 배당결의에 참가한 소외 1, 2 등은 CVC AP 내지 3i Group의 직원이었고, 사건 외국법인의 이사들은 거기에 참여하지 아니한

● 대법원 2017. 12. 22. 선고 2017두57516 판결 [법인세부과처분취소]

▌실질과세, 다단계·우회거래

판시사항

2 이상의 행위 또는 거래를 거치는 방법에 의하여 조세를 부당하게 감소시킨 경우 경제적인 실질에 따라 연속된 하나의 행위 또는 거래로 보아 과세하도록 한 국세기본법 제14조 제3항의 규정 취지 / 납세의무자가 여러 단계의 거래를 거친 후의 결과만으로 국세기본법 제14조 제3항에 따라 과세대상으로 삼을 수 있는지 여부(×) ☞ 증여세에 관한 대법원 2017. 1. 25. 선고 2015두3270 판결의 판시를 국세 일반에 관한 국세기본법 제14조 제3항(다단계·우회 거래에 대한 실질과세)의 해석에 그대로 적용한 것

이 유

국세기본법 제14조 제3항은 "제3자를 통한 간접적인 방법[311]이나 둘 이상의 행위 또는 거래를 거치는 방법[312]으로 이 법 또는 세법의 혜택을 부당하게 받기 위한 것으로 인정되는 경우에는 그 경제적 실질 내용에 따라 당사자가 직접 거래를 한 것으로 보거나 연속된 하나의 행위 또는 거래를 한 것으로 보아 이 법 또는 세법을 적용한다."라고 규정하고 있다.[313][314]

점 등에 비추어 보면, 원고는 배당소득의 실질적인 귀속자가 CVC 아시아 등임을 알고 있었다고 보이므로, 원고에게 배당소득에 대한 원천징수의무를 부여하는 것이 비례의 원칙 등에 위반된다고 볼 수 없다는 취지로 판단한 것은 정당하다고 한 예.

309) 대법원 2017. 12. 28. 선고 2017두59253 판결 ; 원고가 이 사건 배당소득을 지급하는 과정에서 성실하게 조사를 하였음에도 불구하고 위 배당소득의 실질적인 귀속자가 에스씨에이가 아니라는 사실을 알 수 없었다고 보기 어렵다는 이유로 원고에게 원천징수납부불성실 가산세를 부과한 것은 정당하다고 판단한 예.

310) 【구체적 사안】
원심이, 일본 ○○은행의 이사들은 Shenda가 설립되기 전부터 국내 □□은행(주)이 보유한 부실채권 인수와 관련하여 일본 ○○은행의 대리인으로서 각종 약정서에 서명하였던 점, Shenda의 이사 중 4인은 일본 ○○은행의 이사를 겸직하고 있고 그 중 ○○○○ 길버트는 원고들의 대표이사이기도 하였던 점, 원고들의 자산관리회사인 소외 자산관리 회사는 Shenda가 설립된 후에도 원고들의 재무상태를 정기적으로 일본 ○○은행 직원에게 보고한 점 등에 비추어 볼 때, 원고들이 Shenda에게 이자소득을 지급하는 과정에서 성실하게 조사하여 확보한 자료 등을 통해서 이자소득의 실질적인 귀속자가 Shenda가 아니라 일본 ○○은행이라는 사실을 알 수 없었던 경우로 볼 수 없다는 이유로, 원고들이 이자소득에 대한 원천징수의무를 이행하지 아니한 데에는 정당한 사유가 있다고 볼 수 없다고 판단한 것은 정당하다고 한 예.

311) "우회행위"

312) "다단계행위"

313) ◎ 소득세법상 우회행위 부인의 명문 규정
대법원 2014. 1. 16. 선고 2013두18438 판결 ; "구 소득세법(2008. 12. 26. 법률 제9270호로 개정되기 전의 것) 제101조 제2항은 '양도소득에 대한 소득세를 부당하게 감소시키기 위하여 거주자와 특수관계에 있는 자에게 자산을 증여(제97조 제4항의 규정을 적용받는 배우자의 경우를 제외한다)한 후 그 자산을 증여받은 자가 그 증여일부터 5년 이내에 다시 이를 타인에게 양도한 경우에는 증여자가 그 자산을 직접 양도한 것으로 본다.'고 규정하고, 같은 조 제5항의 위임에 따른 구 소득세법 시행령(2010. 2. 18. 대통령령 제22034호로 개정되기 전의 것) 제98조 제1항 제1호는 '당해 거주자의 친족'을 그 특수관계자의 하나로 규정하고 있다. 구 소득세법 제101조 제2항의 규정은 양도소득세를 회피하기 위하여 증여의 형식을 거쳐 양도한 경우 이를 부인하고 실질소득의 귀속자인 증여자에게 양도소득세를 부과하려는 데 그 목적이 있으므로, 수증자의 증여세와 양도소득세를 합한 세액이 증여자가 직접 양도하는 경우로 보아 계산한

국세기본법에서 이와 같이 제14조 제3항을 둔 **취지**는 과세대상이 되는 행위 또는 거래를 우회하거나 변형하여 여러 단계의 거래를 거침으로써 부당하게 조세를 감소시키는 조세회피행위에 대처하기 위하여 그와 같은 여러 단계의 거래 형식을 부인하고 실질에 따라 과세대상인 하나의 행위 또는 거래로 보아 과세할 수 있도록 한 것으로서, 실질과세의 원칙의 적용 태양 중 하나를 규정하여 조세공평을 도모하고자 한 것이다.

그렇지만 한편 납세의무자는 경제활동을 할 때에 동일한 경제적 목적을 달성하기 위하여 여러 가지의 법률관계 중의 하나를 선택할 수 있고 **과세관청**으로서는 특별한 사정이 없는 한 **당사자들이 선택한 법률관계를 존중하여야** 하며(대법원 2001. 8. 21. 선고 2000두963 판결 등 참조),[315] 또한 여러 단계의

양도소득세보다 적을 뿐만 아니라 그 증여가 양도소득세를 부당하게 감소시키기 위한 경우로서 양도소득이 실질적으로 증여자에게 귀속된 경우에는 구 소득세법 제101조 제2항을 적용하여 증여자가 그 자산을 직접 양도한 것으로 볼 수 있을 것이다." ☞ 원심이, 원고가 2005. 12. 7. 아들인 소외 1에게 주택을 증여하고 그 증여일부터 5년 이내인 2010. 8. 20. 소외 2에게 이를 양도한 사실, 수증자인 소외 1은 증여세 8,100,000원을 신고·납부하였으나 그 양도소득에 관하여는 1세대 1주택 비과세대상으로 보아 양도소득세 신고를 하지 않았으며, 원고가 주택을 직접 양도하는 경우로 보아 계산한 양도소득세는 46,890,663원인 사실 등을 인정한 다음, 주택 매도대금 250,000,000원 중 244,000,000원이 직접 또는 소외 1 명의의 계좌를 거쳐 원고 부부의 계좌로 이체된 점, 원고가 주택을 소외 1에게 증여한 이후에도 계속하여 주택의 관리 및 처분에 관한 업무를 수행한 점, 소외 1은 증여 이후 주택을 제3자에게 임대하였을 뿐 실제로 거주하지 않은 점, 주택의 증여가 없었다면 원고는 1세대 3주택 보유자에 해당하였을 것인 점 등에 비추어, 위 증여가 양도소득세를 부당하게 감소시키기 위한 경우에 해당하고 그 양도소득도 실질적으로 원고에게 귀속된 것으로 볼 수 있다는 이유로, 피고가 구 소득세법 제101조 제2항을 적용하여 위 증여를 부인한 후 원고가 주택을 직접 양도한 것으로 보아 원고에게 양도소득세를 부과한 이 사건 처분은 적법하다고 판단한 것은 정당하다고 한 예.

314) **국제조세조정에 관한 법률 제3조(국제거래에 관한 실질과세) 제4항**은, 우회거래를 통하여 우리나라에 납부할 조세부담이 대통령령으로 정하는 비율 이상으로 현저히 감소하는 경우 납세의무자가 해당 우회거래에 정당한 사업목적이 있다는 사실 등 조세를 회피할 의도가 없음을 입증하지 아니하면 조세조약 및 이 법의 혜택을 부당하게 받기 위하여 거래한 것으로 추정하여 조세조약과 위 법을 적용하도록 하고 있다. 〈신설 2019.12.31〉[2020. 12. 22. 전부개정 시 제2조의2에서 제3조로 조문 이동]

315) 대법원 2012. 1. 19. 선고 2008두8499 전원합의체 판결 [**다수의견에 대한 보충의견**] "대법원은 그동안 당사자가 선택한 법률관계에 대하여 그것이 가장행위에 해당하지 않는 한 개별적이고 구체적인 부인 규정 없이 실질과세의 원칙에 의하여 조세회피행위에 해당한다는 이유로 그 효력을 부인할 수 없다는 입장을 여러 사건에서 밝힌 바가 있다. 그러나 거기에서 언급하고 있는 가장행위를 민법 제108조 등에서 그 효력을 인정하지 않는 가장행위와 동일한 개념으로 이해할 필요는 없다. 당사자들 사이에 내심의 의사가 결여된 민법상의 통정허위표시는 그 사법상의 효력도 없으므로 굳이 실질과세의 원칙을 적용할 필요도 없이 그 과세요건 해당성은 가장행위의 배후에 은닉된 실제거래행위를 기준으로 판단하면 된다. 정작 실질과세의 원칙을 적용할 필요가 있는 영역은 그와 같은 **민법상 가장행위의 정도에는 이르지 못하지만 외관과 실질이 괴리되어 있고 그 실질을 외면하는 것이 심히 부당**하다고 볼 수 있는 경우이다. 실제로 대법원 판례에는 그 외관이 민법상 가장행위에 해당한다고 보기 어려운 경우에도 실질과세의 원칙을 적용하여 과세요건사실을 그 외관과 다르게 파악하여 인정한 사례가 많고, 이 경우에는 명시적으로 가장행위에 해당한다는 것을 전제하고 있지는 않다(99도2165 판결 등). 따라서 판례가 실질과세원칙의 적용과 관련하여 가장행위가 아닌 한 행위의 효력을 부인하여서는 안 된다고 한 것을 역으로 **민법상 가장행위에 해당하는 경우에만 실질과세원칙을 적용할 수 있다고 이해할 것은 아니**라고 할 것이다. 이 사건에서도 설사 이 사건 자회사들이 이 사건 주식 등의 취득에 의한 법률적 효과까지 원고에게 귀속시키고자 하는 내심의 의사가 있었던 것은 아니어서 이 사건 주식 등의 취득이 민법상 가장행위에 해당한다고는 할 수 없다고 하더라도 그것만으로 실질과세의 원칙에 의하여 원고에게 납세의무를 인정하는 것이 종전 판례 법리에 어긋난다고 할 것은 아니라고 하겠다. … 다수의견이 2007. 12. 31. 신설된 국세기본법 제14조 제3항을 조세법률주의에 반하여 소급적용한 것에 해당한다는 비판도 수긍하기 어렵다. 다수의견은 이 사건 과세처분을 할 당시 시행되던 구 국세기본법 제14조 제1항의 취지에 따라 이 사건 주식 등의 취득으로 인한 간주취득세의 납세의무자가 그 명의인인 이 사건 자회사들이 아니라 실질적 귀속주체인 원고라고 한 것일 뿐이다. 설사 반대의견

거래를 거친 후의 결과에는 손실 등의 위험 부담에 대한 보상뿐 아니라 **외부적인 요인이나 행위 등이 개입**되어 있을 수 있으므로, 그 여러 단계의 거래를 거친 후의 **결과만을 가지고** 그 실질이 하나의 행위 또는 거래라고 쉽게 단정하여 과세대상으로 삼아서는 아니 된다.[316)]

● 대법원 2017. 2. 15. 선고 2015두46963 판결 [증여세부과처분취소]

▌실질과세, 다단계·우회거래, 교차증여

판시사항

당사자가 거친 **여러 단계의 거래** 등 법적 형식이나 법률관계를 **재구성**하여 **직접적인 하나의 거래**에 의한 증여로 보기 위한 요건 / 상대방의 직계후손에게 **상호 교차 증여**한 것을 그 **실질에 맞게 재구성**하여 각자의 직계후손에게 **직접 증여**한 것으로 보아 증여세를 과세할 수 있다고 한 예.

이 유

구 「상속세 및 증여세법」(2013. 1. 1. 법률 제11609호로 개정되기 전의 것, 이하 '구 상증세법'이라고 한다) 제2

처럼 이 사건 처분 이후 신설된 국세기본법 제14조 제3항을 적용하면 다수의견과 같은 결과에 이른다고 하더라도, 다수의견은 그 규정을 근거로 한 것은 아니므로 위와 같은 지적은 적절하지 아니하다. 더구나 위 국세기본법 제14조 제3항은 자본의 국제적 이동 과정에서 명목회사를 이용한 조세회피행위를 규제하고자 하는 국제사회의 논의 결과를 바탕으로 우리나라에서도 국제조세조정에 관한 법률 제2조의2가 신설되고 같은 취지의 규정이 국세기본법에도 도입된 것으로서, **기존의 실질과세원칙이 적용되는 국면을 좀 더 구체화하려 한 것일 뿐 전혀 새로운 과세근거를 창설한 것이라고 볼 것만도 아니다.**" ☞ 따라서 대법원 2011. 4. 28. 선고 2010두3961 판결("납세의무자가 경제활동을 함에 있어서는 동일한 경제적 목적을 달성하기 위하여서도 여러 가지의 법률관계 중 하나를 선택할 수 있으므로 그것이 과중한 세금의 부담을 회피하기 위한 행위라고 하더라도 **가장행위에 해당한다고 볼 특별한 사정이 없는 이상 유효**하다고 보아야 하며, 실질과세의 원칙에 의하여 납세의무자의 거래행위를 그 형식에도 불구하고 조세회피행위라고 하여 그 효력을 부인할 수 있으려면 조세법률주의 원칙상 **법률에 개별적이고 구체적인 부인규정**이 마련되어 있어야 한다.") 등의 판시는 그 후의 2008두8499 전원합의체 판결에 의해 사실상 폐기된 것으로 보아야 한다.

316) **【구체적 사안】**
① 네덜란드 소재 다국적 항공운송기업인 티엔티(TNT) 그룹[최종 모회사 = 네덜란드 법인 티엔티 익스프레스(TNT Express N.V.)] 내 국내 계열사인 원고가 원심 판시 금융기관 대출, 티엔티 그룹 계열사인 네덜란드 법인 티엔티 파이낸스(TNT Finance B.V.)에 대한 채무 상환, 유상증자, 위 금융기관 대출금 상환 행위(이하 이를 통틀어 '이 사건 거래'라고 한다)를 하였고, 원고의 모회사인 네덜란드 법인 티엔티 익스프레스 월드와이드(TNT Express Worldwide N.V. = 이 사건 모회사)가 그 유상증자 주식을 전부 인수하였다. ② 이 사건 모회사와 티엔티 파이낸스는 독자적인 실체를 가지고 고유한 목적사업을 수행하는 그룹 내 중간지주회사 내지는 금융회사로서, 이 사건 거래에서 단지 이 사건 최종 모회사의 도관에 불과하다고 보아 세법상으로 그 실체나 형식을 부인하기 어렵다. ③ 원고는 항공운송사업을 영위하면서 발생한 티엔티 파이낸스 등에 대한 사업상 채무를 부담하고 있는 상태에서 이 사건 거래를 통하여 유상증자로 조달한 자금으로 채무구조를 개선한 것으로서 뚜렷한 동기 내지는 목적이 있는 행위라고 평가할 수 있고, 이 사건 모회사는 위 사업상 채무의 채권자가 아니어서 채권의 출자전환이 불가능하며 이 사건 거래로 인하여 어떠한 손해가 발생하였다고 보기 어려운 사정 등을 종합하면, 이 사건 거래에 관한 개별 행위들이 구 법인세법(2011. 12. 31. 개정 전) 제17조 제1항 제1호 단서에 따른 조세부담을 회피할 목적에서 한 독자적인 의미를 갖기 어려운 중간행위로서 그 경제적 실질이 채무의 출자전환행위에 해당한다고 보기 어렵다. ④ 또한 원고가 장기간에 걸쳐 법인세 회피 목적으로 채무를 계상하여 왔다는 피고 주장 사실을 인정할 증거가 부족하다. ⇒ 결국 위와 달리 이 사건 거래를 '이 사건 최종 모회사의 원고에 대한 채권(채무)출자전환행위'와 그 경제적 실질이 같고 조세부담을 회피하기 위한 목적에서 비롯되었다고 본 피고의 이 사건 처분은 위법하다.

조는 제1항에서 증여세는 타인의 증여로 인한 증여재산을 과세대상으로 한다고 규정하고, 제3항에서 "증여란 그 행위 또는 거래의 명칭·형식·목적 등과 관계없이 경제적 가치를 계산할 수 있는 유형·무형의 재산을 직접 또는 간접적인 방법으로 타인에게 무상으로 이전(현저히 저렴한 대가를 받고 이전하는 경우를 포함한다)하는 것 또는 기여에 의하여 타인의 재산가치를 증가시키는 것을 말한다"고 하면서, 제4항에서 "제3자를 통한 간접적인 방법이나 둘 이상의 행위 또는 거래를 거치는 방법으로 상속세나 증여세를 부당하게 감소시킨 것으로 인정되는 경우에는 그 경제적인 실질에 따라 당사자가 직접 거래한 것으로 보거나 연속된 하나의 행위 또는 거래로 보아 제3항을 적용한다"고 규정[317)]하고 있다(위 제4항의 규정 취지는 현행 국세기본법 제14조 제3항에 그대로 승계·반영되어 있다).

위와 같이 **구 상증세법 제2조 제4항**에서 제3자를 개입시키거나 여러 단계의 거래를 거치는 등의 방법으로 증여세를 부당하게 감소시키는 조세회피행위에 대하여 그 경제적 실질에 따라 증여세를 부과하도록 한 것은, 증여세의 과세대상이 되는 행위 또는 거래를 우회하거나 변형하여 여러 단계의 거래를 거침으로써 증여의 효과를 달성하면서도 부당하게 증여세를 감소시키는 조세회피행위에 대처하기 위하여 그와 같은 **여러 단계의 거래 형식을 부인**하고 실질에 따라 증여세의 과세대상인 **하나의 행위 또는 거래로 보아** 과세할 수 있도록 한 것으로서, **실질과세 원칙의 적용 태양** 중 하나를 증여세 차원에서 규정하여 조세공평을 도모하고자 한 것이다.

다만 납세의무자는 경제활동을 할 때 특정 경제적 목적을 달성하기 위하여 어떤 법적 형식을 취할 것인지 임의로 선택할 수 있고 과세관청으로서도 특별한 사정이 없는 한 당사자들이 **선택한 법적 형식에 따른 법률관계를 존중**하여야 하며, 또한 여러 단계의 거래를 거친 후의 결과에는 손실 등 위험 부담에 대한 보상뿐 아니라 당해 거래와 직접적 관련성이 없는 당사자의 행위 또는 외부적 요인 등이 반영되어 있을 수 있으므로, **최종적인 경제적 효과나 결과만을 가지고** 그 **실질이 직접 증여에 해당한다고 쉽게 단정**하여 증여세의 과세대상으로 삼아서는 안 된다(대법원 2017. 1. 25. 선고 2015두3270 판결[318)] 참조).

그러므로 **구 상증세법 제2조 제4항, 제3항에 의**하여, 당사자가 거친 여러 단계의 거래 등 법적 형식이나 법률관계를 재구성하여 직접적인 하나의 거래에 의한 증여로 보고 증여세 과세대상에 해당한다고 하려면, 납세의무자가 선택한 거래의 법적 형식이나 과정이 **처음부터 조세회피의 목적**을 이루기 위한 수단에 불과하여 그 **재산이전의 실질**이 **직접적인 증여를 한 것과 동일하게 평가**될 수 있어야 하고, 이는 당사자가 그와 같은 거래형식을 취한 목적, 제3자를 개입시키거나 단계별 거래 과정을

---

317) 2013. 1. 1.자 개정으로 삭제되었다.

318) 소외 회사의 최대주주이자 대표이사인 원고가 소외 회사가 다른 회사에 발행한 전환사채를 약정에 따른 조기상환권을 행사하여 양수한 후 전환권을 행사하여 수령한 우선주를 보통주로 전환·취득하자, 과세관청이 원고가 보통주 중 원고의 소유주식비율을 초과하여 인수·취득한 부분에 대하여 당시 주가와 전환가액의 차액 상당을 증여받았다는 이유로 증여세 부과처분을 한 **사안**에서, 전환사채의 발행부터 원고의 조기상환권 및 전환권 행사에 따른 신주 취득까지 시간적 간격이 있는 일련의 행위들이 별다른 사업상 목적이 없이 증여세를 부당하게 회피하거나 감소시키기 위하여 비정상적으로 이루어진 행위로서 실질이 원고에게 소유주식비율을 초과하여 신주를 저가로 인수하도록 하여 시가와 전환가액의 차액 상당을 증여한 것과 동일한 연속된 하나의 행위 또는 거래라고 단정하기는 어려우므로, 구 상속세 및 증여세법(2010. 1. 1. 법률 제9916호로 개정되기 전의 것) 제2조 제4항을 적용하여 증여세를 과세할 수는 없는데도 이와 달리 본 원심판결에 잘못이 있다고 한 사례.

거친 경위, 그와 같은 거래방식을 취한 데에 조세 부담의 경감 외에 사업상의 필요 등 다른 합리적 이유가 있는지 여부, 각각의 거래 또는 행위 사이의 시간적 간격, 그러한 거래형식을 취한 데 따른 손실 및 위험부담의 가능성 등 관련 사정을 종합하여 판단하여야 한다. …

원심이 이 사건 **교차증여**를 **가장행위로 보아 거래를 재구성할 수 있다고 한 부분은 부적절**하지만, 이 사건 교차증여에 대하여 **구 상증세법 제2조 제4항을 적용**하여 직계후손에 대한 **직접 증여**로 보고 증여세를 과세한 이 사건 처분이 적법하다고 판단한 결론은 정당하다.[319)]

⇒ [동일 판시의 따름 판례] 대법원 2019. 1. 31. 선고 2014두41411 판결 ; 소외 회사 1의 영업부서와 설계부서를 소외 회사 2에 무상으로 양도한 이 사건 '영업양도' 및 소외 회사 1이 소외 회사 2를 흡수합

---

319) **【구체적 사안】**

○ **사실관계** ; ① 이봉○, 이온○, 신○○은 모두 소외 회사의 주주이고, 이온○은 이봉○의 여동생이며 신○○은 이온○의 배우자이다. 원고 1, 2, 3은 이봉○의 자녀들이고, 원고 4, 5는 원고 2의 자녀들이며, 원고 6, 7은 원고 3의 자녀들이다. 그리고 원고 8, 9는 이온○과 신○○ 부부의 자녀들이다. ② 이봉○는 2010년경 자녀인 원고 1, 2, 3과 외손자녀인 원고 4, 5, 6, 7(이봉○의 직계후손들 = 원고 1 외 6인)에게 소외 회사의 주식을 증여하려고 하였고, 그 무렵 신○○과 이온○도 소유 중인 소외 회사 주식을 자녀인 원고 8, 9에게 증여하려고 하였는데, 각자의 직계후손에게 직접 증여하기보다는 서로의 후손에게 교차하여 증여하는 경우 조세부담이 경감된다는 세무사의 조언에 따라 증여세를 줄이기 위한 목적으로 일정 주식을 상대방의 직계후손에게 상호 교차 증여하기로 약정하였다. ③ 위 약정에 따라 이봉○와 신○○, 이온○은 각 16,000주의 소외 회사 주식을 상호교차 증여하였다. 즉, ⓐ 이봉○는 먼저 2010. 12. 30. 소외 회사 주식을 자녀인 원고 1에게 7,500주, 원고 2에게 2,000주, 원고 3에게 6,340주를 각 증여하였고, 외손자인 원고 4, 5, 6, 7에게 1,750주씩을 증여하는 한편, 신○○과 이온○의 자녀인 원고 8, 9에게도 8,000주씩을 증여하였다. ⓑ 신○○은 같은 날 원고 7, 8에게 소외 회사 주식 3,000주씩을 증여하는 한편, 원고 1에게 2,000주, 원고 2, 3, 4, 5, 6, 7에게 1,000주씩을 각 증여하였다. 이온○도 같은 날 원고 8, 9에게 소외 회사 주식 3,000주씩을 증여하는 한편, 원고 1 외 6인에게도 신○○과 동일한 수의 주식을 각각 증여하였다(이 사건 교차증여). ④ 원고들은 2011. 3. 30. 이봉○, 신○○, 이온○로부터 각 증여받은 소외 회사 주식에 대한 증여세를 신고·납부하였다. ⑤ 피고들은, 이 사건 교차증여의 경제적 실질은 이봉○가 직계비속인 원고 1 외 6인에게 합계 16,000주를 직접 증여하고 신○○, 이온○이 그 자녀인 원고 8, 9에게 합계 16,000주를 직접 증여한 것이라고 보아, 구 상증세법 제2조 제4항을 적용하여, 원고들에게 2010년분 증여세에 관하여 ⓐ 원고 1 외 6인에 대하여는 신○○과 이온○로부터 받은 증여분을 이봉○로부터 받은 증여분에 포함하고, ② 원고 8, 9에 대하여는 이봉○로부터 받은 증여분을 반분하여 각각 신○○, 이온○로부터 받은 증여분에 포함하여, 다시 산정한 증여세를 원고들에게 부과하는 이 사건 처분을 하였다.

○ **판단** ; 이봉○가 원고 8, 9에게 소외 회사 주식 합계 16,000주를 증여한 것과 신○○, 이온○이 원고 1 외 6인에게 소외 회사 주식 합계 16,000주를 증여한 것은 증여자들 사이에 상대방의 직계후손에게 동일한 수의 동일 회사 주식을 교차증여하기로 한 약정에 따른 것으로서, 약정 상대방이 자신의 직계후손에게 주식을 증여하지 않는다면 자신도 증여를 하지 않았을 것이다. 이 사건 교차증여로써 증여자들은 자신의 직계후손에게 주식을 직접 증여하는 것과 동일한 효과를 얻으면서도 합산과세로 인한 증여세 누진세율 등의 적용을 회피하고자 하였고, 이러한 목적이 아니라면 굳이 교차증여 약정을 체결하고 직계후손이 아닌 조카 등에게 주식을 증여할 이유가 없었다. 결국 이봉○와 신○○, 이온○은 각자의 직계비속인 원고들에게 주식을 증여하면서도 증여세 부담을 줄이려는 목적 아래 그 자체로는 합당한 이유를 찾을 수 없는 이 사건 교차증여를 의도적으로 그 수단으로 이용한 것으로 볼 수 있다. 이러한 점들을 종합하여 보면, 이 사건 교차증여는 구 상증세법 제2조 제4항에 따라 그 실질에 맞게 재구성하여 신○○, 이온○의 원고 1 외 6인에 대한 각 증여분은 이봉○가 위 원고들에게 직접 추가로 증여한 것으로, 이봉○의 원고 8, 9에 대한 각 증여분은 신○○, 이온○이 위 원고들에게 직접 추가로 증여한 것으로 보아 증여세를 과세할 수 있다. 원심이 이 사건 교차증여를 **가장행위로 보아 거래를 재구성할 수 있다고 한 부분은 부적절**하지만, 이 사건 교차증여에 대하여 구 **상증세법 제2조 제4항을 적용**하여 직계후손에 대한 **직접 증여**로 보고 증여세를 과세한 이 사건 처분이 적법하다고 판단한 결론은 정당하다.

병한 이 사건 '합병'에 이르기까지 일련의 행위들을 통하여 소외 회사 2의 주주인 원고들이 실질적으로 소외 회사 1의 기존 주주인 소외인 등으로부터 소외 회사 1 신주를 무상으로 교부받은 것이라고 보아 구 상증세법 제2조 제4항 등을 근거로 증여세를 과세할 수 있다고 한 사례.[320]

○ 대법원 2015. 1. 29. 선고 2012두28636 판결[부가가치세부과처분취소]

▌실질과세, 면세재화

판시사항

동일한 경제적 목적을 달성하기 위하여 여러 가지의 법률관계 중 하나를 선택한 경우와 실질과세의 원칙

---

320) 【구체적 사안】

○ **사실관계** ; ① 원고들의 아버지인 소외인이 경영하였던 소외 회사 1은 2006. 1. 1. 자신의 영업부서와 설계부서를 소외인와 원고들이 건설업 등을 목적으로 설립하였으나 영업손실 등으로 사업중단 상태에 있었던 소외 회사 2에 무상으로 이전(이 사건 영업양도)하였다. ② 이후 소외 회사 1의 영업부서와 설계부서의 직원들을 승계한 소외 회사 2는 소외 회사 1 등의 영업 및 설계 등을 대행하면서 별다른 위험부담 없이 거래금액의 5% 상당의 이익을 얻었다. ③ 소외 회사 1은 2008. 9. 1. 소외 회사 2를 흡수합병(이 사건 합병)하면서 소외 회사 2의 주주인 원고들에게 소외 회사 1 주식 1,375,000주씩을 합병 신주로 교부하였고, 그 결과 소외 회사 1 지분율이 원고 1은 11.45%에서 20.37%로, 원고 2는 8.37%에서 18.01%로 각 증가(이하 '이 사건 증가분 신주')하였다. ④ 피고들은 소외 회사 2 설립 이후 이 사건 영업양도 및 이 사건 합병에 이르기까지 일련의 행위들을 통하여 원고들이 실질적으로 소외 회사 1의 기존 주주인 소외인과 소외 회사 3으로부터 이 사건 증가분 신주를 무상으로 교부받은 것이라고 보아 구 상증세법 제2조 제4항 등을 근거로 증여세를 과세하는 이 사건 처분을 하였다.

○ **판단** ; [1] 원심이, 이 사건 영업양도 이후 합병까지의 일련의 행위는 그 실질이 소외인이 자신이 지배·운영하는 소외 회사 1 중 일부 부서의 인적, 물적 설비를 자식들인 원고들과 함께 설립한 기업가치가 미미한 소외 회사 2에 무상으로 넘기는 외형을 만든 후, 소외 회사 1에 불리하고 소외 회사 2에 전적으로 유리한 공급거래와 영업대행거래를 통하여 소외 회사 1의 부(富)를 소외 회사 2에 2년 8개월간 이전한 후 다시 소외 회사 2를 합병하는 외형을 갖추어, 건실한 회사인 소외 회사 1에 대한 소외인과 특수관계회사인 소외 회사 3의 지분율을 낮추고 원고들의 지분율을 높이는 결과를 만들어낸 것이므로, 이는 구 상증세법 제2조 제3항, 제4항에 따라 연속된 하나의 거래로서 증여세 과세대상인 '증여'행위에 해당한다고 판단한 것은 정당하다. 원심이, 이 사건 영업양도와 공급계약, 합병행위 등에는 소외 회사 1과 소외 회사 2 등의 제3자와 둘 이상의 행위 또는 거래가 개입되어 있으나 그 경제적 실질은 소외인이 연속된 행위 또는 거래를 통해 원고들에게 무상으로 소외 회사 1의 신주를 교부한 것과 동일하므로, 이러한 증여이익의 계산에 있어 합병 후 소외 회사 1의 주식평가액에 합병 후 증가한 원고들의 지분율을 곱하여 산정하는 방식은 객관적이고 합리적인 증여이익 산정방법으로 증여가액을 평가한 것이라고 할 수 있다고 판단한 것은, 이유설시에 다소 부적절하거나 미흡한 점이 있으나, 증여이익 계산에 관한 법리를 오해하여 판결에 영향을 미친 잘못이 없다. [2] 소외 회사 2에 이미 법인세가 부과된 이상 그 주주인 원고들에게 별도로 증여세를 부과한 이 사건 처분은 이중과세에 해당한다는 이 부분 주장은 상고심에서 처음으로 하는 것으로서 적법한 상고이유가 될 수 없다. 나아가 살펴보더라도, 소외 회사 2에 부과된 법인세는 소외 회사 2가 해당 사업연도에 얻은 이익에 관한 것이고, 원고들에게 부과된 증여세는 원고들이 얻은 소외 회사 1 주식지분 증가분에 관한 것으로, 그 과세대상과 요건을 달리하여 이중과세에 해당한다고 볼 수 없다. [3] 원심이, 소외 회사 2와 소외 회사 1 및 계열회사들 사이의 이익률 5%의 거래는 이 사건 영업양도에 수반된 것이고 실질적으로 기존의 소외 회사 2가 수행한 업무는 전혀 없이 계열회사들이 매출액 중 5%를 그대로 소외 회사 2에 지급하는 것과 동일하여, 계열회사들이 일감을 몰아주는 것과 동일하게 볼 수 없다고 판단한 것에 이중과세 금지 원칙 등의 법리를 오해하거나 자의적으로 과세범위를 다르게 해석하여 조세공평주의에 관한 법리를 오해한 잘못이 없다. [4] 원심이, 원고들이 증여세 신고납부의무를 제대로 이행하지 아니한 데에 가산세를 면할 정당한 사유가 있다고 보기 어렵다고 판단한 것에 가산세를 면할 정당한 사유에 관한 법리를 오해한 잘못이 없다.

이 유

구 부가가치세법(2010. 1. 1. 법률 제9915호로 개정되기 전의 것. 이하 '부가가치세법'이라고 한다) 제1조 제1항 제1호, 제3항, 제5항, 구 부가가치세법 시행령(2010. 12. 30. 대통령령 제22578호로 개정되기 전의 것. 이하 '부가가치세법 시행령'이라고 한다) 제2조 제1항은 부가가치세의 과세대상인 용역을 '다음 각 호의 사업에 해당하는 모든 역무 및 그 밖의 행위'로 규정하면서, 제2호에서 '음식점업'을 들고 있다. 그리고 부가가치세법 시행령 제2조 제3항은 "제1항의 **사업구분**은 이 영에 특별한 규정이 있는 경우를 제외하고는 통계청장이 고시하는 당해 과세기간 개시일 현재의 **한국표준산업분류**에 의하되, 제1항에 규정하는 사업과 유사한 사업은 한국표준산업분류에 불구하고 동항의 사업에 포함되는 것으로 본다"고 규정하고 있는데, 한국표준산업분류는 대분류항목인 **음식점업**을 "구내에서 직접 소비할 수 있도록 접객시설을 갖추고 조리된 음식을 제공하는 식당, 음식점, 간이식당, 카페, 다과점, 주점 및 음료점업 등을 운영하는 활동과 독립적인 식당차를 운영하는 산업활동을 말한다"고 **정의**하고 있다.

한편 부가가치세법 제12조 제1항 제1호는 부가가치세가 **면제되는 재화**의 하나로 '가공되지 아니한 식료품(식용에 공하는 농산물·축산물·수산물과 임산물을 포함한다) 및 우리나라에서 생산된 식용에 공하지 아니하는 농산물·축산물·수산물과 임산물로서 대통령령이 정하는 것'을 규정하고, 부가가치세법 시행령 제28조 제1항은 "법 제12조 제1항 제1호에 규정하는 가공되지 아니한 식료품(이하 이 조에서 '미가공식료품'이라고 한다)은 다음 각 호에 규정하는 것으로서 가공되지 아니하거나 탈곡·정미·정맥·제분·정육·건조·냉동·염장·포장 기타 원생산물의 본래의 성질이 변하지 아니하는 정도의 1차 가공을 거쳐 식용에 공하는 것으로 한다"고 하면서, 제7호에서 '수육류'를 규정하고 있으며, 제28조 제4항의 위임에 의하여 미가공식료품의 범위를 규정한 부가가치세법 시행규칙(2012. 2. 28. 기획재정부령 제269호로 개정되기 전의 것) 제10조 제1항의 별표 1 미가공식료품분류표는 '쇠고기'를 수육류의 하나로 들고 있다.

국세기본법 제14조 제2항은 "세법 중 과세표준의 계산에 관한 규정은 소득, 수익, 재산, 행위 또는 거래의 명칭이나 형식에 관계없이 그 실질 내용에 따라 적용한다"고 규정하고 있다. 그러나 납세의무자가 경제활동을 함에 있어서는 **동일한 경제적 목적을 달성하기 위하여서도 여러 가지의 법률관계 중 하나를 선택**할 수 있으므로 그것이 과중한 세금의 부담을 회피하기 위한 행위라고 하더라도 가장행위에 해당한다고 볼 특별한 사정이 없는 이상[321] 유효하다고 보아야 한다(대법원 2011. 5. 13. 선고 2010두3916 판결[322] 등 참조).[323]

---

321) "과중한 세금의 부담을 회피하기 위한 행위라고 하더라도 가장행위에 해당한다고 볼"이라는 판시 부분은 대법원 2012. 1. 19. 선고 2008두8499 전원합의체 판결에 비추어 적절하지 않다.

322) 甲 은행이 고객들과 엔화현물환매도계약, 엔화정기예금계약과 엔화선물환매수계약으로 이루어진 엔화스왑예금거래를 한 **사안**에서, 엔화선물환거래를 구성하는 엔화현물환매도계약과 엔화정기예금계약 및 엔화선물환매수계약이 서로 다른 별개의 법률행위로서 유효하게 성립하므로 그로 인한 조세의 내용과 범위는 그 법률관계에 맞추어 개별적으로 결정될 뿐 그 거래가 가장행위에 해당한다거나 실질과세의 원칙을 내세워 유기적으로 결합된 하나의 원화예금거래라고 보기 어려우므로, 엔화스왑예금거래를 통하여 고객이 얻은 선물환차익은 구 소득세법 제16조 제1항 제3호의 예금의 이자 또는 이와 유사한 소득으로 볼 수 없어 같은 항 제13호의 이자소득세의 과세대상에 해당하지 않으며, 구 소득세법 제16조 제1항 제9호는 채권 또는 증권을 환매조건부로 매매함으로써 계약시부터 환매조건이 성취될 때까지 금전사용의 기회를 제공하고 환매시 대가로 지급하는 일정한 이익을 이자소득으로 보아 과세하는 것인데 위 선물환차익은 채권 또는 증권의 환매조건부 매매차익 또는 그와 유사한 것으로 보기 어렵다고 한 원심판단을 수긍한 사례.

※ 당사자가 선택한 법률관계를 존중하여 실질과세 원칙의 적용을 부정한 사례

● **대법원 2018. 7. 24. 선고 2015두46239 판결** ; "납세의무자는 경제활동을 할 때 동일한 경제적 목적을 달성하기 위하여 여러 가지의 법률관계 중 하나를 선택할 수 있고, 과세관청으로서는 특별한 사정이 없는 한 당사자들이 선택한 법률관계를 존중하여야 한다."[324)]

---

323) **【구체적 사안】**
원고가 건물 1층에서는 쇠고기와 부산물들을 판매하는 정육매장을, 2층에서는 고객들이 구입하여 온 쇠고기를 조리하여 먹을 수 있는 접객시설을 갖춘 식당을 운영한 사실, 원고가 운영하는 1층 정육매장과 2층 식당은 출입문이 별도로 구분되어 있고, 각 층마다 별도의 계산대를 설치하여 계산이 이루어지고 있으며, 2층 식당의 메뉴는 기본 상차림, 양념, 된장찌개, 공기밥, 냉면류, 주류 및 음료 등으로서 쇠고기를 제외한 음식부재료 등으로만 이루어져 있는 사실, 피고는 원고의 1층 정육매장에서 이루어진 쇠고기 매출 중 일부 고객들이 2층 식당에서 소비한 부분의 매출을 음식점 용역의 공급으로 인한 매출로 보아 부가가치세 부과처분을 한 사실 등을 인정. → **원심**은, 세금부과처분 취소소송에서 과세요건사실에 관한 증명책임이 과세권자에게 있다고 전제한 다음, 1층 정육매장 및 2층 식당의 영업형태나 방식, 매출액 비중, 규모, 주변 식당과의 시세차이 등에 관하여 아무런 입증이 없는 이 사건에서, 고객들이 1층 정육매장에서 쇠고기를 구입하고 계산함으로써 1층 정육매장에서의 재화 공급행위는 종료되었을 뿐만 아니라 원고가 2층 식당에서 고객들에게 쇠고기 자체를 조리하여 제공하지도 않았으므로, 비록 고객들이 그의 선택으로 1층 정육매장에서 쇠고기를 구입한 즉시 2층 식당으로 가서 별도로 구입한 음식부재료와 함께 이를 조리하여 먹었다거나 원고가 단일한 사업자로서 1층 정육매장과 2층 식당을 함께 운영하였다는 등의 사정만으로는, 원고가 고객들에게 음식점 용역을 제공한 것으로 볼 수 없다는 이유로 처분이 위법하다고 판단. → 원심 판단 정당.

324) **【구체적 사안】**
○ **사실관계** ; ① 원고는 2006. 9. 26. 및 2007. 3. 30. 전환가액을 '1주당 130,000원', 전환청구기간을 '사채발행일에서 35개월이 경과한 날부터 사채의 상환일 전날까지'로 각 정하여 2, 3차 외화표시 전환사채(이 사건 전환사채)를 발행하였고, 원고의 특수관계자가 아닌 일본법인 소외 회사가 이를 모두 인수하였다. ② 이후 원고는 현물출자에 관한 이사회 결의와 주주총회 특별결의 및 이 사건 전환사채의 가액 등에 대한 감정인의 감정을 거친 후 2008. 8. 29. 소외 회사와 사이에, 소외 회사가 이 사건 전환사채를 당시의 기준환율에 따른 18,829,000,000원으로 평가하여 현물출자하고, 원고의 주식 144,838주(1주당 액면 5,000원, 1주당 발행가액 130,000원)를 교부받기로 하는 이 사건 현물출자 계약을 체결하였다. 원고는 2008. 9. 9. 법원으로부터 이에 대한 인가를 받고, 2008. 9. 23. 증자 등기를 마쳤다. ③ 원고는 이 사건 현물출자 계약과 관련하여 부채로 계상된 전환사채가 소멸하고 자본항목인 자본금 및 주식발행초과금이 증가하는 것으로 회계처리를 하였다. ④ 이후 원고는 피고에게 '이 사건 전환사채의 현물출자가액 18,829,000,000원과 장부가액 13,526,002,338원(= 액면가액 15,230,400,000원 - 전환권조정 934,277,983원 - 사채할인발행차금 770,119,679원)의 차액인 5,302,997,662원(쟁점 금원)을 2008 사업연도 법인세 관련 손금에 산입하여야 한다'는 이유로 경정청구를 하였다. 피고는 이를 받아들여 쟁점 금원을 손금에 산입하고, 2010. 8. 10.경 원고에게 2008 사업연도 법인세 1,325,734,410원 및 환급가산금 48,605,950원의 지급을 통지하였다. ⑤ 그런데 감사원은 2011. 6.경 피고에게 '쟁점 금원을 세무상 손금으로 인정하여 원고에게 법인세를 환급한 것은 부당하다'고 지적하면서 환급 결정된 법인세를 징수하도록 요구하였고, 이에 따라 피고는 2011. 7. 1. 원고에게 2008 사업연도 법인세 및 환급가산금을 부과하였다.
○ **원심** ; 이 사건 현물출자 계약은 그 실질이 사채권자의 전환권 행사와 동일하여 세무조정을 통하여 손익을 인식할 수 없다고 보아, 이와 다른 전제에서 쟁점 금원 중 전환권조정 잔액을 제외한 나머지 4,368,719,679원도 세법상 손금으로 인정되어야 한다는 원고의 주장을 배척.
○ **대법원** ; 거래의 내용이나 형식, 당사자의 의사, 현물출자의 목적과 경위 등 거래의 전체 과정을 실질과세 원칙 규정과 법리에 비추어 살펴보면, 원고는 소외 회사로부터 이 사건 전환사채를 현물출자받은 것으로 봄이 타당하고, 쟁점 금원은 전부가 세법상 손금으로 인정될 수 있다. ① 현물출자는 금전 이외의 재산으로 하는 출자로서 이 사건 전환사채도 그 목적물이 될 수 있다. 따라서 이 사건 전환사채를 발행한 원고와 이를 인수한 소외 회사로서는 아직 전환권 행사기간이 도래하지 않아 전환권을 행사할 수 없는 이 사건 전환사채를 원고에 현물출자하는 방법을 선택할 수 있는 것이다. ② 이 사건 현물출자 계약은 특수관계에 있지 아니한 원고와 소외 회사 간에 체결된 것으로서, 특히 원고로서는 당시 엔화의 환율이 급격히 상승함에 따라 향후 이 사건 전환사채를 현금으로 상환하거나 전환권이 행사될 경우 그로 인한 손실이 확대될 수 있으므로, 이를 방지하기 위하여 이 사건 전환사채를 조기에 현물출자받은 것으로 보인다. ③ 원고는 이 사건 전환사채의 현물출자에 관한 이사회 결의 등을 거치고, 이 사건 전환사채의

● **대법원 2014. 3. 13. 선고 2013두21670 판결** ; "거래당사자가 어느 거래목적을 달성할 수 있는 여러 가지 방식 중 하나를 선택하여 법률관계를 형성하였다면 그로 인한 조세의 내용이나 범위는 그 법률관계에 맞추어 개별적으로 결정된다 할 것이고, 서로 다른 거래의 궁극적 목적이 동일하다고 하여 그 법적 형식의 차이에도 불구하고 그 실질이 같다고 하거나 조세법상 동일한 취급을 받는 것이라고 할 수는 없다."[325)]

● 대법원 2015. 11. 26. 선고 2014두335 판결 [증여세부과처분취소]

▌국제거래 실질과세의 원칙, 기지회사

판시사항

실질과세의 원칙이 거주자나 내국법인이 우리나라의 조세를 회피하기 위하여 조세피난처에 외형뿐인 '**기지회사**(Base Company)'를 설립하여 두고 법인형식만을 이용하는 국제거래에 적용될 수 있는지 여부(○)

이 유

실질과세의 원칙은 **비거주자나 외국법인**이 원천지국인 우리나라의 조세를 회피하기 위하여 조세조약상 혜택을 받는 나라에 명목회사를 설립하여 그 법인 형식만을 이용하는 **국제거래**뿐만 아니라, **거주자나 내국법인**이 거주지국인 우리나라의 조세를 회피하기 위하여 소득세를 비과세하거나 낮은 세율로 과세하는 조세피난처에 사업활동을 수행할 능력이 없는 외형뿐인 이른바 '**기지회사**(Base Company)'를 설립하여 두고 그 법인 형식만을 이용함으로써 그 실질적 지배·관리자에게 귀속되어야 할 소득을 부당하게 유보하여 두는 **국제거래**에도 **마찬가지로 적용**될 수 있다.[326)] ☞ **[동일 판시] 대법**

가액 등에 관하여 감정인의 감정을 받아 그 감정 결과에 대하여 법원의 심사를 받는 등 상법에서 정한 절차를 모두 갖추었다. ④ 이 사건 전환사채에 앞서 원고가 소외 회사에 발행한 1차 외화표시 전환사채는 현금으로 조기 상환되는 등 전환권의 행사 없이 변제되었고, 이 사건 전환사채 역시 당시의 경영상황 등을 고려한 합리적인 거래의 일환으로 이루어진 것으로 보일 뿐, 실질과 괴리되는 비합리적인 형식이나 외관을 취하였다고 볼 만한 사정도 찾기 어렵다. 비록 이 사건 **현물출자 계약에서 정한 주식의 발행가액이 당초의 전환가액과 동일**하다거나 원고가 위 **현물출자 당시 회계처리를 제대로 하지 못**하였더라도, **그러한 사정만으로** 곧바로 전환사채의 전환권 행사 시기만을 앞당긴 것으로 볼 것은 아니다.

325) **【구체적 사안】**
甲 등이 주권상장법인인 乙 회사에 丙 회사 주식을 매도하였고, 乙 회사에서 지급받은 매매대금을 乙 회사가 제3자에 대한 배정방식에 의하여 甲 등에게 발행한 신주 인수대금으로 납입하였는데, 그후 乙 회사가 丙 회사를 흡수합병하자 과세관청이 구 상속세및증여세법 제39조 제1항 제1호 (다)목에 따라 乙 회사가 발행한 신주가액이 저가발행되어 甲 등이 차액 상당의 이익을 얻었다고 보아 甲 등에게 증여세 등 부과처분을 한 **사안**에서, 甲 등과 乙 회사는 소규모합병, 간이합병이 아닌 일반적인 합병절차를 취할 경우 발생될 수 있는 여러 문제점을 피하기 위해 甲 등 소유의 丙 회사 주식의 양도, 위 유상증자, 丙 회사와 乙 회사 사이의 합병이라는 법적 형식을 취한 것이라는 이유로, 위 유상증자에 대하여 구 상속세및증여세법 제39조 제1항 제1호를 적용한 것이 **실질과세의 원칙**에 위배된다고 볼 수는 없다고 본 원심판단을 정당하다고 한 사례.

326) **【구체적 사안】**
○ **사실관계** ; (1) ① 이낙○, 이국○, 이종○ 및 ○○산업(주)는 2000. 5. 2. 말레이시아 라부안에 투자지주회사인

원 2018. 12. 13. 선고 2018두128 판결327)

PGC를 설립하였고, 이후 이낙○이 83%, 이국○이 17%의 지분을 보유한 주주로 남게 되었다. ② 이낙○과 이국○은 2000. 4.경 세무상 신고의무가 없고 지역의 특성상 재무제표와 감사보고서의 작성이 의무화되어 있지 아니하여 현지에서 과세될 가능성이 낮은 말레이시아 라부안에 투자지주회사를 설립하기로 하고, PGC의 설립을 주도하였다. ③ PGC는 말레이시아 라부안에 특별한 물적 시설이나 고용된 직원이 존재하지 않으며, 이낙○과 이국○의 지시에 따라 홍콩에 있는 회사가 관련 업무를 모두 대행할 뿐, 이사회 결의 등 법인의 주요 의사결정절차도 제대로 이루어지지 아니하였다. ④ 이낙○이 PGC의 계좌에서 자신의 계좌로 수시로 입출금을 하는 등, PGC는 그 자산관리를 이낙○에게 의존하였음에도 신뢰할 만한 회계장부를 작성하지 아니하였다. ⑤ 한편 싱가포르 영주권자인 이낙○은 2000년부터 2007년까지 국내 체류일수가 매년 9일 내지 112일에 불과하였고, 이국○은 국내 거주자이기는 하나 PGC 주식의 17%만 보유하고 있어 PGC가 얻은 소득은 그 당시 시행되던 국제조세조정에 관한 법률에 따른 특정외국법인 배당간주의 대상이 아니었다. (2) 원고는 PGC가 그 주식 전부를 보유한 내국법인으로서, PGC와 함께 싱가포르 법인 MPL의 주식을 취득할 수 있는 콜 옵션을 보유하다가, 2007. 9. 14. 이를 포기하여 PGC가 그 무렵 단독으로 콜 옵션을 행사하였다. 그리고 원고는 이와 별도로 보유하던 MPL 주식을 PGC에 양도하여 2008. 2. 1. 그 잔금이 청산되었다. (3) 피고 세무서장은 ① 원고가 저가로 MPL 주식을 취득할 수 있는 콜 옵션을 포기하고 특수관계회사인 PGC가 모든 콜옵션을 행사하게 하여 콜옵션 행사로 얻을 수 있는 콜옵션 행사가격과 시가의 차액 상당을 무상으로 이전하고, ② MPL 주식을 PGC에 저가로 양도하여 시가와의 차액 상당의 이익을 분여함으로써, 각각 부당행위계산부인 규정에 따라 익금산입액이 발생하였다고 보아, 2010. 7. 1. 원고에게 2007 및 2008 사업연도 각 법인세를 부과하였다(이 사건 법인세 부과처분). 그리고 피고 지방국세청장은 PGC가 그 실체를 인정할 수 없는 도관회사에 불과하여 그 익금산입액이 원고의 임원인 이낙○과 이국○에게 직접 귀속되었다고 보아 2007년 및 2008년 각 상여로 소득처분한 다음 2010. 7. 1. 원고에게 소득금액변동통지를 하였다(이 사건 소득금액변동통지).

○ **원심** ; PGC의 존재를 무시한 채 이낙○과 이국○이 개인 자격으로 원고와 거래를 하면서 PGC를 명목상 행위주체로 내세웠다거나 위 익금산입액이 PGC가 아닌 이낙○과 이국○에게 직접 귀속된 것으로 볼 수는 없다고 하여, 위 익금산입액이 외국법인인 PGC에 귀속되어 위 이익분여와 저가양도가 국제거래에만 해당한다고 판단.

○ **대법원** ; PGC의 설립경위와 목적, PGC의 인적·물적 조직과 사업활동 내역, PGC의 의사결정과 자산관리의 태양, PGC의 지배구조 등에 관한 사실관계를 앞에서 본 법리에 비추어 보면, (1) PGC는 소득세를 비과세하거나 낮은 세율로 과세하는 조세피난처에 설립된 회사로서 그 명의의 재산을 지배·관리할 능력이 없을 뿐만 아니라 실질적인 사업활동을 수행할 능력도 없고, 이낙○과 이국○이 그 지배권을 통하여 PGC의 의사결정과 자산관리를 하면서 PGC의 명의로 실질적인 사업활동을 수행하였으며, 이러한 명의와 실질의 괴리는 오로지 PGC를 거래와 행위의 주체로 개입시켜 소득의 귀속자를 이낙○과 이국○으로부터 PGC로 변경함으로써 국내 세법에 따라 과세되어야 할 소득을 PGC에 유보하여 두려는 조세회피의 목적에서 비롯되었다고 볼 수 있으므로, PGC가 실질과세의 원칙상 그 실체를 인정할 수 없는 이른바 **'기지회사'**에 해당한다 할 것이며, (2) 피고가 익금 산입의 대상으로 삼은 원고의 콜 옵션포기로 인한 이익분여나 저가양도에 따른 이익은 이를 실질적으로 지배·관리하는 이낙○과 이국○에게 **직접 귀속**되었다고 봄이 타당하다. 따라서 사건 법인세 부과처분 및 소득금액변동통지의 위법 여부를 판단하기 위해서는, 이낙○과 이국○이 소득세법상 거주자에 해당하는지 여부 및 원고의 콜 옵션 포기로 인한 이익분여와 MPL 주식의 저가양도가 국내거래 또는 국제거래인지 여부를 가린 후, 그에 따라 법인세법 또는 국제조세조정에 관한 법률에 따른 과세요건을 갖추었는지 등에 대한 심리·판단이 이루어져야 한다.

327) **【구체적 사안】**
○ **사실관계** ; ① 원고는 홍콩에 소외 1 회사, 2 회사(홍콩법인)를 설립하여 봉제 인형 수출업을 영위하였다. ② 조세피난처인 영국령 버진아일랜드(BVI)에 소외 3 회사, 4 회사를 설립하고, 3 회사 주식 모두는 원고, 4 회사 주식 모두는 BVI에 설립된 소외 5 회사가, 5 회사의 주식 모두는 역시 BVI에 설립된 소외 6 회사가, 6 회사 주식 모두는 원고가 각 소유하였다. ③ 2001년과 2002년에 홍콩법인 명의로 수령한 수출대금 중 매출액의 약 15%에 해당하는 정상적인 영업 이익금을 마치 검사수수료, 커미션 등의 명목으로 지급하는 것처럼 내부 서류를 허위로 작성한 다음, 3, 4 회사 명의 계좌에 송금하였다. ④ 원고는 3, 4 회사 명의 계좌의 인출서명권을 보유하였다. 3, 4 회사 명의 계좌에 입금된 돈의 출금 및 관리 등에 관하여 원고의 서명 이외에 위 회사들 내부의 절차가 필요하지 않았고, 그와 관련한 법적인 신고의무도 없었으며, 원고는 위 돈의 출금 및 관리 등에 관하여 아무런 제약을 받지 않았다. ⑤ 3, 4, 5, 6 회사 등의 소재지로 등록되어 있는 장소에서는 어떠한 영업행위나 의사결정 등 경영활동이 이루어지지 않았고, 위 각 법인의 운영이나 중요 의사결정에서 이사회나 주주총회 또는 이와 유사한 경영진 회의 등이 개최된

※ 국제거래에서의 실질과세 원칙 적용에 관한 구체적 사례

● 대법원 2018. 12. 27. 선고 2016두42883 판결 ; 아일랜드 법인은 형식상 거래당사자이고 그 지배회사인 미국법인이 실질귀속자라 하여, 실질귀속자 과세원칙을 적용하여 **한·아일랜드 조세조약**의 적용을 부정한 예. **[동일 취지]** 대법원 2016. 11. 9. 선고 2013두23317 판결

● 대법원 2016. 12. 15. 선고 2015두2611 판결, 대법원 2012. 10. 25. 선고 2010두25466 판결 ; **한·벨기에 조세조약**의 적용을 부정한 예 / 대법원 2013. 7. 11. 선고 2011두4411 판결 ; **한·말레이지아 조세조약**의 적용을 부정한 예 / 대법원 2016. 2. 18. 선고 2015두55011 판결 ; **한·몰타 조세조약**의 적용을 부정한 예 / 대법원 2015. 3. 26. 선고 2013두7711 판결 ; **한·독 조세조약**상 **5%의 제한세율**의 적용을 부정한 예.

● 대법원 2015. 8. 19. 선고 2014두40166 판결 ; **한·네덜란드 조세조약**상 법인세 면제가 적용될 수 없다고 판단한 사례 ⇔ 대법원 2014. 7. 10. 선고 2012두16466 판결 ; 주식 양도소득에 대하여 **한·네덜란드 조세조약**에 따라 우리나라가 과세할 수 없다고 한 예

● 대법원 2016. 7. 14. 선고 2015두2451 판결 ; **한·영 조세조약** 5% 제한세율의 적용을 긍정한 예.

● 대법원 2019. 6. 27. 선고 2016두841 판결 ; **조약 남용행위 방지 규정**인 한·독 조세조약 제27조 제2항이 한·독 조세조약의 해석과 적용에서 **실질과세 원칙을 배제하는 특별 규정**에 해당하는지 여부(×) 및 위 조항에 따라 같은 조약 제10조 제2항, 제11조 제2항, 제12조 제2항, 제21조에 정해진 제한을 적용할지 **판단**하는 **기준**[328] ☞ **동일 판시** ; 대법원 2019. 6. 27. 선고 2016두865 판결

사실이 없으며, 위 각 법인의 명의로 행하는 투자 의사결정의 주체는 원고뿐이었다. ⑥ 원고는 세무조사 당시 '홍콩법인이 3, 4 회사에 송금한 돈은 원고에게 귀속되는 소득이며, 위 회사들과 5, 6 회사는 원고의 사업, 재산, 은행계좌의 일부로서 존재하는 법인이다. 위 회사들은 회계기록을 하거나 재무제표를 작성한 사실이 없고, 공인 외부감사 의무, 세무신고 의무가 없어 이를 이행한 사실도 없다.'라는 내용의 확인서를 작성하였다.

○ **판단** ; 2001년경부터 2002년경까지 위와 같이 송금된 돈의 귀속명의자인 3, 4 회사 등은 원고가 조세를 회피할 목적으로 조세피난처에 설립한 이른바 **기지회사**로서 홍콩법인으로부터 받은 위 수수료 등 명목의 돈은 위 법인들에 대한 지배권을 가진 원고에게 실질적으로 귀속되었다고 보는 것이 타당하다.

328) 독일의 유한합자회사인 甲이 독일의 유한회사인 乙과 丙을 설립하여 발행주식 전부를 보유하고, 乙과 丙 회사는 우리나라의 유한회사인 원고를 설립하여 발행주식 전부를 보유하는데, 원고 회사가 우리나라의 부동산을 매수한 후 임대수익과 양도차익 등으로 발생한 소득금액을 배당금으로 지급하면서 한·독 조세조약 제10조 제2항 (가)목에 따른 5%의 제한세율을 적용하여 원천징수한 법인세를 납부하였으나, 과세관청은 위 배당소득의 실질귀속자를 甲 회사로 보아 한·독 조세조약 제27조 제2항을 근거로 구 법인세법 제98조 제1항 제3호에 따른 25%의 세율을 적용하여 원고 회사에게 법인세 징수처분을 한 **사안**에서, "위 배당소득의 실질귀속자인 甲 회사가 귀속명의자에 불과한 乙과 丙을 설립하여 원고의 발행주식을 취득하였더라도, **관련 사업운영에 대한 적정한 경제적 이유 없이** 한·독 조세조약 제10조 제2항 (나)목의 15% **제한세율 적용을 주요한 목적**으로 삼은 것이라고 **보기 어렵다**."는 이유로 甲 회사에 대하여 **한·독 조세조약 제27조 제2항**을 이유로 위 **15% 제한세율의 적용을 배제할 수는 없다**고 한 사례.

신의성실의 원칙

● 대법원 2019. 1. 17. 선고 2018두42559 판결 [재산세등부과처분취소]

▌신의성실의 원칙, 공적 견해표명

판시사항

[1] 조세법률관계에서 과세관청의 행위에 대하여 **신의성실의 원칙**이 적용되기 위한 **요건** 및 위 요건 중 하나인 **과세관청의 공적 견해표명**이 있었는지를 판단하는 기준

[2] 지방세 부과·징수의 지도·감독 등의 업무를 담당하던 내무부장관의 '원고가 학술연구단체와 장학단체이고 원고가 직접 사용하기 위하여 취득하는 부동산이라면 구 지방세법 규정에 의하여 취득세가 면제된다'는 회신이, 면제대상에 해당한다는 점에 관하여 판단을 유보한 것이라고 보더라도, 피고는 회신 이전에 과세예고통지까지 하였음에도 회신 이후 약 19년 동안 재산세·취득세 등을 과세하지 않았으므로, 적어도 위와 같은 취지의 **공적 견해**를 **묵시적**으로 **표명**하였다고 보는 것이 타당하다고 판단한 예.

이 유

지방세기본법 제18조에 의하면, 세무공무원은 신의에 따라 성실하게 직무를 수행하여야 한다.[329] 일반적으로 조세법률관계에서 **과세관청의 행위**에 대하여 **신의성실의 원칙**이 적용되기 위하여는, ① 과세관청이 납세자에게 신뢰의 대상이 되는 공적인 견해를 표명하여야 하고, ② 납세자가 과세관청의 견해표명이 정당하다고 신뢰한 데 대하여 납세자에게 귀책 사유가 없어야 하며, ③ 납세자가 그 견해표명을 신뢰하고 이에 따라 무엇인가 행위를 하여야 하고, ④ 과세관청이 위 견해표명에 반하는 처분을 함으로써 납세자의 이익이 침해되는 결과가 초래되어야 한다(대법원 1985. 4. 23. 선고 84누593 판결, 대법원 2008. 6. 12. 선고 2008두1115 판결[330] 등 참조).

그리고 과세관청의 **공적인 견해표명**은 원칙적으로 **일정한 책임 있는 지위에 있는 세무공무원**에 의하여 명시적 또는 묵시적으로 이루어짐을 요하나,[331] 신의성실의 원칙 내지 금반언의 원칙은 합법

---

329) **국세기본법 제15조(신의·성실)** 납세자가 그 의무를 이행할 때에는 신의에 따라 성실하게 하여야 한다. 세무공무원이 직무를 수행할 때에도 또한 같다.

330) 취득세 등이 면제되는 구 지방세법(2005. 1. 5. 법률 제7332호로 개정되기 전의 것) 제288조 제2항에 정한 '기술진흥단체'인지 여부에 관한 질의에 대하여 건설교통부장관과 내무부장관이 비과세 의견으로 회신한 경우, 공적인 견해표명에 해당한다고 한 사례.

331) ○ 대법원 2018. 4. 12. 선고 2017두65524 판결 ; "원심은, 정부의 사업 위탁을 받은 에너지관리공단이 2010. 12. 28. 원고에게 '2010년 하반기 감축실적 정부구매 실시결과 알림'이라는 제목의 공문에서 '정부에서 지급되는 보조금은 부가가치세법 제13조에 따라 과세표준에 포함되지 않는다.'고 밝힌 사실은 인정되나, 위 공단은 부가가치세 과세에 관한 권한이 있는 기관이 아니고, 따라서 원고가 위 공단의 견해를 신뢰하였다고 하더라도 원고에게 귀책사유가 없다고 보기 어려운 사정 등에 비추어 보면, 이 사건 각 처분이 신의성실의원칙에 위반된다고 보기 어렵다고 판단하였다. … 원심의 위와 같은 판단은 정당하고"

○ 대법원 2017. 7. 11. 선고 2017두36885 판결 ; "원심은 … 원고가 들고 있는 2000. 2. 11.자 **행정예규** 등은 일반적인

성을 희생하여서라도 납세자의 신뢰를 보호함이 정의, 형평에 부합하는 것으로 인정되는 특별한 사정이 있는 경우에 적용되는 것으로서 납세자의 신뢰보호라는 점에 그 법리의 핵심적 요소가 있는 것[332] 이므로, 위 요건의 하나인 과세관청의 공적 견해표명이 있었는지 여부를 판단하는 데 있어 반드시 **행정조직상의 형식적인 권한분장에 구애될 것은 아니**고 담당자의 조직상 지위와 임무, 당해 언동을 하게 된 구체적인 경위 및 그에 대한 납세자의 신뢰가능성에 비추어 **실질에 의**하여 **판단**하여야 한다 (대법원 1995. 6. 16. 선고 94 누12159 판결,[333] 대법원 2008. 4. 24. 선고 2007두25060 판결 등 참조).[334]

견해 표명에 불과하고, 과세관청은 원고가 **신고납부한 세액을 수령하였을 뿐** 이 사건 보수가 기타소득이라고 공식적으로 확인하여 준 사실이 없으므로, 파산관재인의 보수가 어느 경우에나 기타소득으로 과세된다는 공적 견해의 표명이나 일반적으로 성립된 관행이 존재하였다고 볼 수 없다는 점을 들었다. … 원심의 판단에 … 잘못이 없다."

○ 대법원 2015. 5. 28. 선고 2014두12505 판결 ; 피고 소속 담당공무원이 원고들에게 이 사건 부동산의 취·등록세 등 감면에 대하여 잘못 안내하였다거나 피고가 법령해석 등을 그르쳐 원고들의 감면신청을 잘못 수리하고 등록세 감면확인서를 작성·교부하였다는 사정만으로는 신뢰보호의 원칙의 적용대상이 되는 과세관청의 공적 견해의 표명이 있었다고 할 수 없고, 원고들에게 귀책사유가 없다고 보기도 어렵다고 한 예.

332) 대법원 2013. 12. 26. 선고 2011두5940 판결 ; "조세법률관계에 있어서 신의성실의원칙이나 신뢰보호의 원칙 또는 비과세 관행 존중의 원칙은 합법성의 원칙을 희생하여서라도 납세자의 신뢰를 보호함이 정의에 부합하는 것으로 인정되는 특별한 사정이 있을 경우에 한하여 적용되는 예외적인 법 원칙이다. 그러므로 과세관청의 행위에 대하여 신의성실의원칙 또는 신뢰보호의 원칙을 적용하기 위해서는, 과세관청이 공적인 견해표명 등을 통하여 부여한 신뢰가 평균적인 납세자로 하여금 합리적이고 정당한 기대를 가지게 할 만한 것이어야 한다. 비록 과세관청이 질의회신 등을 통하여 어떤 견해를 표명하였다고 하더라도 그것이 중요한 사실관계와 법적인 쟁점을 제대로 드러내지 아니한 채 질의한 데 따른 것이라면 공적인 견해표명에 의하여 정당한 기대를 가지게 할 만한 신뢰가 부여된 경우라고 볼 수 없다."

333) **구청장의 지시**에 따라 그 소속직원이 적극적으로 나서서 대체 부동산 취득에 대한 취득세 면제를 제의함에 따라 그 약속을 그대로 믿고 구에 대하여 그 소유 부동산에 대한 매각의사를 결정하게 되었다면, 구청장은 구 지방세법 제4조 및 서울특별시세조례 제6조 제1항의 규정에 의하여 서울특별시세인 **취득세**에 대한 부과징수권을 위임받아 처리하는 과세관청의 지위에 있으므로 부동산 매매계약을 체결함에 있어 표명된 취득세 면제약속은 과세관청의 지위에서 이루어진 것이라고 볼 여지가 충분하고, 또한 위 직원이 비록 총무과에 소속되어 있다고 하더라도 그가 한 언동은 구청장의 지시에 의한 것으로 이 역시 과세관청의 견해표명으로 못 볼 바도 아니라는 이유로, 신의칙 위반주장을 배척한 원심판결을 파기한 사례.

334) **【구체적 사안】**

외교부 소속 전·현직 공무원을 회원으로 하는 비영리 사단법인인 원고 법인이 재외공무원 자녀들을 위한 기숙사 건물을 신축하면서, 원고와 외무부장관이 과세관청과 내무부장관에게 취득세 등 지방세 면제 의견을 제출하자, 서울시 구청장 등의 상급기관으로서 지방세 부과·징수의 지도·감독 등의 업무를 담당하던 **내무부장관**이 '원고가 학술연구단체와 장학단체이고 원고가 직접 사용하기 위하여 취득하는 부동산이라면 취득세가 면제된다'고 **회신**하였고, 이에 과세관청(구청장)은 **약 19년** 동안 원고에 대하여 기숙사 건물 등 부동산과 관련한 취득세·재산세 등을 전혀 부과하지 않았는데, 그 후 과세관청이 위 부동산이 학술연구단체가 고유업무에 직접 사용하는 부동산에 해당하지 않는다는 등의 이유로 재산세 등의 부과처분을 한 **사안**에서, "① 과세관청은 원고가 이 사건 부동산을 취득하기 전부터 내무부장관으로부터 원고에 대한 지방세 면제에 관한 공문을 송달받아 원고가 당시 소유하고 있던 부동산에 대하여 별달리 과세하지 않았다. ② 피고는 원고가 이 사건 부동산을 취득할 당시에는 원고에 대하여 취득세 등 과세예고 통지를 하기도 하였으나, 원고와 외무부장관의 구체적인 질의 및 협조 요청에 따른 내무부 장관의 회신이 있은 후에는 이 사건 처분에 이르기까지 19년 동안 이 사건 부동산에 대한 재산세·취득세 등과 관련하여 어떠한 과세처분도 한 적이 없었다. ③ 내무부장관의 위 회신이 원고가 취득세 등 지방세 면제대상에 해당한다는 점에 관하여 판단을 유보한 것이라고 보더라도, 피고는 이처럼 과세예고통지까지 하였음에도 내무부 장관의 **회신 이후 약 19년 동안** 이 사건 부동산에 대한 **재산세·취득세 등을 과세하지 않**았으므로, 적어도 위와 같은 취지의 **공적 견해를 묵시적으로 표명**하였다고 보는 것이 타당하다."고 한 다음, 원고는 고유업무에 사용하는 부동산에 대하여는 재산세 등이 면제된다는 과세관청과 내무부장관 등의 공적인 견해표명을 신뢰하여 위 부동산을 취득하여 사용해 왔고, 위 견해표명을

● 대법원 2017. 5. 17. 선고 2014두14976 판결[증여세부과처분취소]

▌비과세 관행, 상고이유

판시사항

[1] 비과세 관행의 적용 요건

[2] '비과세 관행 존재'의 상고이유 주장은 원심의 전권사항에 속하는 증거의 취사선택이나 사실인정을 다투는 것이어서 적법한 상고이유라고 할 수 없다고 한 예.

이 유

조세법률관계에서 과세관청의 행위에 대하여 비과세 관행[335]이 성립되었다고 하려면 상당한 기간에 걸쳐 어떤 사항에 대하여 과세를 하지 않은 객관적 사실이 존재할 뿐만 아니라 과세관청 자신이 그 사항에 관하여 과세할 수 있음을 알면서도 어떤 특별한 사정 때문에 과세하지 않는다는 의사가 있어야 한다.[336] 위와 같은 공적 견해나 의사는 명시적 또는 묵시적으로 표시되어야 하는데, 묵시적

신뢰한 데에 어떠한 귀책사유가 있다고 볼 수 없으므로, 위 처분은 **신의성실의 원칙에 반**하는 것으로서 **위법**하다고 본 원심판단을 수긍한 사례.

335) **국세기본법 제18조(세법 해석의 기준 및 소급과세의 금지)** ③ 세법의 해석이나 국세행정의 관행이 일반적으로 납세자에게 받아들여진 후에는 그 해석이나 관행에 의한 행위 또는 계산은 정당한 것으로 보며, 새로운 해석이나 관행에 의하여 소급하여 과세되지 아니한다. **지방세기본법 제20조(해석의 기준 등)** ③ 이 법 및 지방세관계법의 해석 또는 지방세 행정의 관행이 일반적으로 납세자에게 받아들여진 후에는 그 해석 또는 관행에 따른 행위나 계산은 정당한 것으로 보며 새로운 해석 또는 관행에 따라 소급하여 과세되지 아니한다.

336) ◎ **비과세관행 일반론**

○ 대법원 2010. 9. 9. 선고 2009두23419 판결 ; "비과세의 관행이란 비록 잘못된 해석 또는 관행이라도 특정납세자가 아닌 불특정한 일반납세자에게 정당한 것으로 이의 없이 받아들여져 납세자가 그와 같은 해석 또는 관행을 신뢰하는 것이 무리가 아니라고 인정될 정도에 이른 것을 말하고, 조세법률관계에서 과세관청의 행위에 대하여 비과세의 관행이 성립되었다고 하려면 장기간에 걸쳐 어떤 사항에 대하여 과세하지 아니하였다는 객관적 사실이 존재할 뿐만 아니라, 과세관청 자신이 그 사항에 대하여 과세할 수 있음을 알면서도 어떤 특별한 사정에 의하여 과세하지 않는다는 의사가 있고, 이와 같은 의사가 대외적으로 명시적 또는 묵시적으로 표시될 것임을 요하는데, 위와 같은 공적 견해의 표시는 비과세의 사실상태가 장기간에 걸쳐 계속되는 경우에 그것이 그 사항에 대하여 과세의 대상으로 삼지 아니하는 뜻의 과세관청의 묵시적인 의향의 표시로 볼 수 있는 경우 등에도 이를 인정할 수 있다." ☞ **비과세 관행의 의미 및 성립요건**

○ 대법원 2003. 9. 5. 선고 2002두4051 판결 ; "신의성실의 원칙이나 국세기본법 제18조 제3항 소정의 소급과세금지의 원칙은 합법성의 원칙을 희생하여서라도 납세자의 신뢰를 보호함이 정의에 부합하는 것으로 인정되는 특별한 사정이 있을 경우에 한하여 적용된다고 할 것이고, 그 조항에서의 일반적으로 납세자에게 받아들여진 세법의 해석 또는 국세행정의 관행이란 비록 잘못된 해석 또는 관행이라도 특정납세자가 아닌 불특정한 일반납세자에게 정당한 것으로 이의 없이 받아들여져 납세자가 그와 같은 해석 또는 관행을 신뢰하는 것이 무리가 아니라고 인정될 정도에 이른 것을 말하고, 단순히 세법의 해석기준에 관한 공적 견해의 표명이 있었다는 사실만으로 그러한 해석 또는 관행이 있다고 볼 수는 없는 것이며, 그러한 해석 또는 관행의 존재에 대한 입증책임은 그 주장자인 납세자에게 있다고 할 것이다." ☞ **증명책임**

○ 대법원 2011. 5. 13. 선고 2008두18250 판결 ; "일단 성립한 비과세관행이 더 이상 유효하지 아니하다고 하기 위하여는 종전의 비과세관행을 시정하여 앞으로 당해 과세물건에 대하여 과세하겠다는 과세관청의 확정적인 의사가 표시되어야 하며, 그러한 의사표시는 반드시 전체 과세관청에 의하여 이루어지거나 처분 또는 결정과 같이 구체적인

표시가 있다고 하기 위해서는 단순한 과세 누락과는 달리 과세관청이 그 사항에 관하여 과세하지 않겠다는 의사표시를 한 것으로 볼 수 있는 사정이 있어야 한다.[337] 이 경우 특히 과세관청의 의사표시가 일반론적인 견해표명에 불과한 경우에는 위 원칙이 적용되지 않는다.[338]

제3자 배정방식에 의한 유상증자에 관한 증여세의 비과세 관행이 존재하므로 이 사건 처분이 위법하다는 상고이유 주장은 실질적으로 사실심인 원심의 전권사항에 속하는 증거의 취사선택이나 사실인정을 다투는 것이어서 적법한 상고이유라고 할 수 없다.

● 대법원 2015. 10. 15. 선고 2015두36652 판결 [취득세등부과처분취소]

▌부칙, 신뢰보호

판시사항

'이 법 시행 당시 종전의 규정에 따라 ··· 부과 또는 감면하여야 할 ○○세에 대하여는 종전의

행정작용을 통하여 이루어질 필요는 없지만, 적어도 공적 견해의 표명으로서 그로 인하여 납세자가 더 이상 종전의 비과세관행을 신뢰하는 것이 무리라고 여겨질 정도에 이르러야 한다." ☞ **성립된 비과세관행의 소멸시점**

337) ◎ **비과세의 표시**

○ 대법원 2016. 10. 13. 선고 2016두43077 판결 ; 과세관청이 타인 명의로 사업자등록을 한 자가 발행한 세금계산서를 사실과 다른 세금계산서로 보아 거래상대방에게 부가가치세를 과세한 사례가 거의 없었다는 사정만으로는 과세관청이 이러한 경우 과세하지 않는다는 의사를 명시적 또는 묵시적으로 표시한 것으로 볼 수 없으므로, 과세관청의 비과세관행이 성립되었다고 볼 수 없다고 판단한 사례.

○ 대법원 2012. 12. 13. 선고 2011두3913 판결 ; 과세관청이 원고에 대하여 이 사건 처분 전에 이 사건 용역과 같은 용역에 대하여 부가가치세를 부과하지 않았다고 하더라도, 과세관청이 원고에 대하여 그러한 용역에 대한 부가가치세를 부과하지 않겠다는 공적 견해를 표명하지 않은 이상, 과세관청의 비과세관행이 성립되었다고 볼 수 없다고 판단한 사례.

○ 대법원 1985. 5. 28. 선고 84누545 판결 ; "일정기간 동안 과세누락이 있었다는 사실만으로는 국세기본법 제18조 제2항 소정의 일반적으로 납세자들에게 받아들여진 국세관행이 있는 것이라고 볼 수 없고, 과세관청이 과세할 수 있는 정을 알면서도 납세자에 대하여 불과세를 시사하는 언동이 있었고 또 어떠한 공익상 필요에서 상당기간 이를 부과하지 아니함으로써 납세자가 그것을 신뢰하는 것이 무리가 아니라고 인정할만한 사정이 있는 때에 비과세의 관행이 성립되었다고 인정할 여지가 있다 할 것인바"

○ 대법원 1995. 10. 12. 선고 95누9815 판결 ; "피고가 원고의 면세사업자용 사업자등록증을 교부하고 수차에 걸쳐 이를 검열한 사실이 있다거나 원고의 사업개시 이후 부가가치세를 과세하지 아니하였다는 사정만으로는 이 사건 부과처분이 신의성실의 원칙에 위배되거나 비과세관행이 성립하였다고 볼 수 없다고 판단한 것은 ··· 정당하고"

○ 대법원 1993. 2. 23. 선고 92누12919 판결 ; 주택매매에 앞서 과세관청의 민원상담직원으로부터 아무런 세금도 부과되지 아니할 것이라는 말을 들은 바 있고, 매매 후 과세관청이 양도소득세를 비과세처리하였으나 약 5년 후 과세처분을 하였다 하더라도 국세기본법 제15조나 제18조 제3항에 위배된다고 할 수 없다고 한 사례.

○ 대법원 1991. 10. 22. 선고 90누9360 전원합의체판결 ; "과세관청이 비과세대상에 해당하는 것으로 잘못 알고 일단 비과세결정을 하였으나 그 후 과세표준과 세액의 탈루 또는 오류가 있는 것을 발견한 때에는, 이를 조사하여 결정할 수 있다 할 것이다."

338) ○ 대법원 2001. 4. 24. 선고 2000두5203 판결 ; 원심이, 국세청의 1990. 7. 20.자 예규〈소득 22601-1539〉는 소득세법령상 전속계약금은 기타소득에 해당한다는 일반적인 견해를 표명한 것에 불과하고, 1997. 5. 20.자 예규〈소득 46011-1385〉의 제정으로 세법의 해석을 달리하게 된 것이 아니며, 또한 전속계약금은 어느 경우에나 기타소득으로만 과세한다는 관행이 일반적으로 성립하였다고 볼 수 없다고 판단한 것은 정당하다고 한 예.

○ 대법원 1993. 7. 27. 선고 90누10384 판결 ; "신의칙 내지 비과세의 관행이 성립되었다고 하려면 특히 그 의사표시가 납세자의 추상적인 질의에 대한 일반론적인 견해표명에 불과한 경우에는 위 원칙의 적용을 부정하여야 할 것이다."

예에 따른다'라는 경과규정의 의미 = 세법이 납세의무자에게 불리하게 개정된 경우에 납세의무자의 기득권 내지 신뢰보호를 위하여 납세의무자에게 유리한 구법을 적용하도록 하는 특별규정 / 이 경우 납세의무자에게 유리한 종전 규정을 적용하기 위한 요건 = 납세의무자가 개정 전 법령에 의한 조세 감면 등을 신뢰하여 개정 전 법령의 시행 당시에 과세요건의 충족과 밀접하게 관련된 원인행위로 나아감으로써 일정한 법적 지위를 취득하거나 법률관계를 형성하는 등 그 신뢰를 마땅히 보호하여야 할 정도에 이른 경우

이 유

구 조세특례제한법(2010. 12. 27. 법률 제10406호로 개정되기 전의 것) 제120조 제1항 제12호, 제119조 제1항 제13호(이하 '구 조특법 규정'이라 한다)는 '유동화전문회사가 자산유동화계획에 따라 자산보유자 또는 다른 유동화전문회사로부터 유동화자산을 양수하거나 양수한 유동화자산을 관리·운용·처분하는 경우로서 2012. 12. 31.까지 취득하는 부동산에 대해서는 취득세의 100분의 50을 감면한다'고 규정하고 있었는데, 위 법률 제10406호로 개정되어 2011. 1. 1.부터 시행된 조세특례제한법 제120조 제1항 제9호(이하 '개정 조특법 규정'이라 한다)는 '유동화전문회사가 자산유동화계획에 따라 자산보유자 또는 다른 유동화전문회사로부터 2012. 12. 31.까지 취득하는 부동산에 대하여는 취득세의 100분의 50을 감면한다'고 규정하여 '유동화전문회사가 양수한 유동화자산을 관리·운용·처분하는 경우로서 취득하는 부동산'을 그 취득세의 감면대상에서 제외하였다.

한편 개정 조특법 부칙 제2조 제6항은 일반적 적용례로 '이 법 중 취득세에 관한 개정규정은 이 법 시행 후 최초로 취득하는 분부터 적용한다'고 규정하고, 제52조(이하 '이 사건 부칙조항'이라 한다)는 일반적 경과조치로 "이 법 시행 당시 종전의 규정에 따라 부과 또는 감면하였거나 부과 또는 감면하여야 할 지방세에 대하여는 종전의 규정에 따른다."고 규정하고 있다.

조세법령이 납세의무자에게 불리하게 개정된 경우에 개정된 법령의 부칙에서 '이 법 시행 당시 종전의 규정에 따라 부과 또는 감면하여야 할 …세에 대하여는 종전의 예에 의한다'는 취지의 규정을 두고 있다면 이는 납세의무자의 기득권이나 신뢰를 보호하기 위한 것이므로, 여기서 '종전의 규정에 따라 부과 또는 감면하여야 할 조세'에 해당하여 개정 전 법령이 적용되기 위하여는 개정 전 법령의 시행 당시 과세요건이 모두 충족되어 납세의무가 성립하였거나, 비록 과세요건이 모두 충족되지는 않았더라도 납세의무자가 개정 전 법령에 의한 조세 감면 등을 신뢰하여 개정 전 법령의 시행 당시에 과세요건의 충족과 밀접하게 관련된 원인행위로 나아감으로써 일정한 법적 지위를 취득하거나 법률관계를 형성하는 등 그 신뢰를 마땅히 보호하여야 할 정도에 이른 경우여야 하고, 이러한 정도에 이르지 않은 경우에는 개정 전 법령이 아니라 납세의무 성립 당시의 법령이 적용된다고 할 것이다(대법원 1994. 5. 24. 선고 93누5666 전원합의체 판결,[339] 대법원 2001. 5. 29. 선고 98두13713 판결[340] 등 참조).

---

339) "세법이 개정된 경우에 개정된 세법 부칙이 '이 법 시행당시 종전의 규정에 의하여 … 부과 또는 감면하여야 할 …세에 대하여는 종전의 예에 의한다'는 경과규정을 두고 있다면 이는 세법이 납세의무자에게 불리하게 개정된 경우에 납세의무자의 기득권 내지 신뢰보호를 위하여 납세의무자에게 유리한 구법을 적용하도록 하는 특별규정이라 할 것이므로 마땅히 구법을 적용하여야 할 것이다. … 개정 지방세법(법률 제4269호) 부칙 제1조는 위 개정된 지방세법 조항을

앞서 본 규정의 문언 내용과 체계, 개정 조특법 규정은 유동화전문회사에 대한 조세특례의 범위를 합리적으로 조정하고 일반채권자와의 과세공평을 도모하기 위하여 구 조특법 규정에서 정한 '유동화전문회사가 양수한 유동화자산을 관리·운용·처분하는 경우로서 취득하는 부동산'을 취득세 감면대상에서 제외한 것인 점 등에 비추어 보면, 유동화전문회사가 **유동화자산인 부동산 담보부 채권을 양수**한 후 그 **채권의 회수**를 위한 담보 부동산의 **경매절차**에서 직접 **매수**신청을 하여 취득하는 부동산은 '유동화전문회사가 양수한 유동화자산을 관리·운용·처분하는 과정에서 취득하는 부동산'으로서 개정 조특법 규정에 의한 취득세 감면대상에는 해당하지 않는다고 할 것이다.

한편 이와 같이 개정 조특법 규정이 취득세 감면범위를 축소함으로써 유동화전문회사에 불리하게 개정되었는데, 구 조특법 규정은 2012. 12. 31.까지의 한정된 기간 동안 유동화전문회사가 양수한 유동화자산을 관리·운용·처분하는 행위의 일환으로 부동산을 취득하는 경우에 취득세를 감면하도록 정한 것으로 볼 수 있고, 이 사건 부칙조항은 유동화전문회사의 신뢰보호를 위하여 구 조특법 규정에 따라 감면하여야 할 취득세에 대하여는 종전의 규정에 따르도록 정하고 있으므로, 구 조특법 규정의 시행 당시 유동화자산을 관리·운용·처분하는 행위의 일환으로 **부동산의 취득과 밀접하게 관련된 원인행위**가 이루어진 경우에는 그 원인행위 당시의 구 조특법 규정이 적용된다.

따라서 유동화전문회사가 **구 조특법 규정의 시행 당시** 유동화자산인 부동산 담보부 채권을 양수한 후 담보 부동산의 경매절차에서 매수신청을 하고 **매각허가결정**을 받아 **매수신청인 또는 매수인의 지위를 취득**하는 등으로 **부동산의 취득과 밀접하게 관련된 행위**로 나아간 경우에는, 비록 **개정 조특법이 시행된 후 매각대금을 완납**하였다고 하더라도 그 유동화전문회사의 **신뢰보호를 위**하여 이 사건 부칙조항에 따라 구 조특법 규정이 적용되어 취득세가 감면되나, **이에 이르지 아니한 채** 유동화전문회사가 구 조특법 규정의 시행 당시 단순히 **유동화자산인 부동산 담보부 채권을 양수하여 보유**하고 있었던 경우에는, 설령 장래의 담보 부동산 취득에 대한 취득세 감면을 신뢰하였더라도 이는 **단순한 기대에 불과**할 뿐 그 신뢰가 마땅히 보호하여야 할 정도에 이르렀다고 볼 수 없으므로, 구 조특법 규정이 적용되지 않고 납세의무의 성립 당시 법령인 **개정 조특법 규정이 적용**되어 **취득세가 감면되지 않는다**고 할 것이다.[341)]

1991. 1. 1.부터 시행한다고 규정하면서 같은 부칙 제3조는 '이 법 시행 당시 종전의 규정에 의하여… 부과 또는 감면하여야 할 지방세에 대하여는 종전의 예에 의한다'라고 규정하고 있으므로, 원고에게 불리하게 지방세법이 개정된 이 사건에 있어서는 위에서 본 법리에 따라 마땅히 구법을 적용하여 취득세와 등록세를 면제하여야 할 것이다."

340) "조세법령이 납세의무자에게 불리하게 개정된 경우에 있어서 원심이 들고 있는 것과 같은 부칙조항을 근거로 하여 납세의무자의 기득권 내지 신뢰보호를 위하여 납세의무자에게 유리한 종전 규정을 적용할 경우가 있다고 하더라도, **납세의무가 성립하기 전**의 **원인행위 시**에 유효하였던 **종전 규정**에서 이미 장래의 한정된 기간 동안 **그 원인행위에 기초한 과세요건의 충족**이 있는 경우에도 특별히 비과세 내지 면제한다거나 과세를 유예한다는 내용을 명시적으로 규정하고 있지 않는 한 설사 납세의무자가 종전 규정에 의한 조세감면 등을 신뢰하였다 하더라도 이는 단순한 기대에 불과할 뿐 기득권에 갈음하는 것으로서 마땅히 보호되어야 할 정도의 것으로 볼 수는 없다 할 것이다."

341) **【구체적 사안】**
원고 유동화전문회사가 구 조특법 규정의 시행 당시 부동산 담보부 채권을 양수하여 보유하다가 개정 조특법 규정이 시행된 후 위 채권의 회수를 위한 경매절차에 참여하여 위 부동산을 취득한 경우, 위 부동산의 취득에 대해서는 개정 조특법 규정이 적용되어 취득세가 감면되지 않는다고 한 사례.

소급 과세 금지

● 대법원 2015. 6. 24. 선고 2013두23195 판결 [증여세부과처분취소]

▌재차 증여, 부과제척기간, 부칙, 소급과세금지

판시사항

개정법인 상속세 및 증여세법 제58조 제1항(종전 증여에 대한 부과제척기간이 만료한 경우, 종전 증여 재산가액을 재차 증여 과세가액에 가산하고, 종전 증여에 대한 세액을 재차 증여의 증여세 산출세액에서 공제하지 않도록 규정) 시행 전에 종전 증여 및 재차 증여의 과세요건사실이 완성되어 증여세 납세의무가 성립하였고, 과세관청이 개정법 시행 후에 증여세 부과를 결정할 당시에는 종전 증여의 부과제척기간이 만료한 경우, 소급과세금지[342)343)]를 이유로, 부칙 중 '증여세액 공제에 관한 적용례'(개정규정은 이 법 시행 후

---

342) 국세기본법 제18조(세법 해석의 기준 및 소급과세의 금지) ② 국세를 납부할 의무(세법에 징수의무자가 따로 규정되어 있는 국세의 경우에는 이를 징수하여 납부할 의무. 이하 같다)가 성립한 소득, 수익, 재산, 행위 또는 거래에 대해서는 그 성립 후의 새로운 세법에 따라 소급하여 과세하지 아니한다. 지방세기본법 제20조(해석의 기준 등) ② 지방세를 납부할 의무(이 법 또는 지방세관계법에 징수의무자가 따로 규정되어 있는 지방세의 경우에는 이를 징수하여 납부할 의무를 말한다. 이하 같다)가 성립된 소득·수익·재산·행위 또는 거래에 대해서는 의무 성립 후의 새로운 법에 따라 소급하여 과세하지 아니한다.

343) ○ 헌재 2008. 5. 29. 2006헌바99 결정 ; "(1) 헌법상 소급입법 과세금지원칙 : 조세법령에 있어 소급입법금지원칙인 소급입법 과세금지원칙은 그 조세법령의 효력발생 전에 완성된 과세요건사실에 대하여 당해 법령을 적용할 수 없다는 의미이다. 헌법 제38조 … 제59조 … 조세법률주의를 선언하고 있다. 이는 납세의무가 존재하지 않았던 과거에 소급하여 과세하는 입법을 금지하는 원칙을 포함하는 것이다. 이러한 소급입법 과세금지원칙은 조세법률관계에 있어서 법적 안정성을 보장하고 납세자의 신뢰이익의 보호에 기여한다. 따라서 새로운 입법으로 과거에 소급하여 과세하거나 또는 이미 납세의무가 존재하는 경우에도 소급하여 중과세하는 것은 소급입법 과세금지원칙에 위반된다. 소급입법 과세금지원칙은 비과세·세액감면·세액공제 등과 같은 조세우대조치가 축소·폐지되는 경우에도 적용된다고 할 것인바, 국가가 잠정적·시혜적으로 부여한 세제상의 특혜라고 하더라도 이미 완결된 사실 또는 법률관계에 대하여 개정 법령을 소급 적용함으로써 기존의 혜택을 박탈 또는 제한하는 것은 소급입법 과세금지원칙에 반하여 허용되지 아니한다. (2) 소급입법의 유형과 허용 여부 : 소급입법은 신법이 이미 종료된 사실관계에 작용하는지 아니면 현재 진행중인 사실관계에 작용하는지에 따라 '**진정소급입법**'과 '**부진정소급입법**'으로 구분되고, 전자는 헌법적으로 허용되지 않는 것이 원칙이며 특단의 사정이 있는 경우에만 예외적으로 허용될 수 있는 반면, 후자는 원칙적으로 허용되지만 소급효를 요구하는 공익상의 사유와 신뢰보호의 요청 사이의 교량과정에서 신뢰보호의 관점이 입법자의 형성권에 제한을 가하게 된다."

○ 대법원 2009. 10. 29. 선고 2008두2736 판결 ; "조세법령불소급의 원칙 또는 소급과세금지의 원칙이란 조세법령의 제정 또는 개정이나 과세관청의 법령에 대한 해석 또는 처리지침의 변경이 있은 경우 그 효력 발생 전에 종결한 과세요건사실에 대하여 당해 법령 등을 적용할 수 없다는 것이지, 이전부터 계속되어 오던 사실이나 그 이후에 발생한 과세요건사실에 대하여 새로운 법령 등을 적용하는 것을 제한하는 것은 아니다." ☞ 원심이, '이 사건 아파트의 보유라는 계속된 사실이 인정되더라도 이 사건 아파트의 양도라는 과세요건이 아직 완성되지 않은 이상 과세요건 완성 시 과세요건을 강화하는 방향으로 개정된 법령을 적용한다고 하여 이를 조세법령불소급의 원칙에 반하는 것이라고 볼 수는 없고, 국민경제의 건강한 발전을 위한 부동산정책의 일환으로 투기적 수요가 많은 지역을 제한적으로 특정하여 투기적인 목적으로 부동산을 취득하지 않은 사람이라면 누구나 갖출 수 있는 거주요건을 규정하면서 이를 갖추지 못할 합리적인 이유에 해당하는 각종 예외규정을 마련하는 한편 거주요건이 처음 도입된 2002. 10. 1.자 소득세법 시행령 개정시 '시행 후 1년이 되는 날까지 당해 주택을 양도하는 경우 개정 규정에 불구하고 종전의 규정을 적용한다'는 경과규정(부칙 제3조 제1항)까지 둔 이상, 거주요건을 부가한 개정규정이 위 규정의 적용을 받는 지역에 거주하는 국민의 평등권을 침해하는 것이라고 볼 수는 없다.'고 판단한 것은 정당하다고 한 예.

상속세 또는 증여세를 최초로 '**결정'하는 것부터 적용**한다)가 **아닌**, '**일반적 경과조치**'(이 법 시행 전에 상속이 개시되었거나 증여한 것에 대하여 부과하였거나 부과하여야 할 상속세 또는 증여세는 **종전의 규정에 의**한다)에 따라 납세의무 성립 당시의 법령을 적용하여야 한다고 한 예.

※ 부칙의 구조

법령의 본칙에 부수하여 규정하는 부칙에는 시행일, 일반적 적용례, 개별 조문에 대한 적용례, 특례, 일반적 경과조치, 개별 조문에 대한 경과조치 등이 순차적으로 나열되어 있는데,[344][345] 그 중 적용례와 경과조치가 조세법령의 해석과 적용에 관한 다툼에서 자주 문제가 된다. 부칙은 본칙에 부수하고 본칙과 일체가 되어 적용되므로, 개정 시행령의 본칙 규정이 무효이면, 그 부칙 규정 역시 무효이다.[346]

○ 대법원 1999. 9. 3. 선고 98두7060 판결 ; "헌법 제13조 제2항 … 소급입법은 이미 과거에 완성된 사실·법률관계를 규율의 대상으로 하는 이른바 진정소급효를 가지는 입법만을 말하는 것인바, 위 부칙 규정은 개정 법률을 그 시행 후 최초로 증여세를 부과할 수 있는 날이 개시되는 것, 즉 제척기간의 진행이 시작되는 것부터 적용한다는 것으로서 제척기간이 이미 경과된 것에 적용한다는 것이 아니므로, 이는 진정소급효의 입법에 속하지 아니한다고 할 것이고(뿐만 아니라 이는 **이미 과거에 시작하였으나 아직 완성되지 아니하고 진행과정에 있는 사실·법률관계를 규율의 대상**으로 하는 이른바 **부진정소급효**의 입법에도 해당하지 아니한다)"

○ 대법원 2006. 9. 8. 선고 2005두50 판결 ; "법인세는 과세기간인 사업연도 개시와 더불어 과세요건이 생성되어 사업연도 종료 시에 완성하고, 그 때 납세의무가 성립하며 그 확정절차도 과세기간 종료 후에 이루어지므로, 사업연도 진행 중 세법이 개정되었을 때에도 그 사업연도 종료 시의 법에 의하여 과세 여부 및 납세의무의 범위가 결정되는바, 이에 따라 사업연도 개시 시부터 개정법이 적용된다고 하여 이를 법적 안정성을 심히 해하는 소급과세라거나 국세기본법 제18조 제2항이 금하는 납세의무 성립 후의 새로운 세법에 의한 소급과세라 할 수 없고, 신의성실의 원칙에 위배되는 것이라 할 수도 없다." ☞ 원고 법인의 1996 사업연도 귀속분 법인세에 대하여는 1996. 12. 31. 개정되어 같은 날부터 시행된 구 법인세법 시행령의 개정규정이 적용된 사안.

344) 대법원 2013. 3. 28. 선고 2012재두299 판결 ; "법령을 개정하면서 신법의 '시행일'을 정해 놓으면 그 이후의 행위에 대하여는 원칙적으로 신법이 당연히 적용되기 때문에 특별히 어떤 대상부터 적용한다는 명문의 규정을 두지 않더라도 그 적용대상을 알 수 있는 경우가 많다. 그러나 '시행일'을 정하는 것만으로는 신법과 구법의 적용관계가 분명하지 아니한 경우가 있고, 또 신법과 구법의 적용관계를 일반적인 경우와 달리 규율할 특별한 사정이 있는 경우도 있어 법령을 제정하거나 개정할 때는 신법의 부칙에 신법과 구법의 적용관계를 밝히기 위한 '적용례 규정'을 두는 것이 보통이다. 나아가 기득권이나 신뢰의 보호 또는 법적 안정성의 유지 등을 위하여 구법에 따라 이루어진 행위의 효력이나 구법 규정 그 자체의 효력에 관한 특례 등을 정한 경과규정을 두기도 한다." ☞ 적용례는 어떤 대상에 대하여 어떤 경우부터 규율할 것인가를 명확히 하기 위한 것이다.

345) ◎ **적용례, 특례, 경과조치의 비교** ; 적용례는 신·구법의 변경과정에서 신법의 적용대상 또는 적용시기 등에 관하여 논란의 소지가 있는 경우에 신법의 적용대상 또는 적용시기 등을 보다 명확히 규율하려는 경우에 사용하는 반면, 경과조치는 신·구법의 변경과정에서 구법의 효력 일부를 신법의 시행일 이후까지 미치도록 하는 경우에 사용한다. 특례는 법률을 제정 또는 개정함에 있어 정책적인 관점 또는 특수한 상황을 전제로 하여 한정된 기간 또는 한정된 대상 등에 대하여 예외적으로 본칙의 내용과 다른 제도를 도입하여 운용할 필요가 있는 경우에 두는데, 특례는 신법의 적용을 배제하는 것이 아니라 신법의 내용과 다른 내용을 잠정적으로 적용하기 위하여 사용하는 반면, 경과조치는 종전의 기득권자 등을 신법의 적용대상에서 계속하여 또는 일정기간 배제하고 종전의 규율상태를 그대로 인정하는데 사용한다.

346) 대법원 2009. 3. 19. 선고 2006두19693 전원합의체 판결 ; "개정 시행령 부칙 제6조는 '제31조 제6항의 개정규정(동항 중 1억 원의 금액기준에 관한 사항을 제외한다)은 이 영 시행 후 증여세를 결정하거나 경정하는 분부터 적용한다'고 규정함으로써, 개정 시행령 제31조 제6항과 일체가 되어 개정 시행령 시행 전에 과세요건 사실이 완성된 것에 대하여도 위 개정 시행령 본칙 규정을 소급적용하도록 하고 있는바, 앞서 본 바와 같이 위 개정 시행령 본칙 규정이 무효인

※ 일반적 적용례 규정과 납세의무 성립시기

세법의 개정이 있는 경우에 각 세법에 정한 과세요건이 완성되어 납세의무가 성립된 당시에 시행하는 법률에 의하여 납세의무의 유무와 그 내용 범위가 결정된다. 부칙의 '시행일' 규정은 납세의무가 성립될 당시의 세법이 적용되어야 한다는 일반원칙에 서서 그 적용시기를 규정한 것이고,[347] 부칙의 '일반적 적용례' 규정도 통상적으로는 위와 같은 법리를 확인하는 의미에서 둔 것이다.[348] 부칙의 일반적 적용례 규정은 대체로 국세기본법 제21조 소정의 '납세의무의 성립시기' 규정과 상응[349]한다(증권거래세의 경우 국세기본법상 납세의무 성립시기인 '매매거래 확정'는 일반적 적용례 규정의 '양도'와 같은 의미이다[350]).[351]

이상 위 부칙 규정 역시 효력이 없다고 보아야 할 것이다. … 원심이 개정 시행령 제31조 제6항이 유효함을 전제로 개정 시행령 부칙 제6조가 조세법령 불소급의 원칙에 위배되어 효력이 없다고 본 것은 잘못이나 이 사건의 경우 개정 전 시행령 제31조 제6항이 적용되어야 한다는 결론에 있어서는 정당하므로"

347) 대법원 1999. 7. 9. 선고 97누11843 판결.

348) 대법원 1991. 4. 12. 선고 91다4348 판결.

349) **조세특례제한법 부칙 〈2018. 12. 24. 개정〉 제2조(일반적 적용례)** ① 이 법 중 소득세(양도소득세는 제외한다) 및 법인세에 관한 개정규정은 이 법 시행 이후 개시하는 과세연도 분부터 적용한다. ② 이 법 중 부가가치세에 관한 개정규정은 이 법 시행 이후 재화나 용역을 공급하거나 공급받는 분 또는 재화를 수입신고하는 경우부터 적용한다. ③ 이 법 중 양도소득세 및 증권거래세에 관한 개정규정은 이 법 시행 이후 양도하는 경우부터 적용한다. ④ 이 법 중 상속세 및 증여세에 관한 개정규정은 이 법 시행 이후 상속이 개시되거나 증여받는 경우부터 적용한다. ⑦ 이 법 중 인지세에 관한 개정규정은 이 법 시행 이후 과세문서를 작성하는 분부터 적용한다.
[비교] 국세기본법 제21조(납세의무의 성립시기) ② 제1항에 따른 국세를 납부할 의무의 성립시기는 다음 각 호의 구분에 따른다.
1. 소득세·법인세 : 과세기간이 끝나는 때. 다만, 청산소득에 대한 법인세는 그 법인이 해산을 하는 때를 말한다.
2. 상속세 : 상속이 개시되는 때
3. 증여세 : 증여에 의하여 재산을 취득하는 때
4. 부가가치세 : 과세기간이 끝나는 때. 다만, 수입재화의 경우에는 세관장에게 수입신고를 하는 때를 말한다.
6. 인지세 : 과세문서를 작성한 때
7. 증권거래세 : 해당 매매거래가 확정되는 때 …
③ 다음 각 호의 국세를 납부할 의무의 성립시기는 제2항에도 불구하고 다음 각 호의 구분에 따른다. 1. 원천징수하는 소득세·법인세 : 소득금액 또는 수입금액을 지급하는 때

350) 대법원 2013. 11. 28. 선고 2011다105621 판결.

351) **◎ 법인세·소득세의 적용법령 = 과세기간(사업연도) 종료 시 법령**
○ 대법원 1994. 4. 29. 선고 94누1647 판결 ; "법인세는 과세기간인 사업년도 종료 당시에 과세요건이 완성하고 그때 조세의무가 성립하는 것이므로 사업년도 진행 중 세법이 개정되었을 때에는 그 사업년도 당시의 법에 의하여 과세를 하고 조세의무의 범위도 사업년도 종료 당시의 법에 의해 결정된다 할 것이므로, 이 사건에 적용할 새로 개정된 위 법인세법시행규칙 제18조 제1항, 제3항, 제8항의 각 규정들을 위 법 시행 후 최초로 종료하는 사업년도분부터 적용한다고 규정한 위 부칙 제2조의 규정은 위와 같은 당연한 취지를 규정한 것으로서 소급과세금지의 원칙에 반한다고 할 수 없음은 원심이 판시하는 바와 같고"
○ 대법원 1996. 7. 9. 선고 95누13067 판결 ; "법인세는 과세기간인 사업연도 개시와 더불어 과세요건이 생성되어 사업연도 종료시에 완성하고, 그 때 납세의무가 성립하며 그 확정절차도 과세기간 종료 후에 이루어지므로, 사업연도 진행 중 세법이 개정되었을 때에도 그 사업연도 종료 시의 법에 의하여 과세 여부 및 납세의무의 범위가 결정되는바, 이에 따라 사업연도 개시 시부터 개정법이 적용된다고 하여 이를 법적 안정성을 심히 해하는 소급과세라거나 국세기본법 제18조 제2항이 금하는 납세의무 성립 후의 새로운 세법에 의한 소급과세라 할 수 없고, 신의성실의 원칙에 위배되는 것이라 할 수도 없다. 같은 취지에서 사업연도가 1989. 11. 1.부터 1990. 10. 31.까지인 원고 법인의 1990년 사업연도 법인세에 대하여 1990. 4. 4. 재무부령 제1818호로 개정되어 같은 날부터 시행된 법인세법시행규칙 제18조 제3항

적용례 규정("…은 이 법 시행 이후 …부터 적용한다.")에서 "이전"과 "이후"는 기준시점을 포함하는 것이고,[352] "전"과 "후"는 기준시점을 포함하지 아니하는 것이 사전적 의미에 부합하나,[353] 과거 법령에서는 제대로 준별하지 않아 해석상 문제되는 경우가 있다.[354]

※ 부칙의 '적용례' 규정 해석에 관한 구체적 사례

● 상위 법령의 신설 규정에 따라 신설된 하위 법령 규정은, 상위 법령 규정이 적용되는 경우라야만 그 적용이 가능하다고 한 예.[355]

● 후발적 경정청구 제한 규정에 관하여, 같은 날 개정된 다른 법령과는 달리 별도의 개별적 적용례 규정이 없는 이상 일반적 적용례 규정을 적용하여야 한다고 한 예.[356]

제11호가 적용된다고 한 원심판단은 옳고"

○ 대법원 2001. 11. 9. 선고 2000두8608 판결 ; "상고이유의 주장은, 1993. 12. 31. 대통령령 제14083호로 개정·공포된 (소득세법) 시행령 제182조의2 규정을 1993. 12. 31. 이후 최초로 종료하는 과세기간분부터 적용하도록 규정한 위 대통령령 부칙 제1조 단서 및 제4조가 헌법에 위반된다는 것이나, 소득세의 과세요건은 과세기간의 개시와 더불어 생성되어 과세기간 종료시에 완성되고 그 때 납세의무가 성립하며 그 확정절차가 과세기간 종료 후에 이루어지고, 과세기간 도중에 법령이 개정되었을 때에는 그 과세기간 종료 시의 법령에 의하여 과세 여부 및 납세의무의 범위가 결정되는 것이어서, 공포일 이후 최초로 종료하는 과세기간분부터 개정법령이 적용된다고 하여 소급과세금지 내지 조세법률주의에 관한 헌법규정에 위반된다고 할 수 없으므로, 이유 없다."

352) 대법원 2017. 12. 22. 선고 2014두44847 판결.

353) 즉, "4월 1일 이후"라고 하면 그 기산일 4월 1일을 포함하고, "4월 1일 후"라 하면 그 기산일 4월 2일부터 그 뒤를 의미한다.

354) 예컨대, 대법원 2016. 2. 18. 선고 2015두1243 판결과 그 원심인 서울고등법원 2015. 1. 9. 선고 2013누27359 판결 및 대법원 2013. 3. 28. 선고 2012재두299 판결(대법원도 '이전'과 '전'을 제대로 준별하지 않고 판시하고 있음을 알 수 있다) 참조. 조세법령의 적용례 규정에서 대체로 2014년 말부터는 '이후'와 '후'를 준별하여 규정하고 있다.

355) 대법원 1996. 7. 9. 선고 95누13067 판결 ; "지급이자 중 손금불산입할 금액에 대하여 규정하고 있는 법인세법시행령(1990. 12. 31. 대통령령 제13195호로 개정되기 전의 것) 제43조의2 제2항 단서 규정은 1989. 12. 30. 개정된 시행령(대통령령 제12878호)에서 신설되었고, 이 개정 시행령 부칙 제1조, 제2조는 이 영은 1990. 1. 1.부터 시행하되 그 시행 후 최초로 개시하는 사업연도분부터 적용한다고 하였으나, 1990. 4. 4. 재무부령 제1818호로 개정된 같은법시행규칙은 제18조 제1항 각 호를 신설하고 개정 전의 시행규칙 제18조 제5항 제1호를 제18조 제7항으로 개정하면서 부칙 제1조, 제2조에서 이 규칙은 공포한 날(1990. 4. 4.)로부터 시행하되, 그 시행 후 최초로 종료하는 사업연도분부터 적용한다고 하여 위 개정된 시행령과 적용시기를 달리 규정하였는바, 위 시행규칙 제18조 제1항은 위 시행령 제43조의2 제2항 후단의 신설에 따라 신설된 규정이므로, 위 시행령이 적용되는 경우라야만 그 적용이 가능하다 할 것이다. 따라서 위 시행규칙 시행 후 최초로 종료하는 사업연도분에 대한 과세를 함에 있어서도 위 시행령 시행 후 최초로 개시하는 사업연도에 해당하지 아니한다면 위 시행령이 적용되지 않을 것이므로, 위 시행규칙도 적용될 수 없다. 그런데 이 사건 과세기간은 **1989. 11. 1.부터 1990. 10. 31.**이어서 1990. 1. 1. 이후 최초로 개시하는 사업연도분부터 적용되는 위 시행령 규정은 적용되지 아니하므로, 비록 1990. 4. 4. 이후 최초로 종료하는 사업연도에는 해당된다 하여도 위 개정 시행규칙 규정 또한 적용될 수 없다 할 것이다. 그렇다면 이 사건에서는 위 시행령과 시행규칙이 개정되기 전의 규정을 적용하여 손금불산입할 지급이자액을 산정하여야 할 것"

356) 대법원 2017. 9. 21. 선고 2016두60201 판결 ; "**2012. 2. 2.** 대통령령 제23589호로 개정된 법인세법 시행령(이하 '개정 시행령'이라 한다)은 제69조 제3항(이하 '이 사건 조항'이라 한다)을 신설하여 '작업진행률에 의한 익금과 손금이 공사계약의 해약으로 인하여 확정된 금액과 차액이 발생된 경우에는 그 차액을 해약일이 속하는 사업연도의 익금 또는 손금에 산입한다'라고 규정함으로써, 계약의 해제로 인하여 실현되지 아니한 소득금액을 그 해제일이 속하는 사업연도의 손금에 산입하도록 하여 후발적 사유를 원인으로 한 경정청구권의 행사를 제한하고 있고 … 후발적 사유가 발생한 사업연도에 결손금이 누적되어 있거나 사실상 휴·폐업 상태여서 차감할 익금이 없는 경우에도 후발적 사유가

● 2003. 12. 30. 조세제한특례법 제132조 제1항 제3호의 개정으로 중소기업의 연구·인력개발비 세액공제액이 최저한세 적용대상에서 제외되었는데, 개정 전 과세연도에 발생하였으나 최저한세 적용으로 공제받지 못하고 개정 후 과세연도로 이월된 세액공제액이 그 과세연도에 최저한세 적용대상이 되는지 여부는 그 과세연도의 법인세에 관한 것으로서 개정법 부칙 제2조 제1항의 '일반적 적용례' 규정("이 법 중 소득세 및 법인세에 관한 개정규정은 이 법 시행 후 개시하는 과세연도분부터 적용한다.")에 따라[357] 개정법 제132조 제1항 규정에 의하여 결정되어야 하므로, 그 이월세액공제액이 중소기업의 것인 경우 최저한세의 적용을 받지 않아 그 과세연도에 납부할 법인세액의 범위 내에서 전액 공제된다고 한 예.[358]

발생한 사업연도의 손익으로만 반영하도록 하는 것은 납세자의 권리구제에 미흡하고 형평에도 어긋나는 결과가 된다. 따라서 후발적 경정청구를 제한하는 규정은 그 적용시기를 명시적으로 정하고 있는 등의 특별한 사정이 없는 한 그 규정의 시행 전에 이루어진 잘못된 당초의 과세에 대한 후발적 경정청구권에는 영향을 미치지 못한다고 보아야 한다. 그런데 개정 시행령 부칙 제1조는 시행일에 관하여 "이 영은 공포한 날부터 시행한다."라고 규정한 다음, 제2조는 일반적 적용례로 "이 영은 2012. 1. 1. 이후 최초로 개시하는 사업연도 분부터 적용한다."라고 규정하고 있을 뿐, 이 사건 조항에 관한 개별적 적용례를 별도로 규정하고 있지 아니하다. 이는 개정 시행령과 같은 날인 2012. 2. 2. 대통령령 제23595호로 개정된 구 부가가치세법 시행령 제59조 제1항 제2호에서 계약이 해제되어 재화 또는 용역이 공급되지 아니한 경우 계약해제일이 속한 과세기간에 부가가치세에서 차감하여 수정세금계산서를 발급할 수 있도록 규정하면서, 부칙 제7조에서 2012. 7. 1. 이후 최초로 수정세금계산서 발급사유가 생기는 분부터 적용한다는 개별적 적용례를 두고 있는 것과도 대비된다. 따라서 이 사건 조항은 2012. 1. 1. 이후부터 개시하는 사업연도 분의 과세에 대한 후발적 경정청구에 적용되며, 그 전의 사업연도 분의 과세에 대하여는 비록 그 이후에 후발적 경정청구 사유가 발생하였다 하더라도 적용되지 아니한다고 해석되며, 결국 2009 사업연도 법인세에 관한 이 사건 잔존 경정청구에는 적용되지 아니한다."

357) **부칙 제33조**에 '최저한세에 관한 개별적 적용례' 규정("제132조 제1항 제1호 및 제2항 제1호의 개정규정은 이 법 시행 후 과세표준신고(국세기본법 제45조의3의 규정에 의한 기한후신고를 제외한다)를 하는 분부터 적용한다.")이 있으나, 이는 제132조 제1항 제1호 및 제2항 제1호 개정규정의 개별적 적용례 규정이고 제132조 제1항 제3호 개정규정의 개별적 적용례 규정은 아니므로, 제132조 제1항 제3호 개정규정에 대해서는 **부칙 제2조** 제1항의 일반적 적용례 규정이 적용되고, **부칙 제42조**에 '세액공제액의 이월공제에 관한 경과조치' 규정("이 법 시행 당시 종전의 제144조 제1항의 규정에 의한 공제대상세액은 동항의 개정규정에 불구하고 종전의 규정을 적용한다.")이 있으나, 이는 제132조의 개정규정이 아닌 '이월공제의 허용 여부와 그 허용기간'에 관한 제144조 제1항의 개정규정에 관련된 경과규정일 뿐이다.

358) 대법원 2009. 6. 11. 선고 2007두7727 판결 ; "구 **조세특례제한법**(2003. 12. 30. 법률 제7003호로 개정되기 전의 것, 이하 '개정전 법'이라 한다) **제10조 제1항**은 … 연구 및 인력개발을 위한 비용이 있는 경우 … 세액공제를 적용받을 수 있다고 규정하고 있고, **제132조 제1항** 제3호는 최저한세의 적용대상으로 '제10조의 규정에 의한 세액공제금액'을 규정하고 있으며, **제144조 제1항**은 제10조의 규정에 의하여 공제할 세액 중 당해 과세연도에 납부할 세액이 없거나 제132조의 규정에 의한 최저한세의 적용으로 공제받지 못한 부분에 상당하는 금액은 당해 과세연도의 다음 과세연도의 개시일부터 7년 이내에 종료하는 각 과세연도에 이월하여 그 이월된 각 과세연도에 세액공제를 한다고 규정하고 있다. 한편, 2003. 12. 30. 법률 제7003호로 개정되어 2004. 1. 1.부터 시행된 구 조세특례제한법(이하 '개정법'이라 한다) **제132조 제1항** 제3호는 … 중소기업의 연구비 등은 최저한세의 적용대상에서 제외하였고, 개정법 부칙 제2조 제1항은 법인세에 관한 개정규정은 개정법 시행 후 개시하는 과세연도분부터 적용한다고 규정하고 있다. 위 각 규정의 내용과 입법취지 및 개정경위 등을 종합하여 보면, 개정법 시행 후 개시하는 과세연도로 이월되어 온 이월세액공제액이 그 과세연도에 최저한세의 적용대상이 되는지 여부는 그 과세연도의 법인세에 관한 것으로서 개정법 부칙 제2조 제1항의 규정에 따라 그 과세연도분 법인세부터 적용되는 개정법 제132조 제1항의 규정에 의하여 결정되어야 하고, 따라서 그 이월세액공제액이 중소기업의 것인 경우에는 최저한세의 적용을 받지 않아 그 과세연도에 납부할 법인세액의 범위 내에서 전액 공제된다고 할 것이다." ☞ 원심이, ① **개정전 법 제10조**에서 중소기업의 연구비 등에 대한 세액공제를 허용하되, 각종 감면규정의 복합적인 적용으로 조세 부담이 지나치게 낮아지는 것을 방지하기 위하여

● 양도소득세는 장기간 미실현된 소득이 일시에 실현되는 특성을 갖는 것으로서 종합소득세와 과세단위를 달리하므로, 납부불성실가산세 세율을 낮추는 것으로 소득세법 시행령을 개정하면서 그 부칙에서 양도소득세는 "개정 시행령 시행 후 최초로 양도하는 분부터", 종합소득세는 "개정 시행령 공포일이 속하는 과세기간에 발생하는 소득분부터" 각 적용하도록 달리 규정한 것이 합리적인 이유 없이 차별을 두었다거나 비례원칙에 반하여 재산권을 침해한 것으로 볼 수 없다고 판단한 예.[359)]

● "개정규정은 이 영 시행 후 최초로 양도하는 분부터 적용한다."의 의미 ; 양도소득세의 납세의무 성립시기인 '양도시기'('잔금지급기일')를 의미하고, '양도계약 시'를 의미하는 것이 아니라고 한 예.[360)]

일정수준까지는 조세부담을 지우고자 하는 목적에서 개정전 법 제132조에서 최저한세의 적용에 관하여 규정하고 있고, 다만, 최저한세의 적용으로 연구비 등의 세액공제를 받지 못하는 납세자를 구제하기 위하여 **개정전 법 제144조**에서 최저한세의 적용으로 공제받지 못한 부분은 7년 이내에 종료하는 각 과세연도에 이월하여 그 이월된 각 과세연도의 법인세에서 공제할 수 있도록 규정하고 있는 점, ② **개정법 제132조 제1항** 제3호와 그 부칙 규정에 의하면 중소기업의 경우 개정법이 시행된 이후로는 개정법 제10조의 규정에 의한 세액공제금액이 최저한세의 적용대상에서 제외되는 점, ③ 개정전 법 및 개정법 제132조 제1항 제3호에서 연구비 등의 세액공제금액에 대한 최저한세의 적용 여부에 관하여 당해 연도에 발생한 것과 이월되어 온 것을 따로 구분하여 규정하고 있지 않은 점, ④ 피고가 처분의 근거규정으로 들고 있는 **개정법 부칙 제42조**는 제132조의 개정규정이 아닌 이월공제의 허용 여부와 그 허용기간에 관한 제144조 제1항의 개정규정에 관련된 경과규정인 점에 비추어, 중소기업인 원고의 이 사건 이월세액공제액은 개정법 시행 후 개시한 2004 과세연도부터는 최저한세의 제한을 받지 않는다고 판단한 것은 정당하다고 판시.

359) 대법원 2020. 6. 11. 선고 2017두40235 판결 ; "구 소득세법 제115조 제2항은 거주자가 양도소득세액을 납부하지 아니하였거나 납부하여야 할 세액에 미달하게 납부한 때에는 그 납부하지 아니하였거나 미달한 세액에 대하여 금융기관의 연체대출이자율을 참작하여 '대통령령이 정하는 율'을 적용하여 계산한 금액을 납부불성실가산세로 산출세액에 가산하도록 정하고 있다. 그 위임을 받은 구 소득세법 시행령(2002. 12. 30. 대통령령 제17825호로 개정되기 전의 것, 이하 '개정 전 소득세법 시행령'이라 한다) 제178조는 '대통령령이 정하는 율'을 '납부기한의 다음날부터 자진납부일 또는 고지일까지의 기간에 대하여 1일 1만분의 5의 율'로 정하였으나, **2002. 12. 30.** 대통령령 제17825호로 개정된 구 소득세법 시행령(이하 '**개정 소득세법 시행령**'이라 한다) 제178조는 '납부기한의 다음날부터 자진납부일 또는 고지일까지의 기간에 대하여 1일 1만분의 3의 율'로 정하고 있다. 또한 개정 소득세법 시행령 부칙 제1조는 개정 소득세법 시행령의 시행일을 2003. 1. 1.로 정하고, 같은 부칙 제4조(이하 '이 사건 부칙 제4조'라 한다)는 개정 소득세법 시행령 중 양도소득세에 관한 규정을 개정 소득세법 시행령 시행 후 최초로 양도하는 분부터 적용하도록 정하고 있다. 한편 구 소득세법 제81조 제4항은 거주자가 종합소득세액을 납부하지 아니하였거나 납부하여야 할 세액에 미달하게 납부한 때에는 그 납부하지 아니하였거나 미달한 세액에 대하여 '납부기한의 다음날부터 자진납부일 또는 납세고지일까지의 기간'에 '금융기관의 연체대출금에 대하여 적용하는 이자율을 감안하여 대통령령이 정하는 이자율'을 곱하여 계산한 금액을 납부불성실가산세로 가산하도록 정하고 있다. 그 위임을 받은 개정 전 소득세법 시행령 제146조의2는 '대통령령이 정하는 이자율'을 '1일 1만분의 5의 율'로 정하였으나, 개정 소득세법 시행령 제146조의2는 '1일 1만분의 3의 율'로 정하고 있다. 또한 개정 소득세법 시행령 부칙 제1조 단서는 개정 소득세법 시행령 제146조의2를 공포한 날부터 시행하도록 정하고, 같은 부칙 제13조(이하 '이 사건 부칙 제13조'라 한다)는 개정 소득세법 시행령 제146조의2를 개정 소득세법 시행령 공포일이 속하는 과세기간에 발생하는 소득분부터 적용하도록 정하고 있다. 원심은 다음과 같은 이유로, 이 사건 부칙 제4조가 구 소득세법 제115조 제2항의 위임 범위와 한계를 벗어나거나 헌법상 평등의 원칙, 재산권보장의 원칙 또는 과잉금지의 원칙을 위배하여 무효라는 원고의 주장을 배척하였다. (1) 구 소득세법이 납부불성실가산세율을 대통령령에 위임한 것은 시간과 거래사정에 따라 변화하는 금융기관의 연체대출이자율을 적절히 감안하여 세율을 정하기 위한 것이다. (2) 이 사건 부칙 제4조는 개정된 납부불성실가산세율의 적용 시기를 명확히 정한 것이므로, 구 소득세법 제115조 제2항의 입법 취지에 반하거나 위임 범위를 벗어났다고 볼 수 없다. (3) 양도소득세는 장기간 미실현된 소득이 일시에 실현되는 특성을 갖는 것으로서 종합소득세와 과세단위를 달리하므로, 이 사건 부칙 제4조가 이 사건 부칙 제13조와 달리 개정 소득세법 시행령 시행 후 최초로 양도하는 분부터 1일 1만분의 3의 율을 적용하더라도 합리적인 이유 없이 차별을 두었다거나 비례원칙에 반하여 재산권을 침해한 규정으로 볼 수 없다. … 원심의 판단은 정당하다."

360) ○ 대법원 1990. 10. 16. 선고 90누2406 판결 ; "1987. 5. 8. 대통령령 제12154호로 개정된 소득세법시행령 부칙

● "개정규정은 개정법 시행 후 증여세를 최초로 결정하는 것부터 적용한다."는 개별적 적용례의 적용으로 소급 과세가 되는 경우에는, 과세관청이 개정법 시행 후에 부과 결정을 하였더라도 개별적 적용례 규정이 아닌 일반적 경과조치 규정에 따라 납세의무 성립 당시의 법령을 적용하여야 한다고 한 예.361)

● "제26조의2 제1항 제1호 후단의 개정규정362)은 2012년 1월 1일 이후 최초로 「법인세법」 제67조

제1항은 '이 영은 공포한 날로부터 시행한다.' 제2항 본문은 일반적 적용례라는 제목하에 '이 영은 이 영 시행일이 속하는 과세기간분부터 적용한다.', 제3항은 양도소득에 관한 적용례라는 제목하에 '제94조 제5항 제1호 및 제115조 제3항의 개정규정은 이 영 시행 후 최초로 양도하는 분부터 적용한다'고 규정하고 있는바, 납세의무의 성립시기를 규정한 국세기본법 제21조 제1항 제1호 본문, 제2항 제2호의 규정과 위 개정된 소득세법시행령 부칙 각 조항들의 규정형식을 종합하여 검토하여 보면 양도소득은 납세의무의 성립시기 등이 다른 일반적인 소득과 다르므로 위 시행령 부칙 제3항에서 양도소득에 관한 적용례라 하여 같은 부칙 제2항의 일반적 적용례와는 별도의 조항을 규정한 것일 뿐, 위 시행령 부칙 제3항의 규정이 소득세의 납세의무성립시기에 관한 일반원리를 배제하기 위하여 특례규정을 둔 것이라고 해석할 수는 없는 것이다(1978. 12. 30.대통령령 제9229호로 개정된 소득세법시행령 부칙 제3조 및 1988. 12. 31. 대통령령 제12564호로 개정된 소득세법시행령 부칙 제3조 제4항은 '….. 최초로 양도계약을 체결하는 분부터 적용한다'고 규정하여 특례를 정하고 있다). … 원고가 이 사건 토지의 매수인으로부터 1987. 5. 29. 매매잔대금을 수령하고 그 명의로 소유권이전등기를 경료한 것이라면 이 사건토지에 대한 양도소득세의 납세의무 성립시기는 이 사건 토지의 잔금지급기일인 1987. 5. 29.임이 명백하므로 이 사건 양도소득세에 관하여는 위 납세의무성립일인 1987. 5. 29. 당시에 시행되던 위 개정된 소득세법시행령 제115조 제3항을 적용하여야 하고 위 개정 전의 시행령을 적용할 수 없다고 할 것이다."

○ 대법원 2010. 10. 14. 선고 2008두68 판결 ; "특별부가세는 양도행위를 과세요건으로 하고 양도차익을 과세대상으로 하므로 그 과세요건 및 면세요건에 해당되는지 여부는 그 양도시기를 기준으로 판정하여야 하고, 부칙 제2조 단서도 특별부가세에 관한 개정규정은 개정 후 시행령의 시행 후 최초로 양도하는 분부터 적용한다고 규정하고 있는 점, 부칙 제8조 제3항은 법인세에 있어 취득가액 산정에 관한 제72조 개정규정의 개별적 적용시기를 규정한 것일 뿐 법인세와는 별개의 과세단위를 이루고 있는 특별부가세에 관한 규정이 아닌 점, 특별부가세에 관한 개정규정인 개정 후 시행령 제140조 제2항 제1호는 특별부가세의 취득가액을 산정함에 있어 제72조의 계산방식만을 준용하고 있는 점 등을 종합하면, 개정 후 시행령의 시행 전에 취득한 토지라 하더라도 그 시행 후에 양도된 경우 특별부가세의 과세표준 계산에 있어서 그 취득가액의 산정에는 개정 후 시행령 제140조 제2항 제1호를 적용하여야 한다."

⇔ 대법원 1991. 4. 12. 선고 91다4348 판결 ; "1986. 12. 26. 법률 제3865호로 개정된 조세감면규제법 제63조에 보면 같은 규정이 삭제되는 것으로 개정되었고 같은 법 부칙 제1조에 보면 같은 법은 1987. 1. 1.부터 시행하되 같은 법 부칙 제10조 제3항에 보면'… 제63조 …의 개정규정은 이 법 시행 후 최초로 양도 … 하는 분부터 적용한다'로 규정되어 있는바 소득세법 제4조 제1항 제3호 및 제3항에서 말하는 '양도' 및 이 규정이 정하는 양도는 1982. 12. 21. 법률 제3576호에 의하여 개정된 소득세법 제27조와 1988. 12. 31. 대통령령 제12564호로 개정되기 전의 같은법시행령 제53조 제1항 본문의 '… 양도시기' 등의 글귀에 관계없이 양도소득세의 과세대상으로서의 양도의 원인행위(예·계약)를 가리킨다고 보는 것이 옳다. 그 이유는 세법의 개정이 있는 경우에는 각 세법에 정한 과세요건이 완성되어 납세의무가 성립된 당시에 시행하는 법률에 의하여 납세의무의 유무와 그 내용범위가 결정되고 이러한 법리를 확인하는 의미에서 같은 개정법률 부칙 제2조가 일반적 적용례라는 제목 아래 개정법률 중 소득세에 관한 규정의 개정규정은 이 법 시행일이 속하는 과세년도분부터 적용한다고 규정하고 있음에도 불구하고 다시 위와 같은 경과규정을 둔 것은 과세대상이 될 원인행위를 한 이후에 세법이 불리하게 개정되고 과세대상행위가 완성되는 시점이 개정된 세법 시행일 이후에 도래하게 된 경우에 위의 일반법리에 따른 위 부칙 제2조를 그대로 적용하게 되면 납세의무의 존부와 그 내용범위에 관한 납세의무자의 신뢰에 반하게 되므로 이러한 납세의무자의 신뢰를 보호하기 위하여 위의 일반원리에 따른 위 부칙 제2조에 대한 예외를 규정한 필요에 의하여 위 부칙 제10조 제3항의 규정을 두게 된 것으로 볼 것이기 때문이다. 그렇다면 이 사건처럼 위에서 본 개정된 조세감면규제법의 시행일 이전에 양도계약이 있었던 이 사건 토지의 양도에 관하여는 당연히 개정 전의 구 조세감면규제법 제63조와 같은법시행령 제51조가 적용되어야 하고 그 소정의 실체적 및 절차적인 환급요건이 그 후 모두 충족되었음은 원심이 판단한 바와 같으므로 피고는 그 환급금을 부당이득금으로서 반환하여야 할 의무가 있는 것인바"

361) 대법원 2015. 6. 24. 선고 2013두23195 판결.

에 따라 **처분**하는 금액부터 적용한다."는 국세부과제척기간에 관한 개별적 적용례의 적용 범위 ; 개정 규정 시행 전에 부과제척기간이 도과한 경우에는 적용될 수 없고, 개정규정 시행 당시 부과제척기간이 진행 중인 경우에는 그 적용이 허용된다고 한 예.[363)]

● "개정 규정은 이 영 시행 후 최초로 비상장주식을 **평가**하는 분부터 적용한다." ; '평가기준일이 개정된 시행령 시행 후인 경우'를 의미한다고 한 예.[364)]

● "이 법 시행 후 법인세법 제109조 제1항 및 제119조의 규정에 의하여 주주등에 관한 서류 및 주식등 변동명세서를 **제출**하는 분부터 적용한다."에서 기준일은 '제출일'이라고 한 예.[365)]

---

362) 국세기본법 제26조의2 제1항 제1호 후단 ; 부정행위로 포탈하거나 환급·공제받은 국세가 법인세이면 이와 관련하여 법인세법 제67조에 따라 처분된 금액에 대한 소득세 또는 법인세에 대해서도 그 소득세 또는 법인세를 부과할 수 있는 날부터 10년간으로 한다.[2011. 12. 31. 신설]

363) 대법원 2015. 10. 15.자 2015두45274 판결(심리불속행 상고기각), 서울행정법원 2014. 9. 16. 선고 2014구합53452 판결 ; "2003년, 2004년, 2005년 귀속분 소득세에 관하여 쟁점 규정이 신설되어 시행되기 이전에 이미 부과제척기간이 도과되었는바, 만약 피고의 주장과 같이 쟁점 규정을 근거로 … 부과제척기간을 10년으로 인정할 수 있다고 해석한다면, 이는 개정 규정이 사실상 이미 완성된 사실 또는 법률관계를 규율대상으로 하는 진정 소급입법에 해당하는 것으로서 헌법적으로 허용될 수 없는 해석이다. … 2006년 귀속 소득세에 관하여는 쟁점 규정이 시행될 2012. 1. 1. 당시에는 아직 5년의 부과제척기간이 도과하지 않았으므로, 쟁점 규정은 … 2006년 귀속 소득세에 관하여는 과거에 시작되었으나 아직 완성되지 아니하고 현재 진행 중에 있는 사실관계에 적용하는, 이른바 부진정 소급입법에 해당하고 이는 원칙적으로 허용된다."

364) 대법원 2017. 12. 22. 선고 2014두44847 판결 ; "비상장주식의 보충적 평가방법에 있어서 순자산가액의 계산방법을 규정하고 있는 구 상증세법 시행령 제55조 제1항은 1주당 순자산가치를 산정할 때의 '순자산가액'은 '평가기준일 현재 당해 법인의 자산을 법 제60조 내지 제66조의 규정에 의하여 평가한 가액에서 부채를 차감한 가액'으로 하도록 규정하였다. 한편 **2009. 2. 4.** 대통령령 제21292호로 상증세법 시행령이 개정되면서 위 제55조 제1항에 '순자산가액이 0원 이하인 경우에는 0원으로 한다'는 부분이 추가되었고, 그 부칙 제3조는 '제55조 제1항의 개정 규정은 이 영 시행 후 최초로 비상장주식을 평가하는 분부터 적용한다.'라고 규정하고 있다. … '이 영 시행 후 최초로 비상장주식을 평가하는 분'은 '평가기준일이 개정된 시행령 시행 후인 경우'로 해석되므로, 개정된 상증세법 시행령 제55조 제1항은 평가기준일이 그 시행 후인 경우에만 적용된다. 원고들은 개정된 상증세법 시행령의 시행 전인 **2005. 3. 31.** 이 사건 주식을 양도하였으므로 '평가기준일이 개정된 시행령 시행 후인 경우'에 해당하지 않는다. … 그와 같이 해석하지 않으면 개정 전에 이미 성립한 과세요건 사실에 대하여 성립 후의 새로운 세법을 소급적용하여 납세의무자에게 불이익한 결과가 초래된다. … 원심의 위와 같은 판단에 상고이유 주장과 같이 조세법규의 해석, 소급과세금지의 원칙에 관한 법리를 오해한 잘못이 없다."

⇔ 대법원 2018. 2. 8. 선고 2017두48451 판결 ; "구 상증세법 시행령이 **2016. 2. 5.** 대통령령 제26960호로 개정되면서 '주식 등의 실제 소유자와 명의자가 다른 경우로서 법 제45조의2에 따라 해당 주식 등을 명의자가 실제 소유자로부터 증여받은 것으로 보는 경우', 즉 명의신탁재산 증여 의제의 경우가 최대주주 할증평가 예외사유로 추가되었으나(제53조 제6항 제8호), 그 부칙 제7조에서 위 개정 규정을 위 시행령 시행 이후 평가하는 분부터 적용하도록 하고 있다. 이러한 최대주주 할증평가 관련 규정의 입법취지와 체계 및 개정 연혁 등을 종합적으로 고려하면, 명의신탁재산 증여 의제의 경우 그 제재로서의 성격을 감안하더라도 **2016. 2. 5.** 개정된 구 상증세법 시행령의 시행 전에 해당 주식의 가액을 평가하였다면, 그전의 법령에 따라 최대주주 할증가액이 가산된다고 보아야 한다." ☞ 소외 회사 설립 당시(2000. 11. 16.) 및 1~3차 유상증자 당시(2001. 10. 10., 2003. 11. 25., 2004. 12. 18.) 주식을 명의신탁 받은 데 대하여 할증 평가를 적용하여, 피고들이 2015. 3. 8. 원고들에게 증여세를 부과한 사안이다. 납세자에게 유리한 개정으로서 소급과세의 문제가 없으므로, 과세관청이 과세를 위해 가액을 평가하는 분부터 적용하는 의미로 새길 여지가 있는 판례이다.

365) 대법원 2018. 6. 28. 선고 2018두36172 판결 ; "구 상증세법 부칙 제10조는 '제45조의2 제3항의 개정규정은 이 법 시행 후 법인세법 제109조 제1항 및 제119조의 규정에 의하여 주주등에 관한 서류 및 주식등변동명세서를 제출하는 분부터 적용한다'고 규정하고 있다. 이러한 관련 규정의 입법 취지, 체계 및 내용에 비추어 보면, 2004. 1. 1. 이후

● 피합병법인이 지출한 기술·인력 개발비를 합병법인이 지출한 것으로 본다는 구 조세특례제한법 시행령의 의제규정은 그 부칙의 개별적 적용례 규정에 따라 시행일인 2000. 1. 10. 이후 최초로 세액공제를 **신청**하는 분부터 적용된다고 한 예.366)

● "개정규정(신설 추징규정)은 이 법 시행 후 최초로 **공장 또는 본사를 이전**하는 분부터 적용한다."; 개정 조세특례제한법 시행 전에 공장 또는 본사를 수도권 외의 지역으로 이전하여 세액감면을 받은 후 그 감면기간 중에 수도권 안에 다시 본점을 설치하여 재이전한 경우, 개정 조세특례제한법의 신설 추징규정이 적용되지 아니한다고 한 예.367)

주식등변동상황명세서 등을 제출하였고, 이에 따라 명의개서 여부가 판정되었다면, 그 제출일에 명의신탁 증여의제 요건이 완성되었다고 보아야 한다. 그리고 이로 인한 증여세 납세의무가 2004. 1. 1. 이후 성립된 경우이므로, 명의신탁 약정의 체결이나 주식 등의 인도가 그 이전에 있었다고 하더라도, 구 상증세법 제45조의2 제3항, 제1항이 적용되어 증여세를 과세할 수 있다고 보아야 한다."

366) 대법원 2003. 11. 14. 선고 2001두5309 판결 ; "구 조세감면규제법(1998. 12. 28. 법률 제5584호 조세특례제한법으로 전문 개정되기 전의 것) 제9조 제1항은, 제조업·광업 또는 대통령령이 정하는 사업을 영위하는 내국인이 각 과세연도에 기술 및 인력개발을 위하여 지출한 비용 중 대통령령이 정하는 비용이 있는 경우에는 당해 과세연도의 기술·인력개발비의 지출액이 당해 과세연도의 개시일부터 소급하여 2년간 지출한 기술·인력개발비의 연평균지출액을 초과하는 경우에는 당해 초과하는 금액의 100분의 50에 상당하는 금액을 당해 과세연도의 법인세에서 공제한다고 규정하고 있고, 구 조세특례제한법시행령(2000. 1. 10. 대통령령 제16693호로 개정된 것) 제9조 제4항은, 당해 과세연도개시일부터 소급하여 지출한 기술 및 인력개발비의 합계액을 계산함에 있어서 합병법인의 경우에는 합병을 하기 전에 피합병법인이 지출한 기술 및 인력개발비는 합병법인이 지출한 것으로 본다는 의제규정을 신설하고, 그 부칙 제4조에서, 제9조 제4항의 개정규정은 이 영 시행 후 최초로 세액공제를 신청하는 분부터 적용한다고 규정하고 있는바, 조세법률주의의 원칙상 과세요건이거나 비과세요건 또는 조세감면요건을 막론하고 조세법규의 해석은 특별한 사정이 없는 한 법문대로 해석할 것이고 합리적 이유 없이 확장해석하거나 유추해석하는 것은 허용되지 아니한다고 할 것이므로, 피합병법인이 지출한 기술 및 인력개발비를 합병법인이 지출한 것으로 본다는 위 시행령의 의제규정은 그 시행일인 2000. 1. 10. 이후 최초로 세액공제를 신청하는 분부터 적용된다고 할 것이다."

367) 대법원 2014. 2. 13. 선고 2013두19066 판결 ; "구 조특법 제63조는 수도권 외 지역 이전 중소기업에 대한 세액감면에 관하여 제1항에서 "수도권 안에서 공장시설을 갖추고 사업을 영위하는 내국인으로서 창업 후 2년이 경과된 중소기업이 대통령령이 정하는 바에 따라 수도권 외의 지역으로 그 공장시설을 전부 이전(본점 또는 주사무소가 수도권 안에 소재하는 경우에는 당해 본점 또는 주사무소도 함께 이전하는 경우에 한한다)하여 2003년 12월 31일까지 사업을 개시한 때에는 이전 후의 공장에서 발생하는 소득에 대하여 이전일이 속하는 과세연도와 그 다음 과세연도 개시일부터 3년 이내에 종료하는 과세연도에 있어서는 소득세 또는 법인세의 100분의 100에 상당하는 세액을, 그 다음 5년 이내에 종료하는 과세연도에 있어서는 소득세 또는 법인세의 100분의 50에 상당하는 세액을 감면한다"고 규정하고, 제2항에서 "제1항의 규정을 적용받고자 하는 자는 대통령령이 정하는 바에 따라 그 감면신청을 하여야 한다"고 규정하였을 뿐 위 세액감면에 따른 추징규정을 두지는 아니하였다. 그런데 **2001. 12. 29.** 법률 제6538호로 개정된 조세특례제한법(이하 '개정 조특법'이라 한다) 제63조는 이 사건 추징규정을 신설하여 제2항에서 "제1항의 규정에 의하여 감면의 적용을 받은 중소기업이 다음 각 호의 1에 해당하는 때에는 당해 사유가 발생한 과세연도의 과세표준 신고 시 대통령령이 정하는 바에 따라 계산한 세액을 소득세 또는 법인세로 납부하여야 한다"고 규정하면서 제3호로 '제1항의 규정에 의하여 감면을 받는 기간 중에 수도권 안에 제1항의 규정에 따라 이전한 공장에서 생산하는 제품과 동일한 제품을 생산하는 공장을 설치하거나 본사를 설치한 때'를 규정하는 한편, 제3항에서 "제1항의 규정에 의하여 감면받은 소득세액 또는 법인세액을 제2항의 규정에 의하여 납부하는 경우에는 제40조 제2항 중 이자 상당 가산액에 관한 규정을 준용한다"고 규정하였다. 다만 그 개정 조특법 부칙은 제1조에서 "이 법은 2002년 1월 1일부터 시행한다"고 규정하는 한편, 제13조에서 "제63조의 개정규정은 이 법 시행 후 최초로 공장 또는 본사를 이전하는 분부터 적용한다"고 규정하였다. 따라서 개정 조특법이 시행된 2002. 1. 1. 전에 공장 또는 본사를 수도권 외의 지역으로 이전하여 구 조특법 제63조 제1항에 따른 세액감면을 받은 경우에는 그 후 그 감면기간 중에 수도권 안에 다시 본점을 설치하여 재이전하더라도 이 사건 추징규정은 적용되지 않는다고 할 것이다." ☞ 부칙의 '이전'은 본칙 조항의 '이전'과 동일한 것으로 보아야 하고, 본칙에서 '이전'과 구별하여 규정한 '설치'의 의미로 해석할 수는 없다.

● 2001. 12. 29. 개정 조세특례제한법 부칙 제22조(수도권 안의 투자에 대한 조세감면 배제에 관한 개별적 적용례)["제130조 제1항의 개정규정 중 '사업장'에 관한 부분은 이 법 시행 후 최초로 수도권 안에 새로이 사업장을 설치하여 사업을 개시하거나 기존 사업장을 이전하여 설치하는 분부터 적용한다."]에서 법 제130조 제1항은 법 제26조 제1항의 임시투자세액 공제요건을 갖춘 사업에 대한 투자 중에서 수도권 안의 투자에 대하여 임시투자세액의 공제를 배제하는 규정이므로, 그 부칙조항의 적용대상은 '개정법 제130조 제1항의 사업장 중에서 구법 시행 당시 이미 임시투자세액 공제사업으로 지정되어 공제요건을 갖춘 사업장'만을 의미하고, 개정법 제130조 제1항이 시행된 후에 비로소 임시투자세액 공제사업으로 지정된 사업의 사업장에 대하여는 적용되지 아니한다고 한 예.[368]

※ 부칙의 개별적 '경과조치', '특례' 규정 해석에 관한 구체적 사례

● 2016. 2. 5. 개정 구 조세특례제한법 시행령 부칙 제22조의 '소기업의 범위에 관한 경과조치'[369]의 적용 대상은 위 개정법률의 시행일인 2016. 1. 1. 당시인 2016 과세연도의 경우 종전규정 아래에서는 소기업에 해당하여 중소기업특별세액감면을 받을 수 있었으나 개정규정으로 인하여 더 이상 소기업에 해당하지 않아 중소기업특별세액감면을 받을 수 없게 된 기업이고, 2016 과세연도에 매출액이 증가하여 개정규정뿐 아니라 종전규정에 따르더라도 소기업의 요건에 해당하지 아니하게 된 기업은 적용 대상이 아니라고 한 예.[370]

● 2011. 12. 31. 법인세법 제55조 제1항의 세율을 낮추어 개정하면서 부칙 제26조에 둔 '법인세 세율 변경에 따른 중간예납에 관한 특례' 규정[371]에 따라, 중간예납세액을 계산할 때 '직전 사업연도의

---

368) 대법원 2015. 12. 23. 선고 2013두22475 판결 ; "구 조특법은 임시투자세액의 공제요건과 그 배제요건을 구분하여, 제130조 제1항에서 제26조 제1항의 임시투자세액 공제요건을 갖춘 사업에 대한 투자 중에서 수도권 안의 투자에 대하여 임시투자세액의 공제를 배제하고 있는 점, 이러한 배제요건에 관한 개정 조특법 제130조 제1항의 적용관계를 규정한 이 사건 부칙조항은 그 배제범위가 종전보다 확대됨에 따라 기존의 임시투자세액 공제사업에 대하여 구 조특법의 배제요건을 그대로 적용하기 위하여 마련된 규정으로 보일 뿐, 개정 조특법 시행 후에 새로이 임시투자세액 공제사업으로 추가된 사업에 대하여도 구 조특법의 배제요건을 적용하기 위한 것으로는 보이지 않는 점 등에 비추어 보면, 이 사건 부칙조항에서 그 적용대상 사업장을 명시적으로 한정하고 있지는 않지만, 위 부칙조항의 적용대상인 '사업장'이란 '개정 조특법 제130조 제1항의 사업장 중에서 구 조특법 시행 당시 이미 임시투자세액 공제사업으로 지정되어 공제요건을 갖춘 사업장'만을 의미한다고 해석함이 타당하다. 개정 조특법 제130조 제1항이 시행된 후에 비로소 임시투자세액 공제사업으로 지정된 사업의 사업장에 대하여는 이 사건 부칙조항이 적용되지 아니하므로, 임시투자세액 공제사업으로 지정된 이후로서 공제대상 투자 당시에 시행 중인 규정에 의하여 그 배제 여부를 판정하여야 한다."

369) **영 부칙 제22조(소기업의 범위에 관한 경과조치)** 법률 제13560호 조세특례제한법 일부개정법률 시행 당시 종전의 제6조제5항에 따라 소기업에 해당되었던 기업이 법률 제13560호 조세특례제한법 일부개정법률 시행 이후 제6조제5항의 개정규정에 따른 소기업에 해당하지 아니하게 된 경우에는 제6조제5항의 개정규정에도 불구하고 2019년 1월 1일이 속하는 과세연도까지 소기업으로 본다.

370) 대법원 2020. 7. 29. 선고 2019두56333 판결.

371) **부칙 제26조(법인세 세율 변경에 따른 중간예납에 관한 특례)** 2012년 1월 1일 이후 개시하는 사업연도의 중간예납기간에 대한 중간예납세액을 계산할 때 제63조 제1항에 따른 직전 사업연도의 법인세로서 확정된 산출세액은 직전 사업연도의 과세표준에 제55조 제1항의 개정규정을 적용하여 계산한다. ☞ **구 법인세법 제63조(중간예납)** 제1항은 내국법인으로서 각 사업연도의 기간이 6개월을 초과하는 법인은 해당 사업연도 개시일부터 6개월간을 중간예납기간으로 하여 '그 사업연도 직전 사업연도의 법인세로서 확정된 산출세액에서 다음 각 호의 금액을 공제한 금액을 직전 사업연도의

과세표준'에 '개정 세율'을 적용하여 '직전 사업연도의 법인세로서 확정된 산출세액'을 재계산하는 경우에, 공제항목인 '직전 사업연도에 감면된 법인세액' 또한 명문의 규정이 없더라도 개정 세율을 적용하여 재계산한 산출세액에서 최저한세액을 공제하는 등의 방법으로 다시 계산하여야 한다고 판단한 예.[372)]

※ '적용', '준용', '유추적용', '~예에 의한다(따른다).'의 의미

"적용한다"는 당해 조항이 조금도 수정됨이 없이 그대로 적용되는 경우에 사용하고, "준용한다"는 당해 조항이 그 성질에 따라 융통성 있게 적용되는 경우에 사용되며, "예에 의한다"는 법률에 근거한 제도나 법률규정을 다른 동종의 것에 포괄적으로 준용할 경우에 사용한다는 점에서, 특정한 조항이나 사항만을 적용하는 경우에 사용되는 "준용한다"와 구별된다. 법제실무상으로는, 부득이한 경우를 제외하고는 "예에 의한다"라는 표현을 사용하지 않는 것이 좋고, 여러 조문을 인용할 경우에는 그 조문을 열거하여 주는 것이 오해의 소지를 없앨 수 있다고 한다. "유추적용"은 법령의 흠결을 보충하는 것으로 법적 규율이 없는 사안에 대하여 그와 유사한 사안에 관한 법규범을 적용하는 것을 말한다.[373)] '준용'과 '유추(적용)'은 그 성질이 서로 비슷하지만, '유추'는 해석상의 기술, '준용'은 입법상의 기술이라

월수로 나눈 금액에 6을 곱하여 계산한 금액'을 납부하여야 한다고 규정하면서, 그 공제할 금액 중 하나로 제1호에서 '해당 사업연도의 직전 사업연도에 감면된 법인세액'을 들고 있다.

372) 대법원 2015. 4. 9. 선고 2014두46102 판결 ; **원심**이, ① 중간예납세액을 계산할 때 최저한세액의 계산방법을 따로 규정하지 아니한 채 중간예납세액의 계산방법만을 규정하는 입법형식을 취하고 있는 법인세법이 부칙조항을 통하여 중간예납세액의 계산방법에 대하여만 개정 세율을 적용하도록 규정하고 있더라도, **산출세액이 감소**함에 따라 **필연적으로 감소**하게 되는 **최저한세 적용대상 공제감면세액**의 **계산방법**에 대하여도 **당연히 개정 세율이 적용**된다고 해석되는 점, ② 구 조세특례제한법 제132조 제1항에 의한 공제감면세액의 계산은 과세표준에 법인세법에서 정한 '세율'을 곱한 '세액'의 계산을 전제로 하고 있으므로, 법인세법에서 정한 '세율'이 변경된 경우에는 최저한세 적용대상 공제감면세액 계산의 전제가 되는 구 조세특례제한법 제132조 제1항의 '다음 각 호의 어느 하나에 규정된 감면 등을 적용받은 후의 세액' 또한 변경될 수밖에 없는 점 등을 종합하여 보면, 중간예납세액을 계산할 때 부칙조항에 따라 직전 사업연도의 과세표준금액에 개정 세율을 적용하여 '직전 사업연도의 법인세로서 확정된 산출세액'을 재계산하는 경우에는, **'직전 사업연도에 감면된 법인세액' 또한 개정 세율을 적용**하여 재계산한 산출세액에서 **최저한세액을 공제**하는 등의 방법으로 다시 계산하여야 한다는 이유로, 최저한세 적용대상 공제감면세액은 개정 세율을 적용하여 재계산할 수 없다는 원고의 주장을 배척한 데 대하여, **대법원**은, 원심이 들고 있는 위와 같은 사정에다가, 관련 규정의 문언과 체계 등에 의하면 개정 법인세법 제63조 제1항 및 구 조세특례제한법 제132조 제1항 등에서 정한 중간예납세액의 계산방법은 **직전 사업연도의 납부실적에 기초**하여 해당 사업연도의 중간예납세액을 계산하는 구조인데, 직전 사업연도에 실제 적용된 세율이 아니라 이후 변경된 세율을 적용하여 중간예납세액을 계산하여야 할 경우에 원고의 주장과 같이 중간예납세액의 계산항목 중 일부에 대하여만 개정 세율을 적용하여 재계산하면 직전 사업연도의 납부실적과 전혀 무관한 중간예납세액이 산정되어 불합리한 점 등을 보태어 보면, 피고의 부과처분이 적법하다고 본 원심의 결론은 정당한 것으로 수긍이 가고, 원심이 원고에게 법인세 **중간예납세액의 납부의무 해태를 탓할 수 없는 정당한 사유가 있다고 볼 수 없다**고 판단한 것도 정당하다고 판단한 예.

373) 대법원 2020. 4. 29. 선고 2019다226135 판결 ; "민사법의 실정법 조항의 문리해석 또는 논리해석만으로는 현실적인 법적 분쟁을 해결할 수 없거나 사회적 정의관념에 현저히 반하게 되는 결과가 초래되는 경우에는 법원이 실정법의 입법정신을 살려 법적 분쟁을 합리적으로 해결하고 정의관념에 적합한 결과를 도출할 수 있도록 유추적용을 할 수 있다. 법률의 유추적용은 법률의 흠결을 보충하는 것으로 법적 규율이 없는 사안에 대하여 그와 유사한 사안에 관한 법규범을 적용하는 것이다. 이러한 유추를 위해서는 법적 규율이 없는 사안과 법적 규율이 있는 사안 사이에 공통점 또는 유사점이 있어야 한다. 그러나 이것만으로 유추적용을 긍정할 수는 없다. 법규범의 체계, 입법 의도와 목적 등에 비추어 유추적용이 정당하다고 평가되는 경우에 비로소 유추적용을 인정할 수 있다."

는 점에서 근본적인 차이가 있다. 따라서 형벌·조세법규의 해석에서 죄형법정주의와 조세법률주의의 원칙에 따라 유추가 원칙적으로 금지되지만, 준용은 해석기술이 아니고 입법기술이기 때문에 형법이나 조세법의 입법영역에서도 당연히 넓게 허용된다.

적용대상 조항을 명시적으로 열거하고 있는 경우, 열거되지 아니한 조항을 문언에 반하여 적용할 수는 없음은 당연하다.[374)]

어느 법령의 규정이 특정 사항에 관하여 다른 법령의 그 특정 사항에 관한 규정을 '준용'한다고 정하면서 그 준용되는 해당 조항을 특정하거나 명시하지 아니하여 '포괄적·일반적으로 준용'하는 형식을 취하고 있다고 하더라도, 준용규정을 둔 법령이 규율하고자 하는 사항의 '성질에 반하지 않는 한도 내'에서만 다른 법령의 그 특정 사항에 관한 규정이 준용된다고 해석함이 타당하다.[375)]

---

374) 대법원 2018. 7. 11. 선고 2018두33845 판결 ; "구 **지방세법**(2016. 12. 27. 법률 제14475호로 개정되기 전의 것) 제10조 제7항의 위임에 따른 구 지방세법 **시행령**(2018. 2. 9. 대통령령 제28627호로 개정되기 전의 것, 이하 같다) **제20조 제6항 본문**은 건축물을 건축하여 취득하는 경우 취득세 과세대상이 되는 취득시기에 관하여 '사용승인서를 내주는 날(사용승인서를 내주기 전에 임시사용승인을 받은 경우에는 그 임시사용승인일을 말하고, 사용승인서 또는 임시사용승인서를 받을 수 없는 건축물의 경우에는 사실상 사용이 가능한 날을 말한다)과 사실상의 사용일 중 빠른 날을 취득일'로 보도록 규정하고 있다. 한편 같은 조 **제13항**은 '제1항, 제2항 및 제5항에 따른 취득일 전에 등기 또는 등록을 한 경우 그 등기일 또는 등록일에 취득'한 것으로 보도록 규정하면서도 건축물을 건축하여 취득하는 경우에 관한 제6항을 그 적용대상에서 제외하고 있다. 이러한 관련 규정의 체계 및 내용에 비추어 보면, 사용승인서(또는 임시사용승인서)를 받을 수 없고 사실상 사용도 가능하지 않은 미완성 건축물을 매수하여 소유권이전등기를 마친 경우라면 소유권이전등기와 무관하게 그 이후의 사용승인일(또는 임시사용승인일)과 사실상의 사용일 중 빠른 날이 그 건물의 취득일이 된다고 보아야 한다."

375) ○ 대법원 2015. 8. 27. 선고 2015두41371 판결 ; "구 국세징수법 제47조 제2항의 취지는, 한번 압류등기를 하고 나면 동일한 사람에 대한 압류등기 이후에 발생한 체납액에 대하여도 새로운 압류등기를 거칠 필요 없이 당연히 압류의 효력이 미친다는 것이고, 위 규정은 일반채권에 기초한 민사상 압류에 대하여 고도의 공익성을 갖는 국세 등 조세채권 징수의 실효성 보장을 위하여 마련된 특칙이다. 그런데 국유재산의 무단점유자에 대한 변상금 부과는 행정처분으로 그 목적이 국유재산의 사용·수익으로 인한 이익의 환수를 넘어 국유재산의 효율적인 보존·관리라는 공익을 실현하는 데 있지만, 다른 한편으로 민사상 부당이득반환청구권과 동일한 금액 범위 내에서 경합하여 병존하고, 부과처분의 상대방이 무단점유자로 제한되어 있는 점 등에 비추어, 국가재정 수요의 충당을 위해 반대급부 없이 강제 징수되는 조세와는 그 성격을 달리하며 그 공익성이 조세에 준할 정도로 높다고 보기 어렵다. 그리고 구 국세징수법 제47조 제2항에 의하면, "당해 압류재산의 소유권이 이전되기 전에 국세기본법 제35조 제1항의 규정에 의한 법정기일이 도래한 국세에 대한 체납액"에 한하여 압류의 효력이 미친다. 그런데 국세기본법 제35조 제1항에서 정한 '법정기일'은 일반채권보다 그 징수순위가 앞서는 국세의 특성에 기초한 개념으로서, 국세채권과 저당권, 질권 또는 전세권(이하 '저당권 등'이라 한다)의 피담보채권 사이의 우선순위는 국세의 법정기일과 저당권 등의 설정등기·등록일의 선후에 따라 결정된다. 이에 반하여, 국유재산법은 국세기본법상 위 '법정기일'에 상응하는 변상금채권과 저당권 등의 피담보채권 사이의 우선순위를 결정하기 위한 어떠한 기준도 제시하지 않아 압류의 효력이 확장되는 기준시점을 확정하기 어렵고, 이에 따라 무단점유자로부터 압류재산을 양수한 제3자 등 이해관계인의 권리를 해할 우려가 있으므로, 변상금에 관하여 구 국세징수법 제47조 제2항의 규정 내용을 그대로 적용하기 어렵다. 이상과 같은 여러 사정을 종합하여 보면, 이 사건 각 규정에서 구 국세징수법에서 정한 체납처분의 절차에 따라 변상금을 강제징수할 수 있다고 포괄적·일반적인 준용규정을 두고 있다 하더라도, 그러한 사정만으로 변상금에 관한 체납처분절차에서 민사상 압류의 특칙인 **국세징수법 제47조 제2항까지 준용된다고 볼 수는 없다**."

○ 대법원 1996. 4. 12. 선고 94다37714, 37721 판결 ; "민법 제562조는 사인증여에 관하여는 유증에 관한 규정을 준용하도록 규정하고 있지만 유증의 방식에 관한 민법 제1065조 내지 제1072조는 그것이 단독행위임을 전제로 하는 것이어서 계약인 사인증여에는 적용되지 아니한다고 보아야 할 것이므로 원심이 유증증서의 방식에 의하지 아니한 사인증여를 위와 같이 다른 증거에 의하여 인정하였다고 하여 위법하다고 할 수 없다. … 민법 제562조가 사인증여에 관하여 유증에 관한 규정을 준용하도록 규정하고 있다고 하여, 이를 근거로 포괄적 유증을 받은 자는 상속인과 동일한

이례적이고 바람직하지 않지만, 하위 법령에서 상위 법령을 준용하는 예가 있고, 판례는 그러한 시행령의 효력을 긍정하고 있다.[376)]

본문과 단서로 구성된 특정 조문을 준용하면서 본문과 단서를 특정하지 않고 준용대상 조문을 준용하였지만, 준용 규정과 준용대상 규정의 문언과 입법 취지 등을 고려하여, 준용 대상은 본문만을 의미한다고 제한하여 해석한 예도 있다.[377)]

권리의무가 있다고 규정하고 있는 민법 제1078조가 포괄적 사인증여에도 준용된다고 해석하면 포괄적 사인증여에도 상속과 같은 효과가 발생하게 된다. 그러나 포괄적 사인증여는 낙성·불요식의 증여계약의 일종이고, 포괄적 유증은 엄격한 방식을 요하는 단독행위이며, 방식을 위배한 포괄적 유증은 대부분 포괄적 사인증여로 보여질 것인바, 포괄적 사인증여에 민법 제1078조가 준용된다면 양자의 효과는 같게 되므로, 결과적으로 포괄적 유증에 엄격한 방식을 요하는 요식행위로 규정한 조항들은 무의미하게 될 것이다. 따라서 민법 제1078조가 포괄적 사인증여에 준용된다고 하는 것은 사인증여의 성질에 반한다고 할 것이어서 준용되지 아니한다고 해석함이 상당하다."

○ "대법원 2020. 3. 2. 선고 2017두41771 판결 ; "구 국세기본법 제27조 제2항은 국세징수권의 소멸시효에 관하여 국세기본법 또는 세법에 특별한 규정이 있는 것을 제외하고는 민법에 따른다고 규정하고 있고, 제28조 제1항은 납세고지(제1호), 독촉 또는 납부최고(제2호), 교부청구(제3호), 압류(제4호)를 국세징수권의 소멸시효 중단사유로 규정하고 있다. … 구 국세기본법은 민법에 따른 국세징수권 소멸시효 중단사유의 준용을 배제한다는 규정을 두지 않고 있고, 조세채권도 민사상 채권과 비교하여 볼 때 그 성질상 민법에 정한 소멸시효 중단사유를 적용할 수 있는 경우라면 그 준용을 배제할 이유도 없다."

376) 대법원 2020. 6. 18. 선고 2016두43411 전원합의체 판결 ; 구 상속세 및 증여세법의 상장주식 시가평가 의제 조항(① 상장주식은 평가기준일 이전·이후 각 2개월 동안 공표된 종가의 평균액을 '시가'로 '본다'는 제60조 제1항 후단, 제63조 제1항 제1호 가목 및 ② 최대주주 등이 보유하는 주식에 대해서는 그 보유 비율에 따라 20% 또는 30%의 비율로 할증하여 평가한 금액을 '시가'로 '본다'는 제63조 제3항)을 준용한 구 소득세법 시행령 제167조 제5항("시가는 「상속세 및 증여세법」 제60조 내지 제64조와 동법시행령 제49조 내지 제59조 및 「조세특례제한법」 제101조의 규정을 준용하여 평가한 가액에 의한다.")이 모법인 구 소득세법 제101조 제5항("그 밖에 부당행위계산에 필요한 사항은 대통령령으로 정한다.")의 위임 범위를 벗어남으로써 조세법률주의에 위배되었다고 평가하기는 어렵고, 그 내용이 헌법상 재산권 침해, 평등원칙 위배 등으로 위헌·위법하여 무효라고 볼 수는 없다고 한 예.

377) 대법원 2015. 8. 27. 선고 2015두36621 판결 ; "구 법인세법(2008. 12. 26. 법률 제9267호로 개정되기 전의 것) 제18조의3 제1항은 내국법인의 각 사업연도 소득금액을 계산할 때 해당 법인이 출자한 다른 내국법인으로부터 받은 수입배당금액 중 일정액을 익금불산입하도록 규정하면서, 제4호에서 '해당 내국법인에게 배당을 지급한 다른 내국법인(해당 내국법인의 계열회사인 경우로 한정한다)이 계열회사에 출자한 경우에는 제18조의2 제1항 제4호의 규정을 준용하여 대통령령이 정하는 바에 따라 계산한 금액'에 상당하는 수입배당금액은 익금불산입 범위에서 제외하도록 규정하고 있다. 한편 구 법인세법 제18조의2 제1항 제4호 본문은 지주회사의 수입배당금액 중 "자회사가 독점규제 및 공정거래에 관한 법률에 따른 계열회사(이하 이 호 및 제18조의3에서 '계열회사'라 한다)에 출자한 경우 당해 자회사로부터 받은 수입배당금액에 당해 자회사가 계열회사에 출자한 금액을 감안하여 대통령령이 정하는 율을 곱하여 산출한 금액"에 상당하는 부분은 익금불산입 범위에서 제외하도록 하면서도, 단서에서 "다만, 다음 각 목의 어느 하나에 해당하는 경우를 제외한다"라고 규정하고 있고, 그 다목에서 '금융지주회사법 제2조 제1항 제2호의 규정에 따른 자회사가 대통령령이 정하는 기관투자자에 해당하는 경우'를 들고 있다. 구 법인세법 제18조의3 제1항 제4호는 일반 내국법인이 연쇄적인 출자를 통하여 계열회사를 확장하는 것을 억제하기 위하여 익금불산입되는 수입배당금액의 범위를 제한하는 규정인 반면, 구 법인세법 제18조의2 제1항 제4호 단서 다목은 금융지주회사의 설립을 통한 원활한 금융구조조정을 지원하기 위하여 금융지주회사에 대하여는 재출자한 자회사로부터 받은 수입배당금액이라고 하더라도 일정한 요건하에 다시 익금불산입 범위에 포함하도록 하는 예외를 규정한 것이다. 이와 같은 관련 규정들의 문언과 입법 취지 등을 고려하여 보면, 금융지주회사가 아닌 일반 내국법인에 대하여 수입배당금액 익금불산입 범위에서 제외하는 금액의 계산에 관하여 규정한 구 법인세법 제18조의3 제1항 제4호에서 준용하도록 한 제18조의2 제1항 제4호는 그 본문만을 의미하고 단서 다목은 이에 해당하지 아니한다고 봄이 타당하다. … 금융지주회사가 아닌 원고가 기관투자자인 ○○증권회사로부터 받은 배당금에 관하여 구 법인세법 제18조의2 제1항 제4호 단서 다목이 준용될 수 없다는 이유로, 계열회사에 재출자한 ○○증권회사로부터 원고가 받은 배당금 중 구 법인세법 제18조의2 제1항 제4호 본문을

"○○세에 관한 범칙행위에 대하여는 조세범처벌법령을 준용한다"는 규정 중 "조세범처벌법령"의 의미는 '조세범처벌법과 그 부속 하위법령'이고, 위 규정으로 인하여 ○○세에 관한 범칙행위가 곧바로 조세범처벌법 위반죄에 해당하는 것은 아니며, '조세범처벌법령'에 '특정범죄 가중처벌 등에 관한 법률'도 포함된다고 해석하는 것은 형벌법규를 지나치게 확장·유추해석하는 것으로서 죄형법정주의에 반하여 허용되지 않는다.[378]

민법 제839조의2(협의상 이혼한 자의 재산분할청구권)는 민법 제843조(준용규정)에 따라 재판상 이혼 시 준용되고 있고, 혼인 취소는 물론 사실혼 해소의 경우에도 '해석상 준용되거나 유추적용'되는 등의 이유로, '민법 제834조(협의상 이혼) 및 제839조의2(재판상 이혼)에 따른 재산분할로 인한 취득'에 대한 취득세율 조항이 '사실혼 해소 시 재산분할로 인한 취득'에 대해서도 '적용'된다고 본 예도 있다.[379]

준용하여 계산한 금액을 익금불산입 범위에서 제외하여 피고가 원고에게 한 이 사건 처분은 적법하다고 판단한 것은 정당하고" ☞ '제18조의2 제1항 제4호의 규정을 준용하여 … 계산한 금액'이라고 되어 있으므로, '제18조의2 제1항 제4호'의 규정 중 계산 방법 규정을 준용한 것이고, 그 본문이 계산 방법에 관한 규정이므로 준용대상은 본문만을 의미하는 것으로 봄이 타당하다.

378) 대법원 2008. 3. 27. 선고 2007도7561 판결 ; "지방세법 제84조 제1항은 '지방세에 관한 범칙행위에 대한 조세범처벌법 등의 준용'이라는 제목 아래 "지방세에 관한 범칙행위에 대하여는 조세범처벌법령을 준용한다"고 규정하고 있는바, 그 문언 및 지방세법 제82조가 "지방세의 부과와 징수에 관하여 이 법 및 다른 법령에서 규정한 것을 제외하고는 '국세기본법'과 '국세징수법'을 준용한다"라고 규정하는 등 다른 법률을 준용함에 있어 그 해당 법률명을 그대로 표시하는 형식을 취하고 있는 점에 비추어 보면, 위 '조세범처벌법령'은 조세범처벌법과 그 부속 하위법령이라고 해석되고(다만, 현재까지 시행령 등은 제정되지 않고 있다), 한편 지방세법 제84조 제1항의 규정은 입법의 편의상 지방세에 관한 범칙행위에 대하여 조세범처벌법에 정한 규정을 준용하여 처벌하도록 한 것에 불과할 뿐, 위 규정으로 인하여 지방세에 관한 범칙행위가 곧바로 조세범처벌법 위반죄에 해당하는 것은 아니라고 할 것인데, 특정범죄 가중처벌 등에 관한 법률은 제1조에서 '이 법은 형법·관세법·조세범처벌법·산림자원의 조성 및 관리에 관한 법률 및 마약류 관리에 관한 법률에 규정된 특정범죄에 대한 가중처벌 등을 규정함으로써 건전한 사회질서의 유지와 국민경제의 발전에 기여함을 목적으로 한다'고 규정할 뿐, 지방세법 위반죄를 가중처벌 대상에 포함시키지 않고 있으므로, 지방세법 제84조 제1항의 '조세범처벌법령'에 특정범죄 가중처벌 등에 관한 법률도 포함된다고 해석하는 것은 수범자인 일반인의 입장에서 이를 쉽게 예견하기 어려운 점에 비추어 형벌법규의 명확성의 원칙에 위배되는 것이거나 형벌법규를 지나치게 확장·유추해석하는 것으로서 죄형법정주의에 반하여 허용될 수 없다. … 담배소비세 등 지방세포탈의 점은 특정범죄 가중처벌 등에 관한 법률 제8조 제1항 소정의 조세포탈죄에 해당하지 아니하고, 지방세법 제84조 제1항, 조세범처벌법 제9조 제1항 소정의 지방세법 위반죄에 해당할 뿐인데, 피고인들에 대하여 세무공무원 등의 고발이 없으므로 이 사건 지방세포탈의 점에 대한 공소는 그 제기절차가 법률의 규정에 위반되어 무효인 경우에 해당한다고 하여 공소를 기각한 제1심판결을 유지한 조치는 정당하고" ☞ 2011. 12. 31. 개정 시 지방세기본법 위반죄도 가중처벌 대상에 포함되었다.

379) 대법원 2016. 8. 30. 선고 2016두36864 판결 ; "구 지방세법(2015. 7. 24. 법률 제13427호로 개정되기 전의 것) 제15조 제1항 제6호(이하 '이 사건 법률조항'이라고 한다)는 민법 제834조 및 제839조의2에 따른 재산분할로 인한 취득에 대하여 같은 법 제11조 등에 따른 표준세율에서 중과기준세율인 1000분의 20을 뺀 세율을 적용하도록 규정하고 있다. 이는 부부가 혼인 중 공동의 노력으로 이룩한 재산을 부부관계 해소에 따라 분할하는 것에 대하여 통상보다 낮은 취득세율을 적용함으로써 실질적 부부공동재산의 청산으로서의 성격을 반영하는 취지이다. 그리고 이 사건 법률조항에서의 민법 제834조 및 제839조의2는 협의상 이혼 시 재산분할에 관한 규정이지만, 민법 제839조의2는 민법 제843조에 따라 재판상 이혼 시 준용되고 있고, 혼인 취소는 물론 사실혼 해소의 경우에도 해석상 준용되거나 유추적용되는데, 이는 부부공동재산의 청산의 의미를 갖는 재산분할은 부부의 생활공동체라는 실질에 비추어 인정되는 것이라는 점에 근거한다. 위 각 법률조항의 내용 및 체계, 입법 취지, 사실혼 해소의 경우에도 민법상 재산분할에 관한 규정이 준용되는 점, 법률혼과 사실혼이 혼재된 경우 재산분할은 특별한 사정이 없는 한 전체 기간 중에 쌍방의 협력에 의하여 이룩한 재산을 모두 청산 대상으로 하는 점, 실질적으로 부부의 생활공동체로 인정되는 경우에는 혼인신고의 유무와 상관없이 재산분할에 관하여 단일한 법리가 적용됨에도 불구하고 세법을 적용함에 있어서는

조세법률주의 원칙에 따라 조세법령의 경우 과세요건과 부과·징수절차에 관한 규정은 물론 비과세나 조세감면의 요건, 구제절차에 관한 규정도 엄격하게 해석·적용하여야 하고 '유추적용'은 허용하지 않으나,[380] 매우 제한적으로 허용되는 경우도 있다.[381]

혼인신고의 유무에 따라 다르게 과세하는 것은 합리적이라고 보기 어려운 점, 사실혼 여부에 관하여 과세관청으로서는 이를 쉽게 파악하기 어렵다 하더라도 객관적 자료에 의해 이를 증명한 사람에 대해서는 그에 따른 법률효과를 부여함이 상당한 점 등을 더하여 보면, 이 사건 법률조항은 사실혼 해소 시 재산분할로 인한 취득에 대해서도 적용된다고 보는 것이 옳다." ☞ "사실혼 해소 시 재산분할로 인한 취득"에 대해서도 위 법률조항의 "민법 제834조((재판상 이혼)) 및 제839조의2(협의상 이혼)에 따른 재산분할로 인한 취득"이 된다고 보는 것은 명문의 규정 없이 해석상 준용이나 유추적용에 의한 것임에도 위 판시에서 단순히 '적용된다'라고 한 것은 정확한 것이 아니다.

380) ○ 대법원 2017. 4. 20. 선고 2015두45700 전원합의체 판결 ; "조세법률주의 원칙은 과세요건 등 국민의 납세의무에 관한 사항을 국민의 대표기관인 국회가 제정한 법률로써 규정하여야 하고, 그 법률을 집행하는 경우에도 이를 엄격하게 해석·적용하여야 하며, 행정편의적인 확장해석이나 유추적용을 허용하지 아니함을 뜻한다."

○ 대법원 2012. 8. 30. 선고 2011두6585 판결 ; "이 사건 산식(구 조세특례제한법 시행령 제66조 제7항의 '자경농지의 양도소득세 감면대상 소득 산식')은 전체 양도소득금액을 '취득 시부터 양도 시까지의 기준시가 상승분' 중 '취득 시부터 주거지역 등에 편입되거나 환지예정지 지정을 받은 날(편입 시)까지의 기준시가 상승분'이 차지하는 비율로 안분하여 양도소득세 면제대상인 취득 시부터 편입 시까지의 양도소득금액을 추산하는 것이므로 그 타당성을 높이기 위해서는 취득 시와 양도 시 및 편입 시의 각 기준시가는 그 각 시점이 속하는 연도의 개별공시지가를 적용하는 것이 바람직한 점, 소득세법 시행령 제164조 제3항은 취득 시 또는 양도 시에 그 연도의 개별공시지가가 고시되지 않은 경우 부득이 그 직전연도의 개별공시지가를 적용하도록 한 예외적 규정이므로 편입 시에는 그 연도의 개별공시지가가 고시되지 않았더라도 사후에 그 연도의 개별공시지가를 알 수 있다면 위 규정을 유추적용하거나 확대적용할 것이 아닌 점, 구 조세특례제한법 제69조 제1항 단서는 자경농지에 대한 양도소득세의 감면을 제한하는 규정이므로 엄격하게 해석·적용할 필요가 있는 점 등을 고려하면, 이 사건 산식에서의 '편입 시의 기준시가'는 편입 시가 속한 연도의 개별공시지가를 적용하는 것이 타당하고, 편입 시에 그 연도의 개별공시지가가 고시되지 아니하였다는 이유로 그 직전연도의 개별공시지가를 적용할 것은 아니다." ☞ 2015. 2. 3. 개정 시 "새로운 기준시가가 고시되기 전에 취득하거나 양도한 경우 또는 주거지역등에 편입되거나 환지예정지 지정을 받은 날이 도래하는 경우에는 직전의 기준시가를 적용한다."는 문구가 추가되었다.

○ 대법원 1997. 7. 8. 선고 95누9778 판결 ; "비과세나 조세감면의 요건에 관한 규정은 이를 확대해석하면 조세형평의 원칙에 반하는 결과를 초래하게 되므로, 과세요건을 정하는 규정과 마찬가지로 엄격하게 해석하여야 할 것인바, 구 조세감면규제법(1990. 12. 31. 법률 제4285호로 개정되기 전의 것) 제57조 제1항 소정의 공공사업용 토지의 양도에 대한 감면규정은 양도소득세 또는 특별부가세만을 대상으로 한 것이므로, 그 밖에 특별한 규정이 없는 이상 위 토지의 양도에 대하여 종합소득세가 부과되는 경우에까지 위 감면규정을 확장 또는 유추적용할 수는 없고, 이 사건 각 부동산 거래 이후 신설·시행된 소득세법시행령(1993. 12. 31. 대통령령 제14083호) 제134조 제1항이 조세감면규제법에 의하여 양도소득세로 감면되는 세액이 있는 경우에는 위 감면세액을 종합소득세액에서 차감한다고 규정하고 있다 하여 위 시행령 규정이 적용되지 아니하는 사안에 관하여도 그와 같이 해석할 수는 없는 것이다."

○ 대법원 1992. 3. 10. 선고 91누7439 판결 ; "조세법률주의는 그 구제절차에 있어서도 적용이 있어 위 국세기본법상의 기각간주에 관한 규정을 감사원에 대한 심사청구에 대하여 유추적용할 수도 없다 할 것"

381) ○ 대법원 2016. 3. 24. 선고 2013두19875 판결 ; "과세사업과 비과세사업에 관련된 매입세액은 원칙적으로 실지귀속에 따라 계산하여야 하고, 그 매입세액이 오로지 비과세사업에 관련되는 경우에는 이를 매출세액에서 공제할 수 없으며, 과세사업과 비과세사업에 공통으로 사용되어 실지귀속을 구분할 수 없는 매입세액이 있다면 원칙적으로 공통매입세액의 안분에 관한 부가가치세법 시행령 규정을 유추적용하여 불공제 대상인 매입세액을 가려야 한다. 다만 해당 사업자가 비과세사업에 해당하는 용역의 공급에 대하여 거래상대방으로부터 별도로 공급대가를 지급받는 경우가 아니라 국가나 지방자치단체로부터 국고보조금 등을 지급받는 경우라면 이는 비과세사업에 해당하는 용역의 공급에 대한 대가로 볼 수 없으므로 면세사업과 과세사업의 공급가액 비율에 따라 공통매입세액을 안분계산하도록 정한 구 부가가치세법 시행령 제61조 제1항의 규정을 유추적용할 수는 없다. 따라서 이러한 경우에는 구 부가가치세법 시행령 제61조 제4항 각 호의 방법 등 다른 합리적인 안분계산방법들 중에서 공통매입세액의 안분계산에 적합한 것을 적용하여 불공제 대상인 매입세액을 가려야 할 것이다."

※ 부칙의 일반적 경과조치 규정과 납세자의 신뢰보호

대법원은, 종전부터 지방세 과세처분의 위법을 다투는 사안에서, 지방세의 면제, 비과세, 감면 등을 규정한 종전의 지방세법이나 그 시행령 또는 조례가 납세의무자에게 불리하게 개정되고 그 개정규정의 적용에 관한 부칙에서 "개정규정 시행 당시 종전의 규정에 의하여 부과[382]하였거나 부과하여야 할 지방세에 대하여는 종전의 예에 의한다(또는 종전의 규정에 의한다, 따른다)"라는 형식의 **일반적 경과조치 규정**[383]을 두고 있는 경우, 이러한 부칙 규정은 조세법령이 납세의무자에게 불리하게 개정된 경우

○ 대법원 2010. 6. 24. 선고 2007두18000 판결 ; "위탁매매인 또는 대리인을 통하여 재화를 공급하거나 공급받는 경우에 위탁자 또는 본인을 알 수 없는 때를 제외하고는 위탁자 또는 본인이 직접 재화를 공급하거나 공급받은 것으로 본다고 규정한 부가가치세법 제6조 제5항은 그 취지에 비추어 볼 때 준위탁매매인에 의한 용역 공급의 경우에도 유추적용된다."

○ 대법원 2006. 4. 13. 선고 2005두15151 판결 ; "부부공유 유체동산의 압류에 관한 '민사집행법' 제190조의 규정은 체납처분의 경우에 유추적용을 배제할 만한 특수성이 없으므로 이를 체납처분의 경우에도 유추적용할 수 있다."

382) 부칙의 경과규정에 '부과'라고만 규정되어 있는 경우 '감면'도 포함하는 취지의 규정으로 볼 수 있다(90누2949).

383) ◎ **'경과규정' 요건의 완화**

○ 대법원 1999. 12. 21. 선고 99다45734 판결 ; "시세의 과세 또는 면제에 관한 조례가 납세의무자에게 불리하게 개정된 경우에 있어서 납세의무자의 기득권 내지 신뢰보호를 위하여 특별히 경과규정을 두어 납세의무자에게 유리한 종전 조례를 적용하도록 하고 있는 경우에는 종전 조례를 적용해야 할 것이지만, 개정 조례 부칙에서 종전의 규정을 개정 조례 시행 후에도 계속 적용한다는 경과규정을 두지 아니한 이상, 다른 특별한 사정이 없는 한 법률불소급의 원칙상 개정 전후의 조례 중에서 납세의무가 성립한 당시에 시행되는 조례를 적용하여야 할 것이다. 그리고 개정 법률에 규정된 부칙 규정은 원래 법률의 개정에 따른 당해 법률의 시행에 관한 사항을 규정함이 원칙이므로, 부칙에 규정된 경과규정은 당해 법률의 개정에 따른 신법과 구법 사이의 시적 적용 범위를 정하는 것으로서 당해 법률의 개정이 하위법령에 직접 영향을 미침으로써 그 하위법령을 개정하는 것과 같은 결과를 가져오는 등 특별한 사정이 없는 이상 하위법령의 개정에 따른 적용관계에는 영향이 없다 할 것이고, 따라서 위와 같은 특별한 경우에 해당하지 않는 한 법률의 하위법령이 개정되는 경우에는 당해 하위법령 자체의 부칙 규정에 의하여 신, 구 법령 사이의 시적 적용 범위를 결정하여야 할 것이다."

⇒ 대법원 2014. 11. 13. 선고 2014두38965 판결 ; "원심은, … ① 이 사건 경과규정(= 2003. 12. 30. 법률 제7003호로 개정된 조세특례제한법이 제63조의2 제1항 단서에서 '대통령령이 정하는 건설업을 영위하는 법인'을 감면제외업종의 하나로 추가하면서, 그 부칙 제38조 제2항으로 정한 '이 법 시행 당시 종전의 제63조의2의 규정에 의한 감면요건을 충족하여 세제혜택을 받고 있는 법인에 대하여는 개정규정에 불구하고 종전의 규정을 적용한다.'는 경과규정)에서 말하는 '종전의 규정'은 개정 전 조특법 제63조의2뿐만 아니라 그 위임에 따른 개정 전 조특법 시행령 제60조의2도 포함한다고 새기는 것이 충분히 가능하고 또한 자연스러운 점, ② 법률이 그 위임에 따라 구체적인 사항을 정하는 시행령과 일체가 되어 하나의 법률효과를 발생시키는 구조 하에서 법률과 시행령이 동시에 개정되고 개정된 법률이 기득권을 유지하는 경과규정을 둔 경우, 개정된 시행령에도 반드시 별도의 경과규정을 두어야 한다는 입법기술상 원칙이 확립되어 있다고 볼 근거가 없는 점, ③ 개정 조특법은 그 시행 이후 수도권 외의 지역으로 이전하는 주택신축판매법인에 대하여는 세액감면의 혜택을 주지 아니하되, 다만 그 시행 전에 이미 이전하였던 주택신축판매법인에게는 기존에 받던 감면혜택만을 계속 부여하고자 이 사건 경과규정을 둔 것이므로, 위와 같이 해석하는 것이 개정취지에도 부합하는 점 등을 종합하여 보면, 개정 조특법 시행 이후에도 이 사건 경과규정에 따라 개정 전 조특법 제63조의2를 적용하여 수도권 외의 지역으로 본사를 이전한 법인의 감면세액을 산정할 때 그 양도소득이 감면대상과세표준에 포함되는 '주택 부수토지'의 범위는 개정 전 조특법 시행령 제60조의2 제5항의 규정에 따라야 한다고 봄이 타당하다는 이유로, 이 사건 각 처분 중 피고가 개정 전 조특법 시행령 제60조의2 제5항에서 정한 주택 부수토지의 범위를 초과하는 부분의 양도소득을 제외하여 원고의 2006 사업연도부터 2009 사업연도까지의 감면대상과세표준을 산정한 부분은 적법하다고 판단하였다. … 원심판결 이유를 앞서 본 규정들의 문언과 그 개정 경과 및 관련 법리 등에 비추어 살펴보면 원심의 판단은 정당한 것으로 수긍이 가고"

○ 대법원 1996. 8. 23. 선고 95다44917 판결 ; "위와 같은 유형의 조례의 개정이 있은 이후 다시 당해 조례가 개정되고 그 개정에 대하여 종전의 예와는 달리 기득권 내지 신뢰보호를 위한 경과규정을 따로 두지 아니하였다고 하더라도,

에 있어서 납세의무자의 기득권 내지 신뢰 보호를 위하여 납세의무자에게 유리한 종전규정을 적용하도록 한 '특별규정'으로 보아야 한다고 해석하여 왔는바, 이러한 견해를 표명한 종전 판례들의 사안은 모두, 납세의무가 성립하기 전의 원인행위 시에 유효하였던 종전규정에서 이미 **장래의 일정한 기간** 동안 과세요건을 충족하는 경우에도 비과세·면세한다거나 과세를 유예한다는 내용을 **명시적**으로 **규정**[384]하고 있었던 경우에 관한 것들이었다(양도소득세 감면에 관한 동일 취지 판시로는 대법원 2007. 1. 11.

이미 기득권 등 보호의 요건이 갖추어져 있는 이상 그러한 사정이 위 법리에 어떠한 영향을 미치는 것이라고 볼 수 없다. 같은 취지에서 원심이 원고가 이 사건 도심지 도시재개발사업으로 인한 건축물에 대한 사업시행인가를 받은 이후에 그러한 건축물에 대한 등록세 면제규정을 삭제한 서울특별시재개발구역내토지및건축물에대한시세과세면제에관한조례(조례 제2843호)의 경과규정인 부칙 제2항이 "이 조례 시행 당시 종전의 규정에 의하여 과세면제하였거나 과세면제하여야 할 시세에 대하여는 종전의 예에 의한다."고 규정하고 있었음을 들어, 소유권보존등기 시에 시행중이던 조례 제3007호가 위와 같은 경과규정을 따로 두지 아니하였다고 하여 달리 볼 것은 아니라는 이유로 이 사건 건축물이 등록세 면제대상이라고 판단한 것은 옳고"

384) ◎ **장래의 한정된 기간 동안 비과세·면제한다는 명시적 규정의 존재를 부정한 예**

○ 대법원 2013. 9. 12. 선고 2012두12662 판결 ; "구 지방세법(2010. 1. 1. 법률 제9924호로 개정되어 2010. 3. 31. 법률 제10221호로 전부 개정되기 전의 것, 이하 '개정 지방세법'이라 한다) 부칙 제6조가 "이 법 시행 당시 종전의 규정에 따라 부과 또는 감면하였거나 부과 또는 감면하여야 할 지방세에 대하여는 종전의 규정에 따른다."고 규정함으로써 위 개정 지방세법 부칙조항을 근거로 하여 납세의무자의 기득권 내지 신뢰보호를 위하여 납세의무자에게 유리한 종전 규정을 적용할 경우가 있다고 하더라도, 납세의무가 성립하기 전의 원인행위 시에 유효하였던 종전 규정에서 이미 장래의 한정된 기간 동안 그 원인행위에 기초한 과세요건의 충족이 있는 경우에도 특별히 비과세 내지 면제한다거나 과세를 유예한다는 내용을 명시적으로 규정하고 있지 않는 한 설사 납세의무자가 종전 규정에 의한 조세감면 등을 신뢰하였다 하더라도 이는 단순한 기대에 불과할 뿐 기득권에 갈음하는 것으로서 마땅히 보호되어야 할 정도의 것으로 볼 수는 없다." ☜ **원심**이, 2010. 1. 1. 법률 제9924호로 개정되기 전의 구 지방세법(종전 지방세법) 제138조 제1항 제3호는 휴면법인의 인수의 경우에 있어 장래 일정한 기간 동안 등록세를 중과세하지 않겠다는 것을 명시적으로 규정하지 아니하였고, 따라서 종전 지방세법 제138조 제1항 제3호가 휴면법인을 인수한 경우를 대도시에서의 법인의 설립에 포함한다는 규정을 두지 않음으로써 납세의무자가 2010. 1. 1. 이전에 취득한 재산권 기타 권리에 관한 등기 또는 등록에 대하여는 비록 그 등기 또는 등록이 2010. 1. 1. 이후에 이루어지는 경우에도 종전 지방세법 제138조 제1항 제3호에 따라 중과세되지 않는다고 신뢰하였다고 하더라도, 이는 단순한 기대에 불과할 뿐 기득권에 갈음하는 것으로서 마땅히 보호되어야 할 정도의 것으로 볼 수는 없다는 이유로, 개정 지방세법 제138조 제1항 제3호가 시행된 이후에 비로소 등록세의 과세요건사실이 발생한 이 사건의 경우에는 개정 지방세법 부칙 제6조를 근거로 종전 지방세법 제138조 제1항 제3호의 규정을 적용할 수 없다고 판단한 데 대하여, **대법원**은, 앞서 본 법리에다가, 종전 지방세법 제138조 제1항 제3호는 법인설립 후 장래의 한정된 기간(5년) 후에는 어떠한 경우라도 중과세를 하지 않겠다는 규정으로 볼 수는 없으므로 장래의 한정된 기간 동안 중과세를 하기로 규정하였다가 한정된 기간을 늘려 그 이후의 기간으로까지 중과세를 연장하는 내용으로 위 규정이 개정되었다고 하더라도 기득권에 갈음하는 것으로서 마땅히 보호되어야 할 정도의 신뢰가 침해되었다고 볼 수는 없는 점, 개정 지방세법 제138조 제1항 제3호가 2010. 1. 1.부터 시행됨이 예고된 상황이었으므로 원고로서는 2009. 11. 24. 대금청산을 완료한 이상 그때부터 2009. 12. 31.까지 이 사건 부동산의 취득에 따른 소유권이전등기를 마침으로써 개정 지방세법 제138조 제1항 제3호에 의한 등록세 중과를 회피할 수 있었던 점 등에 비추어 볼 때 원심의 위와 같은 판단은 정당하다고 판단한 예.

○ 대법원 2001. 5. 29. 선고 98두13713 판결 [법인세부과처분취소] ; "이 사건에서의 종전 규정인 앞에서 본 '비과세 경과규정'은 장래 과세요건을 충족하는 경우에도 일정한 기간 내에는 특별히 비과세한다는 취지로 규정되어 있지 않으므로, 원고가 종전 규정인 '비과세 경과규정'으로 인하여 기득권에 갈음하는 신뢰를 가졌다고 보기는 어렵다고 할 것이다. 그럼에도 원심은 달리 특별한 사정도 없이 원고의 기득권 내지 신뢰보호를 위하여 위 부칙조항에 의하여 원고에게 유리한 종전 규정인 '비과세 경과규정'과 '법인세법 비과세규정'을 적용하여 특별부가세를 면제하여야 할 것이라고 판단하고 말았으니, 여기에는 신뢰보호에 관한 법리오해 등의 위법이 있다고 할 것" ☞ 장래의 한정된 기간 동안 비과세·면제한다는 명시적 규정의 존재라는 요건이 '특별한 사정'으로 대체될 수 있는 여지를 둔 것으로 볼 수 있다.

선고 2005두8627 판결[385] 참조).

즉, 종전의 판례들은, 구법령 하에 조세의 감면 등에 관하여 신뢰가 형성되었다고 하여 모든 경우를 보호의 대상으로 삼는 것은 아니고, 적어도, ① 구법령 시행 시에 원인행위가 이루어졌어야 하고(과세요건의 충족과 밀접하게 관련된 직접적인 원인행위로 나아감으로써 일정한 법적 지위를 취득하거나 법률관계를 형성하는 등 그 신뢰를 마땅히 보호하여야 할 정도에 이른 경우[386]), ② 그 신뢰가 장래 '일정한 기간' 내에 과세요건을 충족하는 경우에 면제한다는 규정, 또는 장래 '일정한 기간' 동안의 비과세를 정한 규정에 대한 신뢰일 것을 요구하고 있다.

※ 법령의 제정·개정과 종전 부칙 경과규정의 효력

대법원은, 종전 법률이 개정되면서 그 부칙의 경과규정이 개정 법률에 반영되지 아니한 경우, 일부 개정과 전부 개정으로 나누어, 전자의 경우에는 종전 법률 부칙의 경과규정의 효력이 상실되지 아니하지만, 후자의 경우에는 원칙적으로 상실하되 예외적으로 '특별한 사정'이 있는 경우에는 그 효력이 상실되지 않는 것으로 해석하고, 구체적인 사건에서 그 특별한 사정의 유무를 심리하여 그 경과규정의 적용 여부를 판단하여 왔는데, 이는 사법작용의 본질적 부분인 법률의 해석·적용에 관한 판단을 한 것이지 법률조항이 헌법에 위반되는지 여부에 관한 판단을 한 것이 아니라고 하였다.[387]

즉, 법령이 **일부 개정**된 경우에는, 기존 법령 부칙의 경과규정을 개정 또는 삭제하거나 이를 대체[388]하는 별도의 규정을 두는 등의 특별한 조치가 없는 한, 개정 법령에 다시 경과규정을 두지 않았

---

385) 대법원 2007. 1. 11. 선고 2005두8627 판결 ; "구 조세특례제한법(2001. 12. 29. 법률 제6538호로 개정되기 전의 것, 이하 '구법'이라 한다) 제80조는 '내국인이 국민주택건설용지로서 양도일부터 소급하여 2년 이전에 취득한 토지를 2003년 12월 31일 이전에 양도함으로써 발생하는 소득에 대하여는 양도소득세의 100분의 25에 상당하는 세액을 감면한다.'고 규정하였는데, 2001. 12. 29. 개정된 조세특례제한법(이하 '개정법'이라 한다)은 제80조를 삭제하면서, 그 경과조치로 부칙 제2조에서 '위 양도소득세에 관한 개정규정은 개정법 시행 후 최초로 양도하는 분부터 적용한다.'고 규정하는 한편, 부칙 제25조 제2항에서는 '이 법 시행 당시 종전의 … 제80조 … 규정에 의하여 토지 등을 양도한 경우에 양도소득세 …에 관한 감면·이월과세·과세이연 및 추징에 관하여는 종전의 규정에 의한다.'고 규정하고 있는바, 위 각 규정에 나타난 바와 같이 구법 제80조가 '2003년 12월 31일 이전에 토지를 양도함으로써 발생하는 소득'으로 특정하여 그 감면대상을 규정함으로써 일반 국민에게 위 기간까지의 양도로 인하여 발생하는 소득에 대하여 양도소득세를 감면한다는 신뢰를 명시적으로 부여한 것으로 볼 수 있는 점, 개정법은 부칙 제2조로 양도소득세에 관한 개정규정은 개정법 시행 후 최초로 양도하는 분부터 적용한다고 일반적 경과규정을 두고 있는 것과 별도로 부칙 제25조 제2항으로 개정법 시행 당시 종전의 제80조의 규정에 의하여 토지를 양도한 경우 양도소득세 감면에 관하여는 종전의 규정을 적용하도록 명시적으로 규정하고 있는 점 등에 비추어 보면, 개정법 부칙 제25조 제2항은 개정법 시행 전에 종전 규정의 세액감면혜택을 신뢰하여 양도계약을 체결하였으나 개정법 시행 후 2003. 12. 31. 이전에 대금이 청산되어 일반적 적용례에 관한 부칙 제2조로는 그 신뢰가 보호되지 아니하는 결과가 발생될 수 있는 경우에 납세의무자의 신뢰보호를 위하여 납세의무자에게 유리한 종전 규정을 적용하도록 하는 특별규정으로 봄이 상당하므로, 개정법 부칙 제25조 제2항의 '종전의 … 제80조 …의 규정에 의하여 토지 등을 양도한 경우'라 함은 '토지소유자가 구법이 개정되기 전에 국민주택건설용지의 양도계약을 체결하였으나 개정법 시행 이후부터 2003. 12. 31. 이전에 대금을 청산한 경우'를 의미한다고 해석해야 할 것이다. 같은 취지에서 원심이 구법 시행 당시 토지 양도계약이 체결되고 개정법 시행 후이면서 2003. 12. 31. 이전에 잔금이 청산된 이 사건 토지의 양도로 인한 양도소득세에 관하여 구법 제80조가 적용되어야 한다고 판단한 것은 정당하고"

386) 대법원 2015. 9. 24. 선고 2015두42152 판결.

387) 대법원 2013. 3. 28. 선고 2012재두299 판결.

다고 하여 기존 법령 부칙의 경과규정이 당연히 실효되는 것은 아니고, 법령이 **전부 개정**된 경우에는 기존 법률을 폐지하고 새로운 법률을 제정하는 것과 마찬가지여서, 원칙적으로 기존 법령의 본칙은 물론 부칙의 경과규정도 모두 실효되나, '특별한 사정'이 있는 경우에는 예외적으로 종전의 경과규정이 실효되지 않고 계속 적용된다('특별한 사정'에는 전부 개정된 법률에서 종전 부칙의 경과규정에 관하여 계속 적용한다는 별도의 규정을 둔 경우뿐만 아니라, 그러한 별도 규정을 두지 않았다고 하더라도 종전의 경과규정이 실효되지 않고 계속 적용된다고 보아야 할 만한 예외적인 특별한 사정이 있는 경우도 포함된다)는 입장[389]이다.

---

388) ◎ **2차 개정 부칙 규정**이 그와 동일한 사항을 규정하고 있던 **1차 개정 부칙 규정**을 **개정·대체**하는 경우, **2차 개정 부칙의 시행일 이후**에는 **1차 개정 부칙 규정이 더 이상 적용될 수 없다**고 한 예.
대법원 2009. 10. 29. 선고 2008두2736 판결 ; "구 소득세법 시행령은 **2002. 10. 1.** 개정(이하 '1차 개정'이라 한다) 당시 1세대 1주택 비과세에 대하여 1년 이상의 거주요건이 추가되고, **2003. 11. 20.** 개정(이하 '2차 개정'이라 한다) 당시 그 거주요건이 2년 이상으로 강화되었는데, 일시적인 1세대 2주택에 대한 경과조치로서 1차 개정 시 부칙 제3조 제2항은 '이 영 시행 당시 제155조 제4항 및 제5항의 규정에 의하여 1세대가 2주택을 보유하고 있는 경우에 있어서 동거봉양을 위하여 합친 날이나 혼인한 날부터 2년 이내에 먼저 양도하는 주택(당해 주택의 보유기간이 3년 이상인 것에 한한다)은 이를 1세대 1주택으로 보아 제154조 제1항의 개정규정에 불구하고 종전의 규정을 적용한다'라고, 2차 개정 시 부칙 제3조 제2항은 '이 영 시행 당시 제155조 제4항 및 제5항의 규정에 의하여 1세대가 2주택을 보유하고 있는 경우에 있어서 동거봉양을 위하여 합친 날이나 혼인한 날부터 2년 이내에 먼저 양도하는 주택은 이를 1세대 1주택으로 보아 제154조 제1항의 개정규정에 불구하고 종전의 규정을 적용한다'고 각 규정하고 있는바, 위와 같은 각 부칙 조항은 개정된 각 시행령의 시행 당시 이미 동거봉양을 위하여 세대가 합쳐져 있는 경우에 적용되는 것이므로, 그 시행 이후인 2005. 12. 2. 비로소 소외 1이 원고와 함께 거주하게 된 본 사건에는 적용될 수 없다. 그 뿐만 아니라, 2차 개정 부칙 제3조 제2항은 그와 동일한 사항을 규정하고 있던 1차 개정 부칙 제3조 제2항을 개정 또는 대체하는 것이므로, 2차 개정 부칙의 시행일인 2004. 4. 1. 이후에는 1차 개정 부칙 제3조 제2항은 더 이상 적용될 수 없는바, 소외 1이 동거봉양을 위하여 원고와 함께 거주하였다고 하더라도 이 사건 아파트에 대하여는 2차 개정 이전의 규정에 따라 1년간의 거주요건까지 충족되어야만 비과세 대상이 된다."

389) 대법원 2013. 3. 28. 선고 2012재두299 판결 ; "(1) 법령이 제정되거나 개정되면 그 법령은 장래의 행위에 대하여만 적용되는 것이 원칙이다. 따라서 법령이 제정되거나 개정되기 전에 이루어진 행위는 특별한 사정이 없는 한 그 행위 당시 시행되던 법령에 의하여 규율된다. 이러한 법리는 조세 법령의 경우에도 마찬가지이다. 즉 조세 법령이 폐지 또는 개정되더라도 그 전에 이미 완성된 과세요건사실에 대하여는 별도의 규정이 없는 한 종전의 법령(이하 '구법'이라고 한다)이 계속 적용되고, 새로 제정되거나 개정된 법령(이하 '신법'이라고 한다)은 조세 법령 불소급의 원칙 또는 소급과세금지의 원칙에 따라 그 효력발생 이후에 완성되는 과세요건사실에 대하여만 적용된다. 결국 법령의 폐지나 개정으로 인하여 구법이 효력을 잃는다는 것은 원칙적으로 어떠한 행위에 대하여도 적용할 수 없는 절대적인 실효를 의미하는 것이 아니라 단지 장래의 행위에 대하여만 적용할 수 없는 상대적인 실효를 의미한다. 이 점에서 보면, 법령의 개정으로 인하여 구법이 실효되었는지의 문제는 대부분 구체적 사건에서 구법을 계속 적용할 것인지 아니면 신법을 적용할 것인지의 문제로 귀결된다. (2) 그런데 이러한 상대적 실효의 법리, 즉 별도의 규정이 없는 한 신법이 효력을 발생한 이후의 행위에 대하여는 구법이 효력을 잃고 신법이 적용되어야 한다는 법리는 본칙과 부칙 모두에 대하여 반드시 동일한 양상으로 관철되어야 하는 것은 아니다. 법령의 본칙은 입법자가 법령의 제정이나 개정을 통하여 이루고자 하는 새로운 법질서 그 자체를 담고 있기 때문에 신법의 효력발생과 동시에 신법이 구법을 대신하여 적용되는 것이 당연하지만, 법령의 부칙, 특히 그중에서도 경과규정은 종래의 법질서로부터 새로운 법질서로의 이행이 순조롭게 이루어질 수 있도록 돕는 과도기적 경과조치를 담고 있는 경우가 대부분이어서 신법의 효력발생과 동시에 항상 효력을 잃는다고 보면 불필요한 혼란이나 입법상의 공백을 가져올 가능성이 크기 때문이다. 판례가 법령의 일부만이 개정된 경우에는 원칙적으로 종전의 경과규정이 실효되지 아니한다고 해석하는 것은 우리나라가 법령을 일부 개정할 때에는 흡수개정의 방식을 취하고 있다는 점뿐만 아니라, 위와 같은 사정도 아울러 고려한 것이다. 다만 법령을 전부 개정하는 경우에는 법령의 내용 전부를 새로 고쳐 쓰므로 종전의 본칙은 물론 부칙 규정도 모두 소멸한다고 해석하는 것이 원칙이겠지만, 그 경우에도 종전 경과규정의 입법 경위와 취지, 그리고 개정 전후 법령의 전반적인 체계나 내용 등에 비추어 신법의 효력발생 이후에도 종전의 경과규정을 계속 적용하는 것이 입법자의 의사에 부합하고, 그 결과가 수범자인 국민에게 예측할 수 없는 부담을 지우는 것이 아니라면 별도의 규정이 없더라도 종전의 경과규정이 실효되지 않고 계속 적용된다고 해석할 수 있다. (3) 대법원 2008. 11. 27. 선고 2006두19419 판결 등이,

이에 대하여 헌법재판소[390]는 '법령이 전부 개정되면 별도의 명시적 규정이 없는 한 종전 부칙의 경과규정은 실효되고, 이와 달리 해석하는 것은 헌법에 위반된다.'는 입장이다.[391]

※ 확인적 규정과 창설적 규정

조세법령 개정에 따른 신설 또는 개정 규정이, 당해 신설·개정 규정이 없더라도 종래에 해석상 당연히 인정되는 내용을 담고 있는 확인적·주의적 성격의 규정인지, 아니면 당해 신설·개정 규정으로 말미암아 새로운 조세법률관계가 형성되는 내용을 담고 있는 창설적·형성적 성격의 규정인지에 관하여 구체적 쟁송에서 납세의무자와 과세관청 간에 다툼이 되는 경우가 많다.

확인적 규정으로 볼 것인지, 창설적 규정으로 볼 것인지에 따라, 시행령이나 시행규칙이 모법에 반하여 무효인지 여부,[392] 당해 신설·개정 규정을 그 시행 전에도 소급하여 적용할 수 있는지 여부[393]

'개정 법률이 전부 개정인 경우에는 기존 법률을 폐지하고 새로운 법률을 제정하는 것과 마찬가지이어서 종전의 본칙은 물론 부칙 규정도 모두 소멸하는 것으로 보아야 하므로 특별한 사정이 없는 한 종전의 법률 부칙의 경과규정도 모두 실효된다'고 전제한 다음, "여기에서 말하는 '특별한 사정'이란 전부 개정된 법률에서 종전 법률 부칙의 경과규정에 관하여 계속 적용한다는 별도의 규정을 둔 경우뿐만 아니라, 그러한 규정을 두지 않았다고 하더라도 종전의 경과규정이 실효되지 않고 계속 적용된다고 보아야 할 만한 예외적인 특별한 사정이 있는 경우도 포함되고, 이 경우 예외적인 '특별한 사정'이 있는지 여부를 판단함에 있어서는 종전 경과규정의 입법 경위 및 취지, 전부 개정된 법령의 입법 취지 및 전반적 체계, 종전의 경과규정이 실효된다고 볼 경우 법률상 공백상태가 발생하는지 여부, 기타 제반 사정 등을 종합적으로 고려하여 개별적·구체적으로 판단하여야 한다"고 판시한 것은 이러한 법리를 선언한 것이라고 할 것이다." ☞ 구 조세감면규제법 부칙(1990. 12. 31.) 제23조가 1993. 12. 31. 법률 제4666호로 전부 개정된 조세감면규제법의 시행 이후에도 실효되지 않고 계속 적용된다고 한 예.

○ 대법원 2014. 4. 30. 선고 2011두18229 판결 ; "법령의 전부 개정은 기존 법령을 폐지하고 새로운 법령을 제정하는 것과 마찬가지여서 특별한 사정이 없는 한 새로운 법령이 효력을 발생한 이후의 행위에 대하여는 기존 법령의 본칙은 물론 부칙의 경과규정도 모두 실효되어 더는 적용할 수 없지만, 법령이 일부 개정된 경우에는 기존 법령 부칙의 경과규정을 개정 또는 삭제하거나 이를 대체하는 별도의 규정을 두는 등의 특별한 조치가 없는 한 개정 법령에 다시 경과규정을 두지 않았다고 하여 기존 법령 부칙의 경과규정이 당연히 실효되는 것은 아니다." ☞ 개정법이 효력을 발생한 이후에도 구 법 부칙규정이 실효되지 않고 계속 적용된다고 한 예.

390) 헌재 2012. 7. 26. 2009헌바35·82 결정, 헌재 2012. 5. 31. 2009헌바123·126 결정.

391) 대법원 2013. 3. 28. 선고 2012재두299 판결 ; "헌법재판소는 이 사건 결정에서 '법령이 전부 개정되면 별도의 명시적 규정이 없는 한 종전 부칙의 경과규정은 실효된다'고 전제한 다음, 이 사건 전부 개정 조감법의 시행에도 불구하고 이 사건 부칙규정이 실효되지 않은 것으로 해석하는 것은 과세근거를 새로이 창설하는 결과에 이르는 입법행위로서 권력분립의 원칙을 위반하였을 뿐만 아니라 조세법률주의의 원칙에도 위배된다는 취지로 판단하였다. 즉 헌법재판소는 '법령이 전부 개정되면 별도의 명시적 규정이 없는 한 종전 부칙의 경과규정이 실효된다'는 헌법상의 원리 또는 원칙이 존재하는 것을 전제로, 이와 달리 판단하는 것은 헌법에 위배된다고 판단한 것이다. 그러나 법령의 일부 또는 전부 개정에 따라 종전 부칙의 경과규정이 실효되는지의 문제는 결국 구체적 사건에서 그 경과규정을 적용할 수 있는지의 문제이고, 그에 관한 판단이나 해석은 재판의 주요 내용으로서 사법권의 본질적 내용을 이루므로, 이를 입법행위라고 할 수 없다. 또한, 법령의 일부 또는 전부 개정으로 인한 종전 경과규정의 실효에 관한 법리는 앞에서 본 바와 같이 법령의 개정방식과 개정문의 문언 내용, 그리고 경과규정의 성격 등을 종합적으로 고려하여 법원이 확인한 법률적용에 관한 일반이론에 불과할 뿐 헌법규정으로부터 도출되거나 헌법상 확립된 원리 또는 원칙이 아니다. 이 점에서 조세 법령 불소급의 원칙이나 소급과세금지의 원칙이 적용되는 국면인 신법을 그 효력발생 전에 완성된 과세요건사실에 대하여도 적용할 수 있는지의 문제와는 근본적으로 차이가 있다. 따라서 이러한 법원의 판단이나 해석에 대하여는 여러 가지 이유를 들어 다른 견해를 피력할 수는 있겠지만, 그렇다고 하여 이러한 법원의 판단이나 해석이 헌법에 위배된다고 할 수는 없는 것이다."

392) ○ 대법원 2016. 12. 1. 선고 2014두8650 판결 ; "법률의 시행령은 그 법률에 의한 위임이 없으면 개인의 권리·의무에

등의 쟁점에서 결론을 달리하게 된다.

특히, 의제(간주) 규정은 반대사실의 증명에 의한 복멸이 인정되지 않고, 법률에 규정된 내용을 함부로 유추·확장하는 내용의 해석규정을 마련하는 것은 조세법률주의 원칙에 위반되므로, 의제(간주) 규정은 법률에 명시하는 것이 바람직한데, 시행령이나 시행규칙에 의제(간주) 규정이 있는 경우, 모법

관한 내용을 변경·보충하거나 법률에 규정되지 아니한 새로운 내용을 정할 수는 없지만, 시행령의 내용이 모법의 입법 취지와 관련 조항 전체를 유기적·체계적으로 살펴보아 모법의 해석상 가능한 것을 명시한 것에 지나지 아니하거나 모법 조항의 취지에 근거하여 이를 구체화하기 위한 것인 때에는 모법의 규율 범위를 벗어난 것으로 볼 수 없으므로, 모법에 이에 관하여 직접 위임하는 규정을 두지 않았다고 하더라도 이를 무효라고 볼 수 없다. … 구 법인세법 제93조에 정한 외국법인의 국내원천소득에 관하여 구 법인세법 제120조의2 제1항 본문에 따른 지급명세서 제출의무를 부담하는 자 또한 제98조에 정한 해당 소득의 원천징수의무자를 의미한다고 보아야 할 것이다. 구 법인세법 제98조 제6항 단서는 '증권거래법에 의하여 주식을 상장하는 경우로서 이미 발행된 주식을 양도하는 경우'에 해당 주식을 발행한 법인을 원천징수의무자로 규정하고 있으므로 이 경우 구 법인세법 제120조의2 제1항 본문에 따라 지급명세서 제출의무를 부담하는 자는 원천징수의무자인 해당 주식의 발행법인이고, 이와 동일한 취지를 규정한 이 사건 시행령 조항은 구 법인세법 관련 규정의 의미를 명시한 것에 지나지 아니하므로 이를 무효로 볼 수 없다."

○ 대법원 2012. 11. 22. 선고 2010두17564 전원합의체 판결의 다수의견 ; "구 법인세법(2005. 12. 31. 법률 제7838호로 개정되기 전의 것, 이하 같다) 제17조는 자본거래로 인한 수익으로서 익금에 산입하지 아니하는 것의 하나로 제1호에서 '주식발행액면초과액'을 들고 있는데, 여기에서 말하는 주식발행액면초과액이란 그 문언상 액면 이상의 주식을 발행한 경우 그 액면을 초과한 금액, 즉 주주가 납입한 주식의 인수가액(보통은 주식의 발행가액과 일치한다)에서 액면가액을 차감한 금액을 의미함이 분명하다. 구 법인세법 시행령(2003. 12. 30. 대통령령 제18174호로 개정되기 전의 것, 이하 '개정 전 시행령'이라 한다) 제15조 제1항이 구 법인세법 제17조 제1호의 주식발행액면초과액은 구 상법(2011. 4. 14. 법률 제10600호로 개정되기 전의 것, 이하 같다) 제459조 제1항 제1호에 해당하는 금액, 즉 '액면 이상의 주식을 발행한 때에는 그 액면을 초과한 금액'으로 한다고 규정하였던 것도 이를 확인한 것으로 이해된다. 그런데 2003. 12. 30. 대통령령 제18174호로 개정된 구 법인세법 시행령(2006. 2. 9. 대통령령 제19328호로 개정되기 전의 것) 제15조 제1항은 종전의 규정을 전문으로 그대로 유지하면서 후문(이하 '이 사건 시행령 조항'이라 한다)을 신설하여 "법 제17조 제1호의 주식발행액면초과액에 있어서 채무의 출자전환으로 주식을 발행하는 경우로서 당해 주식의 시가가 액면가액 이상이고 발행가액 이하에 해당하는 경우에는 시가에서 액면가액을 차감한 금액을 말한다."고 규정함으로써 구 법인세법 제17조 제1호가 규정한 주식발행액면초과액의 범위에서 주주가 납입한 주식의 인수가액과 시가의 차액에 상당하는 금액 부분(이하 '발행 주식 시가 초과 부분'이라 한다)을 제외하여 결과적으로 법인세의 과세 대상이 되는 수익의 범위를 확장하고 있다. 이처럼 이 사건 시행령 조항이 납세자에게 불리한 방향으로 법인세의 과세 대상을 확장하는 것은 구 법인세법 제17조 제1호의 규정과 부합하지 아니할 뿐만 아니라 그와 같이 확장하도록 위임한 모법의 규정도 찾아볼 수 없으므로 조세법률주의의 원칙에 반하여 무효라고 할 것이다." ☞ 이에 대하여 반대의견은 "이 사건 시행령 조항은 구 법인세법 제17조 제1호의 취지 및 의미에 부합하는 것으로서 모법의 해석상 가능한 것을 명시한 것에 지나지 아니하거나 모법 조항의 취지에 근거하여 이를 구체화하기 위한 것이므로, 모법의 명시적인 위임이 없다는 이유로 이를 무효라고 할 수 없다."라고 하였다.

393) 대법원 2012. 1. 19. 선고 2008두8499 전원합의체 판결 다수의견에 대한 보충의견 ; "국세기본법 제14조 제3항은 자본의 국제적 이동 과정에서 명목회사를 이용한 조세회피행위를 규제하고자 하는 국제사회의 논의 결과를 바탕으로 우리나라에서도 국제조세조정에 관한 법률 제2조의2가 신설되고 같은 취지의 규정이 국세기본법에도 도입된 것으로서, 기존의 실질과세원칙이 적용되는 국면을 좀 더 구체화하려 한 것일 뿐 전혀 새로운 과세근거를 창설한 것이라고 볼 것만도 아니다." ⇔ 반대의견 ; "다수의견의 견해는 2007. 12. 31. 신설된 국세기본법 제14조 제3항, 즉 '제3자를 통한 간접적인 방법이나 2 이상의 행위 또는 거래를 거치는 방법으로 이 법 또는 세법의 혜택을 부당하게 받기 위한 것으로 인정되는 경우에는 그 경제적 실질내용에 따라 당사자가 직접 거래한 것으로 보거나 연속된 하나의 행위 또는 거래를 한 것으로 보아 이 법 또는 세법을 적용한다'라는 규정을 이 사건에 적용한 것과 같은 결과인데, 위 규정은 문언상 납세의무의 주체까지 바꿀 수 있다는 취지의 규정으로 보기도 어려울 뿐만 아니라 그 시행일이 2008. 1. 1.로서 그보다 훨씬 전에 이루어진 이 사건 주식 등의 취득에 관하여 곧바로 적용될 수는 없는 것이므로, 다수의견에 대하여는 위 규정을 입법 취지에 반하여 소급적용함으로써 조세법률주의를 위반하였다는 비판을 가할 수도 있겠다."

의 해석상 가능한 것을 명시한 것에 지나지 아니하거나 모법 조항의 취지에 근거하여 이를 구체화하기 위한 것[394]이라면, 모법의 명시적인 위임이 없다는 이유로 이를 무효라고 할 수 없으나, 그렇지 않다면 무효로 보아야 한다.[395]

판례가 확인적 규정으로 본 구체적 사례로는, ① 개별 세법의 납세고지에 관한 규정,[396] ② '토지 등이 협의매수 또는 수용되는 경우로서 그 보상금의 증액과 관련하여 직접 소요된 소송비용'을 필요경비 중 자본적 지출액의 하나로 규정한 2015. 2. 3. 신설 소득세법 시행령 제163조 제3항 제2호의2 규정,[397] ③ '증자 전·후의 주식 1주당 가액이 모두 영 이하인 경우에는 이익이 없는 것으로 본다.'는

---

394) 대법원 2018. 11. 29. 선고 2016두65602 판결 ; "대도시의 인구집중 억제 및 환경보존 등을 위하여 마련된 구 지방세법(2014. 1. 1. 법률 제12153호로 개정되기 전의 것) 제28조 제2항은 대도시를 '수도권정비계획법 제6조에 따른 과밀억제권역(산업집적활성화 및 공장설립에 관한 법률을 적용받는 산업단지는 제외한다)'으로 정하면서 등록면허세의 세율을 통상의 법인등기보다 중과하는 요건으로, 제1호에서 '대도시에서 법인을 설립하거나 지점이나 분사무소를 설치함에 따른 등기'를 규정한 데 이어, 제2호(이하 '이 사건 법률 조항'이라고 한다)에서 '대도시 밖에 있는 법인의 본점이나 주사무소를 대도시로 전입함에 따른 등기'를 규정하고 있다. 한편 같은 조 제5항은 '제2항에 따른 등록면허세의 중과세 범위와 적용기준, 그 밖에 필요한 사항'을 대통령령으로 정하도록 하고 있는데, 그 위임에 따른 구 지방세법 시행령(2016. 12. 30. 대통령령 제27710호로 개정되기 전의 것) 제45조 제4항은 "법 제28조 제2항 제2호를 적용할 때 대도시로의 전입 범위에 관하여는 제27조 제3항을 준용한다."라고 정하고 있고, 제27조 제3항 본문의 괄호(이하 '이 사건 시행령 괄호조항'이라고 한다)는 "수도권의 경우 서울특별시 외의 지역에서 서울특별시로의 전입은 대도시로의 전입으로 본다."라고 정하고 있다. 이 사건 법률 조항은 법인의 본점 등을 대도시에 설립하는 것과 마찬가지 이유에서 법인의 본점 등을 대도시로 전입하는 것을 규제하기 위한 것이고, 전입은 기존 장소에서 새로운 장소로 이동하는 것을 당연한 전제로 하는 것인 만큼, 법인의 본점 등을 특정하는 '대도시 밖에 있는'이라는 요건은 전입하는 새로운 대도시가 아닌 장소에 있다는 의미로서 '대도시로 전입하는'이라는 요건을 부연하여 설명하는 것으로 볼 수 있다. 등록면허세의 중과세 범위 등을 정하도록 한 위임규정에 근거한 이 사건 시행령 괄호조항은 서울특별시 이외의 대도시에서 서울특별시로 이전하는 경우를 특별히 대도시로의 전입으로 간주하고 있는데, 이는 이 사건 법률 조항의 취지를 구체화하여 대도시 중에서도 특히 서울특별시로의 인구집중이나 경제집중으로 인한 폐단을 방지하기 위하여 예외적으로 마련된 것이다. 따라서 대도시 밖에 있는 법인만이 본점 등을 대도시로 이전한 것이어야 이 사건 법률 조항이 적용되는 것은 아니고, 서울특별시 이외의 대도시에 있는 법인이라도 본점 등을 서울특별시로 이전한 경우라면 이 사건 법률 조항에 따라 등록면허세가 중과된다고 보아야 한다." ☞ 2016. 12. 27. 개정 지방세법 제13조 제2항 제1호에 동일 의제규정이 신설되고, 위 시행령 괄호 조항은 2016. 12. 30. 개정 시 삭제되었다.

395) 대법원 2009. 3. 19. 선고 2006두19693 전원합의체 판결 ; "법률의 위임이 없이 명령 또는 규칙 등의 행정입법으로 과세요건 등에 관한 사항을 규정하거나 법률에 규정된 내용을 함부로 유추·확장하는 내용의 해석규정을 마련하는 것은 조세법률주의 원칙에 위반된다. 개정 법 제41조는 특정법인과의 재산의 무상제공 등 거래를 통하여 최대주주 등이 '이익을 얻은 경우'에 이를 전제로 그 '이익의 계산'만을 시행령에 위임하고 있음에도, 개정 시행령 제31조 제6항은 특정법인이 얻은 이익이 바로 '주주 등이 얻은 이익'이 된다고 보아 증여재산가액을 계산하도록 하고 있고, 또한 개정 법 제41조 제1항에 의하면 특정법인에 대한 재산의 무상제공 등이 있더라도 주주 등은 실제로 이익을 얻은 바 없다면 증여세 부과대상에서 제외될 수 있으나 개정 시행령 제31조 제6항은 특정법인에 재산의 무상제공 등이 있다면 그 자체로 주주 등이 이익을 얻은 것으로 간주하여 증여세 납세의무를 부담하게 되므로, 결국 개정 시행령 제31조 제6항의 규정은 모법인 개정 법 제41조 제1항, 제2항의 규정취지에 반할 뿐 아니라 그 위임범위를 벗어난 것으로서 무효라고 봄이 상당하다."

396) 대법원 2012. 10. 18. 선고 2010두12347 전원합의체 판결 ; "판례는 … 개별 세법에서 납세고지에 관한 별도의 규정을 두지 않은 경우라 하더라도 해당 본세의 납세고지서에 국세징수법 제9조 제1항이 규정한 것과 같은 세액의 산출근거 등이 기재되어 있지 않다면 그 과세처분은 적법하지 않다고 한다. 말하자면 개별 세법에 납세고지에 관한 별도의 규정이 없더라도 국세징수법이 정한 것과 같은 납세고지의 요건을 갖추지 않으면 안 된다는 것이고, 이는 적법절차의 원칙이 과세처분에도 적용됨에 따른 당연한 귀결이다." ☞ 개별세법의 납세고지 규정으로는 법인세법 제70조, 시행령 제109조, 소득세법 제83조, 시행령 제149조, 상속세 및 증여세법 제77조, 시행령 제79조 등이 있다.

2002. 12. 30. 개정 상속세 및 증여세법 시행령 제29조 제3항 단서 규정,[398] ④ 2013. 1. 1. 개정 조세특례제한법 제127조 제10항("제3항과 제4항을 적용할 때 제143조에 따라 세액감면을 적용받는 사업과 그 밖의 사업을 구분경리하는 경우로서 그 밖의 사업에 공제규정이 적용되는 경우에는 해당 세액감면과 공제는 중복지원에 해당하지 아니한다.") 신설 규정,[399] ⑤ 구 조세특례제한법 제14조 제1항(벤처기업 등에의 출자에 대한 양도소득세 과세특례제도)의 단서('타인의 주식이나 출자지분을 양수하는 방법으로 출자하는 경우') 규정,[400] ⑥

397) 대법원 2017. 4. 7. 선고 2016두1059 판결 ; 2015. 2. 3. 대통령령 제26067호로 신설된 소득세법 시행령 제163조 제3항 제2호의2에서 '토지 등이 협의매수 또는 수용되는 경우로서 그 보상금의 증액과 관련하여 직접 소요된 소송비용' 등을 필요경비 중 자본적 지출액의 하나로 규정하기 전에도, 토지 등의 양도차익을 계산할 때, 토지 등의 협의매수 또는 수용에 따른 보상금의 증액과 관련하여 직접 지출한 소송비용·화해비용 등이 필요경비로서 양도가액에서 공제되는지 여부(○) "위 시행령의 개정을 통하여 토지 등이 협의매수 또는 수용되는 경우 그 보상금의 증액과 관련하여 직접 소요된 소송비용을 필요경비라고 명확하게 규정하였는데, 이는 시행령 개정 전에도 인정되는 법리를 명문화한 것으로 볼 수 있어 시행령 개정 전에도 이와 동일한 결론을 인정하여야 한다."

398) 대법원 2010. 11. 11. 선고 2008두8994 판결 ; "실권주주에게 이익을 분여한 경우라 함은 신주의 고가인수로 인하여 실권주주가 보유하고 있던 주식의 1주당 가액이 상승하는 것을 의미하는데, 신주의 고가인수가 있더라도 이를 전후하여 실권주주가 보유하고 있던 주식의 1주당 가액이 모두 음수로 평가되고 단지 그 음수의 절대치가 감소한 것에 불과하다면 그 주식의 가액은 없다고 보아야 하므로 그 주식의 가액이 상승하였다고 할 수 없고, 따라서 이러한 경우는 신주의 고가인수로 인하여 신주 발행법인의 일반 채권자들이 이익을 분여받았음은 별론으로 하고 적어도 실권주주가 이익을 분여받았다고 할 수는 없으므로 위 규정에 의한 부당행위계산부인의 대상이 될 수 없다." ☞ 원심인 서울고등법원 2008. 5. 14. 선고 2007누27280 판결(1심인 서울행정법원 2007. 9. 19. 선고 2007구합13418 판결 일부 인용) ; "법인세법 제15조 제1항, 제52조 제1항, 구 법인세법 시행령(1998. 12. 31. 대통령령 제15970호로 전면 개정된 것) 제88조 제1항 제8호 나목, 제89조 제6항의 규정을 모아 보면, 법인의 증자에 있어서 신주를 시가보다 높은 가액으로 인수하는 경우와 같이 자본거래로 인하여 당해 법인과 특수관계자인 다른 주주들 간에 이익을 분여하거나 분여받은 경우 이익 상당액을 익금에 산입하여야 하고, 그 이익의 계산방법은 구 상속세 및 증여세법 시행령(2002. 12. 30. 대통령령 제17828호로 개정된 것) 제29조 제3항을 준용한다고 규정하고 있으므로, 신주의 고가인수에 대한 부당행위계산 부인은 법령상 '이익의 분여'를 그 요건으로 하고 있다. 또한 위 상속세 및 증여세법 시행령 제29조 제3항 단서에 의하면, 법인이 자본을 증가시키기 위하여 신주를 시가보다 높은 가액으로 발행하고, 당해 법인의 주주가 신주를 배정받을 수 있는 권리를 포기한 경우 실권주를 배정받은 자가 이를 인수함으로써 그와 특수관계에 있는 신주인수 포기자가 얻은 이익을 계산함에 있어 증자 전·후의 주식 1주당 가액이 모두 영 이하인 경우에는 이익이 없는 것으로 본다고 하면서 그 부칙 제2조에서 위 개정조항은 2003. 1. 1. 이후 최초로 증여하는 분부터 적용한다고 규정하고 있다. 위 규정들을 종합하여 보면, 신주를 시가보다 높은 가액으로 인수함으로써 산식에 의하여 차액이 산정된다고 하더라도, 증자 전·후의 주식가액이 모두 음수로 평가되는 경우에는 신주를 인수한 자가 신주인수를 포기한 주주에게 분여한 이익이 있다고 볼 수 없으므로 부당행위계산 부인의 대상이 된다고 볼 수 없고 … 구 상속세 및 증여세법 시행령(2002. 12. 30. 대통령령 제17828호로 개정된 것) 제29조 제3항 단서는 이와 같은 당연한 법리를 조문화한 것이므로 창설적 규정이라기보다는 확인적 규정이라고 볼 것이다. 따라서 구 상속세 및 증여세법 시행령(2002. 12. 30. 대통령령 제17828호로 개정된 것) 부칙 제2조에서 위 시행령은 위 시행령 시행 후 최초로 증여하는 분부터 적용되는 것으로 규정하고 있더라도 구 상속세 및 증여세법 시행령(2002. 12. 30. 대통령령 제17828호로 개정된 것) 제29조 제3항 단서의 법리는 위 시행령의 시행 이전의 거래에도 적용된다고 볼 것이다."

399) 대법원 2015. 5. 14. 선고 2014두47662 판결 ; "구 조세특례제한법이 2013. 1. 1. 법률 제11614호로 개정되면서 제127조 제10항에서 "제3항과 제4항을 적용할 때 제143조에 따라 세액감면을 적용받는 사업과 그 밖의 사업을 구분경리하는 경우로서 그 밖의 사업에 공제규정이 적용되는 경우에는 해당 세액감면과 공제는 중복지원에 해당하지 아니한다"는 규정을 신설한 것은 사업장별로 구분경리하여 세액감면과 세액공제를 달리 적용하는 경우 중복지원에 해당하지 않는다는 기존 유권해석을 확인하는 규정인 점"

400) 대법원 2013. 7. 25. 선고 2011두22358 판결 ; "구 조세특례제한법 제14조 제1항 제4호의 입법 취지, 관련 규정의 개정 연혁 및 체계 등에 비추어 보면, 구 조특법 제14조 제1항 단서가 말하는 '타인의 주식이나 출자지분을 양수하는 방법으로 출자하는 경우'란 결국 '출자에 의하여 최초로 주식 또는 출자지분을 취득하는 것이 아닌 경우'를 확인적으로 설명한 것으로 이해되므로, 구 조특법 제14조 제1항 제4호에서 말하는 '벤처기업에 출자함으로써 최초로 취득하는

수입배당금이 익금불산입되는 '지주회사'인지 여부를 판단하는 시점을 원칙적으로 '사업연도 종료일'로 정한 구 법인세법 시행령(2009. 2. 4. 개정 전) 제17조의2 제1항,[401] ⑦ 2009. 2. 4. 개정 법인세법 시행령 제19조 제19호('상법 제542조의 3에 따라 임직원이 부여받은 주식 매수선택권을 행사하는 경우 해당 주식매수선택권을 부여한 법인에 그 행사비용으로서 보전하는 금액 등'을 손비로 하는 규정 신설),[402] ⑧ 부당행위계산부인 대상인 신주의 고가 인수에 대하여 시가초과액을 취득가액에서 제외하도록 한 2002. 12. 30. 개정 법인세법 시행령 제72조 제3항 제3호 규정,[403] ⑨ 토지 중 일부만 감면요건에 해당하는 경우 그 일부에 대해서만 감면하도록 한 지방세특례제한법 규정,[404] ⑩ 주택 '지분'에 대한 취득세율 결정 기준인

주식'이란 '**출자자의 지위에서 벤처기업으로부터 직접 취득하는 주식**'을 의미한다고 봄이 타당하다. 따라서 개인이 벤처기업이 설립되는 때에 자본금을 납입하여 주식을 취득하여 보유하던 중 **주식발행초과금의 자본전입**에 따라 **무상주가 발행**되어 이를 취득하는 경우에는 그 무상주 역시 출자자의 지위에서 벤처기업으로부터 직접 취득한 주식에 해당하여 구 조특법 제14조 제1항 제4호에서 정한 양도소득세 **과세특례의 적용대상**이 된다."

401) 대법원 2014. 12. 24. 선고 2014두37092 판결 ; 구 법인세법 시행령(2009. 2. 4. 개정 전) 제17조의2 제1항의 삭제 후에도 구 법인세법 제18조의2(지주회사의 수입배당금액의 익금불산입) 제1항 적용 시 '지주회사' 여부의 판단 기준시점은 그 법인세 납세의무의 성립일인 지주회사의 '사업연도 종료일'이라고 판단한 예. ☞ 위 시행령 규정은 2012. 2. 2. 개정 시 다시 신설되었고, 2019. 2. 12. 개정 시 제17조의3으로 이동하였다.

402) 대법원 2015. 11. 17. 선고 2012두3491 판결 ; "2009. 2. 4.대통령령 제21302호로 개정된 법인세법 시행령 제19조가 제19호에서 '상법 제542조의 3에 따라 임직원이 부여받은 주식 매수선택권을 행사하는 경우 해당 주식매수선택권을 부여한 법인에 그 행사비용으로서 보전하는 금액 등'을 구 법인세법 제19조 제1항에 따른 손비로 하는 규정을 신설한 것도 이를 확인하는 취지인 점 … 원심의 판단은 정당하다."

403) 서울행정법원 2007. 9. 19. 선고 2007구합13418 판결 ; "구 법인세법 시행령(2002. 12. 30. 대통령령 제17826호로 개정되기 전의 것) 제72조 제3항 제3호가 같은 법 시행령 제88조 제1항 제8호 나목 소정 신주의 고가 인수에 대하여는 시가초과액을 취득가액에서 제외하는 규정을 두지 않다가 2002. 12. 30. 대통령령 제17826호로 개정된 법인세법 시행령 제72조 제3항 제3호가 비로소 같은 법 시행령 제88조 제1항 제8호 나목 소정 신주의 고가 인수에 대하여 시가초과액을 취득가액에서 제외하도록 규정하고, 그 부칙 제9조에서 위 조항의 적용시기를 2003. 1. 1. 이후 최초로 취득한 분부터 적용하도록 규정하였다. 그러나 구 법인세법 시행령(1998. 12. 31. 대통령령 제15970호로 전면 개정되기 전의 것) 제37조는 자산의 취득가액에는 부당행위계산 부인으로 인한 시가초과액이 포함되지 않는다고 규정하고 있는 점 및 부당행위계산의 법리 등에 비추어 보면, 시가초과액이 취득가액에 포함되지 않는 것은 법리상 당연한 것이므로, 2002. 12. 30. 대통령령 제17826호로 개정된 법인세법 시행령 제72조 제3항 제3호는 창설적 효력을 지닌 규정이라기보다는 종래부터 적용되던 당연한 법리를 법령으로 명확하게 확인한 선언적 규정이라고 볼 것이다. 따라서 구 법인세법 시행령(2002. 12. 30. 대통령령 제17826호로 개정된 것) 제72조 제3항 제3호는 1997. 6. 30. 취득한 이 사건 1주식에 대하여도 적용된다 할 것"

404) 대법원 2018. 8. 30. 선고 2018두42153 판결 ; "구 지방세특례제한법 제178조 제1호는 '부동산에 대한 감면을 적용할 때 정당한 사유 없이 그 취득일부터 1년이 경과할 때까지 해당 용도로 직접 사용하지 아니하는 경우 그 해당 부분에 대해서만 감면된 취득세를 추징'하도록 규정하고 있는데, 토지 중 일부만을 해당 용도로 직접 사용한 경우의 재산세 감면에 관하여도 위와 같은 취득세 감면의 경우와 달리 볼 이유가 없다. 구 지방세특례제한법 제22조 제2항 등은 '사회복지법인 등이 과세기준일 현재 해당 사업에 직접 사용하는 부동산에 대하여는 재산세를 면제하되 해당 재산의 일부가 그 목적에 직접 사용되지 아니하는 경우의 그 일부 재산에 대하여는 재산세를 면제하지 않는다.'라고 규정하고 있고, 이와 같이 지방세특례제한법은 토지 중 일부만 재산세 감면요건에 해당하는 경우 그 일부에 대해서만 재산세를 감면하도록 하고 있는데, 이는 확인적 규정으로 볼 수 있다." ☞ 따라서 구 지방세특례제한법(2015. 12. 29. 법률 제13637호로 개정되기 전의 것) 제11조 제2항과 같이 '농업법인이 영농·유통·가공에 직접 사용하기 위하여 취득하는 부동산의 경우, 과세기준일 현재 해당 용도에 직접 사용하는 부동산에 대하여는 재산세의 100분의 50을 경감한다.'라고만 규정하고 있더라도, 농업법인이 재산세 과세기준일 현재 소유 토지 중 일부를 영농에 직접 사용하고 있는 경우, 그 일부에 대해서는 위 조항에 따라 재산세의 100분의 50이 경감된다. 원심이, 위 조항의 '해당 용도에 직접 사용하는 부동산'에 해당하려면 과세 대상 부동산 면적 중 상당 부분을 해당 용도로 사용하여야 하고 일부분을 해당 용도로

그 '취득당시가액'을 '전체 주택의 취득당시가액'으로 한 지방세법 제11조 제1항 제8호 후단 규정[405] 등이 있고, 창설적 규정으로 본 구체적 사례로는, ① '신탁재산의 위탁자 지위의 이전이 있는 경우에는 새로운 위탁자가 해당 신탁재산을 취득한 것으로 본다.'는 2015. 12. 29. 신설 지방세법 제7조 제15항의 규정,[406] ② 명의신탁재산 증여 의제의 경우가 최대주주 할증평가 예외사유로 추가된 2016. 2. 5. 개정 상속세 및 증여세법 시행령 제53조 제6항 제8호 규정,[407] ③ 명의신탁 증여의제 재산을 수증자의 증여세과세가액에서 제외되는 합산배제증여재산으로 규정한 2018. 12. 31. 개정 상속세 및 증여세법 제47조 제1항,[408] ④ 2014. 12. 23. 개정 소득세법 제21조 제1항 제10호 (다)목('부당이득 반환 시 지급받는 이자' = 기타소득)[409] 등이 있다.

사용하는 데에 그치는 경우에는 위 조항이 적용될 수 없음을 전제로, 원고가 토지의 상당 부분을 영농에 직접 사용하였다고 볼 수 없어 위 조항이 적용될 수 없다는 이유로 재산세 등 처분이 적법하다고 판단한 것은 잘못이라고 판단하였다.

405) 대법원 2020. 6. 11. 선고 2017두36953 판결 ; '이 사건 건물은 총 18가구로 이루어져 있으므로 각 가구별로 취득세를 산정하여야 하고, 각 가구별 취득가액이 6억 원 이하에 해당하므로 1천분의 10의 취득세율이 적용되어야 한다.'는 원고의 주장에 대하여, 원심이, '원고와 선정자가 1/2 지분씩 매수한 이 사건 건물은 단독주택에 해당하는 다가구주택으로서 그 전체가 하나의 주택인 이상 이 사건 건물 전체의 취득가액인 1,435,000,000원을 기준으로 취득세율 1천분의 30을 적용하여 세액을 계산하는 것이 구 지방세법(2015. 7. 24. 법률 제13427호로 개정되기 전의 것) 제11조 제1항 제8호의 문리해석에 부합한다.'는 취지로 판단한 것은 정당하다고 한 예. ☞ 2015. 7. 24. 개정 시 위 판시와 동일하게 제8호 후단으로 "이 경우 지분으로 취득한 주택의 제10조에 따른 취득 당시의 가액(이하 이 호에서 "취득당시가액"이라 한다)은 다음 계산식에 따라 산출한 전체 주택의 취득당시가액으로 한다."는 규정이 신설되었다.

406) 대법원 2018. 2. 8. 선고 2017두67810 판결 ; "1) 신탁법상의 신탁은 위탁자가 수탁자에게 특정의 재산권을 이전하거나 기타의 처분을 하여 수탁자로 하여금 신탁 목적을 위하여 그 재산권을 관리·처분하게 하는 것이므로, 부동산 신탁에서 수탁자 앞으로 소유권이전등기를 마치면 대내외적으로 소유권이 수탁자에게 완전히 이전되고 위탁자와의 내부관계에서 소유권이 위탁자에게 유보되는 것이 아니며, 그 결과 수탁자는 대내외적으로 신탁재산에 관한 관리·처분권을 갖게 된다. 따라서 신탁계약이나 신탁법에 의하여 수탁자가 위탁자에 대한 관계에서 신탁 부동산에 관한 권한을 행사할 때 일정한 의무를 부담하거나 제한을 받게 되더라도 그러한 사정만으로는 위탁자가 신탁 부동산을 사실상 임의처분하거나 관리·운용할 수 있는 지위에 있다고 보기 어렵고, 따라서 이러한 위탁자의 지위 이전은 취득세의 과세 대상인 '부동산의 취득'에 해당하지 않으므로, 새로운 위탁자가 해당 신탁재산을 사실상 취득한 것으로 볼 수 없다. 2) 2015. 12. 29. 신설된 지방세법 제7조 제15항은 '신탁재산의 위탁자 지위의 이전이 있는 경우에는 새로운 위탁자가 해당 신탁재산을 취득한 것으로 보되, 위탁자 지위의 이전에도 불구하고 신탁재산에 대한 실질적인 소유권 변동이 있다고 보기 어려운 경우로서 대통령령이 정하는 경우에는 그러하지 아니하다'라고 규정하고 있다. 그러나 이것은 위탁자 지위의 이전이 있는 경우 취득세를 부과함으로써 과세 공백을 메우기 위하여 특별히 마련된 조항으로서 창설적 규정이라고 보아야 한다."

407) 대법원 2018. 2. 8. 선고 2017두48451 판결 ; "최대주주 할증평가 관련 규정의 입법 취지와 체계 및 개정 연혁 등을 종합적으로 고려하면, 명의신탁재산 증여 의제의 경우 그 제재로서의 성격을 감안하더라도 2016. 2. 5. 개정된 구 상증세법 시행령의 시행 전에 해당 주식의 가액을 평가하였다면, 그 전의 법령에 따라 최대주주 할증가액이 가산된다고 보아야 한다."

408) 대법원 2019. 6. 13. 선고 2016두50792 판결 ; "2018. 12. 31. 법률 제16102호로 개정된 현행 상증세법은 제45조의2에 따른 명의신탁 증여의제의 경우 증여세 납세의무자를 명의자에서 실제 소유자로 변경하면서(제4조의2 제2항), 제45조의2의 규정에 따른 명의신탁재산을 수증자의 증여세과세가액에서 제외되는 합산배제증여재산으로 규정하고 있다(제47조 제1항). 그러나 이는 증여로 의제되는 명의신탁재산에 대한 증여세 납세의무자가 변경됨에 따른 창설적 규정에 해당하여 이와 같은 명시적인 규정이 없었던 개정 상증세법의 해석에 고려할 수는 없다."

409) 대법원 2018. 1. 31.자 2017두63672 판결(심리불속행)의 원심인 서울고등법원 2017. 9. 15. 선고 2016누57993 판결 ; "부당이득 반환 시 지급받는 이자는 계약의 위약 또는 해약으로 인하여 받는 위약금이나 배상금과는 그 성격을 달리하고, 소득의 유형을 구분하고 유형별 소득 중 법에서 열거한 소득에 대해서만 과세하는 소득세법의 규정 형식을 고려하면, 위 개정 법률이 개정 전의 이 사건에 소급하여 적용된다고 보기는 어렵다."

2015. 2. 3. 개정 국제조세조정에 관한 법률 시행령 제50조 제4항[410]의 신설 '괄호 규정'의 경우, 개정 전 시행령 제50조 제4항과의 관계에서는 창설적 규정에 해당하지만[411] 상위법으로서 위임근거인 위 법률 제34조와의 관계에서는 확인적 규정에 해당하여 위 괄호 규정이 모법의 위임범위를 일탈한 무효의 규정에 해당하지 않는다.[412]

※ 예시적 열거 규정과 한정적 열거 규정

조세법령의 각 호나 각 목에서 어떤 대상을 열거하여 규정하고 있는 경우로서, "다음 각 호에 해당하는 경우"는 각 호의 모든 요건을 갖추어야 할 경우에 사용되고, "다음 각 호의 어느 하나에 해당하는 경우"는 각 호 중 어느 하나의 요건만을 갖추면 되는 경우에 사용된다(각 호 간, 각 목 간 관계는 병렬적이고 대등한 관계이다). 1호와 1의2호처럼 가지번호[413]를 사용하는 경우에도 원칙적으로 어느 하나의 요건만을 갖추면 된다.[414] 이와 달리 "다음 각 호의 청구권은 재단채권으로 한다."는 규정에서, 각 호 중

---

410) **동 시행령 제50조** ④ 법 제34조 제4항에 따른 실질적 소유자는 해당 계좌의 명의와는 관계없이 해당 해외금융계좌와 관련한 거래에서 경제적 위험을 부담하거나 이자·배당 등의 수익을 획득하거나 해당 계좌를 처분할 권한을 가지는 등 해당 계좌를 사실상 관리하는 자(내국법인이 외국법인의 의결권 있는 주식의 100분의 100을 직접 또는 간접으로 소유한 경우 그 내국법인을 포함하되, 조세조약의 체결여부 등을 고려하여 기획재정부장관이 정하는 경우에는 그러하지 아니하다)로 한다. 다만, 다음 각 호의 어느 하나에 해당하는 경우에는 실질적 소유자로 보지 아니한다. 〈개정 2015.2.3.〉 ☞ 2019. 2. 12. 개정 시 제5항으로 이동.

411) 대법원 2020. 3. 12. 선고 2019도11381 판결 ; "이 사건 괄호 규정의 신설 경위를 고려하면, 이 사건 괄호 규정은 그 신설 이전부터 시행령 제50조 제4항 본문에 규정되어 있던 '신고의무자 판정기준'에 병렬적으로 새로운 '신고의무자 판정기준'을 추가함으로써 해외금융계좌 신고의무자의 범위를 확장하려는 취지로 보아야 한다. 따라서 내국법인이 이 사건 괄호 규정의 '신고의무자 판정기준'을 충족하는 경우에는, 그 신설 이전부터 시행령 제50조 제4항 본문에 규정되어 있던 '신고의무자 판정기준'을 충족하는지 여부를 별도로 심리·판단할 필요 없이 그 내국법인은 완전자회사 명의의 해외금융계좌에 대해서 신고의무를 부담한다고 보아야 한다."

412) 대법원 2020. 3. 12. 선고 2019도11381 판결 ; "구 국제조세조정법령의 규정 내용과 체계, 해외금융계좌 신고제도의 도입취지, 완전모자회사의 특수성 등을 앞서 본 관련 법리에 비추어 살펴보면, 구 국제조세조정법 제34조 제6항의 위임에 따라 시행령에서 구체화될 '신고의무자 판정기준'에는 외국법인의 의결권 있는 주식 100분의 100을 직접 또는 간접 소유한 내국법인(이하 '완전모회사'라고 하고, 완전모회사가 주식 100분의 100을 직접 또는 간접 소유한 외국법인을 '완전자회사'라고 한다)을 실질적 소유자로 판정하는 기준이 포함될 수 있음을 충분히 예측할 수 있다고 보아야 한다. 그러므로 완전모회사인 내국법인을 완전자회사인 외국법인 명의의 해외금융계좌의 실질적 소유자로 정한 '이 사건 괄호 규정'이 구 국제조세조정법 제34조 제6항의 위임범위를 일탈하여 무효라고 볼 수 없다."

413) 국회법제실 발간의 '법제실무'(2011년) 90면은, "조와 호에는 가지번호를 붙일 수 있으나, 항과 목에는 붙이지 아니한다. 조 사이에 새로운 조를 신설하는 경우 각 조를 순차적으로 내려서 조번호를 변경할 수 있으나, 다른 법률에서 그 조를 인용하고 있는 경우에는 그 법률도 개정해야 하는 문제가 생긴다. 따라서 이러한 불편을 없애기 위하여 가지번호를 사용하는 경우가 많다. 가지번호를 붙이는 방법은 호의 경우 1의2, 1의3 등으로 표시한다. 가지번호는 1부터 사용하지 아니하고 2부터 사용하는 점에 유의해야 한다."라고 적고 있다.

414) **대법원 2019. 10. 31. 선고 2018두54125 판결** ; 원심(서울고등법원 2018. 7. 12. 선고 2017누74599 판결)이, ① 구 조세특례제한법(2013. 1. 1. 법률 제11614호로 개정되기 전의 것) 제105조 제1항은 '다음 각 호의 1에 해당하는 재화 또는 용역의 공급에 영의 세율을 적용한다'고 규정하고 있을 뿐 각 호 간의 적용순서나 그 적용이 배제되는 경우에 관하여는 정하고 있지 아니한 점, ② 이 사건 감면조항(위 제1항의 제3호 가목)과 구 조세특례제한법 제105조 제1항 제3호의2는 그 입법목적과 공급대상 및 적용범위가 상이하여 중첩적인 적용이 불가능하다고 할 수 없는 점, ③ 사업시행자인 원고가 개별 업체들로부터 재화와 용역을 공급받은 뒤 이를 일체화하여 '도시철도건설용역'을 지방자치단체인 의정부시에 직접 공급한 것으로 보아야 하는 점 등에 비추어 보면, 이 사건 기부채납거래는 지방자치단체에 도시철도

어느 한 호가 다른 한 호와 사이에 일반규정과 특별규정의 관계에 있어 일반규정의 적용은 배제되고 특별규정만 우선적으로 적용된다고 해석한 예도 있다.[415)]

"다음 각 호의 어느 하나에 해당하는 경우"가 예시적으로 열거한 것인지, 한정적(제한적)으로 열거한 것인지에 관하여 쟁점이 되는 경우 역시 실무상 흔한데, 양자의 구분은 규정 형식, 문언과 내용 및 그 입법 취지 등에 비추어 판단한다. 한정적 열거규정으로 해석한다면, 하위 법령을 최대한 모법에 합치되도록 해석할 것을 요청하는 해석원칙에 부합하지 않고 모법의 위임범위를 벗어나 무효가 될

건설용역을 직접 공급하는 것으로서 이 사건 감면조항에 의하여 영세율이 적용되는 거래라고 판단한 데 대하여, 원심의 이유 설시에 일부 부적절한 점이 없지 아니하나 이 사건 기부채납거래가 과세거래로서 위 기부채납거래와 사업관련성 인정되는 이 사건 매입세액이 공제되어야 한다고 본 결론은 정당하고, 거기에 구 조세특례제한법 제105조 제1항 제3호와 제3호의2 사이의 관계에 관한 법리를 오해하는 등의 잘못이 없다고 한 예. ☞ 구 조세특례제한법 제105조 제1항은 "다음 각 호의 어느 하나에 해당하는 재화 또는 용역의 공급에 대한 부가가치세의 경우에는 대통령령으로 정하는 바에 따라 영의 세율을 적용한다."라고 규정하면서, 제3호 가목에서 "국가 및 지방자치단체에 직접 공급하는 도시철도건설용역"을, 제3호의2에서 "민간투자법 제2조 제7호에 따른 사업시행자가 부가가치세가 과세되는 사업을 할 목적으로 같은 법 제4조 제1호부터 제3호까지의 규정에 따른 방식으로 국가 또는 지방자치단체에 공급하는 같은 법에 따른 사회기반시설 또는 사회기반시설의 건설용역"을 각 규정하고 있다.

415) 대법원 2017. 11. 29. 선고 2015다216444 판결 ; "구 파산법(2005. 3. 31. 법률 제7428호로 폐지되기 전의 것) 제38조 제2호 본문은 '국제징수법 또는 국세징수의 예에 의하여 징수할 수 있는 청구권' 중 파산선고 전의 원인으로 인한 것은 파산재단에 관하여 생긴 것인지 여부를 불문하고 모두 재단채권으로 규정하고 있었다. 따라서 본세가 파산선고 전의 원인으로 인한 것이라면 그 체납으로 인하여 부가되는 가산금·중가산금도 파산선고 전에 생긴 것인지 파산 후에 생긴 것인지 가리지 않고 모두 재단채권에 해당하였다. 반면, 채무자 회생 및 파산에 관한 법률(이하 '채무자회생법'이라고 한다) 제473조 제2호 본문은 '국세징수법 또는 지방세기본법에 의하여 징수할 수 있는 청구권' 중 파산선고 전의 원인으로 인한 청구권은 파산재단에 관하여 생긴 것인지 여부를 불문하고 모두 재단채권에 해당하는 것으로 규정하면서도, 괄호 안에 '국세징수의 예에 의하여 징수할 수 있는 청구권으로서 그 징수우선순위가 일반 파산채권보다 우선하는 것을 포함하며, 제446조의 규정에 의한 후순위파산채권을 제외한다.'는 내용을 추가하였다. 위 괄호 안에 있는 규정의 취지는, '국세징수의 예에 의하여 징수할 수 있는 청구권'은 그 징수우선순위가 일반 파산채권보다 우선하는 것에 한하여 재단채권으로 하되, '국세징수법 또는 지방세기본법에 의하여 징수할 수 있는 청구권'이든 '국세징수의 예에 의하여 징수할 수 있는 청구권으로서 그 징수우선순위가 일반 파산채권보다 우선하는 것'이든, 그 중 '제446조의 규정에 의한 후순위파산채권'에 해당하는 것은 재단채권에서 제외하려는 데 있다. 그리고 국세징수법 제21조에 규정된 가산금·중가산금은 납세의무의 이행지체에 대하여 부담하는 지연배상금의 성질을 띠고 있다. 한편 채무자회생법 제473조 제4호는 '파산재단에 관하여 파산관재인이 한 행위로 인하여 생긴 청구권'을 재단채권으로 규정하고 있고, '파산재단에 관하여 파산관재인이 한 행위'에는 파산관재인이 직무와 관련하여 부담하는 채무의 불이행도 포함된다. 위 규정은 파산관재인이 파산재단의 관리처분권에 기초하여 직무를 행하면서 생긴 상대방의 청구권을 수시로 변제하도록 하여 이해관계인을 보호함으로써 공정하고 원활하게 파산절차를 진행하고자 하는 데 그 취지가 있다. 이러한 점에서 채무자회생법 제473조 제4호는 파산관재인이 파산재단의 관리처분권에 기초하여 직무를 행하면서 생긴 상대방의 청구권에 관한 일반규정으로 볼 수 있다. 반면 채무자회생법 제473조 제2호는 '국세징수법 또는 지방세기본법에 의하여 징수할 수 있는 청구권' 및 '국세징수의 예에 의하여 징수할 수 있는 청구권으로서 그 징수우선순위가 일반 파산채권보다 우선하는 것'만을 적용대상으로 하는 특별규정이다. 나아가 국세나 지방세뿐만 아니라 그 체납으로 인하여 부가되는 가산금·중가산금도 그것이 파산선고 전에 생긴 것인지 파산 후에 생긴 것인지 가리지 않고 모두 그 적용 범위에 포함된다. 따라서 파산관재인이 재단채권인 국세나 지방세를 체납하여 그로 인하여 가산금·중가산금이 발생한 경우 그 가산금·중가산금에 대하여는 채무자회생법 제473조 제4호가 아닌 채무자회생법 제473조 제2호가 우선적으로 적용된다고 봄이 타당하다. 이러한 채무자회생법 제473조 제2호 본문의 입법 취지, 국세징수법상 가산금·중가산금의 법적 성질, 채무자회생법 제473조 제2호·제4호의 관계 등을 종합하면, 파산선고 전의 원인으로 인한 국세나 지방세에 기하여 파산선고 후에 발생한 가산금·중가산금은 후순위파산채권인 채무자회생법 제446조 제1항 제2호의 '파산선고 후의 불이행으로 인한 손해배상액'에 해당하는 것으로 봄이 타당하므로, 위 괄호 안에 있는 규정에 따라 재단채권에서 제외된다."

수 있는 경우에는, 예시적 열거 규정으로 보아야 한다.[416)]

판례가 한정적 규정으로 본 구체적 사례로는, ① 국세기본법 제29조[417)] 소정의 '납세담보의 종류',[418)] ② 재조사 허용 사유,[419)] ③ 소득세법상 과세소득,[420)] 대손처리의 대상이 되는 회수불능의 채권,[421)] 추계조사 방법,[422)] ④ 부가가치세법상 면세 대상,[423)] 매입세액 불공제 사유,[424)] 공통매입세

---

416) 대법원 2019. 10. 31. 선고 2016두50907 판결 ; "만일 이를 한정적인 열거 규정으로 해석한다면, 하위 법령을 최대한 모법에 합치되도록 해석할 것을 요청하는 해석원칙에 부합하지 않고, 모법 규정의 내용과 취지상 법적 보호가 필요함이 분명하게 인정되는 장애인임에도 단순히 이 사건 시행령 조항에 규정되지 않았다는 이유만으로 장애인복지법의 적용대상에서 배제하는 규정이 되어 곧바로 모법의 위임범위를 벗어나게 되며, 시행령에 구체적으로 규정되지 않은 새로운 장애의 유형이 생길 때마다 구체적 규정을 두지 않은 시행령 규정을 계속하여 무효로 선언하여야 한다는 것이 되므로 부당하다." ☞ 장애인등록신청 거부처분 취소청구 사건에 관한 것이나 조세법령 해석에도 참조될 수 있다.

417) **국세기본법 제29조(담보의 종류)** 세법에 따라 제공하는 담보(이하 "납세담보"라 한다)는 다음 각 호의 어느 하나에 해당하는 것이어야 한다. 〈개정 2011.12.31.〉 1. 금전 2. 「자본시장과 금융투자업에 관한 법률」 제4조 제3항에 따른 국채증권 등 대통령령으로 정하는 유가증권(이하 이 절에서 "유가증권"이라 한다) 3. 삭제 〈2011.12.31.〉 4. 납세보증보험증권 5. 「은행법」에 따른 은행 등 대통령령으로 정하는 자의 납세보증서 6. 토지 7. 보험에 든 등기·등록된 건물, 공장재단, 광업재단, 선박, 항공기 또는 건설기계

418) 대법원 2000. 6. 13. 선고 98두10004 판결 ; "국세기본법 제29조는 세법에 의하여 제공하는 담보로서 … 7가지 경우를 들고 있는바, 조세채권의 성립과 행사는 반드시 법률에 의하여서만 이루어져야 하고 법률에 근거 없이 채무를 부담하게 하거나 담보를 제공하게 하는 등의 방법으로 조세채권의 종국적 만족을 추구하는 것은 허용될 수 없는 것이고, 위와 같은 납세담보의 종류를 정한 규정 또한 조세법률주의의 요청에 따라 엄격하게 해석되어야 할 것이므로, 위 규정은 납세담보의 종류를 한정적으로 열거한 것으로 봄이 상당하다."

419) 대법원 2017. 12. 13. 선고 2016두55421 판결 ; "국세기본법은 재조사가 예외적으로 허용되는 경우를 엄격히 제한하고 있는바, 그와 같이 한정적으로 열거된 요건을 갖추지 못한 경우 같은 세목 및 같은 과세기간에 대한 재조사는 원칙적으로 금지되고"

420) 서울고등법원 2018. 1. 24. 선고 2014누6236 판결 ; "구 소득세법(2005. 12. 31. 법률 제7837호로 개정되기 전의 것, 이하 '소득세법'이라 한다)은 거주자에게는 소득세법에 규정하는 모든 소득에 대하여, 비거주자에게는 국내원천소득에 대하여만 과세하면서(제3조), 제4조, 제16조 내지 제22조에서 과세소득을 그 발생원천에 따라 이자소득, 배당소득, 부동산임대소득, 사업소득, 근로소득, 일시재산소득, 연금소득, 기타소득, 퇴직소득, 양도소득, 산림소득 등으로 구분하여 제한적으로 열거하고 있다. 따라서 소득세법에서 구체적으로 열거하는 종류 이외의 소득은 비록 담세력이 있는 소득이라 하더라도 과세대상에서 제외된다. 다만 예외적으로 이자소득(제16조 제1항 제13호), 배당소득(제17조 제1항 제7호)의 경우에는 소득세법에 열거되지 않은 소득이라도 유사한 소득에 대하여는 과세소득으로 규정하여 해당 소득별로 포괄주의 방식을 취하고 있다."

421) 대법원 2000. 11. 24. 선고 99두3980 판결 ; "구 소득세법시행령(1994. 12. 31. 대통령령 제14467호로 전문 개정되기 전의 것) 제60조 및 구 소득세법시행규칙(1995. 5. 3. 총리령 제505호로 전문 개정되기 전의 것) 제24조는 대손처리의 대상이 되는 회수불능의 채권을 예시적으로 규정한 것이 아니라 한정적으로 규정하는 취지로 해석함이 상당"

422) 추계조사 방법은 법령이 정하는 방법에 따라야 하고 자의적인 추계방법은 허용되지 않는다(85누426).

423) 대법원 2000. 12. 26. 선고 98두1192 판결 ; "법 제12조는 특정재화 또는 용역의 공급과 특정재화의 수입에 대하여만 제한적으로 면세하도록 열거하고 있으므로 그 면세대상 사업의 범위를 정한 시행령 제33조 제1항 제10호의 보험업을 명문의 근거도 없이 부가가치세의 과세대상이 되는 보험용역의 범위를 정한 시행령 제2조 제1항 제4호, 제2항 소정의 보험업과 같이 넓게 해석할 수는 없고, 보험의 본질적 요소가 포함된 본래의 의미의 보험업(한국표준산업 분류표상의 중분류 항목, 이하 '보험업'이라 한다)만을 지칭하는 것으로 해석하여야 할 것이다."

424) 대법원 1995. 12. 21. 선고 94누1449 전원합의체 판결 ; "법 제17조 제2항은 공제하지 않는 매입세액을 규정하면서 허위 세금계산서에 의한 매입세액 등(제1호, 제1의2호, 제3호 등)과 같이 과세절차의 편의나 조세정책상 공제를 부인하는 경우는 물론이고, 이 사건에서 문제되는 사업과 관련이 없는 지출에 대한 매입세액(제2호), 면세사업관련 매입세액

액의 안분계산방식 규정,[425] ⑤ 구상채권의 대손금에 관하여 예외적으로 손금 산입이 허용되는 채무보증을 열거한 구 법인세법 시행령 제61조 제4항,[426] 외국법인의 국내원천소득,[427] ⑥ 증여세 과세대상이나 과세범위에 관한 '개별 가액산정규정',[428] ⑦ 사실상의 취득가격 또는 연부금액을 과세표준으로 하는 지방세법 제10조 제5항[429] 소정의 열거된 사유,[430] 형식적인 소유권의 취득 등에 대한 취득세

(제4호) 등과 같이 부가가치세의 원리상 당연한 경우도 일일이 열거하고 있는바, 이는 매입세액의 공제 여부가 부가가치세 납부세액을 결정하는 가장 중요한 요소 중의 하나이기 때문에 그 공제 여부를 해석에 맡겨두지 아니하고 이와 같이 제한적·열거적으로 규정한 것으로 보아야 할 것이다. 그렇지 않다면 법 제17조 제2항 제2호, 제4호와 같은 당연한 규정은 굳이 이를 열거할 아무런 이유가 없는 것이다. 따라서 사업관련성이 인정되는 매입세액은 위 규정에서 열거하고 있는 것 외에는 법 제17조 제1항에 따라 모두 공제되어야 하며, 이러한 특별규정 없이 그 공제를 부인할 수 없다는 것은 조세법률주의 원칙상 당연한 귀결이므로, 설사 상고이유에서 지적하는 바와 같이 면세사업자가 면세제도를 악용할 소지가 있다 하더라도 이는 개정된 부가가치세법(1993. 12. 31. 법률 제4663호, 이하 "개정법"이라 한다) 제17조 제2항 제4호와 같이 법률을 개정함으로써 원천적으로 해결할 일이지 위 규정이 예시적 규정이라고 조세법을 자의적으로 해석하여 이를 해결하거나 위와 같은 법규에 근거하여 지금까지 매입세액을 공제해 주던 과세관청이 갑자기 시행령만을 개정하여 이를 공제하지 않을 수 있도록 용인하는 것은 조세법률주의의 근간을 훼손하는 일이라 하지 않을 수 없다." ☞ 위 판시의 취지가 신의성실의 원칙에 의하여 예외적으로 매입세액의 공제·환급을 부인하는 것까지 금지하는 것은 아니다(대법원 2011. 1. 20. 선고 2009두13474 전원합의체 판결).

425) 대법원 2012. 11. 29. 선고 2010두4810 판결 ; "공통매입세액의 안분계산방식 등을 규정한 시행령 제61조 제1항, 제4항은 법률에서 구체적으로 범위를 정하여 위임받은 사항에 관하여 헌법 제75조에 따라 대통령이 발한 법규명령이라 할 것이고, … 위 각 규정은 거기서 정하고 있는 안분계산방식과 순서에 구애됨이 없이 언제든지 다른 방식으로 공통매입가액을 안분할 수 있는 예시규정에 불과한 것으로 볼 수는 없으므로, 실지 귀속을 구분할 수 없는 공통매입세액은 위 각 규정에서 정한 안분계산방식과 순서에 따르는 것이 현저하게 불합리하다고 볼 만한 특별한 사정이 없는 한 위 각 규정에 따라 안분계산하여야 한다."

426) 대법원 2016. 1. 14. 선고 2013두17534 판결 ; "이 사건 법률 조항과 이 사건 시행령 조항의 규정 형식, 문언과 내용 및 그 입법 취지에 비추어 보면, 구상채권의 대손금에 관하여 예외적으로 손금산입이 허용되는 채무보증은 이 사건 법률 조항으로부터 위임을 받은 이 사건 시행령 조항에서 열거한 유형의 채무보증으로 한정된다고 해석함이 타당하다. 따라서 법인이 사업과 관련된 거래대금을 지급받기 위하여 채무보증을 하였더라도 그 채무보증이 이 사건 시행령 조항에서 열거한 유형에 해당하지 아니하는 경우에는, 그로 인하여 발생한 구상채권의 대손금을 손금에 산입할 수 없다."

427) 대법원 1996. 11. 15. 선고 95누8904 판결 ; "외국법인의 국내원천소득이라 함은 법인세법(1988. 12. 26. 법률 제4020호로 개정되기 전의 것) 제55조 제1항에 열거된 소득으로서 그 소득의 발생원천지가 국내인 것을 말하는 것"

428) 대법원 2015. 10. 15. 선고 2013두13266 판결 ; "납세자의 예측가능성 등을 보장하기 위하여 개별 가액산정규정이 특정한 유형의 거래·행위를 규율하면서 그중 일정한 거래·행위만을 증여세 과세대상으로 한정하고 그 과세범위도 제한적으로 규정함으로써 증여세 과세의 범위와 한계를 설정한 것으로 볼 수 있는 경우에는, 개별 가액산정규정에서 규율하고 있는 거래·행위 중 증여세 과세대상이나 과세범위에서 제외된 거래·행위가 법 제2조 제3항의 증여의 개념에 들어맞더라도 그에 대한 증여세를 과세할 수 없다."

429) **지방세법 제10조(과세표준)** ⑤ 다음 각 호의 취득(증여·기부, 그 밖의 무상취득 및 「소득세법」 제101조제1항 또는 「법인세법」 제52조제1항에 따른 거래로 인한 취득은 제외한다)에 대하여는 제2항 단서 및 제3항 후단에도 불구하고 사실상의 취득가격 또는 연부금액을 과세표준으로 한다. 〈개정 2016.1.19.〉 1. 국가, 지방자치단체 또는 지방자치단체조합으로부터의 취득 2. 외국으로부터의 수입에 의한 취득 3. 판결문·법인장부 중 대통령령으로 정하는 것에 따라 취득가격이 증명되는 취득 4. 공매방법에 의한 취득 5. 「부동산 거래신고 등에 관한 법률」 제3조에 따른 신고서를 제출하여 같은 법 제5조에 따라 검증이 이루어진 취득

430) 대법원 2006. 7. 6. 선고 2005두11128 판결 ; "취득세 및 등록세의 과세표준에 관한 구 지방세법(2005. 1. 5. 법률 제7332호로 개정되기 전의 것, 이하 '구 지방세법'이라 한다) 제111조, 제130조의 취지는 납세의무자가 사실상 취득가액으로 신고한 금액을 원칙적인 과세표준으로 하고, 신고를 하지 아니한 경우 또는 신고를 하더라도 신고가액이 시가표준액에 미달하는 경우에는 시가표준액을 과세표준으로 하되, 구 지방세법 제111조 제5항의 요건이 충족된 경우에만

비과세 사유[431] 등이 있고, 예시적 규정으로 본 구체적 사례로는, ① 국세기본법 제28조 제1항 각 호 소정의 소멸시효 중단사유,[432] ② 국세징수법 제81조 제1항 제3호('압류재산에 관계되는 전세권·질권 또는 저당권에 의하여 담보된 채권') 소정의 채권,[433] ③ 법인세법시행령상 '수익과 손비의 범위',[434] 부당행위계산부인의 유형,[435] ④ 상속세 및 증여세법 제44조 제3항 각 호 및 그 시행령 제33조 제3항 각 호의 사유(배우자 등에게 양도한 재산의 증여 추정 배제 사유),[436] 동법 제60조 제2항("수용가격·공매가격 및 감정가격 등 대통령령으로 정하는 바에 따라 시가로 인정되는 것")의 위임에 따른 시행령 제49조 제1항 각 호에서 당해 재산에 대한 거래가액 등을 시가로 규정한 것,[437] ⑤ 부동산매매업으로 볼 수 있는 경우

납세의무자의 신고 유무 및 금액 등에 관계없이 입증된 사실상의 취득가격으로 과세표준을 정한다는 것이고, 구 지방세법 제111조 제5항에 열거된 사유는 사실상의 취득가격에 의할 수 있는 제한적, 한정적 요건에 해당하며, 그에 열거된 요건을 갖추지 못한 경우에는 당사자가 주장하는 사실상의 취득가격을 과세표준으로 삼을 수는 없다고 보아야 하므로, 과세관청은 구 지방세법 제111조 제5항의 요건에 해당하지 아니하는 이상 계약서 등에 의하여 사실상의 취득가격을 입증하는 방법으로 취득세 및 등록세 등의 조세를 부과할 수 없다고 할 것이다."

431) 대법원 1992. 5. 12. 선고 91누10411 판결 ; "소유권이전의 형식에 의한 취득 중 취득세의 비과세대상을 한정적으로 열거한 것으로 볼 것이므로, 원고가 이 사건 대지에 대한 지분이전등기를 받은 경위가 위와 같다고 하더라도 이를 지분이전등기의 형식에 의하여 취득한 이상 이를 가리켜 지방세법 제110조 제1항 제2호 소정의 '공유권의 분할로 인한 취득'에 해당하여 취득세의 비과세대상이 된다고 할 수 없다."

432) 대법원 2020. 3. 2. 선고 2017두41771 판결 ; "구 국세기본법은 민법에 따른 국세징수권 소멸시효 중단사유의 준용을 배제한다는 규정을 두지 않고 있고, 조세채권도 민사상 채권과 비교하여 볼 때 그 성질상 민법에 정한 소멸시효 중단사유를 적용할 수 있는 경우라면 그 준용을 배제할 이유도 없다. 따라서 구 국세기본법 제28조 제1항 각 호의 소멸시효 중단사유를 제한적·열거적 규정으로 보아 구 국세기본법 제28조 제1항 각 호가 규정한 사유들만이 국세징수권의 소멸시효 중단사유가 된다고 볼 수는 없다. … 민법 제168조 제1호가 소멸시효의 중단사유로 규정하고 있는 '청구'도 그것이 허용될 수 있는 경우라면 구 국세기본법 제27조 제2항에 따라 국세징수권의 소멸시효 중단사유가 될 수 있다고 봄이 타당하다."

433) 대법원 2002. 3. 26. 선고 2000두7971 판결 ; "국세징수법 제81조 제1항 제3호의 규정은 체납처분절차에서 압류재산에 관계되는 담보권의 우선변제권을 보호하기 위하여 그 절차를 행하는 세무서장에 대하여 압류재산의 매각대금을 압류 전후를 불문하고 위 법 소정의 담보권자에게 우선순위에 따라 배분할 공법상의 의무를 부과한 것이고, 압류재산의 매각대금을 배분받을 수 있는 채권을 예시한 것에 불과할 뿐 이를 한정적으로 열거한 것이 아니라고 할 것이므로, 국세체납처분에 의한 매각대금의 배분대상에는 국세징수법 제81조 제1항 제3호에 규정된 담보권뿐만 아니라 법령의 규정이나 법리해석상 그 담보권보다 선순위 또는 동순위에 있는 채권도 포함된다고 봄이 상당하다."

434) 대법원 2009. 6. 23. 선고 2008두7779 판결 ; "관계 법령의 내용, 형식 및 취지들을 종합하면 구 법인세법은 익금과 손금의 범위를 완결적으로 규정한 것이 아니라 그 범위를 예시하면서 포괄적으로 규정하고, 그 특례규정으로서 손금불산입과 손금산입의 각 사항을 열거하여 규정하고 있으므로, 원칙적으로 자산총액을 감소시킨 것은 손금불산입 등으로 열거되어 있지 않은 한 손금이 된다고 보아야 할 것이다." ☞ 손금불산입 규정은 한정적 열거 규정이다.

435) 대법원 1992. 10. 13. 선고 92누114 판결 ; "부당행위계산의 태양을 규정하고 있는 위 시행령 제46조 제2항 각호의 규정은 그 제9호에서 '기타 출자자 등에게 법인의 이익을 분여하였다고 인정되는 것이 있을 때'라고 규정하고 있음에 비추어 예시적인 것이라고 보아야 할 것이다."

436) 대법원 1991. 2. 26. 선고 90누7012 판결 ; "상속세법 제34조가 배우자 또는 직계존비속에게 양도한 재산은 양도자가 당해 재산을 양도한 때에 그 재산의 가액을 양수자에게 증여한 것으로 보되 그 제3항 1 내지 5호의 하나에 해당하는 경우에는 이를 적용하지 아니한다고 규정하고, 그 5호가 대가를 지급하고 양도된 사실이 명백히 인정된 경우로서 대통령령이 정하는 경우라고 규정하고, 그 시행령 제41조 제3항이 권리의 이전이나 행사에 등기나 등록을 요하는 재산을 서로 교환한 경우를 말한다고 하여 이를 예시한 것은, 위와 같은 **교환이나 이에 준하는 정도로 대가를 지급하고 양도된 사실이 명백히 인정된 경우 증여로 보지 않는다는 취지**라고 볼 것이므로, 위와 같이 배우자 또는 직계존비속에게 양도한 재산을 증여로 보지 않기 위하여는 **대가를 지급하고 양도된 사실이 객관적인 증거에 의하여 명백히 인정되어야** 할 것이다."

에 관한 구 부가가치세법 시행규칙 제1조 제2항,[438] ⑥ 사실 인정을 위한 증거방법을 특정하여 제한하는 시행령·시행규칙의 일부 규정(양도소득세 비과세 사유로서 '일정기간 이상의 자경 농지',[439] 1세대 1주택 비과세에서 '일정기간 이상의 보유',[440] 거주기간의 제한을 받지 아니하는 '부득이한 사유'[441]의 각 확인방법에 관한 규정[442])[443] 등이 있다.

---

437) 대법원 2013. 12. 12. 선고 2013두13723 판결 ; "상증세법 제60조는 제1항에서 상속 또는 증여재산의 평가에 있어 시가주의 원칙을 선언하고 있고, 제2항에서 그 시가가 일반적이고 정상적인 거래에 의하여 형성된 것으로서 객관적인 교환가치를 적정하게 반영한 것이어야 함을 전제로 시가로 인정될 수 있는 대략적인 기준을 제시하면서 그 구체적인 범위를 대통령령으로 정하도록 위임하고 있는바, 그 위임을 받은 구 상증세법 시행령 제49조 제1항 각 호에서 과세대상인 '당해 재산'에 대한 거래가액 등을 시가로 규정한 것은 상속 또는 증여재산의 시가로 볼 수 있는 대표적인 경우를 예시한 것이다."

438) 대법원 2013. 2. 28. 선고 2010두29192 판결 ; "구 부가가치세법 시행규칙(2008. 4. 22. 기획재정부령 제12호로 개정되기 전의 것, 이하 같다) 제1조 제2항은 부동산매매업으로 볼 수 있는 경우를 예시적으로 규정한 것에 불과하여 그 부동산 거래가 전체적으로 사업목적하에 계속성과 반복성을 가지고 이루어진 이상 위 규정상의 판매횟수에 미달하는 거래가 발생하였다고 하더라도 그 과세기간 중에 있은 거래의 사업성이 부정되는 것이 아니다."

439) 대법원 1994. 10. 21. 선고 94누996 판결 ; "양도소득세가 비과세되는 8년 이상 자경한 농지의 확인방법을 규정한 소득세법시행규칙 제5조 제2항은, 8년 이상 계속하여 경작한 농지인 사실의 입증방법을 예시한 것에 불과할 뿐, 다른 신빙성 있는 자료에 의하여 그와 같은 사실을 입증함을 배제하는 것은 아니라고 할 것"

440) 대법원 1994. 1. 28. 선고 93누13841 판결 ; "소득세법시행령 제15조 제1항은 '… 다만 다음 각호의 1에 해당하는 경우에는 그 거주기간의 제한을 받지 아니한다'고 규정하고, 그 제2호로 '당해 주택의 보유기간이 5년 이상으로서 거주자가 재무부령이 정하는 바에 의하여 1세대 1주택임을 입증하는 경우'를 들고 있으며, 소득세법 시행규칙 제6조 제3항은 영 제15조 제1항 제2호의 규정에 의한 1세대 1주택의 입증은 다음 각호에 의한다고 하면서 그 1호로 등기부등본 또는 토지·가옥대장등본에 의하여 양도자가 5년 이상 소유한 사실이 확인될 것을 들고 있는바, … 5년 이상 보유한 사실이 인정된다면 그 사실이 등기부등본이나 토지·가옥대장등본에 의하여 인정되는 경우와 다른 자료에 의하여 인정되는 경우를 달리 취급하여야 할 합리적인 이유가 없으므로, 위 시행령 제15조 제1항 제2호의 후단 부분인 '재무부령이 정하는 바에 의하여 1세대 1주택임을 입증하는 경우'의 부분 및 이에 기한 위 시행규칙 제6조 제3항 제1호의 규정은 5년 이상 보유한 사실을 입증하는 한 방법을 예시한 규정에 불과하다고 할 것이고, 5년 이상 보유한 사실을 등기부등본 또는 토지·가옥대장등본에 의하여만 입증할 수 있다고 풀이 할 것은 아니다."

441) 대법원 1994. 8. 26. 선고 94누5434 판결 ; "거주기간의 제한을 받지 아니하고 … 양도소득세가 비과세되는 '1세대 1주택'에 해당하는 경우의 하나로 '재무부령이 정하는 부득이한 사유가 있는 경우'를 들고 있고, 이에 따른 같은법시행규칙 제6조 제4항 제1호는, 이에 해당하는 경우의 하나로서 '취학, 질병의 요양, 근무 또는 사업상의 형편으로 세대 전원이 다른 시,읍,면으로 퇴거하게 되어 당해 주소 또는 거소에서 3년 이상 거주하지 못하게 되는 경우'를 들고 있으며, 위 규칙 제6조 제5항은 '제4항의 규정에 의한 사유의 확인은 다음의 서류와 주민등록표등본에 의한다'고 규정하고 있는바, 이와 같은 부득이한 사유가 사실로 인정된다면 그 사유가 위의 서류에 의하여 확인되는 경우와 다른 자료에 의하여 확인되는 경우를 달리 취급하여야 할 합리적인 이유가 없으므로, 위 규칙 제6조 5항의 규정은 위와 같은 부득이한 사유를 확인하는 하나의 방법을 예시한 규정에 불과하다고 보아야 할 것이고, 따라서 위 규칙 제6조 제4항 제1호 소정의 사실이 반드시 주민등록표등본등에 의하여 확인되어야 하는 것은 아니라고 할 것이다. … 원고의 주민등록표등본의 기재가 이와 다르다고 하여 결론을 달리할 것은 아니다."

442) 이에 반하여 대법원 1987. 7. 21. 선고 87누217 판결은, "(구) 지방세법시행규칙 제78조의 3 제3호는 공한지에서 제외할 토지의 하나로서 1974. 1. 14. 이전부터 사실상 농작물, 묘목, 관상수 등을 식재하여 온 토지로서 농지세과세대장 또는 농지조사위원과 읍·면·동장의 사실확인에 의하여 그 사실이 입증되는 토지를 들고 있고, 따라서 위에 해당되는 토지로 인정하기 위하여서는 위 규칙이 규정한 농지세과세대장 등에 의하여 1974. 1. 14.이전부터 사실상 농작물, 묘목 등을 식재하여 온 토지라는 사실을 입증하여야 하는 것이며 원심의 판단과 같이 그것이 결코 예시적으로 규정한데 지나지 아니한 것이라고 볼 것은 아니다."라고 하였는데, 그 후의 대법원 1989. 5. 9. 선고 88누6450 판결은, 원고가 지방세법시행규칙 제73조의3 제3호 소정의 농지조사위원과 동장의 사실확인을 받으려고 하였으나 그들이 정당한 이유 없이 사실확인서 발급을 거부한 사안에서 "(위) 판례는 지방세법시행규칙 제73조의 3 제3호 소정의 입증이

개별적·구체적으로 열거한 다음 '앞의 각 호와 유사하거나 준하는 경우'와 같은 일반적·포괄적 규정을 함께 열거해 둔 규정의 경우에는,[444] 한정적 열거 규정으로 보는 경우와 예시적 열거 규정으로 보는 경우 사이의 해석상 편차가 없게 된다. 개별적·구체적으로 열거한 다음 '… 등'으로 규정된 경우도 예시적 규정으로 볼 수 있다.[445]

근거과세의 원칙과 예외적 추계과세

○ 대법원 2015. 2. 26. 선고 2014두13720 판결 [종합소득세부과처분취소]

▌근거과세, 실지조사

판시사항

수사 또는 세무조사 과정에서 작성된 자료를 실지조사의 근거로 삼기 위한 요건

이 유

일반적으로 납세의무자가 과세표준 확정신고를 하지 아니하여 과세관청이 납세의무자의 과세표준

가능할 경우에 관한 것으로 이 사건과 같이 관계 공직자의 부당한 거부로 그 서면을 제출할 수 없는 경우에는 적용할 것이 아니"라고 판시하였다.

443) 【comment】 조세소송에도 행정소송법 제8조에 의하여 준용되는 민사소송법 제202조 소정의 자유심증주의가 적용된다. 자유심증주의하에서는 어떤 사실을 인정할 때 특정 증거방법에 의하여야 한다는 제한이 없다. 따라서 자유심증주의의 예외로서 증거방법을 제한하는 경우에는 명문의 법률 규정이 있어야 한다(예컨대, 법정대리권, 소송대리권의 존재는 민사소송법 제58조, 제89조에 따라 '서면'으로 증명해야 한다). 조세법령에서는 시행령·시행규칙에서 사실인정을 위한 증거방법을 특정하여 제한하는 규정을 둔 경우가 흔히 보인다. 이를 예시적 규정이 아닌 한정적 규정으로 볼 경우에는, 그 모법인 법률조항 및 소송법의 대원칙인 자유심증주의에 위배되지 않는지 양면에서 신중히 검토되어야 한다.

444) 예컨대, 국세기본법 제45조의2 제2항 제5호('제1호부터 제4호까지와 유사한 사유로서 대통령령으로 정하는 사유가 해당 국세의 법정신고기한이 지난 후에 발생하였을 때'), 국세기본법 시행령 제25조의2 제4호('제1호부터 제3호까지의 규정과 유사한 사유에 해당하는 경우'), 소득세법 제16조 제1항 제12호('제1호부터 제11호까지의 소득과 유사한 소득으로서 금전 사용에 따른 대가로서의 성격이 있는 것'), 소득세법 제17조 제1항 제9호('제1호부터 제5호까지, 제5호의2, 제6호 및 제7호에 따른 소득과 유사한 소득으로서 수익분배의 성격이 있는 것'), 법인세법 시행령 제88조 제1항 제9호('그 밖에 제1호부터 제3호까지, 제3호의2, 제4호부터 제7호까지, 제7호의2, 제8호 및 제8호의2에 준하는 행위 또는 계산 및 그 외에 법인의 이익을 분여하였다고 인정되는 경우') 등.

445) 대법원 2015. 12. 10. 선고 2015두41531 판결 ; "상증세법 제63조 제1항 제1호 (가)목은 한국증권거래소에서 거래되는 주식은 평가기준일 이전·이후 각 2월간에 공표된 매일의 한국증권거래소 최종시세가액의 평균액에 의하여 평가하되, 다만 평가기준일 이전·이후 각 2월의 기간 중에 '증자·합병 등의 사유'가 발생하여 해당 평균액에 의하는 것이 부적당한 경우에는 평가기준일 이전·이후 각 2월의 기간 중 대통령령이 정하는 바에 따라 계산한 기간의 평균액에 의하도록 규정하고 있다. 이와 같이 '증자·합병 등의 사유'가 발생한 경우 상장주식의 평가가액을 달리 산정하도록 규정한 것은 그러한 사유가 향후 주가의 형성에 상당한 영향을 미친다는 점을 감안한 것인 점, 주식 분할의 경우 납입 자본금의 증감이 없지만 기존 주식을 일정 비율로 분할함으로써 발행주식 총수가 늘어나고 같은 비율로 각 주주의 소유주식 수도 늘어날 뿐만 아니라 1주당 가격을 낮추어 주식 거래를 촉진함으로써 통상적으로 주가상승을 초래하게 되는 점 등에 비추어 보면, 상증세법 제63조 제1항 제1호 (가)목에서 정한 '증자·합병 등의 사유'에는 주식 분할도 포함된다고 보아야 한다."

과 세액을 결정할 때는 장부나 증빙 등에 의함이 원칙이겠으나, 다른 자료에 의하여 **실지조사**가 가능한 경우에는 그 **다른 자료에 의**하여서도 과세표준과 세액을 결정할 수 있다고 할 것이다.[446] 한편 **수사 또는 세무조사 과정에서 작성된 자료**들은 과세의 근거가 될 수 있는 사유가 기재되어 있다고 하여 바로 그 다른 자료의 하나로 삼을 수는 없는 것이나, 그 작성의 경위 및 내용을 검토하여 당사자나 관계인의 자유로운 의사에 반하여 작성된 것이 아니고 그 **내용 또한 과세자료로서 합리적이어서 진실성이 있다고 인정**되는 경우에는 **실지조사의 근거**가 될 수 있는 **그 다른 자료의 하나**로 삼을 수 있다(대법원 2007. 10. 26. 선고 2006두16137 판결[447] 등 참조).[448]

⇒ 개별 과세자료의 증명력(신빙성)에 관한 판례는 뒤에 나오는 '조세소송 일반'-'과세자료의 증명력' 부분 참조

○ 대법원 2015. 7. 9. 선고 2015두1076 판결 [소득세등부과처분취소]

▌추계과세, 실지조사

판시사항

과세관청이 처분 당시 장부 등의 미비로 **추계과세**를 하였다고 하더라도, 그 처분의 **취소소송**에서 **장부나 그 밖의 증명서류가 나타났을 때**에는 그 장부 등에 의한 **실지조사의 방법**으로 수입금액이나 과세표준을 결정하여야 하는지(○) ☞ **추계사유** 존부 판단의 **기준시점** = **사실심 변론종결 시**

---

446) **국세기본법 제16조(근거과세)** ① 납세의무자가 세법에 따라 장부를 갖추어 기록하고 있는 경우에는 해당 국세 과세표준의 조사와 결정은 그 장부와 이에 관계되는 증거자료에 의하여야 한다. ② 제1항에 따라 국세를 조사·결정할 때 장부의 기록 내용이 사실과 다르거나 장부의 기록에 누락된 것이 있을 때에는 그 부분에 대해서만 정부가 조사한 사실에 따라 결정할 수 있다. ③ 정부는 제2항에 따라 장부의 기록 내용과 다른 사실 또는 장부 기록에 누락된 것을 조사하여 결정하였을 때에는 정부가 조사한 사실과 결정의 근거를 결정서에 적어야 한다. ☞ **지방세기본법 제19조(근거과세)**도 동일하다.

447) 원심이, 원고가 검찰조사에서 당초 진술하였던 내용을 나중에 일부 부인하였다가 다시 형사재판절차에서 과세처분의 기초가 된 사실관계를 모두 인정하고 있는 점 등에 비추어, 과세처분의 근거가 된 검찰 수사과정에서의 원고의 진술이나 제출된 어음할인내역 자료들이 원고 등의 자유로운 의사에 의한 것이라고 인정되고, 그 어음할인의 경위, 어음할인내역 자료들의 작성 및 제출경위, 그 내용의 구체성 등에 비추어 볼 때 그 합리성과 신빙성도 인정된다고 본 후, 위 자료들을 근거로 한 어음할인 수입금액의 계산방법도 적법하다는 취지로 판단한 것은 정당하다고 한 예.

448) **【구체적 사안】**
원심이, ① 이 사건 처분은 수사 또는 세무조사 과정에서 작성된 손익발생표, 업체별 정산서, 확인서 등을 기초로 이루어졌는데, 원고 주장과 같이 원고가 혐의를 벗어나기 위해 손익발생표 등을 허위로 작성하였다고 보기 어려운 점, ② 원고는 세무대리인의 입회하에 확인서를 작성한 점, ③ 손익발생표와 업체별 정산서의 내용은 계약일자, 투자금액, 투자형태, 계약주체(채권자, 채무자 및 연대보증인), 투자기간(약정 투자기간, 실제 투자기간), 손익정산내용(원금, 약정원리금, 회수금액, 원금대비 손익, 약정원리금 대비 손익), 기타(현재상황) 항목으로 구분되어 있고, 장부 등을 기초로 하지 아니하면 작성할 수 없을 정도로 구체적인 점 등을 고려할 때, **손익발생표와 업체별 정산서**는 원고의 자유로운 의사에 의하여 작성되었고, 그 내용 또한 과세자료로서 합리적일 뿐만 아니라 진실성이 있다고 인정되는 경우에 해당하므로 이를 과세처분의 근거자료로 삼았다고 하여 이 사건 처분이 위법하다고 볼 수는 없다고 판단한 것은 정당하다고 한 예.

이 유

소득세법상 추계과세[449]는 수입금액이나 과세표준결정의 근거가 되는 납세자의 장부나 증명서류 등이 없거나 그 내용이 미비 또는 허위여서 실지조사가 불가능한 경우에 한하여 인정되므로, 실지조사가 가능한 장부나 증명서류 등이 있을 경우에는 추계과세를 할 수 없다.[450]

---

449) **소득세법 제80조(결정과 경정)** ③ 납세지 관할 세무서장 또는 지방국세청장은 제1항과 제2항에 따라 해당 과세기간의 과세표준과 세액을 결정 또는 경정하는 경우에는 장부나 그 밖의 증명서류를 근거로 하여야 한다. 다만, 대통령령으로 정하는 사유로 장부나 그 밖의 증명서류에 의하여 소득금액을 계산할 수 없는 경우에는 대통령령으로 정하는 바에 따라 소득금액을 추계조사결정할 수 있다. ☞ 이를 근거로, **소득세법 시행령** 제143조(추계결정 및 경정), 제144조(추계결정·경정시의 수입금액의 계산), 제145조(기준경비율 및 단순경비율)가 규정되어 있다.
추계조사결정에 관하여, **법인세법**은 법 제66조 ③ 단서, 영 제104조(추계결정 및 경정), 제105조(추계결정·경정 시의 사업수입금액계산)에, **부가가치세법**은 법 제57조 ② 단서, 영 제104조(추계 결정·경정 방법)에 규정하고 있다.

450) ◎ **추계과세**
추계과세의 요건으로는 ① '추계의 필요성', ② '추계방법의 합리성과 타당성'이 있고, 그 증명책임은 과세관청에 있다. 과세표준과 세액은 실지조사의 방법에 의하여 밝혀진 실액에 의하여 결정하는 것이 원칙이고 추계조사방법에 의하여 이를 결정하려면 납세자의 장부나 증빙서류 등이 없거나 그 중요부분이 미비 또는 허위로 기재되어 신뢰성이 없고 달리 과세관청이 그 소득의 실액을 밝힐 수 있는 방법이 없는 때(추계의 필요성)에 한하여 예외적으로 허용되는 것이며, 이와 같은 추계과세의 요건에 관한 **입증책임**은 **과세관청**인 피고에게 있으므로, 피고가 소송에서 그 추계과세의 요건에 관하여 입증하지 못하였다면 특별한 사정이 없는 한 법원은 피고가 한 추계과세가 위법하다 하여 이를 전부 취소할 수밖에 없다(98두915). 과세관청은 납세자가 과세표준과 세액을 신고하면서 제출한 세금계산서·장부 기타의 증빙이 불성실한 것으로 보여질 경우 그 부당성을 지적하고 새로운 자료를 제출받아 실지조사를 하고, 그 자료에 의하더라도 과세표준과 세액을 결정할 수 없을 때 비로소 추계조사 결정을 하여야 하며, 이러한 **절차를 취함이 없이** 한 추계조사 결정에 의한 과세처분은 추계과세의 요건을 결한 것으로서 **위법**하지만, 그와 같은 절차를 취하는 이유가 근거과세의 원칙상 추계조사 결정이 실지조사 결정을 할 수 없는 때에 예외적으로 허용된다는 점에 있음에 비추어 보면, 과세관청이 납세자로 하여금 그 제출된 세금계산서·장부 기타 증빙의 부당성을 지적하고 **새로운 자료를 제출하게 하여 실지조사를 하더라도 과세표준과 세액을 결정할 수 없음이 명백**한 경우까지 그러한 절차를 취하지 아니하고 추계조사 결정에 의한 과세처분을 하였다 하여 이를 위법하다고 볼 수는 없다(2004두8293). 납세자가 비치·기장한 장부나 증빙서류 중 **일부 허위**로 기재된 부분이 포함되어 있다고 하더라도 그 부분을 제외한 나머지 부분이 모두 사실에 부합하는 자료임이 분명하여 이를 근거로 과세표준을 계산할 수 있다면 그 과세표준과 세액은 실지조사의 방법에 의하여 결정하여야지 추계조사 방법에 의해서는 아니 되고, 또한 실지조사에 의한 부과처분이 결과적으로 추계과세에 의한 부과처분보다 불리하다거나 납세자 스스로 추계의 방법에 의한 조사결정을 원하고 있다는 사유만으로는 추계과세요건이 갖추어진 것이라고 볼 수 없다(96누8192). **추계방법의 합리성과 타당성**에 관하여는 처분의 적법성을 인정받고자 하는 과세관청이 이를 주장·증명할 책임이 있다(2006두11576). 추계과세를 함에 있어서는 그 추계의 방법과 내용에 있어 가장 진실에 가까운 실액을 반영할 수 있도록 합리적이고 타당성이 있어야 하고, 추계과세대상 납세자에게 특수한 사정이 있는 경우에는 그러한 사정까지 고려되어야 하므로, 과세관청이 법령에서 정한 방법으로 추계과세를 하였다 하더라도 그 추계방법에 의한다면 불합리하게 된다고 볼 만한 특수한 사정이 있는 경우에는, 이러한 **특수한 사정을 참작하지 아니하고 행하여진 추계과세**는 그 추계방법과 내용에 있어 합리성과 타당성을 인정할 수 없어 **위법**하다(94누15202). 추계방법의 적법 여부가 다투어지는 경우에 합리성과 타당성에 대한 증명책임은 과세관청에 있지만, 과세관청이 관계 규정이 정한 방법과 절차에 따라 추계하였다면 합리성과 타당성은 일단 증명되었고, 구체적인 내용이 **현저하게 불합리**하여 수입금액의 실액을 반영하기에 적절하지 않다는 점에 관하여는 이를 다투는 **납세자**가 **증명할 필요**가 있다(대법원 2010. 10. 14. 선고 2008두7687 판결). 추계조사 방법도 법령이 정하는 방법에 따라야 하고(**제한적 열거 규정**이다) 자의적인 추계방법은 허용되지 않는다(85누426). 추계결정을 받은 동업자를 권형대상자로 한 동업자 권형방법에 의한 추계과세(**다중추계**)는 허용되지 않는다(83누305). 단일한 과세대상에 대한 총수입금액 또는 비용을 실지조사와 추계조사를 **혼합**하여 정하는 것은 허용되지 않으나(92누1353), 총수입금액과 과세표준은 그 산출의 근거와 단계를 달리하므로 이를 어떠한 방법으로 조사결정할 것인가 하는 문제는 각각 그 조사결정방법에 관한 법정사유 중 어느 것에 해당하는가에 따라 각별로 결정되어야 할 것이고 그 두 가지가 반드시 같은 방법에 의하여 조사결정되어야 하는 것은 아니어서 소득표준율을 적용하여 과세표준을 추계조사의 방법으로 결정할 경우라도 그리고 과세처분의 취소소송에서 소송당사자는 그 취소소송의 변론종결시까지 모든 자료를 제출하고 그때까지 제출한 자료에 의하여 과세처분의 적법 여부를 심판할 것을 주장할 수 있다. 따라서 **과세관청**이 그 처분 당시 장부 등의 미비로 **추계과세**를 하였다고 하더라도, 그 처분의 취소소송에서 장부나 그 밖의 증명서류가 나타났을 때에는 그 장부 등에 의한 **실지조사의 방법**으로 수입금액이나 과세표준을 결정하여야 한다(대법원 1986. 12. 9. 선고 86누516 판결 등 참조).[451]

기업회계존중의 원칙

● 대법원 2017. 12. 22. 선고 2014두44847 판결 [양도소득세부과처분취소]

▌손익 귀속시기, 기업회계기준 존중

판시사항

법인세법 제40조에 열거된 조항으로 손익의 귀속을 정하는 것이 어려운 경우 **기업회계기준상**의 **손익의 발생**에 관한 기준을 채택하여 **손익의 귀속**을 정할 수 있는지 여부(○) ☞ 신계약비(보험업에서 보험계약 체결과 관련한 보험모집인의 모집수당 등 경비, 영업소의 인건비, 물건비, 진단비, 계약조달비 등으로 지출된 금액)에 관한 보험업회계처리준칙(신계약비를 기타 자산으로 보아 계약의 유지기간 동안 균등하게 상각하여 비용으로 처리)은 법인세법 제43조에 따른 '기업회계의 기준이나 관행'에 해당한다고 한 예.

이 유

구 법인세법 제40조(2006. 12. 30. 법률 제8141호로 개정되기 전의 것)는 제1항, 제2항 등에서 권리의무확

총수입금액에 관하여는 그 실액조사가 가능하다면 총수입금액은 실지조사의 방법으로 결정하여야 한다(97누13894).

451) **【구체적 사안】**

○ **사실관계** ; ① 피고는 원고 운영의 유흥주점에 대한 세무조사를 하면서 원고에게 매출액 확인을 위하여 필요한 장부의 제출을 요구하였으나 원고가 응하지 않자 실지조사가 불가능하다고 판단하고, 매출액을 추계한 후 신고한 매출액과의 차액을 매출누락액으로 보아 원고에게 종합소득세 등을 부과하는 처분. → ② 원고는 원심에 이르러 외상매출내역이 기재된 외상장부(거래상대방, 거래일시, 거래금액, 수금여부 등이 상세하게 수기로 기재)를 제출. → ③ 피고는 유흥주점의 수입금과 종업원 봉사료가 구분하여 기재되어 있는 신용카드 매출자료를 증거로 제출하면서, 외상장부에 기재된 외상매출금을 필요경비로 반영한다고 하더라도 신용카드 매출자료 및 외상장부를 기초로 결정할 경우의 매출액과 세액이 처분에서 추계한 매출액 및 그에 따른 세액보다 오히려 더 많다고 주장.

○ **원심** ; (1) 피고 처분은 누락 매출에 대응하는 대손금 등 필요경비를 전혀 공제하지 아니하여 추계조사에 필요한 합리성과 타당성을 결여하여 위법하고, (2) 신용카드 매출자료는 원고의 매출에 해당하지 않는 종업원 봉사료가 포함되어 있는 등 계산상 오류가 있고, 피고가 실제 매출금액의 산정이 곤란하다는 이유로 원고의 매출을 추계로 산정한 이상 필요경비 공제의 전제가 되는 매출액은 추계 매출이 되어야 한다고 인정하고, (3) 변론에 나타난 증거들만으로는 정당한 필요경비를 반영한 종합소득**세액을 계산할 수 없다**는 이유로 피고 처분은 **전부 취소**되어야 한다고 판단.

○ **대법원** ; 위와 같은 외상장부 및 원고의 수입금액과 종업원 봉사료가 구분기재된 매출자료가 제출되어 있는 이상, **원심**으로서는 위 자료들을 기초로 **실지조사방법에 의하여 산출**될 수 있는 **정당한 세액이 얼마인지 심리**하여 본 후, 만일 ① 그 세액이 피고 주장과 같이 처분 세액보다 오히려 많다고 인정되는 경우에는 처분이 비록 위법한 추계의 방법에 의한 것이었다고 하더라도 이를 취소하여서는 아니될 것이고, ② 반대로 처분 세액이 정당한 세액을 초과하는 것으로 인정되는 경우에는 그 초과부분을 취소하여야 할 것이다.

정주의를 선언하고, 거래유형 등에 따라 익금과 손금의 구체적인 귀속시기를 규정하고 있다. 그러나 이러한 거래유형 등에 따른 세법상의 손익귀속에 관한 규정은 현대사회의 다종다양한 모든 거래유형을 예측하여 그 자체로서 완결적으로 손익의 귀속을 정한 규정이라고 할 수 없으므로, 위 규정들만으로 손익의 귀속을 정하기 어려운 경우에는 **법인세법상의 권리의무확정주의에 반하지 아니하는 한**, 구 법인세법 제43조[452]에서 정하였듯이 일반적으로 공정·타당한 회계관행으로 받아들여지는 기업회계기준에 따라 손익의 귀속을 정할 수도 있다고 해석함이 타당하며, 이러한 해석이 구 국세기본법 (2010. 1. 1. 법률 제9911호로 개정되기 전의 것) 제20조[453]의 취지에도 부합한다[대법원 1992. 10. 23. 선고 92누2936, 2943 판결[454] 참조].

---

452) **법인세법 제43조(기업회계기준과 관행의 적용)** 내국법인의 각 사업연도의 소득금액을 계산할 때 그 법인이 익금과 손금의 귀속사업연도와 자산·부채의 취득 및 평가에 관하여 일반적으로 공정·타당하다고 인정되는 기업회계기준을 적용하거나 관행(관행)을 계속 적용하여 온 경우에는 이 법 및 「조세특례제한법」에서 달리 규정하고 있는 경우를 제외하고는 그 기업회계기준 또는 관행에 따른다. 〈개정 2018.12.24.〉

법인세법 시행령 제79조(기업회계기준과 관행의 범위) 법 제43조에 따른 기업회계의 기준 또는 관행은 다음 각 호의 어느 하나에 해당하는 회계기준(해당 회계기준에 배치되지 아니하는 것으로서 일반적으로 공정·타당하다고 인정되는 관행을 포함한다)으로 한다. 〈개정 2019.2.12.〉

1. 한국채택국제회계기준

1의 2. 「주식회사 등의 외부감사에 관한 법률」 제5조제1항제2호 및 같은 조 제4항에 따라 한국회계기준원이 정한 회계처리기준

2. 증권선물위원회가 정한 업종별회계처리준칙
3. 「공공기관의 운영에 관한 법률」에 따라 제정된 공기업·준정부기관 회계규칙
4. 「상법 시행령」 제15조제3호에 따른 회계기준
5. 그 밖에 법령에 따라 제정된 회계처리기준으로서 기획재정부장관의 승인을 받은 것

소득세법 제39조(총수입금액 및 필요경비의 귀속연도 등) ⑤ 거주자가 각 과세기간의 소득금액을 계산할 때 총수입금액 및 필요경비의 귀속연도와 자산·부채의 취득 및 평가에 대하여 일반적으로 공정·타당하다고 인정되는 기업회계의 기준을 적용하거나 관행을 계속 적용하여 온 경우에는 이 법 및 「조세특례제한법」에서 달리 규정하고 있는 경우 외에는 그 기업회계의 기준 또는 관행에 따른다.

소득세법 시행규칙 제50조(기업회계의 기준등) ① 법 제39조제5항에 따라 총수입금액과 필요경비의 귀속연도와 자산·부채의 취득 및 평가에 적용할 수 있는 기업회계의 기준 또는 관행은 다음 각 호의 어느 하나에 해당하는 회계처리기준으로 한다. 〈개정 2015.3.13〉

1. 「주식회사의 외부감사에 관한 법률」 제13조에 따른 회계처리기준
2. 증권선물위원회가 정한 업종별 회계처리준칙
3. 「공기업·준정부기관 회계사무규칙」 4. 삭제 〈1999.5.7〉
5. 기타 법령의 규정에 의하여 제정된 회계처리기준으로서 기획재정부장관의 승인을 얻은 것

② 법 제39조제5항을 적용할 때 기업회계의 기준 또는 관행의 준수여부는 거래건별로 이를 판단한다.

453) **국세기본법 제20조(기업회계의 존중)** 세무공무원이 국세의 과세표준을 조사·결정할 때에는 해당 납세의무자가 계속하여 적용하고 있는 기업회계의 기준 또는 관행으로서 일반적으로 공정·타당하다고 인정되는 것은 존중하여야 한다. 다만, 세법에 특별한 규정이 있는 것은 그러하지 아니하다.

지방세기본법 제22조(기업회계의 존중) 세무공무원이 지방세의 과세표준과 세액을 조사·결정할 때에는 해당 납세의무자가 계속하여 적용하고 있는 기업회계의 기준 또는 관행이 일반적으로 공정하고 타당하다고 인정되는 것이면 존중하여야 한다. 다만, 지방세관계법에서 다른 규정을 두고 있는 경우에는 그 법에서 정하는 바에 따른다.

454) "제1항 … 손익확정주의를 선언한 다음, 같은 조 제2항 이하에서 거래의 유형 내지 대금의 지급방법에 따라 그 귀속시기를 개별적으로 열거하고 있으나, 이러한 거래유형 등에 따른 세법상의 손익귀속에 관한 규정은 현대사회의 다종다양한 모든 거래유형을 예측하여 그 자체 완결적으로 손익의 귀속을 정한 규정이라 할 수 없으므로, 위 **열거된 조항으로 손익의 귀속을 정하는 것이 어려운 경우**에는, 법인세법상의 손익확정주의에 반하지 아니하는 한, 일반적으로

따라서 기업회계기준 상의 손익의 귀속에 관한 규정이 **세법의 개별 규정에 명시되어 있지 않다는 이유만으로** 곧바로 **권리의무확정주의에 반한다고 단정할 수는 없**고, 특정 기업회계기준의 도입 경위와 성격, 관련된 과세실무 관행과 그 합리성, 수익비용대응 등 일반적인 회계원칙과의 관계, 과세소득의 자의적 조작 가능성, 연관된 세법 규정의 내용과 체계 등을 종합적으로 고려하여, 구 법인세법 제43조에 따라 내국법인의 각 사업연도 소득금액계산에 적용될 수 있는'기업회계의 기준이나 관행'에 해당하는지를 판단하여야 한다.[455)]

공정타당한 회계관행으로 받아들여지는 기업회계기준상의 손익의 발생에 관한 기준을 채택하여 손익의 귀속을 정할 수도 있다 할 것이고 또한 그렇게 함이 국세기본법 제20조 소정의 기업회계존중의 원칙에도 부합한다."

455) **【구체적 사안】**

○ **사실관계** ; ① 보험업에서 '신계약비'란 보험계약 체결과 관련한 보험모집인의 모집수당 등 경비, 영업소의 인건비, 물건비, 진단비, 계약조달비 등으로 지출된 금액을 말한다. ② 보험업 관련 기업회계의 기준이 되는 보험업회계처리준칙(1998. 12. 10. 제정) 제31조(이하 '이 사건 신계약비 조항'이라고 한다)는 신계약비를 기타 자산으로 보아 해당 계약의 유지기간(7년을 초과할 경우에는 7년)에 걸쳐 균등하게 상각하여 비용으로 처리하도록 새로이 규정하였고, 1999. 3. 12. 개정된 보험업감독규정(금융감독위원회 고시) 제68조에서도 유사하게 규정하고 있었으나, 과세관청은 신계약비가 발생한 시점에 전액 손금산입하는 것을 전제로 과세하여 왔다. ③ 이후 보험업을 영위하는 법인들은 초기에 막대한 신계약비를 지출하는데, 위와 같이 과세하는 경우 신계약비를 지출한 연도에 거액의 손금이 발생함에도 이월결손금 공제기간(5년)이 경과하면 손금산입이 불가능하게 되는 불이익이 발생하게 된다는 이유로 다수의 민원을 제기하였다. 이에 따라 신계약비를 자산화하여 장래의 손금으로 산입될 수 있도록 하기 위하여 법인세법 기본통칙(2003. 5. 10. 개정된 것) 40-71…23은 '보험사업을 영위하는 법인이 각 사업연도에 지출한 사업비 중 장기보험계약으로 인하여 발생한 신계약비(모집수당, 점포운영비 등)는 그 보험계약에 의한 보험료 납입기간(그 기간이 7년을 초과하는 경우에는 7년)에 안분하여 손금에 산입한다'라고 규정하게 되었다(이 사건 통칙 조항). ④ 이 사건 회사는 이 사건 통칙 조항에 따라 2003 사업연도(2003. 4. 1.부터 2004. 3. 31.까지)의 법인세를 수정신고하고, 2004 사업연도의 법인세를 신고하였다. 다른 보험회사들도 대부분 2003. 5. 이후에는 이 사건 회사와 마찬가지로 신계약비를 보험료 납입기간에 안분하여 손금에 산입하여 왔다.

○ **판단** ; ① 보험업은 보험계약자의 이익 등 고도의 공공성이 요구되는 업종으로서 회계처리준칙을 엄격하게 준수하여야 할 필요성이 크고, 같은 취지에서 개정된 보험업감독규정도 이 사건 신계약비 조항과 유사한 내용을 두어 보험회사들의 회계처리를 규율 및 감독하고 있다. 또한 보험업계의 요청에 따라 2003. 5. 10. 이 사건 통칙 조항이 신설됨에 따라 이 사건 신계약비 조항은 과세실무상 확고한 관행으로 자리 잡아 운용되고 있다. ② 구 법인세법 시행령 제70조 제3항은 금융보험업을 영위하는 법인이 수입하는 보험료의 귀속사업연도는 그 보험료가 실제로 수입된 날이 속하는 사업연도로 정하고 있다. 이러한 보험료의 수입시기에 대응하여 손금을 안분하도록 하는 이 사건 신계약비 조항은 **수익비용대응 원칙**에 부합할 뿐만 아니라 합리적인 것으로 볼 수 있다. ③ 신계약비의 손금산입은 매년 균등하게 상각하여 비용으로 처리되고 특별한 평가가 수반되지도 아니하므로, 보험업을 영위하는 법인들이 이를 이용하여 과세대상 소득을 자의적으로 조작할 염려가 거의 없다. ④ 또한 신계약비가 구 법인세법 시행령 제24조 제2항 제2호 각 목에서 나열하고 있는 감가상각의 대상인 무형고정자산에 해당하지 않더라도, 그러한 사정만으로는 신계약비에 대한 기업회계기준이나 관행에 따라 손금을 안분하는 것이 허용되지 않는다고 해석할 수도 없다. ⇒ 따라서 이 사건 신계약비 조항은 구 법인세법 제43조에 따른 '기업회계의 기준이나 관행'에 해당하므로, 위 신계약비는 지출된 해당 사업연도에 전액 손금으로 산입하는 것이 아니라 보험료 납입기간(그 기간이 7년을 초과하는 경우에는 7년)에 안분하여 손금에 산입하는 것이 타당하다.

4. 불복청구

필요적 전치, 제소기간

○ 대법원 2015. 12. 23. 선고 2015두47607 판결 [증여세부과처분취소]

▌제소기간, 직권 판단, 필요적 전치 예외

판시사항

[1] 조세소송에서의 필요적 전치주의 원칙에 대한 예외 사유 ; 국세청장과 조세심판원으로 하여금 기본적 사실관계와 법률문제에 대하여 다시 판단할 수 있는 기회를 부여하였고, 납세의무자로 하여금 굳이 또 전심절차를 거치게 하는 것이 가혹하다고 보이는 등 정당한 사유가 있는 때

[2] 납세의무자가 전심절차를 거치지 않고도 과세처분의 취소소송을 제기할 수 있는 경우, 처분 등이 있음을 안 날부터 90일 이내에 그 취소소송을 제기하여야 하는지(○) / 이는 동일한 의무를 부담하게 된 납세의무자들 중 1인이 적법한 전심절차를 거침으로써 다른 납세의무자가 전심절차를 거치지 않고 곧바로 과세처분의 취소소송을 제기하는 경우에도 마찬가지인지(○) ☞ 제소기간 미준수로 소 제기가 부적법하다 하여 직권으로 파기·자판하여 소를 각하한 예.

이 유

직권으로 판단한다.

행정소송법 제18조 제1항은 "취소소송은 법령의 규정에 의하여 당해 처분에 대한 행정심판을 제기할 수 있는 경우에도 이를 거치지 아니하고 제기할 수 있다. 다만, 다른 법률에 당해 처분에 대한 행정심판의 재결을 거치지 아니하면 취소소송을 제기할 수 없다는 규정이 있는 때에는 그러하지 아니하다."[456]고 규정하고 있고, **제20조 제1항**은 "취소소송은 처분 등이 있음을 안 날부터 90일 이내에 제기하여야 한다. 다만, 제18조 제1항 단서에 규정한 경우와 그 밖에 행정심판청구를 할 수 있는 경우 또는 행정청이 행정심판청구를 할 수 있다고 잘못 알린 경우에 행정심판청구가 있은 때의 기간은 재결서의 정본을 송달받은 날부터 기산한다."고 규정하고 있다. 그리고 **국세기본법 제56조는 제2항**에서 "제55조에 규정된 위법한 처분[457]에 대한 행정소송은 행정소송법 제18조 제1항 본문, 제2항

456) ◎ **필요적 전치주의가 적용되는 소송** ; 전치주의 규정은 취소소송과 부작위위법확인소송에만 적용되고, 무효 등 확인소송과 당사자소송에는 적용되지 않는다(행정소송법 제18조①, 제38조①, 제44조①). 따라서 처분의 무효확인 청구소송에서는 행정심판전치주의나 제소기간 제한에 관한 규정이 적용되지 않으나(79누168). 처분의 당연무효를 선언하는 의미에서 그 취소를 청구하는 경우에는 전심절차와 제소기간 준수 등 취소소송의 제소요건을 갖추어야 한다(90누6279).

457) ◎ **각 과세처분별로 전심절차를 거침이 원칙이다.**
○ 대법원 2013. 6. 28. 선고 2013두932 판결 ; "가산세는 본세와 별도로 납세의무가 성립하는 별개의 세목으로서 본세와는 독립한 불복대상이 되며 수 개의 과세처분에 대한 전심절차는 원칙적으로 당해 과세처분마다 따로 거쳐야 하므로, 납세의무자가 과세처분에 대한 심사청구 또는 심판청구를 하면서 본세에 관하여는 불복하지 않고 가산세의 취소만을 구하다가 그 청구가 기각된 후 항고소송을 제기하여 본세와 가산세 전부의 취소를 구하는 경우 본세에 관한 소는 전심절차를 거치지 아니한 것이어서 부적법하다."

및 제3항에도 불구하고 이 법에 따른 심사청구 또는 심판청구와 그에 대한 결정을 거치지 아니하면 제기할 수 없다."고 규정하고 있고,[458] **제3항** 본문에서 "제2항에 따른 행정소송은 행정소송법 제20조에도 불구하고 심사청구 또는 심판청구에 대한 결정의 통지를 받은 날부터 90일 이내[459]에 제기[460]하여야 한다."고 규정하고 있다.[461][462]

○ 대법원 2009. 5. 28. 선고 2007두25817 판결 ; 원천납세의무자가 의제배당소득과 관련한 원천징수고지의 징수처분에 대한 전심절차에서 심판원으로부터 당사자적격이 인정되지 않는다는 이유로 각하 결정을 받은 경우, 그 의제배당소득을 포함한 종합소득세부과처분취소청구소송을 전심절차를 거치지 않은 채 제기할 수 없다고 한 사례.

○ 대법원 2006. 12. 7. 선고 2005두4106 판결 ; " 법인세와 종합소득세는 세목뿐만 아니라 과세관청과 납세의무자도 전혀 다르고, 손금불산입으로 법인소득이 발생하였다 하더라도 그와 같은 소득의 귀속은 법인에 유보되거나 사외유출되더라도 실제 귀속자에 따라 달라지게 되어 반드시 그 소득이 대표자에게만 귀속된다고는 볼 수 없는 등 각기 독립한 별개의 처분이므로, 소외 회사가 법인세 부과처분 및 인정상여처분을 대상으로 전심절차를 거쳤다 하더라도, 당연히 원고에 대한 이 사건 각 종합소득세 부과처분 취소소송의 전심절차를 거친 것으로 볼 수는 없다 할 것이고, 또한 중복하여 전심절차를 거칠 필요가 없는 경우에도 해당하지 않는다 할 것이다."

○ 대법원 2016. 8. 24. 선고 2014두5644 판결 ; 원심이, 원고에 대한 제1, 2 관세 등 부과처분은 모두 스위스로부터 수입한 금괴의 원산지가 문제되었다는 점에서는 공통되지만 그 처분의 대상, 처분사유, 처분일자 등이 서로 달라 동일한 목적의 처분이 단계적·발전적 과정에서 이루어졌다거나 조세소송 중 그 대상인 과세처분이 변경된 경우 등에 해당하지 아니하고, 제1처분에 대한 전심절차를 거침으로써 조세심판원으로 하여금 제2처분에 대한 사실관계와 법률관계에 대하여 판단할 수 있는 기회를 부여하였다거나 또는 원고로 하여금 별도로 전심절차를 거치게 하는 것이 가혹하다고 볼 수 없으므로, 이 사건 소 중 제2처분에 관한 취소소송 부분은 전심절차를 거치지 아니하여 부적법하다고 판단한 것은 정당하다고 한 예.

458) 제5항은, 감사원 심사청구를 거친 경우에는 국세기본법에 따른 심사청구 또는 심판청구를 거친 것으로 보고 제2항을 준용하도록 규정하고 있다.

459) ◎ **제소기간**

○ 감사원법에 따른 심사청구 및 결정을 거친 경우에도 청구인은 해당 결정의 통지를 받은 날부터 90일 이내에 행정소송을 제기할 수 있다(감사원법 제46조의2).

○ 소득세나 부가가치세 등과 같이 일정한 기간을 과세단위로 하는 세목에 있어서 과세기간을 달리하는 과세처분은 각기 독립한 별개의 처분이라고 보아야 하므로, 특별한 사정이 없는 한 제소기간의 준수 여부도 각 처분별로 판단하여야 한다(95누12057).

○ 감액처분에 의하여 취소되지 않고 남은 부분을 항고소송의 대상으로 한 경우 제소기간의 준수 여부는 감액처분이 아닌 당초 처분을 기준으로 판단하여야 한다(2011두27247).

○ '청구취지 변경과 제소기간 준수 여부'에 관하여는 대법원 2013. 2. 14. 선고 2011두25005 판결, 대법원 2012. 11. 29. 선고 2010두7796 판결, 대법원 2011. 1. 20. 선고 2009두13474 전원합의체 판결 참조.

○ 당사자가 책임질 수 없는 사유로 인하여 제소기간을 준수할 수 없었던 경우에는 행정소송법 제8조에 의하여 준용되는 민사소송법 제173조 제1항에 의하여 그 사유가 없어진 후 2주일(외국에 있던 당사자는 30일) 내에 게을리한 제소행위를 보완할 수 있다(대법원 2018. 10. 25. 선고 2015두38856 판결).

460) ◎ **심사·심판 결정 통지 전 제소의 예외**

심사·심판청구에 대한 결정기간(각 청구를 받은 날부터 90일 이내)에 결정의 통지를 받지 못한 경우에는 결정의 통지를 받기 전이라도 그 결정기간이 지난 날부터 행정소송을 제기할 수 있다(위 제3항 단서). ☞ ❶ 적법한 이의신청을 제기하였음에도 그에 대한 아무런 결정의 통지를 받지 못한 채 결정기간이 경과한 경우에는 그 결정 통지를 받기 전이라도 그 다음 단계인 심사청구 또는 심판청구를 거쳐 제소할 수 있는 것이지 이러한 전치절차를 거칠 필요 없이 곧바로 제소할 수 있는 것은 아니다(대법원 1997. 11. 28. 선고 97누13627 판결). ❷ 감사원법 제46조 제3항은 감사원의 심사청구에 대한 결정은 특별한 사유가 없으면 그 청구를 접수한 날부터 3개월 이내에 하여야 한다고 규정하고 있을 뿐, 국세기본법상의 위 단서와 같은 규정이 없고, 조세법률주의는 그 구제절차에 있어서도 적용이 있어 국세기본법상의 위 단서 규정을 감사원에 대한 심사청구에 대하여 유추적용할 수도 없다(대법원 1992. 3. 10. 선고 91누7439 판결).

조세행정에 있어서 ① 2개 이상의 같은 목적의 처분이 단계적·발전적 과정에서 이루어진 것으로서 서로 내용상 관련이 있거나,[463] ② 조세소송의 계속 중에 그 대상인 과세처분을 과세관청이 변경하였는데 위법사유가 공통되거나,[464] 또는 ③ 동일한 처분에 의하여 수인이 동일한 의무를 부담하게 되는

---

461) **국세기본법 제56조(다른 법률과의 관계)** ② 제55조에 규정된 위법한 처분에 대한 행정소송은 「행정소송법」 제18조 제1항 본문, 제2항 및 제3항에도 불구하고 이 법에 따른 심사청구 또는 심판청구와 그에 대한 결정을 거치지 아니하면 제기할 수 없다. 다만, 심사청구 또는 심판청구에 대한 제65조 제1항 제3호 단서(제81조에서 준용하는 경우를 포함한다)의 **재조사 결정**에 따른 처분청의 처분에 대한 행정소송은 그러하지 아니하다. **〈개정 2016.12.20.〉** ③ 제2항 본문에 따른 행정소송은 「행정소송법」 제20조에도 불구하고 심사청구 또는 심판청구에 대한 결정의 통지를 받은 날부터 90일 이내에 제기하여야 한다. 다만, 제65조제2항 또는 제81조에 따른 결정기간에 결정의 통지를 받지 못한 경우에는 결정의 통지를 받기 전이라도 그 결정기간이 지난 날부터 행정소송을 제기할 수 있다. ⑤ 제55조제1항제2호의 심사청구(감사원 심사청구)를 거친 경우에는 이 법에 따른 심사청구 또는 심판청구를 거친 것으로 보고 제2항을 준용한다. 〈개정 2017.12.19.〉 ⑥ 제3항의 기간은 불변기간으로 한다. ☛ **관세법 제120조**(「행정소송법」 등과의 관계) ②, ③, ⑤, ⑥도 같다.

462) **◎ 2019. 12. 31. 개정 지방세기본법의 필요적 전치주의 도입**
지방세기본법 제98조(다른 법률과의 관계) ③ 제89조에 규정된 위법한 처분에 대한 행정소송은 「행정소송법」 제18조 제1항 본문, 같은 조 제2항 및 제3항에도 불구하고 이 법에 따른 심판청구와 그에 대한 결정을 거치지 아니하면 제기할 수 없다. 다만, 심판청구에 대한 재조사 결정(제100조에 따라 심판청구에 관하여 준용하는 「국세기본법」 제65조제1항제3호 단서에 따른 재조사 결정을 말한다)에 따른 처분청의 처분에 대한 행정소송은 그러하지 아니하다. 〈신설 2019.12.31.〉 ④ 제3항 본문에 따른 행정소송은 「행정소송법」 제20조에도 불구하고 심판청구에 대한 결정의 통지를 받은 날부터 90일 이내에 제기하여야 한다. 다만, 제100조에 따라 심판청구에 관하여 준용하는 「국세기본법」 제65조제2항에 따른 결정기간(이하 이 조에서 "결정기간"이라 한다) 내에 결정의 통지를 받지 못한 경우에는 결정의 통지를 받기 전이라도 그 결정기간이 지난 날부터 행정소송을 제기할 수 있다. ⑥ 「감사원법」에 따른 심사청구를 거친 경우에는 이 법에 따른 심판청구를 거친 것으로 보고 제3항을 준용한다. ⑦ 제4항의 기간은 불변기간으로 한다. 〈신설 2019.12.31.〉
부칙 제11조(조세심판전치주의 도입에 관한 적용례 등) ① 제98조 제3항부터 제7항까지의 개정규정은 2021년 1월 1일 이후 행정소송을 제기하는 경우부터 적용한다. ② 2021년 1월 1일 당시 종전의 제89조제1항에 따라 심사청구를 거쳤거나 부칙 제12조에 따른 심사청구를 거친 경우에는 제98조제3항의 개정규정에 따른 심판청구와 그에 대한 결정을 거친 것으로 본다.

463) 대법원 1991. 7. 26. 선고 91누117 판결 ; 동일한 계약관계에서 발생한 2년에 걸친 이자에 대한 원천징수의무 불이행을 이유로 한 2개의 가산세부과처분이 세목과 납세의무자 및 원고 주장의 위법사유가 동일하다면, 선행 과세처분에 대하여만 전심절차를 거친 경우에는 후행 과세처분에 대하여 별도로 전심절차를 거치지 않고서도 취소소송을 제기할 만한 정당한 사유가 있다고 본 사례.

464) ○ 대법원 2012. 11. 29. 선고 2010두7796 판결 ; "당초의 조세부과처분에 대하여 적법한 취소소송이 계속 중에 동일한 과세목적물에 대하여 당초의 부과처분을 증액 변경하는 경정결정 또는 재경정결정이 있는 경우에 당초 부과처분에 존재하고 있다고 주장되는 취소사유(실체상의 위법성)가 경정결정 또는 재경정결정에도 마찬가지로 존재하고 있어 당초 부과처분이 위법하다고 판단되면 경정결정 또는 재경정결정도 위법하다고 하지 않을 수 없는 경우 원고는 경정결정 또는 재경정결정에 대하여 따로 전심절차를 거칠 필요 없이 청구취지를 변경하여 경정결정 또는 재경정결정의 취소를 구할 수 있고, 이러한 경우 당초의 소송이 적법한 제소기간 내에 제기된 것이라면 경정결정 또는 재경정결정에 대한 청구취지변경의 제소기간 준수 여부는 따로 따질 필요가 없다." ☛ **[동일 취지]** 대법원 2013. 2. 14. 선고 2011두25005 판결
○ 대법원 2011. 1. 27. 선고 2009두13436 판결 ; 과세관청이 甲 회사 주식 전부를 소유한 과점주주인 乙, 丙, 丁, 戊를 甲 회사의 제2차 납세의무자로 지정하여 甲 회사의 체납 부가가치세 등을 납부하라는 내용의 제1차 처분 및 제2차 처분을 하자, 乙, 丙, 丁, 戊가 국세심판원을 상대로 제1차 처분에 대한 심판청구를 제기하여 乙, 丙은 인용결정을, 丁, 戊는 기각결정을 받았는데, 이후 과세관청이 위 결정에 따라 丁에 대해 추가 세액을 납부하라는 내용의 제3차 처분을 하자, 丁, 戊가 납세의무 성립일 이전에 이미 위 주식을 양도하였다며 위 각 과세처분의 취소를 청구하였던 사안에서, 丁, 戊가 제2차 및 제3차 처분에 대해 전심절차를 거치지 않았다 하더라도 이에 대한 청구는 적법하다고

경우[465])에, 선행처분에 대하여 전심절차를 거치거나 또는 동일한 의무를 부담하게 된 납세의무자들 중 1인이 적법한 전심절차를 거친 때와 같이 국세청장과 조세심판원으로 하여금 기본적 사실관계와 법률문제에 대하여 다시 판단할 수 있는 기회를 부여하였을 뿐더러 납세의무자로 하여금 굳이 또 전심절차를 거치게 하는 것이 가혹하다고 보이는 등 **정당한 사유**가 있는 때에는, 납세의무자가 **전심절차를 거치지 않고도** 과세처분의 취소를 구하는 행정소송을 제기할 수 있다(대법원 2006. 4. 14. 선고 2005두10170 판결[466]) 등 참조).

다만, 국세기본법 제56조 제3항 본문이 행정소송법 제20조의 적용을 배제하고 있는 것은 국세기본법 제56조 제2항에서 행정소송법 제18조 제1항 본문의 적용을 배제하고 국세기본법에 따른 전심절차를 거치지 않으면 위법한 처분에 대한 행정소송을 제기할 수 없다고 규정한 데에 따른 것이므로, 납세의무자가 **전심절차를 거치지 않**고도 과세처분의 취소소송을 제기할 수 있는 경우에는 특별한 사정이 없는 한 행정소송법 제20조 제1항에서 정한 바에 따라 **처분 등이 있음을 안 날부터 90일 이내**에 그 취소소송을 제기하여야 하고, 이는 **동일한 의무를 부담**하게 된 **납세의무자들 중 1인**이 적법한 **전심절차**를 거침으로써 **다른 납세의무자**가 **전심절차를 거치지 않**고 곧바로 과세처분의 **취소소송**을 **제기**하는 경우에도 **마찬가지**라고 할 것이다.[467])

한 사례.

○ 대법원 1997. 4. 8. 선고 96누2200 판결 ; 과세관청이 1991년 귀속 종합소득세부과처분 취소소송 계속 중 이를 취소하고 동일한 과세표준에 대하여 1990년 귀속 종합소득세 및 방위세로 변경부과한 사안에서, 별도의 전심절차 없이 변경된 부과처분 전부에 대하여 취소를 구할 수 있다고 본 사례.

465) 대법원 1993. 5. 27. 선고 93누3387 판결 ; "심사청구와 심판청구 등 전심절차에 있어서는 공동상속인을 대표하여 상속세의 과세표준과 세액의 결정통지를 받을 수 있는 자가 그 통지를 받고 이에 대하여 전심절차를 거친 때에는 나머지 상속인들은 구태여 동일한 전심절차를 거칠 필요가 없는 것이며, 이와 같은 법리는 과세관청이 상속인을 대표하여 통지를 받을 수 있는 자만이 아니라 모든 상속인에게 통지를 한 경우에도 마찬가지라고 할 것이다."

466) [1] 과세관청의 증액경정처분에 불복하여 국세심판원에 심판청구를 하고, 이에 대한 국세심판원의 심판결정이 난 후 그 결정에 대한 불복 여부를 고려하던 중, 불복 기간이 만료되지 아니한 상태에서 증액경정처분에 의하여 증액된 세액을 다시 증액하는 내용의 증액재경정처분이 이루어진 경우, 증액재경정처분에 대한 전심절차를 거치지 아니한 채 과세처분의 취소를 청구하는 행정소송을 제기할 수 있는 정당한 사유가 있다고 한 사례. [2] 다른 사업연도의 귀속 법인세 증액경정처분에 대한 국세심판원의 심판 당시, 해당 사업연도의 귀속 법인세 증액경정처분의 기초가 된 사실관계와 법률상 쟁점에 대하여 필요한 심리가 사실상 마쳐져 국세심판원에게 그 판단의 기회가 부여되었다고 봄이 상당하다는 등의 이유로, 해당 사업연도의 귀속 법인세 증액경정처분의 취소를 청구하는 행정소송을 제기할 수 있는 정당한 사유가 있다고 한 사례.

467) **【구체적 사안】**

○ **사실관계** ; ① 피고는 2013. 2. 6. 원고가 김○○에게 주식을 명의신탁하였다고 보아 김○○에게 증여세를 부과하는 한편, 같은 날 원고에게 명의신탁 증여의제에 따른 증여자로서 연대납세의무가 있다는 이유로 같은 액수의 증여세를 부과하는 이 사건 처분을 한 사실, ② 김○○은 2013. 4. 12. 조세심판원에 심판청구를 제기하였으나, 원고는 심판청구를 하지 않았다가, 김○○이 2014. 2. 18. 조세심판원으로부터 일부 인용결정을 받은 후 2014. 5. 19.에 이르러서야 이 사건 처분 중 조세심판원에서 김○○의 심판청구가 인용되지 않은 나머지 부분의 취소를 구하는 이 사건 소를 제기한 사실.

○ **판단** ; 피고가 2013. 2. 6. 원고에게 이 사건 처분을 하였고 원고는 그 무렵 납세고지서를 송달받고도 2014. 5. 19.에야 이 사건 소를 제기하였으므로, 이 사건 소는 처분이 있음을 안 날부터 90일이 도과한 후에 제기된 것으로서 제소기간을 준수하지 못하여 부적법하다.

【comment】 대법원 1992. 9. 8. 선고 92누4383 판결은, '수증자에 대한 증여세부과처분과 연대납부의무자인 증여자에 대한 부과처분은 동일한 증여를 과세원인으로 한다는 점에서만 공통될 뿐 그 과세요건을 달리하고 있어 독립된

※ 재조사 결정에 따른 후속처분에 대한 불복방법과 제소기간

2016. 12. 20. 국세기본법 개정으로, 심사청구 또는 심판청구에 대한 재조사 결정[468]에 따른 처분청이나 관계행정청(납세지와 관할을 달리하는, 납세자의 주된 사업장을 관할하거나 다른 납세자의 납세지를 관할하는 세무서장이나 지방국세청장 등[469])의 후속처분[470]에 대해서는, ① 국세기본법 제56조 제2항[471] 단서에

별개의 처분이라고 보아야 할 뿐 아니라 중복하여 전심절차를 거칠 필요가 없는 경우에도 해당하지 않는다.'라고 한 바 있으나, 대법원 2015. 12. 23. 선고 2015두47607 판결은 증여자와 수증자가 중복하여 전심절차를 거칠 필요가 없음을 전제로 한 판시이다.

468) **국세기본법 제65조(결정)** ① 심사청구에 대한 결정은 다음 각 호의 규정에 따라 하여야 한다. 〈개정 2016.12.20.〉 3. 심사청구가 이유 있다고 인정될 때에는 그 청구의 대상이 된 처분의 취소·경정 결정을 하거나 필요한 처분의 결정을 한다. **다만**, 취소·경정 또는 필요한 처분을 하기 위하여 사실관계 확인 등 추가적으로 조사가 필요한 경우에는 처분청으로 하여금 이를 재조사하여 그 결과에 따라 취소·경정하거나 필요한 처분을 하도록 하는 재조사 결정을 할 수 있다. / **제81조(심사청구에 관한 규정의 준용)** 심판청구에 관하여는 제61조제3항·제4항, 제63조, 제65조(제1항제1호가목 중 심사청구와 심판청구를 같은 날 제기한 경우는 제외한다) 및 제65조의2를 준용한다.

469) 대법원 2015. 1. 29. 선고 2014두12031 판결 ; "조세부과처분에 대한 불복절차인 심사청구 또는 심판청구에 대한 재결의 한 유형으로 실무상 행해지고 있는 재조사결정은 재조사에 따른 후속 처분에 의하여 그 내용이 보완됨으로써 재결로서의 효력이 발생하므로, 그에 따른 행정소송의 제소기간은 심사청구나 심판청구를 한 납세자가 후속 처분의 통지를 받은 날부터 기산된다고 봄이 타당하다. 이러한 재조사결정은 특정 조세부과처분에 대하여 해당 결정에서 지적된 사항을 재조사하여 그 결과에 따라 과세표준과 세액을 경정하거나 당초 처분을 유지하는 등의 후속 처분을 하도록 하는 형식을 취하고 있는 것이 보통이므로 원칙적으로는 **처분청**이 재조사를 한 다음 그 결과에 따라 후속 처분의 통지를 하여야 할 것이다. 납세자의 주된 사업장이 납세지와 관할을 달리하거나 관할을 달리하는 다수의 납세자가 관련되어 있는 등의 경우에는 납세지를 관할하는 세무서장이나 지방국세청장뿐만 아니라 주된 사업장을 관할하거나 다른 납세자의 납세지를 관할하는 세무서장이나 지방국세청장 등의 **관계 행정청**도 적법하게 세무조사를 할 수 있고, 이는 재조사결정에 따른 재조사라고 하여 달리 볼 것이 아니므로, 이러한 경우에는 처분청이 아닌 관계 행정청도 적법하게 재조사결정에 따른 재조사를 할 수 있다고 봄이 타당하다. 이와 같은 재조사 관할권의 소재와 후속 처분의 보완적 성격 및 납세자에게 미치는 영향 등에 비추어 보면, 관계 행정청이 적법하게 재조사결정에 따른 재조사를 한 다음 그 결과를 통지하면서 재조사결정에 따른 후속 처분의 통지임을 명시하였다면 이는 후속 처분의 통지로서 효력이 있다고 할 것이다. 따라서 이러한 경우에도 재조사결정에 따른 행정소송의 제소기간은 특별한 사정이 없는 한 납세자가 관계 행정청으로부터 재조사결과에 따른 후속 처분의 통지를 받은 날부터 기산된다고 볼 것이다. 후속 처분의 통지를 받은 납세자가 곧바로 행정소송을 제기하지 아니한 채 다시 심사청구나 심판청구를 하였다고 하더라도, 이는 납세자가 임의로 거친 절차에 불과하므로 후속 처분의 통지를 받은 날부터 기산되는 제소기간의 진행을 방해하지 아니한다." ☛ 2016. 12. 20. 국세기본법 개정으로, 심사청구 또는 심판청구를 제기할 수도 있게 되었다.

【구체적 사안】

○ **사실관계** ; 원고가 2007. 10. 10. 코스닥상장법인인 소외 회사의 유상증자에 참여하여 주식을 취득한데 대하여, 감사원은 소외 회사가 원고를 비롯한 32명에게 제3자 배정에 따른 불균등 유상증자를 하였다고 보고 2010. 12. 9. 소외 회사의 소재지 관할 세무서장인 남인천세무서장에 대해 신주인수가액과 상속세 및 증여세법에 의한 평가가액의 차액을 '증자에 따른 이익의 증여'로 보아 과세하도록 통보 → 이에 남인천세무서장은 원고가 위 유상증자 과정에서 주식을 저가로 인수함으로써 11억여 원의 이익을 얻었다고 보고 원고의 납세지 관할 세무서장인 피고에게 과세자료를 통보 → 그에 따라 피고는 2011. 4. 1. 원고에게 2억 9천여만 원(가산세 포함)의 증여세 부과처분 → 원고는 이에 불복하여 조세심판원에 심판청구 → **조세심판원**은 **2011. 12. 22.** 위 유상증자에서의 실권주 재배정이 증권거래법에서 규정하고 있는 유가증권 모집에 의한 배정에 해당하는지를 재조사하여 그 결과에 따라 과세표준 및 세액을 경정하라는 취지의 **재조사결정** → 이에 **남인천세무서장**은 재조사를 한 후 원고에게 처분이 정당하다는 내용의 재조사결과를 통지하면서 **재조사결정에 따른 후속 처분의 통지임을 명시**하였고, 원고는 **2012. 4. 6.** 그 통지서를 받음 → 그 후 원고는 조세심판원에 다시 심판청구를 하였다가 조세심판원이 2012. 10. 18. 심판청구를 기각하는 결정을 하자, **2013. 1. 18.** 처분의 취소를 구하는 소를 제기.

○ **원심** ; 남인천세무서장이 한 재조사결과의 통지는 후속 처분의 통지로서의 효력이 없다는 전제 아래 소가 적법하다

따라, 심사·심판청구를 거치지 않고 후속처분에 대한 행정소송을 제기하거나, ② 국세기본법 제55조 제5항[472] 단서에 따라, 해당 재조사 결정을 한 재결청에 대하여 심사청구 또는 심판청구를 제기할 수 있다. 그 각 제소기간[473]은 ①의 경우 '재조사 후 행한 처분청의 처분의 결과 통지를 받은 날부터 90일 이내', ②의 경우 '재조사 후 행한 처분청의 처분에 대하여 제기한 심사청구 또는 심판청구에 대한 결정의 통지를 받은 날부터 90일 이내'이다. 2019. 12. 31. 개정 **지방세기본법**도 '심사청구'가 없는 것을 제외하고는 동일하다.[474]

재조사결정에 따른 심사청구기간이나 심판청구기간 또는 행정소송의 제소기간은 이의신청인, 심사청구인이나 심판청구인이 후속 처분의 통지를 받은 날부터 기산된다.[475]

고 보아 본안에 나아가 판단.

○ **대법원** ; "다수의 납세자가 관련된 이 사건에서 소외 회사의 소재지 관할 세무서장인 남인천세무서장이 관계 행정청으로서 적법하게 이 사건 재조사결정에 따른 재조사를 하고 그 결과를 통지하면서 이 사건 재조사결정에 따른 후속 처분임을 명시한 이상, 이 사건 재조사결정에 따른 **제소기간**은 원고가 **남인천세무서장으로부터 재조사결과를 통보받은 날부터 기산**된다고 보아야 하므로, 그 때부터 90일이 지난 후에 제기된 이 사건 소는 부적법하다. 원고가 남인천세무서장으로부터 재조사결과의 통지를 받은 후에 다시 조세심판원에 심판청구를 하였다고 하여 달리 볼 수는 없다." → 원심판결 파기·자판(원고의 소는 부적법하여 이를 각하하여야 할 것인데 결론이 같은 제1심판결은 정당하므로 원고의 항소는 이유 없어 이를 기각하는 것으로 자판).

470) 재조사 결정은 재결청의 결정에서 지적된 사항에 관하여 처분청의 재조사결과를 기다려 그에 따른 후속 처분의 내용을 심판청구 등에 대한 결정의 일부분으로 삼겠다는 의사가 내포된 변형결정에 해당하므로, 처분청은 재조사 결정의 취지에 따라 재조사를 한 후 그 내용을 보완하는 **후속 처분**만을 할 수 있다고 보아야 한다. 따라서 처분청이 재조사 결정의 주문 및 그 전제가 된 요건사실의 인정과 판단, 즉 처분의 구체적 위법사유에 관한 판단에 반하여 당초 처분을 그대로 유지하는 것은 재조사 결정의 기속력에 저촉된다(대법원 2017. 5. 11. 선고 2015두37549 판결). 재조사 결정의 취지에 따른 실질적인 재조사가 이루어진 경우라면 당초처분을 그대로 유지하는 것이 가능할 수도 있다.

471) **국세기본법 제56조(다른 법률과의 관계)** ② 제55조에 규정된 위법한 처분에 대한 행정소송은 「행정소송법」 제18조제1항 본문, 제2항 및 제3항에도 불구하고 이 법에 따른 심사청구 또는 심판청구와 그에 대한 결정을 거치지 아니하면 제기할 수 없다. **다만**, 심사청구 또는 심판청구에 대한 제65조제1항제3호 단서(제81조에서 준용하는 경우를 포함한다)의 재조사 결정에 따른 처분청의 처분에 대한 행정소송은 그러하지 아니하다. 〈개정 2016.12.20〉

472) **국세기본법 제55조(불복)** ⑤ 이 장의 규정에 따른 심사청구 또는 심판청구에 대한 처분에 대해서는 이의신청, 심사청구 또는 심판청구를 제기할 수 없다. **다만**, 제65조제1항제3호 단서(제81조에서 준용하는 경우를 포함한다)의 재조사 결정에 따른 처분청의 처분에 대해서는 해당 재조사 결정을 한 재결청에 대하여 심사청구 또는 심판청구를 제기할 수 있다. 〈개정 2016.12.20〉

473) **국세기본법 제56조(다른 법률과의 관계)** ④ 제2항 단서에 따른 행정소송은 「행정소송법」 제20조에도 불구하고 다음 각 호의 기간 내에 제기하여야 한다. **〈신설 2016.12.20〉**

1. 이 법에 따른 심사청구 또는 심판청구를 거치지 아니하고 제기하는 경우 : 재조사 후 행한 처분청의 처분의 결과 통지를 받은 날부터 90일 이내. 다만, 제65조 제5항(제81조에서 준용하는 경우를 포함한다)에 따른 처분기간(제65조 제5항 후단에 따라 조사를 연기하거나 조사기간을 연장하거나 조사를 중지한 경우에는 해당 기간을 포함한다. 이하 이 호에서 같다)에 처분청의 처분 결과 통지를 받지 못하는 경우에는 그 처분기간이 지난 날부터 행정소송을 제기할 수 있다.
2. 이 법에 따른 심사청구 또는 심판청구를 거쳐 제기하는 경우: 재조사 후 행한 처분청의 처분에 대하여 제기한 심사청구 또는 심판청구에 대한 결정의 통지를 받은 날부터 90일 이내. 다만, 제65조 제2항(제81조에서 준용하는 경우를 포함한다)에 따른 결정기간에 결정의 통지를 받지 못하는 경우에는 그 결정기간이 지난 날부터 행정소송을 제기할 수 있다.

474) 심판청구에 대한 재조사 결정에 관한 지방세기본법 제98조 제3항 단서, 제5항 제1, 2호 참조(2021. 1. 1. 이후 행정소송을 제기하는 경우부터 적용(부칙 제11조)).

이의신청에 있어서는, 국세의 경우 **국세기본법 제55조 제6항**476)에 따라 재조사결정에 따른 후속처분에 대한 이의신청이 허용되지 않고, 반드시 심사청구 또는 심판 청구를 거쳐야 행정소송을 제기할 수 있으나(제56조 ②), 지방세의 경우477) 2019. 12. 31. **지방세기본법 제89조**478) 제2항 제1호 본문 개정 시, 재조사결정에 따른 후속처분에 대한 이의신청이 가능하도록 하였다.479)

재조사 결정에 따른 조사는 중복조사금지의 예외사유에 해당하고,480) 재조사 결정에 따른 후속처분은 과세전적부심사 청구의 대상이 아니다.481)

---

475) 대법원 2010. 6. 25. 선고 2007두12514 전원합의체 판결 ; "이의신청 등에 대한 결정의 한 유형으로 실무상 행해지고 있는 **재조사결정**은 처분청으로 하여금 하나의 과세단위의 전부 또는 일부에 관하여 당해 결정에서 지적된 사항을 재조사하여 그 결과에 따라 과세표준과 세액을 경정하거나 당초 처분을 유지하는 등의 후속 처분을 하도록 하는 형식을 취하고 있다. 이에 따라 재조사결정을 통지받은 이의신청인 등은 그에 따른 후속 처분의 통지를 받은 후에야 비로소 다음 단계의 쟁송절차에서 불복할 대상과 범위를 구체적으로 특정할 수 있게 된다. 이와 같은 재조사결정의 형식과 취지, 그리고 행정심판제도의 자율적 행정통제기능 및 복잡하고 전문적·기술적 성격을 갖는 조세법률관계의 특수성 등을 감안하면, 재조사결정은 당해 결정에서 지적된 사항에 관해서는 처분청의 재조사결과를 기다려 그에 따른 **후속 처분의 내용을 이의신청 등에 대한 결정의 일부분으로 삼겠다**는 의사가 내포된 **변형결정**에 해당한다고 볼 수밖에 없다. 그렇다면 재조사결정은 처분청의 후속 처분에 의하여 그 내용이 보완됨으로써 이의신청 등에 대한 결정으로서의 효력이 발생한다고 할 것이므로, 재조사결정에 따른 심사청구기간이나 심판청구기간 또는 행정소송의 제소기간은 이의신청인 등이 후속 처분의 통지를 받은 날부터 기산된다고 봄이 상당하다. 이와 달리, 재조사결정에 따른 행정소송의 제소기간은 원칙적으로 납세자가 재결청으로부터 재조사결정의 통지를 받은 날부터 기산된다는 취지 … 판결들은 이 판결의 견해와 저촉되는 범위에서 이를 모두 변경하기로 한다."

476) **국세기본법 제55조** ⑥ 이 장의 규정에 따른 이의신청에 대한 처분과 제65조 제1항 제3호 단서(제66조 제6항에서 준용하는 경우를 말한다)의 재조사 결정에 따른 처분청의 처분에 대해서는 이의신청을 할 수 없다. 〈신설 2016. 12. 20〉

477) 이의신청에 대한 재조사결정에 관하여는 지방세기본법 제96조 제1항 제3호 단서, 제4항, 제5항 참조.

478) **지방세기본법 제89조(청구대상)** ① 이 법 또는 지방세관계법에 따른 처분으로서 위법·부당한 처분을 받았거나 필요한 처분을 받지 못하여 권리 또는 이익을 침해당한 자는 이 장에 따른 이의신청 또는 심판청구를 할 수 있다. 〈개정 2020.12.29.〉 ② 다음 각 호의 처분은 제1항의 처분에 포함되지 아니한다. 〈개정 2019.12.31.〉 1. 이 장에 따른 이의신청 또는 심판청구에 대한 처분. 다만, 이의신청에 대한 처분에 대하여 심판청구를 하는 경우는 제외한다. 2. 제121조제1항에 따른 통고처분 3. 「감사원법」에 따라 심사청구를 한 처분이나 그 심사청구에 대한 처분 4. 과세전적부심사의 청구에 대한 처분 5. 이 법에 따른 과태료의 부과
부칙 제1조(시행일) 이 법은 2020년 1월 1일부터 시행한다. **제9조(재조사 결정에 따른 처분에 대한 불복청구에 관한 적용례)** 제89조 제2항 제1호(재조사 결정에 따른 처분에 대한 불복청구와 관련된 개정사항으로 한정한다)의 개정규정은 2020년 1월 1일 전에 재조사를 실시하고 2020년 1월 1일 이후 그에 따른 처분을 받은 경우에도 적용한다.

479) 2019. 12. 31. 개정 전 지방세기본법 제89조 제2항 제1호 본문에서는 '이의신청 또는 심판청구를 할 수 있는 처분에 포함되지 아니하는 처분'으로 "이 장에 따른 이의신청, 심사청구 또는 심판청구에 대한 처분(당초 처분의 적법성에 관하여 재조사하여 그 결과에 따라 과세표준과 세액을 경정하거나 당초 처분을 유지하는 등의 처분을 하도록 하는 결정에 따른 처분을 포함한다. 이하 이 항에서 같다)"라고 규정하고 있다가(괄호규정은 2015. 12. 29. 개정 시 신설된 것이다), 2019. 12. 31. 개정 시 위 괄호 부분을 삭제하였는데, '**개정이유**'에 "납세자의 이의신청 등에 따라 처분의 적법성에 관하여 재조사하여 그 결과에 따라 과세표준과 세액을 경정하거나 당초 처분을 유지하는 처분을 하는 경우에는 불복청구 대상에서 제외하고 있었으나, 앞으로는 과세 관청의 재조사 이후 처분에 대해서도 납세자가 부당하다고 판단될 경우에는 이의신청 등 불복청구가 가능하도록 개선함(제89조제2항제1호)."이라고 되어 있다. 재조사결정은 재조사에 따른 후속 처분에 의하여 그 내용이 보완됨으로써 재결로서의 효력이 발생하므로(판례), 후속 처분을 이의신청 등에 대한 재조사 결정의 일부분으로 본다면, 위 괄호규정을 당연한 내용의 확인적 규정으로 볼 여지가 있고, 그렇다면 그 삭제만으로 위 개정이유와 같이 볼 수 있을지는 입법기술상 의문이 있을 수 있다.

480) 국세기본법 제81조의4 제2항 제4호, 지방세기본법 제80조 제2항 제4호.

● 대법원 2017. 6. 8. 선고 2014두38149 판결 [등록세등부과처분취소]

▌제소기간, 청구취지 확장, 소 변경

판시사항

원심[482]이, 원고가 이 사건 소 제기 당시에는 취득가액 차액 상당을 과세표준으로 하는 부분만 취소를 구하였다가, 이후 등록세율 차이로 인한 부분까지 포함한 이 사건 처분 전부의 취소를 구하는 것으로 **청구취지**를 **확장**한 것은 **적법한 소의 변경**에 해당한다는 등의 이유를 들어, 이러한 청구취지 확장 부분이 제소기간[483]을 도과하여 부적법하다는 피고의 본안전항변을 배척한 것은 정당하고, 과세처분 취소소송에서의 소송물이나 제소기간 등에 관한 법리를 오해한 잘못이 없다고 한 예.

※ 민사소송법에 기초한 청구변경과 제소기간 준수 여부

행정소송법 제21조와 **제22조**[484]가 정하는 **소의 변경**은 그 규정에 의하여 특별히 인정되는 것으로서 민사소송법상 소의 변경을 배척하는 것이 아니므로, 행정소송의 원고는 행정소송법 제8조 제2항에 의하여 준용되는 **민사소송법 제262조**[485]에 따라 청구의 기초에 변경이 없는 한도에서 청구취지 또는

481) 국세의 경우 국세기본법 제81조의15 제3항 제4호, 영 제63조의15 제3항 제2호에 따라 '과세전적부심사 청구'의 대상이 아니고, 지방세의 경우 종전에는 과세전적부심사 청구의 대상이 아닌 것으로 규정되어 있었으나 2020. 12. 31. 개정 시 그 전단계인 '과세예고통지' 대상에서 제외하여(지방세기본법 제88조 제1항 제5호, 영 제58조 제3항 제6호) 과세전적부심사 청구의 대상이 아닌 것으로 규정하였다.

482) 부산고등법원(창원) 2014. 5. 15. 선고 2013누10048 판결 ; "피고는, 원고가 당심에서 추가한 등록세율 차이로 인한 추가 등록세 72,407,650원과 추가 지방교육세 13,549,080원의 각 부과처분의 취소청구 부분은 제소기간을 도과한 것이라고 주장한다. … 이 사건 처분에는 '취득가액 차액을 과세표준으로 하는 등록세 386,183,960원과 지방교육세 72,263,700원' 및 '등록세율 차이로 인한 추가 등록세 72,407,650원과 추가 지방교육세 13,549,080원'이 모두 포함되어 있고, 원고는 이 사건 처분에 대하여 불복하여 전심절차(조세심판원에 대한 심판 청구)를 거쳤다. 원고는 이 사건 행정소송을 제기하면서 '취득가액 차액을 과세표준으로 하는 등록세 386,183,960원과 지방교육세 72,263,700원'에 대하여만 그 부과처분의 취소를 구하였다가 당심에 이르러 '등록세율 차이에 대한 추가 등록세 72,407,650원과 추가 지방교육세 13,549,080원'을 포함하여 이 사건 처분 전부의 취소를 구하는 것으로 청구취지를 확장하였는데, 위 청구확장은 동일한 처분의 범위 내에서 청구의 기초에 변경이 없이 이루어진 소의 변경에 해당하므로 제소기간 준수 여부는 당초의 소 제기시를 기준으로 판단하면 된다. 원고는 조세심판원의 2012. 11. 6.자 기각 결정을 받은 때로부터 90일 이내인 2013. 1. 29. 이 사건 소를 제기하였으므로, 피고의 주장은 이유 없다."

483) 지방세에 관한 필요적 전치주의 도입 전 적용법령 ; **행정소송법 제20조(제소기간)** ① 취소소송은 처분등이 있음을 안 날부터 90일 이내에 제기하여야 한다. 다만, 제18조 제1항 단서에 규정한 경우와 그 밖에 행정심판청구를 할 수 있는 경우 또는 행정청이 행정심판청구를 할 수 있다고 잘못 알린 경우에 행정심판청구가 있은 때의 기간은 재결서의 정본을 송달받은 날부터 기산한다.

484) **행정소송법 제21조(소의 변경)** ① 법원은 취소소송을 당해 처분 등에 관계되는 사무가 귀속하는 국가 또는 공공단체에 대한 당사자소송 또는 취소소송 외의 항고소송으로 변경하는 것이 상당하다고 인정할 때에는 청구의 기초에 변경이 없는 한 사실심의 변론종결 시까지 원고의 신청에 의하여 결정으로써 소의 변경을 허가할 수 있다.
제22조(처분변경으로 인한 소의 변경) ① 법원은 행정청이 소송의 대상인 처분을 소가 제기된 후 변경한 때에는 원고의 신청에 의하여 결정으로써 청구의 취지 또는 원인의 변경을 허가할 수 있다. ② 제1항의 규정에 의한 신청은 처분의 변경이 있음을 안 날로부터 60일 이내에 하여야 한다.

485) **민사소송법 제262조(청구의 변경)** ① 원고는 청구의 기초가 바뀌지 아니하는 한도 안에서 변론을 종결할 때(변론 없이 한 판결의 경우에는 판결을 선고할 때)까지 청구의 취지 또는 원인을 바꿀 수 있다. 다만, 소송절차를 현저히

원인을 변경할 수 있고(대법원 2013. 4. 26. 선고 2012두27954 판결[486]), 이 경우 변경된 청구의 제소기간 준수 여부는 당초의 소 제기 시를 기준으로 판단한다.[487]

지연시키는 경우에는 그러하지 아니하다.

486) 원심이, 피고 세무서장의 소외 회사에 대한 소득금액변동통지 취소청구와 서대문세무서장의 원고에 대한 소득세경정청구거부처분 취소청구는 행정처분이 서로 다를 뿐만 아니라 처분청도 달리하고 있어 그 청구의 기초에 변경이 없다고 보기는 어렵다는 이유로 원고의 피고 경정 및 청구취지 변경신청을 불허한 다음, 원고의 당초 청구인 피고의 소외 회사에 대한 소득금액변동통지 취소청구를 심판대상으로 보고 그 당부를 판단한 것은 정당하다고 한 예.

487) ◎ **청구취지 변경과 제소기간 준수 여부**
○ 대법원 2013. 2. 14. 선고 2011두25005 판결 ; "당초의 과세처분을 다투는 적법한 전심절차의 진행 중에 증액경정처분이 이루어지면 당초의 과세처분은 증액경정처분에 흡수되어 독립적인 존재가치를 상실하므로, 납세자는 특별한 사정이 없는 한 증액경정처분에 맞추어 청구의 취지나 이유를 변경한 다음, 그에 대한 결정의 통지를 받은 날부터 90일 이내에 증액경정처분의 취소를 구하는 행정소송을 제기하여야 한다. 다만 당초의 과세처분에 존재하고 있다고 주장되는 위법사유가 증액경정처분에도 마찬가지로 존재하고 있어 당초의 과세처분이 위법하다고 판단되면 증액경정처분도 위법하다고 하지 않을 수 없는 경우라면, 당초의 과세처분에 대한 전심절차의 진행 중에 증액경정처분이 이루어졌음에도 불구하고 그대로 전심절차를 진행한 납세자의 행위 속에는 달리 특별한 사정이 없는 한 당초의 과세처분에 대한 심사청구 또는 심판청구를 통하여 당초의 과세처분을 흡수하고 있는 증액경정처분의 취소를 구하는 의사가 묵시적으로 포함되어 있다고 봄이 타당하다. 따라서 이러한 경우에는 설령 납세자가 당초의 과세처분에 대한 전심절차에서 청구의 취지나 이유를 변경하지 아니하였다고 하더라도 증액경정처분에 대한 별도의 전심절차를 거칠 필요 없이 당초 제기한 심사청구 또는 심판청구에 대한 결정의 통지를 받은 날부터 90일 이내에 증액경정처분의 취소를 구하는 행정소송을 제기할 수 있다고 할 것이다. 그리고 납세자가 이와 같은 과정을 거쳐 행정소송을 제기하면서 당초의 과세처분의 취소를 구하는 것으로 청구취지를 기재하였다 하더라도, 이는 잘못된 판단에 따라 소송의 대상에 관한 청구취지를 잘못 기재한 것이라 할 것이고, 그 제소에 이른 경위나 증액경정처분의 성질 등에 비추어 납세자의 진정한 의사는 증액경정처분에 흡수됨으로써 이미 독립된 존재가치를 상실한 당초의 과세처분이 아니라 증액경정처분 자체의 취소를 구하는 데에 있다고 보아야 할 것이다. 따라서 납세자는 그 소송계속 중에 청구취지를 변경하는 형식으로 증액경정처분의 취소를 구하는 것으로 청구취지를 바로잡을 수 있는 것이고, 이때 제소기간의 준수 여부는 형식적인 청구취지의 변경 시가 아니라 증액경정처분에 대한 불복의 의사가 담긴 당초의 소 제기 시를 기준으로 판단하여야 한다." ☞ **[동일 취지]** 대법원 2012. 11. 29. 선고 2010두7796 판결
○ 대법원 2011. 1. 20. 선고 2009두13474 전원합의체 판결 ; "소장의 청구취지 기재만으로는 당사자가 주장하는 소송물이 포함되어 있는지가 분명하지 아니하지만 청구원인으로 보아 그 청구가 당초부터 소송물로 주장되고 있음이 분명하다면 소장의 청구취지에 그 소송물이 포함되어 있다고 보아야 하고 나중에 당사자가 청구취지변경신청서에 의해 청구취지를 청구원인에 맞게 정리하여 그 소송물을 명확하게 특정하였다고 해서 그때 비로소 그 소송물이 추가되었다고 볼 것은 아니므로, 그 소송물에 관한 제소기간의 준수 여부는 청구취지 변경 시가 아닌 소장 제출 시를 기준으로 판단하여야 한다." ☜ 원고에 대한 차감고지세액 106,485,820(가산세액 107,335,640원에서 환급액 849,811원을 차감한 금액)원의 고지는 이 사건 부가가치세 환급거부처분과 이 사건 가산세 부과처분이 혼합된 것이고, 원고가 소장에서 청구취지를 '부가가치세 106,485,820원의 부과처분을 취소한다'라고 기재한 것은 이 사건 가산세 부과처분의 일부 취소만을 구한 것이 아니라 이 사건 가산세 부과처분과 이 사건 환급거부처분의 취소를 함께 구한 것이라고 봄이 상당하므로, 원고가 청구취지변경신청서에서 이 사건 환급거부처분의 취소도 구한다는 뜻을 분명히 하여 청구취지를 변경한 것을 가리켜 그때 비로소 이 사건 환급거부처분 취소청구를 새로이 추가한 것으로 볼 수 없다고 한 예.

불이익변경금지원칙

● 대법원 2016. 9. 28. 선고 2016두39382 판결 [부가가치세등부과처분취소]

▌재조사결정, 불이익변경금지원칙

판시사항

심판청구에 대한 결정의 한 유형으로 실무상 행해지고 있는 **재조사결정의 취지에 따른 후속 처분**이 심판청구를 한 당초 처분보다 청구인에게 불리하면 **불이익변경금지원칙**에 위배되어 후속 처분 중 **당초 처분의 세액을 초과하는 부분**이 위법한지 여부(○)

이 유

국세기본법(이하 '법'이라 한다) 제65조 제1항, 제81조[488]는 심판청구에 대한 결정의 유형으로 각하결정,[489] 기각결정, 처분의 취소·경정 또는 필요한 처분의 결정을 각 규정하고 있고, 법 제79조[490] 제2항은 "조세심판관회의 또는 조세심판관합동회의는 제81조에서 준용하는 제65조에 따른 결정을 할 때 심판청구를 한 처분보다 청구인에게 불리한 결정을 하지 못한다."고 규정하고 있다.[491]

---

488) 심사청구 규정을 심판청구에 준용하는 규정.

489) **국세기본법 제65조(결정)** ① 심사청구에 대한 결정은 다음 각 호의 규정에 따라 하여야 한다.
1. 심사청구가 다음 각 목의 어느 하나에 해당하는 경우에는 그 청구를 각하하는 결정을 한다.
 가. 심판청구를 제기한 후 심사청구를 제기(같은 날 제기한 경우도 포함한다)한 경우
 나. 제61조에서 규정한 청구기간이 지난 후에 청구된 경우
 다. 심사청구 후 제63조제1항에 규정된 보정기간에 필요한 보정을 하지 아니한 경우
 라. 심사청구가 적법하지 아니한 경우
 마. 가목부터 라목까지의 규정에 따른 경우와 유사한 경우로서 대통령령으로 정하는 경우

490) **국세기본법 제79조(불고불리, 불이익변경금지)** [전문개정 2010.1.1.] ① 조세심판관회의 또는 조세심판관합동회의는 제81조에서 준용하는 제65조에 따른 결정을 할 때 심판청구를 한 처분 외의 처분에 대해서는 그 처분의 전부 또는 일부를 취소 또는 변경하거나 새로운 처분의 결정을 하지 못한다. ② 조세심판관회의 또는 조세심판관합동회의는 제81조에서 준용하는 제65조에 따른 결정을 할 때 심판청구를 한 처분보다 청구인에게 불리한 결정을 하지 못한다.

491) **◎ 심판·심사 결정의 불이익변경금지**
○ 대법원 2007. 11. 16. 선고 2005두10675 판결 ; "국세기본법 제79조 제2항 … 은 국세기본법상 심사청구에 대한 결정에도 준용된다 할 것인바, 이러한 불이익변경금지는 심사결정의 **주문 내용**이 심사청구 대상인 과세처분보다 청구인에게 불이익한 경우에 적용되고, 과세관청이 심사결정의 **이유**에서 밝혀진 내용에 근거하여 탈루 또는 오류가 있는 과세표준이나 세액을 경정결정하는 경우에는 **적용되지 아니한다** 할 것이다. 원심이 …과세관청은 국세심사결정의 **이유**에서 드러난 사유로 인하여 과세표준과 세액에 관련된 탈루 또는 오류가 발견된 때에는 **과세권이 시효로 소멸하지 아니하는 한** 이를 **경정할 수 있다**고 판단한 것은 정당하고"
○ 대법원 2004. 12. 9. 선고 2003두278 판결 ; "원심은 … 원고가 피고의 1999. 3. 18.자 1993 사업연도분 법인세 366,785,690원의 부과처분('당초 처분')이 부당하다고 주장하면서 국세심판원에 그 취소를 구하는 심판을 청구한 결과, 국세심판원은 원고가 1990 사업연도부터 1992 사업연도까지 사채를 할인발행하면서 사채의 표시이자율과 시장이자율의 차이에 상당하는 금액을 인수수수료라는 명목으로 사채를 인수하는 증권회사에 지급한 금액(이하 '사채인수수수료'라 한다)은 사채할인발행차금에 해당하는데도 사채발행비로 계상하여 상각한 것은 잘못된 것이므로 1993. 1. 1. 이전에 발생한 사채인수수수료에서 사채할인발행차금으로 월할 상각한 총금액 중 1992 사업연도 이전에 배분된 금액을 제외한 나머지 금액을 1993 사업연도 이후로 안분하여 그 금액을 손금산입하고 이를 지급이자로 보아 타법인

심판청구에 대한 결정의 한 유형으로 실무상 행해지고 있는 **재조사결정**은 재결청의 결정에서 지적된 사항에 관해서 처분청의 재조사결과를 기다려 그에 따른 후속 처분의 내용을 심판청구 등에 대한 결정의 일부분으로 삼겠다는 의사가 내포된 변형결정에 해당하고, 처분청의 후속 처분에 따라 그 내용이 보완됨으로써 결정으로서 효력이 발생하므로(대법원 2010. 6. 25. 선고 2007두12514 전원합의체 판결 참조), **재조사결정의 취지에 따른 후속 처분**이 심판청구를 한 당초 처분보다 청구인에게 불리하면 법 제79조 제2항의 **불이익변경금지원칙**에 위배되어 후속 처분 중 **당초 처분의 세액을 초과**하는 부분은 **위법**하게 된다.[492]

주식 등에 관련한 지급이자를 재계산하여 과세표준과 세액을 경정하라는 취지의 결정을 하였고, 이에 피고는 2000. 12. 15. 국세심판원의 결정에 따라 당초 처분보다 손금산입액을 감소시켜서 1993 사업연도 법인세를 1,871,976,611원 증액하는 처분(원고가 신고한 금액을 기준으로 한 것으로서 당초 처분을 기준으로 하면 1,505,190,920원이 증액된 것임, 이하 '이 사건 처분'이라 한다)을 한 사실을 인정한 다음, 국세심판원의 결정에 의하면, 1993 사업연도 법인세부과처분에 있어서 손금산입할 금액이 감소되어 결과적으로 과세표준이 증가하게 되므로 위 결정은 청구인인 원고에게 불이익이 되는 결정이라 할 것이어서 국세심판원의 결정 중 1993 사업연도 법인세부과처분에 대한 부분은 국세기본법 제79조 제2항의 **불이익변경금지원칙에 위배된 당연 무효의 결정**이고, 피고가 당연 무효인 국세심판원의 결정에 따라 당초 처분액수보다 증액하여 한 이 사건 처분 중 **당초 처분액수를 초과하는 부분은 당연 무효**라고 판단하였다. … 기간과세로서 사업연도가 달라지면 과세단위도 달라지는 법인세의 경우, **수개의 사업연도**에 대한 심판청구가 있었다 하여도 그 **불이익 여부**는 수개의 사업연도에 대한 법인세 전체세액을 기준으로 따질 것이 아니라 **각 사업연도의 부과처분액을 기준**으로 판단하여야 하는 점, 과세연도별 법인세율의 차이가 있다고 해도 달리 볼 수 없으며, 이 사건 처분 중 **가산세액**에 대한 부분은 본세인 법인세부과처분과 별개의 부과처분이지만 가산세액 또한 법인세의 과세표준이 증가하면서 증액된 것이므로 **당초 처분액수보다 증액**된 부분은 마찬가지로 **무효**인 점 등의 법리를 고려할 때, 원심의 위와 같은 인정과 판단은 옳은 것으로 수긍이 가고"

○ 대법원 1992. 7. 14. 선고 92누893 판결 ; "국세심판소장이 과세처분에 불복하는 심판청구를 기각하였다고 하여도 그 후에도 위 심판결정 **이유**에서 판단된 내용에 의하여 또는 그 밖의 사유로 과세표준과 세액에 탈루 또는 오류가 있는 것이 발견된 때에는 과세권이 소멸시효에 걸리지 않는 한 과세관청은 **언제든지** 이를 **경정결정**할 수 있다 할 것이며 이 경정결정된 과세처분에 의한 과세액이 국세심판소장의 심판청구기각결정에 의하여 유지된 당초의 과세처분의 과세액보다 많다 하여 이를 가리켜 국세기본법 제80조에서 규정한 국세심판결정이 가지는 관계행정청을 기속하는 효력에 어긋나는 처분이라고 할 수 없다. … 법 제79조 제2항에서 규정한 불이익변경금지의 원칙이란 **국세심판결정**에 있어 당초의 과세관청의 처분보다 청구인에게 불리한 결정을 할 수 없다는 것이고 과세관청의 **과세처분에는 이 법조항이 적용될 여지가 없**으므로 이 점에 관한 원심의 판단유탈은 판결에 영향을 미친 바가 없다 할 것이다."

492) **【구체적 사안】**

○ **사실관계** ; ① 피고 세무서장은 원고의 종합소득세 신고내역에서 매출누락된 수입금액을 추가하여 2008년 내지 2012년 귀속 종합소득세 부과처분을 한 사실, ② 원고는 위 처분에 불복하여 조세심판원에 심판청구를 하였고, 조세심판원은 원고의 주장을 일부 받아들여 2015. 2. 6. '소득금액을 추계하여 과세표준 및 세액을 경정하라'는 결정을 한 사실, ③ 이에 피고 세무서장은 소득금액을 추계하여 2008년 내지 2011년 종합소득세는 2015. 2. 12. 감액경정처분을 하였으나, 2012년 귀속 종합소득세는 2015. 2. 13. 당초 경정·고지한 세액 20,730,862원에서 9,436,211원을 추가로 부과하는 증액경정처분을 한 사실, ④ 원고는 위 증액경정처분에 대하여 재차 조세심판원에 심판청구를 제기하였으나, 조세심판원은 2015. 2. 6.자 심판결정은 재조사결정에 해당하므로 그에 따른 후속 처분은 심판청구의 대상이 되지 않는다는 이유로 원고의 심판청구를 각하한 사실.

○ **원심** ; 피고 세무서장의 추가 과세가 원고에게 불이익한 경우에 해당하지 않는다는 이유로 이 부분 처분이 적법하다고 판단.

○ **대법원** ; 조세심판원의 2015. 2. 6.자 심판결정은 과세표준과 세액을 산정하기 위한 구체적인 경정기준을 제시하지 아니한 채 소득금액을 추계조사하여 과세표준과 세액을 경정할 것을 명하고 있으므로 재조사결정에 해당하는데, 그에 따른 후속 처분 중 2012년 귀속 종합소득세 부분은 당초 처분보다 불이익하므로, 2012년 귀속 종합소득세 부과처분 중 위와 같이 증액된 부분은 위법하다.

심판 결정의 기속력

● 대법원 2017. 5. 11. 선고 2015두37549 판결 [부가가치세부과처분취소]

▌재조사결정, 기속력

판시사항

심판청구 등에 대한 결정의 한 유형으로 실무상 행해지고 있는 '**재조사 결정**'의 법적 성격 및 처분청이 재조사 결정의 주문 및 그 전제가 된 요건사실의 인정과 판단, 즉 **처분의 구체적 위법사유에 관한 판단**에 반하여 **당초 처분을 그대로 유지**하는 것이 **재조사 결정의 기속력에 저촉**되는지 여부(○)

이 유

구 국세기본법(2016. 12. 20. 법률 제14382호로 개정되기 전의 것)은 제81조에서 '심판청구에 관하여는 심사청구에 관한 제65조를 준용한다'고 규정하고, 제80조 제1항, 제2항에서 **심판청구**에 대한 **결정**의 **효력**에 관하여 '제81조에서 준용하는 제65조에 따른 결정은 관계 **행정청**을 **기속**하고, 심판청구에 대한 결정이 있으면 해당 행정청은 결정의 취지에 따라 즉시 필요한 처분을 하여야 한다'고 규정하고 있으며, 제65조 제1항 제3호에서 '심사청구가 이유 있다고 인정될 때에는 그 청구의 대상이 된 처분의 취소·경정 결정을 하거나 필요한 처분의 결정을 한다'고 규정하고 있다.[493)]

심판청구 등에 대한 결정의 한 유형으로 실무상 행해지고 있는 **재조사 결정**은 재결청의 결정에서 지적된 사항에 관하여 처분청의 재조사결과를 기다려 그에 따른 후속 처분의 내용을 심판청구 등에 대한 결정의 일부분으로 삼겠다는 의사가 내포된 **변형결정**에 해당하므로(대법원 2010. 6. 25. 선고 2007두12514 전원합의체 판결 참조), 처분청은 재조사 결정의 취지에 따라 재조사를 한 후 그 **내용을 보완하는 후속 처분만**을 할 수 있다고 보아야 한다.

따라서 처분청이 재조사 결정의 주문 및 그 전제가 된 요건사실의 인정과 판단, 즉 **처분의 구체적 위법사유에 관한 판단**에 반하여 **당초 처분을 그대로 유지**하는 것은 **재조사 결정의 기속력에 저촉**된다고 할 것이다.[494)]

---

493) **국세기본법 제65조(결정)** ① 심사청구에 대한 결정은 다음 각 호의 규정에 따라 하여야 한다. 〈개정 **2016.12.20.**〉 … 3. 심사청구가 이유 있다고 인정될 때에는 그 청구의 대상이 된 처분의 취소·경정 결정을 하거나 필요한 처분의 결정을 한다. 다만, 취소·경정 또는 필요한 처분을 하기 위하여 **사실관계 확인 등 추가적으로 조사**가 필요한 경우에는 처분청으로 하여금 이를 재조사하여 그 결과에 따라 취소·경정하거나 필요한 처분을 하도록 하는 **재조사 결정**을 할 수 있다. ② 제1항의 결정은 심사청구를 받은 날부터 90일 이내에 하여야 한다. ③ 제1항의 결정을 하였을 때에는 제2항의 결정기간 내에 그 이유를 기재한 결정서로 심사청구인에게 통지하여야 한다. ④ 제63조 제1항에 규정된 보정기간은 제2항의 결정기간에 산입하지 아니한다. ⑤ 제1항 제3호 단서에 따른 재조사 결정이 있는 경우 처분청은 재조사 결정일로부터 60일 이내에 결정서 주문에 기재된 범위에 한정하여 조사하고, 그 결과에 따라 취소·경정하거나 필요한 처분을 하여야 한다. 이 경우 처분청은 제81조의7 및 제81조의8에 따라 조사를 연기하거나 조사기간을 연장하거나 조사를 중지할 수 있다. 〈신설 2016.12.20.〉 ⑥ 제1항 제3호 단서 및 제5항에서 규정한 사항 외에 재조사 결정에 필요한 사항은 대통령령으로 정한다.

494) **【구체적 사안】**
조세심판원은 'e-해법수학시스템의 제공은 학습교재의 공급에 부수되는 것'이라는 원고의 주장과 '온라인교재의 공급

● 대법원 2016. 10. 27. 선고 2016두42999 판결 [증여세부과처분취소]

▌심판 결정의 기속력, 재처분, 처분사유 변경

판시사항

과세처분에 관한 불복절차과정에서 그 불복사유가 옳다고 인정하여 이에 따라 필요한 처분을 한 경우, 동일 사항에 관하여 특별한 사유 없이 이를 번복하고 **종전 처분의 근거규정**을 **추가**하는 방법으로 **다시 종전의 처분을 되풀이** 할 수 있는지 여부(×)

이 유

구 국세기본법(2013. 1. 1. 법률 제11604호로 개정되기 전의 것)은 제81조 … 제80조 제1항, 제2항 … 제65조 제1항 제3호 … 규정하고 있다. 과세처분에 관한 불복절차에서 그 **불복사유가 옳다고 인정**하고 이에 따라 **필요한 처분**을 하였을 경우에는 불복제도와 이에 따른 시정방법을 인정하고 있는 위 법 규정의 취지에 비추어 **동일 사항**에 관하여 **특별한 사유 없이** 이를 번복하고 **다시 종전의 처분을 되풀이할 수는 없다**.[495]

은 프랜차이즈 가맹사업에 부수되는 용역이므로 부가가치세 부과대상'이라는 피고의 주장을 살핀 후, '온라인교재가 부가가치세 면세대상인 전자출판물에 해당하므로 그 공급가액을 과세표준에서 차감하여야 한다'는 이유로 해당 가액을 재조사하여 과세표준에서 차감하여 세액을 경정하라는 이 사건 **재조사 결정**을 하였으므로, 위 결정에는 온라인교재의 공급이 프랜차이즈 가맹사업에 부수되지 아니한다는 취지가 포함되어 있다고 보인다 하여, 피고가 온라인교재의 공급가액을 산정하여 이를 과세표준에서 차감하지 아니한 채 이 사건 처분을 당초와 같은 이유로 그대로 유지한 것은 이 사건 재조사 결정의 주문 및 그 전제가 된 요건사실의 인정과 판단에 반하고, 이 사건 재조사 결정의 기속력에 저촉된다고 판단한 예.

495) **【구체적 사안】**

○ **사실관계** ; ① 코스닥 상장법인인 소외 회사 1은 2005. 12. 5. 비상장법인인 소외 회사 2의 주식을 전부 인수하면서 소외 회사 2의 주주들에게 소외 회사 1의 신주를 발행해 주는 주식의 포괄적 교환계약을 체결하였다. 위 교환계약에 따라 소외 회사 2의 주주들인 원고들은 소외 회사 2 주식의 교환대가로 소외 회사 1 주식을 각 취득하였다. ② 피고는 구 상속세 및 증여세법 제42조 제1항 제3호에 근거하여 이 사건 교환계약으로 원고들이 얻은 이익을 증여재산가액으로 보고 원고들에게 증여세를 결정·고지하는 종전 처분을 하였다. ③ 이에 대하여 원고들이 제기한 심판청구에서 조세심판원은 2012. 12. 27. '위 교환계약과 같은 주식의 포괄적 교환에 대하여 상증세법 제35조가 정한 저가·고가 양도에 따른 이익의 증여 등 규정을 적용하여 과세하는 것은 별론으로 하고, 상증세법 제42조를 적용하여 증여세를 부과한 종전 처분은 부당하다'는 이유로 이를 취소하는 결정을 하였다. ④ 이에 따라 피고는 2013. 10. 1. 상증세법 제35조에 근거하여 원고들에게 증여세를 부과하는 이 사건 처분을 하였다. 이에 대하여 원고들은 조세심판원에 심판청구를 하였다가 기각결정이 내려지자 이 사건 소를 제기하였다. ⑤ 그런데 대법원은 2014. 4. 24. '상법상 주식의 포괄적 교환에 의하여 완전자회사가 되는 회사의 주주가 얻은 이익에 대하여는 상증세법 제35조가 아닌 상증세법 제42조 제1항 제3호를 적용하여 과세하여야 한다'는 판결을 선고하였다(대법원 2014. 4. 24. 선고 2011두23047 판결). ⑥ 그 후 피고는 이 사건 소에 이르러 처분의 근거규정으로 이 사건 조항을 추가하였다.

○ **판단** ; 원심이, ① 위 대법원 2011두23047 판결에 따라 상증세법 제35조를 근거로 하여 원고들에게 증여세를 부과할 수 없고, ② 증여세 과세의 기초가 되는 사정에 아무런 변경이 없는데도 위 제42조 제1항 제3호를 처분사유로 하는 것은 불복과정에서 취소된 종전 처분을 번복하여 이를 되풀이하는 것일 뿐만 아니라 위 조항에 근거한 종전 처분을 취소한 조세심판결정의 기속력에 저촉되고, 주식의 포괄적 교환에 상증세법의 **어느 조문을 적용하여야 하는지**에 관하여 **견해가 갈리다가 대법원판결에 의하여 명확하게 선언**되었다고 하더라도 **재결의 기속력을 배제하거나 처분의 반복을 허용할 수는 없**으므로, 이 사건 소에서 처분의 근거규정으로 위 조항을 추가할 수 없다고 판단한 것은 정당하다.

※ 불복청구에 대한 결정의 효력

심판청구에 대한 결정은 관계 행정청을 기속하는 효력(기속력)이 있고, 해당 행정청은 결정의 취지에 따라 즉시 필요한 처분을 하여야 한다(국세기본법 제80조). 이는 명문의 규정이 없는 국세 심사청구나 이의신청에 대한 결정에도 당연히 인정된다.[496] 그 외 불복청구에 대한 결정(재결)의 효력으로, 불가쟁력(형식적 확정력; 결정통지를 받은 날로부터 90일 이내 다음 심급에 불복청구를 제기 하지 않았을 경우 당연무효가 아닌 한 다툴 수 없게 되는 효력), 불가변력(결정에 하자가 있더라도 재결청 자신이 취소나 변경할 수는 없게 하는 효력), 형성력(재결의 내용에 따라 당연히 새로운 법률관계의 발생이나 종래의 법률관계의 변경, 소멸을 가져오는 효력)이 인정된다.

재결의 기속력은 재결의 주문 및 그 전제가 된 요건사실의 인정과 판단, 즉 처분의 구체적 위법사유에 관한 판단에만 미친다(기속력이 미치는 객관적 범위는 판결의 '기판력'이 '주문에 포함된 것'에 한하여 미치는 것과는 다르다). 따라서 종전 처분이 재결에 의하여 취소되었더라도 종전 처분과 다른 사유를 들어 처분을 하는 것은 기속력에 저촉되지 아니한다. 동일한 사유인지 다른 사유인지는 종전 처분에 관하여 위법한 것으로 재결에서 판단된 사유와 기본적 사실관계에서 동일성이 인정되는 사유인지 여부에 따라 판단하여야 한다(대법원 2017. 2. 9. 선고 2014두40029 판결[497]).

☞ 【comment】 **금지되는 재처분**에는 '**처분사유의 변경**'이 **포함**되고, "주식의 포괄적 교환에 상증세법의 어느 조문을 적용하여야 하는지에 관하여 견해가 갈리다가 대법원판결에 의하여 명확하게 선언되었다."는 사유가 재처분이 허용되는 '**특별한 사유'에 해당되지 않는다**는 취지임.

496) **지방세기본법 제96조 제2, 3항**은, 지방세기본법상 이의신청에 따른 결정은 해당 처분청을 기속하고, 해당 처분청은 결정의 취지에 따라 즉시 필요한 처분을 하여야 한다고 규정하고 있다.

497) **【구체적 사안】**

○ **사실관계** ; ① 원고 학교법인은 1983. 12. 3.경부터 교육감의 용도변경허가를 받아 원고 소유의 경주시 오야리 토지를 교육용 기본재산으로 등재하고 학교 야구부와 축구부의 연습장으로 사용하였다. ② 원고는 1990. 4. 4.경 교육감에게 야구부 해체 등으로 인한 부지 미활용과 학교 이전계획을 등을 이유로, 위 토지를 수익용 기본재산으로 용도변경한 후 처분하고 그 처분대금을 정기예금으로 대체하여 관리하겠다는 취지의 용도변경 및 대체처분허가를 신청하였다. ③ 교육감은 1990. 5. 7. '처분대금의 정기예금 예치와 1990. 8. 20.까지의 처분' 등의 조건을 붙여 허가하였으나, 원고는 위 기한까지 토지를 처분하지 못하였고, 이후 다시 토지의 용도를 교육용 기본재산으로 변경하는 허가는 받지 않았다. ④ 피고는 원고가 법인세를 체납하자 **1996. 5. 8.** 위 토지를 포함한 원고 소유의 부동산에 대하여 압류처분(종전 압류처분)을 하였다. ⑤ 원고는 이에 불복하여 이의신청과 심사청구를 거쳐 1996. 11. 21. 국세심판소에 심판청구를 제기하면서, 위 토지 등은 교육용 기본재산으로서 사립학교법 등 관련법령에 따라 경매목적물이 될 수 없는 부동산이어서 압류할 수 없다고 주장하였고, 피고는 강제경매의 목적물이 될 수 있는지는 별론으로 하고 압류금지재산은 아니라는 취지로 다투었다. ⑥ 국세심판소는 **1997. 4. 14.** '교육감이 확인해 준 원고 소유 재산현황에 의하면 위 토지를 비롯한 일부 부동산은 교육용 기본재산으로 등재되어 있음이 확인되는바, 압류처분의 대상이 된 원고의 부동산 중 사립학교 교육에 직접 사용되는 교육용 기본재산으로 인정되는 위 토지 등 일부 부동산은 압류가 허용되지 않는다'는 이유로 원고의 심판청구 중 일부를 받아들여 위 토지 등에 관한 압류처분을 취소하는 재결(이 사건 재결)을 하였다. ⑦ 피고는 **2004. 10. 15.** 위 법인세 체납을 이유로 다시 위 토지를 압류하는 처분을 하였다(이 사건 압류처분). ⑧ 위 토지에 대하여는 김○○이 2004년부터 2008년까지, 신○○가 2009년부터 2010년까지 쌀소득보전 직접지불금을 수령하였다.

○ **원심** ; 이 사건 압류처분의 사유가 이 사건 재결에서 판단된 위법사유와 기본적 사실관계가 동일하다고 보아 이 사건 압류처분이 이 사건 재결의 기속력에 위배된다고 판단.

○ **대법원** ; ① 이 사건 재결에서 국세심판소는 위 토지가 교육용 기본재산으로 등재되어 있다는 사실을 인정한 후 이를 교육용 기본재산으로 판단하였을 뿐 그 실제 이용현황에 관하여는 아무런 사실인정이나 판단을 하지 아니한 점, ② 종전 압류처분 당시 피고는 원고 소유의 부동산이 사립학교 교육에 직접 사용되는 교육용 기본재산인지

처분청이 재조사 결정의 주문 및 그 전제가 된 요건사실의 인정과 판단, 즉 처분의 구체적 위법사유에 관한 판단에 반하여 당초 처분을 그대로 유지하는 것은 재조사 결정의 기속력에 저촉된다.[498]

※ 불복절차에서의 과세처분 취소에 따른 재처분금지에 관한 법리

과세처분에 관한 불복절차에서 그 불복사유가 옳다고 인정하고 이에 따라 필요한 처분을 하였을 경우에는, **동일 사항**에 관하여 **특별한 사유 없이** 이를 번복하고 **다시 종전의 처분을 되풀이 할 수는 없다**(대법원 2019. 1. 31. 선고 2017두75873 판결 ; '감사 지적'에 따른 것이라도 마찬가지다[499]). 따라서 과세관청이 과세처분에 대한 이의신청절차에서 납세자의 **이의신청 사유가 옳다고 인정**하여 과세처분을 **직권으로 취소**하였음에도, 특별한 사유 없이 이를 번복하고 종전 처분을 되풀이하여서 한 과세처분은 위법하며, 그 재처분은 **하자가 중대하고 명백하여 무효**라고 볼 여지가 있다(대법원 2014. 7. 24. 선고 2011두14227

여부를 따지지 않고 모두 압류하였던 점, ③ 이 사건 압류처분 당시에도 원고와 교육청은 학교법인 재산대장 등에 위 토지를 교육용 기본재산으로 기재하고 있었으나, 피고는 원고 소유의 부동산들 중 위 토지만을 압류한 점 등을 종합하여 보면, 이 사건 압류처분의 사유는 2004. 10. 15. 당시 위 토지가 제3자에 의하여 농경지로 사용되는 등 그 실제 사용현황이 사립학교 교육에 직접 사용되지 아니하고 있어서 압류금지재산인 교육용 기본재산에 해당하지 아니한다는 것이었다고 봄이 상당하다. 따라서 이 사건 압류처분은, 종전 압류처분 당시 위 토지가 교육용 기본재산으로 등재되어 있어서 압류금지재산에 해당한다고 본 이 사건 재결의 사실인정 및 판단과는 기본적 사실관계가 동일하지 아니한 사유를 바탕으로 이루어진 것이므로, 이 사건 **재결의 기속력에 저촉된다고 볼 수 없다**.

498) 대법원 2017. 5. 11. 선고 2015두37549 판결.

499) **【구체적 사안】**

○ **사실관계** ; ① 원고는 2009. 10. 19. 벤처기업육성에 관한 특별조치법 제25조에 의하여 기술보증기금으로부터 벤처기업임을 최초로 확인받은 후, 2016. 6. 18.까지 추가로 확인을 받았다. ② 원고는 2014. 3. 31. 창업중소기업 등에 대한 세액감면을 규정하고 있는 구 조세특례제한법(2014. 1. 1. 법률 제12173호로 개정되기 전의 것) 제6조 제2항(이 사건 조항)에 따른 '창업벤처중소기업'에 해당한다는 이유로 2013 사업연도 귀속 법인세 감면신청을 피고에게 하면서, 이를 공제한 나머지 법인세를 신고·납부하였다. ③ 피고는 2014. 7. 15. 원고가 2013 사업연도에 창업벤처중소기업이 아니라는 이유로 원고에게 법인세를 경정·고지하는 이 사건 종전 처분을 하였다. ④ 이에 대한 심판청구에서, 조세심판원은 2015. 2. 25. 원고가 **2013 사업연도에 창업벤처중소기업에 해당**하여 이 사건 조항에 따른 세액감면이 적용되어야 한다는 이유로 원고의 심판청구를 받아들여 이 사건 종전 처분을 취소하는 결정을 하였다. ⑤ 그 후 피고는, 원고의 경우 **창업중소기업 등에 대한 세액감면기한이 2012 사업연도까지**이므로 2013 사업연도 귀속 법인세는 이 사건 조항에 따른 세액감면대상이 될 수 없다는 지방국세청의 감사지적에 따라, 2016. 5. 4. 원고에 대하여 2013 사업연도 법인세를 경정·고지하는 이 사건 재처분을 하였다. ⑥ 이에 대한 심판청구에서 조세심판원이 2016. 12. 28. '이 사건 재처분에서 납부불성실가산세를 제외하는 것으로 하여 그 세액을 경정하고 나머지 심판청구는 기각한다' 라고 결정하자, 원고는 나머지 세액의 이 사건 처분의 취소를 구하는 이 사건 소를 제기하였다.

○ **원심** ; 이 사건 처분이 이 사건 종전 처분에 관한 재결의 기속력에 반하지 않는다는 등의 전제 아래 이 사건 처분이 적법하다고 판단.

○ **대법원** ; ① 원고는 이 사건 조항에 따라 세액감면 대상에 해당함을 이유로 세액감면을 신청하였으나 이 사건 종전 처분이 이루어짐에 따라 조세심판원에 동일한 사유를 들어 심판청구를 제기하였다. ② 조세심판원은 이 사건 종전 처분에 대한 원고의 심판청구 사유가 이유 있어 원고가 창업벤처중소기업에 해당하므로, 이 사건 조항에 따른 세액감면이 적용되어야 한다는 이유로 이 사건 종전 처분을 취소하였다. ③ 그런데도 피고는 세액감면의 원인이 되는 이 사건 조항의 적용 여부에 관하여 **기초가 되는 사정에 아무런 변경이 없음**에도, 지방국세청의 감사지적만을 내세워 원고에게 이 사건 조항을 적용하여 세액감면을 할 수 없다는 이유를 들어 이 사건 처분을 하였다. 이 사건 처분은 이 사건 **종전 처분에 대한 조세심판절차**에서 원고의 **심판청구 사유가 옳다고 인정**하여 이 사건 **종전 처분을 취소**하였음에도, **동일사항**에 관하여 특별한 사유 없이 이를 번복하고 **종전의 처분을 되풀이**한 것에 불과하므로 위법하다.

판결,[500] 대법원 1990. 12. 11. 선고 90누3560 판결[501]). 그 외 이의신청 절차에서 과세관청이 이의신청 사유가 옳다고 인정하여 과세처분을 직권으로 취소한 후 재처분한 것이 위법하다고 판단한 사례로는, 대법원 2010. 9. 30. 선고 2009두1020 판결,[502] 대법원 2010. 6. 24. 선고 2007두18161 판결,[503] 대법원 1978.

---

500) **【구체적 사안】**

○ **사실관계** ; ① 소외 회사는 2004. 1. 7. 세금계산서 7장(공급가액 합계 423,918,000원)이 위장매입에 따른 사실과 다른 세금계산서라는 이유로 부가가치세 등의 수정신고를 하였으나, 그 추가 세액을 납부하지 아니하였다. ② 피고 전주세무서장은 2004. 3. 2. 소외 회사에 위 추가 세액의 납부고지를 하였으나 소외 회사가 이를 체납하자, 2004. 4. 15. 원고를 과점주주로 보아 제2차 납세의무자 지정통지 및 납부통지를 하였다. ③ 원고는 2004. 7. 6. 국세심판원장에게 제2차 납세의무자 납부통지의 취소를 구하는 심판청구를 하였고, 2004. 10. 11. 국세심판원은 원고의 심판청구를 인용하여 제2차 납세의무자 납부통지를 취소하는 결정을 하였는데, 그 주된 이유는 "위 부가가치세 등의 납세의무 성립일인 2002. 12. 31. 당시 소외 회사의 과점주주 겸 대표이사는 형식적으로 원고이었으나, 실질적인 주주권과 경영권은 소외인이 행사하였으므로 원고를 소외 회사의 경영을 사실상 지배하는 자 또는 그 소유 주식에 관한 권리를 실질적으로 행사하는 자로 볼 수 없다."는 것이었다. ④ 한편 피고 전주세무서장은 2004. 6. 29.경 세금계산서 7장이 위장매입이 아닌 가공매입에 따른 허위의 세금계산서라는 이유로 그 매입금액 합계 423,918,000원을 손금불산입하여 소외 회사의 법인세를 경정하는 한편, 같은 금액 상당액이 사외유출되었으나 귀속이 불분명하다는 이유로 원고에 대한 인정상여로 소득처분하여 원고에게 소득금액변동통지(**당초 소득금액변동통지**)를 하였다. ⑤ 피고 정읍세무서장은 2005. 3. 2. 위 소득처분에 따라 원고에게 2002년 귀속 종합소득세 부과처분(**당초 부과처분**)을 하였다. ⑥ 원고는 2005. 4. 3. 피고 정읍세무서장에게 당초 부과처분에 대하여 이의신청을 하면서 국세심판원의 원고에 대한 위 제2차 납세의무자 납부통지 취소결정문을 제출하였다. ⑦ 피고 전주세무서장은 2005. 4. 8. 위 소득금액변동통지를 취소하였고, 그 무렵 피고 정읍세무서장은 원고의 이의신청이 옳다고 보아 당초 부과처분을 직권으로 취소하였다. ⑧ 그 후 다시 피고 전주세무서장은 2007. 3. 28. 세금계산서 7장의 매입금액 합계 상당액에 대하여 당초 소득금액변동통지와 같은 이유로 원고에게 소득금액변동통지를 하였다가, 2007. 07. 10. 8. 소득금액을 감액하여 통지하였고(**이 사건 소득금액변동통지**), 피고 정읍세무서장은 2008. 2. 4. 위 소득처분 에 따라 원고에게 **이 사건 종합소득세 부과처분**을 하였다.

○ **원심** ; 피고 정읍세무서장이 당초 부과처분에 대한 직권취소를 번복할 특별한 사유가 있었는지 여부 등을 심리하지 아니한 채, 과세관청은 부과처분의 취소처분을 다시 취소함으로써 원래의 부과처분을 소생시킬 수는 없으나 **다시 법률에서 정한 절차에 따라 동일한 내용의 새로운 부과처분을 할 수는 있다**는 등의 이유로, 이 사건 종합소득세 부과처분이 일사부재리 원칙 등에 위배되어 위법·무효라는 원고의 주장을 배척.

○ **대법원** ; 원고는 자신이 소외 회사를 실질적으로 운영한 대표자가 아니었다는 사유로 당초 부과처분에 대하여 이의신청을 하였고, 피고 정읍세무서장은 그러한 원고의 이의신청 사유가 옳다고 인정하여 당초 부과처분을 직권으로 취소한 것으로 보인다. 원고가 **허위의 자료를 제출하는 등의 부정한 방법으로 당초 부과처분에 대한 직권취소를 받았다는 등의 특별한 사유가 없이** 피고 정읍세무서장이 그 직권취소를 번복하여, 당초 부과처분과 그 처분사유는 동일하고 다만 세액만이 감액된 종합소득세 부과처분을 하였다면, 이는 **종전 처분을 되풀이한 것**으로서 **위법**할 뿐만 아니라 위와 같은 종합소득세 부과처분의 경위 및 내용에 비추어 보면 그 **하자가 중대하고 명백하여 무효라고 볼 여지**가 있다. 원심의 조치에는 **불복절차에서의 과세처분 취소에 따른 재처분금지에 관한 법리**를 오해하여 필요한 심리를 다하지 아니함으로써 판결에 영향을 미친 위법이 있다.

501) 대법원 1990. 12. 11. 선고 90누3560 판결 [토지형질변경허가신청불허가처분취소] ; "확정판결의 당사자인 처분행정청이 그 행정소송의 사실심 변론종결 이전의 사유를 내세워 다시 확정판결과 저촉되는 행정처분을 하는 것은 허용되지 않는 것으로서 이러한 행정처분은 그 **하자가 중대하고도 명백**한 것이어서 **당연무효**라 할 것이다."

502) 과세관청이 甲에게 재촌자경(在村自耕) 사실을 인정할 증거가 부족하다는 이유로 양도소득세 감면신청을 받아들이지 않는 채 토지에 대한 양도소득세를 부과하였다가, 甲이 재촌자경한 사실이 있다고 다투며 이의신청을 하자 이의사유를 받아들여 위 처분을 직권으로 취소한 후, 甲의 토지가 대규모 개발사업지역과 관련한 양도소득세의 예외적 감면 대상이 아니라는 이유로 종전과 동일한 내용의 과세처분을 한 **사안**에서, 위 토지가 대규모 개발사업지역에 속하는지 여부에 관한 사항은 **종전 처분을 직권으로 취소할 당시 판단의 대상이 되었던 사유**이므로, 과세관청이 특별한 사유 없이 종전 처분을 직권으로 취소한 것을 번복하고 다시 종전과 동일한 내용으로 한 위 **과세처분**은 **위법**함에도 위 처분이 적법하다고 본 원심판결에 **과세처분의 직권취소 후 재처분 제한**에 관한 법리를 오해한 잘못이 있다고 한 사례.

1. 31. 선고 77누266 판결[504] 등이 있다. 처분의 근거규정을 추가·변경하거나 처분사유를 추가·변경하는 방법으로 다시 종전의 처분을 되풀이 하는 것도 허용되지 않는다.[505]

납세자가 **허위의 자료를 제출**하는 등의 부정한 방법으로 당초 부과처분에 대한 직권취소를 받았다는 등의 특별한 사유가 있는 경우에는 **재처분이 가능**하다.[506] 처분청은 부과처분 취소 **재결의 취지에**

503) **【구체적 사안】**
○ **사실관계** ; ① 원고는 경매절차에서 소외 회사 소유의 토지 및 건물 등을 경락받아 2002. 10. 15. 경락대금 325억 원을 완납한 사실, ② 소외 회사는 2002. 10. 15. 원고에게 위 경락대금 중 부가가치세 과세대상인 건물 등의 경락대금 172억 2,500만 원의 110분의 10에 상당하는 1,565,909,091원이 부가가치세액(이 사건 매입세액)으로 기재된 세금계산서(이 사건 세금계산서)를 교부한 사실, ③ 원고는 2002. 11. 25. 피고에게 이 사건 세금계산서에 기하여 부가가치세 조기환급신고를 하여, 2002. 12. 9. 피고로부터 위 매입세액을 환급받은 사실, ④ 피고는 위 경락대금에는 위 매입세액에 해당하는 부가가치세가 포함되어 있지 않다는 이유로, 2002. 12. 14. 원고에 대하여 위 매입세액에 상당하는 **부가가치세를 부과**하는 이 사건 **경정처분**을 한 사실, ⑤ 이에 원고는 2003. 3. 10. 피고에게 위 경정처분에 대하여 경락대금에는 이 사건 매입세액에 해당하는 부가가치세가 포함되어 있어 이 사건 매입세액은 매입세액 공제대상이 된다는 사유로 **이의신청**을 한 사실, ⑥ 피고는 2003. 3. 12. 이 사건 경정처분을 **직권으로 취소**한 다음, 2003. 3. 21. 위 이의신청에 대하여 처분청인 피고가 당해 처분에 대한 원고의 주장이 이유 있다고 판단하여 직권시정하였고, 그로 인하여 당해 처분이 없다는 이유로 **각하결정**을 한 사실, ⑦ 그 후 피고는 이 사건 매입세액은 매입세액 공제대상이 아니라는 지방국세청의 감사지적에 따라, 2005. 2. 22. 원고에 대하여 다시 종전 처분인 이 사건 경정처분과 동일한 내용의 이 사건 **재경정처분**을 한 사실.
○ **원심** ; 원고의 이의신청에 대한 피고의 2003. 3. 21.자 각하결정은 **국세기본법상 이의신청에 대한 결정에 대하여 기속력을 인정하는 명문의 규정이 없**을 뿐만 아니라 **인용결정이 아니어서 관계행정청을 기속하는 효력이 없다**는 이유로, 이 사건 **재경정처분은 적법**하다고 판단.
○ **대법원** ; 피고가 이 사건 경정처분에 대한 이의신청절차에서 원고의 이의신청 사유가 옳다고 인정하여 이 사건 경정처분을 직권으로 취소하였음에도, 특별한 사유 없이 이를 번복하고 종전 처분인 이 사건 경정처분을 되풀이하여 한 이 사건 **재경정처분은 위법**하다.

504) "본건 토지의 양도에 관하여는 먼저 피고 세무서장이 시가표준액에 의하여 양도차익을 인정하고 1976. 1. 10자로 원고에게 851,088원의 양도소득세와 방위세를 부과하였던바 이에 대하여 원고는 실지거래가액에서 양도차익이 없다고 주장하여 **이의신청**을 하는 동시에 **국세청장에게 진정**을 한 결과 이 진정을 받은 **국세청장**은 지방국세청장을 거쳐 피고 세무서장에게 실지거래액에 대한 사실조사를 하여 원고의 이의신청에 반영토록 지시하였고, 피고 세무서장은 이 **지시에 따라 재검토**한 결과 원고의 불복사유가 옳다고 인정하고 스스로 위 부과처분 모두를 **취소**하는 **경정결정**을 하여 원고에게 통지하였다가, 동일 양도에 관하여 먼저 있었던 시가표준액에 의한 양도차익을 근거로 하여 **다시** 1976.7.1자로 본건 797,416원의 부동산양도소득세와 77,658원의 방위세를 **부과**한 것임을 인정할 수가 있다. 그러나 위와 같이 과세처분에 관한 불복방법과정에서 그 불복사유가 옳다고 인정하고 그에 따른 필요한 처분을 하였을 경우에는 불복제도와 이에 따른 시정방법을 인정하고 있는 법취지에 비추어 동일사항에 관하여 특별한 사유 없이 이를 번복하고 **다시 종전의 처분을 되풀이 할 수는 없**다고 보는 것이 상당 할 것이며, 따라서 피고에 의한 1976. 7. 1자 본건 부과처분은 이점에서 벌써 위법한 것이라고 아니할 수 없다."

505) 대법원 2016. 10. 27. 선고 2016두42999 판결(후행처분에 대한 취소소송에서 처분의 근거규정을 처분사유로 추가하는 것이 종전처분에 대한 심판결정의 기속력에 저촉된다고 한 예). 대법원 2019. 1. 17. 선고 2016두513 판결(배당소득으로 본 후행처분에 대한 취소소송에서 처분사유를 배당소득에서 사업소득으로 변경하는 것이, 사업소득으로 본 종전처분에 대한 취소 확정판결의 기속력에 저촉된다고 한 예).

506) ○ 대법원 1983. 7. 26. 선고 82누63 판결 ; '원고가 소유 토지를 실제매도 가액보다 저가로 매도한 것처럼 **허위의 매매계약서**와 공인감정사 및 소개인의 **시가입증서** 등을 제출하여 국세심판소로부터 과세처분취소결정을 받은 경우라면 이는 위의 **특별한 사유가 있는 경우에 해당**되므로 피고가 원고의 토지양도에 대해 **다시 과세처분하였음은 적법**하다.'
○ 대법원 1990. 10. 23. 선고 89누6426 판결 ; "원고가 **국세청 심사절차**에서 피고 주장의 면실유차입협약서 및 면실유수불장부를 제출하여 피고가 1986. 11. 15. 과세처분 당시 익금에 가산한 미지급금 중 가공부채 금 39,420,643원을 익금 가산에서 제외하라는 심사결정을 받았다 하더라도 … 만으로는 원고가 위 심사절차에서 **허위작성**된 소외인과의 면실유차입협약서 및 면실유수불장부 사본을 제출하는 등 **사술을 써서 원고의 주장을 인정**받았다고 인정하기에는

반하지 아니하는 한, 그 재결에 적시된 위법사유를 시정·보완하여 정당한 조세를 산출한 다음 새로이 이를 부과할 수 있고, 이는 재결의 기속력에 저촉되지 아니한다.[507] 같은 취지에서 '결정·판결이 확정된 날로부터 1년'의 특례부과제척기간을 규정하여 당해 결정·판결에 따른 경정이나 그 밖에 필요한 처분을 할 수 있도록 하고 있다(국세기본법 제26조의2 ⑥ ; 해당 조항 판례 참조). 납세자의 경정청구를 받아들여 과세표준이나 세액 등을 결정 또는 경정하였다고 하더라도 거기에 오류나 누락이 있는 경우에는 이를 바로잡는 처분을 할 수 있다.[508]

5. 조세소송 일반

소의 이익, 당사자적격, 처분성(직권판단사항)

○ 대법원 2020. 2. 27. 선고 2016두60898 판결 [양도소득세등무효확인의소]

▌기한후 신고, 신고시인결정, 행정처분의 성립요건, 처분성

판시사항

[1] 과세관청이 납세의무자에게 양도소득세의 과세표준과 세액이 기한후과세표준신고서 제출 당시 이미 자진납부한 금액과 동일하여 별도로 고지할 세액이 없다는 내용의 신고시인결정 통지를 한 경우, 위 통지가 항고소송의 대상이 되는 행정청의 처분에 해당하는지 여부(○) 및 위 통지를 처분으로 인정하는 취지

[2] 과세관청이 납세의무자의 기한 후 신고에 대한 내부적인 결정을 납세의무자에게 공식적인 방법으로 통지하지 않은 경우, 항고소송의 대상이 되는 처분으로서 기한 후 신고에 대한 결정이 외부적으로 성립하였다고 볼 수 있는지 여부(×)

부족하고, … 달리 증거가 없어 위 특별한 사정을 인정할 수 없는 이상 위 미지급금 39,420,643원은 당초의 심사결정에 따라 당연히 익금가산에 제외되어야 한다고 판단하였다. … 이를 수긍할 수 있고"

507) 대법원 2001. 9. 14. 선고 99두3324 판결 ; 국세심판소가 소득처분에 따른 의제소득에 대한 갑종근로소득세 원천징수처분을 위헌으로 결정된 구 법인세법 제32조 제5항에 근거한 것이라는 이유로 취소하자, 과세관청이 현실귀속 소득 등으로 보고 다시 갑종근로소득세 원천징수처분을 한 경우, 그 처분은 국세심판소의 재결의 취지에 따라 그 재결에 적시된 위법사유를 시정·보완하여 한 새로운 부과처분으로 재결의 기속력에 반하지 아니한다고 한 사례.

508) 대법원 2015. 12. 23. 선고 2013두22475 판결 ; "국세기본법 제44조, 법인세법 제66조 제2항 제1호 및 제4항은 관할세무서장 등이 내국법인의 신고 내용에 오류나 누락이 있어 법인세의 과세표준과 세액을 경정한 경우에도 그 경정에 오류나 누락이 있으면 이를 다시 경정하도록 규정하고 있는 점, 한편 국세기본법상의 경정청구제도는 원래 과세표준신고서를 법정신고기한 내에 제출한 납세자가 관할세무서장에게 과세표준신고서에 기재된 과세표준이나 세액 등의 결정 또는 경정을 청구하는 것으로서, 과세처분에 대한 행정심판절차인 심사·심판청구 등과는 청구의 대상, 결정기관, 결정절차 등에서 차이가 있고, 그에 대한 관할세무서장의 결정이나 경정의 효력에 관하여 국세기본법에 특별한 규정이 없는 점, 납세자의 경정청구를 거부한 관할세무서장의 처분에 대하여는 이의신청 또는 심사·심판청구 등의 불복절차가 별도로 마련되어 있는 점 등에 비추어 보면, 관할세무서장이 납세자의 경정청구를 받아들여 과세표준이나 세액 등을 결정 또는 경정하였다고 하더라도 거기에 오류나 누락이 있는 경우에는 이를 바로잡는 처분을 할 수 있다고 봄이 타당하다."

이 유

직권으로 판단한다. … 양도소득세 납세의무자가 기한후과세표준신고서를 제출하더라도 그 납세의무는 관할세무서장이 양도소득세 과세표준과 세액을 **결정하는 때**에 비로소 **확정**되고, 과세관청이 납세의무자에 대하여 양도소득세 과세표준과 세액이 기한후과세표준신고서를 제출할 당시 이미 자진납부한 금액과 동일하므로 **별도로 고지할 세액이 없다**는 **신고시인결정 통지**를 하였다면, 그 신고시인결정 통지는 구 국세기본법 제45조의3 제3항이 정한 **과세관청의 결정**으로서 **항고소송의 대상**이 되는 **행정청의 처분**에 해당한다(대법원 2014. 10. 27. 선고 2013두6633 판결 참조).

이와 같이 신고시인결정의 통지를 항고소송의 대상이 되는 처분으로 인정한 취지는 과세관청이 납세의무자가 제출한 신고서와 동일한 내용으로 과세표준과 산출세액을 결정한 것으로 봄으로써 특히 기한후 신고에 대한 경정청구가 허용되지 않는 구 국세기본법 체제 아래서 납세의무자에게 쟁송을 통한 권리구제의 기회를 주는 데 그 의미가 있다(다만, 2019. 12. 31. 개정된 국세기본법 제45조의2에서는 기한후 신고의 경우에도 **경정청구**를 **허용**하고 있다). …

행정처분은 주체·내용·절차와 형식이라는 **내부적 성립요건**과 외부에 대한 표시라는 **외부적 성립요건을** 모두 갖춘 경우에 존재한다. 행정처분의 **외부적 성립**은 행정의사가 외부에 표시되어 행정청이 자유롭게 취소·철회할 수 없는 구속을 받게 되는 시점, 그리고 상대방이 쟁송을 제기하여 다툴 수 있는 기간의 시점을 정하는 의미를 가지므로, 어떠한 처분의 외부적 성립 여부는 행정청에 의하여 당해 처분에 관한 행정의사가 법령 등에서 정하는 공식적인 방법으로 외부에 표시되었는지를 기준으로 판단하여야 한다(대법원 2017. 7. 11. 선고 2016두35120 판결 참조).

따라서 과세관청이 납세의무자의 기한후 신고에 대하여 내부적인 결정을 하였다 하더라도 이를 **납세의무자에게 공식적인 방법으로 통지하지 않**은 경우에는 기한후 신고에 대한 결정이 **외부적으로 성립하였다고 볼 수 없**으므로, 항고소송의 대상이 되는 **처분이 존재한다고 할 수 없다**.[509]

---

509) **【구체적 사안】**

ㅇ **사실관계** ; 가. 원고는 2012. 2. 3.~2012. 8. 2. 세 차례에 걸쳐 이 사건 주식 100,000주(제1주식), 500주(제2주식), 4,500주(제3주식)를 각 양도하였다. 나. 원고는 이 사건 주식의 양도소득세에 관한 법정신고기한이 지난 이후인 2015.3. 31. 피고에게 양도소득세 과세표준과 세액에 대한 기한후 신고를 하면서, 양도소득세(무신고가산세 및 납부불성실가산세 포함)를 신고·납부하였다. 다. 피고는 2015. 5. 18. 제1주식에 대하여, 2015. 6. 11. 제2, 3주식에 대하여 내부적으로 이 사건 기한후 신고 내용대로 양도소득세 과세표준 및 세액에 대한 결정(이 사건 결정)을 하였으나, 이를 원고에게 별도로 통지하지는 않았다. 다만, 피고는 이 사건 제1심에서, 2016. 3. 9.자 답변서를 통해 '피고가 이 사건 기한후 신고 내용대로 위와 같이 이 사건 결정을 하였다'고 진술하고, 2016. 3. 10.자 준비서면을 통해 이 사건 결정에 관한 양도소득세 결정결의서를 제출하였다. 라. 원고는 2015. 6. 15. 피고에게 구 국세기본법 제48조 제3항에 따라 당초 신고·납부한 무신고가산세 및 납부불성실가산세를 감면하여 달라는 '가산세감면 등 신청서'를 제출하였는데, 피고는 2015. 7. 1. 가산세 부과가 정당하다는 이유로 원고의 신청을 거부한 후 그 무렵 원고에게 이를 통지하였다.

ㅇ **원심**(서울고등법원 2016. 11. 1. 선고 2016누46108 판결) ; 이 사건 결정을 이 사건 기한후 신고에 대한 신고시인결정 처분으로 인정한 다음, 그 처분이 무효인지에 관한 본안판단에 나아가 원고의 청구를 기각하였다.

ㅇ **대법원** ; 과세관청이 납세의무자가 제기한 항고소송에서 법원에 제출한 답변서 또는 준비서면에 기한후 신고에 대한 내부적 결정 사실을 밝혔다고 하더라도 이는 공식적인 방법으로 그 결정을 상대방에게 표시한 경우라고 할 수 없고, 또 구 국세기본법 제48조 제3항에 따른 납세의무자의 가산세감면 신청에 대하여 가산세 부과가 적법하다는 내용의 통지를 하였다 하더라도 이는 가산세 관련 거부의 통지이므로 이를 기한후 신고에 대한 결정의 통지로 볼

○ 대법원 2016. 8. 18. 선고 2015두41562 판결 [증여세부과처분취소]

▌신고시인결정, 행정처분, 피고적격

판시사항

피고(세무서장)의 상급기관인 서울지방국세청장이 행한 '신고시인결정' 통지의 취소를 피고를 상대로 구하는 이 사건 소는 **피고적격이 없는 자를 상대로 한 것이어서 부적법**하고, 이러한 경우 원심으로서는 석명권을 행사하여 원고로 하여금 **피고를 처분청인 서울지방국세청장으로 경정**하게 하여[510)]소송을 진행하였어야 한다고 **직권으로 판단**한 사례.

※ 조세소송과 불복청구의 소송(청구) 요건

조세행정심판청구와 조세항고소송[511)]에서 당사자능력(자연인이 사망하거나 법인이 흡수합병되면 당사자 능력이 소멸하고,[512)] 외국법인의 국내지점[513)] 등 단체의 하부조직은 당사자 능력이 없으나, 청산 중인 단체는 청산의 목적 범위 내에서 당사자 능력이 있다[514)]), 당사자적격(원고적격, 피고적격), 소송(청구)의 대상인 '처분'(처분성)

수도 없다. 따라서 이 사건에서는 앞서 본 사정만으로 이 사건 결정을 납세의무자에게 통지한 것이라고 할 수 없으므로, 이 사건 결정이 외부적으로 성립하였음을 인정할 수 있는 다른 사정이 없는 한 **항고소송의 대상이 되는 처분이 존재한다고 보기 어렵다**. 그렇다면 피고가 내부적으로 한 이 사건 결정을 신고시인결정으로서 항고소송의 대상이 되는 처분에 해당한다고 본 원심의 판단에는 행정처분의 외부적 성립에 관한 법리를 오해하고 필요한 심리를 다하지 아니하여 판결에 영향을 미친 잘못이 있다. 파기환송.

510) 대법원 2011. 1. 13. 선고 2009두20755 판결 ; "행정소송법상 항고소송에서 원고가 피고를 잘못 지정한 때에는 법원은 원고의 신청에 의하여 결정으로써 피고의 경정을 허가할 수 있는 것이므로, 원고가 피고를 잘못 지정한 것으로 보이는 경우 법원으로서는 마땅히 석명권을 행사하여 원고로 하여금 정당한 피고로 경정하게 하여 소송을 진행케 하여야 할 것이지, 그러한 조치를 취하지 아니한 채 피고의 지정이 잘못되었다는 이유로 곧바로 소를 각하할 것은 아니지만, 법원이 피고적격 여부에 관하여 석명권을 행사하여 당사자에게 의견을 진술할 기회를 부여하였음에도 원고가 정당한 피고로의 경정신청을 하지 않은 경우에 법원이 피고의 지정이 잘못되었다는 이유로 소를 각하하였다고 하여 이를 위법하다고 할 수 없다."

cf. **행정소송법 제14조(피고경정)** ① 원고가 피고를 잘못 지정한 때에는 법원은 원고의 신청에 의하여 결정으로써 피고의 경정을 허가할 수 있다. ② 법원은 제1항의 규정에 의한 결정의 정본을 새로운 피고에게 송달하여야 한다. ③ 제1항의 규정에 의한 신청을 각하하는 결정에 대하여는 즉시항고할 수 있다. ④ 제1항의 규정에 의한 결정이 있은 때에는 새로운 피고에 대한 소송은 처음에 소를 제기한 때에 제기된 것으로 본다. ⑤ 제1항의 규정에 의한 결정이 있은 때에는 종전의 피고에 대한 소송은 취하된 것으로 본다. ⑥ 취소소송이 제기된 후에 제13조제1항 단서 또는 제13조제2항에 해당하는 사유가 생긴 때에는 법원은 당사자의 신청 또는 직권에 의하여 피고를 경정한다. 이 경우에는 제4항 및 제5항의 규정을 준용한다.

511) 행정소송 중 '항고소송'은 '행정청의 처분등이나 부작위에 대하여 제기하는 소송'(행정소송법 제3조 제1호)으로서 ① 취소소송(행정청의 위법한 처분등을 취소 또는 변경하는 소송), ② 무효등 확인소송(행정청의 처분등의 효력 유무 또는 존재 여부를 확인하는 소송), ③ 부작위위법확인소송(행정청의 부작위가 위법하다는 것을 확인하는 소송)으로 구분된다(제4조).

512) 대법원 2016. 12. 27. 선고 2016두50440 판결.

513) 외국법인이 국내지점을 설치하여 지점등기를 마쳤다 하더라도 그 국내지점이 외국법인과 별개의 법인격체가 되는 것은 아니므로 국내지점이 독자적으로 과세처분의 상대방이 될 수는 없고, 설령 과세청이 외국법인 국내지점 명의로 과세처분을 하였다 하더라도 이는 외국법인 국내지점이 아니라 외국법인을 과세당사자로 한 처분이라고 보아야 하며(88누9978), 외국법인의 국내지점은 소송 당사자 능력이 없다(80누495).

의 '존재',[515] 소(청구)의 이익[516] 및 전심절차와 제소기간의 준수는 모두 소송(청구)요건으로서 직권조사(판단)사항이고, 이를 흠결하면 소(청구)는 부적법하여 각하된다(피고를 잘못 지정한 때에는 곧바로 소를

---

514) 비법인사단에 해산사유가 발생하였다고 하더라도 곧바로 당사자능력이 소멸하는 것이 아니라 청산사무가 완료될 때까지 청산의 목적범위 내에서 권리·의무의 주체가 되고, 이 경우 청산 중의 비법인사단은 해산 전의 비법인사단과 동일한 사단이고 다만 그 목적이 청산 범위 내로 축소된 데 지나지 않는다(2006다41297). 상법 제520조의2에 따라서 주식회사가 해산되고 그 청산이 종결된 것으로 보게 되는 회사라도 어떤 권리관계가 남아 있어 현실적으로 정리할 필요가 있으면 그 범위에서는 아직 완전히 소멸하지 않는다(2012다46170).

515) 대법원 2020. 4. 9. 선고 2019두49953 판결 ; "행정처분의 무효확인 또는 취소를 구하는 소가 제소 당시에는 소의 이익이 있어 적법하였더라도, 소송 계속 중 처분청이 다툼의 대상이 되는 행정처분을 직권으로 취소하면 그 처분은 효력을 상실하여 더 이상 존재하지 않는 것이므로, 존재하지 않는 그 처분을 대상으로 한 항고소송은 원칙적으로 소의 이익이 소멸하여 부적법하다고 보아야 한다. 다만 처분청의 직권취소에도 불구하고 완전한 원상회복이 이루어지지 않아 무효확인 또는 취소로써 회복할 수 있는 다른 권리나 이익이 남아 있거나 또는 동일한 소송 당사자 사이에서 그 행정처분과 동일한 사유로 위법한 처분이 반복될 위험성이 있어 행정처분의 위법성 확인 내지 불분명한 법률문제에 대한 해명이 필요한 경우 행정의 적법성 확보와 그에 대한 사법통제, 국민의 권리구제의 확대 등의 측면에서 예외적으로 그 처분의 취소를 구할 소의 이익을 인정할 수 있다." ☞ 일반 행정처분에 관한 판례.

516) ◎ **소의 이익 흠결에 관한 판례**

○ 대법원 2015. 8. 27. 선고 2012두16084 판결 ; "직권 판단 ; 기록에 의하면, 피고는 이 사건 상고를 제기한 후인 2014. 6.경 원심판결의 취지에 따라 원심판결의 피고 패소 부분 중 법인세 부과처분 및 교육세 부과처분을 직권으로 취소하는 내용의 경정결정을 한 사실을 알 수 있으므로, 결국 원고의 이 부분 소는 이미 소멸하고 없는 처분에 대하여 취소를 구하는 것이 되어 그 소의 이익이 없어 부적법하게 되었다. 이 부분은 대법원에서 직접 재판하기에 충분하므로 행정소송법 제8조 제2항, 민사소송법 제437조에 따라 자판하기로 한다."

○ 대법원 2017. 9. 12. 선고 2017두44091 판결 ; "행정처분의 취소를 구하는 소는 그 처분에 의하여 발생한 위법상태를 배제하여 원상으로 회복시키고 그 처분으로 침해되거나 방해받은 권리와 이익을 보호·구제하고자 하는 소송이므로, 비록 처분을 취소한다 하더라도 원상회복이 불가능한 경우에는 그 처분의 취소를 구할 이익이 없다." ☞ 갑 등이 상속세 납부세액 중 일부를 상속재산인 부동산으로 납부하겠다고 물납신청을 하였으나 과세관청이 위 부동산이 관리·처분상 부적당하다는 사유를 들어 불허가처분을 하자 갑 등이 그 취소를 구하는 소를 제기하였으나 갑 등이 이미 그 부동산을 제3자에게 처분한 **사안**에서, 물납불허가처분의 취소를 구할 이익이 없다고 한 사례.

○ 대법원 2012. 4. 13. 선고 2009두5510 판결 ; "과세관청이 직권으로 그 상대방에 대한 소득처분을 경정하면서 일부 항목에 대한 증액과 다른 항목에 대한 감액을 동시에 한 결과 전체로서 소득처분금액이 감소된 경우에는 그에 따른 소득금액변동통지가 납세자인 당해 법인에 불이익을 미치는 처분이 아니므로 당해 법인은 그 소득금액변동통지의 취소를 구할 이익이 없다."

○ 대법원 2005. 10. 14. 선고 2004두8972 판결 ; "납세자가 감액경정청구 거부처분에 대한 취소소송을 제기한 후 증액경정처분이 이루어져서 그 증액경정처분에 대하여도 취소소송을 제기한 경우에는 특별한 사정이 없는 한 동일한 납세의무의 확정에 관한 심리의 중복과 판단의 저촉을 피하기 위하여 감액경정청구 거부처분의 취소를 구하는 소는 그 취소를 구할 이익이나 필요가 없어 부적법하다고 할 것이다."

○ 대법원 2020. 3. 2. 선고 2017두41771 판결 ; "조세채권자는 세법이 부여한 부과권 및 자력집행권 등에 기하여 조세채권을 실현할 수 있어 특별한 사정이 없는 한 납세자를 상대로 소를 제기할 이익을 인정하기 어렵다. 다만 납세의무자가 무자력이거나 소재불명이어서 체납처분 등의 자력집행권을 행사할 수 없는 등 구 국세기본법 제28조 제1항이 규정한 사유들에 의해서는 조세채권의 소멸시효 중단이 불가능하고 조세채권자가 조세채권의 징수를 위하여 가능한 모든 조치를 충실히 취하여 왔음에도 조세채권이 실현되지 않은 채 소멸시효기간의 경과가 임박하는 등의 특별한 사정이 있는 경우에는, 그 시효중단을 위한 재판상 청구는 예외적으로 소의 이익이 있다고 봄이 타당하다. … 국가 등 과세주체가 당해 확정된 조세채권의 소멸시효 중단을 위하여 납세의무자를 상대로 제기한 조세채권존재확인의 소는 공법상 당사자소송에 해당한다." ☞ 국내사업장이 없는 외국법인인 피고에게 과세관청이 국내원천소득에 관한 법인세를 부과·고지하였는데, 피고의 재산이 외국에는 있으나 국내에는 없어 압류 등 조치를 취하지 못하였고, 징수위탁을 위한 상호합의 등의 노력을 기울였음에도 그 법인세와 가산금을 징수하지 못하고 소멸시효 완성이 임박한 경우, 그 소멸시효 중단을 위한 조세채권확인의 소는 예외적으로 소의 이익이 있다고 판단한 사례.

각하할 것이 아니라 석명권을 행사하여 정당한 피고로 경정하게 함이 우선이다).

'당사자능력 없는 자'가 당사자로 표시되었다 하더라도, 실제 소를 제기한 당사자로 '당사자표시정정'이 가능한 경우에는 그 소(청구)를 부적법하다 하여 각하할 것은 아니다.517)

당사자적격 중 불복청구의 청구인적격자는 '권리나 이익을 침해당한 자'(국세기본법 제55조 제1항, 지방세기본법 제89조 제1항), 취소소송의 원고적격자는 '처분등의 취소를 구할 법률상 이익이 있는 자'(행정소송법 제12조)518)인데, 전자를 좀 더 넓은 의미로 볼 것이다. 처분의 직접 상대방(불이익처분의 상대방은 직접 개인적 이익의 침해를 받은 자로서 원고적격이 인정된다519))이 아닌 이해관계인520)에게도 청구인이나 원고 적격이 인정된다.521) 행정처분의 무효·부존재 확인소송의 경우에는 민사소송에서의 확인의 소

---

517) 대법원 2016. 12. 27. 선고 2016두50440 판결 ; "개인이나 법인이 과세처분에 대하여 심판청구 등을 제기하여 전심절차를 진행하던 중 사망하거나 흡수합병되는 등으로 당사자능력이 소멸하였으나, 전심절차에서 이를 알지 못한 채 사망하거나 합병으로 인해 소멸된 당사자를 청구인으로 표시하여 그 청구에 관한 결정이 이루어지고, 상속인이나 합병법인이 위 결정에 불복하여 소를 제기하면서 소장에 착오로 소멸한 당사자를 원고로 기재하였다면, 이러한 경우 실제 소를 제기한 당사자는 상속인이나 합병법인이고 다만 그 표시를 잘못한 것에 불과하므로, 법원으로서는 이를 바로잡기 위한 당사자표시정정신청을 받아들인 후 본안에 관하여 심리·판단하여야 한다." ☜ 원심의 부적법 각하 판결을 파기한 예.

518) 무효등 확인소송의 원고적격자는 '처분등의 효력 유무 또는 존재 여부의 확인을 구할 법률상 이익이 있는 자'(행정소송법 제35조), 부작위위법확인소송의 원고적격자는 '처분의 신청을 한 자로서 부작위의 위법의 확인을 구할 법률상 이익이 있는 자'(제36조)이다.

519) 대법원 2020. 4. 9. 선고 2015다34444 판결.

520) **국세기본법 제55조 제2항 소정의 이해관계인** ; 1. 제2차 납세의무자로서 납부통지서를 받은 자 2. 제42조에 따라 물적납세 의무를 지는 자로서 납부통지서를 받은 자 2의 2. 「부가가치세법」 제3조의2에 따라 물적납세의무를 지는 자로서 같은 법 제52조의2제1항에 따른 납부통지서를 받은 자 2의 3. 「종합부동산세법」 제7조의2 및 제12조의2에 따라 물적납세의무를 지는 자로서 같은 법 제16조의2제1항에 따른 납부고지서를 받은 자 3. 보증인

521) ◎ **원고적격에 관한 판례**

○ 대법원 2016. 11. 25. 선고 2014두5316 판결 ; "행정처분의 직접 상대방이 아닌 제3자라 하더라도 당해 행정처분으로 인하여 법률상 보호되는 이익을 침해당한 경우에는 취소소송을 제기하여 그 당부의 판단을 받을 자격이 있고, 여기에서 말하는 법률상 보호되는 이익은 당해 처분의 근거 법규 및 관련 법규에 의하여 보호되는 개별적·직접적·구체적 이익을 말한다." ☜ 공매대금 배분 처분의 직접 상대방이 아닌 압류재산의 원소유자가 그 처분의 취소를 구할 법률상 이익이 있다고 한 예(원심이, 형사소송법 제477조 제4항에 의하여 검사가 원고에 대한 추징금을 집행하기 위하여 국세체납처분의 예에 따라 피고에게 소외회사 발행 주식의 공매대행을 의뢰하여 진행된 공매절차에서, 주식 매각대금 배분에 있어서 모든 채권자들이 그들의 채권액 전부를 배분받은 것은 아니므로 위 주식의 매각 당시 그 소유자이었던 원고가 이러한 배분의 취소를 구하는 것은 채권자들이 그들의 채권액 전부를 배분받은 상황에서 채권자들 사이의 배분순위만을 다투는 것이 아니고, 위 주식의 매각대금을 추징금채권보다 우선하여 국세채권(공매에 따른 양도를 이유로 한 양도소득세 및 증권거래세)과 지방세(지방소득세)채권에 배분할 경우 원고는 가산금 또는 시효에 관하여 법률상 유리한 지위에 있게 되므로, 원고는 위 주식의 매각대금 배분에 대하여 항고소송으로 그 취소를 구할 법률상 이익이 있다고 판단한 것은 정당하다고 한 사례).

○ 대법원 2001. 11. 27. 선고 98두9530 판결 ; "다른 공동상속인들의 상속세에 대한 연대납부의무를 지는 상속인의 경우에는 다른 공동상속인들에 대한 과세처분 자체의 취소를 구함에 있어서 법률상 직접적이고 구체적인 이익을 가진다고 할 것이므로 그 취소를 구할 원고 적격을 인정함이 상당하다. … 이는, 국세기본법 제25조 제1항에 따라 공유자 또는 공동사업자 등 연대납세의무자의 관계에 있는 자가 지게 되는 구체적 연대납부의무가 연대납세의무자 각자에 대한 개별적인 과세처분에 의하여 확정되는 것이어서 이때의 연대납세의무자 중 1인은 다른 연대납세의무자에 대한 과세처분에 대하여 사실상의 간접적인 이해관계를 가질 뿐 원고 적격은 없다는 것(88누11)과는 법리를 달리하는 것이다." ☞ 증여의제로 연대납세의무를 지게 된 증여자가 수증자에 대한 증여세부과처분의 취소를 구할 원고적격은 없다(89누4277).

○ 대법원 2006. 4. 13. 선고 2005두15151 판결 ; "과세관청이 조세의 징수를 위하여 체납자가 점유하고 있는 제3자의

와 달리 '보충성'의 요건이 필요하지 않다.[522]

청구의 상대방이나 피고적격자는 다른 법률에 특별한 규정이 없는 한 그 처분 등을 행한 행정청이다(행정소송법 제13조, 제38조).[523] 어떠한 처분에 법령상 근거가 있는지, 처분절차를 준수하였는지는 본안에서 당해 처분이 적법한가를 판단하는 단계에서 고려할 요소이지, 소송요건 심사단계에서 고려

소유 동산을 압류한 경우, 그 체납자는 그 압류처분에 의하여 당해 동산에 대한 점유권의 침해를 받은 자로서 그 압류처분에 대하여 법률상 직접적이고 구체적인 이익을 가지는 것이어서 그 압류처분의 취소나 무효확인을 구할 원고적격이 있다." ☞ 이와 달리, 압류등기 부동산에 대한 담보가등기권리자(89누2080), 저당권자(83누700), 매수인이나 가압류권자(96누3241)는 압류처분의 취소나 무효확인을 구할 원고적격이 없다.

○ 대법원 2015. 3. 26. 선고 2013두9267 판결 ; "원천징수의무자에 대한 소득금액변동통지는 원천납세의무의 존부나 범위와 같은 원천납세의무자의 권리나 법률상 지위에 어떠한 영향을 준다고 할 수 없으므로 소득처분에 따른 소득의 귀속자는 법인에 대한 소득금액변동통지의 취소를 구할 법률상 이익이 없다."

522) 행정처분의 근거 법률에 의하여 보호되는 직접적이고 구체적인 이익이 있는 경우에는 행정소송법 제35조에 규정된 '무효확인을 구할 법률상 이익'이 있다고 보아야 하고, 이와 별도로 민사소송에서의 확인의 소와 마찬가지로 '보충성에 관한 확인의 이익'(행정처분의 무효를 전제로 한 이행소송 등과 같은 구제수단이 있는 경우에는 원칙적으로 소의 이익을 부정하고, 다른 구제수단에 의하여 분쟁이 해결되지 않는 경우에 한하여 무효 확인소송이 보충적으로 인정된다)이 요구되는 것은 아니므로 행정처분의 무효를 전제로 한 이행소송 등과 같은 직접적인 구제수단이 있는지 여부를 따질 필요가 없다(대법원 2008. 3. 20. 선고 2007두6342 전원합의체 판결). ☞ **[동일 판시]** 대법원 2008. 6. 12. 선고 2008두3685 판결(국세청이 국세체납을 이유로 토지를 압류한 후 공매처분한 경우, 그 소유권자는 국가 또는 매수인을 상대로 부당이득반환청구의 소나 소유권이전등기말소청구의 소를 제기하여 직접 위법상태를 제거할 수 있는지 여부에 관계없이 압류처분 및 매각처분에 대한 무효확인을 구할 수 있고, 나아가 매각처분이 위법하지만 당연 무효는 아닌 경우에 대비하여 그 취소를 구할 수도 있다고 한 사례).

523) **◎ 피고적격에 관한 판례**

○ 대법원 2015. 10. 29. 선고 2013두15224 판결 ; 시장·군수가 아닌 세무서장을 피고로 하여 지방소득세 부과처분의 취소를 구하는 부분은 피고적격이 없는 자를 상대로 한 것이어서 부적법하다고 판단한 예.

○ 대법원 2016. 12. 29. 선고 2014두205 판결 ; "구 지방세법(2010. 6. 4. 법률 제10340호로 일부 개정되어 2010. 7. 5. 시행되기 전의 것) 제176조의8 제3호는 지방소득세에서 사용하는 용어 중 소득세분이란 '소득세법에 따라 납부하여야 하는 소득세액을 과세표준으로 하는 지방소득세'를 말한다고 규정하고 있다. 그리고 제177조의4는 소득세분의 납세의무자는 이를 소득세의 납세지를 관할하는 시장·군수에게 납부하여야 하고(제1항), 세무서장이 국세기본법 또는 소득세법에 의한 경정·결정 등에 따라 부과고지방법에 의하여 소득세를 징수하는 경우에 그 소득세분을 함께 부과·고지하더라도 이는 해당 시장·군수가 부과고지한 것으로 보도록 규정하고 있으며(제2항 및 제5항), 세무서장이 소득세분의 과세표준이 된 소득세를 환급한 경우 소득세의 납세지를 관할하는 시장·군수에게 그 내역을 통보하여야 하고 시장·군수는 그 소득세분을 환부하여야 한다고 규정하고 있다(제4항). 따라서 지방소득세 소득세분의 취소를 구하는 항고소송은 세무서장이 아니라 납세의무자의 소득세 납세지를 관할하는 시장·군수를 상대로 하여야 할 것이나, 관련 납세의무자로서는 세무서장을 상대로 한 소송에서 소득세 부과처분의 취소판결을 받으면 족하고 이와 별도로 지방소득세 소득세분 부과처분의 취소를 구하는 소를 제기할 필요도 없다." [동일 취지] 대법원 2005. 2. 25. 선고 2004두11459 판결. 그러나 법인세법에 의하여 부과되는 법인세액은 법인세분의 과세표준에 지나지 아니하므로, 법인세 부과처분에 대한 불복과는 별개로 과세표준이 되는 해당 법인세액의 결정이 위법하다는 이유로 법인세분 부과처분의 취소를 구할 수 있다(대법원 2020. 1. 16. 선고 2016두35854 판결). ☞ 2014. 1. 1. 지방세법 개정으로, 소득세 및 법인세의 부가세 형태로 부과·징수하고 있는 지방소득세를 독립세 방식으로 전환하였으므로, 별도로 지방소득세 부과처분의 취소를 구할 필요가 있다.

○ 대법원 1997. 2. 28. 선고 96누1757 판결 ; "성업공사가 압류재산을 공매하는 것은 세무서장의 공매권한 위임에 의한 것으로 보아야 할 것이므로, 성업공사가 한 공매처분에 대한 취소 등의 항고소송을 제기함에 있어서는 수임청으로서 실제로 공매를 행한 성업공사를 피고로 하여야 할 것이고, 위임청인 세무서장은 피고적격이 없다고 보아야 할 것이다. 따라서 세무서장을 상대로 성업공사가 한 공매처분의 취소를 구하는 이 사건 소는 피고적격 없는 자를 상대로 한 부적법한 소라 할 것이고, 이러한 경우 원심으로서는 석명권을 행사하여 원고로 하여금 피고를 처분청인 성업공사로 경정하게 하여 소송을 진행하였어야 할 것"

할 요소가 아니다.[524)]

조세불복청구의 대상은 '국세기본법 또는 세법[525)]에 따른 처분으로서 위법 또는 부당한 처분이나 필요한 처분의 거부처분'(국세기본법 제55조 제1항), 취소 소송의 대상은 '위법한 처분 등'(행정소송법 제4조 제1호)이다. 전자가 후자보다 더 넓은 개념으로 볼 수 있다.[526)] 행정소송법과 행정심판법은 '처분'을 '행정청이 행하는 구체적 사실에 관한 법집행으로서의 공권력의 행사 또는 그 거부와 그 밖에 이에 준하는 행정작용'으로 정의하고 있는데(각 제2조), 판례[527)]는 "행정청의 공법상 행위로서 특정사항에 대하여 법규에 의한 권리의 설정 또는 의무의 부담을 명하며 기타 법률상 효과를 발생하게 하는 등 국민의 구체적 권리의무에 직접적 변동을 초래하는 행위"[528)]를 말한다고 설명하고 있다. 행정처분은

---

524) 대법원 2020. 4. 9. 선고 2015다34444 판결.

525) 대법원 2002. 9. 24. 선고 2001두1727 판결 ; "국세기본법(1999. 8. 31. 법률 제5992호로 개정되기 전의 것) 제56조는 전심절차 등에 관한 행정심판법 및 행정소송법 관련 규정의 적용을 명시적으로 배제하고 있고, 같은 법 제55조 제5항은 제1항에서 말하는 '국세기본법 또는 세법에 의한 처분'에 포함되지 아니하는 처분의 유형을 규정하고 있으면서도 … 주류도매업면허 취소처분을 들고 있지 아니하므로, … 같은 조 제1항의 처분에 해당한다. 그러므로 원고가 이 사건 처분의 위법을 주장하여 그 취소를 구하는 소를 제기하기 위하여는 원칙적으로 심사청구와 심판청구 또는 감사원법에 의한 심사청구를 거쳐야 할 것"

526) 국세기본법 기본통칙(55-0…3)은 국세기본법 제55조 제1항 소정의 '필요한 처분'에 '국세의 **환급**, 사업자등록신청에 대한 **등록증 교부**'를 포함하고 있는데, 판례는 그와 달리, 국세환급금결정이나 그 결정을 구하는 신청에 대한 환급거부결정은 항고소송의 대상이 되는 처분이라고 볼 수 없다(대법원 2009. 11. 26. 선고 2007두4018 판결)고 하고, 사업자등록증의 교부는 등록사실을 증명하는 증서의 교부행위에 불과하고 사업자등록 직권말소행위도 폐업사실의 기재일 뿐 그에 의하여 사업자로서의 지위에 변동을 가져오는 것이 아니라는 점에서 항고소송의 대상이 되는 행정처분으로 볼 수 없으며, 위장사업자의 사업자명의를 직권으로 실사업자의 명의로 정정하는 행위 또한 당해 사업사실 중 주체에 관한 정정기재일 뿐 그에 의하여 사업자로서의 지위에 변동을 가져오는 것이 아니므로 항고소송의 대상이 되는 행정처분으로 볼 수 없다(대법원 2011. 1. 27. 선고 2008두2200 판결)는 입장이나, 이론의 여지가 있는 부분에 대해 행정심 단계에서 보다 폭 넓게 불복대상을 설정하여 납세자의 권리 구제를 도모하는 것에 인색할 필요는 없는 것으로 보인다.

527) 대법원 2019. 2. 14. 선고 2016두41729 판결 ; "항고소송의 대상이 되는 행정처분이라 함은 행정청의 공법상 행위로서 특정사항에 대하여 법규에 의한 권리의 설정 또는 의무의 부담을 명하며 기타 법률상 효과를 발생하게 하는 등 국민의 구체적 권리의무에 직접적 변동을 초래하는 행위를 말하고, 행정청 내부에서의 행위나 알선, 권유, 사실상의 통지 등과 같이 상대방 또는 기타 관계자들의 법률상 지위에 직접적인 법률적 변동을 일으키지 아니하는 행위는 항고소송의 대상이 될 수 없다."

528) **◎ 조세행정심판과 항고소송의 대상 적격인 행정처분성의 인정 여부에 관한 판례**

○ **긍정례** ; 세무조사결정(대법원 2011. 3. 10. 선고 2009두23617,23624 판결) / 과세관청의 소득처분에 따른 법인에 대한 소득금액변동통지(대법원 2006. 4. 20. 선고 2002두1878 전원합의체 판결) / 신고시인결정 통지(증여세 신고-대법원 2016. 8. 18. 선고 2015두41562 판결, 양도소득세 기한후 과세표준신고-대법원 2014. 10. 27. 선고 2013두6633 판결) / 국세환급금의 환수처분(대법원 2014. 1. 16. 선고 2013두17305 판결 ; "이미 충당 또는 지급된 금액의 반환을 구하기 위한 국세환급금의 환수처분은 국세의 징수에 부수하는 처분") / 법인세법 제72조의 결손금 소급공제 환급결정(대법원 2016. 2. 18. 선고 2013다206610 판결) / 납부독촉 가산금 징수처분(대법원 1996. 4. 26. 선고 96누1627 판결) / 결손금(대법원 2009. 7. 9. 선고 2007두1781 판결), 이월결손금(대법원 2018. 7. 26. 선고 2016두40375 판결) 각 증액 경정청구에 대한 거부처분 / 2010. 1. 1. 이후 사업연도 발생 결손금에 대한 감액경정(대법원 2020. 7. 9. 선고 2017두63788 판결)

○ **부정례** ; 사업연도의 익금과 손금을 산정하여 소득금액을 계산하고 이에 따라 과세표준을 결정하는 것(대법원 2002. 11. 26. 선고 2001두2652 판결) / 경정청구기간 도과 후 제기된 경정청구에 대한 경정 거부(대법원 2015. 3. 12. 선고 2014두44830 판결) / 전부채권자, 금전채권자의 채권자대위 등 경정청구권이 인정되지 않는 사람의 경정청구에 대한 거부 회신(대법원 2014. 12. 11. 선고 2012두27183 판결) / 제2차 납세의무자 지정 통지(대법원 1995. 9.

주체·내용·절차와 형식이라는 내부적 성립요건과 외부에 대한 표시라는 외부적 성립요건을 모두 갖추어야 성립(존재)한다.[529)]

원고가 고의 또는 중대한 과실 없이 '행정소송'으로 제기하여야 할 사건을 '민사소송'으로 잘못 제기한 경우에는, 관할법원에 '이송'함이 원칙이나(행정소송법 제7조), 행정소송의 소송요건을 결하고 있음이 명백한 경우에는 부적법한 소로서 각하할 수 있다.[530)]

기판력 있는 확정판결의 존부도 직권조사사항에 해당하지만, 원고 패소 확정판결의 존재는 동일한 후소의 청구기각 사유이지, 부적법 각하 사유에 해당하지 않는다.[531)]

---

15. 선고 95누6632 판결) / 국세환급금 결정(물납재산에 대한 환급결정)이나 그 환급결정을 구하는 신청에 대한 환급거부결정(대법원 2009. 11. 26. 선고 2007두4018 판결 ⇔ 조심 2010. 12. 24. 2010광0349 결정) cf. 납세의무자의 부가가치세 환급세액 지급청구(당사자소송; 대법원 2013. 3. 21. 선고 2011다95564 전원합의체 판결) / 국세환급금 충당(대법원 2019. 6. 13. 선고 2016다239888 판결) / 소득세법 시행령 제192조 제1항 단서에 따른 소득 귀속자에 대한 소득금액변동통지(대법원 2014. 7. 24. 선고 2011두14227 판결) / 사업자등록 직권말소행위, 위장사업자의 사업자명의를 직권으로 실사업자의 명의로 정정하는 행위(대법원 2011. 1. 27. 선고 2008두2200 판결) / 체납자 등에 대한 공매통지(대법원 2011. 3. 24. 선고 2010두25527 판결, '공매처분'은 처분성이 인정된다) / 신고납부하는 취득세와 등록세의 수납행위(대법원 1990. 3. 27. 선고 88누4591 판결) / 지방세의 결손처분 취소(대법원 2019. 8. 9. 선고 2018다272407 판결) / 납부독촉이 없는 가산금 고지(대법원 1996. 4. 26. 선고 96누1627 판결) / 부과고지 전 결정행위, 행정청의 권고, 견해표명 등 법적 효과를 발생시키지 않는 행위나 단순한 민원회신(조심 2010. 5. 11. 2010광0743 결정)

529) 대법원 2020. 2. 27. 선고 2016두60898 판결 ; "행정처분은 주체·내용·절차와 형식이라는 내부적 성립요건과 외부에 대한 표시라는 외부적 성립요건을 모두 갖춘 경우에 존재한다. 행정처분의 외부적 성립은 행정의사가 외부에 표시되어 행정청이 자유롭게 취소·철회할 수 없는 구속을 받게 되는 시점, 그리고 상대방이 쟁송을 제기하여 다툴 수 있는 기간의 시점을 정하는 의미를 가지므로, 어떠한 처분의 외부적 성립 여부는 행정청에 의하여 당해 처분에 관한 행정의사가 법령 등에서 정하는 공식적인 방법으로 외부에 표시되었는지를 기준으로 판단하여야 한다. 따라서 과세관청이 납세의무자의 기한후 신고에 대하여 내부적인 결정을 하였다 하더라도 이를 납세의무자에게 공식적인 방법으로 통지하지 않은 경우에는 기한후 신고에 대한 결정이 외부적으로 성립하였다고 볼 수 없으므로, 항고소송의 대상이 되는 **처분**이 존재한다고 할 수 없다. … 과세관청이 납세의무자가 제기한 항고소송에서 법원에 제출한 답변서 또는 준비서면에 기한후 신고에 대한 내부적 결정 사실을 밝혔다고 하더라도 이는 공식적인 방법으로 그 결정을 상대방에게 표시한 경우라고 할 수 없고, 또 구 국세기본법 제48조 제3항에 따른 납세의무자의 가산세감면 신청에 대하여 가산세 부과가 적법하다는 내용의 통지를 하였다 하더라도 이는 가산세 관련 거부의 통지이므로 이를 기한후 신고에 대한 결정의 통지로 볼 수도 없다."

530) 대법원 2018. 7. 26. 선고 2015다221569 판결 ; "원고가 고의 또는 중대한 과실 없이 행정소송으로 제기하여야 할 사건을 민사소송으로 잘못 제기한 경우, 수소법원으로서는 만약 그 행정소송에 대한 관할을 동시에 가지고 있다면 이를 행정소송으로 심리·판단하여야 하고, 그 행정소송에 대한 관할을 가지고 있지 아니하다면 당해 소송이 이미 행정소송으로서의 전심절차와 제소기간을 도과하였거나 행정소송의 대상이 되는 처분 등이 존재하지도 아니한 상태에 있는 등 행정소송으로서 소송요건을 결하고 있음이 명백하여 행정소송으로 제기되었더라도 어차피 부적법하게 되는 경우가 아닌 이상 이를 부적법한 소라고 하여 각하할 것이 아니라 관할법원에 이송하여야 한다."

531) 대법원 2020. 6. 25. 선고 2017두58991 판결 ; "확정판결의 기판력의 존부는 직권조사사항이므로 당사자의 주장이 없더라도 법원이 이를 직권으로 조사하여 판단할 수 있다. … 이 사건 각 선행 확정판결(종합소득세 등 **부과처분 취소** 소송에 대한 **원고 패소** 판결)의 소송물과 이 사건 소(종합소득세 등 부과처분에 대한 **경정청구 거부처분 취소** 소송)의 **소송물**은 모두 원고 1, 2, 4, 5의 각 해당 과세기간 귀속 각 이자소득의 과세표준과 세액의 객관적 존부로서 **동일**하고, 소외 1 등의 기망을 이유로 한 각 대여계약의 취소는 이 사건 각 선행 확정판결의 변론종결 이전에 이미 행사하였던 공격방어방법이므로, 위 원고들이 다시 소외 1 등의 기망을 이유로 각 대여계약의 취소를 주장하며 위 피고들을 상대로 이 사건 각 거부처분의 취소를 구하는 것은 이 사건 각 선행 확정판결의 기판력에 저촉되어 허용될 수 없다. 따라서 위 원고들의 청구는 이와 모순 없는 판단을 하기 위하여 기각되어야 한다." ☞ 반면에, 승소 확정판결을 받은 당사자가 전소의 상대방을 상대로 다시 승소 확정판결의 전소와 동일한 청구의 소를 제기하는 경우 후소는

증명책임·증명의 필요

● 대법원 2016. 6. 10. 선고 2015두60341 판결 [법인세부과처분취소]

▌취소소송, 증명책임, 경험칙, 추정

판시사항

세금부과처분 취소소송에서 과세요건사실에 관한 **증명책임**의 소재(= **과세권자**) 및 증명 정도

이 유

일반적으로 세금부과처분 취소소송에서 **과세요건사실**에 관한 **증명책임**은 **과세권자**에게 있다. 그렇지만, 구체적인 소송과정에서 경험칙에 비추어 과세요건사실이 추정되는 사실이 밝혀진 경우에는, **납세의무자**가 ① 문제로 된 해당 사실이 **경험칙을 적용하기에 적절하지 아니**하다거나 ② 해당 사건에서 그와 같은 경험칙의 적용을 배제하여야 할 만한 **특별한 사정**이 있다는 점 등을 증명하지 못하는 한, 해당 과세처분이 과세요건을 충족시키지 못한 위법한 처분이라고 단정할 수 없다(대법원 2006. 9. 22. 선고 2006두6383 판결[532] 등[533] 참조).

권리보호의 이익이 없어 부적법하다(2016다13482).

532) **【구체적 사안】**

○ **원심** ; 원고 경리부장은 부가가치세 신고 당시 이 사건 토지 매도로 인한 매출이 면세대상이라는 사실을 정확히 알면서 매입처별세금계산서합계표와 함께 매출처별계산서합계표도 같이 첨부하여 제출하였다고 증언하고 있으며, 원고로서는 부가가치세 면세대상인 위 토지 매도에 관하여 매출처별계산서합계표를 제출하지 아니할 아무런 경제적인 실익이 없는 점, 원고는 부가가치세 신고서의 면세수입금액란을 기재하지 아니하였지만 매출세액란 역시 기재하지 아니함으로써 위 토지 매도로 인하여 납부할 부가가치세가 없다는 취지를 표시한 것으로 보이고, 이는 위 토지 매도로 인한 매출이 면세대상인 것과 상통하는 것으로서, 위와 같은 신고서의 기재 내용만으로 매출처별계산서합계표의 제출 여부를 가늠하기는 어려운 점, 위 토지의 매수인인 건설회사가 그에 관한 계산서합계표를 제출하지 아니한 이유에 대하여 원고는 위 회사가 세금신고기한 전에 부도에 이르렀기 때문이라고 주장하고 있는 점, 원고가 피고의 신고서 투여함에 부가가치세 신고서 및 첨부서류를 투입한 때부터 피고가 그 신고내용을 전산으로 입력할 때까지의 과정에서 서류의 분실 또는 누락사고 등이 일어나지 않는다는 보장도 없을 뿐 아니라, 더욱이 원심 변론종결 무렵에야 위 부가가치세 신고서 및 그 첨부서류의 보존연한 5년이 갓 지났음에도 피고는 위 첨부서류의 원본은 물론 피고가 이미 그 사본을 증거로 제출한 바 있는 위 부가가치세 신고서의 원본조차도 세무서 이전 등의 과정에서 분실하였다는 이유로 제출하지 못하고 있는바 그 경위가 석연치 아니한 점 등을 고려해 보면, **경험칙에 비추어** 원고가 **매출처별계산서합계표를 제출하지 아니하였다는 사실이 추정된다고 할 수 없다.**

○ **대법원** ; 원고가 제출한 부가가치세 신고서 1면의 첨부서류란에 아무런 표시가 없고, 또 위 토지 매도로 인한 매출은 부가가치세 면세대상임에도 원고는 신고서 3면의 면세수입금액란에 아무런 기재를 하지 않았다는 것인바, **신고서에 전혀 언급하지 않은 내용**에 대하여 **근거서류만을 첨부·제출한다는 것은 상식에 맞지 않**을 뿐만 아니라, 과세매출금액란을 기재하지 않은 것과 면세수입금액란을 기재하지 않은 것을 동일한 취지의 의사표시로 보기도 어렵고, 오히려 원고의 세무신고 담당직원이 위 토지 매도로 인하여 납부할 부가가치세가 없다고 생각하였다면 그 부분에 관하여 신고서에 기재하지 아니하고 관련서류도 첨부하지 않았을 가능성이 크며, 여기에 더하여 원고의 **담당직원**이 원고 소유의 부동산 양도와 관련하여 세무신고를 한 것은 처음이었고 이 사건 부가가치세 신고서 제출 당시 신고서 서식이 개정되었다는 점을 제대로 알지 못한 채 개정 전의 서식을 사용하였음에 비추어 **세무신고에 대한 정확한 지식을 갖추고 있지는 않**았던 것으로 보이는 점까지 고려하면 위와 같은 면세수입금액 미신고 및 관련 첨부서류 미제출의 가능성은 더욱 크다고 할 것이고, 이것은 위 미신고 및 미제출로 인하여 원고가 얻을 경제적인 실익이 없다고 하여 달리 볼 수 있는 것이 아니다.

그 밖에, 원고가 이 사건 부가가치세 신고 당시 철사기(스테이플러)로 찍어 함께 제출하였다는 첨부서류 중 **매입처별세금계산서합계표**의 내용은 **피고의 전산시스템에 정상적으로 입력**되어 있는 점, 이 사건 신고 이전에 이미 원고는 위 토지의 매수인인 건설회사를 상대로 매매계약의 해제를 주장하면서 민사소송을 제기하였으며 위 회사는 부도에 이른 상태였고 위 회사 역시 위 토지의 매수와 관련된 계산서합계표를 제출하지 않은 점 등 이 사건 기록에 비추어 알 수 있는 사정들을 모두 종합해 보면, **경험칙에 비추**어 이 사건 **과세요건사실**, 즉 원고가 **매출처별계산서합계표를 제출하지 않았다는 사실을 추정**할 수 있을 정도의 **간접사실은 충분히 밝혀졌다**고 할 것이고, 원고가 피고의 신고서 투여함에 부가가치세 신고서 및 첨부서류를 투입한 때부터 피고가 그 내용을 전산입력할 때까지의 과정에서 서류의 분실 또는 누락사고가 일어났을 가능성을 배제할 수 없다거나 피고가 보존연한이 채 지나지 않은 부가가치세 신고서 원본은 원심법원에 제출하지 못하였다고 하더라도, **그러한 사정만으로는** 위 매출처별계산서합계표 미제출 사실이 **경험칙의 적용대상이 되지 못한다거나** 위와 같은 **경험칙의 적용을 배제하여야 할 만한 특별한 사정이 있다는 점**이 **증명되었다고 할 수는 없**다.

533) **대법원 2014. 5. 29. 선고 2014두2027 판결 ; 실물거래 없는 가공매입 사실의 추정 사례**

○ **사실관계** ; 원고는 'ㅇㅇ'이라는 상호로 폐전선 재생가공처리업을 하였고, 소외 1은 2002. 4. 15.부터 2007. 7. 26.까지 배우자인 소외 2 명의로 '△△자원'이라는 상호의 고철도매업을 하다가 2007. 8. 6.부터 2008. 9. 30.까지는 모 소외 3 명의로 '새△△자원'이라는 상호의 고철·파지 등의 도·소매업을 한 사실, **피고**는 △△자원과 새△△자원 및 ㅇㅇ에 대한 세무조사를 토대로, 원고가 2006년 제1기부터 2007년 제2기까지 △△자원으로부터 매입한 금액 중 일부와 새△△자원으로부터 매입한 금액 전부에 관한 거래(이 사건 거래)가 실물거래 없는 가공매입이고, 새△△자원 명의로 이루어진 매출 중 (주)ㅇㅇ브릿지 등 7개 회사에 대한 부분('이 사건 매출'이라고 하고, 위 7개 회사를 '이 사건 매출처'라고 한다)은 실제로는 원고의 매출이라고 보아, 2009. 6. 10. 원고에게 부가가치세 및 종합소득세를 부과하는 이 사건 처분을 한 사실.

○ **원심** ; 이 사건 거래 중에는 가공거래가 상당 부분 존재할 뿐만 아니라 이 사건 매출 중에도 원고의 매출이 상당 부분 있는 것으로 인정된다고 하면서도, ① 고철 업계에서는 수집·공급자들 사이에 현금 거래가 빈번히 이루어지는 점, ② 소외 1은 수사기관과 원심에서 처음 거래를 시작한 2002.경부터 원고로부터 현금으로 상당한 규모의 선급금을 지급받았고 그 돈으로 고철 등을 수집하여 원고에게 공급하였다는 취지로 비교적 일관되게 진술 또는 증언하고 있는 점, ③ 원고가 이 사건 거래에 관하여 실제로 재화나 용역을 공급받은 사실이 없음에도 허위로 매입처별 세금계산서합계표를 작성하여 제출하였다는 공소사실로 기소된 사건(이 사건 형사소송)에서, 증인들이 이 사건 거래에 관하여 실물거래가 있었다는 취지로 증언하였고 이를 뒷받침하는 계량표 등 자료도 있는 점, ④ 원고와 소외 1 사이에 선급금 거래가 인정되고 현금으로 기지급한 선급금 외에 거래근거를 남기기 위한 별도의 송금도 있었다면 송금된 돈을 원고나 그 아들인 소외 4가 출금하여 사용하는 것은 일종의 정산과정으로 볼 수 있는 점, ⑤ 마찬가지로 고철 등의 가격이 맞지 않아 새△△자원이 원고가 아닌 이 사건 매출처에 고철 등을 공급한 후 이 사건 매출처로부터 새△△자원의 소외 3 명의 계좌(새△△자원 계좌)로 송금된 돈을 원고나 그 아들인 소외 4가 출금하여 사용하는 것 역시 기지급한 선급금의 정산과정으로 볼 수 있는 점, ⑥ 이 사건 형사소송의 항소심에서 "변경된 공소사실대로 **이 사건 거래 중 40%가 실물거래이고 나머지 60%는 가공거래라고 단정할 수 없고 실물거래와 가공거래를 구별할 기준도 없다.**"는 등의 이유로 **무죄판결**이 선고되어 확정되었고, **이 사건 매출 누락 부분은 기소조차 되지 않**았던 점 등을 고려하면, 원고와 △△자원 또는 새△△자원 사이에 일정 규모 이상의 선급금 거래가 있었고 이 사건 거래 중 **일정 부분**은 그 **선급금에 의한 실물거래**이며 이 사건 **매출 중 일정 부분**은 **새△△자원의 매출**로 보이는데, 이를 **가공거래 부분 또는 원고의 매출 부분과 구별할 수 없**으므로 이 사건 거래가 **전부 가공거래**이고 이 사건 매출이 **전부 원고의 매출임을 전제로 하는 이 사건 처분**은 **위법**하다고 판단.

○ **대법원** ; (1) 소외 1은 당초 원고의 요구에 따라 새△△자원 계좌를 개설하여 원고에게 그 통장 및 도장을 건네주었고 원고와 그 아들인 소외 4가 그 계좌를 전적으로 관리하였다. (2) 원고와 소외 4는 △△자원 또는 새△△자원 계좌에서 현금을 출금할 때 출금전표 대부분을 스스로 작성하였다. 한편, 새△△자원의 매출세금계산서 중 이 사건 매출에 관한 것만 전산으로 발행되었고 나머지는 소외 1이 수기로 작성하여 발행되었다. (3) 소외 1은 2008. 12.경 이 사건 매출에 관하여 최초로 세무조사를 받으면서, 이는 새△△자원의 매출이 아니라 원고의 매출인데 예전에 금전적인 도움을 주었던 원고의 요청으로 원고로 하여금 이 사건 매출에 관하여 새△△자원 명의로 매출세금계산서를 발행하게 하였다는 취지로 진술하였다. (4) 피고는 이 사건 거래와 이 사건 매출에 관한 자금흐름을 추적한 결과 원고로부터 △△자원의 소외 2 명의 계좌(△△자원 계좌) 또는 새△△자원 계좌에 입금된 거래대금 중 대부분이 단기간 내에 현금으로 출금되어 **원고와 그 가족 또는 원고의 매입처 계좌로 입금**되었고, 이 사건 매출처로부터 새△△자원 계좌로

● 대법원 2015. 6. 23. 선고 2012두7776 판결 [종합소득세부과처분취소]

▌매출·수입 누락, 필요경비, 증명책임, 증명의 필요

판시사항

[1] 조세부과처분 취소소송에서 납세의무자의 금융기관 계좌에 입금된 금액이 **매출이나 수입**에 해당하고 그것이 **신고에서 누락**된 금액이라는 과세요건사실에 대한 **증명책임**의 소재 / 납세의무자의 금융기관 계좌에 입금된 금액이 매출이나 수입에 해당한다는 것을 증명하는 방법과 이를 추정할 수 있는지 판단하는 기준 및 신고가 누락된 매출이나 수입에 해당한다고 단정할 수 없는 경우

[2] 사업소득자의 당해연도 소득금액 산정 시 공제하여야 할 **필요경비**의 구체적인 항목에 대한 **증명**에 관하여 납세의무자에게 **증명의 필요**를 돌리기 위한 요건(= **과세관청**에 의하여 납세의무자가 **신고**한 어느 비용의 용도와 그 지급의 상대방이 **허위**임이 상당한 정도로 **증명**된 경우 등)

이 유

[1] 조세부과처분 취소소송에서 과세요건사실에 대한 증명책임은 과세관청에 있으므로, **납세의무자**

입금된 돈도 단기간 내에 전액 현금으로 출금되어 대부분이 원고와 그 가족 또는 원고의 매입처 계좌로 입금된 것을 확인하였다. (5) 이에 **피고**는 이 사건 거래에 관한 세금계산서는 사실과 다른 세금계산서라고 보아 매입세액을 공제하지 아니하고 그 매입액을 필요경비에 산입하지 아니하는 한편 이 사건 매출과 관련한 매출세액을 원고의 매출세액에 가산하고 그 매출액을 원고의 수입금액에 가산하여 이 사건 처분을 하였고, 그에 대하여 **원고**는 세무조사 당시부터 시종일관 소외 1이 운영하는 △△자원 및 새△△자원과 거래하면서 **항상 현금으로 선급금을 지급**하였고, 이 사건 거래는 소외 1의 △△자원 및 새△△자원으로부터 실제로 폐전선 등을 납품받고 그 납품가액만큼 기지급한 선급금에서 차감하는 방식으로 정산한 것으로 전부 실물거래이고, 그와 별도로 원고가 △△자원 및 새△△자원 계좌에 납품가액 상당액을 입금한 다음 곧바로 되찾아온 것은 세무대리인의 자문에 따라 거래증빙을 남기기 위한 목적이었으며, 새△△자원이 납품하는 폐전선 등의 가액이 예상보다 지나치게 높은 경우에는 이 사건 매출처에 납품하게 한 뒤 그 거래대금이 새△△자원 계좌에 입금되면 원고가 이를 인출함으로써 기지급한 선급금을 되돌려받은 것이므로, 이 사건 매출은 전부 원고의 매출이 아니라 새△△자원의 매출이라고 **주장**하였다.

위와 같은 △△자원 및 새△△자원 **계좌의 관리상태** 및 **입출금현황**, 이 사건 처분의 경위 및 원고의 주장 내용에 더하여, 원고는 소외 1에게 한 번에 수천만 원에서 수억 원에 달하는 **선급금**을 현금으로 매번 지급하였다면서도 그에 관한 **금융자료나 자금 출처에 관하여 아무런 주장·증명을 하지 않**고 있는 점, 원고는 소외 1과의 선급금 정산과정에서도 일체의 서류를 작성한 적이 없고 오로지 기억에 의존하였다면서 그에 관한 **장부나 영수증 등 증거를 전혀 제출하지 아니**한 점, 만일 원고 주장대로 거래증빙을 남길 목적이라면 소외 1에게 지급할 선급금을 곧바로 소외 1의 계좌에 입금하는 것으로 충분한데도 굳이 선급금 지급과 별도로 납품가액 상당액을 마련하여 △△자원 또는 새△△자원 계좌에 입금하였다가 되찾아오는 번거롭고 위험과 비용이 따르는 방법을 택할 아무런 합리적인 이유가 없었던 점, 원고가 운영한 'ㅇㅇ'의 2006년 제1기부터 2008년 제1기까지 매출액과 매입액의 비율을 보면 **동종 업종의 전국 평균에 비하여 매입 비율이 지나치게 높아 가공매입 또는 매출누락이 의심**되는 점, 이 사건 **매출처**는 새△△자원 명의로 발행된 이 사건 매출 관련 세금계산서가 사실과 다른 세금계산서라는 이유로 매입세액이 불공제되었으나 **이의제기 없이 세금을 납부**한 점 등을 종합하여 보면, **경험의 법칙에 비추어** 이 사건 처분의 **과세요건사실** 즉, 이 사건 거래가 **실물거래 없는 가공매입으로 원고가 그 거래대금을 실제로 지출한 적이 없**고 이 사건 매출은 **새△△자원의 매출이 아닌 원고의 매출**이라는 **사실이 추정**된다고 볼 것이고, 원고가 주장하는 위와 같은 내용의 거래방식은 고철유통업계에서의 통상적인 선급금거래와도 구별되는 매우 이례적인 것이므로, 각 거래별로 그러한 경험칙의 적용을 배제하여야 할 만한 특별한 사정이 존재하였다는 점이 객관적이고 합리적으로 증명되지 아니하는 한 이 사건 처분이 과세요건을 충족시키지 못한 위법한 처분이라고 단정할 수는 없다고 할 것인데, 원심이 들고 있는 사정을 감안하더라도 이 사건에서 그와 같은 특별한 사정이 증명되었다고 보기는 어렵다.

의 금융기관 계좌에 입금된 금액[534]이 매출이나 수입(收入)에 해당하고, 그것이 신고에서 누락된 금액이라는 과세요건사실은 과세관청이 증명하여야 하는 것이 원칙이다.

다만 납세의무자의 금융기관 계좌에 입금된 금액이 매출이나 수입에 해당한다는 것은 구체적인 소송과정에서 경험칙에 비추어 이를 추정할 수 있는 사실을 밝히거나 이를 인정할 만한 간접적인 사실을 밝히는 방법으로도 증명할 수 있는데(대법원 2004. 4. 27. 선고 2003두14284 판결[535] 등 참조), 이 경우 그와 같이 추정할 수 있는지 여부는 해당 금융기관 계좌가 과세 대상 매출이나 수입에 관한 주된 입금·관리계좌로 사용되었는지, 입금 일자나 상대방 및 금액 등에 비추어 매출이나 수입에 해당하는 외형을 가지고 있는지, 그 계좌의 거래 중에서 매출이나 수입 관련 거래가 차지하는 비중, 반대로 매출이나 수입이 아닌 다른 용도의 자금이 혼입될 가능성 및 그 정도 등 해당 금융기관 계좌에 입금된 금액에 관한 여러 사정들을 종합하여 판단하여야 한다.

그리고 위와 같은 여러 사정들을 종합한 결과 납세의무자의 금융기관 계좌가 매출이나 수입에 관한 주된 입금·관리계좌로서 그에 입금된 금액이 매출이나 수입에 해당한다고 추정할 수 있는 경우라 하더라도, 개별적인 입금이나 일정한 유형의 입금이 그 일자, 액수, 거래 상대방 및 경위 등과 아울러 경험칙에 비추어 이미 신고한 매출이나 수입과 중복되는 거래이거나 매출이나 수입과 무관한 개인적인 거래로 인정될 수 있는 특별한 사정이 있는 경우에는, 이를 신고가 누락된 매출이나 수입에 해당한다고 쉽게 단정할 수는 없다고 봄이 타당하다.

[2] 사업소득자의 당해연도 소득금액을 산정할 때에 공제하여야 할 필요경비의 구체적인 항목에 대한 증명에 관하여 그 증명의 난이라든가 당사자의 형평 등을 고려하여 납세의무자에게 그 증명의 필요를 돌리는 경우가 있으나, 그와 같은 경우란 과세관청에 의하여 납세의무자가 신고한 어느 비용의 용도와 그 지급의 상대방이 허위임이 상당한 정도로 증명된 경우 등[536]을 가리키는 것으로서,

---

534) 2014. 5. 28. 신설된 '금융실명거래 및 비밀보장에 관한 법률' 제3조 제5항("금융회사 등에 의해 실명이 확인된 계좌 또는 외국의 관계 법령에 따라 이와 유사한 방법으로 실명이 확인된 계좌에 보유하고 있는 금융자산은 명의자의 소유로 추정한다.")에 따라, 금융회사 등에 의해 실명이 확인된 계좌에 보유하고 있는 금융자산은 명의자의 소유로 법률상 추정되므로, 명의자 소유를 부정하는 측이 그 사실에 대한 주장·증명책임을 부담한다. 그 전에는, 대법원 2009. 3. 19. 선고 2008다45828 전원합의체 판결 등에 따라 '예금명의자 = 예금계약의 당사자 = 예금반환청구권자'라는 매우 강한 사실상 추정력이 인정되었다.

535) "소득세법의 규정에 의한 납세자의 과세표준확정신고에 오류 또는 탈루가 있어 이를 경정함에 있어서는 장부나 증빙에 의함이 원칙이라고 하겠으나 다른 자료에 의하여 그 신고내용에 오류 또는 탈루가 있음이 인정되고 실지조사가 가능한 때에는 그 다른 자료에 의하여서도 이를 경정할 수 있는바, 관계 법령에서 규정하고 있는 실지조사는 그것이 실제의 수입을 포착하는 방법으로서 객관적이라고 할 수 있는 한 특별한 방법상의 제한이 없다 할 것이므로, 납세의무자의 금융기관 계좌에 입금된 금액을 조사하는 방법으로 납세의무자의 총수입액을 결정한 것은 객관성이 있는 적법한 실지조사방법에 속한다 할 것이고, 일반적으로 세금부과처분취소소송에 있어서 과세요건 사실에 관한 입증책임은 과세권자에게 있다 할 것이나 구체적인 소송과정에서 경험칙에 비추어 과세요건 사실이 추정되는 사실이 밝혀지면 상대방이 문제로 된 당해 사실이 경험칙 적용의 대상 적격이 되지 못하는 사정을 입증하지 않는 한 당해 과세처분을 과세요건을 충족시키지 못한 위법한 처분이라고 단정할 수는 없다."

536) 대법원 2014. 8. 20. 선고 2012두23341 판결 ; "법인세 부과처분 취소소송에서 과세처분의 적법성 및 과세요건사실의 존재에 대한 증명책임은 과세관청에게 있으므로 과세표준의 기초가 되는 각 사업연도의 익금과 손금에 대한 증명책임도 원칙적으로 과세관청에게 있다고 할 것이나, ① 납세의무자가 신고한 어느 손금의 용도나 지급의 상대방이 허위라거나 ② 손금으로 신고한 금액이 손비의 요건을 갖추지 못하였다는 사정이 과세관청에 의하여 상당한 정도로 증명된

그러한 증명이 전혀 없는 경우에까지 납세의무자에게 곧바로 필요경비에 대한 증명의 필요를 돌릴 수는 없으므로(대법원 1999. 1. 15. 선고 97누15463 판결 등 참조), 과세관청이 그러한 증명을 하지 못한 경우에는 납세의무자가 신고한 비용을 함부로 부인할 수 없다.

⇒ **[1] 판시의 따름판례 ; 대법원 2017. 6. 29. 선고 2016두1035 판결** [**차명계좌**를 이용한 매출누락 법인세 사건][537)]

○ 대법원 2015. 9. 10. 선고 2015두622 판결 [법인세부과처분취소]

▌법원의 정당세액 계산의무

판시사항

소송자료에 의하여 정당한 세액을 산출할 수 없다면 과세처분 전부를 취소하여야 하는지 여부(○)

이 유

과세처분 취소소송에서 처분의 적법 여부는 정당한 세액을 초과하느냐의 여부에 따라 판단하는 것으로서, 당사자는 사실심 변론종결시까지 객관적인 과세표준과 세액을 뒷받침하는 주장과 자료를 제출할 수 있고, 이러한 자료에 의하여 적법하게 부과될 정당한 세액이 산출되는 때에는 그 정당한

경우에는 증명의 난이라든가 공평의 관념 등에 비추어 그러한 **비용이 실제로 지출되었다거나 다른 사정에 의하여 손비의 요건이 충족된다는 점**에 관한 **증명의 필요**는 **납세의무자**에게 돌아간다고 보아야 한다."

537) **【구체적 사안】**

○ **원심의 판단** ; (1) ① 윤○○ 명의의 계좌는 2000. 3.경 그 개설 당시부터 원고 회사의 대표이사였던 이○○의 지시에 따라 원고의 경리직원 김○○에 의해 관리된 점, ② 위 계좌에 입금된 금원의 대부분은 원고 및 그 계열사, 이○○ 및 그의 가족을 위하여 사용된 점, ③ 원고는 2000년부터 2002년까지 독일의 군수품 제조업체와의 거래 등 다른 무기중개사업에 따른 수입금이 있었음에도 원고 명의의 계좌에는 그 내역이 누락되어 있는 점 등을 종합하여 보면, 위 계좌는 **원고**가 해외업체로부터 받은 무기중개수수료를 국내로 들여오는데 사용한 **차명계좌**로서 그 **계좌에 입금된 금원 전부**가 **원고의 소득으로 추정**된다. (2) 소외 교회 명의의 계좌와 관련하여, ① 이○○는 소외 교회의 장로이자 건축위원장으로서 교회에 거액의 건축비를 무이자로 대여하고 교회건물 내부에 비밀공간까지 확보하는 등 절대적인 영향력을 행사하여 왔던 점, ② 이○○는 원고의 무기중개수수료 수익이 발생하면 이를 원천으로 삼아 소외 교회의 자신에 대한 변제자금으로 처리하기 위해 위 계좌를 개설·이용한 것으로 보이는 점, ③ 위 계좌의 입금액 중 상당 부분은 그 출처가 원고의 수익을 은닉하기 위하여 해외에 설립한 페이퍼컴퍼니인 점, ④ 위 계좌에 입금된 금원도 주로 원고 및 그 계열사, 이○○ 및 그의 가족을 위하여 사용되었으므로 교회 본연의 사업을 위하여 개설된 계좌로 보기 어려운 점 등을 종합하여 보면, 위 계좌 또한 원고가 해외업체로부터 받은 무기중개수수료를 국내로 들여오는데 사용한 차명계좌로서 그 계좌에 입금된 금원 전부가 원고의 소득으로 추정된다. (3) 한편 원고가 소외 교회 계좌를 통하여 지급받은 미화 330만 달러는 3차 불곰사업에서의 무기중개 성공을 조건으로 한 선수금으로서 아직 중개 용역을 수행하지 아니하여 조건이 성취되지 아니하였으므로 과세할 수 없다는 원고의 주장에 대하여, ① 원고의 주장에 부합하는 듯한 갑 제11호증은 원고가 원본을 제출하지 못하고 있고, 그 내용과 작성시기 등에 비추어 보더라도 그대로 믿기 어려운 점, ② 원고가 3차 불곰사업에 관한 에이전트 계약을 체결하였고 그에 따라 선수금이 지급되었음을 알 수 있는 객관적인 증빙자료를 제출하고 있지 못한 점, ③ 3차 불곰사업에서 어떠한 무기를 도입할 것인지조차 확정되지 아니한 상황에서 2차 불곰사업의 대가를 상회하는 거액을 선수금으로 지급받았다는 것은 거래관념상 쉽게 납득하기 어려운 점 등을 종합하여 보면, 원고가 주장하는 위 금액을 3차 불곰사업의 선수금이라고 보기에 부족하다.

○ **대법원** ; 원심의 위와 같은 판단은 모두 정당하다.

세액을 초과하는 부분만 취소하여야 할 것이지만, 그렇지 아니한 경우에는 과세처분 전부를 취소할 수밖에 없으며, 그 경우 **법원이 직권에 의하여 적극적으로 부과할 정당한 세액을 계산할 의무까지 지는 것은 아니다**(대법원 1995. 4. 28. 선고 94누13527 판결[538] 등 참조).

---

538) ◎ **일부가 비과세·감면 등에 해당하여 정당 세액을 구분·산출할 수 없는 경우**

대법원 1995. 4. 28. 선고 94누13527 판결 ; "피고는 원고 공사의 서울연수원 부지 등에 대한 종합토지세를 부과함에 있어서, 지방세법 제234조의13 제2항 제4호가 "직업훈련기본법에 의한 직업훈련시설에 직접 사용하는 토지(건축물 바닥면적의 7배를 초과하는 토지를 제외한다)"를 종합토지세 면제대상토지로 규정하고 있음을 전제로 하여 위 부지상에는 … 16필지에 걸쳐 총 바닥면적 합계 38,918.55㎡의 건축물이 건축되어 있고, 위 건축물 중 직업훈련의 전용으로 사용되는 건축물의 면적은 16,189.19㎡이고, 나머지 건축물은 직업훈련과 사내일반연수에 공동으로 사용되거나 그를 보조하는 시설들인 바, 결국 위 연수원이 직업훈련뿐 아니라 사내일반연수에 공동으로 사용되는 시설이라고 하여 원고 공사의 '90년도 사업내 직업훈련실시계획서'에 의한 서울연수원 총 교육실시 연인원 대 직업훈련실시연인원에 의한 안분비율 12.8%를 기준으로 산출한 건축물 바닥면적 4,891.6㎡(38,918.55㎡×12.8%)를 직업훈련시설에 해당하는 건축물의 바닥면적으로 인정하여 그의 7배인 34,871.2㎡를 과세면제대상으로 하고, 이를 이 사건 연수원 부지 중 서울 노원구 (주소 생략) 대 78,705㎡의 1필지에서 공제한 다음 나머지 연수원 부지에 대하여 그 중 일부는 종합합산과세의 방식으로, 일부는 별도합산과세의 방식으로 종합토지세를 부과하였다. … 원고 공사의 서울연수원과 같이 그 건축물 중 일부는 직업훈련에, 일부는 사내일반연수에 각 전용으로 사용되고, 일부는 직업훈련과 사내일반연수에 공동으로 사용되고 있는 경우 과세관청인 피고로서는 위 각 건축물 중에서 직업훈련에 전용으로 사용되는 건축물의 경우에는 그 바닥면적 전부, 직업훈련과 사내일반연수에 공동으로 사용되는 건축물의 경우에는 그 바닥면적 중 앞서 본 안분비율에 의한 바닥면적 부분을 합하여 그 7배에 해당하는 토지를 직업훈련시설에 직접 사용하는 토지로 보아, 이를 면제대상토지로서 이 사건 연수원 전체의 부지면적에서 공제하는 등 합리적이고 타당한 방법에 의하여 직업훈련에 직접 사용되는 건축물과 그렇지 아니한 건축물을 명확히 구분하여 그에 따라 종합토지세를 면제하거나 과세하여야 할 것인 바, 피고가 채택한 위 산정방법은 지방세법령 어디에도 그 근거를 두지 아니한 것으로서 합리성과 타당성을 결여하여 위법하다고 아니할 수 없다. 또한 과세처분취소소송에 있어 처분의 적법 여부는 정당한 세액을 초과하느냐의 여부에 따라 판단되는 것으로서, 당사자는 사실심 변론종결시까지 객관적인 과세표준과 세액을 뒷받침하는 주장과 자료를 제출할 수 있고, 이러한 자료에 의하여 적법하게 부과될 정당한 세액이 산출되는 때에는 그 정당한 세액을 초과하는 부분만 취소하여야 할 것이나, 그렇지 아니한 경우에는 과세처분 전부를 취소할 수밖에 없으며, 그 경우 법원이 직권에 의하여 적극적으로 합리적이고 타당성 있는 면제대상토지의 산정방법을 찾아내어 부과할 정당한 세액을 계산할 의무까지 지는 것은 아니라고 할 것인바(당원 1992. 7. 24. 선고 92누4840 판결 참조), 기록에 의하여 살펴보아도 이 사건 연수원 부지상의 건축물 중 어느 것이 직업훈련에 전용으로 사용되고, 어느 것이 직업훈련과 사내일반연수에 공용으로 사용되는지를 명확히 구분할 수 없고, 따라서 정당한 종합토지세액을 산출할 수 없어 과세처분 전부를 취소할 수밖에 없다."

☞ 위 92누4840 참조 판결은 '상속재산 일부에 대하여도 적법한 가액평가의 자료가 없어서 정당한 상속세액을 산출할 수 없는 경우'로서 '과세처분 전부를 취소할 수밖에 없다.'고 한 사례이고, 일부가 면세인 사례가 아니다. 면세 사실에 대한 증명책임은 납세의무자에게 있으므로, 납세의무자가 면세대상 및 그 세액에 대한 증명을 하여야 하고, 그 증명에 실패한 경우의 불이익을 부담하여야 한다. '정당한 세액이 산출되지 아니한 경우에는 과세처분 전부를 취소할 수밖에 없다.'는 법리는 과세관청이 증명책임을 지는 과세처분 요건사실의 증명에 관한 사례에 적용되는 것이고, 납세의무자가 증명책임을 지는 비과세·면제·공제 등 요건사실의 증명에 관한 사례에서는 달리 적용되어야 한다. 대법원 2009. 7. 9. 선고 2007두4049 판결(원심이, 중소기업투자세액 및 임시투자세액의 공제를 부인하는 피고에게 이 사건 리스물건이 중고품이라는 점에 관한 증명책임이 있다는 전제 아래, 리스물건 중 일부는 원래 소외 1 회사가 금융리스계약에 따라 인도받아 사용하다가 원고가 이를 취득하였으므로 중고품으로 볼 수 있지만, 그 부분 물건 및 지급금액에 대한 피고의 구체적인 주장과 증명이 없으므로 피고의 1997 사업연도 법인세 부과처분 중 위 각 투자세액의 공제를 부인한 부분은 그 전부가 위법하다고 판단한 것은 과세처분 취소소송에서 공제요건의 증명책임에 관한 법리를 오해한 위법이 있다고 한 예)의 태도가 정당하다.

※ 조세소송에서의 주장·증명책임과 그 분배

[1] 변론주의 원칙

행정소송에 관하여 행정소송법에 특별한 규정이 없는 사항에 대하여는 민사소송법의 규정이 준용되므로(행정소송법 제8조 제2항), 조세소송 역시 원칙적으로 변론주의가 지배하고, 민사소송법상 실기한 공격방어방법의 각하,[539] 주장책임,[540] 자백에 관한 법칙[541] 등이 적용된다.

---

539) 대법원 2003. 4. 25. 선고 2003두988 판결 [취득세등부과처분취소] ; "행정소송에 관하여 행정소송법에 특별한 규정이 없는 사항에 대하여는 민사소송법의 규정이 준용되므로(행정소송법 제8조 제2항), 원칙적으로 변론주의가 지배하는 행정소송에서도 직권조사사항에 관한 것이 아닌 이상 실기한 공격 또는 방어의 방법의 각하에 관한 민사소송법 제149조 제1항이 준용된다고 할 것이고, 행정소송법 제26조가 있다고 하여 달리 볼 것은 아니다."

540) ○ 대법원 2001. 10. 23. 선고 99두3423 판결 ; "행정소송에 있어서 직권주의가 가미되어 있다고 하더라도 여전히 변론주의를 기본구조로 하는 이상 … 당사자가 주장하지도 아니한 법률효과에 관한 요건사실이나 독립된 공격방어방법을 시사하여 그 제출을 권유함과 같은 행위를 하는 것은 변론주의의 원칙에 위배되는 것으로 석명권 행사의 한계를 일탈하는 것이 된다. … 원고는 … 위 2개 사업연도의 소득금액 계산에서 공제되어야 할 각 이월결손금에 관하여는 이를 다툰 바 없음이 분명하므로, … 각 소득금액 계산과 위 각 이월결손금 등에 대하여 심리하지 아니하였다거나 이에 대하여 석명하지 아니하였다고 하여 판단유탈 또는 석명의무위반에 따른 심리미진 등의 위법이 있다고 할 수 없다." ☞ 이월결손금 공제는 본래 원고에게 주장·증명책임이 있는 사항으로 보아야 하지만, 그 자료가 기록에 현출되어 있다면 이월결손금 공제에 관하여 심리·판단함이 옳다.

○ 대법원 2008. 10. 23. 선고 2006두19501 판결 ; "피고가 원고들 개인별 납세액과 연대납세액을 특정하지 않은 채 납세고지를 하여 이 사건 처분이 위법하다는 취지의 원고들의 주장은, 납세고지방식에 관한 절차위반을 이유로 한 것으로 상고심에 이르러 비로소 주장하는 새로운 사실로서 원심 변론 종결 이전에 주장한 바가 없음이 기록상 명백하고 직권조사사항에 해당하지도 않으므로 적법한 상고이유가 되지 않는다."

○ 대법원 1997. 7. 22. 선고 96누18038 판결 ; "행정소송에서도 원칙적으로 변론주의가 적용되는 것인바, 기록에 의하면 피고는 … 출연금이 피상속인과 그의 처로서 상속인인 원고 1에 의하여 각 금 3억 5천만 원씩 기부된 것으로 보고서 한 피고의 부과처분은 정당하다고 주장하였을 뿐이고, 그 이후에도 이 사건 출연금 중 이미 상속세 과세가액에 산입되지 아니한 3억 5천만 원을 다시 상속세 과세가액에 산입하여야 한다는 주장을 한 바가 없으므로(피고가 위 금원을 상속세 과세가액에 산입하지 아니한 것은 국세심판소의 심판결정에 따른 것으로서 그 심판결정의 기속력 때문에 피고는 위 결정에 반하는 위와 같은 주장을 할 수도 없다), 설사 이 사건 출연금 중 위 3억 5천만 원도 피상속인에 의하여 출연된 것이 아니라 상속인들에 의하여 출연된 것이라는 자료가 기록상 현출되어 있다고 하더라도 법원이 직권으로 위 3억 5천만 원을 상속세 과세가액에 산입하여야 한다고 판단할 수는 없다고 할 것이다. 그런데도 원심이 … 위 금원을 상속세 과세가액에 산입하여야 한다고 판단한 것에는 변론주의의 법리를 오해한 위법이 있다고 할 것"

541) ○ 대법원 1992. 8. 14. 선고 91누13229 판결 ; "행정소송에서도 원칙적으로 변론주의가 적용되고, 행정소송법 제8조 제2항에 의하여 민사소송법 제261조가 규정하는 자백에 관한 법칙이 적용된다고 함은 당원의 확립된 판례인데 … 피고는 … 선박의 1989년도 제2기분 총공급가액은 금 2,505,872,447원이라 주장하고 있고, 원고도 … 준비서면에서 피고의 위 주장사실을 인정하면서 다만, 위 총공급가액 중 자기의 울산공장으로 반출한 참치의 가액은 면세공급가액이 아니라고 다투고 있을 뿐이므로, 위 총공급가액에 관한 한 당사자 쌍방의 진술이 일치되어 자백이 성립하였다고 할 것이다. 그런데, 원심은 이 사건 선박이 통조림의 제조에 직접 사용된 것은 아니라는 이유로 위 총공급가액 중 울산공장으로 반출된 참치의 가액을 제외함으로써 이 사건 선박의 총공급가액을 위 자백내용과 달리 인정한 후, 그 금액을 기초로 이 사건 선박의 자가공급가액을 산출하고 있으므로, 원심판결은 자백의 법리를 오해한 위법이 있고"

○ 대법원 1992. 2. 25. 선고 91누5297 판결 ; "이 사건 토지가 소외 1이 취득한 동인 소유의 부동산이라는 점에 대하여는 당사자 간의 진술이 일치되어 자백이 성립되었다고 보아야 할 것이다. … 원고는 … 토지는 원고가 취득하여 소외 1에게 명의신탁한 부동산이라는 새로운 사실을 주장함으로써 위 선행자백을 취소하였으나, 위 자백이 진실에 반하고 착오에 기한 것이라는 점이 인정되지 않는 한 자백의 취소는 효력이 없는 것이어서 원심으로서는 위 자백내용과 다른 사실을 인정할 수 없다고 할 것이다."

[2] 직권심리주의의 예외

행정소송법 제26조[542]에 의해 변론주의의 일부 예외가 인정되는데, 행정소송에서는 법원이 필요하다고 인정할 때에는 당사자가 명백히 주장하지 아니한 사실도 '기록에 나타난 자료'를 기초로 하여 직권으로 판단할 수 있다.[543] 이는 원고의 청구범위를 초월하여 그 이상의 청구를 인용할 수 있다는 의미(처분권주의에 대한 예외)가 아니라(즉, 처분권주의 원칙은 준수되어야 한다) 원고의 청구범위를 유지하면서 그 범위 내에서 필요에 따라 주장 외의 사실에 관하여도 판단할 수 있다(변론주의에 대한 일부 예외 인정)는 뜻에 불과하다.[544] 어떠한 과세대상이 당초 감면을 받은 규정에 의한 감면대상에 해당하지 않는다고 하더라도, 다른 감면규정에 의한 감면대상에 해당하고 그에 관하여 추징사유가 발생하지 아니하였다면 다른 규정에 따른 감면사유가 여전히 존재하는 이상 추징처분을 하는 것은 허용되지 않는데, 다른 규정에 따른 감면사유가 기록상 현출되어 있으면 원고의 주장이 없더라도 직권으로 판단할 수 있다.[545]

○ 대법원 1991. 1. 29. 선고 90누5054 판결 ; "조세소송에서 과세요건 사실인 필요경비의 입증책임이 과세관청인 피고에게 있다고 하더라도 원고가 이를 자백한 경우에는 그 필요경비에 관한 피고의 입증필요는 면제된다고 볼 것이므로 원고는 상고심에 이르러 새삼 그 필요경비의 인정이 잘못되었다 하여 원심판결을 탓할 수는 없는 것이다."

○ 대법원 1991. 5. 28. 선고 90누1854 판결 ; "행정소송법 제8조 제2항에 의하면 … 민사소송법 제261조의 자백에 관한 법칙도 공공의 복지를 유지하기 위하여 필요한 직권조사사항 등 외에는 행정소송에도 적용되어 당사자의 소송상의 자백을 배제하지 못한다고 할 것인바, 원심이 … 주식양도 당시의 소외 회사의 자산총액의 시가가 금3,662,774,134원임에 다툼이 없다고 판시한 것은 기록에 의하여 살펴보아도 정당하고"

542) **행정소송법 제26조(직권심리)** 법원은 필요하다고 인정할 때에는 직권으로 증거조사를 할 수 있고, 당사자가 주장하지 아니한 사실에 대하여도 판단할 수 있다.

543) ○ 대법원 1997. 10. 28. 선고 96누14425 판결 ; "행정소송법 제26조는 … 규정하여 변론주의의 일부 예외를 인정하고 있으므로, 행정소송에서는 법원이 필요하다고 인정할 때에는 당사자가 명백히 주장하지 아니한 사실도 기록에 나타난 자료를 기초로 하여 직권으로 판단할 수 있다고 할 것이다. … 원심이, 당사자들이 다투지는 아니하였지만 기록에 현출된 자료에 의하여 상속세 신고세액 공제액에 관하여 심리·판단한 것은 정당하고, 거기에 변론주의를 위반한 위법이 있다고 할 수 없다."

○ 대법원 1992. 7. 10. 선고 92누3199 판결 ; "피고소송수행자는 부동산 취득자금의 증여라는 주장을 부동산 자체의 증여라는 주장으로 변경하였다고 볼 여지도 있을 뿐만 아니라, … 피고소송수행자가 원심에서 이 사건 증여는 부동산 자체의 증여라는 주장을 아예 한 바 없다고 하더라도, 원심이 … 기록에 현출된 자료들을 종합하여 소외 2가 원고들에게 위 부동산 자체를 증여한 것으로 인정한 것은 직권심리주의에 관한 위 행정소송법 규정 … 에 따른 것으로서 옳다."

○ 대법원 1987. 1. 20. 선고 86누346 판결 ; "시효중단사유는 기록상 현출되어 원심판시 자체에서 이를 인정하고 있는 이상 피고의 시효중단에 관한 명시적인 항변이 없더라도 행정소송법 제26조에 따라 직권으로 심리판단할 사항임"

544) 대법원 1987. 11. 10. 선고 86누491 판결 ; "이 사건 과세처분은 82.수시분(81년 귀속) 종합소득세 … 부과처분이고 원고는 위 부과처분의 위법을 들어 그 취소를 구하고 있음이 분명하므로 이 사건 심리의 대상은 … 종합소득의 과세표준과 종합소득세액의 객관적인 존부라 하겠고 … 종합소득세의 부과처분의 위법 여부만을 심리하여야 할 것임에도 원심은 피고의 이 사건 과세처분 중 원고의 배당소득과 부동산소득을 합한 종합소득에 대한 종합소득세만이 적법하고 이 사건 토지와 그 지상의 미완성건물을 소외회사에 양도한 사실에 대하여는 부동산매매업이라 볼 수 없다 하여 피고가 이를 부동산매매업으로 보아 그 판시와 같이 종합소득세를 부과한 과세처분이 위법하다고 판시하면서도 위 양도소득에 관하여는 피고가 원고에게 양도소득금액을 과세표준으로 하여 그에 대한 세액 기타 필요한 사항을 납세고지에 의하여 통지한 바 없어 아직 유효한 과세처분이 있었다고 볼 수도 없고 따라서 당사자가 구하지도 아니하여 심리의 대상이 될 수 없는 양도소득의 과세표준과 양도소득세액을 그 판시와 같이 산출하고 피고의 이 사건 과세처분 중 양도소득세 … 범위 내의 것은 적법한 양 판시하였으니 원심판결의 위 양도소득에 관한 부분은 처분권주의에 위배한 것으로 파기를 면할 수 없다."

545) 대법원 2014. 2. 13. 선고 2013두18582 판결 ; 이 사건 토지의 분할, 지목 변경으로 인한 토지 가액 증가분에 대한

[3] 주장·증명책임의 중요성

변론주의하의 소송에서는 권리의 발생, 권리 발생의 장애, 권리의 소멸이라는 법률효과의 판단에 직접 필요한 주요사실에 대하여 소송 당사자가 주장책임[546]과 증명책임[547]을 부담하는데(특별한 규정이 없는 한, 주장책임과 증명책임의 소재는 동일하다), 실제 소송에서 주장책임과 증명책임의 소재와 그 책임을 다하였는지는 매우 중요하고 소송의 승패에 직결될 수 있다.[548]

[4] 주장·증명책임의 분배

민사소송법 규정이 준용되는 조세행정소송에 있어서 증명책임은 원칙적으로 민사소송 일반원칙에 따라 당사자 간에 분배되고[법규의 구조와 형식(예컨대 본문과 단서[549](전단과 후단과는 구분해야 한다), 일반규정

취득세 등의 추징처분에 대하여, **원심**이, 노인요양시설의 설치·운영에 제공되는 이 사건 토지가 원고 의료법인의 의료업에 직접 사용하는 부동산에 해당하지 않으므로, 구 지방세법 제287조 제2항이 정한 취득세 등의 면제대상에 해당하지 않는다고만 판단하여 추징처분이 적법하다고 판단한 데 대하여, **대법원**은 직권으로, 원고가 이의신청에서 '노인요양시설은 도세 감면조례에서 정한 유료노인복지시설로서 취득세 등을 50% 감면하여야 한다.'고 주장하였고, 도지사는 '이 사건 노인요양시설은 노인복지시설로 50% 취득세 등 감면대상이나, 취득일부터 정당한 사유 없이 1년 이내에 노인복지시설로 직접 사용하지 않은 경우에 해당한다.'는 이유로 이의신청을 기각하였는데, 그 이의신청 결정문이 이 사건 소송에서 증거로 제출되어 있는 사실 등을 알 수 있고, 원고가 취득일부터 유예기간 1년 내에 요양시설의 착공에 이르지 못한 데에 정당한 사유가 있다고 볼 수 있는 사정들이 나타나 있으므로, 원심으로서는 원고가 제출한 소송자료 등 기록에 나타난 자료에 의하여 이 사건 토지에 대한 도세 감면조례의 50% 감면규정 및 추징규정의 적용 여부, 지목변경에 따른 부동산 취득 간주일부터 노인요양시설 착공일까지 1년 내에 공사에 착공하지 아니한 데에 정당한 사유가 있는지 여부에 대하여도 필요한 석명을 구하거나 심리를 하여 그 감면사유 및 추징사유의 당부에 따른 이 사건 처분의 위법 여부를 판단하였어야 한다고 하여 파기환송한 예.

546) 변론주의하의 소송에서는 법률효과의 판단에 직접 필요한 주요사실은 당사자의 주장을 통하여 소송에 현출되어야 법원이 이를 재판의 기초로 삼을 수 있다. 따라서 당사자는 주요사실을 주장하지 아니하면 유리한 법률효과의 발생이 인정되지 않을 위험 또는 불이익을 입게 되는데, 이와 같은 당사자 일방의 위험 또는 불이익을 가리켜 객관적 주장책임 또는 흔히 그냥 주장책임이라고 한다.

547) 소송상 어느 요증사실의 존부가 확정되지 아니할 때에 그 사실이 존재하지 않는 것으로 취급되어 법률판단을 받게 되는 어느 일방 당사자의 위험 또는 불이익을 객관적 증명책임 또는 흔히 그냥 증명책임이라고 한다.

548) 민사소송에서 증명책임의 소재에 의하여 소송의 승패가 좌우된 전형적인 예로는 대법원 2017. 5. 18. 선고 2012다86895,86901 전원합의체 판결의 사안을 들 수 있다. 조세소송에서도 대법원 2010. 1. 14. 선고 2007두5646 판결('평가대상 주식이 외국에 있는 비상장법인의 주식인 경우 상속세 및 증여세법상 보충적 평가방법을 적용하는 것이 부적당하지 아니하다는 점'에 대한 과세관청의 증명책임), 대법원 2017. 9. 21. 선고 2015두60884 판결('과다 임원 보수금에 직무집행의 대가가 일부 포함되어 있어 그 부분이 손금산입의 대상이 된다는 점'에 대하여 납세의무자가 부담하는 증명의 필요)의 경우, 증명책임의 소재가 소송의 승패로 직결될 수 있는 사례이다.

549) ○ 대법원 2000. 7. 7. 선고 98두16095 판결 ; "구 소득세법 … 대통령령이 정하는 1세대 1주택과 이에 부수되는 토지로서 … 소득에 대하여 소득세를 과세하지 아니한다'고 규정하고, 구 소득세법시행령 제15조 제3항은 '주택의 일부에 점포 등 다른 목적의 건물이 설치되어 있거나 동일 지번 상에 주택과 다른 목적의 건물이 설치되어 있는 경우에는 그 전부를 주택으로 본다. 다만 주택의 면적이 주택 이외의 면적보다 작거나 같을 때에는 주택 부분 이외의 건물은 주택으로 보지 아니한다'고 규정하고 있는바, 시행령 제15조 제3항 본문에 의하여 겸용주택 전부가 비과세대상이라는 점은 이를 주장하는 납세의무자에게 입증책임이 있는 것이나, 그것이 시행령 제15조 제3항 단서의 규정에 의하여 다른 목적의 건물이 비과세에서 제외된다는 점은 과세관청에게 그 입증책임이 있다 할 것이다."

○ 대법원 2016. 6. 9. 선고 2013두23058 판결 ; "구 상속세 및 증여세법 제45조의2 제1항 본문은 '권리의 이전이나 그 행사에 등기 등을 요하는 재산에 있어서 실제 소유자와 명의자가 다른 경우에는 … 명의자로 등기 등을 한 날에 그 재산의 가액을 명의자가 실제 소유자로부터 증여받은 것으로 본다'고 규정하면서, 그 단서 제1호에서 '조세회피의 목적 없이 타인의 명의로 재산의 등기 등을 한 경우에는 그러하지 아니하다'고 규정하는 한편, 같은 조 제2항 본문은

과 특별규정, 원칙규정과 예외규정[550] 등)에 따라 분배되는 것이 일반적이고,[551] 조세채권의 권리근거사실(과세요건사실)은 과세관청이, 권리발생의 장애·소멸 사실(비과세·감면·공제)은 납세자가 증명책임을 부담한다], 항고소송의 경우에는 그 특성에 따라 처분의 적법성을 주장하는 피고에게 그 적법사유에 대한 증명책임이 있다.[552]

따라서 일반적으로 세금부과처분 취소소송에서 과세처분의 적법성 및 과세표준 등 과세요건사실의 존재에 대한 증명책임은 과세관청에게 있다.[553] 따라서 부과처분에 따른 정당한 세액이 산출되지

'타인의 명의로 재산의 등기 등을 한 경우 조세회피의 목적이 있는 것으로 추정한다'고 규정하고 있다. 여기서 조세회피의 목적이 없었다는 점에 관한 증명책임을 부담하는 명의자로서는 명의신탁에 있어 조세회피의 목적이 없었다고 인정될 정도로 조세회피와 상관없는 뚜렷한 목적이 있었고 명의신탁 당시에나 장래에 있어 회피될 조세가 없었거나 그에 부수하여 사소한 조세경감이 생기는 것에 불과하다는 점을 객관적이고 납득할 만한 증거자료에 의하여 통상인이라면 의심을 갖지 않을 정도의 증명을 하여야 한다."

550) 예컨대, 상속세 및 증여세법 제44조(배우자 또는 직계존비속 간 양도 재산의 증여 추정)에서 제1항과 제2항 본문은 법률상 추정의 '원칙규정'으로서 '과세관청'이, 제3항은 법률상 추정사실(증여)의 반대사실에 관한 '예외규정'으로서 '납세의무자'가 각각 증명책임을 지는 규정 형식을 취하고 있다.

551) 헌재 2015. 3. 26. 선고 2014헌바202 결정 ; "입증책임은 **법규의 구조와 형식**(예컨대 본문과 단서, 일반규정과 특별규정, 원칙규정과 예외규정 등)에 따라 분배되어야 하고, 권리의 존재를 주장하는 당사자는 권리근거사실에 대하여 입증책임을 부담하며, 권리의 존재를 다투는 당사자는 권리장애사실, 권리소멸사실 또는 권리저지사실에 대하여 입증책임을 진다는 것이 일반적으로 받아들여지고 있다. … 입증책임규범은 사실의 존부가 불명한 경우 법관으로 하여금 재판을 할 수 있게 하는 보조수단"

552) 대법원 1984. 7. 24. 선고 84누124 판결 [법인세부과처분취소] ; "민사소송법의 규정이 준용되는 행정소송에 있어서 입증책임은 원칙적으로 민사소송의 일반원칙에 따라 당사자 간에 분배되고 항고소송의 특성에 따라 당해 처분의 적법을 주장하는 피고에게 그 적법사유에 대한 입증책임이 있다고 하는 것이 당원의 일관된 견해이므로, 피고가 주장하는 당해 처분의 적법성이 합리적으로 수긍할 수 있는 일응의 입증이 있는 경우에는 그 처분은 정당하다고 할 것이며 위와 같은 합리적으로 수긍할 수 있는 증거와 상반되는 주장과 입증은 그 상대방인 원고에게 그 책임이 돌아간다고 풀이하여야 할 것이다." ☞ 앞부분과 동일 판시 ; 대법원 2017. 7. 11. 선고 2015두2864 판결 [과징금부과처분취소], 대법원 2016. 10. 27. 선고 2015두42817 판결[과징금납부명령취소]

553) ○ 대법원 2014. 5. 16. 선고 2011두9935 판결 ; "과세요건사실의 존부 및 과세표준에 관하여는 원칙적으로 과세관청이 증명할 책임을 부담하는바, 이는 거래 등의 귀속 명의와 실질적인 귀속주체가 다르다고 다투어지는 경우에도 증명책임을 전환하는 별도의 법률 규정이 있는 등의 특별한 사정이 없는 한 마찬가지이다."
○ 대법원 2014. 8. 20. 선고 2012두23341 판결 ; "법인세 부과처분 취소소송에서 과세처분의 적법성 및 과세요건사실의 존재에 대한 증명책임은 과세관청에게 있으므로 과세표준의 기초가 되는 각 사업연도의 익금과 손금에 대한 증명책임도 원칙적으로 과세관청에게 있다."
○ 대법원 2020. 6. 25. 선고 2017두72935 판결 ; "필리핀법인이 대한민국 내 고정사업장을 통하여 사업을 영위하는 경우에는 고정사업장이 필리핀법인과 독립하여 거래하는 별개의 분리된 기업으로서 얻었을 이윤만이 고정사업장에 귀속되어 대한민국에서 과세될 수 있고, 이와 같이 고정사업장에 귀속되는 이윤에 관하여는 과세관청이 증명책임을 부담한다."라고 한 다음, 원심이, 정당한 세액을 산출할 아무런 자료가 없으므로 처분 전부를 취소한 것은 정당하다고 한 예.
○ 대법원 2018. 3. 29. 선고 2014두46935 판결 ; "어떠한 자산을 건설 등에 의하여 취득하는 데에 사용할 목적으로 직접 차입한 자금의 경우 그 지급이자는 취득에 소요되는 비용으로서 취득세의 과세표준에 포함되지만, 그 밖의 목적으로 차입한 자금의 지급이자는 납세의무자가 자본화하여 취득가격에 적정하게 반영하는 등의 특별한 사정이 없는 한 그 차입한 자금이 과세물건의 취득을 위하여 간접적으로 소요되어 실질적으로 투자된 것으로 볼 수 있어야 취득세의 과세표준에 합산할 수 있다고 할 것이다. 또한 과세요건사실의 존재 및 과세표준에 대한 증명책임은 과세관청에 있으므로, 그 밖의 목적으로 차입한 자금의 지급이자가 과세물건의 취득을 위하여 소요되었다는 점에 관하여도 원칙적으로 과세관청이 그 증명책임을 부담한다고 보아야 한다."
○ 과세관청이 증명책임을 부담하는 과세요건사실의 구체적 예로서, '과세소득'이 있다는 사실 및 그 소득이 그 '사업연도에 귀속'된다는 사실(2007두18000), 납세의무자의 금융기관 계좌에 입금된 금액이 매출이나 수입에 해당하고, 그것이

아니한 경우에는 과세처분 전부를 취소할 수밖에 없고, 그 경우 법원이 직권에 의하여 적극적으로 부과할 정당한 세액을 계산할 의무까지 지는 것은 아니다.[554] 사실심 변론종결 시까지 제출된 자료에 의하여 정당한 세액이 산출되는 경우에는 그 정당한 세액을 초과하는 부분만 취소하여야 하고 그 전부를 취소할 것은 아니고,[555] 정당한 세액이 얼마인지 심리할 의무가 있다.[556] 위법한 추계방법에 의한 처분의 경우 사실심 변론종결 시까지 제출된 자료를 기초로 실지조사방법에 의하여 산출될 수 있는 정당한 세액이 얼마인지 심리해 본 후, 정당 세액과 처분 세액을 비교해 처분의 취소 여부와 범위를 정하여야 한다.[557] 이혼 시 위자료·재산분할·자녀양육비 등의 액수를 구체적으로 정하지 아

신고에서 누락된 금액이라는 사실(2012두7776), 수시부과 사유(85누297), 추계과세의 요건인 '추계의 필요성'과 '추계방법의 합리성·타당성'(86누578), 부당행위계산 부인의 적용기준이 되는 시가(2014두14228), 법인과 그 출자자 등 특수관계자와 사이의 금전대차거래가 법인세법상 부당행위 계산 부인 사유인 '금전을 무상 또는 시가보다 낮은 이율로 대부한 경우'에 해당한다는 사실(2003두5235), 거주자의 국외 특수관계자와의 거래에 대하여 국제조세조정에 관한 법에서 정한 정상가격을 기준으로 과세처분을 할 때 당해 정상가격이 적법하게 산출되었다는 점(2011두6127), 법인세 가산세의 요건사실인 '원고가 매출처별계산서합계표를 제출하지 않았다는 사실'(2006두6383), 저가 양수 또는 고가 양도에 따른 이익의 증여(2011두22075)나 기타 이익의 증여(2013두24495)에서 특수관계가 없는 자 사이의 거래에 '거래의 관행상 정당한 사유가 없다'는 점, 시가를 산정하기 어려워 보충적 평가방법에 의할 수밖에 없었다는 점 및 외국에 있는 비상장법인의 주식에 대하여 상속세 및 증여세법상 보충적 평가방법을 그대로 적용하는 것이 '부적당하지 않다'는 점(2007두5646), 명의신탁 증여의제 증여세에서 '명의신탁 설정에 관한 합의'가 존재하여 해당 재산의 '명의자가 실제소유자와 다르다'는 점(2017두31460), 매입세액의 공제가 부인되는 '사실과 다른 세금계산서'에 해당한다는 점(2008두9737), 사업장이 2 이상의 시·군에 소재하는 법인에 대한 법인세할주민세 부과처분에서 '법인의 총건축물 연면적' 산정을 위해 필요한 '다른 시·군 관할구역 내에 있는 취·배수관로의 면적'(2013두26194), 물품을 수입한 명의자와 물품을 수입한 실제 소유자가 다르다는 이유로 과세처분을 한 경우 과세처분의 상대방이 '물품을 수입한 실제 소유자'라는 점(2014두2270) 등이 있다.

554) 대법원 2015. 9. 10. 선고 2015두622 판결 등.

555) ○ 대법원 1997. 3. 28. 선고 96누15022 판결 ; "원고가 기밀비 및 대손금의 필요경비 산입 여부만을 다투고 있을 뿐이고 나머지 세액산정방법을 다투고 있지는 않으므로, 원심으로서는 위 기밀비 등 금액 중 필요경비로 공제되어야 할 금액을 공제하여 소득금액을 확정한 후 공제 등의 절차를 거쳐 정당한 세액을 산출하고 그 금액과 이 사건 부과처분의 금액을 비교하여 이 사건 부과처분 금액이 위 방법에 따라 산정한 금액을 초과하면 그 초과부분만을 취소하여야 할 것이다."

○ 대법원 2008. 12. 24. 선고 2006두13497 판결 ; "경정거부처분 취소소송에서 그 거부처분의 적법 여부는 과세표준신고서에 기재된 과세표준 및 세액이 정당한 과세표준 및 세액을 초과하느냐의 여부에 따라 판단되는 것으로서 당사자는 사실심 변론종결시까지 객관적인 조세채무액을 뒷받침하는 주장과 자료를 제출할 수 있고 이러한 자료에 의하여 정당한 세액이 산출되는 때에는 감액을 구하는 세액 중 당초 신고한 세액에서 정당한 세액을 차감한 부분만 취소하여야 할 것이고 전체를 취소할 것이 아니다."

556) 대법원 2020. 10. 29. 선고 2018두53221 판결 ; "피고는 제1 과세조정에서 이 사건 기존 사전승인 방법을 그대로 적용하여 재판매부품의 원가를 표시가격의 60%로 보고 정상가격을 산정하여 원고에게 2013 사업연도 법인세 부과처분을 하였다가, 제2 과세조정에서 재판매부품의 원가를 표시가격의 100%로 적용하여 정상가격을 재산정한 후 원고에게 그에 따라 증액된 2013 사업연도 법인세 부과처분을 한 것으로 보인다. … **원심**으로서는 2013 사업연도 법인세 부과처분과 관련하여 피고가 제1 과세조정에서 이 사건 **기존 사전승인에 의한 정상가격 산출방법에 따라 산출한 세액이 적정한지**에 관하여 심리한 다음, 이러한 **정당한 세액이 산출되는 때에는** 그 정당한 세액을 초과하는 부분만 취소하여야 할 것이고 그 전부를 취소할 것이 아니다. 그런데도 원심은 위와 같은 잘못된 사실인정을 바탕으로 제1 과세조정과 관련하여 정당한 세액이 얼마인지를 가려보지도 아니한 채 정당한 세액을 산출하기 어렵다는 이유로 그 전부를 취소하여야 한다고 판단하였다. … 필요한 심리를 다하지 아니함으로써 판결에 영향을 미친 위법이 있다."

☞ '이 사건 기존 사전승인'이란, '**국제조세조정에 관한 법률**상 원고와 국외특수관계인 간 거래에 대한 정상가격 산출방법에 관한 국세청장의 사전승인'을 말한다.

니한 채 자산을 이전한 경우, 그 중 양도소득세 과세대상인 위자료·양육비의 증명책임은 처분청에 있으나, 그 액수까지 구체적으로 주장·증명할 필요는 없고, 그 액수를 정할 수 있는 자료를 법원에 제출하는 것으로 충분하며, 법원은 그 자료를 토대로 직권으로 그 액수를 정하여야 한다.558)

판례 중에는 "변론주의를 기본구조로 하는 이상 행정처분의 위법을 들어 그 취소를 청구함에 있어서는 직권조사사항을 제외하고는 그 취소를 구하는 자가 위법사유에 해당하는 구체적 사실을 먼저 주장하여야 한다."라고 판시하여, 과세처분의 취소를 구하는 원고에게 과세처분의 위법사유에 해당하는 구체적 사실에 대한 주장책임을 지운 것으로 볼 여지가 있는 것이 있으나,559) 그 구체적 사안은 본래 원고에게 주장·증명책임이 있는 사항에 관한 것으로서, 과세처분의 취소를 구하는 원고에게 과세처분의 위법사유에 해당하는 구체적 사실에 대한 주장책임을 지운 것으로 볼 것은 아니다(다만, 소를 제기한 원고로서 당해 소송의 소송물을 특정하기 위한 정도의 주장책임은 부담한다560)).

---

557) 대법원 2015. 7. 9. 선고 2015두1076 판결 ; "외상장부 및 원고의 수입금액과 종업원 봉사료가 구분기재된 매출자료가 제출되어 있는 이상, 원심으로서는 위 자료들을 기초로 **실지조사방법에 의하여 산출**될 수 있는 **정당한 세액이 얼마인지 심리**하여 본 후, 만일 ① 그 세액이 피고 주장과 같이 처분 세액보다 오히려 많다고 인정되는 경우에는 처분이 비록 위법한 추계의 방법에 의한 것이었다고 하더라도 이를 취소하여서는 아니될 것이고, ② 반대로 처분 세액이 정당한 세액을 초과하는 것으로 인정되는 경우에는 그 초과부분을 취소하여야 할 것이다."

558) 대법원 2002. 6. 14. 선고 2001두4573 판결 ; "협의이혼 또는 재판상 화해나 조정에 의한 이혼을 하면서 위자료와 재산분할, 자녀양육비 등의 각각의 액수를 구체적으로 정하지 아니한 채 자산을 이전한 경우 그 자산 중 양도소득세의 과세대상이 되는 유상양도에 해당하는 위자료 및 자녀양육비의 입증책임도 원칙적으로는 처분청에 있고, 다만 이 때 처분청이 위자료나 자녀양육비의 액수까지 구체적으로 주장·입증할 필요는 없고, 단지 그 액수를 정할 수 있는 자료를 법원에 제출하는 것으로 충분하며, 이에 대하여 법원은 이와 같은 자료를 토대로 혼인기간, 파탄의 원인 및 당사자의 귀책사유, 재산정도 및 직업, 당해 양도자산의 가액 등 여러 사정을 참작하여 직권으로 위자료나 자녀양육비의 액수를 정하여야 할 것이다." ☞ 원고와 소외 1의 혼인기간, 파탄의 원인 및 당사자의 귀책사유, 재산정도 및 직업, 이 사건 토지의 가액 등을 추단할 수 있는 **자료가 상당 정도 제출**되어 있는 것으로 보이는데도 불구하고, 원심은 이와는 달리 당사자의 의사에 의하여도 이 사건 토지의 가액 중 위자료에 해당하는 부분이 구체적으로 얼마나 되는지 불분명하고 피고가 이에 대하여 주장·입증하지도 아니하였다는 이유로 이 사건 토지에 대한 과세처분이 전부 위법하다고 단정한 것은 과세요건의 입증책임에 관한 법리를 오해한 나머지 **심리를 다하지 아니한 위법**을 저지른 것이라고 한 예.

559) 대법원 2001. 10. 23. 선고 99두3423 판결 ; "행정소송에 있어서 특별한 사정이 있는 경우를 제외하면 당해 행정처분의 적법성에 관하여는 행정청이 이를 주장·입증하여야 할 것이나, 행정소송에 있어서 직권주의가 가미되어 있다고 하더라도 여전히 변론주의를 기본구조로 하는 이상 행정처분의 위법을 들어 그 취소를 청구함에 있어서는 직권조사사항을 제외하고는 그 취소를 구하는 자가 위법사유에 해당하는 구체적 사실을 먼저 주장하여야 하고" ☞ '원고가 2개 사업연도의 소득금액 계산에서 공제되어야 할 각 이월결손금에 관하여는 이를 다툰 바 없음이 분명하므로, 그 각 소득금액 계산과 이월결손금 등에 대하여 심리하지 아니하였다거나 이에 대하여 석명하지 아니하였다고 하여 판단유탈 또는 석명의무위반에 따른 심리미진 등의 위법이 있다고 할 수 없다.'고 한 사안인데(동일 판시의 대법원 2001. 1. 16. 선고 99두8107 판결 역시 '원고는, 원심에서, 이 사건 부동산의 취득이 무효이므로 그 지급이자 및 공과금 등을 손금에 산입하여야 한다고 주장하였을 뿐 이월결손금에 대하여는 이를 다투거나 주장한 바 없었음이 기록상 명백한 만큼, 상고심에서 비로소 이 점을 들어 상고이유로 삼을 수 없다.'고 한 사안이다), 이월결손금 공제는 본래 원고에게 주장·증명책임이 있는 사항이다(대법원 2015. 9. 15. 선고 2015두2406 판결은 이월결손금 공제에 대한 증명책임의 소재가 과세처분 취소소송의 원고에게 있음을 담고 있다). 과세처분의 취소를 구하는 원고에게 과세처분의 위법사유에 해당하는 구체적 사실에 대한 주장책임을 지운 사안으로 볼 수는 없다.

560) 즉, 원고는 자신이 제기한 소송의 청구의 특정을 위해 필요한 '과세처분의 존재 및 그 처분이 위법하다'는 정도의 낮은 수준의 주장책임을 부담할 뿐이다(대법원 1998. 3. 13. 선고 97다45259 판결("금전채무부존재확인소송에 있어서는, 채무자인 원고가 먼저 청구를 특정하여 채무발생원인사실을 부정하는 주장을 하면 채권자인 피고는 그 권리관계의

과세관청은 구체적인 소송과정에서 ① 과세요건사실(주요사실)을 직접 증명하거나 ② 경험칙에 비추어 과세요건사실이 (사실상) 추정(추인)되는 사실(간접사실)을 증명함으로써 과세요건사실을 증명할 수 있다.[561] ②의 간접사실이 밝혀진 경우, 납세자는 ❶ 문제로 된 해당 사실이 경험칙을 적용하기에 적절하지 아니하다거나 ❷ 해당 사건에서 그와 같은 경험칙의 적용을 배제하여야 할 만한 특별한 사정(간접반증사실)이 있다는 점 등을 증명하면 된다.[562]

[5] 납세고지서 송달에 대한 주장·증명책임

판례는 납세고지서의 적법한 송달 여부가 문제된 사안에서, "행정처분의 당연무효를 주장하여 그 무효확인을 구하는 행정소송에 있어서는 원고에게 그 행정처분이 무효인 사유를 주장·입증할 책임이 있다."는 일반론을 판시하고 있다.[563][564] 과세처분의 하자가 중대하고 명백하여 과세처분이 무효인

요건사실에 관하여 주장·입증책임을 부담한다.") 참조).

561) 대법원 2013. 3. 28. 선고 2010두20805 판결 ; "일반적으로 조세부과처분의 취소소송에서 과세요건사실에 관한 증명책임은 과세관청에게 있으므로, 과세관청이 구체적인 소송과정에서 과세요건사실을 직접 증명하거나 경험칙에 비추어 과세요건사실이 추정되는 사실을 밝히지 못하면 당해 과세처분은 과세요건을 충족시키지 못한 위법한 처분이 된다."
☞ 원심이, 이 사건 각 예금계좌가 원고의 매출누락에 이용된 사정이 있기는 하지만 그 입금액 중 입금인의 상호·성명은 기재되어 있으나 그 인적사항이 확인되지 않는 부분은 과세요건사실이 추정되는 사실이 밝혀졌다고 보기 어려워 원고의 매출누락액으로 볼 수 없다고 판단한 것은 정당하다고 한 예(즉, 원고의 매출누락에 이용된 예금계좌에 입금인의 상호·성명은 기재되어 있으나 그 인적사항이 확인되지 않는 금액 ≠ 과세요건사실(매출누락액)을 추인하는 간접사실).

562) ○ 대법원 2015. 9. 10. 선고 2015두41937 판결 ; "조세부과처분 취소소송의 구체적인 소송과정에서 경험칙에 비추어 과세요건사실이 추정되는 사실이 밝혀진 경우에는 과세처분의 위법성을 다투는 납세의무자가 문제된 사실이 경험칙을 적용하기에 적절하지 아니하다거나 해당 사건에서 그와 같은 경험칙의 적용을 배제하여야 할 만한 특별한 사정이 있다는 점 등을 증명하여야 하지만, 그와 같은 경험칙이 인정되지 아니하는 경우에는 원칙으로 돌아가 과세요건사실에 관하여 과세관청이 증명하여야 한다. 부부 사이에서 일방 배우자 명의의 예금이 인출되어 타방 배우자 명의의 예금계좌로 입금되는 경우에는 증여 외에도 단순한 공동생활의 편의, 일방 배우자 자금의 위탁 관리, 가족을 위한 생활비 지급 등 여러 원인이 있을 수 있으므로, 그와 같은 예금의 인출 및 입금 사실이 밝혀졌다는 사정만으로는 경험칙에 비추어 해당 예금이 타방 배우자에게 증여되었다는 과세요건사실이 추정된다고 할 수 없다."
○ 대법원 2014. 5. 29. 선고 2014두2027 판결 ; "일반적으로 세금부과처분 취소소송에서 과세요건사실에 관한 증명책임은 과세권자에게 있다 할 것이나, 구체적인 소송과정에서 **경험의 법칙에 비추어 과세요건사실이 추정되는 사실**이 밝혀진 경우에는 **납세의무자**가 문제로 된 해당 사실이 경험의 법칙을 적용하기에 적절하지 아니하다거나 해당 사건에서 그와 같은 경험의 법칙의 적용을 배제하여야 할 만한 특별한 사정이 있다는 점 등을 **증명**하지 못하는 한 해당 과세처분이 과세요건을 충족시키지 못한 위법한 처분이라고 단정할 수 없다."

563) ○ 대법원 2010. 5. 13. 선고 2009두3460 판결 [양도소득세부과처분무효확인] ; "행정처분의 당연무효를 주장하여 그 무효확인을 구하는 행정소송에 있어서는 원고에게 그 행정처분이 무효인 사유를 주장·입증할 책임이 있고 … 원심으로서는 과연 원고의 주장과 같이 이 사건 과세처분 당시 원고나 그 가족들이 위 주소지에 실제로 거주하고 있지 아니하였는지 여부 등에 관하여 좀 더 면밀하게 살펴본 연후에 이 사건 **송달의 적법 여부**를 판단하였어야 할 것이다. 그럼에도 원심은 이에 이르지 아니한 채 이 사건 납세고지서의 송달 여부에 관한 증명책임이 피고에게 있음을 전제로 하여, 납세고지서가 원고에게 송달되었다는 점에 관한 피고의 입증이 부족하다는 이유로 이 사건 과세처분이 무효라고 판단하고 말았으니, … 처분의 무효확인을 구하는 행정소송에 있어서의 증명책임에 관한 법리를 오해한 나머지 필요한 심리를 다하지 아니한 위법이 있고"
○ 대법원 1992. 3. 10. 선고 91누6030 판결 [참가압류무효확인] ; "행정처분의 당연무효를 주장하여 그 무효확인을 구하는 행정소송에 있어서는 원고에게 그 행정처분이 무효인 사유를 주장, 입증할 책임이 있다고 할 것인바, 기록을 살펴보면 이 사건 납세고지서에 국세징수법 제9조 소정의 사항이 기재되어 있지 아니하여 피고의 이 사건 과세처분은 당연무효이고 따라서 이 사건 과세처분의 집행을 위한 이 사건 참가압류처분 역시 당연무효라는 사실은 원고가 상고심에 이르러 비로소 주장하는 새로운 사실이고 원심에서는 주장, 입증한 바가 없었으므로 원심판결에 대한 적법한

경우는 취소사유보다 예외적 경우이므로, 무효확인을 구하는 원고에게 원칙적으로 그 무효사유를 주장·증명할 책임이 있다고 볼 것이나, 과세처분의 효력발생요건인 납세고지서 송달 하자의 경우에는 다른 취지의 일련의 판례들[565]에 비추어 의문이 있다. 납세고지서 송달은 조세채권 발생의 근거사실(과세요건사실)로서 과세관청에 증명책임이 있다고 봄이 옳다.

[6] 비과세·감면·공제 요건에 대한 주장·증명책임

과세처분 취소소송에서 비과세·면제·감면 요건이나 공제요건 등에 대한 증명책임은 원칙적으로 납세의무자에게 있다.[566] 부과처분 중 일부가 비과세·면제·감면 요건 등에 해당하여 그 부분은 위법

상고이유가 될 수 없다."

564) 대법원 2001. 6. 1. 선고 99다1260 판결을 위와 같은 일반론의 근거 판결로 드는 경우도 있으나, 그 판시는 "원심은, 이 사건 양도소득세 등 납세고지서의 송달이나 이 사건 부가가치세 납세고지서의 송달이 없었거나 부적법하다는 원고의 주장에 대하여, 북부산세무서장의 체납처분에 따른 공매절차에서 이 사건 토지를 매수한 피고 1 명의의 소유권이전등기와 그에 기하여 이루어진 나머지 소유권이전등기 또는 근저당권설정등기의 각 말소등기절차의 이행을 구하는 이 사건 소송에서는 위 주장사실에 대한 입증책임이 원고에게 있다는 전제하에, 이를 인정할 증거가 없다는 이유로 원고의 주장을 배척하였는바, … 원심의 위와 같은 조치는 정당하고, … 납세고지서 송달 및 입증책임에 관한 법리오해 … 등의 위법이 있다고 할 수 없다."는 것으로서, 위 판결이 체납처분에 따른 공매절차를 통해 경료된 소유권이전등기 등의 말소를 구하는 소송에서 납세고지서의 송달이 없었거나 부적법하다는 원고의 주장 사실에 대한 증명책임이 원고에게 있다고 한 것은, '등기의 법률상 적법 추정력'으로 등기원인의 무효 사유를 말소등기청구자인 원고가 주장·증명하여야 하기 때문에 그런 것이고, 오히려 '등기의 법률상 적법 추정력'으로 증명책임이 전환되기 전 원래의 주장·증명책임의 요증사실은 '납세고지서가 적법하게 송달된 사실'임을 함의하고 있는 것이다.

565) ○ 대법원 1998. 2. 13. 선고 97누8977 판결 [양도소득세등부과처분무효확인] ; "우편물이 **등기취급의 방법으로 발송**된 경우, 특별한 사정이 없는 한, **그 무렵 수취인에게 배달**되었다고 보아도 좋을 것이다. 그러나 수취인이나 그 가족이 주민등록지에 **실제로 거주하고 있지 아니하면서 전입신고만을** 해 둔 경우에는 그 사실만으로써 주민등록지 **거주자에게 송달수령의 권한을 위임하였다고 보기는 어려**울 뿐 아니라 수취인이 주민등록지에 실제로 거주하지 아니하는 경우에도 우편물이 **수취인에게 도달하였다고 추정할 수는 없**고, 따라서 이러한 경우에는 우편물의 도달 사실을 과세관청이 입증해야 할 것이다."

○ 대법원 1996. 6. 28. 선고 96누3562 판결 [종합소득세등부과처분취소] ; "납세고지서에 대한 공시송달이 적법한지 여부에 관한 입증책임은 원칙적으로 과세관청에 있는 것"

○ 대법원 1994. 10. 14. 선고 94누4134 판결 [양도소득세부과처분부존재확인] ; "원심이 이 사건 공시송달은 위법하여 효력이 없다는 원고의 주장에 대하여 이를 인정할 증거가 없다고 판시함으로써 마치 공시송달의 위법 여부에 관한 입증책임이 원고에게 있는 것처럼 설시한 것은 잘못이라 할 것"

○ 대법원 2005. 2. 17. 선고 2003두12363 판결 ; "결손처분의 취소는 납세고지절차 혹은 징수유예의 취소절차에 준하여 적어도 그 취소의 사유와 범위를 구체적으로 특정한 서면에 의하여 납세자에게 통지함으로써 그 효력이 발생하는 것이므로 그 통지사실에 대한 입증책임은 과세관청에 있다고 보아야 한다. 따라서 소외 3에 대한 양도소득세 결손처분 취소의 통지가 없었다는 점에 대한 입증책임이 납세자 측에 있음을 전제로 한 원심의 판단은 받아들일 수 없을 뿐 아니라"

○ 대법원 2019. 8. 9. 선고 2019두38656 판결 ; "피고가 이 사건 처분서를 행정절차법 제14조 제1항에 따라 … 송달하였다는 점에 관한 주장·증명도 없다."

566) ○ 대법원 2009. 7. 9. 선고 2007두4049 판결 ; "구 조세감면규제법(1998. 12. 28. 법률 제5584호 조세특례제한법으로 전문 개정되기 전의 것) 제5조 제1항은 중소기업이 사업용 자산을 새로이 취득하여 투자(중고품에 의한 투자를 제외한다)한 경우에는 당해 투자금액의 100분의 3에 상당하는 금액을 중소기업투자세액으로, 같은 법 제27조 제1항, 구 조세감면규제법 시행령(1998. 7. 1. 대통령령 제15820호로 개정되기 전의 것) 제24조 제1항, 제2항은 정부가 경기조절을 위하여 필요하다고 인정하는 때에는 제조업을 영위하는 내국인이 사업용 자산이나 시설을 새로 취득하기 위하여 투자(중고품에 의한 투자를 제외한다)를 한 금액에 100분의 10을 곱하여 계산한 금액에 상당하는 세액을 임시투자세액으로 각 공제하도록 규정하고 있다. 위 각 규정의 취지와 체계에 비추어 보면, 중소기업투자세액 및 임시투자세액의

하고 나머지는 적법하지만, 그 각 세액을 구분하여 산출할 수 없는 경우, 증명책임을 부담하는 원고의 불이익으로 귀착되어 비과세·감면 등의 주장은 전부가 배척될 수밖에 없다.[567] 사후적인 감면요건 미구비에 따른 추징처분이 경우에는, 과세관청에 추징처분의 적법성에 대한 증명책임이 있으므로, 제출된 모든 자료에 의하더라도 정당한 세액을 산출할 수 없다면 추징처분 모두를 취소할 수밖에 없다.[568]

※ 법령 해석에서 '본문과 단서', '전단과 후단'의 의미와 구분

법령에서 어떤 규정의 일부를 다른 규정에서 인용하는 경우에 "다만"으로 시작되는 부분은 "단서"로, "이 경우"로 시작되는 부분은 "후단"으로 지칭한다.[569] "이 경우"는 주된 문장(전단)의 뒤에 주된 문장의 취지를 설명하거나 그것과 밀접한 관계를 가진 내용의 사항을 계속하여 규정하는 경우에 사용된다. "다만"은 주된 문장(본문)의 뒤에 계속하여 새로운 문장을 시작하고 주된 문장의 의미에 제외적 또는 예외적 의미로서 부가적 조건을 규정하는 경우에 사용된다. 내용이 제외적 또는 예외적 의미를

공제요건인 투자는 '중고품이 아닌 신제품의 취득'으로 제한됨이 명백하고, 한편 과세처분 취소소송에서 비과세요건이나 공제요건 등에 대한 증명책임은 원칙적으로 납세의무자에게 있다고 할 것이므로, 이 사건 리스물건이 중고품이 아니라는 점은 위 각 규정에 의한 투자세액의 공제를 주장하는 원고가 증명하여야 할 것이다." ☛ 원심이, 중소기업투자세액 및 임시투자세액의 공제를 부인하는 피고에게 이 사건 리스물건이 중고품이라는 점에 관한 증명책임이 있다는 전제 아래, 리스물건 중 일부는 원래 소외 1 회사가 금융리스계약에 따라 인도받아 사용하다가 원고가 이를 취득하였으므로 중고품으로 볼 수 있지만, 그 부분 물건 및 지급금액에 대한 피고의 구체적인 주장과 증명이 없으므로 피고의 1997 사업연도 법인세 부과처분 중 위 각 투자세액의 공제를 부인한 부분은 그 전부가 위법하다고 판단한 것은 과세처분 취소소송에서 공제요건의 증명책임에 관한 법리를 오해한 위법이 있다고 한 예(즉, 세액 공제요건에 해당하는 '신제품 부분 및 그 지급금액'에 대하여 원고가 주장·증명하여야 하고 원고의 구체적인 주장과 증명이 없으면 원고의 세액 공제 주장 전부가 배척된다).

○ 대법원 1996. 4. 26. 선고 94누12708 판결 ; "과세 대상이 된 토지가 비과세 혹은 면제대상이라는 점은 이를 주장하는 원고에게 입증책임이 있는 것"

○ 대법원 2008. 10. 23. 선고 2008두7830 판결 ; "(구 조세특례제한법 제63조의2에서정한 '법인의 공장 및 본사를 수도권 밖으로 이전하는 경우 법인세 등 감면') 규정에 의한 법인세 감면의 요건에 관한 증명책임은 그 감면사유를 주장하는 납세의무자에게 있다고 할 것" ☛ 원고에게 증명책임이 있는 법인세 감면 요건 중 하나인 '수도권생활지역외의 지역에서 본사업무에 종사하는 상시근무인원'에 관한 원고 주장사실에 부합하는 듯한 증거들은 믿기 어렵고 달리 이를 인정할 증거가 없다 하여 배척한 사례.

567) 대법원 2009. 7. 9. 선고 2007두4049 판결(앞서 본 중소기업투자세액 및 임시투자세액의 공제 사건) 및 민사 사건인 2010다5663, 5670 판결(매도인의 매매대금지급청구에 대하여 매수인이 소유권이전등기절차이행의무와의 동시이행항변을 한 사안에서, 동시이행을 명할 매매목적물을 특정할 수 없으므로, 위 항변은 더 나아가 판단할 필요 없이 이유 없다고 판단한 원심에 위법이 없다고 한 예) 참조.

568) 대법원 2018. 8. 30. 선고 2018두42153 판결 ; "원심은, 이 사건 취득세 등 (추징) 처분 중 영농에 직접 사용한 토지 부분에 대한 부과처분은 위법하고, 직접 사용하지 아니한 토지 부분에 대한 부과처분은 적법하다고 할 것이지만, 제출된 모든 자료에 의하더라도 영농에 직접 사용하지 않은 부분의 면적이 특정되지 않으므로, 결국 이 사건 취득세 등 처분은 정당한 세액을 산출할 수 없는 경우에 해당하여 모두 취소할 수밖에 없다고 판단하였다. 관련 법리에 따라 기록을 살펴보면, 원심의 위와 같은 판단은 정당하다. 거기에 취득세 등 감면요건에 관한 증명책임 및 과세처분의 취소범위에 관한 법리를 오해하거나 논리와 경험의 법칙을 위배하는 등의 잘못이 없다."

569) **[예]** 법인세법 제42조의2(한국채택국제회계기준 적용 내국법인에 대한 재고자산평가차익 익금불산입) ① 내국법인이 … 아니할 수 있다. 이 경우 … 산입한다. 1. … ② 제1항 각 호 외의 부분 전단에 따라 … 하는 경우에는 제1항 각 호 외의 부분 후단에 따라 … 산입한다.

갖지 아니하고 단순한 주의규정 또는 설명적 규정인 경우에는 "다만"을 사용하지 아니한다. 본문과 단서의 경우, 증명책임의 소재가 달라지나, 전단과 후단의 경우에는, 후단이 전단을 설명하거나 보충하는 내용이므로 증명책임의 소재가 동일하다고 볼 것이다.

같은 조항 내에서 본문과 단서의 관계는 보통 본문은 원칙을, 단서는 예외를 규정한 것이고, 단서는 본문을 '전제'로 한다고 보아야 한다.[570] 따라서 본문의 예외로서 단서에 규정된 것 외의 본문 내용은 단서에서도 그대로 적용된다. 예컨대, 본문에 괄호로 제한규정을 둔 경우, 단서에서 그 괄호규정의 배제를 명시하지 않은 이상 본문의 괄호규정은 단서에서도 그대로 적용된다.[571] 매우 예외적이지만, 단서가 본문의 예외가 아니라 본문과 병렬적인 조항으로서 별개의 입법목적을 가진 별개의 규정이 한 조항의 본문과 단서에 규정된 것에 불과하다고 보아야 하는 경우도 있다.[572]

일반적으로 예외 규정은 엄격하게 해석하여야 하며, 예외 규정의 해석이 명확하지 않은 경우에는

---

570) 대법원 2016. 6. 9. 선고 2015다78536 판결.

○ 대법원 2019. 12. 19. 선고 2016다24284 전원합의체 판결 ; "민법 제449조 제2항 본문이 당사자가 양도를 반대하는 의사를 표시한 경우 채권을 양도하지 못한다고 규정한 것은 양도금지특약을 위반한 채권양도의 효력을 부정하는 의미라고 해석하여야 한다. … 나아가 민법 제449조 제2항 단서는 본문에 의하여 양도금지특약을 위반하여 이루어진 채권양도가 무효로 됨을 전제로 하는 규정이다. 따라서 양도금지특약을 위반한 채권양도는 당연히 무효이지만 거래의 안전을 보호하기 위하여 선의의 제3자에게 그 무효를 주장할 수 없다는 의미로 위 단서규정을 해석함이 그 문언 및 본문과의 관계에서 자연스럽다."

○ 대법원 2018. 5. 17. 선고 2017도14749 전원합의체 판결 ; "국회에서의증언·감정등에관한법률 제15조 제1항 단서는 같은 항 본문의 고발요건을 완화하기 위한 규정이지, 이와 달리 위원회가 존속하지 않는 경우에도 고발할 수 있게 하는 규정이거나 이러한 고발을 위한 위원회의 권한 또는 사무의 승계에 관한 규정이라고 보기는 어렵다. … 국회증언감정법 제15조 제1항 본문에 의한 고발을 할 수 없게 되었다면 같은 항 단서에 의한 고발도 할 수 없다고 해석하는 것이 타당하다."

571) 대법원 2017. 10. 26. 선고 2017두52504 판결 ; "구 소득세법(2015. 12. 15. 법률 제13558호로 개정되기 전의 것) **제95조** 제1항, **제2항 본문** 및 제89조 제2항은 주택재건축사업 또는 주택재개발사업을 시행하는 정비사업조합의 조합원이 도시 및 주거환경정비법 제48조에 따른 관리처분계획의 인가로 인하여 취득한 조합원입주권을 양도하는 경우 그 자산의 양도차익에 보유기간별로 최대 100분의 30의 공제율을 곱하여 계산한 금액을 장기보유특별공제액으로 하여 이를 양도차익에서 공제하도록 규정하면서, **제95조 제2항 본문 중 세 번째 괄호**(이하 '이 사건 괄호 규정'이라고 한다)에서 그 자산의 양도차익을 '도시 및 주거환경정비법 제48조에 따른 관리처분계획인가 전 토지분 또는 건물분의 양도차익'으로 한정하고 있다. 그리고 제95조 제2항 **단서**에서는 대통령령으로 정하는 1세대 1주택에 해당하는 자산의 경우에는 그 자산의 양도차익에 보유기간별로 최대 100분의 80의 공제율을 적용하도록 규정하고 있다. 2013. 1. 1. 법률 제11611호로 개정되기 전의 소득세법 제95조 제2항은 1세대 1주택에 해당하는지에 따라 장기보유특별공제율을 본문과 단서에서 다르게 규정하였을 뿐, 자산 양도차익의 범위에 대해서는 1세대 1주택인 경우와 그렇지 아니한 경우를 따로 구분하지 않았고, 이러한 조문의 기본 구조는 위 조항이 개정되면서 장기보유특별공제 대상에 조합원입주권이 추가되고 이 사건 괄호 규정이 신설된 이후에도 동일하다. … 입법자는 이 사건 괄호 규정의 신설 당시 조합원입주권에 대하여는 양도차익 중 재개발·재건축에 따른 개발이익을 장기보유특별공제 대상에서 제외하기 위하여 그 적용대상이 되는 양도차익의 범위를 관리처분계획인가 전으로 한정한 것으로 보이고, 이는 1세대 1주택으로 의제되는 조합원입주권이라고 하여 달리 볼 수 없다. 이러한 관련 규정의 문언 및 체계, 개정 연혁과 취지를 종합하여 보면, 조합원입주권이 … 1세대 1주택으로 의제되고 9억 원을 초과하는 고가주택에 해당하는 경우, 장기보유특별공제의 대상은 이 사건 괄호 규정에 따라 조합원입주권의 양도차익 중 '관리처분계획인가 전 토지분 또는 건물분의 양도차익'으로 한정되는 것이지, 그 단서 소정의 공제율이 적용된다고 하여, 장기보유특별공제의 대상이 '1세대 1주택이 아닌 경우'와 달리 조합원입주권의 전체 양도차익으로까지 확대되는 것은 아니라고 봄이 타당하다."

572) 대법원 2015. 11. 12. 선고 2015도6809 전원합의체 판결(수상에서의 수색·구조 등에 관한 법률 제18조 제1항의 본문과 단서의 관계에 관한 해석).

원칙으로 돌아가야 하고 예외 규정을 확장해석해서는 아니 된다.[573]

본문과 단서로 이루어진 조문을 인용하는 경우, 본문과 단서 모두를 인용한다고 해석하는 것이 '문언의 통상적 의미에 충실한 해석'이지만,[574] 달리 보아야 하는 경우도 있다.[575]

시행령의 본문과 단서 중 본문의 위임에 따른 시행규칙 규정이 시행령 단서와 배치되는 사안에서, 시행규칙 규정이 시행령에 배치되어 효력이 없다고 보지 않고, 하위법령의 상위법령 합치적 해석으로 시행령 본문과 시행규칙 규정을 합친 원칙적 규정, 시행령 단서의 예외적 규정이 순차적으로 유효하게 적용된다고 본 예도 있다.[576]

---

573) 대법원 2020. 3. 27. 선고 2017추5060 판결.

574) 대법원 2018. 12. 13. 선고 2018다244761 판결 ; "상법 제814조 제2항 전단에서 규정한 "제1항의 기간"이란 상법 제814조 제1항 본문에서 정한 운송물을 인도한 날 또는 인도할 날부터 1년의 기간은 물론, 상법 제814조 제1항 단서에 따라 당사자의 합의에 의하여 연장된 기간을 포함한다고 보아야 한다. … 상법 제814조 제1항에서 정한 제척기간은 '운송물을 인도한 날 또는 인도할 날부터 1년의 기간'(본문)과 '당사자의 합의에 의하여 연장된 기간'(단서)이다. 상법 제814조 제2항 전단은 "제1항 단서"라고 규정한 같은 항 후단과 달리 "제1항의 기간"이라고만 규정하여 상법 제814조 제1항의 본문과 단서를 구분하거나 적용 범위를 제한하고 있지 않다. 따라서 위 "제1항의 기간" 부분을 그 문언의 통상적 의미로 충실하게 해석하면 상법 제814조 제1항 본문과 단서에 정해진 기간을 모두 의미한다고 해석할 수 있다." cf. 상법 제814조 제1항은 본문에서 "운송인의 송하인 또는 수하인에 대한 채권 및 채무는 그 청구원인의 여하에 불구하고 운송인이 수하인에게 운송물을 인도한 날 또는 인도할 날부터 1년 이내에 재판상 청구가 없으면 소멸한다."라고 규정하여 운송인의 송하인 또는 수하인에 대한 채권·채무의 단기 제척기간에 관하여 정하는 한편, 단서에서 "다만 이 기간은 당사자의 합의에 의하여 연장할 수 있다."라고 규정하여 당사자의 합의에 의한 위 기간의 연장을 인정하고 있다. 상법 제814조 제2항은 "운송인이 인수한 운송을 다시 제3자에게 위탁한 경우에 송하인 또는 수하인이 제1항의 기간 이내에 운송인과 배상 합의를 하거나 운송인에게 재판상 청구를 하였다면, 그 합의 또는 청구가 있은 날부터 3개월이 경과하기 이전에는 그 제3자에 대한 운송인의 채권·채무는 제1항에도 불구하고 소멸하지 아니한다. 운송인과 그 제3자 사이에 제1항 단서와 동일한 취지의 약정이 있는 경우에도 또한 같다."라고 규정하여 운송이 다시 제3자에게 위탁된 경우의 특칙을 정하고 있다.

575) 대법원 2015. 8. 27. 선고 2015두36621 판결 ; 본문과 단서로 구성된 특정 조문을 준용하면서 본문과 단서를 특정하지 않고 준용대상 조문을 준용하였지만, 준용 규정과 준용대상 규정의 문언과 입법 취지 등을 고려하여, 준용 대상은 본문만을 의미한다고 제한하여 해석한 예.

576) 대법원 2012. 10. 25. 선고 2010두3527 판결 ; "구 조세특례제한법 제106조 제1항 제6호는 '정부업무대행단체가 공급하는 재화 또는 용역으로서 대통령령이 정하는 것'을 부가가치세 면제 대상으로 규정하고, 그 위임에 따른 구 조세특례제한법 시행령(2008. 2. 29. 대통령령 제20720호로 개정되기 전의 것) 제106조 제8항(이하 '이 사건 시행령 조항'이라고 한다)은 "법 제106조 제1항 제6호에서 '재화 또는 용역으로서 대통령령이 정하는 것'이라 함은 정부업무대행단체가 그 고유의 목적사업으로서 재정경제부령이 정하는 사업을 위하여 공급하는 재화 또는 용역을 말한다. 다만 다음 각 호의 어느 하나에 해당하는 사업을 제외한다."고 하면서 제7호에서 '주차장운영업 및 자동차견인업'을 규정하였다. 한편 이 사건 시행령 조항 본문의 위임에 의한 구 조세특례제한법 시행규칙(2008. 4. 29. 기획재정부령 제16호로 개정되기 전의 것) 제48조 제1항 [별표 10] 제25호(이하 '이 사건 시행규칙 조항'이라고 한다)는 정부업무대행단체의 면세사업의 하나로 원고가 영위하는 '자연공원법에 의한 국립공원에의 입장, 주차장 및 야영장의 사용에 관한 업무'를 규정하고 있다. 그리고 이 사건 시행규칙 조항은 … 이 사건 처분의 과세기간 이후인 2009. 4. 7. 개정되어 면세사업 대상에서 주차장의 사용에 관한 업무는 제외되었다. … 원심은, 원고가 영위하는 '국립공원 주차장의 사용에 관한 업무'를 정부업무대행단체의 면세사업의 하나로 규정한 이 사건 시행규칙 조항은 상위법령인 이 사건 시행령 조항의 개정으로 그에 배치되게 되어 효력이 없다고 판단하였다. … 이 사건 시행령 및 시행규칙 조항의 내용 및 개정 연혁 등을 종합하여 보면, 정부업무대행단체의 면세사업의 범위는 일단 이 사건 시행령 조항의 본문과 그 위임에 의한 시행규칙 규정에 의하여 정해지고, 그 중 일부는 이 사건 시행령 조항의 단서 규정에 의하여 면세사업의 범위에서 제외되는 형식으로 규정된 것이라고 못 볼 바 아니다. 그렇게 보면 원고가 영위하는 '국립공원 주차장의 사용에 관한 업무'는 이 사건 시행령 조항 본문과 이 사건 시행규칙 조항에 따라 일단 면세사업의 범위에 포함되었다가

※ 손금·필요경비의 증명책임과 증명의 필요에 관한 판례의 입장

[1] 납세의무자가 신고한 비용 중 일부 금액에 관한 세금계산서가 허위로 작성되었다는 점이 과세관청에 의해 상당한 정도로 증명된 경우, 그것이 실지비용이라는 점에 관한 **증명의 필요**(= 납세의무자)

과세처분의 위법을 이유로 그 취소를 구하는 행정소송에서 과세처분의 적법성 및 과세요건사실의 존재에 대한 증명책임은 원칙적으로 과세관청에게 있으므로 과세소득 확정의 기초가 되는 손금·필요경비도 원칙적으로 과세관청이 그 증명책임을 부담하나,577) 손금·필요경비의 공제는 ① 납세의무자에게 유리할 것일 뿐 아니라 ② 그 기초가 되는 사실관계는 대부분 납세의무자의 지배영역 안에 있는 것이어서 과세관청으로서는 그 증명이 곤란한 경우가 있으므로, 그 증명의 곤란이나 당사자 사이의 형평을 고려하여 납세의무자로 하여금 증명케 하는 것이 합리적인 경우에는 증명의 필요를 납세의무자에게 돌려야 한다.

따라서 납세의무자가 신고한 어느 비용 중의 일부 금액에 관한 세금계산서가 과세관청인 피고에 의해 실물거래 없이 허위로 작성된 것이 판명되어 그것이 실지비용인지의 여부가 다투어지고 납세의무자 측이 주장하는 비용의 용도와 그 지급의 상대방이 **허위**임이 상당한 정도로 **증명**되었다면(납세의무자 스스로 신고금액이 허위임을 시인한 경우도 마찬가지이다578)), 그러한 비용이 실제로 지출되었다는 점에 대하여는 그에 관한 장부기장과 증빙 등 일체의 자료를 제시하기가 용이한 납세의무자 측에서 이를 **증명할 필요**가 있다.579)

이 사건 시행령 조항 단서 제7호에서 면세제외 대상 사업으로 규정됨으로써 결국 면세사업에 해당하지 않게 되었다고 할 것이다. … 원고가 영위하는 국립공원 내 주차장운영업이 부가가치세가 면제되는 정부업무대행단체의 면세사업에 해당하지 않는다고 본 결론은 정당"

577) 대법원 1991. 2. 22. 선고 90누5382 판결 ; "과세처분의 적법성에 대한 입증책임은 과세관청에게 있으므로 소득금액 산정의 기초가 되는 필요경비액에 대한 입증책임도 원칙적으로는 과세관청에게 있으며 다만 구체적 경비항목에 대한 입증의 난이라든가 당사자 사이의 형평 등을 고려하여 **납세자 측에 그 입증책임**을 돌리는 수가 있을 뿐이라 할 것인바, … 부동산 소득 산정의 기초가 되는 필요경비 중의 하나인 건물의 감가상각액을 계산하기 위하여 먼저 그 취득가액을 확정지어야 할 경우에도 그 가액이 얼마인지에 관한 입증책임은 일차적으로 과세관청인 피고에게 있다고 할 것이다."

578) 대법원 1994. 10. 28. 선고 94누5816 판결 ; "과세처분의 위법을 이유로 그 취소를 구하는 소송에서 처분의 적법성 및 과세요건사실의 존재에 관한 입증책임은 과세관청에 있으므로 법인세의 과세표준인 소득액 확정의 기초가 되는 **손금에 산입할 비용액**에 대한 **입증책임**도 원칙적으로 **과세관청**에 있으나, 납세의무자가 신고한 비용 중의 일부금액이 실지비용인지의 여부가 다투어져서 그것이 허위임이 밝혀지거나 납세의무자 스스로 **신고금액이 허위임을 시인**하면서 **같은 금액만큼의 다른 비용에 소요**되었다고 **주장**하는 경우에는 그 **다른 비용의 존재와 액수**에 대하여는 **납세의무자**가 이를 **입증할 필요**가 있다고 보아야 할 것이다. … 원고가 손금으로 기장·신고한 일부 비용(선수금 반환)항목이 허위이기는 하나 그와 같은 액수의 다른 비용으로 실지지출이 이루어진 것으로 주장하고 있는 이 사건에서, 원고 주장의 원심 판시 별도 비용의 지출사실에 부합하는 일부 증거는 믿을 수 없고 달리 이를 인정할 만한 증거가 없으므로 결국 피고의 이 사건 과세처분은 정당하다고 한 원심판시를 수긍할 수 있고"

579) ○ 대법원 1997. 9. 26. 선고 96누8192 판결
○ 대법원 2009. 3. 26. 선고 2007두22955 판결 ; "종합소득세과세처분 취소소송에서 과세근거로 되는 과세표준에 대한 입증책임은 과세관청에 있는 것이고, 과세표준은 수입으로부터 필요경비를 공제한 것이므로 수입 및 **필요경비의 입증책임**도 **원칙적**으로 **과세관청**에 있다 할 것이다. 그러나 **필요경비**는 납세의무자에게 유리한 것일 뿐 아니라 필요경비를 발생시키는 사실관계의 대부분은 납세의무자가 지배하는 영역 안에 있는 것이어서 과세관청으로서는 그 입증이 곤란한 경우가 있으므로, 그 입증의 곤란이나 당사자 사이의 형평 등을 고려하여 납세의무자로 하여금 입증토록 하는 것이 합리적인 경우에는 **납세의무자에게 입증의 필요성**을 인정하는 것이 공평의 관념에 부합한다." ☞ 원고

위와 같은 경우에까지 과세관청이 그 허위 내용으로 신고된 비용에 대응하는 무엇인가의 다른 실지비용이 전혀 아무것도 없음을 빠짐없이 증명할 것을 요구할 수는 없다.[580)]

원고가 필요경비를 자백한 경우에는 그 필요경비에 관한 피고의 증명의 필요는 면제된다.[581)]

과세관청에 의한 증명이 전혀 없는 경우에까지 납세의무자에게 곧바로 필요경비에 대한 증명의 필요를 돌릴 수는 없고, 과세관청이 납세의무자 신고 비용의 용도와 지급 상대방이 허위임을 상당한 정도 증명하지 못한 경우에는 납세의무자 신고 비용을 함부로 부인할 수 없다.[582)]

등이 하도급업체(위장협력업체)들에게 과다계상된 공사대금을 지급하였다가 과다계상분을 되돌려받는 방식으로 부외자금을 조성하는 과정에서, 위 위장협력업체의 직원을 통하여 원고 등의 개인자금으로 하도급업체의 현장공사업자들에게 약속어음을 할인하여 주고 어음할인에 따른 이자 상당의 수입을 얻는 거래형태의 대금업에서의 사업소득에 있어서는 그 **필요경비에 관한 자료는 대부분 원고의 지배영역 안**에 있는 것이어서 과세관청인 피고로서는 그 입증이 어려우므로 원고에게 그 **입증의 필요**가 있다고 봄이 타당하고, 또한 **일반적인 대금업에 의한 사업소득의 경우와 달리** 위와 같은 **특수한 형태의 대금업에 의한 사업소득에 있어서 그 필요경비의 발생이 경험칙상 명백하다고 보기도 어렵다**고 한 다음, 원심이, 이 사건 과세처분이 적법한 실지조사방법에 의한 것이라고 인정한 다음, 이 사건 사업소득에 있어서 소요된 필요경비에 관하여 원고의 주장·입증이 없는 이상 수입금액에서 공제할 필요경비는 없다고 보아, 표준소득률을 적용하는 추계조사방법에 의하여 필요경비를 공제하여야 한다는 원고의 주장을 배척한 것은 정당하다고 한 예.

580) ○ 대법원 1992. 3. 27. 선고 91누12912 판결 ; "그와 같은 경우에까지 과세청이 그 허위 내용으로 신고된 비용에 대응하는 무엇인가의 다른 실지비용이 전혀 아무것도 없음을 빠짐없이 입증할 것을 요구할 수는 없다고 할 것이니, 구체적 경비항목에 관한 입증의 난이와 당사자 사이의 형평이라는 기준에 의해 **입증책임의 전환** 내지는 **입증의 필요**를 정하게 되는 경우란 바로 이와 같은 경우를 가리키는 것이라고 하겠다. … 원고 주장과 같은 용도나 거래처로부터의 재료구입사실이 인정되지 아니한 이상 피고가 그 부분 비용의 손금산입을 부인하여서 원고의 신고를 경정한 부과처분이 적법하다고 본 원심의 판단도 정당하므로"
○ 대법원 1993. 12. 14. 선고 93누4649 판결 ; "필요경비에 관한 입증책임이 과세관청에게 있다고 하더라도 그 입증의 정도에 있어 과세관청이 **일체의 비용의 부존재를 빠짐없이 입증하도록 요구하여서는 사실상 불가능한 입증을 요구하는 부당한 결과**가 될 것이므로 **구체적 비용항목에 관한 입증의 난이**라든가 당사자 사이의 **형평 등을 고려**하여 납세의무자 측에서 비용의 존재를 입증할 필요가 생기는 것인바, 원고가 이 사건 과세표준계산에 필요한 비용의 지출에 관하여 장부 등을 기장, 비치하여 왔다고 주장하면서도 사실심 변론종결 시까지 원고들이 지출하였다고 하는 이례적으로 거액인 비용이 구체적으로 어느 이자소득에 대응하여서 얼마가 소요되었는지를 특정할 장부나 증빙을 제시하지 못하고 있다면 이는 … 과세표준을 계산함에 있어서 필요한 장부와 증빙서류가 없는 때에 해당한다고 보는 것이 옳을 것이다."

581) 대법원 1991. 1. 29. 선고 90누5054 판결 ; "원심이 소외 회사의 판매가격을 기초로 과세가격을 결정함에 있어서 그 판매가격에서 원고가 소외 회사에 판매할 때에 부가한 판매제비용 외에 소외 회사의 이윤 및 판매 제비용도 공제하여야 하는데도 이를 간과한 위법이 있다는 것이나, … 원고는 원심 제 17차 변론기일에서 판매가격을 개당 127원으로 할 경우에 공제요소의 수액을 다투지 않는다고 진술하고 있고 이는 판매가격을 개당 130원보다 적은 개당 127원으로 인정할 경우에도 그 필요경비액이 피고 주장과 같음을 자백한 취지로 보여지는바, 조세소송에서 과세요건사실인 필요경비의 입증책임이 과세관청인 피고에게 있다고 하더라도 원고가 이를 **자백**한 경우에는 그 **필요경비에 관한 피고의 입증필요는 면제**된다고 볼 것이므로 원고는 상고심에 이르러 새삼 그 필요경비의 인정이 잘못되었다 하여 원심판결을 탓할 수는 없는 것이다."

582) ○ 대법원 2015. 6. 23. 선고 2012두7776 판결 ; "사업소득자의 당해연도 소득금액을 산정할 때에 공제하여야 할 필요경비의 구체적인 항목에 대한 증명에 관하여 그 증명의 난이라든가 당사자의 형평 등을 고려하여 납세의무자에게 그 증명의 필요를 돌리는 경우가 있으나, 그와 같은 경우란 과세관청에 의하여 납세의무자가 신고한 어느 비용의 용도와 그 지급의 상대방이 허위임이 상당한 정도로 증명된 경우 등을 가리키는 것으로서, 그러한 증명이 전혀 없는 경우에까지 납세의무자에게 곧바로 필요경비에 대한 증명의 필요를 돌릴 수는 없으므로, **과세관청이 그러한 증명을 하지 못**한 경우에는 납세의무자가 **신고한 비용을 함부로 부인할 수 없다**." ☞ 피고가 제출한 자료만으로는 원고가 계상한 소외인에 대한 직원인건비가 허위임이 상당한 정도로 증명되었다고 볼 수 있을지는 의문이고, 원고에게 그

[2] 누락수입에 대응하는 비용도 신고누락되었다는 점 = 별도의 공제를 구하는 납세의무자가 주장·증명

납세의무자가 법인세나 소득세의 과세표준 등을 신고함에 있어 신고누락한 매출액 등의 수입이 발견되면 과세관청으로서는 그 누락된 수입을 익금에 산입할 수 있고, 만약 납세의무자가 과세표준 등의 신고에 있어 위와 같이 익금에 산입할 수입의 신고만을 누락한 것이 아니라, 그에 대응하는 손금에 산입할 비용에 관하여도 신고를 누락한 사실이 있는 경우에는, 그와 같은 비용을 신고누락하였다는 사실에 관하여는 그 비용의 손금산입을 주장하는 자가 **증명**하여야 한다.

매출누락 수입에 대응하는 별도 비용의 지출이 있다는 납세의무자의 **증명**이 없는 한, 그 누락수입에 대응하는 비용을 다시 공제할 필요가 없이 누락수익 전액을 누락소득으로 보면 된다. 이는 납세의무자가 그 수입 중 일부의 신고를 누락하여 과소신고하는 경우에도 비용만큼은 누락 없이 전부 신고하는 것이 통상적이라는 경험칙을 바탕으로 그와 다른 이례적 사정 즉 납세의무자가 손금에 산입할 비용 중 일부를 스스로 누락하여 과소신고하였다는 특별한 사정에 관하여는 납세의무자인 원고로 하여금 **증명**케 함이 증명의 난이와 형평 면에서도 타당하다는 **증명책임 일반의 원칙**에 부합하기 때문이다(대법원 1992. 3. 27. 선고 91누12912 판결).[583)]

직원인건비 지급에 대한 증명의 필요를 돌릴 수 없다고 한 예.

○ 대법원 1999. 1. 15. 선고 97누15463 판결 ; "법인의 각 사업연도의 소득금액을 산정함에 있어서 공제하여야 할 손비의 구체적인 항목에 관한 입증은 그 입증의 난이라든가 당사자의 형평 등을 고려하여 납세의무자에게 그 입증의 필요를 돌리는 경우가 있음은 피고가 상고이유에서 지적하는 바와 같으나, 그와 같은 경우란 과세관청에 의하여 납세의무자가 신고한 어느 비용의 용도와 그 지급의 상대방이 허위임이 상당한 정도로 입증된 경우 등을 가리키는 것으로, 그에 관한 **입증이 전혀 없는 경우에까지 원고에게 곧바로 손비에 대한 입증의 필요를 돌릴 수는 없다**고 할 것인데, … 1990 사업연도의 제품매출액 96,288,913원에 대한 제품매출원가로서 기초제품재고액이 54,463,960원이고 기말제품재고액이 0원이어서 당기제품제조원가가 존재함이 분명하여, 이 사건의 경우에 있어서는 이에 대한 납세의무자의 입증이 없거나 불충실하기는 하나, 제품제조원가가 0원이라고 볼 수 없을 것이므로, 이러한 경우에는 실지조사에 의하든가 실지조사가 불가능한 경우에 시행하는 추계조사의 방법에 의하여 **산정이 가능한 범위 내**에서는 과세처분의 적법성에 대한 **원칙적인 입증책임**을 부담하는 **피고가 그 금액을 입증하여야** 하고, 납세의무자가 **이보다 많은 제품제조원가를 주장**하는 경우에 비로소 **납세의무자**에게 그 **입증의 필요**가 돌아간다고 볼 것이다. … 피고가 위와 같은 방법에 의하여 산정이 가능한 제품제조원가에 관하여 아무런 입증을 하지 않고 있음이 분명하므로 결국 이 사건 처분은 전부 취소될 수밖에 없고, 따라서 이와 결론을 같이한 원심의 판단은 정당하고"

583) ○ 대법원 2011. 4. 28. 선고 2010두28076 판결 ; "**누락수입**에 대하여 실지조사결정에 의해 과세처분을 할 때에는 그 누락수입에 대응하는 별도비용의 지출이 있었다고 볼 증거가 없는 한 그 수입액 **전체**가 소득액에 **가산**되어야 하고 **누락수입에 대응하는 비용도 신고누락**되었다는 점에 관하여는 그 별도의 공제를 구하는 **납세의무자가 주장·증명**하도록 하는 것이 경험칙과 형평의 원칙에 부합할 것이다. 또한 납세의무자가 **신고한 비용 중의 일부** 금액에 관한 세금계산서가 과세관청인 피고에 의해 **실물거래 없이 허위**로 작성된 것이 판명되어 그것이 실지비용인지의 여부가 다투어지고 납세의무자가 주장하는 비용의 용도와 그 지급의 상대방이 허위임이 상당한 정도로 입증되었다면, 그러한 **비용이 실제로 지출**되었다는 점에 대하여는 그에 관한 장부기장과 증빙 등 일체의 자료를 제시하기가 용이한 **납세의무자**가 이를 **증명할 필요**가 있다." ☛ 원심이, 이 사건 조사기간 동안 원고의 매출유량은 56,158㎘이고 매입유량은 36,961㎘이어서 그 차이인 19,197㎘만큼은 원고가 무자료로 이를 매입하였다고 인정한 다음, 주로 준설선 등 선박에 유류를 공급하는 업을 목적으로 하는 원고의 특성상 매출이 발생하기 위해서는 필연적으로 그에 상응하는 매입이 존재할 것이고 그에 따른 필요경비의 발생 또한 **경험칙**상 명백한데도 피고가 실지조사나 추계조사의 방법에 의하여 위 무자료 매입유량에 해당하는 필요경비금액에 대한 아무런 입증을 하지 않은 채 그 필요경비를 영으로 하여 법인세 부과처분을 한 것은 위법하다고 판단한 데 대하여, **대법원**은, ① 원심이 인정한 매출유량 56,158㎘는, 이 사건 법인세 부과처분과 관련된 2006, 2007 사업연도(이 사건 각 사업연도)의 전체 매출유량이 아니라, 조사대상기간인 2004~2007

이는 납세의무자에게 '증명의 필요'가 아니라, '증명책임' 자체의 부담을 지운 것이다.[584]

사업연도의 '벙커유' 매출유량에 대한 것임을 알 수 있고, 원심이 인정한 매입유량 36,961㎘도 원고가 제출한 자료에 의해 확인된 위 조사기간 동안의 매입유량이 그 정도라는 것일 뿐 이를 이 사건 법인세 부과처분에 있어 매출원가로 계상된 금액 전체에 상당한 매입유량으로 보기는 어려우므로, 이러한 사실관계만으로는 이 사건 법인세 부과처분과 관련하여 원고가 매출한 유류의 종류별 각 수량과 신고한 매출원가 중 피고가 인정한 유류의 종류별 각 수량이 특정되었다고 볼 수가 없어 필요경비에 해당하는 무자료 매입유량이 있다고 단정할 수 없을 것임에도, 원심이 위 매출유량과 매입유량의 차이인 19,197㎘에 해당하는 무자료 매입유량이 있다고 보고 그에 상당한 필요경비의 발생이 경험칙상 명백하다고 판단한 데에는 비용의 증명에 관한 관련 법리를 잘못 적용한 나머지 논리와 경험칙에 반하고 자유심증주의의 한계를 벗어난 위법이 있다고 판단하고, ② 원고가 이 사건 법인세의 과세표준 및 세액을 신고하면서 비용으로 신고한 매입유량 중 상당 부분에 관한 세금계산서가 과세관청인 피고에 의해 실물거래 없이 허위로 작성된 것으로 판명되자 피고는 그 중 실지매입이 인정되지 아니한 매입금액 상당액의 필요경비 산입을 부인하여 이 사건 법인세 부과처분에 이른 사실 등을 알 수 있고, 앞서 본 바와 같이 이 사건 각 사업연도에 매출원가로 인정되지 않은 무자료 매입유량이 있다고 단정짓기 어려운 이상 원고 주장의 유류매입비용이 실제로 지출되었다는 점에 대하여는 원고가 위 허위 세금계산서상 공급자가 아닌 **다른 공급자로부터 유류를 공급받아 그 비용을 지출하였음을 증명**하여야 할 것이므로, 원심이 위 무자료 매입유량에 해당하는 필요경비금액에 대한 증명책임이 피고에게 있음을 전제로 이 사건 법인세 부과처분이 위법하다고 판단한 데에는 법인세법상 비용공제 등에 관한 법리를 오해한 위법이 있다고 한 예.

○ 대법원 2003. 3. 11. 선고 2001두4399 판결 ; "수입금액누락분에 대하여 실지조사결정에 의하여 과세처분을 할 경우에 그 **누락분에 대응하는 필요경비가 존재**한다는 점에 대하여는 **납세의무자가 주장·입증**하여야 하고, 실지조사방법에 의하여 소득금액을 결정할 수 있는 때에는 추계조사방법으로 결정할 수 없는바, 과세관청이 실지조사에 의하여 과세기간 동안의 수입금액누락분을 밝혀낸 후 그에 대응하는 필요경비를 실지조사에 의하여 인정하여 종합소득세 부과처분을 한 것이라면 **실지조사결정이 불가능하다고 할 수 없**으므로 **소득을 추계조사결정할 수는 없다**고 할 것이고, 과세관청에 의하여 인정되지 아니한 필요경비가 존재한다면 이는 납세의무자가 주장·입증하여야 하며, **그 필요경비를 공제하기 위하여 소득을 추계조사방법에 의하여 결정할 수는 없다**. … 과세관청이 실지조사방법에 의하여 납세의무자의 소득에 대한 과세표준과 세액을 결정하는 경우에 있어 납세의무자의 당초 신고에서 **누락된 수입금액**을 발견하였다 하더라도, 이에 **대응하는 필요경비 등의 손금**은, 별도로 지출되었음이 장부 기타 증빙서류에 의하여 밝혀지는 등의 특별한 사정이 없는 한 **총수입금에 대응하는 총손금에 포함되었다고 보아야** 할 것이다." ☞ 피고가, 신고누락된 소득금액이 있음을 밝혀 그 금액을 가산하여 과세표준과 세액을 경정한 이 사건 처분은 실지조사의 방법에 의한 것이어서 적법하다고 판단하고, 1995년도 총수입금액에 대응하는 총필요경비는 원고가 당초 서면조사결정시 신고한 111,223,712원이 아니라 227,964,619원에 이른다는 원고의 주장에 대하여, 그 주장에 부합하는 자료로 원고가 제출하는 장부 등은 어느 것이나 믿기 어렵거나 이를 인정하기에 부족하다 하여 배척하는 한편, 필요경비를 추계조사방법에 의하여 공제하여야 한다는 원고의 주장 역시 앞서 든 법리와 같은 취지에서 받아들이지 아니하였고, 원고는 이 사건 보수금의 액수를 둘러싸고 소외 종중과 다툼이 생기자 1995년도에 그 보수금채권을 확보하기 위해, 민사소송 사건에서 인지대 및 감정료를 지출한 사실은 알 수 있으나, 위 인지대, 감정료 등이 당초 1995년도 필요경비로 인정된 111,223,712원에 포함되지 않은 **별도의 경비**라는 점에 대하여 기록상 알아 볼 아무런 자료가 없으므로, 앞서 본 법리에 비추어 이를 따로 공제할 수는 없다고 판단한 예. **同旨** 대법원 2003. 12. 12. 선고 2002두12786 판결(원고가 매출누락액에 상응하는 필요경비를 별도로 지출하였다는 점을 구체적으로 주장·입증하고 있지 아니함에도 단지 필요경비를 입증할 만한 장부 기타 증빙서류가 구비되어 있지 않다는 사유만으로 추계조사의 방법으로 과세하여야 한다고 판단한 것은, 매출누락액에 상응하는 필요경비에 관한 입증책임 또는 추계과세에 관한 법리 등을 오해하여 판결에 영향을 미친 위법이 있다고 한 예).

○ 대법원 1992. 3. 27. 선고 91누12912 판결 ; "납세의무자가 법인세의 과세표준 등 신고에 있어 신고누락한 매출액 등의 수입이 발견되면 과세청으로서는 그 누락된 수입을 익금에 산입할 수 있고, 만약 납세의무자가 과세표준 등 신고에 있어 위와 같이 익금에 산입할 수입의 신고만을 누락한 것이 아니라 그에 **대응하는 손금에 산입할 비용**에 관하여도 **신고를 누락한 사실**이 있는 경우에는 그와 같은 비용을 신고누락하였다는 사실에 관하여는 그 비용의 **손금산입을 주장하는 자**가 **입증을 하여야** 할 것이다. **매출누락수입에 대응하는 별도 비용의 지출이 있다는 납세의무자의 입증이 없는 한** 그 **누락수입에 대응하는 비용을 다시 공제할 필요가 없이 누락수의 전액을 누락소득으로 보면 된다**고 하는 당원의 견해(85누1004, 91누4935 등)는 바로 이와 같은 이치를 밝힌 것이고, 이는 납세의무자가 그 수입 중 일부의 신고를 누락하여 과소신고하는 경우에도 **비용만큼은 누락 없이 전부 신고하는 것이 통상적이라는**

실지조사방법에 의한 총손금의 결정방법과는 달리, 수입누락 부분에 대응하는 손금만을 실지조사가 아닌 추계조사방법에 의하여 산출·공제할 수는 없다.585)

한편, 법인이 매출사실이 있음에도 불구하고 매출액을 장부에 기재하지 아니하였으면 매출누락금액뿐만 아니라 그 대응경비까지 밝혀졌다고 하더라도 특별한 사정이 없는 한 매출원가 등 대응경비가 포함된 매출누락금 전액이 사외로 유출된 것으로 보아야 하고, 이 경우 매출누락금 전액이 사외로 유출된 것이 아니라고 볼 특별한 사정은 이를 주장하는 법인이 증명하여야 한다.

과세관청이 법인세 과세표준 신고 시에 경비로 신고되지 않은 금액을 특별히 법인의 경비로 인정하여 법인의 소득금액 계산에서 공제해 주었다 하더라도, 사외유출되어 대표자 등에게 귀속되는 소득금액에서 법인의 부담으로 지출된 경비를 당연히 공제해야 하는 것은 아니다.586)

경험칙을 바탕으로 그와 다른 이례적 사정 즉 납세의무자가 손금에 산입할 비용 중 일부를 스스로 누락하여 과소신고하였다는 특별한 사정에 관하여는 납세의무자인 원고로 하여금 입증케 함이 입증의 난이와 형평 면에서도 타당하다는 입증책임 일반의 원칙에 부합하는 것이기도 하다. … 원심은 그 판시의 매출누락사실이 있음을 전제로 그에 대하여 따로 매출원가가 지출되었다는 증거가 없다고 보아 별도 비용공제를 주장하는 원고주장을 배척하였는바, 별도 비용이 인정되지 아니한다고 본 원심의 인정 판단은 정당하고, 또 원심이 매출누락사실이 있음을 전제로 한 조치도 수긍할 수 있다."

○ 대법원 1990. 12. 11. 선고 90누42 판결 ; "소득세 산출에 있어서 실지조사에 의하여 총수입금액과 이에 대응하는 필요경비를 인정하여 소득금액을 결정할 수 있는 때에는 이를 근거로 과세표준과 세액을 산출하여야 하고 추계조사결정을 할 수 없다고 할 것이므로 과세관청이 납세자의 당해연도의 총수입금액에 대응하는 총필요경비를 실지조사에 의하여 결정하면서 당초 신고에서 누락된 수입금액을 발견한 경우 이에 대응하는 매입원가 등의 필요경비는 그것이 별도로 지출되었음이 장부 기타 증빙서류에 의하여 밝혀지는 등 특별한 사정이 없는 이상 총수입금액에 대응하는 총필요경비 속에 이미 포함되어 있는 것으로 볼 것이고, 그 경우 총수입금액의 일부에 불과한 수입누락분에 대응하는 필요경비만을 실지조사가 아닌 추계조사방법에 의하여 따로 결정할 수는 없다고 할 것이며, 납세자가 매출누락분에 대응하는 매입원가의 누락이 있다 하여 이의 공제를 받고자 한다면 스스로 매입원가의 누락사실을 주장 입증하여야 할 것이다."

584) 대법원 2005. 8. 19. 선고 2003두14505 판결 ; "대금업을 영위하는 원고가 소외 상호신용금고에 거액의 예금을 유치하고 그 대가로 이 사건 차금수수료를 지급받은 이상, 이 사건 차금수수료는 사업소득상의 수입금액으로 봄이 상당하고, 비록 원고가 자금을 조달하는 과정에서 자금주들과 사이에 별도의 약정을 함으로써 이 사건 차금수수료 중 일부가 나중에 그들에게 전달되었다고 하더라도, 이는 원고가 수입금액을 얻기 위하여 지출한 필요경비에 해당하여 그 **수입금액 신고누락분에 대응하는 필요경비가 지출되었다는 점에 대한 입증책임은 원고에게 있다**고 할 것인데, 원고가 제출한 모든 증거에 의하더라도 필요경비가 지출되었다는 점을 인정하기에 부족하고 달리 이를 인정할 증거가 없으므로, 원고가 주장하는 금액을 필요경비로 공제할 수도 없다고 할 것인바"

585) ○ 대법원 2003. 11. 27. 선고 2002두2673 판결 ; "과세관청이 실지조사방법에 의하여 법인의 소득에 대한 과세표준과 세액을 결정하면서 당해 법인의 당초 신고에서 누락된 수입금액을 발견한 경우에 이에 대응하는 매입원가 등의 손금이 별도로 지출되었음이 장부 기타 증빙서류에 의하여 밝혀지는 등 특별한 사정이 없는 이상 이는 총수입금에 대응하는 총손금에 이미 포함되어 있는 것으로 볼 것이고, 이 경우 누락수입에 대응하는 비용에 관한 신고를 누락하였다고 하여 그 공제를 받고자 한다면 그 비용의 손금 산입을 구하는 **납세의무자가 스스로 그 누락사실을 주장·입증하여야** 하며, 이 경우 **총손금의 결정방법과는 달리** 그 **수입누락 부분에 대응하는 손금만을 실지조사가 아닌 추계조사방법에 의하여 산출·공제할 수는 없다.**"

○ 대법원 1997. 11. 28. 선고 96누14418 판결 ; "매출누락분에 대하여 실지조사결정에 의하여 과세처분을 할 경우에 **매출누락분에 대응하는 필요경비**가 존재한다는 점에 대하여는 **납세의무자가 주장·입증**하여야 하고, **실지조사방법에 의하여 소득금액을 결정할 수 있는 때에는 추계조사방법으로 결정할 수 없다**고 할 것이다."

586) 대법원 1999. 5. 25. 선고 97누19151 판결 ; 원고의 법인세 과세표준 신고 시 누락된 매출액 29,883,675원 전부가 장부에 기재되지 아니한 채 원고의 대표이사에게 지급되었으므로, 사외로 유출된 것이 아니라고 볼 특별한 사정이

[3] 납세의무자가 증명활동을 하지 않고 있는 필요경비 ; 부존재의 추정, 납세의무자에게 '증명의 필요성'

납세의무자가 증명활동을 하지 않고 있는 필요경비에 대해서는, 부존재의 추정을 용인하여 납세의무자에게 증명의 필요성을 인정하는 것이 공평의 관념에 부합된다.[587)]

다만, 경험칙상 필요경비의 발생이 명백한 경우에는, 납세의무자의 증명이 없거나 불충실하다 하여 필요경비를 영으로 보는 것은 경험칙에 반하므로, 과세관청이 실지조사가 불가능한 경우에 시행하는 추계조사의 방법에 의하여 산정이 가능한 범위 내에서는 피고가 그 금액을 증명하여야 하고, 납세의무자가 이보다 많은 필요경비를 주장하는 경우에 납세의무자에게 그 증명의 필요가 돌아간다고 볼 것이다.[588)] 그리고 원자재를 매입, 가공하여 매출하는 경우, 특별한 사정이 없는 한 적어도 매출한

없는 한 그 대응경비인 매출원가(매입액) 상당액까지 포함된 매출액 전부가 사외유출되어 대표이사에게 귀속된 것으로 보아야 함에도, 원심이 매출액의 누락사실은 인정하면서도 그 매출누락금 전액이 사외로 유출된 것이 아니라고 볼 만한 특별한 사정에 대하여는 심리하지도 아니한 채, 그 중 매입액 21,340,909원이 위 매출액의 대응경비라는 이유만으로 사외유출된 것으로 볼 수 없다고 판단한 것은, 위법이라고 판단한 예.

587) ○ 대법원 2004. 9. 23. 선고 2002두1588 판결 ; "법인세과세처분 취소소송에 있어서의 과세근거로 되는 과세표준의 입증책임은 과세관청에 있는 것이고, 과세표준은 수입으로부터 필요경비를 공제한 것이므로 수입 및 필요경비의 입증책임은 과세관청에 있다 할 것이나, **필요경비**는 납세의무자에게 유리한 것이고 그 필요경비를 발생시키는 사실관계의 대부분은 납세의무자가 지배하는 영역 안에 있는 것이어서 그가 입증하는 것이 손쉽다는 점을 감안해 보면, **납세의무자가 입증활동을 하지 않고 있는 필요경비**에 대해서는 **부존재의 추정**을 용인하여 납세의무자에게 **입증의 필요성**을 인정하는 것이 **공평의 관념**에도 부합된다." ☞ 원심이, 소외 회사가 1996 사업연도 결산 시 기업이미지 구축을 통한 자금조달의 편의를 위하여 생산원료인 MX(mixed xylen) 제품의 구입비 중 37,807,552,009원을 원재료계정으로 회계처리하지 아니하고 자산계정인 건설가계정으로 회계처리하는 등으로 분식결산을 함으로써 1996년 귀속 법인세에 대하여 필요경비가 과소계상되었으므로, 그 과소계상액 37,807,552,009원을 손금에 추가하여 과세표준과 세액을 다시 계산하여야 한다는 원고의 주장에 대하여, 그에 관한 증거가 믿기 어려운 것이거나 원고 주장과 같은 필요경비가 과소계상되었다고 **인정하기에 부족**하다는 이유로 원고의 주장을 받아들이지 아니한 것은 정당하다고 한 예.

○ 대법원 1988. 5. 24. 선고 86누121 판결 ; "추계조사에 의하여 법인세과세표준을 결정하는 경우에는 원칙적으로 그 법인의 사업수입금액에 소득표준율을 곱한 금액에서 그 법인이 대표자에게 지급한 급료를 공제한 금액을 법인의 과세표준으로 해야 함에도 불구하고 대표자 급료를 공제하지 않았고 더욱이 대표자의 급료는 실지조사가 용이함에도 불구하고 관할세무서장이 이를 조사하여 본 일도 없다고 **주장**함으로 보건대, … 대표자 급료를 확인하기 위한 노력에도 불구하고 그것을 인정할 증거자료를 발견할 수 없었음이 이 사건 기록상 명백한바, 원래 대표자의 급료는 특별한 사정이 없는 한 당해 법인의 필요경비(손금산입액)라 할 것인데 소득세나 법인세과세처분취소소송에 있어서의 과세근거로 되는 과세표준의 입증책임은 과세관청에 있는 것이고 과세표준은 수입으로부터 필요경비를 공제한 것이므로 수입 및 필요경비의 입증책임은 과세관청에 있다 할 것이나 필요경비는 납세의무자에게 유리한 것이고 그 필요경비를 발생시키는 사실관계의 대부분은 납세의무자가 지배하는 영역 안에 있는 것이어서 그 입증이 손쉽다는 것을 감안해 보면 납세의무자가 그에 관한 **입증활동을 하지 않고 있는 필요경비**에 대해서는 **부존재의 추정**을 하는 것이 마땅하다 하겠다. 이것은 과세관청의 입장에서 볼 때에 **필요경비**에 관한 **입증**은 **소득의 감퇴요인에 관한 소극적 사실의 입증**인 셈이 되어 일반적으로는 **사실상 곤란**할 것이라는 점까지를 아울러 생각해 보면 **부존재의 추정을 용인하여 납세의무자에게 입증의 필요성을 인정**하는 것은 **공평의 관념에도 부합**된다 할 것이다. 물론 **과세관청의 입증의 곤란성은 경우에 따라 다른 것**이므로 **입증이 손쉬운 경우에 대해서까지 일률적으로 납세의무자에게 입증의 필요성을 인정**하는 것은 **필요경비에 대한 입증책임이 과세관청에 있다는 원칙에 비추어 옳지 아니**하나 앞서 본 바와 같은 이 사건의 사실관계하에 있어서는 **대표이사의 급료는 납세자가 적극적으로 입증할 필요가 있다**고 볼 것이어서 사실심인 원심까지 그러한 입증을 않고 있는 원고 소송대리인으로서는 법률심인 당원에서 새로이 비난할 수는 없으므로 소론은 받아들일 수 없다."

588) 대법원 1992. 7. 28. 선고 91누10909 판결 ; "경험칙상 필요경비의 발생이 명백한 이 사건 소득과 같은 경우에 있어서는

수량만큼의 매입량은 있었다고 추정할 수 있다.[589)]

판례 중에는, "원고가 그 소득을 얻기 위하여 통상적으로 필요로 하는 **'통상적 경비'**는 **과세관청**인 피고가 그 **부존재**를 **입증**하여야 하고, **경험칙상 그 부존재가 사실상 추정**되는 **이례적**인 **'특별경비'**는 그 **존재를 주장하는 원고에게 입증책임이 있다**."고 판시한 것도 있다.[590)]

[사견] '근거과세' 규정과 '납세자의 성실성 추정' 규정에 따른 증명책임의 분배

판례는, 과세근거로 되는 과세표준의 증명책임은 과세관청에 있고, 과세표준은 수입으로부터 필요경비를 공제한 것이므로 수입과 필요경비 둘 다 그 증명책임이 과세관청에 있다고 하면서도, 필요경비는 납세의무자에게 유리한 것이고 그 필요경비를 발생시키는 사실관계의 대부분은 납세의무자가 지배하는 영역 안에 있는 것이어서 그가 증명하는 것이 손쉽다는 점을 감안하여, 납세의무자에게 '증명의 필요성'을 인정하고 있다.

소극적 과세요건인 손금·필요경비에 대한 증명책임의 소재가 원칙적으로는 납세자에게 있지만,[591)]

납세의무자의 입증이 없거나 불충실하다 하여 필요경비를 영으로 보는 것은 경험칙에 반하는 것이므로, 과세관청이 실지조사가 불가능한 경우에 시행하는 추계조사의 방법에 의하여 산정이 가능한 범위 내에서는 피고가 그 금액을 입증하여야 하고 납세의무자가 이보다 많은 필요경비를 주장하는 경우에 납세의무자에게 그 입증의 필요가 돌아간다고 볼 것인바, 기록을 살펴보아도 피고는 위와 같은 추계조사의 방법에 의하여 산정이 가능한 필요경비금액에 관하여 아무런 입증을 하지 않고 있으므로, 결국 이 사건 법인세부과처분을 취소한 원심판결은 정당하여 유지할 수밖에 없다."

589) 대법원 1993. 10. 8. 선고 93누14400 판결 ; "소득세취소소송에서의 과세표준은 수입에서 필요경비를 공제한 것이므로 수입과 필요경비의 입증책임은 과세관청에 있으나, 필요경비를 발생시키는 사실관계의 대부분은 납세의무자의 영역 안에 있어 그 입증이 손쉬우므로 납세의무자가 입증하지 않는 필요경비에 대하여는 부존재의 추정을 하여 납세의무자에게 입증의 필요성을 인정하여야 한다는 원심의 판단은 당원의 판례에 따른 것으로서 … 입증책임을 전도한 위법은 없다 … 그러나 원고의 사업은 화섬직을 매입, 염색, 또는 방수가공하여 판매하는 것으로서 원고가 **매출한 화섬직의 수량**은 **가공시 불량품 등으로 소모되는 것을 감안**하면 적어도 **매입한 화섬직의 수량을 넘을 수 없**는 것이 원칙이라고 보아야 할 것이다." ☎ 화섬직을 매입, 염색 또는 방수가공하여 판매하는 사업자의 소득금액을 확정함에 있어서 총수입금액은 과세표준 확정신고 금액을 인정하고도 여기서 공제할 필요경비를 산정함에 있어서 세금계산서상 매입한 화섬직의 수량을 제외한다면 사업자는 매입하지도 아니한 원자재를 가공하여 매출한 결과가 되므로 전년도에서 이월된 재고량이 사업자 주장의 재고량보다 많다거나 가공매출한 수량이 있었거나 매출단가를 조작하였다는 등 특별한 사정이 없는 한 적어도 **매출한 수량만큼의 매입량은 있었다고 추정**할 수 있다고 한 예.

590) 대법원 1990. 2. 13. 선고 89누2851 판결 ; "소득액 확정의 기초가 되는 필요경비액에 대한 입증책임도 원칙적으로 과세관청에 있고 다만 구체적 경비항목에 관한 입증의 난이라든가 당사자 사이의 형평 등을 고려하여 납세자 측에 그 입증책임을 돌리는 경우가 있다 할 것인바, 이 사건에 있어서 서적도매상을 경영하는 원고가 그 소득을 얻기 위하여 통상적으로 필요로 하는 **'통상적 경비'**는 **과세관청**인 피고가 그 **부존재**를 **입증**하여야 할 것이며 다만 **경험칙상 그 부존재가 사실상 추정**되는 **이례적**인 **'특별경비'**는 그 **존재를 주장하는 원고에게 입증책임이 있다**고 할 것이다. 그렇다면 원심이 이 사건 필요경비 중 어느 범위까지 예외적으로 원고에게 그 입증책임이 있는지를 살펴보지 아니하고 전표 등 증빙자료가 없는 경비지출액을 전부 손금부인하고 익금에 가산한 피고의 과세관청의 처분을 적법하다고 판시한 것은 필요경비의 입증책임에 관한 법리를 오해한 위법이 있다 할 것이다."

591) 【comment】 그 근거로는, ① 민사소송법 규정이 준용되는 조세행정소송에 있어서 증명책임은 원칙적으로 민사소송 일반원칙에 따라 당사자 간에 분배되고, 권리의 존재를 다투는 당사자는 권리장애사실, 권리소멸사실에 대하여 증명책임을 지는 것이 일반적이므로, 조세채권 역시 권리발생의 장애·소멸 사실(비과세·감면·공제)은 **납세자**가 증명책임을 부담함이 타당한 점, ② 판례 역시 "과세처분 취소소송에서 비과세요건이나 공제요건 등에 대한 증명책임은 원칙적으로 납세의무자에게 있다."(대법원 2009. 7. 9. 선고 2007두4049 판결 등; 비과세나 세액 공제 사안)고 하는데, 과세처분

국세기본법 제16조의 '근거과세' 규정과 제81조의3의 '납세자의 성실성 추정' 규정[592](지방세기본법도 동일하다[593])은 증명책임의 소재와 관련해서는 법률상 추정의 근거 규정에 해당한다고 볼 수 있으므로, 납세자가 세법에 따라 갖추어 기록한 장부나 신고서 등 제출 서류는 그 내용이 진실한 것으로 법률상 추정되고, 그 내용이 진실하지 않다는 반대사실(즉, 사실과 달리 허위이거나 누락된 것이 있다는 사실 등)은 과세관청이 증명책임을 부담한다고 봄이 옳다.[594]

취소소송의 소송물인 정당한 세액 및 그 전제인 과세표준의 각 산출과정에서 소극적 과세요건이라는 점에서 동일한 손금·필요경비의 공제와 비과세·세액 공제에 대하여 그 증명책임의 소재를 달리 볼 결정적 차이가 있다 보기 어려운 점, ③ 판례가 납세의무자에게 '증명의 필요'를 부담케 하는 근거로 들고 있는 '필요경비는 납세의무자에게 유리한 것이고 그 필요경비를 발생시키는 사실관계의 대부분은 납세의무자가 지배하는 영역 안에 있는 것이어서 그가 증명하는 것이 손쉬우며 과세관청으로서는 그 증명이 곤란하다'는 등의 '증거의 거리·지배영역', '증명의 곤란'이나 '당사자 간 형평'은 증명책임의 분배·전환의 근거에 해당하는 점, ④ 손금·필요경비의 증명책임이 과세관청에 있다고 하면서도 개념상 불명확한 면이 있는 '증명의 필요'를 통해 증명책임을 완화하거나 사실상 전환시키는 것보다는 애초에 손금·필요경비의 증명책임이 납세의무자에게 있다고 함이 보다 간단명료한 점, ⑤ 세법상 소득 산정 구조와 유사한 민사법상 손익공제 등의 경우 상대방에게 공제 사항에 대한 증명책임을 지우고 있는 점(대법원 1987. 6. 23. 선고 84다카1383 판결과 대법원 1995. 7. 28. 선고 95다19416 판결(일실퇴직금청구에 대한 기여금·개인부담금의 공제), 대법원 1992. 7. 14. 선고 91다25598 판결(리스물건의 취득원가에서 공제할 리스회사 보유 리스물건의 현존가액·처분가액), 대법원 2013. 10. 24. 선고 2010다22415 판결(상가개발비에서 공제할 사무처리 비용), 대법원 2005. 9. 28. 선고 2005다8323, 8330 판결(임대차보증금에서 공제할 차임채권, 관리비채권)), ⑥ 판례 중에는, 상속재산 가액에서 공제될 피상속인의 연대보증채무, 물상보증인 책임과 관련하여 '주채무자가 변제불능의 무자력 상태에 있다.'는 점에 대한 주장·증명책임이 상속세 과세가액을 다투는 납세의무자 측에 있다(대법원 2007. 11. 15. 선고 2005두5604 판결)고 하고, 비상장주식 양도 시 양도소득세 과세가액 결정을 위한 당해 법인의 순자산가액을 산정함에 있어서 '당해 법인의 대차대조표에 계상되지 아니한 부외채무가 존재한다'는 사실에 대한 증명책임이 납세의무자에게 있다(대법원 2003. 5. 13. 선고 2002두12458 판결)고 판시하고 있는 점 등을 들 수 있다.

592) **국세기본법 제16조(근거과세)** ① 납세의무자가 세법에 따라 장부를 갖추어 기록하고 있는 경우에는 해당 국세 과세표준의 조사와 결정은 그 장부와 이에 관계되는 증거자료에 의하여야 한다. ② 제1항에 따라 국세를 조사·결정할 때 장부의 기록 내용이 사실과 다르거나 장부의 기록에 누락된 것이 있을 때에는 그 부분에 대해서만 정부가 조사한 사실에 따라 결정할 수 있다.

제81조의3(납세자의 성실성 추정) 세무공무원은 납세자가 제81조의6 제3항 각 호의 어느 하나에 해당하는 경우를 제외하고는 납세자가 성실하며 납세자가 제출한 신고서 등이 진실한 것으로 추정하여야 한다.

제81조의6(세무조사 관할 및 대상자 선정) ③ 세무공무원은 제2항에 따른 정기선정에 의한 조사 외에 다음 각 호의 어느 하나에 해당하는 경우에는 세무조사를 할 수 있다.

1. 납세자가 세법에서 정하는 신고, 성실신고확인서의 제출, 세금계산서 또는 계산서의 작성·교부·제출, 지급명세서의 작성·제출 등의 납세협력의무를 이행하지 아니한 경우
2. 무자료거래, 위장·가공거래 등 거래 내용이 사실과 다른 혐의가 있는 경우
3. 납세자에 대한 구체적인 탈세 제보가 있는 경우
4. 신고 내용에 탈루나 오류의 혐의를 인정할 만한 명백한 자료가 있는 경우
5. 납세자가 세무공무원에게 직무와 관련하여 금품을 제공하거나 금품제공을 알선한 경우

593) **지방세기본법 제19조(근거과세)** ① 납세의무자가 지방세관계법에 따라 장부를 갖추어 기록하고 있을 때에는 해당 지방세의 과세표준 조사 및 결정은 기록한 장부와 이에 관계되는 증거자료에 따라야 한다. ② 제1항에 따라 지방세를 조사·결정할 때 기록 내용이 사실과 다르거나 누락된 것이 있을 때에는 그 부분에 대해서만 지방자치단체가 조사한 사실에 따라 결정할 수 있다.

제78조(납세자의 성실성 추정) 세무공무원은 납세자가 제82조 제2항 제1호부터 제3호까지의 어느 하나에 해당하는 경우를 제외하고는 납세자가 성실하며 납세자가 제출한 서류 등이 진실한 것이라고 추정하여야 한다.

594) **【comment】 위 사건에 따르면,** 앞서 본 [1]에서 '납세의무자가 신고한 비용 중의 일부 금액에 관한 세금계산서가 과세관청인 피고에 의해 실물거래 없이 허위로 작성된 것이 판명되어 그것이 실지비용인지의 여부가 다투어지고

※ 증명책임과 증명의 필요

증명책임(= 객관적 증명책임) ; 소송의 최종단계에서 사실의 존부가 불명일 때 그 사실이 존재하지 않는 것으로 취급하게 되는 당사자 일방의 불이익 내지 위험

↔ 주관적 증명책임(= 증거제출책임, 소송단계에서의 증거제출 책임)

≒ **증명의 필요**(소송의 진행 중 법관의 심증형성을 중심으로 하여 양당사자가 증거를 제출할 필요)

어떤 사실의 존부가 문제되는 경우, ① 먼저, 그 사실에 대한 증명책임을 부담하는 당사자가 증거(본증)를 제출하여 법관으로 하여금 그 사실에 관한 '확신(고도의 개연성에 의한 법관의 확신)'[595]을 갖도록 하지 않으면 안 되고, ② 상대방은 법관의 심증 형성을 막기 위하여 '반증'[596]을 제출하지 않으면 안 된다. 이와 같이 소송 진행 중에는 법관의 심증 형성을 중심으로 하여 양당사자가 증거를 제출할 필요가 있는데, 이를 **'증명의 필요'**라고 한다. '증명의 필요'는 구체적인 소송 과정에서 법관의 심증 형성을 중심으로 하는 것이므로, 경우에 따라서는 '증명의 필요'가 원고에게 있다가 피고에게 옮겨지기도 한다. 따라서 적용법규에 의하여 추상적으로 정해지는 증명책임과는 다른 것이다.

※ 법률상 추정과 사실상 추정

○ **사실상 추정**[597]

간접사실 + (경험칙) → 요증(주요)사실 (추인)

⇔

① 간접사실에 대한 반증 → 간접사실 ×

② 간접반증사실[598] 증명[599] → 추정 번복

납세의무자 측이 주장하는 비용의 용도와 그 지급의 상대방이 허위임이 상당한 정도로 증명되었다면, 그러한 비용이 실제로 지출되었다는 점에 대하여는 그에 관한 장부기장과 증빙 등 일체의 자료를 제시하기가 용이한 납세의무자 측에서 이를 증명할 필요가 있다.'는 판례는, 납세의무자가 신고한 비용은 진실한 것으로 법률상 추정되므로, 과세관청으로서는 그 비용의 용도와 지급 상대방이 허위라는 점에 대한 증명책임을 지고, 그 증명이 성공하면, 비용에 관한 증명책임 소재의 원칙으로 돌아와 납세의무자가 같은 금액의 다른 비용이 실제로 지출되었다는 점에 대한 증명책임을 부담하는 것으로 이해하여야 한다. 그리고 앞서 본 [2]의 '누락수입에 대응하는 비용도 신고누락되었다는 점은 납세의무자가 주장·증명하여야 한다.'는 판례나, [3]의 '납세의무자가 증명활동을 하지 않고 있는 필요경비에 대해서는, 부존재의 추정을 용인하여 납세의무자에게 증명의 필요성을 인정하는 것이 공평의 관념에 부합된다.'는 판례의 경우는, 납세자가 세법에 따라 갖추어 기록한 장부나 신고서 등 제출 서류에 근거하지 않은 비용으로서, 비용에 관한 증명책임 소재의 원칙에 따라 납세의무자가 그 비용이 실제로 지출되었다는 점에 대한 증명책임을 부담하는 것으로 이해하여야 한다. 이렇게 보면 결론에 있어 사견과 판례는 큰 차이가 없다.

595) **본증의 정도** ; 합리적 의심을 가지지 않을 정도의 고도의 개연성/ **10 중 8, 9 정도의 개연성**/ 통상인이 일상생활에 있어서 그 정도의 판단을 얻을 때는 의심을 품지 않고 안심하고 행동할 것이라는 정도(대법원 1974. 12. 10. 선고 72다1774 판결)

596) **반증의 정도** ; 본증에 의하여 증명하려는 요증사실의 존재에 대하여 **'의심을 품게 할 정도'**의 증명이면 족하다. 요증사실의 부존재가 확실하다고 할 정도의 확신을 갖게 할 필요는 없고, 법원이 **요증사실의 존재가 확실하지 못하다는 심증**만 들게 하면 목적을 달성한다.

597) 사실상 추정은 일반적 '경험법칙'을 적용하여 행하는 추정이다. 증명책임의 전환이 일어나지 않는다.

598) 경험칙이 적용될 수 없는 특별한 사정(예외사유)

→ 증명책임의 전환 ×

○ 법률상 추정

전제사실 + (법규정) → 요증(주요)사실 (추정)

⇔

① 전제사실에 대한 반증 → 전제사실 ×

② 요증사실의 반대사실 증명 → 추정 번복

→ 증명책임의 전환 ○

법률상 추정은 '법률규정'에 의한 추정을 말한다. 요증사실 A에 대한 증명책임을 부담하는 사람은 ① 요증사실 A 자체를 직접 증명할 수도 있지만, ② 전제사실 a를 증명한 다음 '법률상 추정규정'의 적용을 통해 요증사실 A를 법률상 추정케 함으로써 요증사실 A를 증명할 수 있다(증명 주제의 선택에 의한 증명책임의 완화). 상대방이 법률상 추정을 깨뜨리기 위해서는, 추정된 사실인 요증사실 A가 진실이 아니라는 반대사실(-A)을 증명하여야 하므로, 상대방은 요증사실 A의 반대사실(-A)에 대한 증명책임을 부담하게 되고, 결국 증명책임이 상대방에게 전환되는 효과가 발생한다(증명책임의 전환).[600] 법률상 추정에는, 전제사실로부터 일정한 사실을 추정하는 법률상 '사실'추정(예컨대, 민법 제198조의 '점유의 계속' 추정 등)과, 전제사실로부터 일정한 권리를 추정하는 법률상 '권리'추정(예컨대, 민법 제830조 제1항의 '부부 일방의 특유재산 추정', 제2항의 '부부 공유' 추정 등)이 있다. 명문의 법률상 추정규정이 없음에도 불구하고 판례는 등기부(등기기록)에 대하여 법률상 추정력을 인정한다.[601] 조세법에서는 국세기본법 제35조 제6항 후단의 '국세 법정기일 전 1년 내 특수관계인과의 담보설정계약의 통정허위표시 추정' 규정,[602] 상속세 및 증여세법 제15조 소정의 '상속개시일 전 처분재산 등의 상속 추정' 규정, 제44조

599) 법관의 확신을 생기게 할 정도의 증명 = '간접반증사실'에 대해서는 '본증' ↔ 예외사실을 증명하여 경험칙에 의한 요증사실의 추정을 주저하게 함으로써 목적을 다하므로, '요증사실'에 대해서는 '반증'에 해당한다.

600) 법률상 추정을 번복하기 위해서는, 전제사실 a에 대하여 법원의 확신을 흔들리게 하는 '반증'을 제출하거나 또는 반대사실(-A)에 대하여 법원에 확신을 줄 수 있는 본증을 제출해야 한다(98다8974).

601) 소유권이전등기가 경료되어 있는 경우 그 등기명의자는 제3자에 대하여서뿐만 아니라 그 전소유자에 대하여서도 적법한 등기원인에 의하여 소유권을 취득한 것으로 추정되므로, 이를 부인하고 그 등기원인의 무효를 주장하여 소유권 이전등기의 말소를 구하려면 그 무효원인이 되는 사실을 주장하고 증명할 책임이 있다(2009다105215). 따라서 납세의무자의 국세 체납에 따른 공매로 마쳐진 소유권이전등기의 말소등기절차의 이행을 구하는 소송에서, '등기의 법률상 적법 추정력'으로 말미암아 등기 명의인은 적법한 공매절차에 따라 소유권을 취득한 것으로 법률상 추정되므로, 애초에 납세고지서의 송달이 없었거나 부적법하다는 등기원인의 무효 사유에 대한 증명책임은 원고가 부담한다(대법원 2001. 6. 1. 선고 99다1260 판결).
그외 등기 추정력에 관한 조세 판례로는, 상속세부과처분취소 사건에서 "일반적으로 등기는 추정력을 가지므로 피상속인과 원고 1은 ○○여관과 △△예식장을 그 등기부상의 지분비율대로 소유하고 있었다고 볼 것이고, 따라서 다른 특단의 사정이 없다면 ○○여관에 대한 위 원고의 지분상당을 초과하여 경료된 △△예식장 중 위 원고의 지분 상당분은 이를 피상속인이 위 원고에게 증여한 것으로 봄이 타당할 것이다."라고 판시한 것(92누13240)이 있다.

602) **국세기본법 제35조(국세의 우선)** ⑥ 세무서장은 납세자가 제3자와 짜고 거짓으로 재산에 다음 각 호의 어느 하나에 해당하는 계약을 하고 그 등기 또는 등록을 하거나 … 대항요건과 확정일자를 갖춘 임대차 계약을 체결함으로써

제1항[603] 소정의 '배우자 등에게 양도한 재산의 증여 추정' 규정(과세관청이 전제사실인 '부부 또는 직계존비속 간 재산의 양도'[604] 사실을 증명하면 과세요건사실인 '증여' 사실이 법률상 추정되고, 납세의무자는 반대사실인 '유상양도 등 증여가 아니라는 사실'을 증명하여야 한다) 등 과세관청에 유리한 법률상 추정규정이 흔하다.

법규정에서 '추정'이라는 용어를 사용하고 있어도 법률상 추정 규정에 해당하지 않는 경우도 있는데, 이를 '유사적 추정'이라고 하고, 여기에는 '잠정적 진실'[605] 규정 등[606]이 있다. 상속세 및 증여세법

그 재산의 매각금액으로 국세를 징수하기가 곤란하다고 인정할 때에는 그 행위의 취소를 법원에 청구할 수 있다. 이 경우 납세자가 국세의 법정기일 전 1년 내에 특수관계인 중 대통령령으로 정하는 자와 전세권·질권 또는 저당권 설정계약, 임대차 계약, 가등기 설정계약 또는 양도담보 설정계약을 한 경우에는 짜고 한 거짓 계약으로 추정한다.

603) **상속세 및 증여세법 제44조(배우자 등에게 양도한 재산의 증여 추정)** ① 배우자 또는 직계존비속(이하 이 조에서 "배우자등"이라 한다)에게 양도한 재산은 양도자가 그 재산을 양도한 때에 그 재산의 가액을 배우자등이 증여받은 것으로 추정하여 이를 배우자등의 증여재산가액으로 한다.

604) 예컨대, 부모로부터 자녀에게 건물 소유권이전등기가 마쳐졌다면 '등기의 법률상 적법 추정력'으로 자녀는 적법한 원인으로 소유권을 취득한 것으로 법률상 추정되므로 '직계존비속 간 재산의 양도' 사실이 증명되고, 상속세 및 증여세법 제44조 제1항의 적용으로 '증여' 사실이 법률상 추정된다. 이에 대하여 납세의무자는 건물 소유권이전등기의 법률상 적법 추정력을 깨뜨리는 '등기의 원인무효 사유'(대법원 2013. 1. 24. 선고 2010두27189 판결 사안의 경우 '친권자와 미성년 자녀 간 이해상반행위')를 증명함으로써 '양도되지 않은 사실'을 증명하면 된다.
금전이 계좌이체된 경우에 관하여, 대법원 2015. 9. 10. 선고 2015두41937 판결은, "부부 사이에서 일방 배우자 명의의 예금이 인출되어 타방 배우자 명의의 예금계좌로 입금되는 경우에는 증여 외에도 단순한 공동생활의 편의, 일방 배우자 자금의 위탁 관리, 가족을 위한 생활비 지급 등 여러 원인이 있을 수 있으므로, 그와 같은 예금의 인출 및 입금 사실이 밝혀졌다는 사정만으로는 경험칙에 비추어 해당 예금이 타방 배우자에게 증여되었다는 과세요건사실이 추정된다고 할 수 없다."라고 판시함으로써 '사실상 추정 여부'의 문제로 보았다.
금전이 계좌이체된 경우에는, '계좌이체' 사실로부터 '양도' 사실이 법률상 추정되거나(2014. 5. 28. 법률 제12711호로 개정되어 2014. 11. 29. 시행된 '금융실명거래 및 비밀보장에 관한 법률' 제3조 제5항으로 법률상 추정 규정이 신설되어, 금융회사에 의해 실명이 확인된 계좌에 보유하고 있는 금융자산은 명의자의 소유로 법률상 추정된다), 경험칙에 의해 사실상 추정되므로(위 규정 시행 이전에는 금융기관이 실명확인 절차를 거쳐 예금명의자를 예금주로 하여 예금계약을 체결한 이상 예금반환청구권은 명의자인 예금주에게 있다는 2008다45828 전원합의체 판결 등에 따라 '계좌이체' 사실로부터 '양도' 사실이 사실상 추정된다고 볼 수 있다), '계좌이체' 사실로부터 '2단계 추정'{계좌이체 → (경험칙에 의한 사실상 추정 또는 법률상 추정) '양도' → (법률상 추정) '증여'}을 거쳐 "금전 증여" 사실의 추정이 가능하다. 상증세법 제4조 제1항은 증여세 과세대상인 '증여재산'에서 '금전'을 명시적으로 제외하지 않고 있는 반면, 금전을 제외하는 경우 제4항은 명시적으로 '금전은 제외한다'는 명문 규정을 두고 있다는 점에서, 제44조 제1항 소정의 '재산'에는 '금전'도 포함된다. 이러한 점들에 비추어 보면, 위 판시는 타당하지 않다. 다만, 2015두41937 판결의 사실상 추정 배제 판시에 비추어 부부 간 증여의 법률상 추정 규정은 입법론상 그 타당성에 의문이 있고, 직계존비속 간 양도로만 증여 추정을 제한함이 옳다. 실정법의 해석으로는, 부부 간 계좌이체에도 위 법률상 추정규정의 적용을 긍정하되, 2015두41937 판결의 취지에 비추어 납세의무자 쪽의 증명도를 경감해 그 법률상 추정의 복멸을 손쉽게 인정해 주는 방향으로 실무상 운용함이 옳다고 본다.

605) '잠정적 진실'은 전제사실이 없는 무전제의 추정으로서, 요건사실의 전부 또는 일부가 전제사실 없이 추정되거나 다른 요건사실로부터 추정되는 것인데, 이는 단순한 증명책임의 분배·전환 규정에 지나지 않는다. 예컨대, 상법 제47조 제2항의 추정규정이 이에 해당한다. 상법 제47조 제1항은 "상인이 영업을 위하여 하는 행위는 상행위로 본다."고 규정하고 있고, 같은 조 제2항은 "상인의 행위는 영업을 위하여 하는 것으로 추정한다."고 규정하고 있으므로, 영업을 위하여 하는 것인지 아닌지가 분명치 아니한 상인의 행위는 영업을 위하여 하는 것으로 추정되고 그와 같은 추정을 번복하기 위해서는 그와 다른 반대사실을 주장하는 자가 이를 증명할 책임이 있다(2006다54378).

606) '유사 추정'으로 '잠정적 진실' 외에 '의사 추정'(의사표시의 내용을 추정하는 규정으로서 법률행위의 해석규정에 해당한다. 기한은 채무자의 이익을 위한 것으로 추정하는 민법 제153조 제1항이 그 예이다), '증거법칙적 추정'(법률상 추정은 그 대상이 요건사실 내지 주요사실인 데 비하여, 증거법칙적 추정은 그 대상이 요건사실 내지 주요사실에 해당하지 않는 '문서의 진정성립'이라는 보조사실인 점에서 차이가 있다)이 있다.

제45조의2(명의신탁재산의 증여 의제) 제3항 본문의 '조세 회피 목적 추정' 규정은 법률상 추정규정이 아니라, 무전제의 추정규정으로서 단순한 증명책임의 분배·전환 규정에 지나지 않는다.[607]

※ 의제(간주) 규정

'~로 본다.'라는 형식으로 규정되어 있는 의제(간주) 규정은, 일정한 사실이 그렇지 않은 경우라도 입법의 필요에 의하여 그렇다고 여기는 것을 말한다. 조세판례 중에는 '~로 한다.'도 의제(간주) 규정으로 해석한 예가 있는데,[608] 민사판례 중에는 법률상 추정규정으로 해석한 예[609]가 있고, 의사해석규정으로 볼 수 있는 경우[610]도 있다(법률상 추정규정이나 의사해석규정의 경우에는 상대방의 반대사실 증명으로

---

607) **상속세 및 증여세법 제45조의2(명의신탁재산의 증여 의제)** 제3항 본문의 조세 회피 목적 추정 규정('타인의 명의로 재산의 등기 등을 한 경우 및 실제소유자 명의로 명의개서를 하지 아니한 경우에는 조세 회피 목적이 있는 것으로 추정한다.')은 '추정'이라는 용어를 사용하고 있지만, '명의신탁재산 증여 의제'의 요건사실 중 하나인 '타인의 명의로 재산의 등기 등을 한 경우 및 실제소유자 명의로 명의개서를 하지 아니한 경우'에 기초하여 '조세 회피 목적의 존재'를 추정하고 있으므로, 결국 전제사실이 없는 무전제의 추정으로서 단순한 증명책임의 분배·전환 규정에 지나지 않는 것으로 볼 수 있다. 앞서의 제1항 단서에서 이미 '다만, 다음 각 호의 어느 하나에 해당하는 경우에는 그러하지 아니하다. 1. 조세 회피의 목적 없이 타인의 명의로 재산의 등기 등을 하거나 소유권을 취득한 실제소유자 명의로 명의개서를 하지 아니한 경우'라고 규정함으로써 '명의신탁재산 증여 의제'의 요건사실에 관하여 본문의 요건사실은 과세관청, 단서의 '조세 회피 목적 부존재' 요건사실은 상대방인 납세의무자에게 각각 증명책임의 소재를 본문과 단서의 규정 형식에 따라 분배한 바 있으므로, '조세 회피 목적'에 관한 제1항 단서 제1호와 제3항 본문의 각 규정은 증명책임 분배의 측면에서 보면 중언부언한 셈이라 할 수 있다.

608) 대법원 2017. 4. 20. 선고 2015두45700 전원합의체 판결(2014. 2. 21. 개정 전 구 상속세 및 증여세법 시행령 제31조 제6항 소정의 '법 제41조제1항의 규정에 의한 이익은 다음 각호의 1에 해당하는 이익 … 에 제5항에 규정된 자의 주식 또는 출자지분의 비율을 곱하여 계산한 금액 … 으로 한다.'는 규정), 대법원 2017. 12. 22. 선고 2014두44847 판결(2009. 2. 4. 개정 상속세 및 증여세법 시행령 제55조 제1항 소정의 '순자산가액이 0원 이하인 경우에는 0원으로 한다'는 규정), 대법원 2018. 11. 9. 선고 2015두41630 판결(2010. 12. 30. 개정 전 구 소득세법시행령 제162조 제1항의 "법 제98조의 규정에 의한 취득시기 및 양도시기는 … 자산의 대금을 청산한 날로 한다."는 규정).

609) 민법 제830조 제1항은 "~으로 한다."라고 규정하고 있는데, 판례는 '법률상 추정' 규정으로 보고 있다. cf. **민법 제830조(특유재산과 귀속불명재산)** ① 부부의 일방이 혼인 전부터 가진 고유재산과 혼인 중 자기의 명의로 취득한 재산은 그 특유재산으로 한다. ② 부부의 누구에게 속한 것인지 분명하지 아니한 재산은 부부의 공유로 추정한다.
○ 2013다49572 ; "민법 제830조 제1항에 의하여 부부의 일방이 혼인 중 그의 단독 명의로 취득한 부동산은 그 명의자의 특유재산으로 추정되므로 그 추정을 번복하기 위하여는 다른 일방 배우자가 실제로 당해 부동산의 대가를 부담하여 그 부동산을 자신이 실질적으로 소유하기 위하여 취득하였음을 증명하여야 한다."
○ 2006두8068 ; "민법 제830조 제1항 소정의 '특유재산의 추정'을 번복하기 위하여는 다른 일방 배우자가 실제로 당해 부동산의 대가를 부담하여 그 부동산을 자신이 실질적으로 소유하기 위해 취득하였음을 증명하여야 하므로"

610) 민법상 의사해석규정으로는 민법 제429조 제1항(보증채무의 범위 ; 보증채무는 주채무의 이자, 위약금, 손해배상 기타 주채무에 종속한 채무를 포함한다.), 민법 제633조(차임지급의 시기 ; 차임은 동산, 건물이나 대지에 대하여는 매월 말에, 기타 토지에 대하여는 매년 말에 지급하여야 한다.) 등이 있고, 민법 제429조 제1항은 보증계약의 당사자 사이에 보증채무의 범위가 주채무의 종속채무에까지 미치는지의 여부에 관한 명시적 또는 묵시적 특약이 없고 이를 결정할 수 있는 특별한 사정도 없는 경우에 적용되는 보충적인 의사해석규정으로서, 위와 같은 명시적 또는 묵시적 특약이나 특별한 사정이 있는 경우에는 위 규정은 적용되지 않는다(96다37879). '~로 한다.'는 조세법령 규정 중에서도 당사자의 의사표시(계약)의 내용에 관한 규정은, 의제(간주) 규정으로 보기 보다는, 반대사실의 증명으로 번복이 가능한 의사해석규정으로 볼 것이다(예컨대, 부가가치세법 제29조 제7항의 "사업자가 재화 또는 용역을 공급하고 그 대가로 받은 금액에 부가가치세가 포함되어 있는지가 분명하지 아니한 경우에는 그 대가로 받은 금액에 110분의 100을 곱한 금액을 공급가액으로 한다." 등).

번복이 가능하다). 법령에서 '본다'라고 규정하면 입법적으로 확정된 것이므로 사실이 그렇지 않다는 반대증거가 제시되더라도 법령의 규정 내용과 달리 바뀔 수 없다(의제규정의 적용을 위한 전제사실을 다투어 의제규정의 적용 자체를 막는 것은 별개의 문제이다).[611] 이렇듯 의제(간주) 규정은, 상대방의 증명활동에 의해 번복이 인정되는 법률상 추정 규정보다는 어느 일방에게 매우 불리하고 강력한 법적 효과를 갖고 있으므로, 함부로 입법되어서는 아니 되고, 시행령이나 시행규칙이 아닌 법률에 명시하는 것이 바람직하다. 하지만, 실제로는 조세법령에서 가히 '남용'이라 할 만큼 의제규정 형식의 조문이 빈번히 나타난다.[612] 시행령상 의제규정이 모법의 해석상 가능한 것을 명시한 것에 지나지 아니하거나 모법

---

611) 예컨대, '실종선고를 받은 자는 실종기간이 만료한 때에 사망한 것으로 본다.'(민법 제28조)라고 규정되어 있는데, 실종선고로 인하여 실종기간 만료 시를 기준으로 하여 상속이 개시된 이상 설사 이후 실종선고가 취소되어야 할 사유가 생겼다고 하더라도 실제로 실종선고가 취소되지 않는 한, 임의로 실종기간이 만료하여 사망한 때로 간주되는 시점과는 달리 사망시점을 정하여 이미 개시된 상속을 부정하고 이와 다른 상속관계를 인정할 수는 없고(94다21542), 실종선고가 취소되지 않는 한 반증(실종기간 만료 전 생존 자료)을 들어 실종선고의 효과를 다툴 수는 없다(94다52751). 다음 조세판례도 같은 취지이다.

○ 대법원 2008. 9. 18. 선고 2006다49789 전원합의체 판결 ; "법인세법 제67조, 법인세법 시행령 제106조 제1항 제1호 단서는 '법인세의 과세표준을 결정 또는 경정함에 있어서 익금에 산입한 금액 중 사외유출된 것이 분명하나 귀속이 불분명한 금액은 대표자에게 귀속된 것으로 본다'는 취지로 규정하고 있는바, 이와 같은 법인세법상의 대표자 인정상여제도는 그 대표자에게 그러한 소득이 발생한 사실에 바탕을 두는 것이 아니라 세법상의 부당행위를 방지하기 위하여 그러한 행위로 인정될 수 있는 일정한 사실에 대하여 그 실질에 관계없이 무조건 대표자에 대한 상여로 간주하도록 하는 데 그 취지가 있는 것이므로, 이 경우 **대표자**는 위 익금산입액의 **귀속이 분명**하다는 점을 **증명**하지 못하는 한 그 금원이 현실적으로 자신에게 귀속되었는지 여부에 관계없이 갑종근로소득세를 납부할 의무가 있다고 할 것이다. … 대표자는 익금산입액의 귀속이 불분명하다는 사유로 상여처분된 소득금액에 대하여는 특별한 사정이 없는 한 그 금액이 현실적으로 자신에게 귀속되었는지 여부에 관계없이 원천징수의무자인 법인이 납부한 갑종근로소득세액 상당을 당해 법인에게 지급할 의무가 있고, 이 경우 법인의 구상금청구를 거절하기 위해서는 법인의 업무를 집행하여 옴으로써 그 내부사정을 누구보다도 잘 알 수 있는 **대표자**가 인정상여로 처분된 소득금액이 자신에게 귀속되지 않았을 뿐만 아니라 **귀속자가 따로 있음**을 밝히는 방법으로 그 **귀속이 분명**하다는 점을 **증명**하여야 한다."

○ 대법원 2013. 12. 12. 선고 2013두13723 판결 ; "1996. 12. 30. 법률 제5193호로 전부 개정 시 신설된 상증세법 제60조 제1항이 **상장주식의 평가**에 관하여 시가주의를 원칙으로 하되 평가의 자의성을 배제하고 객관성을 확보하기 위하여 제63조 제1항 제1호 (가)목에 규정된 보충적 평가방법에 의하여 평가한 가액을 **시가로 간주**하도록 한 입법 취지, 상장주식의 평가방법에 관한 상증세법 제60조 및 제63조의 규정 체제 및 위 각 규정 내용 등을 종합하여 보면, 상증세법 제63조 제1항 제1호 (가)목이 규정하는 상장주식은 특별한 사정이 없는 한 상증세법 제60조 제1항 후문에 의하여 제63조 제1항 제1호 (가)목에 규정된 평가방법에 따라 산정한 양도일 이전·이후 각 2개월 동안 공표된 매일의 **한국거래소 최종시세가액의 평균액만이 그 시가로 간주**된다고 봄이 상당하다. … (주)○○해운은 그 주식이 유가증권시장에서 거래되고 있으므로 원고들이 망 소외인으로부터 상속한 (주)○○해운의 주식 5,000주(이하 '이 사건 상장주식'이라 한다)에 관한 시가는 상증세법 제60조 제1항 후문, 제63조 제1항 제1호 (가)목에 따라 산정된 340,150,000원으로 보아야 한다는 이유로, 원고들이 2009. 11. 11. 및 같은 달 12.에 걸쳐 양도한 이 사건 상장주식의 양도가액 229,380,034원을 **매매사례가액**인 시가로 보아야 한다는 **원고들의 주장을 배척**하고 이 사건 처분 중 그에 관한 부분이 적법하다고 판단한 것은 정당하다."

612) 2014. 1. 1. 신설된 **지방세법 제7조 제11항**은 '배우자 또는 직계존비속의 부동산등을 취득하는 경우에는 증여로 취득한 것으로 본다. 다만, 다음 각 호의 어느 하나에 해당하는 경우에는 유상으로 취득한 것으로 본다.'라고 규정한 다음, 각 호에 '1. 공매(경매를 포함한다. 이하 같다)를 통하여 부동산등을 취득한 경우' 등을 규정하고 있다. 한편, **상속세 및 증여세법 제44조**(배우자 등에게 양도한 재산의 증여 추정) 제1항은, '배우자 또는 직계존비속(이하 이 조에서 "배우자등"이라 한다)에게 양도한 재산은 양도자가 그 재산을 양도한 때에 그 재산의 가액을 배우자등이 증여받은 것으로 추정하여 이를 배우자등의 증여재산가액으로 한다.'라고 규정한 다음, 제3항은 '해당 재산이 다음 각 호의 어느 하나에 해당하는 경우에는 제1항 … 을 적용하지 아니한다.'고 하고, 각 호에 '공매, 경매 등'을 규정하고 있다. 지방세법 제7조 제11항 단서는 본문의 '증여(무상) 취득'의 반대사실인 '유상 취득' 사실의 증명으로 본문의 적용을

조항의 취지에 근거하여 이를 구체화하기 위한 것이라면, 모법의 명시적인 위임이 없다는 이유로 이를 무효라고 할 수 없으나,[613] 그렇지 않다면 무효로 선언함이 원칙적이다.[614] 그러나 판례는 상위법에 합치되게 제한적으로 해석하거나, 증명으로 번복이 가능한 법률상 추정 규정처럼 해석하여 아예 문언을 반하는 해석을 하는 경우[615]도 있다.

과세자료의 증명력

● 대법원 2017. 7. 11. 선고 2015두2864 판결 [과징금부과처분취소]

▌증명력, 납세의무자 확인서

판시사항

행정청이 현장조사를 실시하는 과정에서 조사상대방(납세의무자)으로부터 구체적인 위반사실을 자

배제하는 것이므로, 의제규정이 아니라 법률상 추정 규정의 성질을 갖는 것이어서, 상속세 및 증여세법 제44조처럼 법률상 추정 규정의 형식을 취하는 것이 논리적임에도 만연히 의제규정의 형식을 취한 것은 타당하지 않다.

613) 대법원 2018. 11. 29. 선고 2016두65602 판결.
같은 취지에서 대법원 2020. 6. 18. 선고 2016두43411 전원합의체 판결의 다수의견은, 구 상속세 및 증여세법의 상장주식 시가평가 의제 조항(① 상장주식은 평가기준일 이전·이후 각 2개월 동안 공표된 종가의 평균액을 '시가'로 '본다'는 제60조 제1항 후단, 제63조 제1항 제1호 가목 및 ② 최대주주 등이 보유하는 주식에 대해서는 그 보유 비율에 따라 20% 또는 30%의 비율로 할증하여 평가한 금액을 '시가'로 '본다'는 제63조 제3항)을 준용한 구 소득세법 시행령 제167조 제5항("시가는 「상속세 및 증여세법」 제60조 내지 제64조와 동법시행령 제49조 내지 제59조 및 「조세특례제한법」 제101조의 규정을 준용하여 평가한 가액에 의한다.")이 모법인 구 소득세법 제101조 제5항("그 밖에 부당행위계산에 필요한 사항은 대통령령으로 정한다.")의 위임 범위를 벗어남으로써 조세법률주의에 위배되었다고 평가하기는 어렵고, 그 내용이 헌법상 재산권 침해, 평등원칙 위배 등으로 위헌·위법하여 무효라고 볼 수는 없다고 하였으나, 반대의견은, 헌법상 위임입법의 한계를 일탈한 것으로서 조세법률주의 원칙에 위배되어 무효라고 보는 것이 옳다고 하였다.

614) 대법원 2009. 3. 19. 선고 2006두19693 전원합의체 판결, 대법원 2017. 4. 20. 선고 2015두45700 전원합의체 판결.

615) ○ 대법원 2018. 7. 26. 선고 2016두40375 판결 ; "구 법인세법 시행령 제89조 제3항은 '금전의 대여 또는 차용의 경우에는 제1항에도 불구하고 가중평균차입이자율이나 당좌대출이자율을 시가로 한다'고 규정하고 있다. 이자율은 채무액, 채무의 만기, 채무의 보증 여부, 채무자의 신용 정도 등 여러가지 사정에 따라 달라질 수 있으므로, 실제로 거래한 이자율이 부당행위계산에 해당하여 부인할 수 있는지 판단하기 어렵다는 점을 고려하여 위 규정이 마련된 것이다. 그러나 앞서 본 바와 같은 부당행위계산의 부인을 둔 취지나 구 법인세법 시행령 제89조 제3항의 위임근거인 구 법인세법 제52조 제2항 등에 의하면, 이자율의 시가 역시 일반적이고 정상적인 금전거래에서 형성될 수 있는 객관적이고 합리적인 것이어야 하므로, 구 법인세법 시행령 제89조 제3항에서 정한 가중평균차입이자율 등을 시가로 볼 수 없는 사정이 인정된다면 정상적인 거래에서 적용되거나 적용될 것으로 판단되는 이자율의 시가를 과세관청이 증명하여야 한다." ☞ "가중평균차입이자율 등을 시가로 볼 수 없는 사정"에 대해서는 원고가 증명할 필요가 있다. 시가의 의제 형식으로 규정된 위 시행령 조항을 문언과 다르게 법률합치적으로 해석한 것으로 볼 수 있다.
○ 대법원 1994. 5. 24. 선고 93누23527 판결 ; "지방세법시행령 제73조 제1항에서 취득세부과대상이 되는 유상승계취득의 경우에는 그 취득시기를 계약상의 잔금지급일에 취득한 것으로 보되, 잔금을 계약상의 지급일전에 사실상 지급한 경우와 공매방법 등에 의하여 부동산 등을 취득한 경우에는 그 사실상의 잔금지급일에 취득한 것으로 본다고 규정하고 있는 것은 지방세법 제105조 제2항에서 규정한 '사실상으로 취득한 때'가 불분명하거나 사실상의 취득이 계약상의 잔금지급일과 견련되었을 때 그 취득시기에 대한 의제일 뿐, 현저하고 명백한 사실상의 취득시기를 배제하는 것은 아니라고 할 것이다."

인하는 내용의 확인서를 작성받은 경우, 그 확인서의 증거가치를 부정할 수 있는지 여부(원칙적 ×)

이 유

행정청이 현장조사를 실시하는 과정에서 조사상대방으로부터 구체적인 위반사실을 자인하는 내용의 확인서를 작성받았다면, 그 확인서가 작성자의 의사에 반하여 강제로 작성되었거나 또는 그 내용의 미비 등으로 인하여 구체적인 사실에 대한 증명자료로 삼기 어렵다[616]는 등의 특별한 사정이 없는 한 그 확인서의 증거가치를 쉽게 부정할 수 없다(대법원 1994. 9. 23. 선고 94누3421 판결, 대법원 2002. 12. 6. 선고 2001두2560 판결[617] 등 참조).

○ 대법원 2015. 6. 24. 선고 2015두39316 판결[증여세부과처분취소]

▌과세자료 증명력, 형사판결문, 제3자 진술서

판시사항

[1] 확정된 관련 형사판결에서 인정된 사실의 증명력

[2] 수사기관 또는 과세관청의 조사과정에서 작성된 납세의무자 아닌 자의 진술이 기재된 서류 등을 납세의무자에 대한 과세자료로 삼을 수 있는지(원칙적 ×)

이 유

조세소송에서 형사재판에서 인정된 사실에 구속을 받는 것은 아니더라도 이미 확정된 관련 형사판

---

616) ○ 대법원 2003. 6. 24. 선고 2001두7770 판결 ; "납세의무자가 제출한 매출누락사실을 자인하는 확인서에 매출사실의 구체적 내용이 들어 있지 않아 그 증거가치를 쉽게 부인할 수 없을 정도의 신빙성이 인정되지 아니한다면, 비록 납세의무자의 확인서라고 하더라도, 이는 실지조사의 근거로 될 수 있는 장부 또는 증빙서류에 갈음하는 다른 자료에 해당되지 아니한다고 할 것 … 이 사건 과세처분의 자료가 될 만한 것으로는 원고 회사에 대한 세무조사 당시 담당 공무원의 요구에 의하여 원고 회사 직원들과 대표이사가 날인한 확인서밖에 없는데, 위 확인서에는 "재고부족에 따른 매출누락 : 71,498개 pcs 488,545,126원(부가세포함된 판매가)"이라는 결론적인 내용만이 기재되어 있을 뿐, 구체적인 거래시기나 거래금액, 거래방법 등에 관하여는 아무런 기재가 없을 뿐만 아니라 그 기재 내용을 뒷받침하는 구체적인 매출사실에 대한 증빙자료도 전혀 없으며, 오히려 … 영업형태나 거래규모 등에 비추어 보면, 도난, 폐기, 훼손 등으로 인한 정상적인 감모손실분도 당연히 있을 것이라고 추정되는데 위 확인서의 기재 내용은 재고부족분 전부가 매출된 것이라는 내용이어서 이는 거래통념에 비추어 객관적 진실에도 반하는 것이라고 할 것이므로, 위 확인서만 가지고서는 … 부족분 전부가 매출되어 피고가 익금에 가산한 금액만큼의 매출수익이 있었다고 인정하기는 어렵다."
○ 대법원 1998. 7. 10. 선고 96누14227 판결 ; "가공의 필요경비임을 시인하는 확인서(을 제3호증)를 제출하였으나, 위 확인서는 그와 같은 차액이 가공의 필요경비라고 하는 결론적 문서에 불과하고, 거기에 그 기재 내용을 뒷받침하는 증빙서류 또는 가공경비를 계상한 구체적 거래에 대하여 아무런 내용이 없으며, 오히려, 위 확인서에서 가공경비라고 표시된 금액 중 일부는 … 객관적 진실에도 반하는 것이므로, 이는 그 내용의 미비 등으로 인하여 구체적인 사실에 대한 입증자료로 삼기 어렵다는 특별한 사정이 있는 경우"

617) "과세관청이 세무조사를 하는 과정에서 납세의무자로부터 일정한 부분의 거래가 가공거래임을 자인하는 내용의 확인서를 작성받았다면 그 확인서가 작성자의 의사에 반하여 강제로 작성되었거나 혹은 그 내용의 미비 등으로 인하여 구체적인 사실에 대한 입증자료로 삼기 어렵다는 등의 특별한 사정이 없는 한 그 확인서의 증거가치는 쉽게 부인할 수 없는 것이다." ☞ 같은 취지 대법원 1992. 11. 13. 선고 92누1438 판결 ; 실지세무조사를 하는 과정에서 회계담당자로부터 당해 법인의 장부상에 기재된 일정한 부분의 거래가 가공거래임을 자인하는 내용의 확인서를 작성받았다면 그 확인서의 증거가치를 쉽게 배척할 수 없다고 한 사례.

결에서 인정된 사실은 이를 채용할 수 없는 특별한 사정이 나타나 있지 아니하는 한 유력한 자료가 되어서 이를 함부로 배척할 수 없고(대법원 2012. 8. 17. 선고 2010두23378 판결 등[618] 참조), 수사기관 또는 과세관청의 조사과정에서 작성된 납세의무자 아닌 자의 진술이 기재된 서류 등은 그 진술내용에 부합하는 증빙자료가 있거나 납세의무자에 대한 사실확인 등의 보완조사가 이루어지지 아니하였다면 납세의무자 아닌 자의 일방적 진술을 기재한 것에 불과하여 다른 특별한 사정이 없는 한 이를 납세의무자에 대한 과세자료로 삼을 수 없다(대법원 2009. 7. 9. 선고 2009두5022 판결[619] 등 참조).[620]

---

618) 다만, 형사재판에서의 유죄판결은 공소사실에 대하여 증거능력 있는 엄격한 증거에 의하여 법관으로 하여금 합리적인 의심을 배제할 정도의 확신을 가지게 하는 증명이 있다는 의미인 반면, 무죄판결은 그러한 증명이 없다는 의미일 뿐이지 공소사실의 부존재가 증명되었다는 의미는 아니다(2011다81213). 관련 민사 확정판결에서 인정된 사실 역시 특별한 사정이 없는 한 유력한 증거자료가 되는 것이나, 당해 조세소송에서 제출된 여러 증거내용에 비추어 관련 민사확정판결에서의 사실판단을 그대로 채용하기 어렵다고 인정될 경우에는 이를 배척할 수 있다(95누3398).

619) "수사기관 또는 과세관청의 조사과정에서 작성된 **납세의무자 아닌 자의 진술이 기재된 전말서** 등은 그 진술내용에 부합하는 증빙자료가 있거나 납세의무자에 대한 사실확인 등의 보완조사가 이루어지지 않았다면 납세의무자 아닌 자의 일방적 진술을 기재한 것에 불과하여 다른 특별한 사정이 없는 한 이를 납세의무자에 대한 과세자료로 삼을 수 없다." ☞ "원고는 1회사의 지입차주인 소외 6과 실제 거래를 하고 소외 6이 지정하는 계좌로 거래대금을 송금한 후 이 사건 세금계산서를 교부받았다고 주장하면서 이 사건 세금계산서가 허위라는 점을 부인하고 있다. 그러므로 이 사건 **세금계산서가 허위라는 사실을 입증할 책임이 있는 피고**가 '금융거래를 한 업체에 대하여는 송금된 돈을 다시 돌려주는 방식으로 가공거래를 하였고, 원고도 그 중 하나로 이 사건 세금계산서는 허위이다"라는 **소외 4의 진술을 적법한 과세자료**로 삼기 위해서는 원고가 송금한 돈이 다시 원고에게 반환되었다는 점 등에 **부합하는 증빙자료**를 구비하거나 **원고에 대한 사실확인 등의 보완조사**를 통하여 그 **진술의 신빙성을 상당한 정도로 확보하였어야** 할 것이다. 그러나 원고가 1회사 계좌로 송금한 돈의 대부분이 3일 내에 출금되었다는 사실만으로 원고가 위 돈을 돌려받았다고 단정할 수 없고, 달리 기록상 원고가 위 돈을 돌려받았음을 인정할 수 있는 아무런 자료가 없으며, 소외 4가 1회사 지입차주들과 정상거래를 한 업체와 72개의 가공거래 업체를 구별하여 기억하는 근거도 발견할 수 없다. 또한 … 세무서장은 소외 4의 위 진술을 믿은 나머지 이 사건 **세금계산서에 관련된 금융자료를 제출한 원고에 대한 사실확인 등의 보완조사를 하지 않은 채** 이 사건 세금계산서를 허위라고 판단하였고, 더욱이 **원고는 과세관청의 조사과정에서 소외 4의 진술에 대하여 반박할 기회를 가지지 못**하였음은 물론 이 사건 **재판과정에서도 소외 4의 소재불명으로 소외 4를 반대신문할 여지가 없**었다. … 위 전말서에 기재된 소외 4의 진술은 그 진술내용에 부합하는 증빙자료가 없고, 납세의무자인 원고에 대한 사실확인 등의 보완조사를 거치지 않았으며, 반박 내지 반대신문의 기회가 부여되지 않은 **일방적인 진술**에 불과하여 다른 특별한 사정이 없는 한 쉽사리 이를 과세자료로 삼을 수 없다고 할 것이다. 원심이 든 그 밖의 사정 중 소외 4가 상습적으로 허위의 세금계산서를 발급해 왔다거나 소외 4가 이 사건 세금계산서 발행으로 형사입건된 사정만으로 이 사건 세금계산서에 관한 소외 4 진술의 신빙성이 각별히 높아진다고 볼 수도 없다. 또한 과세요건사실에 대한 입증책임은 과세관청에 있고, 다만 소송과정에서 경험칙에 비추어 과세요건사실이 추정되는 사실이 밝혀지면 그때에 비로소 납세의무자가 반대사실 등을 입증할 필요가 있는 것이므로, **피고**가 이 사건 **세금계산서가 허위라는 사실이 일단 추정될 수 있는 정도의 입증을 하지 못**한 이 사건에서, 원고가 앞서 본 바와 같은 금융자료 외에 이 사건 세금계산서와 관련된 장부나 증빙서류를 제출하지 못하고 있다는 사정을 이유로 이 사건 세금계산서가 허위라는 사실을 인정할 수 없다고 할 것이다."

620) **【구체적 사안】**

○ **사실관계** ; ① 원고가 1회사에 직원으로 채용된 직후 2007. 8. 14. 새로 설립된 2회사 주식 15,000주의 인수인으로, 2009. 11. 24. 최○○ 명의로 되어 있던 1회사 주식 21,000주(2회사 주식 15,000주와 합하여 이하 '이 사건 주식'이라 한다)의 양수인으로 각 주주명부에 등재 → ② 피고는 실제 소유자인 김○○이 원고에게 이 사건 주식을 명의신탁하였다고 보아 명의신탁재산의 증여의제 규정을 적용하여 원고에게 증여세부과처분.

○ **판단** ; 원심이, ① 원고는 김○○이 회사 임원 등재용으로만 사용하겠다고 부탁하여 인장 및 인감증명서를 교부하였다고 주장하는데, 원고가 2회사 등 법인의 이사 및 감사로 등재된 시점과 이 사건 주식의 양도 시점 또는 주주명부 등재 시점이 일치하는 사정에 비추어 당초 원고가 임원 등재용으로 교부한 인장 등이 주주명부 등재용으로도 사용되었을 가능성이 높은 점, ② 김○○은 형사재판에서 원고의 명의를 도용하여 주식양도양수증 등을 작성하고 임의로

○ 대법원 2015. 4. 9. 선고 2014두37740 판결 [종합소득세부과처분취소]

▌증명력, 검사의 혐의없음 결정

판시사항

원심이, 원고가 조세범처벌법위반 피의사실에 대하여 '혐의 없음' 결정을 받았다고 하더라도, 그것은 조세포탈의 범의 등에 관한 증거가 부족하다는 수사기관의 판단에 따른 것일 뿐이어서 원고가 매입세액 공제의 요건을 갖추었다거나 매출누락을 하지 아니하였다는 근거가 될 수 없다[621]는 이유로, 조세범처벌법위반 피의사실에 대하여 '혐의 없음' 결정을 받은 것이 부가가치세 및 종합소득세 부과처분의 취소사유가 된다는 원고의 주장을 배척한 것은 정당하다고 한 예.[622]

원고를 1회사의 주주로 등재하였다는 범죄사실이 인정되어 유죄판결이 확정된 점, ③ 김○○은 세무조사 과정에서 원고의 동의를 받아 원고를 이 사건 주식의 주주로 등재하였다고 진술하였으나, 과세관청이 납세의무자인 원고로부터는 세무조사 과정에서 이 사건 주식의 명의신탁에 대하여 동의한 적이 있다는 취지의 확인서를 받은 사실이 없으므로, 원고가 아닌 김○○의 일방적인 진술을 다른 특별한 사정 없이 원고에 대한 과세자료로 삼을 수 없는 점, ④ 김○○의 진술 내용 또한 자신이 실제 운영하는 1, 2회사 등 주식을 친척과 회사 직원들의 동의를 받아 명의신탁하였다고 포괄적으로 답변한 것에 불과한 점, ⑤ 원고는 2011. 7.경 피고로부터 2009. 3. 31.자 주식양수에 대하여 저가양도로서 증여세를 부과한다는 예고를 받자 김○○에게 이를 항의하여 부과된 세액에 상당한 돈을 송금받고, 피고로부터 징수유예를 받아 증여세를 모두 납부하였으나, 원고로서는 당시에 추가로 이 사건 처분이 있을 것을 알지 못하였고, 김○○으로부터 세금으로 납부할 돈을 모두 지급받은 이상 이를 문제 삼을 이유가 없었으며, 이후 김○○을 사문서위조 등 혐의로 형사고소하였고 그 재판과정에서 다른 고소인들과 달리 끝까지 합의서를 제출하지 아니한 사정 등에 비추어 보면 원고가 이 사건 주식의 명의신탁에 대하여 묵시적으로 승인하였다고 보기도 어려운 점 등을 종합하여, 김○○이 일방적으로 원고 명의를 도용하여 이 사건 주식의 주주로 등재해 놓은 것이라고 봄이 타당하다고 보아, 이와 다른 전제에서 한 이 사건 처분은 위법하다고 판단한 것은 정당.

621) ◎ '검찰의 무혐의결정'의 증명력 ; **검찰의 무혐의결정**에 대해 확정된 형사판결과 동일한 증거가치를 부여할 수는 없고, 행정재판이나 민사재판은 반드시 검사의 무혐의불기소처분 사실에 대하여 구속받는 것은 아니며 법원은 증거에 의한 자유심증으로써 그와 반대되는 사실을 인정할 수 있다(99두2314, 87누493, 95다21884).

622) ◎ 확정된 '행정처분'의 증명력(대법원 2013. 5. 16. 선고 2012다202819 전원합의체 판결) ; "증거재판의 원리와 증명책임의 원칙은 증명의 대상이 된 사실의 존재를 확인하는 내용의 행정처분이 있었던 경우에도 근본적인 구도가 달라진다고 할 수 없다. … 행정처분의 적법성과 내용의 신빙성은 그 소송절차 안에서 다시 확인되어야 한다. … 그 처분만을 유일한 근거로 해서 쉽게 사실을 확정할 것이 아니라 처분의 내용과 근거자료의 신빙성 유무에 대하여 필요한 검토와 증거조사를 거쳐 사실인정을 하여야 한다. … 국가기관에 의한 조사 및 처분이 이루어졌다는 점을 감안하여 입증의 부담을 완화·경감시킬 수는 있겠지만, 그 처분에서 어떠한 사실이 확인 또는 추정된다고 판단하였다고 해서 그에 대해 법률상 추정과 같은 정도의 증거가치를 부여할 수는 없다."
◎ 당해 심사·심판 결정문(대법원 1986. 4. 8. 선고 82누242 판결) ; "을 제○호증은 이 사건 심사청구에 대한 국세청장의 결정 및 국세심판소의 결정으로 모두 당해 사건인 이 사건의 당부를 판단함에 있어서는 이는 증거가 될 수 없는 것이고"
◎ 과세관청·수사기관 직원 작성의 보고서 등(대법원 1985. 12. 24. 선고 83누439 판결) ; "을 제9호증 … 등은 ○○지방검찰청이 원고에 대한 탈세혐의사실을 수사하는 과정에서 작성된 의견서, 고발의뢰서, 고발서, 납품보고공문(○○지방검찰청 수사관 작성), 확인서(○○지방국세청 조사관 작성)등 … 수사관이 수사상 작성한 일방적 자료 등 만에 의하여 신고누락금액을 인정할 수는 없다."
◎ 검인계약서 ; 매매당사자들이 작성하여 시장, 군수 등의 검인을 받은 검인계약서는, 특별한 사정이 없는 한, 당사자 사이의 매매계약 내용대로 작성되었다고 추정되고, 그 계약서가 실제와 달리 작성되었다는 점은 주장자가 입증하여야 한다(93누2353). 검인계약서상의 매매대금을 실지거래가액으로 보아 양도차익을 산정한 피고의 조치는 정당하다(91누5938).
대법원 2015. 11. 26. 선고 2014도781 판결 ; "부동산등기 특별조치법 제3조 제1항은 계약을 원인으로 소유권이전등기

적법한 상고이유

● 대법원 2015. 1. 15. 선고 2013두3818 판결 [종합소득세부과처분취소]

▌상고이유의 특정

이 유

대법원은 상고이유에 의하여 불복신청한 한도 내에서만 조사·판단할 수 있으므로, 상고이유서에는 상고이유를 특정하여 원심판결의 어떤 점이 법령에 어떻게 위반되었는지에 관하여 구체적이고 명시적인 이유의 설시가 있어야 한다.623)

를 신청할 때에는 당사자, 목적부동산, 계약연월일, 대금 및 그 지급일자, 부동산중개업자 등이 기재된 계약서에 검인신청인을 표시하여 계약 대상인 부동산 소재지를 관할하는 시장 등으로부터 검인을 받아 관할 등기소에 제출하도록 규정하고 있다. 이 사건 매매계약서는 매도인과 매수인의 서명·날인뿐만 아니라 파주시장의 검인이 날인된 부동산등기 특별조치법상의 '검인계약서'인데, 이처럼 파주시장의 검인이 날인된 이상 이 사건 매매계약서는 '그 기재와 같은 내용의 매매계약이 체결되었다는 사실'뿐만 아니라, '그 기재와 같은 내용으로 계약 당사자들이 파주시장에게 검인의 날인을 신청하였고, 그 이후 역시 같은 내용으로 등기신청이 이루어졌다'는 사실 또한 증명하고 있다."

◎ 대법원 1992. 5. 8. 선고 91누10701 판결 ; "국토이용관리법 제21조의7의 규정에 따라 토지등 거래계약신고를 한 당사자가 아무런 변경신고 없이 계약을 체결하면, … 특별한 사정이 없는 한, 신고한 내용대로 계약이 체결된 것으로 추정된다고 할 것이고, 위와 같은 사정에 관하여는 이를 주장하는 자에게 그 입증책임을 지우는 것이 상당하다고 할 것이므로, … 실지양도가액이 앞서 본 거래계약신고서 기재의 계약예정금액과는 달리 그 보다 낮은 금액으로 결정된 특별한 사정에 관한 입증이 부족하다는 이유로 위 계약예정금액을 그 양도가액으로 추정하고, 그에 배치되는 갑 제4호증의 3(매매계약서)의 기재부분을 믿지 아니한 원심판결은 당원의 위 견해에 따른 것으로 정당하고"

◎ 처분문서의 해석 ; 처분문서(계약서)는 그 성립의 진정함이 인정되는 이상 그 기재 내용을 부인할 만한 분명하고도 수긍할 수 있는 반증이 없는 한 기재된 '문언대로의 의사표시의 존재 및 내용을 인정'하여야 한다. 이러한 점을 감안하여 처분문서의 진정성립을 인정함에는 '신중'하여야 하는데, 사문서의 진정성립에 관한 증명 방법에 관하여는 특별한 제한이 없으나 그 증명 방법은 신빙성이 있어야 하고, 증인의 증언에 의하여 그 진정성립을 인정하는 경우 그 신빙성 여부를 판단함에 있어서는 증언 내용의 합리성, 증인의 증언 태도, 다른 증거와의 합치 여부, 증인의 사건에 대한 이해관계, 당사자와의 관계 등을 종합적으로 검토하여야 한다(2014다45317). ① 당사자들이 공통적으로 의사표시를 명확하게 인식하고 있다면, 그것이 당사자가 표시한 문언과 다르더라도 당사자들의 공통적인 인식에 따라 의사표시를 해석하여야 하나, ② 의사표시를 한 사람이 생각한 의미가 상대방이 생각한 의미와 다른 경우에는 의사표시를 수령한 상대방이 합리적인 사람이라면 표시된 내용을 어떻게 이해하였다고 볼 수 있는지를 고려하여 의사표시를 객관적·규범적으로 해석하여야 한다(2014다19776 판결). ③ 당사자의 진정한 의사를 알 수 없다면, 내심의 의사보다는 '외부로 표시된 행위에 의하여 추단된 의사'로 해석한다(2000다48265). 당사자 일방이 주장하는 계약의 내용이 상대방에게 '중대한 책임'을 부과하게 되는 경우에는 그 문언의 내용을 '더욱 엄격하게 해석'하여야 한다(2016다238540).

623) **【구체적 사안】**
이 사건의 상고이유서는 2007년 귀속 배당소득 128,109,594원에 관한 원고의 청구를 배척한 원심판결의 어떤 부분이 **법령**에 어떻게 위반되었는지에 관하여 구체적이고 명시적인 근거를 밝히지 아니하였고, 상고장에도 이에 관한 상고이유의 기재가 없으므로, 이에 대하여는 적법한 상고이유의 기재가 있다고 볼 수 없다.(다만 원심판결 중 이 부분에 관한 위법한 세액을 기록상 특정할 수 없으므로 원심판결 **전부**가 **파기**될 수밖에 없다.)고 판시.

● 대법원 2015. 1. 29. 선고 2013두4118 판결 [종합소득세부과처분취소]

▌상고이유의 기재

이 유

원고는 적법한 기간 내에 상고이유서를 제출하지 아니하였고, 상고장에도 **상고이유의 기재**가 없으므로, 행정소송법 제8조 제2항, 민사소송법 제429조에 의하여 원고의 상고를 기각한다.[624)]

---

624) ◎ **상고이유의 기재**

○ 대법원 2008. 11. 27. 선고 2008다40847 판결 ; "상고이유는 상고장에 기재하거나 상고이유서라는 독립된 서면으로 하여야 하고 **다른 서면의 기재 내용을 원용할 수 없**는 것이며, 상고법원은 **상고이유에 의하여 불복신청한 한도 내에서만** 조사·판단할 수 있으므로, 상고이유서에는 상고이유를 **특정**하여 원심판결의 **어떤 점이 법령에 어떻게 위반되었는지**에 관하여 **구체적이고 명시적인 이유의 설시**가 있어야 한다. 상고이유 중 향후치료비, 위자료 부분에 관하여 보건대, 이 사건에 있어서 상고장에는 상고이유의 기재가 없으며, 피고 소송대리인이 제출한 상고이유서에는 '향후치료비, 위자료 등에 대해서는 피고 보험회사가 원심에서 주장한 내용을 그대로 인용합니다'라고만 기재되어 있는바, 이러한 상고이유서의 기재는 다른 서면의 기재 내용을 원용하고 있을 뿐이고, 상고이유를 특정하여 원심판결 중 어떤 부분이 법령에 어떻게 위반되었는지에 관하여 구체적이고 명시적인 근거를 밝히지 아니한 것이므로 적법한 상고이유의 기재가 될 수 없다."

○ 대법원 2008. 1. 24. 선고 2007두23187 판결 ; "원고들 소송대리인이 제출한 상고이유서에는 '원심은, 원고들이 제1심 및 제2심에서 제출한 소장, 각 준비서면, 항소이유서 등에 설시한 바와 같이, 이 사건 재산세 부과처분의 위법성 여부를 판단함에 있어 헌법상 조세법률주의, 평등의 원칙, 재산권보장의 원칙, 관련 지방세법 위반 등 주장에 관하여 법령해석의 위반을 함으로써 판결에 영향을 미친 위법사유가 있다'고 한 다음 원심 기록 일체를 빠뜨리지 않고 정독한 후 판단하여 달라고 기재되어 있는바, 위와 같은 상고이유서의 기재는 다른 서면의 기재 내용을 원용하고 있을 뿐이고, 또한 상고이유를 특정하여 원심판결 중 어떤 부분이 법령에 어떻게 위반되었는지에 관하여 구체적이고 명시적인 근거를 밝히지 아니한 것이므로 적법한 상고이유의 기재가 될 수 없다."

○ 대법원 1998. 3. 27. 선고 97다55126 판결 ; "민사소송법 제401조, 제393조, 민사소송규칙 제83조, 제85조, 제85조의2 등의 규정을 종합하면, 상고법원은 상고이유에 의하여 불복신청한 한도 내에서만 조사·판단할 수 있으므로, 상고이유서에는 상고이유를 특정하여 원심판결의 어떤 점이 법령에 어떻게 위반되었는지에 관하여 구체적이고도 명시적인 이유의 설시가 있어야 하고, 원심판결이 대법원의 판례와 상반됨을 주장하는 때에는 그 판례를 구체적으로 명시하여야 하며, 상고인이 제출한 상고이유서에 위와 같은 구체적이고도 명시적인 이유의 설시가 없는 때에는 상고이유서를 제출하지 않은 것으로 취급할 수밖에 없다. 또한 **상고이유서 제출기간이 지난 후에 제출된 상고이유보충서**에 기재된 상고이유는 그것이 **기간 내에 제출된 상고이유서에서 이미 개진된 상고이유를 보충한 것**이거나 **직권조사사항에 관한 것**이 **아닌** 새로운 주장을 포함하고 있을 때에는 그 새로운 주장은 적법한 상고이유로 삼을 수 없는 것이다. 이 사건에 있어서 상고장에는 상고이유의 기재가 없으며, 원고가 제출한 상고이유서에는 원심판결이 '첫째 종중에 관한 법리를 오해하였고, 둘째 법률행위 해석에 관한 법리를 오해하고 대법원판례에 위반한 법률행위 해석으로 사실 판단을 그르쳤으며, 셋째 심리미진 및 석명의무를 다하지 아니하고 주장에 대한 판단을 유탈하였고, 넷째 채증법칙을 위반하여 사실을 오인한 위법이 있다.'고 한 다음 그 상세는 상고이유보충서에 의하여 개진하겠다고만 기재되어 있으나, 원고는 그 이후 상고이유서 제출기간 내에 상고이유보충서를 제출하지도 아니하였는바, 위와 같은 상고이유서의 기재는 모두가 상고이유를 특정하여 원심판결 중 어떤 부분이 법령에 어떻게 위반되었는지에 관하여 구체적이고 명시적인 근거를 밝히지 아니하였고, 원심의 판단이 어떠한 판례에 위반하는지를 구체적으로 적시하지도 않았으므로 이는 모두 적법한 상고이유의 기재로 볼 수 없다 할 것이고, 원고가 상고이유서 제출기간이 지난 후에 위와 같이 부적법한 상고이유를 보충하는 내용의 상고이유보충서를 제출하였다고 하더라도 그 기재는 적법한 상고이유가 될 수 없다 할 것이다."

○ 대법원 2013. 12. 26. 선고 2013다207088 판결 ; "상고법원은 상고이유에 의하여 불복신청한 한도 내에서만 조사·판단할 수 있으므로, 상고이유서에는 상고이유를 특정하여 원심판결의 어떤 점이 법령에 어떻게 위반되었는지에 관하여 구체적이고도 명시적인 이유를 설시하여야 하고, 상고인이 제출한 상고이유서에 위와 같은 구체적이고도 명시적인 이유를 설시하지 아니한 때에는 상고이유서를 제출하지 않은 것으로 취급할 수밖에 없는바, 원고가 제출한 상고이유서

● 대법원 2016. 2. 18. 선고 2015두50153 판결 [법인세부과처분취소]

▌사실심에서 주장한 상고이유

이 유

합병 전 회사들이 부당한 방법으로 과세표준을 과세신고고한 것이 아니므로 사건 처분 중 부당과소신고 가산세 부분이 위법하다는 이 부분 주장은 상고심에서 처음으로 하는 것으로서 적법한 상고이유가 될 수 없다.

※ **상고심에서 처음으로 하는 주장으로서 적법한 상고이유가 될 수 없다고 한 예**

○ 대법원 2015. 2. 12. 선고 2012두7905 판결 ; 원심이 상속세 과세표준을 계산함에 있어 망인의 가압류채무와 망인이 지급한 배상금을 상속재산가액에서 차감하지 아니한 위법이 있다는 취지의 상고이유 주장[625)]

○ 대법원 2018. 2. 8. 선고 2017두48550 판결 ; 원고 은행이 구 법인세법 제73조 제1항에서 정한 이자소득금액을 지급하는 자에 해당하여 위 규정에 따른 원천징수의무를 부담한다는 취지의 주장

○ 대법원 2018. 6. 28. 선고 2017다238660 판결 ; 국세환급가산금의 기산일에 관한 국세기본법 시행령 제43조의3 제1항 제1호를 적용하였어야 함에도 제5호를 적용한 잘못이 있다는 상고이유 주장

○ 대법원 2019. 1. 31. 선고 2014두41411 판결 ; 소외 회사에 이미 법인세가 부과된 이상 그 주주인 원고들에게 별도로 증여세를 부과 하는 것은 이중과세에 해당한다는 주장

○ 대법원 2015. 5. 28. 선고 2014두12505 판결 ; 가산세 처분 부분은 종전의 가산세 부과처분이 취소되지 아니한 상태에서 이루어진 중복부과처분이어서 위법하다는 주장

○ 대법원 2020. 10. 29. 선고 2017두51174 판결 ; 부과처분이 세무조사결과통지 이후 조세범처벌법 위반으로 고발 또는 통고처분된 바 없음에도 과세전적부심사 청구나 그에 대한 결정이 있기도 전에 이루어진 것이므로 위법하다는 주장

○ 대법원 2016. 12. 15. 선고 2015두2611 판결 ; 정산금의 익금 귀속시기에 관한 법리오해의 잘못이 있다는 상고이유 주장

에는 피고 대한민국에 대한 상고이유가 될 만한 사항이 기재되어 있지 아니하여 상고이유서가 제출되지 아니한 것으로 볼 수밖에 없고, 상고장에도 또한 상고이유가 기재되어 있지 아니하다."

○ 대법원 2016. 8. 30. 선고 2016두39832 판결 ; 토지의 양도가액에서 소외인이 원고들을 기망하여 편취하거나 횡령한 매각대금 및 양도소득세 등이 제외되어야 한다는 상고이유 주장은 상고이유서 제출기간이 경과한 후에 제출된 준비서면에서 비로소 제기하는 것으로서 적법한 상고이유가 되지 아니한다고 판단한 예.

625) [유사 취지] 대법원 2016. 1. 14. 선고 2014두43295 판결 ; 상고이유 주장의 요지는, 사건 토지와 건물 중 장○○ 명의의 지분은 피상속인의 상속재산이 아니므로 이를 제외하고 상속재산가액을 산정하여야 하는데, 원심이 이에 관한 판단을 누락하였다는 것이나, 원고들은 원심 변론종결 후에 그와 같은 주장이 기재된 변론재개신청서를 제출하였을 뿐 그 전에는 그러한 주장을 한 적이 없는 사실을 알 수 있고, 그렇다면 상고이유의 주장은 원고들이 사실심에서 주장하지 아니한 사실을 상고심에서 새롭게 주장하는 것이거나 사실심에서 하지 아니한 주장에 대한 판단누락을 주장하는 것이어서 적법한 상고이유가 될 수 없다고 한 사례.

○ 대법원 2019. 6. 27. 선고 2016두49525 판결 ; 주식 양도일에 특수관계가 해소되었다는 주장

조세소송판결의 효력

○ 대법원 2019. 1. 17. 선고 2016두513 판결 [종합소득세부과처분취소]

▌확정판결, 기속력, 처분사유 변경, 기판력

판시사항

이 사건 부동산에 관하여 원고가 얻은 소득을 **사업소득**으로 본 종합소득세부과처분(종전처분)을 취소하는 전소판결이 선고되어 1심에서 확정된 후, 피고가 **배당소득**으로 보아 종합소득세부과처분(후행처분)을 한 데 대한 이 사건 후소에서 대법원 환송판결(대법원 2015. 12. 23. 선고 2012두8977 판결)이 배당소득에 해당하지 않는다고 판시하자, 환송 후 원심에서 피고가 다시 **사업소득**에 해당한다는 이유로 후행처분의 **처분사유**를 **변경**하는 것은, 종전처분과 **동일한 사실관계**에서 **동일한 내용의 처분**을 하는 것으로서 **전소확정판결의 기속력**에 **저촉**되므로, **허용되지 않는다**고 한 원심 판단이 정당하다[626]고 하고, 원심 판단이 **전소판결의 기판력**에 **저촉된다고 볼 수 없다**고 판단한 예.[627]

---

626) 대법원 2016. 10. 27. 선고 2016두42999 판결(후행처분에 대한 취소소송에서 처분의 근거규정을 처분사유로 추가하는 것이 종전처분에 대한 심판결정의 기속력에 저촉된다고 한 예)도 같은 취지이다.

627) **【구체적 사안】**
① 피고는, 이 사건 부동산의 분양예정가에서 건설원가를 공제한 금원을 동업관계 탈퇴에 따른 원고의 사업소득으로 보아, 2006. 4. 1. 원고에게 2004년 귀속 종합소득세를 부과하는 종전처분을 하였다. ② 원고는 종전처분에 대한 취소소송(수원지방법원 2006구합7899)을 제기하였는데, 법원은 2007. 6. 27. '원고가 동업관계에서 탈퇴할 때 취득하는 금전 기타 재산의 가액 중 출자금을 초과하는 금액은 배당소득으로 과세대상이 되는데, 종전처분은 원고가 얻은 소득을 사업소득이라고 보아 부동산의 분양예정가에서 건설원가를 공제한 차액에 대하여 과세한 것으로 위법하고, 기록상의 자료만으로는 정당한 배당소득 과세표준을 산출할 수 없으므로, 종전처분은 모두 취소되어야 한다.'는 이유로, 종전처분을 취소하는 판결(전소판결)을 선고하였고, 위 판결은 그 무렵 확정되었다. ③ 피고는, 부동산의 분양예정가에서 원고의 출자금액을 공제한 금원을 동업관계 탈퇴에 따른 원고의 배당소득으로 보아, 2010. 5. 17. 원고에게 2004년 귀속 종합소득세를 부과하는 이 사건 처분을 하였다. ④ 원고는 이 사건 처분에 대한 취소소송을 제기하였는데, 환송 전 원심은 이 사건 처분이 적법하다고 보았으나, 대법원은 환송판결(2012두8977)에서 '원고가 동업관계에서 탈퇴하면서 얻은 소득이 구 소득세법(2005. 12. 31. 개정 전) 제17조 제1항 제3호, 제7호, 제2항 제1호가 정한 배당소득에 해당한다는 이유로 이 사건 처분이 적법하다고 본 환송 전 원심의 판단에는, 동업관계의 탈퇴에 따른 지분의 계산으로 얻는 소득의 구분에 관한 법리를 오해한 위법이 있다.'는 이유를 들어, 환송 전 원심판결을 파기하고, 사건을 원심법원에 환송하였다. ⑤ 환송 후 원심에서 피고는, 원고가 동업관계 탈퇴에 따른 지분의 계산으로 얻은 이 사건 부동산에 관한 소득이 사업소득에 해당하는 것으로 처분사유를 변경하였다. ⑥ 환송 후 원심은 원고의 이 사건 부동산에 관한 소득은 배당소득으로 볼 수 없으므로, 이를 배당소득으로 보아 과세한 이 사건 처분은 위법하고, 피고의 위 처분사유 변경은 허용되지 않는다고 판단하였다.
☞ 대법원 2002. 7. 23. 선고 2000두6237 판결(부동산 '임대소득'에서 '이자소득'으로 변경하여 한 종합소득세부과처분은 **새로운 과세처분**으로서 종전처분에 관한 확정판결의 **기속력 내지 기판력에 어긋나지 아니한다**고 한 예)과는 대비되는 판결이다. 한편, 대법원 2002. 3. 12. 선고 2000두2181 판결은, "종합소득세부과처분의 정당성을 뒷받침하기 위하여 합산과세되는 종합소득의 범위 안에서 그 소득의 원천만을 달리 주장하는 것은 처분의 동일성이 유지되는 범위 내의 처분사유 변경에 해당하여 허용된다."라고 하여 '이자소득이 아니라 대금업에 의한 사업소득에 해당한다고 처분사유를 변경한 것은 처분의 동일성이 유지되는 범위 내에서의 처분사유 변경에 해당하여 허용된다'고 하였고, 대법원 1997.

※ 과세처분 취소 확정판결의 기속력

처분 등을 취소하는 확정판결은 그 사건에 관하여 당사자인 행정청과 그 밖의 관계행정청을 기속하고, 판결에 의하여 취소되는 처분이 당사자의 신청을 거부하는 것을 내용으로 하는 경우에는 그 처분을 행한 행정청은 판결의 취지에 따라 다시 이전의 신청에 대한 처분을 하여야 한다(행정소송법 제30조[628] 제1항, 제2항). 이는 무효·부존재 확인소송, 부작위위법확인소송에 준용된다(제38조).[629][630]

---

11. 14. 선고 96누8307 판결은, '부동산 임대소득'이라 하여 과세되었으나 '이자소득'임이 인정되는 경우에는 처분사유를 변경하여야 한다고 하였으며, 대법원 2005. 6. 10. 선고 2003두2656 판결은, '사업소득'과 '배당소득' 사이도 처분사유 변경에 해당한다고 하였다.

628) **행정소송법 제30조(취소판결등의 기속력)** ① 처분 등을 취소하는 확정판결은 그 사건에 관하여 당사자인 행정청과 그 밖의 관계행정청을 기속한다. ② 판결에 의하여 취소되는 처분이 당사자의 신청을 거부하는 것을 내용으로 하는 경우에는 그 처분을 행한 행정청은 판결의 취지에 따라 다시 이전의 신청에 대한 처분을 하여야 한다. ③ 제2항의 규정은 신청에 따른 처분이 절차의 위법을 이유로 취소되는 경우에 준용한다.

629) ◎ 일반 행정처분 판례에 나타난 **취소 확정판결의 기속력과 기판력의 의미**
대법원 2016. 3. 24. 선고 2015두48235 판결 ; "(1) 행정소송법 제30조 제1항은 … 규정하고 있다. 이러한 취소 확정판결의 **'기속력'**은 취소 청구가 인용된 판결에서 인정되는 것으로서 당사자인 행정청과 그 밖의 관계행정청에게 확정판결의 취지에 따라 행동하여야 할 의무를 지우는 작용을 하는 것이다. 이에 비하여 행정소송법 제8조 제2항에 의하여 행정소송에 준용되는 민사소송법 제216조, 제218조가 규정하고 있는 **'기판력'**이란 기판력 있는 전소 판결의 소송물과 동일한 후소를 허용하지 않음과 동시에, 후소의 소송물이 전소의 소송물과 동일하지는 않다고 하더라도 전소의 소송물에 관한 판단이 후소의 선결문제가 되거나 모순관계에 있을 때에는 후소에서 전소 판결의 판단과 다른 주장을 하는 것을 허용하지 않는 작용을 하는 것이다. (2) **취소 확정판결의 기속력**은 그 판결의 주문 및 전제가 되는 처분 등의 구체적 위법사유에 관한 판단에도 미치나, 종전 처분이 판결에 의하여 취소되었다 하더라도 종전 처분과 다른 사유를 들어서 새로이 처분을 하는 것은 기속력에 저촉되지 않는다. 여기에서 동일 사유인지 다른 사유인지는 확정판결에서 위법한 것으로 판단된 종전 처분사유와 **기본적 사실관계에 있어 동일성이** 인정되는지 여부에 따라 판단되어야 하고, 기본적 사실관계의 동일성 유무는 처분사유를 법률적으로 평가하기 이전의 구체적인 사실에 착안하여 그 기초인 사회적 사실관계가 기본적인 점에서 동일한지에 따라 결정된다. 또한 행정처분의 위법 여부는 행정처분이 행하여진 때의 법령과 사실을 기준으로 판단하므로, 확정판결의 당사자인 처분 행정청은 종전 처분 후에 발생한 새로운 사유를 내세워 다시 처분을 할 수 있음은 물론이고, 새로운 처분의 처분사유가 종전 처분의 처분사유와 기본적 사실관계에서 동일하지 않은 다른 사유에 해당하는 이상, 해당 처분사유가 **종전 처분 당시 이미 존재**하고 있었고 당사자가 이를 **알고 있었다 하더라도** 이를 내세워 새로이 처분을 하는 것은 확정판결의 기속력에 저촉되지 않는다. (3) 한편 **취소 확정판결의 기판력**은 그 판결의 주문에만 미치고, 또한 소송물인 행정처분의 위법성 존부에 관한 판단 그 자체에만 미치는 것이므로 전소와 후소가 그 소송물을 달리하는 경우에는 전소 확정판결의 기판력이 후소에 미치지 아니한다."

630) ◎ **처분 취소 확정판결의 기속력에 관한 판례**
○ 대법원 1990. 12. 11. 선고 90누3560 판결 [토지형질변경허가신청불허가처분취소] ; "확정판결의 당사자인 처분행정청이 그 행정소송의 사실심 변론종결 이전의 사유를 내세워 다시 확정판결과 저촉되는 행정처분을 하는 것은 허용되지 않는 것으로서 이러한 행정처분은 그 하자가 중대하고도 명백한 것이어서 당연무효라 할 것이다."
○ 대법원 2005. 1. 14. 선고 2003두13045 판결 [종합유선방송사업승인거부처분취소등] ; "행정소송법 제30조 제2항의 규정에 의하면 행정청의 거부처분을 취소하는 판결이 확정된 경우에는 그 처분을 행한 행정청이 판결의 취지에 따라 이전의 신청에 대하여 재처분할 의무가 있다고 할 것이나, 그 취소사유가 행정처분의 절차, 방법의 위법으로 인한 것이라면 그 처분 행정청은 그 확정판결의 취지에 따라 그 위법사유를 보완하여 다시 종전의 신청에 대한 거부처분을 할 수 있고, 그러한 처분도 위 조항에 규정된 재처분에 해당한다고 할 것이다." ☞ **[동일 취지]** 종전처분에 대한 확정판결에 적시된 종전처분의 위법사유를 보완하여 행한 새로운 과세처분으로서 그 과세원인을 달리하거나 상호 처분의 동일성이 인정되지 아니하므로 확정판결의 기판력과 함께 기속력에도 반하지 아니한다고 한 대법원 2002. 7. 23. 선고 2000두6237 판결, 대법원 2002. 5. 31. 선고 2000두4408 판결 및 심판결정의 기속력에 관한 대법원 2001. 9. 14. 선고 99두3324 판결, 대법원 2016. 10. 27. 선고 2016두42999 판결 참조. 확정된 결정·판결의 기속력 확보를 위해 두고 있는 '1년의 특례부과제척기간' 규정(국세기본법 제26조의2 ⑥ ; '결정·판결이 확정된 날로부터

※ 과세처분 취소 확정판결의 기판력

조세행정소송 판결의 기판력(실질적 확정력)에 관하여 행정소송법에 직접적인 명문 규정은 없으나, 행정소송법 제8조 제2항[631]에 의하여 민사소송법 제216조(기판력의 객관적 범위), 제218조(기판력의 주관적 범위)가 준용됨으로써 조세행정소송 판결에 기판력이 인정된다.[632][633]

1년이 지나기까지 당해 결정·판결에 따른 경정이나 그 밖에 필요한 처분을 할 수 있다.')의 관련 판례도 함께 참조할 필요가 있다.

631) **행정소송법 제8조(법적용례)** ① 행정소송에 대하여는 다른 법률에 특별한 규정이 있는 경우를 제외하고는 이 법이 정하는 바에 의한다. ② 행정소송에 관하여 이 법에 특별한 규정이 없는 사항에 대하여는 법원조직법과 민사소송법 및 민사집행법의 규정을 준용한다.

632) **◎ 과세처분 취소 확정판결의 기판력에 관한 판례**

○ 대법원 2009. 1. 15. 선고 2006두14926 판결 ; "과세처분이란 법률에 규정된 과세요건이 충족됨으로써 객관적·추상적으로 성립한 조세채권의 내용을 구체적으로 확인하여 확정하는 절차로서, 과세처분 취소소송의 소송물은 그 취소원인이 되는 위법성 일반이고 그 심판의 대상은 과세처분에 의하여 확인된 조세채무인 과세표준 및 세액의 객관적 존부이다. 한편, 취소판결의 기판력은 소송물로 된 행정처분의 위법성 존부에 관한 판단 그 자체에만 미치는 것이므로 전소와 후소가 그 소송물을 달리하는 경우에는 전소 확정판결의 기판력이 후소에 미치지 아니한다. … **주된 납세의무자**인 소외 회사가 피고를 상대로 제기한 소송은 소외 회사에 대한 1998. 11. 21.자 처분에 관한 것인 반면, 이 사건은 **제2차 납세의무자**인 원고에 대한 2004. 6. 19.자 처분에 관한 것이어서 그 취소소송의 대상인 행정처분이 동일하지 아니하고, 원고가 전소의 계쟁물에 관한 당사자적격을 승계한 자에 해당한다고 볼 수도 없으므로, 전소의 기판력이 원고에게 미친다고 볼 수 없다고 판단하였다. … 원심의 판단은 정당하고"

○ 대법원 2020. 6. 25. 선고 2017두58991 판결 ; "확정판결의 기판력의 존부는 직권조사사항이므로 당사자의 주장이 없더라도 법원이 이를 직권으로 조사하여 판단할 수 있다. … 이 사건 각 선행 확정판결(종합소득세 등 **부과처분 취소** 소송에 대한 **원고 패소** 판결)의 소송물과 이 사건 소(종합소득세 등 부과처분에 대한 **경정청구 거부처분 취소** 소송)의 **소송물**은 모두 원고 1, 2, 4, 5의 각 해당 과세기간 귀속 각 이자소득의 과세표준과 세액의 객관적 존부로서 **동일**하고, 소외 1 등의 기망을 이유로 한 각 대여계약의 취소는 이 사건 각 선행 확정판결의 변론종결 이전에 이미 행사하였던 공격방어방법이므로, 위 원고들이 다시 소외 1 등의 기망을 이유로 각 대여계약의 취소를 주장하며 위 피고들을 상대로 이 사건 각 거부처분의 취소를 구하는 것은 이 사건 각 선행 확정판결의 기판력에 저촉되어 허용될 수 없다. 따라서 위 원고들의 청구는 이와 모순 없는 판단을 하기 위하여 기각되어야 한다." ☞ 반면에, 승소 확정판결을 받은 당사자가 전소의 상대방을 상대로 다시 승소 확정판결의 전소와 동일한 청구의 소를 제기하는 경우 후소는 권리보호의 이익이 없어 부적법하다(2016다13482).

○ 대법원 2002. 7. 23. 선고 2000두6237 판결 ; "과세처분을 취소하는 확정판결의 기판력은 확정판결에 나온 위법사유에 대하여만 미치므로 과세처분권자가 확정판결에 나온 **위법사유를 보완**하여 한 새로운 과세처분은 확정판결에 의하여 취소된 종전의 과세처분과는 **별개의 처분**으로서 확정판결의 기판력에 저촉되지 아니한다." ☞ 과세대상 소득이 부동산 **임대소득**이 아니라 이자소득이라는 이유로 종합소득세 등 부과처분이 확정판결에 의하여 전부 취소된 후 과세관청이 그 소득을 **이자소득**으로 보고 종전처분의 부과세액을 한도로 하여 다시 종합소득세 등 부과처분을 한 경우, 그 처분은 종전처분에 대한 확정판결에서 나온 위법사유를 보완하여 한 **새로운 과세처분**으로서 종전처분과 그 과세원인을 달리하여 확정판결의 기속력 내지 기판력에 어긋나지 아니한다고 한 사례.

○ 대법원 2002. 5. 31. 선고 2000두4408 판결 ; 토지의 양도가 **특수관계자 사이의 저가양도**임은 별론으로 하고 **무상양도**는 아니라는 이유로 증여세부과처분이 확정판결에 의하여 전부 취소된 후 과세관청이 위 토지의 양도가 특수관계자 사이의 저가양도에 해당한다는 이유로 다시 증여세부과처분을 한 경우, 그 처분은 확정판결에 적시된 종전처분의 위법사유를 보완하여 행한 새로운 과세처분으로서 상호 처분의 동일성이 인정되지 아니하므로 확정판결의 기속력 내지 기판력에 반하지 아니한다고 한 사례.

○ 대법원 1992. 9. 25. 선고 92누794 판결 ; "앞의 소송에서 원고는 과세가액평가방법이 잘못되어 부과된 세액이 정당한 세액을 초과한 것이라고 주장하였고, 법원이 이를 받아들여 초과세액 부분만이 아닌 전체 부과처분의 취소를 명하였는바, 이는 과세관청으로서 판시취지에 따라 정당한 세액을 산정하여 다시 부과 할 수 있음을 당연한 전제로 하고 있는 것이고, 따라서 피고가 동일한 과세원인에 근거하여 전의 판결에서 적시된 위법사유를 보완하여 **정당한 세액을 산출**한 다음 **다시 부과처분**을 한 것은 전의 확정판결의 기판력에 저촉되지 아니한다고 할 것이다."

※ 과세처분 취소 확정판결의 형성력

법률관계의 형성(발생·변경·소멸)을 구하는 형성의 소에 해당하는 과세처분 취소소송 자체의 성질에 따라 과세처분 취소의 확정판결은 형성력(形成力)을 가지고, 형성력에 의한 법률관계 변동의 효과는 누구나 인정, 용인하여야 하기 때문에 형성력이 일반 제3자에게도 당연히 미치는 대세효(對世效)가 인정된다. 따라서 행정소송법 제29조 제1항("처분 등을 취소하는 확정판결은 제3자에 대하여도 효력이 있다.")은 형성판결에 따른 당연한 내용의 효력을 규정한 것으로서 확인적 성격을 갖는다. 행정소송법 제29조는 무효·부존재 확인소송, 부작위위법확인소송에 준용된다(제38조).[634)]

○ 대법원 1986. 11. 11. 선고 85누231 판결 ; "과세처분 시 납세고지서에 과세표준, 세율, 세액의 산출근거 등이 누락되어 있어 이러한 **절차 내지 형식의 위법**을 이유로 과세처분을 취소하는 판결이 확정된 경우에 그 확정판결의 기판력은 확정판결에 적시된 절차 내지 형식의 위법사유에 한하여 미친다고 할 것이므로 과세처분권자가 그 확정판결에 적시된 위법사유를 보완하여 행한 새로운 과세처분은 확정판결에 의하여 취소된 종전의 과세처분과는 별개의 처분으로서 확정판결의 기판력에 저촉되는 것은 아니라 할 것"

○ 대법원 2004. 12. 9. 선고 2003두4034 판결 ; "당초의 과세처분에 대한 취소소송에서 청구기각판결이 확정된 경우에는 당초 처분은 그 적법성이 확정되어 효력을 유지하게 되므로, 그 후 과세관청이 납세자의 **탈루소득**이나 **재산누락**을 발견하였음을 이유로 당초 처분에서 인정된 과세표준과 세액을 포함하여 전체의 과세표준과 세액을 새로이 결정한 다음 당초 처분의 세액을 공제한 나머지를 추가로 고지하는 내용의 재처분을 하였을 경우, **추가된 재처분 외**에 다시 **당초 처분 부분의 취소를 구**하는 것은 확정판결의 **기판력에 저촉되어 허용될 수 없**고, **당초 처분이 재처분에 흡수되어 소멸된다고 할 수도 없다**고 할 것"

633) ◎ **과세처분 무효확인 소송의 기판력에 관한 판례**

○ 대법원 2003. 5. 16. 선고 2002두3669 판결 ; "과세처분의 취소소송은 과세처분의 실체적, 절차적 위법을 그 취소원인으로 하는 것으로서 그 심리의 대상은 과세관청의 과세처분에 의하여 인정된 조세채무인 과세표준 및 세액의 객관적 존부, 즉 당해 과세처분의 적부가 심리의 대상이 되는 것이며, 과세처분 취소청구를 기각하는 판결이 확정되면 그 처분이 적법하다는 점에 관하여 기판력이 생기고 그 후 원고가 이를 무효라 하여 무효확인을 소구할 수 없는 것이어서 과세처분의 **취소소송에서 청구가 기각된 확정판결의 기판력**은 그 과세처분의 **무효확인을 구하는 소송에도 미치**는바"

○ 대법원 1992. 2. 25. 선고 91누6108 판결 ; "원심은, 이 사건과 같은 **과세처분무효확인소송**의 경우 **소송물**은 **권리 또는 법률관계의 존부 확인**을 구하는 것이며, 이는 청구취지만으로 소송물의 동일성이 특정된다고 할 것이고 따라서 당사자가 청구원인에서 **무효사유로 내세운 개개의 주장**은 **공격방어방법**에 불과하다고 볼 것이며, 한편 확정된 종국판결은 그 기판력으로서 당사자가 **사실심의 변론종결시**를 기준으로 그때까지 제출하지 않은 공격방어방법은 그 뒤 다시 동일한 소송을 제기하여 이를 주장할 수 없는 것" ☞ 원고는 당초 소외 회사로부터 부동산을 증여받은 점은 인정하는 전제하에 조세회피의 목적이 없다는 이유로 과세처분의 무효확인을 구하는 소송을 제기하였다가 패소확정판결이 있은 후, 다시 이 사건 소를 제기하면서 원고가 부동산을 취득할 때 위 회사는 아직 설립되지 아니하여 존재하지도 아니하였으므로 위 회사가 원고에게 부동산을 증여할 수는 없는 것이어서 원고가 위 회사로부터 부동산을 증여받지 아니하였다고 주장하면서 과세처분의 무효확인을 구하고 있으나, 양 소송은 본질적으로 과세처분이 위법하여 무효확인을 구한다는 점에서는 동일하고 다만 그 무효를 주장하는 개개의 공격방어방법에 차이가 있을 뿐이므로, 위 확정판결 이후 다시 동일한 당사자를 상대로 제기한 원고의 이 사건 소는 확정판결의 기판력에 저촉된다고 판단한 예.

634) ◎ **과세처분 취소 확정판결의 형성력에 관한 판례**

○ 행정처분을 취소한다는 확정판결이 있으면 그 취소판결의 형성력에 의하여 당해 행정처분의 취소나 취소통지 등의 별도의 절차를 요하지 아니하고 당연히 취소의 효과가 발생한다(90누5443). 행정처분이 행정쟁송절차에 의하여 취소되면, 그 처분 시에 소급하여 효력을 잃게 된다(98도4239).

○ 행정처분을 취소하는 확정판결이 제3자에 대하여도 효력이 있다고 하더라도 일반적으로 판결의 효력은 주문에 포함한 것에 한하여 미치는 것이니 그 취소판결 자체의 효력으로써 그 행정처분을 기초로 하여 새로 형성된 제3자의 권리까지 당연히 그 행정처분 전의 상태로 환원되는 것이라고는 할 수 없고, 단지 취소판결의 존재와 취소판결에 의하여 형성되는 법률관계를 소송당사자가 아니었던 제3자라 할지라도 이를 용인하지 않으면 아니된다는 것을 의미하는 것에 불과하다 할 것이며, 따라서 취소판결의 확정으로 인하여 당해 행정처분을 기초로 새로 형성된 제3자의 권리관계에 변동을 초래하는 경우가 있다 하더라도 이는 취소판결 자체의 형성력에 기한 것이 아니라 취소판결의

6. 납세의무의 성립과 확정

납세의무의 성립과 확정

○ 대법원 2016. 8. 18. 선고 2015두41562 판결 [증여세부과처분취소]

▌납세의무의 확정, 행정처분

판시사항

[1] **부과과세** 방식 납세의무의 **확정** 시기 ; 과세표준과 세액을 정부가 **결정**하는 때

[2] **증여세** **신고시인결정** 통지의 **처분성**(○)

이 유

부과과세방식의 조세에 속하는 증여세에 있어서는 납세의무자가 과세표준신고서를 제출하더라도 그 납세의무는 과세관청이 증여세의 과세표준과 세액을 **결정**하는 때에 비로소 **확정**되고, 과세관청이 납세의무자에 대하여 증여세의 과세표준과 세액이 과세표준신고서를 제출할 당시 이미 자진납부한 금액과 동일하므로 **별도로 고지할 세액이 없다**는 내용의 **신고시인결정 통지**를 하였다면, 그 신고시인결정 통지는 과세관청의 결정으로서 **항고소송의 대상이 되는 행정처분**에 해당한다.[635]

위와 같은 의미에서의 제3자에 대한 효력의 반사적 효과로서 그 취소판결이 제3자의 권리관계에 대하여 그 변동을 초래할 수 있는 새로운 법률요건이 되는 까닭이다(대법원 1986. 8. 19. 선고 83다카2022 판결).

○ 양도소득세 부과처분의 취소소송에서 추가고지된 양도소득세 부분만의 취소를 구하여 승소 확정판결을 받은 경우, 당초 처분에서 부과한 금액으로서 기납부세액으로 공제된 양도소득세액 부분에 대하여는 위 확정판결에 의한 취소의 효과가 발생하지 않는다(대법원 2007. 2. 22. 선고 2005다34698 판결).

635) ○ 대법원 2014. 10. 27. 선고 2013두6633 판결 [양도소득세신고시인결정통지취소] ; "구 국세기본법(2010. 1. 1. 법률 제9911호로 개정되기 전의 것, 이하 같다) 제45조의3 제1항은 법정신고기한내에 과세표준신고서를 제출하지 아니한 자는 관할세무서장이 세법에 의하여 당해 국세의 과세표준과 세액을 결정하여 통지하기 전까지 기한후과세표준신고서를 제출할 수 있고, 제3항은 제1항의 규정에 따라 기한후과세표준신고서를 제출한 경우(납부할 세액이 있는 경우에는 해당 세액을 납부한 경우에 한한다) 관할세무서장은 세법에 의하여 당해 국세의 과세표준과 세액을 결정하여야 한다고 규정하고 있다. 양도소득세 납세의무자가 **기한후과세표준신고서를 제출**하더라도 그 납세의무는 관할 세무서장이 양도소득 과세표준과 세액을 결정하는 때에 비로소 확정되는데, 과세관청이 납세의무자에 대하여 양도소득 과세표준과 세액이 기한후과세표준신고서를 제출할 당시 이미 자진납부한 금액과 동일하므로 별도로 고지할 세액이 없다는 내용의 신고시인결정 통지를 하였다면, 그 신고시인결정 통지는 구 국세기본법 제45조의3 제3항이 정한 과세관청의 결정으로서 항고소송의 대상이 되는 행정처분에 해당한다고 할 것이다." ☞ 동일 판시 ; 대법원 2020. 2. 27. 선고 2016두60898 판결.

○ 대법원 1984. 3. 27. 선고 82누383 판결 ; "이 사건 양도소득세는 소위 부과과세제에 해당하는 것으로서 원고의 피상속인 소외 망 이○○의 양도차익 내지 과세표준액 신고로써 곧 과세표준과 세액이 확정되는 것이 아니고 과세권자인 피고가 조세채권 성립요건의 충족사실을 조사확정하고 이에 관계법령을 적용하여 과세표준과 세액을 확정하여 이를 납세의무자에게 통지함으로써 조세채권이 구체적으로 확정되는 것이라 할 것이므로 피고의 이 사건 부과처분이 위 망인의 신고내용을 그대로 따랐다 하여도 원고가 위 부과처분의 오류를 다투는데 장애가 될 수 없다 할 것이고, 또 원심이 확정한 바와 같이 피고가 1979. 11. 19 위 망인에 대하여 소득세법 제128조 및 동법시행령 제183조의 규정에 따라 동 망인의 신고내용대로 과세표준 및 산출세액이 결정되고 그 액수는 이미 자진납부한 금액과 동일하므로 **별도로 고지할 세액은 없다는 결정통지**(갑 제5호증)를 한 이상 이로써 이 사건 양도소득세의 **부과처분**이 있었다고

※ 납세의무의 성립

납세의무의 성립이란 조세법률관계(조세채권과 조세채무의 관계)의 성립을 말한다. 조세채무는 법률이 정하는 과세요건이 충족되는 때에,[636] 조세채무 성립을 위한 과세관청이나 납세의무자의 특별한 행위를 필요로 하지 않고 당연히 자동적으로 성립한다.[637] 각종 조세에 공통된 과세요건(납세의무의 성립요건)으로는 ① 납세의무자, ② 과세물건(과세대상, 과세의 객체),[638] ③ 과세표준,[639] ④ 세율 등을 들 수 있다.[640]

세목별 구체적 납세의무 성립 시기는 국세의 경우(국세기본법 제21조),[641] 기간과세인 소득세·법인

할 것이므로 이와 같은 취지의 원심판결은 정당하고"

636) 대법원 2019. 9. 9. 선고 2017두47564 판결 ; "구 부가가치세법(2010. 1. 1. 법률 제9915호로 개정되기 전의 것) 제9조 제2항, 제4항, 구 부가가치세법 시행령(2010. 2. 18. 대통령령 제22043호로 개정되기 전의 것) 제22조 제1호에 의하면, 통상적인 용역의 공급의 경우 용역의 제공이 완료된 때에 공급시기가 도래하여 부가가치세 납세의무가 성립하고, 대가를 받기로 하고 타인에게 용역을 공급한 이상 실제로 그 대가를 받았는지의 여부는 부가가치세 납세의무의 성립 여부를 결정하는 데 아무런 영향을 미칠 수 없다. 또한 법인세법상 어떠한 채권이 발생하였을 경우 이를 익금에 산입할 것인지 여부를 판단함에 있어 그 채권의 행사에 법률상 제한이 없다면 일단 권리가 확정된 것으로서 해당 사업연도의 익금으로 산입되는 것이고 그 후 채무자의 무자력 등으로 채권의 회수가능성이 없게 되더라도 이는 회수불능으로 확정된 때 대손금으로 처리할 수 있는 사유가 될 뿐이지 이로 인하여 그 채권으로 인한 소득의 귀속시기에 영향을 미치는 것은 아니다."

637) 대법원 2016. 12. 15. 선고 2016두47659 판결.

638) '**과세물건**' 또는 '**과세대상**'은 과세의 대상(객체)이 되는 물건, 행위, 사실을 말하는데, ① '소득'(종합소득세, 법인세 등), ② '소비'(부가가치세, 개별소비세, 주세, 관세 등), ③ '재산'(상속·증여세, 양도소득세, 종합부동산세, 취득세, 재산세, 자동차세 등)으로 나뉜다.

639) '**과세표준**'이란 '세법에 따라 직접적으로 세액산출의 기초가 되는 과세대상의 수량 또는 가액'을 말한다(국세기본법 제2조 제14호). 지방세기본법 제2조 제5호는 "과세표준이란 「지방세법」에 따라 직접적으로 세액산출의 기초가 되는 과세물건의 수량·면적 또는 가액 등을 말한다."라고 정의하고 있다.

640) 대법원 1994. 9. 23. 선고 94누6352 판결.

641) **국세기본법 제21조(납세의무의 성립시기)**[전문개정 2018.12.31] ① 국세를 납부할 의무는 이 법 및 세법에서 정하는 과세요건이 충족되면 성립한다. ② 제1항에 따른 국세를 납부할 의무의 성립시기는 다음 각 호의 구분에 따른다. 〈개정 2020.12.29〉

1. 소득세·법인세: 과세기간이 끝나는 때. 다만, 청산소득에 대한 법인세는 그 법인이 해산을 하는 때를 말한다.
2. 상속세: 상속이 개시되는 때
3. 증여세: 증여에 의하여 재산을 취득하는 때
4. 부가가치세: 과세기간이 끝나는 때. 다만, 수입재화의 경우에는 세관장에게 수입신고를 하는 때를 말한다.
5. 개별소비세·주세: 과세물품을 제조장으로부터 반출하거나 판매장에서 판매하는 때, 과세장소에 입장하거나 과세유흥장소에서 유흥음식행위를 하는 때 또는 과세영업장소에서 영업행위를 하는 때. 다만, 수입물품의 경우에는 세관장에게 수입신고를 하는 때를 말한다.
6. 인지세: 과세문서를 작성한 때
7. 증권거래세: 해당 매매거래가 확정되는 때
8. 교육세: 다음 각 목의 구분에 따른 시기
   가. 국세에 부과되는 교육세: 해당 국세의 납세의무가 성립하는 때
   나. 금융·보험업자의 수익금액에 부과되는 교육세: 과세기간이 끝나는 때
9. 농어촌특별세: 「농어촌특별세법」 제2조제2항에 따른 본세의 납세의무가 성립하는 때
10. 종합부동산세: 과세기준일
11. 가산세 ☛ '가산세' 설명 부분 참조.

세·부가가치세는 '과세기간이 끝나는 때',[642] 상속세는 '상속이 개시되는 때', 증여세는 '증여에 의하여 재산을 취득하는 때',[643] 인지세는 '과세문서를 작성한 때',[644] 증권거래세는 '해당 매매거래가 확정되는 때',[645] 원천징수하는 소득세·법인세는 '소득금액 또는 수입금액을 지급하는 때',[646] 중간예납하는

---

③ 다음 각 호의 국세를 납부할 의무의 성립시기는 제2항에도 불구하고 다음 각 호의 구분에 따른다.
1. 원천징수하는 소득세·법인세: 소득금액 또는 수입금액을 지급하는 때
2. 납세조합이 징수하는 소득세 또는 예정신고납부하는 소득세: 과세표준이 되는 금액이 발생한 달의 말일
3. 중간예납하는 소득세·법인세 또는 예정신고기간·예정부과기간에 대한 부가가치세: 중간예납기간 또는 예정신고기간·예정부과기간이 끝나는 때
4. 수시부과하여 징수하는 국세: 수시부과할 사유가 발생한 때

642) 대법원 2020. 6. 11. 선고 2017두40235 판결 ; "양도소득세는 기간과세의 원칙이 적용되어 당해 과세기간이 끝나야 납세의무가 **성립**하고, 당해 과세기간 중에 발생한 양도소득을 모두 합산하여 그 과세표준과 세액을 산출하여 총괄적으로 신고함으로써 구체적 납세의무가 **확정**된다."

643) ○ 대법원 2019. 10. 17. 선고 2018도16652 판결 ; "증여세 납세의무의 성립은 증여재산의 취득시기를 기준으로 하여야 하고, 세법상 증여세 과세대상으로서의 주식증여가 있었는지 여부는 주식증여에 대한 의사의 합치와 주식을 취득하여 사실상 주주로서의 권리를 행사할 수 있는 지위를 취득하였는지에 의하여 판단하여야 한다." ☜ 원심이, 늦어도 2006. 3. 31.에는 피고인 4, 5에 대한 증여세 납세의무가 성립하였고, 그로부터 3개월의 증여세 과세표준 신고기한이 도래한 2006. 6. 30.부터 공소시효 10년이 지나 이 사건 공소가 제기되었다고 보아, 특정범죄가중법 위반(조세)의 점에 대하여 면소를 선고한 것은 정당하다고 한 예.
○ 대법원 2016. 7. 14. 선고 2014두43516 판결 ; "구 상속세 및 증여세법(2011. 12. 31. 법률 제11130호로 개정되기 전의 것) … 제4조 제3항('이 사건 법률조항')에서 '제1항과 제2항을 적용할 때 제35조부터 제37조까지 및 제41조의4에 해당하는 경우로서 수증자가 증여세를 납부할 능력이 없다고 인정될 때에는 그에 상당하는 증여세의 전부 또는 일부를 면제한다.'라고 규정하고 있다. 이 사건 법률조항은 수증자가 소극적으로 채무면제를 받는 것에 그치거나(제36조), 저가·고가양도에 따른 시가와 실제 대가와의 차액(제35조) 또는 부동산이나 금전을 무상으로 사용하거나 대출받음에 따른 이익 상당액(제37조, 제41조의4) 등을 얻은 경우에까지 적극재산을 증여받은 경우와 동일하게 증여세를 과세하는 것은 지나치게 가혹하다는 고려에서 예외적으로 그와 같은 경우에 증여세를 납부할 능력이 없는 수증자에 대하여는 증여세 납세의무를 부담하지 아니하도록 한 규정이다. 증여세 납세의무의 부담 여부에 관한 규정에서 정한 요건이 충족되는지 여부는 이를 사후적 요건으로 볼 특별한 사정이 없는 이상 원칙적으로 증여세 납세의무의 성립 시점을 기준으로 판단하여야 할 것인 점, 이 사건 법률조항은 '수증자가 증여세를 납부할 능력이 없다고 인정될 때'에 해당하는지 여부의 판단 시점에 관하여 따로 정하지 아니하고 있는바 만일 증여세 납세의무의 성립 이후 과세관청의 부과처분 등 집행 시점을 기준으로 이를 판단하게 되면 결국 증여세 납세의무의 부담 여부가 과세관청의 임의에 따라 좌우될 우려가 있어 부당한 점 등에 비추어 보면, 이 사건 법률조항에서 정한 '수증자가 증여세를 납부할 능력이 없다고 인정될 때'에 해당하는지 여부는 문제 되는 증여세 납세의무의 성립 시점, 즉 그와 같은 증여가 이루어지기 직전을 기준으로 판단하여야 하고, 그 시점에 이미 수증자가 채무초과 상태에 있었다면 채무초과액의 한도에서 증여세를 납부할 능력이 없는 때에 해당한다고 할 것이다." ☛ 2019. 12. 31. 개정 시 체납처분을 하여도 조세채권을 확보하기 곤란한 경우에만 증여세를 면제하도록 개정함.

644) 대법원 2005. 6. 23. 선고 2004다37584 판결 ; "인지세의 납세의무는 과세문서를 작성하는 때에 성립·확정되는바(국세기본법 제21조, 제22조), 이 때 '과세문서를 작성하는 때'라 함은 과세문서의 조제행위 그 자체를 의미하는 것이 아니라 용지에 과세사항을 기재하고 작성자가 서명·날인하여 이를 당해 문서의 목적에 따라 사용하는 것을 말한다." ☜ 상품권 발행의 편의를 위하여 인쇄된 상품권에 발행일자를 제외한 나머지 기재사항을 모두 일괄하여 기재하여 두었다가 상품권을 실제로 판매·유통시킬 때에 공란으로 된 발행일자를 고무명판을 날인하는 경우, 발행일자를 보충하는 시점에 상품권을 발행할 의사가 있었던 것으로 볼 수 있으므로, 상품권의 필요적 기재사항인 발행일자를 보충하지 아니한 위 상품권은 과세문서로서의 작성이 완료되지 아니하여 인지세의 납세의무가 성립·확정되지 않았다고 한 사례.

645) 대법원 2013. 11. 28. 선고 2011다105621 판결 ; "구 증권거래세법 … 제2조 제3항은 "이 법에서 '양도'라 함은 계약상 또는 법률상의 원인에 의하여 유상으로 소유권이 이전되는 것을 말한다."고 규정하고 있다. … 구 증권거래세법 제5조 제1항, 제2항은 주권 등의 양도시기를 '당해 매매거래가 확정되는 때'로 규정하면서 그에 관하여 필요한 사항을

소득세·법인세 또는 예정신고기간·예정부과기간에 대한 부가가치세는 '중간예납기간 또는 예정신고기간·예정부과기간이 끝나는 때', 지방세의 경우(지방세기본법 제34조),[647] 취득세는 '과세물건을 취득하는 때', 등록에 대한 등록면허세는 '재산권과 그 밖의 권리를 등기하거나 등록하는 때', 특별징수하는 지방소득세는 '과세표준이 되는 소득에 대하여 소득세·법인세를 원천징수하는 때'이고, 종합부동산세

대통령령으로 정하도록 하고 있는데, 그 위임에 따른 구 증권거래세법 시행령 제2조가 그 각 호에서 주권 등의 매매거래 확정시기를 '그 양도가액이 결제되는 때(제1호)나 그 대금의 전부를 결제하거나 결제받는 때(제2호) 또는 당해 주권 등을 인도하거나 대가의 전부를 받는 때(제3호 본문)' 등으로 규정하고 있는 점 등에 비추어 보면, 구 증권거래세법 제2조 제3항에서 말하는 '유상으로 소유권이 이전되는 경우'란 소유권의 이전 그 자체에 대한 반대급부로서의 대가가 지급되는 경우를 의미한다고 봄이 타당하다."

646) 대법원 2019. 5. 16. 선고 2015다35270 판결 ; "구 국세기본법 제21조 제2항 제1호에 의하여 원천징수하는 소득세에 대한 징수의무자의 납부의무는 원칙적으로 소득금액을 지급하는 때에 성립하면서 그 세액이 확정되고, 이에 대응하는 수급자의 수인의무의 성립시기도 이와 같다. 한편, 수급자가 가집행선고부 승소판결에 의하여 지급자로부터 실제로 지연손해금에 상당하는 금전을 수령하였다면, 비록 아직 그 본안판결이 확정되지 않았더라도 특별한 사정이 없는 한 소득세법상 기타소득의 실현가능성은 상당히 높은 정도로 성숙·확정된다고 할 것이다. 따라서 가집행선고부 승소판결에 따른 지연손해금의 현실적인 지급은 원천징수의무가 발생하는 소득금액의 지급에 해당하고"

647) **지방세기본법 제34조(납세의무의 성립시기)** ① 지방세를 납부할 의무는 다음 각 호의 구분에 따른 시기에 성립한다. 〈개정 2020.12.29.〉

1. 취득세: 과세물건을 취득하는 때
2. 등록면허세
   가. 등록에 대한 등록면허세: 재산권과 그 밖의 권리를 등기하거나 등록하는 때
   나. 면허에 대한 등록면허세: 각종의 면허를 받는 때와 납기가 있는 달의 1일
3. 레저세: 승자투표권, 승마투표권 등을 발매하는 때
4. 담배소비세: 담배를 제조장 또는 보세구역으로부터 반출하거나 국내로 반입하는 때
5. 지방소비세: 「국세기본법」에 따른 부가가치세의 납세의무가 성립하는 때
6. 주민세 가. 개인분 및 사업소분: 과세기준일 나. 종업원분: 종업원에게 급여를 지급하는 때
7. 지방소득세: 과세표준이 되는 소득에 대하여 소득세·법인세의 납세의무가 성립하는 때
8. 재산세: 과세기준일
9. 자동차세
   가. 자동차 소유에 대한 자동차세: 납기가 있는 달의 1일
   나. 자동차 주행에 대한 자동차세: 과세표준이 되는 교통·에너지·환경세의 납세의무가 성립하는 때
10. 지역자원시설세
    가. 발전용수: 발전용수를 수력발전(양수발전은 제외한다)에 사용하는 때
    나. 지하수: 지하수를 채수하는 때
    다. 지하자원: 지하자원을 채광하는 때
    라. 컨테이너: 컨테이너를 취급하는 부두를 이용하기 위하여 컨테이너를 입항·출항하는 때
    마. 원자력발전: 원자력발전소에서 발전하는 때 바. 화력발전: 화력발전소에서 발전하는 때
    사. 건축물 및 선박: 과세기준일
11. 지방교육세: 과세표준이 되는 세목의 납세의무가 성립하는 때
12. 가산세 ☛ '가산세' 설명 부분 참조.

② 제1항에도 불구하고 다음 각 호의 지방세를 납부할 의무는 각 호에서 정한 시기에 성립한다.

1. 특별징수하는 지방소득세: 과세표준이 되는 소득에 대하여 소득세·법인세를 원천징수하는 때
2. 수시로 부과하여 징수하는 지방세: 수시부과할 사유가 발생하는 때
3. 「법인세법」 제67조에 따라 처분되는 상여(상여)에 대한 주민세 종업원분
   가. 법인세 과세표준을 결정하거나 경정하는 경우: 「소득세법」 제131조제2항제1호에 따른 소득금액변동통지서를 받은 날
   나. 법인세 과세표준을 신고하는 경우: 신고일 또는 수정신고일

와 재산세는 '과세기준일', 수시부과하여 징수하는 국세·지방세는 '수시부과할 사유가 발생한 때'이다. 과세관청이 상여로 소득처분을 한 경우, 법인의 원천징수의무는 소득금액변동통지서가 법인에 송달된 날에 성립하고, 소득처분에 따른 소득의 귀속자의 종합소득세 납세의무는 당해 소득이 귀속된 과세기간이 종료하는 때에 성립한다.[648)]

납세의무의 성립 시기는 ① 적용 법령,[649)] ② 소급과세금지 원칙,[650)] ③ 부과제척기간의 기산일,[651)] ④ 제2차 납세의무자인 과점주주,[652)] ⑤ 사해행위취소의 피보전채권,[653)] ⑥ 채무자 회생 및 파산에 관한 법률상 회생채권·파산채권[654)] 등의 판단 기준 시점이다.

---

648) 대법원 2008. 4. 24. 선고 2006두187 판결 ; "과세관청이 사외유출된 익금가산액이 임원 또는 사용인에게 귀속된 것으로 보고 상여로 소득처분을 한 경우, 당해 소득금액의 지급자로서 원천징수의무자인 법인에 대하여 소득금액변동통지서가 당해 법인에게 송달된 날에 그 원천징수의무가 성립하는 것과는 달리, 그 소득의 귀속자에 대하여는 법인에 대한 소득금액변동통지서가 송달되었는지 여부와 상관없이 소득처분이 있게 되면 소득세법 제20조 제1항 제1호 (다)목 소정의 '법인세법에 의하여 상여로 처분된 금액'에 해당하여 근로소득세의 과세대상이 되고 당해 소득금액은 부과처분의 대상이 되는 당해 사업연도 중에 근로를 제공한 날이 수입시기가 되므로, 소득의 귀속자의 종합소득세(근로소득세) 납세의무는 국세기본법 제21조 제1항 제1호가 정하는 바에 따라 당해 소득이 귀속된 과세기간이 종료하는 때에 성립한다고 할 것이다." ☜ 소외 회사에게 소득금액변동통지서가 송달되지 아니하였더라도 그 대표이사로서 매출누락액 등의 소득금액 귀속자인 원고에게 소득금액변동통지서가 적법하게 송달된 이상, 원고에 대하여 한 종합소득세부과처분이 정당하다고 한 예.

649) ○ 대법원 2015. 9. 24. 선고 2015두42152 판결 ; "조세법령의 개정이 있는 경우 개정 전·후의 법령 중에서 납세의무가 성립될 당시의 법령을 적용하는 것이 원칙이라 할 것"
○ 대법원 2013. 3. 28. 선고 2012재두299 판결 ; "조세 법령이 폐지 또는 개정되더라도 그 전에 이미 완성된 과세요건사실에 대하여는 별도의 규정이 없는 한 종전의 법령(이하 '구법'이라고 한다)이 계속 적용되고, 새로 제정되거나 개정된 법령(이하 '신법'이라고 한다)은 조세 법령 불소급의 원칙 또는 소급과세금지의 원칙에 따라 그 효력발생 이후에 완성되는 과세요건사실에 대하여만 적용된다."

650) **국세기본법 제18조** ② 국세를 납부할 의무(세법에 징수의무자가 따로 규정되어 있는 국세의 경우에는 이를 징수하여 납부할 의무. 이하 같다)가 성립한 소득, 수익, 재산, 행위 또는 거래에 대해서는 그 성립 후의 새로운 세법에 따라 소급하여 과세하지 아니한다. ☛ **지방세기본법 제20조 제2항**도 같다.

651) 대법원 2008. 10. 23. 선고 2006두11750 판결 ; "일반적으로 국세를 부과할 수 있는 날이라고 함은 당해 국세의 과세표준과 세액에 대한 신고기한이 규정되어 있는 경우를 제외하고는 원칙적으로 그 납세의무의 성립시기라고 할 것"

652) 대법원 2017. 7. 18. 선고 2016두41781 판결 ; "제2차 납세의무의 성립요건인 해당 법인의 과점주주 여부는 해당 법인의 납세의무 성립일을 기준으로 판단한다."

653) 대법원 2008. 8. 11. 선고 2008다24487 판결 ; "국세징수법 제30조가 규정하는 사해행위의 취소의 소도 민법 제406조가 정하는 사해행위취소의 소의 일종임이 명백하고, 그 요건이나 행사를 민법의 규정과 달리 보아야 하는 특별한 규정이 없으며, 국세징수법 제30조가 세무공무원이 체납처분을 집행함에 있어서 체납자의 법률행위에 대한 사해행위의 취소를 구할 수 있다고 규정하고 있다 하더라도 이를 조세채무자가 반드시 체납자의 지위에서 또는 체납처분절차가 개시된 후 법률행위를 하는 경우에만 사해행위취소권을 행사할 수 있다고 제한 해석할 수는 없다. … 소외 회사의 2005 사업연도 법인세 납세의무는 그 과세기간인 2005. 12. 31.이 종료함으로써 성립되었고, 이 사건 신탁계약은 그 이후인 2006. 2. 10. 체결되었으므로, 소외 회사가 체납한 법인세액 상당의 원고의 조세채권은 이 사건 사해행위취소 소송의 피보전채권이 된다고 판단한 다음, 위 법인세가 이 사건 신탁계약 이후에 납기일이 도래한 것이어서 이 사건 신탁계약 당시에는 소외 회사에 대한 체납처분절차가 개시되지 아니한 상태였으므로 이 사건 신탁계약이 사해행위가 될 수 없다는 취지의 피고의 주장을 … 배척한 것은, 위 법리에 따른 것으로서 정당하고"

654) 대법원 2012. 3. 22. 선고 2010두27523 전원합의체 판결 ; "채무자회생법은 원칙적으로 조세채권을 일반채권과 동등하게 취급하여 회생절차개시 전의 원인으로 생긴 조세채권을 회생채권에 포함시키되(제118조 제1호), 회생절차개시 후에 생긴 조세채권은 채무자의 업무 및 재산의 관리와 처분에 관하여 성립한 것과 같이 예외적인 경우에만 공익채권으로 인정하고 있다(제179조 각 호 등). 여기서 회생절차개시 전의 원인으로 생긴 조세채권이란 회생절차개시결정

'조세포탈죄'가 성립하기 위해서는 세법이 정한 과세요건이 충족되어 조세채권이 성립해야 하므로, 과세요건을 갖추지 못해 조세채무가 성립하지 않으면 조세포탈죄도 성립할 여지가 없다.[655]

※ 납세의무의 확정

납세의무의 확정[656]이란 추상적으로 성립된 납세의무의 내용이 징수절차로 나아갈 수 있을 정도로

전에 법률에 따른 과세요건이 충족된 조세채권을 의미하므로, 어느 조세채권이 회생채권에 해당하는지는 회생절차개시 당시 납세의무가 성립하였는지에 따라 결정된다." ☞ 채무자 회생 및 파산에 관한 법률 제118조 제1호(회생채권), 제423조(파산채권) 참조. 따라서 과세관청이 법인의 사외유출금에 대하여 대표자 상여로 소득처분을 하고 소득금액변동통지를 하는 경우 그에 따른 원천징수분 근로소득세의 납세의무는 소득금액변동통지서가 송달된 때에 성립함과 동시에 확정되므로, 소득금액변동통지서가 당해 법인에 대한 회생절차개시 후에 송달되었다면 그 원천징수분 근로소득세 채권은 회생절차개시 후의 원인으로 생긴 것으로서 채무자회생법상의 회생채권에 해당하지 않는다(대법원 2013. 2. 28. 선고 2012두23365 판결).

655) 대법원 2020. 5. 28. 선고 2018도16864 판결 ; "각 사업연도를 단위로 계산되는 법인의 소득에 대하여 과세하는 법인세를 포탈하였다고 하기 위해서는 특정 사업연도에 귀속되는 익금 누락 또는 가공 손금 계상 등을 통하여 해당 사업연도에 과세소득이 감소되어야 한다. … 피고인 5 회사가 협력업체에 부풀린 공사금액을 지급한 사업연도에 실제 공사대금보다 과다 계상한 공사금액을 손금불산입하는 것은 별론으로 하더라도 원심판단과 같이 피고인 5 회사가 협력업체로부터 차액을 돌려받은 사업연도에 그 차액을 익금에 산입할 수는 없으므로, 그 차액만큼 익금 누락을 통해서 과세소득이 감소되었음을 전제로 한 피고인 5 회사의 법인세 납부의무는 성립할 수 없다. … 공사대금을 부풀린 하도급계약은 피고인 5 회사와 하수급업체의 가장행위에 해당한다고 볼 수 있어 이를 무시하고 그 뒤에 숨어 있는 거래의 실질에 따라 입찰가를 실제 공사대금으로 하는 하도급계약 거래관계에 따라 과세해야 한다. 따라서 실제 공사대금보다 부풀린 공사금액이 지출된 사업연도에 그 차액이 손금으로 과다 계상되어 피고인 5 회사의 법인세 과세소득이 감소되었으므로, 그 차액을 그 해당 사업연도에 손금불산입하여 누락된 소득에 대한 포탈세액을 산정하여야 한다. … 그 차액은 손금산입의 요건인 '그 법인의 사업과 관련하여 발생하거나 지출된 손실 또는 비용으로서 일반적으로 인정되는 통상적인 것'(법인세법 제19조 제2항)이라 볼 수 없어, 이를 공사금액이 지출된 사업연도의 손금에 산입할 수 없다. … 법인세법 제18조 제2호에서는 이미 과세된 소득은 이후 사업연도에 환입되더라도 익금에 산입하지 않는다고 정하고 있다. 이처럼 부풀려 지급한 공사금액 중 차액은 그 지출 사업연도 과세표준에 포함되었어야 할 소득으로서, 나중에 그 차액을 돌려받더라도 반환받은 사업연도의 익금에 산입할 수 없다. … 협력업체와 하도급계약을 체결할 때 그 차액을 반환받기로 약정하였고 위 약정에 따라 그 차액을 돌려받은 것이어서, 피고인 5 회사가 부풀린 공사금액을 협력업체에 지급한 사업연도에 그 차액을 반환받을 권리가 실현가능성이 높은 정도로 성숙·확정되었으므로 위 차액에 해당하는 채권이 공사금액 지출 사업연도의 익금으로 귀속되어야 한다. 이후 피고인 5 회사가 위 차액을 실제 반환받았더라도 해당 사업연도에는 이미 익금으로 확정된 권리가 실현되어 위 채권이 소멸하고 그에 대응하는 현금이 들어온 것에 불과하여 피고인 5 회사의 순자산에 아무런 변동이 없으므로, 그 차액은 반환받은 사업연도의 익금이 될 수 없다."

656) **국세기본법 제22조(납세의무의 확정)** ① 국세는 이 법 및 세법에서 정하는 절차에 따라 그 세액이 확정된다. 〈개정 2020.6.9.〉 ② 다음 각 호의 국세는 납세의무자가 과세표준과 세액을 정부에 신고했을 때에 확정된다. 다만, 납세의무자가 과세표준과 세액의 신고를 하지 아니하거나 신고한 과세표준과 세액이 세법에서 정하는 바와 맞지 아니한 경우에는 정부가 과세표준과 세액을 결정하거나 경정하는 때에 그 결정 또는 경정에 따라 확정된다. 〈신설 2018.12.31.〉 1. 소득세 2. 법인세 3. 부가가치세 … ③ 제2항 각 호 외의 국세는 해당 국세의 과세표준과 세액을 정부가 결정하는 때에 확정된다. 〈신설 2018.12.31.〉 ④ 다음 각 호의 국세는 제1항부터 제3항까지의 규정에도 불구하고 납세의무가 성립하는 때에 특별한 절차 없이 그 세액이 확정된다. 〈개정 2020.12.29.〉 1. 인지세 2. 원천징수하는 소득세 또는 법인세 3. 납세조합이 징수하는 소득세 4. 중간예납하는 법인세(세법에 따라 정부가 조사·결정하는 경우는 제외한다) 5. 제47조의4에 따른 납부지연가산세 및 제47조의5에 따른 원천징수 등 납부지연가산세(납세고지서에 따른 납부기한 후의 가산세로 한정한다)

지방세기본법 제35조(납세의무의 확정) ① 지방세는 다음 각 호의 구분에 따른 시기에 세액이 확정된다. 1. 납세의무자가 과세표준과 세액을 지방자치단체에 신고납부하는 지방세: 신고하는 때 2. 제1호의 지방세의 과세표준과 세액을

구체화된 상태를 의미한다.[657]

납세의무의 확정은 ① 징수권의 소멸시효 기산일, ② 법정기일, ③ 조세 포탈죄의 기수 시기[658] 등을 정하는 기준 시점으로서 기능한다.

신고납부방식의 조세는 원칙적으로 납세의무자가 스스로 과세표준과 세액을 정하여 신고하는 행위(이른바 '자기완결적 신고'[659]에 해당한다)에 의하여 납세의무가 구체적으로 확정되고[660](무신고, 과소신고의 경우에는 과세관청의 결정·경정(기한후 신고납부에 대한 신고시인결정 포함[661])에 따라 확정된다), **부과과세방식**의 조세는 과세관청이 그 과세표준과 세액을 결정(자진신고납부에 대한 신고시인결정 포함[662])하는 때에 확정되며,[663] **자동확정방식**의 조세는 납세의무가 성립하는 때에 특별한 절차 없이 그 세액이 확정된다(따라서 '과세관청'이 법인의 사외유출금에 대하여 대표자 상여로 소득처분을 하고 소득금액변동통지를 하는 경우 그에

지방자치단체가 결정하는 경우: 결정하는 때 3. 제1호 외의 지방세: 해당 지방세의 과세표준과 세액을 해당 지방자치단체가 결정하는 때 ② 제1항에도 불구하고 특별징수하는 지방소득세는 납세의무가 성립하는 때에 특별한 절차 없이 세액이 확정된다.

657) 대법원 2011. 12. 8. 선고 2010두3428 판결.

658) **조세범처벌법 제3조(조세 포탈 등)** ⑤ 제1항에서 규정하는 범칙행위의 기수 시기는 다음의 각 호의 구분에 따른다.
1. 납세의무자의 신고에 의하여 정부가 부과·징수하는 조세: 해당 세목의 과세표준을 정부가 결정하거나 조사결정한 후 그 납부기한이 지난 때. 다만, 납세의무자가 조세를 포탈할 목적으로 세법에 따른 과세표준을 신고하지 아니함으로써 해당 세목의 과세표준을 정부가 결정하거나 조사결정할 수 없는 경우에는 해당 세목의 과세표준의 신고기한이 지난 때로 한다.
2. 제1호에 해당하지 아니하는 조세: 그 신고·납부기한이 지난 때

659) 신고란, 사인이 행정청에 대하여 일정한 사항을 통지함으로써 공법적 효과가 발생하는 사인의 공법행위를 말하는데, 형식적·절차적 요건을 갖춘 신고서가 행정청에 도달하면 신고로서의 효과가 곧바로 발생하는 이른바 '자기완결적 신고'가 원칙적인 형태이고, 행정청의 신고서 수리가 있어야만 신고로서의 효과가 발생하는 '수리를 요하는 신고'는 예외적인 형태로 인정된다(대법원 2011. 1. 20. 선고 2010두14954 전원합의체 판결).

660) ○ 대법원 2018. 10. 25. 선고 2015두43407 판결 ; "구 지방세법(2010. 3. 31. 법률 제10221호로 전부 개정되어 2011. 1. 1. 시행되기 전의 것)은 제30조 제1항 제1호에서 '납세의무자가 과세표준과 세액을 지방자치단체에 신고납부하는 지방세에 있어서는 이를 신고하는 때에 그 세액이 확정된다'고 규정하고, 제120조 제3항 및 제150조의2 제3항에서는 '취득세나 등록세를 면제 또는 경감받은 후 과세물건이 취득세나 등록세 추징대상이 된 때에 그 사유발생일부터 30일 이내에 과세표준에 세율을 적용하여 산출한 세액을 신고하고 납부하여야 한다'고 규정하여, 취득세나 등록세가 면제 또는 경감되었다가 해당 과세물건이 추징대상이 된 때에도 그 추징되는 취득세나 등록세의 납세의무는 납세의무자가 과세표준과 세액을 신고함으로써 구체적으로 확정됨을 밝히고 있다. 신고납부방식의 조세는 원칙적으로 납세의무자가 스스로 과세표준과 세액을 정하여 신고하는 행위에 의하여 납세의무가 구체적으로 확정되고, 그 납부행위는 신고에 의하여 확정된 구체적 납세의무의 이행으로 하는 것이며, 국가나 지방자치단체는 그와 같이 확정된 조세채권에 기하여 납부된 세액을 보유한다. 납세의무자의 신고행위가 중대하고 명백한 하자로 인하여 당연무효로 되지 아니하는 한 그것이 바로 부당이득에 해당한다고 할 수 없다."
○ 대법원 2011. 12. 8. 선고 2010두3428 판결 ; "구 국세기본법제22조, 구 국세기본법 시행령 제10조의2 제1호 본문이 부가가치세 납세의무의 확정시기를 과세표준과 세액을 정부에 신고하는 때로 규정하면서 그 신고의 범위에서 예정신고를 제외하고 있지 않은 점, … 예정신고를 한 과세표준과 세액은 구 부가가치세법 시행령 제65조 제1항 단서에 의하여 확정신고의 대상에서 제외되므로 그 단계에서 구체화되었다고 할 수 있을 뿐만 아니라 구 부가가치세법 제23조 제1항에 의하여 그에 대한 징수절차로 나아갈 수 있는 점 등을 고려하여 볼 때, 부가가치세 과세표준과 세액의 예정신고를 한 때에 그 세액에 대한 납세의무가 확정되었다고 할 것"

661) 대법원 2020. 2. 27. 선고 2016두60898 판결, 대법원 2014. 10. 27. 선고 2013두6633 판결.

662) 대법원 1984. 3. 27. 선고 82누383 판결.

663) 대법원 2016. 8. 18. 선고 2015두41562 판결.

따른 원천징수분 근로소득세의 납세의무는 '소득금액변동통지서가 송달된 때'에 성립함과 동시에 확정되고,[664] '법인'이 법인세의 과세표준을 신고함에 있어서 배당, 상여 또는 기타소득으로 소득처분한 금액은 당해 법인이 그 '신고기일'에 소득처분의 상대방에게 지급한 것으로 의제되어 그때 원천징수하는 소득세의 납세의무가 성립·확정된다[665]).

확정신고, 예정신고, 수정신고, 기한후신고

납세신고는 납세의무자가 과세표준과 세액을 산정하여 과세관청에 그 내역을 제출하여 알리는 것으로서 사인(私人)의 공법행위에 해당한다. 납세신고는 통상적으로는 '법정신고기한'(개별 세법에 따라 과세표준신고서를 제출할 기한을 말한다[666]))[667] 내의 확정신고를 말하나, 그 외의 유형으로서 '예정신고', '기한 후 신고', '수정신고' 등이 있다.

'예정신고'는 개별세법(소득세법 제69조,[668] 제87조의21,[669] 제105조,[670] 지방세법 제93조, 제103조의5,[671]) 부가

---

664) 대법원 2013. 2. 28. 선고 2012두23365 판결.

665) 대법원 2012. 4. 13. 선고 2009두5510 판결. 소득처분에 따른 소득의 귀속자의 종합소득세 납세의무는 당해 소득이 귀속된 과세기간이 종료하는 때에 성립한다(대법원 2014. 4. 10. 선고 2013두22109 판결).

666) 국세기본법 제2조 제16호, 지방세기본법 제2조 제9호.

667) 법정신고기한은 신고납세방식 조세의 부과제척기간 기산일을 정하는 기준이 되고(국기법 시행령 제12조의3 ① 1호), 법정신고기한 안에 과세표준신고서를 제출하지 아니하면 무신고가산세 부과대상(국기법 제47조의2)으로서 부과제척기간이 7년(역외거래의 경우 10년)이며(국기법 제26조의2 ②), 무신고가산세, 과소신고·초과환급신고가산세의 납세의무 성립시기는 '법정신고기한이 경과하는 때'이다(국기법 제21조 ② 11호 가목).

668) **소득세법 제69조(부동산매매업자의 토지등 매매차익예정신고와 납부)** ① 부동산매매업자는 토지 또는 건물(이하 "토지등"이라 한다)의 매매차익과 그 세액을 매매일이 속하는 달의 말일부터 2개월이 되는 날까지 대통령령으로 정하는 바에 따라 납세지 관할 세무서장에게 신고하여야 한다. 토지등의 매매차익이 없거나 매매차손이 발생하였을 때에도 또한 같다. ② 제1항에 따른 신고를 "토지등 매매차익예정신고"라 한다. …

669) **소득세법 제87조의21(금융투자소득 예정신고)** [2020.12.29. 신설] ① 다음 각 호의 어느 하나에 해당하는 소득(이하 "예정신고 대상소득"이라 한다)을 지급받은 자는 제87조의7에 따라 계산한 금융투자소득금액 또는 금융투자결손금을 대통령령으로 정하는 바에 따라 납세지 관할 세무서장에게 신고하여야 한다. 1. 금융회사등을 통하여 지급받지 아니한 금융투자소득 2. 금융회사등을 통하여 지급받은 금융투자소득 중 제127조에 따라 원천징수되지 아니한 소득 3. 제87조의2제3호 후단에 따른 부담부증여 시 수증자가 부담하는 채무액에 해당하는 부분으로서 양도로 보는 부분에 대한 소득

670) **소득세법 제105조(양도소득과세표준 예정신고)** ① 제94조제1항 각 호에서 규정하는 자산을 양도한 거주자는 제92조제2항에 따라 계산한 양도소득과세표준을 다음 각 호의 구분에 따른 기간에 대통령령으로 정하는 바에 따라 납세지 관할 세무서장에게 신고하여야 한다. 〈개정 2020.12.29〉

1. 제94조제1항제1호·제2호·제4호 및 제6호에 따른 자산을 양도한 경우에는 그 양도일이 속하는 달의 말일부터 2개월. 다만, 「부동산 거래신고 등에 관한 법률」 제10조제1항에 따른 토지거래계약에 관한 허가구역에 있는 토지를 양도할 때 토지거래계약허가를 받기 전에 대금을 청산한 경우에는 그 허가일(토지거래계약허가를 받기 전에 허가구역의 지정이 해제된 경우에는 그 해제일을 말한다)이 속하는 달의 말일부터 2개월로 한다.
2. 삭제 〈2020.12.29〉
3. 제1호 및 제2호에도 불구하고 제88조제1호 각 목 외의 부분 후단에 따른 부담부증여의 채무액에 해당하는 부분으로서 양도로 보는 경우에는 그 양도일이 속하는 달의 말일부터 3개월

② 제1항에 따른 양도소득 과세표준의 신고를 예정신고라 한다.
③ 제1항은 양도차익이 없거나 양도차손이 발생한 경우에도 적용한다.

671) **지방세법**의 경우, 부동산매매업자의 토지 또는 건물 매매차익예정신고에 관하여는 **제93조 제5항**, 양도소득에 대한

가치세법 제48조[672])에 따라 기간과세의 과세기간 중에 과세표준과 세액을 신고하는 것으로서, 과세기간 종료 후 법정신고기한 내에 과세기간 전체의 세액을 확정하여 신고하는 '확정신고'와 대비되는 것이다.[673)674)]

개인지방소득세 과세표준 예정신고에 관하여는 **제103조의5 제1항**에서 규정하고 있다.

672) **부가가치세법 제48조(예정신고와 납부)** ① 사업자는 각 과세기간 중 다음 표에 따른 기간(이하 "예정신고기간"이라 한다)이 끝난 후 25일 이내에 대통령령으로 정하는 바에 따라 각 예정신고기간에 대한 과세표준과 납부세액 또는 환급세액을 납세지 관할 세무서장에게 신고하여야 한다. …

673) **◎ 예정신고 관련 법규정** ; 납세의무의 성립 시기는 '예정신고기간이 끝나는 때'(국기법 제21조 제3항 제3호)이고, 예정신고 의무 위반은 무신고가산세(제47조의2 ①, ⑤), 과소신고·초과환급신고가산세(제47조의3 ①) 부과대상이며, 예정신고납부하는 부가가치세 및 소득세법 제105조에 따른 양도소득세 예정신고의 경우 조세우선권 결정기준인 '법정기일'이 예정신고일이고(제35조 ② 1호), 부과제척기간 기산일인 '국세를 부과할 수 있는 날'에서 '예정신고기한의 다음날'은 제외되어(국기법 시행령 제12조의3 제1항 제1호 후단) 확정신고기한을 기준으로 정한다.

674) **◎ 예정신고 관련 판례**
○ 대법원 2020. 6. 11. 선고 2017두40235 판결 ; "양도소득세 예정신고제도의 입법 취지는 소득의 발생 초기에 미리 세액을 납부하도록 함으로써 세원을 조기에 확보하고 징수의 효율성을 도모하며 조세 부담의 누적을 방지하려는 데 있다. … 구 소득세법 제110조가 납세의무자가 양도소득세 예정신고를 한 경우에도 제4항 단서에서 정한 사유가 있을 때에는 확정신고를 하도록 하고, 같은 항 본문에서 예정신고를 한 자가 당해 소득에 대한 확정신고를 하지 아니할 수 있도록 정한 것은 위와 같은 입법 취지를 고려하여 납세의무자의 신고 부담을 줄이기 위한 것으로 보아야 한다. … 구 소득세법 제114조 제1항에 따르면, 거주자가 예정신고를 하지 않은 경우 관할세무서장은 확정신고기한이 도과하기 전이라도 예정신고기한 다음날부터 그 자산의 양도로 인한 양도소득세를 부과할 수 있다. 그러나 이는 예정신고제도의 입법취지상 소득의 발생 초기에 세원을 조기에 확보할 수 있도록 부과·징수의 특례를 정한 것에 불과할 뿐이고, 그로 인하여 양도소득세의 부과체척기간이 당연히 예정신고기한의 다음날부터 진행된다고 볼 수는 없다. … 따라서 기간과세의 원칙이 적용되는 양도소득세에 대하여 이 사건 기산일 조항(국기법 시행령 제12조의3 제1항 제1호 후단)이 양도소득세 확정신고를 하지 않을 수 있는 경우까지 포함하여 그 부과제척기간의 기산일을 확정신고기한 다음날로 일률적으로 정하고 있는 것은 모법이 예정하고 있는 범위 내에서 '국세를 부과할 수 있는 날'을 구체화한 것이다."
○ 대법원 2011. 12. 8. 선고 2010두3428 판결 ; "부가가치세 과세표준과 세액의 예정신고를 한 때에 그 세액에 대한 납세의무가 확정되었다고 할 것이므로 구 국세기본법 제41조 제1항에서 말하는 '사업 양도일 이전에 양도인의 납세의무가 확정된 당해 사업에 관한 국세'에는 사업 양도일 이전에 당해 사업에 관하여 예정신고가 이루어진 부가가치세도 포함된다고 해석함이 상당하다."
○ 대법원 2011. 9. 29. 선고 2009두22850 판결 ; "(소득세)법 제110조 제4항 본문은 예정신고를 한 자는 원칙적으로 당해 소득에 대한 확정신고를 하지 아니할 수 있다고 규정하고 있는 점, 납세의무자가 예정신고를 한 후 그와 같은 내용으로 확정신고를 한 경우에는 그 확정신고에 따른 세액의 정산이 이루어지지 아니하므로 예정신고를 한 후 확정신고를 하지 않은 경우와 실질적인 차이가 없는 점, 예정신고와 같은 내용으로 한 확정신고는 예정신고의 내용을 추인함으로써 예정신고에 의하여 잠정적으로 확정된 과세표준과 세액을 종국적으로 확정하는 의미밖에 없는 점 등을 종합하면, 납세의무자가 예정신고를 한 후 그와 같은 내용으로 확정신고를 한 경우 예정신고에 의하여 잠정적으로 확정된 과세표준과 세액은 확정신고에 의하여 종국적으로 확정된 과세표준과 세액에 흡수되어 소멸하는 것이 아니라 그대로 유지되고, 따라서 예정신고를 기초로 한 징수처분 역시 그 효력이 소멸하지 아니한다고 봄이 타당하다. … 법 제105조 제1항과 제110조 제1항이 예정신고 및 확정신고의 대상을 '양도소득과세표준'으로 규정하고 있는 점, 법 제108조 제1항에 따른 예정신고납부세액공제는 예정신고를 하고 그에 따라 실제로 세액을 자진납부한 경우에만 적용되는 것으로서, 양도소득과세표준이나 산출세액, 결정세액에는 아무런 변동도 초래하지 아니하는 점 등을 고려하면, 예정신고를 하였으나 그 세액을 납부하지 아니한 납세의무자가 예정신고납부세액공제를 적용받지 못하여 양도소득과세표준과 산출세액, 결정세액 등은 예정신고 내용과 동일하게 하면서 자진납부할 세액만을 다르게 하여 확정신고 및 납부를 한 경우에는 예정신고와 같은 내용으로 확정신고를 한 것으로 볼 것이다." ☞ 납세자가 예정신고를 한 후 그와 다른 내용으로 확정신고를 한 경우에는 그 예정신고에 의하여 잠정적으로 확정된 과세표준과 세액은 확정신고에 의하여 확정된 과세표준과 세액에 흡수되어 소멸한다고 보아야 하고, 이에 따라 예정신고를 기초로 이루어진

'기한 후 신고'(국세기본법 제45조의3)[675]는 법정신고기한까지 과세표준신고서를 제출하지 아니한 자가 관할 세무서장이 세법에 따라 과세표준과 세액(가산세 포함)을 결정하여 통지하기 전에 과세표준신고서를 제출하는 것을 말한다.[676][677]

'수정신고'(국세기본법 제45조, 지방세기본법 제49조)[678]는 과세표준신고서를 법정신고기한까지 제출한

징수처분 역시 효력을 상실하여 무효이다(대법원 2008. 5. 29. 선고 2006두1609 판결). 양도소득세 예정신고납부세액공제는 2009. 12. 31. 개정 시 폐지되었다.

○ 대법원 1997. 10. 10. 선고 96누6387 판결 ; 명의신탁된 부동산의 양도로 인한 자산양도차익 예정신고·납부를 해야 하는 자는 양도의 주체인 명의신탁자라고 할 것이므로 명의수탁자의 명의로 신고·납부한 것은 납세의무자의 적법한 신고·납부로 볼 수 없다 하여 명의수탁자 명의의 신고 부분에 대한 예정신고납부세액공제를 배제하고 신고·납부불성실가산세를 부과한 처분을 적법하다고 판단한 사례.

675) **국세기본법 제45조의3(기한 후 신고)** ① 법정신고기한까지 과세표준신고서를 제출하지 아니한 자는 관할 세무서장이 세법에 따라 해당 국세의 과세표준과 세액(이 법 및 세법에 따른 가산세를 포함한다. 이하 이 조에서 같다)을 결정하여 통지하기 전까지 기한후과세표준신고서를 제출할 수 있다. 〈개정 2016.12.20.〉 ② 제1항에 따라 기한후과세표준신고서를 제출한 자로서 세법에 따라 납부하여야 할 세액이 있는 자는 그 세액을 납부하여야 한다. 〈개정 2014.12.23.〉 ③ 제1항에 따라 기한후과세표준신고서를 제출하거나 제45조제1항에 따라 기한후과세표준신고서를 제출한 자가 과세표준수정신고서를 제출한 경우 관할 세무서장은 세법에 따라 신고일부터 3개월 이내에 해당 국세의 과세표준과 세액을 결정 또는 경정하여 신고인에게 통지하여야 한다. 다만, 그 과세표준과 세액을 조사할 때 조사 등에 장기간이 걸리는 등 부득이한 사유로 신고일부터 3개월 이내에 결정 또는 경정할 수 없는 경우에는 그 사유를 신고인에게 통지하여야 한다. 〈개정 2019.12.31.〉 ④ 기한후과세표준신고서의 기재사항 및 신고 절차 등에 관하여 필요한 사항은 대통령령으로 정한다. ☛ **지방세기본법 제51조**도 동일하다.

676) **◎ 기한 후 신고 관련 법규정** ; 기한 후 신고자는 수정신고, 경정청구를 할 수 있고(국기법 제45조 ①, 제45조의2 ①), 가산세가 감면된다(제48조 ② 2호). 지방세의 경우도 같다(지기법 제49조 ①, 제50조 ①, 제57조 ② 2호).

677) **◎ 기한 후 신고 관련 판례**

○ 대법원 2019. 7. 25. 선고 2017두65159 판결 ; 원고(수증자)가 가산세를 포함한 증여세를 기한 후 신고·납부한 후, 피고가 동일인 재차 증여 가산과 주식 재평가 등으로 인하여 증가한 증여세 본세와 그 산출세액 전액에 대한 일반무신고 가산세를 각각 증액 경정·고지한 사안에서, 기한 후 신고 후의 증여재산 가액 재평가에 따른 증액경정 부분에 대하여도 일반무신고 가산세를 부과할 수 있다고 한 사례.

○ 대법원 2020. 2. 27. 선고 2016두60898 판결 ; "양도소득세 납세의무자가 기한후과세표준신고서를 제출하더라도 그 납세의무는 관할 세무서장이 양도소득세 과세표준과 세액을 결정하는 때에 비로소 확정되고, 과세관청이 납세의무자에 대하여 양도소득세 과세표준과 세액이 기한후과세표준신고서를 제출할 당시 이미 자진납부한 금액과 동일하므로 별도로 고지할 세액이 없다는 신고시인결정 통지를 하였다면, 그 신고시인결정 통지는 구 국세기본법 제45조의3 제3항이 정한 과세관청의 결정으로서 항고소송의 대상이 되는 행정청의 처분에 해당한다."

678) **국세기본법 제45조(수정신고)** ① 과세표준신고서를 법정신고기한까지 제출한 자(「소득세법」 제73조제1항제1호부터 제7호까지의 어느 하나에 해당하는 자를 포함한다) 및 제45조의3제1항에 따른 기한후과세표준신고서를 제출한 자는 다음 각 호의 어느 하나에 해당할 때에는 관할 세무서장이 각 세법에 따라 해당 국세의 과세표준과 세액을 결정 또는 경정하여 통지하기 전으로서 제26조의2제 1항부터 제4항까지의 규정에 따른 기간이 끝나기 전까지 과세표준수정신고서를 제출할 수 있다. 〈개정 2019.12.31〉

1. 과세표준신고서 또는 기한후과세표준신고서에 기재된 과세표준 및 세액이 세법에 따라 신고하여야 할 과세표준 및 세액에 미치지 못할 때
2. 과세표준신고서 또는 기한후과세표준신고서에 기재된 결손금액 또는 환급세액이 세법에 따라 신고하여야 할 결손금액이나 환급세액을 초과할 때
3. 제1호 및 제2호 외에 원천징수의무자의 정산 과정에서의 누락, 세무조정 과정에서의 누락 등 대통령령으로 정하는 사유로 불완전한 신고를 하였을 때(제45조의2에 따라 경정 등의 청구를 할 수 있는 경우는 제외한다)

③ 과세표준수정신고서의 기재사항 및 신고 절차에 관한 사항은 대통령령으로 정한다.

제22조의2(수정신고의 효력) [본조신설 2018.12.31.] ① 제22조제2항 각 호에 따른 국세의 수정신고(과세표준신고서를

자나 기한후과세표준신고서를 제출한 자가 신고된 과세표준과 세액이 세법에 따라 신고하여야 할 과세표준과 세액에 미치지 못하는 등의 경우에 과세표준과 세액을 결정 또는 경정하여 통지하기 전으로서 부과제척기간이 끝나기 전까지 수정하여 과세표준신고서를 제출하는 것을 말한다.

※ 신고·납부·신청·청구 등에 관한 기한의 특례

국세기본법(지방세기본법) 또는 세법(지방세관계법과 지방세에 관한 조례)에서 규정하는 '기간'의 계산은 국세기본법(지방세기본법) 또는 그 세법 등에 특별한 규정이 있는 것을 제외하고는 민법에 따르지만,[679] 신고, 신청, 청구 등의 '기한'에 관하여는, 기한이 공휴일 등인 경우의 특례,[680] 우편신고·전자신고의 발송주의 채택 등,[681] 천재 등으로 인한 기한의 연장,[682] 납부기한 연장의 취소,[683] 송달 지연으로

법정신고기한까지 제출한 자의 수정신고로 한정한다)는 당초의 신고에 따라 확정된 과세표준과 세액을 증액하여 확정하는 효력을 가진다. 〈개정 2019.12.31.〉 ② 제1항에 따른 국세의 수정신고는 당초 신고에 따라 확정된 세액에 관한 이 법 또는 세법에서 규정하는 권리·의무관계에 영향을 미치지 아니한다. ☛ 2020. 12. 29. 신설된 **지방세기본법 제35조의2**(수정신고의 효력)도 동일하다.

679) 국세기본법 제4조, 지방세기본법 제23조.
민법의 기간 규정 ; 기간을 시, 분, 초로 정한 때에는 즉시로부터 기산하고(민법 제156조), 기간을 일, 주, 월 또는 연으로 정한 때에는 기간의 초일을 산입하지 아니하지만, 그 기간이 오전 영시로부터 시작하는 때에는 초일을 산입한다(제157조). 연령계산에는 출생일을 산입한다(제158조). 기간을 일, 주, 월 또는 연으로 정한 때에는 기간말일의 종료로 기간이 만료한다(제159조). 기간을 주, 월 또는 연으로 정한 때에는 역에 의하여 계산하고, 주, 월 또는 연의 처음으로부터 기간을 기산하지 아니하는 때에는 최후의 주, 월 또는 연에서 그 기산일에 해당한 날의 전일로 기간이 만료하며, 월 또는 연으로 정한 경우에 최종의 월에 해당일이 없는 때에는 그 월의 말일로 기간이 만료한다(제160조).

680) **국세기본법 제5조(기한의 특례)** ① 이 법 또는 세법에서 규정하는 신고, 신청, 청구, 그 밖에 서류의 제출, 통지, 납부 또는 징수에 관한 기한이 공휴일, 토요일이거나 「근로자의 날 제정에 관한 법률」에 따른 근로자의 날일 때에는 공휴일, 토요일 또는 근로자의 날의 다음날을 기한으로 한다. 〈개정 2010.1.1.〉 ③ 이 법 또는 세법에서 규정하는 신고기한 만료일 또는 납부기한 만료일에 국세정보통신망이 대통령령으로 정하는 장애로 가동이 정지되어 전자신고나 전자납부(이 법 또는 세법에 따라 납부할 국세를 정보통신망을 이용하여 납부하는 것을 말한다)를 할 수 없는 경우에는 그 장애가 복구되어 신고 또는 납부할 수 있게 된 날의 다음날을 기한으로 한다. 〈개정 2019.12.31.〉 ☛ **지방세기본법 제24조**도 동일하다.

681) **국세기본법 제5조의2(우편신고 및 전자신고)** ① 우편으로 과세표준신고서, 과세표준수정신고서, 경정청구서 또는 과세표준신고·과세표준수정신고·경정청구와 관련된 서류를 제출한 경우 「우편법」에 따른 우편날짜도장이 찍힌 날(우편날짜도장이 찍히지 아니하였거나 분명하지 아니한 경우에는 통상 걸리는 배송일수를 기준으로 발송한 날로 인정되는 날)에 신고되거나 청구된 것으로 본다. 〈개정 2019.12.31.〉 ② 제1항의 신고서 등을 국세정보통신망을 이용하여 제출하는 경우에는 해당 신고서 등이 국세청장에게 전송된 때에 신고되거나 청구된 것으로 본다. 〈개정 2019.12.31.〉 ③ 제2항에 따라 전자신고 또는 전자청구된 경우 과세표준신고 또는 과세표준수정신고와 관련된 서류 중 대통령령으로 정하는 서류에 대해서는 대통령령으로 정하는 바에 따라 10일의 범위에서 제출기한을 연장할 수 있다. 〈개정 2019.12.31.〉 ④ 전자신고에 의한 과세표준 등의 신고 절차 등에 관한 세부적인 사항은 기획재정부령으로 정한다. ☛ **지방세기본법 제25조** ① ② ③도 국세기본법 제5조의2 ① ② ④와 같다.

682) **국세기본법 제6조(천재 등으로 인한 기한의 연장)** 관할 세무서장은 천재지변이나 그 밖에 대통령령으로 정하는 사유로 이 법 또는 세법에서 규정하는 신고, 신청, 청구, 그 밖에 서류의 제출 또는 통지를 정하여진 기한까지 할 수 없다고 인정하는 경우나 납세자가 기한 연장을 신청한 경우에는 대통령령으로 정하는 바에 따라 그 기한을 연장할 수 있다.[전문개정 2020.12.22.] ☛ 재난 등으로 인한 납부기한 또는 독촉장에서 정하는 기한의 연장에 관하여는 **국세징수법 제13조**에서 규정하고 있다.
지방세기본법 제26조(천재지변 등으로 인한 기한의 연장) ① 지방자치단체의 장은 천재지변, 사변, 화재, 그 밖에 대통령령으로 정하는 사유로 납세자가 이 법 또는 지방세관계법에서 규정하는 신고·신청·청구 또는 그 밖의 서류

인한 지정납부기한의 연장[684] 등의 특례 규정이 있다.

부과처분, 경정처분, 징수처분, 추징처분

조세부과처분(과세처분)은, 법률에 규정된 과세요건이 충족됨으로써 객관적·추상적으로 성립한 조세채권의 내용을 과세관청이 구체적으로 확인하여 확정하는 절차[685]로서 부과과세방식 조세의 경우 과세표준과 세액을 확정하기 위하여, 신고납세방식 조세의 경우 신고가 없거나 신고 내용에 오류·탈루 등이 있을 때에 행해진다. 세법은 과세관청이 최초로 과세표준과 세액을 정하는 것을 '결정'으로, 과세관청의 과세처분이나 납세자 신고의 오류를 바로잡기 위하여 행하는 결정을 '경정'으로 구분하여 사용한다.

과세단위는, 인적 요소인 납세의무자[686]와 물적 요소인 세목(예컨대, 원천징수분 소득세와 원천징수분 법인세,[687] 법인세·소득세와 법인·개인 지방소득세[688]는 별개이다), 시간(예컨대, 기간과세의 경우 각 과세기간별로

제출·통지나 납부를 정해진 기한까지 할 수 없다고 인정되는 경우에는 대통령령으로 정하는 바에 따라 직권 또는 납세자의 신청으로 그 기한을 연장할 수 있다. ② 지방자치단체의 장은 제1항에 따라 납부기한을 연장하는 경우 납부할 금액에 상당하는 담보의 제공을 요구할 수 있다. 다만, 사망, 질병, 그 밖에 대통령령으로 정하는 사유로 담보 제공을 요구하기 곤란하다고 인정될 때에는 그러하지 아니하다. ③ 이 법 또는 지방세관계법에서 정한 납부기한 만료일 10일 전에 제1항에 따른 납세자의 납부기한연장신청에 대하여 지방자치단체의 장이 신청일부터 10일 이내에 승인 여부를 통지하지 아니하면 그 10일이 되는 날에 납부기한의 연장을 승인한 것으로 본다.

683) 국세징수법 제16조, 지방세기본법 제27조.

684) **국세징수법 제17조(송달 지연으로 인한 지정납부기한등의 연장)** ① 납부고지서 또는 독촉장의 송달이 지연되어 다음 각 호의 어느 하나에 해당하는 경우에는 도달한 날부터 14일이 지난 날을 지정납부기한 등으로 한다. 1. 도달한 날에 이미 지정납부기한 등이 지난 경우 2. 도달한 날부터 14일 이내에 지정납부기한 등이 도래하는 경우 ② 제9조제2항에 따라 납부기한 전에 납부고지를 하는 경우에는 제1항에도 불구하고 다음 각 호의 구분에 따른 날을 납부하여야 할 기한으로 한다. 1. 단축된 기한 전에 도달한 경우: 단축된 기한 2. 단축된 기한이 지난 후에 도달한 경우: 도달한 날 ☛ 제1항 제2호의 '14일'이 '7일'인 점을 제외하고는 **지방세기본법 제31조**도 동일하다.

685) 대법원 2009. 1. 15. 선고 2006두14926 판결.

686) ○ 대법원 2006. 4. 27. 선고 2005두17058 판결 ; "수인으로부터 재산을 증여받은 경우에는 증여자별로 과세단위가 성립하므로 각 증여자별로 세율을 적용하여 각각의 증여세액을 산출하는바, 증여자를 1인으로 보고 과세처분을 하였는데 실제 증여자가 2인 또는 그 이상인 것으로 밝혀진 경우와 같이 **증여자의 수에 차이**가 있으면 **과세단위가 달라**지므로 과세의 기초사실이 달라져 당초 처분의 동일성이 유지된다고 할 수 없다."
○ 대법원 2015. 5. 28. 선고 2013두7704 판결 ; "한·독 조세조약 제3조 제1항 (마)목은 법인을 '법인격이 있는 단체 또는 조세목적상 법인격이 있는 단체로 취급되는 실체'라고 정의하고 있는데, 위 규정에서 정의한 '법인'이란 어떤 단체가 설립된 국가의 법에 따라 단체 단계에서 법인세와 같은 포괄적인 납세의무를 부담하는 과세단위를 의미한다고 할 것이다."

687) 대법원 2020. 11. 12. 선고 2017두36908 판결 ; "세목은 부과처분에서는 물론 징수처분에서도 납세의무의 단위를 구분하는 본질적인 요소이므로 근거 세목이 '소득세'(양도소득에 대한 원천징수분 소득세)인 1차 징수처분과 근거 세목이 '법인세'(양도소득에 대한 원천징수분 법인세)인 이 사건 징수처분은 처분의 동일성이 인정되지 않아 1차 징수처분은 이 사건 징수권의 소멸시효를 중단하는 사유인 '납세고지'에 해당한다고 보기 어렵다는 이유로 이를 배척한 것에 위법이 없고"

688) ○ 대법원 2020. 1. 16. 선고 2016두35854, 35861, 35878, 35885, 35892, 35908 판결 ; "구 지방세법 제85조 제4호는 법인세법에 따라 납부하여야 하는 법인세액을 과세표준으로 하는 지방소득세를 '법인세분'이라고 정의하고, 같은 법 제86조 제1항은 지방자치단체가 법인세의 납세의무가 있는 자에게 법인세분을 부과하도록 정하며, 같은 법 제89조

과세단위가 달라진다[689]), 장소(예컨대, 부가가치세는 사업장별로 과세단위가 구분되고, 사업장이 2 이상의 시·군에 소재하는 법인에 대한 '사업장 소재지 시·군별 법인세할 주민세'도 마찬가지이다[690]), 원천(소득세는 종합소득과 양도소득, 퇴직소득이 별개의 과세단위이다[691]), 과세대상[692] 등을 기준으로 구분되는 조세채무의 단위를 말하는데, 과세단위를 달리하는 과세처분은 각기 독립한 별개의 처분이고,[693] 과세단위는 불복절차에서 쟁송의 단위(소송물, 심리·심판의 대상)가 된다(즉, 1개의 과세단위 = 1개의 부과처분 = 1개의 소송물[694]). 당초처

제1항은 법인세분의 세율을 법인세액의 100분의 10으로 정하고 있다. 구 지방세법 제96조는 제1항에서 법인세법에 따른 원천징수의무자(이하 '특별징수의무자'라 한다)가 법인세를 원천징수할 경우에는 원천징수할 법인세액에 위 세율을 적용하여 계산한 법인세분 세액을 특별징수하도록 정하면서, 제2항에서 특별징수의무자가 법인세분을 징수하였을 경우에는 그 징수일이 속하는 달의 다음 달 10일까지 관할 지방자치단체에 신고납부하도록 정하고, 제3항에서 법인세분의 특별징수의무자가 징수하였거나 징수할 세액을 위 납부기한까지 납부하지 아니하거나 부족하게 납부한 경우에는 그 납부하지 아니한 세액 또는 부족한 세액의 100분의 10에 해당하는 금액을 가산한 세액을 특별징수의무자로부터 징수하도록 정하고 있다. 위와 같은 관련 법령의 문언에 비추어 볼 때, 법인세분은 법인세법에 의하여 부과되는 법인세액을 과세표준으로 하여 해당 지방자치단체에서 법인세 납세의무가 있는 법인에게 부과하는 것이어서 법인세 납세의무의 존재를 전제로 한다. 그러나 법인세법에 의하여 부과되는 법인세액은 법인세분의 과세표준에 지나지 아니하므로, 법인세 부과처분에 대한 불복과는 별개로 과세표준이 되는 해당 법인세액의 결정이 위법하다는 이유로 법인세분 부과처분의 취소를 구할 수 있다. … 법원으로서는 이 사건 법인세 원천징수세액 부과처분이 확정적으로 취소되었는가에 관계없이 이 사건 지방소득세 부과처분의 위법 여부를 판단하여 이를 취소할 수 있다."

○ 대법원 2014. 7. 10. 선고 2012두16466 판결 ; "법인세할 주민세는 법인세법의 규정에 의하여 부과되는 법인세액을 과세표준으로 하여 당해 시·군 내에서 법인세의 납세의무가 있는 법인이 납세의무를 지는 것이어서 법인세의 납세의무의 존재를 전제로 하고 있는 것이나, 법인세법에 의하여 부과되는 법인세액은 법인세할 주민세의 과세표준에 지나지 아니하므로 원천징수분 법인세 처분에 대한 불복과는 별개로 과세표준이 되는 당해 법인세액의 결정이 위법하다는 이유로 그 취소를 구함과 동시에 별도로 그 위법을 이유로 특별징수분 법인세할 주민세를 다툴 수 있다."

689) 대법원 1996. 2. 23. 선고 95누12057 판결 ; "소득세나 부가가치세 등과 같이 일정한 기간을 과세단위로 하는 세목에 있어서 과세기간을 달리하는 과세처분은 각기 독립한 별개의 처분이라고 보아야 하므로, 특별한 사정이 없는 한 국세기본법 제56조에서 규정하고 있는 제소기간의 준수 여부도 각 처분별로 판단하여야 한다."

690) 대법원 2014. 4. 10. 선고 2013두26194 판결 ; "사업장 소재지 시·군별로 하는 법인세할 주민세 부과처분은 각각 별개의 처분이므로, 어느 시·군의 법인세할 주민세 부과처분이 불복기간의 경과 등으로 확정되어 더 이상 다툴 수 없게 되었다고 하더라도, 다른 시·군에 납부하여야 할 법인세할 주민세를 계산할 때에는 법인세할 주민세 부과처분이 확정된 시·군에 소재하는 건축물의 연면적도 그 확정된 부과처분에서 적용한 기준이 아니라 법령에서 정한 정당한 기준에 따라 산정하여 '법인의 총건축물 연면적'을 계산하여야 한다."

691) 대법원 2001. 4. 24. 선고 99두5412 판결 ; "거주자의 부동산 양도로 인한 소득은, 그 양도가 사업의 일환으로 행하여진 것인지의 여부에 따라 소득세법상 종합소득세의 과세대상인 사업소득이나 양도소득세의 과세대상인 양도소득 중 어느 한 쪽에만 해당되는 것이고, 종합소득과 양도소득은 과세단위를 달리하는 것이므로, 부동산 양도로 인한 소득에 대하여 양도소득세와 종합소득세가 각각 부과된 경우에는 실체관계를 따져 어느 쪽의 부과처분이 위법한 것인지를 판별하여야 하는 것이지, 실체적 위법 여부에 관계없이 언제나 나중에 행하여진 부과처분이 이중과세라는 이유로 무효가 된다거나 위법하게 되는 것은 아니라고 할 것이다."

692) 대법원 1999. 9. 3. 선고 97누2245 판결 ; "토지의 승계취득에 대한 취득세 부과 부분은 건축물의 취득 또는 지목변경에 의한 간주취득에 대한 취득세 부과 등 다른 부분과는 과세대상 및 과세단위를 달리하는 것"

693) 대법원 2001. 10. 30. 선고 99두4310 판결 ; "사업연도의 소득에 대한 법인세와 토지 등의 양도에 대한 특별부가세는 별개의 과세단위를 이루고 있는 것이므로 사업연도 소득에 대한 법인세부과처분과 토지 등 양도에 대한 특별부가세부과처분은 별개의 과세처분으로서 당초처분과 증액경정처분에 관한 법리가 적용되지 아니한다."

694) ○ 대법원 1986. 3. 25. 선고 84누216 판결 ; "조세의 종목과 과세기간에 의하여 구분되는 각 과세단위에 관한 개개의 부과처분이 조세소송의 소송물이 되는 것"

○ 대법원 2012. 10. 11. 선고 2012두6636 판결 ; "확정된 결정이나 판결의 기판력이 미치는 범위는 그 쟁송대상이 되었던 과세단위에 제한될 뿐이고 이를 넘어서 별개의 과세단위에 관련된 판단이 이루어졌다 하더라도 이러한 판단에

분과 증액경정처분에 관한 법리의 적용 여부,[695] 납세고지서에 세액과 산출근거 등의 구분 기재 여부,[696] 이중과세 여부,[697] 전심절차의 이행 여부,[698] 제소기간의 준수 여부,[699] 국세기본법 제79조 제2항의 불이익변경금지원칙 위배 여부,[700] 소멸시효 중단 사유 해당 여부,[701] 특례제척기간 적용 여부, 기판력·기속력의 범위[702] 등은 각각의 독립된 처분별로 판단하여야 한다.

'본세'와 '가산세', 여러 종류의 가산세는 각각 별개의 과세처분이지만, 부당과소신고가산세 부과처분은 일반과소신고가산세 부과처분과는 독립한 별개의 과세처분이 아니다.[703] 당초 과세처분에 대한

기판력이 있다고 할 수 없으며 따라서 그러한 판단을 경정결정이나 그 밖에 필요한 처분을 할 수 있는 근거가 되는 위 규정(= 국세기본법 제26조의2 '특례제척기간' 규정)상의 '해당 결정·판결'에 해당한다고 할 수 없는 점"

695) 대법원 2001. 10. 30. 선고 99두4310 판결.

696) 대법원 2012. 10. 18. 선고 2010두12347 전원합의체 판결 ; "하나의 납세고지서에 의하여 복수의 과세처분을 함께 하는 경우에는 과세처분별로 그 세액과 산출근거 등을 구분하여 기재함으로써 납세의무자가 각 과세처분의 내용을 알 수 있도록 해야 하는 것 역시 당연하다고 할 것이다. … 하나의 납세고지서에 의하여 본세와 가산세를 함께 부과할 때에는 납세고지서에 본세와 가산세 각각의 세액과 산출근거 등을 구분하여 기재해야 하는 것이고, 또 여러 종류의 가산세를 함께 부과하는 경우에는 그 가산세 상호 간에도 종류별로 세액과 산출근거 등을 구분하여 기재함으로써 납세의무자가 납세고지서 자체로 각 과세처분의 내용을 알 수 있도록 하는 것이 당연한 원칙이다." **[동일취지]** 과세되는 법인세와 농어촌특별세의 각 납부세액 및 그 합계액만이 납세고지서에 기재되었을 뿐, 과세단위가 별개인 농어촌특별세법 제5조 제1항 제1호(특별부가세의 감면세액을 과세표준으로 하는 농특세) 및 제3호(법인세 과세표준금액 중 5억 원을 초과하는 금액을 과세표준으로 하는 농특세)에 의한 각 농특세의 과세표준 및 과세단위별 산출세액과 그 합산내역이 기재되어 있지 아니하여 적법한 납세고지라고 할 수 없다고 한 사례(2000두3078).

697) 대법원 2001. 4. 24. 선고 99두5412 판결.

698) 대법원 1984. 5. 29. 선고 83누31 판결 [제2차납세의무자지정처분취소] ; "이 사건 소는 이 사건 부과처분의 취소를 구하는 항고소송임이 분명하므로 국세기본법 소정의 전심절차를 거쳐야 할 것이고 청구의 취지기재 제1항의 부과처분과 동 제2항 내지 제5항의 각 부과처분은 각기 그 과세시기, 과세종류, 요건과 효과를 달리하는 독립적 처분이므로 이 사건에서 비록 원고가 위의 각 부과처분의 요건 중 과점주주가 아니라는 동일한 사유를 내세워 그 취소를 구하였다 하여도 제1항의 처분에 대한 전심절차를 거쳤다는 사유만으로 그밖의 과세처분에 대하여는 취소소송을 제기함에 있어 전심절차를 거칠 필요가 없다고는 할 수 없으므로 이와 같이 판단한 원심판결은 정당하고"

699) 대법원 1996. 2. 23. 선고 95누12057 판결.

700) 대법원 2004. 12. 9. 선고 2003두278 판결 ; "기간과세로서 사업연도가 달라지면 과세단위도 달라지는 법인세의 경우, 수개의 사업연도에 대한 심판청구가 있었다 하여도 그 불이익 여부는 수개의 사업연도에 대한 법인세 전체세액을 기준으로 따질 것이 아니라 각 사업연도의 부과처분액을 기준으로 판단하여야 하는 점"

701) 대법원 2020. 11. 12. 선고 2017두36908 판결.

702) 대법원 2012. 10. 11. 선고 2012두6636 판결.

703) 대법원 2012. 10. 18. 선고 2010두12347 전원합의체 판결 ; "본세의 부과처분과 가산세의 부과처분은 각 별개의 과세처분인 것처럼, 같은 세목에 관하여 여러 종류의 가산세가 부과되면 그 각 가산세 부과처분도 종류별로 각각 별개의 과세처분이라고 보아야 한다." ☛ 가산세는 과세권의 행사와 조세채권의 실현을 용이하게 하기 위하여 세법에 규정된 의무를 정당한 이유 없이 위반한 납세자에게 부과하는 일종의 행정상 제재이므로, 징수절차의 편의상 당해 세법이 정하는 국세의 세목으로 하여 그 세법에 의하여 산출한 본세의 세액에 가산하여 함께 징수하는 것일 뿐, 세법이 정하는 바에 의하여 성립 확정되는 국세와 본질적으로 그 성질이 다른 것이므로, 가산세부과처분은 본세의 부과처분과 별개의 과세처분이다(대법원 2005. 9. 30. 선고 2004두2356 판결). 부당과소신고가산세 부과처분은 일반과소신고가산세 부과처분과는 독립한 별개의 과세처분이 아니라 동일한 세목의 가산세 부과처분으로서 그 세율만을 가중한 것에 불과하므로, 법원이 심리한 결과 부당과소신고가산세의 부과요건이 충족되지 아니하더라도 일반과소신고가산세의 부과요건이 충족된 경우라면 법원으로서는 일반과소신고가산세액을 초과하는 부분만을 취소하여야 한다(대법원 2016. 7. 14. 선고 2016두35335 판결).

취소소송에서 청구기각판결이 확정된 후 탈루소득·재산누락 발견을 이유로 추가로 세액을 고지하는 재처분을 한 경우, 당초 처분과 재처분은 과세단위가 동일하지만 서로 독립한 별개의 처분이다.[704]

증액경정처분[705]이 있는 경우, 당초 신고나 결정은 증액경정처분에 흡수됨으로써 독립한 존재가치를 잃게 되므로, 원칙적으로는 증액경정처분만이 항고소송의 심판대상이 되고, 납세자는 그 항고소송에서 당초 신고나 결정에 대한 위법사유도 함께 주장할 수 있다.[706][707] 그렇지만 국세기본법 제22조의3[708] 제1항의 문언과 아울러, 그 규정의 입법 취지가 증액경정처분이 있더라도 불복기간이나 경정

---

704) 대법원 2004. 12. 9. 선고 2003두4034 판결 ; " 당초의 과세처분에 대한 취소소송에서 청구기각판결이 확정된 경우에는 당초 처분은 그 적법성이 확정되어 효력을 유지하게 되므로, 그 후 과세관청이 납세자의 탈루소득이나 재산누락을 발견하였음을 이유로 당초 처분에서 인정된 과세표준과 세액을 포함하여 전체의 과세표준과 세액을 새로이 결정한 다음 당초 처분의 세액을 공제한 나머지를 추가로 고지하는 내용의 재처분을 하였을 경우, 추가된 재처분 외에 다시 당초 처분 부분의 취소를 구하는 것은 확정판결의 기판력에 저촉되어 허용될 수 없고, 당초 처분이 재처분에 흡수되어 소멸된다고 할 수도 없다."

705) 공동상속인이 있는 경우 상속세경정처분이 증액경정처분인지 감액경정처분인지의 여부는 각 공동상속인에 대하여 납부하도록 고지된 개별적인 세액을 기준으로 할 것이지 공동상속인 전체에 대한 총 상속세액을 기준으로 판단할 것은 아니다(대법원 2006. 2. 9. 선고 2005두1688 판결).

706) 대법원 2013. 4. 18. 선고 2010두11733 전원합의체 판결 ; "납세의무자가 신고한 과세표준과 세액에 관하여 오류 또는 탈루가 있다고 보아 과세관청이 증액경정처분을 한 경우 납세의무자는 국세기본법 제45조의2 제1항에 의하여 증액경정처분에 대한 경정청구를 할 수 있을 뿐만 아니라 경정청구제도가 부과처분 자체에 대한 항고소송의 제기를 막는 것은 아니므로, 납세의무자는 경정청구와 별도로 증액경정처분의 취소를 구하는 항고소송을 제기하는 방법으로도 증액경정처분을 다툴 수 있다. 과세표준과 세액을 증액하는 증액경정처분은 당초 납세의무자가 신고하거나 과세관청이 결정한 과세표준과 세액을 그대로 둔 채 탈루된 부분만을 추가로 확정하는 처분이 아니라 당초신고나 결정에서 확정된 과세표준과 세액을 포함하여 전체로서 하나의 과세표준과 세액을 다시 결정하는 것이므로, 당초신고나 결정에 대한 불복기간의 경과 여부 등에 관계없이 오직 증액경정처분만이 항고소송의 심판대상이 되는 점, 증액경정처분의 취소를 구하는 항고소송에서 증액경정처분의 위법 여부는 그 세액이 정당한 세액을 초과하는지 여부에 의하여 판단하여야 하고 당초신고에 관한 과다신고사유나 과세관청의 증액경정사유는 증액경정처분의 위법성을 뒷받침하는 개개의 위법사유에 불과한 점, 경정청구나 부과처분에 대한 항고소송은 모두 정당한 과세표준과 세액의 존부를 정하고자 하는 동일한 목적을 가진 불복수단으로서 납세의무자로 하여금 과다신고사유에 대하여는 경정청구로써, 과세관청의 증액경정사유에 대하여는 항고소송으로써 각각 다투게 하는 것은 납세의무자의 권익보호나 소송경제에도 부합하지 않는 점 등에 비추어 보면, 납세의무자는 **증액경정처분의 취소**를 구하는 항고소송에서 과세관청의 증액경정사유뿐만 아니라 **당초신고에 관한 과다신고사유도 함께 주장하여 다툴 수 있다**고 할 것이다. 이와 달리 신고납세방식의 조세인 부가가치세에 관하여 매출액 등이 과다신고된 경우라도 납세의무자가 이를 다투기 위해서는 그 부분에 관하여 감액경정청구절차를 밟아야 하고 과세관청의 부과처분에 대한 취소소송에서는 과다신고사유를 주장할 수 없다는 취지로 판시한 대법원 2005. 11. 10. 선고 2004두9197 판결의 견해는 이와 저촉되는 범위에서 변경하기로 한다."

707) 소멸한 당초처분의 절차적 하자는 존속하는 증액경정처분에 승계되지 아니한다(대법원 2010. 6. 24. 선고 2007두16493 판결).

708) **국세기본법 제22조의3(경정 등의 효력)** ① 세법에 따라 당초 확정된 세액을 증가시키는 경정은 당초 확정된 세액에 관한 이 법 또는 세법에서 규정하는 권리·의무관계에 영향을 미치지 아니한다. ② 세법에 따라 당초 확정된 세액을 감소시키는 경정은 그 경정으로 감소되는 세액 외의 세액에 관한 이 법 또는 세법에서 규정하는 권리·의무관계에 영향을 미치지 아니한다. [전문개정 2010.1.1.][제22조의2에서 이동 〈2018.12.31.〉] ☛ 지방세기본법 제36조도 동일하다. **제22조의2(수정신고의 효력)** [본조신설 2018.12.31.] ① 제22조제2항 각 호에 따른 국세의 수정신고(과세표준신고서를 법정신고기한까지 제출한 자의 수정신고로 한정한다)는 당초의 신고에 따라 확정된 과세표준과 세액을 증액하여 확정하는 효력을 가진다. 〈개정 2019.12.31〉 ② 제1항에 따른 국세의 수정신고는 당초 신고에 따라 확정된 세액에 관한 이 법 또는 세법에서 규정하는 권리·의무관계에 영향을 미치지 아니한다. ☛ 지방세기본법 제35조의2[신설 2020.12.29.]도 동일하다.

청구기간의 경과 등으로 더 이상 다툴 수 없게 된(불가쟁력)[709] 당초 신고나 결정에서의 세액에 대하여 불복을 제한하려는 것에 있음에 비추어 보면, 불복기간이나 경정청구기간의 도과로 더 이상 다툴 수 없게 된 세액에 관하여는 그 취소를 구할 수 없고, 증액경정처분에 의하여 '증액된 세액'의 범위 내에서만 취소를 구할 수 있다.[710] 당초 신고에 대한 경정청구기간 내에 증액경정처분이 있는 경우, 그 처분에 대한 불복기간 내에 증액된 세액뿐만 아니라 당초 신고한 세액에 대해서도 취소를 구할 수 있다.[711] 과세표준신고서를 제출한 납세자가 그 후 이루어진 과세관청의 결정·경정으로 인한 처분에 대하여 소정의 불복기간 내에 다투지 아니하였더라도 '경정청구기간 내'에서는 '당초 신고'한 과세표준과 세액에 대한 경정청구권을 행사하는 데에는 아무런 영향이 없다.[712]

감액경정처분은 당초의 신고 또는 부과처분과 별개인 독립의 과세처분이 아니라 그 실질은 당초의 신고 또는 부과처분의 변경이고 그에 의하여 세액의 일부취소라는 납세자에게 유리한 효과를 가져오는 처분이므로, 그 경정결정으로도 아직 취소되지 않고 남아 있는 부분이 위법하다 하여 다투는 경우 항고소송의 대상은 당초 신고나 부과처분 중 경정결정에 의하여 취소되지 않고 남은 부분이며, 감액경정결정이 항고소송의 대상이 되는 것은 아니다.[713]

---

709) ◎ **행정처분의 불가쟁력(형식적 확정력)**
대법원 2004. 7. 8. 선고 2002두11288 판결 ; "일반적으로 행정처분이나 행정심판 재결이 불복기간의 경과로 인하여 확정될 경우 그 확정력은, 그 처분으로 인하여 법률상 이익을 침해받은 자가 당해 처분이나 재결의 효력을 더 이상 다툴 수 없다는 의미일 뿐, 더 나아가 판결에 있어서와 같은 기판력이 인정되는 것은 아니어서 그 처분의 기초가 된 사실관계나 법률적 판단이 확정되고 당사자들이나 법원이 이에 기속되어 모순되는 주장이나 판단을 할 수 없게 되는 것은 아니라고 할 것이다." ☎ 증여자가 타인의 명의를 도용하여 실권주를 인수한 것이 피도용자에 대한 증여에 해당한다는 이유로 피도용자에게 증여세가 부과되자 증여자가 그 증여세를 대신 납부한 경우, 증여의 의사로 그 증여세 상당액을 증여한 것으로 보기 어렵다고 한 사례.

710) 대법원 2020. 4. 9. 선고 2018두57490 판결 ; 원고의 2006 사업연도 법인세 본세와 관련하여, 피고는 2010. 12. 15.자 3차 경정처분에서 당초 수정신고 세액보다 14,120,846,094원을 증액하였는데 원고는 이에 대하여 불복절차를 거치지 않았고, 피고는 2012. 3. 2.자 6차 경정처분에서 **지체상금 과소계상**으로 인한 2,431,933,071원의 **증액**경정처분과 **임시투자세액 추가공제**로 인한 2,163,309,945원의 **감액**경정처분이 함께 이루어져 **268,623,126**원(= 2,431,933,071원 - 2,163,309,945원)만을 **증액**한 사안에서, 원고가 취소를 구하고 있는 2006년 법인세 본세 부과처분 2,431,933,071원(지체상금 과소계상으로 인한 증액 부분) 중 2,163,309,945원(= 2,431,933,071원 - 6차 경정처분의 증액분 268,623,126원) 부분은 임시투자세액 추가공제가 없었을 경우를 가정하여 관념적으로 산출한 세액에 불과한 것으로, 피고가 실제 원고에게 부과한 적이 없는 것이고, 위 2,163,309,945원 부분은 2012. 3. 2. 당시 이미 불복기간이 경과하여 더 이상 취소를 구할 수 없으므로, 2012. 3. 2.자 2006년 법인세 부과처분에 대하여는 그 부과처분에 의하여 증액된 268,623,126원의 한도 내에서만 그 취소를 구할 수 있고, 따라서 원고가 취소를 구하고 있는 2006년 법인세 본세 부과처분 2,431,933,071원 가운데 268,623,126원을 초과하는 2,163,309,945원 부분은 존재하지 아니하는 처분에 관한 것이거나 이미 불가쟁력이 발생하여 확정된 세액의 취소를 구하는 것으로 부적법하다고 판단한 예.

711) 대법원 2012. 3. 29. 선고 2011두4855 판결 ; 피고가, 원고가 당초 신고한 2004 사업연도 법인세액에 대해 2006. 12. 5. 법인세 증액경정처분을 하였다가 다시 2008. 2.경 그 증액 세액과 동일한 금액을 감액하는 제1차 법인세 감액경정처분을 하였고, 2008. 3.경 원고가 이전에 한 감액청구 중 과대신고로 인한 부분을 제외한 부분을 받아들여 제2차 법인세 감액경정처분을 한 **사안**에서, 2004 사업연도 법인세의 법정신고기한인 2005. 3. 31.부터 경정청구기간이 경과하기 전인 2006. 12. 5. 증액경정처분이 있었으므로 원고는 증액경정처분에 의하여 증액된 세액뿐만 아니라 당초 신고한 세액에 대해서도 취소를 구할 수 있는데도, 이와 달리 보고 2004 사업연도 법인세에 대한 증액경정처분이 제1차 감액경정처분에 의해 취소되어 더 이상 존재하지 아니한다는 전제하에 그 취소청구를 부적법하다고 본 원심판결에 법리오해의 위법이 있다고 한 사례.

712) 국세기본법 제45조의2(경정 등의 청구) 제1항 본문 및 단서, 대법원 2014. 6. 26. 선고 2012두12822 판결 참조.

수시부과처분은, 과세기간 종료 시에 이르러 비로소 납세의무가 발생하는 기본원칙에 대한 예외로서, 과세기간 중에 조세를 포탈할 우려가 있다고 인정되는 사유(수시부과사유)가 있는 경우에 그 발생일까지를 부과기간으로 하여 수시로 조세를 부과하는 처분을 말한다.[714)715)] 수시부과하여 징수하는 국세·지방세의 납세의무 성립시기는 '수시부과할 사유가 발생한 때'이다.[716)] 수시부과세액은 과세기간 종료 후 납세의무자의 정기분 신고나 과세관청의 결정 시에 기납부세액으로 공제됨으로써 정기분 법인세에 흡수된다.[717)]

---

713) 대법원 2014. 3. 13. 선고 2012두7370 판결(원고가 주택 분양계약서상 계약금·중도금·잔금의 각 지급일을 수입금의 귀속시기로 보아 2001년 귀속 종합소득세로 23억여 원을 신고·납부하였으나, 피고는 귀속시기를 대금청산일로 보아 8억여 원으로 감액경정하여 고지하자, 원고는 위 8억여 원의 감액경정처분 중 5억여 원을 초과하는 부분의 취소를 구한 **사안**에서, '8억여 원은 감액경정처분에 해당하므로 그와 같은 감액경정처분으로도 아직 취소되지 않고 남아 있는 부분이 위법하다 하여 다투는 경우 당초 신고·납부한 세액 중 감액경정처분에 의하여 취소되지 않고 남은 부분을 항고소송의 대상으로 삼아야 하고, 감액경정처분인 8억여 원이 항고소송의 대상이 되는 것은 아니므로, 위 취소청구 부분은 부적법하다.'라고 판단한 예).

714) **법인세법 제69조(수시부과 결정)** [전문개정 2010.12.30] ① 납세지 관할 세무서장 또는 관할지방국세청장은 내국법인이 그 사업연도 중에 대통령령으로 정하는 사유(이하 이 조에서 "수시부과사유"라 한다)로 법인세를 포탈할 우려가 있다고 인정되는 경우에는 수시로 그 법인에 대한 법인세를 부과(이하 "수시부과"라 한다)할 수 있다. 이 경우에도 각 사업연도의 소득에 대하여 제60조에 따른 신고를 하여야 한다. ② 제1항은 그 사업연도 개시일부터 수시부과사유가 발생한 날까지를 수시부과기간으로 하여 적용한다. 다만, 직전 사업연도에 대한 제60조에 따른 과세표준 등의 신고기한 이전에 수시부과사유가 발생한 경우(직전 사업연도에 대한 과세표준신고를 한 경우는 제외한다)에는 직전 사업연도 개시일부터 수시부과사유가 발생한 날까지를 수시부과기간으로 한다. ③ 제1항에 따른 수시부과에 필요한 사항은 대통령령으로 정한다. ☛ **법인세법 시행령 제108조(수시부과결정)** ① 법 제69조제1항 전단에서 "대통령령으로 정하는 사유"란 다음 각 호의 어느 하나에 해당하는 경우를 말한다.〈개정 2008.2.22.〉 1. 신고를 하지 아니하고 본점등을 이전한 경우 2. 사업부진 기타의 사유로 인하여 휴업 또는 폐업상태에 있는 경우 3. 기타 조세를 포탈할 우려가 있다고 인정되는 상당한 이유가 있는 경우

소득세법 제82조(수시부과 결정) ① 납세지 관할 세무서장 또는 지방국세청장은 거주자가 과세기간 중에 다음 각 호의 어느 하나에 해당하면 수시로 그 거주자에 대한 소득세를 부과(이하 "수시부과"라 한다)할 수 있다. 1. 사업부진이나 그 밖의 사유로 장기간 휴업 또는 폐업 상태에 있는 때로서 소득세를 포탈할 우려가 있다고 인정되는 경우 2. 그 밖에 조세를 포탈할 우려가 있다고 인정되는 상당한 이유가 있는 경우 ② 제1항은 해당 과세기간의 사업 개시일부터 제1항 각 호의 사유가 발생한 날까지를 수시부과기간으로 하여 적용한다. 이 경우 제1항 각 호의 사유가 제70조 또는 제70조의2에 따른 확정신고기한 이전에 발생한 경우로서 납세자가 직전 과세기간에 대하여 과세표준확정신고를 하지 아니한 경우에는 직전 과세기간을 수시부과기간에 포함한다. 〈개정 2013.1.1.〉 ③ 제1항과 제2항에 따라 수시부과한 경우 해당 세액 및 수입금액에 대해서는 「국세기본법」 제47조의2 및 제47조의3을 적용하지 아니한다. ④ 관할세무서장 또는 지방국세청장은 주소·거소 또는 사업장의 이동이 빈번하다고 인정되는 지역의 납세의무가 있는 자에 대해서는 제1항과 제2항을 준용하여 대통령령으로 정하는 바에 따라 수시부과할 수 있다. ⑤ 수시부과 절차와 그 밖에 필요한 사항은 대통령령으로 정한다.

지방세법상 수시부과 규정으로는 제62조(담배소비세), 제98조(거주자의 종합소득·퇴직소득에 대한 개인지방소득세), 제103조의9(양도소득에 대한 개인지방소득세), 제103조의26(법인지방소득세) 등이 있다.

715) 수시부과 사유는 엄격히 해석, 적용되어야 하고 과세관청이 이를 주장·증명하여야 한다(대법원 1986. 7. 22. 선고 85누297 판결). 수시부과처분이 있었거나 수시부과사유가 있었던 경우라고 하더라도 납세의무자의 확정신고의무가 면제되거나 정부가 부과권을 행사할 수 없게 되는 것이 아니다(대법원 1994. 12. 13. 선고 93누10330 판결).

716) 국세기본법 제21조 ③ 4호, 지방세기본법 제34조 ② 2호.

717) 대법원 1989. 11. 24. 선고 89누3724 판결 ; "수시부과세액은 사업년도 종료 후 정기분 신고납부 시나 결정결의 시에는 중간예납세액 및 원천징수세액과 함께 모두 기납부세액으로 정기분 총결정세액에서 공제하도록 함으로써 수시부과처분세액은 정기분 과세표준신고에 의하여 확정되어지는 법인세에 흡수되고, 그 사업년도의 법인세는 위 신고에 의하여 비로소 확정된다고 보아야 할 것이다. … 이 사건 수시부과처분은 원고의 1987. 3. 7.자 법인세과세표준 및 세액

징수처분은 신고·부과 등으로 확정된 조세채무의 이행을 명하는 행정처분으로서 압류 등 체납처분에 선행한다. 통상의 경우 납세고지서에 의한 납세고지는 부과처분과 징수처분의 성질을 겸유한다.[718] 연부연납이 허가된 상속세에 대한 납세고지,[719] 공동상속인 중 1인에게 한 다른 공동상속인의 상속세에 대한 연대납부의무의 납세고지,[720] 원천징수의무자에 대한 납세고지[721]의 성질은 징수처분에 해당한다.[722] 구 국세·지방세징수법상 가산금 또는 중가산금[723]의 고지는 항고소송의 대상이 되

신고에 흡수되었고, 원고의 1986. 사업년도 법인세 및 방위세는 원고의 위 신고에 의하여 확정되었는데 피고의 위 1987. 6. 3.자 경정결정에 의하여 위 신고에 의하여 확정된 법인세가 증액되었다고 보아야 할 것이므로 위 1987. 6. 3.자 경정처분은 증액경정처분으로서 쟁송의 대상이 되며 전심절차의 이천 여부도 위 증액경정결정을 기준으로 판단하여야 할 것이다. … 원심은 피고의 1987. 6. 3.자 경정결정을 위 수시부과처분에 대한 감액 경정처분으로 보아 위 1987. 6. 3.자 경정처분은 쟁송의 대상이 되지 않으며 이를 당초 수시부과처분의 취소를 구하는 것으로 해석하여 준다 하더라도 이에 대하여는 적법한 전심을 거치지 않았다고 하여 이 사건 소를 각하하였는바, 이는 법인세법상의 수시부과와 경정결정의 관계에 대한 법리를 오해한 위법을 저질렀다고 할 것이다."

718) ○ 대법원 1984. 6. 26. 선고 83누679 판결 ; "조세권은 과세와 징수의 두 단계를 거쳐 행사되며 과세는 추상적으로 성립한 납세의무를 구체적으로 확정하는 절차이고, 징수는 이와 같이 확정된 납세의무의 이행을 명하고 이를 수납 또는 강제 징수하는 절차를 말하는 것인바, 부과납세방식의 국세에 있어서는 과세관청이 조사 확인한 과세표준과 세액을 부과 결정한 때에 납세의무는 구체적으로 확정되는 것이나 그 확정의 효력은 납세의무자에게 그 결정이 고지된 때에 발생한다 할 것이다. 그러므로 이러한 결정의 고지행위는 과세처분의 일부를 이루는 것이어서 고지행위의 하자는 바로 과세처분의 하자가 된다고 할 것인바, 과세관청이 부과결정의 고지를 별도로 하지 아니하고 징수절차에서의 납부 명령인 납세고지서에 의하여 고지를 하는 경우에는 그 납세고지는 부과결정을 고지하는 과세처분의 성질과 확정된 세액의 납부를 명하는 징수처분의 성질을 아울러 가지는 것이므로 고지행위의 하자는 부과처분과 징수처분 모두의 하자가 되는 것이며 오로지 징수처분만의 하자에 불과하다고 말할 수는 없다."
○ 대법원 2004. 4. 27. 선고 2002두7326 판결 ; "과세관청이 납세고지서에 납부할 총세액과 그 산출근거인 과세표준과 세율·공제세액 등을 기재함과 아울러 공동상속인 각자의 상속재산점유비율(상속분)과 그 비율에 따라 산정한 각자가 납부할 상속세액 등을 기재한 연대납세의무자별 고지세액 명세서를 그 납세고지서에 첨부하여 납세고지서에 납세자로 표시된 공동상속인에게 각기 교부하였다면, 그 납세고지는 적법한 부과고지 및 징수고지로서의 효력을 함께 가진다."
○ 대법원 2014. 2. 13. 선고 2013두19066 판결 ; "신고납세방식의 조세는 원칙적으로 납세의무자가 스스로 과세표준과 세액을 정하여 신고하는 행위에 의하여 납세의무가 구체적으로 확정된다. 따라서 그 납세의무를 이행하지 아니한다고 하여 과세관청이 신고된 세액에 납부불성실가산세를 더하여 납세고지를 하였더라도, 이는 신고에 의하여 확정된 조세채무의 이행을 명하는 징수처분과 그에 대한 가산세의 부과처분 및 그 징수처분이 혼합된 처분일 뿐이다. 그리고 납세의무자가 당초 신고를 한 데 대하여 이후 과세관청이 증액하여 신고하도록 안내를 함에 따라 수정신고를 하였다고 하더라도, 그 증액신고된 부분에 대한 납세고지가 단순한 징수처분이 아니라 증액 경정 취지의 조세 부과처분이 되는 것은 아니라 할 것이다."

719) 대법원 1992. 10. 27. 선고 92누305 판결 ; "연부연납이 허가된 상속세 등에 대하여 납세고지를 하는 것은 납세의무자에게 이미 부과하고 연부연납을 허가한 세금 중 특정의 연부연납세액에 관하여 납부하여야 할 세액과 그 납부기한을 알려주고, 그 조세채무의 이행을 명하는 **징수처분**으로서 이에 의하여 이미 부과된 납세의무자의 권리의무를 변경하는 효력은 없다고 할 것"

720) 대법원 2016. 1. 28. 선고 2014두3471 판결 ; "공동상속인의 상속세 연대납부의무는 다른 공동상속인 각자의 고유의 상속세 납부의무가 그들 각자에 대한 과세처분에 의하여 확정되면 상증세법의 규정에 의하여 당연히 확정되는 것이어서 과세관청은 별도의 확정절차 없이 바로 그 연대납부의무자에 대하여 징수절차를 개시할 수 있고, 납세고지에 의하여 공동상속인 중 1인에게 한 다른 공동상속인의 상속세에 대한 연대납부의무의 징수고지는 다른 공동상속인 각자에 대한 부과처분에 뒤따르는 **징수절차상의 처분**으로서의 성격을 가진다."

721) 대법원 2012. 1. 26. 선고 2009두14439 판결 ; "원천징수의무자인 법인이 원천징수하는 소득세의 납세의무를 이행하지 아니함에 따라 과세관청이 하는 납세고지는 확정된 세액의 납부를 명하는 **징수처분**에 해당"

722) 그 외에도, 종합부동산세 납세의무자가 그 과세표준과 세액을 신고한 후 이를 납부하지 아니하여 과세관청이 신고한 사항에 관하여 아무런 경정 없이 신고한 세액에 자진납부에 따른 공제 세액만을 합산한 세액을 납부하도록 고지한

는 부과처분이라고 볼 수 없고,[724] 그 징수처분에 대한 취소소송으로 불복할 수 있을 뿐이다.[725] 원천징수의무자에 대하여 납세의무의 단위를 달리하여 순차 이루어진 2개의 징수처분은 별개의 처분으로서 당초 처분과 증액경정처분에 관한 법리가 적용되지 않는다.[726] 징수처분에 대하여 그 고유의 하자(예컨대, 연부연납허가된 세액이나 납부기한과 다른 징수고지, 연대납부의무의 한도가 없는 상속세 전액의 징수고지 등)를 이유로 항고소송으로 다툴 수 있으나,[727] 납세의무를 확정하는 '신고행위'와 '부과처분' 및

것은 확정된 조세의 징수를 위한 **징수처분**에 불과하므로, 그 고지한 세액의 법정기일은 여전히 납세의무자의 신고일로 보아야 한다(2010다70605).

723) 납세자가 세법에 따른 납부기한까지 세금을 완납하지 아니한 경우에 납부고지 전에 적용되는 구 국세·지방세기본법상 '납부불성실가산세'와 납부고지 후에 적용되는 구 국세·지방세징수법상 '가산금'을 국세·지방세기본법상 '납부지연가산세'로 일원화함에 따라, 구 국세징수법 제21조(가산금) 규정은 2018. 12. 31.자 개정으로, 구 지방세징수법 제30조(가산금), 제31조(중가산금) 규정은 2020. 12. 29.자 개정으로, 삭제되었다.

724) 대법원 2017. 2. 21. 선고 2011두10232 판결 ; "구 국세징수법(2011. 4. 4. 법률 제10527호로 개정되기 전의 것) 제21조, 제22조에서 규정하는 가산금과 중가산금은 국세를 납부기한까지 납부하지 아니하면 과세관청의 확정절차 없이도 위 법규정에 의하여 당연히 발생하므로, 가산금 또는 중가산금의 고지는 항고소송의 대상이 되는 처분이라고 볼 수 없다." ☜ 가산금 및 중가산금에 관한 부과처분의 취소를 구하는 부분은 부적법하다 하여 직권으로 파기·자판하여 소를 각하한 예.

725) ○ 대법원 2000. 9. 22. 선고 2000두2013 판결 ; "**가산금과 중가산금**은 국세가 납부기한까지 납부되지 않는 경우 미납분에 관한 지연이자의 의미로 부과되는 부대세의 일종으로서, 과세권자의 확정절차 없이 국세를 납부기한까지 납부하지 아니하면 위 법규정에 의하여 당연히 발생하고 그 액수도 확정되는 것이며, 그에 관한 징수절차를 개시하려면 독촉장에 의하여 그 납부를 독촉함으로써 가능한 것이므로, 그 납부독촉이 부당하거나 절차에 하자가 있는 경우에는 그 **징수처분**에 대하여 **취소소송**에 의한 불복이 가능할 것이나, 과세관청이 가산금이나 중가산금을 확정하는 어떤 행위를 한 바 없고, 다만 국세의 납세고지를 하면서 납기일까지 납부하지 아니하면 납기 후 1개월까지는 가산금으로 얼마를 징수하게 된다는 등의 취지를 고지하였을 뿐이고, 납부기한 경과 후에 그 납부를 독촉한 사실이 없다면 가산금이나 중가산금의 부과처분은 존재하지 않는다고 할 것이므로, 그러한 **가산금이나 중가산금 부과처분의 취소를 구하는 소**는 **부적법**하다. … 감액경정처분을 한 경우에는 … 처음의 과세처분이 감액된 범위 내에서 존속하게 되는 것이므로, 가산금 및 중가산금의 부과 여부는 처음의 과세처분의 납부기한 등을 기준으로 하여 판단하여야 할 것이다."
○ 대법원 1999. 5. 11. 선고 97누13139 판결 ; '**증액경정처분**은 당초의 과세처분을 흡수하여 소멸시키므로, 당초의 과세처분에서 정한 납부기한을 전제로 한 **가산금 징수처분 역시 효력을 상실**한다고 보아야 한다.'
○ 대법원 1986. 7. 22. 선고 85누297 판결 ; "국세의 납세고지처분에 대하여 적법한 전심절차를 거친 이상 가산금 및 중가산금 징수처분에 대하여 따로이 전심절차를 거치지 않았다 하더라도 행정소송으로 이를 다툴 수 있다."

726) 대법원 2013. 7. 11. 선고 2011두7311 판결 ; "원천징수의무자에 대하여 납세의무의 단위를 달리하여 순차 이루어진 2개의 징수처분은 별개의 처분으로서 당초 처분과 증액경정처분에 관한 법리가 적용되지 아니하므로, 당초 처분이 후행 처분에 흡수되어 독립한 존재가치를 잃는다고 볼 수 없고, 후행 처분만이 항고소송의 대상이 되는 것도 아니다." ☜ 2007. 3. 6.자 징수처분과 2008. 5. 14.자 징수처분은 그 납세고지의 대상이 된 물건, 즉 양도된 주식이 서로 다르므로 납세의무의 단위를 달리하는 별개의 처분으로서, 당초 처분과 증액경정처분에 관한 법리가 적용되지 아니한다고 한 사례.

727) ○ 대법원 1992. 10. 27. 선고 92누305 판결 ; "조세의 징수처분은 체납처분에 선행하는 처분으로서 행정쟁송의 대상이 될 수 있다고 볼 것이고,… 연부연납이 허가된 상속세 등에 대하여 징수처분으로서의 납세고지를 받은 납세의무자는 그 납세고지된 세액이나 납부기한 등이 연부연납허가된 세액이나 납부기한 등과 다르거나 유효한 과세처분에 근거하지 아니하고 하는 등 하자가 있는 경우에는 그것이 위법, 부당함을 이유로 하여 소송으로서 다툴 이익이 있다고 보는 것이 옳을 것이다."
○ 대법원 2016. 1. 28. 선고 2014두3471 판결 ; "국세징수법상 독촉이나 압류 등의 체납처분은 확정된 세액의 납부를 명하는 징수고지를 전제로 이루어지는데, 확정된 세액에 관한 징수고지가 있고 그 세액이 미납된 경우 과세관청은 확정된 세액 전부에 관하여 독촉이나 압류에 나아갈 수 있으므로 과세관청이 확정된 세액에 관한 징수고지를 하면서 연대납부의무의 한도를 명시하지 아니하였다면 이는 연대납부의무의 한도가 없는 징수고지를 한 것으로 보아야 한다.

'원천징수의무자인 법인'에 대한 '소득금액변동통지'의 하자는 당연무효 사유에 해당하지 않는 한, 후행처분인 징수처분에 그대로 승계되지 않고 징수처분에 대한 항고소송에서 다툴 수 없다.[728] 이는 부과처분과 압류 등 체납처분의 관계에서도 마찬가지[729]이다.[730]

한편 징수절차상 고유의 하자가 있는 경우 독촉이나 압류 등의 체납처분뿐만 아니라 징수고지 자체를 다툴 수도 있는데, 어떠한 공동상속인이 상속재산 중 받았거나 받을 재산을 한도로 한 연대납부의무만을 부담함에도 과세관청이 공동상속인이 부담하는 상속세 전액에 대하여 징수고지를 한 경우 그 연대납부의무의 한도는 다른 공동상속인에 대한 부과처분을 다투는 방법으로는 불복할 수 없는 그 공동상속인 자신에 한정된 징수절차상 고유의 하자에 해당하므로, 연대납부의무의 한도를 다투려는 공동상속인은 자신의 연대납부의무에 직접 영향을 미치는 과세관청의 처분인 징수고지를 대상으로 항고소송을 제기할 수 있다고 보아야 한다."

728) ○ 대법원 2006. 9. 8. 선고 2005두14394 판결 ; "과세관청이 납세의무자의 신고에 의하여 취득세의 납세의무가 확정된 것으로 보고 그 이행을 명하는 징수처분으로 나아간 경우, 납세의무자의 **신고행위에 하자가 존재**하더라도 그 하자가 **당연무효** 사유에 해당하지 않는 한, 그 **하자가 후행처분인 징수처분에 그대로 승계되지는 않**는 것"

○ 대법원 2001. 11. 27. 선고 98두9530 판결 ; "다른 공동상속인들에 대한 과세처분이 무효 또는 부존재가 아닌 한 그 **과세처분**에 있어서의 **하자**는 그 **징수처분에 당연히 승계된다고는 할 수 없**으므로, 연대납부의무의 징수처분을 받은 공동상속인들 중 1인은 다른 공동상속인들에 대한 과세처분 자체에 취소사유가 있다는 이유만으로는 그 징수처분의 취소를 구할 수 없게 된다."

○ 대법원 2012. 1. 26. 선고 2009두14439 판결 ; "과세관청의 소득처분과 그에 따른 소득금액변동통지가 있는 경우 원천징수의무자인 법인은 소득금액변동통지서를 받은 날에 그 통지서에 기재된 소득의 귀속자에게 당해 소득금액을 지급한 것으로 의제되어 그때 원천징수하는 소득세의 납세의무가 성립함과 동시에 확정되므로 소득금액변동통지는 원천징수의무자인 법인의 납세의무에 직접 영향을 미치는 과세관청의 행위로서 **항고소송의 대상**이 된다. 그리고 원천징수의무자인 법인이 원천징수하는 소득세의 납세의무를 이행하지 아니함에 따라 과세관청이 하는 **납세고지**는 확정된 세액의 납부를 명하는 **징수처분**에 해당하므로 **선행처분인 소득금액변동통지에 하자**가 존재하더라도 그 하자가 **당연무효** 사유에 해당하지 않는 한 **후행처분인 징수처분에 그대로 승계되지 아니**한다. 따라서 과세관청의 소득처분과 그에 따른 소득금액변동통지가 있는 경우 **원천징수하는 소득세의 납세의무**에 관하여는 이를 확정하는 **소득금액변동통지에 대한 항고소송**에서 다투어야 하고 그 소득금액변동통지가 당연무효가 아닌 한 **징수처분에 대한 항고소송에서 이를 다툴 수는 없다**고 해야 할 것이다."

[비교] 이와 달리, '소득의 귀속자'에 대한 '소득금액변동통지'는 항고소송의 대상이 되는 행정처분에 해당하지 않고, 소득의 귀속자에게 소득금액변동통지가 없거나 그것이 적법하지 아니한 경우에 원천납세의무자인 소득의 귀속자가 소득세 과세처분취소소송 등에서 그 흠을 주장하여 다툴 수 있다(대법원 2015. 1. 29. 선고 2013두4118 판결).

729) 대법원 1987. 9. 22. 선고 87누383 판결 ; "조세의 부과처분과 압류 등의 체납처분은 별개의 행정처분으로서 독립성을 가지므로 부과처분에 하자가 있더라도 그 부과처분이 취소되지 아니하는 한 그 부과처분에 의한 체납처분은 위법이라고 할 수는 없지만, 체납처분은 부과처분의 집행을 위한 절차에 불과하므로 그 부과처분에 중대하고도 명백한 하자가 있어 무효인 경우에는 그 부과처분의 집행을 위한 체납처분도 무효라 할 것 … 납세고지서에 세액산출근거가 기재되지 않았다는 것은 부과처분을 무효로 되게 하는 중대하고도 명백한 하자라 할 수 없고 … 독촉절차 없이 압류처분을 하였다 하더라도 이러한 사유만으로는 압류처분을 무효로 되게 하는 중대하고도 명백한 하자로는 되지 않는다고 판단 … 모두 정당하게 수긍이 되고"

730) ◎ **행정행위 하자의 승계 여부에 관한 일반론**

대법원 1994. 1. 25. 선고 93누8542 판결 ; "두개 이상의 행정처분이 연속적으로 행하여지는 경우 선행처분과 후행처분이 서로 결합하여 1개의 법률효과를 완성하는 때에는 선행처분에 하자가 있으면 그 하자는 후행처분에 승계되는 것이므로 선행처분에 불가쟁력이 생겨 그 효력을 다툴 수 없게 된 경우에도 선행처분의 하자를 이유로 후행처분의 효력을 다툴 수 있는 것이며, 반면 선행처분과 후행처분이 서로 독립하여 별개의 법률효과를 목적으로 하는 때에는 선행처분에 불가쟁력이 생겨 그 효력을 다툴 수 없게 된 경우에는 선행처분의 하자가 중대하고 명백하여 당연 무효인 경우를 제외하고는 선행처분의 하자를 이유로 후행처분의 효력을 다툴 수 없는 것이 원칙이다. 그러나 선행처분과 후행처분이 서로 독립하여 별개의 효과를 목적으로 하는 경우에도 선행처분의 불가쟁력이나 구속력이 그로 인하여 불이익을 입게 되는 자에게 수인한도를 넘는 가혹함을 가져오며, 그 결과가 당사자에게 예측가능한 것이 아닌 경우에는 국민의 재판받을 권리를 보장하고 있는 헌법의 이념에 비추어 선행처분의 후행처분에 대한 구속력은 인정될 수 추징처분은 애초에 비과세·감면 요건을 충족한 것으로 보아 조세를 감면·공제받은 자가 비과세·감면 취지에 합당한 사용을 하지 않은 것 등 사후의 일정한 사유의 발생을 요건으로 비과세·감면의 혜택을 박탈하기 위하여 이미 감면·공제받았던 세액을 새로운 부과처분의 형태로 추징하는 처분으로서, 사후적 비과세·감면요건을 구비하지 못한 경우에 애초부터 비과세·감면 대상에서 제외된 것으로 보아 그 요건의 충족 여부를 판단할 수 있을 때까지 유예해 두었던 세액을 원칙대로 부과하는 '본래의 부과처분'과는 서로 구별되는 별개의 처분이다.[731] 추징사유 발생 시가 납세의무 성립 시점이자 적용

없다고 봄이 타당할 것이다." ☞ 선행처분과 후행처분이 서로 결합하여 1개의 법률효과를 완성하는 경우로 강학상 흔히 드는 예는 체납처분절차상 압류처분와 매각처분이 있다.

위와 같은 일반론과 별개로, **제2차 납세의무**는 주된 납세의무와는 별개로 성립하여 확정되는 것이나 주된 납세의무의 존재를 전제로 하는 것이어서 주된 납세의무에 대하여 발생한 사유는 원칙적으로 제2차 납세의무에도 영향을 미치게 되는 이른바 **부종성**을 가지므로, 제2차 납세의무자는 **주된 납세의무의 위법 여부에 대한 확정에 관계없이** 자신에 대한 **제2차 납세의무 부과처분의 취소소송**에서 **주된 납세의무자에 대한 부과처분의 하자를 주장할 수 있다**(2006두14926).

731) ◎ **추징처분**

○ 대법원 2013. 11. 28. 선고 2011두27551 판결 ; "구 지방세법(2010. 3. 31. 법률 제10221호로 전부 개정되기 전의 것) 제282조(이 사건 법률조항) 본문은 '대통령령이 정하는 기업부설연구소용에 직접 사용하기 위하여 취득하는 부동산에 대하여는 취득세 및 등록세를 면제한다'고 규정하고, 그 위임을 받은 구 지방세법 시행령(2010. 9. 20. 대통령령 제22395호로 전부 개정되기 전의 것) 제228조(이 사건 시행령조항)는 "법 제282조에서 '대통령령이 정하는 기업부설연구소'라 함은 토지 또는 건축물을 취득한 후 4년 이내에 기술개발촉진법 제7조 제1항 제2호의 규정에 의한 기준을 갖춘 연구소로서 교육과학기술부장관의 인정을 받은 것을 말한다."고 규정하고 있다. 한편 이 사건 법률조항 단서는 '연구소 설치 후 4년 이내에 정당한 사유 없이 연구소를 폐쇄하거나 다른 용도로 사용하는 경우 그 해당 부분에 대하여는 면제된 취득세와 등록세를 추징한다'고 규정하고 있다. 이들 규정의 문언 내용과 체계, 기업의 과학기술연구를 장려하여 고도의 기술혁신을 이룩하려는 이 사건 법률조항의 입법 취지를 실현하기 위해서는 기업부설연구소의 설치가 필수적인 점 등에 비추어 보면, 이 사건 시행령조항은 이 사건 법률조항 본문에 따라 취득세 등이 면제되기 위한 사후적 요건으로서의 기업부설연구소 설치와 그 인적·물적 시설 기준 등을 정한 것으로 봄이 타당하므로, 기업부설연구소용에 직접 사용할 목적으로 부동산을 취득하였다고 하더라도 이 사건 시행령조항에서 정한 기업부설연구소를 설치하지 못한 경우에는 처음부터 이 사건 법률조항 본문에 따른 취득세 등의 면제대상에서 제외되어 원칙대로 과세되는 것이고, 이때의 부과처분은 면제된 취득세 등을 새로운 부과처분의 형태로 추징하는 이 사건 법률조항 단서에 의한 추징처분과는 그 요건을 달리하는 별개의 처분이라고 할 것이다."

○ 대법원 2010. 6. 24. 선고 2010두4094 판결 ; "개정 전 조례가 임대주택 건설용 토지를 취득한 날부터 2년 이내에 공동주택을 착공하지 아니한 경우를 추징대상으로 규정하였다가 이 사건 감면조례에서 위와 같은 경우를 감면대상 자체로부터 제외하는 내용으로 개정된 점 등에 비추어 보면, 이 사건 감면규정 중 임대주택 건설용 토지에 관한 괄호 안의 부분은 당해 토지에 대하여 먼저 취득세와 등록세를 감면하였다가 2년 이내에 공동주택을 착공하지 아니한 경우 이를 추징하던 종전의 방식에서 당해 토지를 취득한 날부터 2년 이내에 공동주택을 착공할 경우에 비로소 지방세를 감면하고 그 기간 동안 착공하지 아니할 경우에는 처음부터 감면대상에서 제외하여 원칙대로 과세하는 방식으로 변경하는 취지에서 마련되었다고 할 것이다. 따라서 임대사업자가 임대주택을 건설할 목적으로 취득한 토지에 대하여 그 취득일부터 2년 이내에 착공을 하지 아니하면 당해 토지는 이 사건 감면규정에 의하여 처음부터 지방세감면대상에서 배제되는 것으로서, 이 경우에 과세관청이 하는 지방세부과처분은 추징처분이 아닌 본래의 부과처분이라고 할 것이다."

○ 대법원 2009. 7. 9. 선고 2007두4049 판결 ; "구 조세감면규제법 제124조 제3호 소정의 … 추징처분은 당초의 법인세 부과처분과는 그 요건을 달리하는 별개의 처분이고, 특히 그 공제받은 세액 등은 당초의 법인세에 가산하여 징수하는 것이 아니라 추징사유가 발생한 사업연도의 법인세에 가산하여 징수하는 것이므로, 원고가 이 사건 리스물건을 리스회사에 반환한 것이 위 조항 소정의 처분에 해당하여 1998 사업연도에 추징사유가 발생하였다고 하더라도, 그로 인하여 이 사건 1997 사업연도 법인세 부과처분이 적법하게 되는 것은 아니라고 할 것"

○ 대법원 1998. 8. 21. 선고 97누1846 판결 ; "조감법 제67조의13 제2항 소정의 추징처분은 특별부가세를 면제받은

법령의 기준 시점이다.[732] 추징처분의 '부과제척기간 기산일'은 국세기본법 시행령 제12조의3 제2항 제3호(해당 공제세액 등을 징수할 수 있는 사유가 발생한 날), 지방세기본법 시행령 제19조 제2항 제3호(비과세 또는 감면받은 세액을 신고납부하도록 규정된 경우에는 그 신고기한의 다음 날, 그 외의 경우에는 비과세 또는 감면받은 세액을 부과할 수 있는 사유가 발생한 날)[733]에 따른다. 동일한 과세대상에 대한 복수의 감면규정 중 어느 하나에 따라 감면이 이루어지고 추징사유가 없다면, 다른 감면규정에 따른 추징처분은 허용되지 않는다.[734]

자가 당초 면제받은 취지에 합당한 사용을 하지 않은 것을 요건으로 한 처분으로서 본래의 특별부가세 부과처분과는 그 요건을 달리하는 별개의 처분이라고 할 것이므로, 추징처분이 조감법상의 추징요건을 갖추지 못하였다면 그 추징처분은 위법한 처분이 되는 것이고, 면제요건을 갖추지 못하여 본래의 부과처분을 할 사유가 있다고 하더라도 그와 같은 사정이 위법한 추징처분을 적법한 것으로 할 사유가 될 수는 없다고 할 것인바, 위 조감법 규정에 의하면 취득명세서의 제출은 특별부가세 면제의 절차적 요건으로 볼 여지가 있음은 별론으로 하고, 그 부제출이 추징요건이 된다고 볼 근거는 없으므로 당초 추징요건에 해당하지 아니하는 합당한 자산의 취득이나 비용의 지출에 대하여 취득명세서를 제출하지 아니하였다 하여 이를 추징요건에 해당하는 것과 동일하게 취급하여 추징처분의 위법 여부를 판단할 수는 없다고 할 것이다."

○ 대법원 2001. 6. 29. 선고 99두2000 판결 ; "수증자가 증여세 과세표준 및 세액을 신고함과 아울러 면제요건을 갖추었음을 이유로 면제신청을 한 경우 과세관청이 이를 받아들여 증여세를 면제함에 있어서도 신고일부터 6월 이내에 면제되는 과세표준 및 세액을 결정하여 이를 수증자에게 통지하여야 할 것이나, 위 결정기간 6월에 관한 규정은 훈시규정이라 할 것이므로, 과세관청이 면제사유가 구비된 것으로 판단하여 증여세를 부과하지 않다가 나중에 추징사유가 있다는 이유로 증여세 추징처분을 하는 경우에는 면제되는 과세표준 및 세액의 결정 및 추징처분이 동시에 이루어진 것으로 봄이 상당하고, 반드시 면제되는 과세표준 및 세액의 결정을 별도의 절차에 의하여 먼저 하고 난 후에만 비로소 추징처분을 할 수 있는 것은 아니라고 할 것이다."

732) 대법원 2020. 12. 10. 선고 2020두39754 판결 ; "원심은 … 이 사건 처분을 함에 있어 홍○○이 원고의 출연자인 신○○의 특수관계인에 해당하여 원고가 성실공익법인에 해당하지 않게 되었는지 여부의 판단에 적용해야 할 법령은, 신○○가 당초 주식을 증여할 당시 시행되던 구 「상속세 및 증여세법 시행령」(2012. 2. 2. 대통령령 제23591호로 개정되기 전의 것, '개정 전 상증세법 시행령')이 아니라, 원고가 성실공익법인에 해당하지 않게 됨으로써 납세의무가 성립할 당시 시행되던 구 「상속세 및 증여세법 시행령」(2012. 2. 2. 대통령령 제23591호로 개정된 것, '개정 상증세법 시행령')이라고 판단하였다. … 증여세 납세의무의 성립시기, 법령의 적용시점 등에 관한 법리를 오해한 잘못이 없다."

733) 사후감면요건을 충족하지 못하여 과세대상이 된 경우에도 적용된다(대법원 2010. 6. 24. 선고 2010두4094 판결).

734) 대법원 2012. 1. 27. 선고 2010두26414 판결 ; "동일한 과세대상에 대하여 조세를 감면할 근거 규정이 둘 이상 존재하는 경우에 어느 하나의 감면규정에 정한 감면요건이 충족되고 그 규정에 따른 감면에 대해서는 추징규정이 없거나 추징사유가 발생하지 아니하였다면 나머지 다른 감면규정에 부속된 추징사유가 발생하여 그 규정에 따른 추징처분은 가능하게 되었다고 하더라도 원래의 감면사유가 여전히 존재하는 이상 추징처분을 하는 것은 허용되지 않는다고 할 것이다. 따라서 복수의 감면규정 중 어느 하나의 규정에 따라 감면이 이루어진 후 다른 감면규정에 종속하는 추징규정에 근거하여 추징처분이 이루어진 경우에는 당초에 한 감면결정의 근거가 된 감면사유가 존재하는지를 먼저 판단하여 그 감면사유가 존재한다면 다른 감면규정에 따른 추징요건을 충족하는지와 상관없이 추징처분은 위법하다고 할 것이다. 반면 당초 감면결정의 감면사유가 인정되지 않는다면 거기에서 나아가 추징처분의 바탕이 된 감면규정에 정한 감면사유 및 추징사유의 존부를 가려 그 처분의 위법 여부를 판단하여야 할 것이다. 그리고 이 경우 추징처분이 적법하기 위해서 그 전제가 되는 감면결정이 먼저 있어야 하는지는 해당 법령의 성격 등을 따져서 할 것인바, 그 감면결정에 당사자의 감면신청이 필요적 요건이 아니라면 따로 감면결정이 없었더라도 곧바로 추징처분을 할 수 있다고 볼 것이다."(합병 전 대한주택공사가 국민임대아파트 사업 부지 취득에 관해 구 지방세법 제289조 제1항에 따른 취득세 등 면제신청을 하여 면제결정을 받았는데, 이후 관할 행정청이 이 경우 같은 법 제269조 제1항에도 해당되나 사업계획승인일로부터 4년 이내에 건축을 착공하지 않았다는 이유로 같은 법 제269조 제3항 등에 의해 면제된 취득세 등을 추징하는 처분을 한 사안에서, 당초에 한 면제결정이 적법한지, 그렇지 않다면 같은 법 제269조 제1항 및 제3항의 요건을 충족하는지를 판단하지 아니한 채, 단지 같은 법 제269조 제1항에 의한 면제결정 없이 추징처분을 하여 위법하다고 본 원심판결에 법리오해의 위법이 있다고 한 사례). **[동일 판시]** 대법원 2014. 2. 13.

처분사유의 추가·변경

● 대법원 2016. 10. 13. 선고 2016두39849 판결 [부가가치세환급경정청구거부처분취소]

▌처분사유 변경, 매입세액 불공제

판시사항

원심이, 원고의 이 사건 경정청구는 원고가 인천세관장으로부터 발급받은 수입세금계산서상의 매입세액을 각 그 과세기간의 매출세액에서 공제하여야 함을 전제로 매입세액 상당의 환급을 구하는 경정청구이고, 이에 대한 피고의 **당초 처분사유**는 **수정세금계산서는 매입세액 공제 대상이 안 된다**는 것이고, **추가된 처분사유**는 이 사건 수입세금계산서는 **사실과 다른 세금계산서**에 해당하여 **매입세액 공제대상이 될 수 없다**는 것으로서, 그 각 처분사유는 모두 이 사건 수입**세금계산서**와 관련하여 거기에 기재된 **매입세액**은 **공제대상이 되지 않는다**는 것으로서 **동일한 사실관계에 기초**한 것이고, 다만 그 공제대상이 되지 않는 이유에 관한 **법률적 평가만을 달리**한 것일 뿐[735])이므로 그 **처분사유의 추가 혹은 변경**이 **허용**된다고 판단한 것은 정당하다고 한 사례.

※ 처분사유의 추가·변경

과세처분 취소소송의 소송물은 과세관청이 결정한 세액의 객관적 존부(이른바 '**총액주의**'의 입장)[736])이므로, 과세관청으로서는 소송 도중 사실심 변론종결 시(처분의 위법성 판단의 기준시점)까지[737]) 당해 처분

선고 2013두18582 판결(기록상 다른 감면규정에 관한 자료가 나타나 있다면, 필요한 석명을 구하거나 심리를 하여 그 감면사유 및 추징사유의 당부에 따른 처분의 위법 여부를 직권으로 판단하여야 한다).

735) 대법원 2018. 12. 13. 선고 2016두31616 판결 ; 외국인 甲이 법무부장관에게 귀화신청을 하였으나 법무부장관이 심사를 거쳐 '품행 미단정'을 불허사유로 국적법상의 요건을 갖추지 못하였다며 신청을 받아들이지 않는 처분을 하였는데, 법무부장관이 甲을 '품행 미단정'이라고 판단한 이유에 대하여 제1심 변론절차에서 자동차관리법위반죄로 기소유예를 받은 전력 등을 고려하였다고 주장하였다가 원심 변론절차에서 불법 체류한 전력이 있다는 추가적인 사정까지 고려하였다고 주장한 **사안**에서, 법무부장관이 처분 당시 甲의 전력 등을 고려하여 甲이 구 국적법 제5조 제3호의 '품행단정' 요건을 갖추지 못하였다고 판단하여 처분을 하였고, 그 처분서에 처분사유로 '품행 미단정'이라고 기재하였으므로, '품행 미단정'이라는 판단 결과를 위 처분의 처분사유로 보아야 하는데, 법무부장관이 원심에서 추가로 제시한 불법 체류 전력 등의 제반 사정은 불허가처분의 처분사유 자체가 아니라 그 근거가 되는 기초 사실 내지 평가요소에 지나지 않으므로, 법무부장관이 이러한 사정을 추가로 주장할 수 있다고 한 사례.

736) 대법원 2006. 6. 15. 선고 2004두3823 판결 ; "과세처분의 취소를 구하는 소송에서 그 과세처분의 위법 여부는 그 과세처분에 의하여 인정된 세액이 정당한 세액을 초과하는지 여부에 의하여 판단하여야 할 것이므로, 과세관청이 과세표준과 세액의 산출·결정과정에서 잘못을 저질러 과세처분이 위법한 경우라도 그와 같이 하여 부과고지된 세액이 정당한 산출 세액의 범위를 넘지 아니하고 잘못된 방식이 과세단위와 처분사유의 범위를 달리하는 정도의 것이 아니라면 정당세액 범위 내의 부과고지처분이 위법하다 하여 이를 취소할 것은 아니다." ☞ 무허가 신축건물을 양도하면서 편의상 철거된 종전건물의 등기부상 지분을 양도하는 것으로 처리한 경우에, 신축건물의 기준시가에 의한 양도차손이 종전건물의 그것보다 더 큰지 여부에 관하여 심리하지 않은 채 종전건물을 양도대상으로 한 양도소득세부과처분의 세액 산출 과정에 잘못이 있다고 보아 위 양도소득세부과처분을 취소한 원심판결을 심리미진 등의 이유로 파기한 사례.

737) 대법원 2019. 2. 14. 선고 2015두52616 판결 ; "과세처분의 위법을 다투는 조세행정소송에 있어서 그 **처분의 적법 여부**는 과세액이 정당한 세액을 초과하느냐의 여부에 따라 판단되는 것으로서, 당사자는 **변론종결 시까지** 객관적인

에서 인정한 과세표준 또는 세액의 정당성을 뒷받침할 수 있는 새로운 자료를 제출하거나 **처분의 동일성이 유지되는 범위 내**에서 그 **사유를 교환·변경**할 수 있는 것이고, 반드시 처분 당시의 자료만에 의하여 처분의 적법 여부를 판단하여야 하거나 처분 당시의 처분사유만을 주장할 수 있는 것은 아니다.[738] 이는 감액경정청구에 대한 거부처분 취소소송에서도 역시 마찬가지이다.[739]

처분사유의 추가·변경은 **동일한 과세단위 내**에서 **사실관계의 기초**가 **동일**(기본적 사실관계의 동일성)[740]한 경우에 허용된다(동일한 사실관계에 기초하되 법률적 평가만을 달리한 것일 뿐인 경우에는 처분사유의 추가·변경이 허용된다[741]).[742] 처분의 근거법령만을 추가·변경하는 것은 새로운 처분사유의 추가·변경

조세채무액을 뒷받침하거나 다투는 개별 사유를 주장하고 관련 증거를 제출할 수 있다. 이 사건 가산세 납세의무의 존부에 대해서도 수입신고 당시가 아닌 이후 경과와 변론종결 시까지 제출된 모든 자료를 종합하여 판단하여야 하고, 원심의 판단에 … 처분의 위법성 판단의 기준시점에 관한 법리를 오해한 잘못이 없다."

738) 대법원 2014. 5. 16. 선고 2013두21076 판결.

739) 대법원 2008. 12. 24. 선고 2006두13497 판결 ; "감액경정청구를 받은 과세관청으로서는 과세표준신고서에 기재된 과세표준 및 세액이 세법에 의하여 신고하여야 할 객관적으로 정당한 과세표준 및 세액을 초과하는지 여부에 대하여 조사·확인할 의무가 있으므로, 통상의 과세처분 취소소송에서와 마찬가지로 감액경정청구에 대한 거부처분 취소소송 역시 그 거부처분의 실체적·절차적 위법 사유를 취소원인으로 하는 것으로서 그 심판의 대상은 과세표준신고서에 기재된 과세표준 및 세액의 객관적인 존부라 할 것이고, 경정청구가 이유 없다고 내세우는 개개의 거부처분사유는 과세표준신고서에 기재된 과세표준 및 세액이 세법에 의하여 신고하여야 할 객관적으로 정당한 과세표준 및 세액을 초과하는 것이 아니라고 주장하는 공격방어방법에 불과한 것이므로, 과세관청은 당초 내세웠던 거부처분사유 이외의 사유도 그 거부처분 취소소송에서 새로이 주장할 수 있다. 한편, 경정거부처분 취소소송에서 그 거부처분의 적법 여부는 과세표준신고서에 기재된 과세표준 및 세액이 정당한 과세표준 및 세액을 초과하느냐의 여부에 따라 판단되는 것으로서 당사자는 사실심 변론종결시까지 객관적인 조세채무액을 뒷받침하는 주장과 자료를 제출할 수 있고 이러한 자료에 의하여 정당한 세액이 산출되는 때에는 감액을 구하는 세액 중 당초 신고한 세액에서 정당한 세액을 차감한 부분만 취소하여야 할 것이고 전체를 취소할 것이 아니다."

740) 대법원 2003. 12. 11. 선고 2003두8395 판결[정보공개거부처분취소] ; "행정처분의 취소를 구하는 항고소송에 있어서, 처분청은 당초 처분의 근거로 삼은 사유와 기본적 사실관계가 동일성이 있다고 인정되는 한도 내에서만 다른 사유를 추가하거나 변경할 수 있고, 여기서 기본적 사실관계의 동일성 유무는 처분사유를 법률적으로 평가하기 이전의 구체적인 사실에 착안하여 그 기초인 사회적 사실관계가 기본적인 점에서 동일한지 여부에 따라 결정되며, 추가 또는 변경된 사유가 당초의 처분 시 그 사유를 명기하지 않았을 뿐 처분 시에 이미 존재하고 있었고 당사자도 그 사실을 알고 있었다 하여 당초의 처분사유와 동일성이 있는 것이라 할 수 없다." ☞ 일반 행정처분에서의 처분사유 추가·변경에 관한 판시.

741) 대법원 2016. 10. 13. 선고 2016두39849 판결.

742) ◎ **처분사유 추가·변경의 긍정례**

○ 대법원 2014. 5. 16. 선고 2013두21076 판결 ; "이월결손금은 익금이나 손금과 마찬가지로 당해 사업연도의 과세표준 및 세액에 영향을 미치는 것이어서 과세관청으로서는 이월결손금이 없음을 전제로 한 당초의 처분사유를 **이월결손금이 없지 아니하나 당해 사업연도에 산입할 익금이 있음을 전제로 한 처분사유**로 **변경**할 수 있다."

○ 대법원 1992. 9. 22. 선고 91누13205 판결 ; "법인이 그 보유주식을 처분하고 그 처분손실액을 처분한 사업년도의 손비로 계상한 것에 대하여 과세관청이 이를 법인세법 소정의 저가양도에 해당한다고 보아 부당행위계산부인규정에 따라 손금부인하여 과세처분을 한 경우 그 과세처분취소소송에서 위 주식양도가 저가양도에 해당하지 않는다면 그 매입이 고가매입에 해당한다고 주장을 변경하였더라도 고가매입이거나 저가양도이거나 간에 그 처분손실액의 부인을 통한 법인세자체의 귀속사업년도는 달라진다고 볼 수 없고, 이 경우 만일 매입 및 양도의 각 상대방 중 어느 한편은 … 특수관계자에 해당하고 다른 한편은 특수관계자에 해당하지 않는다면 특수관계자가 아닌 상대방과의 거래에 관하여는 … 비지정기부금으로 처리하게 되어 그 손금부인액의 범위가 달라지게 되나 이는 원고가 부담하여야 할 정당한 세액의 범위의 차이에 불과하므로 피고의 위 주장변경은 거래상대방이 … 특수관계자에 해당하는지의 여부를 떠나 처분내용의 동일성을 해한다고 볼 수 없어 허용되어야 할 것이다."

이라고 볼 수 없다.[743)]

○ 대법원 2002. 1. 25. 선고 2000두956 판결 ; '상속개시일 전 처분재산의 상속 추정' 규정에 의한 상속세 과세가액 산입대상에는 해당하지 않으나, '상속개시 전 3년 이내의 상속인 이외의 자에 대한 생전증여재산'에 해당하여 상속세 과세가액 산입대상이라고 한 사례.
○ 대법원 2012. 5. 24. 선고 2010두7277 판결 ; 과세관청이 甲이 乙 주식회사 주식을 취득함에 있어 구 상속세 및 증여세법 제45조 제1항에 의해 **취득자금을 증여**받은 것으로 추정된다는 사유로 甲에게 증여세 부과처분을 하였다가, 甲이 제기한 취소소송에서 乙 회사의 실질적인 운영자 丙이 甲에게 **명의신탁**함으로써 같은 법 제41조의2에 의해 甲이 위 주식을 **증여**받은 것으로 **의제**된다는 점을 예비적 처분사유로 추가한 사안에서, 과세관청이 처분사유를 추가한 것은 처분의 동일성이 유지되는 범위 내에서 이루어진 처분사유의 추가·변경에 해당하여 허용된다고 한 사례. ☞ **[동일 취지]** 대법원 1986. 11. 25. 선고 85누677 판결(원심이 원고의 처가 원고에게 주택자금의 일부를 제공한 사실을 인정하면서도 이는 특별한 사정이 없는 한 증여로 단정할 수 없다고 판단하는데 그치고, 명의신탁이 인정되는지 여부 기타 주택자금제공의 법적성질 등을 심리판단하지 아니한 것은 잘못이라고 한 예)
○ 대법원 2011. 1. 27. 선고 2009두1617 판결 ; "과세관청이 당초 증여세 부과처분 당시 명의수탁자를 증여자로 인정하였다가 명의신탁자를 증여자로 인정하였다 하더라도 동일한 과세원인사실의 범위 내로서 과세의 기초사실이 달라지는 것은 아니라고 할 것이다."(피고가 당초 원고가 그의 부인 소외 3이 출자에 의하여 지배하고 있는 법인인 소외 2 주식회사의 감사로서 특수관계자인 **소외 1로부터** 주식을 저가로 양수하였다고 보고 증여세 부과처분을 하였다가, 원심에 이르러 주식의 실질적인 보유자는 소외 3으로서 소외 1은 명의수탁자에 불과하므로 원고는 **특수관계자인 소외 3으로부터 주식을 저가로 양수**하였다는 처분사유를 예비적으로 추가한 것은, 처분의 동일성이 유지되는 범위 내에서의 처분사유의 변경으로서 허용된다고 한 사례). ☞ **[동일 취지]** 대법원 1997. 2. 11. 선고 96누3272 판결(甲이 자기 명의의 예금을 인출하여 타인에게 증여하였음을 과세원인으로 하는 증여세 부과처분이 있은 후 위 예금의 실권리자가 乙이고 甲은 그의 처로서 그 자금관리자에 불과하며 증여자도 그 실권리자인 乙인 사실이 밝혀졌다 하더라도 처분의 동일성이 유지되어 당초의 과세처분이 적법하다고 본 사례)
○ 대법원 2002. 3. 12. 선고 2000두2181 판결 ; "과세관청이 종합소득세부과처분의 정당성을 뒷받침하기 위하여 **합산과세되는 종합소득의 범위 안**에서 그 **소득의 원천만을 달리 주장**하는 것은 처분의 동일성이 유지되는 범위 내의 처분사유 변경에 해당하여 **허용**된다." ☜ 과세관청이 과세대상 소득에 대하여 **이자소득**이 아니라 **대금업에 의한 사업소득**에 해당한다고 처분사유를 변경한 것은 처분의 동일성이 유지되는 범위 내에서의 처분사유 변경에 해당하여 허용되며, 또 그 처분사유의 변경이 국세부과의 제척기간이 경과한 후에 이루어졌는지 여부에 관계없이 국세부과의 제척기간이 경과되었는지 여부는 당초의 처분시를 기준으로 판단하여야 한다고 한 사례.
○ 대법원 2000. 3. 28. 선고 98두16682 판결 ; "과세관청인 피고가 사실심 변론종결 시까지 구 법인세법시행령 제94조의2 규정에 근거하여 **소득금액을 지급한 것으로 의제하는 소득처분**과는 별도로, 당해 원천징수소득세 징수처분의 정당성을 뒷받침하기 위하여 같은 소득금액이 **대표이사나 출자자에게 현실적 소득으로 귀속**되었다는 주장과 함께 **합산과세되는 종합소득의 범위 안에서 그 소득의 원천만을 달리 주장**하는 것은 처분의 동일성이 유지되는 범위 내의 처분사유 변경에 해당하여 허용된다 할 것이고, … 원심이, 피고가 사실심 변론종결 시까지 소득처분에 의한 상여와는 별도로 소외인들이 지급받은 위 각 금액이 위 소외인들에게 소득세법 제21조 제1항 제1호 (가)목 소정의 근로소득 또는 제25조 제1항 제12호 소정의 기타소득으로서 각 현실적으로 귀속되었다고 주장함으로써 처분사유를 변경하는 것은, 처분의 동일성이 유지되는 범위 내에서의 처분사유 변경으로서 그 처분사유의 변경이 국세부과의 제척기간 등이 경과한 이후에 이루어졌는지 여부에 관계없이 허용된다고 판단한 것은 정당하고"
○ 대법원 2001. 8. 24. 선고 2000두4873 판결 ; 동일한 법인세 및 농어촌특별세의 세목 아래 부동산 양도를 부당행위계산부인의 대상인 저가매매로 보고 시가에 따라 당초 부과처분을 하였다가 소송 도중에 **실지양도가액**으로 처분사유를 변경한 경우, 처분의 동일성이 인정되는 범위 내로서 허용된다고 본 사례.
○ 대법원 2001. 6. 15. 선고 99두1731 판결 ; 당초 원고들의 양도가액이 기준시가에 미달한다는 이유로 이를 부당행위계산부인하고 **기준시가**에 의하여 이를 계산하여 양도소득세부과처분을 하였다가 소송절차에서 기준시가는 시가가 아니라는 이유로 시가감정신청을 하고 기준시가보다 원고들에게 불리한 감정결과에 의하여 세액이 결정되어야 한다고 주장한다고 하여 그와 같은 주장이 신의칙에 반하여 허용될 수 없는 것은 아니라고 한 사례.
○ 대법원 1994. 5. 24. 선고 92누9265 판결 ; "양도소득세부과처분에 있어서 양도 상대방을 오인하여 한 것이라도 과세원인이 된 양도자산이 동일하면 처분의 동일성은 유지된다고 할 것이다."
○ 대법원 2002. 10. 11. 선고 2001두1994 판결 ; 과세관청이 당초 처분사유로 양도 건물의 **주택용도 이외 부분의 면적이 주택용도 부분의 면적보다 크다**는 사유를 내세워 양도소득세가 비과세되는 구 소득세법(1994. 12. 22. 법률

처분의 동일성이 유지되는 범위 내에서 처분사유를 변경하는 것은 새로운 처분이라 할 수 없으므로, 국세부과의 제척기간이나 국세징수권의 소멸시효가 경과되었는지 여부도 당초의 처분시를 기준으로 판단할 것이지 처분사유의 변경시를 기준으로 판단할 것은 아니다.[744]

처분사유의 추가·변경이 허용되는 경우, 과세관청은 처분사유의 추가·변경을 주장하고 그에 따른 정당한 세액을 주장·증명하여야 하고, 법원이 직권으로 심리·판단하여야 하는 것은 아니다.[745]

전소판결의 기속력에 저촉되는 처분사유 변경은 허용되지 않는다.[746]

제4803호로 전문 개정되기 전의 것) 제5조 제6호 (자)목 소정의 **'1세대 1주택'의 요건**을 갖추지 못하였다고 주장하다가, 소송 중 양도인이 위 건물의 양도 당시 **다른 주택 1채를 더 소유**하고 있어 위 요건을 갖추지 못하였다고 주장하는 것은 처분의 동일성이 유지되는 범위 내의 것이라고 인정한 사례.

743) ○ 대법원 1996. 4. 9. 선고 95누11405 판결 ; "원고는 피고가 위 각 양도 당시 시행되던 구 소득세법시행령 제170조 제4항 제2호가 아니라 그 이후인 1989. 8. 1. 개정된 소득세법시행령의 조항을 적용하여 부과처분을 한 것은 위법하므로 위 처분이 취소되어야 한다고 주장하나, 설사 피고가 그와 같은 잘못을 저질렀다고 하더라도 조세부과처분의 취소를 구하는 소송의 소송물은 정당세액의 존부로서 과세단위와 처분사유의 동일성이 인정되는 한 과세관청의 위와 같은 법령의 적용 착오는 처분을 취소할 사유가 되지 못한다고 할 것이다."

○ 대법원 1988. 1. 19. 선고 87누603 판결 [개인택시운송사업면허취소처분취소] ; "행정처분이 적법한가의 여부는 특별한 사정이 없는 한 처분 당시의 사유를 기준으로 판단하면 되는 것이고, 처분청이 처분 당시에 적시한 구체적 사실을 변경하지 아니하는 범위 안에서 단지 그 처분의 근거법령만을 추가변경하는 것은 새로운 처분사유의 추가라고 볼 수 없으므로 이와 같은 경우에는 처분청이 처분 당시에 적시한 구체적 사실에 대하여 처분 후에 추가·변경한 법령을 적용하여 그 처분의 적법 여부를 판단하여도 무방하다 할 것이다."

744) 대법원 2002. 3. 12. 선고 2000두2181 판결, 대법원 2000. 3. 28. 선고 98두16682 판결.

745) ○ 대법원 1997. 11. 14. 선고 96누8307 판결 ; "**이자소득**과 **부동산 임대소득**이 소득세법상 합산과세 되는 종합소득이라 하여도 과세요건과 소득금액의 산정방식 등을 달리하고 있으므로 납세의무자의 소득이 부동산 임대소득이라 하여 과세되었으나 이자소득임이 인정되는 경우에는 **처분사유를 변경**하고 **그에 따른 정당한 세액을 주장·입증**하지 아니하는 한 당해 처분 전부를 취소하여야 하고, 법원이 정당한 이자소득세를 산출하여 이를 초과하는 범위 내에서만 부과처분을 취소하여야 하는 것은 아니다."

○ 대법원 2005. 6. 10. 선고 2003두2656 판결 ; 구 주택건설촉진법에 의한 인가를 받아 설립된 주택조합이 건축한 주택을 일반분양하여 소득이 발생한 경우, 국세기본법상 법인으로 보는 법인격이 없는 단체로서 법인세법상 비영리내국법인에 해당하는 주택조합이 위 소득에 대한 법인세 납세의무자가 된다고 하고, 그 조합원인 원고들에게는 '법인으로 보는 단체로부터 받은 배당 또는 분배금'으로서 배당소득에 해당될 여지가 있으나 피고가 주택조합으로부터 받은 **배당소득에 해당함을 주장·입증하고 그 처분사유를 변경**한 바 없으므로, 원고들이 독립한 사업주체로서 **공동사업자**에 해당함을 전제로 한 원고들에 대한 종합소득세 부과가 실질과세의 원칙에 부합하는 것으로서 정당하다고 판단할 수는 없다고 한 사례.

○ 대법원 2013. 6. 14. 선고 2011두29250 판결 ; "원심이 ○○○ 사업부의 장부가액을 이 사건 주식의 취득 당시 시가로 볼 수 없다고 판단한 것은 정당하고, … 원심이 이 사건 주식의 취득 당시 시가를 구 상증세법 제63조에서 규정한 보충적 평가방법으로 평가한 가액에 의할 수 없다고 판단한 것은 잘못이지만, 기록에 의하면 피고는 원심 변론종결 시까지 이 사건 주식의 취득 당시 시가를 구 상증세법 제63조에서 규정한 보충적 평가방법으로 평가하여야 한다는 취지의 **처분사유를 추가로 주장한 적이 없**으므로, 원심의 위와 같은 잘못이 판결에 영향을 미쳤다고 볼 수 없다."

746) 대법원 2019. 1. 17. 선고 2016두513 판결 ; 이 사건 부동산에 관하여 원고가 얻은 소득을 **사업소득**으로 본 종합소득세부과처분(종전처분)을 취소하는 전소판결이 선고되어 1심에서 확정된 후, 피고가 **배당소득**으로 보아 종합소득세부과처분(후행처분)을 한 데 대한 이 사건 후소에서 대법원 환송판결이 배당소득에 해당하지 않는다고 판시하자, 환송 후 원심에서 피고가 다시 사업소득에 해당한다 하여 후행처분의 처분사유를 변경하는 것은, 종전처분과 동일한 사실관계에서 동일한 내용의 처분을 하는 것으로서 **전소확정판결의 기속력에 저촉**되므로, 허용되지 않는다고 한 원심 판단이 정당하다고 한 예.

징수처분의 취소를 구하는 항고소송에서도 과세관청은 처분의 동일성이 유지되는 범위 내에서 처분사유를 교환·변경할 수 있으나(소득금액 '수령자'의 변경은 허용된다),[747] 세목은 부과처분에서는 물론 징수처분에서도 납세의무의 단위를 구분하는 본질적인 요소라고 봄이 상당하므로, 당초의 징수처분에서와 다른 세목으로 처분사유를 변경하는 것은 처분의 동일성이 유지되지 아니하여 허용될 수 없다.[748]

신고·처분의 당연 무효

● 대법원 2018. 7. 19. 선고 2017다242409 전원합의체 판결 [부당이득금]

▌종합부동산세, 부과, 당연무효(일부 긍정, 일부 부정례)

판시사항

과세처분이 당연무효라고 하기 위한 요건 및 과세처분의 하자가 중대하고 명백한지 판별하는 방법 / 어느 법률관계나 사실관계에 대하여 어느 법령의 규정을 적용할 수 없다는 법리가 명백히 밝혀지지 않아 **해석에 다툼의 여지**가 있는 상태에서 과세관청이 이를 잘못 해석하여 과세처분을 한 경우, 그 하자가 **명백**하다고 **할 수 없**는지 여부(○)[749]

---

747) 대법원 2013. 7. 11. 선고 2011두7311 판결 ; "**징수처분의 취소**를 구하는 항고소송에서도 과세관청은 처분의 동일성이 유지되는 범위 내에서 **처분사유를 교환·변경**할 수 있다. 그런데 원천징수하는 법인세는 소득금액 또는 수입금액을 지급하는 때에 납세의무가 성립함과 동시에 자동적으로 확정되는 조세로서(구 국세기본법 제21조 제2항 제1호, 제22조 제2항 제3호), 과세관청의 원천징수의무자에 대한 징수처분 그 자체는 소득금액 또는 수입금액의 지급사실에 의하여 이미 확정된 납세의무에 대한 이행을 청구하는 것에 불과하여 소득금액 또는 수입금액의 수령자가 부담하는 **원천납세의무**의 존부나 범위에는 아무런 영향을 미치지 아니한다. 그리고 구 국세징수법(2011. 4. 4. 법률 제10527호로 개정되기 전의 것) 제9조 제1항은 국세의 징수를 위한 납세고지서에 '세액의 산출근거'를 명시하도록 규정하고 있으나, 여기에서 말하는 '산출근거'에 소득금액 또는 수입금액의 수령자가 포함된다고 보기도 어렵다. 이러한 법리 등에 비추어 보면, 원천징수하는 법인세에서 **소득금액 또는 수입금액의 수령자가 누구인지**는 원칙적으로 **납세의무의 단위를 구분하는 본질적인 요소가 아니**라고 봄이 타당하다. 따라서 원천징수하는 법인세에 대한 **징수처분 취소소송**에서 과세관청이 소득금액 또는 수입금액의 **수령자를 변경**하여 **주장**하더라도 그로 인하여 소득금액 또는 수입금액 지급의 기초 사실이 달라지는 것이 아니라면 처분의 **동일성이 유지되는 범위 내의 처분사유 변경**으로서 **허용**된다고 할 것이다." ☜ 피고가 당초 과세대상 주식양도소득의 실질적인 귀속자를 케이만군도 법인으로 보지 않고 배후의 투자자들로 보아 징수처분을 하였다가, 원심에서 케이만군도 법인을 실질적인 귀속자로 보아야 한다는 처분사유를 추가한 경우, 징수처분의 전제가 되었던 소득금액 또는 수입금액의 지급사실 그 자체는 그대로 유지하면서 소득금액 또는 수입금액의 수령자를 달리 주장하는 것만으로는 소득금액 또는 수입금액 지급의 기초 사실이 달라졌다고 볼 수는 없으므로, 피고의 위와 같은 처분사유의 추가는 처분의 동일성이 유지되는 범위 내에서의 처분사유 변경으로서 허용된다고 한 사례.

748) 대법원 2014. 9. 4. 선고 2014두3068 판결 ; 원심이, 피고가 징수처분의 근거 세목을 **소득세에서 법인세로 변경**하는 것은 처분의 동일성을 벗어나는 처분사유의 변경으로서 **허용되지 아니한다**고 판단한 것은 정당하다고 한 예.

749) **[반대의견]** 납세의무에 관한 법령이 충분히 명확하지 못하여 해석에 다툼의 여지가 있다면 그러한 법령에 바탕을 둔 세금의 부과·신고·납부는 조세법률주의 원칙에 역행하는 것으로서 그 효력이나 정당성을 인정받기 어렵다. 과세처분에 납세의무에 관한 법령을 잘못 해석한 중대한 하자가 있고, 그로써 납세의무 없는 세금이 부과·납부된 경우, 그 과세처분의 효력을 무효로 보지 않는 것은 잘못된 법령 해석으로 인한 불이익을 과세관청이 아닌 납세의무자에게 전가시키는 결과가 되어 납득할 수 없다. 과세관청이 어느 법률관계나 사실관계에 대하여 법령의 규정을 적용할

이 유

과세처분이 당연무효라고 하기 위하여는 그 처분에 위법사유가 있다는 것만으로는 부족하고 그 하자가 법규의 중요한 부분을 위반한 중대한 것으로서 객관적으로 명백한 것이어야 하며, 하자가 중대하고 명백한지 여부를 판별할 때에는 그 과세처분의 근거가 되는 법규의 목적·의미·기능 등을 목적론적으로 고찰함과 동시에 구체적 사안 자체의 특수성에 관하여도 합리적으로 고찰하여야 한다.

그리고 어느 법률관계나 사실관계에 대하여 어느 법령의 규정을 적용하여 과세처분을 한 경우에 그 법률관계나 사실관계에 대하여는 그 법령의 규정을 적용할 수 없다는 **법리가 명백히 밝혀져서 해석에 다툼의 여지가 없**음에도 과세관청이 그 법령의 규정을 적용하여 과세처분을 하였다면 그 하자는 **중대하고도 명백**하다고 할 것이나, 그 법률관계나 사실관계에 대하여 그 법령의 규정을 적용할 수 없다는 법리가 명백히 밝혀지지 아니하여 **해석에 다툼의 여지**가 있는 때에는 과세관청이 이를 잘못 해석하여 과세처분을 하였더라도 이는 과세요건사실을 오인한 것에 불과하여 그 하자가 **명백하다고 할 수 없다**(대법원 2008. 3. 27. 선고 2006다1633 판결,[750] 대법원 2013. 12. 26. 선고 2011다103809 판결 등[751] 참조).[752]

수 있다는 해석론에 기초하여 과세처분을 하였으나, 그 해석론이 잘못되었다는 법리가 뒤늦게나마 분명하게 밝혀져 과세처분에 정당성이 없다는 사정이 확인되었으면, 국가는 충분한 구제수단을 부여하여 이를 바로잡을 필요가 있을 뿐 아니라 바로잡는 것이 마땅하다. 국가가 그러한 구제수단을 마련하지 않거나 구제수단을 제한한 채 납부된 세액의 반환을 거부하고 그 이익을 스스로 향유한다면, 국민의 권리와 재산을 지킨다는 본연의 존립 목적에 반하는 것이다. 과세처분이 무효로 인정되기 위하여 하자의 중대성과 명백성을 모두 갖추어야 한다고 보더라도, 적어도 과세처분에 적용된 과세법리가 납세의무에 관한 법령을 잘못 해석·적용한 데에서 비롯되었음이 **대법원판결로 확인**된 경우까지 그 판결 선고 이전에 하자의 명백성 요건이 결여되었다는 점을 내세워 하자가 무효사유가 될 수 없다고 하여서는 안 된다. 이상에서 본 바와 같이 과세처분에 적용된 과세법리가 납세의무에 관한 법령을 잘못 해석·적용한 결과 정당한 세액을 초과하는 세금이 부과·납부된 경우 그 과세처분에 있는 하자는 무효사유가 된다고 보아야 한다.

750) 이 사건 소유권일부이전등기는 이 사건 대지 중 1,547분의 701.2 지분에 관한 대지권등기가 마쳐진 후 위 대지 지분 중 일부에 대하여 이루어진 것으로서 등기부등본 자체만으로도 이 사건 과세대상인 증여가 존재하지 않음이 명백한 점, 그에 따라 이 사건 소유권일부이전등기도 부동산등기법에 의한 직권말소 대상에 해당할 뿐만 아니라 이 사건 증여세부과처분에 의한 납부 역시 실체법상 근거가 전혀 없는 점, 또한 위 처분의 과세대상인 증여 성립 여부와 관계있는 집합건물의 소유 및 관리에 관한 법률상 전유부분과 대지사용권의 일체성에 대하여는 그 법리의 해석에 다툼의 여지가 있다고 보기 어려운 점 등을 종합하여 보면, 위 처분에 존재하는 하자는 중대하고도 객관적으로도 명백하다고 할 것이므로, 위 처분이 당연무효라고 함이 타당하다고 한 사례.

751) 대법원 2009. 3. 26. 선고 2008다31768 판결 ; "일반적으로 **과세대상이 되는 법률관계나 소득 또는 행위 등의 사실관계가 전혀 없**는 사람에게 한 **과세처분**은 그 하자가 **중대하고도 명백**하다고 할 것이지만 과세대상이 되지 아니하는 어떤 법률관계나 사실관계에 대하여 이를 **과세대상이 되는 것으로 오인할 만한 객관적인 사정**이 있는 경우에 그것이 과세대상이 되는지의 여부가 그 **사실관계를 정확히 조사하여야 비로소 밝혀질 수 있는 경우**라면 그 하자가 중대한 경우라도 **외관상 명백하다고 할 수 없**어 그와 같이 과세 요건사실을 오인한 위법의 과세처분을 당연무효라고 볼 수 없다."

752) **【구체적 사안】**

[1] 2009년 내지 2014년 귀속분의 종합부동산세 과세처분 당시에는 종합부동산세액에서 공제하는 재산세액의 계산식인 시행령 산식의 해석과 관련하여 다수의 행정소송이 제기되었고, 일부 항소심에서는 공제세액을 시행규칙 산식과 같은 방식으로 산정하더라도 적법하다는 취지로 판단하기도 하였으며, 이러한 판단에 합리적 근거가 없었다고 보이지 않으므로, 비록 대법원이 2015. 6. 23. 선고 2012두2986 판결 등에서 위 시행령 산식의 해석에 관한 법리를 정립하였으나, 그 대법원판결 선고 이전에는 그 계산식의 해석에 다툼의 여지가 있었던 것으로 보이고, 따라서 2009년 내지 2014년 귀속분에 관하여는 공제세액 계산식 해석에 다툼의 여지가 없음에도 그 부과처분을 하였다고 인정하기

○ 대법원 2015. 4. 9. 선고 2012다69203 판결 [부당이득금]

▌등록세, 신고, 당연무효(부정례)

판시사항

[1] 등록세 등과 같은 **신고납부방식**의 조세에서 납세의무자가 신고·납부한 세액이 지방자치단체의 부당이득에 해당하는 경우 및 하자가 중대하고 명백한지 판별하는 방법

[2] 신고납부방식의 조세와 관련된 과세요건이나 조세감면 등에 관한 법령 규정이 특정한 법률관계나 사실관계에 적용되는지가 명확하게 밝혀지지 않은 상태에서 납세의무자가 과세관청의 해석에 따라 과세표준과 세액을 신고·납부하였는데 나중에 그 해석이 잘못된 것으로 밝혀진 경우, **신고·납부행위**가 **당연무효**인지 여부(×)

이 유

등록세 등과 같은 **신고납부방식**의 조세의 경우에는 원칙적으로 납세의무자가 스스로 과세표준과 세액을 정하여 **신고**하는 행위에 의하여 납세의무가 구체적으로 **확정**되고, 그 납부행위는 신고에 의하여 확정된 구체적 납세의무의 이행으로 하는 것이며, 지방자치단체는 그와 같이 확정된 조세채권에 기하여 납부된 세액을 보유한다. 따라서 납세의무자의 신고행위가 중대하고 명백한 하자로 인하여 당연무효로 되지 아니하는 한 그것이 바로 부당이득에 해당한다고 할 수 없고, 여기에서 **신고행위**의 하자가 중대하고 명백하여 **당연무효**에 해당하는지의 여부에 대하여는 신고행위의 근거가 되는 법규의 목적, 의미, 기능 및 하자 있는 신고행위에 대한 법적 구제수단 등을 목적론적으로 고찰함과 동시에 신고행위에 이르게 된 구체적 사정을 개별적으로 파악하여 합리적으로 판단하여야 한다(대법원 1995. 12. 5. 선고 94다60363 판결,[753] 대법원 2009. 4. 23. 선고 2006다81257 판결[754] 등 참조).

한편 신고납부방식의 조세채무와 관련된 과세요건이나 조세감면 등에 관한 법령의 규정이 특정

부족하여 하자가 명백하다고 할 수 없지만, [2] 위 대법원판결 등이 선고된 이후인 2015. 11. 16. 처분이 이루어진 2015년 귀속분에 관하여는, 그 당시에 위 시행령 산식에 관한 법리가 위 대법원판결 등을 통하여 명백히 밝혀져 그 해석에 다툼의 여지가 없었으므로, 정당세액을 초과하는 부분에 해당하는 부과처분의 **하자가 명백**하여 당연무효라고 판단한 예.

753) 납세자가 부가가치세 면제대상인 다가구용 단독주택을 과세대상으로 오해하여 부가가치세를 자진신고 납부하고 국가가 이를 수령하였다는 사정만으로는, 납세자의 신고행위의 하자가 중대하고 명백한 것이라고 단정할 수 없다고 한 예.

754) 법인의 주식을 취득하여 간주취득세를 납부한 과점주주가 그 후 영업양수도의 방식으로 법인의 자산 전부를 실제 취득하고 취득세를 신고납부함으로써 간주취득세 상당액을 이중납부한 **사안**에서, "원고가 이 사건 취득세를 신고납부하는 과정에서 과세관청이 관여하거나 개입한 적이 없고, 가산세 등의 제재를 피하기 위하여 불가피하게 신고납부하였다는 등의 사정이 없이 스스로 자진하여 신고납부하였다는 것이고, 나아가 이 사건 취득세 중 이미 납부한 간주취득세 상당액이 동일 물건의 취득에 대한 이중과세에 해당하는지 여부는 법 해석상 논란의 여지가 있을 뿐 아니라 그 사실관계를 정확히 조사하여야 밝혀지는데다가 원고도 이의신청 등 불복청구를 하지 않고 있다가 제소기간을 1년 이상 경과한 후에야 비로소 그 신고납부행위가 당연무효라고 주장하고 있는 점 등까지 함께 고려하여 보면, 이 사건 취득세 자진 신고납부행위는 법 해석상 논란이 있는 부분에 대하여 원고가 납세의무가 있는 것으로 오인하여 납부한 것에 불과하여 그 하자가 객관적으로 명백하다고 볼 수는 없으므로 **당연무효**라고 **할 수 없다**."고 한 예.

법률관계나 사실관계에 적용되는지 여부가 법리적으로 명확하게 밝혀져 있지 아니한 상태에서 과세관청이 그중 어느 하나의 견해를 취하여 해석·운영하여 왔고 납세의무자가 그 해석에 좇아 과세표준과 세액을 신고·납부하였는데, 나중에 과세관청의 해석이 잘못된 것으로 밝혀졌더라도 그 해석에 상당한 합리적 근거가 있다고 인정되는 한 그에 따른 납세의무자의 **신고·납부행위**는 **하자가 명백하다고 할 수 없**어 이를 당연무효라고 할 것은 아니다.[755)]

● 대법원 2019. 4. 23. 선고 2018다287287 판결 [부당이득금]

▌재산세, 부과, 당연무효(긍정례)

판시사항

[1] 과세관청이 **법령 규정**의 **문언상** 과세처분 요건의 의미가 **분명**함에도 합리적인 근거 없이 그 의미를 **잘못 해석**한 결과, 과세처분 요건이 충족되지 아니한 상태에서 해당 처분을 한 경우 법리가 명백히 밝혀지지 아니하여 그 해석에 다툼의 여지가 있다고 볼 수 있는지 여부(×)

[2] 구 지방세특례제한법 제84조 제2항의 적용대상이 되는 토지의 범위에 대하여 법문상 과세처분 요건의 의미가 분명하지 아니하여 그 해석에 다툼의 여지가 있다고 볼 수 있는지 여부(×)[756)]

---

755) **【구체적 사안】**
해산간주된 휴면회사이던 甲 회사가 회사계속등기를 마친 다음, 서울 소재 부동산을 매수하여 소유권이전등기를 마치고 위 부동산 취득이 중과세율 적용 대상이라는 관할구청의 통지에 따라 중과세율을 적용한 등록세 등을 신고·납부하였는데, 그 후 위와 같은 경우는 등록세의 중과 대상이 아니라는 취지의 대법원판결이 선고되자 지방자치단체를 상대로 부당이득반환을 구한 **사안**에서, 위 신고행위는 법 해석에 합리적인 다툼의 여지가 있는 부분에 관하여 납세의무가 있는 것으로 오인하여 등록세 등을 자진 납부한 것에 불과하므로, 당시에는 그 하자가 명백하였다고 볼 수 없다고 한 사례.

756) **【이 유】** "가. 구 지방세특례제한법(2012. 10. 12. 법률 제11487호로 개정되기 전의 것, 이하 같다) 제84조 **제2항**(이하 '이 사건 감경조항'이라고 한다)은 "「국토의 계획 및 이용에 관한 법률」 제2조 제13호에 따른 공공시설을 위한 토지로서 같은 법 제30조 및 제32조에 따라 도시관리계획의 결정 및 도시관리계획에 관한 지형도면의 고시가 된 토지의 경우 해당 부분에 대하여는 재산세의 100분의 50을 경감한다"라고 규정하고 있다. 이 사건 감경조항에 의하면, '구 「국토의 계획 및 이용에 관한 법률」(2012. 12. 18. 법률 제11599호로 개정되기 전의 것, 이하 구 '국토계획법'이라고 한다) 제2조 제13호에 따른 공공시설을 위한 토지일 것', '그 토지가 구 국토계획법 제30조 및 제32조에 따라 도시관리계획의 결정 및 도시관리계획에 관한 지형도면의 고시가 된 토지일 것'이라는 요건을 모두 갖추면 '재산세의 100분의 50'을 경감 받을 수 있고, 그 밖에 이러한 경감을 받기 위한 다른 부가적인 요건은 규정되어 있지 않다. 또한 구 국토계획법 제32조에 의하면 도시관리계획에 관한 지형도면의 고시는 같은 법 제30조에 따라 도시관리계획이 결정·고시되면 이루어지는 것으로서 도시계획사업 자체가 폐지되지 않는 이상 추후 집행이 완료되더라도 실효되지 아니하므로, 이 사건 감경조항에서 규정하는 '**지형도면의 고시가 된 토지**'에는 지형도면의 고시 후 도시계획사업의 집행이 이루어지지 않은 토지는 물론 **집행이 이루어진 토지**도 모두 포함됨이 **분명**하다. 위와 같이 이 사건 감경조항의 적용대상이 되는 토지의 범위는 **법문상 명확**하고, 조세법률주의의 원칙상 조세법규의 해석은 특별한 사정이 없는 한 법문대로 해석하여야 하고 합리적 이유 없이 확장해석하거나 유추해석하는 것은 허용되지 않으므로, 다른 특별한 사정이 없는 한 이를 그 법문과 다른 의미로 해석하는 것은 허용되지 않는다.
나. 한편, 구 지방세특례제한법 제84조 **제1항**은 "「국토의 계획 및 이용에 관한 법률」 제2조 제7호에 따른 도시계획시설로서 같은 법 제32조에 따라 지형도면이 고시된 후 10년 이상 장기간 미집행된 토지, 지상건축물, 지방세법 제104조 제3호에 따른 주택(그 해당 부분으로 한정한다)에 대하여는 재산세의 100분의 50을 경감하고, 지방세법 제112조에 따라 부과되는 세액을 면제한다"라고 규정하고 있다(이하 '이 사건 대비조항'이라고 한다). 이 사건 대비조항은 이 사건 감경조항과 달리 경감이 될 수 있는 대상의 범위를 '구 국토계획법 제2조 제7호에 따른 도시계획시설로서

이 유

과세관청이 **법령 규정의 문언상 과세처분 요건의 의미가 분명**함에도 **합리적인 근거 없이** 그 의미를 **잘못 해석**한 결과, 과세처분 요건이 충족되지 아니한 상태에서 해당 처분을 한 경우에는 법리가 명백히 밝혀지지 아니하여 그 해석에 **다툼의 여지가 있다**고 **볼 수 없다**(대법원 2014. 5. 16. 선고 2011두27094 판결 참조).

● 대법원 2016. 12. 29. 선고 2014두2980, 2997 판결 [재산세부과처분무효확인·재산세부과처분취소]

▌재산세, 부과, 당연무효(긍정례)

판시사항

원고 재건축 조합은 조합원용 아파트에 관하여 구 지방세법(2014. 1. 1. 법률 제12153호로 개정되기 전의 것) 제107조 제1항에서 정한 재산세 납세의무자인 '사실상 소유자'로 볼 수 없고, 제3항에서 정한 재산세 납세의무자인 '사용자'에도 해당하지 않으므로, 원고에 대한 재산세 부과처분은 **납세의무자가 아닌 자에게 한 과세처분**으로 **하자가 중대**하고, **피고** 구청장은 조합원들에게 배정된 공동주택에 관하여

같은 법 제32조에 따라 지형도면이 고시된 후 10년 이상 장기간 미집행된 토지, 지상건축물, 구 지방세법 제104조 제3호에 따른 주택(그 해당 부분으로 한정한다)'이라고 규정하고, 그 경감이 되는 조세의 범위를 '재산세의 100분의 50 및 지방세법 제112조에 따라 부과되는 세액'으로 규정하고 있다. 조세법규의 해석상 법규 상호간의 해석을 통하여 그 의미를 명확히 할 필요가 있는 경우에는 조세법률주의가 지향하는 법적 안정성 및 예측가능성을 해치지 않는 범위 내에서 입법 취지 및 목적 등을 고려한 합목적적 해석을 할 수 있다. 그러나 앞서 본 바와 같이 이 사건 감경조항은 **법문상 그 적용대상 및 감면효과의 의미가 명확**하므로, 이 사건 대비조항과의 상호간의 해석을 통하여 그 의미를 명확히 할 필요가 있다고 볼 수 없다. 뿐만 아니라 이 사건 대비조항은 그 적용대상 및 감면효과에 관하여 이 사건 감경조항과 달리 규정하고 있으므로, 이 사건 대비조항에서 '지형도면이 고시된 후 10년 이상 장기간 미집행된'이라는 부분을 분리하여 이 사건 감경조항에 유추적용하려는 것은 문언의 해석 가능한 범위를 현저히 넘어서는 것으로서 조세법률주의가 지향하는 법적 안정성 및 예측가능성을 해친다. 또한 입법목적 등을 고려한 합목적적 해석이라는 명목으로 이 사건 대비조항에서 '미집행된'이라는 요건만을 추출하여 이를 이 사건 감경조항에 유추적용하려 하거나, 더 나아가 '미집행되어 사권이 제한된'이라는 요건을 창출하여 이 사건 감경조항에 적용하려는 것은 사실상 입법형성을 하는 것과 다름이 없으므로, 법 해석의 한계를 벗어난 자의적인 해석이라 아니할 수 없다. 오히려 이 사건 대비조항은 '지형도면 고시 후 10년 이상 장기간 미집행된 토지 등'을 요건으로 삼은 반면, 이 사건 감경조항은 '지형도면의 고시가 된 토지'라고만 규정함으로써 '10년 이상 장기간 미집행'이라는 문구를 요건에서 명백히 제외한 이상, 이 사건 감경조항은 미집행을 요건으로 하지 않는다는 것이 규정의 내용 및 취지라고 봄이 타당하다.

다. 이 사건 감경조항은 이 사건 부과처분 이후 2016. 12. 27. 법률 제14477호로 "국토계획법 제2조 제13호에 따른 공공시설을 위한 토지(주택의 부속토지를 포함한다)로서 같은 법 제30조 및 제32조에 따라 도시관리계획의 결정 및 도시관리계획에 관한 지형도면의 고시가 된 후 과세기준일 현재 미집행된 토지의 경우 해당 부분에 대해서는 재산세의 100분의 50을 2018년 12월 31일까지 경감한다"는 내용으로 개정되었다. 이러한 개정규정은 그 적용대상에 관하여 '지형도면의 고시가 된 후 과세기준일 현재 미집행된'이라는 새로운 요건을 부가한 것으로서, 이는 이 사건 감경조항이 당초 도시계획 용도대로 집행이 완료된 토지도 그 감면대상에 포함시키고 있음을 전제로, 그 집행이 완료된 토지를 감면대상에서 제외하기 위하여 개정된 것으로 보인다.

라. 따라서 이 사건 감경조항은 **법문상 그 의미가 명확**하여 **해석에 다툼의 여지가 없다**. 이 사건 감경조항이 적용될 수 있는 토지가 그 적용요건을 모두 갖추었음에도 이 사건 감경조항에서 규정하지 아니하는 새로운 요건을 갖추지 못하였다는 이유로 이 사건 감경조항을 적용하지 아니하는 과세처분을 하는 것은 법령의 의미가 분명함에도 자의적으로 그 의미를 달리 해석하는 것이다."

원고 조합으로부터 조합원분으로 통지를 받아 건축물관리대장을 작성하였으므로 공동주택이 조합원용임을 **이미 알고** 있었던 점 등을 종합하면, 원고 조합이 공동주택의 재산세 **납세의무자가 아님은 객관적으로 명백**하므로, 위 부과처분은 하자가 중대하고 명백하여 **당연무효**라고 한 사례.[757]

● 대법원 2017. 11. 14. 선고 2014두47099 판결 [전부금]

▌부가가치세, 재화의 공급, 신탁, 수정신고·부과 당연무효(긍정례)

판시사항

채무자인 위탁자가 기존 채무의 이행을 담보하기 위하여 수탁자에게 재산을 신탁하면서 채권자를 우선수익자로 지정한 경우에, **위탁자의 우선수익자에 대한 별도의 재화의 공급**이 **존재**함을 전제로 한 위탁자의 수정신고 및 그에 대한 부가가치세 부과처분은 **신고내용에 의하더라도 과세대상이 되는 법률관계나 사실관계가 전혀 없**어서 **납세의무 자체가 성립하지 아니**하는 경우에 대한 것으로서 **객관적으로 타당한 법적 근거와 합리성이 없**으므로 그 **하자가 중대할 뿐 아니라 명백하여 무효**라고 판단한 사례.[758]

---

757) **【구체적 사안】**
원고 재건축조합이 재건축한 공동주택에 관하여 피고 구청장으로부터 준공인가 전 사용허가를 받은 후 동·호수 추첨이 무효라는 확정판결이 있었는데도 당초의 추첨 결과에 따른 집합건축물대장 작성절차를 강행하였는데, 조합원들이 '기존의 동·호수 추첨 결과에 따라 배정된 주택에 잠정적으로 입주하는 것을 허용하되, 이로 인하여 입주한 동·호수를 분양받은 것으로 의제되는 것은 아니다'라는 취지의 가처분결정을 받은 후 입주하고 소유권보존등기를 마치자, 피고 구청장이 사용승인 이후부터 조합원들이 소유권보존등기를 마치기 전까지 기간 동안 원고 조합이 공동주택의 사실상 소유자라고 보아 재산세를 부과하는 처분을 한 **사안**에서, 이 사건 처분은 **납세의무자가 아닌 자에게 한 과세처분**으로 그 하자가 중대할 뿐만 아니라, ① 구 지방세법 제7조 제8항에 따라 주택재건축조합이 그 조합원용으로 취득하는 조합원용 부동산에 관하여는 조합원이 취득세 납세의무자가 될 뿐 조합은 취득세 납세의무자인 '사실상 소유자'에 해당하지 아니하는바, 피고는 조합원인 피고 참가인들에게 배정된 이 사건 아파트에 관하여 원고로부터 조합원분으로 통지를 받아 그에 따라 건축물관리대장을 작성하였으므로 이 사건 아파트가 조합원용임을 이미 알고 있었던 점, ② 피고 참가인들이 피고를 상대로 이 사건 아파트에 관하여 취득세와 재산세 등 부과처분의 취소소송을 제기하기도 하여, 피고로서는 이 사건 아파트가 조합원분으로 귀속될 것이고 다만 그중 어떤 동·호수가 어느 조합원에게 최종적으로 귀속될 것인지만 확정되지 않은 임시적인 상태임을 알고 있었던 점, ③ 피고 참가인들은 피고가 작성한 건축물관리대장에 따라 스스로 소유권보존등기를 할 수 있는 상황이었고 그 이후 실제로 소유권보존등기가 이루어져 장래 처분권을 행사하는 데 장애가 없는 상태임은 피고도 잘 알고 있었던 점, ④ 피고가 비록 **행정안전부에** 재건축조합인 원고와 조합원인 피고 참가인들 가운데 누구를 재산세 납세의무자로 보아야 하는지를 **질의한 후 그 답변에 따라** 이 사건 **처분**을 하였으나, 위 답변은 **법령 해석에 관한 하나의 의견에 불과**하므로 이로써 **원고를 납세의무자로 오인할 만한 객관적 사정이 생겼다고 볼 수 없**는 점 등을 종합하면, 원고가 이 사건 아파트의 재산세 납세의무자가 아님은 객관적으로 명백하다고 봄이 타당하므로, 피고가 재산세 과세기준일 현재 납세의무자가 아닌 원고에게 한 이 사건 처분은 그 **하자가 중대하고 명백**하여 당연무효라고 보아야 한다고 판단한 예.

758) **【구체적 사안】**
○ **사실관계** ; (1) 원고는, 소외 회사로부터 이 사건 아파트의 공사를 도급받은 것과 관련하여, 2010. 3. 30. 소외 회사에 이 사건 도급계약에 따른 공사대금 중 일부인 108,618,508,847원에 대한 세금계산서를 작성·교부하고, 그에 따른 부가가치세 10,861,850,886원을 납부하였다. (2) 원고는 2010. 4. 26. 소외 회사의 피고에 대한 위 부가가치세의 환급금반환청구권을 압류·전부하는 이 사건 전부명령을 받았고, 위 명령은 2010. 4. 28. 제3채무자인 피고에게 송달되어 그 무렵 확정되었다. (3) 소외 회사는 2010. 6. 11. 원고의 소외 회사에 대한 채권의 보전 등을 목적으로 원고를 우선수익자, 소외 신탁회사를 수탁자로 하여, 이 사건 아파트 중 당시까지 미분양된 아파트 등 661세대를 신탁하기로

○ 대법원 2018. 11. 29. 선고 2015다204656 판결 [부당이득금반환]

▌양도소득세, 신고, 당연무효(부정례)

판시사항

신고한 법률관계나 사실관계가 과세대상이 되는 것으로 오인할 만한 객관적인 사실이 있고, 과세대상이 되는지가 **사실관계를 정확히 조사하여야 밝혀질 수 있**는 경우, 하자가 **외관상 명백하다고 할 수 없**는지 여부(○)

이 유

신고행위의 대상이 되는 **법률관계나 사실관계가 전혀 없음**에도 한 신고행위는 그 **하자가 중대하고 명백**하다고 하겠으나 신고한 법률관계나 사실관계가 과세대상이 되는 것으로 오인할 만한 객관적인 사실이 있는 때에 이것이 과세대상이 되는지 여부가 그 **사실관계를 정확히 조사하여야 비로소 밝혀질 수 있**는 경우라면 이를 오인한 하자가 중대하다고 하더라도 외관상 명백하다 할 수는 없다.[759][760]

하는 내용의 이 사건 신탁계약을 체결하고, 2010. 6. 16. 위 수탁자 앞으로 신탁등기를 마쳐주었다. (4) 소외 회사는 당초 2010년 제1기 부가가치세 확정 신고 시 매입세액이 매출세액을 초과함을 이유로 이 사건 환급세액을 신고하였으나, 2010. 8. 11. 세무서장에게 이 사건 신탁계약으로 인하여 소외 회사가 우선수익자인 원고에게 이 사건 신탁부동산을 공급하였다면서, 이 사건 신탁부동산 중 건물분을 과세표준으로 한 부가가치세를 추가로 납부하는 것으로 2010년 제1기 확정분 부가가치세 수정신고를 하였으나, 그에 따른 세액은 납부하지 않았다. (5) 세무서장은 소외 회사가 발행한 수정신고분 매출세금계산서가 정당한 것으로 보아 이를 이 사건 환급세액에서 공제하고, 수정신고 내용 중 과세표준 및 신고불성실 가산세 적용이 잘못된 부분을 재계산하여, 2010. 11. 1. 소외 회사에 수정신고에 따른 부가가치세(가산세 포함) 5,173,101,830원을 납부할 것을 경정·고지하는 이 사건 처분을 하였다.

○ **판단** ; 위탁자인 소외 회사가 원고의 소외 회사에 대한 채권의 보전 등을 위하여 이 사건 신탁계약을 체결하면서 원고를 우선수익자로 지정하더라도, 이러한 우선수익권은 신탁계약에 의하여 원시적으로 원고에게 귀속될 뿐이다. 따라서 그와 같은 신탁설정에 따른 거래가 있었다는 사정만으로는 위탁자인 소외회사와 우선수익자인 원고 사이에 부가가치세 과세원인이 되는 **재화의 공급 자체를 상정할 수 없**다. 그렇다면 위 수정신고 및 처분은 **신고내용에 의하더라도 과세대상이 되는 법률관계나 사실관계가 전혀 없**어서 **납세의무 자체가 성립하지 아니**하는 경우에 대한 것으로서 객관적으로 타당한 법적 근거와 합리성이 없으므로 그 하자가 중대할 뿐 아니라 명백하여 무효라고 할 것이다.

759) **【구체적 사안】**
원고가 구 소득세법상 국내 거주자임을 전제로 신고납부방식에 의하여 양도소득세를 신고·납부하였는데, 그 후 자신이 미국 거주자로서 양도소득세 면제대상자라고 주장하며 국가 등을 상대로 양도소득세 등 납부액 상당의 부당이득 반환을 구한 **사안**에서, ① 양도소득세의 납부방식은 원고가 국내 거주자인지 여부에 따라 달라지고, 이는 일정한 사실관계의 확인을 바탕으로 생계를 같이하는 가족의 유무, 자산의 소재지, 경제적 생활관계 등에 관한 종합적인 검토와 판단이 필요하기 때문에 그 판단이 쉽지 아니한 점, ② 원고는 국내에 사업장이 있는 소외 회사의 경영에 관여하거나 자산을 보유하고 있는 등 원고의 소득이 국내 거주자의 양도소득에 해당하여 적법하게 양도소득세 신고를 한 것으로 볼 만한 객관적인 사정이 있었던 점 등에 비추어 보면, 원고의 신고·납부행위에 중대하고 명백한 하자가 있었다고 할 수 없어 이를 당연무효라고 볼 수 없다는 이유를 들어, 원고의 청구를 배척한 예.

760) ◎ **사실관계 오인** 하자가 외관상 명백하지 아니하여 당연무효라고 볼 수 없다고 판단한 예 ; 대법원 2018. 4. 12. 선고 2015두50917 판결(명의신탁증여의제 증여세의 연대납세의무자인 명의신탁자가 누구인지), 대법원 2012. 2. 23. 선고 2011두22723 판결(실제 사업자가 아닌 사업자 등록 명의자에 대한 과세).

○ 대법원 2018. 10. 25. 선고 2015다215243 판결 [부당이득금반환]

▌취득세, 신고, 당연무효(긍정례)

판시사항

원고들이 소외 회사와 소외 회사 명의로 소유권이전등기가 마쳐졌다가 같은 날 신탁을 원인으로 신탁회사 명의로 소유권이전등기가 마쳐진 상가에 관한 분양계약을 체결하여 분양대금을 모두 지급한 다음 소외 회사가 발행한 분양대금 완납 확인증을 첨부하여 취득세 등을 신고·납부하였는데, 나중에 위 분양대금이 소외 회사의 대표이사 등에게 편취당한 것임이 밝혀져 상가 소유권을 이전받을 수 없게 되자, 국가와 지방자치단체를 상대로 취득세 등의 부당이득 반환을 구한 **사안**에서, 원고들의 취득세 등 신고행위는 하자가 중대하고 명백하여 당연무효에 해당한다고 볼 여지가 충분하다고 한 사례.[761]

※ 신고나 부과처분이 '당연무효'인 구체적 사례

○ 대법원이나 헌법재판소의 사법적 판단에 반한 처분(대법원 2018. 7. 19. 선고 2017다242409 전원합의체 판결, 대법원 2017. 12. 28. 선고 2017두30122 판결[762])

○ 과세처분 이후 조세 부과의 근거가 되었던 법률규정에 대하여 위헌결정이 내려진 경우,[763] 그

---

761) 【구체적 사안】
원심이, 원고들이 잔금을 완납하여 취득세 등의 납세의무가 성립하였고, 그 후 이 사건 분양계약이 소급적으로 실효되었다 하더라도 취득세 등 신고행위에 중대한 하자가 있다거나 그 하자가 명백하다고 보기 어렵다고 판단한 데 대하여, **대법원**은, ① 이 사건 분양계약이 무효이거나 취소된 경우에는 그 실질이 합의해제에 해당한다는 등의 특별한 사정이 없는 이상 처음부터 취득세의 과세대상이 되는 사실상의 취득행위가 있었다고 할 수 없는 점, ② 부동산 신탁에 있어 수탁자 앞으로 소유권이전등기가 마치게 되면 대내외적으로 소유권이 수탁자에게 완전히 이전되고 위탁자와의 내부관계에서 소유권이 위탁자에게 유보되는 것이 아닌 점, ③ 따라서 소외 회사가 이 사건 분양계약에 따라 수분양자인 원고들에게 이 사건 상가의 소유권이전등기를 해 주기 위하여는 수분양자로부터 지급받는 분양대금을 우선수익자에게 제공하고 우선수익자와 수탁자의 동의를 받는 등의 방법으로 부동산 신탁을 해지하여야만 하였던 것이 **등기상 명확하게 드러나** 있었던 점, ④ 그런데 원고들은 위와 같이 원고들 명의로 소유권이전등기를 마쳐줄 것이라고 거짓말을 한 소외 회사 대표이사 등에게 속아 이 사건 분양계약을 체결하고 분양대금을 지급한 것에 불과하여 이 사건 상가의 소유권을 취득하였다고 볼 수도 없고, 취득세 납부 당시에 첨부한 확인증 역시 등기부상 소유자가 아닌 소외 회사가 발행한 것에 불과한 점 등에 비추어 보면, 원고들의 **취득세 등 신고행위**는 원고들이 **편취당한 분양대금의 지급관계 등에 기초하여 이루어진 것**으로 보일 뿐, 이로써 당시 원고들이 이 사건 상가를 사실상 취득하였다거나 원고들에게 **취득세 등의 납세의무가 성립하였다고 하기 어렵고**, 나아가 그 신고행위의 하자가 중대하고 명백하여 **신고행위가 당연무효**에 해당한다고 볼 여지가 충분히 있다고 판단한 예.

762) 대법원 2017. 12. 28. 선고 2017두30122 판결 [학교용지부담금부과처분무효확인] ; "법령 규정의 문언만으로는 처분 요건의 의미가 분명하지 아니하여 그 해석에 다툼의 여지가 있었더라도 해당 법령 규정의 위헌 여부 및 그 범위, 그 법령이 정한 처분 요건의 구체적 의미 등에 관하여 법원이나 헌법재판소의 분명한 판단이 있고, 행정청이 그러한 판단내용에 따라 법령 규정을 해석·적용하는 데에 아무런 법률상 장애가 없는데도 합리적 근거 없이 사법적 판단과 어긋나게 행정처분을 하였다면 그 하자는 **객관적으로 명백**하다고 봄이 타당하다."

763) 일반적으로 법률이 헌법에 위반된다는 사정은 헌법재판소의 위헌결정이 있기 전에는 객관적으로 명백한 것이라고 할 수는 없으므로, 특별한 사정이 없는 한 그러한 하자는 행정처분의 취소사유일 뿐 당연무효사유라고 할 수 없다(대법원 2009. 5. 14. 선고 2007두16202 판결). 이는 처분의 근거인 하위법령이 상위법령에 위반되어 무효인 경우에도

조세채권의 집행을 위한 체납처분(대법원 2012. 2. 16. 선고 2010두10907 전원합의체 판결)[764]

○ 납세고지서의 송달이 부적법한 과세처분(대법원 1995. 8. 22. 선고 95누3909 판결)

○ 부과제척기간이 지난 후에 이루어진 신고·납부(대법원 2020. 8. 13. 선고 2019다300361 판결)나 부과처분(대법원 2018. 12. 13. 선고 2018두128 판결)

○ 과세예고 통지를 하지 아니함으로써 납세자에게 과세전적부심사의 기회를 부여하지 아니한 채 한 과세처분(대법원 2016. 4. 15. 선고 2015두52326 판결)

○ 과세예고 통지 후 과세전적부심사 청구나 그에 대한 결정이 있기 전에 한 과세처분(대법원 2016. 12. 27. 선고 2016두49228 판결)

○ 불이익변경금지원칙에 위배되어 당연 무효인 심판 결정에 따른 증액 경정처분 중 당초 처분액수를 초과하는 부분(대법원 2004. 12. 9. 선고 2003두278 판결)

○ 과세처분 취소 판결 확정 후에 한 경정처분(대법원 1989. 5. 9. 선고 88다카16096 판결)

○ 불복절차에서의 과세처분 취소 후 재처분금지에 반한 과세처분(대법원 2014. 7. 24. 선고 2011두14227 판결)

○ 납세의무자가 과세표준과 세액을 자진하여 신고·납부할 본세의 납세의무 자체가 성립하지 아니하는 경우의 신고불성실가산세·납부불성실가산세 부과처분(대법원 2011. 11. 10. 선고 2009다28738 판결)

○ 종합소득의 구분과 금액을 잘못 신고한 데 대한 무신고가산세 부과처분, 실제사업자가 사업명의 대여자인 원고 명의로 납부한 기납부세액이 원고의 체납세액을 초과하는 경우, 원고의 체납세액에 대한 납부불성실가산세 부과처분(대법원 2019. 5. 16. 선고 2018두34848 판결)

○ 신탁계약상 위탁자의 우선수익자에 대한 재화의 공급이 존재함을 전제로 한 위탁자의 부가가치

마찬가지이다(대법원 2018. 10. 25. 선고 2015두38856 판결("일반적으로 시행령이 헌법이나 법률에 위반된다는 사정은 그 시행령의 규정을 위헌 또는 위법하여 무효라고 선언한 대법원의 판결이 선고되지 아니한 상태에서는 그 시행령 규정의 위헌 내지 위법 여부가 해석상 다툼의 여지가 없을 정도로 명백하였다고 인정되지 아니하는 이상 객관적으로 명백한 것이라 할 수 없으므로, 이러한 시행령에 근거한 행정처분의 하자는 취소사유에 해당할 뿐 무효사유가 된다고 볼 수는 없다.") 및 대법원 2008. 9. 25. 선고 2007다24640 판결("대법원은 2006. 6. 22. 선고 2003두8128 전원합의체 판결을 통하여 수도조례 제9조 제1항의 근거가 수도법 제23조임을 분명히 하면서, 수도조례 제9조 제1항 및 이 사건 고시가 상위법령인 수도법 제23조 및 제52조의2 제1항에 위반되어 효력이 없다고 선언한 점 등을 종합하여 보면, 이 사건 급수공사비 부과처분 당시 수도조례 제9조 제1항 및 이 사건 고시가 수도법 제23조 및 제52조의2 제1항에 위반되어 효력이 없는지 여부는 해석상 다툼의 여지가 없을 정도로 객관적으로 명백하였다고 할 수 없고, 따라서 이로 인한 이 사건 처분의 하자는 결국 당연무효 사유가 아니라고 할 것")).

764) "구 헌법재판소법(2011. 4. 5. 법률 제10546호로 개정되기 전의 것, 이하 '구 헌법재판소법'이라고 한다) 제47조 제1항은 '법률의 위헌결정은 법원 기타 국가기관 및 지방자치단체를 기속한다.'고 규정하고 있는데, 이러한 위헌결정의 기속력과 헌법을 최고규범으로 하는 법질서의 체계적 요청에 비추어 국가기관 및 지방자치단체는 위헌으로 선언된 법률규정에 근거하여 새로운 행정처분을 할 수 없음은 물론이고, 위헌결정 전에 이미 형성된 법률관계에 기한 후속처분이라도 그것이 새로운 위헌적 법률관계를 생성·확대하는 경우라면 이를 허용할 수 없다고 봄이 타당하다. 따라서 조세 부과의 근거가 되었던 법률규정이 위헌으로 선언된 경우, 비록 그에 기한 과세처분이 위헌결정 전에 이루어졌고, 그 과세처분에 대한 제소기간이 이미 경과하여 조세채권이 확정되었으며, 그 조세채권의 집행을 위한 체납처분의 근거규정 자체에 대하여는 따로 위헌결정이 내려진 바 없다고 하더라도, 위와 같은 위헌결정 이후에 조세채권의 집행을 위한 새로운 체납처분에 착수하거나 이를 속행하는 것은 더 이상 허용되지 않고, 나아가 이러한 위헌결정의 효력에 위배하여 이루어진 체납처분은 그 사유만으로 하자가 중대하고 객관적으로 명백하여 당연무효라고 보아야 한다."

세 수정신고 및 그에 대한 부과처분(대법원 2017. 11. 14. 선고 2014두47099 판결)

○ 조합원용 아파트에 관하여 납세의무자가 아닌 재건축 조합에게 재산세를 부과한 처분(대법원 2016. 12. 29. 선고 2014두2980, 2997 판결)

○ 토지의 일부 지분에 관한 대지권등기가 마쳐진 후 그 지분의 일부에 대하여 이루어진 소유권이전등기는 등기부등본 자체만으로도 무효이고, 이를 과세대상으로 한 증여세 과세처분(대법원 2008. 3. 27. 선고 2006다1633 판결)

○ 과세관청이 법령 규정의 문언상 과세처분 요건의 의미가 분명한데도 합리적인 근거 없이 그 의미를 잘못 해석하여 한 부과처분(대법원 2019. 4. 23. 선고 2018다287287 판결)

○ 신고납세방식 조세에서 과세표준 등의 신고행위가 납세의무를 부담할 법령상 근거가 없이 이루어진 경우(대법원 2014. 2. 13. 선고 2013두19066 판결)[765]

○ 신탁회사 소유 명의의 상가에 관하여 위탁자 회사와 분양계약을 체결하고 취득세를 신고·납부하였는데, 위탁자 회사의 대표이사 등이 분양대금을 편취한 것으로 밝혀진 경우(대법원 2018. 10. 25. 선고 2015다215243 판결)

※ 취소소송과 무효확인소송과의 관계

행정처분에 대한 취소소송과 무효확인소송은 둘 다 행정소송 중 '항고소송'에 속한다(행정소송법 제3조 제1호, 제4조). 무효확인소송과 취소소송은 그 소송의 요건을 달리하는 것이므로 동일한 행정처분의 동일한 하자를 청구의 원인으로 하여 두 청구를 병합하여 소구할 수 있으나,[766] 양자는 서로 양립할 수 없는 청구로서 주위적·예비적 청구로서만 병합이 가능하고 선택적 청구로서의 병합이나 단순병합은 허용되지 아니한다.[767] 판례 중에, '원고가 처분의 취소를 구하지 아니한다고 밝히지 아니한 이상, 무효확인소송에는 취소를 구하는 취지도 포함되어 있는 것으로 보아야 한다.'라고[768] 한 것이 있으나,

---

765) 수도권 외 지역 이전 중소기업의 세액감면에 대해 추징하는 개정 조세특례제한법 신설규정이 "법 시행 후 최초로 공장 또는 본사를 이전하는 분부터 적용한다."는 부칙의 적용례 규정에 따라, 그 개정법 시행 전에 공장 또는 본사를 수도권 외의 지역으로 이전하여 세액감면을 받은 경우에는 그 후 그 감면기간 중에 수도권 안에 다시 본점을 설치하여 재이전하더라도 적용되지 않음에도, 위 추징규정이 적용됨을 전제로 법인세를 증액하여 신고한 원고의 수정신고는 납세의무를 부담할 **법령상 근거가 없이** 이루어진 것으로서 **객관적으로 타당한 법적 근거와 합리성이 없다** 할 것이어서 그 하자가 중대할 뿐 아니라 명백하여 **당연무효**라고 한 예.

766) 대법원 1971. 2. 25. 선고 70누125 전원합의체 판결 ; "행정처분의 무효확인청구와 취소청구는 그 소송의 요건을 달리하는 것이므로 하자있는 특정의 행정처분에 관하여 그 하자가 중대하고 명백한 것이었음을 주장하여 그 처분의 무효확인을 구함과 동시에 그 하자를 취소사유에 해당하는 것이었다고 주장하여 그 처분의 취소를 구하는 청구를 예비적으로 병합할 수 있다 할 것이고, 그 병합된 양청구가 다 같이 동일한 행정처분의 동일한 하자를 그 각 청구의 원인으로 주장하였을 경우라 할지라도 그것을 객관적으로는 단일한 처분의 무효확인을 구하는 청구에 지나지 않는 것이었다고는 할 수 없다."

767) 대법원 1999. 8. 20. 선고 97누6889 판결.

768) 대법원 2018. 10. 25. 선고 2015두38856 판결 ; "행정처분의 무효확인을 구하는 소에는 원고가 그 처분의 취소를 구하지 아니한다고 밝히지 아니한 이상 그 처분이 당연무효가 아니라면 그 취소를 구하는 취지도 포함되어 있는 것으로 보아야 하고, 그와 같은 경우에 취소청구를 인용하려면 먼저 취소를 구하는 항고소송으로서의 제소요건을 구비하여야 한다."

법원의 석명의무는 별론으로 하고 위 판시는 처분권주의에 반하는 것으로서 그 타당성에 의문이 있다.[769] 처분의 무효확인소송에서는 행정심판전치주의나 제소기간 제한에 관한 규정이 적용되지 않으나(79누168), 처분의 당연무효를 선언하는 의미에서 그 취소를 청구하는 경우에는 전심절차와 제소기간 준수 등 취소소송의 제소요건을 갖추어야 한다(90누6279).

7. 납세고지

납세고지서

○ 대법원 2015. 3. 20. 선고 2014두44434 판결[양도소득세 및 가산세 부과처분취소]

▌납세고지서 기재, 하자 치유, 가산세

판시사항

[1] 과세기간별로 귀속연도에 발생한 소득에 대하여 과세하는 세목의 경우, 과세대상 물건 등 세액산출의 실질적 근거와 경로, 경위 등을 납세고지서[770]에 기재하도록 요구할 근거가 있는지 여부(×)

[2] 하나의 납세고지서로 본세와 가산세를 함께 부과하거나 여러 종류의 가산세를 함께 부과하는 경우 납세고지서 기재의 방식

[3] 과세예고통지서 등에 의하여 납세의무자가 처분에 대한 불복 여부의 결정 및 불복신청에 지장을 받지 않았음이 명백한 경우, 납세고지서의 흠결이 보완되거나 하자가 치유되는지 여부(○) 및 납세고지서의 하자를 사전에 보완할 수 있는 서면의 요건

이 유

구 소득세법(2006. 12. 30. 법률 제8144호로 개정되기 전의 것) 제114조 제6항은 '납세지 관할세무서장 또는 지방국세청장은 거주자의 양도소득과세표준과 세액을 결정 또는 경정[771]한 때에는 이를 당해

---

769) 행정소송법 제37조, 제21조는, '법원은 무효확인소송을 취소소송으로 변경하는 것이 상당하다고 인정할 때에는 청구의 기초에 변경이 없는 한 사실심의 변론종결 시까지 원고의 신청에 의하여 결정으로써 소의 변경을 허가할 수 있다.'라고 규정하고 있다.

770) 납세고지는 과세관청이 납세의무자에게 과세처분이나 징수처분의 내용을 알리는 대외적 의사표시로서 처분의 외부적 성립요건이고 그 도달은 효력발생요건에 해당한다.

771) 대법원 2003. 4. 11. 선고 2001다9137 판결 ; "감액경정처분은 당초 과세처분의 일부를 취소하는 수익적 행정처분이지만 상대방 있는 행정처분이므로, 원칙적으로 상대방에게 통지하여야 효력이 발생하나, 감액경정처분이 행하여진 경우에는 새로이 잔액에 대하여 구체적인 조세채무를 확정시키는 것이 아니라 당초 처분의 일부를 취소하는 효력을 갖는 것에 불과한 것으로서 납세의무자에게 이익이 되는 처분이고, 그에 의하여 감소된 세액 부분에 관하여만 법적 효과를 미치는 것으로 이는 당초 처분과 별개 독립된 것이 아니고 실질적으로 당초 처분의 변경인 점 및 부과처분의 취소는 특별한 형식을 요하지 아니하고 따라서 납세고지서에 의하여서만 하는 것이 아니라 그 처분의 취소를 전제로 새로운 처분을 하는 등 취소의 뜻을 객관적으로 알 수 있는 방법에 의하여 할 수 있는 점에 비추어 감액경정처분의 경우에도 특별한 사정이 없는 한 **납세고지서뿐만 아니**라 **감액경정의 뜻을 객관적으로 알 수 있는 방법**에 의하여 이를 납세의무자에게 **통지**를 하면 그 효력이 발생한다고 할 것이다." ☞ 종합소득세의 감액경정처분에 따른 환급금을 다른 체납국세에

거주자에게 대통령령이 정하는 바에 따라 서면으로 통지하여야 한다'고 규정하고, 그 위임을 받은 구 소득세법 시행령(2008. 2. 22. 대통령령 제20618호로 개정되기 전의 것) 제177조 제1항 전문은 "소득세법 제114조 제6항의 규정에 의한 통지에 있어서는 **과세표준과 세율·세액 기타 필요한 사항**을 **납세고지서**에 기재하여 **서면**으로 통지하여야 한다"고 규정하고 있다.[772] 한편 구 국세징수법(2011. 4. 4. 법률 제10527호로 개정되기 전의 것) 제9조 제1항은 "세무서장 또는 시장·군수가 국세를 징수하고자 할 때에는 납세자에게 그 국세의 **과세연도·세목·세액** 및 그 **산출근거·납부기한과 납부장소**를 명시한 고지서를 발부하여야 한다"고 규정[773]하고 있다.[774]

위와 같은 관련 법령의 문언과 취지 등에 비추어 보면, 양도소득세와 같이 과세기간별로 그 귀속연도에 발생한 양도소득에 대하여 과세하는 세목의 경우에는 납세고지서에 **귀속연도**와 그 귀속연도의 **과세표준, 세액의 산출근거** 등을 명시하여 고지하면 되고, 과세대상 물건 등 세액산출의 실질적

충당한 후 **국세환급금 충당통지서**를 납세자에게 송부한 경우 위 송부로 감액경정처분의 효력이 발생한다고 본 사례.

772) 이처럼 개별세법(법인세법 제70조, 시행령 제109조/ 소득세법 제83조, 시행령 제149조/ 상속세 및 증여세법 제77조, 시행령 제79조 등)에서 납세의무 확정을 위한 부과고지 절차를 납세고지서에 의하도록 하고 있고, 국세징수법 제9조 제1항은 확정된 조세채무의 이행을 구하는 징수고지를 납세고지서에 의하도록 하고 있다. 따라서 납세고지서에 의한 납세고지가 부과고지와 징수고지로서의 효력을 아울러 가지는 경우가 흔하다. 개별세법에 납세고지에 관한 별도의 규정이 없더라도 국세징수법이 정한 것과 같은 납세고지의 요건을 갖추지 않으면 안 되므로(대법원 2012. 10. 18. 선고 2010두12347 전원합의체 판결), 개별세법의 납세고지 규정은 확인적 성격의 규정이다.

773) **국세징수법 제6조(납세자에 대한 납부고지 등)** [2020. 12. 29. 전부개정 시 제9조에서 이동] ① 관할 세무서장은 납세자로부터 국세를 징수하려는 경우 국세의 과세기간, 세목, 세액, 산출 근거, 납부하여야 할 기한(납부고지를 하는 날부터 30일 이내의 범위로 정한다) 및 납부장소를 적은 납부고지서를 납세자에게 발급하여야 한다. 다만, 「국세기본법」 제47조의4에 따른 납부지연가산세 및 같은 법 제47조의5에 따른 원천징수 등 납부지연가산세 중 지정납부기한이 지난 후의 가산세를 징수하는 경우에는 납부고지서를 발급하지 아니할 수 있다. ☛ 2019.12.31. 개정 시 단서 신설 이유 ; 매일 성립·확정되는 납부지연가산세 및 원천징수납부 등 불성실가산세의 징수를 위하여 납세고지서를 매번 발급하기 어려운 점을 고려하여 납부지연가산세 및 원천징수납부 등 불성실가산세는 납세고지서 발급 없이 징수할 수 있도록 단서를 신설함.

cf. **지방세징수법 제12조(납세의 고지 등)** ① 지방자치단체의 장은 지방세를 징수하려면 납세자에게 그 지방세의 과세연도·세목·세액 및 그 산출근거·납부기한과 납부장소를 구체적으로 밝힌 문서(전자문서를 포함한다. 이하 같다)로 고지하여야 한다. ☞ **시행령 제20조(납세의 고지) 제2호 단서**는, "하나의 납세고지서 또는 납부통지서로 둘 이상의 과세대상을 동시에 고지하는 경우에는 세액의 산출근거를 생략할 수 있으며, 이 경우 납세자가 세액 산출근거의 열람을 신청하는 때에는 세무공무원은 지체 없이 열람할 수 있도록 하여야 한다."는 예외를 규정하고 있는데, 이를 법에 위반하여 무효라고 보기는 어렵다(2006두644).

774) **[비교]** 대법원 2014. 1. 16. 선고 2013두17305 판결 ; "이미 충당 또는 지급된 금액의 반환을 구하기 위한 국세환급금의 환수처분은 국세의 징수에 부수하는 처분으로서 국세의 징수에 관한 규정이 그대로 준용되지만, 그 반환 지체에 대하여는 국세기본법상 국세환급가산금에 관한 규정이 유추적용될 뿐이므로, 납세의무와 세액을 구체적으로 확정하는 부과처분 또는 확정된 세액을 징수하고 그 체납에 대하여 국세징수법상 가산금에 관한 규정이 적용되는 징수처분과는 그 성질이 다르다. 따라서 국세환급금의 환수처분에 관한 납세고지서에는 그것이 국세환급금의 환수처분임을 명시함으로써 납세의무자의 불복 여부의 결정이나 불복신청에 지장을 초래하지 아니하도록 하여야 하고, 그 납세고지서에 이러한 사항이 제대로 기재되지 아니하였다면 특별한 사정이 없는 한 그에 관한 환수처분은 위법하다고 보아야 할 것이다. 그러나 납세고지서에 기재된 문언 내용 등에 비추어 납세의무자가 개별 세법에 근거한 부과처분이나 그 세액의 징수에 관한 징수처분과 구별되는 **초과환급금의 환수처분**이라는 점과 **환수를 요하는 구체적인 사유** 등을 **알 수 있을 정도**라면, 초과환급금의 반환을 구하는 납세고지서에 국세기본법 제51조 제7항과 같은 근거규정을 적시하지 아니하였다거나 초과환급금 액수의 구체적 계산내역을 기재하지 아니하였다는 사정만으로 그에 관한 환수처분을 위법하다고 볼 것은 아니다."

근거와 경로, 경위 등을 기재하도록 요구할 근거는 없다(대법원 2011. 9. 29. 선고 2009두22850 판결[775]) 등 참조).[776]

다만 하나의 납세고지서에 의하여 본세와 가산세를 함께 부과할 때에는 납세고지서에 **본세와 가산세** 각각의 세액과 산출근거 등을 구분하여 기재해야 하고, 또 여러 종류의 가산세를 함께 부과하는 경우에는 그 **가산세 상호 간**에도 종류별로 세액과 산출근거 등을 구분하여 기재함으로써 납세의무자가 납세고지서 자체로 각 과세처분의 내용을 알 수 있도록 하여야 한다. 따라서 가산세 부과처분이라고 하여 그 종류와 세액의 산출근거 등을 전혀 밝히지 아니한 채 가산세의 합계액만을 기재하였다면 그 부과처분은 위법[777])하다(대법원 2012. 10. 18. 선고 2010두12347 전원합의체 판결[778]) 참조).

---

775) 납세고지서에 **과세대상 물건**이 기재되어 있지 않다는 사정만으로 납세고지가 위법하다고 할 수 없다고 판단한 예.

776) **[비교]** 대법원 2001. 12. 14. 선고 2001두5101 판결 ; "종합토지세의 납세고지서는 전국 및 관내의 각 과세물건의 건수와 총면적, 전국의 종합, 별도 과세표준액 및 관내의 종합, 별도, 분리 과세표준액, 관내 토지의 개별적 소재지의 지번과 면적, 과세구분 표시, 관내 토지를 제외한 전국 토지에 대한 각 과세관청과 그 건수, 그리고 과세구분에 따른 세율, 부과 근거 법령의 기재로써 별다른 사정이 없는 한 지방세법이 요구하는 세액 산출근거의 기재요건을 충족한 것으로 보아야 할 것이다. … 이와 같은 기재 내용이면 관내의 토지를 제외한 전국의 토지에 대한 개별적인 지번, 지적, 과세시가표준액, 과세구분 및 관내 토지에 대한 필지 단위별 과세표준액을 기재하지 아니하였다 하더라도 지방세법이 요구하는 세액 산출근거의 기재요건을 충족한 것으로 보아야 할 것이다."

777) 납세고지서 작성과 관련한 하자는 그 고지서가 납세의무자에게 송달된 이상 과세처분의 본질적 요소를 이루는 것은 아니어서 과세처분의 취소사유가 됨은 별론으로 하고 당연무효의 사유로는 되지 아니한다(96누12634).

778) "(1) 헌법상 적법절차의 원칙은 형사소송절차뿐만 아니라 국민에게 부담을 주는 행정작용에서도 준수되어야 하므로, 그 기본 정신은 과세처분에 대해서도 그대로 관철되어야 한다. 행정처분에 처분의 이유를 제시하도록 한 행정절차법이 과세처분에 직접 적용되지는 않지만(행정절차법 제3조 제2항 제9호, 행정절차법 시행령 제2조 제5호), 그 기본 원리가 과세처분의 장면이라고 하여 본질적으로 달라져서는 안 되는 것이고 이를 완화하여 적용할 하등의 이유도 없다. 우리 조세법은 과세처분의 납세고지서에 어떤 내용을 담아야 하는지 등 그 형식에 관하여 국세기본법 등에 통칙적인 규정을 두고 있지는 않다. 반면 조세의 부과 단계를 지나 징수 단계에서 적용되는 기본법인 구 국세징수법(2011. 4. 4. 법률 제10527호로 개정되기 전의 것, 이하 '국세징수법'이라 한다)에서는 제9조 제1항에 "세무서장 또는 시장·군수가 국세를 징수하고자 할 때에는 납세자에게 그 국세의 과세연도·세목·세액 및 그 산출근거·납부기한과 납부장소를 명시한 고지서를 발부하여야 한다."는 규정을 두고 있다. 다른 한편 개별 세법에서는 대부분 해당 과세처분을 위한 납세고지의 방식 등에 관하여 따로 규정을 두고 있고, 이 사건에서 문제가 된 증여세의 경우에는 구 상속세 및 증여세법(2010. 1. 1. 법률 제9916호로 개정되기 전의 것, 이하 '상속증여세법'이라 한다) 제77조 전문이 '세무서장 등은 제76조의 규정에 의하여 결정한 과세표준과 세액을 수증자에게 대통령령이 정하는 바에 의하여 통지하여야 한다'고 규정하고, 그 위임에 따른 상속세 및 증여세법 시행령(이하 '상속증여세법 시행령'이라 한다) 제79조 제1항 전문은 "세무서장 등은 법 제77조의 규정에 의하여 과세표준과 세액을 통지하는 경우에는 납세고지서에 과세표준과 세액의 산출근거를 명시하여 통지하여야 한다."고 규정하고 있다. 이러한 국세징수법과 개별 세법의 납세고지에 관한 규정들은 헌법상 적법절차의 원칙과 행정절차법의 기본 원리를 과세처분의 영역에도 그대로 받아들여, 과세관청으로 하여금 자의를 배제한 신중하고도 합리적인 과세처분을 하게 함으로써 조세행정의 공정성을 기함과 아울러 납세의무자에게 과세처분의 내용을 자세히 알려주어 이에 대한 불복 여부의 결정과 불복신청의 편의를 주려는 데 그 **근본취지**가 있으므로, 이 규정들은 **강행규정**으로 보아야 한다. 따라서 납세고지서에 해당 본세의 과세표준과 세액의 산출근거 등이 제대로 기재되지 않았다면 특별한 사정이 없는 한 그 과세처분은 위법하다는 것이 판례의 확립된 견해이다.

판례는 여기에서 한발 더 나아가 설령 부가가치세법과 같이 **개별 세법에서 납세고지에 관한 별도의 규정을 두지 않은 경우**라 하더라도 해당 본세의 납세고지서에 국세징수법 제9조 제1항이 규정한 것과 같은 세액의 산출근거 등이 기재되어 있지 않다면 그 과세처분은 적법하지 않다고 한다. 말하자면 개별 세법에 납세고지에 관한 별도의 규정이 없더라도 국세징수법이 정한 것과 같은 납세고지의 요건을 갖추지 않으면 안 된다는 것이고, 이는 적법절차의 원칙이 과세처분에도 적용됨에 따른 당연한 귀결이다.

같은 맥락에서, 하나의 납세고지서에 의하여 **복수의 과세처분**을 함께 하는 경우에는 과세처분별로 그 세액과 산출근거

한편 과세관청이 과세처분에 앞서 납세의무자에게 보낸 **과세예고통지서** 등[779]에 **의하여**[780] 납세의무자가 그 처분에 대한 불복 여부의 결정 및 불복신청에 전혀 지장을 받지 않았음이 명백하다면, 이로써 납세고지서의 **흠결이 보완**되거나 **하자가 치유**된다고 볼 수 있다. 그렇지만 이와 같이 납세고

등을 구분하여 기재함으로써 납세의무자가 각 과세처분의 내용을 알 수 있도록 해야 하는 것 역시 당연하다고 할 것이다.

(2) 위와 같은 법리를 전제로 **가산세 부과처분의 납세고지 방식**에 관하여 본다.

가산세 부과처분에 관해서는 국세기본법이나 개별 세법 어디에도 그 납세고지의 방식 등에 관하여 따로 정한 규정이 없다. 그러나 가산세는 비록 본세의 세목으로 부과되기는 하지만(국세기본법 제47조 제2항 본문), 그 본질은 과세권의 행사와 조세채권의 실현을 용이하게 하기 위하여 세법에 규정된 의무를 정당한 이유 없이 위반한 납세의무자 등에게 부과하는 일종의 행정상 제재라는 점에서 **적법절차의 원칙은 더 강하게 관철**되어야 한다.

더욱이 가산세는 본세의 세목별로 그 종류가 매우 다양할 뿐 아니라 부과기준 및 산출근거도 제각각이다. 이 사건에서 문제가 된 증여세의 경우에도 신고불성실가산세(구 상속증여세법 제78조 제1항), 납부불성실가산세(제2항), 보고서 미제출 가산세(제3항), 주식 등의 보유기준 초과 가산세(제4항) 등 여러 종류의 가산세가 있고, 소득세법이나 법인세법 등에 규정된 가산세는 그보다 훨씬 복잡하고 종류도 많다. 따라서 납세고지서에 가산세의 산출근거 등이 기재되어 있지 않으면 납세의무자로서는 무슨 가산세가 어떤 근거로 부과되었는지 파악하기가 쉽지 않은 것이 보통일 것이다. 이와 같은 점에 비추어 보면, 납세고지에 관한 국세징수법 제9조 제1항의 규정이나 상속증여세법 제77조 등 개별 세법의 규정 취지는 가산세의 납세고지에도 그대로 관철되어야 마땅하다.

한편 본세의 부과처분과 가산세의 부과처분은 각 별개의 과세처분인 것처럼, 같은 세목에 관하여 여러 종류의 가산세가 부과되면 그 각 가산세 부과처분도 종류별로 각각 별개의 과세처분이라고 보아야 한다. 따라서 하나의 납세고지서에 의하여 **본세와 가산세를 함께 부과**할 때에는 납세고지서에 본세와 가산세 각각의 세액과 산출근거 등을 구분하여 기재해야 하는 것이고, 또 **여러 종류의 가산세를 함께 부과**하는 경우에는 그 가산세 상호 간에도 종류별로 세액과 산출근거 등을 구분하여 기재함으로써 납세의무자가 납세고지서 자체로 각 과세처분의 내용을 알 수 있도록 하는 것이 당연한 원칙이다. 여러 종류의 가산세를 함께 부과하면서, 납세고지서에 산출근거는 물론 종류조차도 따로 밝히지 않고 단지 가산세의 합계액만을 기재하고는, 납세의무자가 스스로 세법 규정을 잘 살펴보면 무슨 가산세가 부과된 것이고 산출근거가 어떻게 되는지를 알아낼 수 있다고 하는 것으로 그 기재의 흠결을 정당화할 수는 없다. 과세처분의 상대방인 납세의무자에게 알아서 법전을 찾아보라고 할 행정편의적인 발상이 법치의 광장에서 용인되어서는 안 된다.

그러나 지금까지 가산세 부과처분을 하는 실무의 방식은 달랐다. 가산세는 본세와 함께 부과하면서 세액만 병기하고, 더구나 가산세의 종류가 여러 가지인 경우에도 그 합계액만 표시하는 것이 오랜 과세관행처럼 되어 있었다. 하지만 가산세라고 하여 적법절차 원칙의 법정신을 완화하여 적용할 합당한 근거는 어디에도 없다. 가산세 역시 본세와 마찬가지 수준으로 그 형식과 내용을 갖추어 세액의 산출근거 등을 밝혀서 고지하여야 하고, 납세고지서를 받는 납세의무자가 따로 법률 규정을 확인하거나 과세관청에 문의해 보지 않고도 무슨 가산세가 부과되었고 세액이 그렇게 된 산출근거가 무엇인지 알 수 있도록 해야 한다. 가산세는 통상 본세와 함께 부과되고 가산세의 과세표준은 본세의 세액이나 과세표준 등을 기초로 산출되는 경우가 많으므로, 가산세의 산출근거 등을 납세고지서에 밝혀 표시하도록 한다고 하여 과세관청의 부담이 감내할 수 없을 정도로 늘어나는 것도 아니다. 그러므로 가산세 부과처분이라고 하여 그 종류와 세액의 산출근거 등을 전혀 밝히지 않고 가산세의 합계액만을 기재한 경우에는 그 부과처분은 위법함을 면할 수 없다.

(3) 한편 납세고지에 관계 법령에서 요구하는 기재사항을 누락한 하자가 있더라도 과세관청이 과세처분에 앞서 납세의무자에게 보낸 **과세예고통지서** 등에 납세고지서의 필요적 기재사항이 이미 모두 기재되어 있어 납세의무자가 그 처분에 대한 불복 여부의 결정 및 불복신청에 전혀 지장을 받지 않은 것이 명백하다면, 이로써 납세고지의 **하자는 보완**되거나 **치유**될 수 있다."

779) 대법원 2001. 3. 27. 선고 99두8039 판결 ; "이 사건 납세고지서만으로는 과세표준과 세액의 계산명세가 기재되거나 그 계산명세서가 첨부되었다고 보기는 미흡하나, 피고가 이 사건 부과처분을 하기 전에 원고에게 보낸 **결정전통지서**에는 그 부족한 부분이 보완기재되어 있다 할 것이므로, 이 사건 납세고지가 위법하다고 할 수는 없다."

780) 대법원 2015. 9. 24. 선고 2015두38931 판결 ; "납세고지의 하자는 납세의무자가 그 나름대로 산출근거를 알고 있다거나 사실상 이를 알고서 쟁송에 이르렀다 하더라도 **치유되지 않**는다."

지서의 **하자를 사전에 보완할 수 있는 서면**은 법령 등에 의하여 납세고지에 앞서 납세의무자에게 교부하도록 되어 있어 납세고지서와 일체를 이룰 수 있는 것에 **한정**될 뿐만 아니라, 거기에는 납세고지서의 필요적 기재사항이 제대로 기재되어 있어야 한다(대법원 2005. 10. 13. 선고 2005두5505 판결 등 참조).[781]

● 대법원 2019. 7. 4. 선고 2017두38645 판결 [법인세부과처분취소]

▌납세고지서, 세율 오기

판시사항

납세자가 납세고지서의 **세율**이 명백히 잘못된 오기임을 알 수 있고 다른 문언과 종합하여 정당한 세율에 따른 세액의 산출근거를 쉽게 알 수 있어 불복 여부의 결정이나 불복신청에 지장을 초래하지 않을 정도라면 그에 관한 징수처분을 위법하다고 볼 수 있는지 여부(×)

이 유

국세징수법 제9조 제1항 … 규정하고 있다. 따라서 납세고지서에 해당 본세의 과세표준과 세액의

781) ◎ **지방세 납세고지에 관한 같은 취지의 판결**

○ 대법원 2015. 10. 15. 선고 2015두36652 판결 ; "지방세기본법 제2조 제1항 제15호, 제55조 제1항, 지방세기본법 시행령 제36조의 각 규정에 의하면, 지방세의 납세고지는 납부할 지방세의 과세연도와 세목, 그 부과의 근거가 되는 법률 및 해당 지방자치단체의 조례의 규정, 납세자의 주소·성명, 과세표준액, 세율, 세액, 납부기한, 납부장소, 납부기한까지 납부하지 아니한 경우에 취하여지는 조치 및 부과의 위법 또는 착오에 대한 구제방법 등을 기재한 납세고지서에 의하도록 되어 있는바, 위 규정들은 조세법률주의 원칙에 따라 과세관청으로 하여금 신중하고 합리적인 처분을 하게 함으로써 조세행정의 공정을 기함과 동시에 납세의무자에게 과세처분의 내용을 상세하게 알려 불복 여부의 결정 및 불복신청에 편의를 주려는 데 그 입법 취지가 있는 만큼, 납세고지서에는 원칙적으로 납세의무자가 과세처분의 내용을 상세하게 알 수 있도록 과세대상 재산을 특정하고 그에 대한 세액 및 과세표준액, 적용할 세율 등 세액의 산출근거를 구체적으로 기재하여야 한다. 위 규정들은 **강행규정**으로서 위 규정들에서 요구하는 사항 중 일부를 누락한 흠이 있는 경우 그 과세처분은 위법하다." ☞ ① 이 사건 납세고지서에는 취득세, 지방교육세, 농어촌특별세(취득세 등)의 각 본세에 그에 대한 신고불성실가산세와 납부불성실가산세를 합한 세목별 세액의 합계액만이 기재되어 있을 뿐 취득세 등 각 본세와 그에 대한 가산세의 세액이 구분 기재되거나 가산세 상호 간의 종류별 세액이 구분 기재되어 있지 않고, 또한 취득세의 과세표준만이 기재되어 있을 뿐 취득세 등 각 본세와 가산세의 산출근거가 제대로 기재되어 있지 않은 사실, ② 피고가 이 사건 납세고지서에 앞서 원고에게 보낸 **과세예고통지서에도** 취득세 등 각 본세의 세액, 취득세의 과세표준, 취득세 등의 각 본세에 대한 신고불성실가산세와 납부불성실가산세의 세율 등은 기재되어 있으나, 취득세 등의 각 본세에 대한 신고불성실가산세와 납부불성실가산세의 세액은 구분 기재되어 있지 않고 취득세 등 각 본세의 세율 등도 기재되어 있지 않은 사실을 알 수 있으므로, 이 사건 취득세 등의 각 본세와 그에 대한 가산세의 납세고지에는 관계 법령에서 요구하는 기재사항을 일부 누락한 흠이 있고, 그 흠이 보완되거나 치유되었다고 볼 수도 없으므로, 이 사건 처분은 위법하다고 판단한 예.

○ 대법원 2015. 9. 24. 선고 2015두38931 판결 ; ① 이 사건 납세고지서에는 취득세, 지방교육세, 농어촌특별세(취득세 등)의 세액과 취득세의 과세표준만이 기재되어 있을 뿐 취득세 등의 산출근거가 제대로 기재되어 있지 않은 사실, ② 피고가 이 사건 납세고지서에 앞서 원고에게 보낸 **과세예고통지서에도** 취득세와 농어촌특별세의 세액, 취득세의 과세표준 등은 기재되어 있으나, 취득세 등의 세율 및 지방교육세와 농어촌특별세의 과세표준은 기재되어 있지 않은 사실을 알 수 있으므로, 이 사건 취득세 등의 납세고지는 관계 법령에서 요구하는 기재사항을 일부 누락한 하자가 있고, 원고가 취득세 등을 신고할 당시 이미 취득세 등의 세율과 과세표준을 알고 있었더라도 그 하자가 보완되거나 치유되었다고 볼 수도 없으므로, 취득세 등의 부과처분은 위법하다고 판단한 예.

산출근거 등이 제대로 기재되지 않았다면 특별한 사정이 없는 한 그 징수처분은 위법하다(대법원 2012. 10. 18. 선고 2010두12347 전원합의체 판결, 대법원 2014. 7. 24. 선고 2014두3891 판결[782] 참조).

그러나 납세고지서의 세율이 잘못 기재되었다고 하더라도 납세고지서에 기재된 문언 내용 등에 비추어 원천징수의무자 등 납세자가 세율이 **명백히 잘못된 오기**임을 **알 수 있고** 납세고지서에 기재된 다른 문언과 종합하여 **정당한 세율에 따른 세액의 산출근거를 쉽게 알 수 있어** 납세자의 불복 여부의 결정이나 불복신청에 지장을 초래하지 않을 정도라면, 납세고지서의 세율이 잘못 기재되었다는 사정만으로 그에 관한 징수처분을 위법하다고 볼 것은 아니다.[783]

● 대법원 2020. 10. 29. 선고 2017두51174 판결 [법인세등부과처분취소]

▌납세고지서 기재, 하자 치유

판시사항

구 **법인세법 시행령 제109조 제1항 후문**[784]에서 납세고지서에 부기하여야 한다고 정한 '납세지

---

782) "이 사건 납세고지서에는 배당소득세 본세의 세액만이 기재되어 있을 뿐 그 세율 등은 기재되어 있지 아니한 사실을 알 수 있다. … 이 사건 납세고지서에는 구 국세징수법 제9조 제1항에서 정한 세액의 산출근거를 제대로 기재하지 아니한 하자가 있고 달리 그 하자가 보완되거나 치유되었다고 볼 사정도 없으므로, 이 사건 처분 중 본세 징수처분 부분은 위법하다고 할 것이다."

783) **【구체적 사안】**

○ **원심** ; 이 사건 처분에 관한 납세고지서에는 법인세 본세에 관하여 세율의 기재를 누락하여 국세징수법 제9조 제1항에서 정한 세액의 산출근거를 제대로 기재하지 아니한 하자가 있고, 위와 같은 법인세 본세에 관한 납세고지서의 흠결이 보완되거나 하자가 치유되었다는 사정도 없으므로, 이 사건 처분 중 법인세 본세의 징수처분은 위법하다고 판단.

○ **대법원** ; ① 이 사건 위약금과 관련하여 피고가 원고에게 발송하였던 2013. 2. 13.자, 2013. 5. 1.자 및 2013. 8. 1.자 각 납세고지서에는 법인세 본세와 관련하여 세액산출근거에 과세표준과 산출세액은 모두 기재되어 있으나, 세율은 '0.00%'로만 기재되어 있는 사실, ② 이후 원천징수세율 오류를 시정하여 처분한 2013. 8. 1.자 납세고지서(이 사건 납세고지서)에도 세율은 여전히 '0.00%'로 기재되어 있으나, 다만 "① 과세표준 '59,000,000,000'에 ② 세율 '0.00%'를 적용하면, ③ 산출세액은 '14,750,000,000'입니다."라고 기재하고, 같은 면에 위치한 '고지에 대한 안내말씀'란에서 당초 처분은 20%의 세율을 적용하였으나 이는 과소적용한 것이므로 (증액)경정한다는 취지를 명시한 사실을 인정할 수 있다. 이 사건 납세고지서에 세율이 0.00%로 잘못 기재되어 있기는 하나, 원천징수의무자인 원고로서는 특정한 액수로 기재된 과세표준과 산출세액에 비추어 이러한 세율이 명백히 잘못된 오기임을 알 수 있었다. 또한 이 사건 납세고지서에 2013. 5. 1.자 납세고지 시 적용된 세율 20%가 과소 적용된 것으로서 이를 증액한다는 내용이 명시되어 있을 뿐 아니라 산출세액 147억 5,000만 원이 과세표준 590억 원에 세율을 적용하여 산출된 것이라는 문언까지 명시되어 있어 이 사건 납세고지서에 기재된 과세표준과 산출세액에 따라 정당한 세율 25%(= 147억 5,000만 원 ÷ 590억 원)를 산출할 수 있으므로, 원고는 이 사건 납세고지 시 적용된 세율이 20%보다 높은 25%라는 것도 쉽게 알 수 있었다. 따라서 이 사건 처분에 관한 납세고지서에 세율이 잘못 기재되었다고 하더라도 그러한 사정만으로 원고가 그 처분에 대한 **불복 여부의 결정이나 불복신청에 지장을 받았을 것이라고 평가할 수 없**으므로, 그에 관한 법인세 본세 징수처분을 위법하다고 보기 어렵다.

784) **법인세법 제70조(과세표준과 세액의 통지)** 납세지 관할 세무서장 또는 관할지방국세청장은 제53조 또는 제66조에 따라 내국법인의 각 사업연도의 소득에 대한 법인세의 과세표준과 세액을 결정 또는 경정한 경우에는 대통령령으로 정하는 바에 따라 이를 그 내국법인에 알려야 한다.

법인세법 시행령 제109조(과세표준과 세액의 통지) ① 납세지 관할세무서장이 법 제70조의 규정에 의하여 과세표준과 그 세액을 통지하는 경우에는 납세고지서에 그 과세표준과 세액의 계산명세를 첨부하여 고지하여야 하며, 각 사업연도

관할 지방국세청장이 조사·결정하였다는 뜻'이 납세고지서의 필요적 기재사항인지 여부(×) 및 과세관청이 과세처분에 앞서 납세자에게 보낸 세무조사결과통지 등에 납세고지서의 필요적 기재사항이 제대로 기재되어 있어 처분에 대한 불복 여부의 결정 등에 지장을 받지 않았음이 명백한 경우, 납세고지서의 **하자가 보완되거나 치유**될 수 있는지 여부(○)[785]

● 대법원 2017. 10. 12. 선고 2014두3044, 3051 판결 [소득세등부과처분취소 등]

▌과세처분, 실질과세, 항고소송

판시사항

과세관청이 원천징수과정에서 원천납세의무자로 취급된 외국법인은 도관에 불과하고, 그 상위 투자자인 다른 외국법인이 실질과세원칙상 납세의무자로서 국내 고정사업장을 갖고 있다고 보아, 그를 상대로 법인세 과세표준과 세액을 결정하는 과정에서, 당초 원천징수된 세액의 환급금을 상위 투자자 외국법인의 결정세액에서 공제하거나 충당하면서 과세연도와 세액 및 산출근거 등이 기재된 **결정결의서를 교부**하는 등의 방법으로 **결정의 내용을 자세하게 고지**한 경우, **상위 투자자인 외국법인**은 그러한 내용의 **과세처분이 이루어진 것으로 보아** 그 **취소를 구하는 항고소송을 제기**할 수 있는지

의 과세표준이 되는 금액이 없거나 납부할 세액이 없는 경우에는 그 결정된 내용을 통지하여야 한다. 이 경우 제103조 제1항 단서의 규정에 의하여 과세표준이 결정된 것은 납세지 관할지방국세청장이 조사·결정하였다는 뜻을 부기하여야 한다. **제103조(결정 및 경정)** ① 납세지 관할 세무서장은 법 제66조에 따라 과세표준과 세액을 결정 또는 경정한다. 다만, 국세청장이 특히 중요하다고 인정하는 것에 대하여는 납세지 관할지방국세청장이 이를 결정 또는 경정할 수 있으며, 이 경우 납세지 관할세무서장은 해당 과세표준을 결정 또는 경정하기 위하여 필요한 서류를 납세지 관할지방국세청장에게 지체 없이 보내야 한다. 〈개정 2019.2.12〉

785) **【이 유】** "이 부분 상고이유의 주장은, 피고 서울지방국세청장이 원고의 법인세 과세표준과 세액을 경정하였고, 이 경우 구 **법인세법 시행령 제109조 제1항 후문**에 따라 납세고지서에 피고 서울지방국세청장이 조사·경정하였다는 뜻을 부기하여야 하는데, 이 사건의 법인세 납세고지서에는 그러한 내용을 부기하지 않은 절차적 하자가 있어 이 사건 각 처분 중 각 법인세 부과처분은 위법하여 취소되어야 함에도, 원심은 피고 동대문세무서장이 원고에 대한 법인세 과세표준을 경정하고 통지하였다는 잘못된 사실인정을 바탕으로 구 법인세법 시행령 제109조 제1항 후문이 적용되지 않아 납세고지서의 하자가 없다고 함으로써 이에 관한 판단을 그르쳤다는 것이다. … 설령 원심의 위와 같은 판단에 상고이유의 주장과 같은 잘못이 있다고 하더라도 판결 결과에 영향을 미칠 수 없으므로, 그에 관한 상고이유의 주장은 더 나아가 살펴볼 필요 없이 받아들일 수 없다. 1) **구 국세징수법**(2019. 12. 31. 법률 제16842호로 개정되기 전의 것) **제9조 제1항**은 납세고지서의 필요적 기재사항으로 과세대상과 그에 대한 과세표준액, 세율, 세액산출방법 등을 적시하도록 정하고 있다. 그런데 구 **법인세법 시행령 제109조 제1항 후문**에서 납세고지서에 부기하여야 한다고 정한 '납세지 관할 지방국세청장이 조사·결정하였다는 뜻'은 이러한 필요적 기재사항으로 보기 어려울 뿐만 아니라, 그에 관한 기재가 누락되었다고 하더라도 납세자가 그 처분에 대한 불복 여부의 결정 및 불복신청에 지장을 받는다고 단정하기도 어렵다. 2) 더욱이 과세관청이 과세처분에 앞서 납세자에게 보낸 세무조사결과통지 등에 납세고지서의 필요적 기재사항이 제대로 기재되어 있어 납세의무자가 그 처분에 대한 불복 여부의 결정 및 불복 신청에 전혀 지장을 받지 않았음이 명백하다면, 이로써 납세고지서의 **하자가 보완되거나 치유**될 수 있다. 그런데 피고 서울지방국세청장이 조사·경정하였다는 뜻이 이 사건 납세고지서에 부기되지 않았더라도 그 뜻이 과세처분에 앞서 원고에게 보낸 이 사건 세무조사결과통지에 기재되어 있으므로, 원고가 그 처분에 대한 불복 여부의 결정 및 불복 신청에 전혀 지장을 받지 않았음을 알 수 있다. 따라서 설령 상고이유처럼 피고 서울지방국세청장이 원고에 대한 법인세 과세표준을 경정하였더라도 피고 서울지방국세청장의 조사·경정과 관련된 납세고지서의 하자는 보완 또는 치유되었다고 보아야 할 것이므로, 이 사건 각 처분 중 각 법인세 부과처분에 관한 납세고지가 위법하다고 볼 수 없다."

여부(○)

이 유

이러한 규정들[786]은 헌법상 적법절차의 원칙과 행정절차법의 기본원리를 과세처분의 영역에 그대로 받아들여, 과세관청으로 하여금 자의를 배제한 신중하고도 합리적인 과세처분을 하게 함으로써, 조세행정의 공정을 기함과 아울러 납세의무자에게 과세처분의 내용을 자세히 알려주어, 이에 대한 불복 여부의 결정과 불복신청의 편의를 주려는 데 그 근본취지가 있다.

따라서 과세관청이 원천징수과정에서 원천납세의무자로 취급된 외국법인은 도관에 불과하고, 그 상위 투자자인 다른 외국법인이 실질과세원칙상 납세의무자로서 국내 고정사업장을 갖고 있다고 보아, 그를 상대로 법인세 과세표준과 세액을 결정하는 과정에서, 당초 원천징수된 세액의 환급금을 상위 투자자 외국법인의 결정세액에서 공제하거나 충당하면서 과세연도와 세액 및 산출근거 등이 기재된 **결정결의서를 교부**하는 등의 방법으로 결정의 내용을 자세하게 **고지**하였다면, **상위 투자자인 외국법인**은 그러한 내용의 **과세처분이 이루어진 것으로 보아** 그 **취소를 구하는 항고소송을 제기할 수 있다**고 보아야 한다.

송달·공시송달

※ 세법에서 규정하는 서류의 송달

[1] 송달 장소

국세기본법 또는 세법에서 규정하는 서류는 그 '명의인'(그 서류에 수신인으로 지정되어 있는 자)[787]의 '주소, 거소,[788] 영업소 또는 사무소'[789][790]에 송달한다(국세기본법 제8조[791] 제1항). 송달받아야 할 사람

786) 구 국세징수법(2013. 1. 1. 법률 제11605호로 개정되기 전의 것) 제9조 제1항은 "세무서장은 국세를 징수하려면 납세자에게 그 국세의 과세연도, 세목, 세액 및 그 산출 근거, 납부기한과 납부장소를 적은 납세고지서를 발급하여야 한다."라고 규정하고 있고, 구 법인세법(2013. 1. 1. 법률 제11607호로 개정되기 전의 것) 제70조 및 제97조 제1항은 '국내사업장을 가진 외국법인의 각 사업연도 소득에 대한 법인세의 과세표준과 세액을 결정 또는 경정한 경우에는 대통령령으로 정하는 바에 따라 이를 그 외국법인에 알려야 한다.'라고 규정하고, 그 위임에 따라 법인세법 시행령 제109조 제1항 본문은 "납세지 관할세무서장이 법 제70조의 규정에 의하여 과세표준과 그 세액을 통지하는 경우에는 납세고지서에 그 과세표준과 세액의 계산명세를 첨부하여 고지하여야 하며, 각 사업연도의 과세표준이 되는 금액이 없거나 납부할 세액이 없는 경우에는 그 결정된 내용을 통지하여야 한다."라고 규정하고 있다.

787) ○ 대법원 2000. 1. 14. 선고 99두9346 판결 ; "원고가 이 사건 과세처분의 이의신청 시 대리인을 선임하였다고 하더라도 대리인이 아닌 납세의무자에게 그 이의신청에 대한 결정서를 송달하였다고 하여 이를 위법이라고 할 수는 없고, 또 이 경우 대리인에게 송달하는 것이 세무관서의 업무처리관행이라고 할지라도 그와 같은 사정만으로 심사청구 제기기간이 도과하였다는 피고의 주장이 신의칙에 반하는 것이 된다고 할 수도 없다."
○ 연대납세의무자에게 서류를 송달할 때에는 그 대표자를 명의인으로 하며, 대표자가 없을 때에는 연대납세의무자 중 국세를 징수하기에 유리한 자를 명의인으로 한다. 다만, 납부의 고지와 독촉에 관한 서류는 연대납세의무자 모두에게 각각 송달하여야 한다(제2항). ☛ '납세의무자'-'연대납세의무' 설명 부분 참조.

788) 대법원 1998. 4. 10. 선고 98두1161 판결 ; "여기서 주소라 함은 원칙적으로 생활의 근거가 되는 곳을 가리키지만 민법 제21조 소정의 가주소 또는 그 명의인의 의사에 따라 전입신고된 주민등록지도 특별한 사정이 없는 한 이에 포함되며" ☞ **[민법 규정] 제18조(주소)** ① 생활의 근거되는 곳을 주소로 한다. ② 주소는 동시에 두 곳 이상 있을

이 '교정시설' 또는 국가경찰관서의 '유치장'에 체포·구속 또는 유치된 사실이 확인된 경우에는 해당 교정시설의 장 또는 국가경찰관서의 장에게 송달한다(제5항).[792]

수 있다. **제19조(거소)** 주소를 알 수 없으면 거소를 주소로 본다. **제21조(가주소)** 어느 행위에 있어서 가주소를 정한 때에는 그 행위에 관하여는 이를 주소로 본다. **[소득세법시행령] 제2조(주소와 거소의 판정)** ① 「소득세법」(이하 "법"이라 한다) 제1조의2에 따른 주소는 국내에서 생계를 같이 하는 가족 및 국내에 소재하는 자산의 유무등 생활관계의 객관적 사실에 따라 판정한다. ② 법 제1조의2에 따른 거소는 주소지 외의 장소 중 상당기간에 걸쳐 거주하는 장소로서 주소와 같이 밀접한 일반적 생활관계가 형성되지 아니한 장소로 한다.

789) 대법원 1986. 7. 22. 선고 85누225 판결 ; "국세기본법 제8조 제1항에서 말하는 서류의 송달장소로서의 영업소 또는 사무소라 함은 어느 범위에 있어서의 영업의 중심이 되는 장소 또는 영업이라고는 할 수 없는 범위의 업무가 계속적으로 행하여지는 중심적 장소로서 어느 것이나 독립해서 거래를 할 수 있는 곳을 말하며 단순한 근무처는 이에 포함되지 않는다고 볼 것이다." ☞ 원고의 주소지가 아닌 원고 근무 회사에 납세고지서를 송달한 것은 적법한 송달이라고 볼 수 없다고 판시한 것은 정당하다고 한 예.
cf. 민사소송법상 송달장소 역시 국세기본법과 동일하게 '주소·거소·영업소 또는 사무소'(제183조 제1항)로 규정되어 있으므로, '영업소, 사무소'에 관한 양쪽의 개념을 동일하게 해석할 수 있다(민사소송법상 송달장소로 위 제2항에 '근무장소'를 추가하고 있는 점은 다르다).
○ 대법원 2004. 11. 26. 선고 2003다58959 판결 ; "구 민사소송법(2002. 1. 26. 법률 제6626호로 전문 개정되기 전의 것)은 송달은 이를 받을 자의 주소·거소·영업소 또는 사무소에서 하고(제170조 제1항), 송달할 장소에서 송달을 받을 자를 만나지 못한 때에는 그 사무원·고용인 또는 동거자에게 서류를 교부할 수 있다(제172조 제1항)고 하여 보충송달은 송달장소에서 수령대행권이 있는 자에게만 할 수 있다고 규정하고 있는바, 송달장소에 해당하는 사무소 또는 영업소라 함은 송달받을 사람 자신이 경영하는 사무소 또는 영업소를 의미하므로, 송달받을 사람이 회사를 경영하고 있다고 하더라도 별도의 법인격을 가지는 회사의 사무실은 송달받을 사람의 근무장소에 불과하여 송달받을 사람의 사무소나 영업소로 볼 수 없고, 수령대행권이 있는 사무원·고용인 또는 동거자라 함은 송달받을 사람의 사무원·고용인 또는 동거자를 의미하는 것으로 보아야 할 것이다."
○ 대법원 2014. 10. 30. 선고 2014다43076 판결 ; "민사소송법 제183조 제1항 … 영업소 또는 사무소는 송달받을 사람의 영업 또는 사무가 일정 기간 지속하여 행하여지는 중심적 장소로서, 한시적 기간에만 설치되거나 운영되는 곳이라고 하더라도 그곳에서 이루어지는 영업이나 사무의 내용, 기간 등에 비추어 볼 때 어느 정도 반복해서 송달이 이루어질 것이라고 객관적으로 기대할 수 있는 곳이라면 위 조항에서 규정한 영업소 또는 사무소에 해당한다고 보아야 한다."

790) ○ 상속이 개시된 경우 상속재산관리인이 있을 때에는 그 상속재산관리인의 주소 또는 영업소에 송달한다(제3항). 납세관리인이 있을 때에는 납부의 고지와 독촉에 관한 서류는 그 납세관리인의 주소 또는 영업소에 송달한다(제4항).
○ 서류의 송달을 받을 자가 주소 또는 영업소 중에서 송달받을 장소를 대통령령으로 정하는 바에 따라 정부에 신고한 경우에는 그 신고된 장소에 송달하여야 하고, 이를 변경한 경우에도 또한 같다(제9조). 송달받아야 할 자가 주소 또는 영업소를 이전하였을 때에는 주민등록표 등으로 이를 확인하고 이전한 장소에 송달하여야 한다(제10조 제5항). ☛ 대법원 1993. 6. 29. 선고 93누1565 판결 ; 원고가 이사를 하였으나 주민등록을 이전하지는 아니하고, 우체국에 실제 거주지로 우편물 배달을 요청하는 주소지변경신고를 하였고, 피고 세무서장 또한 이러한 사실을 알았음에도 불구하고 과세처분을 함에 있어 납세고지서를 원고의 주민등록지로 우송하였고, 우편집배원은 원고가 위와 같이 주소지변경신고를 한 사실을 간과하고 주민등록지로 배달함으로써, 그 곳에서 거주하며 식당을 경영하던 원고 처제가 이를 수령하고 원고에게 전달한 **사안**에서, 피고가 발송한 납세고지서를 원고의 주민등록지에서 수령한 원고의 처제는 비록 친족이기는 하지만, 원고는 이사한 후로는 그 주민등록지에서는 거주한 사실이 없으므로 그 처제라 하여 송달수령권을 가진 동거자라고는 할 수 없을 뿐 아니라, 피고가 원고의 이사사실과 그의 실제 거주지를 알고 있는 이상 이를 적법한 송달이라고는 보기 어렵고, 다만 **처제를 통하여 납세고지서를 전달**받음으로써 비로소 **원고에게 납세고지서가 송달된 것**이라고 판단한 예(송달 하자의 치유를 인정한 것으로 볼 수 있는 사례이다).
○ 정보통신망을 이용한 송달(전자송달)인 경우에는 명의인의 전자우편주소(국세정보통신망에 저장하는 경우에는 명의인의 사용자확인기호를 이용하여 접근할 수 있는 곳을 말한다)에 송달한다(제1항).

791) **지방세기본법** 또는 지방세관계법에서 규정하는 서류의 송달에 관하여는 지방세기본법 제28조(서류의 송달), 제29조(송달받을 장소의 신고), 제30조(서류송달의 방법), 제32조(송달의 효력 발생), 제33조(공시송달)에 국세기본법과 거의 동일하게 규정하고 있다.

[2] 송달 방법

국세기본법 또는 세법에서 규정하는 서류의 송달은 교부,[793] 우편 또는 전자송달[794]의 방법으로 한다(제10조 제1항).[795] 납부의 고지·독촉·강제징수 또는 세법에 따른 정부의 명령과 관계되는 서류의 송달을 우편으로 할 때에는 '등기우편'으로 하여야 한다(제2항 본문).[796] 송달을 받아야 할 자가 송달받기를 거부하지 아니하면 다른 장소에서 교부할 수 있는데(제3항 단서), 이를 '**조우송달**'[797]이라고 한다. 송달할 장소[798]에서 서류를 송달받아야 할 자를 만나지 못하였을 때에는 그 사용인[799]이나 그 밖의 종업원[800] 또는 동거인[801]으로서 사리를 판별할 수 있는 사람[802]에게 서류를 송달할 수 있는데 이를

---

792) 2018. 12. 31. 국세기본법 개정 시 신설되어, 법 시행(2019. 1. 1.) 이후 송달하는 서류분부터 적용되었다. 지방세기본법 제28조에는 이 규정이 없으므로, 국세기본법 개정 전의 다음 판례가 적용된다.
대법원 2010. 5. 13. 선고 2009두3460 판결 ; "국세기본법에는 민사소송법 제182조(구속된 사람 등에게 할 송달)와 같은 특별규정이나 민사소송법 중 송달에 관한 규정을 준용하는 규정이 없으므로 구치소 등에 구속된 사람에 대한 납세고지서의 송달은 특별한 사정이 없으면 국세기본법 제8조 제1항에 따라 주소·거소·영업소 또는 사무소로 하면 되고, 이 경우 그 곳에서 송달받을 사람을 만나지 못한 때에는 그 사용인 기타 종업원 또는 동거인으로서 사리를 판별할 수 있는 사람에게 송달할 수 있다." ☛ 국세기본법 기본통칙(8-0…6)은 "송달을 받을 자가 교도소 등에 수감 중이거나 이에 준하는 사유가 있는 경우에는 그 사람의 주소지에 서류를 송달한다. 그러나 주소가 불명인 경우와 서류를 대신 받아야 할 자가 없는 경우에는 그 사람이 수감되어 있는 교도소 등에 서류를 송달한다."라고 되어 있으나, '체포·구속 또는 유치된 사실이 확인된 경우'(민사소송법 제182조 송달에는 이러한 제한이 없다)에는 위 신설규정에 의해야 한다.

793) 교부에 의한 서류 송달은 해당 행정기관의 소속 공무원이 서류를 송달할 장소에서 송달받아야 할 자에게 서류를 교부하는 방법으로 한다(제3항 본문). 서류를 교부하였을 때에는 송달서에 수령인이 서명 또는 날인하게 하여야 하고, 수령인이 서명 또는 날인을 거부하면 그 사실을 송달서에 적어야 한다(제6항).

794) 전자송달은 대통령령으로 정하는 바에 따라 서류를 송달받아야 할 자가 신청한 경우에만 한다. 다만, 납부고지서가 송달되기 전에 대통령령으로 정하는 바에 따라 납세자가 이 법 또는 세법에서 정하는 바에 따라 세액을 자진납부한 경우 납부한 세액에 대해서는 자진납부한 시점에 전자송달을 신청한 것으로 본다(제8항). 국세정보통신망의 장애로 전자송달을 할 수 없는 경우나 그 밖에 대통령령으로 정하는 사유가 있는 경우에는 교부 또는 우편의 방법으로 송달할 수 있다(제9항). 전자송달을 할 수 있는 서류의 구체적인 범위 및 송달 방법 등에 관하여 필요한 사항은 대통령령으로 정한다(제10항).

795) **지방세기본법 제30조(서류송달의 방법)** ① 제28조에 따른 서류의 송달은 교부·우편 또는 전자송달로 하되, 해당 지방자치단체의 조례로 정하는 방법에 따른다.

796) 다만, 「소득세법」 제65조제1항에 따른 중간예납세액의 납부고지서, 「부가가치세법」 제48조제3항에 따라 징수하기 위한 납부고지서 및 제22조제2항 각 호의 국세에 대한 과세표준신고서를 법정신고기한까지 제출하였으나 과세표준신고액에 상당하는 세액의 전부 또는 일부를 납부하지 아니하여 발급하는 납부고지서로서 대통령령으로 정하는 금액 미만에 해당하는 납부고지서는 일반우편으로 송달할 수 있다(단서). 일반우편으로 서류를 송달하였을 때에는 해당 행정기관의 장은 ① 서류의 명칭, ② 송달을 받아야 할 자의 성명, ③ 송달 장소, ④ 발송연월일, ⑤ 서류의 주요 내용을 확인할 수 있는 기록을 작성하여 갖춰 두어야 한다(제7항).

797) 조우(遭遇)란 '우연히 서로 만나는 것'을 말한다.

798) 보충송달의 장소가 주민등록상의 주소지만으로 한정되는 것은 아니다(2000마5732).

799) 상속세 및 증여세법 시행령 제2조의2(특수관계인의 범위) 제2항은 "사용인"이란 임원, 상업사용인, 그 밖에 고용계약관계에 있는 자를 말한다."라고 정의하고 있다. 임원, 상업사용인과의 계약관계는 고용계약관계가 아닌 위임계약관계에 있다. 상법 제15조 제1항은 '부분적 포괄대리권을 가진 사용인'에 관하여 "영업의 특정한 종류 또는 특정한 사항에 대한 위임을 받은 사용인은 이에 관한 재판외의 모든 행위를 할 수 있다."라고 규정하고 있다.

800) 국세기본법 기본통칙(10-0…1)은, "법 제10조 제4항에서 "종업원"이라 함은 송달을 받아야 할 자와 고용관계에 있는 자를 말한다."라고 정의하고 있다.

보충송달의 수령대행인으로 세법은 '그 사용인이나 그 밖의 종업원 또는 동거인', 민사소송법(제186조①)은 '그 사무원, 피용자 또는 동거인'을 각각 규정하고 있다. '동거인'의 경우 양자가 동일하게 규정하고 있으므로 그 해석도 같이 하면 되나, 그 외에 세법은 '사용인이나 그 밖의 종업원', 민사소송법은 '사무원, 피용자'로 달리 규정하고 있어 그 구체적 의미가 서로 다른 것인지 견해가 갈릴 수 있다. 예컨대, 민사소송법상 보충송달의 수령대행인인 '사무원'의 경우 반드시 고용관계가 있어야 하는 것은 아니라는 것이 판례인데 이것이 세법상 송달에서도 동일한지 견해가 갈릴 수 있다.

대법원 2009. 1. 30.자 2008마1540 결정 ; "민사소송법 제186조 제1항이 정한 보충송달에 있어서 수령대행인이 될 수 있는 사무원이란 반드시 송달받을 사람과 고용관계가 있어야 하는 것은 아니고 평소 본인을 위하여 사무 등을 보조하는 자이면 충분하다." ☞ 대학교에서 문서의 접수, 발송, 분류 등의 업무를 담당하는 교직원이 그 대학교 내 창업보육센터에 입주한 송달받을 기업과 고용관계에 있지는 않으나 평소 그 기업을 위하여 우편물 수령사무 등을 보조해 온 자로서, 민사소송법 제186조 제1항에 정한 보충송달에 있어 그 기업의 수령대행인이 될 수 있는 '사무원'에 해당한다고 본 사례.

801) 대법원 2011. 5. 13. 선고 2010다108876 판결 ; "국세기본법 제10조 제4항 소정의 '동거인'이라고 함은 송달을 받을 자와 동일 세대에 속하여 생활을 같이 하는 자를 의미하므로 송달받을 사람과 같은 집에 거주하더라도 세대를 달리하는 사람은 동거인이라고 할 수 없다." ☛ 민사소송법상 보충송달의 수령대행인인 '동거인'(2002. 1. 26. 전부개정 전에는 '동거자')과 동일 의미로 해석할 수 있으므로, 반드시 법률상 친족관계에 있어야 하는 것은 아니어서, **이혼한 처**라도 사정에 의하여 사실상 동일 세대에 소속되어 생활을 같이 하고 있다면 수령대행인으로서의 동거인이 될 수 있고(2000마5732), 가옥 임차인의 식모는 '동거인'이라고 할 수 없다(80다1662). 국세기본법 기본통칙(10-0…2)은 '동거인'이라 함은 송달을 받을 자와 동일장소 내에서 공동생활을 하고 있는 자를 말하며, 생계를 같이 하는 것을 요하지 않는다고 하나, 이는 판례에 반하는 것으로서 유효하지 않다.

802) 대법원 2013. 1. 16. 선고 2012재다370 판결 ; "송달받을 사람의 동거인에게 송달할 서류가 교부되고 그 동거인이 사리를 분별할 지능이 있는 이상 송달받을 사람이 그 서류의 내용을 실제로 알지 못한 경우에도 송달의 효력은 있다. 이 경우 사리를 분별할 지능이 있다고 하려면, 사법제도 일반이나 소송행위의 효력까지 이해할 수 있는 능력이 있어야 한다고 할 수는 없을 것이지만 **적어도** 송달의 취지를 이해하고 그가 영수한 서류를 송달받을 사람에게 교부하는 것을 기대할 수 있는 정도의 능력은 있어야 한다." ☛ 국세기본법 기본통칙 10-0…3이 '사리를 판별할 수 있는 자'라 함은 서류의 송달취지를 이해하고, 수령한 서류를 송달받아야 할 자에게 교부할 것이라고 기대될 수 있는 능력이 있는 자를 말한다고 한 것은 판례에 부합하는 해석이다.

[부정한 예] ❶ 甲 회사가 乙 등을 상대로 제기한 배당이의 사건의 상고심에서 우편집배원이 甲 회사에 대한 상고기록접수통지서를 송달하기 위하여 甲 회사의 송달장소에 갔으나 대표이사 丙을 만나지 못하자 丙과 동거하는 만 8세 9개월 남짓의 아들 丁에게 이를 교부하고 丁의 서명을 받은 사안에서, 상고기록접수통지서의 보충송달이 적법하지 않다고 한 사례(2012재다370). ❷ 근로복지공단을 상대로 유족급여 및 장의비 부지급 처분 취소 청구소송을 제기한 甲에 대하여 우편집배원이 상고기록접수통지서를 송달하기 위해 甲의 주소지에 갔으나 甲을 만나지 못하자 甲과 동거하는 만 8세 1개월 남짓의 딸 乙에게 이를 교부하고 乙의 서명을 받은 사안에서, 상고기록접수통지서의 보충송달이 적법하지 않다고 한 사례(2011재두148). ❸ 약 8세 3개월인 초등학교 2학년 남자어린이에게 이행권고결정등본을 보충송달한 경우, 남자어린이의 연령, 교육정도, 이행권고결정등본이 가지는 소송법적 의미와 중요성 등에 비추어 볼 때, 그 소송서류를 송달하는 집행관이 남자어린이에게 송달하는 서류의 중요성을 주지시키고 부모에게 이를 교부할 것을 당부하는 등 필요한 조치를 취하였다는 등의 특별한 사정이 없는 한, 그 정도 연령의 어린이의 대부분이 이를 송달받을 사람에게 교부할 것으로 기대할 수는 없다고 보이므로 이행권고결정등본 등을 수령한 남자어린이에게 소송서류의 영수와 관련한 사리를 분별할 지능이 있다고 보기 어렵다고 한 사례(2005마1039).

[긍정한 예] ❶ 피고인의 어머니가 주거지에서 항소사건 소송기록접수통지서를 동거자로서 송달받은 경우, 그 어머니가 **문맹이고 관절염, 골다공증으로 인하여 거동이 불편**하다고 하더라도 그것만으로 사리를 변식할 능력이 없다고 할 수 없으므로 위 송달은 적법한 보충송달로서의 효력이 있다고 한 예(99모225). ❷ 만 11세 6월의 아이는 건물인도 사건 상고허가신청 기록접수통지서 송달 영수에 관하여 사리를 변식할 지능이 있는 자라고 볼 수 있다고 한 예(89재다카9). ❸ 피고인의 아들이 이 사건 송달 당시 10세 정도라면 송달로 인하여 생기는 형사소송절차에 있어서의 효력까지 이해하였다고 볼 수는 없으나 그 송달 자체의 취지를 이해하고 영수한 서류를 송달을 받을 아버지(피고인)에게 교부하는 것을 기대할 수 있는 능력 정도는 있다고 볼 것이므로, 피고인에 대한 소송기록접수통지서의 송달은 적법하다고 본 사례(96모32). ❹ 원고의 재심청구에 대한 노동부 산업재해보상심사위원회의 재결서가 만 9세 7개월로서 초등학교

'보충송달'이라 하고,[803] 서류를 송달받아야 할 자 또는 그 사용인이나 그 밖의 종업원 또는 동거인으로서 사리를 판별할 수 있는 사람이 정당한 사유 없이 서류 수령을 거부할 때에는 송달할 장소에 서류를 둘 수 있는데 이를 **'유치송달'**이라 한다(제3항).[804]

납세의무자 등 서류의 송달을 받을 자가 다른 사람에게 우편물 기타 서류의 수령권한을 명시적·묵시적으로 위임한 경우에는 그 수임자가 해당 서류를 수령함으로써 그 송달받을 자 본인이 적법하게 송달받은 것으로 된다.[805]

3학년 학생인 원고의 딸에게 송달되었다면, 사리를 변식할 지능이 있는 자에 대한 송달이라고 할 것이므로 위 재결서는 같은 날 원고에게 송달된 것으로 보아야 한다고 한 예(89누6013). ❺ 초등학교 3학년에 재학 중인 만 8세 10월의 여아 정도면 경매기일통지서 송달 영수에 관하여 사리를 판식할 지능 있는 자라고 볼 수 있다고 한 예(68마336). ❻ 8세 4월 정도의 여자 어린이가 송달로 인하여 생기는 형사소송절차에 있어서의 효력까지 이해하였다고 볼 수는 없으나 그 송달 자체의 취지를 이해하고 영수한 서류를 수송달자인 아버지에게 교부하는 것을 기대할 수 있는 능력 정도는 있다고 한 사례(95모20).

803) 대법원 2016. 11. 10. 선고 2014다54366 판결 ; "보충송달제도는 본인 아닌 그의 사무원, 피용자 또는 동거인, 즉 수령대행인이 서류를 수령하여도 그의 지능과 객관적인 지위, 본인과의 관계 등에 비추어 사회통념상 본인에게 그 서류를 전달할 것이라는 합리적인 기대를 전제로 한다. 그런데 본인과 수령대행인 사이에 당해 소송에 관하여 이해의 대립 내지 상반된 이해관계가 있는 때에는 수령대행인이 소송서류를 본인에게 전달할 것이라고 합리적으로 기대하기 어렵고, 이해가 대립하는 수령대행인이 본인을 대신하여 소송서류를 송달받는 것은 쌍방대리금지의 원칙에도 반하므로, 본인과 사이에 당해 소송에 관하여 이해의 대립 내지 상반된 이해관계가 있는 수령대행인에 대하여는 보충송달을 할 수 없다고 보아야 한다." ☛ 서류를 송달받을 본인과 당해 처분에 관하여 이해의 대립 내지 상반된 이해관계가 있는 수령대행인에게는 보충송달을 할 수 없는 경우가 있을 수 있다.

804) ◎ **유치송달**
○ 대법원 2004. 4. 9. 선고 2003두13908 판결 ; 피고 소속공무원이 당초 이 사건 납세고지서의 송달을 위하여 원고의 사업장을 방문하였을 때에 원고 회사의 이사나 사업장에서 작업을 하고 있던 사람들이 그 수령을 회피하거나 거절한 사실이 있었다 하더라도, 그와 같은 수령거부 **직후 곧바로** 납세고지서를 현장에 유치한 것이 아니고 일단 원고의 사업장을 떠났다가 그 후에 다시 사업장을 방문하여 임직원들이 아무도 없는 상태에서 납세고지서를 사업장에 두고 온 것만으로는 송달을 받을 자 등의 수령 거부가 있었다고 볼 수 없어서 이를 위 규정에서 말하는 적법한 유치송달이라고 볼 수도 없다고 판단한 예.
○ 대법원 2007. 3. 16. 선고 2006두16816 판결 ; "피고는 2002. 3. 14. 이 사건 재처분 부과고지서를 원고의 주소지로 우편으로 발송하였으나 수취거절로 송달이 되지 않자, 2002. 3. 16. 곧바로 공시송달하였음을 알 수 있다. 그러나 수취거절은 구 국세기본법(2002. 12. 18. 법률 제6782호로 개정되기 전의 것)상 **유치송달의 사유**가 될 수 있으나 **공시송달의 사유가 될 수 없**을 뿐더러(제10조 제4항, 제11조 제1항 참조), 이 사건 수취거절 당시 누가 거절하였는지 분명하지 않으며 피고가 이 사건 공시송달을 할 당시 이 사건 소송이 계속 중에 있었던 만큼 원고의 주소 또는 영업소가 분명하지 아니한 경우에 해당한다고 볼 수도 없어 결국 이 사건 공시송달이 적법하다고 할 수 없고"
○ 수령권한의 위임받은 자에 대한 유치송달을 긍정한 예 ; 서울고등법원 2010. 11. 12. 선고 2010누12301 판결(대법원 2011. 4. 14. 선고 2010두28304 심리불속행 판결) ; 원고 회사 대표이사로부터 등기우편물 등의 수령권한을 묵시적으로 위임받은 아파트 경비원이 원고 회사에 대한 납세고지서의 수령을 정당한 이유 없이 거부하자, 피고 소속 공무원이 위 납세고지서를 경비실에 두고 온 것은 유치송달로서 적법하다고 한 예. ↔ 납세고지서 수령 권한의 위임을 해지했다면 달리 볼 여지가 있다.

805) ◎ **수령권한의 위임**
대법원 2000. 7. 4. 선고 2000두1164 판결 ; "과세처분의 상대방인 납세의무자 등 서류의 송달을 받을 자가 다른 사람에게 우편물 기타 서류의 수령권한을 명시적 또는 묵시적으로 위임한 경우에는 그 수임자가 해당 서류를 수령함으로써 그 송달받을 자 본인에게 해당 서류가 적법하게 송달된 것으로 보아야 하고, 그러한 수령권한을 위임받은 자는 반드시 위임인의 종업원이거나 동거인일 필요가 없다."
[긍정례] ❶ 납세의무자가 거주하는 아파트에서 일반우편물이나 등기우편물 등 특수우편물이 배달되는 경우 관례적으로 아파트 경비원이 이를 수령하여 거주자에게 전달하여 왔고, 이에 대하여 납세의무자를 비롯한 아파트 주민들이

[3] 송달의 효력 발생

세법에서 규정하는 서류는 '송달받아야 할 자'에게 '도달'[806]한 때부터 효력이 발생한다(제12조 제1항

평소 이러한 특수우편물 배달방법에 관하여 아무런 이의도 제기한 바 없었다면, 납세의무자가 거주하는 아파트의 주민들은 등기우편물 등의 수령권한을 아파트 경비원에게 묵시적으로 위임한 것이라고 봄이 상당하므로 아파트 경비원이 우편집배원으로부터 납세고지서를 수령한 날이 처분의 통지를 받은 날에 해당한다고 한 사례(2000두1164). ❷ 원고가 자녀들의 학교문제 등 생활상의 편익을 위하여 5년여 동안 친구 주소지로 주민등록을 옮겨 놓았다면, 주민의 거주관계를 파악하고 상시로 인구의 동태를 명확히 하여 행정사무의 적정하고 간이한 처리를 도모함을 목적으로 하는 주민등록법의 목적과 원고가 위와 같은 목적으로 주민등록을 옮겨 놓은 점을 아울러 생각하면 원고는 원고의 주민등록지상에 거주하는 그 친구나 그의 처에게 사회생활상의 필요에 의하여 원고에게 발송되는 우편물의 수령권한을 위임하였다고 봄이 상당하고 따라서 납세고지서가 원고의 주민등록지 주소에서 송달된 이상 그날 원고에게 송달된 것으로 보아야 한다고 한 예(84누195). ❸ 원고가 주민등록지와 다른 곳에 거주하면서도 1년 3개월여 동안 주민등록을 신 거주지로 이전하지 아니하고 종전 거주지인 주민등록지로 나온 민방위 비상소집이나 납세고지를 고지받았으며 납세고지서를 수령한 후 법정기간 내에 심사청구와 심판청구, 제소 등을 하면서 그 각 신청서와 소장에 그 자신이 그 곳을 주소지로 기재한 바 있다면 원고는 이사를 하면서 가구주인 소외인과 그의 처에게 원고에게 발송되는 우편물의 수령권한을 위임하였다고 봄이 상당하다고 한 사례(91누7859). ❹ 고향선배의 주소지로 주민등록을 옮겨놓고 평소 주민등록지로 배달되는 우편물은 그 가정집에 붙어있는 선배가 경영하는 목욕탕의 계산대에서 수령하여 온 경우, 그 선배와 그 가족 및 계산대에서 근무하는 종업원에게 우편물 수령권한을 위임한 것으로 보아 그 종업원에게 한 납세고지서의 송달이 적법하다고 한 사례(97누3934). ❺ 납세고지서의 명의인이 다른 곳으로 이사하였지만 주민등록을 옮기지 아니한 채 주민등록지로 배달되는 우편물을 새로운 거주자가 수령하여 자신에게 전달하도록 한 경우, 그 새로운 거주자에게 우편물 수령권한을 위임한 것으로 보아 그에게 한 납세고지서의 송달이 적법하다고 한 사례(98두1161). ❻ 지방에 실제 거주하는 피고의 서울 주소지 아파트에 소외인이 방 1칸을 임차하여 거주하고 있었는데 피고를 수취인으로 하여 등기우편으로 우송되어 온 납세고지서를 수령하면서 우편물배달증명서에 자신을 동거인이라고 기재한 사안에서, 甲이 2년 이상 乙의 자녀들과 같은 아파트에 사는 동안 평소 원고에게 온 우편물을 대신 수령하여 원고의 두 딸들이 거주하던 방문 앞에 놓아 온 사실을 알 수 있으므로, 원고는 납세고지서 등의 수령권한을 소외인에게 묵시적으로 위임한 것이라고 봄이 상당하다고 하여 원심을 파기한 예(2010다108876).

[부정례] 수취인이나 그 가족이 주민등록지에 실제로 거주하고 있지 아니하면서 전입신고만을 해 둔 경우에는 그 사실만으로써 주민등록지 거주자에게 송달수령의 권한을 위임하였다고 보기는 어렵다고 한 예(97누8977).

806) **◎ 세법상 서류 '송달'의 효력 발생시점인 '도달'의 의미**

일반적인 행정처분의 효력발생요건으로서의 '도달'이란 처분상대방이 처분서의 내용을 현실적으로 알았을 필요까지는 없고 처분상대방이 알 수 있는 상태에 놓임으로써 충분하다(대법원 2017. 3. 9. 선고 2016두60577 판결). 그런데 국세기본법 또는 세법에서 규정하는 서류의 송달은 교부, 우편 또는 전자송달의 방법으로 하는데(국세기본법 제10조 제1항), 교부송달은 해당 행정기관 소속 공무원이 서류를 송달할 장소에서 송달받아야 할 자에게 서류를 교부하는 방법으로 하고(제3항), ① 납세의 고지·독촉·체납처분 또는 세법에 따른 정부의 명령에 관계되는 서류의 송달을 우편으로 할 때에는 등기우편으로 하여야 하므로(제2항), 납세고지서 등의 교부송달 및 우편송달에 있어서는 반드시 납세의무자 또는 그와 일정한 관계에 있는 사람의 현실적인 수령행위가 필요하지만(대법원 2004. 4. 9. 선고 2003두13908 판결, 대법원 1997. 5. 23. 선고 96누5094 판결), ② 그 밖의 세법상 서류와 제2항 단서의 납세고지서(일정금액 미만의 소득세법 제65조제1항에 따른 중간예납세액의 납세고지서 등)는 일반우편으로 송달할 수 있고, 일반우편 송달에는 현실적인 수령행위가 반드시 필요한 것은 아니며, 일반적인 행정처분에서와 같이 처분상대방이 알 수 있는 상태에 놓임으로써 충분하다. 심판 결정서는 '납세의 고지·독촉·체납처분 또는 세법에 따른 정부의 명령에 관계되는 서류'에 해당하지 않지만, 국세기본법 시행령 제63조, 시행규칙 제31조 제2항은, 심판결정서의 송달은 심판청구인 또는 그 대리인이 조세심판원에서 심판결정서를 직접 수령하는 경우를 제외하고는 「우편법 시행규칙」 제25조 제1항 제6호에 따른 특별송달방법(등기취급을 전제로 「민사소송법」 제176조의 규정에 의한 방법으로 송달하는 우편물로서 배달우체국에서 배달결과를 발송인에게 통지하는 특수취급제도)으로 하여야 한다고 규정하고 있으므로, 심판서 송달의 의미는 ① 서류와 같다.

○ 대법원 2004. 4. 9. 선고 2003두13908 판결 ; "구 국세기본법 제10조 … 우편법 제31조, 같은법시행령 제42조, 같은법시행규칙 제28조에 의하면 등기우편물은 그 수령인으로부터 특수우편물배달증에 의하여 수령사실의 확인을 받아 배달하도록 규정하고 있는바, 위와 같은 각 규정들을 종합하여 보면, **납세고지서**의 **교부송달** 및 **우편송달**에

본문). 납세고지서의 '발송'은 과세처분의 (외부적) '성립요건',[807] '도달'은 '효력발생요건'에 해당한다.[808] 보충송달의 경우 국세기본법상 수령대행인인 '사용인, 종업원, 동거인'이나 '수령을 위임받은 자'에게 도달하면 족하고, 그들이 다시 명의자에게 교부하여야 송달의 효력이 발생하는 것은 아니다.[809] 전자송달의 경우에는 송달받을 자가 지정한 전자우편주소에 '입력'된 때(국세정보통신망에 저장하는 경우에는 저장된 때)에 그 송달을 받아야 할 자에게 도달한 것으로 본다(제12조 제1항 단서). 납세고지서의 송달 여부에 관한 증명책임의 소재에 관하여는 견해가 엇갈리는데, 앞서 본 '조세소송 일반'-'조세소송에서의 주장·증명책임과 그 분배' 부분을 참조하면 된다.

있어서는 **반드시** 납세의무자 또는 그와 일정한 관계에 있는 사람의 현실적인 수령행위를 전제로 하고 있다고 보아야 하며, 납세자가 과세처분의 내용을 이미 알고 있는 경우에도 납세고지서의 송달이 불필요하다고 할 수는 없는 것이다." ☞ 피고 소속공무원이 원고의 대표이사에게 전화로 부가가치세 부과처분의 내용을 설명하거나, 원고의 대표이사가 거주하는 주소지에 등기우편으로 납세고지서를 발송하거나(이는 수취인 부재로 반송되었다), 우편집배원으로 하여금 위 주소지의 우편물 수취용 봉투에 납세고지서를 투입하거나, 팩스를 통하여 원고에게 납세고지서를 전송하였다고 하더라도 이와 같은 사정만으로 법 제10조의 규정에 따른 적법한 교부송달 또는 등기우편에 의한 송달이 이루어졌다고 볼 수 없다고 한 예.

○ 대법원 1997. 5. 23. 선고 96누5094 판결 ; "등기우편물은 그 수령인으로부터 특수우편물배달증에 의하여 수령사실의 확인을 받아 배달하도록 규정하여 **등기우편**에 의해야 하는 **납세고지서의 우편송달**에서도 사람의 현실적인 수령을 전제로 하고 있는 점 등을 종합하여 보면, **납세고지서의 교부송달**에도 납세의무자 또는 그와 일정한 관계에 있는 사람이 현실적으로 이를 수령하는 행위가 반드시 필요하다고 보아야 할 것이다." ☞ 피고 소속 공무원이 원고와 그 가족들이 부재 중임을 알면서도 원고의 아파트 문틈으로 납세고지서를 투입하는 방식으로 송달하였다면, 이 사건 부과처분에 관한 납세고지서의 송달은 국세기본법 제10조의 규정에 위배되어 부적법한 것으로서 효력이 발생하지 아니하였다고 한 예.

○ 대법원 1992. 10. 13. 선고 92누725 판결 ; "혼인하여 별도의 주소지에서 생활하면서 일시 송달명의인의 주소지를 방문한 송달명의인의 아들에게 납세고지서를 수교한 것만으로는 그 납세고지서가 송달을 받아야 할 자에게 도달하였다고 볼 수 없으므로 원심이 위 소외 1이 위 납세고지서를 수령한 날이 아니고 원고가 동인으로부터 납세고지서를 실제로 전달받은 날에 그 송달의 효력이 발생한 것이라고 본 판단 또한 정당하다."

○ 대법원 2014. 12. 24. 선고 2010두11320 판결 ; '우편물배달증명서에 수취인과 수령인의 관계가 기재되지 않은 점, 납세고지내역 및 고지서송달부에 반송일자 및 재송달일자가 공란으로 남아 있는 점'은 수취인 본인이 직접 납세고지서를 수령하였음을 뒷받침하는 사정이라고 판시한 예.

807) ○ 대법원 2020. 2. 27. 선고 2016두60898 판결 ; "과세관청이 납세의무자의 기한 후 신고에 대하여 내부적인 결정을 하였다 하더라도 이를 납세의무자에게 공식적인 방법으로 통지하지 않은 경우에는 기한 후 신고에 대한 결정이 외부적으로 성립하였다고 볼 수 없으므로, 항고소송의 대상이 되는 처분이 존재한다고 할 수 없다."

○ 대법원 1987. 3. 24. 선고 84누134 판결 ; "과세처분 중 추가결정된 부분은 아직 원고에게 납세고지서 등에 의하여 적법하게 고지된 바가 없어서 아직 그 효력을 발생할 수 없으므로 원고의 이 부분에 관한 부과처분취소의 소송은 그 대상이 되는 처분이 존재하지 아니하는 것에 대한 것으로서 부적법하다고 판단하였는바, … 이러한 판단은 정당하고"

808) 대법원 1995. 8. 22. 선고 95누3909 판결 ; 피고는 원고 및 원고의 가족들 중 누구도 거주하고 있지 아니하는 부산 남구 30의 9에 등기우편으로 발송하였을 뿐 그들 납세고지서가 원고에게 도달되었음을 인정할 증거가 없는 사실 등을 확정한 다음, 송달의 효력이 발생하지 아니하는 이상 각 과세처분은 모두 무효라고 한 원심의 판단은 수긍이 된다고 한 예.

809) 대법원 2000. 7. 4. 선고 2000두1164 판결 ; "과세처분의 상대방인 납세의무자 등 서류의 송달을 받을 자가 다른 사람에게 우편물 기타 서류의 수령권한을 명시적 또는 묵시적으로 위임한 경우에는 그 **수임자**가 해당 서류를 수령함으로써 그 송달받을 자 본인에게 해당 서류가 적법하게 송달된 것으로 보아야 하고"

○ 대법원 2014. 12. 24. 선고 2010두11320 판결 [법인세등부과처분무효확인]

▌송달, 수령권한 위임, 공시송달

판시사항

[1] 과세처분의 상대방인 납세의무자 등 서류의 송달을 받을 자가 다른 사람에게 우편물 기타 서류의 수령권한을 명시적 또는 묵시적으로 위임한 경우, 그 수임자가 해당 서류를 수령[810]하면 위임인에게 적법하게 송달된 것으로 보아야 하는지 여부(○)

[2] 법인에 대한 공시송달의 요건

이 유

… 점 등에 비추어 보면, 원고 대표이사 장○○은 그로부터 명시적, 묵시적으로 납세고지서 등 우편물의 **송달수령 권한을 위임**받은 제3자를 통하여 위 각 납세고지서를 수령하였다고 봄이 상당하므로, 이 사건 제2 내지 4처분의 각 납세고지서의 송달은 적법하다고 보아야 할 것이다. 다만 원고로서는 위 각 납세고지서의 수령인에게 송달수령 권한이 없었다거나 위 각 납세고지서가 반송되었다는 사실을 **반증**함으로써 이를 번복할 수 있다고 할 것인데, … 원고가 이와 같은 증명책임을 다하였다고 볼 자료가 부족하다.[811][812] …

---

810) 수임자의 수령 시가 본인에 대한 송달 시점이다(2000두1164). 보충송달의 효력 발생 시점 역시 고용하고 있는 사람 등에게 서류가 교부된 때이지 그 서류가 본인에게 전달된 때가 아니다(2018다229984).

811) ◎ **등기취급우편으로 발송한 경우 도달의 추정 여부 및 증명책임의 분배**
대법원 1998. 2. 13. 선고 97누8977 판결[양도소득세등부과처분무효확인] ; "우편법 제31조, 같은법시행령 제42조 제12항에 의하면, 우편물은 그 표면에 기재된 곳에 배달하는 것이고, 우편법시행령 제42조 제3항에 의하면 등기로 취급하는 우편물은 수취인·동거인(동일 직장에서 근무하는 자를 포함한다) 또는 제43조 제1호(동일 건축물 또는 동일 구내의 수취인에게 배달할 우편물로서 그 건축물 또는 구내의 관리사무소, 접수처 또는 관리인) 및 제5호(수취인이 동일집배구에 거주하는 자를 대리수령인으로 지정하여 배달우체국에 신고한 경우에는 그 대리수령인)의 규정에 의한 수령인으로부터 그 수령사실을 확인받고 배달하여야 하도록 규정하고 있으므로, 우편물이 **등기취급의 방법으로 발송**된 경우, 특별한 사정이 없는 한, **그 무렵 수취인에게 배달**되었다고 보아도 좋을 것이다. 그러나 수취인이나 그 가족이 주민등록지에 **실제로 거주하고 있지 아니하면서 전입신고만**을 해 둔 경우에는 그 사실만으로써 주민등록지 **거주자에게 송달수령의 권한을 위임하였다고 보기는 어려**울 뿐 아니라 수취인이 주민등록지에 실제로 거주하지 아니하는 경우에도 우편물이 **수취인에게 도달하였다고 추정할 수는 없**고, 따라서 이러한 경우에는 우편물의 도달 사실을 과세관청이 입증해야 할 것이다. … 수취인이나 그 가족이 주민등록지에 실제로 거주하고 있지 아니하면서 전입신고만을 해 두었고, 그 밖에 주민등록지 거주자에게 송달수령의 권한을 위임하였다고 보기 어려운 사정이 인정된다면, 등기우편으로 발송된 납세고지서가 반송된 사실이 인정되지 아니한다 하여 납세의무자에게 **송달된 것이라고 볼 수는 없다** 할 것이다."
☞ **[과세관청]** '등기취급우편으로 납세의무자의 주소, 거소, 영업소, 사무소로 발송'한 사실(간접사실) 증명 → 납세의무자에게 도달(송달)된 것(요증사실)으로 사실상 추정 → **[납세의무자]** 수취인이나 그 가족이 '주민등록지 등에서 실제로 거주하거나 영업하지 아니'한 사실(가출, 승선, 해외유학 등의 장기간 부재 사실 포함, 전제사실에 대한 반대사실) 또는 '반송' 사실(요증사실에 대한 반대사실)에 대하여 반증으로 '증명할 필요', 사실상 추정 복멸 → **[과세관청]** 원래 증명책임의 부담자로서 다시 돌아와 요증사실인 '적법한 도달'을 증명 ; 납세의무자나 그 수령대행인이 직접 수령한 사실 또는 제3자 수령의 경우 주민등록지 **거주자에게 송달수령의 권한을 위임**한 사실 ⇔ "단순히 납세자의 주민등록지로 등기우편에 의하여 납세고지서가 발송되었다는 사실만으로는 적법한 송달로 추정받을 수는 없다."는 견해(강석규, 조세법쟁론, 2018년, 282면)도 있으나, 이는 타당하지 않다.

법인에 대한 납세고지서의 송달은 본점 소재지에서 그 대표이사가 이를 수령할 수 있도록 함이 원칙이나 그와 같은 송달이 불능인 경우에는 법인등기부 등을 조사하여 본점 소재지의 이전 여부 및 대표이사의 변경 여부나 대표이사의 법인등기부상의 주소 등을 확인하여 그에게 송달하여 본 후에 그 송달이 불능한 때에 비로소 **공시송달**을 할 수 있다(91누12813, 91누10510 등 참조).

● 대법원 2015. 10. 29. 선고 2015두43599 판결 [종합소득세부과처분취소]

▌송달장소, 공시송달

판시사항

국세기본법 제11조 제1항 제3호에서 정한 **'송달할 장소'**의 의미 및 **'송달할 장소'가 여러 곳**이어서 각각의 장소에 송달을 시도할 수 있었는데도 세무공무원이 그중 **일부 장소에만 방문**하여 수취인이 부재 중인 것으로 확인된 경우, 국세기본법 제11조 제1항 제3호, 국세기본법 시행령 제7조의2 제2호에

[참조판례]

○ 대법원 1992. 3. 27. 선고 91누3819 판결 ; "우편법 등 관계 규정의 취지에 비추어 볼 때 우편물이 등기취급의 방법으로 발송된 경우 **반송**되는 등의 **특별한 사정**이 없는 한 그 무렵 수취인에게 배달되었다고 보아야 할 것" ☞ 개인택시운송사업면허 거부처분을 기재한 서류가 등기우편으로 원고의 **주소지**로 발송한 이상 특단의 사정이 없는 한 위 서류는 그로부터 수일 내 원고나 원고의 가족 등에게 송달되었다고 봄이 상당하다고 한 원심이 정당하다고 한 예.

○ 대법원 2000. 10. 27. 선고 2000다20052 판결 ; "재건축조합을 탈퇴한다는 의사표시가 기재된 내용증명 우편물이 **발송**되고 달리 **반송되지 아니**하였다면 특별한 사정이 없는 한 이는 그 무렵에 송달되었다고 봄이 상당하다" ☞ 재건축조합 주소지로 발송한 사안으로 보임. '내용증명'은 등기취급을 전제로 어떤 내용의 문서를 언제 발송했다는 사실을 우체국이 증명하는 특수취급제도이다. '배달증명'도 등기취급을 전제로 한다.

○ 대법원 1992. 12. 11. 선고 92누13127 판결 ; 납세고지서가 등기우편으로 원고의 **주소지**로 발송되었고, 그것이 반송되지 아니한 사안에서, 적법하게 원고에게 송달되었다고 본 예.

○ 대법원 2017. 3. 9. 선고 2016두60577 판결 ; "처분서가 처분상대방의 주소지에 송달되는 등 사회통념상 처분이 있음을 처분상대방이 알 수 있는 상태에 놓인 때에는 반증이 없는 한 처분상대방이 처분이 있음을 알았다고 추정할 수 있다. 또한 우편물이 등기취급의 방법으로 발송된 경우 그것이 도중에 유실되었거나 반송되었다는 등의 특별한 사정에 대한 반증이 없는 한 그 무렵 수취인에게 배달되었다고 추정할 수 있다."

○ 대법원 1997. 2. 25. 선고 96다38322 판결 ; ; "최고의 의사표시가 기재된 내용증명 우편물이 발송되고 반송되지 아니하였다면 특별한 사정이 없는 한 이는 그 무렵에 송달되었다고 볼 것이므로, 이 사건에서 원고가 피고에게 보낸 위 최고서가 반송되었다는 등 특별한 사정이 없는 한 그 무렵 수취인에게 배달되었다고 보아야 할 것인데 … 특별한 사정을 인정할 만한 아무런 사정이 없고, 오히려 … 피고가 그 무렵 위 최고서에 기재된 주소에서 영업을 하고 있었다는 사정이 엿보이므로 위 최고서는 그 무렵 피고에게 도달되었다고 보는 것이 경험칙에 부합한다고 할 것이다." 라고 판시한 예. ☞ '미반송'이 '송달'의 사실상 추정을 위한 간접사실 요건에 포함되는지, 사실상 추정을 복멸하는 사실인지 여부에 **전후 모순된 판시**를 보임. 내용증명으로 최고서를 상대방의 **영업소**로 발송한 사안에서 그 무렵 도달되었다고 보는 것이 경험칙에 부합한다고 한 예.

812) 내용증명우편이나 등기우편과는 달리, 보통우편의 방법으로 발송되었다는 사실만으로는 그 우편물이 상당한 기간 내에 도달하였다고 추정할 수 없고, 송달의 효력을 주장하는 측에서 증거에 의하여 이를 증명하여야 한다(대법원 2009. 12. 10. 선고 2007두20140 판결 ; 표준지 공시지가에 대한 원고의 이의신청을 기각한 통지서가 보통우편의 방법으로 발송되었고 그러한 경우 원고의 주소지까지 도달하는 데 통상 3~4일 정도 걸린다는 사정만으로는, 그 통지서가 발송일로부터 3~4일 후 원고에게 적법하게 송달되었다고 단정하기 부족하고, 달리 이를 인정할 증거가 없다고 하여, 이 사건 소가 제소기간을 도과한 위법한 소라는 피고 행정청의 본안전 항변을 배척한 예).

따라 납세고지서를 **공시송달**할 수 있는 경우에 해당하는지 여부(×)

이 유

국세기본법 제8조 제1항은 국세기본법 또는 세법에서 규정하는 서류를 송달할 장소를 '주소, 거소, 영업소 또는 사무소(이하 '주소 또는 영업소'라 한다)'로 규정하고 있고, **제11조 제1항**은 **공시송달 사유**의 하나로 **제3호**에서 "제10조 제4항에서 규정한 자가 **송달할 장소에 없는 경우**로서 등기우편으로 송달하였으나 **수취인 부재**로 반송되는 경우 등 대통령령으로 정하는 경우"를 규정하고 있으며,[813] 그 위임에 따라 국세기본법 시행령 제7조의2는[814][815] 제2호에서 "세무공무원이 2회 이상 납세자를 방문하여 서류를 교부하려고 하였으나 **수취인이 부재 중**인 것으로 **확인**되어 납부기한 내에 송달이 곤란하다고 인정되는 경우"를 규정하고 있다.[816]

---

813) **국세기본법 제11조(공시송달)**〈개정 2013.1.1.〉 ① 서류를 송달받아야 할 자가 다음 각 호의 어느 하나에 해당하는 경우에는 서류의 주요 내용을 공고한 날부터 14일이 지나면 제8조에 따른 서류 송달이 된 것으로 본다. 1. 주소 또는 영업소가 국외에 있고 송달하기 곤란한 경우 2. 주소 또는 영업소가 분명하지 아니한 경우 3. 제10조 제4항에서 규정한 자가 송달할 장소에 없는 경우로서 등기우편으로 송달하였으나 수취인 부재로 반송되는 경우 등 대통령령으로 정하는 경우 ② 제1항에 따른 공고는 다음 각 호의 어느 하나에 게시하거나 게재하여야 한다. 이 경우 국세정보통신망을 이용하여 공시송달을 할 때에는 다른 공시송달 방법과 함께 하여야 한다. 1. 국세정보통신망 2. 세무서의 게시판이나 그 밖의 적절한 장소 3. 해당 서류의 송달 장소를 관할하는 특별자치시·특별자치도·시·군·구(자치구를 말한다. 이하 같다)의 홈페이지, 게시판이나 그 밖의 적절한 장소 4. 관보 또는 일간신문 ☛ **지방세기본법 제33조(공시송달)**도 거의 동일하다.

814) **국세기본법 시행령 제7조의2(공시송달)** 법 제11조 제1항 제3호에서 "등기우편으로 송달하였으나 수취인 부재로 반송되는 경우 등 대통령령으로 정하는 경우"란 다음 각 호의 어느 하나에 해당하는 경우를 말한다.
1. 서류를 등기우편으로 송달하였으나 수취인이 부재 중인 것으로 확인되어 반송됨으로써 납부기한 내에 송달이 곤란하다고 인정되는 경우
2. 세무공무원이 2회 이상 납세자를 방문[처음 방문한 날과 마지막 방문한 날 사이의 기간이 3일(기간을 계산할 때 공휴일 및 토요일은 산입하지 않는다) 이상이어야 한다]해 서류를 교부하려고 하였으나 수취인이 부재중인 것으로 확인되어 납부기한까지 송달이 곤란하다고 인정되는 경우 ☞ 2020. 2. 11. 개정 시 제2호의 [] 부분 요건 추가, 이는 영 시행 이후 처음 납세자를 방문하여 서류를 교부하는 경우부터 적용(부칙 제3조). 2020. 12. 31. 개정 **지방세기본법 시행령 제18조(공시송달)**도 동일하다.

815) **국세기본법 시행령 제7조(주소 불분명의 확인)** 법 제11조 제1항 제2호에서 "주소 또는 영업소가 분명하지 아니한 경우"란 **주민등록표, 법인등기부 등에 의**해서도 주소 또는 영업소를 확인할 수 없는 경우를 말한다. [전문개정 2010.2.18.]
대법원 1992. 12. 11. 선고 92다35431 판결 ; "국세기본법 제11조 제1항 제3호와 같은법 시행령 제7조의 규정에서 말하는 공시송달을 할 수 있는 경우로서 주소 또는 영업소가 분명하지 아니한 때라 함은 **주민등록표, 법인등기부 등에 의하여도 이를 확인할 수 없는 경우**를 뜻하는 것이고, 법인에 대한 송달은 **본점 소재지**에서 그 대표이사가 이를 수령할 수 있도록 함이 원칙이나 그와 같은 송달이 불능인 경우에는 법인등기부 등을 조사하여 **본점 소재지의 이전 여부 및 대표이사의 변경 여부나 대표이사의 법인등기부상의 주소지** 등을 확인하여 그에게 송달을 하여 본 후에 그 송달이 불능한 때에 비로소 공시송달을 할 수 있다고 보아야 한다." ☜ 원심이, 피고가 납세의무자인 소외 회사에 대하여 납세고지서를 회사의 본점 주소지에 우편송달하거나 그곳에서 교부하려고 하였으나, 폐문부재로 인하여 반송되고 또한 교부송달이 불능하게 되자, 그 당시 위 회사의 **대표이사의 법인등기부상 주소지**에는 송달을 하여 보지 아니하였고, 또한 **주민등록표**에 의하여 그 **주소를 확인**하여 보지도 아니한 채 위 납세고지서를 공시송달한 사실을 인정한 다음, 이는 적법한 납세고지서의 송달이 있는 것으로 볼 수 없다고 판단한 조치는 **정당**하다고 한 사례.

816) 납세고지서에 대한 공시송달이 적법한지 여부에 관한 증명책임 역시 원칙적으로 과세관청에 있다(대법원 1996. 6.

이러한 규정의 문언과 국세기본법 제11조에서 정한 공시송달제도의 취지, 납세자에게 책임질 수 없는 사유로 서류가 송달되지 아니하는 경우까지 공시송달을 허용하는 것은 헌법 제27조 제1항에서 정한 재판을 받을 권리를 과도하게 침해할 우려가 있는 점 등을 고려하면, 과세관청이 납세고지서를 공시송달할 수 있는 사유로서 국세기본법 제11조 제1항 제3호에서 정한 **'송달할 장소'**란 과세관청이 **선량한 관리자의 주의를 다하여 조사**함으로써 알 수 있는 납세자의 주소 또는 영업소를 말하고, 납세자의 **'송달할 장소'가 여러 곳**이어서 각각의 장소에 송달을 시도할 수 있었는데도 세무공무원이 그 중 **일부 장소에만 방문**하여 수취인이 부재중인 것으로 확인된 경우에는 국세기본법 제11조 제1항 제3호, 국세기본법 시행령 제7조의2 제2호에 따라 납세고지서를 **공시송달할 수 있는 경우에 해당하지 않는다**고 보아야 한다.[817)]

● 대법원 2014. 11. 27. 선고 2014두9745 판결 [양도소득세부과처분취소]

▌공시송달, 수취인 부재

판시사항

국세기본법 제11조 제1항 제3호, 국세기본법 시행령 제7조의2 제1호, 제2호에서 정한 '**수취인의 부재**'의 의미(= 납세의무자가 **기존의 송달할 장소로부터 장기간 이탈**한 경우로서 **과세권 행사에 장애**가 있는 경우로 **한정**하여 해석)

이 유

국세기본법 제11조에서 정한 공시송달제도의 취지와 납세의무자에게 책임질 수 없는 사유로 서류가 송달되지 아니하는 경우까지 공시송달을 허용하는 것은 헌법 제27조 제1항에서 정한 재판을 받을 권리를 과도하게 침해할 우려가 있는 점 등을 고려하면, 국세기본법 제11조 제1항 제3호, 국세기본법 시행령 제7조의2 제1호, 제2호에서 말하는 '**수취인의 부재**'는 납세의무자가 **기존의 송달할 장소로부터 장기간 이탈**한 경우로서 과세권 행사에 장애가 있는 경우로 한정하여 해석함이 상당하다(대법원 2000.

---

28. 선고 96누3562 판결).

817) **【구체적 사안】**

○ **사실관계** ; 1) 피고는 2013. 4. 5. 원고의 2007년 귀속 종합소득세를 경정·결정하고, 2013. 5. 8. **원고의 출입국 내역을 열람**한 결과 2012. 10. 12. 입국한 이후 2013. 4. 28.까지 **출국사실이 없음을 확인**하였다. 2) 피고의 담당공무원은 납세고지서를 원고에게 송달하기 위하여 2013. 5. 9.과 2013. 5. 12. **2회**에 걸쳐 원고의 **주소**인 서울 용산구 한남대로길 주택을 **방문**하였으나, 원고의 **부재**로 납세고지서를 직접 교부할 수 없자 주택 **출입문에 납세고지서 도착안내문을 부착**하였고, 피고는 2013. 5. 13. 납세고지서의 주요 내용을 공고하여 공시송달을 하였다. 3) 그런데 원고는 2006. 1. 31.경부터 주소 인근인 서울 용산구 독서당로를 **사업장 소재지**로 사업자등록을 하고 피고에게 부가가치세를 납부해 오고 있었고, 피고는 납세고지서를 공시송달한 후에 독촉납부기한이 2013. 6. 21.까지로 된 **독촉장을 원고의 사업장 소재지로 발송**하기도 하였다.

○ **판단** ; 피고가 보유하는 과세자료 등에 의하여 확인되는 **원고의 영업소**라고 할 수 있는 원고의 사업장 소재지에 납세고지서의 **송달을 시도**해 보지 않은 채 원고의 주소지만 두 차례 방문한 다음 곧바로 납세고지서를 공시송달한 것은 국세기본법 제11조 제1항 제3호, 국세기본법 시행령 제7조의2 제2호에서 정한 공시송달의 요건을 갖추지 못하였다고 할 것이어서, 이 사건 처분은 효력이 없다.

10. 6. 선고 98두18916 판결[818] 참조).[819][820]

---

818) 대법원 2000. 10. 6. 선고 98두18916 판결 ; "구 국세기본법(1998. 12. 28. 법률 제5579호로 개정되기 전의 것, 이하 같다) 제11조 제1항은 서류의 공시송달사유로 제3호에서 "제10조 제4항에서 규정한 자가 송달할 장소에 없는 경우로서 등기우편으로 송달하였으나 수취인의 부재로 반송되는 경우 등 대통령령이 정하는 경우"를 들고 있고, 이에 따라 구 국세기본법시행령(1999. 12. 28. 대통령령 제16622호로 개정되기 전의 것, 이하 같다) 제7조의2는 위 "대통령령이 정하는 경우"로서 제1호에서 "서류를 등기우편으로 송달하였으나 수취인이 부재중인 것으로 확인되어 반송됨으로써 납부기한 내 송달이 곤란하다고 인정되는 경우"를, 제2호에서 "세무공무원이 2회 이상 납세자를 방문하여 서류를 교부하고자 하였으나 수취인이 부재중인 것으로 확인되어 납부기한 내 송달이 곤란하다고 인정되는 경우"를 들고 있는바, 위 구 국세기본법 제11조 제1항 제3호는 1996. 12. 30. 법률 제5189호로 개정되면서 **공시송달사유를 종전의 규정보다 확대**함으로써 **납세의무자가 책임질 수 없는 사유로 인하여 불복기간이 경과된 경우에도 과세처분에 대하여 불복할 기회를 상실**하게 되는 등으로 헌법 제27조 제1항이 정한 **재판을 받을 권리를 과도하게 침해할 가능성**을 안고 있으므로, 위 규정 및 구 국세기본법시행령 제7조의2 제1호, 제2호에서 '수취인의 부재'라 함은 납세의무자가 기존의 송달할 장소로부터 장기간 이탈한 경우로서 과세권 행사에 장애가 있는 경우로 **한정 해석**함이 상당하다 할 것이다. … 원심이, 피고가 1997. 1. 21. 이 사건 처분의 납세고지서(납기 1997. 1. 31.)를 등기우편으로 원고의 주소지로 발송하였는데 이는 1997. 1. 27.경 원고의 부재 등으로 반송되었고, 이에 피고 소속 공무원은 위 납세고지서를 납기까지 송달하기 어렵다고 판단하고 직접 송달하고자 위 신주소지로 방문하였으나 원고를 만나지 못하여 납기를 1997. 2. 10.로 연장하여 위 납세고지서를 공시송달한 사실을 인정한 다음, 구 국세기본법 제11조 제1항 제3호는 송달을 받을 자가 거주하지 아니하는 경우에 한하는 것이 아니라 단순히 외출 등의 사유로 일시 부재중인 경우를 포함하는 것으로 해석된다는 전제 아래 이 사건 납세고지서가 적법하게 공시송달되었다고 판단한 것은, … **위법**을 범한 것이라 할 것" ☜ 국세기본법 제11조 제1항 **제3호**는 1996. 12. 30. 법률 제5189호로 개정되면서 **신설**

819) **【구체적 사안】**

○ **원심** ; 피고가 2011. 5. 19. '수취인 부재'를 이유로 납세고지서를 공시송달한 것이 그 요건을 갖춘 적법한 송달에 해당하여 그때부터 14일이 지난 2011. 6. 2. 송달의 효력이 발생하였다고 보아, 원고가 2011. 6. 2.부터 90일이 경과한 후에 제기한 이의신청 및 심판청구는 부적법하고, 그에 터 잡은 이 사건 소 역시 적법한 전심절차를 거치지 아니한 것으로서 부적법하다고 판단.

○ **대법원** ; ① 피고가 2011. 3. 2. 원고의 2009년 귀속 양도소득세를 결정한 다음 그 납세고지서를 원고의 주소지인 서울 강서구 (이하 생략)으로 2차례에 걸쳐 등기우편으로 발송하였으나 모두 **폐문부재**로 반송된 사실, ② 그러자 피고의 담당공무원은 2011. 5. 6.과 2011. 5. 9. 원고의 주소지를 방문하여 납세고지서를 직접 교부하려고 하였으나, 원고의 이름을 부르고 주위를 둘러보아도 아무런 응답이 없어 납세고지서 도착안내문을 그곳에 붙여 두고 돌아간 사실, ③ 원고의 주소지는 여러 가구가 거주할 수 있는 공동주택이었는데, 위 안내문에는 원고 주소지의 **지번만 적혀 있었을 뿐 호수는 기재되어 있지 않**았고, **안내문이 붙여진 곳**도 위 주택의 여러 가구가 드나드는 **공동출입문 옆 기둥**이었던 사실 등을 알 수 있는바, 이러한 사실관계에 의하면 당시 원고가 위 주소지로부터 장기간 이탈하였음이 확인되었다고 보기 어렵다. 그러므로 나머지 상고이유에 관한 판단을 생략한 채 원심판결을 파기.

820) **참조 ; 우편집배원에 대한 교육**(재일 79-3)[개정 2003. 12. 31. 재판예규 제943-21호, 시행 2004. 1. 1.] 중 **우편송달통지서 작성요령**

6. 송달불능시의 처리

가. **수취인 부재**

이 난에는 송달받을 본인이 **장기 여행 중**이라든지 **군에 입대하여 복무 중**이라든지 피구속자로서 **구치소 또는 교도소에 수감 중**이므로 **현재 부재 중**인 때 기재한다. 이 경우에는 송달받을 본인이 군에 복무할 때는 그의 소속을, 구치소 또는 교도소에 수감되어 있을 때는 그 교도소 또는 구치소 명을 기재하여 반송하여야 한다. 그렇게 하여야만 법원에서는 그 장소로 다시 재송달 할 수 있기 때문이다.

나. **폐문부재**

이 난은 문을 잠그고 온 가족이 집에 있지 아니한 경우에 기재하여 반송한다. 이 경우에 법원에서는 재송달하여야 한다.

다. **수취인 불명**

이 란은 송달장소로 기재된 곳에서 만난 사람이 송달받을 사람으로 기재된 사람이 누구인지 알 수 없다고 하는 경우에 기재하여 반송한다.

8. 납부의무의 소멸

국세 등 납부의무의 소멸사유로는, ① 납부, 충당,[821] 부과 취소[822] ② 부과제척기간 도과, ③ 징수권 소멸시효의 완성이 있다.[823]

납 부

조세의 '현금 납부 원칙'(국세징수법 시행령 제18조)에 대한 예외로서, 금전 이외의 재산으로 납부하는 '물납'은 개별 세법 규정(상속세 및 증여세법 제73조,[824] 지방세법 제117조[825])이 있는 경우에 허용된다.[826]

라. **주소불명**
이 난에는 봉투에 "동"이나 "리"만 표시하고 번지를 기재하지 않아 주소를 알 수 없는 경우와, 같은 번지에 호수가 많아서 주소를 찾을 수 없는 경우, 또는 같은 번지 같은 호수가 많아서 통반을 알지 못하여 수취인을 찾을 수 없는 경우에 기재하여 반송한다.

마. **이사불명**
이 난은 송달받을 사람이 이사를 하였는데 그 이사간 곳을 알지 못하는 경우에 기재한다. 만일 이사 간 곳을 정확히 알 수 있는 경우에는 그 곳에 전송하든지 아니면 이사 간 곳을 명기하여 법원에 반송하면 된다.

821) 국세환급금 충당에 관하여는 대법원 2019. 6. 13. 선고 2016다239888 판결 참조.

822) 과세관청이 부과처분을 취소하면 그 부과처분으로 인한 법률효과는 일단 소멸하고, 그 후 다시 동일한 과세대상에 대하여 부과처분을 하여도 이미 소멸한 법률효과가 다시 회복되는 것은 아니며 새로운 부과처분에 근거한 법률효과가 생길 뿐이다(대법원 2015. 9. 10. 선고 2013다205433 판결). 그 새로운 부과처분의 내용이 실질에 있어서는 당초의 부과처분의 감액경정처분에 불과한 것이었다 하여 달리 해석할 것이 아니다(96다204). 과세관청이 조세심판원의 결정에 따라 당초 부과처분을 취소하였다면 그 부과처분은 처분 시에 소급하여 효력을 잃게 되어 원칙적으로 그에 따른 납세의무가 없어지고, 조세채무의 성립을 전제로 한 조세포탈죄는 성립할 수 없다. 이는 조세포탈로 공소제기된 처분사유가 아닌 다른 사유로 과세관청이 당초 부과처분을 취소한 경우에도 마찬가지이다(대법원 2020. 12. 30. 선고 2018도14753 판결).

823) **국세기본법 제26조(납부의무의 소멸)** 국세 및 체납처분비를 납부할 의무는 다음 각 호의 어느 하나에 해당하는 때에 소멸한다. 〈개정 2018.12.31.〉 1. 납부·충당되거나 부과가 취소된 때 2. 제26조의2에 따라 국세를 부과할 수 있는 기간에 국세가 부과되지 아니하고 그 기간이 끝난 때 3. 제27조에 따라 국세징수권의 소멸시효가 완성된 때 ☞ **지방세기본법 제37조**도 동일하다.
cf. 1996. 12. 30. 개정 전 국세기본법 제26조 제1호는 '납부·충당, 부과의 취소 또는 결손처분이 된 때'로 되어 있다가 위 개정 시 '결손처분' 부분이 삭제되어, 결손처분은 납부의무 소멸사유에서 제외되었다(지방세에서는 1997. 8. 30. 개정으로 제외). 결손처분과 그 취소에 관하여는 대법원 2019. 8. 9. 선고 2018다272407 판결 참조.

824) 2015. 12. 15. 개정 시 물납대상 세목에서 증여세는 제외되고 상속세만 남았다.

825) 지방세법 제117조(물납) 지방자치단체의 장은 재산세의 납부세액이 1천만원을 초과하는 경우에는 납세의무자의 신청을 받아 해당 지방자치단체의 관할구역에 있는 부동산에 대하여만 대통령령으로 정하는 바에 따라 물납을 허가할 수 있다.

826) **◎ 물납 관련 판례**
○ 대법원 2013. 4. 11. 선고 2010두19942 판결 ; "[1] 구 상속세 및 증여세법(2007. 12. 31. 법률 제8828호로 개정되기 전의 것, 이하 '법'이라 한다) 제73조 제1항 본문(이하 '이 사건 법률조항'이라 한다)은 '납세지 관할 세무서장은 상속받은 재산 중 부동산과 유가증권의 가액이 당해 재산가액의 2분의 1을 초과하고 상속세 납부세액이 1천만 원을 초과하는 경우에는 대통령령이 정하는 바에 의하여 납세의무자의 신청을 받아 당해 부동산과 유가증권에 한하여 물납을 허가할 수 있다'고 규정하고, 상속세 및 증여세법 시행령(이하 '시행령'이라 한다) 제73조 제1항은 '법 제73조의 규정에 의하여 물납을 청구할 수 있는 납부세액은 당해 상속재산인 부동산 및 유가증권의 가액에 대한 상속세 납부세액을 초과할

원천징수의무자의 원천징수세액 납부로 원천납세의무자는 납세의무를 면하고, 원천징수함이 없이

수 없다'고 규정하고 있다. 이 사건 법률조항은 물납의 요건으로 상속받은 재산 중 부동산과 유가증권의 가액이 상속재산가액의 2분의 1을 초과할 것 등을 규정하면서 물납이 허용되는 재산을 부동산과 유가증권으로 한정하고 있으나, 물납이 허용되는 납부세액의 한도는 구체적으로 규정하고 있지 않다. 그런데 물납제도는 조세의 현금납부원칙(국세징수법 시행령 제18조 참조)에 대한 예외로서 인정되는 것이고, 이 사건 법률조항이 물납이 허용되는 재산의 범위를 부동산과 유가증권으로 한정하고 있는 점에 비추어 보면, 이 사건 법률조항의 취지가 상속세 납부세액 전부에 대하여 물납을 허용하려는 데 있다고 보기 어렵다. 그뿐 아니라 이 사건 법률조항은 그 문언에 의하더라도 물납신청의 방법과 허가의 절차뿐만 아니라 물납의 허가에 관한 사항도 시행령에서 정하도록 위임한 것으로 보이므로, 시행령 제73조 제1항이 물납이 허용되는 납부세액의 한도, 즉 납세의무자가 물납을 청구할 수 있는 납부세액의 한도를 규정한 것은 이 사건 법률조항의 위임에 근거한 것이라고 할 것이다. 그리고 위와 같이 이 사건 법률조항이 상속재산 중 부동산과 유가증권의 가액이 차지하는 비율을 물납요건의 하나로 규정하면서 물납이 허용되는 재산을 부동산과 유가증권으로 한정하고 있는 점에 비추어 보면, 시행령 제73조 제1항이 물납을 청구할 수 있는 납부세액의 한도를 '당해 상속재산인 부동산 및 유가증권의 가액에 대한 상속세 납부세액'으로 규정한 것이 이 사건 법률조항의 취지에 반한다고 볼 수도 없다. 따라서 시행령 제73조 제1항이 모법의 위임이 없거나 그 위임범위를 벗어나 무효라고 할 수 없다.

[2] 시행령 제73조 제2항은 '상속재산인 부동산 및 유가증권 중 제1항의 납부세액을 납부하는 데 적합한 가액의 물건이 없을 때에는 세무서장은 제1항의 규정에 불구하고 당해 납부세액을 초과하는 납부세액에 대하여도 물납을 허가할 수 있다'고 규정하고 있다. … 시행령 제73조 제2항의 취지는 물납이 허용되는 상속재산은 있으나 이를 같은 조 제1항에서 규정한 물납을 청구할 수 있는 납부세액에 맞추어 분할할 수 없어 그 납부세액조차도 물납할 수 없게 되는 것을 방지하려는 데에 있으므로, 위 규정에서 말하는 '상속재산인 부동산 및 유가증권 중 제1항의 납부세액을 납부하는 데 적합한 가액의 물건이 없을 때'란 물납할 재산의 수납가액이 시행령 제73조 제1항에서 규정한 물납을 청구할 수 있는 납부세액의 한도인 '당해 상속재산인 부동산 및 유가증권에 대한 상속세액'을 초과하는 경우를 의미한다고 보아야 한다. 여기에다 물납제도는 조세의 현금납부원칙에 대한 예외로 특별히 인정된 것이라는 점과 법이 물납제도와는 별도로 연부연납제도를 마련하고 있는 점(제71조 참조) 등을 아울러 고려하면, 세무서장은 특별한 사정이 없는 한 시행령 제73조 제2항에서 규정하고 있는 위와 같은 요건이 갖추어진 경우에만 시행령 제73조 제1항에서 규정한 한도를 초과하여 물납을 허가할 수 있다고 할 것이다. … 원심이 판시한 바와 같은 사정, 즉 원고와 그 공동상속인들에게 이 사건 비상장주식 외에는 물납이 허용되지 않는 잔여 상속세를 납부할 만한 다른 상속재산이 없고, 원고와 그 공동상속인들이 이 사건 비상장주식을 환가하는 방법을 찾기가 어렵다는 사정이 있다고 하더라도 명문의 규정이 없는 이상 그러한 사정만을 이유로 시행령 제73조 제1항에서 규정한 한도를 초과하여 물납을 허가할 수는 없다고 할 것이다. … 시행령 제73조 제2항의 취지 및 문언 내용과 함께, 물납제도는 조세의 현금납부원칙에 대한 예외로 인정된 것이므로 조세를 금전으로 납부하는 사람과 물납하려는 사람 사이의 조세부담의 형평성 및 조세징수의 충실성을 고려하여 물납의 허용범위를 정하는 것이 바람직한 점 등에 비추어 보면, 1주 단위로 물납을 할 수 있는 비상장주식은 당해 상속재산인 부동산 및 유가증권의 가액에 대한 납부세액에 상당하는 수량을 물납하는 방법으로 그 납부세액을 납부할 수 있으므로 특별한 사정이 없는 한 시행령 제73조 제2항에서 규정한 '상속재산인 부동산 및 유가증권 중 제1항의 납부세액을 납부하는 데 적합한 가액의 물건이 없을 때'에 해당한다고 볼 수 없고, 상속재산인 비상장주식 중 일부에 대하여만 물납을 허가할 경우 나머지 부분의 경제적 가치가 잔존 비율만큼 유지되지 않을 수 있다고 하여 달리 볼 것은 아니다."

○ 대법원 2014. 1. 16. 선고 2013두17305 판결 ; "구 상속세 및 증여세법(2010. 1. 1. 법률 제9916호로 개정되기 전의 것) 제73조 제1항 본문은 … 규정하고, 구 상속세 및 증여세법 시행령(2009. 2. 4. 대통령령 제21292호로 개정되기 전의 것) 제75조는 '법 제73조의 규정에 의하여 물납에 충당할 부동산 및 유가증권의 수납가액은 다음 각 호의 1의 경우를 제외하고는 상속재산 또는 증여재산의 가액으로 한다.'고 규정하고 있다. 구 상속세 및 증여세법 시행령 제75조에서 말하는 '물납에 충당할 부동산 및 유가증권의 수납가액'은 과세표준 계산의 기초가 된 당해 물납재산의 가액, 즉 과세가액을 의미하는 것이므로, 그 과세가액이 과세관청의 경정이나 법원의 판결에 따라 변경됨으로써 증액이나 감액경정처분 등이 이루어진 때에는 특별한 사정이 없는 한 수납가액도 변경된 과세가액에 따라 변경되는 것으로 보아야 하고, 그 후 물납재산이 공매로 매각·처분되었다는 사정만으로 공매로 매각·처분된 가액으로 수납가액이 변경되는 것은 아니다."

○ 대법원 2017. 9. 12. 선고 2017두44091 판결 ; 원고들이 물납을 신청했던 재산을 제3자에게 처분하여 소유권이전등기를 마쳐준 경우, 물납불허가처분의 취소를 구할 이익이 있는지 여부(×)

납부한 경우에는 원천징수의무자가 원천납세의무자에게 구상권을 행사할 수 있다.[827] 제3자에 의한 체납액 납부는 체납자의 명의로 납부하는 경우로 한정되고, 그에 따라 체납액을 납부한 제3자는 압류가 무효라 하더라도 국가에 대하여 부당이득반환을 구할 수는 없다.[828]

'납부기한'에는 조세를 자진하여 납부하도록 개별 세법이 신고납세방식의 조세 등에 관하여 미리 정해 둔 '법정납부기한'과 과세관청이 납세고지를 하면서 고지일부터 30일 내로 지정하는 '지정납부기한'이 있다. 이러한 납부기한은 ① 조세징수권 소멸시효의 기산일,[829] ② 납부지연가산세 등의 기산일,[830] ④ 체납처분의 개시요건,[831] ⑤ 가산금의 기산일,[832] ⑥ 원천징수·특별징수하는 조세나 간접세 성격의 조세가 공익채권이 되는 기준인 '회생절차개시 당시 납부기한의 미도래' 여부,[833] ⑦ 조세

○ 대법원 2009. 11. 26. 선고 2007두4018 판결 ; "과세관청의 물납재산에 대한 환급결정이나 그 환급결정을 구하는 신청에 대한 환급거부결정도 … 항고소송의 대상이 되는 처분이라고 볼 수 없다."

827) 대법원 2008. 9. 18. 선고 2006다49789 전원합의체 판결 ; "원천징수제도는 원천납세의무자가 실체법적으로 부담하고 있는 원천납세의무의 이행이 원천징수라는 절차를 통하여 간접적으로 실현되는 제도로서 원천징수세액의 납부로 인하여 원천납세의무자는 국가에 대한 관계에서 당해 납세의무를 면하게 되므로, 원천징수의무자가 원천납세의무자로부터 원천징수세액을 원천징수함이 없이 이를 국가에 납부한 경우에는 원천납세의무자에 대하여 구상권을 행사할 수 있고, 이와 같은 구상권에 관한 법리는 대표자 인정상여의 경우에도 그대로 적용되어야 할 것이다."

828) 대법원 2015. 11. 12. 선고 2013다215263 판결 ; "국세징수법 시행령 제74조 제1항은 제3자가 국세징수법 제71조 제1항에 따라 체납자의 체납액을 납부할 때에는 체납자의 명의로만 하도록 규정하고 있고, 국세징수법 시행령 제74조 제2항은 제3자가 체납자의 명의로 납부를 한 경우에 국가에 대하여 그 반환을 청구할 수 없도록 규정하고 있다. 이와 같이 제3자가 체납자가 납부하여야 할 체납액을 체납자의 명의로 납부한 경우에는 원칙적으로 체납자의 조세채무에 대한 유효한 이행이 되고, 이로 인하여 국가의 조세채권은 만족을 얻어 소멸하므로, 국가가 체납액을 납부받은 것에 법률상 원인이 없다고 할 수 없고, 제3자는 국가에 대하여 부당이득반환을 청구할 수 없다. 이는 세무서장 등이 체납액을 징수하기 위하여 실시한 체납처분압류가 무효인 경우에도 다르지 아니하다." ☞ ① 피고(대한민국)는 2009. 9. 8. 안○○가 체납한 부가가치세를 징수하기 위하여 안○○가 은행에 신탁한 건물에 대하여 압류를 하였고, ② 원고들이 2012. 8. 22. 건물에 소유권이전등기를 마치고 세무서에 안○○의 체납액을 납부하자, ③ 피고는 다음날 압류를 해제하고 8. 30. 건물에 관한 압류등기의 말소등기를 마친 사안에서, **원심**이, 안○○에 대한 조세채권에 기하여 **납세자** 안○○ **소유가 아닌 신탁재산**인 건물에 대하여 한 **압류**는 **무효**이므로, 피고가 **법률상 원인 없이 원고들이 납부한 체납액 상당 이익**을 얻었다 하여, 원고들의 주위적 청구인 **부당이득반환청구**를 **인용**한 데 대하여, **대법원**은, '원고들이 세무서에 체납액을 실제 납부하는 행위를 하였다는 것만으로 원고들이 자기들의 명의로 체납액을 납부하였다고 단정할 수 없고, 오히려 원고들은 자신들이 소유권을 취득한 건물에 관한 압류를 해제하기 위하여 안○○의 체납액을 유효하게 납부하고자 하였을 것으로 보이는 점, 피고도 위 체납액을 납부받고 안○○의 조세채무가 소멸하였음을 전제로 압류를 해제한 점, 원고들이 체납액을 납부하면서 세무서의 담당공무원으로부터 '사실증명'과 '대위변제확인서'를 교부받은 것은 원고들이 위 체납액을 지출하였음을 증명받아 세무처리를 하기 위한 것으로 보이는 점 등에 비추어 보면, 원고들은 국세징수법 시행령 제74조 제1항이 정한 바에 따라 **안○○의 체납액을 그의 명의로 납부**하였다고 봄이 타당하다. … 압류가 무효라고 하더라도 원고들이 체납자인 안○○의 명의로 피고에게 체납액을 납부한 것은 **조세채무의 이행으로서 유효**하고 이로 인하여 피고의 안○○에 대한 조세채권이 소멸하였으므로, 피고가 체납액을 납부받은 것에 법률상 원인이 없다고 할 수 없고, 따라서 국세징수법 시행령 제74조 제2항에 따라 원고들은 피고에 대하여 부당이득반환을 청구할 수 없다.'고 판단한 예.

829) 국세기본법 제27조 ③, ④, 지방세기본법 제39조 ③, ④

830) 국세기본법 제47조의4(납부지연가산세), 제47조의5(원천징수납부 등 불성실가산세)/ 지방세기본법 제55조(납부지연가산세), 제56조(특별징수 납부지연가산세).

831) 국세징수법 제10조(독촉), 지방세징수법 제32조(독촉과 최고)

832) 2020. 12. 29. 개정 전 구 지방세징수법 제30조, 제31조

833) 채무자 회생 및 파산에 관한 법률 제179조 제1항 제9호

포탈죄의 기수시기[834] 등에서 중요한 기준으로 작용한다.[835] 천재지변·화재 등이나 송달 지연의 경우 납부기한의 연장이 인정된다.[836]

국세징수절차상 '일시 납부의 원칙'에 대한 예외로서 조세의 납부를 연기해 주는 '연납'으로는 개별 세법상 '분납'[837]과 상속세·증여세의 '연부연납'[838]이 있다.[839]

---

834) 조세범처벌법 제3조 제5항

835) 대법원 2012. 3. 22. 선고 2010두27523 전원합의체 판결 ; "세법이 규정하는 **납부기한**에는 조세를 자진하여 납부하도록 개별 세법이 신고납세방식의 조세 등에 관하여 미리 정해 둔 법정납부기한과 과세관청이 납세고지를 하면서 고지일부터 30일 내로 지정하는 지정납부기한이 있다. 이러한 납부기한은 국세징수권 소멸시효의 기산일(국세기본법 제27조, 국세기본법 시행령 제12조의4), 납부불성실가산세의 기산일(국세기본법 제47조의4), 가산금의 기산일(국세징수법 제21조), 체납처분의 개시요건(국세징수법 제23조) 등에서 중요한 기준으로 작용하고 있는데, 국세징수권 소멸시효의 기산일에 관한 규정이 문언상 법정신고납부기한과 납세고지에 의한 납부기한으로 명확히 구분하여 용어를 사용하고 있는 데 반하여, 다른 규정은 그 문언에 명확히 법정납부기한과 지정납부기한을 구분하지 않은 채 일률적으로 납부기한이라는 용어만을 사용하고 있을 뿐이어서 납부기한의 의미를 해당 제도의 목적, 납부기한을 기준으로 삼은 취지 등에 비추어 개별적으로 해석하도록 하고 있다. 같은 맥락에서 채무자회생법 제179조 제9호가 규정하는 납부기한도 그 문언 자체만으로는 법정납부기한과 지정납부기한 중 어느 것을 뜻하는지가 분명하지 않으므로, 조세채권이 갖는 공공성과 회생절차의 목적, 이들 조세를 공익채권으로 규정한 취지, 납부기한을 기준으로 구분하도록 한 이유, 회생절차에 관여된 다수 이해관계인의 이익 등을 두루 고려하여 그 의미를 이해하여야 한다. … 채무자회생법 제179조 제9호가 규정하는 납부기한은 원칙적으로 과세관청의 의사에 따라 결정되는 지정납부기한이 아니라 개별 세법이 객관적이고 명확하게 규정하고 있는 법정납부기한을 의미하는 것으로 보아야 한다."

836) 국세징수법 제13조(재난 등으로 인한 납부기한등의 연장), 제17조(송달 지연으로 인한 지정납부기한등의 연장)(구 국세기본법 제6조, 제7조가 이동함) / 지방세기본법 제26조(천재지변 등으로 인한 기한의 연장), 시행령 제6조(기한의 연장사유 등), 제31조(송달지연으로 인한 납부기한의 연장). ☞ 가산세 부과의 원인이 되는 사유가 국기법 제6조, 지기법 제26조에 따른 기한연장사유에 해당하는 경우에는 해당 가산세를 부과하지 아니한다(국세기본법 제48조 ①, 지방세기본법 제57조 ①).

837) 소득세법 제77조(분할납부), 법인세법 제64조 제2항(분납), 지방세법 제118조(재산세의 분할납부).

838) **상속세 및 증여세법 제71조(연부연납)** ① 납세지 관할세무서장은 상속세 납부세액이나 증여세 납부세액이 2천만 원을 초과하는 경우에는 대통령령으로 정하는 방법에 따라 납세의무자의 신청을 받아 연부연납을 허가할 수 있다. 이 경우 납세의무자는 담보를 제공하여야 하며, 「국세기본법」 제29조 제1호부터 제5호까지의 규정에 따른 납세담보를 제공하여 연부연납 허가를 신청하는 경우에는 그 신청일에 연부연납을 허가받은 것으로 본다.
○ 대법원 1992. 4. 10. 선고 91누9374 판결 ; "상속세와 증여세의 연부연납제도는 그와 같은 조세의 경우에는 세액이 거액인 경우가 많고, 취득재산도 부동산 등 환가에 상당한 기간이 필요한 재산인 경우가 많은데, 그러한 경우까지 징수의 편의만을 내세워 일시납부의 원칙을 고수하게 되면 납세의무자에게 과중한 부담을 주게 되고, 경우에 따라서는 짧은 납기 내에 상속 또는 수증받은 재산 자체의 처분을 강요하는 결과가 되어 납세의무자의 생활기초마저 위태롭게 할 우려가 있으므로, 국세수입을 해하지 아니하는 한도에서 납세의무자에게 분할납부 및 기한 유예의 편익을 제공하려는 데에 그 취지가 있다고 할 것이고, 따라서 위 제도는 납세의무자의 납세 자력의 유무와는 직접적인 관계가 없다."

839) **◎ 연부연납 관련 판례**
○ 대법원 2004. 10. 28. 선고 2003두4973 판결 ; "세무서장은 상속세액이 1천만 원을 초과하고, 납세담보의 제공이 있으며, 법정기한까지 신청서를 제출한 경우 등 연부연납의 허가요건이 모두 갖춰진 경우에는 그 당시 이미 상속세법 제28조 제3항 소정 연부연납 허가의 취소요건 사실이 존재하지 아니하는 한 연부연납을 허가하여야 하는 기속을 받는 것이므로 위와 같이 적법하게 연부연납을 신청한 금액에 대하여는 납부불성실 가산세를 부과할 수 없다고 할 것이다."
○ 대법원 2001. 11. 27. 선고 99다22311 판결 ; "연부연납의 허가를 받아 분납세액을 납부할 경우 … 이자세액을 합하여 납부하여야 하는바, 이 때 이자세액의 성격은 조세의무의 이행지체에 따른 지연손해금이라 할 수 있는 가산금과는 달리 … 상속세의 납부기한을 연기받음에 따른 약정이자의 의미로 부과되는 부대세의 일종이고, 연부연납의 허가를 받아 상속세를 분납하는 납세자의 경우 분납세액과 함께 이자세액을 납부함으로써 비로소 일시 납부한 납세자

통상적 부과제척기간

※ 부과제척기간 도과의 효력

조세부과제척기간은 조세채무 확정을 위한 부과권이 존속하는 기간 내지 그 권리를 행사할 수 있는 기간을 말한다. 국세기본법 제26조의2 제1항은 "부과제척기간"을 "국세를 부과할 수 있는 기간"이라고 정의하고 있다.

부과제척기간이 지나면, 과세관청의 부과권이 소멸하므로, 과세권자로서는 새로운 결정이나 증액경정결정은 물론 감액경정결정 등 어떠한 처분도 할 수 없음이 원칙이다.[840] 그러나 납세자가 항고소송 등 불복절차를 통하여 당초의 과세처분을 다투고 있는 경우에 과세관청이 납세자의 불복내용의 전부 또는 일부를 받아들여 당초의 과세처분을 감액경정하거나 취소하는 것은 그 불복절차의 계속 중 언제든지 가능하다.[841] 통상의 부과제척기간이 도과하더라도 일정한 경우 1년 또는 2개월의 '특례

와 동일한 세액을 부담하는 결과가 되는 점에 비추어 보면, 연부연납이 허가된 경우에 그 부대세로서 납부하는 이자세액도 국세기본법 제35조 제1항 소정의 국세 또는 가산금에 포함되어 조세우선권이 인정된다고 보아야 한다. … 상속세에 있어서 납부의무는 과세표준과 세액을 결정·고지하는 과세처분에 의하여 확정적으로 발생하고, 그 후 연부연납의 허가는 원래의 상속세부과처분에 의하여 정하여진 납세의무와 납부기한 자체를 변경하는 것이 아니라 국세수입을 해하지 아니하는 한도에서 납세의무자에게 분할납부 및 기한유예의 이익을 주는데 불과하며, 연부연납이 허가된 상속세에 대하여 납세고지를 하는 것은 납세의무자에게 이미 부과하고 연부연납을 허가한 세금 중 특정의 연부연납 세액에 관하여 납부하여야 할 세액과 그 납부기한을 알려 주고 그 조세채무의 이행을 명하는 징수처분으로서 이에 의하여 이미 부과된 납세의무자의 권리의무를 변경하는 효력은 없다 할 것이므로, 상속세에 있어서 법정기일은 원래의 부과처분에 따른 납부고지서의 발송일이고 그 후 연부연납 허가와 그에 기한 납세고지가 이루어졌다고 하더라도 그에 따라 법정기일이 변경되는 것은 아니라 할 것이다."

○ 대법원 2000. 9. 26. 선고 99두1557 판결 ; "상속세납부불성실가산세의 부과대상이 되는 미납부세액은 신고기한을 기준으로 그 기한 내에 납부하지 아니하였거나 미달하게 납부한 세액을 말하는 것이므로, 납부불성실가산세 계산 시 자진납부할 세액에서 공제되는 연부연납 신청 금액도 상속세 신고기한 내에 연부연납을 신청한 금액만을 말하고, 따라서 상속재산으로 신고하였으나 평가상의 차이로 인하여 미납부한 세액이라고 하더라도 신고기한 내에 실제로 연부연납을 신청하지 아니한 이상, 자진납부할 세액에서 공제되는 금액에 포함되지 아니한다. 그러므로 납세의무자가 과세표준과 세액의 통지를 받은 후 당해 납세고지서에 의한 납부기한까지 연부연납을 신청할 수 있다고 하더라도, 상속세 신고기한 내에 실제로 연부연납을 신청하지 아니한 이상 이미 발생한 납부불성실가산세납부의무가 소멸하는 것은 아니다." ☞ 2009. 2. 6. 신설된 상증세법 시행령 제27조의2 제2항 제2호 다목(2012. 2. 2. 전문개정 시 법으로 상향 규정됨), 2011. 12. 31. 전문개정된 상증세법 제47조의3 제4항 제1호 다목에 따라, 상증세법 제60조제2항·제3항 및 제66조에 따라 평가한 가액으로 과세표준을 결정한 경우에는 이와 관련하여 과소신고하거나 초과신고한 부분에 대해서는 가산세를 적용하지 아니하게 되었으므로, '상속재산으로 신고하였으나 평가상의 차이로 인하여 미납부한 세액'에 대해서는 이제 가산세가 부가되지 않는다.

840) 법은 "부과할 수 없다."라고 규정하고 있다(2019. 12. 31. 개정 전 국기법 제26조의2 ①, 지기법 제38조 ①).

841) 대법원 2002. 9. 24. 선고 2000두6657 판결 ; "구 국세기본법 제26조의2 … 제2항 … 당해 판결 또는 결정에 따른 경정결정 기타 필요한 처분을 할 수 있다고 규정하고 있음에 비추어 위 과세제척기간이 만료되면 과세권자로서는 새로운 결정이나 증액경정결정은 물론 감액경정결정 등 어떠한 처분도 할 수 없음이 원칙이라고 할 것이나, 납세자가 항고소송 등 불복절차를 통하여 당초의 과세처분을 다투고 있는 경우에 과세관청이 납세자의 **불복내용의 전부 또는 일부를 받아들여** 당초의 과세처분을 **감액경정**하거나 **취소**하는 것은 그 **불복절차의 계속 중 언제든지 가능**하다고 보아야 하며, 과세제척기간이 만료되었다는 이유 때문에 그러한 처분이 불가능하거나 위법하다고 해석할 것은 아니다." ☞ **원심**이, 피고의 감액경정처분이 법인세의 부과제척기간이 경과한 이후에 이루어졌음을 들어 이를 무효라고 하면서 무시하고, 이 사건 취소소송의 대상이 피고의 당초처분뿐이라고 보아 당초처분의 적법 여부에 대하여 판단한 데 대하여, **대법원**은, 피고의 당초처분이 법인세 부과제척기간 내에 이루어졌고 원고가 불복절차를 통하여 이를

부과제척기간'이 도과하기 전에는 부과처분을 할 수 있다. 부과제척기간이 도과한 후라도, '후발적 경정청구'를 할 수 있고,[842] '처분사유의 변경'도 가능하다.[843]

부과제척기간이 지나면 조세납부의무는 소멸하는데(국기법 제26조, 지기법 제37조 각 제2호), 그러한 결과가 '실질과세의 원칙'에 반한다고 할 수는 없다.[844] 부과제척기간이 지난 다음에 이루어진 부과처분

다투고 있었던 이상 피고로서는 비록 이 사건 소송 도중에 부과제척기간이 만료되었다 하더라도 원고의 불복 주장을 받아들이는 취지에서의 감액경정처분을 할 수 있으므로, 감액경정처분에 의하여 감액된 부분에 대한 취소청구는 소의 이익이 없게 되고 취소소송의 대상이 되는 것은 당초처분 중 감액경정처분에 의하여 취소되지 않고 남은 부분이라고 판단한 예.

842) 대법원 2006. 1. 26. 선고 2005두7006 판결 ; "최초에 신고하거나 결정 또는 경정한 과세표준 및 세액의 계산근거가 된 거래 또는 행위 등에 대하여 분쟁이 생겨 그에 관한 판결에 의하여 다른 것으로 확정된 때에는, 납세의무자는 국세부과권의 제척기간이 경과한 후라도 국세기본법 제45조의2 **제2항** 제1호의 규정에 따른 **경정청구**를 할 수 있다."

843) 대법원 2002. 3. 12. 선고 2000두2181 판결 ; "처분의 동일성이 유지되는 범위 내에서 **처분사유**를 **변경**하는 것은 새로운 처분이라고 할 수 없으므로 국세부과의 **제척기간**이 경과되었는지 여부도 **당초의 처분시**를 기준으로 판단하여야 하고 처분사유 변경시를 기준으로 판단하여서는 아니 된다. … 처분사유의 변경이 국세부과의 제척기간이 경과한 후에 이루어졌는지 여부에 관계없이 국세부과의 제척기간이 경과되었는지 여부는 당초의 처분시를 기준으로 판단하여야 한다고 본 것은 옳고"

844) ○ 대법원 2020. 8. 20. 선고 2017두30757 판결 ; "국세부과권의 제척기간 내에 조세의 부과처분이 없으면 과세관청은 더 이상 국세의 확정을 위한 부과처분을 할 수 없게 되고 그 반사적 효과로서 납세자로서는 조세채무를 납부할 의무를 면하게 되나, 이는 제척기간제도에 따른 부득이한 결과로서 그런 결과가 실질과세의 원칙에 반한다고는 할 수 없다."
○ 대법원 2006. 6. 9. 선고 2006두781 판결 ; "구 법인세법 시행령(1998. 12. 31. 대통령령 제15970호로 개정되기 전의 것) 제36조 제1항 제7호, 구 법인세법 시행규칙(1999. 5. 24. 재정경제부령 제86호로 개정되기 전의 것) 제14조의3 제2항에 의하여 건설 등에 관한 계약기간이 1년 이상인 장기도급계약의 경우 당해 사업연도의 익금을 산정함에 있어서 차감되는 '직전사업연도 말까지의 수입계상액'은, 조세법률주의 원칙상 '직전사업연도 말까지 정당하게 수입계상되어야 할 금액'을 말하는 것이지 납세의무자에 의하여 '실제로 수입계상된 금액'을 뜻하는 것이 아니라고 할 것이며, … 제척기간 내에 조세의 부과처분이 없으면 … 조세채무를 납부할 의무를 면하게 되나, 이는 제척기간제도에 따른 부득이한 결과로서 그런 결과가 실질과세의 원칙에 반한다고는 할 수 없는 것이다." ☞ 원심이, 원고의 아파트 신축공사로 인한 1998 사업연도의 익금을 산정함에 있어 차감하여야 하는 '직전사업연도 말까지의 수입계상액'은 1997 사업연도에 정당하게 수입계상되어야 할 금액을 기초로 산정되어야 함에도, 피고가, 이를 법령에 의하지 않고 임의로 계상한 원고의 1997 사업연도의 수입 신고금액을 기초로 산정하여, 원고에 대하여 1998 사업연도 귀속 법인세를 추가로 납부할 것을 고지한 이 사건 처분은 정당 세액을 초과하는 범위에서 위법하고, 이러한 경우 1997 사업연도 귀속 법인세에 대하여 국세부과권의 제척기간으로 인하여 법령에 따른 적법한 증액경정처분을 할 수 없게 되어, 결과적으로 원고가 납부하여야 할 법인세를 덜 납부하는 결과가 발생할 수 있으나 이는 국세부과권의 제척기간제도가 원래 예정하고 있는 것에 불과하고 이를 들어 실질과세의 원칙 등에 반한다고 볼 수 없다는 취지로 판단한 것은 정당하다고 한 예.
○ 대법원 2004. 12. 9. 선고 2003두278 판결 ; 원고가 1990.~1995.까지 사채를 할인발행하면서 사채 인수 증권회사에 지급한 사채인수수수료를, 상환기간에 안분하여 손금처리하는 사채할인발행차금·선지급이자가 아닌 사채발행비로 잘못 계상하여 상각해 온 데 대하여, 피고가 그 잘못을 1993 사업연도부터 바로잡음에 있어, 부과제척기간이 경과한 1990~1992 사업연도까지 발생한 사채인수수수료를 사채할인발행차금으로 계상하여 월할 상각한 총금액 중 1992 사업연도까지 사채발행비로 계상되어 이미 손금산입된 금액은 그대로 두고, 나머지 금액을 1993. 1. 1. 이후로 안분하여 그 금액을 손금산입하고, 법인세 부과처분을 한 **사안**에서, 사채인수수수료를 사채발행비로 계상한 잘못을 1993 사업연도부터 바로잡기 위하여 1990~1995 사업연도까지 사채발행비로 손금계상되어 있는 부분을 사채할인발행차금·선지급이자로 보아 법인세법령에 따른 적법한 상각액을 각 해당 사업연도의 손금에 산입하여 과세표준 및 세액을 계산하여야 하는 것은 당연하지만, 부과제척기간 도과로 1990~1992 사업연도까지의 과세표준·세액에 대하여는 법인세법령에 따른 적법한 상각액을 손금에 산입하여 증액경정처분을 할 수 없을 뿐이고, 이로 인하여 결과적으로 원고가 원래 납부하여야 할 법인세를 덜 납부하는 결과가 발생한다 하더라도 이는 제척기간 제도가 예정하고 있는 것에 불과하고 이를 들어 이중으로 손금을 산입하였다거나 실질과세 원칙에 반한다고 볼 수는 없으므로 위 처분은 법인세법

은 '당연무효'이고(취소사유에 불과한 것이 아니다),[845] 이는 '직권판단사항'에 해당한다.[846]

부과제척기간이 도과하기 전에는 언제든지 부과처분이 가능한데,[847] 납세고지서의 송달까지 부과제척기간 도과 전에 이루어져야 한다.[848]

● 대법원 2018. 12. 13. 선고 2018두128 판결 [종합소득세부과처분취소]

▌제척기간 도과 효과, 장기부과제척기간, 사기 그 밖의 부정행위, 명의위장

판시사항

[1] **제척기간**이 **도과**한 **후**에 이루어진 **과세처분**의 효력 ; **무효**

[2] '**사기, 그 밖의 부정한 행위**'의 의미 및 적극적 은닉의도가 나타나는 사정이 덧붙여지지 않은

령에 의하여 정당하게 손금산입할 수 있는 비용을 부당하게 손금부인한 위법한 처분이라고 판단한 예.

845) 대법원 2018. 12. 13. 선고 2018두128 판결 등.
○ **증액경정처분**이 제척기간 도과 후에 이루어진 경우에는 **증액 부분만**이 **무효**로 되고 제척기간 도과 전에 있었던 당초 처분은 유효한 것이므로, 납세의무자로서는 그와 같은 증액경정처분이 있었다는 이유만으로 당초 처분에 의하여 이미 확정되었던 부분에 대하여 다시 위법 여부를 다툴 수는 없다고 보아야 한다(대법원 2004. 2. 13. 선고 2002두9971 판결).
○ 과세관청이 종전에 취소한 부과처분과 동일한 과세대상에 대하여 **다시 부과처분**을 한 경우 그 새로운 부과처분이 부과제척기간 만료일까지 적법하게 **고지**되지 않은 경우 그 부과처분은 당연 무효이다(대법원 2015. 9. 10. 선고 2013다205433 판결).

846) 대법원 2009. 9. 24. 선고 2007두7505 판결.

847) ○ 대법원 2002. 4. 12. 선고 2000두5944 판결 ; "과세관청은 양도소득확정신고기간 도과 후에는 과세권이 제척기간에 걸리지 아니하는 한 언제든지 양도소득세부과결정 또는 경정결정을 할 수 있는 것이다."
○ 대법원 2000. 6. 23. 선고 98두7558 판결 ; "원심은 제척기간이 임박한 시점에 이르러서야 과세처분을 하였다고 하여 이를 두고 신의칙에 반한다고 할 수는 없다는 이유로 … 원고의 주장을 배척하였는바, 과세관청으로서는 제척기간 내에는 언제든지 과세처분이 가능한 것이므로 원심의 위와 같은 판단은 수긍이 가고"
○ 대법원 2006. 8. 24. 선고 2004두3625 판결 ; "부과권의 제척기간이 도과하기 전에는 **징수권의 소멸시효 완성 여부와 상관없이** 경정처분이 가능하므로"

848) ◎ **'부과제척기간'에서 '부과'의 의미 ; 결정 + 납세고지 + 송달**
○ 대법원 1996. 9. 24. 선고 96다204 판결 ; "부과제척기간이 임박하자 납세고지서의 수령을 회피하기 위하여 고지서 수령 약속을 어기고 일부러 밤늦게까지 집을 비워 두어서 부득이 세입자에게 고지서를 교부하였다 하여 신의성실의 원칙을 들어서 위 고지서가 송달되었다고 볼 수는 없다. … 과세관청이 부과처분을 취소하면 그 부과처분으로 인한 법률효과는 일단 소멸하는 것이므로, 그 후 다시 동일한 과세대상에 대하여 부과처분을 하여도 이미 소멸한 법률효과가 다시 회복되는 것은 아니고 새로운 부과처분에 근거한 법률효과가 생길 뿐이며, 그 새로운 부과처분의 내용이 실질에 있어서는 당초의 부과처분의 감액경정처분에 불과한 것이었다 하여 달리 해석할 것이 아니다. … 1993. 8. 16.자 부과처분은 1993. 10. 11. 직권취소되었으므로 위 부과처분은 확정적으로 소멸하였고, 그 후의 1993. 10. 12. 자 부과처분은 새로운 부과처분이라 할 것인바, 위 새로운 부과처분이 제척기간이 만료되는 1993. 10. 14.까지 **적법하게 고지되지 않**았 … 으므로 1993. 10. 12.자 부과처분은 **당연 무효의 부과처분**이라 할 것이다. … 원심이 1993. 10. 12.자 부과처분은 1993. 8. 16.자 부과처분의 감액경정처분이라는 이유로 … 그 납세고지가 제척기간 내에 이루어졌다고 한 것은 … 위법이 있다 할 것이다."
○ 대법원 1993. 12. 28. 선고 93누17409 판결 ; 원심이, "5년의 기간 내에 법인세의 부과가 있고 그 **납세고지서가** 납세의무자에게 **도달**되어야 한다고 설시"한 것은 정당하고, "소론과 같이 국세부과의 제척기간 내에 과세처분이 납세의무자에게 고지되지 않더라도 **과세의 결정만 있으면 된다고 볼 수는 없**"다고 한 예.

채 단순히 세법상의 신고를 하지 아니하거나 허위의 신고를 함에 그치는 것이 이에 해당하는지 여부(×)

☞ **장기부과제척기간**, **부정무신고·과소신고 가산세**, **조세범처벌법 위반**의 공통된 요건인 '사기 그 밖의 부정한 행위'의 의미는 **원칙적**으로 위 **세 가지 경우 모두 동일**하다.[849][850] **예외적**으로 **사용인** 등의 **배임적 부정행위**와 의 경우에는 부정과소신고가산세와 장기 부과제척기간의 **적용을 달리**할 수 있다.[851]

[3] 회사 1, 2, 3을 조세피난처에 설립하고, 원고가 실명으로 회사 1의 주식 전부를, 회사 1이 회사 2의 주식 전부를, 회사 2가 회사 3의 주식 전부를 각 소유하는 방식으로 3 회사를 지배하는 '**다층적 지배구조**'가 '**통상적인 투자구조의 형태를 벗어난 것이라고 보기 어렵다**'고 하여, '**사기, 그 밖의 부정한 행위**'의 간접사실로 삼지 않은 사례.[852]

---

849) **국세기본법 제26조의2(국세 부과의 제척기간)** ② 2. 납세자가 **대통령령으로 정하는** 사기나 그 밖의 부정한 행위(이하 "부정행위"라 한다)로 국세를 포탈하거나 환급·공제를 받은 경우: 그 국세를 부과할 수 있는 날부터 10년 〈개정 2019.12.31.〉

⇒ 국세기본법 시행령 제12조의2(부정행위의 유형 등) ① 법 제26조의2 제2항 제2호 전단에서 "대통령령으로 정하는 사기나 그 밖의 부정한 행위"란 「조세범 처벌법」 제3조 제6항에 해당하는 행위를 말한다. 〈2020.2.11.〉

국세기본법 제47조의2(무신고가산세) ① 1. 부정행위로 법정신고기한까지 세법에 따른 국세의 과세표준 신고를 하지 아니한 경우: 100분의 40(역외거래에서 발생한 부정행위인 경우에는 100분의 60) 〈개정 2019.12.31.〉

조세범 처벌법 제3조(조세 포탈 등) [전부개정 2010. 1. 1.] ① **사기나 그 밖의 부정한 행위**로써 조세를 포탈하거나 조세의 환급·공제를 받은 자는 2년 이하의 징역 또는 포탈세액, 환급·공제받은 세액(이하 "포탈세액 등"이라 한다)의 2배 이하에 상당하는 벌금에 처한다. …

⑥ 제1항에서 "사기나 그 밖의 부정한 행위"란 다음 각 호의 어느 하나에 해당하는 행위로서 **조세의 부과와 징수를 불가능하게 하거나 현저히 곤란하게 하는 적극적 행위**를 말한다.

1. 이중장부의 작성 등 장부의 거짓 기장 2. 거짓 증빙 또는 거짓 문서의 작성 및 수취 3. 장부와 기록의 파기 4. 재산의 은닉, 소득·수익·행위·거래의 조작 또는 은폐 5. 고의적으로 장부를 작성하지 아니하거나 비치하지 아니하는 행위 또는 계산서, 세금계산서 또는 계산서합계표, 세금계산서합계표의 조작 6. 「조세특례제한법」 제24조 제1항 제4호에 따른 전사적 기업자원관리설비의 조작 또는 전자세금계산서의 조작 7. 그 밖에 위계에 의한 행위 또는 부정한 행위

지방세기본법 제38조 제5항은 "사기나 그 밖의 부정한 행위"의 개념에 관하여 제1호~제4호, 제6호는, 조세범 처벌법 제3조 제6항 제1호~제4호, 제7호와 동일하게, 제5호는 '고의적으로 장부를 작성하지 아니하거나 갖추어 두지 아니하는 행위'만을 각 규정하고 있다.

850) ○ 대법원 2019. 7. 25. 선고 2017두65159 판결 ; "조세범 처벌법상 형사처벌 대상인 '사기 기타 부정한 행위로써 조세를 포탈한 경우'와 부당무신고 가산세 부과 요건인 '사기 기타 부정한 행위 등 부당한 방법으로 무신고한 과세표준이 있는 경우'에 있어서 '사기 기타 부정한 행위'는 같은 의미로 해석될 수 있다."

○ 대법원 2014. 5. 16. 선고 2011두29168 판결 ; "조세범 처벌법 제3조 제1항, (구) 지방세기본법 제129조 제1항, 특정범죄 가중처벌 등에 관한 법률 제8조 제1항, 제2항 등에서는 … '사기 기타 부정한 행위'는 형사처벌의 구성요건으로 되어 있으므로, 어떠한 행위가 조세법상 '사기 기타 부정한 행위'에 해당하는지 여부를 가림에 있어서도 형사처벌 법규의 구성요건에 준하여 엄격하게 해석하여야 할 것이다." ☜ 지방세인 등록세 등의 부과처분 취소 사안

851) 대법원 2021. 2. 18. 선고 2017두38959 판결.

852) **【구체적 사안】**

○ **원심** ; ① 원고는 3, 4 회사 명의 계좌에 송금한 돈이 마치 홍콩법인이 그 법인들에 지급하는 '판매·검사수수료' 또는 '감사료'인 것처럼 허위로 '월별결산자료', 'Total Income List'를 작성하였고, 홍콩법인의 수입을 신고하면서 위 돈을 고의로 누락한 채 홍콩법인 실제 매출액의 약 1%만을 신고하였으며, 그러한 내용이 기재된 감사보고서와 세금신고서를 작성하였다. ② 원고에게 귀속되어야 할 돈이 버진아일랜드(BVI)에 있는 3, 4 회사 명의 계좌에 위장된 명목으로 송금되어, 대한민국 과세관청은 위 돈이 원고에게 귀속된다는 사실을 현실적으로 알기 어려웠다. ③ 원고가 위와

[4] 납세자가 **명의를 위장하여 소득을 얻**은 경우, '사기, 그 밖의 부정한 행위'에 해당하기 위한 추가 요건 ; **조세포탈 목적** + **적극적인 행위**의 부가

☞ '**사기, 그 밖의 부정한 행위**'가 과세요건인 후술 '**부정무신고가산세**' 부분도 함께 참조.

이 유

구 국세기본법(2010. 1. 1. 법률 제9911호로 개정되기 전의 것, 이하 같다) **제26조의2 제1항**은 국세부과의 제척기간을 정하고 있다.[853] 즉, 국세는 이를 부과할 수 있는 날부터 5년이 지난 다음에는 부과할 수 없고(제3호), 다만 납세자가 사기 기타 부정한 행위로써 국세를 포탈하거나 환급·공제받는 경우에는 10년(제1호),[854] 납세자가 법정신고기한 내에 과세표준신고서를 제출하지 않은 경우에는 7년(제2

같은 행위를 하게 된 데에 홍콩법인의 법인세 납부의무를 경감하거나, 영국령이었던 홍콩이 중국에 반환되는 과정에서 안정적으로 사업을 운영하고자 하는 의도가 일부 포함되어 있었다고 하더라도, 이러한 부가적인 사정이 '사기 기타 부정한 행위'를 배척할 근거가 되지 않는다. 원고는 홍콩법인의 소득을 유출하여 소득세 납부의무 성립을 예상할 수 있었다. ⇒ 원고가 홍콩법인의 운영수입을 3, 4 회사 명의 계좌에 수수료 등 명목으로 송금한 행위는 '사기 기타 부정한 행위'에 해당하고 10년의 부과제척기간 내에 이루어진 부과처분으로 적법하다고 판단.

○ **대법원** ; ① 3 회사의 경우 2001년과 2002년에 원고가 직접 그 주식 모두를 자신의 실명으로 직접 보유하고 있었을 뿐 다층적 지배구조가 애초에 존재하지 않았다. 4 회사의 경우 원고가 실명으로 6 회사의 주식 전부를, 6 회사가 5 회사의 주식 전부를, 5 회사가 4 회사의 주식 전부를 각 소유하는 방식으로 4 회사를 지배하는 구조로 되어 있었는데, 이러한 구조(다층적 지배구조)가 통상적인 투자구조의 형태를 벗어난 것이라고 보기 어렵다. ② 홍콩에 있는 금융기관에 3, 4 회사 명의 계좌를 개설할 때 원고가 그 계좌의 실질 소유자(Beneficial Owner)로 자신이 아닌 다른 사람의 인적사항을 기재하였다고 보이지 않을 뿐만 아니라, 3, 4 회사 명의 계좌의 인출서명권 역시 원고가 가지고 있었다. ③ 홍콩법인이 홍콩 세무당국에 실제 매출액의 약 1%만을 수입으로 신고하면서 그러한 내용의 세금신고서를 작성하였고 같은 내용으로 연도 말 재무제표와 감사보고서가 작성 내지 첨부되었다고 하더라도 이는 신고행위에 부수한 것에 불과하다. 이러한 사정만으로는 신고 내용에 관한 기초장부 등과 같은 근거 서류를 조작하거나 작성하였다고 평가할 수 없어 '사기 기타 부정한 행위'를 인정할 만한 적극적인 행위가 있었다고 보기 어렵고, 달리 이를 인정할 만한 증거가 없다. ④ 홍콩법인이 3, 4 회사 명의 계좌에 송금한 돈을 계산하여 정리한 '월별결산자료'와 그렇게 송금한 돈을 정리하여 한 차례 작성된 'Total Income List'는, 그 내용 자체가 홍콩법인이 누락하여 신고한 소득이 있다는 사실과 더불어 그렇게 신고누락한 소득을 수수료 내지 감사료 명목으로 BVI에 설립된 법인 등 사외로 이전한다는 사실을 나타내는 것일 뿐이어서, 세무신고와 관련이 없을 뿐 아니라 이를 소득을 은닉하기 위한 행위로 보기도 어렵다. ⑤ 위 '월별결산자료'와 'Total Income List'에 위와 같이 기재한 것을 넘어, 홍콩법인이 3, 4 회사로부터 그 기재된 수수료 내지 감사료 명목에 상응하는 용역을 제공받은 것처럼 적극적으로 위장하여 이를 통해 소득을 은닉하려는 행위가 있었다거나, 그러한 은닉 의도를 드러내는 부정한 적극적 행위가 있었다고 볼 증거도 없다. ⇒ 2001년·2002년 귀속 종합소득세 부과처분 중 홍콩법인이 2001년경부터 2002년경까지 3, 4 회사에 수수료 등 명목으로 송금한 돈이 원고에게 귀속되었다는 전제에서 한 부분의 부과제척기간은 5년으로 봄이 타당하고, 원고의 2001년·2002년 귀속 종합소득세에 대한 부과제척기간 기산일인 2002. 6. 1.과 2003. 6. 1.부터 각각 5년이 모두 지난 2010. 6. 28.에야 비로소 이루어졌으므로 부과제척기간이 지나 이루어진 처분으로서 무효이다.

853) 지방세 부과제척기간은 **지방세기본법 제38조**, 관세 부과제척기간은 **관세법 제21조**에서 각 정하고 있다.

854) 2011. 12. 31. 후단 규정 신설 ; "이 경우 부정행위로 포탈하거나 환급·공제받은 국세가 법인세이면 이와 관련하여 법인세법 제67조에 따라 처분된 금액에 대한 소득세 또는 법인세에 대해서도 그 소득세 또는 법인세를 부과할 수 있는 날부터 10년간(국제거래에서 발생한 부정행위로 법인세를 포탈하거나 환급·공제받아 법인세법 제67조에 따라 처분된 금액에 대한 소득세 또는 법인세의 경우에는 15년간)으로 한다." ☜ 위 규정 신설 전에는, 소득처분된 금액에 대한 소득세 또는 법인세의 부과제척기간이 원칙적 부과제척기간인 5년이었다(대법원 2010. 4. 29. 선고 2007두11382 판결 등). 위 후단의 개정규정은 2012. 1. 1. 이후 최초로 법인세법 제67조에 따라 처분하는 금액부터 적용한다(부칙 제2조 제1항). 이 부칙 규정의 해석에 관하여, 대법원 2015. 10. 15.자 2015두45274 판결(심리불속행 상고기각)의 제1심인 서울행정법원 2014. 9. 16. 선고 2014구합53452 판결은, "2003년, 2004년, 2005년 귀속분 소득세에 관하여

호)[855]이 지난 다음에는 부과할 수 없다.

이와 같은 국세부과의 **제척기간이 지난 다음**에 이루어진 **부과처분**은 **무효**이다(99두3140 판결, 2007두24364 판결 등 참조). …

구 국세기본법 제26조의2 제1항 제1호가 정한 '**사기 기타 부정한 행위**'라 함은 조세의 부과와 징수를 불가능하게 하거나 현저히 곤란하게 하는 위계 기타 부정한 **적극적인 행위**를 말하고, 다른 행위를 수반함이 없이 단순히 세법상의 신고를 하지 않거나 허위 신고를 함에 그치는 것은 여기에 해당하지 않는다(대법원 2013. 12. 12. 선고 2013두7667 판결[856] 참조).[857]

쟁점 규정이 신설되어 시행되기 이전에 이미 부과제척기간이 도과되었는바, 만약 피고의 주장과 같이 쟁점 규정을 근거로 … 부과제척기간을 10년으로 인정할 수 있다고 해석한다면, 이는 개정 규정이 사실상 이미 완성된 사실 또는 법률관계를 규율대상으로 하는 **진정 소급입법**에 해당하는 것으로서 헌법적으로 허용될 수 없는 해석이다. … 2006년 귀속 소득세에 관하여는 쟁점 규정이 시행될 2012. 1. 1. 당시에는 아직 5년의 부과제척기간이 도과하지 않았으므로, 쟁점 규정은 … 2006년 귀속 소득세에 관하여는 과거에 시작되었으나 아직 완성되지 아니하고 현재 진행 중에 있는 사실관계에 적용하는, 이른바 **부진정 소급입법**에 해당하고 이는 원칙적으로 허용된다."고 판시하였다.

855) '무신고' 해당 여부에 관하여는, 뒤에 나오는 무신고 가산세 부분 참조.

856) "명의를 위장하여 소득을 얻더라도 그것이 조세포탈과 관련이 없는 행위인 때에는 명의위장 사실만으로 … '사기 기타 부정한 행위'에 해당한다고 할 수 없으나, 그것이 누진세율 회피, 수입의 분산, 감면특례의 적용, 세금 납부를 하지 아니할 무자력자의 명의사용 등과 같이 명의위장이 **조세회피의 목적**에서 비롯되고 나아가 여기에 허위 매매계약서의 작성과 대금의 허위지급, 허위의 양도소득세 신고, 허위의 등기·등록, 허위의 회계장부 작성·비치 등과 같은 **적극적인 행위**까지 부가된다면 이는 조세의 부과와 징수를 불가능하게 하거나 현저히 곤란하게 하는 '사기 기타 부정한 행위'에 해당한다고 할 것이다. 그리고 법인세법상 부당행위계산 부인으로 인한 세무조정금액 등 세무회계와 기업회계의 차이로 생긴 금액은 특별한 사정이 없는 한 구 국세기본법 제26조의2 제1항 제1호 소정의 사기 기타 부정한 행위로 얻은 소득금액으로 볼 수 없으나, 법인세법상 부당행위계산에 해당하는 거래임을 은폐하여 세무조정금액이 발생하지 않게 하기 위하여 부당행위계산의 대상이 되지 않는 자의 명의로 거래를 하고 나아가 그 사실이 발각되지 않도록 허위 매매계약서의 작성과 대금의 허위지급 등과 같이 **적극적으로 서류를 조작**하고 **장부상 허위기재**를 하는 경우에는 그것이 세무회계와 기업회계의 차이로 생긴 금액이라 하더라도 이는 **사기 기타 부정한 행위**로써 국세를 포탈한 경우에 해당하여 그에 관한 법인세의 부과제척기간은 10년이 된다." ☛ ① 소외 회사 1, 2, 및 원고는 ○○그룹의 계열사이고, 소외 1 등은 ○○그룹의 명예회장인 소외 9의 자녀 또는 손자인 사실, ② 2001년경 ○○그룹이 계열사인 원고를 중심으로 한 그룹의 구조조정을 위하여 계열사를 정리하는 작업을 추진하면서 소외 회사 1의 주식을 보유하고 있던 소외 1 등에게 그룹의 구조조정에 협력해 달라고 요청하였으며, 원고는 소외 1 등과 원고 직원들의 배우자들인 소외 5 등의 승낙 아래 소외 5 등을 매수인으로 한 매매계약서를 작성하고 이 사건 주식을 액면가격으로 취득하였던 사실, ③ 그 과정에서 소외 5 등은 원고로부터 지급받은 이 사건 주식의 매수대금을 마치 그들이 지급하는 것처럼 소외 1 등의 계좌에 입금하였던 사실, ④ 이 사건 주식을 매입할 당시 원고는 소외 1 등과 구 법인세법상 특수관계자에 해당하지만, 소외 5 등은 소외 1 등과 위 특수관계자에 해당하지 않았던 사실, ⑤ 그 후 원고는 소외 5 등의 명의로 된 이 사건 주식 전부를 소외 회사 2에 액면가격으로 양도하면서 소외 5 등을 매도인으로 한 매매계약서를 작성하였고, 그 매수대금도 마치 소외 5 등이 지급받는 형식을 취하였으며, 증권거래세와 양도소득세도 소외 5 등의 명의로 신고하였던 사실, ⑥ 원고는 소외 회사 2와 구 법인세법상 특수관계자에 해당하지만, 소외 5 등은 소외 회사 2와 위 특수관계자에 해당하지 않았던 사실 등의 **사실관계** 하에서, 원고가 소외 5 등의 명의로 이 사건 주식을 취득하고 양도한 행위는 다른 법률상 규제를 피하기 위한 목적 외에도 법인세법상 **부당행위계산에 해당하는 거래임을 은폐하기 위한 목적**에서 이루어진 것이고 나아가 그 사실이 발각되지 않도록 허위 매매계약서의 작성과 대금의 허위지급 등과 같은 적극적인 행위를 한 것으로서 '사기 기타 부정한 행위'에 해당하며, 나중에 원고가 이 사건 주식의 실제 취득자 및 양도자로 밝혀져 법인세법상 부당행위계산 부인으로 인한 세무조정금액이 발생하였다고 하더라도 이는 원고가 위와 같은 사기 기타 부정한 행위로 얻은 소득금액으로 보아야 하므로, 그에 관한 법인세의 부과제척기간은 10년이 된다고 한 사례.

857) **[지방세(등록세)에 관한 동일 판시]** 대법원 2014. 5. 16. 선고 2011두29168 판결 ; 원고가 작성한 임시주주총회 의사록과

또한 납세자가 명의를 위장하여 소득을 얻더라도, ① 명의위장이 **조세포탈 목적**에서 비롯되고 나아가 ② 여기에 허위 계약서 작성과 대금의 허위지급, 과세관청에 대한 허위 조세 신고, 허위의 등기·등록, 허위의 회계장부 작성·비치 등과 같은 **적극적인 행위**까지 **부가**되는 등 **특별한 사정**이 없는 한, 명의위장 사실만으로 구 국세기본법 제26조의2 제1항 제1호에서 정한 '사기 기타 부정한 행위'에 해당한다고 볼 수 없다(대법원 2017. 4. 13. 선고 2015두44158 판결,[858] 대법원 2018. 3. 29. 선고 2017두69991 판결[859] 등 참조).

※ 해외 명목회사(paper company)를 이용한 주식 보유 '명의 위장'과 '사기 기타 부정한 행위'에 관한 판례

● **대법원 2020. 8. 20. 선고 2019다301623 판결 [부정행위 부정례]** ; 주식의 실제소유자가 **해외 명목회사**를 **이용**한 **주식**의 **명의위장** 외에 조세의 부과·징수를 불가능하게 하거나 현저하게 곤란하게 하는 다른 적극적인 행위를 하지 않은 경우, 국제조세조정에 관한 법률 제17조 소정의 특정외국법인에 해당하는 해외 명목회사의 각 사업연도 말 현재 배당 가능 유보소득에 대한 **간주배당소득**에 관한 **종합소득세**의 **부과제척기간**은 10년이 아닌 **5년**이어서, 그 기간 도과 후 이루어진 원고의 **수정신고**가

이사회 의사록 및 그에 따라 변경된 정관은 모두 본점 이전등기를 하기 위하여 반드시 갖추어야 하는 것들이어서 그 작성이나 변경은 본점 이전등기에 부수한 것일 뿐이고, 그 밖에 원고가 등록세 중과세의 부과와 징수를 불가능하게 하거나 현저히 곤란하게 하는 적극적인 행위를 하였다고 볼 만한 자료는 없다 하여, 10년의 부과제척기간 적용을 부정한 예.

858) '부정무신고가산세' 부분 참조.

859) **【구체적 사안】**

○ **사실관계** ; ① 원고는 비상장법인 소외 회사 발행주식 중 일부를 1981년 내지 1994년경 소외 1, 2, 3에게 명의신탁하였다. ② 원고는 2008. 5. 2.경 위와 같이 명의신탁한 주식을 자신 명의로 보유하고 있던 주식과 함께 모두 소외 4에게 양도하였고, 같은 해 8. 29.경 자신을 포함한 각 주식 명의자들의 명의로 양도소득세를 신고하였다. ③ 피고는, 위와 같이 명의신탁된 주식에 대하여 지급된 2004년 및 2005년 각 배당금이 실질적으로 원고에게 귀속되었다는 이유로, 2015. 3. 9. 2004년 귀속 종합소득세 부과처분을, 같은 달 11일 2005년 귀속 종합소득세 부과처분을 하였다. 또한 피고는, 원고가 양도한 주식의 가액을 과소신고하였다는 이유로, 2015. 3. 17. 원고에게 2008년 귀속 양도소득세 부과처분을 하였다.

○ **원심** ; 원고가 명의수탁자들 명의로 주식을 취득하고 양도한 행위는 '사기 기타 부정한 행위'에 해당한다는 전제에서 각 종합소득세 및 양도소득세 부과처분은 모두 10년의 부과제척기간 내에 이루어진 것으로 적법하다고 판단.

○ **대법원** ; 원고의 주식 명의신탁 행위와 이에 뒤따르는 부수행위를 조세포탈의 목적에서 비롯된 부정한 적극적인 행위로 볼 수 없다. (1) 원고가 주식 중 일부를 1981년경부터 1994년경까지 명의신탁하여 이를 유지하기는 하였지만, 명의신탁 당사자들의 구체적 소득 규모에 따른 종합소득세 세율 적용의 차이, 소외 회사의 재무상태와 실제 이루어진 배당내역, 비상장주식 양도소득에 대한 누진세율 적용 여부 등의 사정과 그러한 사정의 변동 및 그에 대한 예견가능성을 비롯하여 조세포탈의 목적을 추단케 하는 사정에 관한 피고의 충분한 증명이 없는 이 사건에서, 단순히 명의신탁이 있었다는 점만을 들어 원고가 이처럼 오랜 기간에 걸쳐 누진세율의 회피 등과 같은 조세포탈의 목적을 일관되게 가지고 명의신탁하였다고 단정하기는 어렵다. (2) 명의신탁된 주식에 대한 배당금에 관하여 명의수탁자들의 소득세가 징수·납부되었지만, 이는 기존 명의신탁 관계가 해소되지 않은 상황에서 소외 회사가 배당금을 지급하면서 그 명의자인 명의수탁자들로부터 그에 대한 소득세를 일률적으로 **원천징수한 결과에 따른 것일 뿐**으로서, 거기에 명의신탁 당사자들의 **적극적인 행위가 개입되었다고 볼 만한 사정도 없다**. (3) 원고는 마찬가지로 기존 명의신탁 관계가 해소되지 않은 상태에서 명의수탁자들 명의로 된 주식을 일반적인 주식 양도방법으로 처분하였을 뿐이고, 그에 관한 양도소득세를 모두 신고하였다. 나아가 명의신탁으로 인해 결과적으로 **양도소득 기본공제에 다소 차이**가 생겼지만, 명의신탁으로 인해 양도소득세의 세율이 달라졌다는 등의 사정도 보이지 않는 이상, 이러한 사소한 세액의 차이만을 내세워 조세포탈의 목적에 따른 부정한 적극적 행위가 있다고 볼 수 없다.

당연무효라고 판단한 예.[860)]

● **대법원 2016. 2. 18. 선고 2014도3411 판결** [조세포탈죄, 부정행위 부정례] ; 다수의 페이퍼컴퍼니를 이용하여 단계적인 출자구조를 만들고 그 주식을 명의신탁한 행위나, 국내 자산을 양도하는 등 비거주자가 되기 위하여 행한 행위들이 적극적인 사기 기타 부정한 행위에 해당한다고 볼 수 없다고 판단한 예.[861)]

● **대법원 2020. 12. 30. 선고 2018도14753 판결** [조세포탈죄 사건] ; ① [부정행위 긍정 부분] 임직원

---

860) **【구체적 사안】**
원고가 해외 명목회사를 이용하여 주식을 소유·처분하여 얻은 양도차익에 대하여 **국제조세조정에 관한 법률 제17조(특정외국법인의 각 사업연도 말 현재 배당 가능한 유보소득에 대한 배당간주 규정)**에 따른 간주배당소득으로 종합소득세를 수정신고 납부한 후 수정신고 당시 종합소득세의 부과제척기간이 도과되었음을 이유로 수정신고의 당연무효를 주장하며 기납부한 종합소득세의 반환을 구한 **사안**에서, 원심(서울고등법원 2019. 11. 20. 선고 2018나2038650 판결)이, 원고에게 이 사건 간주배당소득에 대한 조세포탈의 목적이 일부 있었던 것으로 평가할 수 있다고 하더라도, 해외 명목회사를 이용한 주식의 명의위장 외에 조세의 부과와 징수를 불가능하게 하거나 현저하게 곤란하게 하는 적극적인 행위를 하였다고 인정하기 어렵고, 달리 이를 인정할 만한 특별한 사정이 인정되지 않으므로, 간주배당소득에 관한 종합소득세에는 10년의 제척기간이 아니라 5년의 제척기간이 적용되어야 하고, 원고의 수정신고는 부과제척기간 도과 후 이루어진 신고로서 당연무효라고 판단한 것은 잘못이 없다고 한 예.
cf. 해당 부분 원심 판시 ; "가) 이 사건에서 원고(명의신탁자)는 소외인(명의수탁자) 명의로 위장하여 소외 회사에 대한 지배권을 보유해 왔다. 비록 소외 회사의 직접 주주가 월드마인(소외인이 1인 주주로 있는 홍콩 소재 무역회사) 또는 홍콩프로스퍼(명목회사 전문관리회사인 '석세스컨설턴츠' 및 케이엠엘 컨설턴츠'를 주주로 하여 홍콩에 설립된 명목회사)였다고 하더라도, 소외인이 월드마인의 1인 주주 또는 명목회사인 홍콩프로스퍼의 전문관리회사인 석세스컨설턴츠 및 케이엠엘과의 명의대여서비스계약의 당사자였던 이상, 소외 회사에 대한 지배권은 대외적으로 소외인에게 속해 있고 원고는 소외인을 통하여 소외 회사에 대한 지배권을 유보하고 이를 행사하고 있었다고 보아야 한다(위 명의대여서비스계약이 외부로 공개되지 않아 소외 회사에 대한 소외인의 대외적 지배권이 인정될 수 없다고 보더라도, 이는 소외인이 다시 석세스컨설턴츠 및 케이엠엘의 명의를 이용한 것일 뿐이어서 원고와 소외인 사이의 명의위장 관계에는 영향이 없다고 할 것이다). 이와 같이 원고가 소외인 명의로 소외 회사에 대한 지배권을 보유한 행위는 명의위장 그 자체에 불과하고, 앞서 본 법리에 의하면 이러한 명의위장만으로는 바로 '사기 기타 부정한 행위'를 인정할 수 없다. 나) 원고가 홍콩프로스퍼 명의의 해외 금융계좌를 실질적으로 지배·관리하였다거나 홍콩프로스퍼 명의의 해외 금융계좌와 관련된 서류 등이 원고가 아닌 소외인 명의로 작성되었다고 하더라도, 이는 명의위장의 결과 홍콩프로스퍼가 소외 회사의 주주가 되고 소외인이 명의대여서비스계약의 당사자로 됨에 따라 **통상적으로 뒤따르는 부수행위에 불과**한 것이므로, 이러한 사정만으로 명의위장에 더하여 적극적인 부정행위가 있었다고 보기 어렵다. 다) 피고는, 원고가 홍콩프로스퍼가 보유하고 있던 한국프로스퍼의 주식을 또 다른 명목회사인 시노코스모스에 전부 이전한 후 홍콩프로스퍼를 해산한 것이 명의위장을 은폐하기 위한 적극적인 행위에 해당한다는 취지로도 주장하나, 홍콩프로스퍼의 해산 및 주식 이전은 2009년경에 이르러서야 발생한 일이므로 2007년 발생한 이 사건 배당간주소득과 관련하여 '사기 기타 부정한 행위'가 있었다는 근거로 삼을 수도 없다."

861) "명의를 위장하여 소득을 얻더라도, **비거주자** 또는 **외국법인의 명의사용** 등과 같이 명의위장이 조세회피의 목적에서 비롯되고 나아가 여기에 허위 계약서의 작성과 대금의 허위지급, 과세관청에 대한 허위의 조세 신고, 허위의 등기·등록, 허위의 회계장부 작성·비치 등과 같은 적극적인 행위까지 부가되는 등의 특별한 사정이 없는 한, 명의위장 사실만으로 구 조세범처벌법 제9조 제1항에서 정한 '사기 기타 부정한 행위'에 해당한다고 할 수 없다." ☞ ① **선박의 편의치적**, **다단계 출자구조**, **주식의 명의신탁** 및 **특수목적법인의 설립** 등은 **해상운송에서 일어날 수 있는 위험을 선박 자체에 한정**시키기 위한 **해운업계의 관행**으로 보이는 점, ② 피고인 1은 이 사건 배당가능 유보소득에 관한 납세의무를 부담하게 되었을 뿐 주식의 명의신탁에서 더 나아가 위 소득에 대한 조세를 포탈하기 위하여 적극적인 행위를 하였다고 보기 어려운 점, ③ 피고인 1이 비거주자가 되기 위하여 취한 일련의 조치들은 허위 또는 가장행위에 해당하지 않는 점 등에 비추어, 피고인 1이 **다수의 페이퍼컴퍼니**를 이용하여 **단계적인 출자구조**를 만들고 그 **주식을 명의신탁**한 행위나 피고인 1과 그 가족들 명의로 보유하던 **국내 자산을 양도하는 등 비거주자가 되기 위하여 행한 행위**들이 조세를 포탈하기 위한 적극적인 사기 기타 **부정한 행위에 해당한다고 볼 수 없다**고 판단한 예.

및 그 친인척 등의 **차명**으로 **400개가 넘는 증권계좌**를 개설·관리하도록 하여 차명으로 주식을 거래하고 양도소득세 등을 신고·납부하지 아니한 피고인의 행위는 **적극적인 소득은닉행위**로서 '사기 기타 부정한 행위'에 해당한다고 판단한 부분.[862] ② [**부정행위 부정** **부분**] **해외 특수목적회사**가 사법상 독립한 법인격을 가진 회사로서, 주식을 지배·관리할 능력이 없는 형식적인 귀속명의자에 불과하다고 보기 어렵고, 특수목적회사를 이용하여 주식을 취득·매각한 행위에 **조세회피 목적을 넘어서는** 불법적이고 적극적인 소득은닉행위가 있었다고 볼 수 없으므로, 사기 기타 부정한 행위가 있었음을 인정하기에 부족하다고 판단한 부분.[863]

862) 원심이, 피고인 1이 공소외 1 회사'의 ㅇㅇ팀 직원들로 하여금 피고인 1과 그 가족들의 재산을 관리하도록 하여 왔고, 공소외 1 회사 임직원 및 그 친인척 등의 차명으로 400개가 넘는 증권계좌를 개설·관리하도록 하여 주식매매 등을 통해 재산을 증식하여 온 사실을 인정한 다음, 이러한 상황에서는 과세관청이 차명주주를 이용한 개별 과세거래를 발견하기가 매우 어려울 뿐만 아니라 차명주주의 재산만 세원으로 포착할 수 있을 뿐 담세력의 원천인 양도소득 등이 실질적으로 귀속되는 피고인 1로부터 양도소득세 등을 징수하는 것은 불가능하므로, 피고인 1이 차명주주 명의로 양도소득세 등을 납부하는 등의 방법을 통하여 스스로 세금을 부담한 바 없다면, 차명으로 주식을 거래하고 양도소득세 등을 신고·납부하지 아니한 피고인 1의 행위는 **적극적인 소득은닉행위**로서 양도소득세 등의 부과징수를 불가능하게 하거나 현저히 곤란하게 하는 '**사기 기타 부정한 행위'에 해당**한다고 판단한 것은 정당하다고 한 예.

863) "❶ 원심은, 공소외 5, 6 회사가 이 사건 ☆☆ 주식을 지배·관리할 능력이 없는 형식적인 귀속명의자에 불과하다고 보기 어렵고, 나아가 공소외 1 회사가 처음부터 ☆☆ 주식의 양도차익 및 배당소득에 대한 국내 과세관청의 법인세 부과처분을 회피할 목적으로 공소외 5, 6 회사를 설립하였다고 보기도 어렵다고 전제한 다음, ☆☆ 주식의 양도차익 및 배당소득은 사법상 독립한 법인격을 가진 공소외 5, 6 회사에 귀속될 뿐 공소외 1 회사에 귀속된다고 볼 수 없으므로, 결국 공소외 1 회사가 ☆☆ 주식의 양도차익 및 배당소득에 관한 법인세에 대하여 납세의무를 부담하지 않는다고 보아 이 부분 공소사실은 범죄의 증명이 없는 경우에 해당한다고 판단하였다. … 원심의 위와 같은 판단은 정당하고 … ❷ 원심은 ① 홍콩에 설립된 특수목적회사를 이용하여 주식을 보유하는 등의 투자행위는 합법적인 행위인 점, ② 공소외 5, 6 회사 명의의 증권계좌의 수익적 소유자(Beneficial Owner)는 공소외 1 회사의 해외 자회사인 홍콩 현지법인인데, 공소외 5, 6 회사는 자신 명의의 증권계좌에 약 15년 동안 ☆☆ 주식을 보유하다가 그대로 매도한 점, ③ 공소외 5, 6 회사는 ☆☆ 주식의 귀속 주체를 은닉하기 위하여 출자구조를 다단계화 하는 등의 적극적인 은닉행위를 한 적이 없었던 점 등을 종합하여 보면, 검사가 제출한 증거만으로는 공소외 1 회사가 사기 기타 부정한 행위로써 조세를 포탈하였다고 인정하기에 부족하므로 이 부분 공소사실은 범죄의 증명이 없는 경우에 해당한다고 판단하였다. … 위와 같은 판단은 정당하고 … ❸ 원심은 ① 공소외 7이 홍콩에서 이 사건 각 특수목적회사의 계좌를 개설하면서 그 수익적 소유자를 자신으로 지정하여 위 계좌로 입금되는 돈에 대해 공소외 7이 실질적인 귀속자이자 처분권한이 있는 자임을 표시한 점, ② 공소외 1 회사 발행 주식의 취득 이후에 이 사건 각 특수목적회사의 법인명이 변경된 사정만으로 과세당국의 해외 특수목적회사의 실질적인 주주 등에 대한 파악이 불가능하게 된다고 보기 어려운 점, ③ 공소외 1 회사의 주주명부에 이 사건 각 특수목적회사 명의가 아닌 외국 금융기관이 등재되어 있다고 하여 이를 두고 피고인 1의 **적극적인 은닉행위라고 평가하기 어려운 점** 등을 고려해 보면, 피고인 1이 이 사건 각 특수목적회사를 이용하여 주식을 취득, 매각한 행위에 **조세회피 목적을 넘어서는 불법적이고 적극적인 소득은닉행위가 있었다고 볼 수 없**으므로, 검사가 제출한 증거만으로는 사기 기타 부정한 행위가 있었음을 인정하기에 부족하다는 이유로 이 부분 공소사실을 무죄로 선고한 제1심판결을 그대로 유지하였다. … 원심의 위와 같은 판단은 정당하고 … ❹ 원심은 … 피고인 3이 단순히 피고인 1로부터 이 사건 각 특수목적회사 보유 계좌에 보관된 돈 중 일부를 송금받거나 위 계좌 자체에 관한 수익적 소유자의 지위를 이전받는 방법으로 재산을 증여받은 행위가 **수증사실을 은닉하기 위한 적극적인 행위**로서 사기 그 밖의 부정한 행위에 해당한다고 **볼 수 없다** … 원심의 위와 같은 판단은 정당하고"

● 대법원 2020. 6. 11. 선고 2017두40235 판결 [양도소득세부과처분취소]

▌부과제척기간 기산일, 시행령 무효 여부

판시사항

국세 부과의 제척기간 기산일인 '국세를 부과할 수 있는 날'에서 '예정신고기한의 다음 날'을 제외한 구 국세기본법 시행령 제12조의3 제1항 제1호 후문이 구 국세기본법 제26조의2의 위임 범위와 한계를 벗어나거나 헌법상 평등의 원칙, 재산권보장의 원칙 또는 과잉금지의 원칙을 위배하여 무효인지 여부(×)

이 유

구 국세기본법(2006. 12. 30. 법률 제8139호로 개정되기 전의 것) 제26조의2는 제1항 제1호에서 … '당해 국세를 부과할 수 있는 날'부터[864] 10년을 국세부과의 제척기간으로 정하면서, **제4항**에서 제1항 각호에 의한 '국세를 부과할 수 있는 날'을 대통령령으로 정하도록 정하고 있다. 그 위임에 따른 구 국세기본법 **시행령**(2007. 2. 28. 대통령령 제19893호로 개정되기 전의 것) **제12조의3**[865][866] 제1항은 제1호 전문에서

---

864) ◎ **기산일의 일반적 원칙 ; 국세를 부과할 수 있는 날 = 납세의무의 성립시기**

○ 대법원 2008. 10. 23. 선고 2006두11750 판결 ; "제2차 납세의무가 성립하기 위하여는 주된 납세의무자의 체납 등 그 요건에 해당되는 사실이 발생하여야 하므로 그 성립시기는 적어도 '주된 납세의무의 납부기한'이 경과한 이후라 할 것인 점, … 구 국세기본법 시행령 제12조의3은 제2차 납세의무에 대해서는 그 기산일인 '부과할 수 있는 날'에 관하여 아무런 규정을 두고 있지 아니하나, 일반적으로 **국세를 부과할 수 있는 날**이라고 함은 당해 국세의 과세표준과 세액에 대한 신고기한이 규정되어 있는 경우를 제외하고는 원칙적으로 그 **납세의무의 성립시기**라고 할 것인 점 등을 종합하여 볼 때, 제2차 납세의무에 대해서도 주된 납세의무와는 별도로 그 부과의 제척기간이 진행한다고 할 것이고, 그 부과제척기간은 특별한 사정이 없는 한 이를 부과할 수 있는 날인 **제2차 납세의무가 성립한 날로부터 5년간**으로 봄이 상당하다."

○ 대법원 2014. 12. 24. 선고 2014두40791 판결 ; "가산세에 대해서는 그 기산일인 '부과할 수 있는 날'에 관하여 아무런 규정을 두고 있지 아니하나, 일반적으로 국세를 부과할 수 있는 날이라고 함은 해당 국세의 과세표준과 세액에 대한 신고기한이 규정되어 있는 경우를 제외하고는 원칙적으로 그 납세의무의 성립시기라고 할 것이다. … 법인세의 **과소신고가산세**와 **납부불성실가산세**는 구 법인세법 제60조 제1항, 제64조 제1항에서 법인세 신고납부기한으로 정한 '각 사업연도의 종료일이 속하는 달의 말일부터 3개월이 되는 날'의 다음날에 성립하고, 그 부과제척기간 또한 같은 날부터 기산된다." ☞ 2019. 12. 31. 개정 시 국세기본법 제21조 제2항 제11호에 가산세의 납세의무 성립시기에 관해 세분하여 규정하였다.

865) **국세기본법 시행령 제12조의3(국세 부과 제척기간의 기산일)** ① 법 제26조의2 제9항에 따른 국세를 부과할 수 있는 날은 다음 각 호의 날로 한다. 〈개정 2020.2.11〉

1. 과세표준과 세액을 신고하는 국세(종합부동산세법 제16조 제3항에 따라 신고하는 종합부동산세는 제외한다)의 경우 해당 국세의 과세표준과 세액에 대한 신고기한 또는 신고서 제출기한(이하 "과세표준신고기한"이라 한다)의 다음 날. 이 경우 중간예납·예정신고기한과 수정신고기한은 과세표준신고기한에 포함되지 아니한다.
2. 종합부동산세 및 인지세의 경우 해당 국세의 납세의무가 성립한 날

② 다음 각 호의 날은 제1항에도 불구하고 국세를 부과할 수 있는 날로 한다.

1. 원천징수의무자 또는 납세조합에 대하여 부과하는 국세의 경우 해당 원천징수세액 또는 납세조합징수세액의 법정 납부기한의 다음 날
2. 과세표준신고기한 또는 제1호에 따른 법정 납부기한이 연장되는 경우 그 연장된 기한의 다음 날
3. 공제, 면제, 비과세 또는 낮은 세율의 적용 등에 따른 세액(소득공제를 받은 경우에는 공제받은 소득금액에 상당하는 세액을 말하고, 낮은 세율을 적용받은 경우에는 일반세율과의 차이에 상당하는 세액을 말한다. 이하 이 호에서

'국세를 부과할 수 있는 날'을 "과세표준과 세액을 신고하는 국세에 있어서는 당해 국세의 과세표준과 세액에 대한 신고기한 또는 신고서 제출기한(이하 '과세표준신고기한'이라 한다)의 다음날"[867]로 정하면서,

---

"공제세액등"이라 한다)을 의무불이행 등의 사유로 징수하는 경우 해당 공제세액등을 징수할 수 있는 사유가 발생한 날

866) ◎ **국세기본법 시행령 제12조의3 제2항 제1호의 입법 오류** ; 원천징수의무자가 원천징수하는 법인세·소득세의 납부의무는 '소득금액 또는 수입금액을 지급하는 때'에, 납세조합이 징수하는 소득세의 납부의무는 '과세표준이 되는 금액이 발생한 달의 말일'에 각 성립함과 동시에 과세관청의 부과권 행사에 의하지 아니하고 법률의 규정에 의하여 특별한 절차 없이 자동 확정되므로(국세기본법 제21조 제3항 제1, 2호, 제22조 제4항 제2, 3호), 거기에 조세부과권의 제척기간이 적용될 여지가 없고, 징수권의 소멸시효가 문제될 뿐이다.

○ 서울고등법원 2007. 9. 13. 선고 2007누6252 판결 ; "구 국세기본법 제21조 제2항 제1호, 제22조 제2항 제3호의 각 규정에 의하여 원천징수하는 소득세의 납세의무는 소득금액을 지급하는 때에 성립함과 동시에 특별한 절차없이 확정되는 것인바, 법인세법에 의한 인정상여처분에 따라 원천징수하는 소득세의 납세의무는 과세관청의 부과권의 행사에 의하지 아니하고 법률의 규정에 의하여 자동확정되는 것이어서 거기에 조세부과권의 제척기간이 적용될 여지가 없고"

○ 서울고등법원 2014. 5. 15. 선고 2013누28765 판결 ; "원고가 이 사건 배당소득에 대하여 원천징수하는 법인세의 납부의무는 과세관청의 부과권의 행사에 의하지 아니하고 법률의 규정에 의하여 자동 확정되는 것이므로, 부과권의 제척기간에 관한 구 국세기본법 제26조의2 제1항과 구 국세기본법 시행령 제12조의3 제2항의 규정이 적용될 여지가 없고, 다만 같은 법 제27조 제1항이 정한 소멸시효 기간이 적용될 수 있을 뿐이다(대법원 1996. 3. 12. 선고 95누4056 판결 참조)."

867) ◎ **신고기한이 규정된 경우의 기산일**

○ 대법원 2003. 7. 8. 선고 2001두9776 판결 ; "양도소득세 부과의 제척기간은 원칙적으로 그 과세표준확정신고기한이 종료하는 시점의 다음날인 자산의 양도시기 다음 연도 6. 1.부터 진행하지만, 토지거래허가지역 내의 토지거래계약이 허가를 받지 아니하여 무효의 상태에 있다면 단지 매매대금이 먼저 지급되어 양도인이 이를 보관하고 있다 하여도 이를 두고 양도소득세 과세대상인 자산의 양도에 해당한다거나 자산의 양도로 인한 소득이 있었다고 할 수 없으므로, 이와 같은 경우의 양도인은 구 소득세법 제110조 제1항 소정의 당해 연도의 양도소득금액이 있는 거주자가 아니어서 과세표준확정신고의무가 없고, 그 후 토지거래허가지역의 지정이 해제되는 등의 사유로 토지거래계약이 확정적으로 유효가 된 때에 양도인에게 비로소 자산의 양도로 인한 소득이 있게 되는 것이므로, 양도인은 토지거래계약이 확정적으로 유효가 된 다음 연도 5. 1.부터 5. 31.까지 구 소득세법 제110조 제1항 소정의 과세표준확정신고를 하여야 하고, 양도소득세 부과의 제척기간은 그 다음날부터 진행한다."

○ 대법원 2011. 7. 21. 선고 2010두23644 전원합의체 판결 다수의견에 대한 보충의견 ; "매수인 앞으로 증여를 원인으로 한 이전등기가 마쳐지거나 최종 매수인 앞으로 이전등기가 마쳐지기 전까지는 토지거래허가를 배제하거나 잠탈할 목적으로 이루어진 계약으로서 원상회복되지 아니하리라는 점이 뚜렷이 드러난다고 볼 수 없고, 위와 같이 이전등기가 마쳐짐으로써 비로소 양도소득세의 납세의무가 확정된다고 볼 수 있으므로 위 시점까지는 구 소득세법 제110조 제1항 소정의 과세표준확정신고의무가 없고, 그 후 이전등기가 경료된 다음 연도 5월 1일부터 5월 31일까지 구 소득세법 제110조 제1항 소정의 과세표준확정신고를 하여야 하며, 양도소득세 부과의 **제척기간**은 그 다음날부터 진행한다고 보아야 할 것이다. 이 경우의 매매 등 계약은 처음부터 무효이고 토지거래허가를 받을 것을 예정하고 있는 것이 아니므로 토지거래허가일을 기준으로 하여 양도소득 과세표준의 예정신고 및 확정신고일을 정하고 있는 구 소득세법 제105조 제1항 제1호 단서, 제110조 제1항 괄호 부분의 규정은 여기에 적용될 수 있는 것이 아니다."

○ 대법원 2014. 4. 10. 선고 2013두22109 판결 ; "소득처분에 따른 소득의 귀속자의 종합소득세 납세의무는 당해 **소득이 귀속된 과세기간이 종료**하는 때에 성립하고, 과세관청은 소득의 귀속자에게 그 소득이 귀속되는 과세기간에 관한 종합소득 과세표준 확정신고기한 다음날부터 종합소득세를 부과할 수 있으므로 그 부과제척기간도 다음 연도 6. 1.부터 기산된다." ☞ **[소득의 귀속 시기]** 법인이 매출사실이 있음에도 불구하고 **매출액을 장부에 기재하지 않**거나 **가공의 비용을 장부에 계상**한 경우 특별한 사정이 없는 한 그 매출누락액 또는 가공비용액 상당의 법인의 수익은 법인 계좌에서 '출금된 시점'이 아닌 매출누락 시에 그 전액이 **사외로 유출**된 것으로 보아야 하고, 상여 등의 소득처분에 따라 당해 소득이 임원 등에게 귀속된 위 '매출누락 시'가 속하는 과세기간의 다음 연도 6월 1일부터 5년이 경과하는 시점에 종합소득세의 부과제척기간이 만료된다(대법원 2020. 8. 13. 선고 2019다300361 판결). 회사 대표자인 원고가 소외인에게 회사 주식 전부를 양도함으로써 회사와 원고의 특수관계가 소멸한 시점까지 회사가 원고에 대한 가지급금

같은 호 후문은 "이 경우 중간예납·예정신고 및 수정신고기한은 과세표준신고기한에 포함되지 아니한다."라고 정하고 있다(이하 '이 사건 기산일 조항'이라 한다).868)

위 각 규정869)의 문언 내용과 체계 및 양도소득세 예정신고제도의 입법 취지 등을 종합하여 보면,

을 회수하지 아니하여 사실상 그 회수를 포기한 경우, 주식 양도 무렵 가지급금이 사외유출되어 원고에게 확정적으로 귀속되었다고 볼 수 있다(대법원 2015. 10. 15. 선고 2015두43995 판결).

○ 대법원 2009. 9. 24. 선고 2007두7505 판결 ; "구 부가가치세법 제19조 제1항은 사업자는 각 과세기간에 대한 과세표준과 납부세액 또는 환급세액을 그 과세기간 종료 후 25일(외국법인의 경우에는 50일) 이내에 사업장 관할세무서장에게 신고하여야 한다고 규정하고 있는바, … 기산일은 1999년 제1기 부가가치세 과세표준의 신고기한 다음날인 1999. 7. 26.이므로"

○ 대법원 2011. 7. 28. 선고 2009두19984 판결 ; "구 부가가치세법 … 시행령 제59조 단서의 취지는, 당초 세금계산서상의 공급가액이 후발적 사유로 증가하거나 감소한 경우 과세관청과 납세자의 편의를 도모하기 위하여 그 사유가 발생한 날을 작성일자로 하여 그에 관한 수정세금계산서를 교부할 수 있게 함으로써 그 공급가액의 증감액을 수정세금계산서 교부일이 속하는 과세기간의 과세표준에 반영하도록 하는 데에 있으므로, 그와 같이 후발적 사유로 당초 세금계산서상의 공급가액이 감소함에 따라 수정세금계산서를 교부받은 경우 그에 대응하는 매입세액공제액의 감소로 인하여 발생한 부가가치세액 증가분에 관하여는 구 국세기본법 시행령 제12조의3 제1항 제1호에 의하여 그 수정세금계산서 교부일이 속하는 과세기간의 과세표준신고기한 다음날부터 그 부과제척기간이 진행한다고 보아야 할 것이다."

○ 헌재 2003. 6. 26. 선고 2000헌바82 결정 ; "상속세 납세의무는 상속을 개시하는 때 즉, 피상속인이 사망한 시점에 성립하는 한편, 세무서장 등이 납세의무자의 신고(신고가 없거나 신고세액에 탈루 또는 오류가 있으면 직접조사)에 따라 과세표준과 세액을 결정하는 때에 확정되며, 세무서장 등은 위와 같이 결정한 과세표준과 세액을 상속인에게 납세고지서에 의해 통지하여야 한다. 상속세납세의무가 성립한 후 그 신고기한 6개월이 경과하면 부과처분이 가능하게 되므로 그 때로부터 부과권의 제척기간이 기산된다."

○ 헌재 2012. 12. 27. 선고 2011헌바132 결정 ; "증여세 납세의무는 증여에 의하여 재산을 취득하는 때에 '성립'하고, 과세관청이 과세표준과 세액을 결정하는 때에 '확정'된다. 증여세 납세의무자인 수증자는 증여 사실을 안 날로부터 6월 이내에 증여재산의 종류·수량·가액 등을 기재한 신고서를 제출하여야 한다. 이러한 납세의무자의 신고는 과세관청이 과세표준과 세액을 조사하여 결정하기 위한 협력의무 이행이고 구체적인 납세의무를 확정하는 절차는 아니다. 그러나 납세의무 성립일로부터 신고기한까지의 기간이익은 납세의무자를 위한 것이므로 과세관청은 특별한 사유가 없는 한 그 기간 전에 부과처분을 할 수 없다."

868) **[참조] 지방세기본법 시행령 제19조(부과 제척기간의 기산일)** ① 법 제38조제1항 각 호 외의 부분 본문에 따른 지방세를 부과할 수 있는 날은 다음 각 호의 구분에 따른다.

1. 법 또는 지방세관계법에서 신고납부하도록 규정된 지방세의 경우: 해당 지방세에 대한 신고기한의 다음 날. 이 경우 예정신고기한, 중간예납기한 및 수정신고기한은 신고기한에 포함되지 아니한다.
2. 제1호에 따른 지방세 외의 지방세의 경우: 해당 지방세의 납세의무성립일

② 제1항에도 불구하고 다음 각 호의 경우에는 해당 각 호에서 정한 날을 지방세를 부과할 수 있는 날로 한다.

1. 특별징수의무자 또는 「소득세법」 제149조에 따른 납세조합(이하 "납세조합"이라 한다)에 대하여 부과하는 지방세의 경우: 해당 특별징수세액 또는 납세조합징수세액의 납부기한의 다음 날
2. 신고납부기한 또는 제1호에 따른 법정 납부기한이 연장되는 경우: 그 연장된 기한의 다음 날
3. 비과세 또는 감면받은 세액 등에 대한 추징사유가 발생하여 추징하는 경우: 다음 각 목에서 정한 날
   가. 법 또는 지방세관계법에서 비과세 또는 감면받은 세액을 신고납부하도록 규정된 경우에는 그 신고기한의 다음 날
   나. 가목 외의 경우에는 비과세 또는 감면받은 세액을 부과할 수 있는 사유가 발생한 날

⇒ 대법원 2010. 6. 24. 선고 2010두4094 판결 ; "임대주택용 토지에 대한 사후감면요건을 충족하지 못하여 과세대상이 된 경우 부과제척기간의 기산점은, "비과세 또는 감면받은 세액 등에 대한 추징사유가 발생하여 추징하는 경우에는 그 신고납부기한의 다음날"을 지방세를 부과할 수 있는 날로 정하는 구 지방세법 시행령(2005. 1. 5. 대통령령 제18669호로 개정되기 전의 것) 제14조의2 제2항에 따라, 당해 토지의 취득일로부터 2년이 경과한 날에서 앞서 본 신고납부기한인 30일이 경과한 다음날이라고 할 것이다."

869) 구 소득세법(2005. 12. 31. 법률 제7837호로 개정되기 전의 것, 이하 같다) 제105조 제1항은 양도소득세가 과세되는

이 사건 기산일 조항이 국세부과의 제척기간 기산일인 '국세를 부과할 수 있는 날'에서 '예정신고기한의 다음날'을 제외하였더라도 구 국세기본법 제26조의2의 위임 범위와 한계를 벗어나거나 헌법상 평등의 원칙, 재산권보장의 원칙 또는 과잉금지의 원칙을 위배하여 **무효라고 볼 수 없다**. 그 구체적인 **이유**[870]는 다음과 같다.

● 대법원 2021. 2. 18. 선고 2017두38959 판결 [법인세등부과처분취소]

▌사용인 부정행위, 장기부과제척기간, 부정과소신고가산세

판시사항

[1] 장기 부과제척기간 제도와 부정과소신고가산세 제도의 **입법 취지**

[2] **사용인** 등의 **배임적 부정행위**와 관련하여 부정과소신고가산세와 장기 부과제척기간의 **적용을 달리**할 수 있는지 여부(○) ; 대표자나 사실상 대표자가 아닌, **대리인**이나 **사용인**, **그 밖의 종업원**(이하

자산을 양도한 거주자는 자산의 종류에 따라 그 양도일이 속하는 달 또는 분기의 말일부터 2월 이내에 양도소득과세표준을 신고(이하 '예정신고'라 한다)하여야 한다고 정하고, 제106조 제1항은 거주자가 예정신고를 하는 때에는 제107조에 의하여 계산한 산출세액에서 예정신고납부세액공제 등을 한 세액을 납세지 관할세무서 등에 납부하여야 한다고 정하며, 제116조 제1항 후문은 납세지 관할세무서장은 거주자가 제106조에 의한 예정신고납부세액의 전부 또는 일부를 납부하지 아니한 때에는 그 미납된 부분의 양도소득세액을 그 납부기한이 경과된 날부터 3월 이내에 징수한다고 정하고 있다. 또한 구 소득세법 제110조는 제1항에서 당해 연도의 양도소득금액이 있는 거주자는 양도소득과세표준을 당해 연도의 다음 연도 5월 1일부터 5월 31일까지 신고하여야 한다고 정하고(이하 '확정신고'라 한다), 제4항 본문에서 예정신고를 한 자는 당해 소득에 대한 확정신고를 하지 아니할 수 있다고 정하면서, 같은 항 단서에서 당해 연도에 누진세율의 적용대상 자산에 대한 예정신고를 2회 이상 하는 경우 등에는 확정신고를 하도록 정하고 있다. 그리고 구 소득세법 제114조 제1항은 납세지 관할세무서장 등이 제105조에 의하여 예정신고를 하여야 할 자 또는 제110조에 의하여 확정신고를 하여야 할 자가 그 신고를 하지 아니한 때에는 당해 거주자의 양도소득과세표준과 세액을 결정하도록 정하고 있다.

870) "(1) 양도소득세는 기간과세의 원칙이 적용되어 당해 과세기간이 끝나야 납세의무가 성립하고, 당해 과세기간 중에 발생한 양도소득을 모두 합산하여 그 과세표준과 세액을 산출하여 총괄적으로 신고함으로써 **구체적 납세의무가 확정**된다. (2) 양도소득세 예정신고제도의 입법 취지는 소득의 발생 초기에 미리 세액을 납부하도록 함으로써 세원을 조기에 확보하고 징수의 효율성을 도모하며 조세 부담의 누적을 방지하려는 데 있다. (3) 구 소득세법 제110조가 납세의무자가 양도소득세 예정신고를 한 경우에도 제4항 단서에서 정한 사유가 있을 때에는 확정신고를 하도록 하고, 같은 항 본문에서 예정신고를 한 자가 당해 소득에 대한 확정신고를 하지 아니할 수 있도록 정한 것은 위와 같은 입법 취지를 고려하여 납세의무자의 신고 부담을 줄이기 위한 것으로 보아야 한다. (4) 국세 부과의 제척기간이 지난 다음에 이루어진 부과처분은 당연무효로서, 부과제척기간은 납세의무자와 과세관청의 법률관계에 중대한 영향을 미치므로 그 기산일은 일률적으로 정하여야 할 필요성이 크다. (5) 한편 구 소득세법 제114조 제1항에 따르면, 거주자가 예정신고를 하지 않은 경우 관할세무서장은 확정신고기한이 도과하기 전이라도 예정신고기한 다음날부터 그 자산의 양도로 인한 양도소득세를 부과할 수 있다. 그러나 이는 예정신고제도의 입법취지상 소득의 발생 초기에 세원을 조기에 확보할 수 있도록 부과·징수의 특례를 정한 것에 불과할 뿐이고, 그로 인하여 양도소득세의 부과체척기간이 당연히 예정신고기한의 다음날부터 진행된다고 볼 수는 없다. (6) 따라서 기간과세의 원칙이 적용되는 양도소득세에 대하여 이 사건 기산일 조항이 양도소득세 확정신고를 하지 않을 수 있는 경우까지 포함하여 그 부과제척기간의 기산일을 확정신고기한 다음날로 일률적으로 정하고 있는 것은 모법이 예정하고 있는 범위 내에서 '국세를 부과할 수 있는 날'을 구체화한 것이다. 그러므로 이 사건 기산일 조항이 구 국세기본법 제26조의2의 위임 범위와 한계를 벗어나거나 헌법상 평등의 원칙에 위배하였다고 볼 수 없고, 나아가 과잉금지의 원칙에 반하여 재산권을 침해하였다고 볼 수 없다."

'사용인 등')의 부정한 행위가 납세자 본인의 이익이나 의사에 반하여 자기 또는 제3자의 이익을 도모할 목적으로 **납세자를 피해자**로 하는 **사기, 배임 등 범행**의 일환으로 행하여지고, **거래 상대방**이 이에 **가담**하는 등으로 인하여 납세자가 이들의 **부정한 행위를 쉽게 인식하거나 예상할 수 없**었던 **특별한 사정**이 있는 경우라면, 사용인 등의 부정한 행위로 납세자의 과세표준이 결과적으로 과소신고되었을지라도 이들의 배임적 부정행위로 인한 과소신고를 '납세자가 부정한 방법으로 과소신고한 경우'에 포함된다고 볼 수는 없으므로, 이때에는 납세자에게 부정한 행위를 이유로 중과세율을 적용한 **부정과소신고가산세**의 제재를 **가할 수 없**으나, 사용인 등의 부정한 행위를 방지하기 위한 **선임, 관리·감독상의 주의의무**를 다하지 못한 **잘못**이 있다면, 사용인 등의 배임적 부정행위는 장기 부과제척기간에서 말하는 부정한 행위에 포함되고, 따라서 납세자 본인에 대한 해당 국세에 관하여는 부과제척기간이 **10년**으로 **연장**된다.[871][872]

이 유

1) 관련 규정의 내용 및 입법취지

구 국세기본법(2011. 12. 31. 법률 제11124호로 개정되기 전의 것, 이하 같다) 제26조의2 제1항은 원칙적으로 국세의 부과제척기간을 5년으로 규정하면서(제3호), '납세자가 사기 기타 부정한 행위로써 국세를 포탈한 경우'에는 그 부과제척기간을 해당 국세를 부과할 수 있는 날부터 10년으로 연장하였다(제1호). 위 규정의 **입법 취지**는 조세법률관계의 신속한 확정을 위하여 원칙적으로 국세 부과권의 제척기간을 5년으로 하면서도, 국세에 관한 과세요건사실의 발견을 곤란하게 하거나 허위의 사실을 작출하는 등의 부정한 행위가 있는 경우에 과세관청이 탈루신고임을 발견하기가 쉽지 아니하여 부과권의 행사를 기대하기 어려우므로 해당 국세의 부과제척기간을 10년으로 연장하는 데에 있다(2013두7667 참조). …

구 국세기본법(2011. 12. 31. 법률 제11124호로 개정되기 전의 것, 이하 같다) 제47조의3 제2항이 위와 같이 **부당한 방법**으로 과세표준을 **과소신고**하는 경우 **가산세를 중과하는 이유**는, 국세의 과세표준이나

871) **【구체적 사안】**
원고 법인의 직원들이 거래 상대방의 대표이사·직원과 공모하여 허위 세금계산서를 수취하고, 거래를 조작하는 등의 방법으로 원고 법인에 대한 사기, 배임 등의 범행을 저질러 원고 법인으로부터 편취·영득한 금원에 대하여, 과세관청이 원고 법인의 해당 사업연도 법인세 과세표준에서 손금불산입하여 과세표준과 세액을 경정하면서, 직원들의 위와 같은 부정한 행위를 원고 법인의 부정한 행위로 보아 10년의 장기 부과제척기간과 부정과소신고가산세를 적용한 **사안**에서, 장기 부과제척기간 적용은 긍정하고, 부정과소신고가산세 적용은 부정한 예.
cf. 위 사안은 원고 법인의 사용인 등이 원고 법인으로부터 편취·영득한 금원을 선의인 원고 법인이 손금으로 산입하여 신고한 데 대하여 과세관청이 손금불산입한 사안이지만, 법인의 자산을 증가시키는 거래로 인한 익금 산입이 문제되는 경우에는, 사용인 등이 거래상대방과 공모한 배임적 부정행위는 원고 법인 본인과의 관계에서 사법상 무효이고 사용인 등이 편취·영득한 금원이 원고 법인에 귀속되었다 할 수 없으므로 원고 법인이 사용인 등의 배임적 부정행위에 따른 금원을 익금 산입하여 신고하지 아니한 것이 과소신고한 것에 해당하지 않기 때문에, 위 사안과 달리 부정과소신고가산세나 장기 부과제척기간의 적용 문제가 생기기 않는다고 볼 것이다.

872) **[별개 및 반대의견]** 장기 부과제척기간과 부당과소신고가산세 모두 국세기본법에서 함께 규율하고 있는 제도로서 '납세자의 부정한 행위'라는 요건이 동일하게 규정되어 있으므로, 사용인 등의 위와 같은 배임적 부정행위를 이유로 납세자에게 부당과소신고가산세를 부과할 수 없다면 장기 부과제척기간도 적용할 수 없다고 해석하는 것이 옳다.

세액 계산의 기초가 되는 사실의 발견을 곤란하게 하거나 허위의 사실을 작출하는 등의 '부정한 행위가 있는 경우'에 과세관청으로서는 과세요건사실을 발견하고 부과권을 행사하기 어려우므로 납세의무자로 하여금 성실하게 과세표준을 신고하도록 유도하기 위하여 '부당한 방법'에 의하지 아니한 일반과소신고의 경우보다 훨씬 높은 세율의 가산세를 부과하여 납세자를 무겁게 제재하는 데에 있다(대법원 2013. 11. 28. 선고 2013두12362 판결, 대법원 2017. 4. 13. 선고 2015두44158 판결 등 참조).

2) 사용인 등의 '부정한 행위'와 장기 부과제척기간 및 부당과소신고가산세

장기 부과제척기간에서 말하는 '부정한 행위', 부당과소신고가산세에서 말하는 '부당한 방법'(이하 통틀어 '부정한 행위' 혹은 '부정행위'라고 한다)에는 납세자 본인의 부정한 행위뿐만 아니라, 특별한 사정이 없는 한 납세자가 스스로 관련 업무의 처리를 맡김으로써 그 **행위영역 확장의 이익**을 얻게 되는 납세자의 **대리인이나 사용인, 그 밖의 종업원**(이하 '사용인 등'이라고 한다)의 **부정한 행위**도 **포함**된다(대법원 2015. 9. 10. 선고 2010두1385 판결[873] 참조).

---

873) ○ 대법원 2015. 9. 10. 선고 2010두1385 판결 ; "[1] 국세기본법 제26조의2 제1항 제1호 및 제3호의 내용과 그 입법취지는 조세법률관계의 신속한 확정을 위하여 원칙적으로 국세 부과권의 제척기간을 5년으로 하면서도 국세에 관한 과세요건사실의 발견을 곤란하게 하거나 허위의 사실을 작출하는 등의 부정한 행위가 있는 경우에 과세관청으로서는 탈루신고임을 발견하기가 쉽지 아니하여 부과권의 행사를 기대하기가 어려우므로 당해 국세에 대한 부과제척기간을 10년으로 연장하는 데에 있다. 그렇다면 여기서 말하는 '부정한 행위'에는 납세의무자 본인의 부정한 행위뿐만 아니라, 납세의무자가 스스로 관련 업무의 처리를 위탁함으로써 그 행위영역 확장의 이익을 얻게 되는 납세의무자의 대리인이나 이행보조자 등의 부정한 행위도 다른 특별한 사정이 없는 한 포함된다. 원심이 대리행위의 하자에 관한 민법 제116조 제1항을 들어 납세의무자가 사기 기타 부정한 행위를 하였는지 여부가 대리인을 표준으로 결정된다고 본 것은 잘못이다. 그러나 앞서 본 법리에 의하면 원고가 소외 1의 사기 기타 부정한 행위를 알지 못하였거나 직접 관여하지 아니하였다 하더라도 원고는 소외 1에게 스스로 이 사건 주식의 매매를 위탁함으로써 그로 인한 이익을 얻게 되었고 소외 1의 사기 기타 부정한 행위에 의하여 원고의 증권거래세가 포탈되었으므로, 원고가 소외 1의 부정행위를 방지하기 위해 상당한 주의와 감독을 다하였다는 등의 특별한 사정이 없는 한 원고가 납세의무를 부담하는 증권거래세의 부과제척기간은 10년으로 보아야 한다. … [2] 본인이 대리인에게 자산의 양도와 그 대금의 수령권한을 부여하고 대리인이 상대방으로부터 양도대금을 지급받았다면 대금수령의 법률적 효과는 본인에게 귀속될 뿐만 아니라 특별한 사정이 없는 한 본인도 그 대금에 대한 지배·관리를 하면서 담세력도 보유하게 되므로 본인의 양도소득은 실현되었다고 볼 것이지만, 만약 대리인이 위임의 취지에 반하여 자산을 저가에 양도한 것처럼 본인을 속여 양도대금의 일부를 횡령하고, 나아가 본인의 대리인에 대한 횡령금액 상당의 손해배상채권이 대리인의 자산상황, 지급능력 등에 비추어 회수불능이 되어 장래 그 소득이 실현될 가능성이 전혀 없게 된 것이 객관적으로 명백한 때에는 그 소득을 과세소득으로 하여 본인에게 양도소득세를 부과할 수 없다." ☛ 사기 기타 부정한 행위에 의하여 본인의 세금이 포탈 된 경우, 부과제척기간이 10년이지만, 예외적으로 **원고(본인)**가 대리인의 **부정행위를 방지하기 위해 상당한 주의와 감독**을 다하였다는 등의 특별한 사정을 **증명**하면, **부과제척기간이 5년**이 될 수 있다. **cf. 민법 제116조(대리행위의 하자)** ① 의사표시의 효력이 의사의 흠결, 사기, 강박 또는 어느 사정을 알았거나 과실로 알지 못한 것으로 인하여 영향을 받을 경우에 그 사실의 유무는 대리인을 표준하여 결정한다.

○ 대법원 2011. 9. 29. 선고 2009두15104 판결 ; "구 관세법(2010. 12. 30. 법률 제10424호로 개정되기 전의 것) 제21조 제1항은 "관세는 당해 관세를 부과할 수 있는 날부터 2년이 지난 후에는 부과할 수 없다. 다만, 다음 각 호의 1에 해당하는 경우에는 관세를 부과할 수 있는 날로부터 5년이 지난 후에는 이를 부과할 수 없다"고 정하면서, 그 제1호에서 '부정한 방법으로 관세를 포탈하였거나 환급받은 경우'를 들고 있다. … 관세법 제21조 제1항 본문과 단서 제1호의 내용 및 그 입법취지는 관세에 관한 법률관계를 조기에 확정하기 위하여 그 부과제척기간을 2년으로 단축하면서도 과세요건사실의 발견을 곤란하게 하거나 허위의 환급요건사실을 작출하는 등의 **부정한 행위**가 있는 경우에 과세관청으로서는 탈루신고임을 발견하기가 쉽지 아니하여 부과권의 조기 행사를 기대하기가 어려우므로 당해 관세에 대한 **부과제척기간을 5년으로 연장**하는 데 있다. 그렇다면 여기서 말하는 **'부정한 방법'**에는 납세의무자 본인이 행한 부정한 방법뿐만 아니라, 납세의무자가 스스로 관련 업무의 처리를 위탁함으로써 그 행위영역 확장의

위와 같은 법리의 적용 범위와 관련하여 납세자 본인이 사용인 등의 부정한 행위를 방지하기 위하여 **상당한 주의 또는 관리·감독을 게을리하지 아니**하였다면, 납세자 본인은 이러한 사용인 등의 부정한 행위에 대하여 아무런 잘못이 없다고 볼 수 있다. 그러므로 이러한 경우에까지 이들의 부정한 행위를 장기 부과제척기간, 부당과소신고가산세에서 말하는 '부정한 행위'에 포함시켜 납세자 본인에게 해당 국세에 관하여 부과제척기간을 연장하고, 중과세율이 적용되는 부당과소신고가산세를 부과하는 것은 허용되지 아니한다.

나아가 비록 납세자 본인이 사용인 등의 부정한 행위와 관련하여 상당한 주의와 관리·감독을 다하지는 못하였더라도 이 사건과 같이 법인의 **대표자**나 해당 법인을 실질적으로 경영하면서 사실상 대표하고 있는 자(이하 '**사실상 대표자**'라고 한다)가 아닌 **사용인 등**이 납세자 본인을 피해자로 하는 사기, 배임 등의 범행을 저지르는 과정에서 본인의 소득을 은닉하는 등 적극적인 부정행위(이하 '**배임적 부정행위**'라고 한다)를 한 경우, 이들의 배임적 부정행위가 존재함을 이유로 납세자 본인에게 해당 국세에 관하여 장기 부과제척기간을 적용하면서 중과세율의 부당과소신고가산세까지 부과할 수 있는지 **문제**된다. 구 국세기본법에서는 단순히 '납세자가 부정한 행위로써 국세를 포탈한 경우' 내지는 '납세자가 부당한 방법으로 과소신고한 경우'라고만 규정하고 있어 납세자 본인이 아닌 사용인 등의 부정한 행위에 관하여 어느 정도까지 납세자에게 불이익하게 적용할 것인지에 대해서는 **특별한 규정을 두지 않고 법률의 해석에 맡겨 놓고 있**기 때문이다.

3) 사용인 등의 '배임적 부정행위'와 부당과소신고가산세

… 대표자나 사실상 대표자가 아닌 **사용인** 등의 부정한 행위가 납세자 본인의 이익이나 의사에 반하여 자기 또는 제3자의 이익을 도모할 목적으로 **납세자를 피해자로 하는 사기, 배임 등 범행**의 일환으로 행하여지고, **거래 상대방**이 이에 **가담**하는 등으로 인하여 납세자가 이들의 **부정한 행위를 쉽게 인식하거나 예상할 수 없**었던 **특별한 사정**이 있는 경우라면, 사용인 등의 부정한 행위로 납세자의 과세표준이 결과적으로 과소신고되었을지라도 이들의 배임적 부정행위로 인한 과소신고를 '납세자가 부당한 방법으로 과소신고한 경우'에 포함된다고 볼 수는 없으므로, 이때에는 납세자에게 부정한 행위를 이유로 중과세율을 적용한 **부당과소신고가산세**의 제재를 **가할 수 없다**고 봄이 타당하다. 그 이유는 다음[874]과 같다.

이익을 얻게 되는 납세의무자의 **대리인이나 이행보조자** 등이 행한 부정한 방법도 다른 특별한 사정이 없는 한 포함된다고 할 것이다." ☞ 석유제품 판매 등을 영위하는 甲 회사가 외국항행선박 유류 공급을 위해 乙 회사와 해상급유용역계약을 체결하고, 乙 회사는 甲 회사가 공급하는 선박용 유류를 외국항행선박에 급유하기 위해 丙 회사와 용선계약을 체결하였는데, 이후 丙 회사의 대표자 丁이 甲 회사에게서 공급받은 유류 중 일부를 국내로 부정반출하고도 정상적으로 급유하였다는 내용의 영수증을 위조하여 환급대상수출물품 반입확인서를 발급받아 甲 회사에 교부하였고, 甲 회사가 이를 근거로 유류를 수입할 때 납부했던 관세 등을 환급받자, 관할 세관장이 이를 환수하기 위하여 구 '수출용 원재료에 대한 관세 등 환급에 관한 특례법'(2007. 1. 11. 법률 제8233호로 개정되기 전의 것) 제21조 제1항 제3호에 따라 甲 회사에 관세 등 부과처분을 한 **사안**에서, 丙 회사는 甲 회사의 '이행보조자'로 볼 여지가 있으므로, 甲 회사가 丙 회사가 행한 부정한 행위를 알지 못하였다거나 직접 관여하지 아니하였다 하더라도 이에 의하여 관세 등을 환급받은 이상 이를 환수하기 위한 관세 등의 부과제척기간은 특별한 사정이 없는 한 2년이 아닌 구 관세법(2010. 12. 30. 법률 제10424호로 개정되기 전의 것) 제21조 제1항 단서 제1호에 따라 5년이라 한 사례.

874) "**가) 가산세**는 과세권의 행사와 조세채권의 실현을 용이하게 하기 위하여 세법에 규정된 의무를 위반한 납세자에게

4) 사용인 등의 '배임적 부정행위'와 장기 부과제척기간

그러나 부정한 행위를 이유로 과세관청의 부과권을 연장해주는 **장기 부과제척기간**에 있어서는, 사용인 등의 부정한 행위가 납세자 본인을 피해자로 하는 사기, 배임 등 범행의 수단으로 행하여졌다고 하더라도 사용인 등의 부정한 행위로써 포탈된 국세에 관하여 과세관청의 부과권의 행사가 어렵게 된 것은 분명하므로, 특별한 사정이 없는 한 이러한 사용인 등의 배임적 부정행위는 장기 부과제척기간에서 말하는 부정한 행위에 포함된다. 따라서 납세자 본인에 대한 해당 국세에 관하여는 **부과제척기간**이 **10년**으로 **연장**된다. 그 **이유**는 다음[875]과 같다.

세금의 형식으로 부과하는 일종의 행정상의 제재이다. 가산세는 위반행위와 제재 사이에 자기책임의 원리에 부합하는 정당한 상관관계가 있어야 할 뿐만 아니라 의무위반의 정도와 부과되는 제재 사이에 적정한 비례관계도 유지되어야 한다. 과소신고세액에 100분의 10의 세율을 적용하여 가산하는 일반과소신고가산세와 달리, 과세표준의 기초가 되는 소득 등을 은닉하는 등 적극적인 부정행위의 존재를 이유로 그보다 훨씬 높은 100분의 40의 세율을 적용하여 가산하는 부당과소신고가산세는 그만큼 비난가능성이 큰 의무불이행에 대한 제재라는 점을 당연한 전제로 한다. 그런데 납세자의 사용인 등이 **납세자의 의사나 이익에 반**하여 독단적으로 부정한 행위를 하고 그로 인하여 납세자가 범행의 피해자가 됨과 아울러 그러한 범행을 미처 알지 못한 나머지 이를 소득에서 누락하여 과소신고에 이르게 된 상황이라면, 납세자 측이 인식하거나 예상하지 못했던 사용인 등의 배임적 부정행위 자체를 이유로 그 부정한 행위의 피해자에 불과한 납세자 본인에게 일반과소신고의 경우보다 훨씬 높은 세율의 부당과소신고가산세의 제재를 가하는 것은, 비난가능성 및 책임에 상응하지 않은 법적 제재를 가하는 것이어서 **헌법상 자기책임의 원리에 반**한다. **나)** 위 경우 비록 납세자 본인이 해당 국세를 과소신고하게 된 데에 사용인 등에 대한 선임, 관리·감독상의 주의의무를 다하지 못한 잘못이 있다 하더라도, 그에 대한 책임은 그로 인하여 발생한 과소신고의 결과에 대하여 일반과소신고가산세와 납부불성실가산세를 부담하는 것으로 족할 뿐, 그것을 넘어 타인인 사용인 등의 부정한 행위를 이유로 중한 세율의 부당과소신고가산세의 제재까지 부담하게 하는 것은, 그 귀책사유에 비하여 제재가 지나쳐서 **과잉금지원칙에 반**한다. 가산세 부과를 통하여 신고납세제도의 실효성과 조세행정의 원활한 운영을 확보하려는 공익 목적을 감안하더라도 위와 같은 경우까지 납세자에게 부당과소신고가산세의 제재를 가하는 것은 공익에 비하여 납세자가 입게 되는 불이익이 현저하게 크기 때문이다. **다)** 민사법적으로 보더라도 사용인 등이 업무에 관하여 한 행위라 하더라도 그러한 행위가 본인의 의사나 이익에 반하여 자기 또는 제3자의 이익을 도모할 목적에서 행하여지고, 거래 상대방이 이에 가담하는 경우 사용인 등의 이러한 배임적 행위는 원칙적으로 본인에게 효력이 없어 본인은 이에 대하여 책임을 지지 아니한다(2004다51542 판결, 2006다43767 판결 등 참조). 또한 불법행위로 인한 손해배상청구권의 단기소멸시효의 기산점인 '손해 및 가해자를 안 날'을 정함에 있어서 법인의 대표자가 법인에 대하여 불법행위를 한 경우에는 법인과 그 대표자는 이익이 상반하게 되므로 현실로 그로 인한 손해배상청구권을 행사하리라고 기대하기 어려울 뿐만 아니라 일반적으로 그 대표권도 부인된다고 할 것이므로 단지 그 대표자가 그 손해 및 가해자를 아는 것만으로는 부족하고, 적어도 법인의 이익을 정당하게 보전할 권한을 가진 다른 임원 또는 사원이나 직원 등이 손해배상청구권을 행사할 수 있을 정도로 이를 안 때에 비로소 위 단기소멸시효가 진행한다(2002다11441 판결, 2013다50435 판결 등 참조). 이처럼 사용인 등이 배임적 부정행위를 한 경우 상대방의 신뢰보호가 특별히 문제되지 않은 사안에서는 그 행위의 효력을 부인하고 사용인 등의 인식을 법인의 인식으로 보지 않는 법리가 이미 구축되어 있다. 사용인 등이 일반적인 권한 범위 내에서 업무에 관하여 정상적인 행위를 한 것이 아니라 납세자인 법인에 대한 불법행위를 저지르기 위한 수단으로서 법인의 이익과 상반되게 독단적으로 배임적 부정행위를 한 경우에는, 과소신고에 따른 일반과소신고가산세에 더하여 중한 세율의 부당과소신고가산세를 부과하지 못한다고 하여 특별히 과세관청의 신뢰가 침해되지 않는다. 앞서 본 배임적 부정행위로 인하여 침해되는 과세관청의 신뢰는 과소신고된 부분에 관하여 본래의 국세 부과권을 행사하는 것과 관련될 따름이지, 일반과소신고의 경우보다 훨씬 높은 세율의 부당과소신고가산세를 부과할 수 있다는 것과 반드시 결부된다고 볼 수 없기 때문이다. 따라서 이러한 부정한 행위의 효력까지 납세자 본인에게 귀속시켜 납세자 본인으로 하여금 부당과소신고가산세의 중과제재를 부담하게 하는 것은 정당화되기 어렵다."

875) "**가)** 국세에 장기 부과제척기간을 둔 취지는 앞서 본 바와 같이 국세에 관한 과세요건사실의 발견을 곤란하게 하거나 허위의 사실을 작출하는 등의 부정한 행위가 있는 경우 과세관청으로서는 탈루신고임을 발견하기가 쉽지 아니하여 부과권의 행사를 기대하기가 어려우므로 해당 국세에 대한 부과제척기간을 10년으로 연장하는 데에 있다. 조세법률관계의 신속한 확정을 위하여 통상 5년의 부과제척기간을 둔 것에 비하여 이와 같이 국세 부과기간을 연장하는 것은

5) 배임적 부정행위와 관련하여 부당과소신고가산세와 장기 부과제척기간의 적용을 달리하는 근거

이와 같이 납세자에게 선임, 관리·감독상의 과실은 있었으나 납세자가 이를 쉽게 인식하거나 예상할 수 없었던 사용인 등 제3자가 행한 배임적 부정행위를 놓고, 부당과소신고가산세의 중과를 부정하는 한편, 장기 부과제척기간을 적용하는 해석은, 구 국세기본법 규정의 문언에 어긋나지 않으면서도 각 제도의 취지와 구체적 타당성을 고려한 **합헌적 법률해석**의 결과라고 보아야 한다.[876)]

부정한 행위를 이유로 납세자에게 불이익을 가하는 것이기는 하지만, 그보다는 납세자 측의 부정한 행위로 인하여 방해된 과세관청의 국세 부과권을 보장해 주는 데에 더 큰 의미가 있다. **나)** 납세자 본인의 사용인 등이 납세자의 의사나 이익에 반하여 독단적으로 부정한 행위를 하고 그로 인하여 납세자에게 사기, 배임 등의 피해를 입힘과 아울러 국세를 포탈한 결과가 발생한 경우, 납세자 측이 비록 이를 예상하거나 인식하지 못하였다고 하더라도 사용인 등의 부정한 행위를 방지하기 위한 선임, 관리·감독상의 주의의무를 다하지 못한 잘못이 있다면, 과세관청이 통상의 부과제척기간 내에 이를 발견하지 못함으로써 납세자가 국세의 부과와 징수를 면하는 것은 법적으로 보호할 가치가 있는 이익이라고 볼 수 없다. 이러한 경우 사용인 등의 부정한 행위를 이유로 구 국세기본법 제26조의2 제1항 제1호를 적용하여 포탈된 국세에 관한 부과제척기간을 연장하는 것은, 부정한 행위라는 방해행위가 없었더라면 당연히 행사되었을 부과권을 정상적으로 회복시켜 납세자로 하여금 포탈된 국세에 대한 납세의무를 이행하도록 하는 지극히 타당한 조치일 따름이다. 따라서 위와 같은 경우 납세자 본인의 의사나 이익에 반하는 사용인 등의 부정한 행위를 이유로 포탈된 국세에 관하여 장기 부과제척기간을 적용하였다고 하여 자기책임의 원리에 반한다거나 과잉금지의 원칙에 반한다고 볼 수는 없다. **다)** 민사법적으로 보았을 때 채무자가 시효완성 전에 채권자의 권리행사나 시효중단을 불가능 또는 현저히 곤란하게 하였다면, 채무자가 소멸시효의 완성을 주장하는 것은 신의성실의 원칙에 반하여 권리남용으로서 허용될 수 없다(2002다32332 판결 등 참조). 부정한 행위로 인하여 과세관청의 국세 부과권 행사가 방해된 데에 부과제척기간을 연장해주는 것은 이러한 법의 정신을 조세법률관계에 구현한 것으로도 볼 수 있다. 납세자의 사용인 등의 부정한 행위로 인하여 과세관청이 납세자의 국세가 포탈되었음을 알지 못하여 과세권을 행사할 수 없었던 반면, 납세자가 사용인 등에 대한 선임, 관리·감독상의 주의의무를 다하지 못하여 본래 납부하였어야 할 국세를 납부하지 않은 이익을 누리는 상황이라면, 사용인 등의 부정한 행위가 자신에 대한 범죄행위라는 이유만으로 장기 부과제척기간의 적용을 부정하는 것은 정의와 형평에 반한다고 볼 수 있다. **라)** 중한 세율의 부당과소신고가산세의 부과 여부가 문제되는 국면과 달리 국세의 부과제척기간의 도과 여부가 문제되는 국면에서는 국가는 법인의 사용인 등의 부정한 행위로 인하여 조세 부과권을 정당하게 행사하지 못하여 흡사 조세채권 행사를 방해받은 피해자의 지위와 유사하다고 볼 수 있다. 피용자가 사용자의 이익을 도모할 의사 없이 개인적 이익을 취하기 위하여 한 행위라도 외형상 피용자의 직무범위에 속한다고 볼 수 있는 경우에는 사용자는 민법 제756조에 따라 피용자가 제3자에 가한 손해를 배상할 책임이 있다(82다카1875 판결 등 참조). 이와 마찬가지로 법인이 사용인 등에 대한 선임, 관리·감독상의 주의의무를 다한 것이 아니라면, 사용인 등의 부정한 행위로 인하여 방해된 조세 부과권에 대하여 부과제척기간이 연장되는 정도의 불이익을 감수하는 것이 마땅하다."

876) **이하의 근거 설시 부분** ; "**가)** 대법원은 장기 부과제척기간에서의 부정한 행위나 부당과소신고가산세에서의 부당한 방법에 대하여 「조세범 처벌법」상 조세포탈죄에서 말하는 '사기 기타 부정한 행위'와 마찬가지로 '조세의 부과와 징수를 불가능하게 하거나 현저히 곤란하게 하는 위계 기타 부정한 적극적 행위를 말한다'고 판시하여(2013두7667 판결, 2015두44158 판결 등 참조), 그 행위 태양을 따로 구별하지는 않았다. 또한 2011. 12. 31. 법률 제11124호로 국세기본법이 개정되면서, 장기 부과제척기간이나 부당과소신고가산세의 행위 요건을 "대통령령으로 정하는 사기나 그 밖의 부정한 행위"라고 규정하였고, 그 위임에 따라 2012. 2. 2. 대통령령 제23592호로 개정된 국세기본법 시행령 제12조의2 제1항은 '사기나 그 밖의 부정한 행위'란 조세포탈죄에 관한 「조세범 처벌법」 제3조 제6항 각호의 어느 하나에 해당하는 행위를 말한다고 규정함으로써 **입법적으로 세 개의 행위태양이 일치**하는 것**처럼 보인다**. **나)** 그러나 이 사건에 적용되는 구 국세기본법이나 그 이후 개정된 국세기본법 모두 단순히 '납세자가 부정한 행위로써 국세를 포탈'하거나, '납세자가 부정한 행위로써 과세표준을 과소신고'한 경우라고만 규정했을 뿐, 납세자 본인이 아닌 제3자의 부정한 행위를 어떻게 볼 것인지에 대해서는 **아무런 규정을 두지 않**았다. 이처럼 별도로 규정하고 있지 않은 제3자의 부정한 행위에 대해서는 관련되는 해당 제도의 도입목적과 그 취지를 고려하여 헌법 규범과 일반 법 원리에 부합하도록 정당한 해석을 한 다음 이를 기초로 구체적 타당성에 맞는 결론을 도출해야 할 것이다. **다)** 부정한 행위를 이유로 그만큼의 제재를 중과하는 **부당과소신고가산세**에 있어서는 대표자나 사실상 대표자가 아닌 사용인 등의 배임적 부정행위를 납세자 본인의 부정한 행위로 볼 경우, 그 부정한 행위의 범죄 피해자 본인에게 적극적인 제재를 가하는

○ 대법원 2015. 2. 26. 선고 2014두42001 판결[부가가치세부과처분취소]

▌장기부과제척기간, 사실과 다른 세금계산서

판시사항

사실과 다른 세금계산서를 교부받아 매입세액의 공제 또는 환급을 받은 경우 10년의 부과제척기간이 적용되기 위한 요건

이 유

납세자가 그 세금계산서상의 공급자와 실제 공급자가 다르게 기재된 '**사실과 다른 세금계산서**'를 교부받아 **매입세액의 공제 또는 환급**을 받은[877] 경우 그러한 행위가 구 국세기본법 제26조의2 제1항

것이어서 헌법상 자기책임의 원리나 과잉금지 원칙에 위배된다. 이때에는 제3자의 부정한 행위를 납세자 본인의 부정한 행위에 포함되지 않는다고 헌법에 부합하는 방향으로 해석함으로써 납세자의 법적 권리가 침해되는 결과를 시정하지 않을 수 없다. 반면, **장기 부과제척기간**에 있어서는 이러한 제3자의 배임적 부정행위를 납세자 본인의 부정한 행위로 보아 부과제척기간을 연장하여도 별다른 헌법위반 문제는 발생하지 않고, 오히려 부과제척기간을 연장하지 않을 경우 납세자 본인이 손해배상청구 등을 통하여 피해를 회복하였음에도 이에 대한 조세의 부담까지 면하는 부당한 결과가 초래될 수 있다. 이때에는 장기 부과제척기간의 입법취지를 고려하여 장기 부과제척기간 적용을 긍정하는 방향으로 해석하는 것이 타당하고 가능한 해석 범위 내에 있다. 비록 장기 부과제척기간과 부당과소신고가산세의 기본적인 적용 요건이 '납세자의 부정한 행위'라고 동일한 문언으로 이루어져 있더라도, 장기 부과제척기간은 부정한 행위로 방해된 조세 부과권의 행사기간을 보장하는 제도이고, 부당과소신고가산세는 부정행위 자체에 대하여 새로 무거운 제재를 부과하는 제도이므로, 양 제도의 운용에 있어서 모든 경우에 그 적용을 같이 하여야 한다고 보는 것은 양 제도가 갖는 차이를 무시하는 것과 다름없다. 위와 같이 양자에 대하여 헌법에 위반되지 않으면서도 각 제도의 취지를 살려 구체적 타당성에 맞게 합리적으로 해석할 수 있는 방안이 있고 그것이 문언상으로도 충분히 가능함에도 양자의 규정 형태가 동일하다는 문언 형식에 얽매여 양자에 대하여 모두 납세자 본인의 부정한 행위로 보거나 혹은 모두 납세자 본인의 부정한 행위로 보지 않는 것은 다른 것을 다르게 취급하여야 한다는 정의의 요청에 반한다. **라)** 위와 같이 해석하는 것이 사용자 등의 배임적 부정행위로 인하여 국세 부과권의 행사가 방해되었으나 사후에 그것이 드러나 국세를 부과하게 되는 경우 '사용자 등의 배임적 부정행위'로 생긴 비정상적 상황을 국세를 정상적으로 부과할 수 있는 상황으로 되돌리는 한편, 사용자 등의 배임적 부정행위로 피해를 입은 납세자 본인에게도 사용자 등의 배임적 부정행위로 인한 과소신고를 높은 세율이 적용되는 부당과소신고가 아니라 일반과소신고로 평가함으로써 공익과 사익의 조화를 도모하는 결과가 된다."

877) ◎ **세금 포탈, 환급·공제 금액의 존재**
대법원 2009. 12. 24. 선고 2007두16974 판결 ; "국세기본법 제26조의2 제1항 … 제1호(이하 '이 사건 조항'이라 한다) … 이 사건 조항의 규정형식, 입법 취지 및 엄격해석의 원칙상 법정신고기한 내에 과세표준신고서를 제출한 납세자가 사기 기타 부정한 행위를 하였다고 하더라도 **그로 인하여** 국세를 **포탈하거나 환급·공제받지 아니**하는 경우에는 원칙으로 돌아가 그 부과제척기간은 5년이 된다고 할 것이고, 이는 당해 납세자가 다른 납세자의 조세포탈 등에 가담하였더라도 자신의 포탈세액 등이 없는 이상 달리 볼 것은 아니다. 그리고 신고납세방식의 국세에 있어서 당해 국세의 포탈이나 부정환급·부정공제가 있었는지 여부는 가산세를 제외한 **본세액을 기준**으로 판단하여야 하며, 재화나 용역을 공급하는 사업자가 가공의 매출세금계산서와 함께 가공의 매입세금계산서를 기초로 부가가치세의 과세표준과 납부세액 또는 환급세액을 신고한 경우에는 그 가공의 매출세금계산서상 공급가액에 대하여는 부가가치세의 과세대상인 재화나 용역의 공급이 없는 부분으로서 이에 대한 추상적인 납세의무가 성립하였다고 볼 수 없으므로, 비록 공제되는 매입세액이 가공이라고 하더라도 이러한 경우에는 **가공의 매출세액을 초과하는 부분**에 한하여 그 가공거래와 관련된 부가가치세의 포탈이나 부정환급·부정공제가 있었다고 보아야 한다." ☞ 원심이, 원고는 1997년 1기~1998년 1기의 부가가치세 과세기간 동안 소외 맥주 회사 동부직매장 등으로부터 가공의 매입세금계산서를 수취하고, 그 가공의 매입세금계산서상 공급가액과 동일한 금액의 가공의 매출세금계산서를 발행한 후 이를 다른 거래처에는 교부하지 아니한 채 부가가치세 신고에만 활용한 사실 등을 인정한 후, 원고가 위 주류직매장으로부터 수취한 가공의 매입세금계산서상 공급가액과

제1호가 규정한 '사기 기타 부정한 행위로써 국세를 포탈하거나 환급·공제받은 경우'에 해당하여 **10년의 부과제척기간**이 적용되기 위하여는, ① 납세자에게 사실과 다른 세금계산서에 의하여 매입세액의 공제 또는 환급을 받는다는 **인식** 외에, ② 사실과 다른 세금계산서를 발급한 자가 ⓐ 그 세금계산서상의 매출세액을 제외하고 부가가치세의 과세표준 및 납부세액을 신고·납부하거나 또는 ⓑ 그 세금계산서상의 매출세액 전부를 신고·납부한 후 경정청구를 하여 이를 환급받는 등의 방법으로 그 세금계산서상의 부가가치세 납부의무를 면탈함으로써 ③ **납세자**가 그 **매입세액의 공제를 받는 것이 결과적으로 국가의 조세수입 감소를 가져오게 될 것**이라는 점에 대한 인식이 있어야 한다.[878]

※ 사실과 다른 세금계산서를 교부받아 매입세액 공제·환급을 받은 경우 '사기 기타 부정한 행위' 해당 여부에 관한 판례

○ **부정과소신고가산세**에 관한 동일 취지 판시 ; 대법원 2015. 1. 15. 선고 2014두11618 판결, 대법원 2019. 9. 9. 선고 2019두31730 판결(장기부과제척기간과 부정과소신고가산세에 관하여 일괄하여 동일 취지로 판시)[879]

원고가 발행한 가공의 매출세금계산서상 공급가액이 동일하여 원고의 부가가치세 포탈세액은 존재하지 아니하므로, 이에 대한 구 부가가치세법 소정의 매출처 및 매입처별 세금계산서합계표 **불성실가산세**의 **부과제척기간**은 국세기본법 제26조의2 제1항 제3호에 의하여 **5년**이고, 원고가 소외인의 무자료 주류매출에 따른 조세포탈에 가담하였다고 하더라도 이를 통한 원고의 포탈세액 등이 없는 한 그 부과제척기간을 10년으로 볼 수 없다는 이유로, 피고가 2004. 1. 8.에 한 위 각 과세기간에 대한 매출처 및 매입처별 세금계산서합계표 불성실가산세 부과처분은 그 부과제척기간이 경과한 후에 이루어진 것으로서 무효라고 판단한 것은 정당하다고 한 예. ☞ **2010. 12 . 27. 제1의 2호로 가산세에 대한 10년 부과제척기간 신설.**

878) **[같은 취지] 대법원 2014. 2. 27. 선고 2013두19516 판결**
○ **원심** ; 원고가 실제로는 건물을 직접 신축하였으면서도 마치 소외 회사에 신축공사를 도급한 것처럼 허위의 도급계약서를 작성한 다음, 소외 회사로부터 공급가액 합계 7억 1,000만 원인 세금계산서를 교부받고 그 매입세액을 공제하여 부가가치세를 신고한 행위는 '사기 기타 부정한 행위로 부가가치세를 환급·공제받은 경우'에 해당한다는 이유로, 피고가 매입세액의 공제를 부인하여 한 부가가치세 부과처분에 대하여는 10년의 부과제척기간이 적용된다고 판단.
○ **대법원** ; 원고는 종합건설업 면허를 빌리기 위하여 소외 회사와 허위의 도급계약서를 작성한 것일 뿐 부가가치세를 포탈할 의도가 없었고, 실제로 위 세금계산서에 의하여 공제받은 매입세액에 상당하는 금액을 소외 회사에 송금하였다는 취지로 주장하고 있으므로, 원심으로서는, 원고에게 '소외 회사가 세금계산서상의 매출세액을 제외하고 부가가치세의 과세표준 및 납부세액을 신고·납부하거나 또는 세금계산서상의 매출세액 전부를 신고·납부한 후 경정청구를 하여 이를 환급받는 등의 방법으로 세금계산서상의 부가가치세 납부의무를 면탈함으로써 원고가 세금계산서에 의하여 매입세액의 공제를 받는 것이 결과적으로 국가의 조세수입 감소를 가져오게 될 것이라는 점에 관한 인식이 있었는지 여부'를 심리한 후 10년의 부과제척기간이 적용되는지를 판단하였어야 한다고 한 예.

879) **【구체적 사안】**
(1) 이 사건 세금계산서상의 '원고가 소외 회사부터 원사를 공급받은 매입거래'는 '원고가 ○○섬유 등에 원사를 공급한 매출거래'와 당사자, 거래 목적물 등이 전혀 다른 별개의 거래이고, 달리 위 매입거래와 매출거래가 실질적으로 하나의 거래에 해당한다고 볼 만한 자료가 없다. 나아가 원고가 ○○방적과의 매입거래로 얻은 1곤당 2~3만 원 상당의 이득액을 숨기기 위해 약 19억 7,500만 원에 이르는 매출 신고를 누락하였다고 보기도 어렵다. 이처럼 원고가 매출 신고를 누락한 부분은 매입거래에서 발생한 것이 아니라 전혀 다른 거래당사자인 ○○섬유 등과의 매출거래에서 발생한 것이므로, 위 매입거래가 부정행위에 해당하는지 여부를 판단할 때에는 고려될 수 없다. (2) 소외 회사는 장○○을 통하여 원고로부터 지급받은 원사 대금으로 이 사건 세금계산서상의 매출세액을 모두 납부하였다. 따라서 원고가 장○○과 체결한 약정에 따라 공급가액의 3~5% 상당의 부가가치세액을 감액 받은 사정만으로 원고에게 위

○ 조세범처벌법 위반에 관한 동일 취지 판시 ; 대법원 2001. 2. 9. 선고 99도2358 판결,[880] 대법원 2010. 1. 14. 선고 2008도8868 판결[881]

매입거래와 관련하여 국가의 조세수입 감소를 가져오게 될 것이라는 점에 대한 인식이 있었다고 보기는 어렵다. (3) 소외 회사에 대한 부가가치세 환급 처분은 과세관청이 사후에 스스로 한 것이어서 원고가 부가가치세 신고 당시 국가의 조세수입 감소를 가져오게 될 것이라는 점을 인식하였는지 여부를 판단하는 데 영향을 미칠 수 없다. ⇒ 원고에게 사실과 다른 이 사건 세금계산서로 매입세액을 공제받는 것이 결과적으로 국가의 조세수입 감소를 가져오게 될 것이라는 점에 대한 인식이 있었다고 보기는 어렵다.

880) **【구체적 사안】**

○ **공소사실의 요지** ; "피고인은 상가건물의 임대업을 경영함에 있어서, 사실은 피고인이 공소외 회사로부터 일반건설업 면허를 대여받아 건물을 직접 시공하였음에도 불구하고 건물을 공소외 회사가 시공한 것처럼 허위의 도급계약서를 작성하고, 공소외 회사로부터 세금계산서 1건 318,000,000원(공급가액)을 교부받은 후 이를 이용하여 세무서에 월별조기환급신고서를 제출하여 이에 속은 세무서장으로부터 환급세액 31,800,000원을 교부받아 부정한 방법으로 부가가치세를 환급받았다."

○ **원심** ; 명의대여자로서 부가가치세의 납부의무가 없는 공소외 회사가 피고인으로부터 부가가치세액 상당의 금원을 지급받아 위 공사에 관하여 공소외 회사에 부과된 부가가치세를 납부하였고 피고인이 공소외 회사로부터 위 금원을 돌려받는 방법으로 부가가치세를 환급받았으므로 피고인에게는 조세포탈의 고의가 없다는 피고인의 주장에 대하여, 사기 기타 부정한 행위로써 조세를 '포탈'하는 경우에는 조세 포탈에 대한 고의를 요건으로 하지만 조세를 '환급'받는 경우에는 조세 환급에 대한 고의를 요건으로 하는 것이므로, 피고인이 공소외 회사로부터 건설업면허를 대여받아 자기 소유의 건물을 신축하면서 공소외 회사로부터 허위의 세금계산서를 교부받아 이를 세무서에 제출하여 매입세액을 환급받은 이상 사기 기타 부정한 행위로써 위 매입세액을 환급받는 데 대한 고의가 있다 할 것이고, 가사 피고인이 공소외 회사에게 금원을 지급하여 공소외 회사 명의로 건물신축공사에 대한 매출세액을 신고, 납부하였다 하여 고의가 부정되는 것은 아니라는 이유로 이를 배척.

○ **대법원** ; 피고인에게 공소외 회사가 위와 같은 방법으로 위 허위의 세금계산서상의 부가가치세 납부의무를 면탈함으로써 결과적으로 피고인이 위 허위의 세금계산서에 의한 매입세액의 공제를 받는 것이 국가의 조세수입의 감소를 가져오게 될 것이라는 **인식**이 있었는지 **여부**에 관하여는 **심리**하지 않은 채 피고인에게 위 허위의 세금계산서에 의하여 매입세액의 환급을 받는다는 인식이 있었다고 하여 **곧바로** 피고인에게 조세포탈등죄의 고의가 있었다고 인정한 원심판결에는 조세포탈등죄에 있어서의 고의에 관한 법리를 오해함으로써 심리를 다하지 않은 위법이 있다.

881) **【구체적 사안】**

○ **원심** ; 피고인이 유류도매업체로부터 실제 유류를 공급받은 사실이 없음에도 불구하고 유류를 공급받은 것처럼 허위의 매입세금계산서를 교부받은 다음 그 세금계산서의 공급가액을 매입금액에 포함시켜 부가가치세 신고를 함으로써 매입세액을 공제받는 방법으로 부가가치세를 포탈하였다는 공소사실에 대하여, 허위의 세금계산서를 구입하여 마치 세금계산서상의 가공의 공급자로부터 재화나 용역을 공급받은 것처럼 가장하여 매입세액을 공제받는 행위는 구 조세범 처벌법(2010. 1. 1. 전문 개정 전) 제9조 제1항 소정의 조세포탈죄를 구성하고 피고인의 조세포탈의 고의도 인정된다는 이유로 이를 모두 유죄로 인정.

○ **대법원** ; 피고인은 유류도매업체로부터 허위의 세금계산서를 구입하면서 그 공급가액의 11~13%에 해당하는 금액을 지급하였는데 그 중 10%에 해당하는 금액은 유류도매업체의 매출 부가가치세 납부용이었다고 주장하여 왔고, 실제 제1심법원의 각 세무서장에 대한 사실조회 결과에 의하면, 피고인에게 허위의 세금계산서를 발급한 대부분의 유류도매업체들이 그 세금계산서상의 공급가액을 포함하여 산출된 세액을 매출세액으로 신고하였고, 그 중 상당수 업체들이 신고한 세액을 실제 납부한 사실을 알 수 있는바, 사정이 이러하다면, 위 유류도매업체들이 피고인으로부터 교부받은 세액 전부를 매출세액으로 신고·납부할 것으로 피고인이 믿고 있었다고 볼 여지가 있다고 할 것이고, 따라서 피고인에게 허위의 세금계산서에 의한 매입세액의 공제를 받는 것이 국가의 조세수입의 감소를 가져오게 될 것이라는 인식이 없었다고 볼 여지가 있다고 할 것이므로, 원심으로서는 더 나아가 피고인이 그 주장과 같이 유류도매업체들로부터 허위의 세금계산서를 구입하면서 그 부가가치세 상당액을 지급하였는지, 위 유류도매업체들이 피고인으로부터 교부받은 세액 전부를 매출세액으로 신고·납부할 것으로 피고인이 믿고 있었던 것으로 볼 수 있는지 여부에 관하여 심리한 후 피고인의 조세포탈죄의 고의 유무를 판단했어야 할 것임에도, 원심이 그에 이르지 아니한 채 피고인에게 조세포탈죄의 고의가 있다고 판단한 데에는 조세포탈죄에 있어서의 고의에 관한 법리를 오해함으로써 필요한 심리를 다하지 않은 위법이 있다.

● 대법원 2015. 9. 15. 선고 2014두2522 판결 [종합소득세등부과처분취소]

▌장기부과제척기간, 사기 기타 부정한 행위, 수입·매출 장부 미기재

판시사항

과세대상의 미신고나 과소신고와 아울러 **수입이나 매출 등을 고의로 장부에 기재하지 않는 행위** 등 **적극적 은닉의도**가 나타나는 사정이 덧붙여진 경우, 조세의 부과와 징수를 불능 또는 현저히 곤란하게 만든 것으로 볼 수 있는지 여부(○) = **'사기 기타 부정한 행위'**[882)]

※ 조세포탈죄 사건에서 '장부 미작성·미기재'의 '사기 기타 부정한 행위' 긍정례

대법원 2014. 2. 21. 선고 2013도13829 판결,[883)] 대법원 2015. 10. 29. 선고 2013도14716 판결,[884)]

---

882) **【구체적 사안】**
① 원고가 2001년부터 2008년까지 대부업을 영위하는 동안 별도의 장부를 작성하지 않았다고 주장하나, 대부업을 영위하는 사업자로서 소득세법에 따라 성실하게 장부를 비치·기록할 의무가 있을 뿐 아니라, 장기간 상당한 규모의 대부업에 종사하였음에도 아무런 장부를 작성하지 않았다는 것은 그 자체로 매우 이례적인 점, ② 더욱이 원고는 2001. 7. 28.부터 같은 해 9. 2.까지 1997년 내지 2000년의 대부업 사업소득에 관하여 세무조사를 받은 적이 있었는데, 당시에도 대부업에 관한 **장부를 제출하라는 세무공무원의 요구에 대해 자신은 장부를 전혀 작성하지 않았다는 태도로 일관**하였던 점, ③ 원고는 이 사건 세무조사 당시 거래장부 등을 작성하지 않았다고 주장하면서 일체의 자료를 제출하지 않다가, 행정심판 단계에 이르러 거래자료의 개별확인서가 제출되자 '대손 관련 서류 및 어음 사본'을 제시하는 등 **존재하지 않는다던 관련 서류를 불리한 입장이 되면 제출**하였던 점, ④ 원고가 채무자들과의 거래에 **딸 명의의 계좌를 반복적으로 사용**하였던 점, ⑤ 원고는 **현금거래**를 많이 하였고 채무자들로부터 채무상환을 받고도 **영수증**을 발급해 주거나 자신이 보관하고 있던 **차용증**을 돌려주는 등의 **조치를 취하지 않**았던 점 등의 사정에 비추어 보면, 원고의 위와 같은 **일련의 행위**는 조세포탈의 의도를 가지고 **거래장부 등을 처음부터 고의로 작성하지 않**거나 이를 **은닉**함으로써 조세의 부과징수를 불능 또는 현저하게 곤란하게 하는 적극적인 행위로서 구 국세기본법 제26조의2 제1항 제1호의 사기 기타 부정한 행위에 해당한다고 한 사례.

883) "구 조세범 처벌법(2010. 1. 1. 법률 제9919호로 전부 개정되기 전의 것, 이하 '구법') 제9조 제1항에 규정된 조세포탈죄에서 '사기 기타 부정한 행위'라 함은, 조세의 포탈을 가능하게 하는 행위로서 사회통념상 부정이라고 인정되는 행위, 즉 조세의 부과와 징수를 불가능하게 하거나 현저히 곤란하게 하는 위계 기타 부정한 적극적 행위를 말한다. 따라서 다른 행위를 수반함이 없이 단순히 세법상의 신고를 하지 아니하거나 허위의 신고를 함에 그치는 것은 이에 해당하지 않지만, 과세대상의 미신고나 과소신고와 아울러 수입이나 매출 등을 고의로 장부에 기재하지 않는 행위 등 적극적 은닉의도가 나타나는 사정이 덧붙여진 경우에는 조세의 부과와 징수를 불능 또는 현저히 곤란하게 만든 것으로 인정할 수 있다 할 것이다. 이때 **적극적 은닉의도**가 객관적으로 드러난 것으로 볼 수 있는지 여부는 수입이나 매출 등을 기재한 기본 장부를 허위로 작성하였는지 여부뿐만 아니라, 당해 조세의 확정방식이 신고납세방식인지 부과과세방식인지, 미신고나 허위신고 등에 이른 경위 및 사실과 상위한 정도, 허위신고의 경우 허위 사항의 구체적 내용 및 사실과 다르게 가장한 방식, 허위 내용의 첨부서류를 제출한 경우에는 그 서류가 과세표준 산정과 관련하여 가지는 기능 등 제반 사정을 종합하여 사회통념상 부정이라고 인정될 수 있는지 여부에 따라 **판단**하여야 한다."

884) 원심이, ① 사업소득자인 피고인이 독일의 관계회사로부터 받은 **중개수수료, 영업지원비, 배당금** 등 합계 97억 545만 원을 **장부에 기재하지 않고 누락**한 채 2006년 내지 2009년 귀속 각 종합소득세를 신고한 사실, ② 피고인은 독일에 있는 은행의 계좌로 지급받은 위 중개수수료 등 가운데 51억 원을 **257회에 걸쳐 국내의 차명계좌로 송금하면서 외국환거래 통보의무가 면제되는 금액으로 분산**하고, 위 **중개수수료 등의 내역을 기재한 파일**을 자신의 **컴퓨터 외장 하드에 암호를 설정하여 저장**하는 방법으로 **별도 관리**한 사실 등을 인정한 다음, 피고인의 이러한 행위가 구 조세범 처벌법 제9조에 규정된 '사기 기타 부정한 행위'에 해당한다고 판단한 데 대하여, "피고인이 해외계좌에서 국내 차명계좌로 분산하여 여러 차례 송금한 행위나 누락한 수입내역에 관하여 별도의 컴퓨터 비밀파일을 작성한 행위는 적극적 은닉의

대법원 2012. 3. 15. 선고 2011도13605 판결,[885] 대법원 2020. 12. 30. 선고 2018도14753 판결[886]

○ 대법원 2019. 9. 9. 선고 2019두31730 판결 [부가가치세부과처분취소]

▌사기 그 밖의 부정한 행위, 차명계좌

판시사항

차명계좌의 예입에 의한 은닉행위의 '사기 그 밖의 부정한 행위' 해당 여부

이 유

일반적으로 **다른 사람 명의의 예금계좌를 빌려 예금**하였다고 하여 그 차명계좌를 이용하는 점만으로 구체적 행위의 동기, 경위 등 정황을 떠나 어느 경우에나 적극적 매출은닉 행위가 된다고 단정할 것은 아니지만, **장부에의 허위 기장**행위, **수표 등 지급수단의 교환반복**행위 기타의 은닉행위가 **곁들여져** 있는 경우, 차명계좌를 이용하면서 **여러 곳의 차명계좌에 분산 입금**하거나 **순차 다른 차명계좌에의 입금을 반복**하는 행위 또는 **단 1회의 예입**이라도 그 **명의자와의 특수한 관계** 때문에 **은닉의 효과가 현저**해지는 등으로 **적극적 은닉의도**가 있다고 인정되는 경우에는 조세의 부과징수를 불능

도를 드러낸 사정으로서 피고인이 수입이나 매출을 장부에서 누락하고 종합소득세를 과소신고한 행위는 위계 기타 부정한 적극적 행위를 한 것과 동등한 것으로 평가할 수 있다."고 하여, 원심의 판단은 정당하다고 한 예.

885) 피고인이 부동산을 개발하여 전매하는 사업을 영위하면서 상당한 양도차익을 얻었음에도 **매입·매출에 관한 장부를 기장·비치하지 아니**하였고 그 **사업과정에 관한 세금계산서를 전혀 발급하거나 발급받지 아니**하였으며 **법인세 확정신고도 전혀 하지 아니**한 사실을 인정한 다음, 이러한 피고인의 행위는 조세의 부과와 징수를 불가능하게 하거나 현저히 곤란하게 하는 적극적 행위로서 사기 기타 부정한 행위에 해당한다고 판단한 예.

886) 원심이, '① 공소외 1 회사는 2003 사업연도부터 2012 사업연도까지 매월 장부상에 등재된 **부실자산을 가공 기계장치 또는 가공 매출원가로 대체**할 금액을 결정하고, ㅁㅁ본부 ◇◇팀 고정자산 담당자들이 사전에 생성한 '가공 기계장치 리스트'에 따라 가공 기계장치를 장부에 등재한 후 정액법으로 약 8년 또는 10년에 걸쳐 감가상각비를 발생시키거나 가공 매출원가를 계상하였다. ② 공소외 1 회사는 가공 기계장치를 장부에 등재하면서 사업장, 자산번호, 자산명칭, 취득일자, 금액 등 기계장치의 세부내역까지 기재하는 방법으로 고정자산관리대장 등을 허위로 작성하였고, 2002년경 이후에는 전사적 기업자원 관리설비인 '오라클(Oracle) 시스템'에 가공 기계장치에 관한 사항을 허위로 입력하였다. 또한 공소외 1 회사는 가공 기계장치 등을 기간별, 사업장별, 프로젝트별, 기계별로 분할하여 실재하는 자산처럼 장부에 기재하여 과세관청이 가공 기계장치 등을 적발하기 어렵게 하였다. ③ 공소외 1 회사는 전국에 공장이 산재해 있고 실제로 보유하고 있는 기계장치의 규모가 매우 커 현실적으로 회계감사 및 세무조사에서 적발될 가능성이 낮은 상황을 이용하여 약 15년에 걸쳐 지속적으로 이 사건 회계분식을 하였다. 특히 2002년경 이후부터는 장부상 부실자산을 가공 기계장치 등으로 곧바로 대체하지 않고 허위의 중간 거래를 만들어 내는 등의 방식으로 그 취득과정을 복잡하게 만들었다. 또한 공소외 1 회사는 장부에 등재된 가공 기계장치를 실제 기계장치와 함께 보험에 들어 가공 기계장치가 실제로 존재하는 듯한 외관을 형성하였다. ④ 가공 매출원가는 가공 기계장치와 달리 장부에 남지 않고 해당 사업연도에 즉시 비용으로 처리되기 때문에 매출원가의 실재 여부를 확인하는 것이 어려운데, 공소외 1 회사는 매출이 많거나 매출원가를 추가 배분해도 발견하기 어려운 사업부에 가공 매출원가를 주로 계상하도록 하여 더욱 가공 부분을 밝혀내기 어렵게 하였다. ⑤ 한편, 비록 공소외 1 회사가 **합병 전부터 오랜 기간에 걸쳐 누적되어 온 부실자산을 정리하기 위**하여 이 사건 회계분식과 같은 방법을 택하였다고 하더라도, 그러한 사정만으로 피고인 1, 피고인 2의 **적극적 은닉의도를 부정할 수는 없다**.'는 이유로, 이 사건 회계분식은 조세의 부과징수를 불가능하게 하거나 현저히 곤란하게 하는 적극적 행위로서 '**사기 그 밖의 부정한 행위'에 해당**하고 단순한 허위신고를 넘어 피고인 1, 2의 **적극적 은닉의도가 인정**된다고 판단한 것은 정당하다고 한 예.

또는 현저히 곤란하게 만든 것으로서 부정행위에 해당할 수 있다(대법원 2016. 2. 18. 선고 2014도3411 등 참조).[887)]

※ 조세포탈죄 사건에서 차명 예금계좌에 의한 은닉행위의 '부정행위' 해당 여부에 관한 판례

대법원 2016. 2. 18. 선고 2014도3411 판결 [부정행위 **긍정례**],[888)] 대법원 2015. 6. 11. 선고 2015도1504 판결 [부정행위 **부정례**][889)]

○ 대법원 2015. 3. 20. 선고 2014두44434 판결 [양도소득세 및 가산세 부과처분취소]

▌장기부과제척기간, 사기 기타 부정한 행위, 양도소득세, 이중매매계약서

판시사항

납세자인 원고가 부동산의 양도가액을 과소 신고하면서 양도가액을 과소하게 기재한 **허위의 이중 매매계약서**를 작성하여 함께 **제출**한 행위는 **적극적인 기망행위**로서 조세의 부과와 징수를 현저히 곤란하게 하는 행위이므로 **'사기 기타 부정한 행위'**에 해당한다고 인정하여, 양도소득세의 **부과제척기간은 10년**이라고 판단한 예.

---

887) **【구체적 사안】**
원고는 원심 제2차 변론기일에서 '배우자 명의의 계좌를 이용한 매출 신고 누락행위는 부정행위에 해당하지 않는다'는 취지의 주장을 한 사실을 알 수 있으므로, 원심으로서는 위 법리에 따라 원고가 배우자 명의의 계좌를 이용한 것에 더하여 다른 은닉행위가 곁들여져 있었는지, 원고의 적극적 매출은닉 의도를 인정할 수 있는 다른 사정이 있는지 등에 관하여도 심리한 다음, 배우자 명의의 계좌를 이용한 매출 신고 누락행위가 부정행위에 해당하는지를 판단하였어야 한다고 한 예.

888) 피고인 1의 자금을 관리한 공소외인과 피고인 1의 관계, 피고인 1이 공소외인 명의의 계좌를 이용하게 된 동기 및 경위 등에 비추어, 피고인 1이 해외 법인의 대표이사인 공소외인 명의의 계좌에 자신의 소득을 입금하게 하고 자신의 목적을 위하여 그 계좌에서 지출하여 사용하게 함으로써 국내 과세관청으로 하여금 자신의 소득 발견을 어렵게 한 것은 피고인 1에 대한 조세의 부과징수를 불능 또는 현저히 곤란하게 만든 것에 해당한다는 등의 이유로, 피고인 1이 이와 같은 방법으로 중고선박 매매와 관련하여 취득한 리베이트 소득 및 △△도쿄의 배당소득에 관하여 조세를 포탈하기 위한 사기 기타 부정한 행위를 하였다고 판단한 예.

889) ○ **원심** ; 피고인들이 봉안당 사업에 참여하였다가 탈퇴하면서 보상금 내지 정산금 명목으로 90억 원의 수입을 얻었음에도, 사업자등록을 하지 아니한 채 세금계산서를 교부하지 않고 종합소득세를 신고하지 않은 사실, 또한 피고인 2는 처인 공소외 6 명의의 계좌로 보상금 내지 정산금을 분배받은 사실 등을 인정한 다음, 이는 단순히 세법상의 신고를 하지 아니한 것에 그친 것이 아니라 조세의 부과징수를 불가능하게 하거나 현저히 곤란하게 하는 위계 기타 부정한 적극적인 행위로서 사기 기타 부정한 행위에 해당한다는 이유로, 종합소득세 포탈의 공소사실을 유죄로 인정.
○ **대법원** ; 사건 봉안당 분양권의 양도가 **재화의 공급에 해당하지 아니하여 부가가치세 납부의무가 성립하지 않는 이상**, 피고인들이 부가가치세법에 따른 사업자등록을 하지 아니하고 세금계산서를 교부하지 아니한 행위는 사기 기타 부정한 행위에 해당할 여지가 없고, 종합소득세를 신고하지 않은 행위는 단순한 미신고 행위에 불과한 점, 또한 피고인 2는 신용불량 상태에 있어 처인 공소외 6 명의로 봉안당 사업에 참여하는 바람에 그 사업으로 인한 정산금을 공소외 6 명의의 계좌로 수령한 것에 불과하여 적극적인 소득 은닉의도가 있었다고 보기 어려운 점 등에 비추어 보면, 피고인들이 사기 기타 부정한 행위로써 종합소득세를 포탈하였다고 보기는 어렵다고 한 사례.

● 대법원 2017. 9. 12. 선고 2015두39026 판결[취득세등부과처분취소]

▌장기부과제척기간, 사기 기타 부정한 행위, 취득세, 중간생략등기

판시사항

① 매도인 선의의 계약명의신탁 관계에서 명의수탁자로서 부동산을 매수하여 사실상 취득한[890] 원고가 매도인 소외인과 부동산 매수자를 소외 회사 등으로 변경하기로 합의하였고, 그에 따라 소외 회사 등이 소외인으로부터 직접 부동산을 매수하는 내용의 **매매계약서**가 작성되었으며, 실제로 소유권이전등기도 원고를 거치지 아니한 채 바로 소외 회사 앞으로 마쳐진 점(**중간생략등기**), ② 그 결과 **취득세** 등의 부과권자인 피고로서는 원고가 부동산을 취득한 사실을 알기 어렵게 되었고, 이와 같은 상황에서 피고가 통상의 제척기간 안에 취득세 등을 부과하는 것을 기대하기는 어려운 점, ③ 원고가 자신의 명의로 소유권이전등기를 마치지 아니한 것은 그에 따른 비용이나 조세부담 등을 회피하기 위한 것으로 보일 뿐이고, 이에 관하여 납득할 만한 다른 이유나 사정도 밝혀지지 아니한 점 등에 비추어 보면, 원고는 부동산 취득과 관련하여 조세의 부과징수를 곤란하게 하는 **적극적인 부정행위**를 하였다고 봄이 타당하므로, 10년의 부과제척기간이 적용되어야 한다고 판단한 예.

※ 미등기 전매(중간생략등기) 행위에 대하여 장기 부과제척기간 적용을 긍정한 판례

대법원 2018. 3. 15. 선고 2017두41764 판결(**미등기 전매** 행위에 대하여 **종합소득세**의 **장기 부과제척기간** 적용을 긍정한 예[891]) / **대법원 2013. 10. 11. 선고 2013두10519 판결**[892] / '부동산 양도소득세'의 '**부정무신고·과소신고 가산세**' 관련 '사기 기타 부정한 행위' 해당 여부에 관한 구체적 예도 함께 참조.

---

890) 대법원 2017. 9. 12. 선고 2015두39026 판결 ; "구 지방세법(2005. 12. 31. 법률 제7843호로 개정되기 전의 것) 제105조에 의하면 취득세는 취득세 과세물건인 부동산 등을 취득한 자에게 부과하고(제1항), 민법 등 관계 법령의 규정에 의한 등기 등을 이행하지 아니한 경우라도 사실상 취득한 때에는 이를 취득한 것으로 보도록 하고 있다(제2항). 여기서 **사실상의 취득**이란 일반적으로 등기와 같은 소유권 취득의 형식적 요건을 갖추지는 못하였으나 대금의 지급과 같은 소유권 취득의 실질적 요건을 갖춘 경우를 말한다. 명의신탁자와 명의수탁자가 **계약명의신탁약정**을 맺고 명의수탁자가 당사자가 되어 명의신탁약정이 있다는 사실을 알지 못하는 소유자와 부동산에 관한 매매계약을 체결한 경우 그 계약은 일반적인 매매계약과 다를 바 없이 유효하므로, 그에 따라 매매대금을 모두 지급하면 소유권이전등기를 마치지 아니하였더라도 명의수탁자에게 취득세 납세의무가 성립하고, 이후 그 부동산을 제3자에게 전매하고서도 최초의 매도인이 제3자에게 직접 매도한 것처럼 소유권이전등기를 마친 경우에도 마찬가지이다."

891) 원심이, 원고와 그 동업자들은 이 사건 다세대주택의 분양을 대행한 것이 아니라 이를 매수하여 미등기 상태로 수분양자들에게 전매하였다고 인정한 다음, 원고가 전매차익을 얻기 위하여 이 사건 다세대주택을 미등기 상태로 전매하고 소유권이전등기를 매도인들로부터 수분양자들 앞으로 직접 마치도록 하는 한편 그에 따른 소득에 관하여 종합소득세 확정신고 등을 하지 아니한 행위는 '사기 기타 부정한 행위'에 해당하므로 이 사건 종합소득세의 부과제척기간은 10년이라고 판단한 것은 정당하다고 한 예.

892) "부동산을 매수하여 전매한 자가 미등기전매로 인한 이익을 얻고자 매도인과 최종 매수인 사이에 직접 매매계약을 체결한 것처럼 매매계약서를 작성하는 데에 가담하고, 나아가 소유권이전등기도 매도인으로부터 최종 매수인 앞으로 직접 마치도록 하는 한편 자신의 명의로는 양도소득세 예정신고나 확정신고를 하지 아니한 채 그 신고기한을 도과시키는 등의 행위를 하는 것은 … 구 국세기본법 제26조의2 제1항 제1호에서 정한 '사기 기타 부정한 행위'에 해당한다."

● 대법원 2019. 8. 30. 선고 2016두62726 판결 [부가가치세부과처분취소]

▌명의위장등록가산세, 부과제척기간

판시사항

구 부가가치세법 제22조 제1항 제2호에서 규정하는 명의위장등록가산세의 부과제척기간 = 5년

이 유

구 부가가치세법(2013. 6. 7. 법률 제11873호로 전부 개정되기 전의 것) 제22조 제1항 제2호는 '사업자가 대통령령으로 정하는 타인의 명의로 제5조에 따른 등록을 하고 실제 사업을 하는 것으로 확인되는 경우 사업 개시일부터 실제 사업을 하는 것으로 확인되는 날의 직전일까지의 공급가액에 대하여 100분의 1에 해당하는 금액을 납부세액에 더하거나 환급세액에서 뺀다'고 규정하고 있다(이하 위 규정에 의한 가산세를 '**명의위장등록가산세**'라고 한다).[893][894]

이러한 명의위장등록가산세는 부가가치세 본세 납세의무와 무관하게 타인 명의로 사업자등록을 하고 실제 사업을 한 것에 대한 제재로서 부과되는 **별도의 가산세**이고,[895] 구 국세기본법 제26조의2 제1항 **제1의2호**에 따라 납세자의 부정행위로 부과대상이 되는 경우 10년의 부과제척기간이 적용되는 **별도의 가산세에도 포함되어 있지 않**으며,[896] 이에 대한 신고의무에 대하여도 별도의 규정이 없으므로, 그 부과제척기간은 5년으로 봄이 타당하다.

---

893) **부가가치세법 제60조(가산세)** ① 사업자가 다음 각 호의 어느 하나에 해당하면 각 호에 따른 금액을 납부세액에 더하거나 환급세액에서 뺀다. 〈개정 2016.12.20.〉 2. 대통령령으로 정하는 타인의 명의로 제8조에 따른 사업자등록을 하거나 그 타인 명의의 제8조에 따른 사업자등록을 이용하여 사업을 하는 것으로 확인되는 경우 그 타인 명의의 사업 개시일부터 실제 사업을 하는 것으로 확인되는 날의 직전일까지의 공급가액 합계액의 1퍼센트

894) **원심(대전고등법원 2016. 11. 17. 선고 2016누12170 판결)이 인용한 제1심판결(대전지방법원 2016. 8. 18. 선고 2015구합105222 판결)** ; "원고는 '타인 명의로 사업자등록을 한 행위'는 실제 사업자가 개설한 사업장마다 타인 명의로 사업자등록을 한 경우를 의미하고, '타인 명의의 사업자등록을 이용하는 행위'는 사업자가 일부 사업장에 대하여 단일 또는 다수의 명의를 이용하여 사업자등록을 한 경우를 의미하므로 이 사안의 경우 원고의 행위는 '타인 명의의 사업자등록을 이용하는 행위'에 해당한다고 주장하지만, '타인명의의 사업자 등록을 이용하는행위'는 이미 등록되어 있는 타인명의의 사업자등록을 그대로 이용하여 사업을 하는 경우를 의미한다고 봄이 상당하고, 특히 이 사안과 같이 원고가 본점에 대하여는 원고명의로 사업자등록을 하였으면서도 이 사건 사업장에 대하여는 직원들의 명의로 사업자등록을 하여 사업을 영위하는 경우, 실질적으로 원고가 자신 소유의 사업장에서 사업을 하면서 단지 사업자등록의 명의만을 직원들의 명의로 해 놓은 것에 불과하기 때문에 사업자등록의 주체는 원고이고, 이는 '타인의 명의로 사업자등록을 한 행위'에 해당함이 명백하므로, 피고의 원고에 대한 명의위장등록가산세 부과처분은 정당하다."

895) 원심이 인용한 1심판결은, 국세기본법 제26조의2 제1항 제1호의 '사기 기타 부정한 행위'에 해당한다고 하여, 부가가치세의 부과제척기간은 10년이 된다고만 판단.

896) **국세기본법 제26조의2** ② 3. 납세자가 부정행위를 하여 다음 각 목에 따른 가산세 부과대상이 되는 경우: 해당 가산세를 부과할 수 있는 날부터 10년 가. 「소득세법」 제81조의10제1항제4호 나. 「법인세법」 제75조의8제1항제4호 다. 「부가가치세법」 제60조제2항제2호, 같은 조 제3항 및 제4항 〈개정 2019.12.31〉

● 대법원 2019. 6. 13. 선고 2016두50792 판결 [증여세부과처분취소]

▌명의신탁 증여의제, 무신고 부과제척기간

판시사항

명의신탁 증여 의제의 경우 증여세 신고의무의 존재 여부(○) ☞ 미신고 시 부과제척기간(= 15년) ⇒ 2019. 12. 31. 개정 시 국세기본법 제26조의2 제5항 제7호가 신설되어 명의신탁 증여의제 증여세의 경우 과세관청은 해당 재산의 증여가 있음을 안 날부터 1년 이내에 부과할 수 있게 되었고, 그 부칙 제18조는 '이 법 시행 전에 종전의 제26조의2 제1항 제4호에 따라 부과제척기간이 만료된 경우에는 제26조의2 제5항의 개정규정에도 불구하고 종전의 규정에 따른다.'고 규정하고 있으므로, 부과제척기간이 만료되지 않고 진행 중인 경우에는 과세관청이 증여가 있음을 안 날부터 1년 이내에 부과할 수 있어, 사실상 부과제척기간의 제한 없이 부과가 가능하게 되었다.

이 유

구 상증세법(2007. 12. 31. 법률 제8828호로 개정되기 전의 것) 제68조 제1항 본문,[897] 제4조 제1항 본문에 의하면, 증여세납부의무가 있는 수증자는 증여받은 날로부터 3월 이내에 증여세의 과세가액 및 과세표준을 관할세무서장에게 신고하여야 한다[구 상증세법(1999. 12. 28. 법률 제6048호로 개정되기 전의 것) 제68조 제1항도 위 규정과 동일하다].

원심은 당사자의 합의에 의하여 증여를 받은 자뿐만 아니라, 법령에 의하여 증여받은 것으로 의제되거나 추정되는 자에게도 증여세의 신고의무가 있다고 보아야 하고(대법원 2003. 10. 10. 선고 2002두2826 판결[898] 참조), 이러한 신고의무를 부과한다고 하여 명의수탁자의 헌법상 양심의 자유나 재산권 등을 침해한다고 보기 어렵다고 전제한 다음, 원고와 같은 주식의 명의수탁자도 증여세의 과세가액 및 과세표준을 신고할 의무를 부담하므로, 원고가 증여세 신고서를 제출하지 않은 이상 1998년, 2000년, 2001년 각 증여분 증여세에 대한 부과제척기간은 15년[899]으로 보아야 하고,[900] 이 사건 각 가산세

---

897) **상속세 및 증여세법 제68조(증여세 과세표준신고)** [전문개정 2010.1.1.] ① 제4조의2에 따라 증여세 납부의무가 있는 자는 증여받은 날이 속하는 달의 말일부터 3개월 이내에 제47조와 제55조제1항에 따른 증여세의 과세가액 및 과세표준을 대통령령으로 정하는 바에 따라 납세지 관할 세무서장에게 신고하여야 한다. 다만, 제41조의3과 제41조의5에 따른 비상장주식의 상장 또는 법인의 합병 등에 따른 증여세 과세표준 정산 신고기한은 정산기준일이 속하는 달의 말일부터 3개월이 되는 날로 하며, 제45조의3 및 제45조의5에 따른 증여세 과세표준 신고기한은 수혜법인 또는 특정법인의 「법인세법」 제60조제1항에 따른 과세표준의 신고기한이 속하는 달의 말일부터 3개월이 되는 날로 한다. 〈개정 2015.12.15〉 ② 제1항에 따른 신고를 할 때에는 그 신고서에 증여세 과세표준의 계산에 필요한 증여재산의 종류, 수량, 평가가액 및 각종 공제 등을 증명할 수 있는 서류 등 대통령령으로 정하는 것을 첨부하여야 한다.
제4조의2((증여세 납부의무) ② 제1항에도 불구하고 제45조의2에 따라 재산을 증여한 것으로 보는 경우(명의자가 영리법인인 경우를 포함한다)에는 실제소유자가 해당 재산에 대하여 증여세를 납부할 의무가 있다. 〈신설 2018.12.31.〉

898) "당사자의 합의에 의하여 증여를 받은 자뿐만 아니라, 법령에 의하여 증여받은 것으로 의제되는 자 역시 증여세의 납세의무자로서 신고의무가 있다고 보아야 하므로, 이러한 신고의무를 부담하는 원고가 이 사건 토지지분에 대한 증여세 신고서를 신고기한 내에 제출하지 아니한 이상 그 증여세에 대한 부과제척기간은 10년이라고 봄이 상당하다."

899) **국세기본법 제26조의2(국세 부과의 제척기간)** ④ 제1항 및 제2항에도 불구하고 상속세·증여세의 부과제척기간은 국세를 부과할 수 있는 날부터 10년으로 하고, 다음 각 호의 어느 하나에 해당하는 경우에는 15년으로 한다. 부담부증여

부과처분 중 일반무신고가산세 부과처분도 적법하다[901]는 이유로 이와 다른 전제의 원고 주장을 배척하였다. … 원심의 이러한 판단은 정당하고

에 따라 증여세와 함께 「소득세법」 제88조제1호 각 목 외의 부분 후단에 따른 소득세가 과세되는 경우에 그 소득세의 부과제척기간도 또한 같다. 〈개정 2019.12.31〉

1. 납세자가 부정행위로 상속세·증여세를 포탈하거나 환급·공제받은 경우
2. 「상속세 및 증여세법」 제67조 및 제68조에 따른 신고서를 제출하지 아니한 경우
3. 「상속세 및 증여세법」 제67조 및 제68조에 따라 신고서를 제출한 자가 대통령령으로 정하는 거짓신고 또는 누락신고를 한 경우(그 거짓신고 또는 누락신고를 한 부분만 해당한다) ☞ 영 제12조의2(부정행위의 유형 등) ②

⑤ 납세자가 부정행위로 상속세·증여세(제7호의 경우에는 해당 명의신탁과 관련한 국세를 포함한다)를 포탈하는 경우로서 다음 각 호의 어느 하나에 해당하는 경우 과세관청은 제4항에도 불구하고 해당 재산의 상속 또는 증여가 있음을 안 날부터 1년 이내에 상속세 및 증여세를 부과할 수 있다. 다만, 상속인이나 증여자 및 수증자가 사망한 경우와 포탈세액 산출의 기준이 되는 재산가액(다음 각 호의 어느 하나에 해당하는 재산의 가액을 합친 것을 말한다)이 50억원 이하인 경우에는 그러하지 아니하다. 〈특례부과제척기간 신설 1999. 12. 31.〉

1. 제3자의 명의로 되어 있는 피상속인 또는 증여자의 재산을 상속인이나 수증자가 취득한 경우
2. 계약에 따라 피상속인이 취득할 재산이 계약이행기간에 상속이 개시됨으로써 등기·등록 또는 명의개서가 이루어지지 아니하고 상속인이 취득한 경우
3. 국외에 있는 상속재산이나 증여재산을 상속인이나 수증자가 취득한 경우
4. 등기·등록 또는 명의개서가 필요하지 아니한 유가증권, 서화(서화), 골동품 등 상속재산 또는 증여재산을 상속인이나 수증자가 취득한 경우
5. 수증자의 명의로 되어 있는 증여자의 「금융실명거래 및 비밀보장에 관한 법률」 제2조제2호에 따른 금융자산을 수증자가 보유하고 있거나 사용·수익한 경우 〈2013. 1. 1. 신설〉
6. 「상속세 및 증여세법」 제3조제2호에 따른 비거주자인 피상속인의 국내재산을 상속인이 취득한 경우〈2016. 12. 20. 신설〉
7. 「상속세 및 증여세법」 제45조의2에 따른 명의신탁재산의 증여의제에 해당하는 경우〈2019. 12. 31. 신설〉 ☞ **부칙** 제18조(국세 부과제척기간에 관한 경과조치) 이 법 시행 전에 종전의 제26조의2제1항제4호에 따라 부과제척기간이 만료된 경우에는 제26조의2제5항의 개정규정에도 불구하고 종전의 규정에 따른다.

900) 증여세 납세의무자가 법정신고기한 내에 증여세 과세표준을 관할 세무서장에게 신고한 경우에는, 설령 증여자를 잘못 신고하였더라도 이를 무신고로 볼 수는 없으므로, ① 명의신탁된 주식을 재차 명의신탁 받았음에도 명의수탁자로부터 실제 증여받은 것처럼 기재하여 신고한 것(대법원 2019. 7. 11. 선고 2017두68417 판결)이나, 명의신탁된 주식을 실제 증여자인 명의신탁자가 아닌 명의수탁자로부터 증여받은 것처럼 기재하여 신고한 것(대법원 2019. 7. 25. 선고 2017두65159 판결)은 '무신고'에 해당하지 아니한다.

901) 대법원 2019. 6. 13. 선고 2018두47974 판결은 나아가 '원고들이 증여세 신고서를 제출하지 않은 것에 정당한 사유가 있다고 볼 수 없다.'는 원심의 판단에 잘못이 없다고 하였는데, 그 원심(서울고등법원 2018. 5. 16. 선고 2017누77499 판결)은, "원고들이 스스로 명의신탁 사실을 드러내 과세관청에 신고할 것을 기대하기는 현실적으로 어렵다는 사정만으로는 이러한 신고의무를 불이행한 데에 정당한 사유가 있다고 볼 수 없고, 원고들이 설사 그러한 신고의무가 존재하지 않는 것으로 알았다고 하더라도 이는 법률의 부지나 오해일 뿐, 이를 넘어 위 신고의무의 존부와 관련하여 해석에 의의(疑義)로 인한 견해의 대립이 있어 그 의무를 알지 못한 것이 무리가 아니라고 할 수 있는 경우에 해당한다고 보기는 어렵다."고 판시하였다.

특례부과제척기간

○ 대법원 2020. 8. 20. 선고 2017두30757 판결[양도소득세부과처분등취소]

▌특례 부과제척기간, 물적 범위, 실질과세

판시사항

[1] 특례 부과제척기간의 입법 취지

[2] 선행 확정판결의 대상인 종전 부과처분과 과세대상과 세목을 달리하는 새로운 부과처분에 대하여 특례제척기간이 적용되는지 여부(×) ☞ 선행 확정판결의 대상인 종전 부과처분은 법인인 소외 회사와 그 대표이사이자 1인주주인 소외인 사이의 '부동산'양도거래에 따른 소외 회사의 '토지 등 양도소득'을 과세대상으로 하고 그 세목이 '법인세'인 반면, 이 사건 처분은 개인인 원고와 소외인 사이의 '주식'양도거래에 따른 원고의 '주식양도소득'과 양도 자체를 과세대상으로 하고 그 세목이 '양도소득세'와 '증권거래세'이므로, 이 사건 처분을 선행 확정판결에 따른 경정결정이나 그에 부수하는 처분이라고 보기 어렵고, 따라서 이 사건 처분은 종전 부과처분과는 다른 새로운 결정이라고 할 것이므로, 이 사건 처분에 대하여는 선행 확정판결에 따른 특례제척기간이 적용되지 않는다고 한 예.

이 유

구 국세기본법(2006. 12. 30. 법률 제8139호로 개정되기 전의 것) 제26조의2 … 제2항902)에서 "국세에 관한

902) **국세기본법 제26조의2(국세 부과의 제척기간)** ⑥ 제1항부터 제5항까지의 규정에도 불구하고 지방국세청장 또는 세무서장은 다음 각 호의 구분에 따른 기간이 지나기 전까지 경정이나 그 밖에 필요한 처분을 할 수 있다. 〈개정 2019.12.31〉

1. 제7장에 따른 이의신청, 심사청구, 심판청구, 「감사원법」에 따른 심사청구 또는 「행정소송법」에 따른 소송에 대한 결정이나 판결이 확정된 경우: 결정 또는 판결이 확정된 날부터 1년

1의 2. 제1호의 결정이나 판결이 확정됨에 따라 그 결정 또는 판결의 대상이 된 과세표준 또는 세액과 연동된 다른 과세기간의 과세표준 또는 세액의 조정이 필요한 경우: 제1호의 결정 또는 판결이 확정된 날부터 1년 [2016.12.20. 신설]

2. 조세조약에 부합하지 아니하는 과세의 원인이 되는 조치가 있는 경우 그 조치가 있음을 안 날부터 3년 이내(조세조약에서 따로 규정하는 경우에는 그에 따른다)에 그 조세조약의 규정에 따른 상호합의가 신청된 것으로서 그에 대하여 상호합의가 이루어진 경우: 상호합의 절차의 종료일부터 1년

3. 제45조의2 제1항 및 제2항 또는 「국제조세조정에 관한 법률」 제10조의2제1항 및 제20조제2항에 따른 경정청구 또는 같은 법 제10조의3제1항에 따른 조정권고가 있는 경우: 경정청구일 또는 조정권고일부터 2개월 ☞ 제45조의2 "제1항"은 2016. 12. 20. 개정 시 신설되어 '일반적 경정청구'에 대하여도 경정청구일로부터 2개월의 특례제척기간을 부여함.

4. 제3호에 따른 경정청구 또는 조정권고가 있는 경우 그 경정청구 또는 조정권고의 대상이 된 과세표준 또는 세액과 연동된 다른 과세기간의 과세표준 또는 세액의 조정이 필요한 경우: 제3호에 따른 경정청구일 또는 조정권고일부터 2개월

5. 최초의 신고·결정 또는 경정에서 과세표준 및 세액의 계산 근거가 된 거래 또는 행위 등이 그 거래·행위 등과 관련된 소송에 대한 판결(판결과 같은 효력을 가지는 화해나 그 밖의 행위를 포함한다. 이하 이 호에서 같다)에 의하여 다른 것으로 확정된 경우: 판결이 확정된 날부터 1년

6. 역외거래와 관련하여 제1항에 따른 기간이 지나기 전에 「국제조세조정에 관한 법률」 제31조제1항에 따라 조세의 부과와 징수에 필요한 조세정보(이하 이 호에서 "조세정보"라 한다)를 외국의 권한 있는 당국에 요청하여 조세정보를 요청한 날부터 2년이 지나기 전까지 조세정보를 받은 경우: 조세정보를 받은 날부터 1년

이의신청·심사청구·심판청구, 감사원법에 의한 심사청구 또는 행정소송법에 의한 소송에 대한 결정 또는 판결[903]이 있는 경우에는 제1항의 규정에 불구하고 그 결정 또는 판결이 확정된 날부터 **1년**이 경과하기 전까지는 당해 결정·판결**에 따라** 경정결정 기타 **필요한 처**분을 할 수 있다."라고 규정하고 있다.

부과제척기간에 관한 특별규정인 구 국세기본법 제26조의2 제2항에 규정된 **특례제척기간**은, 같은 조 제1항 소정의 과세제척기간이 일단 만료하면 과세권자는 새로운 결정이나 증액경정결정은 물론 감액경정결정 등 어떠한 처분도 할 수 없게 되는 결과, 과세처분에 대한 행정심판청구 또는 행정소송 등의 쟁송절차가 장기간 지연되어 그 결정 또는 판결이 과세제척기간이 지난 후에 행하여지는 경우 그 결정이나 판결에 따른 처분조차도 할 수 없게 되는 불합리한 사례가 발생하는 것을 방지하기 위하여 마련된 것임에 비추어 볼 때, 그 문언상 과세권자로서는 해당 판결 또는 결정**에 따른** 경정결정이나 그에 **부수하는** 처분만[904]을 할 수 있을 뿐, 판결 또는 결정이 확정된 날로부터 1년 내라 하여 그

---

⑦ 제1항부터 제5항까지의 규정에도 불구하고 제6항 제1호의 결정 또는 판결에 의하여 다음 각 호의 어느 하나에 해당하게 된 경우에는 당초의 부과처분을 취소하고 그 결정 또는 판결이 확정된 날부터 1년 이내에 다음 각 호의 구분에 따른 자에게 경정이나 그 밖에 필요한 처분을 할 수 있다. 〈신설 2019.12.31〉

1. 명의대여 사실이 확인된 경우: 실제로 사업을 경영한 자 [2007.12.31. 신설]
2. 「소득세법」 제119조 및 「법인세법」 제93조에 따른 국내원천소득의 실질귀속자(이하 이 항에서 "국내원천소득의 실질귀속자"라 한다)가 확인된 경우: 국내원천소득의 실질귀속자 또는 「소득세법」 제156조 및 「법인세법」 제98조에 따른 원천징수의무자 [신설 2018.12.31.]

⑧ 제1항부터 제5항까지의 규정에도 불구하고 국세의 부과제척기간에 관하여 조세의 이중과세를 방지하기 위하여 체결한 조약(이하 "조세조약"이라 한다)에 따라 상호합의 절차가 진행 중인 경우에는 「국제조세조정에 관한 법률」 제25조에서 정하는 바에 따른다. 〈신설 2019.12.31〉

903) 대법원 2005. 2. 25. 선고 2004두11459 판결 ; "위 법조항 소정의 '판결'이란 그 판결에 따라 경정결정 기타 필요한 처분을 행하지 않으면 안 되는 판결, 즉 조세부과처분이나 경정거부처분에 대한 취소판결 등을 의미하는 것이고, 원고의 청구를 **기각**하는 판결이나 소를 **각하**하는 판결은 여기에 해당하지 않는다고 할 것이다." ☞ 원심이, 위 법조항 소정의 '당해 판결 등에 따라 필요한 처분'이라 함은 당해 판결 등에 의하여 대상처분이 변동되는 내용에 따라 감액경정하거나 그 처분이 단순히 절차상의 위법사유로 인하여 취소되는 경우에 그 하자를 치유하여 동일한 내용의 처분을 다시 할 수 있는 정도를 의미할 뿐이고, 쟁송과정 중에 과세표준의 증액사유를 발견하였다고 하더라도 이미 부과권의 제척기간이 만료된 이상 당해 판결 등의 내용과는 달리 새로운 처분을 하거나 증액경정처분을 할 수는 없다고 할 것인데, 이 사건 양도소득세 및 방위세 부과처분은 당초처분보다 세액이 증가된 증액경정처분이어서 위 법조항 소정의 '당해 판결 등에 따라 필요한 처분'에 해당하지 아니하고, 따라서 국세부과의 제척기간이 도과된 후에 이루어진 위 과세처분은 무효라고 판단한 것은 정당하고, 선행 취소소송 확정판결은 원고의 청구를 기각하는 판결이어서 위 법조항 소정의 '그 판결에 따라 경정결정 기타 필요한 처분'을 행하지 않으면 안 되는 '판결'에 해당하지 아니하므로, 이 점에서도 위 법조항 소정의 재처분에 해당할 여지는 없다고 한 예.

904) **◎ 특례부과제척기간 적용의 물적 범위**

○ 대법원 2010. 6. 24. 선고 2007두16493 판결 ; "구 국세기본법(2006. 12. 30. 법률 제8139호로 개정되기 전의 것) 제26조의2 제2항 … 문언상 과세권자로서는 당해 판결 또는 결정에 따른 경정결정이나 그에 부수하는 처분만을 할 수 있을 뿐, 판결 또는 결정이 확정된 날로부터 1년 내라 하여 당해 판결이나 결정에 따르지 아니하는 **새로운 결정**이나 **증액경정결정**까지도 할 수 있는 것은 아니다." ☞ 원심이, 제1차 부과처분에 대한 납부가 완료된 후, 피고는 원고 2, 3의 각 수유재산을 포함한 전체 상속재산 및 수유재산을 과세대상으로 증액경정처분인 제2차 부과처분을 하였으나 증액된 부분에 대하여 그 **고지절차에 하자**가 있다는 이유로 **취소판결**이 선고되어 확정된 사실, 이에 피고는 다시 위 판결이 확정된 날로부터 1년이 경과하기 전에 위 각 수유재산을 포함한 전체 상속재산 및 수유재산을 **그대로** 과세대상으로 보아 이 사건 부과처분을 한 사실 등을 인정한 다음, 원고 2, 3에 대한 이 사건 부과처분은 제척기간이 도과하기 전에 위 확정판결의 취지에 따라 적법하게 이루어졌다고 판단한 것은 정당하다고 한 사례.

판결이나 결정에 따르지 아니하는 새로운 결정[905]이나 증액경정결정[906]까지도 할 수 있는 것은 아니

○ 대법원 1996. 5. 10. 선고 93누4885 판결 ; "위 규정을 오로지 납세자를 위한 것이라고 보아 납세자에게 유리한 결정이나 판결을 이행하기 위하여만 허용된다고 볼 근거는 없으므로, … 납세고지의 위법을 이유로 당해 처분이 취소되자, 과세관청이 그 판결 확정일로부터 1년 내에 그 잘못을 바로잡아 다시 부과처분한 것이라면, 이는 위 지방세법 제30조의2 제2항이 정하는 당해 판결에 따른 처분으로 제1항이 정하는 제척기간의 적용이 없다고 할 것이다."

○ 헌재 2002. 12. 18. 선고 2002헌바27 결정 ; "허용되는 처분의 범위는 반드시 납세의무자에게 유리한 것에 한정된다고 볼 수 없다. 그 논거로서는, 첫째, 법률조항의 문언상 "경정결정 기타 필요한 처분"이라고만 되어 있을 뿐 그 처분에 다른 조건이나 제한적 문구가 기재되어 있지 않은 점에 비추어 위 특례 제척기간의 적용이 납세의무자에게 유리한 경우에만 가능하다거나 판결이나 결정의 주문만을 기준으로 이루어져야 한다고 볼 만한 근거가 전혀 없을 뿐 아니라 다른 관련법규에 비추어 보더라도 그러한 제한을 둘 근거가 없으며, 둘째, 제2항은 행정소송법 제30조에 규정한 기속력의 실효성을 확보하기 위한 특별규정이라고 할 수 있는데, 위와 같은 경우 통상의 제척기간 만료를 이유로 과세처분을 못한다고 하면 결국 판결 또는 결정의 취지가 실현되지 않게 되는 것이고, 셋째, 세액산정의 불능으로 인하여 부득이 과세처분 전부를 취소하는 경우 납세의무자에게 불리한 재처분이 불가능하다고 한다면 형평의 원칙에 맞지 아니하며, 넷째, 납세의무자가 소송에서 내용상의 위법을 줄곧 다투어 오다가 여의치 못하자 제척기간 이후 갑자기 절차상의 위법(납세고지절차상의 하자, 세액산정상의 위법 등)을 다투어 그 주장이 인용되는 경우 과세관청으로서는 뒤늦은 주장에 의하여 정당한 과세처분을 하지 못하는 부당한 결과가 발생하게 되는 것이고, 다섯째, 조세행정의 측면에서 조세관련법규의 엄격한 해석 못지 않게 공평과세 또는 조세정의의 중요성이 강조되고 있음을 부인할 수 없다는 점 등을 들 수 있다. … 실체적으로는 하자가 없으나 절차적 위법사유만 있는 경우 또는 과세원인을 잘못 평가하여 부과한 처분이지만 동일세목에 속하는 경우, 그리고 세액산정이 어려워 부과처분 전체가 취소된 경우 등에는 그 하자를 보완하거나 정확한 세액산정을 하여 재처분을 할 수 있다고 보는 것이 공평과세 및 조세정의의 측면에서 타당하다 할 것이므로, 제2항에 의한 처분이 반드시 납세의무자에게 유리한 재처분에 한정되는 것은 아니라고 본다."

○ 2016. 12. 20. 개정 시 구 국세기본법 제26조의2 제2항(2019. 12. 31. 개정 이후 제6항)의 규정 체계를 바꾸면서 "해당 판결에 따라" 부분이 없어졌는데, 이는 입법오류로 인한 단순 누락으로 보아야 하고 종전과 같이 해석함이 타당하다.

905) ○ 대법원 2012. 10. 11. 선고 2012두6636 판결 ; "구 국세기본법 … 제26조의2 … 제2항 … 규정의 당초 입법 취지는 국세에 관한 부과처분이 있은 후에 그 처분에 대한 행정심판 또는 행정소송 등의 쟁송절차가 장기간 경과되어 그 결정 또는 판결이 부과제척기간이 지난 후에 확정된 경우에 있어서 과세관청이 쟁송절차에서 유리한 결과를 이끌어 낸 납세자에 대하여 그 결정이나 판결에 따른 처분조차도 할 수 없게 되는 불합리한 사태가 발생하는 것을 방지하려는 데에 있었던 점, 조세법규의 해석은 특별한 사정이 없는 한 법문대로 해석할 것이고 그 중에서도 예외규정 내지 특례규정은 더욱 엄격한 해석이 요구되는 점, 확정된 결정이나 판결의 기판력이 미치는 범위는 그 쟁송대상이 되었던 과세단위에 제한될 뿐이고 이를 넘어서 별개의 과세단위에 관련된 판단이 이루어졌다 하더라도 이러한 판단에 기판력이 있다고 할 수 없으며 따라서 그러한 판단을 경정결정이나 그 밖에 필요한 처분을 할 수 있는 근거가 되는 위 규정상의 '해당 결정·판결'에 해당한다고 할 수 없는 점 등을 종합하여 보면, 비록 위 규정을 오로지 납세자를 위한 것이라고 보아 납세자에게 유리한 결정이나 판결을 이행하기 위한 경우에만 적용된다고 볼 수는 없다고 하더라도, 기간과세에 있어서 확정된 결정 또는 판결에서 다투어진 과세처분과 과세기간을 달리하는 기간에 대하여 해당 결정 또는 판결의 취지에 따른다는 명목으로 한 새로운 과세처분에 대해서까지 위 규정에 따른 특례제척기간의 적용을 허용할 수 있는 것은 아니다." ☛ 과세관청이, 변호사 甲이 의뢰인에게서 착수금 명목으로 받은 변호사 선임료를 2000년에 발생한 사업소득으로 보아 종합소득세 부과처분을 하였다가 甲이 제기한 2000년 귀속 종합소득세 부과처분 취소소송에서 위 금원을 2000년에 발생한 소득으로 볼 수 없다는 이유로 패소하자 2002년에 발생한 사업소득으로 보아 새로이 2002년 귀속 종합소득세 부과처분을 한 사안에서, 새로운 종합소득세 부과처분에 대하여는 구 국세기본법 제26조의2 제2항 제1호에서 정한 국세부과 제척기간에 대한 특례가 적용되지 않는다는 이유로, 위 처분은 부과제척기간인 5년이 지난 후에 이루어진 것으로서 위법하다고 한 사례.

○ 대법원 2004. 1. 27. 선고 2002두11011 판결 ; 국세 심판 결정에서 익금의 산입시기가 잘못되었다는 이유로 종전 처분을 취소하는 결정을 한 경우, 과세관청이 당해 익금을 이미 부과제척기간이 경과한 다른 사업연도의 익금에 산입하여 재처분을 하는 것이 국세기본법 제26조의2 제2항 제1호 소정의 '경정결정 기타 필요한 처분을 할 수 있는' 경우에 해당하지 않는다고 한 사례.

다(대법원 1994. 8. 26. 선고 94다3667 판결, 대법원 2005. 2. 25. 선고 2004두11459 판결 등 참조).[907]

⇔ ○ 대법원 2002. 7. 23. 선고 2000두6237 판결 ; 과세대상 소득이 부동산임대소득이 아니라 이자소득이라는 이유로 종합소득세 등 부과처분이 확정판결에 의하여 전부 취소된 후 과세관청이 그 소득을 이자소득으로 보고 종전처분의 부과세액을 한도로 하여 다시 종합소득세 등 부과처분을 한 경우, 그 처분은 종전처분에 대한 확정판결에서 나온 위법사유를 보완하여 한 새로운 과세처분으로서 종전처분과 그 과세원인을 달리하여 확정판결의 기속력 내지 기판력에 어긋나지 아니하고, 종전처분 취소소송에 대한 판결이 확정된 날로부터 1년 내에 확정판결에 나온 위법사유를 보완하여 한 과세처분이므로 제척기간을 도과한 위법이 없다고 판단한 것은 옳다고 한 사례. **[동일 취지]** 대법원 2015. 1. 29. 선고 2012두22126 판결 ; 원고에 대한 종전처분을 취소하는 확정 판결이, 원고가 소외 회사의 임원 또는 사용인에 해당하지 않으므로 원고에 대한 사외유출 소득에 대하여 구 법인세법 시행령 제106조 제1항 제1호 (라)목을 적용하여 기타소득으로 처분할 수 있음은 별론으로 하고 원고를 임원 또는 사용인으로 보아 (나)목 소정의 상여소득으로 처분할 수는 없다는 점을 지적하자, 원고에 대한 사외유출 소득을 기타소득으로 처분하여 종합소득세를 산정한 후행처분은, 위 판결의 취지에 따른 처분으로서 구 국세기본법 제26조의2 제2항 제1호 소정의 제척기간 내의 처분에 해당한다고 판단한 예.

○ 2016. 12. 20. 개정 시 신설된 '제1호의2'로, '연동된 다른 과세기간'의 과세표준 또는 세액의 조정이 필요한 경우에는 특례제척기간의 적용이 허용된다.

906) ○ 대법원 2010. 8. 19. 선고 2007두21877 판결 ; 국세심판원의 종전처분에 대한 취소결정에 따라 감액경정하였다가 특례제척기간 1년 내에 증액경정처분한 사안에서, 종전처분보다 그 **세액을 증가시킬 수는 없다**고 하면서 **종전 납부불성실가산세액을 초과하는 세액 범위**에서 **위법**하다고 한 예.

○ 대법원 1994. 8. 26. 선고 94다3667 판결 ; 피고 대한민국의 과세관청인 세무서장이 원고의 1985년도 귀속 법인세 등에 관한 원심 판시 확정판결에 따르지 아니하고, 이에 반하여 위 판결에서 공제된 일부 이월결손금을 부인하고 오히려 과세표준을 증액하여 1992. 12.경에 행한 원고에 대한 1985년도 법인세 증액경정결정은 **과세제척기간 경과 후의 처분**으로서 **무효**라고 한 원심의 판단이 정당하다고 한 예.

907) **【구체적 사안】**

○ 사실관계 ; **[1] 원고의 지위 및 주식 양도에 따른 양도소득세 등 신고·납부 경위** 1) 소외 회사의 대표이사이자 그 주식 100%(이 사건 주식)를 보유하고 있던 원고는 2006. 6. 7. 소외인에게 이 사건 주식을 105억 원에 양도하는 계약(이 사건 주식양도계약)을 체결하고, 같은 날 계약금 15억 원을, 2006. 8. 1. 잔금 90억 원을 각 지급받은 다음 소외인에게 이 사건 주식을 모두 이전하였다. 2) 원고는 이 사건 주식양도에 따른 증권거래세 52,500,000원과 양도소득세 2,216,096,110원을 신고·납부하였다. **[2] 거래재구성에 따른 과세관청의 과세처분과 이에 관한 종전 소송의 경과** 1) 세무서장은 소외 회사의 유일한 자산인 이 사건 부동산이 이 사건 주식의 잔금지급일인 2006. 8. 1. 소외 회사로부터 소외인에게 이전되었다는 사정 등에 기초하여 '이 사건 주식양도계약은 가장행위에 불과하고, 소외 회사가 소외인에게 이 사건 부동산을 105억 원에 양도한 것'으로 보고, 위 양도가액 105억 원을 소외 회사의 2006 사업연도 익금에 산입하여 2010. 9. 1. 소외 회사에 2006 사업연도 법인세 4,005,854,370원(종전 법인세)을 결정·고지하였다. 2) 세무서장은 위 105억 원을 소외 회사의 대표이사였던 원고에 대한 2006년 귀속 상여로 소득처분하여 그에 따라 2010. 9. 7. 소외 회사에 소득금액변동통지(법인용)를 하고, 2010. 11. 16. 원고에게 소득금액변동통지(소득자통지용)를 하였다. 3) 원고는 2010. 11. 10. 피고에게 위 소득금액변동통지에 따른 종합소득세 3,493,831,630원을 수정신고하면서 기납부한 양도소득세 2,216,096,110원과 증권거래세52,500,000원을 제외한 나머지 1,225,235,520원을 납부하였다. 4) 세무서장은 소외 회사가 종전 법인세를 납부하지 아니하자 구 국세기본법 제39조 제1항 제2호에 따라 원고를 소외 회사가 체납한 종전 법인세에 대한 제2차 납세의무자로 지정하고 2010. 11. 9. 원고에게 종전 법인세 4,005,854,370원을 납부하라는 통지를 하였다(종전 부과처분). 5) 원고는 2011. 9. 9. 세무서장을 상대로 서울행정법원 2011구합30120호로 종전 부과처분의 취소 등을 구하는 소송을 제기하였는데, 위 법원은 2012. 6. 29. '이 사건 주식양도계약이 가장행위 혹은 조세회피행위에 해당한다고 볼 수 없으므로 소외 회사가 2006. 7. 10. 소외인에게 이 사건 부동산을 105억 원에 매도한 것으로 볼 수 없다'는 이유로 종전 부과처분을 취소하는 내용의 판결을 선고하였고, 위 판결은 2015. 3. 26. 대법원의 상고기각으로 확정되었다(선행 확정판결). **[3] 과세관청의 환급결정 및 원고에 대한 이 사건 부과처분 경위** 1) 세무서장은 2015. 4. 15. 원고에게 선행 확정판결에 따라 원고에 대한 소득금액변동통지 및 제2차 납세의무자 지정을 각 취소하였고, 피고는 2015. 6. 9. 원고에게 종합소득세 3,493,831,630원을 환급하는 결정을 하였다. 2) 피고는 원고에게 이 사건 주식양도와 관련하여, 2015. 5. 6. 양도소득세 2,216,096,110원을, 2015. 7. 3. 증권거래세 52,500,000원을 각 결정·고지하였다(이 사건 처분).

● 대법원 2015. 9. 10. 선고 2013다205433 판결 [추심금]

▌특례 부과제척기간, 인적 범위, 지방세

판시사항

제2차 납세의무자에 대한 부과처분을 주된 납세의무자에 대한 납세고지 절차의 하자 등을 이유로 취소하는 판결이 확정된 경우, 주된 납세의무자에 대하여 특례부과제척기간이 적용되는지 여부(×)

이 유

구 지방세법(2010. 3. 31. 법률 제10221호로 전부 개정되기 전의 것) 제30조의4는 제1항에서 지방세의 부과제척기간을 원칙적으로 5년으로 정하면서, 제2항에서 '지방세에 관한 이의신청·심사청구·심판청구, 감사원법에 의한 심사청구 또는 행정소송법에 의한 소송에 대한 결정 또는 판결이 있는 경우에는 제1항의 규정에 불구하고 그 결정 또는 판결이 확정된 날부터 1년이 경과하기 전까지는 해당 결정·판결에 따라 경정결정 기타 필요한 처분을 할 수 있다'고 규정하고 있다.[908)]

ㅇ **판단** ; 선행 확정판결의 대상인 종전 부과처분은 법인인 소외 회사와 소외인 사이의 부동산양도거래에 따른 소외 회사의 토지 등 양도소득을 과세대상으로 하고 그 세목이 '법인세'인 반면, 이 사건 처분은 개인인 원고와 소외인 사이의 주식양도거래에 따른 원고의 주식양도소득과 양도 자체를 과세대상으로 하고 그 세목이 '양도소득세'와 '증권거래세'이므로, 이 사건 처분을 선행 확정판결에 따른 경정결정이나 그에 부수하는 처분이라고 보기 어렵다. 따라서 이 사건 처분은 종전 부과처분과는 다른 새로운 결정이라고 할 것이므로, 이 사건 처분에 대하여는 선행 확정판결에 따른 특례제척기간이 적용되지 않는다고 봄이 타당하다. … 상고이유의 요지는, 원심판결과 같이 동일한 사실관계 하에서 법적 평가만을 달리한 이 사건 처분에 대하여 선행 확정판결에 따른 특례제척기간이 적용되지 않는다고 본다면, 과세관청으로서는 분쟁이 예상되는 경우 중복하여 과세할 수밖에 없고, 이는 납세의무자의 재산권을 침해하고 조세행정상의 비효율을 초래하게 된다는 것이다. 그러나 앞서 살펴본 바와 같이 이 사건 처분은 그 상고이유 주장과 같이 단순히 종전 부과처분에 대한 법적 평가만을 달리한 처분이라고 보기 어려울 뿐만 아니라, 과세관청으로서는 올바른 법적 평가에 따라 세법을 적용하여 조세행정상의 효율을 추구하는 것이 그와 동시에 납세의무자의 재산권을 보호해야 할 의무를 다하는 것이다.

908) **지방세기본법 제38조(부과의 제척기간)** ① 지방세는 대통령령으로 정하는 바에 따라 부과할 수 있는 날부터 다음 각 호에서 정하는 기간이 만료되는 날까지 부과하지 아니한 경우에는 부과할 수 없다. 다만, 조세의 이중과세를 방지하기 위하여 체결한 조약(이하 "조세조약"이라 한다)에 따라 상호합의절차가 진행 중인 경우에는 「국제조세조정에 관한 법률」 제51조에서 정하는 바에 따른다. 〈개정 2020.12.22〉

1. 납세자가 사기나 그 밖의 부정한 행위로 지방세를 포탈하거나 환급·공제 또는 감면받은 경우: 10년
2. 납세자가 법정신고기한까지 과세표준 신고서를 제출하지 아니한 경우: 7년. 다만, 다음 각 목에 따른 취득으로서 법정신고기한까지 과세표준 신고서를 제출하지 아니한 경우에는 10년으로 한다.
   가. 상속 또는 증여를 원인으로 취득하는 경우
   나. 「부동산 실권리자명의 등기에 관한 법률」 제2조제1호에 따른 명의신탁약정으로 실권리자가 사실상 취득하는 경우
   다. 타인의 명의로 법인의 주식 또는 지분을 취득하였지만 해당 주식 또는 지분의 실권리자인 자가 제46조제2호에 따른 과점주주가 되어 「지방세법」 제7조제5항에 따라 해당 법인의 부동산등을 취득한 것으로 보는 경우
3. 그 밖의 경우: 5년

② 제1항에도 불구하고 다음 각 호의 경우에는 제1호에 따른 결정 또는 판결이 확정되거나 제2호에 따른 상호합의가 종결된 날부터 1년, 제3호에 따른 경정청구일 또는 제4호에 따른 지방소득세 관련 자료의 통보일부터 2개월이 지나기 전까지는 해당 결정·판결, 상호합의, 경정청구 또는 지방소득세 관련 자료의 통보에 따라 경정결정이나 그 밖에 필요한 처분을 할 수 있다. 〈개정 2018.12.24, 2019.12.31〉

이들 규정의 문언과 취지 등에 비추어 보면, 과세권자는 **해당 판결 등을 받은 자**로서 그 판결 등이 취소하거나 변경하고 있는 과세처분의 효력이 미치는 **납세의무자에 대하여서만** 위 규정을 **적용**하여 그 판결 등에 따른 경정처분 등을 할 수 있을 뿐, 납세의무가 승계되는 등의 특별한 사정이 없는 한 그 취소나 변경의 대상이 된 과세처분의 효력이 미치지 아니하는 **제3자**에 대하여서까지 위 규정을 적용할 수 있는 것은 아니다(대법원 2004. 6. 10. 선고 2003두1752 판결[909] 참조). … **제2차 납세의무자**에

---

1. 제7장에 따른 이의신청·심판청구, 「감사원법」에 따른 심사청구 또는 「행정소송법」에 따른 소송(이하 "행정소송"이라 한다)에 대한 결정 또는 판결이 있는 경우
2. 조세조약에 부합하지 아니하는 과세의 원인이 되는 조치가 있는 경우 그 조치가 있음을 안 날부터 3년 이내(조세조약에서 따로 규정하는 경우에는 그에 따른다)에 그 조세조약에 따른 상호합의가 신청된 것으로서 그에 대하여 상호합의가 이루어진 경우
3. 제50조 제1항·제2항 및 제4항에 따른 경정청구가 있는 경우[2018. 12. 24. 개정 시 제1항·제4항 추가]
4. 「지방세법」 제103조의59제1항제1호·제2호·제5호 및 같은 조 제2항제1호·제2호·제5호에 따라 세무서장 또는 지방국세청장이 지방소득세 관련 소득세 또는 법인세 과세표준과 세액의 결정·경정 등에 관한 자료를 통보한 경우[2018. 12. 24. 개정 시 신설]

③ 제2항 제1호의 결정 또는 판결에서 명의대여 사실이 확인된 경우에는 제1항에도 불구하고 그 결정 또는 판결이 확정된 날부터 1년 이내에 명의대여자에 대한 부과처분을 취소하고 실제로 사업을 경영한 자에게 경정결정이나 그 밖에 필요한 처분을 할 수 있다.

909) ◎ **인적 범위**

○ 대법원 2004. 6. 10. 선고 2003두1752 판결 ; **원심**이, 원고 임○은 아버지인 임△가 사망하기 3일 전인 1993. 11. 10. 임△로부터 부동산을 증여받았는데, 피고는 이를 부담부 증여로 보고 위 원고에 대하여 증여세를 부과하는 한편, 그 부담부분에 해당하는 채무 443,647,629원은 망인으로부터 자산이 유상양도된 것으로 보아 1999. 4. 8. 원고들을 포함한 망인의 상속인들에게 각 상속재산점유비율에 따라 양도소득세 부과처분(**당초처분**)을 한 사실, 그 후 **2002. 2. 18.경** 위 원고가 증여세부과처분에 대하여 제기한 국세심판청구에서 부동산이 담보하고 있던 금융기관 채무 15억 원 역시 위 원고가 상환하여야 할 채무라는 이유로 이를 상속세과세가액이 아닌 증여세과세가액에서 공제하여야 한다는 결정을 하자 이에 따라 증여세 관할관청인 세무서장이 위 원고에게 부과된 증여세를 감액경정한 사실, 한편 피고는 위와 같은 통보를 받고 상속인들에 대하여 상속세를 증액경정함과 아울러, 당초의 부담부분에 추가된 15억 원을 포함하여 망인이 납부할 1993년도 귀속 양도소득세로 630,979,610원을 다시 산출한 다음 2002. 4. 19. 원고들을 포함한 상속인들에게 이를 각 증액하여 부과하는 처분(**증액처분**)을 한 사실을 인정한 다음, 피고가 1999. 4. 8.자로 원고들에 대하여 한 당초처분은 그 후의 2002. 4. 19.자 증액처분에 흡수되어 소멸하였음에도 이 사건 소는 이미 소멸한 **당초처분의 취소를 구**하는 것이어서 부적법하다는 이유로 이를 각하한 데 대하여, **대법원**은, '부동산의 양도일(부담부 증여)은 1993. 11. 10.이어서 이에 대한 양도소득세 확정신고기한은 1994. 5. 31.이고 부과제척기간은 그 때부터 5년이 되는 1999. 5. 31.이므로 피고가 양도소득세 증액처분을 한 2002. 4. 19. 당시에 이미 부과제척기간이 도과하였음은 역수상 명백하다. 따라서 증액처분이 위 국세기본법 소정의 재처분에 해당하여 특별제척기간이 적용되지 아니하는 한 무효라 할 것인데, 피고가 재처분의 근거로 들고 있는 위 국세심판원의 결정은 원고 임○가 제기한 증여세부과처분에 대한 것으로서 이는 **위 원고에 대한 증여세**를 변경하는 효력을 가질 뿐, **망인이 부담할 양도소득세**에 대하여까지 효력을 미칠 수는 없는 것이어서 위 증액처분을 위 심판결정에 따른 적법한 재처분이라 할 수 없으므로 결국 위 증액처분은 제척기간이 도과한 무효의 처분이라 할 것이고 따라서 당초처분이 이에 흡수·소멸되었다고 할 수 없다.'고 한 예.

○ 대법원 2010. 6. 24. 선고 2007두16493 판결 ; 원고 1~4가 제기한 상속세 부과처분 취소소송에서 그 청구가 인용되어 확정된 사안에서, 피고는 위 판결에 따라 원고 1~4에 대한 경정처분을 새로이 할 수 있을 뿐이지 위 취소소송의 당사자가 아니어서 그 판결의 효력이 미치지 않는 원고 5에 대하여는 구 국세기본법 제26조의2 제2항에 근거하여 새로이 상속세의 경정처분을 할 수 없다고 할 것이므로, 원고 5에 대한 이 사건 부과처분은 제척기간을 도과한 후에 이루어진 것이어서 위법하다고 판단한 예.

○ 당해 결정, 판결의 당사자는 아니지만, **국세**의 경우 2007. 12. 31. 개정으로 신설된 제3항(2019. 12. 31. 개정 이후 제7항 제1호)에 따라 '실제로 사업을 경영한 자'(지방세기본법 제38조 제3항도 동일하다), 2018. 12. 31. 개정으로 신설된 제5항(2019. 12. 31. 개정 이후 제7항 제2호)에 따라 '국내원천소득의 실질귀속자'에게 경정결정이나 그 밖에

대한 부과처분을 주된 납세의무자에 대한 납세고지 절차의 하자 등을 이유로 **취소하는 판결이 확정**되었다고 하더라도, **주된 납세의무자**에 대한 부과제척기간에 관하여는 구 지방세법 제30조의4 제2항에 따른 **특례가 적용될 수 없다**고 할 것이다.

징수권의 소멸시효

● 대법원 2020. 3. 2. 선고 2017두41771 판결 [조세채권존재확인]

▌징수권 소멸시효, 시효중단, 조세채권확인의 소

판시사항

[1] **국세기본법 제28조 제1항** 각 호의 소멸시효 중단사유 규정이 **제한적·열거적 규정인지** 여부(×) / 민법 제168조 제1호에서 소멸시효의 중단사유로 규정하고 있는 '**청구**'가 국세징수권의 소멸시효 중단사유가 될 수 있는지 여부(한정 ○)

[2] **특별한 사정**(= 납세의무자가 무자력이거나 소재불명이어서 **체납처분 등의 자력집행권을 행사할 수 없**는 등 국세기본법이 규정한 사유들에 의해서는 조세채권의 소멸시효 중단이 불가능하고 조세채권자가 조세채권의 징수를 위하여 가능한 모든 조치를 충실히 취하여 왔음에도 조세채권이 실현되지 않은 채 **소멸시효기간의 경과가 임박**하는 등)이 있는 경우에는, **조세채권의 시효중단**을 위한 **재판상 청구**가 예외적으로 **소의 이익**이 있는지 여부(○)

[3] 과세주체가 소멸시효 중단을 위하여 납세의무자를 상대로 제기한 **조세채권확인의 소**가 **공법상 당사자소송**에 해당하는지 여부(○)

이 유

구 국세기본법(2013. 1. 1. 법률 제11604호로 개정되기 전의 것, 이하 같다) **제27조**[910][911] 제2항은 국세징수

필요한 처분을 할 수 있다.

910) **국세기본법 제27조(국세징수권의 소멸시효)** ① 국세의 징수를 목적으로 하는 국가의 권리(이하 이 조에서 "국세징수권"이라 한다)는 이를 행사할 수 있는 때부터 다음 각 호의 구분에 따른 기간 동안 행사하지 아니하면 소멸시효가 완성된다. 이 경우 다음 각 호의 국세의 금액은 가산세를 제외한 금액으로 한다. 〈개정 2019.12.31.〉 1. 5억원 이상의 국세: 10년 2. 제1호 외의 국세: 5년 ☞ 2013. 1. 1. 개정 시 5억 원 이상 국세징수권의 소멸시효기간이 10년으로 연장되었는데, 이는 '동법 시행 후 신고 또는 고지하는 분부터 적용'되고(부칙 제5조), 2019. 12. 31. 개정 시 5억 원이 '가산세를 제외한 금액'임을 명확히 하고, 이는 '법 시행 이후 신고 또는 고지하는 분부터 적용한다.'라고 규정하였다(부칙 제4조).

② 제1항의 소멸시효에 관하여는 이 법 또는 세법에 특별한 규정이 있는 것을 제외하고는 「민법」에 따른다.

③ 제1항에 따른 국세징수권을 행사할 수 있는 때는 다음 각 호의 날을 말한다. 〈개정 2019.12.31.〉

1. 과세표준과 세액의 신고에 의하여 납세의무가 확정되는 국세의 경우 신고한 세액에 대해서는 그 법정 신고납부기한의 다음 날
2. 과세표준과 세액을 정부가 결정, 경정 또는 수시부과결정하는 경우 납세고지한 세액에 대해서는 그 고지에 따른 납부기한의 다음 날

④ 제3항에도 불구하고 다음 각 호의 날은 제1항에 따른 국세징수권을 행사할 수 있는 때로 본다. 〈신설 2019.12.31.〉

권의 소멸시효에 관하여 국세기본법 또는 세법에 특별한 규정이 있는 것을 제외하고는 민법에 따른다고 규정하고 있고, **제28조**[912][913] 제1항은 납세고지(제1호),[914] 독촉 또는 납부최고(제2호),[915] 교부청구

☞ 영 제12조의4[2020.2.11. 삭제]에 규정되어 있던 것을 법률로 상향하여 제3, 4항에 규정함.

1. 원천징수의무자 또는 납세조합으로부터 징수하는 국세의 경우 납세고지한 원천징수세액 또는 납세조합징수세액에 대해서는 그 고지에 따른 납부기한의 다음 날
2. 인지세의 경우 납세고지한 인지세액에 대해서는 그 고지에 따른 납부기한의 다음 날
3. 제3항 제1호의 법정 신고납부기한이 연장되는 경우 그 연장된 기한의 다음 날

911) **지방세기본법 제39조(지방세징수권의 소멸시효)** ① 지방자치단체의 징수금의 징수를 목적으로 하는 지방자치단체의 권리(이하 "지방세징수권"이라 한다)는 이를 행사할 수 있는 때부터 다음 각 호의 구분에 따른 기간 동안 행사하지 아니하면 소멸시효가 완성된다. 1. 가산세를 제외한 지방세의 금액이 5천만원 이상인 경우: 10년 2. 가산세를 제외한 지방세의 금액이 5천만원 미만인 경우: 5년 ☞ 2019. 12. 31. 개정 시 5천만 원 이상 지방세 징수권의 소멸시효기간이 10년으로 연장되었고, 이는 2020. 1. 1. 이후 납세의무가 성립하는 분부터 적용된다(부칙 제2조). 2020. 12. 29. 개정 시 '가산세를 제외한 금액'임을 명확히 하였다(부칙 제2조는 2022. 2. 3. 이후 납세의무가 성립하는 분부터 적용한다고 규정하고 있다).

② 제1항의 소멸시효에 관하여는 이 법 또는 지방세관계법에 규정되어 있는 것을 제외하고는 「민법」에 따른다.

③ 지방세징수권을 행사할 수 있는 때는 다음 각 호의 날로 한다. 〈신설 2020.12.29.〉

1. 과세표준과 세액의 신고로 납세의무가 확정되는 지방세의 경우 신고한 세액에 대해서는 그 법정납부기한의 다음 날
2. 과세표준과 세액을 지방자치단체의 장이 결정 또는 경정하는 경우 납세고지한 세액에 대해서는 그 납세고지서에 따른 납부기한의 다음 날

④ 제3항에도 불구하고 다음 각 호의 경우에는 각 호에서 정한 날을 지방세징수권을 행사할 수 있는 때로 본다. 〈신설 2020.12.29〉

1. 특별징수의무자로부터 징수하는 지방세로서 납세고지한 특별징수세액의 경우: 납세고지서에 따른 납부기한의 다음 날
2. 제3항제1호의 법정납부기한이 연장되는 경우: 연장된 기한의 다음 날

912) **국세기본법 제28조(소멸시효의 중단과 정지)** ① 제27조에 따른 소멸시효는 다음 각 호의 사유로 중단된다. 1. 납세고지 2. 독촉 또는 납부최고 3. 교부청구 4. 압류

② 제1항에 따라 중단된 소멸시효는 다음 각 호의 기간이 지난 때부터 새로 진행한다. 1. 고지한 납부기간 2. 독촉이나 납부최고에 의한 납부기간 3. 교부청구 중의 기간 4. 압류해제까지의 기간

③ 제27조에 따른 소멸시효는 다음 각 호의 어느 하나에 해당하는 기간에는 진행되지 아니한다. 1. 세법에 따른 분납기간 2. 세법에 따른 징수 유예기간 3. 세법에 따른 체납처분유예기간 4. 세법에 따른 연부연납기간 5. 세무공무원이 「국세징수법」 제30조에 따른 사해행위 취소소송이나 「민법」 제404조에 따른 채권자대위 소송을 제기하여 그 소송이 진행 중인 기간 6. 체납자가 국외에 6개월 이상 계속 체류하는 경우 해당 국외 체류 기간 〈개정 2017.12.19.〉

④ 제3항에 따른 사해행위 취소소송 또는 채권자대위 소송의 제기로 인한 시효정지의 효력은 소송이 각하·기각 또는 취하된 경우에는 효력이 없다.

913) **지방세기본법 제40조(시효의 중단과 정지)** 국세기본법 제28조 ①, ②, ③, ④와 동일하다.

914) 대법원 1988. 2. 23. 선고 85누820 판결 ; "납세고지에 의한 국세징수권자의 권리행사에 의하여 이미 발생한 소멸시효중단의 효력은 그 과세처분(납세고지)이 취소되었다 하여 사라지지 않음은 물론 과세처분이 취소되어 소급하여 그 효력을 상실하였다고 해서 이에 기한 국세체납처분에 의한 압류처분이 실효되어 당연무효가 된다고 할 수도 없으므로 그 압류로 인한 소멸시효중단의 효력도 사라지지 않는다고 할 것"

915) 대법원 2016. 12. 1. 선고 2014두8650 판결 ; "원심은 … 피고가 2008. 3. 18. 이 사건 배당소득에 관하여 원고에게 한 과세예고통지는 구 국세기본법 제28조 제1항에 정한 징수권의 소멸시효 중단사유에 해당하지 않고, 장래에 납세자에게 일정액의 조세를 부과한다는 예고로서의 성격을 가질 뿐 직접적으로 납세자에 대한 채무이행을 구한다는 의사의 통지로 볼 수 없어 민법상 최고에 해당한다고 할 수도 없으므로, 이로써 징수권의 소멸시효가 중단되었다고 볼 수 없다고 판단하였다. … 원심의 이러한 판단은 정당하고"

(제3호),[916] 압류(제4호)[917]를 국세징수권의 소멸시효 중단사유로 규정[918]하고 있다.[919]

위 납세고지, 독촉 또는 납부최고, 교부청구, 압류는 국세징수를 위해 국세징수법에 규정된 특유한 절차들로서 국세기본법이 규정한 특별한 국세징수권 소멸시효 중단사유이기는 하다. 그러나 구 국세기본법은 민법에 따른 국세징수권 소멸시효 중단사유의 준용을 배제한다는 규정을 두지 않고 있고, 조세채권도 민사상 채권과 비교하여 볼 때 그 성질상 민법에 정한 소멸시효 중단사유를 적용할 수 있는 경우라면 그 준용을 배제할 이유도 없다. 따라서 구 **국세기본법 제28조 제1항 각 호**의 **소멸시효 중단사유**를 **제한적·열거적 규정**으로 보아 구 국세기본법 제28조 제1항 각 호가 규정한 사유들만이 국세징수권의 소멸시효 중단사유가 된다고 **볼 수는 없다**. 이와 같은 관련 규정의 체계와 문언 내용 등에 비추어, **민법 제168조 제1호**가 소멸시효의 중단사유로 규정하고 있는 '**청구**'도 그것이 허용될 수 있는 경우라면 구 국세기본법 제27조 제2항에 따라 국세징수권의 소멸시효 중단사유가 될 수 있다고 봄이 타당하다.[920]

한편 조세는 국가존립의 기초인 재정의 근간으로서, 세법은 공권력 행사의 주체인 과세관청에 부과권이나 우선권 및 자력집행권 등 세액의 납부와 징수를 위한 상당한 권한을 부여하여 그 공익성과

---

916) 대법원 2010. 5. 27. 선고 2009다69951 판결 ; "국세징수법 등 관련법규에서 교부청구를 한 세무서장 등이 체납자에게 교부청구한 사실을 알릴 것을 요하지 아니하므로, 체납자에게 교부청구 사실을 알리지 아니하였다고 하여 소멸시효 중단의 효력에 영향을 미칠 수 없다." cf. 민법 제176조(압류, 가압류, 가처분과 시효중단) 압류, 가압류 및 가처분은 시효의 이익을 받은 자에 대하여 하지 아니한 때에는 이를 그에게 통지한 후가 아니면 시효중단의 효력이 없다.

917) ○ 대법원 2001. 8. 21. 선고 2000다12419 판결 ; "여기서의 '압류'란 세무공무원이 국세징수법 제24조 이하의 규정에 따라 납세자의 재산에 대한 압류 절차에 착수하는 것을 가리키는 것이므로, 세무공무원이 국세징수법 제26조에 의하여 체납자의 가옥·선박·창고 기타의 장소를 수색하였으나 압류할 목적물을 찾아내지 못하여 압류를 실행하지 못하고 수색조서를 작성하는 데 그친 경우에도 소멸시효 중단의 효력이 있다고 해석하는 것이 옳다."
○ 대법원 2017. 4. 28. 선고 2016다239840 판결 ; "시효가 중단된 때에는 중단까지에 경과한 시효기간은 이를 산입하지 아니하고 중단사유가 종료한 때로부터 새로이 진행하는데(국세기본법 제28조 제2항, 민법 제178조 제1항), 소멸시효의 중단사유 중 '압류'에 의한 시효중단의 효력은 압류가 해제되거나 집행절차가 종료될 때 그 중단사유가 종료한 것으로 볼 수 있다. … 체납처분에 의한 채권압류로 인하여 채권자의 채무자에 대한 채권의 시효가 중단된 경우에 그 압류에 의한 체납처분 절차가 채권추심 등으로 종료된 때뿐만 아니라, 피압류채권이 그 기본계약관계의 해지·실효 또는 소멸시효 완성 등으로 인하여 소멸함으로써 압류의 대상이 존재하지 않게 되어 압류 자체가 실효된 경우에도 체납처분 절차는 더 이상 진행될 수 없으므로 시효중단사유가 종료한 것으로 보아야 하고, 그때부터 시효가 새로이 진행한다고 할 것이다."

918) 2016. 12. 20. 국세기본법 개정(시행 2017. 1. 1.)으로, 세무서장이 납세자의 환급청구를 촉구하기 위하여 납세자에게 하는 환급청구의 안내·통지는 승인에 대하여 시효중단의 효력을 인정하는 「민법」의 규정에도 불구하고 시효중단의 효력이 없음을 명확히 하였다(법 제54조 제3항 신설).

919) 대법원 2016. 12. 1. 선고 2014두8650 판결 ; "구 국세기본법상 열거된 국세징수권의 소멸시효 정지사유 가운데 '과세전 적부심사 청구에 따른 심리기간'이 규정되어 있지 아니하고, 민법에도 그와 같은 취지의 규정이 없는 점 등에 비추어 보면, 납세의무자가 과세전 적부심사를 청구함에 따라 적부심의 심리가 진행 중이라고 하여 국세징수권의 소멸시효가 진행되지 아니한다고 볼 수 없다." ☛ 원심이, 원고가 2003. 9. 19. 외국법인에게 지급한 배당소득에 관하여 법인세 징수권의 소멸시효가 완성되기 전인 2008. 4. 11.에 과세전 적부심사청구가 제기됨에 따라 2008. 10. 31.까지 적부심 심리가 진행되었다고 하더라도 그 기간 동안 징수권의 소멸시효가 정지되었다고 볼 수 없다고 판단한 것은 정당하다고 한 예.

920) 그 밖에, 부과권의 제척기간이 도과하기 전에는 징수권의 소멸시효 완성 여부와 상관없이 경정처분이 가능하고(2004두3625), 소멸시효완성 이후의 과세처분에 기하여 세액을 납부하였다 하더라도 이를 들어 바로 소멸시효 이익을 포기한 것으로 볼 수는 없다(87다카70).

공공성을 담보하고 있다. 따라서 조세채권자는 세법이 부여한 부과권 및 자력집행권 등에 기하여 조세채권을 실현할 수 있어 특별한 사정이 없는 한 납세자를 상대로 소를 제기할 이익을 인정하기 어렵다. 다만 납세의무자가 **무자력**이거나 **소재불명**이어서 **체납처분 등의 자력집행권을 행사할 수 없**는 등 구 국세기본법 제28조 제1항이 규정한 사유들에 의해서는 조세채권의 소멸시효 중단이 불가능하고 조세채권자가 조세채권의 징수를 위하여 가능한 모든 조치를 충실히 취하여 왔음에도 조세채권이 실현되지 않은 채 **소멸시효기간의 경과가 임박**하는 등의 **특별한 사정**이 있는 경우에는, 그 **시효중단을 위한 재판상 청구**는 **예외적으로 소의 이익이 있다**고 봄이 타당하다.[921]

그리고 국가 등 과세주체가 당해 확정된 조세채권의 소멸시효 중단을 위하여 납세의무자를 상대로 제기한 **조세채권존재확인의 소**는 **공법상 당사자소송**에 해당한다.

○ 대법원 2020. 11. 12. 선고 2017두36908 판결 [법인(원천)세징수처분취소]

▌징수권, 소멸시효 기산일, 시효중단, 특례제척기간

판시사항

[1] **소멸시효 기산점**과 관련하여, 원심[922]이, 이 사건 양도소득[923]에 대한 원고의 원천징수분 법인

---

921) **【구체적 사안】**
외국법인인 피고에게 국내사업장이 없어 과세관청이 구 법인세법(2007. 12. 31. 법률 제8831호로 개정되기 전의 것) 제97조 제1항, 제60조 제1항에 따라 국내원천소득에 관한 법인세 신고·납부의무가 있는 피고에 대하여 법인세를 부과·고지하였는데, 피고의 재산이 외국에는 있으나 국내에는 없어 압류 등 조치를 취하지 못하였고, 징수위탁을 위한 상호합의 등의 노력을 기울였음에도 그 법인세와 가산금을 징수하지 못하고 소멸시효 완성이 임박한 경우, 그 소멸시효 중단을 위한 이 사건 소는 예외적으로 소의 이익이 있다고 판단한 사례.

922) 서울고등법원 2017. 2. 2. 선고 2016누54741 판결.

923) **【구체적 사안】**
가. 원고의 소외 은행 주식 인수 및 원천징수 불이행 경위 ; 원고는 2005. 4. 15. 말레이시아 라부안에 설립된 소외 회사로부터 소외 은행 주식 99,999,916주(이 사건 주식)를 1,651,104,756,621원에 양수하고 그 대금을 지급하면서, 「대한민국과 말레이시아 정부 간의 소득에 대한 조세의 이중과세회피와 탈세방지를 위한 협약」에 따라 이 사건 주식의 양도로 발생한 양도차익(이 사건 양도소득)에 대한 법인세를 원천징수하지 않았다. **나. 1차 징수처분 및 가산세 부과처분과 선행 소송의 경과** ; 1) 피고는 2006. 12. 18. 소외 회사가 명목상 회사에 불과하고 이 사건 양도소득의 실질귀속자는 영국령 케이만군도에 설립된 유한 파트너십인 '케이에프비 엘피'에 대한 투자자들이라는 전제하에 원고에게 이 사건 양도소득에 대한 원천징수분 소득세 43,010,717,520원(가산세 포함)을 납세고지하는 1차 징수처분 및 가산세 부과처분을 하였다. 2) 원고는 이에 불복하여 1차 징수처분 및 가산세 부과처분의 취소를 구하는 소를 제기하였는데, 서울행정법원은 2009. 12. 30. 원고의 청구를 기각하는 판결을 선고하였고(2008구합17110), 원고가 이에 불복하여 항소하였으나 서울고등법원은 2010. 8. 25. 항소기각 판결을 선고하였다(2010누3826, '환송 전 원심판결'). 그러나 대법원은 2013. 7. 11. 환송 전 원심이 케이에프비 엘피를 구 법인세법(2005. 12. 31. 법률 제7838호로 개정되기 전의 것)상 외국법인으로 볼 수 있는지 심리하여 이 사건 양도소득에 대하여 원천징수분 법인세를 과세하여야 하는지를 판단하여야 한다는 취지로 환송 전 원심판결을 일부 파기환송하였다(2010두20966). 3) 피고는 위 소송의 환송 후 원심에서 케이에프비 엘피가 구 법인세법상 외국법인이라는 전제하에 처분사유를 원천징수분 소득세에서 원천징수분 법인세로 변경하였으나, 환송 후 원심은 이를 받아들이지 않은 채 2014. 1. 10. 1차 징수처분 및 가산세 부과처분을 취소하는 판결을 선고하였다(2013누23272, '환송 후 원심판결'). 피고가 이에 불복하여 상고하였으나, 대법원은 2014. 9. 4. 세목은 부과처분에서는 물론 징수처분에서도 납세의무의 단위를 구분하는 본질적인 요소이므로, 당초의 징수처분에서와 다른 세목으로 처분사유를 변경하는 것은 처분의 동일성이 유지되지 않아 허용될 수 없다는

세 납부의무의 **소멸시효 기산일**은 그 **법정납부기한 다음 날**인 2005. 5. 11.인데,[924] 이 사건 징수처분 및 가산세 부과처분은 그로부터 소멸시효 기간 5년이 경과한 2015. 4. 17. 이루어졌으므로 위법하다고 판단한 다음, '그 소멸시효 기산일은 선행 소송이 확정되어 이 사건 양도소득의 실질귀속자와 그의 법적 형태가 확정된 2014. 9. 4.로 보아야 한다.'는 피고의 주장에 대하여 이 사건 **양도소득의 실질귀속자 파악이나 판단이 어렵다는 사정**이 있다고 하여 **소멸시효 기산일을 달리 볼 수 없다**는 등의 이유로 이를 배척한 것[925]에 위법이 없고, 피고가 상고이유에서 들고 있는 대법원 판결들은 이 사건과 사안이 다르므로 이 사건에 원용하기에 적절하지 않으며,[926]

이유로 피고의 상고를 기각하는 판결을 선고하여(2014두3068), 환송 후 원심판결이 확정되었다. **다. 이 사건 징수처분 및 가산세 부과처분 경위** ; 피고는 2015. 4. 17. 원고에게 이 사건 양도소득에 대한 원천징수분 법인세 181,621,523,220원(가산세 포함)을 납세고지하는 이 사건 징수처분 및 가산세 부과처분을 하였다.

924) 구 국세기본법(2007. 12. 31. 법률 제8830호로 개정되기 전의 것) 제27조 제1항은 '국세의 징수를 목적으로 하는 국가의 권리는 이를 행사할 수 있는 때로부터 5년간 행사하지 아니하면 소멸시효가 완성된다.', 제3항은 '제1항의 규정에 의한 국세의 징수를 목적으로 하는 국가의 권리를 행사할 수 있는 때는 대통령령으로 정한다.'고 각 규정하고, 그 위임을 받은 **구 국세기본법 시행령**(2007. 2. 28. 대통령령 제19893호로 개정되기 전의 것) **제12조의4(국세징수권 소멸시효의 기산일) 제2항**은 '원천징수의무자 또는 납세조합으로부터 징수하는 국세에 있어서는 당해 원천징수세액 또는 납세조합징수세액의 법정납부기한의 다음날(1호), 인지세에 있어서는 당해 국세의 납세의무가 성립한 날(2호)'을 '국세의 징수를 목적으로 하는 국가의 권리를 행사할 수 있는 때로 한다.'고 규정하고 있으며, 한편, 구 법인세법(2005. 12. 31. 법률 제7388호로 개정되기 전의 것) 제98조 제1항 본문 제4호는 '외국 법인에 대하여 제93조 제10호의 규정에 의한 국내원천소득으로서 국내사업장과 실질적으로 관련되지 아니하거나 그 국내사업장에 귀속되지 아니하는 소득의 금액을 지급하는 자는 그 지급하는 때에 지급액의 100분의 10을 당해 법인의 각 사업연도의 소득에 대한 법인세로서 원천징수하여 그 원천징수한 날이 속하는 달의 다음 달 10일까지 납세지 관할세무서 등에 납부하여야 한다.'고 규정하고 있었다. 따라서 원고가 이 사건 양도소득에 대하여 원천징수하는 법인세의 납부의무는 이 사건 주식의 양수대금을 지급한 2005. 4. 15.에 성립과 동시에 확정되었고, 이에 대한 소멸시효의 기산일은 당해 원천징수세액의 법정납부기한인 2005. 5. 10.(위 2005. 4. 15.이 속하는 달의 다음 달 10일이다)의 다음 날인 2005. 5. 11.이다.

925) **원심 판단** ; "**가. 피고의 주장** ; 외국투자단체가 관련된 거래의 경우 OECD 보고서, 과세당국의 유권해석과 과세실무는 모두 소득의 귀속자를 투자단체가 아니라 그 투자단체의 구성원인 투자자라고 보고 있는 점, 대법원은 외국투자단체가 관련된 거래에서 그 재산에 관한 소득은 재산을 실질적으로 지배 · 관리하는 자에게 귀속된 것으로 봄으로써 사안에 따라 소득의 실질 귀속자를 판단하고 있고, 이에 따라 소득의 실질 귀속자가 외국투자단체와 그 구성원 중 누가 되는 가는 대부분의 사안에서 과세관청의 처분 당시에는 확정되기 어렵고, 사안에 따라 법원의 판단을 받아야 확정된다는 점 등을 고려하면, 이 사건 징수권의 소멸시효의 기산점은 선행 소송의 판결이 확정되어 소득의 실질 귀속자와 그의 법적 형태가 확정된 2014. 9. 4.로 보아야 할 특별한 사정이 있다.
나. 판단 ; 소득의 실질 귀속자를 확정하는 것은 조세의 부과, 징수를 담당하는 과세관청의 권한범위에 속하는 것이므로 과세관청은 스스로의 권한과 판단에 따라 소득의 실질 귀속자나 그의 법적 형태를 파악하여 징수처분을 하여야 할 뿐이고, 그 실질귀속자의 파악이나 판단이 어렵다는 사정이 있다 하여 징수권의 소멸시효의 기산점을 달리 볼 수는 없다."

926) ◎ **권리 행사에 사실상 장애가 있는 경우 소멸시효의 진행 여부**
소멸시효는 객관적으로 권리가 발생하여 그 권리를 행사할 수 있는 때로부터 진행하고(민법 제166조 ①) 그 권리를 행사할 수 없는 동안은 진행하지 않는데, 판례는, '권리를 행사할 수 없는' 경우라 함은 원칙적으로, 그 권리행사에 법률상의 장애사유(기간의 미도래, 조건 불성취 등)가 있는 경우를 말하고, 사실상 권리의 존재나 권리의 행사가 가능함을 알지 못하였고 알지 못함에 과실이 없다는 것과 같이 그 행사에 사실상의 장애가 있음에 불과한 경우에는 이에 해당하지 않는다는 입장이다(대법원 1992. 3. 31. 선고 91다32053 전원합의체 판결). 이에 따라, 과세처분의 하자가 중대하고 명백하여 당연무효에 해당하는 여부를 당사자로서는 현실적으로 판단하기 어렵다거나, 당사자에게 처음부터 과세처분의 취소소송과 부당이득반환청구소송을 동시에 제기할 것을 기대할 수 없다고 하여도 이러한 사유는 법률상 장애사유가 아니라 사실상의 장애사유에 지나지 않고, 과세처분의 취소를 구하였으나 재판과정에서 그 과세처분이 무효로 밝혀졌다고 하여도 그 과세처분은 처음부터 무효이고 무효선언으로서의 취소판결이 확정됨으로써 비로

[2] 납세고지에 의한 소멸시효 중단과 관련하여, 원심이, 피고가 2006. 12. 18. 원고에게 이 사건 양도소득에 대한 원천징수분 소득세를 납세고지함으로써 이 사건 양도소득에 대한 원천징수분 법인세 징수권(이 사건 징수권)의 소멸시효가 중단되었다는 피고의 주장에 대하여, 세목은 부과처분에서는 물론 징수처분에서도 납세의무의 단위를 구분하는 본질적인 요소이므로 근거 세목이 '소득세'인 1차 징수처분과 근거 세목이 '법인세'인 이 사건 징수처분은 처분의 동일성이 인정되지 않아 1차 징수처분

소 무효로 되는 것은 아니므로 오납 시부터 그 반환청구권의 소멸시효가 진행한다고 하였다(위 91다32053 전원합의체 판결).

그런데 판례는 예외적으로, 권리자가 권리의 발생 여부를 객관적으로 알기 어려운 상황에 있고 과실 없이 이를 알지 못한 경우에, 정의와 형평 및 소멸시효제도의 존재이유에 비추어, '객관적으로 권리의 발생을 알 수 있게 된 때'로부터 소멸시효가 진행되는 경우가 있음을 인정해 왔다.

예컨대, ❶ "건물신축공사에서 하수급인의 수급인에 대한 저당권설정청구권은 수급인이 건물의 소유권을 취득하면 성립하고 특별한 사정이 없는 한 그때부터 그 권리를 행사할 수 있다고 할 것이지만, 건물 소유권의 귀속주체는 하수급인의 관여 없이 도급인과 수급인 사이에 체결된 도급계약의 내용에 따라 결정되는 것이고, 더구나 건물이 완성된 이후 그 소유권 귀속에 관한 법적 분쟁이 계속되는 등으로 하수급인이 수급인을 상대로 저당권설정청구권을 행사할 수 있는지 여부를 객관적으로 알기 어려운 상황에 있어 과실 없이 이를 알지 못한 경우에도 그 청구권이 성립한 때부터 소멸시효가 진행한다고 보는 것은 정의와 형평에 맞지 않을 뿐만 아니라 소멸시효 제도의 존재이유에도 부합한다고 볼 수 없다. 그러므로 이러한 경우에는 객관적으로 하수급인이 저당권설정청구권을 행사할 수 있음을 알 수 있게 된 때부터 소멸시효가 진행한다고 보는 것이 타당하다."라고 하여, 하수급인 원고의 수급인 피고에 대한 저당권설정청구권의 소멸시효는 도급인인 대지지분소유자들과 피고 사이의 건물 소유권 귀속에 관한 관련사건의 상고심판결 선고일부터 진행한다고 본 예(2014다211978), ❷ "보험사고가 발생한 것인지의 여부가 객관적으로 분명하지 아니하여 보험금액청구권자가 과실 없이 보험사고의 발생을 알 수 없었던 경우에도 보험사고가 발생한 때부터 보험금액청구권의 소멸시효가 진행한다고 해석하는 것은, 보험금액청구권자에게 너무 가혹하여 사회정의와 형평의 이념에 반할 뿐만 아니라 소멸시효제도의 존재 이유에 부합된다고 볼 수도 없으므로, 객관적으로 보아 보험사고가 발생한 사실을 확인할 수 없는 사정이 있는 경우에는, 보험금액청구권자가 보험사고의 발생을 알았거나 알 수 있었던 때로부터 보험금액청구권의 소멸시효가 진행한다고 해석하는 것이 타당하다."라고 한 다음, 군복무 중 목을 매 사망한 甲에 대하여, 군 수사기관은 단순 자살로 결론 내렸으나 그 후 군의문사 진상규명위원회가 '구타·가혹행위 등으로 육체적, 정신적 고통을 견딜 수 없는 상태에서 사망에 이르렀다'는 결정을 한 **사안**에서, 甲의 사망을 보험사고로 하는 보험금청구권의 소멸시효는 위 결정 시부터 진행하는데도, 유족들이 순직확인서를 발부받은 무렵부터 진행한다고 본 원심판단에 위법이 있다고 한 예(2015다30398), ❸ "종중의 총회결의가 부존재함에 따라 발생하는 제3자의 부당이득반환청구권처럼 종중 등의 내부적인 법률관계가 개입되어 있어 청구권자가 권리의 발생 여부를 객관적으로 알기 어려운 상황에 있고 청구권자가 과실 없이 이를 알지 못한 경우에도 청구권이 성립한 때부터 바로 소멸시효가 진행한다고 보는 것은 정의와 형평에 맞지 않을 뿐만 아니라 소멸시효제도의 존재이유에도 부합한다고 볼 수 없으므로, 이러한 경우에는 종중총회결의의 부존재가 외부로 드러남으로써 객관적으로 청구권의 발생을 알 수 있게 된 때로부터 소멸시효가 진행된다고 보는 것이 타당하다."라고 한 다음, 甲이 乙 종중과 체결한 매매계약이 종중 총회결의를 거치지 아니하고 이루어진 것이어서 무효로 되어 甲이 乙 종중에게 지급한 계약금의 반환을 구한 **사안**에서, **원심**이, 甲이 乙 종중에게 계약금을 지급한 다음날부터 계약금반환채권의 소멸시효가 진행된다고 보아 그로부터 10년이 경과된 후에 소가 제기되었음을 이유로 소멸시효가 완성되었다고 판단한 데 대하여, **대법원**은, 매매계약의 무효원인인 종중총회결의의 부존재가 외부로 드러남으로써 甲이 객관적으로 계약금반환채권의 발생을 알 수 있게 된 때를 심리하여 판단하였어야 한다고 한 예(2010다78470), ❹ "법인의 이사회결의가 부존재함에 따라 발생하는 제3자의 부당이득반환청구권처럼 법인이나 회사의 내부적인 법률관계가 개입되어 있어 청구권자가 권리의 발생 여부를 객관적으로 알기 어려운 상황에 있고 청구권자가 과실 없이 이를 알지 못한 경우에도 청구권이 성립한 때부터 바로 소멸시효가 진행한다고 보는 것은 정의와 형평에 맞지 않을 뿐만 아니라 소멸시효제도의 존재이유에도 부합한다고 볼 수 없으므로, 이러한 경우에는 이사회결의부존재확인판결의 확정과 같이 객관적으로 청구권의 발생을 알 수 있게 된 때로부터 소멸시효가 진행된다고 보는 것이 타당하다."라고 한 예(2002다64957) 등이 있다.

대법원 2020. 11. 12. 선고 2017두36908 판결은 당해 사안이 위 ❶~❹의 대법원 판결 사안과는 다르므로 원용하기에 적절하지 않다고 하였으나, 이에는 의문이 있을 수 있다.

은 이 사건 징수권의 소멸시효를 중단하는 사유인 '납세고지'에 해당한다고 보기 어렵다는 이유로 이를 배척한 것[927]에 위법이 없고, 피고가 상고이유에서 들고 있는 대법원 판결들은 이 사건과 사안이 다르므로 이 사건에 원용하기에 적절하지 않으며,

[3] **응소행위**로 인한 **소멸시효 중단**과 관련하여, 원심이, 피고가 1차 징수처분 및 가산세 부과처분에 대한 선행 소송에서 응소함으로써 이 사건 징수권의 소멸시효가 중단되었다는 피고의 주장에 대하여, 1차 징수처분과 이 사건 징수권의 **근거 세목**이 달라 **동일한 국세징수권**으로 보기 어려우므로, 피고가 이 사건 징수권의 소멸시효 완성 전에 **응소행위**로써 이 사건 **징수권을 행사하였다고 할 수 없고**, 선행 소송에서 피고의 처분사유 변경이 허용되지 않고 **피고 패소 판결**이 확정된 이상 피고가 주장한 이 사건 **징수권이 법원에 받아들여졌다고 보기도 어렵다**는 이유로 이를 배척한 것[928]에 위법이 없고, 피고가 상고이유에서 들고 있는 대법원 판결들은 이 사건과 사안이 다르므로 이 사건에 원용하기에 적절하지 않으며,[929]

---

927) **원심이 인용한 1심판결**(서울행정법원 2016. 6. 24. 선고 2015구합69614 판결) ; "가) **피고**는, 1차 징수처분과 이 사건 징수처분은 모두 동일한 과세원인 및 과세대상에 이미 발생한 원고의 채무에 대한 동일한 이행청구에 불과하므로, 2006. 12. 18. 원고에 대하여 이 사건 양도소득에 대한 원천징수분 소득세를 납세고지함으로써 이 사건 양도소득에 대한 원천징수분 법인세 징수권(이하 '이 사건 징수권'이라 한다)의 소멸시효가 중단되었다고 **주장**한다. 구 국세기본법 제28조 제2항 제1호에 따르면 국세징수권의 소멸시효는 납세고지로 인하여 중단되는데, 이러한 소멸시효 중단의 효과가 발생하려면 납세고지가 징수의 대상인 국세와 과세단위가 동일한 것에 대한 것이어야 한다. 그런데 세목은 부과처분에서는 물론 징수처분에서도 납세의무의 단위를 구분하는 본질적인 요소라고 할 것이므로(2014두3068 판결 참조), 근거 세목이 소득세인 1차 징수처분과 근거 세목이 법인세인 이 사건 징수처분은 처분의 동일성이 인정되지 않는다. 따라서 1차 징수처분은 이 사건 징수권의 소멸시효를 중단하는 사유인 '납세고지'에 해당한다고 보기 어렵다. 피고의 이 부분 주장은 이유 없다."

928) **원심이 인용한 1심판결** ; "**피고**는, 1차 징수처분 및 가산세 부과처분에 대한 선행 소송(이하 '선행 소송'이라 한다)에 응소하였고 그 소송 중에 소득세 원천징수에서 법인세 원천징수로 처분사유를 변경하였으며, 선행 소송에서 피고에게 이 사건 징수권이 없음을 이유로 하여 패소 판결이 선고된 것은 아니므로 피고의 응소행위로써 이 사건 징수권의 소멸시효가 중단되었다고 **주장**한다. 구 국세기본법 제27조 제2항에서 준용하는 민법 제168조 제1호, 제170조 제1항에서 시효중단사유의 하나로 규정하고 있는 '재판상의 청구'라 함은, 권리자가 시효를 주장하는 자를 상대로 소로써 권리를 주장하는 경우뿐 아니라 시효를 주장하는 자가 원고가 되어 소를 제기한 데 대하여 피고로서 응소하여 그 소송에서 적극적으로 권리를 주장하고 그것이 받아들여진 경우도 포함되나, 피고로서 응소한 권리자가 적극적으로 자신의 권리를 주장하지 않고 다른 주장을 한 경우에는 권리행사가 있다고 볼 수 없어 그로 인하여 소멸시효가 중단되지 않는다고 할 것이다. 피고는 선행 소송에서 그 주장과 같이 처분사유를 변경하기 전까지 이 사건 양도소득에 대한 원천징수분 소득세 징수권(이하 '이 사건 소득세 징수권'이라 한다)을 주장하였을 뿐이고, 이 사건 징수권의 소멸시효가 완성된 2010. 5. 10. 이후임이 역수상 명백한 파기환송심(위 서울고등법원 2013누23272호 사건)에서야 비로소 처분사유를 변경하여 이 사건 징수권을 주장하였다. 이 사건 소득세 징수권과 이 사건 징수권도 근거 세목이 달라 동일한 국세징수권으로 보기 어려우므로, 피고가 이 사건 징수권의 소멸시효 완성 전에 응소행위로써 이 사건 징수권을 행사하였다고 할 수 없다. 또한 선행 소송에서 처분사유 변경이 허용되지 않고 피고 패소 판결이 확정된 이상 피고가 주장한 이 사건 징수권이 법원에 의하여 받아들여졌다고 보기도 어렵다. 따라서 피고의 응소행위로 인하여 이 사건 징수권의 소멸시효가 중단되었다고 할 수 없다."

929) **◎ 민사법상 시효중단 사유로서의 재판상 청구의 범위에 관한 '권리행사(주장)설'**
판례(2011다19737)는, '권리확정설 내지 청구권확정설'이 아닌 '권리행사설 내지 권리주장설'의 입장에서, 시효중단 사유로서의 재판상의 청구인지 여부는 권리자가 재판상 그 권리를 주장하여 권리 위에 잠자는 것이 아님을 표명한 때에는 시효중단 사유가 되는 것이고, 기판력이 미치는 범위와 일치하여 고찰할 필요가 없다고 한다. 즉, 시효 소멸 대상인 '권리 그 자체의 이행청구나 확인청구'를 하는 경우뿐 아니라 그 권리가 발생한 '기본적 법률관계에 관한 청구'를 하는 경우 또는 그 권리를 기초로 하거나 그것을 포함하여 형성된 '후속 법률관계에 관한 청구'를 하는 경우에도

[4] **채무승인**에 의한 **소멸시효 중단**과 관련하여, 원심이, 원고가 1차 징수처분 및 가산세 부과처분에 따라 세액을 **납부**함으로써 이 사건 징수권의 소멸시효가 중단되었다는 피고의 주장에 대하여, 원고가 1차 징수처분 및 가산세 부과처분에 따라 세금을 납부하였다고 하여 그와 **동일성**이 인정되지 않는 이 사건 징수권의 소멸시효가 중단된다고 볼 수 없다는 이유로 이를 배척한 것[930]에 위법이 있다고 할 수 없고,

[5] **소멸시효 남용**과 관련하여, 원심이, 이 사건 양도소득의 실질귀속자와 그의 법적 형태가 확정된 대법원 2014두3068 판결의 선고일까지 피고가 이 사건 징수권을 행사하는 것을 기대하기 어려웠다는 등의 피고가 주장하는 사정만으로, 원고가 소멸시효 완성을 이유로 조세채무의 이행을 거절하는 것이 현저히 부당하거나 불공평하게 되는 등의 특별한 사정이 있다고 보기 어려우므로, 원고가 이 사건 징수권의 소멸시효 완성을 주장하는 것이 신의성실에 반하는 권리남용에 해당할 수 없다고 판단한 것[931]에 위법이 없으며,

---

그로써 권리 실행의 의사를 표명한 것으로 볼 수 있을 때에는 시효중단 사유인 재판상의 청구에 포함된다. 예컨대, 매매계약에 기한 소유권이전등기청구권의 소멸시효기간 만료 전에 매매계약을 원인으로 건축주명의변경을 구하는 소를 제기한 **사안**에서, 매매계약에 기한 소유권이전등기청구권의 시효중단 사유인 재판상 청구는 권리자가 소송이라는 형식을 통하여 권리를 주장하면 족하고 반드시 그 권리가 소송물이 되어 기판력이 발생할 것을 요하지 않으므로, 소유권이전등기청구권이 발생한 기본적 법률관계에 해당하는 매매계약을 기초로 하여 건축주명의변경을 구하는 소도 소멸시효를 중단시키는 재판상 청구에 포함된다(2011다19737)고 하고, 근저당권설정등기청구의 소의 제기는 그 피담보채권의 재판상의 청구에 준하는 것으로서 피담보채권에 대한 소멸시효 중단의 효력을 생기게 한다(2002다7213)고 한다. 대법원 2020. 11. 12. 선고 2017두36908 판결은 당해 사안이 위와 같은 대법원 판결들의 사안과는 다르므로 원용하기에 적절하지 않다고 하였으나, 이에는 의문이 있을 수 있다.

930) **원심이 인용한 1심판결** ; "다) **피고**는, 원고가 1차 징수처분 및 가산세 부과처분에 따라 이 사건 주식 양수대금의 지급일인 2005. 4. 15. 납세의무가 성립한 세액의 일부인 43,010,717,520원을 납부하였으므로 이로써 이 사건 양도소득에 대한 원천징수분 법인세액 전부에 대한 시효중단의 효력이 발생하였다고 **주장**한다. 원고가 이 사건 소득세 징수권 행사의 일환으로 이루어진 1차 징수처분 및 가산세 부과처분에 따라 세금을 납부하였다고 하여 이 사건 소득세 징수권과 동일성이 인정되지 않는 이 사건 징수권의 소멸시효가 중단된다고 할 수 없다. 라) **피고**는, 원고가 2005. 4. 15. 이 사건 양도소득을 지급함으로써 원천징수분 법인세의 납세의무가 있음을 인식하고 있었고, 선행 소송에서 '이 사건 양도소득은 국내원천소득인데 원고가 비과세 면제신청을 하여 원천징수를 하지 못하였다'고 주장함으로써 이 사건 양도소득을 법인세로 원천징수할 의무가 원고에게 있음을 묵시적으로 인정하였으므로, 이러한 채무승인으로서 이 사건 징수권의 소멸시효가 중단되었다고 **주장**한다. … 원고는 선행 소송에서 주위적으로 말레이시아 라부안에서 설립된 소외 회사가 이 사건 양도소득의 실질 귀속자이므로 한·말 조세조약에 따라 이 사건 양도소득은 대한민국의 과세대상이 아니라고 주장하고, 예비적으로 Newbridge Capital LLC 또는 케이에프비 엘피의 국내사업장(Newbridge Capital Korea Limited)이 존재하므로 이 사건 주식의 양도소득은 위 국내사업장에 귀속하는 소득에 대한 법인세로서 직접 부과하였어야 한다고 주장한 사실을 인정할 수 있다. 이러한 사실관계에 비추어 보면, 원고가 선행 소송에서 피고에게 케이에프비 엘피를 납세의무자로 하는 법인세 원천징수의무를 승인하였다고 보기 어렵다. 또한 원고가 조세조약에 따른 비과세 면제신청을 한 점에 비추어 보면, 원고가 이 사건 양도소득에 대한 원천징수분 법인세의 납세의무가 있음을 인식하였다고 보기도 어렵다."

931) **원심이 인용한 1심판결** ; "**피고**는, 유한 파트너쉽에 대한 과세 시 납세의무자와 적용될 조세조약의 결정 기준 등에 관한 OECD 모델조약 주석서의 입장, 과세관청의 실무, 1차 징수처분 및 가산세 부과처분에 대한 제1심판결과 환송 전 원심판결의 입장, 유사 사건에서의 제1심판결과 항소심판결의 입장 및 선행 소송의 대법원 판결(2010두20966)이 최초로 유한 파트너쉽의 투자자가 아닌 유한 파트너쉽 자체를 소득의 실질적 귀속자로 보아야 한다는 취지의 판단을 한 점 등의 사정을 고려하면, 1차 징수처분에 대한 판결이 확정될 때까지는 객관적으로 피고가 소멸시효 완성 전에 정확한 납세의무자를 특정하여 이 사건 징수권을 행사하는 것을 기대하기 어려웠고, 선행 소송에서 대법원의 최종 판결(2014두3068)이 선고되어 이러한 사실상의 장애사유가 해소된 때로부터 상당한 기간 내에 이 사건 징수처분을

[6] **특례제척기간**과 관련하여, "**원천징수분 법인세**의 **납부의무**는 과세관청의 부과권의 행사에 의하지 않고 법률의 규정에 의하여 **자동확정**되는 것이므로, 거기에 **부과권의 제척기간**이 **적용될 여지가 없다**(대법원 1996. 3. 12. 선고 95누4056 판결[932] 취지 참조)."라고 판시한 다음, 같은 취지에서 원심이 '이 사건 징수처분에 **특례제척기간**에 관한 구 국세기본법(2018. 12. 31. 법률 제16097호로 개정되기 전의 것) 제26조의2 제2항 제1호의 규정이 **적용되지 않는다**.'고 판단한 것[933]은 정당하다고 판시한 예.

※ 징수권 소멸시효 기산일에 관한 구 시행령 규정의 무효 여부

2007. 2. 28. 개정되어 2020. 2. 11. 삭제되기 전의 구 국세기본법 시행령 제12조의4 제2항 제1, 2호(납세고지한 원천징수세액, 납세조합징수세액, 인지세액에 대하여 그 납세고지에 의한 납부기한의 다음날을 징수권 소멸시효의 기산일로 정한 규정)는 모법인 국세기본법 제27조 제1항 소정의 '권리를 행사할 수 있는 때'의 의미에 부합하지 않으면서 납세자에게는 과도하게 불이익을 주는 해석규정에 해당하여 모법의 위임 한계를 벗어난 무효의 규정으로 볼 소지가 있다.[934] 구 지방세기본법 시행령 제20조(2010. 9. 20. 제정,

---

하였는데도, 원고가 소멸시효 완성을 주장하는 것은 신의성실에 반하는 권리남용으로서 허용될 수 없다고 **주장**한다. 그런데 피고가 주장하는 사정만으로는 원고가 소멸시효 완성을 이유로 조세채무의 이행을 거절하는 것이 현저히 부당하거나 불공평하게 되는 등의 특별한 사정이 있다고 보기 어렵다. 따라서 원고가 이 사건 징수권의 소멸시효 완성을 주장하는 것은 신의성실원칙에 반하는 권리남용에 해당한다고 할 수 없다."

932) "국세기본법 제21조 제2항 제1호, 제22조 제2항 제3호의 각 규정에 의하여 원천징수하는 소득세의 납세의무는 소득금액을 지급하는 때에 성립함과 동시에 특별한 절차없이 확정되는 것이다. 따라서 법인세법에 의한 인정상여처분에 따라 원천징수하는 소득세의 납세의무는 과세관청의 부과권의 행사에 의하지 아니하고 법률의 규정에 의하여 자동확정되는 것이므로, 거기에 조세부과권의 제척기간이 적용될 여지가 없는 것인바 이 경우에도 국세기본법 제26조의 2가 규정하는 제척기간이 적용됨을 전제로 하는 논지는 이유 없다."

933) **원심이 인용한 1심판결** ; "**피고**는, 국세징수에 대하여 특례부과제척기간에 관한 국세기본법 제26조의2 제2항 제1호가 준용되어야 하므로, 환송 후 원심판결이 확정된 2014. 9. 4.로부터 1년 이내에 한 이 사건 징수처분은 적법하다고 **주장**한다. 원고가 이 사건 양도소득에 대하여 원천징수하는 법인세의 납부의무는 과세관청의 부과권 행사에 의하지 아니하고 법률의 규정에 의하여 자동 확정되는 것이므로, 부과권의 제척기간에 관한 국세기본법 제26조의2 제2항 제1호의 규정이 적용될 여지가 없다. 설령 국세 징수처분에 대하여 특례부과제척기간 규정이 준용될 수 있다고 하더라도, 이 사건 징수처분은 1차 징수처분과 세목이 달라 과세단위가 동일하지 않으므로 1차 징수처분 및 가산세 부과처분을 취소한 환송 후 원심판결의 취지에 따라 그 판결이 확정된 날부터 1년이 지나기 전까지 할 수 있는 '경정결정 그 밖에 필요한 처분'에 해당하지 않는다."

934) 구 국세기본법 제27조 제3항의 위임을 받은 **구 국세기본법 시행령**(2007. 2. 28. 개정되기 전의 것) **제12조의4(국세징수권 소멸시효의 기산일) 제2항**은 '원천징수의무자 또는 납세조합으로부터 징수하는 국세에 있어서는 당해 원천징수세액 또는 납세조합징수세액의 법정납부기한의 다음날(1호), 인지세에 있어서는 당해 국세의 납세의무가 성립한 날(2호)'을 '국세의 징수를 목적으로 하는 국가의 권리를 행사할 수 있는 때로 한다.'고 규정하고 있었는데, **2007. 2. 28. 개정** 국세기본법 **시행령 제12조의4 제2항**은 '원천징수의무자 또는 납세조합으로부터 징수하는 국세의 경우 납세고지한 원천징수세액 또는 납세조합징수세액에 대하여는 그 납세고지에 의한 납부기한의 다음날(1호), 인지세의 경우 납세고지한 인지세액에 대하여는 그 납세고지에 의한 납부기한의 다음날(2호)'을 '권리를 행사할 수 있는 때로 한다.'로 개정되었고, 위 시행령 제12조의4는 그 제1, 2항 전체가 **2020. 2. 11. 삭제**되고 거기에 규정되어 있던 것은 법률로 상향하여 **2019. 12. 31. 개정 국세기본법 제27조 제3, 4항**에 옮겨 규정되었는데, **제3항**은 '제1항에 따른 국세징수권을 행사할 수 있는 때는 다음 각 호의 날을 말한다.'라고 한 다음, '1. 과세표준과 세액의 신고에 의하여 납세의무가 확정되는 국세의 경우 신고한 세액에 대해서는 그 법정 신고납부기한의 다음 날, 2. 과세표준과 세액을 정부가 결정, 경정 또는 수시부과결정하는 경우 납세고지한 세액에 대해서는 그 고지에 따른 납부기한의 다음 날'을 각 호에 규정하고, **제4항**은 '제3항에도 불구하고 다음 각 호의 날은 제1항에 따른 국세징수권을 행사할 수 있는 때로 본다.'라고

2020. 12. 31. 삭제) 단서의 경우에도 그 규정상 '납부기한'의 의미에 대한 해석에 따라 시행령 무효 여부의 동일한 문제가 제기될 수 있다.[935]

한 다음, '1. 원천징수의무자 또는 납세조합으로부터 징수하는 국세의 경우 납세고지한 원천징수세액 또는 납세조합징수세액에 대해서는 그 고지에 따른 납부기한의 다음 날, 2. 인지세의 경우 납세고지한 인지세액에 대해서는 그 고지에 따른 납부기한의 다음 날'을 각 호에 규정하였다.

소멸시효는 객관적으로 권리가 발생하여 그 권리를 행사할 수 있는 때로부터 진행하고 그 권리를 행사할 수 없는 동안은 진행하지 않는데, 여기서 '권리를 행사할 수 없는 경우'라 함은 원칙적으로, 그 권리행사에 '법률상의 장애' 사유, 예컨대 기간의 미도래나 조건 불성취 등이 있는 경우를 말하고(2009다44327), 따라서 기한이 있는 채권의 소멸시효는 이행기가 도래한 때부터 진행한다(2016다274904). 확정된 조세채무의 이행을 명할 수 있는 징수권은 조세채무의 확정 다음날부터 그 소멸시효가 진행함이 원칙적이나, 조세채무의 법정 신고납부기한이나 지정 납부기한은 징수권 행사의 법률상 장애 사유에 해당하므로[납세고지는 소멸시효 중단 사유이고 고지한 납부기간이 지난 때부터 소멸시효가 새로 진행하는데(국세기본법 제28조 제1항 제1호, 제2항 제1호), 통상의 경우 과세관청의 납세고지는 부과권 행사(부과처분)와 함께 징수권 행사(징수처분)의 성질을 겸유하므로(83누679), 부과처분에 의한 조세채무의 확정 시점과 징수권 행사 시점 사이에는 소멸시효가 진행할 여지가 없다], 2007. 2. 28. 개정 국세기본법 시행령 제12조의4 제1항이 신고납부방식 조세의 신고세액에 대해서는 그 징수권 행사의 법률상 장애 사유인 법정 신고납부기한의 다음 날, 부과처분에 의한 납세고지세액에 대해서는 그 징수권 행사의 법률상 장애 사유인 지정 납부기한의 다음 날을 '징수권을 행사할 수 있는 때'(소멸시효 기산일)로 규정한 것은 모법인 국세기본법 제27조 제1항 소정의 '권리를 행사할 수 있는 때'의 의미를 구체화한 한 것으로서 모법에 부합하는 유효한 규정이다.

원천징수세액, 납세조합징수세액, 인지세액(자동확정 방식 조세)의 경우 납세의무가 성립하는 때에 자동적으로 확정되어 그 즉시 징수권을 행사할 수 있는 상태에 이르므로, 징수권 행사의 법률상 장애 사유인 법정 납부기한의 다음 날부터 소멸시효가 진행한다고 봄이 법리상 옳다. 그런데 2007. 2. 28. 개정 국세기본법 시행령 제12조의4 제2항 중 제1호와 제2호가 납세고지한 원천징수세액, 납세조합징수세액, 인지세액에 대해서는 그 고지에 따른 납부기한의 다음 날을 소멸시효 기산일로 규정한 것은, 법정 납부기한 다음 날부터 추후에 과세관청이 납세고지로 임의로 정하게 되는 지정납부기한까지 사이 기간(이는 과세관청의 납세고지 시점에 따라 정해지는 불확정적·유동적 기간이고 징수권 소멸시효기간을 도과한 기간일 수도 있다)의 소멸시효 진행을 부정하는 것으로서 모법인 국세기본법 제27조 제1항 소정의 '권리를 행사할 수 있는 때'의 의미에 부합하지 않으면서 납세자에게는 과도하게 불이익을 주는 해석규정에 해당하여 모법의 위임 한계를 벗어난 무효의 규정으로 볼 소지가 있다. 국세기본법 제28조 제3항처럼 징수권의 소멸시효가 진행되지 않는 소멸시효 정지 기간에 관하여는 시행령이 아닌 법률에 정하여야 한다. 이러한 의문을 일소하기 위해 위 시행령 제12조의4는 그 제1, 2항 전체가 2020. 2. 11. 삭제되고 거기에 규정되어 있던 것은 법률로 상향하여 2019. 12. 31. 개정 국세기본법 제27조 제3, 4항에 옮겨 규정하면서 제4항은 간주(의제) 규정의 형식을 취한 것으로 볼 수 있다. 자동확정방식 조세의 경우 과세관청이 조세채무의 확정에 이어 곧바로 징수권을 행사하는 것이 사실상 어려운 사정을 고려하여 법률로 징수권의 소멸시효의 기산점을 지정납부기한 다음날로 늦춘 의제규정을 위헌·무효라고까지 보기는 어렵다.

935) 구 지방세기본법(2010. 3. 31. 제정, 2020. 12. 29. 개정 전) 제39조 및 구 지방세법(2010. 3. 31. 전부개정 전) 제30조의5는 그 각 제1항 후단에서 '그 권리를 행사할 수 있는 때는 대통령령으로 정한다.'라고 규정하고, 그 위임을 받은 **구 지방세기본법 시행령(2010. 9. 20. 제정) 제20조**(2020. 12. 30. 삭제) 및 **구 지방세법(2010. 9. 20. 전부개정 전) 제14조의3**은 본문에서 '위 후단에 따른 그 권리를 행사할 수 있는 때는 납세고지에 의한 납부기한(납부기한이 연장된 경우에는 그 연장된 기한을 말한다)의 다음 날로 한다.', 단서에서 '다만, 특별징수의무자 또는 납세조합으로부터 징수하는 지방세의 경우에는 해당 특별징수세액 또는 납세조합징수세액의 납부기한(납부기한이 연장된 경우에는 그 연장된 기한을 말한다)의 다음 날을 말한다.'라고 규정하였는데, 본문에서 구 국세기본법 시행령 제12조의4 제1, 2항과 달리 신고납부방식 조세의 신고세액과 부과처분에 의한 납세고지세액을 구별하지 않고 동일하게 규정한 것은 타당하지 않고, 단서의 경우 단서의 '납부기한'의 의미가 본문의 '납세고지에 의한 납부기한'을 의미하는 것이라면 앞서 본 바와 같은 시행령 무효 여부의 문제가 제기될 수 있으나, 위 단서의 '납부기한'은 직전 조문인 지방세기본법 시행령 제19조 제2항 제1호와 제2호의 문언(제1호에서 '특별징수세액 또는 납세조합징수세액의 납부기한'이라고 규정한 다음 제2호에서는 '제1호에 따른 법정 납부기한'이라고 약칭하고 있다)에 비추어 '법정 납부기한'을 의미하는 것으로 봄이 옳고, 따라서 시행령 무효 여부의 문제는 없다.

2020. 12. 29. 개정 **지방세기본법 제39조 제3항, 제4항**은, 국세기본법 제39조 제3항, 제4항과 같은 내용의 의제조항(제3

9. 조세의 우선 변제

● 대법원 2018. 6. 28. 선고 2017다236978 판결 [배당이의의 소]

▌국세우선원칙, 증액경정, 법정기일

판시사항

[1] **법정기일**과 저당권 등 설정등기일의 선후에 따라 국세채권과 담보권 사이의 우선순위를 정한 규정의 입법취지

[2] 납세의무자가 신고납세방식인 국세의 과세표준과 세액을 신고한 다음 매각재산에 저당권 등의 설정등기를 마쳤는데 이후 과세관청이 당초 신고한 세액을 증액하는 경정처분을 한 경우, **당초 신고한 세액**은 구 국세기본법 제35조 제1항 제3호 (가)목에 따라 **당초 신고일이 법정기일**이 되어 저당권 등에 의하여 담보되는 채권보다 **우선하여 징수**할 수 있는지 여부(○)

이 유

이 사건 조항[936][937]이 법정기일을 기준으로 저당권 등 설정등기일과의 선후에 따라 국세채권과

항은 '~로 한다', 제4항은 '~로 본다')을 신설하여, 종전에 시행령에 규정되어 있던 지방세징수권 소멸시효의 기산일을 법률로 상향하여 보다 세분하여 규정하고, 시행령 제20조는 2020. 12. 31. 삭제되었다.

936) **구 국세기본법(2014. 12. 23. 법률 제12848호로 개정되기 전의 것) 제35조(국세의 우선)** ① 국세·가산금 또는 체납처분비는 다른 공과금이나 그 밖의 채권에 우선하여 징수한다. 다만, 다음 각 호의 어느 하나에 해당하는 공과금이나 그 밖의 채권에 대해서는 그러하지 아니하다. 〈개정 2014.1.1.〉

3. 다음 각 목의 어느 하나에 해당하는 기일(이하 "법정기일"이라 한다) 전에 전세권, 질권 또는 저당권 설정을 등기하거나 등록한 사실이 대통령령으로 정하는 바에 따라 증명되는 재산을 매각할 때 그 매각금액 중에서 국세 또는 가산금(그 재산에 대하여 부과된 국세와 가산금은 제외한다)을 징수하는 경우의 그 전세권, 질권 또는 저당권에 의하여 담보된 채권
   가. 과세표준과 세액의 신고에 따라 납세의무가 확정되는 국세(중간예납하는 법인세와 예정신고납부하는 부가가치세를 포함한다)의 경우 신고한 해당 세액에 대해서는 그 신고일
   나. 과세표준과 세액을 정부가 결정·경정 또는 수시부과 결정을 하는 경우 고지한 해당 세액에 대해서는 그 납세고지서의 발송일

937) **국세기본법 제35조(국세의 우선) [전문개정 2019.12.31.]** ① 국세 및 체납처분비는 다른 공과금이나 그 밖의 채권에 우선하여 징수한다. 다만, 다음 각 호의 어느 하나에 해당하는 공과금이나 그 밖의 채권에 대해서는 그러하지 아니하다.
☛ 지방세의 우선 징수는 **지방세기본법 제71조**에 규정되어 있다.

3. 제2항에 따른 법정기일 전에 다음 각 목의 어느 하나에 해당하는 권리가 설정된 재산을 매각하여 그 매각금액에서 국세를 징수하는 경우 그 권리에 의하여 담보된 채권 또는 임대차보증금반환채권. 이 경우 다음 각 목에 해당하는 권리가 설정된 사실은 대통령령으로 정하는 방법으로 증명한다.
   가. 전세권, 질권 또는 저당권
   나. 「주택임대차보호법」 제3조의2제2항 또는 「상가건물 임대차보호법」 제5조제2항에 따라 대항요건과 확정일자를 갖춘 임차권
   다. 납세의무자를 등기의무자로 하고 채무불이행을 정지조건으로 하는 대물변제의 예약에 따라 채권 담보의 목적으로 가등기(가등록을 포함한다. 이하 같다)를 마친 가등기 담보권 …

② 이 조에서 "법정기일"이란 다음 각 호의 어느 하나에 해당하는 기일을 말한다.

1. 과세표준과 세액의 신고에 따라 납세의무가 확정되는 국세[중간예납하는 법인세와 예정신고납부하는 부가가치세 및 소득세(「소득세법」 제105조에 따라 신고하는 경우로 한정한다)를 포함한다]의 경우 신고한 해당 세액: 그 신고일

담보권 사이의 우선순위를 정하고 있는 것[938][939]은 공시를 수반하는 담보물권과 관련하여 거래의 안전을 보장하려는 사법적 요청과 조세채권의 실현을 확보하려는 공익적 요청을 적절하게 조화시키기 위한 것이다(대법원 2005. 11. 24. 선고 2005두9088 등 참조).

이에 따라 이 사건 조항 (가)목에서는 신고납세방식의 국세의 경우 납세의무자가 '**신고한 해당세액**'에 대해서 그 신고일을 법정기일로 하면서, 그 (나)목에서는 정부가 세액 등을 경정하는 경우 등에는 '**고지한 해당세액**' 만큼만 그 **납세고지서의 발송일**이 법정기일이라는 점을 분명히 함으로써, 담보권자가 예측할 수 있는 범위 내에서 조세채권이 우선하도록 하고 있다.[940]

---

2. 과세표준과 세액을 정부가 결정·경정 또는 수시부과 결정을 하는 경우 고지한 해당 세액(제47조의4에 따른 납부지연가산세 중 납세고지서에 따른 납부기한 후의 납부지연가산세와 제47조의5에 따른 원천징수납부 등 불성실가산세 중 납세고지서에 따른 납부기한 후의 원천징수납부 등 불성실가산세를 포함한다): 그 납세고지서의 발송일 …

938) ◎ **예외 ; 당해세 우선**

○ 해당 재산에 대하여 부과된 상속세, 증여세 및 종합부동산세는 법정기일 전에 설정된 담보권 등에 의하여 담보된 채권 또는 임대차보증금반환채권보다 우선한다(제3항). 지방세 중 당해세는 재산세·자동차 소유에 대한 자동차세·소방분에 대한 지역자원시설세 및 재산세와 자동차세에 부가되는 지방교육세이다(지방세기본법 제71조⑤). 동일 소유자의 모든 토지를 합산하여 과세하는 종합합산과세대상이나 별도합산과세대상의 경우 1개의 과세단위로 부과된 종합토지세 중 담보물권의 대상이 된 토지에 해당하는 부분만이 당해세가 된다(2000다58088).

○ '그 재산에 대하여 부과된 국세'(당해세)라 함은 담보물권을 취득하는 사람이 장래 그 재산에 대하여 부과될 것으로 상당한 정도로 예측할 수 있는 것으로서 오로지 당해 재산을 소유하고 있는 것 자체에 담세력을 인정하여 부과되는 국세만을 의미하는 것으로 보아야 한다(2005다10845).

○ 당해세에 해당하는 예로는, 부동산을 매수한 후 소유권이전등기를 경료하지 아니한 채 수증자 앞으로 직접 소유권이전등기를 경료한 것을 과세대상으로 삼아 부과된 증여세(99다6135), 당해세에 해당하지 않는 예로는, 저가양도로 인한 증여의제에 의하여 부과되는 증여세(2000다49534), 재산의 취득자금을 증여받은 것으로 추정하여 그 재산의 취득자금에 대하여 부과하는 증여세(95다47831), 부가가치세, 재화의 수입에 대한 부가가치세(2005다10845) 등이 있다.

939) ◎ **재산의 양도와 조세우선권의 관계**

국세나 지방세에 대하여 우선적으로 보호되는 저당권부채권은 당해 저당권설정 당시의 저당권자와 설정자와의 관계를 기본으로 하여 그 설정자의 납세의무를 기준으로 한다. ❶ 저당부동산이 저당권설정자로부터 제3자에게 양도되고 저당권설정자에게 저당권에 우선하여 징수당할 아무런 조세의 체납이 없었다면 양수인인 제3자에 대하여 부과한 국세 또는 지방세를 법정기일이 앞선다거나 당해세라 하여 우선 징수할 수 없고, 이는 저당부동산의 양도와 함께 3자간 합의에 의하여 계약인수가 이루어진 경우에도 동일하다(2004다51153). ❷ 부동산을 양도한 저당권설정자에게 저당권에 우선하여 징수당할 아무런 조세의 체납도 없는 상태에서 양수인에 대하여 부과한 증여세를 당해세라고 하여 우선징수할 수는 없고, 증여자의 연대납세의무 규정이 있다고 하여 위 증여세가 양도인인 증여자 자신의 조세로 바뀌는 것은 아니다(88다카105). ❸ 국세의 체납처분 등에 의하여 납세의무자의 재산이 압류되기 전에 제3자가 그 소유권을 취득하였다면 그 재산에 대하여는 원칙적으로 국세의 우선징수권이 미치지 아니하므로, 부동산에 대한 강제집행절차가 진행되는 도중에 그 목적물이 제3자에게 양도된 경우에도 그 이전에 양도인의 체납 국세에 관하여 체납처분 등으로 압류를 한 바 없다면 그 이후에 그 체납 국세에 관하여 교부청구를 하더라도 낙찰대금으로부터 우선 배당을 받을 수 없고, 따라서 그러한 교부청구에 기하여 우선 배당을 받았다면 이는 다른 배당권자에 대한 관계에서 부당이득이 된다(98다24396).

940) ◎ **법정기일**

○ 양도소득세 납세의무자가 기한후과세표준신고서를 제출하더라도 그 납세의무는 관할세무서장이 양도소득과세표준과 세액을 결정하는 때에 비로소 확정되므로, 그 세액에 관한 '법정기일'은 기한후과세표준신고서의 제출일이 아니라 그 납부고지서의 발송일이다(2010다88415,88422).

○ 종합부동산세 납세의무자가 그 과세표준과 세액을 신고한 후 이를 납부하지 아니하여 과세관청이 신고한 사항에 관하여 아무런 경정 없이 신고한 세액에 자진납부에 따른 공제 세액만을 합산한 세액을 납부하도록 고지한 것은

이러한 이 사건 조항의 입법취지와 관련규정의 내용 및 체계 등에 비추어 보면, 납세의무자가 신고납세방식인 국세의 과세표준과 세액을 신고한 다음 매각재산에 저당권 등의 설정등기를 마친 경우라면, 이후에 과세관청이 당초 신고한 세액을 **증액**하는 **경정**을 하여 당초보다 증액된 세액을 고지하였더라도, **당초 신고한 세액**에 대해서는 이 사건 조항 (가)목에 따라 **당초의 신고일**이 **법정기일**이 되어 저당권 등에 의하여 담보되는 채권보다 우선하여 징수할 수 있다고 보아야 한다. 이러한 경우 원칙적으로 증액경정처분만이 항고소송의 심판대상이 된다는 사정 등이 있다고 하여 달리 보기도 어렵다.[941]

● 대법원 2015. 4. 23. 선고 2011다47534 판결 [부당이득금반환]

▌후순위 저당권자 대위, 조세우선변제권, 압류선착주의

판시사항

[1] **조세우선변제권**의 성격 = **법정 담보물권** / 납세의무자 소유의 여러 부동산에 대하여 조세우선변제권이 행사된 경우, 공동저당권에 관한 민법 제368조[942]가 유추 적용되는지 여부(○)

[2] 납세의무자 소유의 여러 부동산 중 일부가 먼저 경매되어 과세관청이 조세를 우선변제받은 결과 그 경매부동산의 저당권자가 동시배당의 경우에 비하여 불이익을 받은 경우, **민법 제368조 제2항**

확정된 조세의 징수를 위한 징수처분에 불과하므로, 그 고지한 세액의 법정기일은 여전히 납세의무자의 신고일로 보아야 한다(2010다70605).

○ 연부연납이 허가된 경우에 부대세로서 납부하는 이자세액에도 조세우선권이 인정된다. 상속세에 있어서 법정기일은 원래의 부과처분에 따른 납부고지서의 발송일이고 그 후 연부연납 허가와 그에 기한 납세고지가 이루어졌다고 하더라도 그에 따라 법정기일이 변경되는 것은 아니다(99다22311).

○ 종래의 가산금이 포함되어 있는 '납부지연가산세'의 법정기일은 '납세고지서의 발송일'(국세기본법 제35조 제2항 제2호, 지방세기본법 제71조 제1항 제3호 나목)이다. 종래에 판례는 가산금의 법정기일을 '납부고지에서 고지된 납부기한을 도과한 때'로 보았다(2010다70605). 이에 따라 지방세의 경우 가산금의 법정기일을 "가산금을 가산하는 고지세액의 납부기한이 지난 날"로 규정하고 있었다(지방세기본법 제71조 제1항 제3호 바목; 이 규정은 2015. 12. 29. 개정 시 신설되었다가, 납부지연가산세의 신설과 함께 2020. 12. 29. 개정 시 삭제되었다).

941) **【구체적 사안】**
채무자가 신고납세방식인 부가가치세를 신고한 이후 납부하지 않은 상태에서 과세관청이 증액경정처분을 하였고, 그 사이에 채무자의 부동산에 원고의 근저당권설정등기가 경료된 경우, 당초 신고한 부가가치세 해당 세액은 그 신고일이 법정기일이어서 그 후에 설정등기를 마친 원고의 근저당권부 채권에 우선하여 징수할 수 있으므로, 그 범위 내에서 배당법원이 원고에 우선하여 피고에게 배당하는 것으로 배당표를 작성한 것은 정당함에도, 당초 신고 후 증액경정처분이 있을 경우 당초 신고가 증액경정처분에 흡수되어 당초 신고한 세액의 법정기일까지도 증액경정처분의 납세고지서 발송일로 보아야 한다는 잘못된 전제에서, 원고의 근저당권부 채권이 피고의 부가가치세 채권 전체에 우선한다고 보아 피고에 대한 배당액을 원고에게 배당되는 것으로 배당표를 경정하여야 한다고 판단한 원심판결을 파기한 사례.

942) **민법 제368조(공동저당과 대가의 배당, 차순위자의 대위)** ① 동일한 채권의 담보로 수개의 부동산에 저당권을 설정한 경우에 그 부동산의 경매대가를 동시에 배당하는 때에는 각부동산의 경매대가에 비례하여 그 채권의 분담을 정한다.
② 전항의 저당부동산중 일부의 경매대가를 먼저 배당하는 경우에는 그 대가에서 그 채권전부의 변제를 받을 수 있다. 이 경우에 그 경매한 부동산의 차순위저당권자는 선순위저당권자가 전항의 규정에 의하여 다른 부동산의 경매대가에서 변제를 받을 수 있는 금액의 한도에서 선순위자를 대위하여 저당권을 행사할 수 있다.

후문을 유추 적용하여 저당권자가 조세채권자를 대위할 수 있는지 여부(○) 및 그 대위권의 내용(= 조세채권에 붙어 있는 법정 담보물권적 성격을 가진 우선변제권)

[3] 저당권이 설정된 부동산에 관하여 저당권 설정일 전에 법정기일이 도래하여 압류를 마친 조세채권, 저당권 설정일 전에 법정기일이 도래하였으나 압류를 마치지 아니한 조세채권, 저당권 설정일 후에 법정기일이 도래하여 압류를 마친 조세채권 등 **조세채권자들 사이**의 **우선순위** 결정 기준(= 국세기본법 제36조[943] 소정의 **압류선착주의**)

[4] 납세의무자 소유의 일부 부동산에 관한 선행 공매절차에서 매각대금이 저당권자보다 선순위인 조세채권자에게 우선 배분되었으나 압류선착주의에 따라 압류일이 빠른 다른 조세채권에 흡수되어 실제로는 그 금액을 배분받지 못하는 결과가 된 경우, 납세의무자 소유의 다른 부동산에 관한 후행 경매절차 등에서 저당권자에 대하여 선순위 조세채권자에게 그와 같은 배분이 이루어지지 아니하였다고 주장할 수 있는지 여부(×)

[5] 민법 제368조 제2항 후문에 따라 **선순위 조세채권자를 대위하는 저당권자가 후행 경매절차** 등에서 **배당**을 받기 위하여 갖추어야 할 **요건**(= 배당요구의 종기까지 적법한 배당요구 ○, 선순위 조세채권자의 압류나 교부청구 또는 배분요구 ×)[944]

---

943) **국세기본법 제36조(압류에 의한 우선)** ① 국세 강제징수에 따라 납세자의 재산을 압류한 경우에 다른 국세 및 강제징수비 또는 지방세의 교부청구(「국세징수법」 제61조 또는 「지방세징수법」 제67조에 따라 참가압류를 한 경우를 포함한다. 이하 이 조에서 같다)가 있으면 압류와 관계되는 국세 및 강제징수비는 교부청구된 다른 국세 및 강제징수비 또는 지방세보다 우선하여 징수한다. 〈개정 2020.12.29.〉 ② 지방세 체납처분에 의하여 납세자의 재산을 압류한 경우에 국세 및 강제징수비의 교부청구가 있으면 교부청구된 국세 및 강제징수비는 압류에 관계되는 지방세의 다음 순위로 징수한다. 〈개정 2020.12.22.〉 ☞ **지방세기본법 제73조**도 동일하다.

○ 압류선착주의의 취지는 다른 조세채권자보다 조세채무자의 자산 상태에 주의를 기울이고 조세 징수에 열의를 가지고 있는 징수권자에게 우선권을 부여하고자 하는 것이므로, 압류선착주의는 조세채권 사이의 우선순위를 정하는 데 적용할 수 있을 뿐 조세채권과 공시를 수반하는 담보물권 사이의 우선순위를 정하는 데 적용할 수는 없다(대법원 2005. 11. 24. 선고 2005두9088 판결).

○ 국세징수법 제47조 제2항은 같은 법 제45조에 의한 부동산 등의 압류는 당해 압류 재산의 소유권이 이전되기 전에 법정기일이 도래한 국세에 대한 체납액에 대하여도 그 효력이 미친다고 규정하고 있는바, 그 취지는 한번 압류등기를 하고 나면 동일한 자에 대한 압류등기 이후에 발생한 체납세액에 대하여도 새로운 압류등기를 거칠 필요없이 당연히 압류의 효력이 미친다는 것이므로, 압류선착주의에서 의미하는 '압류에 관계되는 국세'란 압류의 원인이 된 국세뿐만 아니라 위와 같이 국세징수법 제47조에 의하여 압류의 효력이 미치는 국세를 포함하는 것이다(대법원 2007. 12. 14. 선고 2005다11848 판결).

○ 압류선착주의 원칙은 공매대상 부동산 자체에 대하여 부과된 조세와 가산금(당해세)에 대하여는 적용되지 않고(2007두2197), 조세가 체납처분절차를 통하여 징수되는 경우뿐만 아니라 민사소송법에 의한 강제집행절차를 통하여 징수되는 경우에도 적용된다(2001다83777).

944) **【이 유】** "조세우선변제권은 일정한 범위 내에서는 조세채무자의 총재산에 대하여 우선변제권이 인정된다는 점에서 이른바 법정 담보물권으로서의 성격을 갖고 있으며, 따라서 조세채무자의 부동산이 여럿인 경우에는 마치 그 부동산 전부에 대한 공동저당권자와 유사한 지위에 서게 되므로, 납세의무자 소유의 여러 부동산에 대하여 조세우선변제권이 행사된 경우에는 **공동저당권**에 관한 민법 제368조가 **유추 적용**되어야 한다. 따라서 납세의무자 소유의 여러 부동산 중 일부가 먼저 경매되어 과세관청이 조세우선변제권에 의하여 조세를 우선변제받은 결과 그 경매 부동산의 저당권자가 민법 제368조 제1항에 의하여 위 여러 부동산으로부터 조세채권이 동시 배당되는 경우보다 불이익을 받은 경우에는 민법 제368조 제2항 후문을 유추 적용하여, 위 저당권자는 과세관청이 위 여러 부동산으로부터 동시에 배당받았다면 다른 부동산의 매각대금에서 변제를 받을 수 있었던 금액의 한도 내에서 선순위자인 조세채권자를 대위하여 다른 부동산의 경매절차에서 우선하여 배당받을 수 있다. 그리고 여기서 저당권자가 대위하는 선순위 조세채권자의 권리는

● 대법원 2015. 4. 23. 선고 2013다204959 판결 [배당이의]

▌담보 있는 조세의 우선 원칙

판시사항

[1] 국세기본법 제37조[945]의 '담보 있는 조세의 우선 원칙'이 제36조의 '압류에 의한 우선 원칙'(압류선착주의)보다 우선하여 적용되는지(○)

[2] **다른 조세에 기한 선행압류가 있더라도** 매각대금은 납세담보물에 의하여 **담보된 조세에 우선충당**하여야 하는지 여부(○) 및 납세담보물이 납세의무자의 소유가 아닌 경우에도 마찬가지인지 여부(○)[946][947]

민법 제368조 제2항 후문에서 정한 선순위 저당권에 대한 대위와 마찬가지로, 선순위 조세채권자의 조세채권이 아니라 그에 붙어 있는 법정 담보물권적 성격을 가진 우선변제권이라고 할 것이다.

한편 저당권이 설정된 부동산에 관하여 저당권 설정일 전에 법정기일이 도래하여 압류를 마친 조세채권과 저당권 설정일 전에 법정기일이 도래하였으나 압류를 마치지 아니한 조세채권 및 저당권 설정일 후에 법정기일이 도래하여 압류를 마친 조세채권 등에 관하여 공매절차에서 매각대금을 배분하는 경우에, 당해세를 제외한 조세채권과 저당권 사이의 우선순위는 그 법정기일과 저당권 설정일의 선후에 의하여 결정하고 이와 같은 순서에 의하여 매각대금을 배분하되, 조세채권자들 사이에서는 저당권 설정일과의 선후를 가리지 아니하고 압류선착주의에 따라 우선순위를 결정하여 그 순위에 의하여 배분하여야 한다.

그런데 조세채권자들 사이의 우선순위를 정하는 데 적용하는 압류선착주의로 말미암아 저당권자의 선순위 조세채권자에 대한 대위권이 침해될 수는 없으므로, 납세의무자 소유의 일부 부동산에 관한 선행 공매절차의 매각대금 배분과정에서 저당권자에 우선하는 조세채권자에 대하여 저당권자에 우선하여 배분절차를 진행한 이상, 비록 그 조세채권자에게 배분된 금액이 압류선착주의에 따라 압류일이 빠른 다른 조세채권에 흡수됨으로써 실제로는 그 금액을 배분받지 못하는 결과가 되었다 하더라도 실질적으로는 선순위 조세채권자의 우선변제권 행사에 의한 배분이 이루어진 것으로 보아야 하고, 납세의무자 소유의 다른 부동산에 관한 후행 경매절차 등에서 저당권자에 대하여 선순위 조세채권자에게 그와 같은 배분이 이루어지지 아니하였다고 주장할 수 없다.

이와 같이 민법 제368조 제2항 후문에 따라 선순위자인 조세채권자를 대위하는 저당권자는 민사집행법 제268조에 의하여 담보권의 실행을 위한 경매절차에 준용되는 민사집행법 제88조 제1항, 제84조 제1항에 의하여 배당요구의 종기까지 적법하게 배당요구를 하였다면 배당을 받을 수 있고, 선순위 조세채권자가 나중에 경매 또는 공매절차를 통하여 매각되는 부동산에 관하여 미리 압류를 해 두었거나 그 부동산의 경매 또는 공매절차에 참가하여 교부청구 또는 배분요구를 한 경우에만 후순위 저당권자가 선순위 조세채권자를 대위할 수 있는 것은 아니다."

945) **국세기본법 제37조(담보 있는 국세의 우선)** 납세담보물을 매각하였을 때에는 제36조에도 불구하고 그 국세 및 강제징수비는 매각대금 중에서 다른 국세 및 강제징수비와 지방세에 우선하여 징수한다. 〈개정 2020.12.22〉 ☞ **지방세기본법 제74조**도 동일하다.

946) **【이 유】** "국세기본법 제36조 … 국세와 국세 상호 간, 국세와 지방세 상호 간 및 지방세와 지방세 상호 간에 먼저 압류한 조세가 교부청구한 조세보다 우선한다는 '압류에 의한 우선 원칙'을 선언하고 있다. 한편 국세기본법 제37조 … 규정하여, '담보 있는 국세·지방세'와 '담보 없는 국세·지방세' 상호 간에는 '담보 있는 국세·지방세'를 납세담보물의 매각대금 범위 내에서 우선하여 징수하도록 규정함과 아울러 이러한 '담보 있는 조세의 우선 원칙'을 '압류에 의한 우선 원칙'보다 우선하여 적용하도록 규정하고 있다. 이들 규정의 문언 내용과 체계, **'담보 있는 조세의 우선 원칙'**은 납세담보를 제공받고 징수유예, 체납처분에 의한 재산 압류나 압류재산 매각의 유예 등을 한 조세채권자로서는 징수 또는 체납처분 절차를 진행할 수 없을 뿐만 아니라 일정한 경우 이미 압류한 재산의 압류도 해제하여야 하는 사정 등을 감안하여, 납세담보물의 매각대금을 한도로 하여 '담보 있는 조세'를 다른 조세에 우선하여 징수하도록 함으로써 납세담보제도의 실효성을 확보하기 위한 것으로서, '압류에 의한 우선 원칙'의 예외에 해당하는 점, 국세기본법 제29조는 토지와 보험에 든 등기된 건물 등을 비롯하여 납세보증보험증권이나 납세보증서도 납세담보의 하나로 규정하고 있을 뿐 납세담보를 납세의무자 소유의 재산으로 제한하고 있지 아니한 점 등을 종합하여 보면, 납세담보물에

● 대법원 2020. 9. 3. 선고 2020두36687 판결 [부가가치세부과처분취소]

▌직권 체납처분 유예, 납세담보

판시사항

[1] **체납처분 유예 사유**가 인정되는 경우, 체납자의 신청이 없더라도 세무서장이 **직권**으로 체납처분에 의한 재산의 압류나 압류재산의 매각을 **유예**하고 이미 압류한 재산의 압류를 **해제**할 수 있는지 여부(○)

[2] 세무서장이 **직권**으로 **체납처분 유예** 및 **압류해제**를 하면서 납세담보 제공자로부터 제출받은 **납세보증서**는 세법에 근거하여 적법하게 제공받은 **납세담보**인지 여부(○)

이 유

국세징수법상 체납처분 유예와 압류해제,[948] 납세담보에 관한 규정[949]의 체계와 문언 내용, 특히 **국세징수법 제85조의2 제1항**은 세무서장이 일정한 사유가 있는 경우 체납처분을 유예할 수 있다고 규정하고 있을 뿐 체납자의 신청이 있는 경우에만 체납처분 유예를 할 수 있다고 규정하지 않고 있고, **국세징수법 제15조**[950]와 **제17조**[951]에 규정된 **징수유예**도 세무서장이 직권으로 할 수 있는 점과의

대하여 다른 조세에 기한 선행압류가 있더라도 그 매각대금은 납세담보물에 의하여 담보된 조세에 우선적으로 충당하여야 하고, 그 납세담보물이 납세의무자의 소유가 아닌 경우라고 하여 달리 볼 것은 아니다."

947) **【구체적 사안】**
원심이, ① 소외 1 소유의 아파트에 관하여 2010. 11. 12. 소외 1의 지방소득세 체납을 이유로 한 압류가 이루어진 후 2011. 1. 5. 소외 2의 양도소득세 납세를 담보하기 위한 근저당권이 설정된 사실, ② 아파트에 관한 경매절차에서 경매법원은 지방소득세를 징수하는 원고보다 양도소득세를 징수하는 피고에게 우선하여 매각대금을 배당하는 내용의 배당표를 작성한 사실 등을 인정한 다음, 납세담보권을 가진 피고에게 매각대금을 우선 배당한 배당표가 정당하다고 판단한 것은 옳다고 한 예.

948) **구 국세징수법 제85조의2(체납처분 유예)** ① 세무서장은 체납자가 다음 각 호의 어느 하나에 해당하는 경우에는 그 체납액에 대하여 체납처분에 의한 재산의 압류나 압류재산의 매각을 대통령령으로 정하는 바에 따라 유예할 수 있다. 〈개정 2011.12.31.〉 1. 국세청장이 성실납세자로 인정하는 기준에 해당하는 경우 2. 재산의 압류나 압류재산의 매각을 유예함으로써 사업을 정상적으로 운영할 수 있게 되어 체납액의 징수가 가능하다고 인정되는 경우 ② 세무서장은 제1항에 따라 유예를 하는 경우에 필요하다고 인정하면 이미 압류한 재산의 압류를 해제할 수 있다. ③ 세무서장은 제1항 및 제2항에 따라 재산의 압류를 유예하거나, 압류한 재산의 압류를 해제하는 경우에는 그에 상당하는 납세담보의 제공을 요구할 수 있다. 다만, 성실납세자가 체납세액 납부계획서를 제출하고 제87조의 국세체납정리위원회가 체납세액 납부계획의 타당성을 인정하는 경우에는 납세담보의 제공을 요구하지 아니한다. ④ 제1항에 따른 유예의 신청·승인·통지 등의 절차에 필요한 사항은 대통령령으로 정한다. ⑤ 체납처분 유예의 취소와 체납액의 일시징수에 관하여는 제20조를 준용한다. ☛ 2020. 12. 29. 전부개정 **국세징수법 제105조(압류·매각의 유예)**로 이동.

949) **국세징수법 제20조(담보의 제공 방법)** ① 금전이나 유가증권을 납세담보로 제공하려는 자는 이를 공탁하고 그 공탁수령증을 관할 세무서장(이 법 및 다른 세법에 따라 국세에 관한 사무를 세관장이 관장하는 경우에는 세관장을 말한다. 이하 이 절에서 같다)에게 제출하여야 한다. 다만, 등록된 유가증권의 경우에는 담보 제공의 뜻을 등록하고 그 등록확인증을 제출하여야 한다. ② 납세보증보험증권이나 납세보증서를 납세담보로 제공하려는 자는 그 보험증권이나 보증서를 관할 세무서장에게 제출하여야 한다. ③ 토지, 건물, 공장재단, 광업재단, 선박, 항공기 또는 건설기계를 납세담보로 제공하려는 자는 그 등기필증, 등기완료통지서 또는 등록필증을 관할 세무서장에게 제시하여야 하며, 관할 세무서장은 이에 따라 저당권 설정을 위한 등기 또는 등록 절차를 밟아야 한다. [2020. 12. 29. 국세징수법 전부개정 시 **구 국세기본법 제31조** 규정을 옮겨 옴]

균형 등에 비추어 보면, 세무서장은 국세징수법 제85조의2 제1항 각 호에서 정한 **체납처분 유예의 사유**가 인정되는 경우에는 **체납자의 신청이 없더라도** 같은 조 제1항, 제2항에 따라 **직권으로** 체납처분에 의한 재산의 압류나 압류재산의 매각을 유예하고 이미 압류한 재산의 압류를 해제할 수 있다고 봄이 타당하다.

그리고 세무서장이 직권으로 체납처분 유예 및 압류해제를 하면서 국세징수법 제85조의2 제3항 본문, 국세기본법 제31조 제2항에 따라 납세담보 제공자로부터 그 체납액에 상당하는 **납세보증서**를 제출받았다면 이는 **세법에 근거**하여 **적법**하게 제공받은 **납세담보**이다.[952]

---

950) **구 국세징수법 제15조(납기 시작 전의 징수유예)** ① 세무서장은 납기가 시작되기 전에 납세자가 다음 각 호의 어느 하나에 해당하는 사유로 국세를 납부할 수 없다고 인정할 때에는 대통령령으로 정하는 바에 따라 납세 고지를 유예하거나 결정한 세액을 분할하여 고지할 수 있다. 1. 재해 또는 도난으로 재산에 심한 손실을 입은 경우 2. 사업에 현저한 손실을 입은 경우 … ☛ 2020. 12. 29. 전부개정 **국세징수법 제14조(납부고지의 유예)**로 이동.

951) **구 국세징수법 제17조(고지된 국세 등의 징수유예)** ① 세무서장은 납세자가 납세의 고지 또는 독촉을 받은 후에 제15조제1항 각 호의 어느 하나에 해당하는 사유로 고지된 국세 또는 체납액을 납부기한까지 납부할 수 없다고 인정할 때에는 대통령령으로 정하는 바에 따라 납부기한을 다시 정하여 징수를 유예할 수 있다. … ☛ 2020. 12. 29. 전부개정 **제13조(재난 등으로 인한 납부기한등의 연장)**로 이동.

952) **◎ 납세담보**

ㅇ 납세담보에 관하여는, 국세징수법 제18~23조(구 국세기본법 제29조~제34조에서 옮겨 옴), 지방세기본법 제65조~제70조에서 '담보의 종류', '담보의 평가', '담보의 제공 방법', '담보의 변경과 보충', '담보에 의한 납부와 징수', '담보의 해제'에 대하여 규정하고 있다. 지방세에서는 '국채·지방채'가 담보로 인정되나(제65조 제2호), 국세에서는 2011. 12. 31. 국세기본법 개정 시 삭제되었다(제29조 제3호).

ㅇ 대법원 2005. 8. 25. 선고 2004다58277 판결 ; "조세채권은 국세징수법에 의하여 우선권 및 자력집행권이 인정되는 권리로서 사법상의 채권과는 그 성질을 달리하므로 조세채권의 성립과 행사는 법률에 의해서만 가능한 것이고, 세법에 의하지 아니한 사법상의 계약에 의하여 조세채무를 부담하게 하거나 이를 보증하게 하여 이들로부터 조세채권의 종국적 만족을 실현하는 것은 허용될 수 없는 것이므로, 납세담보도 세법이 그 제공을 요구하도록 규정된 경우에 한하여 과세관청이 요구할 수 있고, 따라서 세법에 근거 없이 제공한 납세담보는 공법상 효력이 없다고 할 것이나, 한편 납세담보를 제공할 수 있는 세법상 근거가 없다고 할지라도 납세의무자와 납세보증보험사업자 사이에 이를 납세보증보험의 대상으로 하는 납세보증보험계약을 체결하는 것까지 막을 수는 없고, 다만 이러한 경우 그 납세보증보험계약은 과세관청에 대하여 효력이 없을 뿐이라고 할 것이다." ☞ 조세법상의 규정에 의한 납세담보의 제공이 아니라 사법상의 보증계약에 의한 납세의 보증은 무효이고, 그러한 납세보증계약에 기하여 한 과세처분은 그 하자가 중대하고 명백하여 당연 무효이다(90누5399).

ㅇ 납세담보의 종류를 정한 국세기본법 제29조는 납세담보의 종류를 한정적으로 열거한 규정이고, 서울특별시가 공탁한 토지수용 보상금의 공탁서는 위 납세담보에 해당하지 않는다(98두10004).

ㅇ 납세의무자가 제공한 납세담보인 납세보증보험증권에 대하여 납세담보의 징수절차에 따라 세무서장이 보증보험사업자로부터 지급받은 납부세액 중 초과납부 금액이 있는 경우, 환급청구권자는 납세의무자이다(2001다61661).

10. 납세의무자

법인으로 보는 단체

○ 대법원 2016. 11. 24. 선고 2016두43268 판결 [법인세경정거부처분취소]

▌법인으로 보는 단체, 부실채권정리기금, 익금 귀속시기

판시사항

구 '금융기관부실자산등의효율적처리및성업공사의설립에관한법률'에 근거하여 금융기관이 보유하고 있는 부실채권 등의 효율적인 정리를 위하여 한국자산관리공사에 설치되었고, 원고를 비롯한 금융기관의 출연금, 한국자산관리공사로부터의 전입금, 부실채권정리기금채권의 발행으로 조성한 자금 등을 재원으로 조성된 **'부실채권정리기금'**은 구 국세기본법(2010. 1. 1. 법률 제9911호로 개정되기 전의 것) 제13조 제1항 제2호 소정의 **'법인으로 보는 단체'**에 해당하므로,[953)954)] 개정 부칙 조항에 따라 운용기간 종료일 전에 원고를 비롯한 출연 금융기관들에게 지급된 **분배금의 익금 귀속시기**는 원고가 그 **분배금을 지급받은** 2009 사업연도라고 판단하면서, 위 기금이 구성원인 금융기관들에게 수익을 분배하는 **공동사업장**에 해당함을 전제로 위 분배금이 2007 사업연도 이전에 익금으로 귀속된 것으로 보아야 한다는 원고의 주장을 배척한 예.[955)956)]

---

953) **국세기본법 제13조(법인으로 보는 단체)** [전문개정 2010.1.1.] ① 법인(「법인세법」 제2조제1호에 따른 내국법인 및 같은 조 제3호에 따른 외국법인을 말한다. 이하 같다)이 아닌 사단, 재단, 그 밖의 단체(이하 "법인 아닌 단체"라 한다) 중 다음 각 호의 어느 하나에 해당하는 것으로서 수익을 구성원에게 분배하지 아니하는 것은 법인으로 보아 이 법과 세법을 적용한다. 〈개정 2018.12.31.〉 1. 주무관청의 허가 또는 인가를 받아 설립되거나 법령에 따라 주무관청에 등록한 사단, 재단, 그 밖의 단체로서 등기되지 아니한 것 2. 공익을 목적으로 출연된 기본재산이 있는 재단으로서 등기되지 아니한 것 ② 제1항에 따라 법인으로 보는 사단, 재단, 그 밖의 단체 외의 법인 아닌 단체 중 다음 각 호의 요건을 모두 갖춘 것으로서 대표자나 관리인이 관할 세무서장에게 신청하여 승인을 받은 것도 법인으로 보아 이 법과 세법을 적용한다. 이 경우 해당 사단, 재단, 그 밖의 단체의 계속성과 동질성이 유지되는 것으로 본다. 〈개정 2010.12.27.〉 1. 사단, 재단, 그 밖의 단체의 조직과 운영에 관한 규정을 가지고 대표자나 관리인을 선임하고 있을 것 2. 사단, 재단, 그 밖의 단체 자신의 계산과 명의로 수익과 재산을 독립적으로 소유·관리할 것 3. 사단, 재단, 그 밖의 단체의 수익을 구성원에게 분배하지 아니할 것

954) 대법원 2005. 7. 15. 선고 2003두5754 판결 ; "이 사건 주택조합은 이른바 비법인사단으로 주택건설촉진법의 규정에 따라 주무관청의 설립인가를 받아 설립되었으므로 국세기본법 제13조 제1항 제1호 소정의 '법인으로 보는 법인격이 없는 단체'에 해당한다고 할 것이고, 이 사건 주택조합이 국민주택규모 초과분 아파트 3세대와 상가 17개 점포를 일반분양한 것은 사업상 독립적으로 재화를 공급하는 사업자로서 재화를 공급한 것이라고 봄이 상당하므로 위 거래에 대한 부가가치세를 납부할 의무가 있다고 할 것이다. 한편 국세기본법 제13조는, 제1항 각 호의 요건을 갖춘 단체는 이를 당연히 세법의 적용에 있어서 법인으로 보고, 그렇지 아니한 단체 중 같은 조 제2항의 요건을 갖춘 법인도 법인으로 보되 그러한 단체는 계속성 및 동질성이 유지되는 것으로 본다는 취지의 규정일 뿐, 제1항의 요건을 갖추어 법인으로 보는 단체에 대하여도 제2항 각 호에 해당하거나 계속성 및 동질성이 유지될 것을 요건으로 한다고 해석할 것은 아니므로, 이 사건 주택조합이 계속성 및 동질성이 유지되는 단체가 아니라는 이유로 국세기본법 제13조 제1항 제1호 소정의 법인으로 보는 법인격이 없는 단체에 해당되지 않는다고 할 수도 없다."

955) **【이유】** "원심은 … ① 부실채권정리기금(이하 '이 사건 기금'이라 한다)은 구 금융기관부실자산등의효율적처리및성업공사의설립에관한법률(1997. 8. 22. 법률 제5371호로 제정되어 1998. 1. 13. 법률 제5505호로 개정되기 전의 것, 이하 '구법'이라 한다)에 근거하여 1997. 11. 24. 금융기관이 보유하고 있는 부실채권 등의 효율적인 정리를 위하여

한국자산관리공사(1999. 12. 31. 법률 제6073호로 구법의 법령명이 변경되기 전의 명칭은 '성업공사'이다. 이하 통칭하여 '이 사건 공사'라 한다.)에 설치되었고, 위 기금은 원고를 비롯한 금융기관의 출연금, 이 사건 공사로부터의 전입금, 부실채권정리기금채권의 발행으로 조성한 자금 등을 재원으로 조성된 사실, ② 구법 부칙 제2조 제4항, 제5항은 이 사건 기금이 2012. 11. 22.까지 채권 및 차입금의 원리금 상환과 인수자산의 정리 등을 완료하고, 운용기간 종료 후 3개월 이내에 잔여재산을 출연비율 등을 감안한 처리기준에 따라 당해 기관에 반환하도록 규정하고 있었는데, 2007. 12. 21. 법률 제8698호로 개정된 구법 부칙 제2조 제5항 단서에 '재정경제부장관이 기금의 자산과 부채를 실사한 결과 운용기간 종료일에 잔여재산이 있을 것이 확실하고 그 금액을 추정할 수 있는 경우에는 추정된 잔여재산의 일부를 운용기간 종료 전에 반환할 수 있다'는 내용이 추가된 사실, ③ 이 사건 기금은 위 개정된 부칙 조항에 따라 운용기간 종료일 전에 원고를 비롯한 출연 금융기관들에게 분배금을 지급하였고, 그에 따라 원고는 2009년에 775,244,000원(이하 '이 사건 분배금'이라 한다)을 지급받은 후 이를 2009 사업연도 수입배당금으로 익금산입하여 법인세를 신고·납부한 사실, ④ 이후 원고는 이 사건 분배금의 익금 귀속시기가 2009 사업연도가 아니라는 이유로 경정청구를 하였으나 피고가 이를 거부한 사실(이하 '이 사건 처분'이라 한다) 등을 인정하였다.

그런 다음 원심은, ① 이 사건 기금은 원고와 같은 금융기관의 출연금뿐만 아니라 부실채권정리기금채권의 발행으로 조성한 자금, 한국은행으로부터의 차입금 등을 재원으로 조성되고, 금융기관의 부실채권 및 부실징후기업의 자구계획 대상자산의 인수 등에 사용되며, 정부가 기금운용계획안을 회계연도 개시 90일 전에 국회에 제출하도록 하여 기금운용에 관하여 국회의 통제를 받도록 하는 등을 고려할 때, 부실채권을 효율적으로 정리함으로써 금융기관 자산의 유동성과 건전성을 제고하려는 '공익을 목적으로 출연'된 것으로 볼 수 있는 점, ② 이 사건 기금의 설립 목적, 그 기금의 조성 방법, 관리·운용 방법, 회계 및 집행기관 등이 법령에 규정되어 있고, 매 회계연도가 끝나면 기금에 관한 결산서, 대차대조표 및 손익계산서를 작성해야 하는 등 이 사건 공사와는 별도의 단체로 운영되는 '법인격 없는 재단'으로서의 실질을 가지고 있는 점, ③ 구법 부칙 제2조 제5항에서 기금의 운용기간이 종료된 후 잔여재산을 출연비율 등을 감안한 처리기준에 따라 당해 기관에 반환하도록 규정하고 있지만, 구법 제39조 제1항은 기금 조성의 재원을 금융기관의 '출연금'으로 규정하고 있는 등 출자에 따른 수익반환의 전제가 되는 기금의 구성원을 상정하고 있지 않고, 이 사건 기금이 수익 발생을 직접적인 목적으로 하고 있지도 않으므로, 원칙적으로 재단의 해산 후 잔여재산의 귀속에 대하여 정하고 있는 민법 제80조와 같은 성격의 규정으로 볼 수 있어, 이 사건 기금은 '수익을 구성원에게 분배하지 않을 것'이라는 요건을 충족하고 있는 점, ④ 또한 구 법인세법(2009. 12. 31. 법률 제9898호로 개정되기 전의 것) 제29조 제1항, 구 법인세법 시행령(2010. 12. 30. 대통령령 제22577호로 개정되기 전의 것) 제56조 제1항 제3호는 고유목적사업준비금을 손금으로 계상할 수 있는 비영리내국법인에 준하는 단체로서 '법령에 의하여 설치된 기금'을 규정하고 있고, 구 법인세법 시행령(2002. 12. 30. 대통령령 제17826호로 개정된 후 2008. 2. 22. 대통령령 제20619호로 개정되기 전의 것) 제2조 제1항 제8호 라목은 이 사건 기금을 통한 부실채권 인수 및 정리와 관련된 사업을 비영리법인의 수익사업에서 제외되는 항목으로 명시하는 등 관련 법령에서도 이 사건 기금을 세법상 비영리법인에 준하는 단체로 취급하고 있는 점 등을 종합하여 보면, 이 사건 기금은 구 국세기본법 제13조 제1항 제2호 소정의 '법인으로 보는 단체'에 해당하므로 이 사건 분배금의 익금 귀속시기는 원고가 그 분배금을 지급받은 2009 사업연도라는 이유로 이 사건 처분이 적법하다고 판단하면서, 이 사건 기금이 구성원인 금융기관들에게 수익을 분배하는 공동사업장에 해당함을 전제로 이 사건 분배금이 2007 사업연도 이전에 익금으로 귀속된 것으로 보아야 한다는 원고의 주장을 배척하였다. … 원심의 이러한 판단은 정당하고,"

956) **【참조조문】**

구 법인세법 제29조(고유목적사업준비금의 손금산입) ① 비영리내국법인(법인으로 보는 단체의 경우에는 대통령령이 정하는 단체에 한한다)이 각 사업연도에 그 법인의 고유목적사업 또는 지정기부금(이하 이 조에서 "고유목적사업등"이라 한다)에 지출하기 위하여 고유목적사업준비금을 손금으로 계상한 경우에는 다음 각 호의 금액을 합한 금액의 범위 안에서 당해 사업연도의 소득금액계산에 있어서 이를 손금에 산입한다.

구 법인세법 시행령 제56조(고유목적사업준비금의 손금산입) ① 법 제29조 제1항 본문 중 "대통령령이 정하는 단체"라 함은 다음 각호의 1에 해당하는 단체를 말한다. 3. 법령에 의하여 설치된 기금

구 법인세법 시행령 제2조(수익사업의 범위) ① 「법인세법」(이하 "법"이라 한다) 제3조 제2항 제1호에서 "대통령령이 정하는 것"이라 함은 통계청장이 고시하는 한국표준산업분류(이하 "한국표준산업분류"라 한다)에 의한 각 사업중 수익이 발생하는 것을 말한다. 다만, 다음 각 호의 사업을 제외한다.

8. 금융 및 보험 관련서비스업중 다음 각목의 사업

라. 「금융기관부실자산 등의 효율적 처리 및 한국자산관리공사의 설립에 관한 법률」에 의한 부실채권정리기금을

납세의무의 승계

법인의 '합병'에 의한 권리의무의 포괄승계[957]('피합병회사의 증자분에 대하여 소득금액의 공제를 받을 수 있는 권리',[958] '중과세' 관련 '법률상의 지위',[959] 제2차 납세의무 성립의 기초가 되는 주된 납세의무 성립 당시의 과점주주로서의 지위[960]도 승계한다), '상속'에 의한 권리의무의 포괄승계[961][962]나 법률의 특별규정(채무자 회생

통한 부실채권 인수 및 정리와 관련된 사업

957) **상법 제235조(합병의 효과)** 합병후 존속한 회사 또는 합병으로 인하여 설립된 회사는 합병으로 인하여 소멸된 회사의 권리의무를 승계한다. ☞ 대법원 2019. 12. 12. 선고 2018두63563 판결 [이행강제금부과처분취소청구의소] ; "회사합병이 있는 경우에는 피합병회사의 권리·의무는 사법상의 관계나 공법상의 관계를 불문하고 그의 성질상 이전을 허용하지 않는 것을 제외하고는 모두 합병으로 인하여 존속한 회사에 승계되는 것으로 보아야 한다."(이행강제금액 산정 잘못을 이유로 종전 이행강제금 부과처분을 취소하는 선행 확정판결의 취지에 따라 다시 산정한 후행 부과처분의 취소소송에서, 흡수합병으로 소멸한 회사가 흡수합병 전 이미 이행강제금 부과처분을 받은 지위에 있었고, 흡수합병의 경우 이행강제금의 부과처분을 받은 지위가 성질상 이전이 되지 않는 것이라고 보기 어렵다고 판단한 예). cf. 합병으로 소멸한 법인이 양벌규정에 따라 부담하던 형사책임은 그 성질상 이전을 허용하지 않는 것으로서 합병 존속법인에 승계되지 않는다(2005도4471).
이에 비하여, 분할 또는 분할합병의 경우 단순분할신설회사, 분할승계회사 또는 분할합병신설회사는 분할회사의 권리와 의무를 분할계획서 또는 분할합병계약서에서 정하는 바에 따라 승계하는데(상법 제530조의10), 이 때 승계하는 것은 분할하는 회사의 권리와 의무이므로, 분할하는 회사의 분할 전 법 위반행위를 이유로 과징금이 부과되기 전까지는 단순한 사실행위만 존재할 뿐 그 과징금과 관련하여 분할하는 회사에게 승계의 대상이 되는 어떠한 의무가 있다고 할 수 없고, 특별한 규정이 없는 한 신설회사에 대하여 분할하는 회사의 분할 전 법 위반행위를 이유로 과징금을 부과하는 것은 허용되지 않는다(2006두18928).

958) 대법원 1980. 3. 25. 선고 77누265 판결.

959) 대법원 2013. 12. 26. 선고 2011두5940 판결 ; "지방세법은 대도시의 인구집중 억제 및 환경보존 등을 위하여 대도시 지역 내에 설립된 법인이 그 설립 후 5년 이내에 취득하는 부동산의 등기에 대하여 그 등록세를 일반세율의 3배로 하여 중과한다고 규정하는 한편 그에 대한 예외로 주택건설사업자가 주택건설용으로 부동산을 취득한 경우에는 위와 같은 중과를 하지 아니하되, 그 경우에도 등기일로부터 정당한 사유 없이 3년이 경과할 때까지 그 부동산을 주택건설사업에 직접 사용하지 아니하거나 다른 업종에 사용 또는 겸용하는 경우에 그 해당 부분에 대하여는 위 규정에 따른 중과를 하도록 규정하고 있다[구 지방세법(2010. 1. 1. 법률 제9924호로 개정되기 전의 것) 제138조 제1항 제3호, 제3항 및 그 시행령(2009. 5. 21. 대통령령 제21498호로 개정되기 전의 것) 제101조 제1항 제5호, 제2항]. 따라서 주택건설사업자가 주택건설용으로 취득한 부동산을 그 등기일로부터 3년 이내에 주택건설사업에 직접 사용하지 아니하거나 다른 업종에 사용 또는 겸용한 경우에도 '정당한 사유'가 있으면 중과대상에서 제외된다 할 것인데, … 위와 같은 중과세율에 의한 등록세의 추가 부과요건은 특별한 사정이 없는 한 위 지방세법령에 규정된 유예기간의 경과일 또는 다른 업종에 사용한 날 충족된다 할 것이다. … 합병으로 인한 납세의무 승계제도의 취지와 대도시지역 내 부동산등기에 대한 중과제도의 입법 목적 및 관련 규정의 체계 등에 비추어 보면, 어느 법인이 주택건설용으로 부동산을 취득하기는 하였으나, 아직 3년의 유예기간이 경과하지 아니하거나 다른 업종에 사용 또는 겸용하지 아니하고 있던 상태에서 다른 법인에 합병됨으로써 합병 시까지는 등록세 중과요건이 충족되지 아니한 경우에도, 합병 후 존속법인은 소멸법인에 이미 발생한 등록세 중과와 관련된 법률상의 지위를 승계한다고 봄이 타당하다. 따라서 합병 후 존속법인이 소멸법인의 부동산 취득 등기일로부터 3년 이내에 이를 주택건설사업에 직접 사용하지 아니하거나 다른 업종에 사용 또는 겸용한 경우에는 합병 후 존속법인이 중과세율에 의한 등록세를 추가 납부할 의무를 부담한다고 보아야 하고, 그 흡수합병이 기업의 구조개선 등을 위하여 불가피하였다는 등의 사정은 위와 같은 중과대상에서 제외되는 '정당한 사유'에 해당하는지 여부의 판단에서 고려될 수 있을 뿐이라 할 것이다."

960) 대법원 2017. 7. 18. 선고 2016두41781 판결(회생계획에서 신회사가 채무자의 조세채무를 승계할 것을 정한 사안) 참조.

961) **민법 제1005조(상속과 포괄적 권리의무의 승계)** 상속인은 상속개시된 때로부터 피상속인의 재산에 관한 포괄적 권리의무를 승계한다. 그러나 피상속인의 일신에 전속한 것은 그러하지 아니하다.

및 파산에 관한 법률 제280조 소정의 조세채무 승계[963])이 있는 경우에만 납세의무의 승계가 인정되고, 조세법률주의 원칙상 그 이외에 사인 간의 계약 등에 의한 납세의무의 승계는 인정되지 않는다.

법인이 '합병'한 경우 합병 후 존속하는 법인 또는 합병으로 설립된 법인은 합병으로 소멸된 법인에 '부과되거나' 그 법인이 '납부할'[964] 국세 및 체납처분비를 납부할 의무를 지고(국세기본법 제23조[965]), '상속'이 개시된 때에 그 '상속인'[「민법」 제1000조(상속의 순위), 제1001조(대습상속), 제1003조(배우자의 상속순위) 및 제1004조(상속인의 결격사유)에 따른 '상속인'[966]을 말하고, 「상속세 및 증여세법」 제2조 제5호[967]에 따른 '수유자'[968]를 포함한다] 또는 「민법」 제1053조에 규정된 '상속재산관리인'[969]은 피상속인에게(상속인의 고유채

962) 합병과 상속의 경우 그 일반적인 법률효과인 권리의무의 포괄승계로 말미암아 조세권리의무관계도 당연히 승계된다고 볼 수 있으므로, 국세기본법 제23조, 제24조 제1항 등의 납세의무 승계 규정은 원칙적으로는 당연한 법리를 선언한 확인적 성격을 갖는다고 할 수 있다. 포괄적 수증자의 경우 상속인과 동일한 권리의무가 있으므로(민법 제1078조) 마찬가지이다. 그러나 '상속으로 인한 납세의무 승계' 조항에서 권리의무의 특정승계인에 해당하는 특정유증을 받은 자 또는 사인증여에 의하여 재산을 취득한 자를 포함시킨 부분은 창설적 성격을 갖는다고 할 수 있다.

963) **채무자 회생 및 파산에 관한 법률 제280조(조세채무의 승계)** 회생계획에서 신회사가 채무자의 조세채무를 승계할 것을 정한 때에는 신회사는 그 조세를 납부할 책임을 지며, 채무자의 조세채무는 소멸한다.
대법원 2017. 7. 18. 선고 2016두41781 판결 ; "채무자회생법 제280조는 … 상법에 따른 회사분할과 달리 조세채무에 관하여 회생계획에서 그 승계 여부를 정할 수 있음을 명시하고 있다. 한편 회생회사의 조세채무가 아직 성립하지 않은 경우라 하더라도 과세요건사실의 일부가 발생하는 등 가까운 장래에 성립할 가능성이 있다면 회생계획에서는 그 지위나 법률효과에 관하여도 승계 여부를 정할 수 있다고 해석하는 것이 회생제도의 목적과 취지에 부합한다. 따라서 회생회사가 주된 납세의무자인 법인의 납세의무 성립일을 기준으로 해당 법인의 과점주주에 해당하는 경우, 제2차 납세의무 성립의 기초가 되는 주된 납세의무 성립 당시의 과점주주로서의 지위는 회생계획이 정하는 바에 따라서 신설회사에 승계될 수 있다고 봄이 타당하다." ☞ 위 판시 중 "채무자회생법 제280조는 … 상법에 따른 회사분할과 달리 조세채무에 관하여 회생계획에서 그 승계 여부를 정할 수 있음을 명시하고 있다."는 판시에 비추어 보면, 회사분할의 경우에 분할계획서에 의한 조세채무의 승계가 허용되지 않는다고 해석할 수 있다.

964) '부과되거나' '납부할'의 의미에 관하여는 '상속'에 관한 대법원 2011. 3. 24. 선고 2008두10904 판결 참조.

965) **지방세기본법 제41조**(법인의 합병으로 인한 납세의무의 승계)도 동일하다("법인이 합병한 경우에 합병 후 존속하는 법인 또는 합병으로 설립된 법인은 합병으로 인하여 소멸된 법인에 부과되거나 그 법인이 납부할 지방자치단체의 징수금을 납부할 의무를 진다").

966) 상속으로 납세의무를 승계하는 '상속인'에 '상속포기자'는 포함되지 않으나(대법원 2013. 5. 23. 선고 2013두1041 판결), 그 예외로 **국세기본법 제24조 제2항**(피상속인이 상속인을 수익자로 하는 보험계약을 체결하고 상속인은 상속을 포기한 것으로 인정되는 경우로서 상속포기자가 피상속인의 사망으로 인하여 보험금을 받는 때)은 상속포기자를 상속인으로 보는 의제규정을 두고 있다(2014. 12. 23. 신설). 이는 **지방세기본법 제42조 제2항**도 같다(2020. 12. 29. 신설). 상속세 및 증여세법상 '상속인'에는 '상속포기자'를 포함하는 것으로 명시하고 있다(상속세 및 증여세법 제2조 제4호).

967) 상속세 및 증여세법 제2조(정의) 이 법에서 사용하는 용어의 뜻은 다음과 같다. 5. "수유자"란 유증을 받은 자 또는 사인증여에 의하여 재산을 취득한 자를 말한다.

968) '유증을 받은 자'의 법문 중 '유증'의 개념에는 '포괄적 유증'과 함께 '특정유증'을 포함한다. 민법 제1074조 이하에서 정하고 있는 '유증'의 개념은 둘 다를 포함하고 '포괄적 유증'은 제1078조에서 '포괄적 유증'이라고 별도로 명시하고 있기 때문이다. 통상은 상속재산에 대한 비율의 의미로 유증이 된 경우는 포괄적 유증, 그렇지 않은 경우는 특정유증이라고 할 수 있는데, '포괄적 유증'을 받은 자는 민법 제187조에 의하여 법률상 당연히 유증받은 부동산의 '소유권'을 취득하게 되나, '특정유증'을 받은 자는 민법 제186조에 의하여 유증의무자에게 유증을 이행할 것을 청구할 수 있는 '채권'을 취득할 뿐이다(2000다73445).
'사인증여에 의하여 재산을 취득한 자'에서 '사인증여'는 '증여자의 사망으로 인하여 효력이 생기는 증여'로서 유증에 관한 규정을 준용하도록 규정되어 있지만(민법 제562조), '포괄적 유증을 받은 자는 상속인과 동일한 권리의무가 있다'고 규정하고 있는 민법 제1078조는 사인증여의 성질(낙성·불요식의 증여계약)에 반하여 포괄적 사인증여에 준용되지 아니한다고 판례는 해석하고 있다(94다37714,37721).

무는 적용대상이 아니다)[970] '부과되거나' 그 피상속인이 '납부할'(이미 납부·징수·충당이 이루어진 것은 여기에 해당하지 않는다)[971] 국세 및 체납처분비를 '상속으로 받은 재산의 한도'[972]에서 납부할 의무('책임'이 제한되는 '한정승인'과는 달리, '채무' 자체가 제한된다)를 진다(국세기본법 제24조 제1항[973]). 상속인이 2명 이상일

---

969) 상속인이 있는지 분명하지 아니할 때에는 상속인에게 하여야 할 납세의 고지·독촉이나 그 밖에 필요한 사항은 상속재산관리인에게 하여야 하고(국세기본법 제24조 제4항), 상속인이 있는지 분명하지 아니하고 상속재산관리인도 없을 때에는 세무서장은 상속개시지를 관할하는 법원에 상속재산관리인의 선임을 청구할 수 있다(제5항). 지방세기본법 제43조 제1, 2항도 같다.

970) 피상속인 설정 저당권부 상속 부동산의 임의경매 매각에 따른 한정승인 상속인들의 양도소득세 채무는 그들 고유의 채무이고 상속채무가 아니므로 '상속으로 인한 납세의무 승계'의 적용대상이 아니나, 민법 제998조의2 소정의 상속에 관한 비용으로서 상속재산의 한도 내에서 책임질 뿐이라고 볼 여지가 있다.
대법원 2012. 9. 13. 선고 2010두13630 판결 ; "원고들이 부담하는 이 사건 양도소득세 채무는 상속채무가 아닌 원고들 고유의 채무로서 한정승인제도는 채무의 존재를 제한하는 것이 아니라 단순히 그 책임의 범위를 제한하는 것에 불과하므로, 원고들이 한정승인을 하였다고 하여 이 사건 양도소득세 채무가 당연히 원고들이 상속으로 인하여 취득할 재산의 한도로 제한되는 것은 아니다. 따라서 이 사건 양도소득세 채무가 상속채무의 변제를 위한 상속재산의 처분과정에서 부담하게 된 채무로서 민법 제998조의2에서 규정한 상속에 관한 비용에 해당하고, 상속인의 보호를 위한 한정승인 제도의 취지상 이러한 상속비용에 해당하는 조세채무에 대하여는 상속재산의 한도 내에서 책임질 뿐이라고 볼 여지가 있음은 별론으로 하고, 원고들의 한정승인에 의하여 이 사건 양도소득세 채무 자체가 원고들이 상속으로 인하여 취득할 재산의 한도로 제한된다거나 위 재산의 한도를 초과하여 한 양도소득세 부과처분이 위법하게 된다고 볼 수 없다." ☞ 민법 제998조의2(상속비용) 상속에 관한 비용은 상속재산 중에서 지급한다.

971) 대법원 2011. 3. 24. 선고 2008두10904 판결 ; "구 국세기본법 제24조 제1항(이 사건 승계제한조항)은 … 규정하고, 구 국세기본법 시행령(2010. 2. 18. 대통령령 제22038호로 개정되기 전의 것) 제11조 제1항은 "법 제24조 제1항에서 '상속으로 인하여 얻은 재산'이라 함은 상속으로 인하여 얻은 자산 총액에서 부채 총액과 그 상속으로 인하여 부과되거나 납부할 상속세를 공제한 가액을 말한다."고 규정하고 있다. … 이 사건 승계제한조항의 문언 내용 및 그 입법취지가 상속인으로 하여금 피상속인의 국세 등 납세의무를 상속재산의 한도에서만 부담하도록 하는 데 있는 점, 상속 개시 당시 납세의무가 성립·확정되어 이미 납부·징수가 이루어진 피상속인의 국세 등은 상속인이 이를 승계하더라도 추가 납부·징수의 부담이 따르지 아니하며 만약 상속인이 이를 승계하지 않는다면 상속인에게 이를 환급해 주어야 하는 불합리한 결과가 초래되는 점 등을 종합하면, 이 사건 승계제한조항에 의하여 승계의 범위가 제한되는 '피상속인에게 부과되거나 그 피상속인이 납부할 국세 등'은 상속 개시 당시 과세요건이 충족되어 납세의무가 성립하였지만 아직 확정되지 아니하였거나 납세의무가 확정되었지만 아직 납부·징수가 이루어지지 아니한 국세 등을 말하며, 그 납세의무가 성립·확정되어 이미 납부·징수가 이루어진 국세 등은 여기에 해당하지 않는다고 할 것이고, 그 징수가 충당의 방법으로 이루어졌다고 하더라도 달리 볼 것은 아니다. 따라서 피고가 망인이 당초 신고·납부한 증권거래세 68,214,970원 및 양도소득세 1,201,502,610원을 직권취소하면서 그 납부세액을 이 사건 종합소득세에 충당하였다면 부채 총액 등이 상속으로 인하여 원고가 얻은 자산 총액을 초과한다 하더라도 그 충당된 범위 내에서는 이 사건 승계제한조항의 적용대상이 되지 아니하고 원고가 그대로 승계한다고 할 것이다."

972) **국세기본법 시행령 제11조(상속재산의 가액)** ① 법 제24조 제1항에 따른 상속으로 받은 재산은 다음 계산식에 따른 가액으로 한다. 상속받은 자산총액 - (상속받은 부채총액 + 상속으로 인하여 부과되거나 납부할 상속세) ② 제1항에 따른 자산총액과 부채총액의 가액은 「상속세 및 증여세법」 제60조부터 제66조까지의 규정을 준용하여 평가한다. ③ 제1항을 적용할 때 법 제24조제1항에 따른 상속인이 받은 자산·부채 및 납부할 상속세와 같은 조 제2항에 따라 상속재산으로 보는 보험금 및 그 보험금을 받은 자가 납부할 상속세를 포함하여 상속으로 받은 재산의 가액을 계산한다. 〈신설 2015.2.3.〉 ④ 법 제24조제3항 전단에서 "대통령령으로 정하는 비율"이란 각각의 상속인(법 제24조제1항에 따른 수유자와 같은 조 제2항에 따른 상속포기자를 포함한다. 이하 이 항에서 같다)이 제1항에 따라 계산한 상속으로 받은 재산의 가액을 각각의 상속인이 상속으로 받은 재산 가액의 합계액으로 나누어 계산한 비율을 말한다. 〈신설 2015.2.3, 2016.2.5.〉 ☞ **지방세기본법 시행령 제21조**도 동일하다(제3항, 제4항은 2020. 12. 31. 신설).

973) **지방세기본법 제42조**(상속으로 인한 납세의무의 승계) 제1항도 동일하다("상속이 개시된 경우에 상속인[「상속세 및 증여세법」 제2조 제5호에 따른 수유자를 포함한다. 이하 같다] 또는 「민법」 제1053조에 따른 상속재산관리인은 피상속인에게 부과되거나 피상속인이 납부할 지방자치단체의 징수금(이하 이 조에서 "피상속인에 대한 지방자치단체의

때에는 각 상속인은 상속분 등에 따라 나눈 국세 등을 연대하여 납부할 의무를 진다(제3항).[974] 피상속인에게 한 처분 또는 절차는 상속으로 인한 납세의무를 승계하는 상속인이나 상속재산관리인에 대해서도 효력이 있다(제6항[975]).[976]

청구인의 지위 승계에 관한 행정심판법 제16조는 심사청구 또는 심판청구에 준용된다.[977][978]

거주자의 과세기간 중 사망으로 상속이 개시된 경우, 피상속인의 소득금액에 대해서는 상속인이 소득세 납세의무를 지고,[979] 피상속인의 납세의무가 상속인에게 승계되는 것이 아니다.

징수금"이라 한다)을 상속으로 얻은 재산의 한도 내에서 납부할 의무를 진다").

974) 상속인이 2명 이상일 때에는 각 상속인은 피상속인에게 부과되거나 그 피상속인이 납부할 국세 및 체납처분비를 「민법」 제1009조·제1010조·제1012조 및 제1013조에 따른 상속분 또는 대통령령으로 정하는 비율(상속인 중에 수유자 또는 「민법」 제1019조 제1항에 따라 상속을 포기한 사람이 있거나 상속으로 받은 재산에 보험금이 포함되어 있는 경우로 한정한다)에 따라 나누어 계산한 국세 및 체납처분비를 상속으로 받은 재산의 한도에서 연대하여 납부할 의무를 진다. 이 경우 각 상속인은 그들 중에서 피상속인의 국세 및 체납처분비를 납부할 대표자를 정하여 대통령령으로 정하는 바에 따라 관할 세무서장에게 신고하여야 한다(법 제24조 제3항). **지방세기본법 제42조 제3항**도 동일하다.

975) **지방세기본법 제43조 제3항**도 동일하다.

976) **국세기본법 기본통칙** 23-0…3【납세유예 등에 관한 효력의 승계】 소멸법인에 대하여 다음의 경우에는 합병 후 존속법인 또는 합병으로 인한 신설법인은 당해 처분 등이 있는 상태로 그 국세 등을 승계한다. 1. 납기연장의 신청, 징수유예의 신청 또는 물납의 신청 2. 납기연장, 징수 또는 체납처분에 관한 유예 3. 물납의 승인 4. 담보의 제공 등

977) **국세기본법 제56조(다른 법률과의 관계)** ① 제55조에 규정된 처분에 대해서는 「행정심판법」의 규정을 적용하지 아니한다. 다만, 심사청구 또는 심판청구에 관하여는 「행정심판법」 제15조, 제16조, 제20조부터 제22조까지, 제29조, 제36조제1항, 제39조, 제40조, 제42조 및 제51조를 준용하며, 이 경우 "위원회"는 "국세심사위원회", "조세심판관회의" 또는 "조세심판관합동회의"로 본다. 〈개정 2013.1.1.〉 ☞ **행정심판법 제16조(청구인의 지위 승계)** ① 청구인이 사망한 경우에는 상속인이나 그 밖에 법령에 따라 심판청구의 대상에 관계되는 권리나 이익을 승계한 자가 청구인의 지위를 승계한다. ② 법인인 청구인이 합병에 따라 소멸하였을 때에는 합병 후 존속하는 법인이나 합병에 따라 설립된 법인이 청구인의 지위를 승계한다. ③ 제1항과 제2항에 따라 청구인의 지위를 승계한 자는 위원회에 서면으로 그 사유를 신고하여야 한다. 이 경우 신고서에는 사망 등에 의한 권리·이익의 승계 또는 합병 사실을 증명하는 서면을 함께 제출하여야 한다. ④ 제1항 또는 제2항의 경우에 제3항에 따른 신고가 있을 때까지 사망자나 합병 전의 법인에 대하여 한 통지 또는 그 밖의 행위가 청구인의 지위를 승계한 자에게 도달하면 지위를 승계한 자에 대한 통지 또는 그 밖의 행위로서의 효력이 있다.

978) 개인이나 법인이 과세처분에 대하여 심판청구 등을 제기하여 전심절차를 진행하던 중 사망하거나 흡수합병되는 등으로 당사자능력이 소멸하였으나, 전심절차에서 이를 알지 못한 채 사망하거나 합병으로 인해 소멸된 당사자를 청구인으로 표시하여 그 청구에 관한 결정이 이루어지고, 상속인이나 합병법인이 위 결정에 불복하여 소를 제기하면서 소장에 착오로 소멸한 당사자를 원고로 기재하였다면, 이러한 경우 실제 소를 제기한 당사자는 상속인이나 합병법인이고 다만 그 표시를 잘못한 것에 불과하므로, 법원으로서는 이를 바로잡기 위한 당사자표시정정신청을 받아들인 후 본안에 관하여 심리·판단하여야지, 소가 부적법하다 하여 각하할 것은 아니다(대법원 2016. 12. 27. 선고 2016두50440 판결(흡수합병으로 해산한 법인 명의로 부과처분취소소송을 제기한 후 존속 합병법인 명의로 당사자표시정정신청을 한 사안), 대법원 1994. 12. 2. 선고 93누12206 판결(망 피상속인 명의로 취소소송을 제기한 후 상속인들 명의로 소송수계신청을 한 사안에서, 소송수계신청을 당사자표시정정신청으로 보아야 한다고 한 예)).

979) **소득세법 제2조의2(납세의무의 범위)** ② 제44조에 따라 피상속인의 소득금액에 대해서 과세하는 경우에는 그 상속인이 납세의무를 진다. ☞ **제44조(상속의 경우의 소득금액의 구분 계산)** ① 피상속인의 소득금액에 대한 소득세로서 상속인에게 과세할 것과 상속인의 소득금액에 대한 소득세는 구분하여 계산하여야 한다. 〈개정 2013.1.1.〉 ② 연금계좌의 가입자가 사망하였으나 그 배우자가 연금외수령 없이 해당 연금계좌를 상속으로 승계하는 경우에는 제1항에도 불구하고 해당 연금계좌에 있는 피상속인의 소득금액은 상속인의 소득금액으로 보아 소득세를 계산한다. 〈신설 2013.1.1.〉 ③ 제2항에 따른 연금계좌의 승계방법 및 절차 등에 관하여 필요한 사항은 대통령령으로 정한다. 〈신설 2013.1.1〉

임대사업용 부동산을 분양받고 그 매입세액을 공제받아 부가가치세를 환급받은 임대사업자가 그 지위를 포괄적으로 양도한 후 위 분양계약이 해제된 경우, 분양계약 해제에 따라 환급세액을 경정하는 부가가치세 및 그 가산세 부과처분의 상대방은 양도인이 아닌 양수인인바, 이는 계약에 의한 납세의무 승계를 전제로 한 것이 아니다.[980)]

연대 납세 의무

'연대납세의무'라 함은, 2인 이상의 납세의무자가 동일 내용의 조세채무에 관하여 각자가 독립하여 그 '전부'[981)]를 납부할 의무를 부담하고, 그 중 1인이 납부하면 그 납부세액에 관해서 타납세의무자도 그 납세의무를 면하게 되는 '다수당사자의 납부의무'를 말한다(2004헌바70).

세법상 연대납세의무가 인정되는 경우로는, (1) 국세기본법 제25조[982)][983)]에서 정한 ① '공유자 또

---

980) 대법원 2020. 9. 3. 선고 2017두49157 판결.
원심(서울고등법원 2017. 5. 25. 선고 2016누69408 판결)이 **원용**한 1**심판결**(수원지방법원 2016. 9. 28. 선고 2015구합64740 판결) ; "원고는 소외인으로부터 이 사건 부동산에 관한 수분양자의 지위를 양수하였을 뿐만 아니라 이 사건 부동산에서의 임대업에 관한 모든 권리와 의무를 그 동일성을 유지하면서 포괄적으로 양수하였다고 봄이 타당하다. … 이 사건 처분은, 소외인이 부동산 임대업을 영위할 목적으로 사업용 고정자산인 이 사건 부동산을 취득하면서 관련 매입세액을 공제받아 부가가치세를 환급받았는데, 원고가 소외인으로부터 부동산 임대업을 양수한 후 이 사건 분양계약이 해제되어 '사업용 고정자산의 취득'이라는 매입세액 공제사유이자 부가가치세 환급사유가 소멸됨에 따라 위 환급세액을 회수하기 위하여 원고에게 부가가치세를 부과한 것인바, 원고가 소외인으로부터 이 사건 분양계약을 승계하고 사업을 양수한 이상, 그 후에 이 사건 분양계약이 해제되어 '사업용 고정자산의 취득'이라는 매입세액 공제사유이자 부가가치세 환급사유가 소멸됨에 따른 부가가치세 역시 원고에게 부과되어야 할 것이고, 사업의 양도양수에도 불구하고 '매입자'로서의 지위만이 소외인에게 그대로 남아있다고 볼 수는 없다. … 피고는 원고가 이 사건 계약을 통하여 '소외인의 매입자로서의 지위' 내지 '분양계약이 해제될 경우 소외인이 매입자로서 부담하게 될 부가가치세 납부의무'를 승계하였음을 이유로 이 사건 처분을 한 것이 아니라, 원고가 소외인으로부터 부동산 임대업을 포괄적으로 양수함으로써 부동산 임대업의 사업자가 된 이후에 이 사건 분양계약이 해제되어 사업용 고정자산에 대한 부가가치세 매입세액 공제사유가 소멸되었음을 이유로 이 사건 처분을 한 것인 바, 피고가 '원고가 이 사건 계약 자체로 특정의 공법상 지위 내지 납세의무를 승계하였음'을 전제로 이 사건 처분을 하였다고 볼 수 없다. 또한 원고는 사업을 양수함으로써 소외인의 이 사건 부동산에 관한 사업자의 지위를 포괄적으로 양수하였다고 할 것인바, 이 사건 처분이 이 사건 계약에서 '사업자의 지위'와는 별도로 '매입자로서의 지위'를 양수하였음을 전제로 한 것은 아니다."
원심의 추가 판시 부분 ; "원고가 소외인으로부터 이 사건 부동산에 관한 수분양자의 지위를 양수하였을 뿐만 아니라 이 사건 부동산에서의 임대업에 관한 모든 권리와 의무를 그 동일성을 유지하면서 포괄적으로 양수한 이상, 피고가 당초 원고가 아닌 소외인에게 이 사건 부동산에 관한 부가가치세를 환수하는 처분을 하였다가 원고에게 이 사건 처분을 하였다고 하더라도 그와 같은 사유만으로는 당초의 처분과 이 사건 처분 사이의 기간에 해당하는 납부불성실가산세를 면할 정당한 사유가 있다고 볼 수 없다."

981) 대법원 1999. 7. 13. 선고 99두2222 판결 ; "구 국세기본법 제25조 제1항 소정의 연대납세의무의 법률적 성질은 민법상의 연대채무와 근본적으로 다르지 아니하여, 각 연대납세의무자는 개별 세법에 특별한 규정이 없는 한 원칙적으로 고유의 납세의무 부분이 없이 공동사업 등에 관계된 국세의 전부에 대하여 전원이 연대하여 납세의무를 부담하는 것이므로, 국세를 부과함에 있어서는 연대납세의무자인 각 공유자 또는 공동사업자에게 개별적으로 당해 국세 전부에 대하여 납세의 고지를 할 수 있고"

982) **국세기본법 제25조(연대납세의무)** ① 공유물, 공동사업 또는 그 공동사업에 속하는 재산과 관계되는 국세 및 체납처분비는 공유자 또는 공동사업자가 연대하여 납부할 의무를 진다. 〈개정 2020.6.9.〉
② 법인이 분할되거나 분할합병된 후 분할되는 법인(이하 이 조에서 "분할법인"이라 한다)이 존속하는 경우 다음

는 공동사업자'의 연대납세의무(공유물 또는 공동사업에 관한 '소득세'에 대하여는 특례규정인 소득세법 제2조의2 제1항, 제7항,[984] 제43조(공동사업에 대한 소득금액 계산의 특례), 제118조(제43조의 양도소득세에 대한 준용)의 규정이 우선 적용되므로 연대납세의무 관계에 있지 않다[985]),[986] ② '법인이 분할되거나 분할합병되는 경우'의 연대납세의무, ③ '법인이 분할 또는 분할합병으로 해산하는 경우'의 연대납세의무, ④ '법인이 채무자 회생 및 파산에 관한 법률 제215조에 따라 신회사를 설립하는 경우'의 연대납세의무, (2) 연결법인의 법인세 연대납세의무(법인세법 제3조 ③), (3) 공동상속인의 상속세 연대납세의무,[987] (4) 수증자의 증여세에 대한 증여자의 연대납세의무,[988][989] (5) 부당행위계산 부인에 따른 증여자의 양도소득세에 대한

각 호의 법인은 분할등기일 이전에 분할법인에 부과되거나 납세의무가 성립한 국세 및 체납처분비에 대하여 분할로 승계된 재산가액을 한도로 연대하여 납부할 의무가 있다. 〈개정 2018.12.31.〉 1. 분할법인 2. 분할 또는 분할합병으로 설립되는 법인(이하 이 조에서 "분할신설법인"이라 한다) 3. 분할법인의 일부가 다른 법인과 합병하는 경우 그 합병의 상대방인 다른 법인(이하 이 조에서 "분할합병의 상대방 법인"이라 한다)

③ 법인이 분할 또는 분할합병한 후 소멸하는 경우 다음 각 호의 법인은 분할법인에 부과되거나 분할법인이 납부하여야 할 국세 및 체납처분비에 대하여 분할로 승계된 재산가액을 한도로 연대하여 납부할 의무가 있다. 〈개정 2018.12.31.〉 1. 분할신설법인 2. 분할합병의 상대방 법인

④ 법인이 「채무자 회생 및 파산에 관한 법률」 제215조에 따라 신회사를 설립하는 경우 기존의 법인에 부과되거나 납세의무가 성립한 국세 및 체납처분비는 신회사가 연대하여 납부할 의무를 진다. 〈개정 2018.12.31〉

983) **지방세기본법 제44조** 제1항~제4항과 동일하다. 다만, 제1항의 "공유물"에서 "공동주택의 공유물"은 제외되고, 제2항·제3항의 경우 2020. 12. 29. 개정 시 '분할로 승계된 재산가액을 한도'로 연대납세의무 부담이 완화되었다,

984) **소득세법 제2조의2(납세의무의 범위)** ① 제43조에 따라 공동사업에 관한 소득금액을 계산하는 경우에는 해당 공동사업자별로 납세의무를 진다. 다만, 제43조 제3항에 따른 주된 공동사업자(이하 이 항에서 "주된 공동사업자"라 한다)에게 합산과세되는 경우 그 합산과세되는 소득금액에 대해서는 주된 공동사업자의 특수관계인은 같은 조 제2항에 따른 손익분배비율에 해당하는 그의 소득금액을 한도로 주된 공동사업자와 연대하여 납세의무를 진다.〈개정 2013.1.1.〉

⑦ 공동으로 소유한 자산에 대한 양도소득금액을 계산하는 경우에는 해당 자산을 공동으로 소유하는 각 거주자가 납세의무를 진다. 〈신설 2017.12.19〉

985) 대법원 1995. 4. 11. 선고 94누13152 판결 ; "국세기본법 제3조 제1항 단서는 국세기본법은 세법에 우선하여 적용하되 위 제25조를 포함한 일부 규정의 경우 각 세법에서 특례규정을 두고 있는 때에는 그 세법이 정하는 바에 의하도록 하고 있고, 소득세법 제2조 제1항 및 제56조에 의하면 공유물 또는 공동사업에 관한 소득세(부동산소득, 사업소득, 양도소득 또는 산림소득)는 그 지분 또는 손익분배의 비율에 따라 당해 거주자별로 납세의무를 부담하도록 특례규정을 두고 있어서, 공유물 또는 공동사업에 관한 소득세에 대하여는 특례규정인 소득세법의 위 규정이 우선적용되는 것이므로, 공유물 또는 공동사업에 관한 국세 중 소득세에 있어서는 각 공유자 또는 각 공동사업자가 그 지분 또는 손익분배의 비율에 따라 안분계산한 소득금액에 대한 소득세를 개별적으로 납부할 의무를 부담할 뿐이며 연대납세의무가 있는 것이라 할 수는 없고"

986) 대법원 1999. 7. 13. 선고 99두2222 판결 ; "구 국세기본법(1994. 12. 22. 법률 제4810호로 개정되기 전의 것) 제25조 제1항은 … 통상 공유물이나 공동사업에 관한 권리의무는 공동소유자나 공동사업자에게 실질적, 경제적으로 공동으로 귀속하게 되는 관계로 담세력도 공동의 것으로 파악하는 것이 조세실질주의의 원칙에 따라 합리적이기 때문에 조세채권의 확보를 위하여 그들에게 연대납세의무를 지우고 있는 것이므로, 위 연대납세의무가 자신의 조세채무를 넘어 타인의 조세채무에 대하여 납세의무를 부당하게 확장하고 불평등한 취급을 하고 있다고 할 수 없고, 개인책임을 기초로 하는 헌법전문과 헌법상의 평등권, 재산권보장의 원리에 위배된다고 볼 수도 없다."

987) **상속세 및 증여세법 제3조의2(상속세 납부의무)** ③ 제1항에 따른 상속세는 상속인 또는 수유자 각자가 받았거나 받을 재산을 한도로 연대하여 납부할 의무를 진다. ☞ 이는 공동상속인이 법정 신고기간 내에 상속세과세표준신고를 하지 아니하여 상속세 외에 가산세가 부과된 경우 그 가산세를 납부할 의무에 관하여도 동일하게 적용된다(대법원 2013. 9. 12. 선고 2011다87655 판결). 공동상속인의 상속재산에 대한 소유관계는 '공유'이지만 국기법 제25조 제1항이 적용되는 것은 아니다.

988) **상속세 및 증여세법 제4조의2(증여세 납부의무)** ⑥ 증여자는 다음 각 호의 어느 하나에 해당하는 경우에는 수증자가

수증자의 연대납세의무,[990] (6) 공동수탁자의 부가가치세 연대납세의무,[991] (7) 과점주주의 간주취득세·농어촌특별세 연대납세의무,[992] 공동상속인의 취득세 연대납세의무[993] 등이 있다.

납부할 증여세를 연대하여 납부할 의무가 있다. 다만, 제4조제1항제2호 및 제3호, 제35조부터 제39조까지, 제39조의2, 제39조의3, 제40조, 제41조의2부터 제41조의5까지, 제42조, 제42조의2, 제42조의3, 제45조의3부터 제45조의5까지 및 제48조(출연자가 해당 공익법인의 운영에 책임이 없는 경우로서 대통령령으로 정하는 경우만 해당한다)에 해당하는 경우는 제외한다. 〈개정 2018.12.31〉

1. 수증자의 주소나 거소가 분명하지 아니한 경우로서 증여세에 대한 조세채권을 확보하기 곤란한 경우
2. 수증자가 증여세를 납부할 능력이 없다고 인정되는 경우로서 체납처분을 하여도 증여세에 대한 조세채권을 확보하기 곤란한 경우
3. 수증자가 비거주자인 경우

989) 증여자의 증여세 납부의무는 주된 채무인 수증자의 납세의무에 대한 종된 채무이므로, 증여자의 연대납세의무는 주된 납세의무자인 수증자의 납세의무가 '확정'된 뒤의 연대납부책임으로 보아야 하지만, 2018. 12. 31. 상증세법 개정 전 '명의수탁자'의 명의신탁 증여의제 증여세의 경우(2018. 12. 31. 개정 후에는 '명의신탁자'가 증여세납세의무자이다), 그 과세요건을 충족하여 '명의신탁자'의 증여세 '연대납세의무'가 성립한 이상, 과세처분에 의하여 납세의무가 확정되기 전이라 하더라도, 민법 제416조, 제419조, 제421조에 해당하는 경우 이외에는 명의수탁자에 관한 사항(예컨대, 명의수탁자가 사망하여 그 상속인이 명의수탁자의 증여세 납세의무를 상속재산의 한도에서 승계한 사정)이 명의신탁자의 증여세 연대납세의무에 영향을 미치지 않는다(대법원 2017. 7. 18. 선고 2015두50290 판결).

990) **소득세법 제2조의2(납세의무의 범위)** ④ 제101조 제2항에 따라 증여자가 자산을 직접 양도한 것으로 보는 경우 그 양도소득에 대해서는 증여자와 증여받은 자가 연대하여 납세의무를 진다. ☞ **제101조(양도소득의 부당행위계산)** ② 거주자가 제1항에서 규정하는 특수관계인(제97조의2제1항을 적용받는 배우자 및 직계존비속의 경우는 제외한다)에게 자산을 증여한 후 그 자산을 증여받은 자가 그 증여일부터 5년 이내에 다시 타인에게 양도한 경우로서 제1호에 따른 세액이 제2호에 따른 세액보다 적은 경우에는 증여자가 그 자산을 직접 양도한 것으로 본다.

991) **부가가치세법 제3조** ④ 제2항에 따라 수탁자가 납세의무자가 되는 신탁재산에 둘 이상의 수탁자(이하 "공동수탁자"라 한다)가 있는 경우 공동수탁자는 부가가치세를 연대하여 납부할 의무가 있다. 이 경우 공동수탁자 중 신탁사무를 주로 처리하는 수탁자(이하 "대표수탁자"라 한다)가 부가가치세를 신고·납부하여야 한다. 〈신설 2020.12.22.〉

992) ○ 대법원 2013. 7. 25. 선고 2012두12495 판결 ; "간주취득세 납세의무를 부담하는 과점주주에 해당하는지 여부는 과점주주 중 특정 주주 1인의 주식의 증가를 기준으로 판단하는 것이 아니라 과점주주 집단이 소유한 총주식 비율의 증가를 기준으로 판단한다. 그리고 구 지방세법 제105조 제7항은 간주취득세 납세의무를 지는 과점주주에 대하여는 같은 법 제18조를 준용하여 연대납세의무를 부담하도록 규정하고 있는데, 그 취지는 과점주주 집단을 형성하는 친족 기타 특수관계에 있는 자들은 실질적으로 당해 법인의 자산에 관하여 공동사업자 또는 공유자의 지위에서 관리·처분권을 행사할 수 있게 되므로 그 자산에 대한 권리의무도 과점주주에게 실질적·경제적으로 공동으로 귀속된다는 점을 고려하여 그 담세력을 공동으로 파악하려는 데 있다. 따라서 과점주주 집단을 형성하는 구성원이 추가되는 경우에 그로 인하여 그 과점주주 집단이 새로 소유하게 되는 것으로 보는 부동산 등과 관련하여 간주취득세를 부과하는 것은 별론으로 하고, 종전부터 그 과점주주 집단이 소유한 것으로 보는 부동산 등과 관련하여서는 기존의 과점주주로부터 그 과점주주 집단의 새로운 구성원에게 주식이 이전되더라도 특별한 사정이 없는 한 간주취득세를 부과할 수 없다고 해석하는 것이 자연스럽다. 이러한 점들을 종합하여 보면, 과점주주 집단 내부에서 주식이 이전되는 경우나 기존의 과점주주와 친족 기타 특수관계에 있으나 당해 법인의 주주가 아니었던 자가 기존의 과점주주로부터 그 주식의 일부 또는 전부를 이전받아 새로이 과점주주가 되는 경우뿐만 아니라 당해 법인의 주주가 아니었던 자가 기존의 과점주주와 친족 기타 특수관계를 형성하면서 기존의 과점주주로부터 그 주식의 일부 또는 전부를 이전받아 새로이 과점주주가 되는 경우에도 기존의 과점주주와 새로운 과점주주가 소유한 총주식의 비율에 변동이 없다면 간주취득세의 과세대상이 될 수 없다고 할 것이다."

○ 대법원 2008. 10. 23. 선고 2006두19501 판결 ; "구 농어촌특별세법(2005. 1. 5. 법률 제7330호로 개정되기 전의 것) 제8조 제2항 제3호는 지방세법에 의한 취득세의 납세의무자에 대해 취득세의 부과·징수의 예에 따라 농어촌특별세를 부과·징수하도록 규정하고 있고, 구 지방세법 제105조 제7항은 제105조 제6항의 취득세 납세의무자에 대해 연대납세의무를 규정하고 있으므로, 구 지방세법 제105조 제6항의 납세의무자는 취득세뿐만 아니라 농어촌특별세에 대해서도 연대납세의무를 부담한다."

국세기본법 제8조 제2항[994]은 연대납세의무자에 대한 서류 송달의 특칙을 규정하고 있다. 즉, '납세의 고지'(부과처분[995]뿐만 아니라 징수처분[996]을 포함한다)와 '독촉'에 관한 서류는 연대납세의무자 모두에게 '각각 송달'하여야 하나(단서), 그 외의 서류를 송달할 때에는 그 대표자를 명의인으로 하고 대표자가 없을 때에는 그 중 국세를 징수하기에 유리한 자를 명의인으로 하여 1인에게 송달하면(본문), 이로써 다른 연대납세의무자에게도 송달된 효력이 발생하고, 본문의 적용을 배제하여 송달의 효력을 부정하고자 하는 측은 '특별한 사정으로 인하여 송달받은 연대납세의무자로부터 그 내용을 통지받을 수 없었음'을 주장·증명하여야 한다.[997] 2015. 12. 15. 개정 전 상속세 및 증여세법 제77조, 그 시행령

---

993) **지방세법 제7조(납세의무자 등)** ⑤ 법인의 주식 또는 지분을 취득함으로써「지방세기본법」제46조 제2호에 따른 과점주주(이하 "과점주주"라 한다)가 되었을 때에는 그 과점주주가 해당 법인의 부동산등(법인이「신탁법」에 따라 신탁한 재산으로서 수탁자 명의로 등기·등록이 되어 있는 부동산등을 포함한다)을 취득(법인설립 시에 발행하는 주식 또는 지분을 취득함으로써 과점주주가 된 경우에는 취득으로 보지 아니한다)한 것으로 본다. 이 경우 과점주주의 연대납세의무에 관하여는「지방세기본법」제44조를 준용한다. 〈개정 2016.12.27.〉 ⑦ 상속(피상속인이 상속인에게 한 유증 및 포괄유증과 신탁재산의 상속을 포함한다. 이하 이 장과 제3장에서 같다)으로 인하여 취득하는 경우에는 상속인 각자가 상속받는 취득물건(지분을 취득하는 경우에는 그 지분에 해당하는 취득물건을 말한다)을 취득한 것으로 본다. 이 경우 상속인의 납부의무에 관하여는「지방세기본법」제44조제1항 및 제5항을 준용한다. 〈개정 2010.12.27〉

994) **국세기본법 제8조(서류의 송달)** ② 연대납세의무자에게 서류를 송달할 때에는 그 대표자를 명의인으로 하며, 대표자가 없을 때에는 연대납세의무자 중 국세를 징수하기에 유리한 자를 명의인으로 한다. 다만, 납부의 고지와 독촉에 관한 서류는 연대납세의무자 모두에게 각각 송달하여야 한다. ☛ **지방세기본법 제28조 제2항**도 동일하다.

995) 연대납세의무자의 상호연대관계는 이미 확정된 조세채무의 이행에 관한 것이지 조세채무 자체의 확정에 관한 것은 아니므로, 연대납세의무자라 할지라도 각자의 구체적 납세의무는 개별적으로 확정함을 요하는 것이어서 연대납세의무자 각자에게 개별적으로 구체적 납세의무 확정의 효력발생요건인 부과처분의 통지가 있어야 한다. 따라서 연대납세의무자의 1인에 대하여 납세고지를 하였다고 하더라도, 이로써 다른 연대납세의무자에게도 부과처분의 통지를 한 효력이 발생한다고 할 수는 없다(대법원 1998. 9. 4. 선고 96다31697 판결). 이러한 점에서 부과처분의 경우 국세기본법 제8조 제2항 '단서'는 당연한 법리를 명시한 데 지나지 않는 확인적 성격의 규정에 해당한다.

996) "국세기본법 제8조 제2항의 규정에 따라 대표자를 명의인으로 하여 송달할 수 있는 납세고지는 이미 확정된 구체적 조세채권에 대하여 그 이행을 명하는 이른바 징수처분으로서의 납세고지에만 한하는 것"(85누81), "연대납세의무자의 1인에 대하여 납세고지 … 지방세법 제18조 제3항에 의하여 준용되는 민법 제416조에 따라 다른 연대납세의무자에게 징수처분의 통지를 한 효력이 발생할 수 있을 뿐이다."(대법원 1998. 9. 4. 선고 96다31697 판결)라는 판례들은 1996. 12. 30. 국세기본법 개정으로 제8조 제2항에 '단서'가 신설되기 전의 구법에 관한 판례이다. 이러한 점에서 징수처분, 독촉 등의 경우 국세기본법 제8조 제2항 '단서'는 당연한 법리를 명시한 것이 아닌 창설적 성격의 규정에 해당한다.

997) 대법원 2002. 3. 15. 선고 99두7135 판결 ; "연대납세의무자에 대한 서류 송달의 특칙을 규정하고 있는 국세기본법 제8조 제2항은, 국세기본법 또는 세법에서 연대납세의무를 지도록 규정하고 있는 경우는 납세의무자 상호간에 공유자, 공동사업자, 공동상속인 등과 같이 특별히 긴밀한 관계가 있는 경우이기 때문에 그 중 1인에 대하여 서류를 송달하면 나머지 연대납세의무자에게도 그 내용이 통지될 수 있다는 것을 전제로 하여, 원칙적으로 대표자를 명의인으로 하여 송달하고 대표자가 없는 때에는 연대납세의무자 중 특정한 1인을 명의인으로 하여 송달하면 이로써 다른 연대납세의무자에게도 송달된 효력이 발생하는 것으로 하고, 다만 과세표준과 세액의 확정 및 징수에 관계되는 납세의 고지나 체납처분에 관계되는 독촉에 관한 서류는 연대납세의무자 모두에게 각각 송달하도록 규정함으로써 세무행정의 능률과 의 조화를 기하고 있는 것이라 할 것이므로, 국세기본법 또는 세법에 규정하는 서류로서 납세의 고지 및 독촉에 관한 서류 이외의 서류가 연대납부의무자 중 1인을 명의인으로 하여 송달된 경우에는, 특별한 사정으로 인하여 송달받은 연대납세의무자로부터 그 내용을 통지받을 수 없었음을 주장·입증하는 연대납세의무자를 제외하고는, 나머지 연대납세의무자에 대하여도 그 송달의 효력이 미친다고 해석함이 상당하고, 이와 같이 해석하는 이상 국세기본법 제8조 제2항이, 서류를 송달받은 자와 송달받지 못한 자를 동일하게 취급하거나, 납세의 고지 및 독촉에 관한 서류의 송달과 그 이외의 서류의 송달을 차별하거나, 납세의무자의 예측가능성을 해하는 규정으로서 평등권, 형평 및 비례의 원칙, 재산권 보장 등을 규정한 헌법에 위반된다고 할 수 없다."

제79조 제2항은 국세기본법 제8조 제2항의 특례규정으로서 우선하여 적용된 바 있다.[998]

연대납세의무자 1인에 대한 과세처분의 무효·취소 등의 사유는 상대적 효력만 갖고 다른 연대납세의무자에게 그 효력이 미치지 않는다.[999] 어느 연대납세의무자가 다른 연대납세의무자에 대한 부과처분의 취소를 구할 당사자적격(원고 적격)은 없지만,[1000] 다른 공동상속인들의 상속세에 대한 연대납부의무를 지는 상속인은 다른 공동상속인들에 대한 과세처분 자체의 취소를 구할 원고 적격이 있다.[1001] 다른 공동상속인들에 대한 과세처분이 무효 또는 부존재가 아닌 한 그 과세처분의 하자가

---

998) ㅇ 2015. 12. 15. 개정 전 상속세 및 증여세법 제77조가 '세무서장등은 제76조에 따라 결정한 과세표준과 세액을 상속인·수유자 또는 수증자에게 대통령령으로 정하는 바에 따라 통지하여야 한다.'라고 규정하고, 2016. 2. 5. 개정 전 상속세 및 증여세법 시행령 제79조 제2항이 '상속인 또는 수유자가 2인 이상인 경우에는 과세표준과 세액의 결정 통지를 상속세과세표준신고서를 제출한 자나 상속인 대표자 1인에게만 할 수 있다.'라고 규정하고 있다가, 위 시행령 규정을 삭제하고 이를 대체하여, 2015. 12. 15. 개정 상속세 및 증여세법 제77조에 후단으로 "이 경우 상속인이나 수유자가 2명 이상이면 그 상속인이나 수유자 모두에게 통지하여야 한다."는 규정을 추가하여 신설하였다. 2015. 12. 15. 개정 전 상속세 및 증여세법 제77조는 2019. 12. 31. 개정 전 국기법 제3조 1항 단서 제1호에 의하여 국기법 제8조 2항에 우선하여 적용되는데, 판례는 대표상속인 1인에 대한 납세고지가 공동상속인들 모두에 대하여 효력을 미치는 적법한 부과고지 및 징수고지라고 하였다.

ㅇ 대법원 2004. 10. 28. 선고 2003두4973 판결 ; "구 상속세법(1996. 12. 30. 법률 제5193호로 전문 개정되기 전의 것) 제25조의2, 구 상속세법시행령(1996. 12. 31. 대통령령 제15193호로 전문 개정되기 전의 것) 제19조 제1항, 제2항 제1호에 의하면, 세무서장은 과세표준과 세액의 통지를 함에 있어서 상속인이 2인 이상인 경우에는 법 제20조의 규정에 의하여 상속세에 관한 신고서를 제출한 자 등 1인(이하 '대표상속인'이라 한다)에게만 통지할 수 있고, 이 통지의 효력은 상속인 모두에게 미친다고 규정하고 있으므로, 이와 같이 대표상속인에게 통지함에 있어서 납세고지서상 납세의무자의 표시를 "OOO 외 0인"(OOO는 대표상속인의 이름)이라고만 표시하고 나머지 공동상속인들의 이름을 따로 표시하지 않았다고 하더라도 그에 첨부된 연대납세의무자별 지분명세서에 공동상속인 각자의 성명과 상속재산점유비율(상속분) 및 그 비율에 따라 산정한 각자가 납부할 상속세액 등을 모두 기재한 다음 이를 첨부하여 대표상속인에게 송달하였다면, 그 납세고지는 공동상속인들 모두에 대하여 효력을 미치는 적법한 부과고지 및 징수고지라고 할 것이다."

999) 대법원 1999. 7. 13. 선고 99두2222 판결 ; "연대납세의무자의 1인에 대한 과세처분의 하자는 상대적 효력만을 가지므로, 연대납세의무자의 1인에 대한 과세처분의 무효 또는 취소 등의 사유는 다른 연대납세의무자에게 그 효력이 미치지 않는다고 할 것이다. … 원고와 위 공동원고 2의 이 사건 건물양도행위는 부가가치세 부과대상인 부동산매매업을 공동으로 영위한 것에 해당한다고 판단한 다음, … 위 공동원고 2에 대한 부과처분이 그 납부고지 절차상의 하자로 인하여 부존재인 것으로 확정되었지만, 국세기본법상의 연대납세의무의 법률적 성질은 민법상의 연대채무와 근본적으로는 다르지 아니하므로 각 연대납세의무자는 공유물·공동사업 등에 관계된 국세의 전부에 대하여 고유의 납세의무를 부담한다 할 것이고, 같은 법에 의하여 준용되는 민법 제415조는 "어느 연대채무자에 대한 법률행위의 무효나 취소의 원인은 다른 연대채무자의 채무에 영향을 미치지 아니한다."고 규정하고 있으므로, 위 공동원고 2에 대한 부과처분이 없었다고 하더라도 원고에 대하여 이 사건 부가가치세 전액을 부과할 수 있다고 판단하여 원고의 주장을 배척하였는바, 원심의 이러한 판단은 앞에서 본 법리에 따른 것으로서 정당하고"

1000) 대법원 1988. 5. 10. 선고 88누11 판결 ; "과세관청이 부가가치세의 경정 고지를 연대납세의무자 중 1인에게만 하였다면 그 나머지 연대납세의무자들에게는 과세처분 자체가 존재하지 아니한 것이 되고, 그들은 위 과세처분에 대하여 사실상의 간접적인 이해관계가 있을 뿐, 법률상 직접적이고도 구체적인 이해관계를 가진다고 볼 수 없어 위 과세처분의 취소를 구할 당사자적격이 없다."

1001) 대법원 2001. 11. 27. 선고 98두9530 판결 ; "공동상속인들 각자는 피상속인의 유산총액을 과세가액으로 하여 산출한 상속세 총액 중 그가 받았거나 받을 재산의 점유비율에 따른 상속세를 납부할 고유의 납세의무가 있음은 물론, 다른 공동상속인들의 상속세에 관하여도 자신이 받았거나 받을 재산을 한도로 연대하여 납부할 의무가 있다. … **연대납부의무**는 다른 공동상속인들 각자의 고유의 상속세납세의무가 그들 각자에 대한 과세처분에 의하여 확정되면 위 법 규정에 의하여 **당연히 확정**되는 것이어서 이때에는 과세관청은 별도의 확정절차 없이 바로 그 연대납부의무자에 대하여 **징수절차를 개시**할 수 있고, 따라서 납세고지서에 납부할 총세액 등을 기재함과 아울러 공동상속인들 각자의

그 징수처분에 당연히 승계된다고는 할 수 없으므로, 연대납부의무의 징수처분을 받은 공동상속인들 중 1인은 다른 공동상속인들에 대한 과세처분 자체에 취소사유가 있다는 이유만으로는 그 징수처분의 취소를 구할 수 없으나,[1002] 공동상속인이 상속재산 중 받았거나 받을 재산을 한도로[1003] 한 연대납부의무만을 부담함에도 과세관청이 상속세 전액에 대하여 징수고지를 한 경우, 연대납부의무의 한도는 징수절차상 고유의 하자에 해당하므로, 연대납부의무의 한도를 다투려는 공동상속인은 징수고지를 대상으로 항고소송을 제기할 수 있다.[1004]

연대납세의무에 관하여는 민법 제413조부터 제416조,[1005] 제419조(면제의 절대적 효력), 제421조(소멸시효의 절대적 효력), 제423조(효력의 상대성의 원칙)[1006] 및 제425조부터 제427조[1007][1008]까지의 규정을

상속재산 점유비율과 그 비율에 따라 산정한 각자가 납부할 상속세액 등을 기재한 연대납세의무자별 고지세액 명세서를 첨부하여 공동상속인들 각자에게 고지하였다면 이러한 납세고지는 공동상속인들 각자에게 연대납세의무자별 고지세액 명세서에 기재된 각 해당 상속세액을 부과·고지함과 아울러 공동상속인들 각자의 고유의 납부의무세액과 다른 공동상속인들과의 연대납부의무세액의 합계액(납세고지서에 기재된 총세액)을 징수·고지한 것이 된다. … 위와 같은 납세고지에 의하여 공동상속인들 중 1인에게 한 다른 공동상속인들의 상속세에 대한 연대납부의무의 징수고지는 다른 공동상속인들 각자에 대한 과세처분에 따르는 징수절차상의 처분으로서의 성격을 가지는 것이어서, 다른 공동상속인들에 대한 과세처분이 무효 또는 부존재가 아닌 한 그 과세처분에 있어서의 하자는 그 징수처분에 당연히 승계된다고는 할 수 없으므로, 연대납부의무의 징수처분을 받은 공동상속인들 중 1인은 다른 공동상속인들에 대한 과세처분 자체에 취소사유가 있다는 이유만으로는 그 징수처분의 취소를 구할 수 없게 된다. … 이와 같이 공동상속인들 중 1인의 **연대납부의무에 대한 별도의 확정절차가 없**을 뿐만 아니라 그 **징수처분에 대한 쟁송단계**에서도 **다른 공동상속인들에 대한 과세처분 자체의 위법을 다툴 수 없**는 점에 비추어 보면, 다른 공동상속인들의 상속세에 대한 연대납부의무를 지는 상속인의 경우에는 다른 공동상속인들에 대한 과세처분 자체의 취소를 구함에 있어서 법률상 직접적이고 구체적인 이익을 가진다고 할 것이므로 그 취소를 구할 원고 적격을 인정함이 상당하다. … 이는, 국세기본법 제25조 제1항에 따라 공유자 또는 공동사업자 등 연대납세의무자의 관계에 있는 자가 지게 되는 구체적 연대납부의무가 연대납세의무자 각자에 대한 개별적인 과세처분에 의하여 확정되는 것이어서 이때의 연대납세의무자 중 1인은 다른 연대납세의무자에 대한 과세처분에 대하여 사실상의 간접적인 이해관계를 가질 뿐 원고 적격은 없다는 것(88누11)과는 법리를 달리하는 것이다."

1002) 대법원 2001. 11. 27. 선고 98두9530 판결.

1003) 상속인의 연대납부의무를 정하는 기준인 '상속인 각자가 받았거나 받을 재산'에 '사전증여재산'도 포함되고, 그에 상응하여 부과되거나 납부할 증여세액은 공제된다(대법원 2018. 11. 29. 선고 2016두1110 판결 및 2020. 2. 11. 개정 상속세 및 증여세법 시행령 제3조 제3항).

1004) 대법원 2016. 1. 28. 선고 2014두3471 판결 ; "과세관청이 확정된 세액에 관한 징수고지를 하면서 연대납부의무의 한도를 명시하지 아니하였다면 이는 연대납부의무의 한도가 없는 징수고지를 한 것으로 보아야 한다. 한편 징수절차상 고유의 하자가 있는 경우 독촉이나 압류 등의 체납처분뿐만 아니라 징수고지 자체를 다툴 수도 있는데, 어떠한 공동상속인이 상속재산 중 받았거나 받을 재산을 한도로 한 연대납부의무만을 부담함에도 과세관청이 공동상속인이 부담하는 상속세 전액에 대하여 징수고지를 한 경우 그 연대납부의무의 한도는 다른 공동상속인에 대한 부과처분을 다투는 방법으로는 불복할 수 없는 그 공동상속인 자신에 한정된 징수절차상 고유의 하자에 해당하므로, 연대납부의무의 한도를 다투려는 공동상속인은 자신의 연대납부의무에 직접 영향을 미치는 과세관청의 처분인 징수고지를 대상으로 항고소송을 제기할 수 있다고 보아야 한다."

1005) **민법 제413조(연대채무의 내용)** 수인의 채무자가 채무전부를 각자 이행할 의무가 있고 채무자 1인의 이행으로 다른 채무자도 그 의무를 면하게 되는 때에는 그 채무는 연대채무로 한다.
제414조(각 연대채무자에 대한 이행청구) 채권자는 어느 연대채무자에 대하여 또는 동시나 순차로 모든 연대채무자에 대하여 채무의 전부나 일부의 이행을 청구할 수 있다.
제415조(채무자에 생긴 무효, 취소) 어느 연대채무자에 대한 법률행위의 무효나 취소의 원인은 다른 연대채무자의 채무에 영향을 미치지 아니한다.
제416조(이행청구의 절대적 효력) 어느 연대채무자에 대한 이행청구는 다른 연대채무자에게도 효력이 있다.

준용한다(국세기본법 제25조의2, 지방세기본법 제44조 ⑤).

과점주주 등의 제2차 납세의무

※ 제2차 납세의무 규정의 개관

제2차 납세의무자란, 납세자가 납세의무를 이행할 수 없는 경우에 납세자를 갈음하여 납세의무를 지는 자를 말하는데,[1009] 제2차 납세의무 성립의 공통된 요건사실은 ① 주된 납세의무의 확정 및 체납 ② 주된 납세의무자 재산에 의한 징수 부족 ③ 주된 납세의무자와의 일정한 관계이다.[1010]

국세기본법과 지방세기본법에, 청산인 등(국 제38조, 지 제45조), 출자자(국 제39조, 지 제46조), 법인(국 제40조, 지 제47조), 사업양수인(국 41조, 지 제48조)의 각 제2차 납세의무가 규정되어 있고, 개별법에, 법인과세 수탁자의 법인세·법인지방소득세에 대한 수익자의 제2차 납세의무(법인세법 제75조의11 ②(2020.12.22. 신설), 지방세법 제103조의58 ④(2020.12.29. 신설)), 신탁 수익자의 부가가치세 제2차 납세의무(부가가치세법 제3조의2 ①, 2020. 12. 22. 신설), 정비사업조합의 국세 등에 대한 제2차 납세의무(조세특례제한법 제104조의7 ④), 사업소분 주민세에 대한 사업소용 건축물 소유자의 제2차 납세의무(지방세법 제75조 ② 단서) 등이 규정되어 있다.

● 대법원 2015. 9. 10. 선고 2013다205433 판결 [추심금]

▌제2차 납세의무의 성립과 확정

판시사항

제2차 납세의무의 성립요건과 주된 납세의무에 대한 독립성 ☞ 제2차 납세의무자에 대한 부과처분

1006) **민법 제423조(효력의 상대성의 원칙)** 전7조의 사항 외에는 어느 연대채무자에 관한 사항은 다른 연대채무자에게 효력이 없다.

1007) **민법 제425조(출재채무자의 구상권), 제426조(구상요건으로서의 통지), 제427조(상환무자력자의 부담부분)**

1008) 자신의 출재로 조세채무를 공동면책시킨 연대납세의무자는 다른 연대납세의무자에게 그 부담부분에 대하여 구상권을 행사할 수 있다(국세기본법 제25조의2, 민법 제425조). 부담부분의 균등추정에 관한 민법 제424조는 준용 대상에서 제외되어 있다. 이에 따라 연대납세의무자들 사이의 내부적인 부담부분은 균등한 것으로 추정되지 않고, 별도 약정이 없는 한 해당 납세의무 성립의 기초가 되는 법률관계와 당사자들 사이의 실질적인 이익의 귀속 등을 고려하여 정해진다. 주식에 관한 명의수탁자가 증여세를 납부한 경우 위 국세기본법 규정에 따라 명의신탁자를 상대로 구상권을 행사할 수 있는데, 그 구상권의 범위는 당사자들 사이에 증여세 분담에 관하여 별도로 약정하였거나 명의수탁자가 배당금 등 경제적 이득을 취득하였다는 등의 특별한 사정이 없는 한 자신이 부담한 증여세액 전부에 대하여 미친다(대법원 2018. 7. 12. 선고 2018다228097 판결).

1009) 국세기본법 제2조 제11호, 지방세기본법 제2조 제1항 제13호.

1010) 대법원 1983. 5. 10. 선고 82누123 판결 ; "제2차 납세의무제도는 주된 납세의무자의 납세의무가 과세처분 등에 의하여 구체적으로 확정된 것을 전제로 하여 그 확정된 세액에 관하여 본래의 납세의무자의 재산에 대하여 체납처분을 하여도 징수할 세액 등이 부족하다고 인정되는 경우 그와 일정한 관계가 있는 자에 대하여 제2차적으로 그 납세의무를 부담시키는 제도이다."

을 주된 납세의무자에 대한 납세고지 절차의 하자 등을 이유로 취소하는 판결이 확정된 경우, 주된 납세의무자에 대하여 **특례부과제척기간**이 적용되는지 여부(×)

이 유

제2차 납세의무의 성립에는 주된 납세의무의 성립 외에도 주된 납세의무자의 체납 등과 같은 별도의 요건이 요구되는 등 제2차 납세의무자에 대한 부과처분[1011]은 주된 납세의무자에 대한 부과처분과는 독립된 부과처분에 해당하는 점, 제2차 납세의무자에 대한 판결 등이 취소하거나 변경하고 있는 과세처분의 효력은 주된 납세의무자에게 미치지 아니하는 점 등을 종합하여 보면, **제2차 납세의무자**에 대한 부과처분을 주된 납세의무자에 대한 납세고지 절차의 하자 등을 이유로 **취소**[1012]하는 **판결**이 **확정**되었다고 하더라도, **주된 납세의무자**에 대한 부과제척기간에 관하여는 … **특례가 적용될 수 없다**고 할 것이다.

※ 제2차 납세의무와 주된 납세의무의 관계

제2차 납세의무는 주된 납세의무의 존재를 전제로 하므로 주된 납세의무와의 관계에서 부종성(附從性)[1013]과 보충성(補充性)[1014]을 갖는 한편, 성립과 확정에 별도의 요건이 요구[1015]되는 등 독립성[1016]

1011) 제2차납세의무는 '부과주의' 방식에 의해 확정된다.

1012) 대법원 2009. 1. 15. 선고 2006두14926 판결 ; "제2차납세의무자는 주된 납세의무의 위법 여부에 대한 확정에 관계없이 자신에 대한 제2차 납세의무 부과처분의 취소소송에서 주된 납세의무자에 대한 부과처분의 하자를 주장할 수 있다."
☞ 나아가, 제2차납세의무자는 주된 납세의무자에 대한 처분에 관하여 이해관계인으로서 그 처분의 취소 등을 청구할 수도 있다(국세기본법 제55조 제2항 제1호).

1013) ◎ 제2차납세의무의 부종성
○ 대법원 1983. 5. 10. 선고 82누123 판결 ; "제2차 납세의무자의 납세의무는 **주된 납세의무와의 관계**에서 이른바 부종성과 보충성을 가지는 것이고 제2차 납세의무자에 대한 납부고지는 형식적으로는 독립된 과세처분이지만 실질적으로는 과세처분 등에 의하여 확정된 주된 납세의무의 징수절차상의 하나의 처분으로서의 성격을 가지는 것이라 할 것이므로 제2차 납세의무자에 대하여 납부고지를 하려면 먼저 **선행요건**으로서 **주된 납세의무자**에 대한 과세처분 등을 하여 그의 **구체적인 납세의무를 확정하는 절차를 마쳐야** 할 것이고 따라서 주된 납세의무자에 대한 과세처분 등의 절차도 거침이 없이 제2차 납세의무자에 대하여 한 납부고지는 위법한 것이라 할 것이다." ☞ 그 후 주된 납세의무자에 대한 과세처분의 효력이 발생함으로써 그 하자가 치유될 수 있다(대법원 1998. 10. 27. 선고 98두4535 판결).
○ 대법원 2009. 1. 15. 선고 2006두14926 판결 ; "제2차 납세의무는 주된 납세의무와는 별개로 성립하여 확정되는 것이나 주된 납세의무의 존재를 전제로 하는 것이므로, 주된 납세의무에 대하여 발생한 사유는 원칙적으로 제2차 납세의무에도 영향을 미치게 되는 이른바 부종성을 가진다고 할 것이다. 따라서 제2차납세의무자는 주된 납세의무의 위법 여부에 대한 확정에 관계없이 자신에 대한 제2차 납세의무 부과처분의 취소소송에서 주된 납세의무자에 대한 부과처분의 하자를 주장할 수 있다고 봄이 상당하다."
○ 대법원 1985. 11. 12. 선고 85누488 판결 ; "국세에 관한 제2차납세의무는 그 발생, 소멸에 있어 주된 납세의무에 부종하는 것이므로 주된 납세의부자에 대한 시효의 중단은 제2차납세의무자에 대하여도 그 효력이 있다."
○ 대법원 2005. 8. 19. 선고 2003다36904 판결 ; "국세기본법 소정의 제2차 납세의무는 오로지 주된 납세의무가 이행되지 않는 경우에 그 만족을 얻기 위하여 과하여지는 것이므로, 제2차납세의무자가 납세의무를 이행하는 경우 그 범위에서 본래의 납세의무자의 납세의무도 소멸되고, 이 경우 제2차납세의무자는 본래의 납세의무자에 대하여 구상권을 행사할 수 있다. 그런데 본래의 납세의무자가 파산선고를 받는 경우 그의 조세채무는 파산법상의 재단채권이 되어 파산재단에서 변제하여야 하는데, 제2차납세의무자가 납세의무를 이행하게 되면 본래의 납세의무가 소멸함

을 갖는다. 제2차 납세의무에 관한 적용 법령은 '제2차 납세의무 성립 당시'에 시행되던 법령이고, 그 성립시기는 적어도 '주된 납세의무의 납부기한'이 경과한 이후이지만,1017) 일반적으로 부칙의 적용례나 경과조치는 '개정법 시행 이후 주된 납세의무 성립 시'를 기준으로 정하고 있다.1018)

으로써 파산재단은 채무소멸이라는 이익을 얻게 되고, 이 경우 그 이익을 원래 그 조세를 납부하여야 할 파산재단으로 하여금 그대로 보유하게 하는 것은 공평의 관념에 어긋나는 것이어서 파산재단으로서는 이를 부당이득으로 그 출연자에게 반환할 의무를 부담한다 할 것이니, 제2차납세의무자가 납세의무를 이행한 후 가지게 되는 위 구상권은 여기에 그 법적 근거가 있다 하겠다."

1014) ◎ **제2차납세의무의 보충성**
대법원 2004. 5. 14. 선고 2003두10718 판결 ; "제2차 납세의무가 성립하기 위하여는 주된 납세의무에 징수부족액이 있을 것을 요건으로 하지만 일단 주된 납세의무가 체납된 이상 그 징수부족액의 발생은 반드시 주된 납세의무자에 대하여 현실로 체납처분을 집행하여 부족액이 구체적으로 생기는 것을 요하지 아니하고 다만 체납처분을 하면 객관적으로 징수부족액이 생길 것으로 인정되면 족하다 할 것이고, 제2차납세의무자에 대한 처분 후 주된 납세의무자가 자력을 회복하여도 그 처분의 효력에는 영향이 없다고 할 것이다."

1015) ◎ **제2차납세의무의 성립과 확정**
대법원 1982. 8. 24. 선고 81누80 판결 ; "제2차 납세의무는 주된 납세의무자의 체납 등 그 요건에 해당되는 사실의 발생에 의하여 추상적으로 성립하고 납부통지에 의하여 고지됨으로써 구체적으로 확정된다고 할 것이니 … 원고들의 제2차 납세의무는 … 제2차 납세의무자 지정통지에 의하여서는 아직 구체적으로 확정되지 아니하고 … 납세통지서에 의한 부과처분에 의하여 비로소 제2차 납세의무가 구체적으로 확정되었다고 할 것이 분명하므로 구체적으로 납세의무가 발생하지 아니하는 위 **제2차 납세의무자 지정통지**는 **항고소송의 대상이 되는 행정처분이라고 볼 수 없다**고 할 것이니 … 지정처분의 취소를 구하는 소는 부적법하다하여 각하한 원심판결의 판단은 정당하고"

1016) ◎ **제2차납세의무의 독립성**
○ 대법원 2011. 12. 8. 선고 2011두19741 판결 ; "원심은 이 사건 과세처분 중 가산금 부분을 '가산금 납부독촉처분'으로 보고 있으나, 이 부분도 제2차 납세의무자인 원고에 대한 부과고지임을 아울러 지적해 둔다."
○ 대법원 2012. 5. 9. 선고 2010두13234 판결 ; "법인의 과점주주 등이 부담하는 제2차 납세의무에 대해서는 주된 납세의무와 별도로 부과제척기간이 진행하고 그 부과제척기간은 특별한 사정이 없는 한 이를 부과할 수 있는 날인 **제2차 납세의무가 성립한 날로부터 5년간**으로 봄이 상당하다."
○ 대법원 2009. 1. 15. 선고 2006두14926 판결 ; "주된 납세의무자인 소외 회사가 피고를 상대로 제기한 소송은 소외 회사에 대한 1998. 11. 21.자 처분에 관한 것인 반면, 이 사건은 제2차납세의무자인 원고에 대한 2004. 6. 19.자 처분에 관한 것이어서 그 취소소송의 대상인 행정처분이 동일하지 아니하고, 원고가 전소의 계쟁물에 관한 당사자적격을 승계한 자에 해당한다고 볼 수도 없으므로, 전소의 기판력이 원고에게 미친다고 볼 수 없다고 판단하였다. … 원심의 판단은 정당하고" ☛ 기판력은 그 판결의 당사자 간에만 미침이 원칙이다(기판력의 상대성의 원칙).
○ 제2차 납세의무자의 재산에서 징수하는 국세·지방세의 '법정기일'은 '제2차 납세의무자에 대한 납부 고지서(통지서)의 발송일'이다(국세기본법 제35조 ② 제4호, 지방세기본법 제71조 ① 제3호 라목).

1017) 대법원 2005. 4. 15. 선고 2003두13083 판결 ; "과점주주의 제2차 납세의무의 범위를 제한하고 있으면서도, 그 개정법률 부칙에서 제39조 제1항의 개정조문과 관련하여 별도의 경과규정을 두지 아니하였는바, 조세법령이 개정되면서 그 부칙에서 개정조문과 관련하여 별도의 경과규정을 두지 아니한 경우에는 '납세의무가 성립한 당시'에 시행되던 법령을 적용하여야 하는 것이고, 한편 제2차 납세의무가 성립하기 위하여는 주된 납세의무자의 체납 등 그 요건에 해당되는 사실이 발생하여야 하는 것이므로, 그 성립시기는 적어도 '주된 납세의무의 납부기한'이 경과한 이후라고 할 것이다."

1018) 부칙 〈2011.12.31.〉 제3조(과점주주의 제2차 납세의무에 관한 **적용례**) 제39조의 개정규정은 2012년 1월 1일 이후 최초로 납세의무가 성립하는 국세부터 적용한다. / 부칙 〈2014.12.23.〉 제6조(증권시장에 상장한 법인의 출자자의 제2차 납세의무에 관한 적용례) 제39조의 개정규정은 이 법 시행 이후 법인의 납세의무가 성립하는 분부터 적용한다. / 부칙 〈2020.12.22.〉 제2조(출자자의 제2차 납세의무에 관한 적용례) 제39조의 개정규정은 이 법 시행 이후 법인의 납세의무가 성립하는 분부터 적용한다.
부칙 〈2018.12.31.〉 제11조(납부지연가산세에 관한 **경과조치**) … 이 경우 부칙 제1조 단서에 따른 시행일 전에 종전의 제38조부터 제41조까지의 규정에 따른 주된 납세자의 납세의무가 성립한 경우의 제2차 납세의무자에 대해서

○ 대법원 2015. 11. 27. 선고 2014두40272 판결[법인세부과처분취소]

▌제2차 납세의무, 실질적 해산·청산, 차용개념

판시사항

원심이, 내국법인인 甲 회사(원고)와 외국법인인 乙 회사가 외국법인인 丙 합작회사를 설립하였는데, 과세관청이 丙 회사가 실질적 관리장소를 국내에 둔 내국법인에 해당한다고 보아 법인세 및 부가가치세 등을 부과하였으나 丙 회사가 이를 납부하지 아니하자 사실상 丙 회사의 해산 및 청산이 이루어진 것으로 보고 甲 회사에 구 국세기본법 제38조[1019]에 따라 법인세 등 부과처분을 한 **사안**에서, 丙 회사가 실질적인 영업활동을 중단한 상태에서 자산의 대부분을 甲 회사와 乙 회사에 중간배당하였더라도 丙 회사가 아직 상당한 금액의 자산을 보유하면서 재산적 권리관계를 정리하지 않고 있을 뿐만 아니라 향후 새로운 사업을 모색할 가능성이 전혀 없어졌다고 볼 수도 없다는 등의 이유로, 丙 회사가 실질적으로 해산 및 청산이 이루어진 것이 아니라고 보아,[1020] 사실상 해산 및 청산을

도 제47조의4의 개정규정에도 불구하고 종전의 규정에 따른다. / 부칙 〈2019.12.31.〉 제21조(원천징수납부 등 불성실가산세에 관한 경과조치) 이 법 시행 전에 납세의무가 성립된 분에 대해서는 … 개정규정에도 불구하고 종전의 규정에 따른다. 이 법 시행 전에 종전의 제38조부터 제41조까지의 규정에 따른 주된 납세자의 납세의무가 성립한 경우의 제2차 납세의무자에 대해서도 또한 같다.

1019) **국세기본법 제38조(청산인 등의 제2차 납세의무)** ① 법인이 해산하여 청산하는 경우에 그 법인에 부과되거나 그 법인이 납부할 국세 및 강제징수비를 납부하지 아니하고 해산에 의한 잔여재산을 분배하거나 인도하였을 때에 그 법인에 대하여 강제징수를 하여도 징수할 금액에 미치지 못하는 경우에는 청산인 또는 잔여재산을 분배받거나 인도받은 자는 그 부족한 금액에 대하여 제2차 납세의무를 진다.〈개정 2020.12.22.〉 ② 제1항에 따른 제2차 납세의무의 한도는 다음 각 호의 구분에 따른다.〈개정 2019.12.31.〉 1. 청산인: 분배하거나 인도한 재산의 가액 2. 잔여재산을 분배받거나 인도받은 자: 각자가 받은 재산의 가액 ☛ **지방세기본법 제45조**도 동일하다.

1020) **원심(서울고등법원 2014. 7. 10. 선고 2013누49496 판결)의 판단** ; "법인의 해산 절차를 규율하는 기본법인 민법과 상법이 규정하는 내용이 법인의 해산에 관한 기본원칙이 된다 할 것이고, 기타 관계 규정의 형식과 내용 등을 종합적으로 고려할 때, 이 사건 처분에 적용되는 국세기본법 제38조 제1항이 정한 법인이 해산한 경우에서의 '해산'에 관하여 위와 같은 민법 등이 정한 해산사유와는 다른 별도의 사유나 그에 관한 정의 규정을 두고 있지 아니한 이상, 위 국세기본법 제 38조 제1항에서 규정한 '해산' 역시 앞서 살핀 민법 등이 정한 해산사유가 발생하여 그에 필요한 절차를 마쳤거나 객관적으로 보아 법인이 해산한 것으로 보지 않으면 현저히 타당성이 없는 경우를 뜻하는 것으로 해석하여야 할 것이다. 그런데, 비록 합작회사가 피고의 주장과 같이 실질적인 영업활동을 중단한 상태에서 이 사건 결의를 통하여 합작회사의 대부분 자산을 중간배당한 것이라고 하더라도, 이러한 사유가 위 민법 등이 정한 법인의 해산사유에 해당되지 아니함은 분명하고, 달리 피고가 제출한 증거들만으로는 합작회사에 대하여 위 민법 등이 정한 법인의 해산사유가 발생하였다고 인정하기도 부족하다. 나아가, 원고가 이 사건 중간배당에도 불구하고 합작회사는 상당한 자산을 보유하면서 재산적 권리의무 관계를 정리하지 않고 있음과 아울러, 여전히 새로운 사업을 모색하는 것이라 주장하며 그에 부합하는 증거들(갑 제9, 12, 23호증 등)까지 제출하고 있고, 위 증거가 명백히 허위이거나 가장행위에 기초한 것이라고 단정할 만한 객관적증거도 피고가 충분히 제출한 것이라고 판단되지 아니한 이상, 이 사건 결의를 통한 중간배당과 이 사건 처분 당시 합작회사의 영업이 사실상 중단된 것이라는 등의 사정만을 이유로, 합작회사가 해산한 경우에 해당한다고 보거나 합작회사가 해산한 것으로 보지 않으면 객관적으로 현저히 타당성이 없는 경우에 해당한다고 인정하기는 부족하다고 할 것이다." ☞ 【comment】 위 2014두40272 판결이 '실질적·사실상 해산·청산' 여부에 관하여 판단한 것으로부터 **국세기본법 제38조 소정의 '해산', '청산'의 의미가 민법·상법에 따른 '해산', '청산'의 의미(차용개념)가 아니라 세법상 고유개념으로서 '실질적·사실상 해산·청산'**을 뜻함을 전제로 한 판시라고 해석하는 견해도 있을 수 있으나, 그렇게 볼 것은 아니고, 위 **조문 소정의 '해산', '청산'의 의미는 별도의 정의 규정이 없는 이상 원칙적으로 민법·상법에 따른 '해산', '청산'의 의미(차용개념)이고, 조세회피 목적이 인정되는** 경우 실질과세원칙의 적용으로 '실질적·사실상의 해산·청산'도 위 조문에 포섭될 수 있으나, 위 2014두40272 판결은

하였음을 전제로 원고를 제2차 납세의무자로 삼은 부과처분은 위법하다고 판단한 것은 정당하고, 거기에 국세기본법 제38조에서 정한 '해산과 청산'의 의미나 실질과세의 원칙 등에 관한 법리를 오해하는 등의 위법이 없다고 한 사례.[1021]

● 대법원 2019. 5. 16. 선고 2018두36110 판결 [법인세등부과처분취소]

▌제2차 납세의무, 과점주주의 과점주주

판시사항

[1] 과점주주의 제2차 납세의무를 규정한 국세기본법 제39조의 취지 및 해석 방법

[2] 2차 과점주주가 단지 1차 과점주주의 과점주주라는 사정만으로 국세기본법 제39조 제2호에서 규정한 과점주주에 해당한다고 볼 수 있는지 여부(×)

이 유

국세기본법 제39조[1022]에 규정된 제2차 납세의무는 조세징수의 확보를 위하여 원래의 납세의무자

'사실상의 해산·청산'의 정도에 이르지 못한 것으로 판단한 것으로 이해할 수 있다.

1021) **사실관계** ; ① 원고 甲 회사와 영국령 버진 제도의 법인인 乙 회사는 중국의 국영 석유화학기업 丁의 원유를 중동에서 중국으로 해상 운송하는 사업을 공동으로 운영하기 위하여 각 미화 300만 달러를 출자하여 2006. 11. 1. 버진 제도의 법인인 丙 합작회사를 설립한 사실, ② 합작회사는 2006. 12. 22. 丁과 운송기간을 5년으로 정하여 장기원유운송계약을 체결하고 원고로부터 단일선체 유조선 2척을 용선하여 2006. 12. 31.부터 원유 운송을 시작하였으나, 중국이 2010년부터 단일선체 유조선의 자국 내 입항을 금지하고 원고와 乙 회사가 이중선체 유조선을 대체 투입하는 데에 합의하지 못하여 결국 합작회사는 2010. 6. 28.경 이 사건 운송계약에 따른 운송업무를 중단한 사실, ③ 합작회사는 2011. 1. 8. 이사회를 개최하여 2010년 말을 기준으로 한 자산 10,906,839달러 중 10,800,000달러를 중간배당하기로 결의하였는데, 이에 따라 원고와 乙 회사는 각 540만 달러를 지급받았고, 합작회사의 자산은 2011년 말을 기준으로 699,774달러만 남게 된 사실, ④ 지방국세청장은 합작회사가 실질적 관리장소를 국내에 둔 내국법인에 해당한다고 보아 법인세 및 부가가치세 등 합계 21,157,886,300원을 부과하였으나, 합작회사가 이를 납부하지 아니하자 피고는 사실상 합작회사의 해산 및 청산이 이루어진 것으로 보고 2012. 4. 20. 원고에게 국세기본법 제38조에 따라 분배금의 가액 범위 내에서 합작회사의 2008 사업연도 법인세 등을 부과하는 이 사건 처분을 한 사실 등 인정.

1022) **국세기본법 제39조(출자자의 제2차 납세의무)** [전문개정 2011.12.31.] 법인(대통령령으로 정하는 증권시장에 주권이 상장된 법인은 제외한다. 이하 이 조에서 같다)의 재산으로 그 법인에 부과되거나 그 법인이 납부할 국세 및 강제징수비에 충당하여도 부족한 경우에는 그 국세의 납세의무 성립일 현재 다음 각 호의 어느 하나에 해당하는 자는 그 부족한 금액에 대하여 제2차 납세의무를 진다. 다만, 제2호에 따른 과점주주의 경우에는 그 부족한 금액을 그 법인의 발행주식 총수(의결권이 없는 주식은 제외한다. 이하 이 조에서 같다) 또는 출자총액으로 나눈 금액에 해당 과점주주가 실질적으로 권리를 행사하는 주식 수(의결권이 없는 주식은 제외한다) 또는 출자액을 곱하여 산출한 금액을 한도로 한다. 〈개정 2020.12.22〉

1. 무한책임사원으로서 다음 각 목의 어느 하나에 해당하는 사원 가. 합명회사의 사원 나. 합자회사의 무한책임사원
2. 주주 또는 다음 각 목의 어느 하나에 해당하는 사원 1명과 그의 특수관계인 중 대통령령으로 정하는 자로서 그들의 소유주식 합계 또는 출자액 합계가 해당 법인의 발행 주식 총수 또는 출자총액의 100분의 50을 초과하면서 그 법인의 경영에 대하여 지배적인 영향력을 행사하는 자들(이하 "과점주주"라 한다) 가. 합자회사의 유한책임사원 나. 유한책임회사의 사원 다. 유한회사의 사원

cf. 2014. 12. 23. 개정 시 적용대상법인에 '유가증권시장 상장법인'을 포함하였다가, 2020. 12. 22. 개정 시 적용대상 법인에 '대통령령으로 정하는 증권시장(유가증권시장, 코스닥시장)에 주권이 상장된 법인은 제외'하고, 과점주주의 범위를 '주식의 권리를 실질적으로 행사하는 자들'에서 '법인의 경영에 대하여 지배적인 영향력을 행사하는

인 법인의 재산에 대하여 체납처분을 하여도 징수하여야 할 조세에 부족이 있다고 인정되는 경우에 사법질서를 어지럽히는 것을 최소화하면서 실질적으로 법인의 운영을 지배할 수 있는 출자자에 한하여 법인으로부터 징수할 수 없는 액을 한도로 하여 **보충적**으로 납세의무를 부담케 하는 제도이다(대법원 1995. 6. 13. 선고 94누1463 등 판결 참조).

한편 이 사건 조항[1023]의 취지는, 회사의 경영을 사실상 지배하는 실질적인 운영자인 과점주주는 회사의 수익은 자신에게 귀속시키고 그 손실은 회사에 떠넘김으로써 회사의 법인격을 악용하여 이를 형해화시킬 우려가 크므로 이를 방지하여 실질적인 조세평등을 이루려는 데 있다(헌재 1997. 6. 26. 선고 93헌바49 등 결정 참조).

그러나 과점주주의 제2차 납세의무는 사법상 주주 유한책임의 원칙에 대한 **중대한 예외**로서 본래의 납세의무자가 아닌 제3자에게 보충적인 납세의무를 부과하는 것이기 때문에 그 적용 요건을 **엄격하게 해석**하여야 한다.

… 이 사건 조항은 법인에 대한 제2차 납세의무자로 **과점주주만**을 규정하고 있을 뿐 그 법인의 과점주주인 법인(이하 '1차 과점주주'라고 한다)이 제2차 납세의무자로서 체납한 국세 등에 대하여 **1차 과점주주의 과점주주**(이하 '2차 과점주주'라고 한다)가 또다시 제2차 납세의무를 진다고 규정하지 않고 있다. 따라서 2차 과점주주가 단지 1차 과점주주의 과점주주라는 사정만으로 1차 과점주주를 넘어 **2차 과점주주에까지** 그 **보충적 납세의무를 확장**하여 이 사건 조항에서 규정한 과점주주에 해당한다고 보는 것은 앞서 본 이 사건 조항의 취지와 엄격해석의 필요성에 비추어 특별한 사정이 없는 한 **허용되지 않는다**고 봄이 타당하다.[1024] … 상고이유에서 들고 있는 대법원 1993. 5. 11. 선고 92누10210 판결[1025]은 사안이 달라 이 사건에 원용하기에 적절한 것이 아니다.[1026]

자들' 로 축소하였는데, 이는 '법 시행 이후 법인의 납세의무가 성립하는 분부터 적용'(부칙 제2조)된다. 한편, 벤처기업 출자자의 경우 일정한 경우 제2차 납세의무를 면제하는 특례가 있다(조세특례제한법 제15조).

1023) 국세기본법 제39조 제2호

1024) 【comment】 위 판결은 적용요건의 엄격해석을 하나의 근거로 내세우나, 국세기본법 제39조 소정의 '국세'를 문언 그대로 엄격하게 해석하면 '1차 과점주주가 제2차 납세의무자로서 체납한 국세' 역시 위 '국세'에 포함되고 제외할 이유가 없으므로 합목적적 해석을 근거로 삼음이 옳았고, 대법원 1993. 5. 11. 선고 92누10210 판결과는 동일한 쟁점을 내포한 것이어서 과연 '사안이 달라 원용하기에 적절한 것이 아닌'지도 의문이다.

1025) "국세기본법 제39조에 의하면 법인의 재산으로 그 법인에게 부과되거나 그 법인이 납부할 국세·가산금과 체납처분비에 충당하여도 부족한 경우에는 그 국세의 납세의무의 성립일 현재 제2호 소정의 과점주주에 해당하는 자는 그 부족액에 대하여 제2차 납세의무를 지도록 규정되어 있는바, 이 사건의 경우와 같이 법인이 사업양수인으로서 같은 법 제41조에 따라 사업의 양도인에게 부과된 당해 사업에 관한 국세·가산금에 대하여 제2차 납세의무를 지게 된 때에는, 그 양도인에게 부과된 국세·가산금도 그 법인의 과점주주가 제2차납세의무를 지는 "그 법인에게 부과되거나 그 법인이 납부할 국세 가산금"에 포함된다고 보아야 할 것 … 그러나 사업의 양도·양수가 있을 당시 이미 부과되어 있는 국세에 대하여만 국세기본법 제41조에 따라서 사업의 양수인이 제2차 납세의무를 지게 되는 것이므로, 사업의 양도·양수가 있은 후에 양도인에게 부과된 국세나 이에 관한 가산금에 대하여는 사업의 양수인에게 제2차 납세의무를 지울 수 없다는 것이 당원의 확립된 판례가 취하여 온 견해인바" ☞ 원심이, 제2차 납세의무는 주된 납세의무자와 특수관계에 있는 제3자에 대하여 주된 납세의무자로부터 징수할 수 없는 금액을 한도로 하여 보충적으로 납세의무를 부담하게 하는 것이므로, 국세기본법 제39조가 출자자가 제2차 납세의무를 부담할 국세로 규정하고 있는 "그 법인에게 부과되거나 그 법인이 납부할 국세"란, 그 법인을 주된 납세의무자로 하여 부과되거나 그 법인이 주된 납세의무자로서 납부하여야 할 국세만을 말하고, 그 법인이 제2차납세의무자로서 납부할 국세는 위 규정 소정의 "국세"에 포함되지

● 대법원 2017. 7. 18. 선고 2016두41781 판결 [종합부동산세등부과처분취소]

▌제2차 납세의무, 과점주주, 회생계획

판시사항

[1] 제2차 납세의무자인 법인의 과점주주인지 여부의 판단 기준 시기 = 법인의 납세의무 성립일

[2] 회생회사가 주된 납세의무자인 법인의 납세의무 성립일을 기준으로 해당 법인의 과점주주에 해당하는 경우, 제2차 납세의무 성립의 기초가 되는 **주된 납세의무 성립 당시의 과점주주로서의 지위는 회생계획이 정하는 바에 따라서 신설회사에 승계**될 수 있는지 여부(○)

이 유

구 국세기본법(2011. 12. 31. 법률 제11124호로 개정되기 전의 것) 제39조[1027] 제1항 제2호 (가)목은 소유주식 합계가 해당 법인의 발행주식 총수의 100분의 50을 초과하면서 그에 관한 권리를 실질적으로 행사하는 과점주주는 제2차 납세의무를 진다고 규정하고 있고, 제2차 납세의무의 성립요건인 해당 법인의

아니한다고 할 것인바, 피고가 원고에게 납부고지한 부가가치세와 가산금은 원래 소외 회사 1을 주된 납세의무자로 하여 부과되었던 국세인데 소외 회사 2가 소외 회사 1의 사업양수인으로서 제2차 납세의무를 진다고 하여 소외 회사 2에게 납부고지된 국세이므로, 원고는 이와 같이 소외 회사 2가 제2차 납세의무로서 납부하여야 할 위 부가가치세와 가산금에 대하여는 다시 소외 회사 2의 출자자로서 제2차 납세의무를 지지는 아니한다고 할 것이고, 따라서 피고가 원고에게 위 부가가치세와 가산금을 납부고지한 것은 위법한 것이라고 판단한 것은 잘못이라고 한 예.

1026) **【구체적 사안】**
원심이, 소외 회사 1이 소외 회사 2의 발행주식 총수의 82.19% 상당의 주식을 취득한 과점주주에 해당하고, 원고가 소외 회사 1의 발행주식 전부를 취득한 과점주주에 해당하는 사실을 인정한 다음, 이 사건 조항에 따라 법인의 과점주주에게 부과되는 제2차 납세의무는 주된 납세의무자인 소외 회사 2에 대한 과점주주인 소외 회사 1까지만 적용되고, 단지 원고가 소외 회사 1의 과점주주라는 사정만으로 원고에게까지 확대하여 적용될 수는 없다는 이유로, 피고가 원고를 소외 회사 1의 제2차 납세의무자로 지정하고 법인세를 납부통지한 이 사건 처분이 위법하다고 판단한 것은 잘못이 없다고 판단한 예.

1027) **구 국세기본법 제39조(출자자의 제2차 납세의무)** [전문개정 2010.1.1.]
① 법인(주식을 「자본시장과 금융투자업에 관한 법률」 제9조제13항제1호에 따른 **유가증권시장에 상장한 법인은 제외**한다. 이하 이 조에서 같다)의 재산으로 그 법인에 부과되거나 그 법인이 납부할 국세·가산금과 체납처분비에 충당하여도 부족한 경우에는 그 국세의 납세의무 성립일 현재 다음 각 호의 어느 하나에 해당하는 자는 그 부족한 금액에 대하여 제2차 납세의무를 진다. 다만, 제2호에 따른 과점주주의 경우에는 그 부족한 금액을 그 법인의 발행주식 총수(의결권이 없는 주식은 제외한다. 이하 이 조에서 같다) 또는 출자총액으로 나눈 금액에 과점주주의 소유주식 수(의결권이 없는 주식은 제외한다) 또는 출자액(제2호가목 및 나목의 과점주주의 경우에는 그 과점주주가 실질적으로 권리를 행사하는 주식 수 또는 출자액)을 곱하여 산출한 금액을 한도로 한다.
2. 과점주주 중 다음 각 목의 어느 하나에 해당하는 자
가. 해당 법인의 발행주식 총수 또는 출자총액의 100분의 50을 초과하는 주식 또는 출자지분에 관한 권리를 실질적으로 행사하는 자
나. 명예회장, 회장, 사장, 부사장, 전무, 상무, 이사, 그 밖에 그 명칭에 관계없이 법인의 경영을 사실상 지배하는 자
다. 가목과 나목에 규정된 사람의 배우자(사실상 혼인관계에 있는 사람을 포함한다) 및 그와 생계를 같이하는 직계존비속
② 제1항 제2호에서 "과점주주"란 주주 또는 유한책임사원 1명과 그와 대통령령으로 정하는 친족이나 그 밖의 특수관계에 있는 자로서 그들의 소유주식 합계 또는 출자액 합계가 해당 법인의 발행주식 총수 또는 출자총액의 100분의 50을 초과하는 자들(이하 "과점주주"라 한다)을 말한다.

과점주주 여부는 해당 법인의 납세의무 성립일을 기준으로 판단한다(85누405 참조).[1028] …

회생회사가 주된 납세의무자인 법인의 납세의무 성립일을 기준으로 해당 법인의 과점주주에 해당하는 경우, 제2차 납세의무 성립의 기초가 되는 **주된 납세의무 성립 당시의 과점주주로서의 지위**는 **회생계획이 정하는 바에 따라서 신설회사에 승계될 수 있다**고 봄이 타당하다.[1029]

※ '과점주주'의 개념 및 요건과 증명

2011. 12. 31. 개정 전 구 국세기본법 제39조(출자자의 제2차 납세의무)는 제2항에 "과점주주" 정의(주주 또는 유한책임사원 1명과 그와 대통령령으로 정하는 친족이나 그 밖의 특수관계에 있는 자로서 그들의 소유주식 합계 또는 출자액 합계가 해당 법인의 발행주식 총수 또는 출자총액의 100분의 50을 초과[1030]하는 자들[1031]) 규정을 두고

1028) 대법원 1982. 5. 11. 선고 80누223 판결 ; "법인세법에 의하여 처분되는 상여는 당해 법인이 세무서장으로부터 소득금액 변동 통지서를 받은 날 지급한 것으로 보도록 규정되어 있으므로 … 상여간주소득은 앞서 본 소득금액 변동통지가 위 회사에 송달된 1977. 9.에 대표자에게 지급된 것으로 볼 것이며 그때에야 비로소 위 회사의 갑종근로소득세 원천징수의무가 생기는 것이어서 그 불이행 가산세의 납세의무도 그때 성립한다고 볼 것인바, … 위 납세의무 성립일 현재, 원고는 위 회사의 과점주주가 아니었으므로"

1029) 【이 유】 "구 상법(2015. 12. 1. 법률 제13523호로 개정되기 전의 것) 제530조의10은 "분할 또는 분할합병으로 인하여 설립되는 회사 또는 존속하는 회사는 분할하는 회사의 권리와 의무를 분할계획서 또는 분할합병계약서가 정하는 바에 따라서 승계한다."고 규정하고 있고, 채무자 회생 및 파산에 관한 법률(이하 '채무자회생법'이라 한다) 제272조 제1항은 회생계획에 의하여 주식회사인 채무자가 분할되거나 주식회사인 채무자 또는 그 일부가 다른 회사 또는 다른 회사의 일부와 분할합병할 것을 정한 때에는 회생계획에 의하여 분할 또는 분할합병할 수 있다고 하면서 제4항은 그 경우에 구 상법 제530조의10의 적용을 배제하고 있지 않으므로, 회생회사의 분할로 인하여 설립되는 신설회사는 회생계획이 정하는 바에 따라서 회생회사의 권리와 의무를 승계한다. 이와 같이 회생계획에 의하여 설립되는 신설회사가 **승계**하는 회생회사의 **권리와 의무**에는 성질상 이전이 허용되지 않는 것을 제외하고는 사법상 관계와 **공법상 관계 모두가 포함**된다고 보아야 한다. 또한 채무자회생법 제280조는 '회생계획에서 신설회사가 회생회사의 조세채무를 승계할 것을 정한 때에는 신설회사는 그 조세를 납부할 책임을 지며, 회생회사의 조세채무는 소멸한다.'고 정하여, **상법에 따른 회사분할과 달리** 조세채무에 관하여 회생계획에서 그 승계 여부를 정할 수 있음을 명시하고 있다. 이 규정에서 **이미 발생한 조세채무에 한정하지 않고 있어 장래에 발생할 조세채무도 승계의 대상**이 될 수 있는지 문제된다. 회생회사의 조세채무가 성립한 경우뿐만 아니라, 회생회사의 조세채무가 아직 성립하지 않았더라도 적어도 과세요건사실의 일부가 발생하는 등으로 장래에 조세채무가 성립할 가능성이 있는 경우라면 회생계획에서 그러한 지위나 법률효과에 관해서도 승계 여부를 정할 수 있다고 해석하여야 한다. 이러한 해석이 법문언에 배치되지 않을 뿐만 아니라 회생회사의 분할에 관한 규정의 취지와 회생제도의 목적에도 부합한다. 따라서 회생회사가 주된 납세의무자인 법인의 납세의무 성립일을 기준으로 해당 법인의 과점주주에 해당하는 경우, 제2차 납세의무 성립의 기초가 되는 **주된 납세의무 성립 당시의 과점주주로서의 지위**는 **회생계획이 정하는 바에 따라서 신설회사에 승계될 수 있다**고 봄이 타당하다. 그리고 어떠한 권리와 의무가 신설회사에 승계되는지는 **회생계획의 해석**에 관한 문제로서, 회생계획의 문언의 내용에 의하여 객관적 의미를 합리적으로 해석하여야 하지만, 회생계획의 문언에 의하여 그 객관적인 의미가 명확하게 드러나지 아니하여 그 해석을 둘러싸고 이견이 있어 회생계획에 나타난 의사가 무엇인지 문제되는 경우에는 회생계획에 기재된 분할의 원칙과 승계 대상 권리와 의무의 내용, 분할회사의 존속 여부, 회생계획안을 작성한 관리인 및 이를 가결한 회생채권자 등 이해관계인들의 합리적 의사, 분할의 경위 및 분할에 의하여 달성하려는 목적, 거래의 관행 등을 종합적으로 고려하여 사회정의와 형평의 이념에 맞도록 논리와 경험의 법칙, 그리고 사회일반의 상식과 거래의 통념에 따라 합리적으로 해석하여야 한다."

1030) 대법원 2006. 7. 27. 선고 2004두4895 판결 ; "취득세, 등록세의 납기개시일 당시 원고를 포함한 특수관계인들의 주식보유비율이 50%에 불과하여 원고가 제2차납세의무자에 해당하지 아니함이 명백함에도 피고가 원고를 제2차납세의무자로 지정한 후 행한 이 사건 처분은 그 하자가 중대하고 명백하여 당연무효라고 판단하였는바, … 원심의 위와 같은 판단은 옳고"

그 과점주주 중 '주식 또는 출자지분에 관한 권리를 실질적으로 행사하는 자' 등을 제2차 납세의무자로 규정하였다가(과점주주 〉 제2차 납세의무자), 2011. 12. 31. 개정 이후에는 국세기본법 제39조 제2호에서 "과점주주"를 "주주 또는 유한책임사원 1명과 그의 특수관계인 중 대통령령으로 정하는 자로서 그들의 소유주식 합계 또는 출자액 합계가 해당 법인의 발행주식 총수 또는 출자총액의 100분의 50을 초과하면서 그에 관한 권리를 실질적으로 행사하는 자들"로 정의하고 그 과점주주를 바로 제2차 납세의무자로 규정함으로써(과점주주 = 제2차 납세의무자), 과점주주의 개념에 "권리를 실질적으로 행사하는"이라는 요건을 포섭하여 명시하였으며(현 지방세기본법 제46조도 동일하다[1032]), 2020. 12. 22. 국세기본법 개정 시 과점주주 요건 중 '그(주식)에 관한 권리를 실질적으로 행사하는 자들'을 '법인의 경영에 대하여 지배적인 영향력을 행사하는 자들' 로 변경하여 과점주주의 범위를 축소하였다.

즉, 제2차 납세의무자인 '과점주주'는 "① '주주'(특수관계인 포함 50% 초과 주식 소유) + ② 2020. 12. 22. 개정 전 국세기본법과 현 지방세기본법의 경우에는 '주식에 관한 권리를 실질적으로 행사하는 자', 2020. 12. 22. 개정 국세기본법의 경우에는 '법인의 경영에 대하여 지배적인 영향력을 행사하는 자'여야 한다.

여기서 '주주'나 '소유'의 개념은 **민사법과 동일**하고, '주주'나 '**과점주주**'가 되는 시기는 역시 사법상 주식 취득의 효력이 발생한 날을 의미한다(이른바 '차용개념').[1033] 판례[1034]는, "'**주식의 소유**' 사실은

1031) 대법원 1996. 12. 6. 선고 95누14770 판결 ; "국세기본법 제39조 제2호에 해당하는 자가 수인인 경우에 그들은 각자가 법인의 체납세액에 대하여 과점주주인 지위에서 다른 과점주주와 독립하여 제2차 납세의무를 부담하는 것이지, 1개의 제2차 납세의무에 관하여 그 납세의무자가 수인이 되는 경우가 아니므로 제2차납세의무자는 각자가 법인의 체납세액 전액에 대하여 납세의무를 부담하는 것이다. 따라서 1개의 채무에 관하여 채무자가 수인인 경우에 관한 원칙적 규정인 민법 제408조를 적용하여 제2차납세의무자 상호간에 분별의 이익이 있다 할 수 없다."

1032) 【comment】 지방세의 경우도 국세와 동일한 개정 경위로 **2013. 1. 1.** 지방세기본법 개정 시 제47조(출자자의 제2차 납세의무) 제2호에 "권리를 실질적으로 행사하는"이라는 요건이 포섭, 명시되고 2016. 12. 27. 전부개정으로 제46조(출자자의 제2차 납세의무) 제2호로 조문 이동하여 현재에 이르고 있다.
판례는 '출자자의 제2차 납세의무' 규정 중 '과점주주' 정의 규정을 원용한 '간주취득세' 규정상 '과점주주' 해당 여부에 관하여, 위 개정 전부터 "주주명부상의 주주 명의가 아니라 그 주식에 관하여 의결권 등을 통하여 주주권을 실질적으로 행사하여 법인의 운영을 지배하는지 여부를 기준"으로 판단하여야 한다(대법원 2016. 3. 10. 선고 2011두26046 판결 등)라고 하여, 과점주주의 종국적 요건이 '법인의 운영 지배'인 것으로 읽힐 수 있는 판시를 한 바 있으나, 문리해석과 엄격해석의 원칙상 법 문언과 달리 그렇게 볼 것은 아니라고 본다. 2020. 12. 22. 개정 국세기본법의 '개정이유'에 '제2차 납세의무 대상이 되는 과점주주의 범위를 법인 경영에 지배적인 영향을 행사하는 경우로 **축소**'한 것으로 기재되어 있는 점에 비추어, 입법자의 의사는 동 개정 후의 '법인의 경영에 대하여 지배적인 영향력을 행사하는 자들'이 개정 전의 '그(주식)에 관한 권리를 실질적으로 행사하는 자들'보다는 축소된 개념으로서 서로 다른 것임을 나타내고 있다고 보아야 한다.

1033) 대법원 2013. 3. 14. 선고 2011두24842 판결 ; "구 지방세법 제105조 제6항 본문은 '법인의 주식 또는 지분을 취득함으로써 과점주주가 된 때에는 그 과점주주는 당해 법인의 부동산 등을 취득한 것으로 본다'고 규정하고 있는데, 제22조 제2호는 과점주주를 '주주 또는 유한책임사원 1인과 그와 대통령령이 정하는 친족 기타 특수관계에 있는 자들의 소유주식의 합계 또는 출자액의 합계가 당해 법인의 발행주식총수 또는 출자총액의 100분의 51 이상인 자들'로 정의하고 있다. 이들 규정의 문언 내용과 아울러, 구 지방세법 제22조 제2호에서 말하는 '주주'나 '소유'의 개념에 대하여 구 지방세법이 별도의 정의 규정을 두고 있지 않은 이상 **민사법과 동일하게 해석**하는 것이 법적 안정성이나 조세법률주의가 요구하는 엄격해석의 원칙에 부합하는 점, 주식은 취득세의 과세대상물건이 아닐 뿐만 아니라, 구 지방세법 제22조 제2호는 출자자의 제2차 납세의무에 관하여 규정하면서 그 이하의 조항에서 말하는 과점주주의 개념을 일률적으로 정의하고 있어서 위 규정에서 말하는 '주주'가 되는 시기나 주식의 '소유' 여부를 결정할 때도

과세관청이 주주명부나 주식이동상황명세서 또는 법인등기부등본 등 자료에 의하여 이를 입증하면 되고, 다만 위 자료에 비추어 일견 주주로 보이는 경우에도 실은 주주명의를 도용당하였거나 실질소유주의 명의가 아닌 차명으로 등재되었다는 등의 사정이 있는 경우에는 단지 그 명의만으로 주주에 해당한다고 볼 수는 없으나 이는 주주가 아님을 주장하는 그 명의자가 입증하여야 한다."고 한다.1035)

취득세에서의 취득시기에 관한 규정이 그대로 적용된다고 보기는 어려운 점 등을 종합하면, 이들 규정에서 말하는 '주주'나 '과점주주'가 되는 시기'는 특별한 사정이 없는 한 사법상 주식 취득의 효력이 발생한 날을 의미한다고 할 것이다. 그런데 상법 제335조 제3항 소정의 주권발행 전에 한 주식의 양도는 회사성립 후 또는 신주의 납입기일 후 6월이 경과한 때에는 회사에 대하여 효력이 있는 것으로서, 이 경우 주식의 양도는 지명채권의 양도에 관한 일반원칙에 따라 당사자의 의사표시만으로 효력이 발생하는 것이고, 상법 제337조 제1항에 규정된 주주명부상의 명의개서는 주식의 양수인이 회사에 대한 관계에서 주주의 권리를 행사하기 위한 대항요건에 지나지 아니하므로, 주권발행 전 주식을 양수한 사람은 특별한 사정이 없는 한 양도인의 협력을 받을 필요 없이 단독으로 자신이 주식을 양수한 사실을 증명함으로써 회사에 대하여 그 명의개서를 청구할 수 있다. … 주권발행 전의 주식의 양도행위는 그 원인행위인 매매·증여 등 채권계약과 외형상 하나의 행위로 합체되어 행하여질 수 있고, 당사자가 특히 주식양도의 효과의 발생을 유보한 경우가 아니라면 통상 원인행위와 함께 행하여진다고 봄이 상당하다." ☎ **원심**이, 원고가 주식대금을 모두 지급한 때에 주식을 취득하였다고 전제한 다음, 원고가 소외인에게 주식대금을 모두 지급한 때인 '2006. 11. 30. 14:18경'에 주식을 취득하여 소외 회사의 과점주주가 되었다고 판단한 데 대하여, **대법원**은 "주권발행 전에 이루어진 이 사건 주식의 양도는 당사자의 의사표시만으로 효력이 발생하는 것이므로, 원심으로서는 이 사건 약정 당시 원고와 소외 3이 이 사건 약정의 체결과 동시에 이 사건 주식을 양도하기로 하였는지, 아니면 주식양도의 효력 발생을 주식대금의 완납 시까지 유보하였는지 등을 심리하여 원고가 이 사건 주식을 취득한 때가 언제인지를 판단하였어야 했다."라고 판시한 예.

1034) ○ 대법원 1991. 7. 23. 선고 91누1721 판결 ; "과세관청이 국세기본법 제39조 제2호 소정의 제2차 납세의무를 지우는 경우에 있어서는 그 제2호와 같은법시행령 제20조의 요건을 갖춘 과점주주에 해당하는 사실을 주장 입증하여야 하나, 과세관청으로서는 주주명부나 법인이 과세관청에 제출하는 주식이동상황명세서 또는 법인등기부등본 등에 의하여 과점주주라고 볼 수 있는 자료를 제출하면 **일응의 입증**을 하였다고 보아야 할 것이고, 제2차 납세의무자로서의 책임을 면하고자 하는 자는 주주명의를 도용당하였거나 사실은 실질적 주주가 아니고 형식상의 주주에 불과하다는 등 제2차 납세의무자가 될 수 없는 사실을 입증하여야 할 것이다."

○ 대법원 2004. 7. 9. 선고 2003두1615 판결 ; "주식의 소유사실은 과세관청이 주주명부나 주식이동상황명세서 또는 법인등기부등본 등 자료에 의하여 이를 입증하면 되고, 다만 위 자료에 비추어 일견 주주로 보이는 경우에도 실은 주주명의를 도용당하였거나 실질소유주의 명의가 아닌 차명으로 등재되었다는 등의 사정이 있는 경우에는 단지 그 명의만으로 주주에 해당한다고 볼 수는 없으나 이는 주주가 아님을 주장하는 그 명의자가 입증하여야 한다고 할 것이다."

☞ 【comment】 '**일응의 추정**' 이론을 적용하여, 명의 도용·차명 사실은 간접반증사실로서 명의자가 본증으로 증명하여야 한다는 취지이다. '일응의 추정'이 있더라도 주요사실인 '주식 소유' 사실의 증명책임 소재에는 변함이 없으므로, 간접반증사실이 증명된 경우, 과세관청이 다시 '주식 소유' 사실에 대한 증명책임을 진다.

1035) 【comment】 주식의 '소유권 귀속'에 관한 '회사 이외의 주체들' 사이의 권리관계에서, 판례는, '주주명부에 주주로 등재되어 있는 자는 그 회사의 주주로 추정되고 이를 번복하기 위해서는 그 주주권을 부인하는 측에 증명책임이 있다.'고 한다.

대법원 2016. 8. 29. 선고 2014다53745 판결 ; "주주명부에 주주로 등재되어 있는 사람은 그 회사의 주주로 추정되며 이를 번복하기 위해서는 그 주주권을 부인하는 측에 증명책임이 있으므로, 주주명부의 주주 명의가 신탁된 것이고 그 명의차용인으로서 실질상의 주주가 따로 있음을 주장하려면 그러한 명의신탁관계를 주장하는 측에서 명의차용사실을 증명하여야 한다." ☎ 원고가 실질주주라고 주장하며 주주명부상 주주명의자와 발행회사를 상대로 주주권확인 및 명의개서를 청구한 사건.

⇔ 종전에 판례가 '회사와의 관계'에서 주주명부 기재에 '회사 주주로서의 추정력'을 부여하고 그 주주권을 부인하는 상대방에게 증명책임을 부담시킨 것은 상법 제337조(주식이전의 회사에 대한 대항요건)를 근거로 한 '법률상 추정'의 의미로 볼 수 있으나, '회사 이외의 주체들' 사이의 권리관계에서는 '법률상 추정'의 근거로 삼을 아무런 규정이 없으므로, 증명책임의 전환과는 무관한 사실상 추정 정도로 인정함이 옳다고 생각된다. 2015다248342 전원합의체

실질귀속자 과세 원칙의 적용으로 ① 요건의 충족 여부가 정해질 수도 있다.[1036)]

2020. 12. 22. 국세기본법 개정 전 과점주주 요건과 관련하여, '주식에 관한 권리 행사'는 반드시 현실적으로 주주권을 행사한 실적이 있어야 할 것을 요구하는 것은 아니고, 납세의무 성립일 현재 소유하고 있는 주식에 관하여 주주권을 행사할 수 있는 지위에 있으면 족하지만, 주주권을 행사할 가능성이 없었던 경우에는 제2차 납세의무를 지지 않는다.[1037)][1038)] 주주권을 행사할 수 있는 지위에

판결의 별개의견에 대한 보충의견 중에 "주주명부의 기재는 부동산 물권변동에서의 등기처럼 주주권 변동의 성립요건도 아니고, 부동산등기와 같은 권리귀속의 추정력이 인정되는 것도 아니다. … 부동산등기부와 같은 권리공시의 기능은 없다. … 주주명부의 기재는 그 명의자가 실제로도 주주일 것으로 일응 추정할 수 있는 근거가 되기는 하지만"이라는 판시가 보인다.

1036) 대법원 2012. 1. 19. 선고 2008두8499 전원합의체 판결 ; "원심은 … 구 지방세법 제22조 제2호가 규정한 '과점주주'에 해당하려면 그 본인도 당해 회사의 주식 등을 소유하는 주주나 사원이어야 하는데 원고는 이 사건 자회사들의 모회사일 뿐이고 소외 회사들의 주주나 사원은 아니므로 구 지방세법상의 과점주주라고는 할 수 없다고 판단하였다. … 구 지방세법 제105조 제6항을 적용함에 있어서도, 당해 주식이나 지분의 귀속 명의자는 이를 지배·관리할 능력이 없고 그 명의자에 대한 지배권 등을 통하여 실질적으로 이를 지배·관리하는 자가 따로 있으며, 그와 같은 명의와 실질의 괴리가 위 규정의 적용을 회피할 목적에서 비롯된 경우에는, 당해 주식이나 지분은 **실질적으로 이를 지배·관리하는 자에게 귀속된 것으로 보아** 그를 **납세의무자로 삼아야** 할 것이다. … 이 사건 자회사들이 소외 회사들의 주식 등을 취득하여 보유하고 있는 법적 형식만으로 볼 때는 원고는 소외 회사들의 주식 등을 전혀 보유하고 있지 않은 반면, … 그 지분보유 비율이 51% 이상인 경우에 적용되는 과점주주의 요건에도 해당하지 않기 때문에 원고 및 이 사건 자회사들 모두 구 지방세법 제105조 제6항이 규정한 이른바 간주취득세의 형식적 적용요건을 피해 가고 있다. 그러나 … 원고가 직접 취득하지 않고 이 사건 자회사들 명의로 분산하여 취득하면서 이 사건 주식 등의 취득 자체로는 과점주주의 요건에 미달하도록 구성한 것은 오로지 구 지방세법 제105조 제6항에 의한 취득세 납세의무를 회피하기 위한 것이라고 보기에 충분하다. … 원고가 그 실질적 귀속자로서 이 사건 주식 등의 취득에 관하여 구 지방세법 제105조 제6항에 의한 취득세 납세의무를 부담한다고 볼 여지가 상당하다." ☞ 과점주주의 간주취득세 납세의무에 관한 대법원 2018. 11. 9. 선고 2018두49376 판결도 실질귀속자 과세의 원칙을 적용한 것이다.

1037) ◎ **주식에 관한 권리의 실질적 행사**

○ 대법원 2012. 12. 26. 선고 2011두9287 판결 ; "위 규정의 입법 취지와 개정 경과 등에 비추어 보면, 위 규정에서 말하는 '100분의 50을 초과하는 주식에 관한 권리 행사'에 해당하기 위해서는 **현실적으로 주주권을 행사한 실적은 없더라도** 적어도 납세의무 성립일 당시 소유하고 있는 주식에 관하여 **주주권을 행사할 수 있는 지위에는 있어야** 한다. 따라서 납세의무 성립일 당시 **주주권을 행사할 가능성이 없**었던 경우에는 위 규정에 의한 **제2차 납세의무를 지지 않는다**고 할 것이다." ☜ 원심이, 원고가 이 사건 주식을 소외인에게 양도하고 그에 대한 명의개서까지 마친 2006. 8. 24.부터 그 후 원고와 소외인이 관련 민사소송의 판결 등을 근거로 이 사건 주식에 대한 양도양수계약을 취소하기로 합의한 2008. 1. 7.경까지는 소외인이 이 사건 주식에 관한 주주권을 행사하여 원고로서는 이 사건 주식에 관한 주주권을 행사할 수 있는 지위에 있지 아니하였으므로, 원고는 그 납세의무 성립일이 2007. 6. 30. 또는 2007. 12. 31.인 이 사건 부가가치세 등에 대하여 제2차 납세의무를 부담하는 과점주주에 해당하지 않는다고 판단한 것은 정당하다고 한 예. 【comment】 양도인의 경우, 주식 양도양수계약에 대한 취소·해제의 소급효로 과점주주의 요건 중 ① 요건(주식 소유자)을 충족하더라도 ② 요건(주주권의 실질적 행사)의 흠결로 과점주주에 해당되지 않는다.

○ 대법원 2010. 2. 25. 선고 2009두7578 판결 ; 주식회사의 임원으로만 등재되어 있을 뿐 회사 경영에 참여하거나 임금 또는 주주로서의 배당금을 받지 않은 주주들의 경우, 주식의 실제 소유자가 아닌 **단지 주주명의만 대여한 형식상의 주주**에 불과할 뿐만 아니라 그 주식에 대한 권리를 실질적으로 행사할 여지도 없었으므로, 그 주주들은 구 국세기본법 제39조 제1항 제2호 (가)목에서 정한 제2차 납세의무자에 해당하지 않는다고 한 사례.

○ 대법원 2008. 9. 11. 선고 2008두983 판결 ; "법 제39조 제1항 제2호 (가)목의 의미는 과점주주 중 발행주식총수의 100분의 51 이상의 주식에 관한 권리를 실질적으로 행사하는 과점주주에 해당하는 자들은 모두 제2차 납세의무를 부담하되, 다만 그 책임 범위는 자신의 소유지분 범위 내로 제한된다는 취지로 봄이 상당하고, 과점주주에 해당하는 주주 1인이 100분의 51 이상의 주식에 관한 권리를 실질적으로 행사할 것을 요구하는 것은 아니며, 위 (가)목에서

말하는 100분의 51 이상의 주식에 관한 권리 행사는 반드시 현실적으로 주주권을 행사한 실적이 있어야 할 것을 요구하는 것은 아니고, 납세의무 성립일 현재 소유하고 있는 주식에 관하여 주주권을 행사할 수 있는 지위에 있으면 족하다고 할 것이다. 한편, 법 제39조 제2항 소정의 과점주주에 해당하는지 여부는 특수관계에 있는 100분의 51 이상 주식의 소유집단의 일원인지 여부에 의하여 판단하여야 하며" ☞ (1) 원심이, 아버지인 소외 1에 의하여 주주명의를 도용당하였거나 명의상 주주에 불과하다는 원고의 주장을 배척하고, 원고와 소외 2(원고의 큰아버지), 소외 3(원고의 어머니)은 소외 4 회사의 주주이자 국세기본법 시행령에 규정한 친족관계에 있는 자들로서 그들의 보유주식(100분의 68)이 발행주식총수의 100분의 51 이상에 해당하므로, 원고는 소외 2, 3과 더불어 법 제39조 제2항 소정의 과점주주에 해당한다고 판단한 것은 옳으나, (2) 원심이, 원고가 자신의 주식보유비율(17/100)을 넘어서 '발행주식총수의 100분의 51 이상'에 대한 권리를 실질적으로 행사하는 자의 지위에 있다고 보기 어렵고, 오히려 소외 4 회사의 발행주식총수의 100분의 51을 초과하는 13,600주(주식보유비율 68/100)의 주식에 대하여 원고와 소외 2, 3에 대한 위임 내지 사실상 지배의 방법으로 실질적으로 권리를 행사한 자 및 소외 4 주식회사의 경영을 지배한 자는 소외 1이라고 보아, 원고는 (가)목 및 (나)목 소정의 제2차 납세의무를 지는 과점주주에는 해당하지 않는다 할 것이나, 소외 1이 (가)목의 '발행주식총수의 100분의 51 이상의 주식에 관한 권리를 실질적으로 행사하는 자' 및 (나)목의 '법인의 경영을 사실상 지배하는 자'에 해당하고, 원고는 이 사건 관세 등의 납세의무 성립일 당시 아버지인 소외 1과 생계를 같이하는 직계비속에 해당하므로, (다)목 소정의 제2차 납세의무를 지는 과점주주에 해당한다고 판단한 데 대하여는, **(다)목에 의하여 제2차 납세의무를 지는 자는 (가)목 및 (나)목에 해당하는 과점주주의 배우자 또는 그와 생계를 같이 하는 직계존·비속인 과점주주에 한한다**고 해석함이 상당하고, 소외 4 회사의 법인등기부상 소외 3은 대표이사로, 원고 및 소외 2는 각 이사로 각 등재되어 있으며, 원고는 소외 4 회사로부터 2003년 720만 원을 급여 형식으로 지급받는 외에 매월 자신 소유의 차량에 관한 유지비 및 공과금, 휴대전화 요금 및 신용카드대금을, 소외 3은 2002. 4.~2003. 12. 매월 생활비, 차량유지비, 신용카드대금을 각 지급받았고, 소외 2는 2002년과 2003년에 각 1,800만 원을 급여 형식으로 지급받았으며, 감사중임의 건을 의안으로 하여 진행된 2004. 3. 29.자 소외 4 회사의 정기주주총회의사록에 의장 대표이사로 소외 3 이름이, 이사로 원고 이름이 각 기재되어 있고, 그 옆에 소외 3 및 원고 명의의 인장이 각 날인되어 있음을 알 수 있으므로, 이 사건 관세 등 납세의무 성립일 현재 원고 및 소외 2, 3은 법 제39조 제2항 소정의 과점주주로서 자신들의 소유주식에 관한 권리를 실질적으로 행사하였거나 행사할 지위에 있었다고 봄이 상당하고, 따라서 원고는 소외 2, 3과 더불어 소외 4 회사 발행주식총수의 100분의 51 이상의 주식에 관한 권리를 실질적으로 행사하는 자로서 (가)목 소정의 제2차 납세의무를 지는 과점주주에 해당한다고 판단한 예.

1038) **◎ 과점주주의 간주취득세 사건에서 주주권의 실질적 행사 여부에 관한 사례**

○ 대법원 2018. 10. 4. 선고 2018두44753 판결 ; 구 기업구조조정 촉진법상 채권금융기관협의회에 의한 기업구조개선작업('워크아웃') 절차 진행 중, 원고가 **2011. 4. 15.** 감자절차 반대 주주들로부터 이 사건 회사 주식을 취득한 것은 채권금융기관협의회에서 가결한 워크아웃 절차에 따라 기존 주주의 보유주식을 5:1 비율로 무상감자하기 위한 것이었고, 원고 등이 이 사건 주식을 취득한 직후인 **2011. 4. 22.** 주채권은행에 보유주식 전부에 대한 처분권을 일임함과 동시에 위 협의회와 경영권포기, 주식포기 및 주주총회 의결권행사 위임 등을 내용으로 하는 이 사건 특별약정을 체결함으로써, 채권금융기관협의회는 이 사건 회사의 경영을 상시 관리·감독하는 등 실질적인 지배력을 행사하기에 이르렀다고 보이므로, 원고가 이 사건 주식을 취득함으로써 그 주식 비율의 증가분만큼 이 사건 회사의 운영에 대한 지배권이 실질적으로 증가하였다고 보기는 어렵다고 판단하면서, 지배권의 실질적 증가 여부는 해당 주식 취득 전후의 제반 사정을 전체적으로 고려하여 종합적으로 판단하는 것이 옳고, 원심이 '(1) 워크아웃 절차를 계속 진행할 것인지 아니면 이를 거부하고 회생절차 등으로 이행할 것인지를 선택하는 주주들의 결정은 그 자체로도 기업에 대한 실질적 지배로서의 성격을 가지는 것이고, (2) 원고가 이 사건 주식을 매수한 다음 그 주식을 보유한 주주로서 주채권은행에 주주총회 의결권행사 위임장을 제출한 것은, 그 자체로도 이 사건 주식에 대하여 실질적인 주주권을 행사한 것으로 보아야 하며, (3) 이 사건 주식의 취득시점을 기준으로 그 취득분만큼 지배력이 증가된 후 원고 등이 그 주식포기각서 등을 제출하였다는 사정은 이미 성립한 납세의무에 어떠한 영향을 미칠 수 없다.'고 판단한 것은 옳지 않다고 한 예.

○ 대법원 2019. 3. 28. 선고 2015두3591 판결 ; 이 사건 회사의 50% 지분을 가진 원고가 주식 매수인인 A회사의 요청으로 자신의 명의로 소외인들 소유의 나머지 50% 지분의 이 사건 주식을 취득하여 명의개서를 마침으로써 주주명부상 이 사건 회사의 과점주주가 되었으나, 불과 6일 후에 이 사건 주식을 포함한 이 사건 회사 주식 전부를 A회사에 양도한 경우, 원고가 이 사건 주식을 취득하여 그 주식 비율의 증가분(50%)만큼 이 사건 회사의 운영에

있으면 족하므로, '과점주주' 요건 중 ① 요건(주식 소유자)의 증명이 있으면, ② 요건(주주권의 실질적 행사)은 일응 추정된다고 볼 것이고, 주식에 대한 권리를 실질적으로 행사할 가능성이 없는 '특별한 사정'은 간접반증사실로서 과점주주가 본증으로 증명하여야 한다. 대법원 2017. 3. 23. 선고 2015다248342 전원합의체 판결[1039]의 법리(회사에 대하여 주주권을 행사할 자는 주주명부의 기재에 의하여 확정되어야 한다는 법리)는 주주권의 실질적 행사 여부와 직접적인 관련이 없다.[1040]

대한 지배권이 실질적으로 증가함으로써 간주취득세를 부담하는 과점주주가 되었다고 보기 어렵다고 판단한 원심 판단을 수긍한 사례.

1039) 대법원 2017. 3. 23. 선고 2015다248342 전원합의체 판결의 다수의견 ; "상법이 **주주명부제도를 둔 이유**는, 주식의 발행 및 양도에 따라 주주의 구성이 계속 변화하는 단체법적 법률관계의 특성상 회사가 다수의 주주와 관련된 법률관계를 외부적으로 용이하게 식별할 수 있는 형식적이고도 획일적인 기준에 의하여 처리할 수 있도록 하여 이와 관련된 사무처리의 효율성과 법적 안정성을 도모하기 위함이다. 이는 회사가 주주에 대한 실질적인 권리관계를 따로 조사하지 않고 주주명부의 기재에 따라 주주권을 행사할 수 있는 자를 획일적으로 확정하려는 것으로서, 주주권의 행사가 회사와 주주를 둘러싼 다수의 이해관계인 사이의 법률관계에 중대한 영향을 줄 수 있음을 고려한 것이며, 단지 해당 주주의 회사에 대한 권리행사 사무의 처리에 관한 회사의 편의만을 위한 것이라고 볼 수 없다. … 주식의 소유권 귀속에 관한 회사 이외의 주체들 사이의 권리관계와 주주의 회사에 대한 주주권 행사국면을 구분하여, 후자에 대하여는 주주명부상 기재 또는 명의개서에 특별한 효력을 인정하는 태도라고 할 것이다. … 회사에 대하여 주주권을 행사할 자가 주주명부의 기재에 의하여 확정되어야 한다는 법리는 주식양도의 경우뿐만 아니라 주식발행의 경우에도 마찬가지로 적용된다. … 주식을 양수하였으나 아직 주주명부에 명의개서를 하지 아니하여 주주명부에는 양도인이 주주로 기재되어 있는 경우뿐만 아니라, 주식을 인수하거나 양수하려는 자가 타인의 명의를 빌려 회사의 주식을 인수하거나 양수하고 그 타인의 명의로 주주명부에의 기재까지 마치는 경우에도, 회사에 대한 관계에서는 주주명부상 주주만이 주주로서 의결권 등 주주권을 적법하게 행사할 수 있다. … 언제든 주주명부에 주주로 기재해 줄 것을 청구하여 주주권을 행사할 수 있는 자가 자기의 명의가 아닌 타인의 명의로 주주명부에 기재를 마치는 것은 적어도 주주명부상 주주가 회사에 대한 관계에서 주주권을 행사하더라도 이를 허용하거나 받아들이려는 의사였다고 봄이 합리적이다. 그렇기 때문에 주주명부상 주주가 그 주식을 인수하거나 양수한 사람의 의사에 반하여 주주권을 행사한다 하더라도, 이는 주주명부상 주주에게 주주권을 행사하는 것을 허용함에 따른 결과이므로 그 주주권의 행사가 신의칙에 반한다고 볼 수 없다. … 주주명부상의 주주만이 회사에 대한 관계에서 주주권을 행사할 수 있다는 법리는 주주에 대하여만 아니라 회사에 대하여도 마찬가지로 적용되므로, 회사는 특별한 사정이 없는 한 주주명부에 기재된 자의 주주권 행사를 부인하거나 주주명부에 기재되지 아니한 자의 주주권 행사를 인정할 수 없다. … 상법 제337조 제1항에서 말하는 대항력은 그 문언에 불구하고 회사도 주주명부에의 기재에 구속되어, 주주명부에 기재된 자의 주주권 행사를 부인하거나 주주명부에 기재되지 아니한 자의 주주권 행사를 인정할 수 없다는 의미를 포함하는 것으로 해석함이 타당하다. … 따라서 특별한 사정이 없는 한, **주주명부에 적법하게 주주로 기재**되어 있는 자는 **회사에 대한 관계**에서 그 주식에 관한 **의결권 등 주주권을 행사**할 수 있고, **회사 역시** 주주명부상 주주 외에 실제 주식을 인수하거나 양수하고자 하였던 자가 따로 존재한다는 사실을 **알았든 몰랐든** 간에 주주명부상 주주의 주주권 행사를 부인할 수 없으며, 주주명부에 기재를 마치지 아니한 자의 주주권 행사를 인정할 수도 없다. 주주명부에 기재를 마치지 않고도 회사에 대한 관계에서 주주권을 행사할 수 있는 경우는 주주명부에의 기재 또는 명의개서청구가 부당하게 지연되거나 거절되었다는 등의 **극히 예외적인 사정**이 인정되는 경우에 한한다. 자본시장법에 따라 예탁결제원에 예탁된 상장주식 등에 관하여 작성된 실질주주명부에의 기재는 주주명부에의 기재와 같은 효력을 가지므로(자본시장법 제316조 제2항), 이 경우 실질주주명부상 주주는 주주명부상 주주와 동일하게 주주권을 행사할 수 있다." ☞ **원심**은, 원고 명의 주식의 취득자금을 실제로 부담한 자는 소외인이고, 원고가 제출한 증거만으로는 원고에게 독자적으로 피고에 대한 주주권을 행사할 권한이 있다고 보기 어렵다고 판단하였으나, **대법원**은, "소외인이 원고의 승낙을 얻어 원고 명의로 피고 발행의 주식을 매수하고 실제로 그 주식대금을 모두 부담한 것이라고 하더라도, 실질주주명부상 주주인 원고는 피고에 대한 관계에서 주주권을 행사할 권한을 가지므로 피고를 상대로 이 사건 주주총회결의의 무효확인 및 부존재확인 또는 취소의 소를 구할 자격이나 이익이 있다."고 판단하여 원심의 소각하 판결을 파기환송한 예.

1040) 대법원 2018. 11. 9. 선고 2018두49376 판결 ; 소외인은 이 사건 주식의 인수 과정에서 명의를 대여해 준 자에 불과하고, 위 주식에 관한 권리를 실질적으로 행사하는 지위에 있었던 것은 원고라고 할 것이므로, 위 주식에 관하여

그러나 2020. 12. 22. 국세기본법 개정 후 과점주주의 ② 요건인 '법인의 경영에 대하여 지배적인 영향력을 행사하는 자'는 ① 요건(특수관계인 포함 50% 초과 주식 소유)의 증명으로부터 곧바로 '일응의 추정'이 이루어질 수는 없고, 구체적인 경우에 따라, 처분의 적법성에 대한 증명책임을 지는 과세관청이 ② 요건의 근거사실을 추가적으로 주장·증명하여야 한다.

● 대법원 2020. 9. 24. 선고 2016두38112 판결 [종합소득세부과처분취소 등]

▌법인의 제2차 납세의무

판시사항

[1] 법인의 제2차 납세의무 제도의 취지 / 그 적용 요건은 엄격하게 해석하여야 하는지 여부(○)

[2] 출자자의 소유주식 등에 대하여 법률 등에 의한 양도 제한 이외의 사유로 국세징수법에 의한 압류 등 체납처분절차가 제한되는 경우, 국세기본법 제40조 제1항 제2호에서 정한 '법률에 의하여 출자자의 소유주식 등의 양도가 제한된 경우'에 해당하는지 여부(×)

이 유

국세기본법 제40조[1041][1042] 제1항은 같은 항 각호의 1에 해당하는 경우에 한하여 법인이 제2차 납세의무를 진다고 한정적으로 규정하고, 그중 제2호는 '법률 또는 그 법인의 정관에 의하여 출자자의 소유주식 또는 출자지분의 양도가 제한된 경우'(이하 '이 사건 조항'이라 한다)를 규정하고 있다.

앞서 본 법인의 제2차 납세의무제도의 취지, 그 적용 요건에 관한 엄격 해석의 원칙[1043]에 이 사건

명의신탁을 해지하고 원고 명의로 명의개서를 마친 2015. 12. 30. 전후로 원고의 주식 소유비율은 동일하여, 위 명의개서가 구 지방세법 시행령 제11조 제2항 본문에서 말하는 과점주주의 주식 비율이 증가된 경우에 해당한다고 할 수 없음에도, 원심이, 이 사건 쟁점과 직접적인 관련이 없는 대법원 2017. 3. 23. 선고 2015다248342 전원합의체 판결의 법리를 들어, 원고가 소외인에게 이 사건 주식을 명의신탁해 둔 상태였다고 하더라도 당시 의결권 등을 통하여 위 주식에 관한 주주권을 실질적으로 행사하여 법인의 운영을 지배하는 지위에 있었다고 볼 수 없다는 이유로, 원고가 2015. 12. 30. 위 주식을 취득하였음을 전제로 한 간주취득세 부과처분이 적법하다고 판단한 것은 잘못이라고 판단한 사례.

1041) **국세기본법 제40조(법인의 제2차 납세의무)** ① 국세(둘 이상의 국세의 경우에는 납부기한이 뒤에 오는 국세)의 납부기간 만료일 현재 법인의 무한책임사원 또는 과점주주(이하 "출자자"라 한다)의 재산(그 법인의 발행주식 또는 출자지분은 제외한다)으로 그 출자자가 납부할 국세 및 강제징수비에 충당하여도 부족한 경우에는 그 법인은 다음 각 호의 어느 하나에 해당하는 경우에만 그 부족한 금액에 대하여 제2차 납세의무를 진다. 〈개정 2020.12.29〉
1. 정부가 출자자의 소유주식 또는 출자지분을 재공매하거나 수의계약으로 매각하려 하여도 매수희망자가 없는 경우
2. 법률 또는 그 법인의 정관에 의하여 출자자의 소유주식 또는 출자지분의 양도가 제한된 경우(「국세징수법」 제66조제4항에 따라 공매할 수 없는 경우는 제외한다)

② 제1항에 따른 법인의 제2차 납세의무는 다음 계산식에 따라 계산한 금액을 한도로 한다. 〈개정 2019.12.31.〉
…

1042) **지방세기본법**은 **제47조**에 규정되어 있다.

1043) 앞서 판시한 부분 ; "국세기본법 제40조에 규정된 법인의 제2차 납세의무제도는 원래의 납세의무자인 출자자의 재산에 대해 체납처분을 하여도 징수하여야 할 조세에 부족이 있다고 인정되는 경우에 사법질서를 어지럽히는 것을 최소화하면서도 실질적으로 출자자와 동일한 이해관계에 의해 지배되는 법인으로 하여금 보충적으로 납세의무

조항의 문언 및 양도 제한과 압류 제한의 성격·관계 등을 종합하여 보면, 출자자의 소유주식 등에 대하여 법률 등에 의한 **양도제한 이외의 사유**로 국세징수법에 의한 **압류 등 체납처분절차가 제한**되는 경우까지 이 사건 조항에서 정한 **요건에 해당한다고 볼 수는 없다**.

따라서 출자자의 소유주식 등이 외국법인이 발행한 주식 등으로서 해당 외국법인의 본점 또는 주사무소 소재지국에 있는 재산에 해당하여 국세징수법에 따른 압류 등 체납처분절차가 제한된다고 하더라도, 이러한 사유는 이 사건 조항에서 말하는 '법률에 의하여 출자자의 소유주식 등의 양도가 제한된 경우'라고 할 수 없다.[1044]

※ 사업양수인의 제2차 납세의무

사업이 양도·양수된 경우에, 양도일[1045] 이전에 양도인의 '납세의무가 확정'[1046]된 그 사업[1047]에

를 지게 함으로써 조세징수를 확보하고 실질적 조세평등을 이루기 위한 것이다. 그러나 이러한 법인의 제2차 납세의무는 출자자와 법인이 독립된 권리의무의 주체임에도 예외적으로 본래의 납세의무자가 아닌 제3자인 법인에게 출자자의 체납액에 대하여 보충적인 성질의 납세의무를 부과하는 것이고, 또한 조세법규의 해석은 엄격하게 하여야 하는 것이므로 그 적용 요건을 엄격하게 해석하여야 한다."

1044) **【구체적 사안】**
체납자의 재산으로 체납 국세를 징수하기에 부족하자 체납자가 실제로는 홍콩법인인 원고의 지분 100%를 가진 주주임을 전제로 국세기본법 제40조에 의하여 원고를 체납자의 제2차 납세의무자로 지정하고 종합소득세 등 부과처분 및 원고의 재산 압류처분을 한 **사안**에서, **원심**(서울고등법원 2016. 4. 20. 선고 2015누37060 판결)이, 원고의 주식이 국외에 소재하여 과세관청의 강제집행권이 미치지 않는다는 사정만으로 국내법과 같은 효력을 가지는 국제관습법에 의하여 원고의 주식 양도가 제한된 경우에 해당한다는 이유를 들어, 피고가 원고에게 이 사건 조항에 따라 소외인의 국세체납액에 대한 제2차 납세의무를 부담하도록 한 것은 적법하다고 판단한 데 대하여, **대법원**은, "소외인이 실제로는 원고의 지분 100%를 가진 주주라 하더라도, 소외인이 소유한 원고의 주식이 외국법인이 발행한 주식으로서 국세징수법에 따른 압류 등 체납처분절차가 제한된다는 사유는 이 사건 조항의 '법률에 의하여 출자자의 소유주식 등의 양도가 제한된 경우'로 볼 수 없고, 달리 국세기본법 제40조 제1항 각호의 요건을 충족하였다는 주장과 증명이 없는 이상 원고에게 소외인이 체납한 국세에 대하여 국세기본법 제40조에 따른 제2차 납세의무가 있다고 볼 수 없다."라고 판단한 예.

1045) 양수인이 사업의 포괄적 승계의 요건을 갖추게 되는 날이 사업의 양도, 양수일이고 그 사업의 양도, 양수에 행정관청의 인·허가를 필요로 한다 하여 그 인·허가가 있은 날을 영업양도, 양수일로 보아야 하는 것은 아니다(94누8303).

1046) 대법원 2011. 12. 8. 선고 2010두3428 판결 ; "[1] 구 국세기본법 제22조, 구 국세기본법 시행령 제10조의2 제1호 본문이 부가가치세 납세의무의 확정시기를 과세표준과 세액을 정부에 신고하는 때로 규정하면서 그 신고의 범위에서 예정신고를 제외하고 있지 않은 점, 납세의무의 확정이란 추상적으로 성립된 납세의무의 내용이 징수절차로 나아갈 수 있을 정도로 구체화된 상태를 의미하는데, 예정신고를 한 과세표준과 세액은 구 부가가치세법 시행령 제65조 제1항 단서에 의하여 확정신고의 대상에서 제외되므로 그 단계에서 구체화되었다고 할 수 있을 뿐만 아니라 구 부가가치세법 제23조 제1항에 의하여 그에 대한 징수절차로 나아갈 수 있는 점 등을 고려하여 볼 때, 부가가치세 과세표준과 세액의 예정신고를 한 때에 그 세액에 대한 납세의무가 확정되었다고 할 것이므로 구 국세기본법 제41조 제1항에서 말하는 '사업 양도일 이전에 양도인의 납세의무가 확정된 당해 사업에 관한 국세'에는 사업 양도일 이전에 당해 사업에 관하여 예정신고가 이루어진 부가가치세도 포함된다고 해석함이 상당하다. [2] 부가가치세의 납세의무는 그 과세표준과 세액의 신고만으로 확정되지만, 그 신고세액을 제대로 납부하지 아니한 경우에 부과되는 납부불성실가산세의 납세의무는 그 확정을 위하여 과세관청의 납부불성실가산세 부과처분이 별도로 필요하다. … 가산금과 중가산금은 국세가 납부기한까지 납부되지 아니하면 특별한 절차 없이 당연히 발생하고 그 액수도 확정된다. … 소외 회사의 이 사건 가산세 납세의무는 피고가 소외 회사에 이 사건 부가가치세 및 가산세의 납부고지를 함으로써 이 사건 가산세에 대한 부과처분이 이루어진 2007. 12. 5. 확정되었고, 이 사건 가산금 및 중가산금은 위 납부고지에서 정한 납부기한인 2007. 12. 31.이 경과한 후에 비로소 발생하여 확정되었다고 할 것이므로, 그 전인 2007. 11. 15.

관한 국세·지방세 및 강제징수비(체납처분비)를 양도인의 재산으로 충당하여도 부족할 때에는, 사업의 양수인은 그 부족한 금액에 대하여 '양수한 재산의 가액'[1048)][1049)]을 한도로 제2차 납세의무를 진다(국세기본법 제41조, 지방세기본법 제48조 각 제1항).

"사업의 양수인"이란 '사업장(사업단위, 사업부문)별'로 그 사업에 관한 모든 권리(미수금 제외)와 모든 의무(미지급금 제외)[1050)]를 포괄적으로 승계[1051)]한 자(국세기본법 시행령 제22조, 지방세기본법 제48조 제2항)

이 사건 사업을 양수한 원고로서는 이 사건 가산세 및 가산금과 중가산금에 대하여 제2차 납세의무를 부담하지 않고, 이 사건 처분 중 이 사건 가산세 및 가산금과 중가산금에 관한 부분은 원고가 그에 대한 제2차 납세의무를 부담함을 전제로 한 것으로서 그 하자가 중대하고도 명백하므로 무효라고 할 것이다."

1047) **국세기본법 시행령 제23조(사업양수인의 제2차 납세의무의 한도)** ① 법 제41조 제1항에 따른 사업의 양도인에게 둘 이상의 사업장이 있는 경우에 하나의 사업장을 양수한 자의 제2차 납세의무는 양수한 사업장과 관계되는 국세 및 강제징수비(둘 이상의 사업장에 공통되는 국세 및 체납처분비가 있는 경우에는 양수한 사업장에 배분되는 금액을 포함한다)에 대해서만 진다. ☛ **지방세기본법 시행령 제26조**도 동일하다.

1048) **국세기본법 시행령 제23조(사업양수인의 제2차 납세의무의 한도)** ② 법 제41조제2항에서 "양수한 재산의 가액"이란 다음 각 호의 가액을 말한다. ☛ **지방세기본법 시행령 제27조**도 동일하다

1. 사업의 양수인이 양도인에게 지급하였거나 지급하여야 할 금액이 있는 경우에는 그 금액
2. 제1호에 따른 금액이 없거나 불분명한 경우에는 양수한 자산 및 부채를 「상속세 및 증여세법」 제60조부터 제66조까지의 규정을 준용하여 평가한 후 그 자산총액에서 부채총액을 뺀 가액

③ 제2항에도 불구하고 같은 항 제1호에 따른 금액과 시가의 차액이 3억원 이상이거나 시가의 100분의 30에 상당하는 금액 이상인 경우에는 같은 항 제1호의 금액과 제2호의 금액 중 큰 금액으로 한다.

1049) 대법원 2009. 1. 30. 선고 2006두1166 판결 ; "위와 같은 규정의 문언과 취지, 특히 위 시행령 제7조 제2호가 양수한 자산총액에서 양수한 부채총액을 공제한 가액을 양수한 재산의 가액으로 규정하고 있는 점 등에 비추어 보면, 지방세법 시행령 제7조 제1호에서 말하는 '**사업의 양수인이 지급하였거나 지급하여야 할 금액**'이라 함은 양수한 자산 중 적극재산만의 대가로서 양수인이 지급하였거나 지급하여야 할 금액을 의미하는 것이 아니라, 양수인과 양도인 사이에 사업시설, 영업권, 채권, 채무 등 일체의 인적, 물적 권리와 의무를 포함하는 사업의 경제적 가치를 일괄적으로 평가하여 사업양도의 대가로서 지급하였거나 지급하기로 한 금액을 의미한다고 하겠다. 그런데 양수인이 사업을 포괄적으로 양도·양수하려는 의도로 사업용 자산 일부를 임의경매 집행절차에 의하여 낙찰 받아 취득하는 한편 나머지 사업용 자산 및 그 사업에 관한 모든 권리와 의무를 양도인과의 별도의 양도계약에 의하여 연달아 취득함으로써 양도인의 사업을 포괄적으로 승계한 경우에는, 그 사업의 경제적 가치에 대한 일괄적 평가가 결여되어 있으므로, 특별한 사정이 없는 한 그 경매가액이나 나머지 사업용 자산의 양도계약에서 정한 각각의 양도대금이 지방세법 시행령 제7조 제1호에서 말하는 '사업의 양수인이 지급하였거나 지급하여야 할 금액'이라고 할 수 없고, 그렇다면 이러한 경우에는 지방세법 시행령 제7조 제1호에 해당하는 금액이 있는 경우라고 할 수 없으므로 지방세법 시행령 제7조 제2호의 규정에 의하여 '양수한 재산의 가액'을 산정할 수밖에 없을 것이다."

1050) 미수금, 미지급금은 기업회계기준에서 일반적 상거래, 즉 당해 회사의 사업목적 이외의 영업활동에서 발생한 것으로서 외상매출금, 외상매입금과는 구분된다.

1051) 대법원 2009. 1. 30. 선고 2006두1166 판결 ; "지방세법 제24조의 규정에 의하여 제2차 납세의무를 지는 '사업의 양수인'이란 독립한 **경영단위**로서의 기업체를 양도인과의 **법률행위**에 의하여 **포괄적**으로 이전받은 사람을 말하고, 이때 포괄적으로 이전받는다고 함은 사업시설뿐 아니라 영업권 및 그 사업에 관한 채권, 채무 등 일체의 인적·물적 권리와 의무를 모두 양수함으로써 양도인의 **종전의 법률상 지위**를 **그대로 승계**하는 것을 말한다. 따라서 양수인이 비록 사업용 자산의 **일부**를 임의경매에서 **낙찰**받아 취득하였다고 하더라도 처음부터 양도인과의 사이에 사업을 포괄적으로 이전받기로 하는 합의 아래 나머지 사업용 자산과 영업권 및 그 사업에 관한 모든 권리와 의무를 연달아 취득함으로써 전체적으로 보아 양도인과 동일시되는 정도로 양도인의 종전의 법률상 지위를 그대로 승계한 경우에는 사업의 포괄적 승계에 해당한다고 볼 수가 있을 것이다." ☛ 사업자가 수 개의 장소에서 동일한 사업을 영위하다가 그 중 일부 장소에서의 사업을 포괄양도한 경우도 사업의 양도·양수에 포함되고(97누17469), 근로자들을 신규채용의 형식으로 그대로 고용하더라도 포괄적 승계에 해당할 수 있으나(90누1892), 건설면허만을 양수한 경우는 포괄적 승계에 해당하지 않는다(89누6327).

를 말하는데, '추가적 요건'으로서 국세의 경우는 '양도인과 특수관계인인 자' 또는 '양도인의 조세회피를 목적으로 사업을 양수한 자'(국세기본법 시행령 제22조 제1호, 제2호),[1052] 지방세의 경우는 '양도인이 사업을 경영하던 장소에서 양도인이 경영하던 사업과 같거나 유사한 종목의 사업을 경영하는 자'(지방세기본법 제48조 제2항)이어야 한다.

물적 납세 의무

양도담보권자의 물적 납세의무[1053]는, ① 납세자가 국세 및 강제징수비를 '체납'[1054]하고,[1055] ② 납세자에게 '그 국세의 법정기일 후'에 담보의 목적이 된 ③ '양도담보재산'[1056]이 있을 때에,[1057] ④

1052) 2019. 2. 12. 국세기본법 시행령 제22조 개정 시 제1호 또는 제2호의 요건을 추가함으로써, 사업양수인의 제2차 납세의무 발생 범위를 축소하였다. 이러한 개정규정은 영 시행(2019. 2. 12.) 전에 사업이 양도·양수된 경우로서 영 시행 당시 제2차 납세의무자로서 납부통지를 받지 않은 경우에 대해서도 적용한다(부칙 제3조). 납세자에게 유리한 개정규정의 소급 적용에 해당한다.

1053) 흔히 '물적 납세의무'라고 칭하나, 이는 조세실체법상 조세채무는 아니고, 민사법상 물상보증인의 경우처럼 '채무 없는 책임'(물적 유한 책임)에 해당한다고 볼 것이다. 양도담보권자는 직접적인 납세의무를 부담하지는 않고 제3자(양도담보설정자)의 조세를 납부하지 않으면 자기 소유 명의의 재산에 대한 강제집행에 복종해야하는 불이익을 받게 되는 '간접의무자'일 뿐이어서, 국세기본법 제2조 제9호, 제10호 소정의 '납세의무자', '납세자'의 개념에 포섭되지는 않는다 할 것이다(제10호도 '납세의무자'에 포함하는 것으로 '연대납세의무자'와 '제2차 납세의무자' 및 '보증인'을 들고 있으나, '물적 납세의무자'는 들고 있지 않다).

1054) "체납"이란 국세를 지정납부기한까지 납부하지 아니하는 것을 말한다. 다만, 지정납부기한 후에 납세의무가 성립·확정되는 「국세기본법」 제47조의4에 따른 납부지연가산세 및 같은 법 제47조의5에 따른 원천징수 등 납부지연가산세의 경우 납세의무가 확정된 후 즉시 납부하지 아니하는 것을 말한다(국세징수법 제2조 ① 제2호). 지방세기본법 제2조 제1항 제32조는, "체납자"란 지방세를 납부기한까지 납부하지 아니한 납세자를 말한다고 정의하고 있다.

1055) 사망한 자에 대하여 한 조세의 부과고지는 무효이므로 양도담보설정자가 사망한 후에 그에 대하여 조세부과고지를 하였다면 그 망인이 세금을 체납하였다고 볼 수는 없으므로 망인재산의 양도담보권자에게 물적 납세의무를 부과한 처분은 중대하고도 명백한 하자있는 처분으로 무효이다(84누226).

1056) "양도담보재산"이란 당사자 간의 계약에 의하여 납세자가 그 재산을 양도하였을 때에 실질적으로 양도인에 대한 채권담보의 목적이 된 재산을 말한다(국세기본법 제42조 ③, 지방세기본법 제75조 ②). ☛ 채권담보의 목적으로 가등기를 경료한 후 일정시기까지 원리금을 변제하면 가등기를 말소하고, 그 원리금을 변제하지 않으면 가등기에 기한 본등기를 담보의 목적으로 이행한다는 내용의 제소전 화해를 하였다가 채무자가 원리금을 변제하지 않아 그 제소전 화해에 따라 가등기에 기한 본등기를 마친 경우라면 그 소유권이전등기는 위 채권에 대한 담보권의 실행을 위한 방편으로 경료된 이른바 정산절차를 예정하고 있는 약한 의미의 양도담보라 할 것이어서, 정산절차를 완료하였다는 등 다른 특별한 사정이 없는 한 위 부동산은 국세기본법 제42조 소정의 이른바 양도담보 재산에 해당된다(83누661).

[양도담보에 관한 판례이론] 양도담보로 제공된 담보목적물의 소유권이전 유형에 따라, 대외적으로만 소유권이 이전될 뿐 대내적으로는 채무담보의 효력만이 있는 '외부적 이전형'은 '약한 양도담보' 또는 '정산형 양도담보'(처분정산형의 경우), 대내외적 이전형은 '강한 양도담보' 또는 '유담보형 양도담보'(귀속정산형의 경우)로 분류되는데, 판례는, 유담보형 양도담보는 양도담보와 함께 대물변제의 예약을 한 것으로 보고 이는 민법 제607조, 제608조(대물반환의 예약은 그 재산의 예약당시의 가액이 차용액 및 이에 붙인 이자의 합산액을 넘지 못하고 차주에 불리한 것은 효력이 없다)에 위반하지 않는 한도 내에서만 유효하다고 보지만, 실제로 담보목적물의 가액이 피담보채권의 원리금에 미치지 못하는 경우란 거의 상정하기 어려워, 결국 모든 양도담보는 '약한 양도담보' 또는 '정산형 양도담보'로만 유효하다. '약한 의미의 양도담보'가 이루어진 경우에, 채권자는 채무의 변제기가 지나면 부동산의 가액에서 채권원리금 등을 공제한 나머지 금액을 채무자에게 반환하고 부동산의 소유권을 취득(귀속정산)하거나, 부동산을 처분하여

그 납세자의 다른 재산에 대하여 강제징수를 하여도 징수할 금액에 미치지 못하는 경우에, 국세징수법에서 정하는 바에 따라[1058] 그 양도담보재산으로써 납세자의 국세 및 강제징수비를 징수할 수 있는 제도이다(국세기본법 제42조 제1항).[1059]

이외에 부가가치세법상 '신탁 관련 수탁자의 물적 납세의무'(제3조의2, 2017. 12. 19. 신설), 신탁주택 위탁자의 종합부동산세 등에 대한 수탁자의 물적 납세의무(종합부동산세법 제7조의2, 2020. 12. 29. 신설), 상속세 및 증여세법상 '명의신탁증여의제 재산에 대한 물적 납세의무'(제4조의2 제9항, 2018. 12. 31. 신설), 지방세기본법 제75조 제3항[1060] 소정의 '종중 명의신탁 재산에 대한 물적 납세의무'(2020. 12. 29. 신설) 등이 있다.

그 매각대금에서 채권원리금 등의 변제에 충당하고 나머지 금액을 채무자에게 반환(처분정산)할 수도 있다(2015다63138, 63145). 금전소비대차나 준소비대차에 의한 차용금반환채무를 담보하기 위한 경우에는 '담보권'으로서 '가등기담보 등에 관한 법률'(1983. 12. 30. 제정)이 적용되고(담보가등기권리는 국세기본법, 국세징수법, 지방세기본법, 지방세징수법을 적용할 때에는 저당권으로 본다(동법 제17조 제2항)), 그 외의 채무(예컨대 매매대금이나 공사대금 채무 등) 담보를 위한 양도담보에는 종래의 판례이론이 적용된다.

1057) 국세징수법 제7조 제1항에 따라 양도담보권자에게 납부고지가 있은 **후** 납세자가 양도에 의하여 실질적으로 담보된 채무를 불이행하여 해당 재산이 양도담보권자에게 확정적으로 귀속되고 양도담보권이 소멸하는 경우에는 납부고지 당시의 양도담보재산이 계속하여 양도담보재산으로서 존속하는 것으로 본다(2020. 12. 22. 개정 시 종전의 국세징수법 제13조 제2항 규정이 **국세기본법 제42조 제2항**으로 이동). 같은 취지로, **지방세징수법 제16조 제3항**은, "제1항에 따른 고지를 하거나 양도담보재산을 압류한 후 그 재산의 양도에 따라 담보된 채권이 채무불이행이나 그 밖의 변제 외의 이유로 소멸된 경우(양도담보재산의 환매, 재매매의 예약, 그 밖에 이와 유사한 계약을 체결한 경우에 기한의 경과 등 그 계약의 이행 외의 이유로 계약의 효력이 상실되었을 때를 포함한다)에도 양도담보재산으로 존속하는 것으로 본다."라고 규정하고 있다.
물적 납세의무자로서 체납된 국세 등의 납부고지를 받을 당시 **이미** 담보권을 귀속정산의 방법으로 실행하여 소유권을 취득함으로써 담보권이 소멸된 경우에는 특별한 사정이 없는 한 그 부동산은 이미 정산절차가 종료되어 국세기본법 제42조에 정한 양도담보재산이 아니라 할 것이므로 양도담보권자로서 물적 납세의무를 질 이유가 없다(89누2615).

1058) 물적납세의무를 부담하는 자에 대한 납부고지는 국세징수법 제7조, 지방세징수법 제16조 ①에 규정하고 있다.

1059) **지방세기본법 제75조(양도담보권자 등의 물적 납세의무) 제1항**도 동일하다.

1060) **지방세기본법 제75조** ③ 납세자가 종중인 경우로서 지방자치단체의 징수금을 체납한 경우 그 납세자에게 「부동산 실권리자명의 등기에 관한 법률」 제8조제1호에 따라 종중 외의 자에게 명의신탁한 재산이 있을 때에는 그 납세자의 다른 재산에 대하여 체납처분을 집행하고도 징수할 금액이 부족한 경우에만 그 명의신탁한 재산으로써 납세자에 대한 지방자치단체의 징수금을 징수할 수 있다. ☜ 위 법률 제8조 제1호에 따라, 종중이 보유한 부동산에 관한 물권을 종중(종중과 그 대표자를 같이 표시하여 등기한 경우를 포함한다) 외의 자의 명의로 등기하는 명의신탁은 유효하고, 신탁자와 수탁자와의 대내적 관계에서는 소유권이 신탁자인 종중에게 유보되고, 제3자에 대한 대외적 관계에서는 수탁자만이 소유자로 된다(85다카253).

11. 경정청구

통상적경정청구

● 대법원 2014. 12. 11. 선고 2012두27183 판결[부가가치세경정청구거부처분취소]

▌경정청구권자, 행정처분

판시사항

[1] 경정청구권이 인정되지 않는 경우, 과세관청의 거부 회신이 항고소송의 대상이 되는 거부처분으로 볼 수 있는지 여부(×)

[2] 국세환급금반환채권을 전부받은 전부채권자가 직접 국세기본법 제45조의2 제1항에서 정한 경정청구권을 행사할 수 있는지 여부(×)

[3] 납세의무자에 대한 금전채권자가 납세의무자의 경정청구권을 대위하여 행사할 수 있는지 여부(×)

이 유

국세기본법 제45조의2[1061] 제1항은 '과세표준신고서를 법정기한까지 제출한 자는 과세표준신고서에 기재된 과세표준 및 세액이 세법에 따라 신고하여야 할 과세표준 및 세액을 초과할 때(제1호), 또는 과세표준신고서에 기재된 결손금액 또는 환급세액이 세법에 따라 신고하여야 할 결손금액 또는

1061) **국세기본법 제45조의2(경정 등의 청구)** ① 과세표준신고서를 법정신고기한까지 제출한 자 및 제45조의3 제1항에 따른 기한후과세표준신고서를 제출한 자는 다음 각 호의 어느 하나에 해당할 때에는 최초신고 및 수정신고한 국세의 과세표준 및 세액의 결정 또는 경정을 법정신고기한이 지난 후 5년 이내에 관할 세무서장에게 청구할 수 있다. 다만, 결정 또는 경정으로 인하여 증가된 과세표준 및 세액에 대하여는 해당 처분이 있음을 안 날(처분의 통지를 받은 때에는 그 받은 날)부터 90일 이내(법정신고기한이 지난 후 5년 이내로 한정한다)에 경정을 청구할 수 있다. 〈개정 2014.12.23., 2019.12.31〉 ☞ **[개정이유]** 〈개정 2014.12.23.〉 납세자의 권익보호를 위하여 경정청구기간을 부과제척기간과 일치시킬 필요가 있음. 납세자가 납부할 세액을 과다하게 신고하였을 경우 세무서장에게 당초의 신고 내용을 바로잡아 줄 것을 요구하는 경정청구기간을 신고기한 경과 후 3년 이내에서 5년 이내로 연장함. 〈개정 2019.12.31.〉 과세표준신고서를 법정신고기한까지 제출하지 아니한 기한 후 신고를 한 자에게도 자기시정의 기회를 부여하기 위하여 수정신고 및 경정청구를 할 수 있도록 함[2019.12.31. 개정 지방세기본법 제50조도 동일함].

1. 과세표준신고서 또는 기한후과세표준신고서에 기재된 과세표준 및 세액(각 세법에 따라 결정 또는 경정이 있는 경우에는 해당 결정 또는 경정 후의 과세표준 및 세액을 말한다)이 세법에 따라 신고하여야 할 과세표준 및 세액을 초과할 때
2. 과세표준신고서 또는 기한후과세표준신고서에 기재된 결손금액 또는 환급세액(각 세법에 따라 결정 또는 경정이 있는 경우에는 해당 결정 또는 경정 후의 결손금액 또는 환급세액을 말한다)이 세법에 따라 신고하여야 할 결손금액 또는 환급세액에 미치지 못할 때

③ 제1항과 제2항에 따라 결정 또는 경정의 청구를 받은 세무서장은 그 청구를 받은 날부터 2개월 이내에 과세표준 및 세액을 결정 또는 경정하거나 결정 또는 경정하여야 할 이유가 없다는 뜻을 그 청구를 한 자에게 통지하여야 한다. 다만, 청구를 한 자가 2개월 이내에 아무런 통지를 받지 못한 경우에는 통지를 받기 전이라도 그 2개월이 되는 날의 다음 날부터 제7장에 따른 이의신청, 심사청구, 심판청구 또는 「감사원법」에 따른 심사청구를 할 수 있다. 〈개정 2014.12.23〉

환급세액에 미치지 못할 때(제2호)에는 최초 신고 및 수정신고한 국세의 과세표준 및 세액의 결정 또는 경정을 법정신고기한이 지난 후 3년 이내에 관할 세무서장에게 청구할 수 있다. 다만 결정 또는 경정으로 인하여 증가된 과세표준 및 세액[1062]에 대하여는 그 해당처분이 있음을 안 날부터 90일 이내에 경정을 청구할 수 있다.'[1063]고 규정하고 있다.

경정청구권이 인정되지 않는 경우에는 과세관청이 그 경정청구에 대하여 **거부하는 회신**을 하였다고 하더라도 이를 가리켜 **항고소송의 대상이 되는 거부처분으로 볼 수 없다**(대법원 1999. 7. 23. 선고 98두9608 판결[1064] 참조).

국세기본법 제45조의2 제1항이 '과세표준신고서를 법정신고기한까지 제출한 자'만 경정청구를 신청할 수 있다고 명시적으로 규정하고 있는 점, 국세환급금반환채권을 전부받은 전부채권자는 금전채권자로서의 지위를 승계받았을 뿐 채무자가 가지는 '과세표준신고서를 법정신고기한까지 제출한 자'의 지위까지 승계받은 것이 아닌 점, 피전부채권인 장래의 국세환급금반환채권은 과세관청의 증액경정에 의하여 소멸될 수도 있는 점 등에 비추어 보면, 국세기본법 제45조의2 제1항이 정한 **경정청구권**

1062) 대법원 2014. 6. 26. 선고 2012두12822 판결 ; "2007. 12. 31. 법률 제8830호로 개정되고 **2010. 12. 27.** 법률 제10405호로 개정되기 전의 구 국세기본법 제45조의2 제1항(이하 '개정 전 규정'이라 한다)은 "과세표준신고서를 법정신고기한내에 제출한 자는 다음 각 호의 1에 해당하는 때에는 최초신고 및 수정신고한 국세의 과세표준 및 세액(각 세법에 따른 결정 또는 경정이 있는 경우에는 당해 결정 또는 경정 후의 과세표준 및 세액을 말한다)의 결정 또는 경정을 법정신고기한 경과 후 3년(각 세법에 따른 결정 또는 경정이 있는 경우에는 이의신청·심사청구 또는 심판청구 기간을 말한다) 이내에 관할 세무서장에게 청구할 수 있다."라고 규정하고 있다. 그런데 2007. 12. 31. 법률 제8830호로 개정되기 전의 구 국세기본법 제45조의2 제1항은 과세관청의 결정 또는 경정이 있었는지 여부와 상관없이 경정청구기간을 3년으로 규정하고 있었고, 2010. 12. 27. 법률 제10405호로 개정된 국세기본법 제45조의2 제1항도 과세관청의 결정 또는 경정이 있는 경우에 그로 인하여 증가된 과세표준 및 세액에 대하여는 90일 내에 경정청구를 하여야 하지만 당초 신고한 과세표준 및 세액에 대하여는 3년의 경정청구기간을 허용하고 있다. … **감액경정처분**이 있더라도 이는 당초의 신고나 결정의 일부를 취소하는 것으로서 당초의 신고 등과 독립된 것이 아니어서 감액경정처분에 대하여 이의신청 등의 불복이 허용되지 아니하므로, 이를 납세자의 경정청구기간이 제한되는 '세법에 따른 결정 또는 경정이 있는 경우'로 볼 수 없을 것이다. 한편 **증액경정처분**이 있는 경우에 당초의 신고 등은 증액경정처분에 흡수되는 것이지만 경정청구나 부과처분에 대한 항고소송은 모두 정당한 과세표준과 세액의 존부를 정하고자 하는 동일한 목적을 가진 불복수단이므로 납세의무자는 증액경정처분에 대하여 소정의 불복기간 내에 항고소송으로 다툴 수 있을 뿐만 아니라 경정청구기간 내에서는 경정청구로도 다툴 수 있다(2010두11733 전원합의체 판결 참조). … 이러한 경정청구제도에 관한 국세기본법의 개정 경과와 경정청구제도의 취지 및 관련 법리 등에 비추어 보면, 과세표준신고서를 법정신고기한 내에 제출한 납세자가 그 후 이루어진 과세관청의 결정이나 경정으로 인한 처분에 대하여 소정의 불복기간 내에 다투지 아니하였더라도 3년의 **경정청구기간 내**에서는 **당초 신고한 과세표준과 세액에 대한 경정청구권을 행사**하는 데에는 **아무런 영향이 없다**고 보아야 하며, 개정 전 규정에 의하여 **경정청구기간이 이의신청 등 기간으로 제한**되는 '세법에 따른 결정 또는 경정이 있는 경우'란 과세관청의 **결정 또는 경정으로 인하여 증가된 과세표준 및 세액 부분만**을 뜻한다고 할 것이다."

1063) 납세자가 감액경정청구 거부처분에 대한 취소소송을 제기한 후 증액경정처분이 이루어져서 그 증액경정처분에 대하여도 취소소송을 제기한 경우에는 특별한 사정이 없는 한 동일한 납세의무의 확정에 관한 심리의 중복과 판단의 저촉을 피하기 위하여 감액경정청구 거부처분의 취소를 구하는 소는 그 취소를 구할 이익이나 필요가 없어 부적법하다(대법원 2005. 10. 14. 선고 2004두8972 판결).

1064) "경정청구권이 인정되지 않는 경우에는 과세관청이 납세자 등의 경정청구에 대하여 이를 거부하는 회신을 하였다고 하더라도, 이를 가리켜 항고소송의 대상이 되는 거부처분으로 볼 수도 없다." ☞ 원심은 항고소송의 대상이 되는 거부처분으로 보고 본안에 들어가 판단한 다음 이를 취소하였으나, 대법원은 원심판결을 파기, 자판하여 소를 부적법 각하한 예.

은 납세의무자만 행사할 수 있고 전부채권자가 직접 그 경정청구권을 행사할 수는 없다고 할 것이다.

그리고 경정청구권의 성질 등에 비추어 볼 때, 납세의무자에 대하여 금전채권만 가지고 있는 자는 특별한 사정이 없는 한 납세의무자의 경정청구권을 대위하여 행사할 수도 없다고 보아야 한다.[1065)]

● 대법원 2018. 6. 15. 선고 2015두36003 판결 [양도소득세및증권거래세경정거부처분취소]

▌양도가액, 사후 매매대금 감액

판시사항

[1] 양도인이 주식을 양도하면서 약정된 매매대금에 기초하여 양도소득세를 법정신고기한까지 신고하였으나 사후에 매매대금이 감액되어 주식의 양도가액이 줄어들게 된 경우, 통상적 경정청구를 하여 당초의 신고를 바로잡을 수 있는지 여부(○)

[2] 위와 같은 법리가 주권 등의 양도를 과세대상으로 하는 증권거래세의 경우에도 마찬가지로 적용되는지 여부(○)

이 유

양도인이 주식을 양도하면서 약정된 매매대금에 기초하여 양도소득세를 법정신고기한까지 신고하였더라도 사후에 매매대금이 감액되어 주식의 양도가액이 줄어들게 되면, 당초의 신고는 정당한 과세표준 및 세액을 초과한 것이므로, 특별한 사정이 없는 한 양도인은 대금감액을 이유로 구 국세기본법 제45조의2 제1항 제1호에 따른 경정청구를 하여 당초의 신고를 바로잡을 수 있다. 이러한 법리는 주권 등의 양도를 과세대상으로 하는 증권거래세의 경우에도 마찬가지로 적용된다.[1066)]

1065) **【구체적 사안】**
소외 회사로부터 부가가치세 환급금반환채권을 전부받은 채권자이며 소외 회사에 대한 공사대금 등 채권자인 원고가 직접 또는 납세의무자인 소외 회사를 대위하여 국세기본법 제45조의2 제1항이 정한 경정청구권을 행사할 수 없으므로 원고의 경정청구를 반려한 거부처분은 항고소송의 대상이 되는 행정처분에 해당하지 아니한다는 이유로, 소가 부적법하다고 판단한 예.

1066) **【구체적 사안】**
○ **사실관계** ; ① 원고는 2009. 8. 4. 소외 1에게 코스닥 상장업체인 소외 회사가 발행한 이 사건 주식 2,455,783주를 대금 12,892,860,750원에 양도하면서, 같은 날 계약금과 중도금으로 합계 7,193,194,750원을 지급받았고, 잔금 5,699,666,000원은 2010. 7. 30. 지급받기로 하였다. ② 원고의 어머니인 소외 2, 동생인 소외 3, 소외 3의 남편인 소외 4, 소외 장학회는 2009. 8. 13. 소외 5와 소외 6에게 소외 회사가 발행한 주식 합계 1,150,167주를 대금 6,038,376,750원에 양도하면서, 잔금 2,318,334,000원은 2010. 7. 30. 지급받기로 하였다. ③ 그 무렵 원고 등 양도인들과 소외 1 등 양수인들은 위 각 주식양도계약에 부수하여, 양도인들이 양수인들로부터 주식양도계약에 따른 잔금을 지급받아, 소외 회사로부터 화학제품을 생산·판매하는 주된 사업부분을 80억 원에 다시 매수하기로 하는 특별약정을 체결하였다. 다만 사업부분 매각대금은 추후 회계법인 평가금액으로 변경할 수 있고, 이 경우 각 주식양도계약에 따른 잔금 역시 자동 수정되는 것으로 하였다. ④ 원고는 **2009. 11. 30.** 이 사건 주식양도계약에서 약정한 당초의 매매대금 12,892,860,750원을 기초로 양도소득세와 증권거래세를 신고·납부하였다. ⑤ 원고 등 양도인들과 소외 1 등 양수인들은, 매매대금 등에 관한 분쟁이 발생하여 잔금지급이 제때 이루어지지 않던 중, 2010. 12. 26. 양도인들이 소외 회사로부터 다시 매수하기로 했던 사업부분을 줄여 사업부분 매각대금을 51억 원으로 변경하고, 각 주식양도계약에 따른 잔금의 합계 역시 51억 원으로 변경하기로 하는 이 사건 정산합의를 하였다. 이에 따라 주식의 매매대금은 당초의 12,892,860,750원에서 10,917,855,357원으로 감액되었다. ⑥ 원고는 **2011. 9. 23.** 피고에게 위 정산합의

● 대법원 2018. 6. 15. 선고 2017두73068 판결 [경정청구거부처분취소]

▌종합부동산세, 합산배제신고, 경정청구기간

판시사항

종합부동산세법에 따른 법정신고기간까지 **합산배제신고**를 한 납세의무자에게 합산배제신고를 하지 않고 합산배제신고사항을 반영하여 법정신고기간까지 종합부동산세를 신고한 납세의무자와 마찬가지로 **합산배제신고기한(9. 30.) 후 5년 이내**에 **통상의 경정청구**가 허용되는지 여부(○)

이 유

구 국세기본법(2015. 12. 15. 법률 제13552호로 개정되기 전의 것, 이하 같다) 제45조의2 제1항 본문은 "과세표준신고서를 법정신고기한까지 제출한 자는 최초신고 및 수정신고한 국세의 과세표준 및 세액의 결정 또는 경정을 법정신고기한이 지난 후 5년 이내에 관할 세무서장에게 청구할 수 있다"라고 규정하고 있다. …

이러한[1067] 종합부동산세법의 제정 및 개정 경위, 종합부동산세 관련 규정의 체계 및 내용에 비추

등에 따라 주식의 양도가액을 10,917,855,357원으로 감액하였다며 구 국세기본법 제45조의2 제1항에 따라 경정청구를 하였으나, 피고는 이를 거부하는 이 사건 처분을 하였다.

○ **원심** ; 이 사건 정산합의가 별도의 사후약정에 불과하여 구 국세기본법 제45조의2 제1항 제1호의 경정청구사유에 해당하지 않는다는 등의 전제에서, 이 사건 처분이 적법하다고 판단.

○ **대법원** ; 원고가 이 사건 주식양도계약에서 정한 당초의 매매대금에 기초하여 양도소득세와 증권거래세를 신고하였으나, 정산합의에 따라 당초의 매매대금이 일부 감액됨으로써 이 사건 주식양도로 인한 정당한 양도가액은 당초의 매매대금이 아닌 감액된 대금이 되는 것이므로, 원고는 이러한 사정을 들어 구 국세기본법 제45조의2 제1항 제1호에 따른 경정청구를 하여 당초의 신고를 바로잡을 수 있다.

1067) **생략된 이유 판시** ; "고액의 부동산 보유자에 대하여 종합부동산세를 부과하여 부동산보유에 대한 조세부담의 형평을 제고하고, 부동산의 가격안정을 도모함으로써 지방재정의 균형발전과 국민경제의 건전한 발전에 이바지하기 위한 목적으로 2005. 1. 5. 제정된 종합부동산세법은 당초 종합부동산세를 '납세의무자가 당해 연도 12월 1일부터 12월 15일까지 과세표준과 세액을 관할세무서장에게 신고하고 납부'하여야 하는 신고납부방식의 국세로 규정하고 있었다(위 법 제16조 제1항, 제2항).

그런데 2007. 1. 11. 개정된 종합부동산세법은 종합부동산세가 원칙적으로 관할세무서장이 납부하여야 할 종합부동산세의 세액을 결정하여 당해 연도 12월 1일부터 12월 15일까지 부과·징수(위 개정된 법 제16조 제1항)하는 부과과세방식의 국세이나, 납세의무자가 신고납부방식으로 종합부동산세를 납부하고자 하는 경우 종합부동산세의 과세표준과 세액을 당해 연도 12월 1일부터 12월 15일까지 관할세무서장에게 신고하면 종전의 부과처분은 없었던 것으로 보는 선택적 신고납부방식의 국세로 규정하였다(위 개정된 법 제16조 제3항).

이에 따라 구 종합부동산세법(2014. 1. 1. 법률 제12153호로 개정되기 전의 것, 이하 같다) 제21조는 관할세무서장의 납세의무자에 대한 종합부동산세 부과·징수를 용이하게 하기 위하여 시장·군수에게 '주택분 재산세의 부과자료는 7월 31일까지, 토지분 재산세의 부과자료는 9월 30일까지 국토교통부장관에게 제출할 의무'를(제1항), 국토교통부장관에게 '주택 및 토지에 대한 종합부동산세의 납세의무자를 조사하여 납세의무자별로 과세표준과 세액을 계산한 후, 주택분의 경우 매년 8월 31일까지, 토지분의 경우 매년 10월 15일까지 국세청장에게 통보할 의무'를(제2, 3항) 각 부과하고 있다.

또한 구 종합부동산세법은 과세관청이 납세의무자가 보유한 주택 중 종합부동산세의 과세표준 합산대상에 포함되지 않는 주택(이하 '합산배제 대상주택'이라고 한다)을 파악하여 정당한 세액의 종합부동산세를 부과할 수 있도록 합산배제 대상주택을 보유한 납세의무자에게 당해 연도 9월 16일부터 9월 30일까지 납세지 관할세무서장에게 당해 주택의 보유현황을 신고(이하 '합산배제신고'라고 한다)할 의무를 부과하고 있다(제8조 제3항).

어 보면, 과세관청이 정당한 세액을 특정할 수 있도록 구 종합부동산세법 제8조 제3항에서 정한 법정신고기한까지 **합산배제신고서**를 **제출**한 납세의무자는 합산배제신고를 하지 않고 종합부동산세가 부과된 이후 합산배제 대상주택을 반영하여 종합부동산세를 **신고납부**한 납세의무자와 **마찬가지로** 구 국세기본법 제45조의2 제1항 본문에 따른 **통상의 경정청구**를 할 수 있다고 봄이 타당하다.1068)

● 대법원 2016. 7. 14. 선고 2014두45246 판결 [종합소득세경정거부처분취소]

▌경정청구기간 기산일, 소득처분, 원천납세의무자의 경정청구 범위

판시사항

종합소득 과세표준 확정신고기한이 경과한 후에 **소득처분**에 의하여 **소득금액에 변동**이 발생하여 원천납세의무자가 종합소득 과세표준 및 세액을 **추가신고**한 경우,

[1] **경정청구기간**의 기산일(= 추가신고·자진납부 기한 다음날)

[2] **원천납세의무자**의 **경정청구권**의 범위 ; 그가 **실제로 납부한 세액의 한도 내**(×), **추가신고의 대상**

이와 같이 납세의무자의 합산배제신고는 과세관청이 정당한 세액의 종합부동산세를 부과하기 위하여 반드시 필요한 것으로서, 그 신고서 제출이 이루어지면 과세관청은 국토교통부장관 등으로부터 이미 제공받은 과세자료 등에 그 신고의 내용을 반영하여 비로소 정당한 종합부동산세 과세표준과 세액을 산출할 수 있게 된다. 이에 따라 부과된 종합부동산세에 이의가 없는 경우 납세의무자는 이를 그대로 납부하는 것이고, 단지 그 선택에 따라 합산배제신고를 하지 않고 있다가 신고납부방식으로 종합부동산세를 납부할 수도 있는 것이다. 이렇듯 종합부동산세의 경우 납세의무자가 합산배제신고를 하게 되면, 과세관청이 특별한 사정이 없는 한 이러한 신고의 내용과 시장 등으로부터 제공받은 과세자료 등을 토대로 납부하여야 할 세액을 그대로 산정할 수 있게 된다."

1068) **【구체적 사안】**

○ **사실관계** ; ① 원고는 2012년 귀속 종합부동산세와 관련해서는 **2012. 9. 28.**경, 2013년 귀속 종합부동산세와 관련해서는 **2013. 9. 30.**경, 각 국세청 종합부동산세 신고서 작성 프로그램(CRTAX-C)을 통하여 피고에게 자신이 보유한 합산배제 대상주택에 관한 합산배제신고서를 제출하였다. ② 피고는 원고의 위 각 합산배제신고를 반영하여 원고에게, 2012. **11. 21.**경 2012년 귀속 종합부동산세 등을, 2013. **11. 26.**경 2013년 귀속 종합부동산세 등을 각 부과하였고, 원고는 그 무렵 위 각 세금을 납부하였다. ③ 원고는 **2015. 11. 2.** 피고에게 2012년 귀속 및 2013년 귀속 종합부동산세 등에 재산세액 공제방식의 위법이 있음을 주장하며 위 각 종합부동산세 등의 감액경정청구(이 사건 경정청구)를 하였다. ④ 그러나 피고는 이 사건 경정청구가 2012년 귀속 및 2013년 귀속 종합부동산세 등 결정처분이 있음을 안 날부터 90일이 지난 이후 제기되었다는 이유로 2015. 12. 21. 이 사건 경정청구를 각하하는 이 사건 처분을 하였다.

○ **원심** ; 원고가 합산배제신고를 한 것만으로는 구 국세기본법 제45조의2 제1항 본문에서 정한 경정청구를 할 수 있는 자에 해당한다고 볼 수 없고, 이와 같이 납세자의 경정청구권이 인정되지 않는 경우 과세관청이 경정을 거절하였다고 하더라도 이를 항고소송의 대상이 되는 거부처분으로 볼 수 없으므로, 이 사건 경정청구를 각하한다는 피고의 통지는 항고소송의 대상이 되는 거부처분이라고 볼 수 없다는 등의 이유로 그 취소를 구하는 이 사건 소는 부적법하다고 판단.

○ **대법원** ; 원고는 2012년, 2013년 귀속 각 종합부동산세에 관하여, 구 종합부동산세법 제8조 제3항에서 정한 법정신고기한까지 합산배제신고서를 제출하고 이를 반영한 납세고지서에 따른 종합부동산세를 아무런 이의 없이 납부하였으므로, 동일한 세액을 합산배제신고 없이 신고납부한 경우와 마찬가지로 구 국세기본법 제45조의2 제1항 본문에 따라 2012년 귀속 종합부동산세에 관하여는 그 법정신고기한인 2012. 9. 30.부터 5년 이내인 2017. 9. 30.까지, 2013년 귀속 종합부동산세에 관하여는 그 법정신고기한인 2013. 9. 30.부터 5년 이내인 2018. 9. 30.까지 각 **통상의 경정청구를 할 수 있다**고 봄이 타당하다. 따라서 2015. 11. 2. 제기된 이 사건 경정청구가 통상의 경정청구기간을 도과하였음을 이유로 이를 각하한 피고의 이 사건 처분은 위법하다.

이 된 과세표준과 세액 전부(○)

이 유

구 국세기본법(2014. 12. 23. 법률 제12848호로 개정되기 전의 것) 제45조의2 제1항 본문 및 그 제1호는 … 소득세법 시행령 제134조 제1항[1069]은 … 규정하고 있다.

종합소득 과세표준 확정신고기한이 경과한 후에 소득처분에 의하여 소득금액에 변동이 발생하여 소득세법 시행령 제134조 제1항에 따라 과세표준 및 세액을 추가신고·자진납부한 경우 그에 대한 구 국세기본법 제45조의2 제1항 제1호의 경정청구기간은 소득세법 시행령 제134조 제1항에 정한 **추가신고·자진납부의 기한 다음날**부터 기산되는 점(대법원 2011. 11. 24. 선고 2009두20274 판결[1070] 참조), 원천납세의무자가 소득세법 시행령 제134조 제1항에 따라 추가신고하는 대상은 소득금액변동통지서를 받은 법인이 원천징수세액을 납부하였는지와 관계없이 소득처분에 의하여 소득금액이 변동됨에 따라 늘어나게 되는 종합소득 과세표준 및 세액 전부라고 할 것인 점, 구 국세기본법 제45조의2 제1항은 경정청구의 요건으로 해당 세액을 납부하였을 것을 요구하지 아니하는데, 소득금액변동통지서를 받은 법인이 그에 따른 소득세를 원천징수하지 아니한 채 이미 납부하였다고 하여 원천납세의무자가 경정청구권을 행사할 수 있는 범위가 자신이 실제로 납부한 세액의 한도로 제한된다고 볼 근거가 없는 점 등을 종합하여 보면, 종합소득 과세표준 확정신고기한이 경과한 후에 소득처분에 의하여 소득금액에 변동이 발생하여 원천납세의무자가 소득세법 시행령 제134조 제1항에 따라 종합소득 과세표준 및 세액을 추가신고한 경우 **원천납세의무자**는 그가 **실제로 납부한 세액의 한도 내에서가 아니라 추가신고의 대상이 된 과세표준과 세액 전부**에 대하여 구 국세기본법 제45조의2 **제1항 제1호**에 따른 **경정청구권**을 행사할 수 있다고 보아야 할 것이다.[1071]

1069) **소득세법 시행령 제134조(추가신고납부)** ① 종합소득 과세표준확정신고기한이 지난 후에 「법인세법」에 따라 법인이 법인세 과세표준을 신고하거나 세무서장이 법인세 과세표준을 결정 또는 경정하여 익금에 산입한 금액이 배당·상여 또는 기타소득으로 처분됨으로써 소득금액에 변동이 발생함에 따라 종합소득 과세표준확정신고 의무가 없었던 자, 세법에 따라 과세표준확정신고를 하지 아니하여도 되는 자 및 과세표준확정신고를 한 자가 소득세를 추가 납부하여야 하는 경우 해당 법인(제192조제1항 각 호 외의 부분 단서에 따라 거주자가 통지를 받은 경우에는 그 거주자를 말한다)이 제192조제1항에 따른 소득금액변동통지서를 받은 날(「법인세법」에 따라 법인이 신고함으로써 소득금액이 변동된 경우에는 그 법인의 법인세 신고기일을 말한다)이 속하는 달의 다음다음 달 말일까지 추가신고납부한 때에는 법 제70조 또는 제74조의 기한까지 신고납부한 것으로 본다. 〈개정 2010.2.18〉

1070) "구 소득세법 시행령 제134조 제1항의 **입법취지**는 종합소득 과세표준 확정신고기한이 경과한 후에 소득처분에 의하여 소득금액에 변동이 발생한 경우에는 구 소득세법 제70조 등에서 정한 원래의 종합소득 과세표준 확정신고기한 내에 그 변동된 소득금액에 대한 과세표준 및 세액을 신고·납부하는 것이 불가능하므로 그 과세표준 및 세액의 확정신고 및 납부기한을 소득금액변동통지서를 받은 날이 속하는 달의 다음달 말일까지 유예하여 주려는 데 있는 점, 따라서 위 규정에 의한 추가신고 자진납부기한도 구 국세기본법 제45조의2 제1항 제1호 소정의 '법정신고기한'의 의미에 포함된다고 볼 수 있는 점, 그리고 구 국세기본법 제45조의2 제1항 소정의 감액경정청구제도의 취지 등을 종합하여 보면, 종합소득 과세표준 확정신고기한이 경과한 후에 소득처분에 의하여 소득금액에 변동이 발생하여 구 소득세법 시행령 제134조 제1항에 따라 과세표준 및 세액을 추가신고·자진납부한 경우 그에 대한 구 국세기본법 제45조의2 제1항 제1호 소정의 경정청구기간은 구 소득세법 시행령 제134조 제1항에서 정하는 추가신고·자진납부의 기한 다음날부터 기산된다고 볼 것이다."

1071) **【구체적 사안】**
소외 법인이 소득처분에 따른 소득금액변동통지에 따라 자기 부담으로 23억원 상당을 납부하고, 원고는 소득세법

● 대법원 2018. 7. 26. 선고 2016두40375 판결 [경정청구거부처분취소]

▌이월결손금 공제, 결손금 증액 경정청구, 행정처분

판시사항

특정 사업연도에 **남아 있는 이월결손금**의 **증액**을 구하는 **경정청구**가 가능한지(○)

이 유

원심[1072]은, 법인세 과세표준에 영향을 미치는 결손금에는 당해 사업연도에 발생한 결손금뿐만 아니라 이월결손금도 포함되고,[1073][1074] 피고가 2010 사업연도에 **남아 있는 이월결손금의 증액을**

시행령 제134조 제1항에 따라 종합소득 과세표준 및 세액을 추가신고한 후 1,700만원 상당의 차액을 추가 납부한 **사안**에서, 원천납세의무자는 추가 신고의 대상이 되었지만 본인이 납부하지 않은 부분, 즉 원천징수의무자가 자기 부담으로 납부한 23억원 부분도 1,700만원과 함께 경정청구할 수 있다고 하여 원심의 판단을 수긍하면서, 다만 경정청구권의 행사에 따른 환급청구권의 범위와 관련하여서는, 원천징수의무자가 납부한 23억원은 원천징수의무자에게 환급청구권이 있고, 원천납세의무자는 본인이 납부한 1,700만원 상당에 한해서만 환급청구권이 있다고 판시한 사안.

1072) **부산고법(창원) 2016. 5. 4. 선고 2014누11758 판결(1심 ; 창원지법 2014. 10. 17. 선고 2013구합20606 판결)** ; "가. **피고의 본안전 항변** ; 결손금 경정이 필요한 경우 결손금이 발생한 각 사업연도의 익금 또는 손금에 대한 경정을 통하여 해당 사업연도의 결손금액 경정이 선행된 후 이를 이월결손금계산서에 이기하여야 하므로, 2006 및 2009 사업연도에서 각각 발생한 결손금은 2010 사업연도의 과세표준 및 세액 또는 결손금 계산에 아무런 영향을 미치지 않는다. 원고는 2010 사업연도에 대하여만 경정청구를 하였고, 2010 사업연도에 남아있는 2006 및 2009 사업연도 결손금 증액에 대한 경정청구를 한 바 없어 그에 대한 거부처분은 존재하지 않는다. 따라서 이 사건 소 중 2010 사업연도에 남아있는 2006 및 2009 사업연도 결손금 증액 경정청구에 대한 거부처분 취소청구 부분은 존재하지 않는 처분을 그 대상으로 한 것이어서 부적법하다.
나. **판 단** ; 1) 세무공무원이 법인의 각 사업연도의 익금과 손금을 산정하여 소득금액을 계산하고 이에 따라 과세표준을 결정하는 것은 항고소송의 대상이 되는 행정처분이 아니므로, 그 결정에 잘못이 있는 경우 그에 따라 이루어진 과세처분의 효력을 다투는 절차에서 이를 주장할 수 있고, 또 어느 사업연도에 속하거나 속하게 될 손금의 총액이 그 사업연도에 속하게 될 익금의 총액을 초과하는 금액은 모두 법인세법상 결손금에 해당하고, 법인의 과세표준 등 확정신고나 정부의 조사·결정에 따른 과세표준 등 확정시에 결손금으로 조사된 금액만이 결손금에 해당하는 것이 아니다. 따라서 이월결손금이 공제되지 아니하고 과세표준이 결정된 뒤 이를 전제로 이루어진 어느 사업연도의 법인세부과처분이 확정되어 더 이상 그 과세표준이나 세액을 다툴 수 없게 되었다고 하더라도, 납세의무자인 법인은 확정된 과세처분과는 독립한 별개의 처분인 그 뒤 사업연도의 법인세 부과처분의 효력을 다툼에 있어서는 종전의 과세표준 결정이 잘못되었다거나 법인세법의 관계 규정에 따라 소득에서 공제될 수 있는 이월결손금이 있다는 등의 주장을 다시 할 수 있다(대법원 2002. 11. 26. 선고 2001두2652 판결, 대법원 2013. 2. 28. 선고 2012두24009 판결 등 참조). 원고의 이 사건 경정청구는 피고의 당초 2012. 2. 2.자 경정·결정을 다투기 위한 일련의 과정에서 청구한 것으로서 피고의 2012. 2. 2. 경정·결정은 위 대법원판례에서 말하는 "확정된 과세처분과는 독립한 별개의 처분인 그 뒤 사업연도의 법인세 부과처분"에 준하는 것으로 볼 수 있다. 2) 법인세 과세표준에 영향을 미치는 결손금에는 당해 사업연도에 발생한 결손금뿐만 아니라 이월된 결손금도 포함된다. 따라서 법인세법 제13조에 따라 원고는 2010사업연도에 발생한 결손금과 이월되어 2010 사업연도에 남아있는 결손금의 증액을 모두 청구할 수 있고, 이 사건 처분은 피고가 원고의 위 결손금 증액 경정청구를 모두 거부한 것이므로 피고가 부적법하다고 다투는 이 부분 소는 적법하다. 그러므로 이와 다른 전제에 선 피고 본안전항변은 이유 없다."

1073) 종래에 판례는, "어느 사업연도에 속하거나 속하게 될 손금의 총액이 그 사업연도에 속하게 될 익금의 총액을 초과하는 금액은 모두 법인세법상 결손금에 해당하고, 법인의 과세표준 등 확정신고나 정부의 조사·결정에 따른 과세표준 등 확정시에 결손금으로 조사된 금액만이 결손금에 해당하는 것이 아니다."라고 하였는데(대법원 2002. 11. 26. 선고 2001두2652 판결 등), 2009. 12. 31.자 개정(2010. 1. 1. 시행)으로 **법인세법 제13조 제1항 제1호 '후문'**에 "이 경우

구하는 원고의 경정청구[1075]를 거부한 것이라는 등의 이유를 들어, '이 사건 소 중 2006[1076] 및 2009 사업연도 결손금의 증액경정청구에 대한 거부처분의 취소청구 부분은 존재하지 않는 처분을 그 대상으로 한 것이어서 부적법하다'는 피고의 본안전항변을 배척하였다. 관련 법리에 따라 살펴보면, 원심의 위와 같은 판단은 정당하다. 거기에 행정소송의 대상이 되는 처분에 관한 법리를 오해한 잘못이 없다.[1077]

결손금은 제14조 제2항의 결손금으로서 제60조에 따라 신고하거나 제66조에 따라 결정·경정되거나, 「국세기본법」 제45조에 따라 수정신고한 과세표준에 포함된 결손금에 한정한다."는 규정이 신설되었고(확정절차를 통해 확정된 결손금만을 이월결손금으로 공제하도록 함으로써 이월공제할 수 있는 결손금의 범위를 축소시켰다), 그 적용례로 부칙〈제9898호,2009.12.31.〉 제4조(과세표준에 관한 적용례)는 "이 법 시행 후 최초로 과세표준을 신고하거나 경정·결정하는 분부터 적용한다. 다만, 신고하거나 경정·결정한 과세표준에 포함되지 아니한 결손금이 공제되도록 2009년 12월 31일 이전에 과세표준을 신고하거나 경정·결정한 경우에는 종전의 규정에 따른다."라고 규정하고 있다.

1074) **법인세법 제13조(과세표준) [전문개정 2018.12.24.]** ① 내국법인의 각 사업연도의 소득에 대한 법인세의 과세표준은 각 사업연도의 소득의 범위에서 다음 각 호의 금액과 소득을 차례로 공제한 금액으로 한다. 다만, 제1호의 금액에 대한 공제는 각 사업연도 소득의 100분의 60[「조세특례제한법」 제5조 제1항에 따른 중소기업(이하 "중소기업"이라 한다)과 회생계획을 이행 중인 기업 등 대통령령으로 정하는 법인의 경우는 100분의 100]을 한도로 한다.
1. 제14조 제3항의 이월결손금 중 다음 각 목의 요건을 모두 갖춘 금액
가. 각 사업연도의 개시일 전 10년 이내에 개시한 사업연도에서 발생한 결손금일 것
나. 제60조에 따라 신고하거나 제66조에 따라 결정·경정되거나 「국세기본법」 제45조에 따라 수정신고한 과세표준에 포함된 결손금일 것

1075) **1심 판결의 원고 청구 인용 주문** ; "피고가 2013. 7. 1. 원고에게 한, 2010 사업연도에 **남아있는 2006 사업연도 결손금 미공제 잔액**을 26,761,096,305원에서 28,252,503,432원으로, 2009 사업연도 결손금 미공제 잔액을 58,039,196,392원에서 78,200,811,292원으로 증액하고, 2010 사업연도 발생 결손금을 33,298,258,804원에서 53,459,873,704원으로 증액하는 경정청구에 대한 거부처분을 취소한다."

1076) 불가쟁력이 생기거나 제척기간이 도과한 사업연도의 결손금도 이월공제가 가능하다(대법원 2002. 11. 26. 선고 2001두2652 판결 등).

1077) 세무공무원이 법인의 각 사업연도의 익금과 손금을 산정하여 소득금액을 계산하고 이에 따라 과세표준을 결정하는 것은 항고소송의 대상이 되는 행정처분이 아니므로, 그 결정에 잘못이 있는 경우 그에 따라 이루어진 과세처분의 효력을 다투는 절차에서 이를 주장할 수 있을 뿐이지만(대법원 2002. 11. 26. 선고 2001두2652 판결), 국세기본법 제45조의2 제1항 제2호, 제3항의 규정에 따라, 세무서장이 납세자의 결손금액증액경정청구에 대하여 그 전부나 일부를 거부한 경우에는 납세자로서는 그 거부처분의 취소를 구하는 항고소송을 **제기할 수 있다**(대법원 2009. 7. 9. 선고 2007두1781 판결).
한편, 법인이 그의 선택에 따라 자산수증이익과 채무면제이익을 그 발생 사업연도에 특별이익으로 계상하고 이월결손금의 보전에 충당한다는 뜻을 표시하지 아니하였다고 하더라도, 그 후 위 각 이익을 이월결손금의 보전에 충당할 수 있고, 그 충당을 전제로 위 이익 발생 사업연도 결손금을 당초 신고액보다 증액하여 줄 것을 구하는 경정청구를 할 수 있다(대법원 2012. 11. 29. 2012두16121 판결 ; 원고는 2006 사업연도에 정부출연금 000원을 수령하고 소외 평가원으로부터 000원의 상환의무를 면제받았음을 이유로 합계 000원의 자산수증이익 및 채무면제이익을 손익계산서에 특별이익으로 계상하고, 2006 사업연도 법인세를 신고하면서 위 금액을 익금에 포함시켰는데, 2010. 3. 31. 피고에게 위 금액을 1999~2001 사업연도에 발생한 이월결손금 중 위 금액에 해당하는 이월결손금의 보전에 충당한다는 뜻을 기재한 자본금과적립금조정명세서를 제출하면서, 위 금액이 구 법인세법(2006. 12. 30. 법률 제8141호로 개정되기 전의 것) 제18조 제8호에 의하여 익금에 불산입되어야 함을 이유로, 원고의 2006 사업연도 결손금을 당초 신고한 금액에서 증액하여 줄 것을 요구하는 경정청구를 한 데 대하여, **원심**이, 자산수증이익 등이 발생한 경우 그것이 발생한 당해 연도에 이를 특별이익으로 계상한 후, 그 금액을 자본금과적립금조정명세서에 이월결손금의 보전에 충당한다는 뜻을 표시하지도 아니하고 세무조정계산서에 익금에 불산입하지도 아니한 내국법인은 추후 자산수증이익 등을 이월결손금의 보전에 충당하였다면서 이를 익금에 산입하지 아니하기로 하는 내용의 신고조정 및 그에 따라 결손금의 증액을 구하는 경정청구를 할 수는 없다고 판단하였으나, **대법원**은, "다른 특별한 사정이

● 대법원 2017. 7. 11. 선고 2015두55134, 55141 판결 [경정거부처분취소, 법인세원천징수처분취소]

▌경정청구권자, 원천징수

판시사항

지급명세서와 원천징수영수증에 기재된 소득자가 해당 소득의 형식적 귀속자에 불과하더라도 구 국세기본법 제45조의2 제4항에 정한 원천징수대상자로서 그 과세표준 및 세액의 경정청구권을 행사할 수 있는지 여부(○)

이 유

구 국세기본법(2013. 1. 1. 법률 제11604호로 개정되기 전의 것) 제45조의2 제1항 제1호 및 제4항[1078] 제3호에 의하면 원천징수의무자가 구 법인세법 제93조 제1호·제2호, 제4호부터 제6호까지 및 제8호부터 제10호까지의 규정에 해당하는 국내 원천소득이 있는 원천징수대상자에 관하여 구 법인세법 제98조에 따라 원천징수한 법인세를 납부하고 구 법인세법 제120조의2에 따라 지급명세서를 제출기한까지 제출한 경우, 그 원천징수의무자 또는 원천징수대상자 등은 원천징수영수증에 기재된 과세표준 및 세액이 세법에 의하여 납부하여야 할 과세표준 및 세액을 초과하는 때에는 원천징수세액의 납부기한[1079]이 지난 후 3년 이내에 원천징수영수증에 기재된 과세표준 및 세액의 결정 또는 경정을 관할

없는 한 원고가 2006 사업연도 법인세 신고 당시 2006 사업연도에 발생한 자산수증이익 등 000원을 이월결손금의 보전에 충당한다는 주장을 하지 아니하였다고 하더라도 원고는 위 금액을 1999 사업연도부터 2001 사업연도에 발생한 이월결손금 중 위 금액에 해당하는 이월결손금의 보전에 충당할 수 있다고 할 것인데, 이와 같은 충당을 전제로 할 경우 원고의 2006 사업연도 과세표준신고서에 기재된 결손금액은 세법에 의하여 신고하여야 할 객관적으로 정당한 결손금액에 미달하는 때에 해당하게 된다고 봄이 타당하다. 따라서 피고는 원고의 이 사건 경정청구를 거부할 수 없다고 할 것이고, 이는 원고가 이 사건 자산수증이익 등에 관하여 그의 선택에 따라 그것이 발생한 당해 연도에 이를 특별이익으로 계상하였다거나 그 금액을 자본금과적립금조정명세서에 이월결손금의 보전에 충당한다는 뜻을 표시하지 아니하였다고 하여 달리 볼 것은 아니다."라고 판시한 예).

1078) **구 국세기본법 제45조의2(경정 등의 청구)** ④「소득세법」제73조제1항제1호부터 제7호까지에 해당하는 소득이 있는 자,「소득세법」제119조제1호·제2호, 제4호부터 제8호까지, 제10호부터 제12호까지의 규정에 해당하는 소득이 있는 자 또는「법인세법」제93조제1호·제2호, 제4호부터 제6호까지 및 제8호부터 제10호까지의 규정에 해당하는 국내 원천소득이 있는 자(이하 이 항 및 제52조에서 "원천징수대상자"라 한다)가 다음 각 호의 어느 하나에 해당하는 경우에는 제1항부터 제3항까지의 규정을 준용한다. 이 경우 제1항 및 제2항 각 호 외의 부분 중 "과세표준신고서를 법정신고기한까지 제출한 자"는 "연말정산 또는 원천징수하여 소득세를 납부하고「소득세법」제164조, 제164조의2 및「법인세법」제120조, 제120조의2에 따라 지급명세서를 제출기한까지 제출한 원천징수의무자 또는 원천징수대상자"로, 제1항 각 호 외의 부분 중 "법정신고기한이 지난 후"는 "연말정산세액 또는 원천징수세액의 납부기한이 지난 후"로, 제1항제1호 중 "과세표준신고서에 기재된 과세표준 및 세액"은 "원천징수영수증에 기재된 과세표준 및 세액"으로, 제1항제2호 중 "과세표준신고서에 기재된 결손금액 또는 환급세액"은 "원천징수영수증에 기재된 환급세액"으로 본다. 〈개정 2011.12.31.〉

1. 원천징수의무자가「소득세법」제137조, 제138조, 제143조의4, 제144조의2에 따른 연말정산에 의하여 소득세를 납부하고 같은 법 제164조 또는 제164조의2에 따라 지급명세서를 제출기한까지 제출한 경우
2. 원천징수의무자가「소득세법」제146조 및 제156조에 따라 원천징수한 소득세를 납부하고 같은 법 제164조 또는 제164조의2에 따라 지급명세서를 제출기한까지 제출한 경우
3. 원천징수의무자가「법인세법」제98조에 따라 원천징수한 법인세를 납부하고 같은 법 제120조 또는 제120조의2에 따라 지급명세서를 제출기한까지 제출한 경우

세무서장에게 청구할 수 있다고 규정하고 있다.[1080][1081]

1079) 대법원 2011. 11. 24. 선고 2009두23587 판결 ; "구 국세기본법 제45조의2 제4항 제1호의 문언 내용 및 입법 취지, 연말정산이 있은 후에 법인세법에 의하여 상여로 처분된 금액에 대하여 소득금액변동통지를 받은 법인은 그에 따른 소득세를 원천징수하여 소득금액변동통지서를 받은 날의 다음달 10일까지 납부하여야 하는데 이를 위해서는 다시 연말정산을 하여야 하고 그 지급조서도 제출하여야 하는 점, 이러한 연말정산과 지급조서의 제출도 구 소득세법 제137조 소정의 연말정산이나 제164조 소정의 지급조서 제출의 범위에 포함된다고 봄이 타당한 점 등을 종합하여 보면, 연말정산이 있은 후에 법인세법에 의하여 상여로 처분된 금액에 대하여 소득금액변동통지를 받은 법인이 납부기한 내에 다시 연말정산을 거쳐 그에 따른 소득세를 원천징수하여 납부하고 지급조서를 제출한 경우 그에 대한 구 국세기본법 제45조의2 **제4항 제1호** 소정의 경정청구기간은 **소득금액변동통지에 따른 소득세의 납부기한**(소득금액변동통지서를 받은 날이 속하는 달의 다음달 10일)의 **다음날부터 기산**된다고 할 것이다."

1080) **국세기본법 제45조의2(경정 등의 청구)** ④「소득세법」 제73조 제1항 각 호에 해당하는 소득이 있는 자, 「소득세법」 제119조 제1호·제2호, 제4호부터 제8호까지, 제8호의2 및 제10호부터 제12호까지의 규정에 해당하는 소득이 있는 자 또는 「법인세법」 제93조 제1호·제2호, 제4호부터 제6호까지 및 제8호부터 제10호까지의 규정에 해당하는 국내원천소득이 있는 자(이하 이 항 및 제52조에서 "원천징수대상자"라 한다)의 경우에는 제1항부터 제3항까지의 규정을 준용한다. 이 경우 제1항 및 제2항 각 호 외의 부분 중 "과세표준신고서를 법정신고기한까지 제출한 자 및 제45조의3제1항에 따른 기한후과세표준신고서를 제출한 자"는 "연말정산 또는 원천징수하여 소득세 또는 법인세를 납부하고 「소득세법」 제164조, 제164조의2 및 「법인세법」 제120조, 제120조의2에 따라 지급명세서를 제출기한까지 제출한 원천징수의무자 또는 원천징수대상자(「소득세법」 제1조의2제1항제2호에 따른 비거주자 및 「법인세법」 제2조제3호에 따른 외국법인은 제외한다. 다만, 원천징수의무자의 폐업 등 대통령령으로 정하는 사유가 발생하여 원천징수의무자가 경정을 청구하기 어렵다고 인정되는 경우에는 그러하지 아니하다)"로, 제1항 각 호 외의 부분 중 "법정신고기한이 지난 후"는 "연말정산세액 또는 원천징수세액의 납부기한이 지난 후"로, 제1항제1호 중 "과세표준신고서 또는 기한후과세표준신고서에 기재된 과세표준 및 세액"은 "원천징수영수증에 기재된 과세표준 및 세액"으로, 제1항제2호 중 "과세표준신고서 또는 기한후과세표준신고서에 기재된 결손금액 또는 환급세액"은 "원천징수영수증에 기재된 환급세액"으로 본다. 〈개정 2011.12.31, 2013.1.1, 2018.12.31., 2019.12.31.〉 1.~3. 삭제 〈2019.12.31.〉

☞ [국세기본법 2019. 12. 31. 개정이유] 과세형평과 납세편의를 높이고, 납세자의 권리보호를 강화하기 위하여 거주자의 분리과세되는 이자·배당·연금·기타소득에 대해서도 원천징수의무자 및 원천징수대상자의 경정청구를 허용함(제45조의2 제4항). 국내원천소득의 원천징수대상인 비거주자 및 외국법인(원천징수의무자의 폐업 등으로 원천징수의무자가 경정을 청구하기 어렵다고 인정되는 경우는 제외)의 경정청구에 관한 규정을 이 법에서 「소득세법」 및 「법인세법」으로 이관함(제45조의2 제4항 후단).

☞ [법인세법 2019. 12. 31. 개정이유] ① 외국법인에 대한 조세조약상 비과세·면제 또는 제한세율 적용 등과 관련하여 당초의 과세표준·세액 등과 다른 판결, 상호합의 등이 있는 경우의 경정청구를 「국세기본법」에서 이 법으로 이관함(제98조의4 제4항 단서, 제98조의5 제2항 단서 및 제98조의6 제4항 단서 신설). ② 원천징수대상자인 외국법인이 조세조약에서 정한 제한세율을 적용받으려는 경우뿐만 아니라 적용받은 제한세율에 오류가 있는 경우에도 경정청구의 대상에 포함함(제98조의6 제4항 본문).

☞ [소득세법 2019. 12. 31. 개정이유] ① 비거주자에 대한 조세조약상 비과세·면제 또는 제한세율 적용 등과 관련하여 당초의 과세표준·세액 등과 다른 판결, 상호합의 등이 있는 경우의 경정청구를 「국세기본법」에서 이 법으로 이관함(제156조의2 제4항 단서, 제156조의4 제2항 단서 및 제156조의6 제4항 단서 신설). ② 원천징수대상자인 비거주자에 대하여 조세조약에서 정한 제한세율을 적용받으려는 경우뿐만 아니라 적용받은 제한세율에 오류가 있는 경우에도 경정청구의 대상에 포함함(제156조의6 제4항).

1081) **지방세기본법 제50조(경정 등의 청구)** ④「국세기본법」 제45조의2 제4항에 따른 원천징수대상자가 **지방소득세의 결정 또는 경정의 청구**를 하는 경우에는 제1항부터 제3항까지의 규정을 준용한다. 이 경우 제1항 각 호 외의 부분 중 "과세표준 신고서를 법정신고기한까지 제출한 자 및 제51조제1항에 따른 납기 후의 과세표준 신고서를 제출한 자"는 "「지방세법」 제103조의13, 제103조의18, 제103조의29, 제103조의52에 따라 특별징수를 통하여 지방소득세를 납부한 특별징수의무자 또는 해당 특별징수 대상 소득이 있는 자"로, "법정신고기한이 지난 후"는 "「지방세법」 제103조의13, 제103조의29에 따른 지방소득세 특별징수세액의 납부기한이 지난 후"로, 제1항제1호 중 "과세표준 신고서 또는 납기 후의 과세표준 신고서에 기재된 과세표준 및 세액"은 "지방소득세 특별징수 계산서 및 명세서 또는 법인지방소득세 특별징수 명세서에 기재된 과세표준 및 세액"으로, 제1항제2호 중 "과세표준 신고서 또는 납기 후의 과세표

구 법인세법은 원천징수의무자로 하여금 해당 국내원천소득을 지급받는 자에게 원천징수영수증을 발급하고, 납세지 관할 세무서장에게는 그 소득을 지급받는 자를 소득자로 기재한 지급명세서를 제출하도록 그 의무를 지우고 있다(제98조 제13항, 제120조의2).

그리고 소득의 실질적인 귀속 여부는 **실체적 심리를 거쳐서 비로소 판명**되는 것이므로, **지급명세서와 원천징수영수증에 기재된 소득자**가 해당 소득의 실질귀속자임을 전제로 **경정청구**를 하는 이상 그 청구를 **허용**할 필요가 있다.

따라서 **지급명세서와 원천징수영수증에 기재된 소득자**는 그가 해당 소득의 **형식적 귀속자에 불과하더라도** 구 국세기본법 제45조의2 제4항에 정한 원천징수대상자로서 그 과세표준 및 세액의 **경정청구권을 행사할 수 있다**고 봄이 타당하다.1082)

○ 대법원 2018. 5. 15. 선고 2018두30471 판결[경정청구거부처분취소]

▌후발적 경정청구, 원천징수의무자

판시사항

원천납세의무자에게 후발적 경정청구 사유가 발생한 경우 구 국세기본법 제45조의2 제4항에서 정한 요건을 갖춘 **원천징수의무자**도 후발적 경정청구를 할 수 있는지 여부(○)

이 유

구 국세기본법(2015. 12. 15. 법률 제13552호로 개정되기 전의 것) 제45조의2 제4항은 원천징수의무자가 소득세법 제137조에 따른 연말정산에 의하여 근로소득에 관한 소득세를 납부하거나(제1호) 소득세법 제146조에 따라 퇴직소득에 관하여 원천징수한 소득세를 납부하고(제2호) 소득세법 제164조 등에 따라 지급명세서를 제출기한까지 제출한 경우 등에 후발적 경정청구에 관한 구 국세기본법 제45조의2 제2항을 준용하도록 규정하고 있으므로, **원천납세의무자**에게 **앞서 본 사유**(후발적 경정청구 사유)**가 발생**한 경우에는 위 요건을 갖춘 **원천징수의무자**도 **후발적 경정청구를 할 수 있다**고 보아야 한다.

준 신고서에 기재된 환급세액"은 "지방소득세 특별징수 계산서 및 명세서 또는 법인지방소득세 특별징수 명세서에 기재된 환급세액"으로, 제2항 각 호 외의 부분 중 "과세표준 신고서를 법정신고기한까지 제출한 자"는 "「지방세법」 제103조의13, 제103조의18, 제103조의29, 제103조의52에 따라 특별징수를 통하여 지방소득세를 납부한 특별징수의무자 또는 해당 특별징수 대상 소득이 있는 자"로 본다. 〈신설 2018.12.24, 2019.12.31〉

1082) **【구체적 사안】**
원심이, 지급명세서상 소득자로 기재된 원고가 **도관회사라고 하더라도** 구 국세기본법 제45조의2 제4항에 정한 원천징수대상자로서 경정청구권을 행사할 수 있다고 보아, 원천징수된 법인세의 과세표준 및 세액에 관한 주장 중 일부를 받아들인 조치는 잘못이 없다고 판단한 예.

● 대법원 2015. 3. 12. 선고 2014두44830 판결 [주세등경정청구거부처분취소]

▌세관장 부과징수 조세, 경정청구, 거부처분, 행정처분

판시사항

[1] 수입한 주류의 주세에 대한 경정청구에 관하여 구 관세법 제38조의3 제2항에서 정한 2년의 경정청구기간이 적용되는지 여부(○) ☞ **경정청구기간 확대** ; 2년 → 3년(2013. 8. 13. 개정·시행) → 5년(2014. 12. 23. 개정, 2015. 1. 1. 시행)

[2] 과세관청이 **경정청구기간이 도과** 후 제기된 경정청구에 대하여 경정을 거절한 경우, 이를 항고소송의 대상이 되는 거부처분으로 볼 수 있는지 여부(×)[1083)]

이 유

세관장이 **부과·징수하는 조세**에 관하여 특례[1084)]를 정하고 있는 취지는 수입물품에 대한 조세는 관세와 마찬가지로 세관장으로 하여금 함께 부과·징수하도록 함으로써 과세행정의 효율성과 납세의무자 간의 형평을 도모하고자 함에 있으므로, 그에 관한 **불복절차 또한 관세와 동일**하게 이루어질 필요가 있다. 따라서 **수입한 주류의 주세에 대한 경정청구**에 관하여는 구 관세법 제38조의3 제2항에서 정한 **2년의 경정청구기간**이 적용된다고 봄이 상당하다.

그리고 위 경정청구기간이 도과한 후에 제기된 경정청구는 부적법하여 과세관청이 과세표준 및 세액을 결정 또는 경정하거나 거부처분을 할 의무가 없으므로, 과세관청이 경정을 거절하였다고 하더라도 이를 항고소송의 대상이 되는 거부처분으로 볼 수 없다(2012두27183 참조).[1085)]

1083) **【구체적 사안】**
원고의 수입 주류에 관한 납세신고일자가 2008. 8. 22.부터 2009. 1. 9.까지이고, 원고가 그로부터 2년이 경과한 2011. 3. 11.에야 경정청구를 한 사실, 피고가 2011. 4. 5. 그 경정청구를 거부하는 회신을 한 사실 등을 인정한 다음, 이러한 회신은 항고소송의 대상이 되는 거부처분이라고 볼 수 없다는 이유로 그 취소를 구하는 **소가 부적법**하다고 하여 **각하**한 예.

1084) 구 국세기본법(2010. 1. 1. 법률 제9911호로 개정되기 전의 것, 이하 같다) 제45조의2 제3조 제2항은 "관세법 및 수출용원재료에 대한 관세 등 환급에 관한 특례법에서 세관장이 부과·징수하는 국세에 관하여 이 법에 대한 특례규정을 두고 있는 경우에는 동법이 정하는 바에 의한다."고 규정하고 있다. 그리고 구 관세법(2010. 1. 1. 법률 제9924호로 개정되기 전의 것, 이하 같다) 제4조 제1항은 수입물품에 대하여 세관장이 부과·징수하는 주세 등의 부과·징수·환급·결손처분 등에 관하여 국세기본법, 주세법 등의 규정과 구 관세법의 규정이 상충하는 때에는 구 관세법의 규정을 우선하여 적용하도록 하고 있다. 한편 구 주세법(2009. 12. 31. 법률 제9899호로 개정되기 전의 것) 제23조 제3항은 주류를 수입하는 자는 수입신고하는 때에 관세법에 의한 신고서를 관할세관장에게 제출하도록 규정하고 있는데, 구 관세법 제38조의3은 제2항에서 "납세의무자는 신고납부한 세액이 과다한 것을 안 때(보정기간이 경과한 후에 한한다)에는 최초로 납세신고를 한 날부터 2년 이내에 대통령령이 정하는 바에 따라 신고한 세액의 경정을 세관장에게 청구할 수 있다. 이 경우 경정의 청구를 받은 세관장은 그 청구를 받은 날부터 2월 이내에 세액을 경정하거나 경정하여야 할 이유가 없다는 뜻을 청구한 자에게 통지하여야 한다."고 규정하고, 제3항에서 "세관장은 납세의무자가 신고납부한 세액, 납세신고한 세액 또는 제2항의 규정에 의하여 경정청구한 세액을 심사한 결과 과부족이 있는 것을 안 때에는 대통령령이 정하는 바에 따라 그 세액을 경정하여야 한다."고 규정하고 있다.

1085) **[동일 판시]** 대법원 2017. 8. 23. 선고 2017두38812 판결 ; "구 국세기본법(2015. 12. 15. 법률 제13552호로 개정되기 전의 것) 제45조의2 제2항은 '국세의 과세표준 및 세액의 결정을 받은 자는 각호의 어느 하나에 해당하는 사유가 발생하였을 때에는 그 사유가 발생한 것을 안 날부터 2개월 이내에 경정을 청구할 수 있다'고 규정하고 있는바,

※ 경정청구거부처분 취소소송에서의 주장·증명책임

감액경정청구를 받은 과세관청으로서는 과세표준신고서에 기재된 과세표준 및 세액이 세법에 의하여 신고하여야 할 객관적으로 정당한 과세표준 및 세액을 초과하는지 여부에 대하여 '조사·확인할 의무'가 있으므로, 통상의 '과세처분 취소소송'에서와 마찬가지로 '감액경정청구에 대한 거부처분 취소소송' 역시 그 거부처분의 실체적·절차적 위법 사유를 취소 원인으로 하는 것으로서 그 '심판의 대상'은 과세표준신고서에 기재된 '과세표준 및 세액의 객관적인 존부'이고(즉, 두 소송의 소송물은 동일하고 서로 기판력이 미친다[1086]), 그 과세표준 및 세액의 인정이 위법이라고 내세우는 개개의 위법사유는 자기의 청구가 정당하다고 주장하는 '공격방어방법'에 불과하다. 납세자가 감액경정청구 당시에 과세표준신고서에 기재된 과세표준 및 세액에 관한 개개의 위법사유에 대하여 모두 주장하여야 하는 것은 아니고, 감액경정청구 당시 주장하지 아니하였던 사항도 그 거부처분 취소소송에서 새로이 주장할 수 있으며,[1087] 과세관청은 당초 내세웠던 거부처분사유 이외의 사유를 그 거부처분 취소소송에서 새로이 주장할 수 있다. 당사자는 '사실심 변론종결 시까지' 객관적인 조세채무액을 뒷받침하는 주장과 자료를 제출할 수 있고 이러한 자료에 의하여 정당한 세액이 산출되는 때에는 감액을 구하는 세액 중 당초 신고한 세액에서 정당한 세액을 차감한 부분만 취소하여야 할 것이고 전체를 취소할 것이 아니다.[1088]

위 경정청구기간이 도과한 후에 제기된 경정청구는 부적법하여 과세관청이 과세표준 및 세액을 결정 또는 경정하거나 거부처분을 할 의무가 없으므로, 과세관청이 경정을 거절하였다고 하더라도 이를 항고소송의 대상이 되는 거부처분으로 볼 수 없다."

1086) 대법원 2020. 6. 25. 선고 2017두58991 판결 ; "이 사건 각 선행 확정판결(종합소득세 등 **부과처분 취소** 소송에 대한 **원고 패소** 판결)의 소송물과 이 사건 소(종합소득세 등 부과처분에 대한 **경정청구 거부처분 취소** 소송)의 **소송물**은 모두 원고 1, 2, 4, 5의 각 해당 과세기간 귀속 각 이자소득의 과세표준과 세액의 객관적 존부로서 **동일**하고, 소외 1 등의 기망을 이유로 한 각 대여계약의 취소는 이 사건 각 선행 확정판결의 변론종결 이전에 이미 행사하였던 공격방어방법이므로, 위 원고들이 다시 소외 1 등의 기망을 이유로 각 대여계약의 취소를 주장하며 위 피고들을 상대로 이 사건 각 거부처분의 취소를 구하는 것은 이 사건 각 선행 확정판결의 기판력에 저촉되어 허용될 수 없다. 따라서 위 원고들의 청구는 이와 모순 없는 판단을 하기 위하여 기각되어야 한다."

1087) 대법원 2004. 8. 16. 선고 2002두9261 판결 ; 원심이, 당초의 감액경정청구 시 주장하지 않았던 상속재산가액 산정의 위법도 이 사건 거부처분 취소소송에서 다툴 수 있다는 원고들의 주장에 대하여, 구 국세기본법 제45조의2 제1항 제1호 소정의 감액경정청구는 각 세법에서 정하는 신고기한 내에 과세표준신고서를 제출한 납세의무자가 세법의 규정에 어긋나는 사유로 과세표준 및 세액이 과대신고되었음을 이유로 법정기간 내에 과세관청에게 감액청구를 하는 것을 말하고, 이에 대하여 과세관청은 그 경정청구된 사유에 대하여 조사·확인하여 통지할 의무가 있다 할 것인데, 원고들은 이 사건 감액경정청구를 하면서 상속세과세표준신고 당시 상속재산의 공제대상인 채무 8억 5,200만 원이 누락되었다는 주장만을 하였으므로, 피고로서는 위 경정청구 사유인 위 채무의 누락 여부에 대하여만 조사·확인할 의무가 있고, 따라서 위 감액경정청구에 대한 이 사건 거부처분 당시까지 원고가 주장하지 아니한 상속재산가액 산정의 위법 여부는 이 사건 거부처분 취소소송의 판단 대상이 아니라고 판단하여 위 주장을 배척한 데 대하여, 대법원은, 위 상속재산가액 산정의 위법 여부에 대하여도 심리·판단하여야 한다고 한 예.

1088) 대법원 2008. 12. 24. 선고 2006두13497 판결 ; 원심이, 이 사건 신용카드매출액에 따른 매출세액을 원고의 2001년 제2기분 부가가치세의 본세액에서 공제하더라도 원고가 신고를 누락한 매출세액, 부당하게 공제받은 매입세액은 그 본세액에 가산되어야 한다는 피고의 주장에 대하여, 그 주장의 당부에 관한 심리를 전혀 하지 아니한 채 정당한 본세액이 얼마인지를 가려보지도 아니하고, 다만 정당한 본세액을 산출함에 있어 설령 피고 주장의 위 각 금액을 가산하고 이 사건 신용카드매출액에 따른 매출세액을 공제하더라도 그에 따라 산출된 세액이 당초 원고가 신고·납부한 본세액에 미달한다는 이유만으로 이 사건 경정거부처분 전체를 취소한 것은 조세소송의 심판대상에 관한 법리를

통상적 경정청구사유에 대한 증명책임의 소재에 관하여는, 과세관청에게 있다는 견해와 납세자에게 있다는 견해로 나뉠 수 있다. "감액경정청구를 받은 과세관청으로서는 과세표준신고서에 기재된 과세표준 및 세액이 세법에 의하여 신고하여야 할 객관적으로 정당한 과세표준 및 세액을 초과하는지 여부에 대하여 '조사·확인할 의무'가 있으므로, 통상의 '과세처분 취소소송에서와 마찬가지'로 감액경정청구에 대한 거부처분 취소소송 역시 그 거부처분의 실체적·절차적 위법 사유를 취소원인으로 하는 것으로서 그 '심판의 대상'은 과세표준신고서에 기재된 '과세표준 및 세액의 객관적인 존부'"라는 판례의 판시 및 2017. 12. 19.자 개정으로 신설된 국세기본법 제81조의11 제3항[1089] 규정(경정 청구에 대한 처리를 위하여 확인이 필요한 부분에 한정한 재조사의 허용)은 전자의 논거로, '경정청구는 경정청구서에 경정청구 사유를 객관적으로 증명할 수 있는 서류를 첨부하여 하여야 한다.'는 국세기본법 시행규칙 제12조의2[1090]는 후자의 논거로 각 작용할 수 있다. 후발적 경정청구의 경우에는 납세자가 경정청구 사유를 증명하여야 한다.[1091]

후발적경정청구

※ 국세기본법 제45조의2 제2항 '제1호'에서 '후발적 경정청구사유'로 정한 '거래 또는 행위 등이 그에 관한 소송에 대한 판결에 의하여 다른 것으로 확정된 때'의 의미에 관한 판례

● 대법원 2017. 9. 7. 선고 2017두41740 판결 [양도소득세경정거부처분취소]

▌후발적 경정청구 사유, 판결

판시사항

[1] 구 국세기본법 제45조의2 제2항 제1호에서 후발적 경정청구사유로 정한 '거래 또는 행위 등이 그에 관한 소송에 대한 판결에 의하여 다른 것으로 확정된 때'의 의미 / 최초의 신고 등에서 과세표준 및 세액의 계산근거가 된 거래 또는 행위 등을 다른 내용의 것으로 확정하는 판결이 있는 경우, 구 국세기본법 제45조의2 제2항 제1호에서 정한 경정청구사유에 해당하는지 여부(○)

오해한 위법이 있다고 한 예.

1089) **국세기본법 제81조의11(통합조사의 원칙)** ③ 제1항 및 제2항에도 불구하고 다음 각 호의 어느 하나에 해당하는 경우에는 해당 호의 사항에 대한 확인을 위하여 필요한 부분에 한정한 조사(이하 "부분조사"라 한다)를 실시할 수 있다. 〈신설 2017.12.19.〉
1. 제45조의2 제3항에 따른 경정 등의 청구에 대한 처리 또는 제51조 제1항에 따른 국세환급금의 결정을 위하여 확인이 필요한 경우 ☛ **지방세기본법 제84조의3 제3항 제1호**도 동일하다.

1090) **국세기본법 시행규칙 제12조의2(경정 등의 청구)** 영 제25조의3에 따른 결정 또는 경정의 청구는 별지 제16호의2 서식의 과세표준 및 세액의 결정(경정) 청구서에 최초의 과세표준 및 세액신고서 사본과 경정청구 사유를 객관적으로 증명할 수 있는 서류를 첨부하여 하여야 한다.

1091) 대법원 2015. 7. 16. 선고 2014두5514 전원합의체 판결 ; "납세의무 성립 후 후발적 사유가 발생하여 과세표준 및 세액의 산정기초에 변동이 생긴 것으로 보아 납세자로 하여금 그 사실을 증명하여 감액을 청구할 수 있도록 함이 타당하다."

[2] 납세의무자가 **판결에서 확정된 내용**을 **통상의 경정청구사유로 다툴 수 있었다는 사정만으로** 납세의무자의 **후발적 경정청구**가 **배제**되는지 여부(×)

이 유

구 국세기본법(2015. 12. 15. 법률 제13552호로 개정되기 전의 것, 이하 '법'이라고 한다) 제45조의2 **제2항**은 '과세표준신고서를 법정신고기한까지 제출한 자 또는 국세의 과세표준 및 세액의 결정을 받은 자는 다음 각 호의 어느 하나에 해당하는 사유가 발생하였을 때에는 그 사유가 발생한 것을 안 날부터 2개월 이내에 결정 또는 경정을 청구할 수 있다.'고 규정하면서, 그 **제1호**에서 '최초의 신고·결정 또는 경정(이하 '최초의 신고 등'이라고 한다)에서 과세표준 및 세액의 계산 근거가 된 거래 또는 행위 등이 그에 관한 소송에 대한 판결(판결과 동일한 효력을 가지는 화해 기타 행위를 포함한다)에 의하여 다른 것으로 확정된 때'를 규정하고 있다.[1092][1093]

이처럼 **후발적 경정청구제도**를 둔 **취지**는 납세의무 성립 후 일정한 후발적 사유의 발생으로 말미암아 과세표준 및 세액의 산정기초에 변동이 생긴 경우 납세자로 하여금 그 사실을 증명하여[1094] 감액

1092) **국세기본법 제45조의2(경정 등의 청구)** ② 과세표준신고서를 법정신고기한까지 제출한 자 또는 국세의 과세표준 및 세액의 결정을 받은 자는 다음 각 호의 어느 하나에 해당하는 사유가 발생하였을 때에는 제1항에서 규정하는 기간에도 불구하고 그 사유가 발생한 것을 안 날부터 3개월 이내에 결정 또는 경정을 청구할 수 있다. 〈개정 2015.12.15〉

1. 최초의 신고·결정 또는 경정에서 과세표준 및 세액의 계산 근거가 된 거래 또는 행위 등이 그에 관한 소송에 대한 판결(판결과 같은 효력을 가지는 화해나 그 밖의 행위를 포함한다)에 의하여 다른 것으로 확정되었을 때
2. 소득이나 그 밖의 과세물건의 귀속을 제3자에게로 변경시키는 결정 또는 경정이 있을 때
3. 조세조약에 따른 상호합의가 최초의 신고·결정 또는 경정의 내용과 다르게 이루어졌을 때
4. 결정 또는 경정으로 인하여 그 결정 또는 경정의 대상이 되는 과세기간 외의 과세기간에 대하여 최초에 신고한 국세의 과세표준 및 세액이 세법에 따라 신고하여야 할 과세표준 및 세액을 초과할 때
5. 제1호부터 제4호까지와 유사한 사유로서 대통령령으로 정하는 사유가 해당 국세의 법정신고기한이 지난 후에 발생하였을 때

지방세기본법 제50조(경정 등의 청구) ② 과세표준 신고서를 법정신고기한까지 제출한 자 또는 지방세의 과세표준 및 세액의 결정을 받은 자는 다음 각 호의 어느 하나에 해당하는 사유가 발생하였을 때에는 제1항에서 규정하는 기간에도 불구하고 그 사유가 발생한 것을 안 날부터 90일 이내에 결정 또는 경정을 청구할 수 있다. 〈개정 2019.12.31〉

1. 최초의 신고·결정 또는 경정에서 과세표준 및 세액의 계산 근거가 된 거래 또는 행위 등이 그에 관한 소송의 판결(판결과 동일한 효력을 가지는 화해나 그 밖의 행위를 포함한다)에 의하여 다른 것으로 확정되었을 때
2. 조세조약에 따른 상호합의가 최초의 신고·결정 또는 경정의 내용과 다르게 이루어졌을 때
3. 제1호 및 제2호의 사유와 유사한 사유로서 대통령령으로 정하는 사유가 해당 지방세의 법정신고기한이 지난 후에 발생하였을 때

1093) **상속세 및 증여세법의 경정청구 특례 규정** ; 상속재산에 대한 피상속인 또는 상속인과 그 외의 제3자와의 분쟁으로 인한 상속회복청구소송 또는 유류분반환청구소송의 확정판결로 상속개시일 현재 상속인 간 상속재산가액이 변동된 경우에는, 그 사유가 발생한 날부터 6개월 이내에 결정이나 경정을 청구할 수 있다(상속세 및 증여세법 제79조 ① 1호, 영 제81조 ②). '상속재산이 수용·민사집행법상 경매 또는 공매된 경우로서 그 보상가액·경매가액 또는 공매가액이 상속세과세가액보다 하락한 경우', '주식등을 할증평가하였으나 일괄하여 매각(피상속인 및 상속인과 제2조의2제1항제1호의 관계에 있는 자에게 일괄하여 매각한 경우 제외)함으로써 최대주주등의 주식등에 해당되지 아니하는 경우'도 위 특례규정의 후발적 경정청구 사유로 규정되어 있다.

1094) **【comment】** 즉, 일정한 후발적 사유의 발생으로 말미암아 과세표준 및 세액의 산정기초에 변동이 생긴 사실에 관한

을 청구할 수 있도록 함으로써 납세자의 권리구제를 확대하려는 데 있는바, 여기서 말하는 후발적 경정청구사유 중 법 제45조의2 제2항 **제1호** 소정의 '거래 또는 행위 등이 그에 관한 소송에 대한 판결에 의하여 다른 것으로 확정된 때'는 최초의 신고 등이 이루어진 후 과세표준 및 세액의 계산근거가 된 거래 또는 행위 등에 관한 분쟁이 발생하여 그에 관한[1095] 소송[1096]에서 판결[1097]에 의하여

증명책임은 **납세자**가 부담한다.

1095) 대법원 2013. 5. 9. 선고 2012두28001 판결 ; "원심은 … 이 사건 쟁점판결은 일부 회원들의 회원가입계약에 관한 것으로서 그 판결이 확정된 것만으로는 이 사건 쟁점판결의 소송당사자가 되지 아니한 다른 회원들의 회원가입계약에 관하여 … 제1호가 후발적 경정청구사유로 규정한 … 에 해당하지 아니한다는 이유로, 원고의 후발적 경정청구를 거부한 이 사건 처분이 적법하다고 판단하였다. 위와 같은 규정 및 관련 법리에 비추어 기록을 살펴보면, 원심의 이러한 판단은 정당한 것으로 수긍할 수 있고" ☞ 즉, 동일 쟁점이라도 그 판결의 효력이 미치지 않는 자는 제1호 소정의 후발적경정청구권자에 해당하지 않는다.

1096) 【comment】 형사소송 판결이 포함되는지 견해의 대립이 있으나, 관세경정거부처분취소 사건에서 대법원 2020. 1. 9. 선고 2018두61888 판결은 명시적으로 부정하였다.

1097) 【comment】 법 문언상 '판결'이라고만 되어 있고 지방세법 시행령 제18조 제3항 제1호("판결문(화해·포기·인낙 또는 자백간주에 의한 것은 제외한다)")처럼 명시적으로 제외하는 규정이 없으므로, 원칙적으로 자백간주 판결, 공시송달 판결이라도 상관없다. 위 판시의 '분쟁 발생'을 '소송에서의 다툼'으로 볼 것은 아니고, 소 제기 전에 분쟁이 있었으나 자백간주 판결로 종결된 경우도 포함될 수 있다. 위 판시의 '분쟁이 발생하여'나 그 다음 문단의 '특별한 사정이 없는 한'이라는 문구에서 보듯이, 예외적으로 조세 부담을 회피할 목적으로 통모·담합하여 이루어진 판결·화해 등의 경우에는 후발적 경정청구사유의 요건에 해당하지 않는다고 볼 수 있고, 그러한 예외적 사유에 대한 증명책임은 과세관청이 부담하는 것으로 보아야 한다.

○ 대법원 2011. 7. 28. 선고 2009두22379 판결 ; 원고 회사가 소외 회사에 신축공사를 도급준 다음 소외 회사로부터 교부받은 세금계산서를 근거로 매입세액 공제 등을 구하였으나, 위 세금계산서가 허위라는 이유로 과세관청이 이를 부인하는 내용의 부가가치세 및 법인세 경정처분을 하였는데, 이후 원고가 소외 회사를 상대로 '원고가 위 공사와 관련하여 소외 회사에 약정 공사대금을 초과하는 돈을 지급하였다는 사실'을 인정하는 내용의 공시송달에 의한 승소 확정판결을 받은 다음 이를 근거로 구 국세기본법 제45조의2 제2항 제1호에 따라 후발적 경정청구를 하였으나 과세관청이 거부처분을 한 **사안**에서, **원심**이, "위 민사 사건에서 원고가 소외 회사에게 이 사건 세금계산서상의 공급대가 56억 원을 지급하였다는 점이 당사자 사이에 투명하게 다투어지지 아니하였고 이를 입증할 만한 객관적인 자료가 제출되지 아니하였으며 그 판결의 주문이나 이유에서도 이 점이 명확히 판단되었다고 볼 수 없으므로, 위 민사 사건의 **판결에서 인정된 사실만으로**는 이 사건 세금계산서가 허위의 세금계산서가 아니라는 점이 확정되었다고 볼 수 없다는 이유로, 위 민사 사건의 판결 확정이 법 제45조의2 제2항 **제1호의 경정청구사유에 해당하지 아니한다**고 보아 피고의 이 사건 처분이 적법하다."고 판단한 데 대하여, **대법원**은, "이 사건 세금계산서가 허위가 아니어서 원고의 경정청구가 인정되기 위해서는 소외 회사가 원고에게 이 사건 세금계산서상의 공급가액에 상당하는 건축공사 용역을 실제로 제공하였음이 위 민사 사건의 판결에서 확정되었어야 하는데, 위 민사 사건의 판결에서는 원고가 소외 회사에 이 사건 공사에 관하여 약정공사대금 135억 원을 초과하는 약 160억 원을 지급한 사실을 인정하였을 뿐, 정작 이 사건 세금계산서상의 56억 원에 관하여는 아무런 언급이 없는바, 그렇다면 위 민사 사건의 **판결에서 인정한 사실만으로는** 위 과세표준 및 세액의 계산근거가 된 거래 또는 행위 등의 존부나 그 법률효과 등이 다른 내용의 것으로 확정됨으로써 피고의 과세처분이 정당하게 유지될 수 없게 되었다고 보기 어렵다 할 것이다. 원심의 이유 설시에 다소 부적절한 점은 있으나, 위 민사 사건의 판결 확정만으로는 법 제45조의2 제2항 **제1호 소정의 경정청구사유에 해당하지 아니한다**고 본 결론은 정당한 것"이라고 한 사례.

○ 대법원 2014. 11. 27. 선고 2014두39272 판결 ; "원심은 … 소송에서 쌍방 모두 변호사를 선임하여 분필 등의 문제와 관련한 실질적 변론을 하였으며 … 민사소송의 수소법원이 사건을 조정에 회부하여 … 매매대금을 당초의 20억 7천만 원에서 19억 2천만 원으로 감액하는 등의 내용으로 이 사건 조정이 성립되었는데, 민사조정법 제29조에 의하면 조정은 재판상의 화해와 동일한 효력이 있고, 이와 같이 감액된 매매대금은 여전히 이 사건 각 부동산의 시가표준액(합계 1,857,241,139원)보다 많은 금액인 점, … 이와 같은 민사소송의 경과와 심리 내용, 이 사건 조정에 이르게 된 경위와 내용, 당사자 사이에 발생한 분쟁의 실체와 내용 등에 비추어 원고에게 조세회피의 의도나 목적이 있다고 보기는 어려운 점, … 지방세법 제10조 제5항 제3호는 예외적으로 사실상의 취득가액에 의하여 취득세의

그 거래 또는 행위 등의 존부나 그 법률효과 등이 다른 내용의 것으로 확정됨[1098]으로써 최초의 신고 등이 정당하게 유지될 수 없게 된 경우[1099]를 의미한다(대법원 2006. 1. 26. 선고 2005두7006 판결[1100] 등[1101])

과세표준을 산정하는 경우의 하나로 '판결문 중 대통령령으로 정하는 것에 따라 취득가격이 증명되는 취득'을 규정하고, 그 위임에 따른 구 지방세법 시행령(2013. 1. 1. 대통령령 제24296호로 개정되기 전의 것) 제18조 제3항 제1호는 판결문의 범위를 '민사소송 및 행정소송에 의하여 확정된 판결문'으로 정하면서 '화해·포기·인낙 또는 의제자백에 의한 것'을 그 범위에서 제외하고 있으나, 이러한 규정들은 지방세기본법 제51조 제2항에서 정한 후발적 경정청구사유와는 관련이 없는 것인 점 등을 종합하여 보면, 이 사건 조정에서 이 사건 각 부동산의 매매대금이 감액된 것은 지방세기본법 제51조 제2항 제1호에서 정한 후발적 경정청구사유에 해당한다고 봄이 옳다는 이유로, … 취득세 등에 대하여 한 경정청구를 거부한 피고의 이 사건 처분은 위법하다고 판단하였다. … 원심의 판단은 정당한 것으로 수긍이 가고"

1098) 대법원 2017. 12. 13. 선고 2015두52296 판결 ; 소외 교회가 토지·건물을 소외 목사에게 명의신탁한 후 원고 등 소외 목사의 상속인을 상대로 소유권이전등기청구의 소를 제기하여 '소외 목사의 상속인들은 교회에 토지와 유치원 건물 중 자신들의 지분에 관하여 부당이득반환을 원인으로 한 소유권이전등기절차를 이행한다.'는 내용의 화해권고결정이 확정되었고 이에 상속인들이 위 부동산에 관한 **취득세** 부과처분의 취소를 구한 **사안**(토지의 경우 그 매도인이 선의인 계약명의신탁 사안임)에서, 위와 같은 사정만으로는 '소외인이 토지의 완전한 소유권을 취득하였고, 그 후 원고를 비롯한 상속인들이 소외인의 사망으로 토지의 소유권을 상속하였다'는 법률효과가 다른 것으로 확정되었다고 볼 수 없고, 오히려 위 화해권고결정 역시 위와 같은 법률효과를 전제로 한 것으로 보인다고 인정하여, 위 화해권고결정은 후발적 경정청구사유에 해당하지 아니한다고 판단한 사례.

1099) 【comment】 제2항 각 호의 어느 하나에 해당하는 사유가 발생하였다 하더라도, 최초의 신고 등에 의한 조세채권에 **아무런 영향이 없**다면, 후발적 **경정청구 사유에 해당하지 않**는다.
○ 대법원 2018. 9. 13. 선고 2018두38345 판결 ; "취득세의 성격과 본질 등에 비추어 보면, 매매계약에 따른 소유권이전등기를 마친 이후 계약이 **잔금 지체로 인한 해제권 행사**로 **해제**되었음을 전제로 한 **조정을 갈음하는 결정**이 확정되었다고 하더라도, 일단 적법한 취득행위가 존재하였던 이상 위와 같은 사유는 특별한 사정이 없는 한 취득행위 당시의 과세표준을 기준으로 성립한 조세채권의 행사에 아무런 영향을 줄 수 없다. 따라서 위와 같은 사유만을 이유로 구 지방세기본법 … 제51조 제1항 제1호에 따른 통상의 경정청구나 같은 조 제2항 제1호 및 제3호, 구 지방세기본법 시행령 … 제30조 제2호 등에 따른 후발적 경정청구를 할 수도 없다."
○ 대법원 2018. 9. 13. 선고 2015두57345 판결 ; "취득세의 성격과 본질 등에 비추어 보면, 매매계약에 따른 소유권이전등기가 마쳐진 이후 **매매계약에서 정한 조건**이 **사후에 성취**되어 **대금감액**이 이루어졌다 하더라도, 당초의 취득가액을 기준으로 한 적법한 취득행위가 존재하는 이상 위와 같은 사유는 특별한 사정이 없는 한 취득행위 당시의 과세표준을 기준으로 성립한 조세채권의 행사에 아무런 영향을 줄 수 없고, 따라서 위와 같은 사유만을 이유로 구 지방세기본법 … 통상의 경정청구나 … 후발적 경정청구를 할 수도 없다." ⇔ 대법원 2014. 11. 27. 선고 2014두39272 판결(甲이 乙 등으로부터 부동산을 매수하는 계약을 체결하였다가 분필 절차가 지연되자 매매계약의 해제를 통지하였고, 이에 乙 등이 잔금지급 등을 구하는 민사소송을 제기하였는데, 위 소송에서 부동산의 **매매대금을 당초 금액보다 감액하는 등의 조정**이 성립되었고, 甲이 취득세 등에 대해 감액경정청구를 하자, 관할 행정청이 이를 거부하는 처분을 한 사안에서, 위 조정에서 부동산의 매매대금이 감액된 것은 지방세기본법 제51조 제2항 제1호에서 정한 후발적 경정청구사유에 해당한다고 한 사례)

1100) "납세의무자는 국세부과권의 제척기간이 경과한 후라도 국세기본법 제45조의2 제2항 제1호의 규정에 따른 **경정청구를 할 수 있다**."

1101) ○ 대법원 2010. 12. 9. 선고 2008두10133 판결 ; "위 규정의 취지가 … 납세자의 권리구제를 확대하려는 데 있는 점, 상속개시 당시 피상속인이 종국적으로 부담하여 이행하여야 할 것이 확실하지 않은 채무라 하더라도 피상속인의 이행의무가 완전히 면제되는 것은 아니어서 사후적으로 그 채무가 피상속인이 종국적으로 부담하여 이행하여야 할 것으로 확정될 수 있는 점 등에 비추어 보면, 피상속인이 제3자를 위하여 연대보증채무를 부담하고 있었지만 상속개시 당시에는 아직 변제기가 도래하지 아니하고 주채무자가 변제불능의 무자력 상태에 있지도 아니하여 피상속인이 그 채무를 종국적으로 부담하여 이행하여야 하는지가 확실하지 않다는 이유로 과세관청이 그 채무액을 상속재산의 가액에서 공제하지 아니한 채 상속세 부과처분을 하였으나, 그 후 주채무자가 변제기 도래 전에 변제불능의 무자력 상태가 됨에 따라 상속인들이 사전구상권을 행사할 수도 없는 상황에서 채권자가 상속인들을 상대로 피상속인

참조).

또한 위 규정의 문언내용과 그 입법취지 등에 비추어 보면, 최초의 신고 등에서 과세표준 및 세액의 계산근거가 된 거래 또는 행위 등을 다른 내용의 것으로 확정하는 판결이 있는 경우라면 **특별한 사정이 없는 한** 법 제45조의2 제2항 제1호에서 정한 **경정청구사유에 해당**한다[1102]고 할 것이고, 납세의무자가 그 판결에서 확정된 내용을 법 제45조의2 제1항 각 호에서 정한 **통상의 경정청구사유로 다툴 수 있었다는 사정만으로** 납세의무자의 **정당한 후발적 경정청구가 배제된다고 할 수 없다.**[1103]

의 연대보증채무의 이행을 구하는 민사소송을 제기하여 승소판결을 받아 그 판결이 확정되었을 뿐만 아니라 상속인들이 주채무자나 다른 연대보증인에게 실제로 구상권을 행사하더라도 변제받을 가능성이 없다고 인정되는 경우에는, 이와 같은 승소확정판결에 의하여 피상속인의 연대보증채무는 상속세 부과처분 당시와는 달리 피상속인이 종국적으로 부담하여 이행하여야 할 채무로 사실상 확정되었다고 볼 수 있고, 따라서 이러한 판결에 따른 피상속인의 연대보증채무의 확정은 구 국세기본법 제45조의2 제2항 제1호 소정의 후발적 **경정청구사유**에 **해당**한다고 봄이 상당하다."

○ 대법원 2020. 9. 3. 선고 2018다283773 판결 ; "3자간 등기명의신탁의 경우 … 명의신탁자가 부동산에 관한 매매계약을 체결하고 매매대금을 모두 지급하였다면 재산세 과세기준일 당시 그 부동산에 관한 소유권이전등기를 마치기 전이라도 해당 부동산에 대한 실질적인 소유권을 가진 자로서 특별한 사정이 없는 한 그 **재산세**를 납부할 의무가 있다. 그런데 과세관청이 3자간 등기명의신탁에 따라 해당 부동산의 공부상 소유자가 된 명의수탁자에게 재산세 부과처분을 하고 이에 따라 명의수탁자가 재산세를 납부하였더라도 명의수탁자가 명의신탁자 또는 그 상속인을 상대로 재산세 상당의 금액에 대한 부당이득반환청구권을 가진다고 보기는 어렵다. … 명의수탁자는 항고소송으로 자신에게 부과된 재산세 부과처분의 위법을 주장하거나 관련 부동산의 소유권에 관한 판결이 확정됨을 안 날부터 일정 기간 이내에 지방세기본법 제50조 제2항 제1호의 후발적 사유에 의한 **경정청구**를 하는 등의 방법으로 납부한 **재산세를 환급받을 수 있다**."

○ 대법원 2008. 7. 24. 선고 2006두10023 판결 ; "법 제45조의2 제2항 제1호 소정의 '거래 또는 행위 등이 그에 관한 소송에 대한 판결에 의하여 다른 것으로 확정된 때'라 함은 '거래 또는 행위 등에 대하여 분쟁이 생겨 그에 관한 판결에 의하여 다른 것으로 확정된 때'를 의미하므로, 원고의 법인세 신고 당시의 사실관계를 바탕으로 그 손금귀속시기만을 달리 본 피고의 손금귀속방법이 위법하다고 판단하여 부과처분을 취소한 이 사건 확정판결은 법 제45조의2 제2항 제1호 소정의 판결에 포함되지 않는다고 봄이 상당하다. 그리고 법 제45조의2 제2항 제5호 및 시행령 제25조의2 제1호 내지 제4호의 각 규정 내용에 비추어 볼 때, 위와 같이 그 손금귀속시기만을 한 달씩 늦춘 피고의 손금귀속방법이 위법하다고 판단하여 1992 내지 1995 사업연도의 법인세 부과처분을 취소한 이 사건 확정판결은 1996 사업연도 법인세에 대한 관계에서 법 제45조의2 제2항 제5호, 시행령 제25조의2 제1호 내지 제4호 소정의 후발적 경정청구사유에도 **해당하지 않는다**고 봄이 상당하다."

1102) **【comment】 즉,** 후발적 경정청구를 하는 납세자는 후발적 경정청구 사유로서 '최초의 신고 등에서 과세표준 및 세액의 계산근거가 된 거래 또는 행위 등을 다른 내용의 것으로 확정하는 판결 등이 존재함' **증명하여야 하고(판결에** 거래 또는 행위 등을 다른 내용의 것으로 확정하는 내용이 포함되어 있음은 납세자가 증명하여야 한다(대법원 2011. 7. 28. 선고 2009두22379 판결 중 '위 민사 사건의 **판결에서 인정한 사실만으로는**' 판시 부분 참조)), 이에 대하여 과세관청은 조세 부담을 회피할 목적으로 통모·담합하여 이루어진 판결·화해라는 등의 '특별한 사정'을 주장·증명하여야 한다(실질적 변론 여부, 증거의 제출 여부 등 간접사실에 의한 추인의 방법으로 증명이 가능할 것이다).

1103) **【구체적 사안】**

○ **사실관계** ; ① 원고들은 2008. 11. 5. 소외 회사에 자신들이 각 1/2지분씩 소유한 이 사건 부동산을 양도한 뒤 전체 양도가액을 35억 원으로 하여 양도소득세를 신고·납부하였다. ② **피고**는 **2012. 1. 2.** 원고들에 대하여 부동산 양도가액이 임대차보증금 3억 3,000만 원을 포함한 38억 3,000만 원임을 전제로 세액을 다시 계산하여 원고들에 대하여 2008년 귀속 양도소득세를 추가 납부하도록 각 경정·고지하는 이 사건 부과 처분을 하였다. ③ 한편 소외 회사는 2014. 12. 1. 원고들을 상대로 이 사건 부동산 매매계약에서 양도가액을 35억 원으로 정하고 이를 모두 지급하였음에도 불구하고 원고들이 양도가액을 38억 3,000만 원이라고 주장하면서 추가로 그 지급을 구하고 있다는 이유로 채무부존재확인소송을 제기하였다. ④ 법원은 2015. 4. 23. 위 매매계약에 따른 양도가액은 35억 원이고, 매수인인 소외 회사가 매도인인 원고들에게 위 양도가액 35억 원을 모두 지급하였으므로 소외 회사의

● 대법원 2020. 1. 9. 선고 2018두61888 판결 [관세경정거부처분취소]

▌후발적 경정청구 사유, 판결

판시사항

형사사건의 재판절차에서 납세의무의 존부나 범위에 관한 판단을 기초로 판결이 확정된 경우가, 후발적 경정청구 사유에 해당하는지 여부(원칙적 ×)

이 유

형사사건의 재판절차에서 납세의무의 존부나 범위에 관한 판단을 기초로 판결이 확정되었다 하더라도, 이는 특별한 사정이 없는 한 관세법 제38조의3 제3항 및 관세법 시행령 제34조 제2항 제1호[1104] 에서 말하는 '최초의 신고 또는 경정에서 과세표준 및 세액의 계산근거가 된 거래 또는 행위 등이 그에 관한 소송에 대한 판결에 의하여 다른 내용의 것으로 확정된 경우'에 해당한다고 볼 수 없다. 구체적인 이유는 다음[1105]과 같다.[1106][1107]

매매대금 지급채무는 존재하지 아니한다는 내용의 민사판결을 선고하였고, 이는 2015. 5. 16. 확정되었다. ⑤ 원고들은 2015. 5. 22. 피고에 대하여 위 민사판결의 확정을 이유로 2008년 귀속 양도소득세의 경정을 청구하였고, 피고는 2015. 7. 28. 이를 거부하였다.

○ **원심** ; 위 민사판결의 확정이 후발적 경정청구사유에 해당하지 않는다고 판단.

○ **대법원** ; 당초 이 사건 부동산의 양도가액이 38억 3,000만 원임을 전제로 원고의 양도소득세 신고를 경정하는 부과처분이 이루어졌으나, 그 부과처분을 위한 과세표준 및 세액 산정의 기초가 되는 매매거래상 양도가액의 구체적 범위에 관하여 분쟁이 발생하였고, 그에 관한 소송에서 위 양도가액이 38억 3,000만 원이 아닌 35억 원에 불과하다는 내용이 위 민사판결에 의하여 확정됨으로써, 부과처분이 정당하게 유지될 수 없게 된 것이므로, 납세의무자인 원고는 위와 같이 확정된 민사판결을 기초로 법 제45조의2 제2항 제1호의 사유를 들어 부과처분에 대한 **경정을 청구할 수 있다**고 보는 것이 옳다.

1104) 관세법 제38조의3 제3항은 "납세의무자는 최초의 신고 또는 경정에서 과세표준 및 세액의 계산근거가 된 거래 또는 행위 등이 그에 관한 소송에 대한 판결(판결과 같은 효력을 가지는 화해나 그 밖의 행위를 포함한다)에 의하여 다른 것으로 확정되는 등 대통령령으로 정하는 사유가 발생하여 납부한 세액이 과다한 것을 알게 되었을 때에는 제2항에 따른 기간에도 불구하고 그 사유가 발생한 것을 안 날부터 2개월 이내에 대통령령으로 정하는 바에 따라 납부한 세액의 경정을 세관장에게 청구할 수 있다."라고 규정하고 있고, 그 위임에 따른 관세법 시행령 제34조 제2항 제1호는 그 사유 중 하나로 "최초의 신고 또는 경정에서 과세표준 및 세액의 계산근거가 된 거래 또는 행위 등이 그에 관한 소송에 대한 판결(판결과 같은 효력을 가지는 화해나 그 밖의 행위를 포함한다)에 의하여 다른 것으로 확정된 경우"를 규정하고 있다. ☞ 국세기본법 제45조의2 제2항 제1호 소정의 후발적경정청구 사유와 동일하다.

1105) "1) 관세법 제38조의3 제3항 및 관세법 시행령 제34조 제2항 제1호는 후발적 경정청구의 사유를 규정하면서 소송의 유형을 특정하지 않은 채 '판결'이라고만 규정하고 있다. 그러나 형사소송은 국가 형벌권의 존부 및 적정한 처벌범위를 확정하는 것을 목적으로 하는 것으로서 과세표준 및 세액의 계산근거가 된 거래 또는 행위 등에 관해 발생한 분쟁의 해결을 목적으로 하는 소송이라고 보기 어렵고, 형사사건의 확정판결만으로는 사법상 거래 또는 행위가 무효로 되거나 취소되지도 아니한다. 따라서 형사사건의 판결은 그에 의하여 '최초의 신고 또는 경정에서 과세표준 및 세액의 계산근거가 된 거래 또는 행위 등의 존부나 그 법률효과 등이 다른 내용의 것으로 확정'되었다고 볼 수 없다. 2) 과세절차는 실질과세의 원칙 등에 따라 적정하고 공정한 과세를 위하여 과세표준 및 세액을 확정하는 것인데 반하여, 형사소송절차는 불고불리의 원칙에 따라 기소된 공소사실을 심판대상으로 하여 국가 형벌권의 존부 및 범위를 확정하는 것을 목적으로 하므로, 설사 조세포탈죄의 성립 여부 및 범칙소득금액을 확정하기 위한 형사소송절차라고 하더라도 과세절차와는 그 목적이 다르고 그 확정을 위한 절차도 별도로 규정되어 서로 상이하다. 형사소송절차에서는 대립 당사자 사이에서 과세표준 및 세액의 계산근거가 된 거래 또는 행위의 취소 또는 무효 여부에 관하여 항변,

※ 국세기본법 제45조의2 제2항 '제2호', '제4호'에 의한 후발적 경정청구를 부정한 예

대법원 2013. 11. 28. 선고 2013두13730 판결(제2호 부정례)[1108] / 대법원 2013. 7. 11. 선고 2011두 16971 판결(제4호 부정례)[1109]

재항변 등 공격·방어방법의 제출을 통하여 이를 확정하는 절차가 마련되어 있지도 않다. 3) 더욱이 형사소송절차에는 엄격한 증거법칙 하에서 증거능력이 제한되고 무죄추정의 원칙이 적용된다. 법관으로 하여금 합리적 의심이 없을 정도로 공소사실이 진실한 것이라는 확신을 가지게 할 수 있는 정도의 증명력을 가진 증거에 의하여만 유죄의 인정을 할 수 있다. 따라서 형사소송에서의 무죄 판결은 그러한 증명이 없다는 의미일 뿐이지 공소사실의 부존재가 증명되었다는 의미가 아니다."

1106) **【구체적 사안】**
국내 소비자들을 대상으로 영국 현지 물품을 판매하는 온라인 쇼핑몰 운영자가 쟁점 물품에 대한 수입신고 시 국내 소비자들을 납세의무자로 정하여 소액물품 감면대상으로 수입통관한 것에 대하여 관세 등이 부과되었고, 이후 관련 형사사건에서 관세법위반죄에 대해 무죄확정판결이 선고된 사안에서, 후발적 경정청구사유에 해당한다고 판단한 원심판결을 파기한 사례.

1107) **【comment】** 형사소송 판결이 포함되는지 견해의 대립이 있으나, 법문상 '거래 또는 행위 등에 관한 소송'으로 되어 있어 소송(다툼)의 대상이 '거래 또는 행위 등'이어야 하고, 2017두41740 판결 등도 '거래 또는 행위 등에 관한 분쟁이 발생하여 그에 관한 소송에서 판결에 의하여 그 거래 또는 행위 등의 존부나 그 법률효과 등이 다른 내용의 것으로 확정된 … 경우'라고 판시하고 있으며, 2012두28001 판결은 '소송당사자' 아닌 사람은 후발적경정청구를 할 수 없다고 하였으므로, 후발적경정청구 사유에 형사소송 판결은 포함되지 않는다고 보는 것이 원칙적인 문리해석에 부합한다. 서울행정법원 2006. 10. 11. 선고 2006구합11934 판결("이 사건 형사판결은, 1998. 3.경부터 1999. 12.경까지 사이에 소외 회사의 경영지원부문장이었던 피고인 배○○가 소외 회사와 원고회사와의 하도급계약을 체결한 다음 공사대금증액계약을 수차례 더 체결하는 과정에서 계약서에 실제 공사대금보다 과다계상 된 공사금액을 기재하고 그 대금을 지급하여 원고회사로 하여금 과다계상 된 금액 상당의 재산상 이익을 취득하게 하고 소외 회사에게 동액 상당의 손해를 가한 것으로 기소된 업무상 배임사건에서, 위 피고인이 실제 공사대금보다 과다계상 된 공사금액 상당의 재산상 이익을 취득하게 하거나 소외 회사에게 재산상 손해를 가하였다고 볼 수 없다는 이유로 무죄가 선고된 판결로서 피고인 배○○의 범죄사실의 존부 및 범위를 확정하기 위하여 주로 원고 회사의 재산상 이익의 취득 여부 및 소외 회사의 재산상 손해의 발생 여부를 심리하여 판단한 것에 지나지 않고, 과세표준 및 세액의 계산 근거가 된 이 사건 거래 또는 행위가 재판과정에서 대립된 당사자 사이에 투명하게 다투어졌고 판결의 주문이나 이유에서 명확히 판단된 소송에 대한 판결이라고 볼 수는 없다. 그러므로 이 사건 형사판결에 의하여 과세표준 및 세액의 계산근거가 된 이 사건 공사도급계약이 다른 것으로 확정되었다고 단정할 수 없고, 달리 이 점을 인정할만한 아무런 증거가 없으므로 위 형사판결이 후발적 경정사유에 해당한다고는 볼 수 없다.")에 대하여 대법원 2007. 10. 12.자 2007두13906 판결은 심리불속행 판결을 한 바 있다.

1108) "원심은 우선 원고가 소외인으로부터 이 사건 사업장을 임차하여 사진관을 운영하면서 소외인과 합의하여 실제 지급한 임차료보다 적은 금액의 세금계산서를 수취하고 이를 필요경비에 산입하는 방법으로 종합소득세를 신고·납부한 사실, 그런데 피고가 소외인이 실제 임차료보다 적은 금액의 세금계산서를 발행하는 방법으로 매출을 과소신고하였다고 하여 소외인에 대하여 부가가치세 및 종합소득세를 경정·고지한 사실 등을 인정하였다. 나아가 원심은, 피고가 소외인에 대하여 부가가치세 및 종합소득세를 경정한 것은 과소신고된 소외인의 임차료 수입금액을 바로잡은 것에 불과하고 임차료 소득의 귀속을 원고로부터 소외인에게로 변경시킨 것이라고 할 수 없고 필요경비인 임차료가 과소신고됨으로써 원고의 종합소득세 과세표준이 세법에 따라 신고하여야 할 과세표준을 초과하게 된 사정은 국세기본법 제45조의2 제1항에서 정한 통상적 경정청구사유에 해당할 뿐이라는 이유로, 피고가 소외인의 부가가치세 및 종합소득세를 경정한 것이 국세기본법 제45조의2 제2항 제2호에서 정한 후발적 경정청구사유인 '소득이나 그 밖의 과세물건의 귀속을 제3자에게로 변경시키는 결정 또는 경정이 있을 때'에 해당한다고 볼 수 없다고 판단하였다. … 원심의 위와 같은 판단은 수긍할 수 있다."

1109) "법인이 특정 사업연도에 고의로 수익을 과다계상하거나 손비를 과소계상하는 방법으로 사실과 다른 분식결산을 하고 법인세를 과다신고하였다가, 위와 같은 분식결산의 효과를 상쇄시키기 위하여 그 차기 사업연도 이후부터 수익을 과소계상하거나 손비를 과다계상하는 방법으로 분식결산을 하고 법인세를 과소신고한 경우에 과세관청이 그 차기 사업연도 이후 과소계상한 수익을 익금산입하거나 과다계상한 손비를 손금불산입하고 법인세를 증액경정함

※ 국세기본법 시행령 제25조의2 '제2호'에 의한 후발적 경정청구 관련 판례

○ 대법원 2017. 9. 12. 선고 2017두38119 판결 [법인세부과처분취소]

▌후발적 경정청구, 해제, 귀속연도, 부칙

판시사항

[1] 법인세에서 구 국세기본법 **시행령 제25조의2**[1110][1111] **제2호**에서 정한 **'해제권의 행사**나 **부득이한 사유로 인한 계약의 해제'**가 **후발적 경정청구사유**가 되는지 여부(원칙적 ○) 및 그러한 계약의 해제가 **후발적 경정청구사유가 될 수 없는 경우**(= **별도의 법령규정**이나 **기업회계의 기준이나 관행**에 따른 신고 등의 **특별한 사정**)

[2] **후발적 경정청구**를 **제한**하는 **규정**이 그 규정의 시행 전에 이루어진 잘못된 당초의 과세에 대한 후발적 경정청구권에 영향을 미치는지 여부(원칙적 ×) / 2012. 1. 1. 이후 후발적 경정청구사유가 발생한 2012. 1. 1. 이전의 사업연도 분의 과세에 대하여 2012. 2. 2. 개정·신설된 **법인세법 시행령 제69조 제3항**이 적용되는지 여부(×) ; 개정 시행령 조항은 계약의 **해제일과는 관계없이** **2012. 1. 1. 이후부터 개시하는 사업연도**에 관한 후발적 경정청구에 적용된다.

이 유

(1) 구 국세기본법(2015. 12. 15. 법률 제13552호로 개정되기 전의 것, 이하 같다) 제45조의2 제2항 제5호,

---

으로써 그 특정 사업연도에서 이루어진 분식결산의 효과를 상쇄시키지 못하게 되었다 하더라도, 그러한 사정만으로 과세관청의 조치로 인하여 그 특정 사업연도에 신고한 과세표준 및 세액의 산정기초에 후발적인 변동이 생겨 그 과세표준 및 세액이 세법에 의하여 신고하여야 할 과세표준 및 세액을 초과하게 된 때에 해당한다고 할 수 없다. 따라서 이러한 경우에는 구 국세기본법 제45조의2 **제1항**에 의하여 적법한 경정청구기간 내에 감액경정청구를 할 수 있음은 별론으로 하고, 구 국세기본법 제45조의2 **제2항** 제4호에 의하여 후발적 경정청구를 할 수는 없다."

1110) **국세기본법 시행령 제25조의2(후발적 사유)** 법 제45조의2 제2항 제5호에서 "대통령령으로 정하는 사유"란 다음 각 호의 어느 하나에 해당하는 경우를 말한다. 〈개정 2017.2.7, 2019.2.12〉
1. 최초의 신고·결정 또는 경정을 할 때 과세표준 및 세액의 계산 근거가 된 거래 또는 행위 등의 효력과 관계되는 관청의 허가나 그 밖의 처분이 취소된 경우
2. 최초의 신고·결정 또는 경정을 할 때 과세표준 및 세액의 계산 근거가 된 거래 또는 행위 등의 효력과 관계되는 계약이 해제권의 행사에 의하여 해제되거나 해당 계약의 성립 후 발생한 부득이한 사유로 해제되거나 취소된 경우
3. 최초의 신고·결정 또는 경정을 할 때 장부 및 증거서류의 압수, 그 밖의 부득이한 사유로 과세표준 및 세액을 계산할 수 없었으나 그 후 해당 사유가 소멸한 경우
4. 제1호부터 제3호까지의 규정과 유사한 사유에 해당하는 경우

1111) **지방세기본법 시행령 제30조(후발적 사유)** 법 제50조 제2항 제3호에서 "대통령령으로 정하는 사유"란 다음 각 호의 어느 하나에 해당하는 경우를 말한다.
1. 최초의 신고·결정 또는 경정을 할 때 과세표준 및 세액의 계산근거가 된 거래 또는 행위 등의 효력과 관계되는 관청의 허가나 그 밖의 처분이 취소된 경우
2. 최초의 신고·결정 또는 경정을 할 때 과세표준 및 세액의 계산근거가 된 거래 또는 행위 등의 효력과 관계되는 계약이 해당 계약의 성립 후 발생한 부득이한 사유로 해제되거나 취소된 경우
3. 최초의 신고·결정 또는 경정을 할 때 장부 및 증명서류의 압수, 그 밖의 부득이한 사유로 과세표준 및 세액을 계산할 수 없었으나 그 후 해당 사유가 소멸한 경우
4. 제1호부터 제3호까지의 규정에 준하는 사유가 있는 경우

구 **국세기본법 시행령**(2017. 2. 7. 대통령령 제27833호로 개정되기 전의 것, 이하 같다) **제25조의2 제2호**에서 정한 '**해제권의 행사**나 **부득이한 사유**[1112]로 인한 계약의 **해제**'[1113]는 원칙적으로 **법인세**에서도 **후발적 경정청구사유**가 된다. 다만 법인세법이나 관련 규정에서 일정한 계약의 해제에 대하여 그로 말미암아 실현되지 아니한 소득금액을 그 해제일이 속하는 사업연도의 소득금액에 대한 차감사유 등으로 **별도**로 **규정**하고 있거나 경상적·반복적으로 발생하는 상품판매계약 등의 해제에 대하여 납세의무자가 **기업회계의 기준이나 관행**에 따라 그 해제일이 속한 사업연도의 소득금액을 차감하는 방식으로

1112) ◎ **'부득이한 후발적 사유로 인한 해제'를 원인으로 한 후발적 경정청구를 부정한 예**
대법원 2005. 1. 27. 선고 2004두2332 판결 ; ① 동일인에 대한 대출한도 초과를 은폐하기 위한 이른바 우회대출의 방법에 의한 대출거래가 통정허위표시 내지 명의만을 대여한 거래로 볼 수 없다고 하고, ② 우회대출거래의 당사자들 사이에 금융감독원의 시정조치 요구에 따라 기존의 대출관계를 해소하도록 하는 내용의 합의를 한 경우, 그로 인하여 기존 대출거래의 효력이 소급적으로 소멸한다고 볼 수 없으므로 이미 신고·납부한 법인세의 경정사유가 되지 않는다고 한 사례. "비록 원고 회사와 ○○생명 및 ○○○건설 사이에 ○○생명이 사실상 ○○○건설에 금전대출을 하기로 하되 동일인에 대한 대출한도 초과를 은폐하기 위하여 원고를 거쳐 ○○○건설에 대출을 하는 이른바 우회대출의 방법으로 이 사건 거래가 이루어졌다고 하더라도, 당사자 사이의 위와 같은 의사는 이 사건 거래에 따른 경제적 효과를 최종적으로 ○○○건설에 귀속시키려고 하는 의사에 불과한 것일 뿐, 그 각 법률상의 효과까지도 원고를 배제한 채 오로지 ○○생명과 ○○○건설 사이에서만 직접 귀속시키려는 의사가 있었다고는 볼 수 없고, 따라서 원고와 ○○생명 및 ○○○건설 사이의 이 사건 거래는 그 진의와 표시가 불일치하는 통정허위표시로서 가장행위에 해당한다거나 또는 단지 원고가 ○○○건설의 ○○생명으로부터의 금원차용에 그 명의만을 대여한 거래라고는 할 수 없다고 판단하였다. … 이 사건 거래가 모두 이행된 이후에 당사자 사이에 이루어진 위와 같은 합의는 부당한 이 사건 거래를 시정하도록 하는 금융감독원의 조치요구에 따라 원고를 비롯한 당사자들이 기존의 대출관계를 해소한 다음 이를 당초의 대출의도에 따라 ○○생명과 ○○○건설 사이의 직접적인 대차거래관계라는 새로운 거래관계로 변경하기로 하고 그에 맞추어 그 동안의 채권채무관계를 정산하는 방법으로 회계처리를 수정하기로 하는 내용의 새로운 약정을 한 것으로 볼 것이므로, 이는 **당사자 사이에 장래에 향하여 그 효력이 발생함은 별론**으로 하고, 위와 같은 합의의 효력이 당연히 이 사건 거래시로 소급하는 것은 아니라고 할 것이다. 나아가, 원고를 비롯한 당사자 사이에 이 사건 합의로써 그 동안의 대차거래에 관한 **기존 약정 등을 전부 무효로 하기로 하였다고 하더라도**, 원고가 주장하는 바의 이 사건 합의 시까지 이 사건 거래로 원고가 부담하였던 차입금에 대한 지급이자 및 취득하였던 대여금에 대한 수입이자 등 손익이 소급적으로 소멸된다고 한다면, **이미 과세요건이 충족되어 유효하게 성립한 조세법률관계를 당사자의 사후 약정에 의해 자의적으로 변경함으로써 법인세 과세를 면할 수 있는 조세회피행위를 용인하는 결과가 되어 부당**하다고 할 것인 점에 비추어 보면(특히, 원고를 제외한 ○○생명이나 ○○○건설은 모두 누적결손이 매우 큰 법인으로서 이 사건 합의의 소급효를 인정할 경우 원고에게 발생한 과세권은 상실되는 한편, ○○생명이나 ○○○건설에 대하여는 실질적으로 위 합의에 따른 과세가 어렵다는 점을 고려하면 더욱 그러하다), 원고가 주장하는 바의 이 사건 합의는 원고가 이미 신고하여 납부한 이 사건 1999 사업연도의 법인세 납세의무에 아무런 영향을 미칠 수 없다고 판단하였다. … 원심의 위와 같은 인정과 판단은 정당한 것으로 수긍이 가고 … 원심의 판단에는 이 사건 합의가 후발적 경정청구 사유 중의 하나인 '당해 계약의 성립 후 부득이한 사유로 인하여 해제된 때'에 해당한다는 원고의 주장을 배척하는 취지도 포함되어 있다고 볼 것이어서 … 판단유탈의 위법도 없다."

1113) **【comment】** '해제권의 행사에 의한 해제'에서 '해제권'에는 법정해제권과 약정해제권을 포함하고, '부득이한 사유에 의한 해제'에서 '해제'는 '합의해제'를 말하며 이 경우에는 '부득이한 사유'라는 추가적 요건이 필요하고, '부득이한 사유'가 '취소'의 경우에는 추가적 요건이 아니다.
지방세기본법 시행령 제30조 제2호는 '해당 계약의 성립 후 발생한 부득이한 사유로 해제되거나 취소된 경우'라고 조금 달리 규정되어 있으나, 상대방의 채무불이행으로 인한 해제는 부득이한 사유로 인한 해제로 볼 수 있으므로(민법 제556조, 제557조에 기초한 증여자의 해제도 마찬가지이다) 국세기본법시행령 제25조의2 제2호와 동일한 의미로 볼 것이다.
계약이 해제권의 행사에 의하여 해제되었음이 '증명'된 이상 그에 관한 소송의 판결에 의하여 해제 여부가 확정되지 않았다 하더라도 후발적 경정청구사유에 해당한다(대법원 2020. 1. 30. 선고 2016두59188 판결).

법인세를 신고해 왔다는 등의 **특별한 사정**이 있는 경우에는, 그러한 계약의 해제가 당초 성립하였던 납세의무에 영향을 미칠 수 없으므로 **후발적 경정청구사유가 될 수 없다**(대법원 2014. 3. 13. 선고 2012두10611 판결[1114]) 등 참조).

한편 법인세법 제40조 제1항은 '내국법인의 각 사업연도의 익금과 손금의 귀속 사업연도는 그 익금과 손금이 확정된 날이 속하는 사업연도로 한다'고 규정하고 있고, 구 법인세법 시행령(2013. 2. 15. 대통령령 제24357호로 개정되기 전의 것) 제69조 제1항은 '도급공사 및 예약매출을 포함하는 건설·제조 기타 용역의 제공으로 인한 익금과 손금은 작업진행률을 기준으로 하여 계산한 수익과 비용을 각각 해당 사업연도의 익금과 손금에 산입한다'고 규정하고 있는데, 2012. 2. 2. 대통령령 제23589호로 개정된 법인세법 시행령(이하 '개정 시행령'이라 한다)은 제69조 **제3항**(이하 '이 사건 조항'이라 한다)을 신설하여 '작업진행률에 의한 익금과 손금이 공사계약의 해약으로 인하여 확정된 금액과 차액이 발생된 경우에는 그 차액을 **해약일이 속하는 사업연도**의 익금 또는 손금에 산입한다'고 규정함으로써, 계약의 해제로 인하여 실현되지 아니한 소득금액을 그 해제일이 속하는 사업연도의 손금에 산입하도록 하여 **후발적 사유**를 원인으로 한 **경정청구권**의 행사를 **제한**하고 있고, 개정 시행령 **부칙 제2조**는 '이 영은 2012년 1월 1일 이후 **최초로 개시**하는 **사업연도 분**부터 적용한다'고 규정하고 있다.[1115]

1114) "구 국세기본법(2010. 1. 1. 법률 제9911호로 개정되기 전의 것) 제45조의2 제2항 제5호의 위임을 받은 구 국세기본법 시행령(2010. 2. 18. 대통령령 제22038호로 개정되기 전의 것. 이하 같다) 제25조의2 제2호는 후발적 경정청구사유의 하나로 '최초의 신고·결정 또는 경정에 있어서 과세표준 및 세액의 계산근거가 된 거래 또는 행위 등의 효력에 관계되는 계약이 해제권의 행사에 의하여 해제되거나 당해 계약의 성립 후 발생한 부득이한 사유로 인하여 해제되거나 취소된 때'를 들고 있다. 이러한 후발적 경정청구제도는 납세의무 성립 후 일정한 후발적 사유의 발생으로 말미암아 과세표준 및 세액의 산정기초에 변동이 생긴 경우 납세자로 하여금 그 사실을 증명하여 감액을 청구할 수 있도록 함으로써 납세자의 권리구제를 확대하려는 데 그 취지가 있는 것으로서, 개별 세법에 다른 규정이 없는 한 그 적용범위를 함부로 제한할 것이 아니다. 한편 법인세법 제40조 제1항은 "내국법인의 각 사업연도의 익금과 손금의 귀속 사업연도는 그 익금과 손금이 확정된 날이 속하는 사업연도로 한다"고 정함으로써 현실적으로 소득이 없더라도 그 원인이 되는 권리가 확정적으로 발생한 때에는 그 소득이 실현된 것으로 보고 과세소득을 계산하는 이른바 권리확정주의를 채택하고 있다. 이러한 권리확정주의란 소득의 원인이 되는 권리의 확정시기와 소득의 실현시기와의 사이에 시간적 간격이 있는 경우에는 과세상 소득이 실현된 때가 아니라 권리가 확정적으로 발생한 때에 소득이 있는 것으로 보고 당해 사업연도의 소득을 산정하는 방식으로, 실질적으로는 그 수취가 불확실한 소득에 대하여 장래 그것이 실현될 것을 전제로 하여 미리 과세하는 것을 허용하는 것이다. 따라서 소득의 원인이 되는 권리가 확정적으로 발생하여 과세요건이 충족됨으로써 일단 납세의무가 성립하였다 하더라도 일정한 후발적 사유의 발생으로 말미암아 소득이 실현되지 아니하는 것으로 확정되었다면, 당초 성립하였던 납세의무는 그 전제를 상실하여 원칙적으로 그에 따른 법인세를 부과할 수 없다고 보아야 한다. 따라서 법인세에서도 구 국세기본법 시행령 제25조의2 제2호에서 정한 '해제권의 행사나 부득이한 사유로 인한 계약의 해제'는 원칙적으로 후발적 경정청구사유가 된다고 할 것이다. 다만 법인세법이나 관련 규정에서 일정한 계약의 해제에 대하여 그로 말미암아 실현되지 아니한 소득금액을 그 해제일이 속하는 사업연도의 소득금액에 대한 차감사유 등으로 별도로 규정하고 있거나 경상적·반복적으로 발생하는 상품판매계약 등의 해제에 대하여 납세의무자가 기업회계의 기준이나 관행에 따라 그 해제일이 속한 사업연도의 소득금액을 차감하는 방식으로 법인세를 신고하여 왔다는 등의 특별한 사정이 있는 경우에는 그러한 계약의 해제는 당초 성립하였던 납세의무에 영향을 미칠 수 없으므로 후발적 경정청구사유가 될 수 없다."

1115) **법인세법 시행령 제69조(용역제공 등에 의한 손익의 귀속사업연도)**
① 법 제40조 제1항 및 제2항을 적용함에 있어서 건설·제조 기타 용역(도급공사 및 예약매출을 포함하며, 이하 이 조에서 "건설등"이라 한다)의 제공으로 인한 익금과 손금은 그 목적물의 건설등의 착수일이 속하는 사업연도부터 그 목적물의 인도일(용역제공의 경우에는 그 제공을 완료한 날을 말한다. 이하 이 조에서 같다)이 속하는 사업연도까지 기획재정부령으로 정하는 바에 따라 그 목적물의 건설등을 완료한 정도(이하 이 조에서 "작업진행률"이라 한다)를

(2) **권리확정주의**는 실질적으로 불확실한 소득에 대하여 장래의 실현을 전제로 미리 과세하는 것을 허용하는 것으로서 일정한 후발적 사유의 발생으로 인하여 소득이 실현되지 않는 것으로 확정되었다면, 당초 성립하였던 납세의무는 그 전제를 상실하게 되므로 구 국세기본법 제45조의2 제2항, 구 국세기본법 시행령 제25조의2는 당초 사업연도의 익금 산입에서 제외할 수 있도록 하는 **후발적 경정청구제도**를 규정하고 있다.[1116]

위와 같이 후발적 경정청구는 납세의무 성립 후 일정한 후발적 사유의 발생으로 말미암아 과세표준

기준으로 하여 계산한 수익과 비용을 각각 해당 사업연도의 익금과 손금에 산입한다. 다만, 다음 각 호의 어느 하나에 해당하는 경우에는 그 목적물의 인도일이 속하는 사업연도의 익금과 손금에 산입할 수 있다. 〈개정 2013.2.15〉
1. 중소기업인 법인이 수행하는 계약기간이 1년 미만인 건설등의 경우
2. 기업회계기준에 따라 그 목적물의 인도일이 속하는 사업연도의 수익과 비용으로 계상한 경우
② 제1항을 적용할 때 다음 각 호의 어느 하나에 해당하는 경우에는 그 목적물의 인도일이 속하는 사업연도의 익금과 손금에 각각 산입한다. 〈개정 2019.2.12〉
1. 작업진행률을 계산할 수 없다고 인정되는 경우로서 기획재정부령으로 정하는 경우
2. 법 제51조의2제1항 각 호의 어느 하나에 해당하는 법인으로서 한국채택국제회계기준을 적용하는 법인이 수행하는 예약매출의 경우
③ 제1항을 적용할 때 작업진행률에 의한 익금 또는 손금이 공사계약의 해약으로 인하여 확정된 금액과 차액이 발생된 경우에는 그 차액을 해약일이 속하는 사업연도의 익금 또는 손금에 산입한다. 〈신설 2012.2.2〉

1116) ○ 대법원 2014. 1. 29. 선고 2013두18810 판결 ; "후발적 경정청구제도의 취지, 권리확정주의의 의의와 기능 및 한계 등에 비추어 보면, 소득의 원인이 되는 권리가 확정적으로 발생하여 과세요건이 충족됨으로써 일단 납세의무가 성립하였다 하더라도 그 후 일정한 후발적 사유의 발생으로 말미암아 소득이 실현되지 아니하는 것으로 확정됨으로써 당초 성립하였던 납세의무가 그 전제를 잃게 되었다면, 사업소득에서의 대손금과 같이 소득세법이나 관련 법령에서 특정한 후발적 사유의 발생으로 말미암아 실현되지 아니한 소득금액을 그 후발적 사유가 발생한 사업연도의 소득금액에 대한 차감사유로 별도로 규정하고 있다는 등의 특별한 사정이 없는 한 납세자는 국세기본법 제45조의2 제2항 등이 규정한 후발적 경정청구를 하여 그 납세의무의 부담에서 벗어날 수 있다고 보아야 한다. 따라서 납세의무의 성립 후 소득의 원인이 된 채권이 채무자의 도산 등으로 인하여 회수불능이 되어 장래 그 소득이 실현될 가능성이 전혀 없게 된 것이 객관적으로 명백하게 되었다면, 이는 국세기본법 시행령 제25조의2 **제2호에 준**하는 사유로서 특별한 사정이 없는 한 국세기본법 시행령 제25조의2 **제4호**가 규정한 후발적 경정청구사유에 해당한다고 봄이 타당하다."
○ 대법원 2013. 12. 26. 선고 2011두18120 판결 ; "법인세법 제40조 제1항은 … 권리확정주의를 채택하고 있다. 이러한 권리확정주의는 소득의 원인이 되는 권리의 확정시기와 소득의 실현시기 사이에 시간적 간격이 있는 경우 소득이 실현된 때가 아닌 그 원인이 되는 권리가 확정적으로 발생한 때에 소득이 있는 것으로 보고 당해 사업연도의 소득을 산정하는 방식으로, 실질적으로는 불확실한 소득에 대하여 장래 그것이 실현될 것을 전제로 하여 미리 과세하는 것을 허용하는 것이다. 따라서 소득의 원인이 되는 권리가 확정적으로 발생하여 과세요건이 충족됨으로써 일단 납세의무가 성립하였다고 하더라도 일정한 후발적 사유의 발생으로 말미암아 소득이 실현되지 아니하는 것으로 확정되었다면 당초 성립하였던 납세의무는 그 전제를 상실하여 원칙적으로 그에 따른 법인세를 부과할 수 없다고 보아야 한다. 이러한 해석은 권리확정주의의 채택에 따른 당연한 요청일 뿐 아니라 후발적 경정청구제도를 규정한 국세기본법 제45조의2 제2항의 입법 취지에도 부합한다. 다만 대손금과 같이 법인세법이나 관련 법령에서 특정한 후발적 사유의 발생으로 말미암아 실현되지 아니한 소득금액을 그 후발적 사유가 발생한 사업연도의 소득금액에 대한 차감사유 등으로 별도로 규정하고 있거나, 경상적·반복적으로 발생하는 매출에누리나 매출환입과 같은 후발적 사유에 대하여 납세의무자가 **기업회계의 기준이나 관행에 따라** 그러한 사유가 발생한 사업연도의 소득금액을 차감하는 방식으로 법인세를 신고해 왔다는 등의 특별한 사정이 있는 경우, 그러한 후발적 사유의 발생은 당초 성립하였던 납세의무에 영향을 미칠 수 없다고 할 것이다. 나아가 관련 규정의 문언 내용과 취지 및 체계 등에 비추어 볼 때, 여기에서 말하는 후발적 사유에는 **사업상 정당한 사유로 당초의 매매대금이나 용역대금을 감액**한 경우도 **포함**된다고 봄이 타당하므로, 내국법인이 자산을 양도하거나 용역을 제공한 후에 사업상 정당한 사유로 당초의 매매대금이나 용역대금을 감액하였다면 특별한 사정이 없는 한 그 감액분을 당초의 매매대금이나 용역대금에 대한 권리가 확정된 사업연도의 소득금액에 포함하여 법인세를 과세할 수는 없다고 할 것이다."

및 세액의 산정기초에 변동이 생긴 경우 납세자로 하여금 그 사실을 증명하여 감액을 청구할 수 있도록 함으로써 납세자의 권리구제를 확대하려는 데에 **취지**가 있다. 또한 후발적 사유가 발생한 사업연도에 결손금이 누적되어 있거나 사실상 휴·폐업 상태여서 차감할 익금이 없는 경우에도 후발적 사유가 발생한 사업연도의 손익으로만 반영하도록 하는 것은 납세자의 권리구제에 미흡하고 형평에도 어긋나는 결과가 된다. 따라서 **후발적 경정청구를 제한**하는 **규정**은 그 **적용시기를 명시적으로 정**하고 있지 **않는 한 그 규정의 시행 이전의 사업연도**에 대한 후발적 경정청구권에는 **영향을 미치지 못한다**고 보아야 한다.

그런데 개정 시행령 부칙 제1조는 시행일에 관하여 '이 영은 공포한 날부터 시행한다'고 규정한 다음, **제2조**는 **일반적 적용례**로 '이 영은 2012년 1월 1일 이후 **최초로 개시하는 사업연도 분**부터 적용한다'고 규정하고 있을 뿐, 이 사건 조항에 관한 **개별적 적용례를 별도로 규정하고 있지 않다.** 이는 개정 시행령과 같은 날인 2012. 2. 2. 대통령령 제23595호로 개정된 구 **부가가치세법 시행령** 제59조 제1항 제2호에서[1117] 계약이 해제되어 재화 또는 용역이 공급되지 않은 경우 계약해제일이 속한 과세기간에 부가가치세에서 차감하여 수정세금계산서를 발급할 수 있도록 규정하면서, 부칙 제7조에서 2012년 7월 1일 이후 최초로 수정세금계산서 발급사유가 생기는 분부터 적용한다는 **개별적 적용례**를 두고 있는 것과도 대비된다. 따라서 이 사건 조항은 계약의 **해제일과는 관계없이 2012. 1. 1. 이후부터 개시하는 사업연도**에 관한 후발적 경정청구에 적용된다고 할 것이다.[1118]

1117) **구 부가가치세법 시행령 제59조(수정세금계산서 발급사유 및 발급절차)** ① 법 제16조 제1항 후단에 따른 수정세금계산서는 다음 각 호의 사유 및 절차에 따라 발급할 수 있다.
2. 계약의 해제로 재화 또는 용역이 공급되지 아니한 경우 : 계약이 해제된 때에 그 작성일은 계약해제일로 적고 비고란에 처음 세금계산서 작성일을 덧붙여 적은 후 붉은색 글씨로 쓰거나 부(負)의 표시를 하여 발급한다.
3. 계약의 해지 등에 따라 공급가액에 추가 또는 차감되는 금액이 발생한 경우 : 증감사유가 발생한 날을 작성일자로 적고 추가되는 금액은 검은색 글씨로 쓰고, 차감되는 금액은 붉은색 글씨로 쓰거나 부(負)의 표시를 하여 발급한다.

1118) **【구체적 사안】**

○ **사실관계** ; ① 소외 회사는 주택신축판매업 등을 영위하는 법인으로서 2008. 1.경부터 아파트 및 상가 3,316세대(이 사건 아파트 등)를 건설하면서 2010 사업연도까지 전체 세대수 중 88.6%를 분양하였다. ② 소외 회사는 이 사건 아파트 등의 작업진행률과 분양률을 기준으로 2008~2010 사업연도 법인세를 신고·납부하였다. ③ 피고는 2011. 11. 16. 및 2012. 2. 13. 소외 회사에 대하여 분양원가의 과다계상 등을 이유로 2009, 2010 각 사업연도의 법인세를 증액하여 부과하였다가 이를 일부 감액하였다. ④ 한편 새마을금고중앙회 등은 2013. 12.~2014년까지 소외 회사에 대한 대출금 채권을 보전하기 위하여 소외 회사를 대위하여 전체 분양세대 중 잔금을 미납하고 있던 1,281세대에 대한 분양계약을 해제하였다. ⑤ 소외 회사는 2014. 2. 3. 피고에게 위 분양계약의 해제에 따라 감소된 분양률을 기준으로 법인세를 재산정하여 2008~2010 사업연도 법인세에 관한 경정청구를 하였으나, 피고는 2014. 4. 11. 분양계약 해제에 따른 손실은 계약해제일이 속하는 2013, 2014 각 사업연도에 귀속되어야 한다는 이유로 이를 거부하였다.

○ **판단** ; [1] 이 사건 분양계약이 2013, 2014 각 사업연도에 해제되었다고 하더라도, 이 사건 조항은 계약의 해제일과는 관계없이 2012. 1. 1. 이후부터 개시하는 사업연도에 관한 후발적 경정청구에 적용되므로, 2009, 2010 각 사업연도의 증액경정처분에 대한 경정을 구하는 이 사건에는 적용되지 않는다. 같은 취지에서 원심이 이 사건 조항에 의해 원고의 후발적 경정청구가 제한될 수 없다고 본 것은 정당하다. [2] 원심은 이 사건과 같이 **아파트 등의 분양계약이 해제**된 경우 그 해제로 인한 손익에 대하여 **경상적·반복적으로 발생하는 상품판매계약의 매출에누리나 매출환입**과 마찬가지로 **후발적 사유가 발생한 사업연도의 소득금액을 차감하도록 하는 기업회계의 기준이나 관행**을 인정하기 어렵고, 나아가 원고가 이 사건 아파트 등에 대한 분양계약 체결 후 그 해제가 있으면 해제일이 속하는 사업연도에 소득금액을 차감하는 방식으로 **신고하였다고 볼만한 자료가 없다**는 이유로, 원고의 후발적 경정청구가 제한되는

⇒ 동일 판시 ; 대법원 2017. 9. 21. 선고 2016두60201 판결[1119)]

● 대법원 2015. 7. 16. 선고 2014두5514 전원합의체 판결 [종합소득세등부과처분취소]

▌후발적 경정청구, 위법소득의 몰수·추징, 과세처분 취소

판시사항

[1] 위법소득의 지배·관리라는 과세요건이 충족되어 납세의무가 성립한 후 몰수나 추징과 같은 후발적 사유가 발생하여 소득이 실현되지 아니하는 것으로 확정됨으로써 당초 성립하였던 납세의무가 전제를 잃게 된 경우, 후발적 경정청구를 하여 납세의무의 부담에서 벗어날 수 있는지 여부(원칙적 ○)

[2] 위와 같은 후발적 경정청구사유가 존재하는데도 당초에 위법소득에 관한 납세의무가 성립하였던 적이 있음을 이유로 과세처분을 한 경우, 항고소송을 통해 취소를 구할 수 있는지 여부(○)[1120)]

특별한 사정을 인정할 수도 없다고 판단한 것은 정당하다.

1119) 【구체적 사안】

○ **사실관계** ; ① 원고는 주택신축판매업 등을 영위하는 법인으로서 2008. 1.경부터 도시개발사업구역 내에서 아파트 및 상가 총 3,634세대(이 사건 아파트 등)를 건설하면서 2008~2010 사업연도까지 전체 세대수 중 96.4%를 분양하였다. ② 원고는 이 사건 아파트 등의 작업진행률과 분양률을 기준으로 2008~2010 사업연도 법인세를 신고·납부하였다(다만 2008 사업연도에는 소득금액이 이월결손금으로 모두 공제되어 법인세를 납부하지 아니하였다). ③ 이 사건 아파트 등의 분양계약은 수분양자들의 잔금 미지급 등으로 인하여 전체 분양세대 중 2011 사업연도에 약 17%, 2012 사업연도에 약 6%, 2013 사업연도에 약 11%가 해제되었다. ④ 원고는 위 각 사업연도의 법인세를 신고하면서 위와 같이 분양계약이 해제된 부분에 대하여 해제일이 속한 사업연도의 '영업 외 손실'로 계상하였다가, 2013. 3. 29. 분양계약의 해제로 감소된 분양률을 기준으로 2008 사업연도 내지 2010 사업연도의 법인세를 재산정한 다음, 피고에게 2009 사업연도의 법인세에 대한 환급을 구하는 경정청구를 하였으나, 피고는 2013. 5. 8. 이를 거부하였다(이 사건 처분). ⑤ 원고의 심판청구에 대해, **조세심판원**은 2015. 1. 12. **'2012. 1. 1. 이후 개시하는 사업연도 전**까지 **해제된 분양계약**에 대하여는 **당초부터 분양계약이 없**었던 것으로 하여 2009 사업연도의 과세표준 및 세액을 경정하고, 나머지 심판청구를 기각한다'는 결정을 하였다. ⑥ 이에 따라 이 사건 처분 중에서 **이 사건 조항이 신설되어 적용된 2012. 1. 1. 이후의 2012 사업연도 및 2013 사업연도에 이루어진 분양계약의 해제** 부분에 관하여 2009 사업연도의 법인세에 대한 후발적 경정청구(이 사건 잔존 경정청구)를 거부하는 부분(이 사건 잔존 처분)만이 남게 되었고, 원고가 이 사건 소로써 그 취소를 구하고 있다.

○ **원심** ; 이 사건 조항에서 말하는 **'해약일이 속하는 사업연도'는 해당 계약의 해제가 이루어진 사업연도**로서 개정 시행령 부칙 제2조에 따라 **분양계약 해제가 이루어진 사업연도가 2012. 1. 1. 이후이면 이 사건 조항이 적용**되므로, **2012. 1. 1. 이후의 분양계약 해제**로 말미암아 실현되지 아니한 소득금액은 그 **해제일이 속하는 사업연도에 차감**하여야 한다. 설령 이 사건 조항이 적용되지 아니하더라도, 원고는 경상적·반복적으로 발생하는 분양계약의 해제에 대하여 원고의 관행에 따라 그 해제일이 속하는 사업연도의 소득금액을 차감하는 방식으로 법인세를 신고하여 온 **특별한 사정이 있다.** 따라서 2012. 1. 1. 이후인 2012 사업연도 및 2013 사업연도에 이루어진 분양계약의 해제는 2009 사업연도 법인세에 대한 후발적 경정청구사유가 될 수 없다.

○ **대법원** ; 이 사건 조항은 2012. 1. 1. 이후부터 개시하는 사업연도 분의 과세에 대한 후발적 경정청구에 적용되며, 그 전의 사업연도 분의 과세에 대하여는 비록 그 이후에 후발적 경정청구 사유가 발생하였다 하더라도 적용되지 아니한다고 해석되며, 결국 2009 사업연도 법인세에 관한 이 사건 잔존 경정청구에는 적용되지 아니한다. 나아가 이 사건과 같이 아파트 등의 분양계약이 해제된 경우에, 그 해제로 인한 손익에 대하여 경상적·반복적으로 발생하는 상품판매계약의 매출에누리나 매출환입과 마찬가지로 후발적 사유가 발생한 사업연도의 소득금액을 차감하도록 하는 **일반적으로 공정·타당하다고 인정되는 기업회계의 기준이나 관행이 존재한다고 볼 수도 없다.** 이와 달리 2009년도에 분양된 이 사건 아파트 등에 관하여 그 분양계약의 해제가 2012. 1. 1. 이후에 이루어졌다는 이유만으로 2009 사업연도 법인세에 관한 후발적 경정청구 사유가 될 수 없다고 한 원심의 판단은 위법하다.

이 유

과세소득은 경제적 측면에서 보아 현실로 이득을 지배·관리하면서 이를 향수하고 있어 담세력이 있다고 판단되면 족하고 그 소득을 얻게 된 **원인관계에 대한 법률적 평가가 반드시 적법·유효하여야 하는 것은 아니다**(81누136 등 참조). 이러한 점에서 구 소득세법(2008. 12. 26. 법률 제9270호로 개정되기 전의 것, 이하 같다) 제21조 제1항은 '뇌물'(제23호), '알선수재 및 배임수재에 의하여 받는 금품'(제24호)을 **기타 소득**의 하나로 정하고 있다.

뇌물 등의 **위법소득**을 얻은 자가 그 소득을 종국적으로 보유할 권리를 갖지 못함에도 그가 얻은 소득을 과세대상으로 삼는 것은, 그가 사실상 소유자나 정당한 권리자처럼 경제적 측면에서 현실로 이득을 지배·관리하고 있음에도 불구하고 이에 대하여 과세하지 않거나 그가 얻은 위법소득이 더 이상 상실될 가능성이 없을 때에 이르러야 비로소 과세할 수 있다면 이는 위법하게 소득을 얻은 자를 적법하게 소득을 얻은 자보다 우대하는 셈이 되어 조세정의나 조세공평에 반하는 측면이 있음을 고려한 것이고, 사후에 위법소득이 정당한 절차에 의하여 **환수**됨으로써 그 위법소득에 내재되어 있던 경제적 이익의 상실가능성이 **현실화**된 경우에는 그때 소득이 종국적으로 실현되지 아니한 것으로 보아 이를 조정하면 충분하다.

그런데 형법상 뇌물, 알선수재, 배임수재 등의 범죄에서 **몰수나 추징**을 하는 것은 범죄행위로 인한 이득을 박탈하여 부정한 이익을 보유하지 못하게 하는 데 그 목적이 있으므로, 이러한 위법소득에 대하여 몰수나 추징이 이루어졌다면 이는 그 위법소득에 내재되어 있던 경제적 이익의 상실가능성이 현실화된 경우에 해당한다고 보아야 한다. 따라서 이러한 경우에는 그 소득이 종국적으로 실현되지 아니한 것이므로 납세의무 성립 후 **후발적 사유**가 발생하여 과세표준 및 세액의 산정기초에 변동이 생긴 것으로 보아 **납세자**로 하여금 그 사실을 **증명**하여 감액을 청구할 수 있도록 함이 타당하다. 즉, 위법소득의 지배·관리라는 과세요건이 충족됨으로써 일단 납세의무가 성립하였다고 하더라도 그 후 몰수나 추징과 같은 위법소득에 내재되어 있던 경제적 이익의 상실가능성이 현실화되는 후발적 사유가 발생하여 소득이 실현되지 아니하는 것으로 확정됨으로써 **당초 성립하였던 납세의무가 그 전제를 잃게** 되었다면, 특별한 사정이 없는 한 납세자는 국세기본법 제45조의2 제2항 등이 규정한 **후발적 경정청구**를 하여 그 납세의무의 부담에서 벗어날 수 있다고 보아야 한다.

그리고 이러한 **후발적 경정청구사유가 존재**함에도 과세관청이 **당초에 위법소득에 관한 납세의무가 성립하였던 적이 있음을 이유로 과세처분**을 하였다면 이러한 과세처분은 위법하므로 납세자는 **항고소송**을 통해 그 **취소**를 구할 수 있다고 할 것이다.[1121][1122]

1120) **[동일 취지]** 대법원 2015. 2. 26. 선고 2014두440763 판결 ; "과세관청의 부과처분이 있은 후에 **계약해제** 등 **후발적** 사유가 발생한 경우 이를 원인으로 한 경정청구제도가 있다 하더라도 이와는 **별도로 그 처분 자체에 관하여 다툴 수 있다**고 할 것이다."

1121) **【구체적 사안】**

○ **사실관계** ; ① 재건축정비사업조합의 조합장인 원고가 **2008. 7.**경 재건축상가 일반분양분을 우선 매수하려는 소외 1로부터 5,000만 원을, 재건축아파트 관리업체 선정 대가로 소외 2로부터 3,800만 원을 각 교부받은 사실, ② 원고는 2010. 4. 9. 이에 관하여 특정범죄가중처벌등에관한법률위반(뇌물)죄로 처벌을 받으면서 위 합계 8,800만 원의 추징을 명하는 판결을 선고받은 후 그 항소와 상고가 기각되어 판결이 확정되자 2011. 2. 16. **추징금** 8,800만

※ 국세기본법 시행령 제25조의2 '제4호'에 의한 후발적 경정청구 긍정례

대법원 2018. 5. 15. 선고 2018두30471 판결[1123] / 대법원 2011. 7. 21. 선고 2010두23644 전원합의

원을 **모두 납부**한 사실, ③ 한편 피고는 위 8,800만 원이 '뇌물'로서 구 소득세법 제21조 제1항 제23호가 정한 기타소득에 해당한다고 보아 2012. 9. 1. 원고에게 2008년 귀속 종합소득세를 부과하는 처분을 한 사실.

○ **원심** ; 원고가 확정된 형사판결에 따라 추징금 8,800만 원을 납부하였다고 하더라도 이는 뇌물수수라는 범죄행위에 대한 부가적인 형벌로서 추징이 가하여진 결과에 불과하여 원귀속자에 대한 환원조치와 같이 볼 수 없다는 이유로 이 사건 처분이 적법하다고 판단.

○ **대법원** ; 원고가 뇌물로 받은 8,800만 원에 관하여는 그 수령 당시에 일단 납세의무가 성립하였다고 하더라도 그 후 추징과 같은 위법소득에 내재되어 있던 경제적 이익의 상실가능성이 현실화되는 후발적 사유가 발생하여 소득이 실현되지 아니하는 것으로 확정됨으로써 당초 성립하였던 납세의무가 그 전제를 잃게 되었으므로, 당초에 위법소득에 관한 납세의무가 성립하였던 적이 있음을 이유로 한 처분은 위법.

1122) ◎ 같은 취지의 대법원 2015. 8. 27. 선고 2014두1215 판결 ; 원고에 대한 추징을 명한 형사판결의 확정에 따라 원고가 위법소득 상당액을 추징당하게 되었다 하더라도 이는 원귀속자에 대한 환원조치와 같이 볼 수 없어 여전히 과세소득에 해당한다고 잘못 판단하고, 추징을 명한 형사판결에 의하여 원고가 추징금을 납부하였거나 추징의 집행이 이루어졌는지를 살피지 아니하고 원고가 받은 금품 전부가 과세소득에 해당한다고 단정한 원심의 판단에는 위법이 있다고 판단한 사례.

◎ 같은 취지의 대법원 2015. 7. 23. 선고 2012두8885 판결

○ **사실관계** ; ① 원고가 2005. 2. 16. 및 2005. 3. 3. 금융기관의 임·직원의 직무에 속하는 사항을 알선해 주고 그 알선수수료 명목으로 합계 7억 원을 받은 사실, ② 원고는 2008. 1. 23. 이에 관하여 특정경제범죄가중처벌등에관한법률위반(알선수재)죄로 징역 1년 6월에 집행유예 2년과 함께 위 7억 원 중 압수된 5억 2,900만 원은 몰수, 이미 소비한 1억 7,100만 원은 추징을 명하는 판결을 선고받아 그 무렵 위 판결이 확정된 사실, ③ 한편 피고는 위 7억 원이 '알선수재에 의하여 받는 금품'으로서 구 소득세법 제21조 제1항 제24호가 정한 기타소득에 해당한다고 보아 2010. 7. 15. 원고에게 2005년 귀속 종합소득세를 부과하는 처분을 하였다가, 2010. 10. 7. 원고가 **유가증권 중개 및 알선을 목적으로 하는 금융 중개·알선업자**였다는 이유로 이를 사업소득으로 경정하여 부과하는 처분을 한 사실.

○ **원심** ; 원고가 확정된 형사판결에 따라 5억 2,900만 원을 국가에 몰수당하였다고 하더라도 이는 알선수재라는 범죄행위에 대한 부가적인 형벌로서 몰수형이 집행된 결과에 불과하여 원귀속자에 대한 환원조치와 같이 볼 수 없다는 이유로 종합소득세부과처분 중 그에 관한 부분이 적법하다고 판단.

○ **대법원** ; 원심판결 파기

1123) "관련 규정의 체계, 소득세법상 권리확정주의의 의의와 기능 및 한계 등에 비추어 볼 때 납세의무의 성립 후 소득의 원인이 된 채권이 채무자의 도산 등으로 회수불능이 되어 장래 그 소득이 실현될 가능성이 전혀 없음이 객관적으로 명백하게 되었다면, 이는 구 국세기본법 시행령 제25조의2 제2호에 준하는 사유로서 특별한 사정이 없는 한 같은 조 제4호가 규정한 후발적 경정청구사유에 해당한다고 봄이 타당하다."

【구체적 사안】

○ **사실관계** ; ① 원고는 2013. 10. 4. 법원에 회생절차개시 신청을 하여 2013. 10. 17. 그 개시 결정을 받았고, 2014. 3. 18.에는 회생계획(이 사건 회생계획)이 인가되었다. ② 원고는 위와 같이 회생절차가 개시되자 그 임원 또는 대주주인 최○○ 외 13인에게 2013. 10.분 급여(이 사건 급여)의 지급을 보류하였고, 2013. 10. 16. 또는 2013. 10. 31. 퇴직한 임원인 이○○ 외 4인에게 각 퇴직금(이 사건 퇴직금)의 지급을 보류하였다(위 임원 또는 대주주들을 '이 사건 특수관계인'이라고 한다). ③ 원고는 2013. 11. 10. 피고에게 위와 같이 미지급한 이 사건 급여와 퇴직금에 대한 지급명세서를 제출하고, 이에 관한 소득세를 원천징수하여 납부하였다. ④ 그 후 인가된 이 사건 회생계획에는 이 사건 급여와 퇴직금 채무의 대부분을 면제하는 내용이 포함되었다. ⑤ 이에 원고는, '이 사건 회생계획의 인가 결정으로 이 사건 급여와 퇴직금 채무가 면제되었으므로 이를 근로소득세 과세대상 급여에서 제외하고 이 사건 특수관계인에 대한 근로소득세와 퇴직소득세를 다시 계산하여 2013. 11. 10. 이미 납부한 원천징수세액과의 차액을 환급하여 달라'는 취지로, 2014. 12. 2. 이 사건 소득에 관한 소득세와 각 퇴직소득세에 관한 각 경정청구 등을 하였다. ⑥ 피고는 2015. 1. 6. '이 사건 회생계획의 인가 결정으로 이 사건 급여와 퇴직금 지급이 면제되었다는 사정은 구 국세기본법 제45조의2 제4항, 제2항 소정의 후발적 경정청구사유가 되지 않는다'는 이유로 각 경정청구를 거부하는 이 사건 처분을 하였다.

○ **원심** ; 이 사건 급여와 퇴직금 채권이 회생계획을 통하여 면제되었다는 사정은 후발적 경정청구사유에 해당하지

체 판결1124)

대법원 2017. 8. 23. 선고 2017두38812 판결[경정청구각하처분취소의소]

▌후발적 경정청구, 경정청구기간, 기산점, 처분성

판시사항

[1] 법령에 대한 해석이 최초의 신고·결정 또는 경정 당시와 달라졌다는 사유가 구 국세기본법 제45조의2 제2항 등이 정한 후발적 경정청구사유에 포함되는지 여부(×)

[2] 납세의무자가 후발적 경정청구사유의 존재를 이유로 경정청구를 하는 경우 경정청구기간의 기산점 = '해당 사유가 발생하였다는 사실을 안 날'(○), '해당 사유가 후발적 경정청구사유에 해당하는지에 관한 판례가 변경되었음을 안 날'(×)

이 유

구 국세기본법(2015. 12. 15. 법률 제13552호로 개정되기 전의 것, 이하 같다) 제45조의2 제2항 … 그 사유가 발생한 것을 안 날부터 2개월 이내에 경정을 청구할 수 있다'고 규정하고 있는바, 위 경정청구기간이 도과한 후에 제기된 경정청구는 부적법하여 과세관청이 과세표준 및 세액을 결정 또는 경정하거나 거부처분을 할 의무가 없으므로, 과세관청이 경정을 거절하였다고 하더라도 이를 항고소송의 대상이 되는 거부처분으로 볼 수 없다(2014두44830 등 참조).

이러한 후발적 경정청구는 당초의 신고나 과세처분 당시에는 존재하지 아니하였던 후발적 사유를 이유로 하는 것이므로 해당 국세의 법정신고기한이 지난 후에 과세표준 및 세액의 산정기초가 되는 거래 또는 행위의 존재 여부나 그 법률효과가 달라지는 경우 등의 사유는 구 국세기본법 제45조의2 제2항 등이 정한 후발적 사유에 포함될 수 있지만, 법령에 대한 해석이 최초의 신고·결정 또는 경정

않는다고 판단.

○ 대법원 ; 이 사건 급여와 퇴직금 채권이 확정적으로 발생하였다고 하더라도 그 후 이를 면제하는 내용의 이 사건 회생계획이 인가됨으로 인하여 회수불능이 되어 장래 그 소득이 실현될 가능성이 전혀 없음이 객관적으로 명백하고, 이로써 원고의 이 사건 급여와 퇴직금에 관한 소득세 원천징수의무도 그 전제를 잃게 되었으므로, 이는 구 국세기본법 시행령 제25조의2 제4호가 규정한 후발적 경정청구사유에 해당한다.

1124) 대법원 2011. 7. 21. 선고 2010두23644 전원합의체 판결 다수의견에 대한 보충의견 ; "다수의견이 예외적으로 양도소득세의 과세대상이라고 본 두 경우(① 토지거래허가구역 내 토지를 매도하고 대금을 수수하였으면서도 토지거래허가를 배제하거나 잠탈할 목적으로 매매가 아닌 증여가 이루어진 것처럼 가장하여 매수인 앞으로 증여를 원인으로 한 이전등기까지 마친 경우 또는 ② 토지거래허가구역 내 토지를 매수하였으나 그에 따른 토지거래허가를 받지 않고 이전등기를 마치지도 않은 채 토지를 제3자에게 전매하여 매매대금을 수수하고서도 최초 매도인이 제3자에게 직접 매도한 것처럼 매매계약서를 작성하고 그에 따른 토지거래허가를 받아 이전등기까지 마친 경우)에 일단 양도소득세가 과세된 후 어떤 사유로든지 매매대금 등을 상대방에게 반환하여 원상회복한 때의 구제수단이 문제될 수 있다. … 구 국세기본법 시행령(2010. 2. 18. 대통령령 제22038호로 개정되기 전의 것, 이하 같다) 제25조의2 제2호는 "최초의 신고·결정 또는 경정에 있어서 과세표준 및 세액의 계산근거가 된 거래 또는 행위 등의 효력에 관계되는 계약이 해제권의 행사에 의하여 해제되거나 당해 계약의 성립 후 발생한 부득이한 사유로 인하여 해제되거나 취소된 때"를, 제4호는 "기타 제1호 내지 제3호에 준하는 사유에 해당하는 때"를 각 규정하고 있으므로, 그 제4호가 적용되어 경정을 청구할 수 있는 것으로 보아도 좋을 것이다."

당시와 **달라졌다**는 사유는 여기에 **포함되지 않**는다(대법원 2014. 11. 27. 선고 2012두28254 판결 참조).

이와 같이 법령에 대한 해석의 변경이 후발적 경정청구사유에 해당하지 아니하는 이상, 납세의무자가 그 해석의 변경을 이유로 하는 것이 아니라 후발적 경정청구사유의 존재를 이유로 경정청구를 하는 것이라면, 그 **경정청구기간**의 **기산점**은 특별한 사정이 없는 한 '**해당 사유가 발생하였다는 사실을 안 날**'로 보아야 하는 것이지, '해당 사유가 **후발적 경정청구사유에 해당**하는지에 관한 **판례가 변경되었음을 안 날**'로 볼 것은 아니다.[1125]

개별세법상 경정청구

개별세법상 경정청구 규정으로는, 상속세 및 증여세에 대한 후발적 경정청구 특례(상속세 및 증여세법 제79조, 시행령 제81조),[1126][1127] 조세조약상 비과세·면제 적용을 위한 국내원천소득의 실질귀속자인

1125) **【구체적 사안】**

○ **사실관계** ; ① 원고는 2014. 1. 16. 배임수재 등의 범죄사실로 추징판결을 선고받고 2014. 7. 14. 위 판결이 확정됨에 따라 2014. 8. 26. 추징금을 납부하였다. ② 피고는, 원고가 배임수재 범행으로 수령한 금품을 원고의 기타소득으로 보아, 2015. 3. 16.경 원고에게 2007년 귀속 종합소득세를 결정·고지하는 이 사건 부과처분을 하였다. ③ 한편 대법원 2015. 7. 16. 선고 2014두5514 전원합의체 판결은 '위법소득의 지배·관리라는 과세요건이 충족됨으로써 일단 납세의무가 성립하였다고 하더라도 그 후 몰수나 추징과 같은 위법소득에 내재되어 있던 경제적 이익의 상실가능성이 현실화되는 후발적 사유가 발생하여 소득이 실현되지 아니하는 것으로 확정됨으로써 당초 성립하였던 납세의무가 그 전제를 잃게 되었다면, 특별한 사정이 없는 한 납세자는 구 국세기본법 제45조의2 제2항 등이 규정한 후발적 경정청구를 하여 그 납세의무의 부담에서 벗어날 수 있다고 보아야 한다'고 판시하면서 '범죄행위로 인한 위법소득에 대하여 형사사건에서 추징판결이 확정되어 집행된 경우에도 소득세법상 과세대상이 된다'는 취지의 기존 판결들을 변경하였다. ④ 이후 원고는 2015. 8. 19. 피고에게 추징금을 모두 납부하였다는 사유를 들어 이 사건 후발적 경정청구를 하였는바, 피고는 2015. 10. 19. 위 경정청구가 부적법하다는 이유로 이를 각하하는 이 사건 회신을 하였다.

○ **원심** ; 이 사건 후발적 경정청구는 위 전원합의체 판결이 선고된 날부터 기산하였을 때 그 경정청구기간이 도과하기 전에 제기되어 적법하다고 판단.

○ **대법원** ; 원고가 배임수재 범죄로 얻은 소득에 대하여 추징금을 납부하였다는 사정은 구 국세기본법 제45조의2 제2항 등이 정한 후발적 경정청구사유에 해당하지만, 이 사건 후발적 경정청구는 그 사유가 발생한 것을 안 날부터 2개월의 기간이 경과한 후에 제기된 것이 명백하여 부적법하므로, 이 사건 회신은 항고소송의 대상이 되는 거부처분이라고 볼 수 없어 그 취소를 구하는 이 사건 소는 부적법하다.

1126) **상속세 및 증여세법 제79조(경정 등의 청구 특례)** [전문개정 2010.1.1.] ① 제67조에 따라 상속세 과세표준 및 세액을 신고한 자 또는 제76조에 따라 상속세 과세표준 및 세액의 결정 또는 경정을 받은 자에게 다음 각 호의 어느 하나에 해당하는 사유가 발생한 경우에는 그 사유가 발생한 날부터 6개월 이내에 대통령령으로 정하는 바에 따라 결정이나 경정을 청구할 수 있다.

1. 상속재산에 대한 상속회복청구소송 등 대통령령으로 정하는 사유로 상속개시일 현재 상속인 간에 상속재산가액이 변동된 경우 ☞ 피상속인 또는 상속인과 그 외의 제3자와의 분쟁으로 인한 상속회복청구소송 또는 유류분반환청구소송의 확정판결이 있는 경우를 말한다(영 ②).
2. 상속개시 후 1년이 되는 날까지 상속재산의 수용 등 대통령령으로 정하는 사유로 상속재산의 가액이 크게 하락한 경우 ☞ 1. 상속재산이 수용·경매(「민사집행법」에 의한 경매를 말한다) 또는 공매된 경우로서 그 보상가액·경매가액 또는 공매가액이 상속세과세가액보다 하락한 경우, 2. 법 제63조 제3항에 따라 주식등을 할증평가하였으나 일괄하여 매각(피상속인 및 상속인과 제2조의2제1항제1호의 관계에 있는 자에게 일괄하여 매각한 경우를 제외한다)함으로써 최대주주등의 주식등에 해당되지 아니하는 경우, 3. 상속재산이 ① 「자본시장과 금융투자업에 관한 법률」에 따라 처분이 제한되어 의무적으로 보유해야 하는 주식, ② 「채무자 회생 및 파산에 관한 법률」 및 「기업구

외국법인·비거주자의 경정청구(법인세법 제98조의4 ④, 소득세법 제156조의2 ④), 조세조약상 제한세율 적용을 위한 국내원천소득의 실질귀속자인 외국법인·비거주자 또는 원천징수의무자의 경정청구(법인세법 제98조의6 ④, 소득세법 제156조의6 ④),[1128] 국제조세조정에 관한 법률[전부개정 2020. 12. 22.] 제6조(정상가격에 의한 경정청구), 제19조(관세의 경정처분에 따른 국세의 경정청구), 제33조(외국납부세액의 공제 및 경정청구) 등이 있다.

12. 가 산 세

※ 국세기본법 가산세 규정의 개정 경과와 개정이유

○ 국세기본법(2006. 12. 30. 법률 제8139호로 개정, 시행 2007. 1. 1.)[1129]

조조정 촉진법」에 따른 절차에 따라 발행된 주식으로서 법원의 결정에 따라 보호예수(保護預受)해야 하는 주식에 해당하여, 그 주식을 의무적으로 보유해야 하는 기간의 만료일부터 2개월 이내에 매각한 경우로서, 그 매각가액이 상속세 과세가액보다 낮은 경우(보유하고 있었던 사실을 증명할 수 있는 서류를 국세청장에게 제출한 경우로 한정)를 말한다(영 ③, 2021. 2. 17. 개정).

② 다음 각 호의 어느 하나에 해당하는 경우에는 그 사유가 발생한 날부터 3개월 이내에 대통령령으로 정하는 바에 따라 결정 또는 경정을 청구할 수 있다. 〈개정 2016.12.20.〉

1. 제37조에 따른 증여세를 결정 또는 경정받은 자가 대통령령으로 정하는 부동산무상사용기간 중 부동산소유자로부터 해당 부동산을 상속 또는 증여받거나 대통령령으로 정하는 사유로 해당 부동산을 무상으로 사용하지 아니하게 되는 경우 ☞ 제37조(부동산 무상사용에 따른 이익의 증여)
2. 제41조의4에 따른 증여세를 결정 또는 경정받은 자가 같은 조 제2항의 대출기간 중에 대부자로부터 해당 금전을 상속 또는 증여받거나 대통령령으로 정하는 사유로 해당 금전을 무상으로 또는 적정이자율보다 낮은 이자율로 대출받지 아니하게 되는 경우 ☞ 제41조의4(금전 무상대출 등에 따른 이익의 증여)
3. 타인의 재산을 무상으로 담보로 제공하고 금전 등을 차입함에 따라 제42조에 따른 증여세를 결정 또는 경정받은 자가 같은 조 제2항에 따른 재산의 사용기간 중에 재산 제공자로부터 해당 재산을 상속 또는 증여받거나 대통령령으로 정하는 사유로 무상으로 또는 적정이자율보다 낮은 이자율로 차입하지 아니하게 되는 경우 ☞ 제42조(재산사용 및 용역제공 등에 따른 이익의 증여)

1127) 대법원 2007. 11. 29. 선고 2005두10743 판결 ; "구 상증법 제79조 제1호, 구 상증법 시행령 제81조 제2항에 의하면, 구 상증법에 의하여 상속세과세표준 및 세액을 신고한 자 또는 상속세과세표준 및 세액의 결정 또는 경정을 받은 자로서 상속재산에 대한 피상속인 또는 상속인과 그 외의 제3자와의 분쟁으로 인한 상속회복청구소송의 확정판결로 말미암아 상속개시일 현재 상속인간 상속재산가액의 변동이 있는 경우에는 그 사유가 발생한 날부터 6월 이내에 대통령이 정하는 바에 의하여 결정 또는 경정을 청구할 수 있고, 위 조항에서 규정한 상속회복청구소송이라 함은 민법 제999조 소정의 상속회복의 소를 의미한다 할 것인바, 상속회복의 소는 상속권이 참칭상속인으로 인하여 침해된 때에 진정한 상속권자가 그 회복을 청구하는 소를 가리키는 것이나, 재산상속에 관하여 진정한 상속인임을 전제로 그 상속으로 인한 소유권 또는 지분권 등 재산권의 귀속을 주장하고, 참칭상속인 또는 자기들만이 재산상속을 하였다는 일부 공동상속인들을 상대로 상속재산인 부동산에 관한 등기의 말소 등을 청구하는 경우에도 그 소유권 또는 지분권이 귀속되었다는 주장이 상속을 원인으로 하는 것이면 그 청구원인 여하에 불구하고 이는 상속회복청구의 소라고 해석함이 상당하다."

1128) 법인세법과 소득세법상 위 각 경정청구의 경정청구기간은 '원천징수된 날이 속하는 달의 말일부터 5년 이내'지만, 국세기본법 제45조의2 제2항 각 호의 어느 하나에 해당하는 사유가 발생하였을 때에는 '그 사유가 발생한 것을 안 날부터 3개월 이내'로 규정하여, 원칙적으로 국세기본법상 후발적 경정청구기간이 우선하여 적용됨을 밝히고 있다.

1129) **[개정이유]** 가산세 제도의 개선(법 제47조의2 내지 제47조의5 신설, 제48조 및 제49조)
1) 현행 가산세는 개별 세법마다 가산세율 등이 달리 규정되어 있는 등 가산세 체계가 복잡하고, 고의적 의무위반에 대한 가산세 제재수준이 선진국에 비하여 낮아 탈세억제 및 성실신고 유도에 미흡하고, 일부 의무위반의 경우에는 가산세 부담이 지나친 문제점이 있음.

○ **국세기본법**(2008. 12. 26. 법률 제9263호로 개정, 시행 2009. 1. 1.)[1130]

○ **국세기본법**(2010. 1. 1. 법률 법률 제9911호로 개정, 시행 2010. 1. 1.)[1131]

○ **국세기본법**(2010. 12. 27. 법률 제10405호로 개정, 시행 2011. 1. 1.)[1132]

○ **국세기본법**(2011. 12. 31. 법률 제11124호로 개정, 시행 2012. 1. 1.)[1133]

---

2) 신고의무의 위반정도에 따라 불성실한 신고에 대한 가산세율을 고의적 의무위반의 경우에는 100분의 40으로, 단순한 무신고의 경우에는 100분의 20으로, 단순 과소신고의 경우에는 100분의 10으로 차등을 두어 규정하도록 하고, 납부의무 불이행에 대한 납부불성실가산세의 경우에도 모든 세목에 대하여 납부지연일자에 따라 가산세액이 달라지도록 하며, 납세자에게 세법상의 의무위반에 대한 정당한 사유가 있는 경우에는 가산세를 부과하지 아니하도록 하고, 신고·제출기한 경과 후 1월 이내에 지연신고·제출하는 경우에는 해당가산세를 100분의 50을 감면하도록 하는 등 가산세 감면제도를 합리화하며, 세법상의 각종 협력의무 위반에 대하여 부과되는 가산세는 고의성이 없는 경우에는 1억 원을 한도로 부과하도록 하는 등 모든 세목에 공통적으로 적용될 수 있는 가산세에 관한 사항을 「국세기본법」에 체계적으로 규정함.

1130) **[개정이유]** 수정신고 시 가산세 감면 확대(법 제48조제2항)
1) 법정신고기한이 지난 후 수정신고 시 가산세를 감면받을 수 있는 기간이 6개월 이내로 제한되어 있어 이를 확대할 필요가 있음.
2) 법정신고기한이 지난 후 6개월을 초과한 경우에도 1년 이내에 수정신고한 경우에는 해당 가산세액의 100분의 20을 감면하고, 법정신고기한이 지난 후 1년 초과 2년 이내에 수정신고한 경우에는 100분의 10을 감면하도록 함.

1131) **[개정이유]** 양도소득세 및 부동산매매업자의 부동산 매매차익 예정신고납부 불이행에 대한 가산세 신설(법 제47조의2 제6항 및 제47조의5제5항)
1) 양도소득세 예정신고납부의무와 부동산매매업자의 부동산 매매차익 예정신고납부의무의 성실한 이행을 담보하기 위하여 의무불이행에 대한 가산세를 부과할 필요가 있음.
2) 양도소득세 예정신고납부의무와 부동산매매업자의 부동산 매매차익 예정신고납부의무 불이행 시 예정신고 무신고가산세 등을 신설함.
3) 양도소득세 등에 대한 자진신고납부제도의 실효성이 제고될 것으로 기대됨.

1132) **[개정이유]** 가산세 부담의 완화(제47조의2제7항·제8항 신설, 제47조의3제3항, 제48조제2항 및 제49조제1항)
1) 양도소득세, 상속세·증여세에 대한 결정·경정 시 가산세액을 제외한 추가 납부세액이 없는 경우에는 무신고·과소신고 가산세 부과대상에서 제외함으로써 납부할 세액이 없는 경우 신고하지 않은 납세자들의 가산세 부담을 완화함.
2) 상속세·증여세 결정·경정 시 이미 무신고 등으로 신고불성실가산세가 부과된 증여재산에 대해서는 합산신고를 누락하더라도 중복적으로 신고불성실가산세가 부과되지 않도록 함.
3) 기한 후 신고의 가산세 감면요건을 기존 법정신고기한 후 1개월 이내 신고·납부에서 6개월까지로 확대하되, 기간별로 가산세 감면비율을 차등화하여 신고기회를 일실한 자에 대한 가산세 부담을 경감함.
4) 현재 1억 원인 고의성 없는 단순 협력의무 위반 가산세의 한도를 중소기업에 대해서는 5천만 원으로 인하하고, 「상속세 및 증여세법」에 따른 지급명세서 등 미제출에 대해서도 가산세 한도가 적용되도록 함.

1133) **[개정이유]** 가산세 제도의 합리화(제47조의2부터 제47조의5)
1) 현행 가산세 규정은 가산세 종류별 적용대상 세목이 불명확하고, 가산세액 산정 시 이미 납부한 세액 등 고려하여야 할 사항을 제대로 반영하지 못한 측면 등이 있음.
2) 교육세 및 농어촌특별세는 부가세목인 점을 고려하여 신고의무 위반에 대한 가산세 적용대상에서 제외하고, 예정신고납부·중간신고납부 등을 불성실하게 이행한 경우에도 신고·납부와 관련된 가산세가 적용됨을 명확히 하며, 중간예납·예정신고납부 등 기납부세액이 있는 경우에는 해당 세액을 탈루하려는 의도가 있었다고 보기 어려우므로 부정행위로 신고를 누락한 경우가 아니라면 신고의무 위반 관련 가산세를 계산할 때 기납부세액을 차감하도록 하고, 과세기간을 잘못 적용하거나 사업장을 달리 하여 세액을 납부한 경우에는 그 납부한 날에 납부하여야 할 세액을 납부한 것으로 보아 납부불성실가산세의 부담을 완화하며, 여러 세법에 별도로 규정하고 있던 원천징수 등의 납부의무 위반과 관련된 가산세를 이 법에 통합하여 규정하면서 그 가산세율도 100분의 3에 납부지연일에 비례하여 계산한 비율을 더하도록 하되, 총 세율은 100분의 10을 초과하지 않도록 일원화하는 등 가산세 관련된 체계를 합리적으로 개선함.

○ **국세기본법**(2013. 1. 1. 법률 제11604호로 개정, 시행 2013. 1. 1.)[1134)]

○ **국세기본법**(2014. 12. 23. 법률 제12848호로 개정, 시행 2015. 1. 1.)[1135)]

○ **국세기본법**(2016. 12. 20. 법률 제14382호로 개정, 시행 2017. 1. 1.)[1136)]

○ **국세기본법**(2017. 12. 19. 법률 제15220호로 개정, 시행 2018. 1. 1.)[1137)]

○ **국세기본법**(2018. 12. 31. 법률 제16097호로 개정, 시행 2019. 1. 1.)[1138)]

○ **국세기본법**(2019. 12. 31. 법률 제16841호로 개정, 시행 2020. 1. 1.)[1139)]

1134) **[개정이유]** 부정행위로 세액감면·공제를 받은 경우 가산세 부과(제47조의3 제2항 제1호의2 신설) ; 부정행위로 소득세 등의 세액감면 또는 세액공제를 신청한 경우 세액감면 등을 받은 금액의 100분의 40에 해당하는 가산세를 부과하도록 함.
가산세 한도적용 대상의 조정(제49조제1항) ; 가산세 한도의 적용대상에 「법인세법」에 따른 주주 등 명세서를 제출하지 않은 경우 등에 대한 가산세를 추가하고, 계산서 등을 허위·부당하게 발급한 경우 등에 대한 가산세는 한도적용 대상에서 제외함.

1135) **[개정이유]** 신고불성실가산세의 계산 기준을 산출세액에서 무신고납부세액 등으로 변경(제47조의2 및 제47조의3)
1) 신고불성실가산세를 계산할 때에 공제·감면된 부분이 고려되지 아니하여 불합리한 점이 있었음.
2) 신고불성실가산세의 계산 기준을 산출세액(과세표준에 세율을 곱하여 산출한 금액)에서 납세자가 추가로 납부해야 할 세액(산출세액에서 세액공제·세액감면과 기납부세액을 차감한 금액)으로 변경함.
3) 세액공제·세액감면액이 무신고세액 등에 포함되어 납세자에게 불합리한 부담을 주던 문제를 해소하는 등 납세자의 가산세 부담이 합리적으로 개선될 것으로 기대됨.

1136) **[개정이유]** 금융·보험업자의 교육세 과세표준 신고의무 위반에 대하여도 무신고가산세 및 과소신고·초과환급신고가산세를 적용하도록 함(제47조의2제1항 및 제47조의3제1항).

1137) **[개정이유]**
1) 무신고가산세 적용방법의 개선(제47조의2제6항) ; 종전에는 성실신고확인대상 사업자가 무신고·무기장가산세 및 성실신고확인서 미제출가산세를 동시에 적용받는 경우 그 중 가산세액이 가장 큰 가산세만 적용하였으나, 앞으로는 성실신고확인제도의 실효성을 제고하기 위하여 성실신고확인서 미제출가산세를 무신고·무기장가산세와 별도로 적용하도록 함.
2) 과소신고·초과환급신고가산세 및 납부불성실·환급불성실가산세 배제 대상 추가(제47조의3제4항제3호 및 제47조의4제3항제5호 신설) ; 「법인세법」에 따른 법인세 과세표준 또는 세액의 결정 또는 경정으로 특수관계법인과의 거래와 관련된 증여의제이익이 감소됨에 따라 양도한 주식 등의 취득가액이 감소된 경우에는 납세자에 대한 과소신고·초과환급신고가산세 및 납부불성실·환급불성실가산세 적용을 배제함.
3) 무신고가산세 및 과소신고·초과환급신고가산세 감면 사유 추가(제48조제2항제3호다목 및 라목 신설) ; 과세형평을 도모하기 위하여 예정신고기한 또는 중간신고기한까지 신고를 하지 아니하거나 과소신고 또는 초과신고한 후 확정신고기한까지 신고하거나 수정하여 신고한 경우 무신고가산세 또는 과소신고·초과환급신고가산세를 50퍼센트 감면함.

1138) **[개정이유]** 납부불성실가산세와 가산금을 납부지연가산세로 통합(제47조의4제1항, 제47조의4제7항부터 제9항까지 신설) ; 비슷한 제도를 중첩적으로 운영하여 발생하는 납세자의 혼란을 완화하기 위하여 납세자가 세법에 따른 납부기한까지 세금을 완납하지 아니한 경우에 납부고지 전에 적용되는 이 법에 따른 납부불성실가산세와 납부고지 후에 적용되는 「국세징수법」의 가산금을 일원화하여 이 법에 따른 납부지연가산세로 규정함. ☞ 2020. 1. 1.부터 시행하고(부칙 제1조 단서) 그 전에 납세의무가 성립된 분에 대해서는 종전의 규정에 따른다(부칙 제11조). ☞ 2019. 12. 31. 국세징수법 개정 ; 매일 성립·확정되는 납부지연가산세의 징수를 위하여 납세고지서를 매번 발급하기 어려운 점을 고려하여 납세고지서 발급 없이 징수할 수 있도록 동법 제9조 제1항 단서를 신설함.

1139) **[개정이유]** 가산세 종류별로 그 성격 및 의무위반 시기가 다른 점 등을 고려하여 무신고가산세, 과소신고·초과환급신고가산세, 납부지연가산세 등으로 나누어 납세의무 성립시기를 각각 규정함(제21조 제2항 제11호). 납세의무가 성립하는 때에 특별한 절차 없이 그 세액이 확정되는 대상에 납부지연가산세 및 원천징수납부 등 불성실가산세를 추가함(제22조 제4항 제5호 신설). 현재 시행령에 규정되어 있는 무신고가산세 계산 시 수입금액의 범위를 법률로 상향하여

○ **국세기본법**(2020. 12. 22. 법률 제17650호로 개정, 2021. 1. 1. 시행)[1140)]

※ 지방세기본법 가산세 규정의 개정 경과와 개정이유

○ **지방세기본법**(2013. 1. 1. 법률 제11616호로 개정, 시행 2013. 1. 1.)[1141)]

○ **지방세기본법**(2014. 1. 1. 법률 제12152호로 개정, 시행 2014. 1. 1.)[1142)]

○ **지방세기본법**(2015. 5. 18. 법률 제13293호로 개정, 시행 2015. 5. 18.)[1143)]

○ **지방세기본법**(2015. 12. 29. 법률 제13635호로 개정, 시행 2016. 1. 1.)[1144)]

직접 규정함(제27조 및 제47조의2). 역외거래에 대한 성실신고를 유도하기 위하여 거주자 간 국외자산 및 국외용역 거래에 대한 부정행위에 대해서도 국제거래와 동일하게 무신고·과소신고 가산세율을 100분의 40에서 100분의 60으로 상향 조정함(제47조의2제1항). 원천징수납부 등 불성실 가산세 산정방법을 개선하고, 원천징수납부 등 불성실 가산세의 한도를 조정하며, 체납된 국세의 납부고지서별·세목별 세액이 100만원 미만인 경우에는 납부기한의 다음 날부터 자진납부일·납세고지일까지의 기간과 이자율을 고려하여 산정하는 가산세를 적용하지 아니하도록 함(제47조의5 제1항, 제4항 및 제5항). 납세의무자의 자발적 조기 시정을 유도하기 위하여 수정신고 시 과소신고 가산세 및 기한 후 신고 시 무신고 가산세 감면율을 인상하고, 감면구간을 세분화함(제48조 제2항).

1140) **[개정이유]** 국내 사업자와의 형평성 등을 고려하여 간편사업자의 부가가치세 무신고, 과소신고 및 납부지연에 따른 가산세 면제 조항을 폐지함(현행 제47조의2제3항제1호 삭제, 제47조의3제6항, 현행 제47조의4제3항제3호 삭제). 납부지연에 대한 납세자의 귀책사유가 없는 경우 가산세 적용을 제외하기 위하여 상속세 또는 증여세를 법정신고기한 내 신고납부한 이후 일정한 방법에 따라 상속재산 또는 증여재산을 평가하여 해당 과세표준과 세액을 결정·경정한 경우 납부지연가산세를 면제함(제47조의4제3항제6호 신설). 인지세 미납기간에 따른 가산세 부담 적정화를 위해 법정납부기한 후 3개월 이내 납부 시에는 미납세액의 100분의 100, 법정납부기한 후 3개월 초과 6개월 이내 납부 시에는 미납세액의 100분의 200을 가산세로 부과함(제47조의4제9항). 공익법인의 세부담 증가를 완화하기 위해 공익법인 사후관리 이행 여부 신고불이행 가산세에 대해 5천만원(중소기업이 아닌 기업은 1억원) 한도를 적용함(제49조제1항제4호).

1141) **[개정이유]** 가산세 제도의 개선(제53조의2부터 제53조의5까지 신설)
1) 현재 신고·납부의무 위반에 대한 가산세는 「지방세법」에서 각 세목별로 별도로 규정되어 있을 뿐만 아니라 개별 세목마다 가산세율이 달리 규정되어 있는 등 가산세 체계가 복잡하고, 고의적 신고의무 위반에 대한 가산세 제재수준이 낮아 탈세억제나 성실신고 유도가 미흡한데 반하여, 단순 착오 등으로 인한 신고의무 위반에 대한 가산세는 과도한 측면이 있음.
2) 「지방세법」에 각 세목별로 규정되어 있는 신고·납부의무 위반에 대한 가산세를 이 법에 통합하여 규정하고, 불성실한 신고에 대한 가산세율을 고의적인 신고의무 위반의 경우에는 무신고분 또는 과소신고분 세액의 100분의 40, 단순 착오 등으로 인한 신고의무 위반의 경우에는 무신고분 또는 과소신고분의 100분의 20 또는 100분의 10으로 하여, 신고·납부의무의 위반 정도에 따라 차등을 두어 가산세를 부과하도록 개선함.

1142) **[개정이유]** 가산세의 산출기준을 지방세관계법 중 「지방세특례제한법」에 따라 감면이나 면제가 적용된 후의 세액에서 감면이나 면제가 이루어지기 전인 「지방세법」에 따라 산출한 세액으로 변경함(제53조의2 및 제53조의3). 법 시행 후 가산세를 가산할 지방세의 납세의무가 성립하는 경우부터 적용한다(부칙 제4조).

1143) **[개정이유]** 납부불성실 가산세의 한도를 납부하지 아니한 세액 또는 과소납부분 세액의 100분의 75로 함(제53조의4 후단 신설). 법 시행 후 납부불성실 가산세를 부과하는 경우부터 적용(부칙 제3조).

1144) **[개정이유]** 납세자의 권익향상을 위한 제도 개선(제53조의2, 제53조의3, 제53조의5, 제54조).
1) 종전에는 지방세를 납부할 의무가 없는 전액 감면대상자도 「지방세법」에 따른 산출세액을 신고하지 아니하거나 과소신고한 경우 무신고가산세 또는 과소신고가산세를 부과 받았으나, 앞으로는 신고의무를 불이행하더라도 납부할 세액이 없다면 신고불성실 가산세가 부과되지 아니하도록 무신고가산세 등의 **산출근거**를 산출세액에서 납부할 세액으로 변경함.
2) 특별징수의무자의 납세부담 경감을 위하여 특별징수의무자가 납부하지 아니하거나 과소납부한 세액에 대한

○ **지방세기본법**(2016. 12. 27. 법률 제14474호로 개정, 시행 2017. 3. 28.)[1145]

○ **지방세기본법**(2019. 12. 31. 법률 제16854호로 개정, 시행 2020. 1. 1.)[1146]

○ **지방세기본법**(2020. 12. 29. 법률 제17768호로 개정, 시행 2021. 1. 1.)[1147]

※ '납부불성실가산세'와 '가산금'의 '납부지연가산세'로의 통합

국세의 경우, **2018. 12. 31.** 국세기본법 개정 시, 납세자가 세법에 따른 납부기한까지 세금을 완납하지 아니한 경우에 납부고지 전에 적용되는 '납부불성실가산세'와 납부고지 후에 적용되는 국세징수법의 '가산금'[1148]을 일원화하여 국세기본법 제47조의4에 '납부지연가산세'로 통합하여 규정하였는데, 이는 **2020. 1. 1.**부터 시행하고(부칙 제1조 단서) 그 전에 납세의무가 성립된 분(제2차 납세의무의 경우 주된 납세자의 납세의무 성립 시점을 기준으로 함)에 대해서는 종전의 규정에 따르도록 하였다(부칙 제11조).

지방세의 경우, **2020. 12. 29.** 지방세기본법 개정 시 납세자가 납부기한까지 세금을 완납하지 아니

불성실가산세를 현행 5퍼센트에서 3퍼센트로 하향조정함.

☞ 제53조의2, 제53조의3 및 제53조의5의 개정규정은 법 시행 후 가산세를 가산할 지방세의 납세의무가 성립하는 경우부터 적용(부칙 제3조).

3) 수정신고나 기한 후 신고만 하더라도 세원확보가 용이해지는 점을 감안하여 수정신고나 기한 후 신고와 동시에 추가로 그 세액을 납부하지 아니하더라도 과소신고 또는 무신고에 따른 가산세를 감면하도록 함.

1145) **[개정이유]** 초과환급신고가산세 신설(제54조) ; 지방소득세 과세표준 신고를 하면서 환급받을 세액을 신고하여야 할 금액보다 많이 신고한 경우에는 초과로 환급신고한 금액의 100분의 10에 상당하는 금액을 초과환급신고가산세로 부과하도록 함. 법 시행 후 초과환급신고하는 분부터 적용(부칙 제3조).

1146) **[개정이유]** 납세의무자의 자발적 조기 시정을 유도하기 위하여 신고기한이 지난 후 1개월 이내에 수정신고 시 과소신고 가산세의 100분의 90을 감면하고, 신고기한이 지난 후 3개월 이내에 수정신고 시 과소신고 가산세의 감면율을 100분의 50에서 100분의 75 등으로 하며, 신고기한이 지난 후 3개월 이내에 기한 후 신고 시 무신고 가산세 감면율을 100분의 20에서 100분의 30 등으로 하는 등 각각 세분화하여 조정함(제57조제2항). 법 시행 전에 법정신고기한이 만료된 경우로서 법 시행 이후 최초로 수정신고하거나 기한 후 신고하는 분에 대해서도 적용하고(부칙 제5조). 법 시행 전에 수정신고하거나 기한 후 신고한 분에 대해서는 종전의 규정에 따르며, 법 시행 전에 수정신고하거나 기한 후 신고한 분에 대하여 법 시행 이후 다시 수정신고하거나 기한 후 신고하는 분에 대해서도 또한 같다(부칙 제14조).

1147) **[개정이유]** 1) 가산세의 납세의무 성립시기를 가산세를 가산할 지방세의 납세의무가 성립하는 때로 통합적으로 규정하고 있던 것을 가산세의 종류별로 그 성격 및 의무위반 시기가 다른 점 등을 고려하여 무신고가산세, 과소신고·초과환급신고가산세, 납부지연가산세 및 특별징수 납부지연가산세 등으로 나누어 각각 규정함(제34조제1항제12호). 2) 유사한 제도를 중첩적으로 운영함에 따라 발생하는 납세자의 혼란을 완화하고 과세 체계를 합리화하기 위하여 납세자가 납부기한까지 세금을 완납하지 아니한 경우에 이 법에 따라 가산하여 징수하는 납부불성실가산세와 「지방세징수법」에 따라 가산하여 징수하는 가산금을 납부지연가산세로 **통합**하여 규정함(제55조제1항 및 제56조, 제55조제4항·제5항 신설).

1148) **구 국세징수법 제21조(가산금)** [전문개정 2011.4.4.] ① 국세를 납부기한까지 완납하지 아니하였을 때에는 그 납부기한이 지난 날부터 체납된 국세의 100분의 3에 상당하는 가산금을 징수한다. ② 체납된 국세를 납부하지 아니하였을 때에는 납부기한이 지난 날부터 매 1개월이 지날 때마다 체납된 국세의 1천분의 12에 상당하는 가산금을 제1항에 따른 가산금에 가산하여 징수한다. 다만, 체납된 국세의 납세고지서별·세목별 세액이 100만원 미만인 경우는 제외한다. ③ 제2항에 따른 가산금을 가산하여 징수하는 기간은 60개월을 초과하지 못한다. ④ 제1항 및 제2항은 국가와 지방자치단체(지방자치단체조합을 포함한다)에 대하여는 적용하지 아니한다. ⑤ 상호합의절차가 진행 중이라는 이유로 체납액의 징수를 유예한 경우에는 제2항을 적용하지 아니하고 「국제조세조정에 관한 법률」 제24조제5항에 따른 가산금에 대한 특례를 적용한다. 삭제 〈2018.12.31〉 ☛ 제22조의 중가산금 규정은 2011. 4. 4. 개정 시 삭제되었다.

한 경우에 지방세기본법에 따라 가산하여 징수하던 '납부불성실가산세'와 지방세징수법에 따라 가산하여 징수하던 '가산금'1149)을 '납부지연가산세'로 통합하여 지방세기본법 제55조(납부지연가산세), 제56조(특별징수 납부지연가산세)에 규정하였는데, 이는 2022. 2. 3.부터 시행하고(부칙 제1조 단서 제3호) 그 전에 납세의무가 성립된 분(제2차 납세의무의 경우 주된 납세자의 납세의무 성립 시점을 기준으로 함)에 대해서는 종전의 규정에 따르도록 하였다(부칙 제6조).

※ 가산세 납세의무의 성립과 확정

국세의 경우, 2019. 12. 31. 국세기본법 개정 전에는 가산세의 납세의무 성립 시점을 '가산할 국세의 납세의무가 성립하는 때'로 규정하고 있다가,1150) 개정 후에는 가산세 종류별로 그 성격 및 의무위반 시기가 다른 점 등을 고려하여 무신고가산세 및 과소신고·초과환급신고가산세는 '법정신고기한이 경과하는 때', 법정납부기한 또는 초과환급받은 날의 각 다음 날부터 납부일까지의 기간에 비례한 각 납부지연가산세는 '법정납부기한 경과 후 1일마다 그 날이 경과하는 때', 납세고지서상 납부기한까지 납부하지 않음에 따른 3%의 납부지연가산세는 '납세고지서에 따른 납부기한이 경과하는 때'가 납세의무 성립 시점임을 구분하여 명시적으로 규정하고(제21조 ② 11호1151)), 이는 2022. 1. 1.(법률 제

1149) **구 지방세징수법 제30조(가산금)** 지방세를 납부기한까지 완납하지 아니하면 납부기한이 지난 날부터 체납된 지방세의 100분의 3에 상당하는 가산금을 징수한다. **제31조(중가산금)** ① 체납된 지방세를 납부하지 아니하였을 때에는 납부기한이 지난날부터 1개월이 지날 때마다 체납된 지방세의 1만분의 75에 상당하는 가산금(이하 "중가산금"이라 한다)을 제30조에 따른 가산금에 더하여 징수한다. 이 경우 중가산금을 가산하여 징수하는 기간은 60개월을 초과할 수 없다. ☛ 삭제 〈2020.12.29〉

1150) 국세기본법 개정 전의 판례로서 대법원 2014. 12. 24. 선고 2014두40791 판결은, "법인세의 과소신고가산세와 납부불성실가산세는 구 법인세법 제60조 제1항, 제64조 제1항에서 법인세 신고납부기한으로 정한 '각 사업연도의 종료일이 속하는 달의 말일부터 3개월이 되는 날'의 다음날에 성립하고, 그 부과제척기간 또한 같은 날부터 기산된다."라고 판시하였는데, 이는 가산세의 납세의무 성립 시점을 '가산할 국세(본세)의 납세의무가 성립하는 때'로 정한 명문의 법규정과 달리(본세의 납세의무 성립 후 그 신고납부기한을 도과하여 그 의무를 다하지 아니할 때에 가산세 납세의무가 생긴다고 보아야 하기 때문에 법 규정은 그 자체로 논리모순임이 분명한 것이다), 과소신고가산세와 납부불성실가산세 자체의 이론상 납세의무 성립 시점에 따라 헌법합치적으로 해석한 것으로서, 2019. 12. 31. 국세기본법 개정 시 무신고가산세 및 과소신고·초과환급신고가산세의 납세의무 성립 시점 규정에 반영된 것으로 볼 수 있다. 2019. 12. 31. 개정 국세기본법 제21조 ② 제11호 마목은 '그 밖의 가산세'의 납세의무 성립시기에 관하여 종전과 같이 "가산할 국세의 납세의무가 성립하는 때"로 규정하고 있으나, 이보다는 2020. 12. 29. 개정 지방세기본법 제34조 ① 제12호 사목 소정의 '가산세를 가산할 사유가 발생하는 때'가 보다 논리적인 규정 형식이다.

1151) **국세기본법 제21조(납세의무의 성립시기)**[전문개정 2018.12.31] ① 국세를 납부할 의무는 이 법 및 세법에서 정하는 과세요건이 충족되면 성립한다. ② 제1항에 따른 국세를 납부할 의무의 성립시기는 다음 각 호의 구분에 따른다. 〈개정 2020.12.29〉

11. 가산세 : 다음 각 목의 구분에 따른 시기. 다만, 나목과 다목의 경우 제39조를 적용할 때에는 이 법 및 세법에 따른 납부기한(이하 "법정납부기한"이라 한다)이 경과하는 때로 한다.
    가. 제47조의2에 따른 무신고가산세 및 제47조의3에 따른 과소신고·초과환급신고가산세: 법정신고기한이 경과하는 때
    나. 제47조의4제1항제1호·제2호에 따른 납부지연가산세 및 제47조의5제1항제2호에 따른 원천징수 등 납부지연가산세 : 법정납부기한 경과 후 1일마다 그 날이 경과하는 때
    다. 제47조의4제1항제3호에 따른 납부지연가산세: 납세고지서에 따른 납부기한이 경과하는 때
    라. 제47조의5제1항제1호에 따른 원천징수 등 납부지연가산세: 법정납부기한이 경과하는 때
    마. 그 밖의 가산세: 가산할 국세의 납세의무가 성립하는 때

9346호 교통·에너지·환경세법 폐지법률의 시행일)부터 시행하고(부칙 제1조 단서) 그 전에 가산세와 관련된 국세의 납세의무가 성립한 분에 대해서는 종전의 규정에 따르도록 하였다(부칙 제16조). 납세의무가 성립하는 때에 특별한 절차 없이 그 세액이 확정되는 대상에 '제47조의4에 따른 납부지연가산세 및 제47조의5에 따른 원천징수 등 납부지연가산세(납세고지서에 따른 납부기한 후의 가산세로 한정한다)'를 추가하고(제22조 ④ 5호 신설), 법 시행(2020. 1. 1.) 전에 납세의무가 '성립'한 분에 대해서는 종전의 규정에 따르도록 하였다(부칙 제17조).[1152]

지방세의 경우도, **2020. 12. 29.** 지방세기본법 개정 전에는 가산세의 납세의무 성립 시점을 '가산세를 가산할 지방세의 납세의무가 성립하는 때'로 규정하고 있다가, 개정 후에는 가산세의 종류별로 그 성격 및 의무위반 시기가 다른 점 등을 고려하여 무신고가산세, 과소신고·초과환급신고가산세, 납부지연가산세 및 특별징수 납부지연가산세 등으로 나누어 각각 규정하였는데(제34조 ① 제12호[1153]), 이는 **2022. 2. 3.**부터 시행하고(부칙 제1조 단서 제3호) 그 전에 납세의무가 성립한 가산세에 대해서는 종전의 규정에 따르도록 하였다(부칙 제7조). 납세의무가 성립하는 때에 특별한 절차 없이 그 세액이 확정되는 대상에 '제55조제1항제3호 및 제4호에 따른 납부지연가산세, 제56조제1항제3호에 따른 특별징수 납부지연가산세'를 추가하고(제35조 ② 2호, 3호 신설), 그 시행일(2022. 2. 3.) 전에 세액이 '확정'된 가산세에 대해서는 종전의 규정에 따르도록 하였다(부칙 제8조).

위 각 개정법의 시행 전에는 가산세와 가산금에 관한 종전 대법원 판례 및 해석론이 적용된다.

자동확정되는 가산세 외에는 확정을 위해서 본세와는 별도의 부과처분이 필요하다.[1154] 사기나 그 밖의 부정한 행위로 부가가치세법에 따른 세금계산서교부불성실가산세 등이 부과되는 경우에는

1152) 종전에 대법원 2011. 12. 8. 선고 2010두3428 판결은, "가산금과 중가산금은 국세가 납부기한까지 납부되지 아니하면 특별한 절차 없이 당연히 발생하고 그 액수도 확정된다."라고 판시한 바 있는데, 이에 따라 2019. 12. 31. 국세기본법 개정 시 납세고지서에 따른 납부기한 후의 납부지연가산세 등을 자동확정방식 조세로 명시한 것으로 보인다.

1153) **지방세기본법 제34조(납세의무의 성립시기)** ① 지방세를 납부할 의무는 다음 각 호의 구분에 따른 시기에 성립한다. 〈개정 2020.12.29〉

12. 가산세: 다음 각 목의 구분에 따른 시기. 다만, 나목부터 마목까지의 규정에 따른 경우 제46조를 적용할 때에는 이 법 및 지방세관계법에 따른 납부기한(이하 "법정납부기한"이라 한다)이 경과하는 때로 한다.
  가. 제53조에 따른 무신고가산세 및 제54조에 따른 과소신고·초과환급신고가산세: 법정신고기한이 경과하는 때
  나. 제55조제1항제1호에 따른 납부지연가산세 및 제56조제1항제2호에 따른 특별징수 납부지연가산세: 법정납부기한 경과 후 1일마다 그 날이 경과하는 때
  다. 제55조제1항제2호에 따른 납부지연가산세: 환급받은 날 경과 후 1일마다 그 날이 경과하는 때
  라. 제55조제1항제3호에 따른 납부지연가산세: 납세고지서에 따른 납부기한이 경과하는 때
  마. 제55조제1항제4호에 따른 납부지연가산세 및 제56조제1항제3호에 따른 특별징수 납부지연가산세: 납세고지서에 따른 납부기한 경과 후 1개월마다 그 날이 경과하는 때
  바. 제56조제1항제1호에 따른 특별징수 납부지연가산세: 법정납부기한이 경과하는 때
  사. 그 밖의 가산세: 가산세를 가산할 사유가 발생하는 때. 다만, 가산세를 가산할 사유가 발생하는 때를 특정할 수 없거나 가산할 지방세의 납세의무가 성립하기 전에 가산세를 가산할 사유가 발생하는 경우에는 가산할 지방세의 납세의무가 성립하는 때로 한다.

1154) 대법원 2011. 12. 8. 선고 2010두3428 판결 ; "부가가치세의 납세의무는 그 과세표준과 세액의 신고만으로 확정되지만, 그 신고세액을 제대로 납부하지 아니한 경우에 부과되는 납부불성실가산세의 납세의무는 그 확정을 위하여 과세관청의 납부불성실가산세 부과처분이 별도로 필요하다."

'본세액의 포탈이 없더라도' 10년의 부과제척기간이 적용된다(국세기본법 제26조의2 제2항 제3호).[1155] '명의위장등록가산세'처럼, 본세 납세의무와 무관하게 부과되고, 국세기본법 제26조의2 제2항 제3호(10년의 부과제척기간 적용 가산세)에 열거되어 있지 않으며, 신고의무에 대하여도 별도의 규정이 없는 가산세의 부과제척기간은 5년이다.[1156]

1155) **국세기본법 제26조의2(국세의 부과제척기간)** ② 제1항에도 불구하고 다음 각 호의 어느 하나에 해당하는 경우에는 다음 각 호의 구분에 따른 기간을 부과제척기간으로 한다.

3. 납세자가 부정행위를 하여 다음 각 목에 따른 가산세 부과대상이 되는 경우: 해당 가산세를 부과할 수 있는 날부터 10년[2010. 12. 27. 신설] 가. 「소득세법」 제81조의10제1항제4호 나. 「법인세법」 제75조의8제1항제4호 [2013.1.1. 개정] 다. 「부가가치세법」 제60조제2항제2호, 같은 조 제3항 및 제4항

[2010. 12. 27. 개정이유] 사기나 그 밖의 부정한 행위로 인한 가산세의 경우 국세부과제척기간 연장(신설) 1) 현재 사기나 그 밖의 부정한 행위로 국세를 포탈하는 경우에는 10년의 제척기간을 적용하나, 자료상 매출·매입을 동일한 금액으로 맞춰 가공의 세금계산서 등을 발행하는 등의 부정한 행위로 다른 사람이 국세포탈을 하도록 하는 경우 부과하는 가산세는 자료상 본인의 경우 본세액의 포탈이 없어 일반 제척기간인 5년이 적용되고 있음. 2) 사기나 그 밖의 부정한 행위로 「부가가치세법」에 따른 세금계산서교부불성실가산세 등이 부과되는 경우에는 본세액의 포탈이 없더라도 10년의 국세부과제척기간이 적용되도록 함.

[종전 판례] 대법원 2009. 12. 24. 선고 2007두16974 판결 ; "국세기본법 제26조의2 제1항 … 제1호(이하 '이 사건 조항'이라 한다) … 이 사건 조항의 규정형식, 입법 취지 및 엄격해석의 원칙상 법정신고기한 내에 과세표준신고서를 제출한 납세자가 사기 기타 부정한 행위를 하였다고 하더라도 그로 인하여 국세를 포탈하거나 환급·공제받지 아니하는 경우에는 원칙으로 돌아가 그 부과제척기간은 5년이 된다고 할 것이고, 이는 당해 납세자가 다른 납세자의 조세포탈 등에 가담하였더라도 자신의 포탈세액 등이 없는 이상 달리 볼 것은 아니다. 그리고 신고납세방식의 국세에 있어서 당해 국세의 포탈이나 부정환급·부정공제가 있었는지 여부는 가산세를 제외한 본세액을 기준으로 판단하여야 하며, 재화나 용역을 공급하는 사업자가 가공의 매출세금계산서와 함께 가공의 매입세금계산서를 기초로 부가가치세의 과세표준과 납부세액 또는 환급세액을 신고한 경우에는 그 가공의 매출세금계산서상 공급가액에 대하여는 부가가치세의 과세대상인 재화나 용역의 공급이 없는 부분으로서 이에 대한 추상적인 납세의무가 성립하였다고 볼 수 없으므로, 비록 공제되는 매입세액이 가공이라고 하더라도 이러한 경우에는 가공의 매출세액을 초과하는 부분에 한하여 그 가공거래와 관련된 부가가치세의 포탈이나 부정환급·부정공제가 있었다고 보아야 한다." ☞ 원심이, 원고는 1997년 제1기부터 1998년 제1기까지의 부가가치세 과세기간 동안 소외 맥주 회사 동부직매장 등으로부터 가공의 매입세금계산서를 수취하고, 그 가공의 매입세금계산서상 공급가액과 동일한 금액의 가공의 매출세금계산서를 발행한 후 이를 다른 거래처에는 교부하지 아니한 채 부가가치세 신고에만 활용한 사실 등을 인정한 후, 원고가 위 주류직매장으로부터 수취한 가공의 매입세금계산서상 공급가액과 원고가 발행한 가공의 매출세금계산서상 공급가액이 동일하여 원고의 부가가치세 포탈세액은 존재하지 아니하므로, 이에 대한 구 부가가치세법 소정의 매출처 및 매입처별 세금계산서합계표 불성실가산세의 부과제척기간은 5년이고, 원고가 소외인의 무자료 주류매출에 따른 조세포탈에 가담하였다고 하더라도 이를 통한 원고의 포탈세액 등이 없는 한 그 부과제척기간을 10년으로 볼 수 없다고 판단한 것은 정당하다고 한 예.

1156) 대법원 2019. 8. 30. 선고 2016두62726 판결 ; "구 부가가치세법 제22조 제1항 제2호는 '사업자가 대통령령으로 정하는 타인의 명의로 제5조에 따른 등록을 하고 실제 사업을 하는 것으로 확인되는 경우 사업 개시일부터 실제 사업을 하는 것으로 확인되는 날의 직전일까지의 공급가액에 대하여 100분의 1에 해당하는 금액을 납부세액에 더하거나 환급세액에서 뺀다'고 규정하고 있다. 이러한 명의위장등록가산세는 부가가치세 본세 납세의무와 무관하게 타인 명의로 사업자등록을 하고 실제 사업을 한 것에 대한 제재로서 부과되는 별도의 가산세이고, 구 국세기본법 제26조의2 제1항 제1호의2에 따라 납세자의 부정행위로 부과대상이 되는 경우 10년의 부과제척기간이 적용되는 별도의 가산세에도 포함되어 있지 않으며, 이에 대한 신고의무에 대하여도 별도의 규정이 없으므로, 그 **부과제척기간**은 **5년**으로 봄이 타당하다."

본세와 가산세의 관계

● 대법원 2018. 11. 29. 선고 2015두56120 판결[관세등부과처분취소]

▌무신고·과소신고·납부불성실 가산세

판시사항

[1] 신고·납부할 본세의 납세의무가 인정되지 않는 경우 본세의 세액이 유효하게 확정되어 있을 것을 전제로 하는 무신고·과소신고·납부불성실 가산세 등을 부과할 수 있는지 여부(×) 및 이는 관세의 경우에도 마찬가지인지 여부(○)

[2] 관세법 제42조 제1항에 따른 관세 가산세의 부과의 기초가 되는 '부족한 관세액'이 없는 경우 가산세 납세의무가 인정되는지 여부(×)[1157]

이 유

가산세는 세법에서 규정하는 의무의 성실한 이행을 확보하기 위하여 세법에 따라 산출한 본세액에 가산하여 징수하는 독립된 조세로서,[1158][1159] 본세에 감면사유가 인정된다고 하여 가산세도 감면대

1157) 【이 유】 "관세법 제42조 제1항은 '부족한 관세액을 징수할 때'에 '해당 부족세액의 100분의 10'(제1호)과 '해당 부족세액'에 일정한 비율을 곱하여 산정한 금액(제2호)을 가산세로 정하고 있다. 위 각호의 규정에 따른 관세 가산세는 국세기본법의 무신고·과소신고·납부불성실가산세와 마찬가지로 본세 납세의무가 최종적으로 존재하는 것을 전제로 하는 것으로서, 성질상 그 부과의 기초가 되는 '부족한 관세액'이 없는 이상 가산세 납세의무만 따로 인정될 수 없다. 일반적으로 관세의 감면을 받기 위해서는 수입신고 수리 전에 감면신청서를 제출하는 사전신고가 원칙이지만, 관세법령은 부과징수의 경우 '해당 납부고지를 받은 날부터 5일 이내'에 감면신청서를 적법하게 제출할 수 있는 규정을 두고 있다(관세법 시행령 제112조 제2항 제1호). 위와 같이 수입신고 이후에도 일정한 기한 내에 관세의 감면신청을 할 수 있도록 허용하는 취지는 관세법규의 복잡성 등을 고려하여 납세자의 권익을 두텁게 보호하기 위한 것이지, 사전신고 여부에 따라 관세 가산세 납세의무의 존부를 달리 판단할 근거는 없다. 또한, 사전신고 시에 잘못이 있었더라도 적법한 기한 내에 이를 보완하여 관세 감면이 유효하게 이루어진 이상 관세법 제42조가 담보하고자 하는 관세액의 정당한 징수와 납세자의 협력의무 이행에 위반이 있었다고 평가할 수도 없다."

1158) ◎ 가산세의 독립성
대법원 2008. 12. 24. 선고 2006두13497 판결 ; "정당한 본세액이 당초 납세의무자가 신고·납부한 본세액에 미달한다면 설령 그 정당한 본세액에 가산세액을 합산한 세액이 신고·납부한 본세액을 초과하더라도 과세관청으로서는 그러한 사유만으로 납세의무자의 경정청구를 거부할 수 없다." ☞ [동일 취지] 대법원 2004. 10. 15. 선고 2003두7064 판결 ; 상속세의 신고불성실가산세와 납부불성실가산세는 별개의 독립된 처분이므로, 납부불성실가산세의 정당한 세액이 과세관청의 처분액을 초과하고, 그 액수와 신고불성실가산세의 정당한 세액을 합한 액수가 과세관청의 신고불성실가산세와 납부불성실가산세의 처분액을 합한 범위 내라고 하더라도 과세관청의 처분액을 초과하는 납부불성실가산세를 법원이 직권으로 인정할 수 없으므로 과세관청의 처분액만을 인정함이 상당하다고 한 사례.

1159) ◎ 가산세에 대한 필요적 전치주의 원칙과 예외의 적용
○ 대법원 2013. 6. 28. 선고 2013두932 판결 ; "가산세는 본세와 별도로 납세의무가 성립하는 별개의 세목으로서 본세와는 독립한 불복대상이 되며 수 개의 과세처분에 대한 전심절차는 원칙적으로 당해 과세처분마다 따로 거쳐야 하므로, 납세의무자가 과세처분에 대한 심사청구 또는 심판청구를 하면서 본세에 관하여는 불복하지 않고 가산세의 취소만을 구하다가 그 청구가 기각된 후 항고소송을 제기하여 본세와 가산세 전부의 취소를 구하는 경우 본세에 관한 소는 전심절차를 거치지 아니한 것이어서 부적법하다."
○ 대법원 1989. 11. 10. 선고 88누7996 판결 ; "2개 이상의 행정처분이 같은 목적을 위하여 단계적으로 진행되는

상에 포함되는 것이 아니고, 반면에 그 의무를 이행하지 아니한 데 대한 정당한 사유가 있는 경우에는 본세 납세의무가 있더라도 가산세는 부과하지 않는다(국세기본법 제2조 제4호, 제47조, 제48조 등 참조).[1160)]

가산세의 종류에 따라서는 본세 납세의무와 **무관**하게 별도의 협력의무 위반에 대한 제재로서 부과되는 가산세도 있으나,[1161)] 가산세 부과의 근거가 되는 법률 규정에서 본세의 세액이 유효하게 확정되어 있을 것을 **전제**로 납세의무자가 법정기한까지 과세표준과 세액을 제대로 신고하거나 납부하지 않은 것을 요건으로 하는 **무신고·과소신고·납부불성실가산세** 등은 신고·납부할 **본세의 납세의무가 인정되지 아니**하는 경우에 이를 **따로 부과할 수 없다**고 할 것이고, 이는 관세의 경우에도 마찬가지이다(대법원 2011. 11. 10. 선고 2009다28738 판결,[1162)] 대법원 2014. 4. 24. 선고 2013두27128 판결[1163)] 등 참조).

일련의 발전적 과정에서 이루어진 것으로 서로 내용상 관련이 있다든지(예를 들면 … 본세에 관한 처분과 가산세부과처분의 경우 … 에 … 행정심판전치주의의 근본취지와, … 조세관계사건의 특수성에 비추어 … 국세기본법의 전심절차에 관한 규정들의 취지 등을 합목적적으로 고려하여, 국세청장과 국세심판소로 하여금 기본적 사실관계와 법률문제에 대하여 다시 판단할 수 있는 기회를 부여하였을 뿐더러 납세의무자로 하여금 굳이 또 전심절차를 거치게 하는 것이 가혹하다고 보이는 등 정당한 사유가 있는 때에는, 납세의무자가 전심절차를 거치지 아니하고도 과세처분의 취소를 청구하는 행정소송을 제기할 수 있다고 보아야 할 것이다."

1160) **국세기본법 제2조(정의)** 4. "가산세"란 이 법 및 세법에서 규정하는 의무의 성실한 이행을 확보하기 위하여 세법에 따라 산출한 세액에 가산하여 징수하는 금액을 말한다. / **지방세기본법 제2조** ① 23. "가산세"란 이 법 또는 지방세관계법에서 규정하는 의무를 성실하게 이행하도록 하기 위하여 의무를 이행하지 아니할 경우에 이 법 또는 지방세관계법에 따라 산출한 세액에 가산하여 징수하는 금액을 말한다.

제47조(가산세 부과) ① 정부는 세법에서 규정한 의무를 위반한 자에게 이 법 또는 세법에서 정하는 바에 따라 가산세를 부과할 수 있다. ② 가산세는 해당 의무가 규정된 세법의 해당 국세의 세목으로 한다. 다만, 해당 국세를 감면하는 경우에는 가산세는 그 감면대상에 포함시키지 아니하는 것으로 한다. ③ 가산세는 납부할 세액에 가산하거나 환급받을 세액에서 공제한다. / **지방세기본법 제52조(가산세의 부과)** ① 지방자치단체의 장은 이 법 또는 지방세관계법에 따른 의무를 위반한 자에게 이 법 또는 지방세관계법에서 정하는 바에 따라 가산세를 부과할 수 있다. ② 가산세는 해당 의무가 규정된 지방세관계법의 해당 지방세의 세목으로 한다. ③ 제2항에도 불구하고 지방세를 감면하는 경우에 가산세는 감면대상에 포함시키지 아니한다.

제48조(가산세 감면 등) ① 정부는 이 법 또는 세법에 따라 가산세를 부과하는 경우 그 부과의 원인이 되는 사유가 다음 각 호의 어느 하나에 해당하는 경우에는 해당 가산세를 부과하지 아니한다. 〈개정 2018.12.31.〉 1. 제6조제1항에 따른 기한 연장 사유에 해당하는 경우 2. 납세자가 의무를 이행하지 아니한 데에 정당한 사유가 있는 경우 3. 그 밖에 제1호 및 제2호와 유사한 경우로서 대통령령으로 정하는 경우 / **지방세기본법 제57조(가산세의 감면 등)** ① 지방자치단체의 장은 이 법 또는 지방세관계법에 따라 가산세를 부과하는 경우 그 부과의 원인이 되는 사유가 제26조제1항에 따른 기한연장 사유에 해당하거나 납세자가 해당 의무를 이행하지 아니한 정당한 사유가 있을 때에는 가산세를 부과하지 아니한다.

1161) 대법원 2007. 3. 15. 선고 2005두12725 판결 ; "가산세는 과세권의 행사와 조세채권의 실현을 용이하게 하기 위하여 세법에 규정된 의무를 정당한 이유 없이 위반한 납세자에게 부과하는 일종의 행정상 제재이므로, 개별 세법에 의하여 산출한 법인세 등 본세에 가산세를 가산한 금액을 본세의 명목으로 징수한다 하더라도 이는 징수절차의 편의상 당해 세법이 정하는 국세의 세목으로 하여 그 세법에 의하여 산출한 본세의 세액에 가산하여 함께 징수하는 것일 뿐 세법이 정하는 바에 의하여 성립·확정되는 본세와는 그 성질이 다르다. 따라서 본세의 산출세액이 없는 경우에는 가산세도 부과·징수하지 아니한다는 등의 특별한 규정이 없는 한, 본세의 산출세액이 없다 하더라도 가산세만 독립하여 부과·징수할 수 있다." ☞ 원심이, 구 법인세법 제76조 제6항을 근거로 하는 주식등변동상황명세서 제출불성실가산세에 관하여는 본세의 산출세액이 없는 경우에도 가산세는 부과·징수한다는 취지의 특별규정이 없으므로 본세의 산출세액이 없는 이 사건에 있어 위 가산세만 따로 부과·징수할 수 없다는 취지의 원고 주장을 배척한 판단은 정당하다고 한 예.

1162) "신고불성실가산세와 납부불성실가산세는 납세의무자가 과세표준과 세액을 자진하여 신고·납부할 의무를 위반하여 신고·납부를 하지 아니하거나 신고·납부하여야 할 금액에 미달하게 신고·납부한 경우에 법이 정하는 바에 따라

⇒ **[동일 판시 따름 판례] 대법원 2018. 11. 29. 선고 2016두53180 판결**(구 자유무역협정의 이행을 위한 관세법의 특례에 관한 법률 제10조, 제13조, 한·미 자유무역협정(FTA) 제6.18조에 따라 납세자가 해당 상품이 원산지 상품이라는 것을 증명하는 추가 정보를 제출한 경우에는, 수입물품에 대한 관세 납부의무가 없고, 이때 관세법 제42조 제1항에 따른 관세 가산세의 납세의무가 인정되지 않는다고 한 사례), **대법원 2019. 2. 14. 선고 2015두52616 판결**(품질, 규격, 수량 등이 원래의 계약된 명세와 일치하지 않은 수입물품을 법령에 정한 절차에 따라 수출자에게 되돌려 보내는 경우에는, 그에 대한 관세와 부가가치세 납세의무가 없고, 그 가산세 납세의무도 인정되지 않는다고 한 사례)

부과하는 행정상의 제재라고 할 것이므로, **자진하여 신고·납부할 의무 자체가 성립하지 아니하는 경우**에는 이를 **부과할 수 없다**. … 내국법인이 자산재평가법 제4조, 제38조에 의하지 아니하고 자산재평가를 하더라도 구 조세감면규제법 제56조의2 제1항 본문의 요건에 해당하면 그 재평가차액은 자산재평가일이 속하는 사업연도의 익금에 산입되지 아니하고 그 후 2003. 12. 31.까지 주식을 상장하지 아니하였을 때에 비로소 익금에 산입되어 법인세 과세대상이 되는 것이다. 따라서 그 익금의 귀속시기가 자산재평가일이 속하는 사업연도로 소급하여 그에 관한 법인세 납세의무가 그 사업연도 종료일에 성립한다고 하여 그 사업연도의 법인세 신고·납부기일에 소급하여 그 재평가차액에 관한 법인세를 자진하여 신고·납부할 의무가 있다고 할 수는 없고, 이와 같은 재평가차액의 익금 산입에 따른 법인세를 신고·납부할 의무에 관하여 별도의 규정이 없는 이상 2003. 12. 31.이 도과한 후에 과세관청이 부과과세방식에 의하여 이를 징수할 수 있을 뿐이라고 할 것이다. … 대한상호신용금고는 자산재평가일이 속하는 1990사업연도의 법인세 신고·납부기일인 1991. 9. 28.까지 이 사건 재평가차액에 대한 법인세를 자진하여 신고·납부할 의무가 있다고 할 수 없고, 이러한 **의무가 있음을 전제**로 한 이 사건 **가산세 부과처분**은 그 하자가 중대하고 명백하여 **무효**라 할 것이다."

1163) "구 지방세법(2010. 3. 31. 법률 제10221호로 전부 개정되어 2011. 1. 1.부터 시행되기 전의 것, 이하 같다) 제72조 제1항은 '이 법에 의한 처분(신고납부 또는 수정신고납부를 한 경우에는 그 신고납부를 한 때에 처분이 있었던 것으로 본다)으로서 위법 또는 부당한 처분을 받았거나 필요한 처분을 받지 못함으로써 권리 또는 이익의 침해를 당한 자는 이 절의 규정에 의한 이의신청, 심사청구 및 심판청구를 할 수 있다'고 규정하고 있다. 한편 신고납세방식의 조세는 원칙적으로 납세의무자가 스스로 과세표준과 세액을 정하여 신고하는 행위에 의하여 납세의무가 구체적으로 확정된다. 따라서 그 납세의무를 이행하지 아니한다고 하여 과세관청이 신고된 세액에 납부불성실가산세를 더하여 납세고지를 하였더라도, 이는 신고에 의하여 확정된 조세채무의 이행을 명하는 징수처분과 그에 대한 가산세의 부과처분 및 그 징수처분이 혼합된 처분일 뿐이다. … 구 지방세법 제120조, 제121조 제1항 제2호 등에 의하면 납부불성실가산세는 본세의 납세의무자가 법령에서 정한 기간 내에 신고납부하여야 할 세액을 납부하지 아니하였거나 산출세액에 미달하게 납부한 때에 부과·징수하는 것이므로 본세의 납세의무가 아예 성립하지 아니한 경우에는 이를 부과·징수할 수 없고, 이러한 법리는 **불복기간 등의 경과**로 **본세의 납세의무를 더 이상 다툴 수 없**게 되었다고 하더라도 **마찬가지**이다." ☞ 원심이, 이 사건 신고에 의하여 원고의 본세 납세의무가 확정되었으므로 이 사건 납세고지 중 본세 부분은 징수처분에 불과하고, 구 지방세법 제72조 제1항 괄호에 의하여 처분이 있었던 것으로 보는 신고납부에는 '납부가 전제되지 아니한 신고'도 포함된다고 전제한 다음, 이 사건 소 중 본세 부과처분이 있었음을 전제로 그 취소를 구하는 부분은 이 사건 신고가 있은 날인 2011. 1. 14.부터 90일이 지난 후에 그에 대한 이의신청과 심판청구 및 이 사건 소송의 제기가 있었으므로 부적법하다고 판단한 것은 정당하나, 이 사건 아파트의 취득과 관련하여 원고에게 본세 납세의무가 성립하였는지 여부를 심리·판단하지 아니한 채 제소기간 등의 경과로 본세의 납세의무를 더 이상 다툴 수 없게 되었다는 이유만으로 가산세 부과요건이 충족되었다고 판단한 것은 잘못이라고 한 예.

국세기본법상 일반 가산세

● 대법원 2019. 5. 16. 선고 2018두34848 판결 [종합소득세 부과처분의 무효확인]

▌종합소득세 무신고·납부불성실 가산세, 당연무효(긍정례)

판시사항

[1] 종합소득금액이 있는 거주자가 법정신고기한 내에 종합소득 과세표준을 관할 세무서장에게 신고하면서 종합소득의 구분과 금액을 잘못 신고한 경우, 종합소득 과세표준에 대한 신고가 없었음을 전제로 하는 무신고가산세를 부과할 수 있는지 여부(×) / 그 무신고가산세 부과처분은 그 하자가 중대하고 객관적으로도 명백하여 당연무효인지(○)

[2] 실제사업자가 사업명의대여자인 원고 명의로 납부한 기납부세액이 원고의 체납세액을 초과하는 경우, 피고가 원고에게 원고의 체납세액에 대한 납부불성실가산세를 부과한 것은 납부의무 없는 자에 대한 처분으로 그 하자가 중대하고 객관적으로 명백하여 당연무효에 해당하는지 여부(○)

이 유

[1] 관련 규정1164)의 체계 및 문언 내용에 비추어 보면, 종합소득금액이 있는 거주자가 법정신고기한1165) 내에 종합소득 과세표준을 관할 세무서장에게 신고한 경우에는 설령 종합소득의 구분과 금액

1164) 구 소득세법(2012. 1. 1. 법률 제11146호로 개정되기 전의 것) 제4조 제1항은 거주자의 소득을 종합소득, 퇴직소득, 양도소득으로 구분하면서, 그중 종합소득을 '이자소득·배당소득·사업소득·근로소득·연금소득·기타소득을 합산한 소득'(제1호)으로 규정하고 있고, 당해 연도의 종합소득금액이 있는 거주자는 그 종합소득 과세표준을 다음 연도 5월 1일부터 5월 31일까지 소정의 방식에 따라 납세지 관할 세무서장에게 신고하여야 한다(제70조 제1항). 한편 구 국세기본법(2011. 12. 31. 법률 제11124호로 개정되기 전의 것) 제47조의2 제1항은 납세자가 법정신고기한 내에 세법에 따른 과세표준신고서를 제출하지 않은 경우 무신고가산세를 부과하도록 규정하고 있다.
⇒ 국세기본법제47조의2(무신고가산세) ① 납세의무자가 법정신고기한까지 세법에 따른 국세의 과세표준 신고(예정신고 및 중간신고를 포함하며, 「교육세법」 제9조에 따른 신고 중 금융·보험업자가 아닌 자의 신고와 「농어촌특별세법」 및 「종합부동산세법」에 따른 신고는 제외한다)를 하지 아니한 경우에는 그 신고로 납부하여야 할 세액(이 법 및 세법에 따른 가산세와 세법에 따라 가산하여 납부하여야 할 이자 상당 가산액이 있는 경우 그 금액은 제외하며, 이하 "무신고납부세액"이라 한다)에 다음 각 호의 구분에 따른 비율을 곱한 금액을 가산세로 한다. 〈개정 2019.12.31.〉 1. 부정행위로 법정신고기한까지 세법에 따른 국세의 과세표준 신고를 하지 아니한 경우: 100분의 40(역외거래에서 발생한 부정행위인 경우에는 100분의 60) 2. 제1호 외의 경우: 100분의 20 / **지방세기본법 제53조(무신고가산세)** ① 납세의무자가 법정신고기한까지 과세표준 신고를 하지 아니한 경우에는 그 신고로 납부하여야 할 세액(이 법과 지방세관계법에 따른 가산세와 가산하여 납부하여야 할 이자상당액이 있는 경우 그 금액은 제외하며, 이하 "무신고납부세액"이라 한다)의 100분의 20에 상당하는 금액을 가산세로 부과한다. 〈개정 2018.12.24, 2020.12.29.〉 ② 제1항에도 불구하고 사기나 그 밖의 부정한 행위로 법정신고기한까지 과세표준 신고를 하지 아니한 경우에는 무신고납부세액의 100분의 40에 상당하는 금액을 가산세로 부과한다. 〈개정 2018.12.24〉

1165) ◎ **법정신고기한**
○ 대법원 2015. 1. 29. 선고 2013두4118 판결 ; "구 소득세법 시행령 제192조 제1항은 '… 처분되는 배당·상여 및 기타소득은 법인소득금액을 결정 또는 경정하는 세무서장 또는 지방국세청장이 … 소득금액변동통지서에 의하여 당해 법인에게 통지하여야 한다. 다만, 당해 법인의 소재지가 분명하지 아니하거나 그 통지서를 송달할 수 없는 경우 … 당해 주주 및 당해 상여나 기타소득의 처분을 받은 거주자에게 통지하여야 한다.'고 규정하고 있다. … 시행령 제134조 제1항은 '종합소득 과세표준확정신고기한 경과 후에 … 배당·상여 또는 기타소득으로 처분됨으로써

을 잘못 신고하였다고 하더라도 이를 무신고로 볼 수는 없으므로,[1166] 그러한 거주자에 대하여 종합소득 과세표준에 대한 신고가 없었음을 전제로 하는 무신고가산세를 부과할 수는 없다고 봄이 타당하다.[1167] … 원고가 이 사건 병원에서 근로자로 근무하면서 근로소득을 얻었음에도 자신이 직접 이

소득금액에 변동이 발생하여 … 소득세를 추가 납부하여야 하는 경우 … 소득금액변동통지서를 받은 날 … 이 속하는 달의 다음 달 말일까지 추가신고자진납부한 때에는 … 기한 내에 신고·납부한 것으로 본다.'고 규정하고 있다. … 시행령 제192조 제1항 단서는 제134조 제1항에 따라 소득의 귀속자에게 종합소득 과세표준의 추가신고 및 자진납부의 기회를 주기 위하여 마련된 특칙으로서 원천납세의무에 따른 신고·납부기한과 이를 전제로 한 가산세의 존부나 범위를 결정하는 요건이 되므로, 시행령 제192조 제1항 단서에 따른 소득의 귀속자에게 소득금액변동통지가 없거나 그것이 적법하지 아니한 경우에는 원천납세의무자인 소득의 귀속자는 과세처분취소소송 등에서 그 흠을 주장하여 다툴 수 있다고 보아야 한다." ☞ 원심이, 원고에게 한 소득금액변동통지는 관할 없는 과세관청에 의해 행하여진 것으로서 흠이 있고, 그 소득금액변동통지가 적법하지 아니한 이상 신고·납부불성실 가산세 부과처분은 위법하다고 판단하면서, 이와 달리 시행령 제192조 제1항 단서에 따른 소득금액변동통지가 항고소송의 대상이 되는 행정처분에 해당함을 전제로 하여 '원고가 이를 다투지 아니한 이상 그 위법사유를 위 부과처분의 취소를 구하는 소송에서 다툴 수 없다'는 피고의 주장을 배척한 것은 정당하다고 한 예. cf. 같은 취지에서, 소득세법 시행령 제134조 제1항의 추가신고 자진납부기한도 국세기본법 제45조의2 제1항(통상적 경정청구) 제1호 소정의 '법정신고기한'에 포함된다(대법원 2011. 11. 24. 선고 2009두20274 판결).

○ 대법원 2014. 8. 26. 선고 2012두2498 판결 ; "구 상속세 및 증여세법(2008. 12. 26. 법률 제9269호로 개정되기 전의 것) 제67조 제1항은 '상속세 납부의무가 있는 상속인은 상속개시일부터 6월 이내에 상속세의 과세가액 및 과세표준을 신고하여야 한다'고 규정하고, 같은 조 제3항은 '제1항의 기간은 상속재산관리인에 대하여는 선임되어 직무를 시작하는 날부터 기산한다'고 규정하고 있다. 상속인이 구 상속세 및 증여세법 제67조 제1항이 정한 신고기한 내에 상속세의 과세가액 및 과세표준을 신고하지 아니한 때에 곧바로 그에 따른 신고세액불공제, 가산세 등의 법적 효과가 발생하는 점, 2014. 1. 1. 법률 제12168호로 개정된 상속세 및 증여세법 제67조 제3항도 '제1항의 기간은 유언집행자 또는 상속재산관리인에 대해서는 그들이 제1항의 기간 내에 지정되거나 선임되는 경우에 한정하며, 그 지정되거나 선임되는 날부터 계산한다.'라고 규정하고 있는 점 등에 비추어 보면, 구 상속세 및 증여세법 제67조 제1항이 정한 신고기한이 지난 후에 상속재산관리인이 선임된 경우에는 특별한 사정이 없는 한 상속재산관리인이 선임되어 직무를 시작하는 날부터 새로이 상속세의 신고기한이 기산된다고 할 수 없다. … 원심은, 구 국세기본법 제6조 제1항에 따른 신고기한 연장은 관할세무서장이 납세자의 신청에 의하여 또는 직권으로 위 규정에서 정한 기한연장사유가 있음을 인정함으로써 신고기한을 연장하는 결정 또는 승인을 하여야만 신고기한이 연장되는 것이고, 위 규정에서 정한 기한연장사유가 존재한다고 하여 당연히 신고기한이 연장되는 것은 아니라는 이유로, 이를 다투는 원고들의 주장을 배척하였다. … 원심의 이러한 판단은 정당한 것으로 수긍이 가고"

1166) **◎ 무신고로 본 사례**
대법원 2005. 11. 10. 선고 2003두681 판결 ; "특별부가세의 납세의무가 있는 법인은 구 법인세법 제59조의5의 규정에 의한 과세표준신고서는 물론이고 소정의 서식에 따른 '특별부가세 과세표준 및 세액계산서'를 함께 제출하여야 할 것인데, 만일 법인이 '법인세 과세표준 및 세액신고서'의 특별부가세 과세표준 및 산출세액란 등에 모두 '0'이라고 기재한 다음, 이에 첨부된 '특별부가세 과세표준 및 세액계산서'의 자산의 양도와 관련된 해당 항목과 과세표준 및 세액 계산에 필요한 항목을 모두 공란으로 하여 제출하였다면, 이는 당해 사업연도에 특별부가세 과세대상인 자산의 거래가 있었으나 당해 자산의 양도가 비과세 혹은 면제대상에 해당하거나 또는 양도차익이 없는 경우에 해당하여 그 과세표준과 세액을 '0'원으로 신고한 의미가 아니라 당해 사업연도에는 특별부가세의 과세대상인 자산의 거래 자체가 없었다는 사실을 신고한 것으로 보는 것이 거래통념이나 경험칙에 부합하고, 따라서 법인이 당해 사업연도에 자산의 양도가 있어 특별부가세의 납세의무가 성립하였음에도 '법인세 과세표준 및 세액신고서'에 특별부가세 과세표준 및 산출세액 등을 '0'이라고 기재한 다음, 함께 제출된 '특별부가세 과세표준 및 세액계산서'에 자산의 양도 및 세액 계산에 관련된 해당 항목을 모두 공란으로 남겨 두었다면 이 경우에는 특별부가세의 과세표준과 세액을 신고하지 아니한 것으로 봄이 상당하다고 할 것이다."

1167) **◎ 신의성실의 원칙상 자진납부한 세액에 대한 신고불성실가산세를 부정한 예**
대법원 1988. 4. 12. 선고 87누1019 판결 ; "납세의무자가 과세표준예정신고나 확정신고를 하지 아니하였다 하더라도 과세관청의 사전안내에 따라 확정신고기간 전에 그 세액을 자진납부한 경우에는 신의성실의 원칙상 그 자진납부한

사건 병원을 운영하여 사업소득을 얻은 것처럼 법정신고기한 내에 이 사건 신고서를 제출하였더라도, 이는 자신이 얻은 근로소득을 사업소득에 포함하여 종합소득 과세표준을 신고한 것으로 볼 수 있으므로, 원고가 종합소득 과세표준을 무신고하였음을 전제로 한 이 사건 무신고가산세 부과처분은 위법하다. 또한 이러한 하자는 과세처분의 근거가 되는 법규의 목적·의미·기능 등을 목적론적으로 고찰해 볼 때 중대하고 객관적으로도 명백하다고 할 것이므로, 이 사건 **무신고가산세 부과처분**은 **당연무효**라고 봄이 상당하다.[1168]

[2] 원심은, **납부불성실가산세**[1169][1170]는 납세의무자로 하여금 성실하게 세액을 납부하도록 유도하

세액부분에 대하여는 과세표준확정신고가 없다 하여 신고불성실가산세를 부과할 수 없는 것이나 이는 어디까지나 납부한 세액에 대하여 그렇다는 것이지 납부한 세액에 해당하는 과세표준확정신고가 있는 것으로 보아 그 과세표준에 대한 위 가산세를 부과할 수 없다는 것은 아니므로"

1168) **【구체적 사안】**

○ **사실관계** ; ① 소외인은 ○○치과네트워크 소속 각 치과병원의 실질적 소유자이고, 원고는 소외인과의 약정에 따라 그중 △△○○치과병원(이 사건 병원)의 원장으로서 월 매출액의 약 20%를 대가로 받기로 하고 근로를 제공한 근로자이다. ② 원고는 자신의 이름으로 이 사건 병원의 사업자등록을 마친 후, 사업소득에 대한 종합소득세 명목으로 피고에게, 2011. 5. 31. 2010년 귀속 종합소득세 255,759,660원, 2012. 7. 2. 2011년 귀속 종합소득세 260,227,350원을 각 신고·납부하면서(원고의 기납부세액), 위 각 연도별 종합소득 과세표준확정신고 및 납부계산서(이 사건 신고서)를 제출하였다. ③ 지방국세청은 소외인에 대한 세무조사를 실시하여 이 사건 병원을 포함한 ○○치과네트워크 소속 각 치과병원의 매출누락금액을 반영한 소득금액을 실제사업자인 소외인의 사업소득으로 경정하면서 원고를 포함한 명의사업자에 대한 부외급여를 필요경비로 공제하는 한편, 원고를 포함한 명의사업자들의 근로소득자료를 피고를 포함한 관할세무서에 통보하였다. ④ 이에 따라 피고는 근로소득에 대한 종합소득세 명목으로 2016. 1. 11. 원고에게 2010년 귀속 종합소득세 313,746,970원(무신고가산세 36,844,222원, 납부불성실가산세 92,681,642원 포함), 2011년 귀속 종합소득세 272,348,870원(무신고가산세 34,108,179원, 납부불성실가산세 67,699,799원 포함)을 각 경정·고지하는 이 사건 처분을 하였다.. ⑤ 한편 피고는 소외인이 실제사업자라는 이유로 원고가 신고한 2010년, 2011년 귀속 사업소득을 모두 부인하고, 원고의 기납부세액을 소외인의 기납부세액으로 보아 소외인의 체납세액에 충당하였다.

○ **원심** ; 이 사건 신고서의 제출을 원고의 근로소득에 관한 종합소득 과세표준의 적법한 신고로 볼 수 없으므로 이를 무신고로 보아야 한다는 전제에서 이 사건 무신고가산세 부과처분이 적법하다고 판단.

1169) 2018. 12. 31. 개정 국세기본법 제47조의4(2020. 1. 1. 시행), 2020. 12. 29. 개정 지방세기본법 제55조(2022. 2. 3. 시행)는 종전의 '납부불성실가산세'와 '가산금'을 '납부지연가산세'로 통합하였다.

1170) **◎ 연부연납·물납과 납부불성실 가산세**

○ 대법원 2004. 10. 28. 선고 2003두4973 판결 ; "세무서장은 상속세액이 1천만 원을 초과하고, 납세담보의 제공이 있으며, 법정기한까지 신청서를 제출한 경우 등 연부연납의 허가요건이 모두 갖춰진 경우에는 그 당시 이미 상속세법 제28조 제3항 소정 연부연납 허가의 취소요건 사실이 존재하지 아니하는 한 연부연납을 허가하여야 하는 기속을 받는 것이므로 위와 같이 적법하게 연부연납을 신청한 금액에 대하여는 납부불성실 가산세를 부과할 수 없다고 할 것이다."

○ 대법원 2000. 9. 26. 선고 99두1557 판결 ; "상속세납부불성실가산세의 부과대상이 되는 미납부세액은 신고기한을 기준으로 그 기한 내에 납부하지 아니하였거나 미달하게 납부한 세액을 말하는 것이므로, 납부불성실가산세 계산 시 자진납부할 세액에서 공제되는 연부연납 신청 금액도 상속세 신고기한 내에 연부연납을 신청한 금액만을 말하고, … 납세의무자가 과세표준과 세액의 통지를 받은 후 당해 납세고지서에 의한 납부기한까지 연부연납을 신청할 수 있다고 하더라도, 상속세 신고기한 내에 실제로 연부연납을 신청하지 아니한 이상 이미 발생한 납부불성실가산세 납부의무가 소멸하는 것은 아니다."

○ 상속세를 자진신고하면서 신고세액에 대하여 연부연납 신청을 하였다면 그 금액에 대하여는 신고기한 내의 자진납부 의무가 없고, 그 후 연부연납 신청을 철회하였더라도 그 철회에는 소급효가 없어 신고납부기한 다음 날부터 그 철회 시까지의 기간에 대하여는 납부불성실가산세를 부과할 수 없다(95누11078). 이는 물납신청을 하였다가

여 그 납부의무의 이행을 확보함과 아울러 신고납부기한까지 미납부한 금액에 대하여 금융혜택을 받은 것으로 보아 그 납부의무 위반에 대하여 가하는 행정상의 제재로서, 실제사업자가 사업명의자 명의로 직접 납부행위를 하였거나 그 납부자금을 부담하였다고 하더라도 납부의 법률효과는 과세처분의 상대방인 사업명의자에게 귀속될 뿐이고, 실제사업자와 과세관청의 법률관계에서 실제사업자가 세액을 납부한 효과가 발생된다고 할 수 없다(대법원 2015. 8. 27. 선고 2013다212639 판결)는 법리[1171]를 전제한 다음, 원고의 기납부세액 납부의 법률효과는 원고에게 귀속되고 실제사업자인 소외인이 원고 명의로 직접 납부행위를 하였다고 하여 달리 볼 수 없으며, 원고의 **기납부세액**이 원고의 **체납세액을 초과**하는 이상, 원고가 납부의무를 해태함으로써 얻은 금융이익이 있다고 볼 수 없다는 등의 사정을 들어, 피고가 원고에게 원고의 체납세액에 대한 납부불성실가산세를 부과한 것은 **납부의무 없는 자에 대한 처분**으로 그 하자가 중대하고 객관적으로 명백하여 **당연무효**로 봄이 타당하다고 판단하였다. … 원심의 위와 같은 판단은 정당하고

● 대법원 2019. 7. 11. 선고 2017두68417 판결[증여세 부과처분 일부 취소 소송]

▌증여세 무신고·납부불성실 가산세

판시사항

[1] 명의신탁된 주식을 **명의신탁자**로부터 재차 **명의신탁** 받았음에도 **명의수탁자**로부터 **실제 증여** 받은 것처럼 기재하여 신고[1172][1173]한 것이 '**무신고**'에 해당하는지 여부(×) ☞ 원심[1174][1175]이, 증여세

철회한 경우에도 마찬가지이다(95누1705). 한편, 납세의무자가 물납요건에 해당하지 아니하는 물납신청을 하면서 물납신청금액을 납부하지 아니한 때에는 납부불성실가산세의 부과대상이 된다(2004두2356).

1171) 2019. 12. 31. 개정 시 국세기본법 제51조 제11항("과세의 대상이 되는 소득, 수익, 재산, 행위 또는 거래의 귀속이 명의일 뿐이고 사실상 귀속되는 자(이하 이 항에서 "실질귀속자"라 한다)가 따로 있어 명의대여자에 대한 과세를 취소하고 실질귀속자를 납세의무자로 하여 과세하는 경우 명의대여자 대신 실질귀속자가 납부한 것으로 확인된 금액은 실질귀속자의 기납부세액으로 먼저 공제하고 남은 금액이 있는 경우에는 실질귀속자에게 환급한다.")이 신설되어, 위 법리가 그대로 적용될 수는 없게 되었다.

1172) **【구체적 사안】**
① 원고 1은 1985년경부터 1999년 12월경까지 소외 회사 주식 합계 3,159,320주를 취득하여 매제인 소외인 앞으로 명의신탁하였다. ② 소외인이 원고 1에게 위 주식의 명의를 정리해 달라고 요청함에 따라, 원고 1은 2007. 12. 29. 위 주식 중 2,264,698주는 소외인이 원고 1에게 증여하는 형식으로, 나머지 894,622주(이 사건 주식)는 소외인이 원고 2에게 증여하는 형식으로 주식의 명의를 변경하였다. ③ 원고 2는 2008. 3. 29. 피고에게 '원고 2가 2007. 12. 29. 소외인으로부터 이 사건 주식을 증여받은 것'을 원인으로 증여세 신고를 하면서 이 사건 주식 1주당 36,867원으로 산출한 증여세 본세액 14,427,913,173원을 피고의 물납허가에 따라 2008. 7. 7. 이 사건 주식 중 391,351주로 납부하였다. ④ 피고는 2009. 5. 25. 이 사건 주식의 1주당 가액을 40,051원으로 평가한 다음 원고 2에게 증여세를 증액 경정·고지하였다(이 사건 1차 부과처분). ⑤ 피고는 2013. 11. 1. 이 사건 1차 부과처분을 취소하고 원고 2가 물납한 주식 391,351주를 원고 1에게 반환하였다. ⑥ 피고는 같은 날 원고들에게 구 상속세 및 증여세법 제45조의2에 따라 원고 1을 '증여자', 원고 2를 '수증자'로 보고, 이 사건 주식 1주당 가액을 60,453원으로 평가하여 증여세(본세) 26,581,291,883원, 부당무신고 가산세 10,632,516,753원, 납부불성실 가산세 16,315,596,957원 합계 53,529,405,593원을 결정·고지하면서, 연대납부를 명하였다(이 사건 증여세 등 부과처분).

1173) 구 상속세 및 증여세법(2007. 12. 31. 개정 전) 제68조 제1항은 증여세 납세의무가 있는 자는 증여받은 날부터 3월 이내에 증여세의 과세가액과 과세표준을 대통령령이 정하는 바에 따라 납세지 관할 세무서장에게 신고하여야

한다고 정하고 있고, 그 위임에 따른 구 상속세 및 증여세법 시행령(2008. 2. 22. 개정 전) 제65조 제1항은 구 상속세 및 증여세법 제68조 제1항에 따른 증여세 과세표준신고는 증여세 과세표준신고 및 자진납부계산서에 의한다고 정하고 있다.

1174) **부산고등법원(창원) 2017. 10. 18. 선고 2017누10459 판결(원심) ; [1심판결 이유에 추가한 이유]** "피고는, 원고 2가 원고 1로부터 이 사건 주식을 명의신탁 받은 것임에도 불구하고 당초 명의수탁자인 소외인으로부터 증여받은 것처럼 증여세과세표준신고를 하였고, 이는 증여자를 사실과 다르게 기재한 것을 넘어 원인도 실제와 다르게 기재한 것에 해당하므로, '원고 2가 원고 1로부터 이 사건 주식을 명의신탁받았다'는 증여세과세 원인사실에 관한 부당무신고에 해당한다는 취지로 주장한다. … 과세관청이 당초의 부과처분 당시 인정한 사실의 일부에 착오나 오류가 있다 하여도 그 후 인정된 사실이 당초의 과세원인사실과 동일한 사실의 범위 내로서 과세의 기초사실이 달라지는 것이 아니라면 처분의 동일성은 인정되고, 이 경우 과세관청은 경정처분으로서 종전의 사실인정의 착오나 오류를 바로잡을 수 있는 것이고 종전의 부과처분을 취소하고 새로운 부과처분을 하여야 하는 것은 아니다(대법원 1993. 12. 21. 선고 93누14059 판결 등 참조). 구 상속세 및 증여세법 제45조의2에 의하면 주식의 명의신탁은 증여로 의제되는데, 이 사건 주식의 소유자인 원고 1이 이를 소외인에게 명의신탁하였다가 명의수탁자를 원고 2로 변경하였고 이에 따라 원고 2가 법정신고기간 이내에 소외인으로부터 이 사건 주식을 증여받았다는 취지의 증여세과세표준신고를 하게 된 것인 점, 위 신고당시 증여자를 명의신탁자인 원고 1로 하지 않고 소외인으로 기재하고 원인 사실도 증여로 하였다고 하더라도 이는 동일한 과세원인 사실의 범위 내로 과세의 기초사실이 달라지는 것은 아니므로 피고로서는 당초의 증여세부과처분을 취소하지 않고 경정처분을 통해 바로 잡을 수 있는 범위 내의 것인 점, 달리 원고 2가 동일인 재차 증여재산 가산(구 상속세및증여세법 제47조 제2항 참조), 증여재산공제(구 상속세및증여세법 제53조 제1항 참조) 등의 규정을 적극적으로 회피하기 위한 행위라고 볼 자료는 없는 점 등을 모두 종합하여 보면, 원고 2가 증여세과세표준신고를 하지 않았다거나, 더 나아가 부당하게 신고하지 않았다고 볼 수는 없다. 피고의 위 주장은 이유 없다."

1175) **창원지방법원 2017. 2. 14. 선고 2015구합23081 판결(1심)** ; "구 국세기본법, 구 상속세 및 증여세법 및 동법 시행령의 내용, 가산세 제도의 입법취지에다가, 증여세는 부과납세 방식의 국세로 납세의무자가 하는 과세표준 신고는 과세관청이 증여세 부과처분을 하는 데 있어서 하나의 참고자료 및 정보를 제공하는 협력의무를 이행하는 데 지나지 아니하고 거기에 어떠한 기속력이 생기는 것은 아닌 점(대법원 1987. 3. 10. 선고 86누566 판결 등 참조) 등을 종합하면, 납세의무자가 증여세의 '과세가액 및 과세표준 산정에 관한 본질적이고 중요한 사항'을 제대로 신고하지 않음으로써 과세권의 행사 및 조세채권의 실현을 저해하는 결과를 초래한 경우에는 그 신고의 효력을 부인하고 가산세를 부과할 수 있다고 할 것이지만, 그러한 정도에 이르지 않는다면 신고의 효력을 부인하여 가산세를 부과할 수는 없고, 다만 과세관청이 경정처분 등을 통하여 당초 신고 및 처분의 탈루나 오류를 시정할 수 있다고 봄이 상당하다. … 이러한 법리에 비추어 증여세 납세의무자가 증여세의 과세가액 및 과세표준을 신고하면서 '증여자'를 달리 신고한 것이 '과세가액 및 과세표준 산정에 관한 본질적이고 중요한 사항'을 다르게 신고한 경우에 해당하는지에 관하여 본다. … 증여세 납세의무자가 '증여자'를 사실과 다르게 신고할 경우 증여자별 증여재산 합산제(구 상속세 및 증여세법 제47조 제2항 참조), 증여재산공제(구 상속세 및 증여세법 제53조 제1항 참조) 등에 영향을 미치게 되어 과세관청으로서는 정당한 과세 표준 및 증여세액을 파악하는 데 일정 부분 어려움을 겪을 수는 있다. 그러나 납세의무자가 증여세 과세의 **핵심**인 **증여재산의 종류·수량·평가가액** 등 증여자 외의 다른 사항을 충실히 신고하였다면, 과세관청은 세무조사 등의 방법으로 정당한 증여세액을 결정하여 이를 부과·징수할 수 있다. … 과세관청이 당초 증여세 부과처분 당시 명의수탁자를 증여자로 인정하였다가 명의신탁자를 증여자로 인정하여 경정결정을 하였다 하더라도 동일한 과세원인사실의 범위 내로서 과세의 기초사실이 달라지는 것은 아니므로 명의수탁자를 증여자로 인정한 과세처분이 위법하게 되는 것은 아니라는 법리(대법원 1993. 12. 21. 선고 93누14059 판결 등 참조)에 비추어 보면, 수증자가 '명의수탁자'를 증여자로 하여 증여세 과세가액 및 과세표준을 신고한 경우, 이와 동일한 과세원인사실의 범위 내에 있는 '명의신탁자'를 증여자로 한 증여세 신고로서 효력이 없다고 보기는 어렵다. … 과세관청은 당초의 과세처분 당시 인정한 사실 일부에 착오나 오류가 있음을 발견한 경우 처분의 동일성을 해하지 아니하는 범위 내에서 경정처분을 통해 바로 잡을 수 있고, 이러한 경우 당초 신고가 없었다고 보아 가산세를 부과할 수는 없다. 이처럼 과세관청이 처분사유 변경을 통한 경정처분으로 과세를 종결할 수 있음에도 종전의 처분을 취소하고 당초의 신고가 없었다고 보아 가산세를 수반하는 새로운 과세처분을 할 수 있다고 한다면 동일한 과세원인에 대한 과세 여부를 과세관청의 선택에 맡기는 결과가 되어 납세의무자의 예측가능성이나 법적 안정성을 해하고 조세법률주의에 반할 우려도 있다. … 따라서 증여세 납세의무자가 증여세 과세가액 및 과세표준을 신고하면서 단순히 증여자에 대한 기재를 사실과

납세의무자가 법정신고기한 내에 증여세 과세표준을 관할 세무서장에게 신고한 경우에는, 설령 **증여자를 잘못 신고**하였더라도 이를 **무신고로 볼 수는 없**으므로, 부당한 방법으로 무신고하였는지에 관한 부분을 더 나아가 판단할 필요 없이 무신고 가산세 부과처분이 위법하다고 판단한 것은 정당하다고 한 예.

[2] 원심이, 원고 2의 증여세 신고를 무신고로 볼 수 없다고 전제한 다음, 원고 2의 증여세 신고가 유효한 이상 증여세 납부의 효력도 유지된다는 이유로 **납부불성실 가산세 부과처분**이 **위법**하다고 판단한 것은 정당하다고 한 예.

[3] 증여재산에 대한 **평가차액**[1176]에 대한 납부불성실 가산세 부분은 적법하다는 주장은 상고심에서 처음으로 하는 것으로서 적법한 **상고이유**가 될 수 없다고 한 예.

○ 대법원 2019. 7. 25. 선고 2017두65159 판결 [증여세가산세부과처분취소]

▌증여세 무신고 가산세, 기한 후 신고

판시사항

[1] **'기한 후 신고' 후**의 **증여재산 가액 재평가**에 따른 **증액** 부분에 대하여도 **일반무신고 가산세**를 부과할 수 있는지 여부(○) / 이 경우 신고의무를 이행하지 아니한 데에 **정당한 사유**가 있다고 볼 수 있는지 여부(×)

[2] 명의신탁된 주식을 실제 증여자인 명의신탁자가 아닌 명의수탁자로부터 증여받은 것처럼 기재하여 신고한 것이 '**무신고**'에 해당하는지 여부(×) ☞ 증여세의 일반 부과제척기간 10년이 경과한 후에 이루어진 증액경정처분 등이 **무효 확인의 의미**로 **취소**되어야 한다고 판단한 예.[1177]

다르게 하였다는 이유만으로 '과세가액 및 과세표준 산정에 관한 본질적이고 중요한 사항'을 제대로 신고하지 않았다고 보기는 어렵다. … 원고 2는 증여자를 제외한 나머지 부분, 즉 이 사건 주식의 종류·수량·평가가액 등을 사실대로 기재한 사실이 인정되고, 더욱이 원고 2가 원고 1로부터 10년 이내에 받은 증여재산이 없었으므로 증여자를 달리 하더라도 과세가액이나 과세표준에 차이가 발생할 여지가 없어 과세권의 행사나 조세채권의 실현을 저해하는 결과를 초래할 염려도 없었다. … 따라서 원고 2의 이 사건 최초 신고가 '과세가액 및 과세표준 산정에 관한 본질적이고 중요한 사항'을 제대로 신고하지 않았다고 볼 수 없으므로, 이를 가산세 부과 대상이 되는 무신고로 평가할 수 없다. … 피고는 원고 2가 증여자를 사실과 다르게 신고함으로 인해 ① 원고 1이 소외인에게 명의신탁함으로써 부과되었어야 할 증여세가 부과되지 않았고, ② 주식의 실제 소유자가 누구인지에 따라 향후 주식배당에 따른 소득세 회피 문제가 발생할 수 있으며, 원고 1의 자녀들이 향후 상속세 납세의무를 면하는 등 조세회피 결과가 발생하게 되었다고 주장한다. 그러나 ① 원고 1이 소외인에게 명의신탁함으로써 부과되었어야 할 증여세가 부과되지 않은 것은 부과제척기간이 도과한 데 따른 것일 뿐 원고들 사이의 재명의신탁과는 직접적인 관련이 없는 점, ② 주식배당에 따른 소득세나 명의신탁자 자녀들에 대한 상속세 문제의 경우도 장래 그와 같은 조세회피의 결과가 발생할 것이라고 단정하기는 어려운 점 등에 비추어 보면, 피고의 이 부분 주장 역시 받아들이기 어렵다."

1176) 피고의 부과처분 기준인 1주당 60,453원과 원고 2의 신고 기준인 1주당 36,867원의 차액에 따른 부분

1177) **【구체적 사안】**
원심이 제1심판결 이유를 인용하여 ① 소외인이 **2002. 9. 28.** 원고들에게 동생인 이○○ 명의로 보유하던 ○○주택 주식 300,000주를 각각 증여한 사실, ② 원고들은 2002. 12. 26. 각 관할세무서장들에게 증여자를 이○○으로 증여세 신고를 하면서 ○○주택 주식 1주당 18,456원으로 산출한 세액을 현금으로 납부한 사실, ③ 이후 관할세무서장들은 원고들에게, 2004. 8. 23. 및 2005. 8. 4. 각 ○○주택 주식의 1주당 가액을 재평가하여 증여세 본세 및 납부불성실

이 유

원심은 아래와 같은 이유 등을 들어 피고 ○○세무서장이 원고 1에게 2007. 8. 10.자 소외 회사 주식 증여[1178]에 관한 신고의무 불이행을 이유로 **기한 후 신고 이후**의 **증여재산 가액 재평가**에 따른 **증액부분**에 대하여도 **일반무신고 가산세**를 부과할 수 있다고 판단하였다.[1179]

가산세를 각 증액 경정·고지하였다가, **2013. 11. 1. 및 같은 달 4.** 동일인 재차 증여가산과 ○○주택 주식 재평가 및 증여재산 공제액 재계산 등으로 인한 증여세 본세와 원고들이 증여자를 이○○으로 하여 2002. 9. 28.자 증여분 증여세를 신고 및 납부한 것은 효력이 없다고 보아 그 산출세액 전액에 대한 일반무신고 가산세 및 납부불성실 가산세를 각각 경정·고지한 사실 등을 인정한 다음, 원고들이 **법정신고기한 내**에 ○○주택 주식 증여분 **증여세의 과세가액 및 과세표준을 신고**한 이상 이를 **무신고로 볼 수 없**으므로, 피고들의 원고들에 대한 **2013. 11. 1.자 및 2013. 11. 4.자** 각 증여세 신고불성실 가산세 부과처분과 납부불성실 가산세 부과처분(2005. 8. 4.자 증여세 납부불성실 가산세액을 초과하는 부분)은 **부과제척기간이 경과한 후에 이루어진 것**으로서 **무효 확인의 의미로 취소**되어야 한다고 판단한 것은 정당하다고 한 예.

1178) **【구체적 사안】**
① 소외인이 2007. 8. 10. 아들인 원고 1에게 매제인 유○○ 명의로 보유하던 소외 회사 주식 758,980주를 증여한 사실, ② 원고 1이 2008. 3. 17. ○○세무서장에게 증여자를 망 유○○으로 하여 가산세를 포함한 증여세를 기한 후 신고하고 위 주식 454,129주를 물납한 사실, ③ 피고 ○○세무서장은 원고 1에게, 2013. 1. 11. 동일인 재차 증여가산과 위 주식 재평가 등으로 인하여 증가한 증여세 본세와 그 산출세액 전액에 대한 일반무신고 가산세를 각각 증액 경정·고지하였다가, 2014. 6. 19. 부당무신고 가산세를 부과하여야 한다는 이유로 신고불성실 가산세를 증액 경정·고지한 사실 등.

1179) **제1심(서울행정법원 2016. 12. 27. 선고 2015구합83313 판결)**
"가) **원고 1의 주장** ; 다음과 같은 이유로 이 사건 처분 중 원고 1이 기한 후 신고 시 자진 납부한 무신고 가산세액을 초과한 부분은 위법하므로 취소되어야 한다.
(1) 납세의무자의 신고로 발생하는 형식적 확정력을 전제로 하는 규정들을 제외하고, 우리 세법은 납세의무자가 기한 후 신고 당시까지의 무신고로 인한 불이익을 받은 이상 그 이후의 조세법률관계에 있어서는 '과세표준의 신고'로서 기한 후 신고를 기한 내 신고와 동일하게 취급하고 있다(더욱이 부과납세 방식의 국세인 증여세의 경우 기한 내 신고에 조세채무를 확정하는 효력이 없으므로 형식적 확정력의 측면에서도 기한 내 신고와 기한 후 신고를 달리 볼 이유가 없다). 또한 주식의 증여자를 실제 증여자인 명의신탁자가 아니라 명의수탁자로 기재하여 신고하였다는 사정만으로 증여세 과세가액 및 과세표준 신고의 효력을 부인할 수 없다. 원고 1은 2007. 8. 10.자 ◎◎ 주식 증여에 관하여 2008. 3. 17. 기한 후 신고를 하면서 무신고 가산세와 납부불성실 가산세를 자진 납부하였고, 이를 기초로 과세관청의 증여세 등 결정이 이루어졌다. 이로써 증액경정처분인 이 사건 처분 당시에는 신고 지연에 따른 하자가 치유되어 무신고 상태가 해소되었으므로, 원고 1이 기한 후 신고 당시 증여세 과세표준을 적게 신고한 것에 대하여 과소신고 가산세를 부과할 수 있는지가 문제될 뿐이다. 따라서 원고 1의 기한 후 신고 이후에는 피고 ○○세무서장이 2007. 8. 10.자 ◎◎ 주식 증여에 관한 증여세의 과세표준을 증가시키는 경정을 하였다고 하더라도 원고 1에게 기한 후 신고 당시 납부된 무신고 가산세액을 초과하여 무신고 가산세의 제재를 가할 수 없다.
(2) 피고 ○○세무서장이 2013. 11. 1. 원고 1에게 한 증여세 부과처분 중 원고 1이 2007. 8. 10.자 ◎◎ 주식 증여에 관하여 기한 후 신고를 하면서 자진 납부한 증여세액보다 증가한 부분은, 사후적으로 평가 방법이 변경되어 ◎◎ 주식의 평가액이 증가한 데에 따른 것이다. 증여세의 경우 증여재산에 대한 평가방법의 차이로 과세표준이 증가된 부분에 대하여는 과소신고 가산세를 부과할 수 없는데, 원고 1이 위와 같이 기한 후 신고를 하면서 무신고 가산세를 납부한 이상 피고 ○○세무서장으로서는 동일한 증여재산에 대한 평가 차이를 이유로 더 이상 신고불성실 가산세를 부과할 수 없다.
(3) 원고 1이 ◎◎ 주식을 물납함으로써 최종적으로 2007. 8. 10.자 ◎◎ 주식 증여에 대하여 국가가 징수할 증여세 본세액이 모두 납부되었다. 따라서 원고 1의 기한 후 신고행위가 과세권의 행사 및 조세채권의 실현을 저해하지 않았으므로 기한 후 신고 당시 납부된 무신고 가산세액을 초과하여 무신고 가산세를 부과하는 것은 가산세 제도의 취지에 반하고, 원고 1에게는 무신고 가산세를 부과할 수 없는 정당한 사유가 있다.
나) **첫 번째 주장**에 관한 **판단** ; 앞서 본 바와 같이 원고 1이 2007. 8. 10.자 ◎◎ 주식 증여에 관하여 ◎◎ 주식의

(1) 기한 후 신고는 납세자의 편의를 도모하는 한편 국가의 조세 부과·징수를 원활하게 하기 위하여

실제 증여자인 소외인이 아니라 명의수탁자인 망 유○○을 증여자로 기재하여 신고를 하였다는 사정만으로 원고 1이 한 기한 후 신고의 효력이 부정되지는 않는다. 그렇지만 피고 ○○세무서장으로서는 다음과 같은 이유로 기한 후 신고를 한 원고 1에게 **과소신고 가산세가 아니라 무신고 가산세를 부과할 수 있다**고 보아야 한다. 첫 번째 주장은 이유 없다.

(1) 구 국세기본법(2007. 12. 31. 법률 제8830호로 개정되기 전의 것) 제47조의2 제1항 본문은 … 규정하고 있으므로, 무신고 가산세는 '법정신고기한 내에 세법에 따른 과세표준신고서를 제출하지 아니한 납세자'에게 부과되는 것이다. 한편, 구 국세기본법(2007. 12. 31. 법률 제8830호로 개정되기 전의 것) 제45조의3 제1항 본문은 "법정신고기한내에 과세표준신고서를 제출하지 아니한 자는 관할세무서장이 세법에 의하여 당해 국세의 과세표준과 세액(이 법 및 세법에 의한 가산세를 포함한다)을 결정하여 통지하기 전까지 기한후과세표준신고서를 제출할 수 있다."고 규정하고 있으므로, 기한 후 신고는 '법정신고기한 내에 과세표준신고서를 제출하지 아니한 자'가 하는 것이다. 이처럼 무신고 가산세의 부과 대상과 기한 후 신고의 주체가 동일하다.

(2) 구 국세기본법(2007. 12. 31. 법률 제8830호로 개정되기 전의 것) **제47조의3 제1항**은 "납세자가 법정신고기한 내에 세법에 따른 과세표준신고서를 제출한 경우로서 신고한 과세표준이 세법에 따라 신고하여야 할 과세표준에 미달한 경우에는 과소신고한 과세표준 상당액이 과세표준에서 차지하는 비율을 산출세액에 곱하여 계산한 금액의 100분의 10에 상당하는 금액을 납부할 세액에 가산하거나 환급받을 세액에서 공제한다."고 규정하고 있다. 이처럼 **과소신고 가산세**는 '법정신고기한 내에 세법에 따른 과세표준신고서를 제출한 납세자'에게 부과되는 것임이 문언상 명백하다. 과소신고 가산세의 부과 대상에 기한 후 신고를 한 납세자가 포함된다고 보는 것은 위 규정의 문언의 한계를 벗어나는 것이다.

(3) 기한 후 신고 제도는 1999. 8. 31. 개정되고 2000. 1. 1.부터 시행된 국세기본법에 제45조의3이 신설되면서 도입되었다. 이에 따르면 납세자는 관할세무서장이 세법에 의하여 당해 국세의 과세표준과 세액(국세기본법 및 세법에 의한 가산세를 포함한다)을 결정하여 통지하기 전까지 기한후과세표준신고서를 제출할 수 있는데[구 국세기본법(2007. 12. 31. 법률 제8830호로 개정되기 전의 것) 제45조의3 제1항 본문 참조], 이와 동시에 해당 본세와 이에 대한 가산세를 납부하여야 하고(같은 조 제2항 참조), 관할세무서장은 당해 국세의 과세표준과 세액을 결정하여야 한다(같은 조 제3항 참조). 또한 법정신고기한 경과 후 1개월 이내에 제45조의3의 규정에 따라 기한 후 신고를 한 경우 무신고 가산세액의 100분의 50에 상당하는 금액이 감면된다[구 국세기본법(2007. 12. 31. 법률 제8830호로 개정되기 전의 것) 제48조 제2항 제2호 참조]. 기한 후 신고 제도의 입법 취지는, 국세기본법 개정 전에는 납세자가 법정신고기한 내에 신고를 하지 않은 경우 과세관청의 과세처분이 있기 전에 본세와 가산세를 납부하는 것이 불가능하였으나, 법정신고기한내에 신고를 하지 아니한 납세자도 과세관청이 과세처분을 하기 전까지 과세표준 등을 신고하면서 해당 본세와 가산세를 납부할 수 있도록 하여 납부불성실 가산세와 가산금 등이 부당하게 늘어나는 것을 막고, 단기간 내에 기한 후 신고를 하는 경우 무신고 가산세액을 감경함으로써 법정신고기한이 경과한 후에도 납세자의 신고 및 납부가 이루어질 수 있도록 유도하는 데에 있다. 이러한 입법 취지에 비추어 보면, 기한 후 신고는 납세자의 편의를 도모하는 한편 국가의 조세 부과·징수를 원활하게 하기 위하여 도입된 제도일 뿐이고, 기한 후 신고와 본세 및 가산세의 납부가 이루어졌다고 하더라도 납세자가 법정신고기한 내에 과세표준 등을 신고하지 않았다는 것에는 변함이 없다.

(4) 국세기본법에서는 법정신고기한 내에 과세표준신고서를 제출한 자에 대하여만 신고한 국세의 과세표준 및 세액의 감액을 구하는 취지의 결정 또는 경정청구권을 인정하여[구 국세기본법(2007. 12. 31. 법률 제8830호로 개정되기 전의 것) 제45조의2 제1항 참조] 기한 내 신고와 기한 후 신고를 달리 취급하고 있다. 또한 원고 1이 주장하는 개별 세법 규정은 제도의 취지를 고려하여 기한 후 신고를 기한 내 신고와 동일하게 취급하기 위한 창설적 규정이거나 성질상 과세표준신고에 기한 후 신고가 포함되지 않는다는 점을 확인하는 규정에 불과한 것으로 보인다.

(5) 구 국세기본법(2007. 12. 31. 법률 제8830호로 개정되기 전의 것) 제47조의2 제1항 본문은, 무신고 가산세 부과기준을 '세법에 따른 산출세액'으로 규정하고 있을 뿐 과세관청이 최초 결정시에만 무신고 가산세를 부과할 수 있다거나 최초 결정 이후 증액경정 시에는 무신고 가산세를 추가로 부과할 수 없다는 등의 어떠한 제한도 두고 있지 않다.

(6) 피고 ○○세무서장은 2013. 11. 1. 앞서 본 바와 같이 2007. 8. 10.자 ◎◎ 주식 증여에 관하여, ① 소외인의 망 유○○ 등에 대한 ◎◎ 주식 명의신탁 사실이 2013년경 밝혀짐에 따라 최대주주인 소외인 및 그와 특수관계에 있는 주주가 ◎◎의 발행주식총수의 100분의 50을 초과하여 보유하고 있음이 추가로 밝혀졌으므로 최대주주할증률을 30%로 높여 ◎◎ 주식의 1주당 평가액을 증액하고, ② 실제 증여자인 소외인과 원고 1이 직계 존·비속 관계에 있으므로 동일인 재차 증여재산가액을 합산하는 한편 증여재산 공제액을 달리 계산하여 원고 1에 대한 증여세를

도입된 제도일 뿐이므로, 기한 후 신고를 하면서 본세 및 가산세의 납부가 이루어졌다고 하더라도 납세자가 **법정신고기한 내**에 **과세표준 등을 신고하지 않았다는 것**에는 **변함이 없다**. (2) 구 국세기본법(2007. 12. 31. 법률 제8830호로 개정되기 전의 것) 제47조의2 제1항 본문은 무신고 가산세 부과기준을 '세법에 따른 산출세액'으로 규정하고 있을 뿐 과세관청이 최초 결정시에만 무신고 가산세를 부과할 수 있다거나 최초 결정 이후 증액경정 시에는 무신고 가산세를 추가로 부과할 수 없다는 등의 **어떠한 제한도 두고 있지 않다**. (3) 원고 1은 소외 회사 주식을 증여받은 날인 2007. 8. 10.부터 구 상속세 및 증여세법(2007. 12. 31. 법률 제8828호로 개정되기 전의 것, 이하 '구 상증세법'이라고 한다) 제68조 제1항에 규정된 법정신고기한 내인 2007. 11. 10.까지 증여세 과세표준 등을 신고하지 않았다. 이러한 **무신고**의 경우 부과되는 신고불성실 가산세에 관하여 **'구 상증세법상 평가방법의 차이로 인하여 증여세액이**

증액경정 하였다. 이러한 처분의 경위에 비추어 보면, 원고 1은 기한 후 신고를 하면서 증여자를 망 유○○으로 기재하는 등의 방법으로 정당하게 납부하였어야 할 무신고 가산세 일부를 납부하였을 뿐이다. 따라서 원고 1이 기한 후 신고를 하면서 무신고 가산세를 일부 납부하였다는 사정만으로, 무신고 가산세 부과대상인 원고 1의 지위가 기한 후 신고 이후 과소신고 가산세의 부과 대상으로 변경된다고 볼 수 없다.

다) **두 번째 주장**에 관한 **판단** ; 구 국세기본법(2010. 1. 1. 법률 제9911호로 개정되기 전의 것) 제47조의3 제1항은 납세자가 신고한 과세표준이 세법에 따라 신고하여야 할 과세표준에 미치지 못하는 경우 과소신고 가산세액을 납부할 세액에 가산하되, '대통령령으로 정하는 경우'에는 예외로 하고 있다. 그 위임에 따른 구 국세기본법 시행령(2010. 2. 18. 대통령령 제22038호로 개정되기 전의 것) 제27조의2 제2항 제2호 (다)목은 '증여받은 재산에 대하여 상속세 및 증여세법 제60조 제2항·제3항 및 제66조에 따라 평가한 가액으로 과세표준을 결정한 사유로 상속세 및 증여세법 제68조에 따른 신고기한까지 신고하여야 할 과세표준보다 적게 신고한 경우'를 그중 하나로 들고 있다. 원고 1은 구 상속세및증여세법 제68조 제1항에 규정된 신고기한으로서 증여받은 날인 2007. 8. 10.부터 3월 이내인 2007. 11. 10.까지 2007. 8. 10.자 ◎◎ 주식 증여에 관한 증여세의 과세가액 및 과세표준을 납세지 관할세무서장에게 신고하지 않았다. 이러한 무신고의 경우 부과되는 신고불성실 가산세에 관하여 '상속세및증여세법상 평가방법의 차이로 인하여 증여세액이 증가하는 경우'를 가산세 부과 대상에서 제외하는 규정은 별도로 존재하지 않는다. 위 과소신고 가산세 부과 예외 규정은, 증여세 신고시점에서 평가방법의 차이나 어려움으로 인하여 증여재산 가액을 정확하게 확정하는 것이 현실적으로 곤란한 점을 감안하여 과소신고 가산세 부과를 면할 수 있는 예외사유를 정한 것이다(대법원 2016. 4. 2. 선고 2015두59259 판결 참조). 그런데 2007. 8. 10.자 ◎◎ 주식 증여에 관한 증여세의 과세표준은 앞서 본 바와 같이 피고 ○○세무서장이 ◎◎ 주식의 평가방법 차이 때문이 아니라, ◎◎의 최대주주인 소외인이 자신이 실질적으로 보유한 ◎◎ 주식을 분산하여 명의신탁하였다는 사실이 밝혀져 ◎◎의 최대주주 및 그와 특수관계에 있는 주주들의 ◎◎ 주식 보유 비율을 달리 산정하여야 한다는 이유로 ◎◎ 주식의 가액을 결정하는 요소 중 하나인 최대주주할증률이 30%로 높아지고 실제 증여자인 소외인과 수증자인 원고 1의 인적 관계에 따라 동일인 재차 증여재산가액 합산 및 증여재산 공제액의 재계산이 이루어짐에 따라 증액된 것이므로, 이 사건에 과소신고가산세 부과 예외 규정을 유추 적용할 수도 없다. 두 번째 주장은 이유 없다.

라) **세 번째 주장**에 관한 **판단** ; 원고 1은 구 상속세및증여세법 제68조 제1항에 규정된 신고기한 내에 2007. 8. 10.자 ◎◎ 주식 증여에 관한 증여세의 과세가액 및 과세표준을 납세지 관할세무서장에게 신고하지 않았다. 이러한 원고 1의 증여세 과세가액 및 과세표준 신고의무 불이행으로 이미 국가의 과세권 행사 및 조세채권 실현이 방해되는 결과는 발생하였고, 원고 1이 2008. 3. 17. 기한 후 신고를 하였다는 사정만으로 원고 1의 증여세 과세가액 및 과세표준 신고의무 불이행이 사후적으로 소멸하지 않는다. 한편 원고 1이 2007. 8. 10.자 ◎◎ 주식 증여에 관한 증여세와 가산세를 물납하여 기한 후 신고 당시에 결과적으로 증여세 본세액이 전부 납부되었다고 하더라도, 이러한 사정은 납부불성실 가산세 감면 여부를 판단할 때 고려될 여지가 있을 뿐이다. 따라서 이 사건 처분 당시 증여세 신고의무를 불이행한 원고 1을 제재할 근거와 필요성은 모두 존재하므로 이 사건 처분은 가산세 제도의 취지에 반하지 않는다. 또한 원고 1이 주장하는 사정만으로는 원고 1이 증여세 신고의무를 게을리 한 데에 정당한 사유가 있다고 보기도 어렵다. 세 번째 주장도 이유 없다.

마) **소결** ; 피고 ○○세무서장은 원고 1에게 2007. 8. 10.자 ◎◎ 주식 증여에 관한 신고의무 불이행을 이유로 일반무신고 가산세를 부과할 수 있다."

증가하는 경우'를 가산세 부과 대상에서 제외하는 규정은 별도로 존재하지 않는다. (4) 원고 1이 기한 후 신고를 하면서 무신고 가산세를 일부 납부하였다는 사정만으로 무신고 가산세 부과대상인 원고 1의 지위가 기한 후 신고 이후 과소신고 가산세의 부과 대상으로 변경된다고 볼 수 없으므로 과소신고 가산세 부과 예외규정을 유추적용할 수도 없다. (5) 따라서 기한 후 신고 이후 위 주식 재평가 등에 따른 증액경정이 있었다고 하더라도 피고 ○○세무서장은 원고 1에게 증여세 산출세액 전액에 관한 일반무신고 가산세를 부과할 수 있다.

… 원심의 이유 설시에 다소 부적절한 점이 있으나, 피고 ○○세무서장의 원고 1에 대한 일반무신고 가산세 부과처분이 적법하다고 본 결론은 정당하고, … 기한 후 신고의 의미 및 효력에 관한 법리를 오해하는 등의 잘못이 없다. … 원심은 … 원고 1이 2007. 8. 10.자 주식 증여에 관한 신고의무를 이행하지 아니한 데에 정당한 사유가 있다고 보기 어렵다는 취지로 판단하였다. … 가산세를 면할 정당한 사유에 관한 법리를 오해한 잘못이 없다.

※ '무신고 가산세' 부과에 대한 긍정례와 부정례

◎ **긍정례** ; 대법원 2019. 7. 25. 선고 2017두65159 판결[1180]

◎ **부정례** ; 대법원 2019. 5. 16. 선고 2018두34848 판결[1181] / 대법원 2019. 7. 11. 선고 2017두68417 판결[1182]

※ 부과제척기간 7년 적용의 요건인 '무신고' 해당 여부에 관한 판례[1183]

◎ '무신고'에 해당하여 부과제척기간이 7년이라고 본 예 ; 대법원 2010. 9. 30. 선고 2008두12160 판결[1184]

1180) 원고(수증자)가 가산세를 포함한 증여세를 기한 후 신고·납부한 후, 피고가 동일인 재차 증여 가산과 주식 재평가 등으로 인하여 증가한 증여세 본세와 그 산출세액 전액에 대한 일반무신고 가산세를 각각 증액 경정·고지한 사안에서, 기한 후 신고 후의 증여재산 가액 재평가에 따른 증액경정 부분에 대하여도 일반무신고 가산세를 부과할 수 있다고 한 사례.

1181) 종합소득금액이 있는 거주자가 법정신고기한 내에 종합소득 과세표준을 관할 세무서장에게 신고하면서 종합소득의 구분과 금액을 잘못 신고한 경우 → 무신고·납부불성실 가산세 부정

1182) 소외인 명의로 명의신탁되어 있던 주식을 명의신탁자로부터 원고가 그 명의로 다시 명의신탁 받았음에도, 원고가 소외인으로부터 실제 증여받은 것처럼 기재하여, 증여자(명의신탁자 아닌 소외인) 및 증여원인(명의신탁 아닌 실제 증여)을 달리 신고한 경우 → 무신고·납부불성실 가산세 부정

1183) '무신고 가산세' 규정에서는, '납세의무자가 법정신고기한까지 세법에 따른 국세의 과세표준 신고를 하지 아니한 경우'(국세기본법), '납세의무자가 법정신고기한까지 과세표준 신고를 하지 아니한 경우'(지방세기본법)라고, '부과제척기간' 규정에서는, 두 기본법 공히 '납세자가 법정신고기한까지 과세표준신고서를 제출하지 아니한 경우'라고 되어, 서로 참조가 가능하다.

1184) 원심이, 원고 1과 원고들의 피상속인인 망인이 1994년경부터 2004년경까지 그들 소유의 부동산을 특수관계자인 소외 3 회사로 하여금 무상으로 사용하도록 제공하고도 그에 따른 종합소득과세표준 및 세액을 전혀 신고하지 않은 사실, 피고는 원고 1과 망인의 위와 같은 부동산 무상제공행위에 대하여 구 소득세법 소정의 부당행위계산 부인규정을 적용하여 원고 1과 망인에게 2006. 5. 22. 1998년 귀속 종합소득세, 2006. 6. 21. 1999년 귀속 종합소득세의 각 부과처분을 한 사실을 인정한 다음, 부당행위계산 부인에 의한 과세에 있어서도 법정신고기간 내에 과세표준신고

◎ '무신고'에 해당하지 않아 부과제척기간이 5년이라고 본 예 ; 대법원 2013. 7. 11. 선고 2013두5555 판결,[1185] 대법원 2014. 4. 10. 선고 2013두22109 판결,[1186] 대법원 2010. 1. 28. 선고 2007두20959 판결,[1187] 대법원 2009. 5. 28. 선고 2007두24364 판결,[1188] 대법원 2013. 2. 28. 선고 2010두

서가 제출되지 않은 경우에는 국세기본법 제26조의2 제1항 제2호가 적용되므로, 위 각 종합소득세를 부과할 수 있는 날로부터 그 부과제척기간인 7년 이내에 이루어진 위 각 처분은 적법하다고 판단한 것은 정당하다고 한 예.

1185) "구 소득세법(2007. 12. 31. 법률 제8825호로 개정되기 전의 것) 제70조 제1항은 당해연도의 종합소득금액이 있는 거주자에 대하여 원칙적으로 종합소득세 과세표준확정신고를 하여야 할 의무를 부여하면서도, 제73조 제1항은 '다음 각 호의 1에 해당하는 거주자는 제70조 및 제71조의 규정에 불구하고 당해 소득에 대하여 과세표준확정신고를 하지 아니할 수 있다'고 규정하면서 과세표준확정신고를 하지 아니할 수 있는 자의 하나로 제1호에서 '근로소득만 있는 자'를 들고 있다. 다만 소득세법 제73조 제4항은 '근로소득 등의 소득이 있는 자에 대하여 원천징수의무를 부담하는 자가 연말정산에 의하여 소득세를 납부하지 아니한 경우에는 제1항의 규정을 적용하지 아니한다'고 규정하고 있다. 국세기본법 제26조의2 제1항은 무신고와 과소신고를 각각 달리 취급하고 있는 것으로 이해되므로 7년의 부과제척기간을 규정한 국세기본법 제26조의2 제1항 제2호는 과세표준확정신고를 하여야 할 의무가 있음에도 아예 그 신고를 하지 아니한 무신고의 경우에 적용되고 과소신고의 경우에는 국세기본법 제26조의2 제1항 제3호에 의하여 5년의 부과제척기간이 적용된다고 보아야 한다. 이러한 점에다가 소득세법 제73조 제1항 각 호의 어느 하나에 해당하는 거주자가 원천징수나 연말정산에 의하여 소득세를 납부한 경우에는 같은 호의 소득이 누락되었다고 하더라도 이를 과소신고와 마찬가지로 취급하는 것이 소득세 납부의 간이화와 과세의 편의를 도모하기 위하여 과세표준확정신고의 예외를 규정한 소득세법 제73조 제1항 등의 취지에 부합하는 점 등을 함께 고려하여 보면, **근로소득만 있는 거주자**가 **연말정산에 의하여 소득세를 납부**한 경우에는 연말정산에서 누락된 다른 근로소득이 있다고 하더라도 그 소득세에 대한 부과제척기간은 특별한 사정이 없는 한 5년으로 보아야 할 것이다." ☞ 원심이, 피고가 소외회사의 대표자인 원고에게 상여로 처분된 금액을 토대로 하여 2010. 1. 4. 원고에게 2002년 귀속 종합소득세 343,261,850원을 부과하는 처분을 한 데 대하여, 원고가 2002년 귀속 근로소득에 대한 원천징수 및 연말정산을 거쳐 근로소득세 891,719원을 납부하였고 위 처분에 관계되는 소득은 상여처분에 따른 근로소득으로서 그 소득세에 대한 부과제척기간은 5년으로 보아야 한다고 판단한 다음, 원고가 법정신고기한 내에 과세표준신고서를 제출하지 아니한 경우로 보아 7년의 부과제척기간을 적용하여야 한다는 피고의 주장을 배척한 것은 정당하다고 한 예.

1186) "소득처분에 따른 소득은 이에 대한 소득금액변동통지가 있기 전까지는 귀속 여부, 귀속자나 소득의 종류 등을 알 수 없는 경우가 많아 그 귀속자가 원래의 종합소득 과세표준 확정신고기한 내에 과세표준 및 세액을 신고·납부하는 것이 현실적으로 불가능하므로, 구 소득세법 시행령(2010. 2. 18. 대통령령 제22034호로 개정되기 전의 것) 제134조 제1항은 '종합소득 과세표준확정신고의무가 없었던 자', '세법에 의하여 과세표준확정신고를 아니하여도 되는 자' 등에 대하여 그 과세표준 및 세액의 확정신고 및 납부기한을 소득금액변동통지서를 받은 날이 속하는 달의 다음다음 달 말일까지로 유예하는 규정을 마련하고 있다. 위와 같은 소득처분에 따른 소득의 성격, 관련 규정의 문언과 입법 취지 등에 비추어 보면, 소득처분에 따른 소득이 귀속된 과세기간에 그 외의 다른 종합소득이 없는 자에게는 그 소득이 귀속되는 과세기간에 관한 종합소득세의 과세표준 및 세액을 신고·납부하여야 할 의무가 유예되므로, 그가 원래의 종합소득 과세표준 확정신고기한 내에 과세표준신고서를 제출하지 않더라도 구 국세기본법 제26조의2 제1항 제2호가 정한 '납세자가 법정신고기한까지 과세표준신고서를 제출하지 아니한 경우'에 해당하지 않아 구 국세기본법 제26조의2 제1항 제3호가 정한 5년의 원칙적인 국세의 부과제척기간이 적용된다고 할 것이다."

1187) "적어도 소외 1이 이 사건 소득처분에 의하여 이 사건 횡령금이 자신의 소득으로 귀속된 1998 과세연도의 종합소득세 과세표준신고서를 법정신고기한 내에 제출하였다면, 비록 그 과세표준신고서상의 종합소득금액에 이 사건 횡령금이 포함되어 있지 않다고 하더라도 같은 항 제2호 소정의 '납세자가 법정신고기간 내에 과세표준신고서를 제출하지 아니한 경우'에 해당한다고 볼 수도 없다 할 것이다."

1188) 원심이, ① 원고가 소외 합자회사에게 18억여 원을 대여한 후 그 변제 명목으로 13억여 원을 수령한 외에 토지를 대물변제받은 사실을 인정한 다음, 그 대물변제계약에서 정한 토지 가액 6억 3천만 원은 정상적인 거래에 의하여 형성된 교환가격으로 보기 어렵고, 공신력 있는 감정기관의 소급감정가액인 10억여 원을 토지 시가로 봄이 상당하다는 이유로, 13억여 원과 토지 시가인 10억여 원의 합계액 23억여 원에서 원고의 대여원금 18억여 원을 공제한 4억 6천여만 원의 일부인 4억 2천여만 원을 원고의 이자소득으로 본 피고의 부과처분이 적법하다고 판단한 것은 정당하나, ② 원고는 1996년 및 1997년 귀속 부동산임대소득과 근로소득에 대한 각 종합소득과세표준신고서를 그

29192 판결[1189)]

◎ '무신고'에 해당하지 않아 증여세 부과제척기간이 10년이라고 본 예 ; 대법원 2019. 7. 25. 선고 2017두65159 판결[1190)]

법정기한 내에 제출하였는데, 피고는 2003. 11. 8.경 원고의 위 대여로 인한 이자소득이 10억여 원임을 전제로 1996년·1997년 귀속 종합소득세를 각 증액결정·고지하였다가 다시 2003. 12. 26.경 그 이자소득이 4억 2천여만 원임을 전제로 1996년 귀속 종합소득세는 증액경정·고지하고, 1997년 귀속 종합소득세는 감액경정·고지(이 사건 각 부과처분)한 사실을 알 수 있고, 원고가 대물변제계약서를 허위로 작성하는 등 부정한 행위로써 이자소득에 대한 종합소득세를 포탈한 것으로는 보기 어려운 사정 등에 비추어 보면, 원고의 1996년, 1997년 귀속 각 종합소득세에 대한 부과제척기간은 5년이라고 봄이 상당하고, 그 기산일은 각 종합소득세의 과세표준신고기한 다음날인 1997. 6. 1.과 1998. 6. 1.이므로 각 그로부터 5년이 경과하였음이 역수상 명백한 2003. 6. 이후 이루어진 이 사건 각 부과처분은 그 제척기간이 경과한 후의 것으로서 무효라고 한 사례.

1189) **원심**이, 원고가 1999. 9. 1. 제1부동산 소재지에서 사업을 개시하여 부동산임대업을 하다가 2001. 3. 15. 제1부동산을 양도함과 아울러 폐업한 후 2001. 4. 25. 부가가치세 과세표준 및 세액을 신고한 사실 등을 인정한 다음, 원고는 2001. 3. 15. 제1부동산 소재지 사업장의 사업을 폐업하였으므로 폐업일인 2001. 3. 15.부터 25일 이내인 2001. 4. 9.까지 부가가치세 확정신고를 하였어야 함에도 그 신고기한을 경과한 2001. 4. 25. 비로소 그 신고를 하였으므로, 2001년 제1기분 부가가치세는 '납세자가 법정신고기한 내에 과세표준신고서를 제출하지 아니한 경우'에 해당하여 그 부과제척기간은 7년간이라는 이유로, 그 기간이 경과하기 전인 2007. 3. 15. 이루어진 2001년 제1기분 부가가치세 부과처분은 적법하다고 판단한 데 대하여, **대법원**은, "구 부가가치세법(2003. 12. 30. 법률 제7007호로 개정되기 전의 것) 제5조 제4항은 '사업자등록을 한 사업자가 휴업 또는 폐업하거나 기타 등록사항에 변동이 발생한 때에는 대통령령이 정하는 바에 의하여 지체없이 사업장 관할세무서장에게 신고하여야 한다'고 규정하고, 그 위임에 따른 구 부가가치세법 시행령(2002. 12. 30. 대통령령 제17827호로 개정되기 전의 것) 제11조 제1항은 등록정정신고의 사유를 규정하면서 제4호에서 '사업의 종류에 변동이 있는 때'를 들고 있으며, 구 부가가치세법 시행규칙 제8조는 '영 제11조 제1항 제4호에 규정하는 사업의 종류에 변동이 있는 때는 다음 각 호의 사유가 발생한 때로 한다'고 규정하면서 제2호에서 '사업의 종류 중 일부를 폐지한 때'를 들고 있다. 그리고 구 부가가치세법 시행규칙 제6조 제1항 본문은 '법 제5조 제4항에 규정하는 폐업하는 때는 사업장별로 그 사업을 실질적으로 폐업하는 날로 한다'고 규정하고 있다. 이와 같은 관련 규정의 문언 내용과 아울러 사업자는 사업장마다 사업자등록을 하여야 하는 점(구 부가가치세법 제5조 제1항), 사업자가 폐업한 경우 사업장 관할세무서장은 사업자등록을 말소하고 사업자로부터 사업자등록증을 회수하여야 하는 점(구 부가가치세법 제5조 제5항, 구 부가가치세법 시행령 제12조 등 참조) 등을 고려하면, 구 부가가치세법상 폐업은 사업자가 해당 사업장에서 영위하는 모든 사업을 폐지하는 경우를 의미하고, 사업자가 해당 사업장에서 여러 종류의 사업을 영위하다가 그 중 일부의 사업만을 폐지한 경우는 사업자등록의 정정사유일 뿐 폐업에 해당한다고 할 수 없다. 한편 구 부가가치세법 제4조 제1항은 "부가가치세는 사업장마다 납부하여야 한다."고 규정하고 있고, 같은 조 제4항의 위임에 따라 사업장의 범위를 정하고 있는 구 부가가치세법 시행령 제4조 제1항은 제3호에서 개인이 영위하는 부동산매매업의 경우 '그 업무를 총괄하는 장소'를 사업장으로 하도록 규정하고 있으며, 같은 조 제4항은 "사업장을 설치하지 아니한 경우에는 사업자의 주소 또는 거소를 사업장으로 한다."고 규정하고 있다."고 전제한 다음, 원고가 제1부동산의 양도 당시 그 주소지 외에 별도로 부동산매매업의 업무를 총괄하는 장소를 두지 않았다면, 원고가 자신의 주소를 제1부동산 소재지로 옮긴 2001. 2. 9.부터 적어도 제2부동산 양도일자인 2002. 5. 24.까지는 위 주소지가 부동산매매업의 사업장이었다고 볼 여지가 크고, 이렇게 볼 경우 원고는 2001. 2. 9. 이후 위 사업장에서 제1부동산의 임대업과 부동산매매업을 함께 영위하다가 2001. 3. 15. 제1부동산을 양도함으로써 제1부동산의 임대업은 폐지하였지만, 부동산매매업은 폐지하지 아니한 채 2002. 5. 24.까지는 위 사업장에서 계속 이를 영위하였다고 보아야 하므로, 그 이전에는 원고가 위 사업장의 사업을 폐업하였다고 할 수 없어, 원고가 2001년 제1기분 부가가치세 예정신고기한 내에 한 부가가치세 신고는 적법하고, '납세자가 법정신고기한 내에 과세표준신고서를 제출하지 아니한 경우'에 해당한다고 볼 수 없어, 그 부과제척기간은 5년간이라고 보아야 하고, 결국 2001년 제1기분 부가가치세 부과처분은 '과세표준신고기한의 다음날'로서 부과제척기간의 기산일인 2001. 7. 26.부터 5년이 경과한 2007. 3. 15.에 이루어진 것으로서 위법하게 된다고 한 예.

1190) 명의신탁된 주식을 실제 증여자인 명의신탁자가 아닌 명의수탁자로부터 증여받은 것처럼 기재하여 신고한 것은

● 대법원 2015. 1. 29. 선고 2012두7110 판결[법인세부과처분취소]

▌법인세 과소신고가산세

판시사항

익금에서 그와 직접 대응하는 손금을 공제한 잔액이 과소신고금액에 산입되었으나 이후 익금을 과소신고금액에서 차감할 경우, 이와 직접 대응하는 손금은 과소신고금액에 가산되어야 하는지 여부(○) / 법인이 장부에 계상하여야 할 자산 대신에 계상하지 아니하여야 할 다른 자산을 계상함에 따라 누락된 자산과 관련하여 익금에 산입하는 세무조정이 이루어진 경우, 잘못 계상된 자산과 관련된 손금을 위 익금과 직접 대응하는 손금으로 보아 과소신고금액을 산정하여야 하는지 여부(○)

이 유

구 법인세법(2000. 12. 29. 법률 제6293호로 개정되기 전의 것) 제76조 제1항 제2호 (가)목 본문은 내국법인이 각 사업연도의 소득에 관한 법인세를 신고함에 있어서 신고하여야 할 **과세표준**에 미달하게 신고한 때에 '그 미달하게 신고한 금액이 신고하여야 할 과세표준의 3분의 1 이상이고 대통령령이 정하는 부당과소신고금액이 50억 원을 초과하는 경우에는 그 미달하게 신고한 금액에 해당하는 산출세액의 100분의 30에 상당하는 금액'을 가산세로 징수하도록 규정하고, (나)목 본문은 '(가)목 외의 경우에는 그 미달하게 신고한 금액에 해당하는 산출세액의 100분의 10(부당과소신고금액에 대하여는 100분의 20)에 상당하는 금액'을 가산세로 징수하도록 정하고 있다.[1191]

그리고 구 법인세법 시행령(2000. 12. 29. 대통령령 제17033호로 개정되기 전의 것, 이하 같다) 제118조 제4항은 '법 제52조의 규정에 의하여 익금에 산입한 금액'(제1호), '기타 익금을 고의로 누락하거나 손금을 허위로 계상하여 익금에 산입한 금액'(제6호) 등을 대통령령이 정하는 부당과소신고금액으로 규정하고, 제3항은 "각 사업연도의 소득금액계산에 있어서 익금에 산입한 금액에 대하여 그 익금과 직접 대응하는 손금이 있는 경우 법 제76조 제1항 제2호의 규정에 의한 과소신고소득금액은 그 손금을 공제한 금액으로 한다."고 정하고 있다. …

구 법인세법 시행령 제118조 제3항이 익금에 산입한 금액에 대하여 그 익금과 '직접 대응하는 손금'을 공제한 금액만을 과소신고금액으로 하도록 규정한 것은 **익금과 그에 직접 대응하는 손금을 동시에 누락한** 경우 등에 **익금에서 손금을 공제한 잔액만을 과소신고금액**으로 보겠다는 것이므로(대법원 2013. 11. 28. 선고 2013두12645 판결[1192] 참조), 어떠한 익금에서 그와 직접 대응하는 손금을 공제한 잔액이 일단

'무신고'에 해당하지 않아, 증여세의 일반 부과제척기간 10년이 적용된다고 한 예.

1191) 2006. 12. 30. 개정 시 법인세법에서 삭제되고 국세기본법 제47조의3(과소신고가산세)의 신설 규정으로 통합되었다.

1192) **【참조판례】**

○ 대법원 2013. 11. 28. 선고 2013두12645 판결 ; "구 법인세법(2006. 12. 30. 법률 제8141호로 개정되기 전의 것, 이하 '구 법인세법'이라 한다) 제76조 제1항 제2호 (가)목은 … 규정하고, 그 위임에 의한 구 법인세법 시행령(2007. 2. 28. 대통령령 제19891호로 개정되기 전의 것, 이하 '구 법인세법 시행령'이라 한다) 제118조 제2항은 "법 제76조 제1항 제2호의 규정을 적용함에 있어서 신고한 과세표준에 과세표준이 되지 아니하는 금액이 포함되어 있는 경우에는 이를 공제한 금액을 신고한 과세표준으로 한다."고 규정하며, 제3항은 … 규정하고 있다. 구 법인세법 제76조

과소신고금액에 산입되었으나 이후 정당한 가산세를 산정하면서 그 익금을 과소신고금액에서 차감할 경우에는 이와 직접 대응하는 손금은 과소신고금액에 가산되어야 한다. 그리고 법인이 **장부에 계상하여야 할 자산 대신에 계상하지 아니하여야 할 다른 자산을 계상**한 경우 추가 대응조정으로 인하여 당기 순손익에 영향을 미치지는 아니하지만 누락된 자산과 관련하여서는 익금에 산입하는 세무조정이 행하여지고 잘못 계상된 자산과 관련하여서는 손금에 산입하는 세무조정이 행하여지므로, 그 손금은 위와 같은 **익금과 직접 대응하는 손금으로 보아야** 할 것이다.

제1항 제2호가 신고한 과세표준에 **원래 과세표준이 되지 아니하는 금액**이 포함되어 있는 경우 이를 **공제**하여 **과소신고소득금액을 산정**하도록 한 것은 **만약 이를 공제하지 아니하면** 실질적으로 과소신고한 과세표준에 대하여도 과소신고가 없는 것처럼 되어 성실신고의 유도라는 가산세 본래의 목적을 달성할 수 없다는 것을 고려한 것인 점, 납세의무자가 수 개의 과세기간에 안분하여야 하는 손금을 일시에 산입함으로써 손금불산입의 대상이 되고 그에 따라 수 개의 과세기간에 걸쳐 자동으로 손금추인되는 것은 납세의무자가 성실신고를 하지 아니한 때문인 점 등에 비추어 보면, 구 법인세법 시행령 제118조 제2항 소정의 **'과세표준이 되지 아니하는 금액'**에는 각 사업연도 소득금액 산정 시 **익금으로 계상하지 말았어야 할 금액** 및 **손금으로 계상하였어야 할 금액 등 과세표준을 증가시키는 항목들**은 특별한 사정이 없는 한 **모두 포함된다**고 할 것이다. 그리고 구 법인세법 시행령 제118조 제3항이 '익금에 산입한 금액에 대하여 그 익금과 직접 대응하는 손금을 공제한 금액'만을 과소신고금액으로 하도록 규정한 것은 **익금과 그에 직접 대응하는 손금을 동시에 누락한 경우** 등에 **익금에서 손금을 공제한 잔액만을 과소신고소득금액으로 보겠다는 것**이므로, **손금에 대응하는 익금이 이미 익금으로 계상되어 있는 경우 그 손금을 다시 공제한 금액만을 과소신고금액으로 볼 것은 아니다.**" ☞ ① 원고가 2003~2008 사업연도에 장기보험계약을 체결하면서 발생한 대리점 수수료 및 권유수당 등 사업비('신계약비') 합계 34,462,000,000원을 그 지출 사업연도의 비용으로 회계처리하여 각 사업연도 법인세를 신고납부한 사실, ② 그런데 피고는 신계약비가 보험료 납입기간별로 안분하여 손금으로 처리되어야 한다는 이유로 신계약비를 전액 손금불산입함과 동시에 보험료 납입기간별로 안분한 신계약비를 각 사업연도별로 자동추인하여 손금에 산입하기로 하면서, 2005 및 2006 사업연도 법인세 과소신고가산세 산정에 관하여 각 사업연도별 손금추인된 신계약비를 구 법인세법 제76조 제1항 제2호, 구 법인세법 시행령 제118조 제2항 소정의 '과세표준이 되지 아니하는 금액'으로 보아 원고에게 2005 및 2006 사업연도 법인세 과소신고가산세 등을 부과하는 이 사건 처분을 한 사실 등을 인정한 다음, 원심이, 자동으로 손금추인된 신계약비도 당해 사업연도에 손금으로 계상하여야 하는 항목임에도 손금으로 계상하지 아니함으로써 신고한 과세표준을 증가시켰으므로 '과세표준이 되지 아니하는 금액'에 포함하여야 하고, 원고가 손금추인된 신계약비에 관한 수익을 모두 익금으로 보아 이미 과세표준에 포함시켜 신고하였으므로 이를 과세신고소득금액에서 공제할 것은 아니라는 등의 이유로, 이 사건 처분 중 2005 및 2006 사업연도 법인세 과소신고가산세에 관한 부분은 적법하다고 판단한 것은 정당하다고 한 예.

○ 대법원 2005. 7. 29. 선고 2003두10282 판결 ; "구 법인세법(1998. 12. 28. 법률 제5581호로 전문 개정되기 전의 것) … 제41조 제1항 제2호가 신고하여야 할 과세표준금액에 미달하게 신고한 경우 그에 대한 제재로 과소신고가산세를 징수하도록 규정한 **취지**가 신고납세제도를 취하고 있는 법인세제하에서 납세의무자인 법인에게 과세표준의 성실한 신고를 유도하기 위한 것이라는 점, 또 법인이 신고한 과세표준 신고내용에 오류 또는 탈루가 있는 경우 과세관청은 이를 조사하여 과세표준과 세액을 경정하는 처분을 하게 되고, 이 때 그 신고된 과세표준금액에 원래 과세표준이 되지 아니하는 금액이 포함되어 있는 경우 과세관청으로서는 당연히 이를 과세표준에서 제외하여 정당한 과세표준금액을 산정하게 되는데, 이 경우 신고한 과세표준금액에서 과세표준이 되지 아니하는 금액을 공제하지 아니한 채 과소신고소득금액을 산정하게 되면 실질적으로 과소신고한 과세표준금액에 대하여도 과소신고가 없는 것처럼 되어 성실신고의 유도라는 가산세 본래의 목적을 달성할 수 없는 점 등에 비추어 보면, **시행령 제113조의**2가 신고한 과세표준금액에 과세표준이 되지 아니하는 금액이 포함되어 있는 경우에는 이를 공제한 금액을 신고한 과세표준금액으로 한다고 규정한 것은 이와 같은 **당연한 이치를 명문화한 것에 불과**하여 모법 제41조 제1항 제2호의 규정 취지에 반하거나 이를 확장하는 내용이 아니라 오히려 부합하는 내용이므로 위 시행령 규정을 **조세법률주의에 반하는 무효의 규정이라고 할 수는 없**다(대법원 1990. 2. 27. 선고 87누332 판결 등 참조). … 신고한 과세표준금액에서 과세표준이 되지 아니하는 금액을 공제한 다음 이를 기초로 정당한 과세표준금액과의 차액을 산출하는 방법으로 과소신고소득금액을 산정하여 과소신고가산세를 부과한 이 사건 처분이 적법하다고 판단한 것은 정당하고,"

※ '산출세액'에서 '추가로 납부하여야 할 세액'으로의 가산세 계산 기준의 변경

2014. 12. 23. 국세기본법 개정 시 제47조의2의 '무신고가산세'와 제47조의3의 '과소신고·초과환급신고가산세'(신고불성실가산세)의 계산 기준을 종전의 '산출세액' 즉, '과세표준에 세율을 곱하여 산출한 금액'에서 '납세자가 추가로 납부해야 할 세액' 즉, '산출세액에서 세액공제·세액감면과 기납부세액을 차감한 금액'으로 변경하였다.[1193][1194] 이는 종합소득에 대한 소득세, 법인세, 부가가치세 등의 경우 법 시행(2015. 1. 1.) 이후 개시하는 과세기간 분부터, 양도소득·퇴직소득에 대한 소득세의 경우 2015. 7. 1. 이후 양도·퇴직하는 분부터, 상속세·증여세의 경우 2015. 7. 1. 이후 상속·증여하는 분부터 각 적용(부칙 제10조)하도록 하였다.[1195]

1193) **국세기본법 제47조의2(무신고가산세)** ① 납세의무자가 법정신고기한까지 세법에 따른 국세의 과세표준 신고(예정신고 및 중간신고를 포함하며, 「교육세법」 제9조에 따른 신고 중 금융·보험업자가 아닌 자의 신고와 「농어촌특별세법」 및 「종합부동산세법」에 따른 신고는 제외한다)를 하지 아니한 경우에는 그 신고로 납부하여야 할 세액(이 법 및 세법에 따른 가산세와 세법에 따라 가산하여 납부하여야 할 이자 상당 가산액이 있는 경우 그 금액은 제외하며, 이하 "무신고납부세액"이라 한다)에 다음 각 호의 구분에 따른 비율을 곱한 금액을 가산세로 한다. 〈개정 2019.12.31.〉
제47조의3(과소신고·초과환급신고가산세) ① 납세의무자가 법정신고기한까지 세법에 따른 국세의 과세표준 신고(예정신고 및 중간신고를 포함하며, 「교육세법」 제9조에 따른 신고 중 금융·보험업자가 아닌 자의 신고와 「농어촌특별세법」에 따른 신고는 제외한다)를 한 경우로서 납부할 세액을 신고하여야 할 세액보다 적게 신고(이하 이 조 및 제48조에서 "과소신고"라 한다)하거나 환급받을 세액을 신고하여야 할 금액보다 많이 신고(이하 이 조 및 제48조에서 "초과신고"라 한다)한 경우에는 과소신고한 납부세액과 초과신고한 환급세액을 합한 금액(이 법 및 세법에 따른 가산세와 세법에 따라 가산하여 납부하여야 할 이자 상당 가산액이 있는 경우 그 금액은 제외하며, 이하 "과소신고납부세액등"이라 한다)에 다음 각 호의 구분에 따른 산출방법을 적용한 금액을 가산세로 한다. 〈개정 2019.12.31.〉 …

1194) **2014. 12. 23. 개정 국세기본법(2015. 1. 1. 시행)의 개정이유** ; 신고불성실가산세를 계산할 때에 공제·감면된 부분이 고려되지 아니하여 불합리한 점이 있었음. 신고불성실가산세의 계산 기준을 산출세액(과세표준에 세율을 곱하여 산출한 금액)에서 납세자가 추가로 납부해야 할 세액(산출세액에서 세액공제·세액감면과 기납부세액을 차감한 금액)으로 변경함. 3) 세액공제·세액감면액이 무신고세액 등에 포함되어 납세자에게 불합리한 부담을 주던 문제를 해소하는 등 납세자의 가산세 부담이 합리적으로 개선될 것으로 기대됨.

1195) **부칙 제10조(무신고가산세 및 과소신고·초과환급신고가산세에 관한 적용례)** ① 제47조의2 및 제47조의3의 개정규정 중 소득세(종합소득에 대한 소득세만 해당하며, 그 소득세를 본세로 하는 농어촌특별세를 포함한다), 법인세(그 법인세를 본세로 하는 농어촌특별세를 포함하고, 청산소득에 대한 법인세는 제외한다), 부가가치세 및 금융·보험업자의 수익금액에 부과되는 교육세에 관한 개정규정은 이 법 시행 이후 개시하는 과세기간 분부터 적용한다. ② 제47조의2 및 제47조의3의 개정규정 중 퇴직소득 및 양도소득에 대한 소득세(그 소득세를 본세로 하는 농어촌특별세를 포함한다)에 관한 개정규정은 2015년 7월 1일 이후 퇴직하거나 양도하는 분부터 적용한다. ③ 제47조의2 및 제47조의3의 개정규정 중 청산소득에 대한 법인세(그 법인세를 본세로 하는 농어촌특별세를 포함한다)에 관한 개정규정은 2015년 7월 1일 이후 해산·합병·분할하는 분부터 적용한다. ④ 제47조의2 및 제47조의3의 개정규정 중 상속세 및 증여세에 관한 개정규정은 2015년 7월 1일 이후 상속·증여하는 분부터 적용한다. 다만, 제47조의3 제4항 제1호 라목의 개정규정은 이 법 시행 후 증여세를 경정하는 분부터 적용한다. ⑤ 제47조의2 및 제47조의3의 개정규정 중 개별소비세(그 개별소비세를 본세로 하는 농어촌특별세 및 교육세를 포함한다), 교통·에너지·환경세(그 교통·에너지·환경세액에 부과되는 교육세를 포함한다) 및 주세(그 주세액에 부과되는 교육세를 포함한다)에 관한 개정규정은 2015년 7월 1일 이후 반출·출고·판매하거나 입장행위·유흥음식행위·영업행위를 하는 분부터 적용한다. ⑥ 제47조의2 및 제47조의3의 개정규정 중 증권거래세(그 증권거래세를 본세로 하는 농어촌특별세를 포함한다)에 관한 개정규정은 2015년 7월 1일 이후 주권 등을 양도하는 분부터 적용한다. ⑦ 제47조의2 및 제47조의3의 개정규정 중 종합부동산세(그 종합부동산세를 본세로 하는 농어촌특별세를 포함한다)에 관한 개정규정은 이 법 시행 후 납세의무가 성립하는 분부터 적용한다. ⑧ 제47조의2 및 제47조의3의 개정규정 중 「농어촌특별세법」 제5조제1항제2호의 이자·배당소득에 대한 소득세의 감면세액에 부과되는 농어촌특별세는 2015년 7월 1일 이후 이자·배당소득을 지급하는 분부터 적용한다. ⑨ 제47조의2 및 제47조의3의 개정규정 중 수입되는 재화에 부과되는 부가가치세, 교통·에너지·환경세, 개별소비

지방세의 경우 2015. 12. 29. 지방세기본법 개정 시에 가산세 계산 기준을 국세기본법과 동일하게 변경하였고,[1196][1197] 이는 법 시행(2016. 1. 1.) 후 가산세를 가산할 '지방세의 납세의무가 성립'하는 경우부터 적용(부칙 제3조) 하도록 하였다.

'산출세액'을 기준으로 한 '개정 전 규정'에 관한 최근의 판례로는, 국세에 관한 대법원 2017. 2. 15. 선고 2015두46963 판결(10년 이내 동일인 재차 증여의 경우 과소신고가산세 산정방법에 관한 사안),[1198] 지방세에 관한 대법원 2015. 5. 28. 선고 2014두12505 판결(취득세·등록세의 납세의무자가 과세표준에 세율을

세, 주세, 교육세 및 농어촌특별세에 관한 개정규정은 2015년 7월 1일 이후 수입신고하는 분부터 적용한다.

1196) 2015. 12. 29. 지방세기본법 개정 시에는 제53조의2(무신고가산세), 제53조의3(과소신고가산세)이었다가, 2016. 12. 27. 전부개정 시 제53조(무신고가산세), 제54조(과소신고가산세·초과환급신고가산세)로 조문 이동하였다.

1197) **2015. 12. 29. 개정 지방세기본법(2016. 1. 1. 시행)의 개정이유** ; 종전에는 지방세를 납부할 의무가 없는 전액 감면대상자도 「지방세법」에 따른 산출세액을 신고하지 아니하거나 과소신고한 경우 무신고가산세 또는 과소신고가산세를 부과 받았으나, 앞으로는 신고의무를 불이행하더라도 납부할 세액이 없다면 신고불성실 가산세가 부과되지 아니하도록 무신고가산세 등의 산출근거를 산출세액에서 납부할 세액으로 변경함.

1198) "구 국세기본법(2011. 12. 31. 법률 제11124호로 개정되기 전의 것) **제47조의3** 제1항은 과소신고가산세는 [산출세액×(과소신고분 과세표준÷과세표준)]의 산식에 따른 금액의 100분의 10에 상당하는 금액으로 하도록 규정하고 있고, 제3항에 의하여 준용되는 **제47조의2 제8항**은 '증여세의 과세표준신고서를 법정신고기간까지 제출하지 아니한 경우로서 구 **상증세법 제47조 제2항**에 따라 가산하는 금액이 있는 경우에는 구 상증세법에 따른 산출세액에서 같은 법 제58조 제1항에 따라 공제되는 증여세액을 차감한 금액을 증여세의 산출세액으로 보아 제1항을 적용한다'고 규정하고 있다. 한편 구 상증세법 제47조 제2항 본문은 "해당 증여일 전 10년 이내에 동일인(증여자가 직계존속인 경우에는 그 직계존속의 배우자를 포함한다)으로부터 받은 증여재산가액을 합친 금액이 1천만 원 이상인 경우에는 그 가액을 증여세 과세가액에 가산한다."라고 규정하고 있고, **제58조 제1항 본문**은 "제47조 제2항에 따라 증여세 과세가액에 가산한 증여재산의 가액에 대하여 납부하였거나 납부할 증여세액은 증여세산출세액에서 공제한다."라고 규정하고 있다.

종전 증여가 있은 후 10년 이내에 동일인으로부터 재차 증여가 이루어질 경우에 수증자는 증여세 과세표준으로 재차 증여의 증여재산가액에 종전 증여의 증여재산가액을 합친 금액을 신고하여야 한다(구 상증세법 제68조, 제47조 등). 그런데 종전 증여에 관하여 이미 무신고나 과소신고 등으로 신고불성실가산세를 부과하고 다시 재차 증여에 관하여 종전 증여의 증여재산가액을 합산하여 신고하지 아니하였다고 하여 그 부분에 대하여 추가로 신고불성실가산세를 부과하는 것은 납세의무자에게 이중의 부담을 지우는 결과가 될 수 있다. 이러한 이중 부담의 소지를 제거하면서도 적정한 범위 내에서 과소신고가산세를 부과하기 위하여 구 국세기본법 제47조의3 제3항에 의하여 준용되는 제47조의2 제8항은 재차 증여에 관한 과소신고가산세를 부과할 때 산정기준이 되는 '산출세액'에서 '종전 증여재산가액에 관한 산출세액'을 차감하도록 규정하였다. 이와 같은 규정 문언과 체계, 입법 취지 등에 비추어 보면, 재차 증여일 전 10년 이내에 동일인으로부터 받은 종전 증여재산가액을 합친 금액이 1천만 원 이상인 경우에 재차 증여에 관한 과소신고가산세는 구 국세기본법 제47조의3 제1항의 산식이 아니라 제3항에 따라 준용되는 제47조의2 제8항에 의하여 수정된 산식[=(산출세액-종전 증여 산출세액)×(과소신고분 과세표준÷과세표준)]에 따라 계산하고, 이때 '과소신고분 과세표준'에는 재차 증여에 관한 과소신고분뿐만 아니라 합산신고를 하지 아니한 종전 증여 부분도 포함하여 산정함이 타당하다." ☛ 원고가 모로부터 받은 주식의 증여세에 관하여 7,000주를 증여받은 것(재차증여))으로 신고하였어야 함에도 3,000주만 증여받았다고 신고하였고, 10년 이내 종전 증여로서 부로부터 증여받았던 7,000주 중 3,000주만을 합산신고한 데 대하여, 피고가 재차 증여의 과소신고분 4,000주에 관하여는 구 국세기본법 제47조의3 제1항의 산식을 적용하고, 종전 증여의 합산신고 미이행분 4,000주에 관하여는 제47조의3 제3항에 따른 수정된 산식을 적용하여 각각 계산한 세액을 더하는 방식으로 재차 증여에 관한 과소신고가산세를 산정하여 부과처분한 **시안**에서, **원심**은, 그 처분이 적법하다고 판단하였으나, **대법원**은, 위 수정된 산식에 따라 합계 14,000주 증여에 관한 산출세액에서 부로부터의 종전 증여인 7,000주에 관한 산출세액을 차감한 다음, 전체 과세표준에서 합계 8,000주(= 재차 증여 과소신고분 4,000주 +종전 증여 합산신고 미이행분 4,000주)의 과소신고분 과세표준이 차지하는 비율을 곱하는 방식으로 세액을 산정하여야 한다고 판단한 예.

곱한 '산출세액'을 정당하게 신고하였으나 감면세액에 관한 판단을 그르쳐 최종적으로 납부하여야 할 세액을 잘못 신고한 경우, 신고불성실가산세 부과를 부정한 사안)[1199]이 있다.

국세기본법상 부정 가산세

○ 대법원 2016. 7. 14. 선고 2016두35335 판결 [부가가치세부과처분취소]

▌일반가산세와 부정가산세의 관계

이 유

규정의 문언과 규정방식, 과소신고가산세의 법적 성격 등에 비추어 보면, 부당과소신고가산세 부과처분은 **일반과소신고가산세** 부과처분과는 **독립한 별개의 과세처분이 아니**라 **동일한 세목의 가산세 부과처분**으로서 그 **세율만을 가중한 것에 불과**하므로, 법원이 심리한 결과 부당과소신고가산세의 부과요건이 충족되지 아니하더라도 일반과소신고가산세의 부과요건이 충족된 경우라면 법원으로서는 **일반과소신고가산세액을 초과하는 부분만을 취소**하여야 할 것이다.[1200]

1199) "관련 규정의 문언과 체계, 특히 **구 지방세법 제121조 제1항 본문**은 취득세 신고불성실가산세의 산정기초가 되는 '산출세액'을 '제111조 및 제112조의 규정에 의하여 산출한 세액'으로, **제151조 본문**은 등록세 신고불성실가산세의 산정기초가 되는 '산출세액'을 '제130조 내지 제143조, 제145조 및 제146조의 규정에 의하여 산출한 세액'으로 정하고 있을 뿐 구 지방세법상 제261조 이하에서 별도로 정하고 있는 감면세액을 고려하도록 정하고 있지 아니한 점, 그리고 납부불성실가산세는 원칙적으로 납세의무자가 최종적으로 납부하여야 할 세액의 납부의무를 이행하지 아니한 것에 대한 제재인 데 비하여 신고불성실가산세는 납세의무자가 과세표준이나 산출세액 등의 신고의무를 이행하지 아니한 것에 대한 제재로서 입법정책에 따라 세목별로 신고의무의 대상과 신고불성실가산세의 산정기초를 다양하게 정하고 있는 것으로 보이는 점 등을 종합하여 보면, 취득세와 등록세의 납세의무자가 그 각 과세표준에 세율을 곱한 '산출세액'을 정당하게 신고한 이상 감면세액에 관한 판단을 그르쳐 최종적으로 납부하여야 할 세액을 잘못 신고하였다고 하더라도 취득세와 등록세의 각 신고불성실가산세를 부과할 수 없다고 봄이 타당하다." ☛ 원고들이 이 사건 부동산에 대한 취득세와 등록세를 신고하면서 그 신고서에 각 과세표준에 세율을 곱한 산출세액을 정당하게 기재하였고, 다만 구 지방세법 제277조 제1항에 의하여 취득세와 등록세가 전부 감면된다고 잘못 판단한 나머지 그와 동일한 세액을 감면세액으로 기재함으로써 결과적으로 최종적으로 납부하여야 할 세액을 잘못 기재하여 신고한 데 대하여, **원심**은, 구 지방세법상 취득세와 등록세 신고불성실가산세의 산정기초가 되는 '산출세액'이 최종적으로 납부하여야 할 세액을 의미한다는 이유로 이 사건 처분 중 취득세와 등록세의 신고불성실가산세 부분이 적법하다고 판단하였으나, **대법원**은, "원고들은 이 사건 부동산에 대하여 구 지방세법에서 정한 취득세와 등록세의 신고의무를 다하였다고 할 것이므로 이에 대하여 피고가 신고불성실가산세를 부과한 것은 위법하고, 원고들이 이 사건 부동산의 취득세와 등록세의 감면 여부에 관하여 잘못 판단한 나머지 최종적으로 납부하여야 할 세액을 잘못 신고하였다고 하여 달리 볼 수는 없다."고 판단한 예.

1200) **【구체적 사안】**
원심이, ○○상사 발행의 세금계산서와 관련하여 피고가 제출한 증거만으로는 원고로서는 ○○상사가 부가가치세 납부의무를 면탈할 것이라는 점을 인식하고 있었다고 보기 어렵다는 이유로, ○○상사와 관련된 2010년 1기분 및 2010년 2기분 각 부당과소신고가산세 부과처분 전부를 취소한다고 판단한 데 대하여, **대법원**은, 부당과소신고가산세 부과처분이 위법하다는 판단은 정당하나, 위 각 부당과소신고가산세 부과처분 중 일반과소신고가산세에 해당하는 부분은 적법함에도 부당과소신고가산세 부과처분 전부를 취소한 것은 잘못이라고 한 예.

○ 대법원 2019. 7. 25. 선고 2017두65159 판결 [증여세가산세부과처분취소]

▌부정무신고가산세, 사기 기타 부정한 행위

판시사항

[1] 부당무신고가산세의 요건인 '부당한 방법'의 의미

[2] 명의신탁된 주식의 실질적인 주주인 명의신탁자가 명의신탁주식을 회수하여 수증자에게 증여하는 형식을 취하지 아니하고 명의수탁자가 수증자에게 증여한 것처럼 **증여자가 허위**로 기재된 **증여계약서**를 작성하여 **기한 후 신고** 때 제출한 것이 '**사기 기타 부정한 행위**'에 해당하는지 여부(×)

[3] **조세범처벌법상 형사처벌 대상**인 '사기 그 밖의 부정한 행위'와 **부정무신고 가산세 부과 요건**인 '부정행위'가 같은 의미인지 여부(○)

☞ '**사기, 그 밖의 부정한 행위**'가 요건인 '**장기 부과제척기간**' 부분도 함께 참조.

이 유

1) 구 **국세기본법 제47조의2** 제2항 제1호는 납세자가 '부당한 방법'[1201]으로 무신고한 과세표준이 있는 경우에는 과세표준 중 **부당한 방법으로 무신고**한 과세표준에 상당하는 금액이 과세표준에서 차지하는 비율을 산출세액에 곱하여 계산한 금액의 100분의 40에 상당한 금액을 부당무신고가산세액으로 납부할 세액에 가산하거나 환급받을 세액에서 공제하도록 규정하고 있다.[1202]

그리고 구 국세기본법 제47조의2 제2항은 **부당무신고가산세**의 요건인 '**부당한 방법**'의 의미를 '납세자가 국세의 과세표준 또는 세액 계산의 기초가 되는 사실의 전부 또는 일부를 은폐하거나 가장한 것에 기초하여 국세의 과세표준 또는 세액의 신고의무를 위반하는 것으로서 대통령령이 정하는 방법'으로 정의하고 있고, 그 위임에 따른 구 국세기본법 시행령(2008. 2. 22. 대통령령 제20622호로 개정되기 전의 것) 제27조 제2항 제6호는 '그 밖에 국세를 포탈하거나 환급·공제받기 위한 사기, 그 밖의 부정한 행위'를 '부당한 방법' 중의 하나로 들고 있다.[1203] …

1201) 2011. 12. 31. 개정 시 '부정행위'로 변경되었으므로, 그 이후로는 '부정무신고가산세'로 칭함이 옳다.

1202) 부당무신고가산세에 관한 구 국세기본법 제47조의2 제2항의 입법 취지는 국세의 과세표준이나 세액 계산의 기초가 되는 사실의 발견을 곤란하게 하거나 허위의 사실을 작출하는 등의 부정한 행위가 있는 경우에 과세관청으로서는 과세요건사실을 발견하고 부과권을 행사하기 어려우므로 이러한 부정한 방법으로 과세표준 또는 세액의 신고의무를 위반한 납세자를 무겁게 제재하는 데 있다(대법원 2016. 2. 18. 선고 2015두1243 판결).

1203) **국세기본법 제47조의2(무신고가산세)** ① 납세의무자가 법정신고기한까지 세법에 따른 국세의 과세표준 신고 …를 하지 아니한 경우에는 그 신고로 납부하여야 할 세액(이 법 및 세법에 따른 가산세와 세법에 따라 가산하여 납부하여야 할 이자 상당 가산액이 있는 경우 그 금액은 제외하며, 이하 "무신고납부세액"이라 한다)에 다음 각 호의 구분에 따른 비율을 곱한 금액을 가산세로 한다. 〈개정 2019.12.31.〉 1. 부정행위로 법정신고기한까지 세법에 따른 국세의 과세표준 신고를 하지 아니한 경우: 100분의 40(국제거래에서 발생한 부정행위인 경우에는 100분의 60) 2. 제1호 외의 경우: 100분의 20

법 제26조의2(국세 부과의 제척기간) ② 제1항에도 불구하고 다음 각 호의 어느 하나에 해당하는 경우에는 다음 각 호의 구분에 따른 기간을 부과제척기간으로 한다. 〈신설 2019.12.31.〉 2. 납세자가 대통령령으로 정하는 사기나 그 밖의 부정한 행위(이하 "부정행위"라 한다)로 국세를 포탈하거나 환급·공제를 받은 경우: 그 국세를 부과할 수 있는 날부터 10년 …

2) 원심[1204]은 다음과 같은 사정들을 종합하면, 원고 1이 **증여자가 허위로 기재**된 이 사건 **증여계약서를 작성**하였다는 사정만으로는 사기 기타 부정한 행위 등 부당한 방법으로 증여세 과세가액 및 과세표준을 신고하지 않았다고 보기 어렵고, 소외인과 망 유○○의 행위를 납세의무자인 원고 1의 '사기 기타 부정한 행위 등 부당한 방법으로 과세표준을 신고하지 않은 행위'와 동일하게 평가할 수 없으므로, 원고 1에게 2007. 8. 10.자 소외 회사 주식 증여에 관한 증여세 신고의무 불이행을 이유로 **부당무신고 가산세를 부과할 수는 없다**고 판단하였다.

(1) 명의신탁된 주식의 명의를 수증자의 명의로 변경하면서 실질적인 주주인 명의신탁자가 명의신탁주식을 회수하여 수증자에게 증여하는 형식을 취하지 아니하고 명의수탁자가 수증자에게 곧바로 양도한 것처럼 주식양도계약서를 작성한 사실만 가지고는 사기 기타 부정한 행위로써 증여세를 포탈하였다고 단정하기는 어렵다(대법원 2006. 6. 29. 선고 2004도817 판결[1205] 참조). 여기서 **조세범 처벌법상**

⇒ **국세기본법 시행령 제12조의2(부정행위의 유형 등)** ① 법 제26조의2제2항제2호 전단에서 "대통령령으로 정하는 사기나 그 밖의 부정한 행위"란 「조세범 처벌법」 제3조제6항에 해당하는 행위를 말한다. 〈2020.2.11〉

1204) **원심이 인용한 제1심판결(서울행정법원 2016. 12. 27. 선고 2015구합83313 판결) 이유** ; "원고 1이 망 유○○과 함께 망 유○○의 처와 자녀들을 입회인으로 기재하고 2007. 8. 10. 망 유○○으로부터 ◎◎ 주식 000,000주를 증여받는다는 내용의 증여계약서(이 사건 증여계약서)를 작성한 사실, 원고 1이 2008. 3. 17. 기한 후 신고를 하면서 이 사건 증여계약서를 제출한 사실은 인정할 수 있다. … ① 원고 1은 이 사건 증여계약서를 작성하면서 2007. 8. 10.자 ◎◎ 주식의 증여를 매매 등의 거래로 조작하지 않은 점, ② 이 사건 증여계약서에 위 ◎◎ 주식 증여에 관한 주된 납세의무자인 수증자가 원고 1으로 명시되어 있는 점, ③ 원고 1이 기한 후 신고를 하면서 ◎◎ 주식을 물납함으로써 결과적으로 2007. 8. 10.자 ◎◎ 주식 증여에 관한 증여세 본세의 징수는 이루어진 점, ④ 부당무신고 가산세 부과 요건인 '사기 기타 부정한 행위등 부당한 방법으로 무신고한 과세표준이 있는 경우'와 마찬가지로 해석할 수 있는 조세범처벌법상 형사 처벌대상인 '사기 기타 부정한 행위로써 조세를 포탈한 경우'의 해당 여부에 관하여, 대법원은 "명의신탁된 주식의 명의를 수증자의 명의로 변경하면서 실질적인 주주인 명의신탁자가 명의신탁주식을 회수하여 수증자에게 증여하는 형식을 취하지 아니하고 명의수탁자가 수증자에게 막바로 양도한 것처럼 주식양도계약서를 작성한 사실만 가지고는 사기 기타 부정한 행위로써 증여세를 포탈하였다고 단정하기는 어렵다(대법원 2006. 6. 29. 선고 2004도817 판결 참조)."고 판시한 점 등을 고려하면, 원고 1이 증여자가 허위로 기재된 이 사건 증여계약서를 작성하였다는 사정만으로는 사기 기타 부정한 행위 등 부당한 방법으로 증여세 과세가액 및 과세표준을 신고하지 않았다고 보기 어렵다. 피고 ○○세무서장의 이 부분 주장은 이유 없다.
또한 피고 ○○세무서장은, ◎◎ 주식의 명의수탁자인 망 유○○이 실제 증여자인 소외인과 공모하여 2002. 10.경 서울지방국세청장의 ◎◎ 주식에 관한 세무조사 과정에서 "◎◎의 자본증자에 참여하였고, 투자금액의 원천은 본인이 일부를 투자하고 소외인으로부터 증자 시 현금수증을 받았다."는 내용의 확인서, 주식취득 자금 진술조서, ◎◎ 배당금 원천징수영수증, 현금증여계약서 등을 제출함으로써 ◎◎ 주식의 명의신탁 사실을 적극적으로 은폐·가장하였는데, 소외인과 망 유○○의 이러한 행위도 부당한 방법으로 증여세의 과세표준을 무신고한 것으로 평가할 수 있으므로, 원고 1에게 부당무신고 가산세를 부과한 것은 적법하다고 주장한다. 그런데 피고 ○○세무서장이 주장하는 사정이 존재한다고 하더라도, 그 사정들은 명의신탁 증여의제에 따른 증여세의 부당무신고 여부 판단 시 고려될 사정은 될 수 있어도 그로부터 약 5년이 지나 이루어진 2007. 8. 10.자 ◎◎ 주식 증여나 이에 관한 증여세 신고·납부에 관련하여 사기 기타 부정한 행위 등 부당한 방법으로 신고 자체를 하지 않았는지를 판단함에 있어 고려될 사정이 아니다. 또한 소외인과 망 유○○이 원고 1으로부터 업무의 처리를 위탁받은 원고 1의 대리인이나 이행보조자 등에 해당한다고 볼 증거가 없다. 따라서 피고 ○○세무서장이 주장하는 소외인과 망 유○○의 행위를 납세의무자인 원고 1의 '사기 기타 부정한 행위 등 부당한 방법으로 과세표준을 신고하지 않은 행위'와 동일하게 평가할 수는 없다. 피고 ○○세무서장의 이 부분 주장도 이유 없다.
따라서 원고 1에게 2007. 8. 10.자 ◎◎ 주식 증여에 관한 증여세 신고의무 불이행을 이유로 부당무신고 가산세를 부과할 수는 없다."

1205) "원심이 피고인 1이 피고인 2로 하여금 이 사건 주식을 공소외 6이 공소외 7로부터 양수하는 것처럼 허위의 주식양도·

형사처벌 대상인 '사기 기타 부정한 행위로써 조세를 포탈한 경우'와 부당무신고 가산세 부과 요건인 '사기 기타 부정한 행위 등 부당한 방법으로 무신고한 과세표준이 있는 경우'에 있어서 '사기 기타 부정한 행위'는 같은 의미로 해석될 수 있다. (2) 실질적 주주로 명의신탁자인 소외인으로부터 주식을 실제로 증여받았음에도 명의수탁자에 불과한 유○○으로부터 증여받은 것처럼 가장하기는 하였으나 원고 1은 이 사건 증여계약서를 작성하면서 2007. 8. 10.자 소외 회사 주식의 증여를 매매 등의 거래로 조작하지 않았다. (3) 이 사건 증여계약서에 위 주식 증여에 관한 주된 납세의무자인 수증자가 원고 1로 명시되어 있다. (4) 원고 1이 기한 후 신고를 하면서 소외 회사 주식을 물납함으로써 결과적으로 2007. 8. 10.자 위 주식 증여에 관한 증여세 본세의 징수는 이루어졌다. (5) 소외인과 유○○이 원고 1의 대리인이나 이행보조자 등에 해당한다고 볼 증거가 없는 이상 소외인과 유○○이 적극적으로 소외 회사 주식 명의신탁 사실을 은폐·가장하였음을 원고 1의 증여세 부당무신고 여부 판단에 있어서 고려할 수는 없다.

3) … 원심의 위와 같은 판단에 … 구 국세기본법 제47조의2 제2항 제1호의 부당무신고가산세에 관한 법리를 오해한 잘못이 없다. 한편 상고이유에서 들고 있는 대법원판결은 사안이 달라 이 사건에 원용하기에 적절한 것이 아니다.

● 대법원 2021. 2. 18. 선고 2017두38959 판결[법인세등부과처분취소]

▌사용인 부정행위, 부정과소신고가산세, 장기부과제척기간

판시사항

[1] 부정과소신고가산세 제도의 입법취지

[2] 대표자나 사실상 대표자가 아닌, **대리인**이나 **사용인**, **그 밖의 종업원**(이하 '**사용인 등**')의 부정한 행위가 납세자 본인의 이익이나 의사에 반하여 자기 또는 제3자의 이익을 도모할 목적으로 **납세자를 피해자**로 하는 **사기, 배임 등 범행**의 일환으로 행하여지고, **거래 상대방**이 이에 **가담**하는 등으로 인하여 납세자가 이들의 **부정한 행위를 쉽게 인식하거나 예상할 수 없**었던 **특별한 사정**이 있는 경우에는, 납세자에게 사용인 등의 부정한 행위를 방지하기 위한 **선임, 관리·감독상의 주의의무**를 다하지

양수계약서를 작성하게 하였을 뿐만 아니라, 나아가 양수대금을 실제로 지급하는 것처럼 송금하고 공소외 7의 주식양도차익에 대한 양도소득세와 공소외 6의 주식양수대금에 대한 증여세까지 자진신고·납부하게 함으로써 **실질적인 매매인 것처럼 조작**하여 **주식이전에 대한 증여세의 부과·징수를 현저히 곤란**하게 하는 사기 기타 부정한 방법으로 공소외 6에게 부과될 증여세 23억 55,414,750원을 포탈하였다는 이유로 이 부분 공소사실을 **유죄**로 인정한 조치는 옳은 것으로 수긍이 가고 … 원심은 … 명의신탁된 주식의 명의를 수증자의 명의로 변경하면서 실질적인 주주인 명의신탁자가 명의신탁주식을 회수하여 수증자에게 증여하는 형식을 취하지 아니하고 명의수탁자가 수증자에게 막바로 양도한 것처럼 주식양도계약서를 작성한 사실만 가지고는 사기 기타 부정한 행위로써 증여세를 포탈하였다고 단정하기는 어렵다고 판단하여, 이 부분 공소사실을 유죄로 인정한 제1심판결을 파기하고 **무죄**를 선고하였는바, … 원심의 이와 같은 판단은 옳은 것으로 수긍이 가고, 위 주식양도계약서 내용대로의 주식변동상황명세서를 작성하여 각 해당 법인의 법인세 과세표준신고시 관할 세무서에 제출하였다고 하여 달리 볼 것은 아니므로, 이 부분 공소사실을 무죄로 인정한 원심판결에 조세범처벌법 제9조 제1항 소정의 '사기 기타 부정한 행위'에 관한 법리오해 등의 위법이 있다고 할 수 없다."

못한 **잘못**이 있다 하더라도, **부정과소신고가산세**의 제재를 **가할 수는 없**다. ☛ 상세한 이유는 앞서 본 '통상적 부과제척기간' 기술 부분 참조.

● 대법원 2015. 1. 15. 선고 2014두11618 판결 [부가가치세부과처분취소]

▌부정과소신고가산세, 부가가치세, 사실과 다른 세금계산서

판시사항

[1] 납세자가 거짓증명을 수취하여 과세표준을 과소신고하였으나 수취한 증명이 거짓임을 알지 못한(= 선의) 경우나 **중대한 과실**로 거짓임을 알지 못한 경우, '부당한 방법으로 과세표준을 과소신고한 경우'에 해당하는지 여부(×)

[2] 납세자가 세금계산서상 공급자와 실제 공급자가 다르게 적힌 '사실과 다른 세금계산서'를 교부받아 매입세액의 공제 또는 환급을 받은 경우, 그 행위가 구 국세기본법 제47조의3 제2항 제1호가 정한 '부당한 방법으로 과세표준을 과소신고한 경우'에 해당하기 위한 요건 ☞ 장기부과제척기간에 관한 동일 취지 판시 ; 대법원 2015. 2. 26. 선고 2014두42001 판결 / 장기부과제척기간과 부정과소신고가산세에 관한 동일 취지 판시 ; 대법원 2019. 9. 9. 선고 2019두31730 판결

이 유

구 **국세기본법**(2011. 12. 31. 법률 제11124호로 개정되기 전의 것, 이하 같다) **제47조의3** 제2항 제1호는 **부당과소신고가산세**에 관하여, 납세자가 **'부당한 방법'**으로 **과세표준**을 **과소신고**한 경우에는 부당한 방법으로 과소신고한 과세표준 상당액이 과세표준에서 차지하는 비율을 산출세액에 곱하여 계산한 금액의 100분의 40에 상당하는 금액을 납부할 세액에 가산하거나 환급받을 세액에서 공제하도록 규정하고 있다.

그리고 구 국세기본법 제47조의2 제2항 … 그 위임에 따른 구 국세기본법 시행령(2012. 2. 2. 대통령령 제23592호로 개정되기 전의 것) 제27조 제2항은 부당한 방법의 하나로 제3호에서 '거짓 증명 또는 거짓 문서의 수취(거짓임을 알고 수취한 경우만 해당한다)'를, 제6호에서 '그 밖에 국세를 포탈하거나 환급·공제받기 위한 **사기 그 밖의 부정한 행위**'를 들고 있다.

한편, 구 국세기본법 제47조의5 제1항, 제48조 제1항은 납세자가 정당한 사유 등이 없이 세법에 따른 납부기한까지 국세를 납부하지 아니하거나 납부한 세액이 납부하여야 할 세액에 미치지 못하는 경우에는 **납부불성실가산세**를 부과하도록 규정하고 있다.……

구 국세기본법 제47조의3 제2항 제1호 등 관련 규정의 문언 및 체계 등에 비추어 보면, 납세자가 거짓증명을 수취하여 과세표준을 과소신고하였다고 하더라도 수취한 증명이 거짓임을 **알지 못하였을 때**에는 '부당한 방법으로 과세표준을 과소신고한 경우'에 해당한다고 볼 수 없고, 납세자가 **중대한 과실**로 거짓임을 알지 못하였다고 하여 달리 볼 것은 아니다.[1206]

1206) 【comment】 즉, '**악의**'가 부당과소신고가산세의 요건이고, '악의'의 요건이 '**중과실**'로 대체될 수 없다. '중대한 과실'을

그리고 납세자가 그 세금계산서상의 공급자와 실제 공급자가 다르게 적힌 '사실과 다른 세금계산서'를 교부받아 매입세액의 공제 또는 환급을 받은 경우 그러한 행위가 구 국세기본법 제47조의3 제2항 제1호가 규정한 **'부당한 방법**으로 과세표준을 **과소신고**한 경우'에 해당하기 위하여는, ① 납세자에게 사실과 다른 세금계산서에 의하여 매입세액의 공제 또는 환급을 받는다는 **인식** 외에, ② ⓐ **사실과 다른 세금계산서를 발급한 자**가 그 세금계산서상의 매출세액을 제외하고 부가가치세의 과세표준 및 납부세액을 신고·납부하거나 또는 그 세금계산서상의 매출세액 전부를 신고·납부한 후 경정청구를 하여 이를 환급받는 등의 방법으로 그 세금계산서상의 **부가가치세 납부의무를 면탈**함으로써 ⓑ 납세자가 그 매입세액의 공제를 받는 것이 결과적으로 국가의 **조세수입 감소**를 가져오게 될 것이라는 점에 대한 **인식**[1207]이 있어야 한다.[1208]

● 대법원 2017. 4. 13. 선고 2015두44158 판결 [상속세등부과처분취소]

▌부당무신고가산세, 부정행위, 명의위장

판시사항

'명의위장'이 **'사기 기타 부정한 행위'**에 해당하는지 여부의 판단 기준(① **조세포탈의 목적** + ② **적극적인**

'고의' 내지 '악의'와 동일시하는 경우도 있다. 예컨대, 연속되는 일련의 거래과정에서 매출세액의 포탈을 목적으로 하는 악의적 사업자가 존재하고 그로 인하여 자신의 매입세액 공제·환급이 다른 세수의 손실을 가져온다는 사정을 알았거나 중대한 과실로 알지 못한 수출업자가 매입세액의 공제·환급을 구하는 것은 신의성실의 원칙에 반하여 허용될 수 없다(대법원 2011. 1. 20. 선고 2009두13474 전원합의체 판결의 다수의견). 민사법에서는 악의와 중과실을 동일하게 취급하는 경우가 많다.

1207) **【comment】** 부당과소신고가산세의 요건 중 하나인 위와 같은 '납세자의 인식'의 존재에 대한 주장·증명책임은 과세관청에게 있다.
대법원 2016. 3. 10. 선고 2015두54919 판결 ; 원심이, 원고가 이 사건 각 세금계산서상의 매입세액에 상당하는 금액을 ○○금속 등에게 이미 지급하였다고 주장하고 있는 이 사건에서, 원고에게 ○○금속 등이 이 사건 각 세금계산서상의 매출세액을 제외하고 부가가치세를 신고·납부하거나 이를 환급받는 등의 방법으로 부가가치세 납부의무를 면탈함으로써 원고가 이 사건 각 세금계산서에 의하여 매입세액의 공제를 받는 것이 결과적으로 국가의 조세수입 감소를 가져오게 될 것이라는 점에 관한 인식이 있었다는 점에 관하여 피고로부터 아무런 주장·증명이 없다는 이유로, 이 사건 각 부가가치세 부당과소신고 가산세 부과처분 부분은 위법하다고 판단한 것은 정당하다고 한 예.

1208) **【구체적 사안】**
○ **원심** ; '원고는 이 사건 세금계산서가 그 세금계산서상의 공급자와 실제 공급자가 다르게 적힌 '사실과 다른 세금계산서'임을 알았거나 **중대한 과실**로 알지 못하였다고 봄이 상당하므로, 원고가 위 세금계산서를 교부받고 그 매입세액을 공제하여 부가가치세를 신고·납부한 것은 부당과소신고가산세의 부과사유로 정한 '부당한 방법으로 과세표준을 과소신고한 경우'에 해당할 뿐만 아니라, 원고가 부가가치세 납부의무를 이행하지 아니한 데에 정당한 사유가 있었다고 보기도 어렵다는 이유로, 부당과소신고가산세 및 납부불성실가산세 부과처분이 적법하다.'고 판단.
○ **대법원** ; 부당과소신고가산세 부분에 대해서, '원고는 이 사건 세금계산서가 사실과 다르다는 사실을 알지 못하였다고 주장하고 있을 뿐만 아니라 그 세금계산서에 의하여 공제받은 매입세액에 상당하는 금액을 소외 회사에 지급하였다는 취지로도 주장하고 있으므로, 원심으로서는 원고가 이 사건 세금계산서가 사실과 다르다는 사실을 알고 있었는지 여부 및 원고에게 '소외 회사가 이 사건 세금계산서상의 매출세액을 제외하고 부가가치세의 과세표준 및 납부세액을 신고·납부하거나 또는 이 사건 세금계산서상의 매출세액 전부를 신고·납부한 후 경정청구를 하여 이를 환급받는 등의 방법으로 이 사건 세금계산서상의 부가가치세 납부의무를 면탈함으로써 원고가 이 사건 세금계산서에 의하여 매입세액의 공제를 받는 것이 결과적으로 국가의 조세수입 감소를 가져오게 될 것이라는 점에 관한 인식이 있었는지 여부'를 심리한 후 부당과소신고가산세 부과처분이 적법한지를 판단하였어야 한다.'고 판단한 예.

행위) ; 주식 명의신탁에 따른 양도소득세·종합소득세의 부당무신고가산세를 부정한 사례 ☞ 장기부과제척기간에 관한 동일 취지의 판례들도 함께 참조

이 유

구 국세기본법 시행령 제27조 제2항 제6호가 부당한 방법의 하나로 들고 있는 **'사기, 그 밖의 부정한 행위'**라고 함은 조세의 부과와 징수를 불가능하게 하거나 현저히 곤란하게 하는 위계 기타 부정한 **적극적인 행위**를 말하고, 적극적 은닉의도가 나타나는 사정이 덧붙여지지 않은 채 **단순히 세법상의 신고를 하지 아니**하거나 **허위의 신고**를 함에 그치는 것은 여기에 **해당하지 않**는다.

또한 납세자가 **명의를 위장**하여 소득을 얻더라도, **명의위장**이 ① **조세포탈의 목적**에서 비롯되고 나아가 여기에 허위 계약서의 작성과 대금의 허위지급, 과세관청에 대한 허위의 조세 신고, 허위의 등기·등록, 허위의 회계장부 작성·비치 등과 같은 ② **적극적인 행위까지 부가**되는 등의 특별한 사정이 없는 한, **명의위장 사실만**으로 구 국세기본법 시행령 제27조 제2항 제6호에서 정한 '사기, 그 밖의 **부정한 행위'에 해당한다고 볼 수 없다**.[1209]

1209) **【구체적 사안】**

[1] 원심이, ① 망인은 비록 1992년경 소외 회사 주식 중 일부를 소외인 외 5인에게 명의신탁하였고 소외 회사의 기업공개 후에도 명의신탁을 그대로 유지하였으나, 이러한 명의신탁이 누진세율의 회피 등과 같은 조세포탈의 목적에서 비롯되었다고 볼 만한 사정이 발견되지 않는 점, ② 망인이 **명의수탁자 명의**로 **증권계좌**를 **개설**한 것은 소외 회사 **주식의 명의신탁에 통상 뒤따르는 부수행위**로 보이는 점, ③ 망인은 기존 명의신탁관계가 해소되지 않은 상태에서 **일반적인 주식 양도방법**에 따라 **명의수탁자 명의로 된 주식을 처분**하였을 뿐이고, 망인이 2007년과 2008년에 명의수탁자인 소외인 명의의 주식에 대해 **양도소득세를 신고하지 아니**한 것 역시 코스닥 시장에서의 **일반적인 주식 양도**방법에 따라 주식이 처분된 데에 따른 **결과**인 점, ④ 망인이 **명의수탁자 명의로 종합소득세 신고**를 한 것 역시 명의신탁관계가 해소되지 않은 상황에서 소외 회사가 지급하는 **이자 및 배당소득**이 명의수탁자에게 **자동**으로 **입금**됨에 따라 **소득세**가 명의수탁자 명의로 **자동 공제**된 데에 기인한 것인 점 등에 비추어 보면, 결과적으로 망인의 주식 명의신탁행위로 인하여 양도소득세가 과세되지 못하였고 종합소득세와 관련하여 세율구간 차이에 따라 산출세액에서 차이가 발생하였다 하더라도, 망인의 **주식 명의신탁행위와 이에 뒤따르는 부수행위**를 **조세포탈의 목적에서 비롯된 부정한 적극적인 행위로 볼 수 없다**는 이유로, 피고 세무서장이 한 **양도소득세 부당무신고가산세 부과처분** 중 일반무신고가산세액을 초과하는 부분과 **종합소득세 부당과소신고가산세 부과처분** 중 **일반과소신고가산세액을 초과**하는 부분은 **위법**하다고 판단한 데 대하여, 대법원은, 원심의 이유 설시에 다소 적절하지 아니한 부분은 있으나, 조세포탈의 목적에서 비롯된 부정한 적극적인 행위로 볼 수 없다고 판단한 결론은 정당하다고 하고,

[2] 원심이, ① 원고들이 망인의 사망 이후 상속세를 신고하면서 소외인 등 명의로 된 차명계좌의 잔액 등을 상속재산에 포함시켰던 점, ② 소외인 명의의 주식을 제외한 나머지 명의신탁 주식은 이미 매각되어 상속인인 원고들의 입장에서는 망인이 관리하던 명의신탁 주식 관련 소득의 내용을 모두 파악하기는 어려웠던 점, ③ 원고들로서는 망인의 사망 후에 실시된 세무조사의 결과가 나온 이후에야 망인이 소외 회사 주식 등을 명의신탁한 사실을 구체적으로 알게 되었던 점 등에 비추어 보면, 원고들이 상속세 신고 시 위 **명의수탁자 명의의 계좌에서 상속개시일 전 2년 이내에 인출된 금전** 중 **사용처가 불분명**한 부분을 **상속재산에 포함하지 아니**한 것은 **단순 누락**에 불과할 뿐 부당한 방법으로 상속세 과세표준을 **과소신고하였다고 볼 수 없다**는 이유로, 피고 세무서장이 한 상속세 부당과소신고가산세 부과처분 중 일반과소신고가산세액을 초과하는 부분은 위법하다고 판단한 것은, 정당하다고 한 사례.

○ 대법원 2018. 12. 13. 선고 2018두36004 판결[증여세부과처분취소]

▌부정무신고가산세, 부정행위, 명의위장

판시사항

주식의 명의신탁 및 그에 통상 뒤따르는 부수행위만으로 명의신탁 증여의제 증여세에 대한 부정무신고가산세를 부과할 수 있는지 여부(×)

이 유

이러한 법리[1210]에 따라 앞서 본 사실관계[1211]와 더불어 기록에 의하여 알 수 있는 다음과 같은 사정 등을 살펴보면, 원고가 이 사건 제1주식의 명의신탁과 관련하여 조세포탈의 목적에서 비롯된 적극적인 부정행위를 하였다고 보기 어려우므로, 이 사건 처분 중 이 사건 제1주식의 **명의신탁 관련 부당무신고가산세 부과처분**은 **위법**하다.

가) 소외 1은 이 사건 제1주식을 원고에게 명의신탁하면서 주식의 매매가 있었던 것과 같은 외관을 형성하여 그 형식에 따른 주식양수도계약서와 계좌거래내역 등을 토대로 과세관청에 양도소득세 등을 신고하였는데, 이는 주식의 명의신탁에 **통상 뒤따르는 부수행위**로 보인다. 나) 이 사건 제1주식의 명의신탁은 위 주식의 실제 소유자인 소외 1이 그 명의자를 원고로 하여 두는 방법을 통하여 재산의 객관적인 귀속 자체에 혼선을 초래함으로써 실제소유자인 소외 1에 대하여 조세채무를 확정하는 것을 방해하는 등과 같은 조세회피 목적에서 이루어진 것이므로, 앞서 본 바와 같이 구 상속세 및 증여세법 제45조의2 제1항에 의하여 명의신탁 증여의제의 대상이 된다. 다) 반면 이러한 명의신탁을 통하여 원고는 실제의 소유관계에도 불구하고 그 명의로 이 사건 제1주식을 보유하는 외관을 형성함으로써, 대외적으로 주식보유를 매개로 한 여러 가지 납세의무 등을 부담하게 되어 오히려 자신의 조세부담이 늘어날 처지에 있게 되므로, 명의신탁자인 소외 1이 명의를 위장하여 소득을 얻는 경우와는

1210) 대법원 2017. 4. 13. 선고 2015두44158 판결의 일반론 등.

1211) **【구체적 사안】**

① 소외 회사 1, 2, 3은 독점규제 및 공정거래에 관한 법률에 의한 기업집단에 속하는 비상장법인(이 사건 기업집단)이고, 소외 1은 소외 회사 1의 대표이사이자 2010년경 소외 회사 1의 지분 52.59%, 소외 회사 2의 지분 31.52%를 각 보유하면서 이 사건 기업집단을 사실상 지배하는 지배주주이며, 원고는 소외 1의 배우자인 소외 2의 아들이다. ② 원고는 2010. 12. 2. 소외 1로부터 소외 회사 2의 발행주식 5,975주(발행주식총수의 31.52%, 이하 '이 사건 제1주식')를 매매 형식으로 취득하였고, 2011. 9. 2. 소외 2로부터 소외 회사 3의 발행주식 2,000주(발행주식총수의 40%, 이하 '이 사건 제2주식')를 매매 형식으로 취득하였다. ③ 소외 1은 이 사건 제1주식을 양도하는 과정에서 원고에게 그 명의로 신규 통장을 개설하도록 한 다음 그 통장이 개설된 날에 **현금**으로 주식양수대금을 **입금**하였다가 이후 그러한 주식양수금액을 자신의 통장으로 **이체**하였고, 그 외관에 따라 주식양수도계약서를 작성하여 주식 양도소득세 및 증권거래세 신고시 그 사본을 첨부하여 제출하였다. ④ 피고는 '이 사건 제1, 2주식의 양도는 조세회피 목적으로 명의신탁을 한 것에 해당한다'고 보아 구 상속세 및 증여세법(2011. 12. 31. 개정 전) 제45조의2 제1항에 따라 2015. 10. 6. 원고에게 2010. 12. 2.자 증여분 증여세 870,669,560원(부당무신고가산세 183,928,080원 포함), 2011. 9. 2.자 증여분 증여세 159,138,500원(부당무신고가산세 35,160,960원 포함)을 각 결정·고지하는 이 사건 처분을 하였다. ⑤ 한편 피고는 2018. 3. 12. 이 사건 처분 중 2011. 9. 2.자 증여분 증여세의 가산세에서 통상의 무신고가산세율(20%)을 적용하여 계산한 세액을 초과하는 18,037,568원을 직권으로 취소하였다.

분명한 차이가 있다. 라) 자신의 명의를 빌려준 원고는 부수행위 등을 수반한 명의신탁이 인정되면 거기에 증여의 실질이 없음에도 실제소유자로부터 재산을 증여받은 것으로 의제되어 명의수탁자로서 증여세를 부담하는 것인 만큼, 명의신탁의 결과로 증여세를 부담할 따름인 원고가 이를 포탈할 목적으로 부수행위 등을 동반하여 과세요건사실인 명의신탁과 같은 부정한 적극적인 행위를 하였다고 보기는 어렵고, 이와 달리 해석할 경우 **명의수탁자에 대한 과도한 제재**로 보인다.

※ 명의신탁증여의제 증여세에 대한 부정무신고가산세 인정 여부에 관한 하급심 판결

◎ 부정 사례

○ 서울행정법원 2017. 7. 7. 선고 2016구합56134 판결(서울고등법원 2018. 4. 20. 선고 2017누66246 판결-원심 인용 판결, 대법원 2018. 10. 10. 2018두48328 판결-심리불속행 기각)[1212]

○ 서울행정법원 2016. 11. 11. 선고 2016구합55902 판결(서울고등법원 2017. 7. 7. 선고 2016누76628 판결-원심인용, 대법원 2017. 10. 16. 선고 2017두54821 판결-심리불속행)[1213]

1212) "명의신탁 증여의제의 경우에는 과세요건 자체가 조세회피의 목적으로 명의주주와 실질주주가 다르다는 허위의 외관을 형성하는 행위이고, 이러한 외관을 형성하기 위하여 사실과 다른 내용의 주식양수도계약서, 불필요한 자금이동 및 그에 따른 회계장부 기록 등이 수반될 수밖에 없으므로, 명의신탁 증여의제로 인한 증여세에 부당무신고가산세 규정을 적용하기 위해서는 위와 같은 **명의신탁행위 및 그에 수반되는 행위를 넘어** 보다 적극적으로 명의신탁 증여의제에 따른 증여세의 부과와 징수를 불가능하게 하거나 현저히 곤란하게 하는 사실의 은폐 또는 가장행위가 있어야 한다고 보아야 한다. 왜냐하면 명의신탁행위 및 그에 수반되는 행위까지 모두 구 국세기본법 제47조의2 제2항 제1호에서 말하는 '부당한 방법'에 포함되는 것으로 보게 되면 명의신탁 증여의제에 따른 증여세를 신고하지 않는 경우에는 대부분 부당무신고가산세가 부과되는 결과가 되고, 또 명의신탁 증여의제로 인한 증여세 자체가 조세회피 목적의 명의신탁에 대한 일종의 제재인데, 이에 고율의 부당무신고가산세까지 더해진다면 조세회피목적의 명의신탁에 대한 과도한 제재가 될 수 있기 때문이다. … HHH 등은 원고들의 명의로 이 사건 회사 주식 102만 주를 취득하는 과정에서, HHH, DDD의 자금 25억 원을 □□종합건설 주식회사 명의의 계좌를 거쳐 원고들에게, JJJ의 자금 13억 원을 조○○ 명의 계좌를 거쳐 원고 BBB에게 각 지급하여 위 102만 주의 매매대금을 XXX에게 지급한 사실이 인정된다. HHH 등은 위와 같은 자금거래의 내용에 일치하도록 회계장부를 기록하고, 원고들도 명의신탁의 외관에 따라 주식양수도계약서를 작성하였을 것으로 보인다. 그러나 위 자금거래의 입출금일자와 액수에 비추어 보면 원고들이 HHH 등으로부터 자금을 받아 이 사건 회사 주식 102만 주를 취득하였음을 쉽게 알 수 있고, 그 밖에 명의신탁행위에 수반되는 행위를 넘어 HHH 등이나 원고들이 명의신탁 증여의제에 따른 증여세의 부과와 징수를 불가능하게 하거나 현저히 곤란하게 하는 사실의 은폐·가장행위를 하였음을 인정할 자료는 없다. 따라서 피고들은 원고들에게 부당무신고가산세를 부과할 수는 없고 단지 통상의 무신고가산세를 부과할 수 있을 뿐이다."

1213) "원고들이 이 사건 명의신탁에 따라 증여세의 과세표준을 신고하지 않은 것을 들어 부당한 방법으로 과세표준을 무신고하였다고 인정하기는 어렵고, 달리 이를 인정할 자료가 없다. ① 부당무신고가산세는 부당한 방법으로 과세표준 등의 기초가 되는 사실을 은폐·가장하여 신고의무가 있는 특정 조세를 무신고하는 행위를 제재하는 것이다. 증여의제의 경우 신고대상은 명의신탁에 근거한 증여세이고 과세표준 등의 기초가 되는 사실은 명의신탁이다. 따라서 그 은폐·가장의 대상도 명의신탁 자체에 한정될 뿐 이 사건 명의신탁으로 회피된 조세의 기초되는 사실에까지 확장된다고 보기 어렵다. 즉 이 사건 명의신탁이 다른 조세의 기초되는 사실을 은폐·가장하였어도 이는 그 회피된 조세의 가산세에서 고려될 수 있다는 점은 별론으로 하고, 이 사건 명의신탁의 증여의제로 인한 증여세에 대한 부당무신고가산세의 근거가 될 수는 없다고 보는 것이 타당하다. ② 이 사건 명의신탁은 ○○의 유상증자 과정에서 기존에 원고 전BB, 전CC에게 명의신탁된 주식에 근거하여 배정받은 신주 부분인데, 그 주식 인수대금은 원고 전BB, 전CC 명의로 무통장 입금되었다. 주식 명의신탁의 경우 그 약정 자체는 유효하고, 이에 따라 대외관계 내지 제3자에 대한 관계에서 소유권은 수탁자에게 이전·귀속하게 되고 대내적 관계 즉 신탁자·수탁자 사이의 관계에 있어서는 소유권이 신탁자에게 유보된다. 따라서 원고 전BB, 전CC이 실제 주주인 것처럼 보이게 한 위 원고들의 행위는

○ 서울행정법원 2015. 12. 17. 2015구합68864 판결(서울고등법원 2016. 8. 10. 선고 2016누32338 판결-원심 인용, 대법원 2016. 12. 15. 선고 2016두49396 판결-심리불속행)[1214)]

○ 서울고등법원 2017. 5. 16. 선고 2016누77652 판결(대법원 2017. 9. 28. 선고 2017두50003 판결-심리불속행)[1215)]

◎ 긍정 사례

○ 서울행법 2016. 11. 25. 선고 2015구합73927 판결[1216)]

○ 서울행법 2016. 9. 9. 선고 2015구합68772 판결(서울고법 2017. 4. 13. 선고 2016누67976 판결-확정)[1217)]

※ '부동산 양도소득세' 부정신고 가산세 인정 여부에 관한 구체적 사례

◎ 긍정한 예

○ 대법원 2017. 10. 26. 선고 2017두42255 판결 ; 양도 당시 **상가**로 사용하였음에도 **주택**으로

유효한 이 사건 명의신탁 약정에 따라 수탁자인 원고 전BB, 전CC의 명의를 대외적인 권리자의 명의로 사용한 것으로 이는 명의신탁 과정에 수반되는 것에 불과하므로 이를 들어 허위문서의 작성이나 거래의 조작, 은폐를 통하여 이 사건 명의신탁을 은폐·가장하는 행위라고 보기는 어렵다. 피고는 원고들이 15년 동안 명의신탁을 유지하였고, 그 사이에 유상증자가 이루어지자 이를 다시 명의신탁함으로써 명의신탁 사실을 은폐·가장하였다는 취지로 주장하나, 이러한 사정은 명의신탁 그 자체일 뿐, 증여세 과세를 곤란하게 할 추가적인 은폐·가장 행위라고 볼 수 없다. 달리 일반적인 명의신탁 행위를 넘어 적극적으로 명의신탁 자체의 발견을 불가능하게 할 만한 적극적인 행위를 하였다고 볼 자료가 부족하다. ③ 조세회피의 목적으로 명의신탁을 한 자에게 명의신탁 증여의제로 인한 증여세를 신고하도록 하는 것은 실질적으로 기대가능성이 없다. 증여의제가 된 경우에는 대부분 명의신탁을 위한 문서의 작성 등의 행위가 존재한다. 이를 부당무신고 대상으로 본다면 명의신탁으로 인하여 증여의제가 인정되는 경우에는 거의 예외 없이 부당무신고가산세 40%를 적용하여야 한다. 무신고가산세의 비율을 20%와 40%로 차등을 두고 구체적인 사실관계를 살펴서 그 정도를 판단하도록 한 국세기본법 제47조의2의 취지에 반한다. ④ 증여의제로 인해 증여세가 부과되었다고 하더라도 당해 거래의 실질이 증여인것으로 확정되는 것이 아니다. 명의신탁증여의제로 인한 증여세는 조세회피 목적의 명의신탁에 대한 일종의 제재라고 할 것인데, 이에 대하여 거의 예외 없이 고율의 부당무신고가산세까지 부과하는 것은 실질적으로 조세회피 목적의 명의신탁에 대한 과도한 제재가 될 수 있다."

1214) 서울행정법원 2016. 11. 11. 선고 2016구합55902 판결과 동일 취지 판시.

1215) "이 사건 제1, 2주식에 관하여 GGG 명의로 명의개서가 이루어졌다거나 GGG 명의의 주식등변동상황명세서가 작성되었다는 것은 이 사건 제1, 2 명의신탁 그 자체 내지는 주식 명의신탁에 필수적으로 수반되는 정도의 행위가 있었던 것에 불과하여 이러한 사정만으로는 단순한 명의신탁에서 나아가 부당무신고가산세의 대상이 되는 적극적인 은폐, 가장행위가 있었다고 보기 어렵다. 피고 CC세무서장의 위 주장은 이유 없다."

1216) 서울행정법원 2016. 11. 25. 선고 2015구합73927 판결 ; "명의신탁증여의제의 경우 신고 대상은 명의신탁에 근거한 증여세이므로 과세표준 등의 기초가 되는 사실은 명의신탁이다. 따라서 그 은폐·가장의 대상도 명의신탁 자체에 한정되고, 은행 송금 내역은 객관적으로 드러나는 증거로서 명의신탁을 추정할 수 있는 단서가 될 수 있다. 그렇다면 이 사건의 경우 원고들이 이 사건 주식의 명의신탁을 은폐·가장하기 위해 이 사건 명의신탁을 추정하는 단서가 될 수 있는 정황을 은폐하는 적극적 행위를 하였는지 살펴보아야 한다." ☞ 원고들이 유상증자 대금 내지 주식양수대금을 명의신탁자로부터 직접 계좌이체 받아 송금하는 것에 그치지 아니하고, **자금의 출처를 은폐·가장**하기 위해 원고들 명의의 수개의 계좌를 거쳐 자금을 이체받거나 제3자 명의의 계좌를 통해 자금을 이체받고, 명의신탁자 관계자로부터 전달받은 현금을 자신의 계좌에 입금한 뒤 주금납입계좌에 송금하는 방법 등으로 **주식 취득자금의 전달 경로를 은폐**하려 했다고 보아, 부당무신고가산세 부과를 긍정한 사례.

1217) 명의신탁자와 명의수탁자 간 금전소비대차계약서 작성, 주식에 명의신탁자의 질권 설정, 검찰조사·과세관청조사 중에 대여금 반환의 내용증명 발송 및 그 지급청구 소송 제기 후 승소확정판결을 받은 사안.

부동산 **용도**에 관하여 허위의 사실을 작출함으로써 1세대 1주택 비과세 및 장기보유특별공제율의 적용으로 양도소득세를 면탈하고자 한 것이 **부당과소신고가산세** 부과대상이라고 판단한 예.

○ 대법원 2017. 8. 24. 선고 2014두6838 판결 ; **명의수탁자**가 수탁 부동산 양도에 관하여 자신이 **납부할 양도소득세가 없다고 신고**를 한 행위는, 과세관청으로 하여금 위 양도로 인한 **양도소득의 귀속자를 오인하도록 하는 원인을 제공**함으로써 과세관청이 사실상 소득을 얻은 원고(명의신탁자)에 대하여 양도소득세를 부과·징수하는 것을 불가능하게 하거나 현저하게 곤란하게 하였다고 볼 수 있어, 원고에 대한 양도소득세 부과에 **부당무신고가산세**를 부가한 것이 적법하다고 한 예.[1218)]

○ 대법원 2016. 8. 30. 선고 2016두39832 판결 ; 원고들이 부동산 실권리자명의 등기에 관한 법률에 위반하여 소외인에게 토지를 명의신탁하고, 소외인(**명의수탁자**)이 자신의 명의로 토지를 양도하면서 **양도가액을 실제보다 훨씬 낮은 가격으로 신고**한 것은 양도소득세를 부과·징수하는 것을 불가능하게 하거나 현저하게 곤란하게 하는 행위에 해당한다는 점 등을 이유로 **부당무신고가산세**와 납부불성실가산세 등의 부과처분이 적법하다고 판단한 예.

○ 대법원 2018. 3. 15. 선고 2017두32791 판결 ; **미등기 전매** 행위에 대하여 양도소득세 **부정무신고가산세** 부과를 긍정한 예.[1219)]

cf. 미등기 전매(중간생략등기) 행위에 대하여 **장기 부과제척기간** 적용을 긍정한 판례{대법원 2018. 3. 15. 선고 2017두41764 판결(종합소득세), 대법원 2013. 10. 11. 선고 2013두10519 판결(양도소득세), 대법원 2017. 9. 12. 선고 2015두39026 판결(취득세)} 및 대법원 2015. 3. 20. 선고 2014두44434 판결(부동산 양도가액을 과소 기재한 허위의 이중 매매계약서를 작성하여 제출한 행위에 장기부과제척기간을 적용한 예)도 함께 참조.

◎ 부정한 예

○ 대법원 2020. 12. 10. 선고 2019두58896 판결 ; 명의신탁자(원고)가 명의수탁자 명의로 취득한 쟁점 토지를 약 13~17년 후 시(市)의 공공사업 수행을 위해 협의매각하고 명의수탁자 명의로 양도소득세를 신고·납부한 뒤, 명의신탁자(원고) 명의로 양도소득세 기한후 신고 또는 수정신고를 한 것에 대하여 부정무신고가산세 및 부정과소신고가산세가 부과된 사안에서, **토지 명의신탁 행위** 등을 조세포탈의 목적에서 비롯된 적극적인 행위로 보기 어려우므로 쟁점 처분 중 일반무신고가산세액 또는 일반과소신고가산세액을 초과하는 부정무신고가산세 부과처분 및 부정과소신고가산세 부과처분 부분은 위법하다는 이유로, 이와 달리 쟁점 처분이 모두 적법하다고 판단한 원심을 파기한 사례.[1220)]

1218) 【비교】 대법원 2017. 4. 13. 선고 2015두44158 판결.

1219) 원심이, 원고가 망인과 함께 이 사건 토지에 관하여 망인과 노○○ 등 사이에 직접 매매계약이 체결된 것처럼 매매계약서를 작성하고, 나아가 소유권이전등기도 망인으로부터 노○○ 등 앞으로 직접 마치도록 하는 한편, 원고 명의로는 양도소득세 예정신고나 확정신고를 하지 아니한 채 그 신고기한을 도과한 사실을 인정한 다음, 원고의 위와 같은 행위는 부당무신고가산세의 부과요건인 부당한 방법으로 법정신고기한까지 과세표준신고서를 제출하지 아니한 경우에 해당한다는 취지로 판단한 것은 정당하다고 한 예.

1220) **【구체적 사안】**
○ 사실관계 ; 가. 원고는 1997. 8. 9. 천안시 ○○동에 있는 5필지 토지를 소외인 명의로 취득하였다가, 2010. 6. 21, 2011. 4. 5. 및 2014. 5. 12. 천안시에 그 중 일부 토지(이 사건 토지)를 양도하였다. 나. 원고는 이 사건

※ 기타 부정신고 가산세 인정 여부에 관한 구체적 사례

◎ 긍정한 예

○ 대법원 2015. 6. 24. 선고 2015두38290 판결 ; ① 원고(인삼영농조합법인)는 카드매출 등 과세자료로 노출되는 금액만을 매출로 신고하였다가 현금매출 누락분이 드러나자 가이드나 센터로부터 실제로 수령한 금액만 매출에 해당한다고 주장하고 있는 점, ② 원고가 사건 상품의 판매에 따른 부가가치세 등을 신고하지 않기 위하여 **허위의 세금계산서를 작성**하고 **판매종합일보, 일일판매현황표 등을 일부 조작**한 것으로 보이는 점 등에 비추어 보면, 원고가 부가가치세 등을 포탈하고자 하는 적극적 의도를 가지고 조세의 부과징수를 불능 또는 현저하게 곤란하게 하는 사기나 그밖의 부정한 행위를 하였던 것이라는 이유로, **부당과소신고가산세** 등 가산세 부분은 적법하다고 한 예.

cf. **장기부과제척기간·조세포탈죄** 사건에서 '**장부 미작성·미기재**'의 '사기 기타 부정한 행위' 긍정례

토지의 양도와 관련하여 예정신고기한 내에 소외인 명의로 2010년, 2011년 및 2014년 귀속 양도소득세를 신고·납부하였다. 다. 이후 원고는 2015. 12. 31. 이 사건 토지의 양도와 관련하여 원고 명의로 2010년 및 2014년 귀속 양도소득세 기한 후 신고, 2011년 귀속 양도소득세 수정신고를 하였다. 그 중 기한 후 신고와 관련해서는 산출세액에서 소외인 명의로 신고·납부한 세액을 공제한 금액에 일반무신고가산세율 20%를 적용하여 무신고가산세액을 계산하였다. 또한 2011년 귀속 양도소득세의 경우 원고가 2011. 10.경 본인 명의의 오피스텔을 양도하여 양도소득세를 신고·납부하였는데, 이 사건 토지 중 2011. 4. 5. 양도된 부분을 포함하여 수정신고한 것이다. 라. 피고는 원고가 이 사건 토지를 명의신탁하는 등 부정행위로 이 사건 토지에 관한 양도소득세를 신고하지 아니하거나 과소신고하였다고 보고, 2016. 6. 8. 2010년 및 2014년 귀속 각 양도소득세의 경우 부정무신고가산세를, 2011년 귀속 양도소득세의 경우 부정과소신고가산세를 부과하는 것으로 하여 2010년, 2011년 및 2014년 귀속 양도소득세(가산세 포함) 부과처분을 하였다가, 이 사건 소송 계속 중에 2011년 귀속 양도소득세와 관련한 부정과소신고가산세를 정정하여 2011년 귀속 양도소득세 부과처분을 일부 감액경정하였다(이 사건 처분).

○ **판단** ; 원고가 이 사건 토지를 명의신탁한 행위 등을 조세포탈의 목적에서 비롯된 적극적인 행위로 보기 어려우므로, 이 사건 처분 중 일반무신고가산세액 또는 일반과소신고가산세액을 초과하는 부정무신고가산세 부과처분 및 부정과소신고가산세 부과처분 부분은 위법하다. ❶ 원고는 비록 이 사건 토지를 1997. 8.경 소외인에게 명의신탁하여, 2010. 6.경~2014. 5.경 순차적으로 천안시에 양도되기까지 이를 유지하였지만, 이러한 명의신탁이 차명 부동산의 보유에 따른 재산세 등 이외에 그 양도에 따른 양도소득세까지 포탈하려는 목적에서 비롯되었다고 볼 만한 사정은 발견되지 않는다. ❷ 원고가 이 사건 토지를 양도함으로써 양도소득을 얻기는 하였으나 이 사건 토지는 천안시의 공공사업 수행을 위해 협의매각 된 것일 뿐으로서 그 과정에서 원고가 조세포탈 목적에서 비롯된 적극적인 행위를 하였다고 볼 만한 사정이 발견되지 아니한다. ❸ 원고가 소외인 명의로 이 사건 토지의 양도와 관련한 각 양도소득세를 신고하였으나 이는 명의신탁에 통상 뒤따르는 부수행위일 뿐, 이를 조세포탈 목적에서 비롯된 적극적인 행위로 볼 수 없으며, 더욱이 원고는 그 양도가액과 취득가액 등을 허위로 신고한 것으로 보이지 아니한다. ❹ 다만 원고 명의로 신고·납부하였을 경우의 세액과 소외인 명의로 신고·납부한 세액에 일부 차이가 존재하기는 한다. 그러나 원심이 인정한 사실관계에 의하더라도 2010년 귀속 양도소득세의 경우 예정신고납부세액을 공제받지 못한 사정으로, 2014년 귀속 양도소득세의 경우 공익사업용 토지 양도소득에 대한 감면한도의 착오라는 명의신탁과는 전혀 무관한 사정으로 차액이 발생하였을 뿐이다. 이 사건 토지를 포함하여 원고가 소외인에게 명의신탁한 천안시 ○○동 소재 각 토지는 2010. 6.경~2014. 5.경 순차적으로 천안시에 양도되었는데, 예정신고납부세액 공제 제도가 폐지된 이후인 2012, 2013년 귀속 양도소득세의 경우에는 세액 차이가 전혀 발생하지 아니하였다. 한편, 2011년 귀속 양도소득세의 경우 명의신탁으로 인해 기본공제와 누진공제를 중복적용 받음으로써 일부 세액이 회피되는 결과가 발생하였다. 그러나 이는 2011. 4. 5. 이 사건 토지의 수용 이후 2011. 10.경 원고 명의의 오피스텔을 양도함에 따라 기간과세의 원칙이 적용되는 양도소득세에 관하여 해당 과세기간 중에 발생한 양도소득을 모두 합산하여 과세표준과 세액을 산출한 결과에 따른 것일 뿐이다. 이러한 점들에 비추어, 명의신탁으로 인해 양도소득세의 세율이 달라졌다는 등의 사정도 보이지 않는 이상, 이러한 일부 세액의 차이만을 내세워 조세포탈의 목적에 따른 명의신탁 당사자들의 조세포탈 목적에서 비롯된 적극적인 행위가 있다고 볼 수 없다.

및 **차명 예금계좌**에 의한 은닉행위의 '부정행위' 해당 여부에 관한 판례에 관하여는 '통상적 부과제척기간' 설명 부분 함께 참조.

◎ 부정한 예

○ 대법원 2019. 7. 25. 선고 2017두65159 판결(증여세 부정과소신고가산세 부정)[1221)]

○ 대법원 2017. 4. 13. 선고 2015두44158 판결(주식 명의신탁에 따른 양도소득세·종합소득세의 부정무신고가산세 부정)

○ 대법원 2016. 2. 18. 선고 2015두1243 판결 ; 원고가 **비거주자**가 되기 위하여 행한 행위들이 부정한 적극적 행위에 해당한다고 할 수 없어 종합소득세 부정무신고가산세 부과처분이 위법하다고 한 예[1222)]

cf. **해외 명목회사**(paper company)를 이용한 주식 보유 '명의 위장'이 '사기 기타 부정한 행위'에 해당하지 않는다고 한 예는 '통상적 부과제척기간' 설명 부분 참조.

가산세의 면제

※ 기한연장 사유를 원인으로 한 가산세 면제

가산세 부과의 원인이 되는 사유가 ① '기한 연장 사유'에 해당하는 경우, ② 납세자가 의무를 이행하지 아니한 데에 '정당한 사유'가 있는 경우, ③ 국세의 경우 ①, ②와 유사한 경우로서 '대통령령'으로 정하는 경우[1223)]에는 해당 가산세를 부과하지 아니한다(국세기본법 제48조 제1항, 지방세기본법

1221) 명의신탁된 주식의 실질적인 주주인 명의신탁자가 명의신탁주식을 회수하여 수증자에게 증여하는 형식을 취하지 아니하고 명의수탁자가 수증자에게 증여한 것처럼 **증여자가 허위**로 기재된 증여계약서를 작성하여 기한 후 신고 때 제출한 것이 '사기 기타 부정한 행위'에 해당하지 않는다고 한 예.

1222) **【구체적 사안】**

○ **원심** ; 원고가 국내외 회계법인 등 조세전문가의 조언을 받아 주소지를 은폐하고 원고와 그 가족들 소유의 국내 자산을 처분하였으며 ○○그룹의 국내 계열회사의 대표이사에서 물러난 점 등에 비추어 보면, 원고가 부당한 방법으로 종합소득세의 과세표준을 신고한 것으로 볼 수 있으므로, 피고 세무서장의 2007년 내지 2009년 귀속 종합소득세에 대한 가산세 부과처분과 피고 구청장의 2007년 내지 2009년 소득세할 주민세 부과처분 부분이 적법하다고 판단.

○ **대법원** ; 원고가 국내 자산을 처분하고 ○○그룹의 국내 계열사의 대표이사에서 물러날 무렵 거주지를 이전할 의사가 전혀 없었다고 단정하기 어려운 점, 원고가 국내 자산을 처분한 행위 등이 허위 또는 가장행위라고 볼 수 없는 점 등을 종합해 보면, 원고가 비거주자가 되기 위하여 행한 행위들이 조세를 포탈하기 위한 위계 기타 부정한 적극적 행위에 해당한다고 할 수 없고, 달리 적극적인 소득 은닉의도가 드러나는 행위도 보이지 않는다.

1223) **국세기본법 시행령 제28조(가산세의 감면 등)** ① 법 제48조 제1항 제3호에서 "대통령령으로 정하는 경우"란 다음 각 호의 어느 하나에 해당하는 경우를 말한다. 〈신설 2019. 2. 12., 2021. 2. 17.〉

1. 제10조에 따른 세법해석에 관한 질의·회신 등에 따라 신고·납부하였으나 이후 다른 과세처분을 하는 경우
2. 「공익사업을 위한 토지 등의 취득 및 보상에 관한 법률」에 따른 토지등의 수용 또는 사용, 「국토의 계획 및 이용에 관한 법률」에 따른 도시·군계획 또는 그 밖의 법령 등으로 인해 세법상 의무를 이행할 수 없게 된 경우
3. 「소득세법 시행령」 제118조의5제1항에 따라 실손의료보험금(같은 영 제216조의3제7항 각 호의 어느 하나에 해당하는 자로부터 지급받은 것을 말한다)을 의료비에서 제외할 때에 실손의료보험금 지급의 원인이 되는 의료비

제57조 제1항).

가산세를 면제하는 기한연장 사유는 국세의 경우 국세기본법 제6조,[1224] 국세기본법 시행령 제2조[1225]에, 지방세의 경우 지방세기본법 제26조 제1항,[1226] 지방세기본법 시행령 제6조[1227]에 규정되

를 지출한 과세기간과 해당 보험금을 지급받은 과세기간이 달라 해당 보험금을 지급받은 후 의료비를 지출한 과세기간에 대한 소득세를 수정신고하는 경우(해당 보험금을 지급받은 과세기간에 대한 종합소득 과세표준 확정신고기한까지 수정신고하는 경우로 한정한다)〈신설 2021. 2. 17.〉

1224) **국세기본법 제6조(천재 등으로 인한 기한의 연장)** 관할 세무서장은 천재지변이나 그 밖에 대통령령으로 정하는 사유로 이 법 또는 세법에서 규정하는 신고, 신청, 청구, 그 밖에 서류의 제출 또는 통지를 정하여진 기한까지 할 수 없다고 인정하는 경우나 납세자가 기한 연장을 신청한 경우에는 대통령령으로 정하는 바에 따라 그 기한을 연장할 수 있다.[전문개정 2020.12.22]

1225) **국세기본법 시행령 제2조(기한연장의 사유)** [전문개정 2021. 2. 17.] 법 제6조에서 "대통령령으로 정하는 사유"란 다음 각 호의 경우를 말한다.
1. 납세자가 화재, 전화(戰禍), 그 밖의 재해를 입거나 도난을 당한 경우
2. 납세자 또는 그 동거가족이 질병이나 중상해로 6개월 이상의 치료가 필요하거나 사망하여 상중(喪中)인 경우 ☞ 2017. 2. 7. 종전의 '질병으로 위중하거나' 부분을 개정함.
3. 정전, 프로그램의 오류나 그 밖의 부득이한 사유로 한국은행(그 대리점을 포함한다) 및 체신관서의 정보통신망의 정상적인 가동이 불가능한 경우
4. 금융회사 등(한국은행 국고대리점 및 국고수납대리점인 금융회사 등만 해당한다) 또는 체신관서의 휴무나 그 밖의 부득이한 사유로 정상적인 세금납부가 곤란하다고 국세청장이 인정하는 경우
5. 권한 있는 기관에 장부나 서류가 압수 또는 영치된 경우
6. 「세무사법」 제2조제3호에 따라 납세자의 장부 작성을 대행하는 세무사(같은 법 제16조의4에 따라 등록한 세무법인을 포함한다) 또는 같은 법 제20조의2에 따른 공인회계사(「공인회계사법」 제24조에 따라 등록한 회계법인을 포함한다)가 화재, 전화, 그 밖의 재해를 입거나 도난을 당한 경우
7. 그 밖에 제1호, 제2호 또는 제5호에 준하는 사유가 있는 경우

☛ 2021. 2. 17. 전문개정 전의 제3호[납세자가 그 사업에서 심각한 손해를 입거나, 그 사업이 중대한 위기에 처한 경우(납부의 경우만 해당한다)]와 제7호[납세자의 형편, 경제적 사정 등을 고려하여 기한의 연장이 필요하다고 인정되는 경우로서 국세청장이 정하는 기준에 해당하는 경우(납부의 경우만 해당한다)]는 국세기본법 제6조 소정의 '신고, 신청, 청구, 서류의 제출·통지 기한' 연장 사유에서 제외되고, 국세징수법 제13조 제1항 소정의 '납부기한 또는 독촉장에서 정하는 기한'의 연장사유로서 "납세자가 경영하는 사업에 현저한 손실이 발생하거나 부도 또는 도산의 우려가 있는 경우"(제2호)가 규정되었다.

1226) **지방세기본법 제26조(천재지변 등으로 인한 기한의 연장)** ① 지방자치단체의 장은 천재지변, 사변, 화재, 그 밖에 대통령령으로 정하는 사유로 납세자가 이 법 또는 지방세관계법에서 규정하는 신고·신청·청구 또는 그 밖의 서류 제출·통지나 납부를 정해진 기한까지 할 수 없다고 인정되는 경우에는 대통령령으로 정하는 바에 따라 직권 또는 납세자의 신청으로 그 기한을 연장할 수 있다.

1227) **지방세기본법 시행령 제6조(기한의 연장사유 등)** 법 제26조제1항에서 "대통령령으로 정하는 사유"란 다음 각 호의 어느 하나에 해당하는 사유를 말한다. 〈개정 2020.12.31〉
1. 납세자가 재해 등을 입거나 도난당한 경우 ☛ 국기법 영 제1호
2. 납세자 또는 동거가족이 질병이나 중상해로 6개월 이상의 치료가 필요하거나 사망하여 상중인 경우 ☛ 국기법 영 제2호
3. 권한 있는 기관에 장부·서류 또는 그 밖의 물건(이하 "장부등"이라 한다)이 압수되거나 영치된 경우 ☛ 국기법 영 제5호
4. 납세자가 사업에 현저한 손실을 입거나 사업이 중대한 위기에 처한 경우(납부의 경우로 한정한다) ☛ 2021. 2. 17. 전문개정 시 국기법 영에서 삭제
5. 정전, 프로그램의 오류, 그 밖의 부득이한 사유로 다음 각 목의 어느 하나에 해당하는 정보처리장치나 시스템을 정상적으로 가동시킬 수 없는 경우 ☛ 국기법 영 제3호
   가. 「지방회계법」 제38조에 따른 지방자치단체의 금고(이하 "지방자치단체의 금고"라 한다)가 운영하는 정보처리

어 있다.[1228)]

장치

나. 「지방회계법 시행령」 제49조제1항 및 제2항에 따라 지방자치단체 금고업무의 일부를 대행하는 금융회사 등(이하 "지방세수납대행기관"이라 한다)이 운영하는 정보처리장치

다. 「지방회계법 시행령」 제62조에 따른 세입금통합수납처리시스템

6. 지방자치단체의 금고 또는 지방세수납대행기관의 휴무, 그 밖에 부득이한 사유로 정상적인 신고 또는 납부가 곤란하다고 행정안전부장관이 인정하는 경우 ☛ 국기법 영 제4호

7. 「세무사법」 제2조제3호에 따라 납세자의 장부 작성을 대행하는 세무사(같은 법 제16조의4에 따라 등록한 세무법인을 포함한다) 또는 같은 법 제20조의2제1항에 따라 세무대리업무등록부에 등록한 공인회계사(「공인회계사법」 제24조에 따라 등록한 회계법인을 포함한다)가 재해 등을 입거나 해당 납세자의 장부(장부 작성에 필요한 자료를 포함한다)를 도난당한 경우(지방소득세에 관하여 신고·신청·청구 또는 그 밖의 서류 제출·통지를 하거나 납부하는 경우로 한정한다) ☛ 2020. 12. 31. 개정 시 추가, 국기법 영 제6호

8. 제1호부터 제6호까지의 규정에 준하는 사유가 있는 경우

1228) ◎ **관련 판례**

○ 대법원 2014. 8. 26. 선고 2012두2498 판결 ; "구 국세기본법 제48조 제1항 전단은 "가산세 부과의 원인이 되는 사유가 제6조 제1항의 규정에 따른 기한연장사유에 해당하는 때에는 해당 가산세를 부과하지 아니한다."라고 규정하고 있는데, 구 국세기본법 시행령 제2조 제1항은 "납세자의 동거가족이 질병으로 위중하거나 사망하여 상중인 때"(제2호)를, "제2호에 준하는 사유가 있는 때"(제5호) 등을 그러한 사유로 정하고 있다. 원심은, 원고 3이 2007. 7.경 어머니인 원고 1, 누나인 원고 2로부터 상속세 신고업무를 위임받았으나, 2007. 8. 12. 출생한 원고 3의 아들이 질병으로 2007. 8. 24. 사망함으로써 상속세 신고기한 만료 직후에 상속세 신고를 하게 되었다는 사정은, 원고 3에 대하여 구 국세기본법 시행령 제2조 제1항 제2호의 사유에, 원고 1, 2에 대하여 같은 항 제5호의 사유에 각 해당하여 **무신고가산세**를 부과할 수 없고, 원고 3의 아들이 사망한 후 장례식을 치르는 등에 소요되는 상당한 기간인 2007. 8. 30.까지는 **납부불성실가산세**를 부과할 수 없다고 보아, 이 사건 처분은 그 한도에서 위법하다고 판단하였다. … 원고들 각각에 대하여 개별적으로 가산세 면제사유가 존재하고 납부불성실가산세는 구 국세기본법 제48조 제1항이 규정한 사유가 존재하는 동안에만 면제된다고 본 원심의 판단은 정당하고"

○ 대법원 2012. 9. 27. 선고 2012두10987 판결 ; "구 지방세법 제27조의2 제2항은 "지방자치단체의 장은 이 법에 의하여 부과하였거나 부과할 가산세에 있어서 그 부과의 원인이 되는 사유가 천재·지변·사변·화재 그 밖에 이와 유사한 사유로서 대통령령이 정하는 사유에 해당하는 때에는 이를 면제한다"고 정하고, 그 위임에 의한 구 지방세법 시행령(2010. 9. 20. 전부 개정되기 전의 것) 제13조의2는 위 '대통령령이 정하는 사유'라 함은 구 지방세법 시행령 제11조 제1항 각 호의 1에 해당하는 사유를 말한다고 정하고 있으며, 구 지방세법 시행령 제11조 제1항 제4호는 "납세의무자 또는 특별징수의무자가 그 사업에 심한 손해를 입거나 그 사업이 중대한 위기에 처한 때"를 규정하고 있다. … [1] 구 지방세법 제27조의2 제2항은 구 지방세법 시행령 제11조 제1항 제4호의 사유를 포괄적으로 가산세의 면제사유로 규정하고 있을 뿐 그 적용대상에서 신고불성실가산세를 배제하고 있지 아니한 점, 납세의무자의 사업이 중대한 위기에 처하면 상황에 따라서는 주민세 등 지방세의 신고의무조차 이행할 수 없는 경우도 있을 수 있는 점 등을 고려하면, 구 지방세법 시행령 제11조 제1항 제4호의 사유가 원천적으로 신고불성실가산세에는 적용될 수 없다고 할 수 없다 . 따라서 이에 반하는 취지의 일부 원심 판시는 부적절하다. [2] 그러나 … 원고가 처한 사업상의 위기가 이 사건 법인세할 주민세의 신고의무를 이행하기 어려울 정도에 이르렀다거나 그 신고의무를 면제할 다른 정당한 사유가 있다고 인정하기 어렵다는 등의 이유로 이 사건 신고불성실가산세 면제신청거부처분이 적법하다고 한 원심의 결론은 정당한 것으로 수긍할 수 있고" ☞ 위 [1] 판시와 관련해서는, 위 제4호에 '(납부의 경우로 한정한다)'는 괄호규정이 2010. 9. 20. 지방세기본법 시행령 제정 시 추가되었으므로, [1] 판시는 이제는 더 이상 유효하지 않다. 위 [2] 판시는, 기한연장 사유와 가산세 부과 원인인 의무불이행 사이의 인과관계의 존재가 가산세 면제의 요건임을 밝힌 것으로서 현재도 유효한 판시이다. 국세의 경우 위 사유가 2021. 2. 17. 전문개정 시 영에서 삭제되었으므로, 전문개정 전 사안에서만 일부 적용 가능하다.

○ 대법원 2015. 10. 29. 선고 2013두14559 판결 [증여세부과처분취소]

▌가산세 정당한 사유(부정례), 주식 상장에 따른 이익의 증여

판시사항

가산세의 면제사유로서의 정당한 사유 해당 여부

이 유

구 국세기본법(2010. 1. 1. 법률 제9911호로 개정되기 전의 것) 제48조 제1항은 "정부는 이 법 또는 세법에 따라 가산세를 부과하는 경우 그 부과의 원인이 되는 사유가 제6조 제1항의 규정에 따른 **기한연장 사유**에 해당하거나 납세자가 의무를 불이행한 것에 대하여 **정당한 사유**가 있는 때에는 해당 가산세를 부과하지 아니한다."고 규정하고 있다.

세법상 **가산세**는 과세권의 행사 및 조세채권의 실현을 용이하게 하기 위하여 납세자가 정당한 이유 없이 법에 규정된 신고·납세의무 등을 위반한 경우에 법이 정하는 바에 의하여 부과하는 행정상의 제재로서 납세자의 고의·과실은 고려되지 아니하고, 법령의 부지 또는 오인은 그 정당한 사유에 해당한다고 볼 수 없으며, 또한 납세의무자가 **세무공무원의 잘못된 설명**을 믿고 그 신고·납부의무를 이행하지 아니하였다 하더라도 그것이 **관계 법령에 어긋**나는 것임이 **명백**한 때에는 그러한 사유만으로는 정당한 사유가 있는 경우에 해당한다고 할 수 없다(대법원 2004. 9. 24. 선고 2003두10350 판결[1229] 등 참조).[1230]

1229) 구 소득세법시행령(2000. 12. 29. 대통령령 제17032호로 개정되기 전의 것) 제176조의2 제4항 제1호, 제3항 제3호, 제2항 제2호 규정의 **해석상** 의제취득일 전에 취득한 자산의 양도가액을 실지거래가액에 의하는 경우에 그 취득가액을 의제취득일 현재의 환산가액에 의할 수 있는가에 관하여 **과세관청 스스로도 논란**이 있었던 점 등에 비추어 보면 원고가 취득가액을 의제취득일 현재의 기준시가에 의할 수 있는 것으로 믿고 이에 의하여 양도차익을 계산함으로써 세법에 의하여 신고·납부하여야 할 소득금액 및 세액에 미달하게 신고·납부한 데에는 정당한 사유가 있다고 할 것임에도 불구하고 원고에게 신고불성실가산세와 납부불성실가산세를 부과한 피고의 행위는 신의성실의 원칙에 반하는 것이라는 원고의 주장에 대하여, 원고가 주장하는 위와 같은 사정은 가산세의 면책사유로서의 정당한 사유에 해당하지 아니하고 또 피고의 가산세 부과처분이 신의성실의 원칙에 반하는 것이라고 볼 수도 없다고 판단하여, 이를 배척한 사례.

1230) **【구체적 사안】**
○ **사실관계** ; ① 소외 회사의 직원으로서 감○○과 특수관계에 있는 자에 해당하는 원고가 2004. 12. 8. 최대주주 등에 해당하는 감○○로부터 비상장회사인 소외 회사의 발행주식 3,000주를 양수한 사실, ② 소외 회사가 2005. 12. 22. 유상증자를 실시하자, 원고는 자기 보유 주식에 배정된 750주('유상신주')를 주당 5,000원에 인수하였으며, 소외 회사의 주식은 2008. 1. 25. 코스닥시장에 상장되었던 사실, ③ 부산지방국세청장은 2009. 8. 10.부터 2009. 9. 30.까지 소외 회사에 대한 통합조사를 실시한 후 원고에게 당초 양수주식 3,000주의 상장에 따른 이익 385,890,000원에 대하여 증여세를 부과하였으나, 유상신주의 상장에 따른 이익에 대해서는 증여세를 부과하지 않았던 사실, ④ 피고는 감사원의 지적에 따라 2010. 7. 1. 유상신주의 상장에 따른 이익 105,000,000원에 대하여도 원고에게 증여세 29,647,800원(가산세 8,647,800원 포함)을 부과하는 이 사건 처분을 한 사실.
○ **원심** ; 통합조사를 실시한 **세무공무원이 나름대로 법률검토를 거쳐 유상신주의 상장차익에 대하여 증여세를 부과하지 않았다는 사정**을 주된 이유로 들어, 원고가 이를 신뢰한 것에 무리가 없고 유상신주의 상장차익에 대한 증여세를 부과하지 아니한 것이 관계 법령에 명백히 어긋난다고 볼 수 없어 원고에게 유상신주의 상장차익에 대한 증여세 신고·납부를 게을리 한 것을 탓할 수 없는 정당한 사유가 있었다고 인정하여, 이 사건 처분 중 가산세

○ 대법원 2015. 1. 15. 선고 2014두12116 판결 [양도소득세부과처분취소]

▌가산세 정당한 사유(부정례), 대주주 주식 양도소득

이 유

세법상 가산세는 … 단순한 법률의 부지나 오해의 범위를 넘어 세법 해석상 의심스러운 부분으로 인한 견해의 대립이 있는 등으로 납세의무자가 그 의무를 알지 못하는 것이 무리가 아니었다고 할 수 있어서 그를 정당시할 수 있는 사정이 있을 때 또는 그 의무의 이행을 그 당사자에게 기대하는 것이 무리라고 하는 사정이 있을 때 등 그 의무를 게을리 한 점을 탓할 수 없는 **정당한 사유**가 있는 경우에는 이러한 제재를 과할 수 없으나(2002두66 등 참조), 세법 해석상 의심스러운 부분으로 인한 견해의 대립 등이 있다고 할 수 없음에도 납세의무자가 **자기 나름의 해석에 의하여 납세 등의 의무가 면제된다고 잘못 판단**한 것은 단순한 법령의 부지나 오해에 불과하여 그 의무위반을 탓할 수 없는 정당한 사유에 해당하지 아니한다(2002두10780 등 참조).[1231]

○ 대법원 2018. 2. 28. 선고 2017두56117 판결 [법인세부과처분취소]

▌가산세 정당한 사유(부정례), 불이익변경금지

판시사항

[1] 원고들이 주식 양도소득의 실질귀속자임에도 조세조약 적용으로 주식 양도소득에 대한 과세를 회피하기 위하여 도관 회사를 설립하여 **납세의무자의 확정을 어렵게** 하였으므로, 그 **세목이 '소득세'**

부분이 **위법**하다고 판단.

○ **대법원** ; '원고가 2004. 12. 8. 소외 회사의 최대주주 등에 해당하는 김○○로부터 양수한 3,000주에 관한 상장차익은 구 상증세법 제41조의3 제1항에서 정한 증여세 과세대상에 해당하고, 나아가 소외 회사의 유상증자절차를 통하여 위 주식에 기초하여 취득한 유상신주에 관한 상장차익 역시 구 상증세법 제41조의3 제1항 및 제6항의 문언내용과 그 **입법취지** 등에 비추어 증여세 과세대상에 해당함은 **분명**하다고 보인다. 그뿐 아니라 적법하게 채택된 증거들에 의하면, 2008. 3. **국세청**이 **출간**한 **'주식변동 세무조사 사례집'**(국세통합정보시스템에도 게재되어 있다)에는 **유상취득, 유상증자, 무상증자, 주식배당** 등으로 취득한 주식에 대한 **상장시세차의 전부가 증여세 과세대상**에 해당한다고 기재되어 있던 사실 등을 알 수 있다. 이러한 사정들을 종합하면, 비록 소외 회사에 대한 통합조사를 실시한 세무공무원이 이를 증여세 과세대상에 해당하지 않는 것으로 오신하여 그 당시 증여세를 부과하지 아니하였지만 이는 **세무공무원의 잘못된 법령해석**에 기인한 것이라 할 것이고, 원고가 이를 신뢰하였다고 하더라도 그것은 **관계 법령에 어긋나는 것임이 명백**하여 그러한 사유만으로는 유상신주의 상장차익에 대한 증여세에 관한 가산세를 면할 정당한 사유가 있는 경우에 해당한다고 할 수 없다.'

1231) **【구체적 사안】**
원심은, 소득세법에 부부 상호간 재산보유현황을 공개하도록 하는 등의 규정이 마련되어 있지 않다고 하여 부부 사이인 원고들에 대하여 상호 주식보유 상황을 파악하여 양도소득세를 신고·납부하도록 기대하는 것이 무리라고 할 수는 없다는 이유로, 원고들이 이 사건 주식의 양도에 따른 양도소득세를 신고·납부하지 아니한 데에 정당한 사유가 있었다고 볼 수 없다고 판단하였고, **대법원**은, 원심이 들고 있는 위와 같은 사정에 더하여, 이 사건 법률조항 및 이 사건 시행령조항이 그 과세요건과 효과를 명확하고 일의적으로 규정하고 있고, 대법원이 이미 이 사건 시행령조항이 헌법 제10조 등에 반하는 무효의 규정이라고 볼 수 없다고 밝힌 바 있는 점(2006두4394 판결 등) 등을 고려하면, 원심의 위와 같은 판단은 정당하다고 한 사례.

이든 '법인세'이든 위 양도소득에 대한 납세의무 자체를 이행할 의도가 없었다고 보이는 점 등을 고려하면, 원고들에게 법인세법상 무신고가산세를 면할 정당한 사유를 인정할 수 없다고 한 예.

[2] 원심이, 구 법인세법 제76조 제1항 제1호(이 사건 조항)[1232] 및 그에 근거한 이 사건 무신고가산세 부과처분이 과잉금지원칙에 위배되고, 당초 부과된 소득세 가산세율(신고불성실가산세율 10%)에 비하여 고율의 법인세 가산세율(이 사건 조항 단서에 따른 무신고가산세율 30%)을 적용한 이 사건 각 처분[1233]이 불이익변경금지원칙에 반한다는 원고들의 주장을 배척한 것은 정당하다고 한 예.[1234]

※ 가산세를 면할 '정당한 사유'의 존재 여부에 관한 구체적 사례

◎ 긍정한 예

○ 대법원 2018. 4. 12. 선고 2017두65524 판결 ; 원고 회사가 정부로부터 온실가스 배출 감축사업을 위탁받은 에너지관리공단에 온실가스 감축실적을 판매하는 형식으로 공단으로부터 금원을 지급받을 당시 부가가치세 과세대상 재화의 공급에 해당한다는 점을 판단하기 어려웠을 것으로 보이고, 주관부처로부터 사업을 위탁받아 수행하는 공단이 과세대상이 아니라는 견해를 표명한 사정 등에 비추어, 원고가 세법상 의무를 알지 못한 데에 정당한 사유가 있다고 판단한 예.

○ 대법원 2017. 12. 13. 선고 2015두1984 판결 ; 외국법인의 합병에 의한 주식의 이전에 대하여

1232) **구 법인세법(2005. 12. 31. 법률 제7838호로 개정되기 전의 것) 제76조(가산세)** ① 납세지 관할세무서장은 제71조의 규정에 의하여 각 사업연도의 소득에 대한 법인세를 징수함에 있어서 당해 내국법인이 다음 각호의 1에 해당하는 경우에는 당해 각호에 규정하는 금액을 가산한 금액을 법인세로서 징수하여야 한다. 다만, 제1호의 규정을 적용하는 경우에는 제2호의 규정을 적용하지 아니하며, 비영리내국법인에 대하여는 제1호의 장부에 관한 가산세의 규정을 적용하지 아니한다.

1. 제60조의 규정에 의한 신고가 없거나 제112조의 규정에 의한 장부의 비치·기장의무를 이행하지 아니한 경우에는 납세지 관할세무서장이 결정한 산출세액(토지등양도소득에 대한 법인세액을 제외한다. 이하 이 항에서 같다)의 100분의 20에 상당하는 금액(그 금액이 당해 법인의 수입금액의 1만분의 7에 미달하거나 산출세액이 없는 때에는 그 수입금액의 1만분의 7에 상당하는 금액). 다만, 신고하지 아니한 소득금액이 50억 원을 초과하는 경우에는 그 산출세액의 100분의 30에 상당하는 금액(그 금액이 당해 법인의 수입금액의 1만분의 10에 미달하거나 산출세액이 없는 경우에는 그 수입금액의 1만분의 10에 상당하는 금액)으로 한다.

1233) **【구체적 사안】**
피고는 애초에 원고들(유한파트너십)에게 주식 양도소득에 대하여 양도소득세(세율 36%) 및 그 가산세(가산세율 10%)를 부과하였으나 '원고들은 법인세법상 외국법인에 해당하므로 소득세 납부의무의 주체가 될 수 없다.'는 대법원 확정판결로 부과처분이 취소되자, 주식 양도소득에 대하여 법인세(세율 27%) 및 그 가산세(가산세율 30%)를 부과(결과적으로 원고들은 당초보다 더 많은 세액을 부담하게 됨)하였지만, 원고들의 법인세 부과처분 취소소송에서 가산세 부분에 대하여 납세고지서 하자의 절차적 위법으로 취소, 확정되자, 이에 다시 피고는 법인세 납세고지서에 가산세 종류·산출근거를 명시하여 이 사건 가산세 부과처분을 한 사안이다.

1234) **[참조]** 대법원 2007. 11. 16. 선고 2005두10675 판결 ; "국세기본법 제79조 제2항은 과세처분에 불복하는 심판청구에 대한 결정을 함에 있어서 심판청구를 한 처분보다 청구인에게 불이익이 되는 결정을 하지 못한다고 규정하고 있고, 위 조항은 국세기본법상 심사청구에 대한 결정에도 준용된다 할 것인바, 이러한 불이익변경금지는 심사결정의 주문내용이 심사청구 대상인 과세처분보다 청구인에게 불이익한 경우에 적용되고, 과세관청이 심사결정의 이유에서 밝혀진 내용에 근거하여 탈루 또는 오류가 있는 과세표준이나 세액을 경정결정하는 경우에는 적용되지 아니한다 할 것이다. 원심이 … 과세관청은 국세심사 결정의 이유에서 드러난 사유로 인하여 과세표준과 세액에 관련된 탈루 또는 오류가 발견된 때에는 과세권이 시효로 소멸하지 아니하는 한 이를 경정할 수 있다고 판단한 것은 정당하고, 거기에 국세기본법상의 불이익변경금지 원칙에 관한 법리오해의 위법이 없다."

법인세 및 증권거래세를 부과할 것인지 여부를 두고 하급심 판례와 대법원 판례가 달리 판단할 만큼 세법 해석상 논란이 있었고, 피고도 법령의 해석에 논란의 여지가 있어 5년의 부과제척기간이 완성되기 직전에 비로소 부과처분한 사정 등을 이유로, 가산세를 면할 '정당한 사유'의 존재를 긍정한 예.[1235)]

○ 대법원 2017. 7. 11. 선고 2017두36885 판결 ; **법인파산사건에 대한 파산관재 업무**를 수행하고 지급받은 **보수**를 **사업소득**으로 신고·납부하지 않았다고 하더라도 그 의무를 게을리 하였다고 비난할 수 없는 정당한 사유가 있다고 한 사례[1236)]

○ 대법원 2016. 10. 27. 선고 2016두44711 판결 ; 취득세를 신고·납부하지 아니하였더라도 관련 **대법원판결이 선고되기 전까지는** 의무해태를 탓할 수 없는 정당한 사유가 있다고 한 사례.[1237)]

1235) **원심(서울고등법원 2015. 3. 31. 선고 2014누4667 판결)** ; "① 과세관청이 2007. 10.경 스페인 법인의 합병에 의한 내국법인의 비상장 주식 이전에 관하여 법인세 및 증권거래세를 부과하자 이에 대하여 납세의무자가 취소소송을 제기한 사건에서, 제1심에서는 그러한 경우 법인세 및 증권거래세를 부과할 수 없다는 취지로 납세의무자에 대한 승소판결이 선고되었고(서울행정법원 2009. 8. 20. 선고 2008구합42666 판결), 이에 대한 과세관청의 항소도 기각되었으나(서울고등법원 2010. 4. 1. 선고 2009누27796 판결), 상고심에서 이르러서야 외국법인에게 법인세 및 증권거래세를 과세함이 타당하다는 취지의 파기환송판결(대법원 2013. 11. 28. 선고 2014두12321 판결)이 선고되는 등 외국법인의 합병에 의한 주식의 이전에 대하여 법인세 및 증권거래세를 부과할 것인지 여부를 두고 하급심 판례와 대법원 판례가 달리 판단할 만큼 세법 해석상 논란이 있었으며, 피고로서는 이 사건 주식이 상장주식이므로 이 사건 주식의 소유자가 변경되었음을 쉽게 알 수 있었음에도 불구하고 원고에 대하여 5년의 부과제척기간이 완성되기 직전에 임박해서야 이 사건 법인세 및 증권거래세를 부과한 것은 한 것은 피고 스스로도 원고에게 법인세 및 증권거래세를 부과할 수 있다는 사실을 인지하지 못하였기 때문으로 보이는 점, ② 특히, 증권거래세에 관하여는 과세관청이 상법상 합병으로 인한 주식의 이전이 증권거래세 과세대상이 아니라고 수차례 예규를 통해 의견을 제시하였는바(기획재정부 2004. 2. 25. 재산-250, 국세청 2006. 1. 23. 서면3팀-152, 국세청 2008. 3. 7. 서면3팀-505 등 주3) 다수), 원고로서는 위 예규가 외국법인의 합병에 대하여도 적용된다고 생각할 여지가 있다고 보이는 점(조심20143772. 2015. 1. 2. 참조), ③ 피고도 법령의 해석에 논란의 여지가 있어 5년의 부과제척기간이 완성되기 직전에 비로소 이 사건 증권거래세를 부과하였는데 납부를 해태한 기간 전부에 대한 고율의 납부불성실가산세를 부과하는 것은 원고에게 지나치게 가혹한 점 등을 고려하면, 원고가 그 의무를 게을리한 데에 정당한 사유가 있었다고 볼 여지가 많다."

1236) **【구체적 사안】**
(1) 파산법인의 파산관재인 선임은 2000년 무렵부터 활발해졌는데, 파산관재인의 보수가 사업소득으로 과세될 수 있는지에 관하여 이 사건 처분 이전까지 명시적인 판단이 이루어진 바가 없고 세법해석상으로도 견해가 나뉘어 있었고, (2) 과세관청은 2000. 2. 11.자 질의회신 등을 통해서 변호사가 자신의 업무와 관련 없이 파산관재인으로서 '일시적'인 용역을 제공하고 지급받는 대가는 기타소득에 해당하는 것으로 견해를 표명하였으나, 파산관재 업무를 '계속적·반복적'으로 수행한 경우에 그 보수가 사업소득에 해당하는지에 관해서는 구체적으로 견해를 밝힌 적이 없으며, (3) 원고는 2002년 이후부터 줄곧 기타소득으로 신고하였고, 2011년경에 비로소 과세관청으로부터 해당 소득이 기타소득임을 증명할 수 있는 자료 등 해명자료를 제출하라는 요청을 받았지만, 그 이후로도 이 사건 처분에 이르기까지 아무런 후속 조치가 이루어지지 않았고, 피고는 2015. 5. 10. 및 2015. 6. 1.에 기타소득이 아닌 사업소득으로 보아 아직 부과제척기간이 도과하지 않은 과세연도인 2009년 내지 2013년 귀속 종합소득세를 부과하는 이 사건 처분을 한 점에 비추어 보면, 파산관재인의 보수가 사업소득으로 과세될 수 있는지에 관하여 세법해석상 견해의 대립이 있었고, 피고 역시 2015년에 이르러 비로소 부과처분을 하는 등 그에 대한 확실한 견해를 가지지 못하였던 것으로 보이며, 이 사건 종합소득세의 부과경위를 감안할 때 원고에게 가산세까지 부과하는 것은 지나치게 가혹하므로, 원고가 이 사건 보수를 사업소득으로 신고·납부하지 않았다고 하더라도 그 의무를 게을리하였다고 비난할 수 없는 정당한 사유가 있다고 봄이 타당하다 하여, 원심을 파기한 예.

1237) **【구체적 사안】**
甲 회사가 자신의 토지에 회원제 골프장을 건설하면서 乙 부동산신탁회사 앞으로 신탁등기를 마친 후 토지의 지목변경으로 인한 취득세를 신고하였고, 관할 관청이 甲 회사에 취득세를 결정·고지하였는데, '신탁법에 의한 신탁으로

○ 대법원 2015. 3. 12. 선고 2014두44205 판결 ; 원고 의뢰 평균 감정가액이 토지 개별공시지가의 64.66%라는 이유로 피고 의뢰에 의한 평균 감정가액을 토지의 증여재산가액으로 하여 증여세부과처분을 한 것은 정당하다고 하는 한편, 원고가 **추가로 납부할 증여세액**을 **당초의 납부기한까지 납부할 수 있을 것으로 기대하는 것은 무리**라고 보아, 그 의무해태를 탓할 수 없는 **정당한 사유가 있다**고 한 예.

○ 대법원 2014. 2. 27. 선고 2011두13842 판결 ; 제3자에게 도급하여 건설하는 아파트 분양사업자가 '시공사가 도급계약상의 공사대금 지급조건에 따라 청구한 공사대금'을 '당해 사업연도 말까지 발생한 총공사비 누적액'으로 보아 계산한 **작업진행률**을 기준으로 법인세 과세표준 및 세액을 신고한 것에는 **가산세**를 면할 **정당한 사유**가 있다고 한 예.[1238][1239]

수탁자에게 소유권이 이전된 토지에 있어 구 지방세법(2010. 3. 31. 법률 제10221호로 전부 개정되기 전의 것) 제105조 제5항이 정한 지목의 변경으로 인한 취득세의 납세의무자는 수탁자로 본다'는 취지의 대법원판결이 선고되자, 관할 관청이 甲 회사에 대한 부과처분을 직권취소하고 乙 회사에 취득세 및 가산세를 결정·고지한 **사안**에서, **대법원판결이 선고되기 전**까지는 토지의 지목 변경으로 인한 취득세의 납세의무자에 관하여 **세법해석상 견해의 대립**이 있었던 점, 과세관청도 당초에는 위탁자인 甲 회사에 취득세를 부과하였던 점, 甲 회사의 신고와 관할 관청의 甲 회사에 대한 부과처분이 이미 이루어진 상황에서 乙 회사가 스스로 세법 규정을 자신에게 불리하게 해석하여 취득세를 신고·납부할 것을 기대하기는 어려운 점 등을 종합하면, 乙 회사가 취득세를 신고·납부하지 아니하였더라도 **대법원판결이 선고되기 전까지는 의무해태를 탓할 수 없는 정당한 사유가 있**는데도 이와 달리 본 원심 판단이 위법하다고 한 사례.

1238) "소외 회사는 원고와 같은 아파트 분양사업 시행사로부터 도급을 받아 건설공사를 하면서 '영업비밀'임을 이유로 시행사에 그 작업진행률을 거의 알려주지 않았고, 이에 따라 원고도 이 사건 아파트 건설공사의 작업진행률을 알 수 있는 마땅한 방법이 없었을 뿐만 아니라, 그 작업진행률은 당시 시행되던 구 주택법(2005. 1. 8. 법률 제7334호로 개정되기 전의 것) 제24조 등 관련 법령에 따라 작성된 이 사건 아파트 건설공사에 대한 감리보고서상의 공정률과도 차이가 있었던 사실 등을 알 수 있다. 이러한 사정에 더하여, 2007. 3. 30. 재정경제부령 제547호로 **개정**된 법인세법 **시행규칙**은 제34조 제1항 제1호 **단서를 신설**하여 '이미 투입되었거나 완성된 작업시간·작업일수 또는 기성공사의 면적이나 물량 등의 비율'에 의해서도 작업진행률을 산정할 수 있도록 규정하고 있는데, 이는 원고와 같이 제3자에게 도급하여 목적물의 건설 등을 하는 경우에는 실제 공사 등에 투입된 비용을 제때 알기 어렵다는 점도 아울러 고려한 것으로 보이는 점, 원고가 이 사건 아파트 분양사업과 관련하여 신고한 총분양수입은 피고가 조사한 내용과 차이가 없고 다만 그 귀속시기만을 일부 달리하는 점 등 기록에 나타난 제반 사정을 위 법리에 비추어 살펴보면, 원고가 이 사건 2003 사업연도 내지 2005 사업연도 법인세 과세표준 등을 과소신고함으로써 결과적으로 그 의무이행을 해태하였다고 하더라도 원고에게는 그 **의무해태를 탓할 수 없는 정당한 사유가 있었다**고 봄이 상당하다." ☞ 동일쟁점(작업진행률)에 관한 후속판결인 대법원 2015. 11. 26. 선고 2015두1694 판결은 정당한 사유의 존재를 부정하였는데, 이는 사실관계의 차이에 따른 것으로 보인다.

1239) **◎ 그 밖에 가산세를 면할 '정당한 사유'의 존재를 긍정한 사례**

○ 대법원 2008. 10. 23. 선고 2006두11750 판결 ; "원고가 피고의 원심 판시 제1차 부과처분에 따라 그 세액을 전액 납부하였음에도 피고가 주된 납세의무자인 소외 회사에 대한 부과처분(이하 '당초처분'이라 한다)에 고지절차상의 하자가 있음을 이유로 당초처분을 직권으로 취소하고 본세는 동액으로 하되 당초처분 고지일 이후의 미납부가산세 등을 부과함으로써 당초처분보다 증액된 이 사건 부과처분을 한 후 당초처분의 취소로 인한 국세환급금 및 환급가산금 전액을 이 사건 부과처분의 납부할 세액의 일부에 충당하였으므로 원고에게는 당초처분 고지일 이후의 미납부가산세에 대해서 그 납부의무의 불이행을 탓할 수 없는 정당한 사유가 있다고 판단하였는바, … 원심의 판단은 정당하고"

○ 상속세 신고가 납세의무자들이 아닌 유언집행자들에 의하여 행해졌고, 유언집행을 위하여 필요한 범위 내에서는 유언집행자의 상속재산에 대한 관리처분권이 상속인의 그것보다 우선할 뿐만 아니라 위 상속세 신고 당시 상속재산의 일부를 장학기금으로 출연하라는 망인의 유언의 효력이 미확정인 상태에 있었던 점 등에 비추어, 위 상속세 신고 당시 납세의무자들에게 유언집행자들의 상속재산에 대한 관리처분권을 배제시키고 망인의 유언취지에 반하여 장학기금으로 출연하라는 재산도 자신들이 상속받는 것을 전제로 하여 이를 상속세과세가액에 포함시켜 상속세를 신고·

◎ 부정한 예

○ 대법원 2016. 1. 28. 선고 2015두48617 판결 ; 발코니 확장 용역이 국민주택규모 아파트 공급에 필수적으로 부수되어 공급되는 것으로서 부가가치세 **면제대상에 해당한다고 잘못 판단**하였더라도 이는 **단순한 법령의 부지나 오해에 불과**하여 부가가치세 납세의무 등을 이행하지 아니한 데에 **정당한 사유**가 있다고 보기 어렵다는 취지로 판단한 사례.

○ 대법원 2015. 1. 15. 선고 2014두12116 판결 ; 소득세법에 부부 상호간 재산보유현황을 공개하도록 하는 등의 규정이 마련되어 있지 않다고 하여 부부 사이인 원고들에 대하여 상호 주식보유 상황을 파악하여 대주주 주식 양도에 따른 양도소득세를 신고·납부하도록 기대하는 것이 무리라고 할 수는 없다는 이유로, 가산세를 면할 정당한 사유의 존재를 부정한 예.

● 대법원 2016. 4. 28. 선고 2015두59259 판결 [상속세등부과처분취소]

▌과소신고가산세, 상속재산 평가, 정당한 사유

판시사항

상속세 과소신고가산세 부과의 예외사유

이 유

구 **국세기본법**(2011. 12. 31. 법률 제11124호로 개정되기 전의 것) **제47조의3 제1항**은 신고한 과세표준이 세법에 따라 신고하여야 할 과세표준에 미치지 못하는 경우 과소신고가산세액을 납부할 세액에 가산하되, '대통령령으로 정하는 경우'에는 **예외**로 하고 있는데, 그 위임에 따른 구 국세기본법 시행령(2012. 2. 2. 대통령령 제23592호로 개정되기 전의 것) **제27조의2 제2항**[1240] **제2호 다.목**(이하 **'이 사건 시행령 조항'**이라 한다)은 '상속재산에 대하여 상속세 및 증여세법 **제60조 제2항·제3항**[1241] **및 제66조**[1242]**에**

납부할 것을 기대하는 것은 무리가 있으므로 상속세 납세의무자들에게 상속세 과소신고·납부를 탓할 수 없는 정당한 사유가 있다고 한 사례(2004두930).

○ 무효인 납세담보를 제공한 납세자가 기한 전에 환가 및 세액 충당을 신청하였으나 과세관청이 아무런 조치를 하지 않았던 경우(95누17274).

○ 원고회사의 장부와 증빙문서 등이 피고에 의하여 압수·영치된 후 그중 일부는 반환되고 일부는 검찰로 이관되어 반환받지 못함으로써 법인세 신고를 법정기한 내에 할 수 없었던 경우(85누229).

1240) **구 국세기본법 시행령**(2012. 2. 2. 대통령령 제23592호로 개정되기 전의 것) **제27조의2(과소신고가산세)** ② 법 제47조의3 제1항 **단서**에서 "같은 법 제17조의2 제3항 단서에 따라 관할 세무서장이 경정하는 경우 등 대통령령으로 정하는 경우"란 다음 각 호의 어느 하나에 해당하는 경우를 말한다. … 2. 상속재산 또는 증여재산에 대하여 다음 각 목의 어느 하나에 해당하는 사유로 「상속세 및 증여세법」 제67조 또는 제68조에 따른 신고기한까지 신고하여야 할 과세표준보다 적게 신고한 경우 … 다. 「상속세 및 증여세법」 **제60조제2항·제3항 및 제66조에 따라 평가한 가액**으로 과세표준을 결정한 경우

1241) **상속세 및 증여세법 제60조(평가의 원칙 등)** ② 제1항에 따른 시가는 불특정 다수인 사이에 자유롭게 거래가 이루어지는 경우에 통상적으로 성립된다고 인정되는 가액으로 하고 수용가격·공매가격 및 감정가격 등 대통령령으로 정하는 바에 따라 시가로 인정되는 것을 포함한다. ③ 제1항을 적용할 때 시가를 산정하기 어려운 경우에는 해당 재산의 종류, 규모, 거래 상황 등을 고려하여 제61조부터 제65조까지에 규정된 방법으로 평가한 가액을 시가로 본다.

따라 평가한 가액으로 과세표준을 결정한 사유로 상속세 및 증여세법 제67조 또는 제68조에 따른 신고기한까지 신고하여야 할 과세표준보다 적게 신고한 경우'를 그 중 하나로 들고 있다.[1243)]

세법상 **과소신고가산세**는 과세의 적정을 기하기 위하여 납세의무자로 하여금 성실한 과세표준 등의 신고를 도모할 목적으로 그 의무이행을 게을리 하였을 때 가해지는 일종의 행정상의 제재이므로 납세자의 고의·과실은 고려되지 아니하고, 법령의 부지 또는 오인은 가산세를 면할 정당한 사유에 해당하지 않는다.

그런데 이 사건 시행령 조항은 상속세 신고시점에서 **평가방법의 차이나 어려움으로 인하여 상속재산 가액을 정확하게 확정하는 것이 현실적으로 곤란**한 점을 감안하여 그 **예외사유를 허용**하고 있는 만큼, 상속인이 **일단 상속재산으로 신고를 하였다면** 과세표준이 적게 신고된 결과가 있더라도 이 사건 시행령 조항이 정한 **예외사유에 해당하지 않는다고 섣불리 단정하여서는 아니 된다**.[1244)]

1242) **상속세 및 증여세법 제66조(저당권 등이 설정된 재산 평가의 특례)** 다음 각 호의 어느 하나에 해당하는 재산은 제60조에도 불구하고 그 재산이 담보하는 채권액 등을 기준으로 대통령령으로 정하는 바에 따라 평가한 가액과 제60조에 따라 평가한 가액 중 큰 금액을 그 재산의 가액으로 한다. 1. 저당권, 「동산·채권 등의 담보에 관한 법률」에 따른 담보권 또는 질권이 설정된 재산 2. 양도담보재산 3. 전세권이 등기된 재산(임대보증금을 받고 임대한 재산을 포함한다) 4. 위탁자의 채무이행을 담보할 목적으로 대통령령으로 정하는 신탁계약을 체결한 재산 〈2018.12.31. 4호 신설〉

1243) 이는 2009. 2. 6. 신설된 상증세법 시행령 제27조의2 제2항 제2호 다목에 규정되었다가, 법으로 상향 규정됨에 따라 2012. 2. 2. 전문개정 시 삭제되고, 2011. 12. 31. 개정된 상증세법 제47조의3 제4항 제1호 다목에 '상증세법 제60조제2항·제3항 및 제66조에 따라 평가한 가액으로 과세표준을 결정한 경우에는 이와 관련하여 과소신고하거나 초과신고한 부분에 대해서는 가산세를 적용하지 아니한다.'라고 규정하기에 이르렀다. '이와 관련하여 과소신고하거나 초과신고한 부분'이라는 문구는 평가대상재산을 상속·증여재산으로 신고한 경우에 위 규정이 적용됨을 밝힌 것으로 볼 수 있다.

1244) **【구체적 사안】**

○ **사실관계** ; ① 소외 망인은 'ㅇㅇㅇㅇ 의상실'(이 사건 의상실)이라는 상호로 의상실 영업을 하던 중 2010. 7. 12. 비상장법인인 ㅇㅇㅇㅇ디자인아뜨리에 주식회사(소외 회사)를 설립하여 소외 회사 주식의 50%를 취득한 사실, ② 망인은 2010. 8. 2. 이 사건 **의상실의 상표권**(이 사건 상표권)을 **포함**한 **영업권** 가액을 1,053,855,163원으로 평가하여 이 사건 의상실의 영업권을 소외 회사에 양도한 사실, ③ 망인은 위 양도 직후인 2010. 8. 12. 사망하였는데, 상속인인 원고들은 2011. 2. 9. 피상속인의 소외 회사에 대한 **영업권 등 양도대금 채권**을 **상속재산**인 미수금 채권에 포함시켜 상속세를 **신고**한 사실, ④ 이에 대하여 **피고**는 피상속인이 양도한 이 사건 **상표권을 영업권과 별도로 평가**하여야 한다는 이유로 상속세 및 증여세법 제60조 제3항 등에 따른 보충적 평가방법을 적용하여 이 사건 상표권 가액을 4,630,270,873원으로 평가한 후 피상속인이 이 사건 상표권을 소외 회사에 사전증여한 것으로 보아 이를 상속세 과세가액에 가산한 다음, 원고들이 그에 관한 신고를 누락하였다는 이유로 이 사건 과소신고가산세를 원고들에게 부과한 사실.

○ **원심** ; 이 사건 시행령 조항이 적용될 수 없다고 판단.

○ **대법원** ; 원고들은 영업권 등 양도대금 채권을 상속재산에 포함시켜 신고함으로써 피상속인이 소외 회사에 이 사건 상표권을 양도한 사실을 신고하였고, 이에 피고는 보충적 평가방법을 적용하여 이 사건 상표권 가액을 평가한 다음 그 차액 상당을 사전증여한 것으로 보아 상속세 과세가액에 가산한 것이므로, 그로 인해 원고들이 당초 신고한 상속세 과세표준이 상속세 및 증여세법에 따라 신고하여야 할 과세표준에 미치지 못하게 되었더라도, 이는 이 사건 시행령 조항에서 정한 바와 같이 평가방법의 차이로 인하여 상속세를 과소신고한 경우에 해당하고, 원고들이 이 사건 상표권을 영업권과 구분하지 않고 신고하였다는 사정만으로 이와 달리 이 사건 시행령 조항이 정한 예외사유에 해당하지 않는다고 볼 수는 없다.

개별법상 가산세

● 대법원 2016. 6. 10. 선고 2015두60341 판결[법인세부과처분취소]

▌증명서류 수취 불성실 가산세

판시사항

증빙미수취 가산세 부과의 취지 / 부과요건으로서 '공급자'가 '사업자등록을 한 사업자'로 한정되는지 여부(×)

이 유

구 법인세법(2013. 6. 7. 법률 제11873호로 개정되기 전의 것, 이하 같다) 제76조 제5항(이 사건 법률조항)은 '납세지 관할 세무서장은 법인(대통령령으로 정하는 법인은 제외한다)이 사업과 관련하여 '대통령령으로 정하는 사업자'로부터 재화 또는 용역을 공급받고[1245] 제116조 제2항[1246] 각 호의 어느 하나에 따른 **증명서류를 받지 아니**하거나 **사실과 다른 증명서류**[1247]를 받은 경우[1248]에는 같은 항 단서를 적용받

1245) 대법원 2016. 3. 10. 선고 2015두54919 판결 ; "법인이 **재화 또는 용역을 공급받지 아니하고 사실과 다른 증명서류만을 수취**한 경우에는 위 규정에서 정한 **증빙불비 가산세 부과대상에 해당하지 아니한다**고 할 것이다." ☞ 원심이, 원고가 ○○금속으로부터 **고철을 공급받지 아니**한 채 세금계산서를 수취한 것이 구 법인세법 제76조 제5항에서 정한 증빙불비 가산세의 부과대상에 해당하지 아니한다고 판단한 것은 정당하다고 한 예.

1246) **법인세법 제116조(지출증명서류의 수취 및 보관)** ② 제1항의 경우에 법인이 대통령령으로 정하는 사업자로부터 재화나 용역을 공급받고 그 대가를 지급하는 경우에는 다음 각 호의 어느 하나에 해당하는 증명서류를 받아 보관하여야 한다. 다만, 대통령령으로 정하는 경우에는 그러하지 아니하다. 〈개정 2013.6.7.〉 1. 「여신전문금융업법」에 따른 신용카드 매출전표(신용카드와 유사한 것으로서 대통령령으로 정하는 것을 사용하여 거래하는 경우에는 그 증명서류를 포함한다. 이하 제117조에서 같다) 2. 현금영수증 3. 「부가가치세법」 제32조에 따른 세금계산서 4. 제121조 및 「소득세법」 제163조에 따른 계산서

1247) 대법원 2012. 4. 26. 선고 2010두24654 판결 ; "구 법인세법(2006. 12. 30. 법률 제8141호로 개정되기 전의 것) 제76조 제5항 전문(이 사건 법률조항)은 … 규정하고 있는데, 제116조 제2항 본문은 "법인이 대통령령이 정하는 사업자로부터 재화 또는 용역을 공급받고 그 대가를 지급하는 경우에는 다음 각 호의 1에 해당하는 증빙서류를 수취하여 이를 보관하여야 한다."고 규정하면서 제2호에서 '부가가치세법 제16조의 규정에 의한 세금계산서'를 규정하고 있다. 한편 구 부가가치세법(2006. 12. 30. 법률 제8142호로 개정되기 전의 것) 제16조 제1항 본문은 "납세의무자로 등록한 사업자가 재화 또는 용역을 공급하는 때에는 제9조에 규정하는 시기에 공급하는 사업자의 등록번호와 성명 또는 명칭 등을 기재한 세금계산서를 대통령령이 정하는 바에 의하여 공급을 받은 자에게 교부하여야 한다."고 규정하고 있다. 위 각 규정의 문언 내용 및 입법 취지 등에 비추어 보면, 사업과 관련하여 재화 또는 용역을 공급받는 법인은 '실제로 재화 또는 용역을 공급하는 거래행위를 한 자'로부터 구 법인세법 제116조 제2항 각 호의 1에 규정하는 증빙서류(이하 '법정증빙서류'라 한다)를 수취하여야 하므로, **'실제로 재화 또는 용역을 공급하는 거래행위를 한 자'로부터 법정증빙서류를 수취하지 아니한 경우**에는 이 사건 법률조항에 따른 **가산세 부과대상에 해당**하고, 그 법인이 **'실제로 재화 또는 용역을 공급하는 거래행위를 한 자'가 아닌 자로부터 법정증빙서류를 수**취하였다고 하더라도 **달리 볼 것은 아니다.**"

1248) **가산세 부과요건**인 '의무 위반'(예컨대, **매출처별계산서합계표 미제출**) 사실에 대한 주장·증명책임은 과세관청에 **있다**(대법원 2006. 9. 22. 선고 2006두6383 판결 ; "경험칙에 비추어 이 사건 **과세요건사실**, 즉 원고가 **매출처별계산서합계표를 제출하지 않았다는 사실**을 추정할 수 있을 정도의 간접사실은 충분히 밝혀졌다고 할 것"). 그렇지만, 구체적인 소송과정에서 경험칙에 비추어 과세요건사실이 추정되는 사실이 밝혀진 경우에는, 납세의무자가 문제로 된 해당 사실이 경험칙을 적용하기에 적절하지 아니하다거나 해당 사건에서 그와 같은 경험칙의 적용을 배제하여야 할 만한

는 경우를 제외하고는[1249] 그 받지 아니한 금액 또는 사실과 다르게 받은 금액의 100분의 2에 상당하는 금액을 가산한 금액을 법인세(이하 '**증빙미수취 가산세**'라 한다)로서 징수하여야 한다"고 규정하고 있다.[1250]

이는 법인세법이 정한 증명서류를 수취하지 아니한 경우에는, 비록 **기타의 서류에 의해 비용지출이 인정되어 손금산입이 허용되더라도**, 일정 비율로 별도의 증빙미수취 가산세를 부과한다는 취지이다.

그리고 이 사건 법률조항의 위임에 따른 구 법인세법 시행령(2013. 2. 15. 대통령령 제24357호로 개정되기 전의 것, 이하 같다) 제120조 제3항, 제158조 제1항은 이 사건 법률조항에서 정한 '**대통령령으로 정하는 사업자**'를 '**비영리법인 등을 제외한 법인**', '**간이과세자 등을 제외한 부가가치세법 제2조의 규정에 의한 사업자**', '**소득세법 제28조의 규정에 의한 사업자 등**'을 말한다고 규정하고 있을 뿐,[1251] 부가가치세법 또는 소득세법에 따른 **사업자등록을 한 사업자로 한정하고 있지 아니**하며, 당시 시행 중인 **부가가치세법 제2조 및 소득세법 제28조의 규정 역시 마찬가지**이다.

이와 같은 이 사건 법률조항의 입법취지와 관련 조항의 문언에 비추어 보면, 이 사건 법률조항에서 정한 **증빙미수취 가산세**가 '부가가치세법 또는 소득세법에 따른 **사업자등록**'을 한 사업자로부터 재화

특별한 사정이 있다는 점 등을 증명하지 못하는 한, 해당 과세처분이 과세요건을 충족시키지 못한 위법한 처분이라고 단정할 수 없다(대법원 2006. 9. 22. 선고 2006두6383 판결 ; **피고**는 원고가 확정 부가가치세 신고를 하면서 원고 소유의 토지매도와 관련된 매출처별계산서합계표를 제출하지 아니하였음을 이유로 법인세 가산세 부과처분을 하였고, 이에 대하여 **원고**는 매출처별계산서합계표를 부가가치세 신고서에 첨부하여 피고의 여의도지점센타에 설치된 신고서 투여함에 투입하는 방법으로 제출하였다고 주장한 사안에서, **경험칙에 비추**어 **과세요건사실**, 즉 원고가 **매출처별계산서합계표를 제출하지 않았다는 사실을 추정**할 수 있을 정도의 **간접사실은 충분히 밝혀졌**고, 원고 주장 사정만으로는 위 매출처별계산서합계표 미제출 사실이 **경험칙의 적용대상이 되지 못**한다거나 위와 같은 **경험칙의 적용을 배제하여야 할 만한 특별한 사정이 있다는 점**이 **증명되었다고 할 수는 없**다고 한 예).

1249) 대법원 2013. 2. 14. 선고 2010두3732 판결 ; 개인이 물적시설 없이 근로자를 고용하지 아니하고 독립적으로 일의 성과에 따라 수당 또는 이와 유사한 성질의 대가를 받는 용역을 법인에 공급함으로써 사업소득이 발생하고 법인이 그 사업소득에 대하여 소득세를 원천징수하면서 지출증빙서류를 수취·보관하지 아니한 경우, 법인에 대하여 구 법인세법 제76조 제5항의 가산세를 부과할 수 있는지 여부(×)

1250) **법인세법 제75조의5(증명서류 수취 불성실 가산세)**[2018.12.24. 본조신설, 제76조 삭제] ① 내국법인(대통령령으로 정하는 법인은 제외한다)이 사업과 관련하여 대통령령으로 정하는 사업자로부터 재화 또는 용역을 공급받고 제116조 제2항 각 호의 어느 하나에 따른 증명서류를 받지 아니하거나 사실과 다른 증명서류를 받은 경우에는 그 받지 아니하거나 사실과 다르게 받은 금액으로 손금에 산입하는 것이 인정되는 금액(건별로 받아야 할 금액과의 차액을 말한다)의 100분의 2를 가산세로 해당 사업연도의 법인세액에 더하여 납부하여야 한다. 〈개정 2019.12.31〉 ② 다음 각 호의 어느 하나에 해당하는 경우는 제1항의 가산세를 적용하지 아니한다. 1. 제25조제2항에 따른 접대비로서 손금불산입된 경우 2. 제116조제2항 각 호 외의 부분 단서에 해당하는 경우 ③ 제1항에 따른 가산세는 산출세액이 없는 경우에도 적용한다.

1251) **법인세법 시행령 제158조(지출증명서류의 수취 및 보관)** ① 법 제116조 제2항 각 호 외의 부분 본문에서 "대통령령으로 정하는 사업자"란 다음 각 호의 어느 하나에 해당하는 사업자를 말한다. 〈개정 2019.2.12.〉 1. 법인. 다만, 다음 각 목의 어느 하나에 해당하는 법인은 제외한다. 가. 비영리법인(제3조제1항의 수익사업과 관련된 부분은 제외한다) … 2. 「부가가치세법」 제3조에 따른 사업자. 다만, 읍·면지역에 소재하는 「부가가치세법」 제61조에 따른 간이과세자로서 「여신전문금융업법」에 의한 신용카드가맹점(이하 "신용카드가맹점"이라 한다) 또는 「조세특례제한법」 제126조의3에 따른 현금영수증가맹점(이하 "현금영수증가맹점"이라 한다)이 아닌 사업자를 제외한다. 3. 「소득세법」 제1조의2제1항제5호에 따른 사업자 및 같은 법 제119조제3호 및 제5호에 따른 소득이 있는 비거주자. 다만, 같은 법 제120조에 따른 국내사업장이 없는 비거주자를 제외한다.

또는 용역을 공급받을 것을 그 부과요건으로 한다고 해석할 수 없다.[1252]

● 대법원 2016. 11. 10. 선고 2016두31920 판결 [부가가치세등부과처분취소]

▌세금계산서불성실가산세, 정당한 사유, 신용카드매출전표 발급 불성실가산세

판시사항

[1] 부가가치세법상 세금계산서불성실가산세 규정의 입법 취지 / 세금계산서불성실가산세를 부과하는 요건으로 사업자가 재화나 용역의 공급 없이 세금계산서를 수수한다는 점에 관한 인식이 있어야 하는지 여부(×) / 세금계산서불성실가산세를 면할 정당한 사유가 있는지 판단하는 기준 및 재화나 용역의 공급 없이 수수되는 세금계산서라는 점을 알지 못하였다는 사정만으로 정당한 사유가 있는 경우에 해당한다고 단정할 수 있는지 여부(×)[1253]

[2] 구 부가가치세법 제22조 제3항의 세금계산서불성실가산세(2%)가 재화 또는 용역의 공급 없이 수수되는 세금계산서만을 대상으로 하여 세금계산서의 공급가액란에 기재된 금액을 기준으로 부과하는 것인지 여부(○) / 재화 또는 용역의 공급이 있지만 공급가액을 부풀린 세금계산서가 구 부가가치세법 제22조 제2항 본문 및 제2호의 불성실가산세(1%) 부과대상에 해당하는지 여부(○)

[3] 재화 또는 용역의 공급이 일부 있지만 공급가액을 부풀린 월 합계 세금계산서가 구 부가가치세

1252) **【구체적 사안】**

ㅇ **사실관계** ; ① 원고는 철강산업의 주요 원자재인 철스크랩을 수집·가공하여 철근 제품 등의 제조회사에 다량으로 납품하는 도매업체로서, 2009년부터 2011년 사이에 거래업체들로부터 총 174회에 걸쳐 공급가액 합계 23억 원을 넘는 철스크랩을 공급받아 소외 회사에 납품한 사실, ② 위 각 거래의 대부분은 거래업체들로 하여금 자체적으로 철스크랩 가공·선별작업을 하여 소외 회사에 직접 납품하도록 하고, 원고는 소외 회사에서 발행하는 입고목록 및 입고계량표에 근거하여 물량을 관리하고 대금을 지급하는 이른바 직납거래의 방식으로 이루어진 사실, ③ ㅇㅇ철강 등 이 사건 매입처들이 먼저 원고와의 거래를 희망하여 이 사건 거래에 이르게 되었고 단기간 내에 수십 회에 걸쳐 거래가 이루어졌는데, 이 사건 매입처들은 이른바 자료상에 불과하고 실제로 철스크랩을 공급한 거래업체(이 사건 실거래업체)별 거래내역이나 그 규모를 구체적으로 특정할 자료는 없는 사실, ④ 그런데 원고는 이 사건 매입처들로부터 매입세금계산서 30장을 받은 후 이를 근거로 이 사건 매입처들로부터 철스크랩을 공급받은 것으로 하여 그 매입액을 손금에 산입하여 각 사업연도 법인세를 신고한 사실 등.

ㅇ **원심** ; '부가가치세법 또는 소득세법에 따른 사업자등록'을 하지 아니한 사업자는 이 사건 법률조항에서 정한 '대통령령으로 정하는 사업자'에 해당하지 아니한다는 잘못된 전제에서, 이 사건 실거래업체가 특정되지 아니하여 '부가가치세법 또는 소득세법에 따른 사업자등록'을 한 사업자임이 증명되었다고 보기 어렵다는 이유로 이 사건 처분이 위법하다고 판단.

ㅇ **대법원** ; 이 사건 철스크랩의 거래 구조, 그 거래 구조에서의 원고의 위치, 거래 횟수 및 규모 등을 종합하여 보면, 경험칙상 이 사건 실거래업체들은 부가가치를 창출해 낼 수 있는 정도의 사업형태를 갖추고 계속적으로 반복적인 의사로 재화와 용역을 공급하는 자로 추정된다고 할 수 있다. … 달리 이 사건 실거래업체들이 이 사건 법률조항에서 정한 '대통령령으로 정하는 사업자'에 해당하지 아니한다고 볼 수 있는 특별한 사정에 관한 증명이 없다면, 위 철스크랩 거래에 대하여 증빙미수취 가산세를 부과한 이 사건 처분이 과세요건을 충족하지 못하여 위법하다고 단정할 수 없다.

1253) **동일 판시** ; 정당한 사유의 존재를 부정한 예(대법원 2016. 9. 23. 선고 2014두9912 판결, 대법원 2016. 9. 23. 선고 2014두11892 판결, 대법원 2016. 9. 23. 선고 2014두45437 판결 , 대법원 2016. 9. 28. 선고 2014두11120 판결, 대법원 2016. 10. 13. 선고 2014두7244 판결, 대법원 2016. 10. 13. 선고 2015두1649 판결) ⇔ **정당한 사유**의 존재를 긍정한 예(대법원 2016. 10. 13. 선고 2014두39760 판결)

법 제22조 제3항의 불성실가산세(2%) 부과대상에 해당하는지 여부(×) ; 2%(×), 1%(○)

[4] 신용카드가맹점이 매출금액을 부풀려 신용카드매출전표를 발급한 경우, 구 법인세법 제76조 제11항의 **신용카드매출전표 발급 불성실가산세**(5%) 부과대상에 해당되는지 여부(○)

이 유

[1] 구 부가가치세법(2013. 1. 1. 법률 제11608호로 개정되기 전의 것) 제22조 제3항 제2호 및 제3호는 사업자가 재화 또는 용역을 공급하거나 공급받지 아니하고 세금계산서를 교부하거나 교부받은 경우 그 공급가액에 대하여 100분의 2에 상당하는 금액을 **세금계산서불성실가산세**로 부과하도록 규정하고 있다(2010. 1. 1. 법률 제9915호로 개정되기 전의 구 부가가치세법 제22조 제3항 제2호 및 제2호의2도 같은 취지이다. 이하 '법'이라고 통칭한다).

이는 **세금계산서 제도**가 당사자 사이의 거래를 노출시킴으로써 부가가치세뿐만 아니라 소득세와 법인세의 세원 포착을 용이하게 하는 납세자 간 상호검증의 기능을 갖고 있음을 감안하여, 과세권의 적정한 행사와 조세채권의 용이한 실현을 위하여 부가가치세 납세의무를 지는 사업자로 하여금 재화나 용역의 공급 없이 세금계산서를 발행 또는 수취하지 않도록 할 의무를 부과하고, 사업자가 정당한 사유 없이 이에 위배하여 재화나 용역의 공급 없이 세금계산서를 수수할 경우에는 행정상 제재로 세금계산서불성실가산세를 부과하도록 한 것이다.

이와 같은 규정 문언과 입법 취지에 비추어 보면 **세금계산서불성실가산세**는 사업자가 재화나 용역의 공급 없이 세금계산서를 수수한다는 점에 관한 **인식**이 있었을 것을 **요건으로 하지 아니한다**. 그리고 세금계산서불성실가산세를 면할 **정당한 사유**가 있는지가 문제 될 때에는 이러한 규정 취지를 충분히 고려하면서 납세의무자가 그 의무를 알지 못한 것이 무리가 아니었다거나 의무의 이행을 기대하는 것이 무리였다고 할 것이어서 납세의무자에게 의무해태를 탓할 수 없는 정당한 사유가 있는 경우에 해당한다고 볼 수 있는지 여부를 판단하여야 하고, 단지 재화나 용역의 공급 없이 수수되는 세금계산서라는 점을 **알지 못하였다는 사정만으로** 쉽게 정당한 사유가 있는 경우에 해당한다고 단정하여서는 안 된다.

[2] 가. 법 제22조 제2항 본문 및 제2호는 "세금계산서의 필요적 기재사항의 전부 또는 일부가 착오 또는 과실로 적혀 있지 아니하거나 사실과 다른 경우"에는 그 공급가액에 대하여 100분의 1에 해당하는 금액을 납부세액에 더하거나 환급세액에서 뺀다고 하고(이하 위 규정에 의한 가산세를 '제2항의 불성실가산세'라고 한다), 법 제22조 제3항 본문 및 제2호·제3호는 "재화 또는 용역을 공급하지 아니하고" 세금계산서를 발급한 경우(제2호) 또는 "재화 또는 용역을 공급받지 아니하고" 세금계산서를 발급받은 경우(제3호)에는 "그 공급가액(제2호의 경우에는 그 세금계산서에 적힌 금액을 말한다)에 대하여 100분의 2에 해당하는 금액을 납부세액에 더하거나 환급세액에서 뺀다"고 규정하고 있다(이하 법 제22조 제3항에 의한 가산세를 '제3항의 불성실가산세'라고 한다).[1254]

1254) **부가가치세법 제60조(가산세)** ② 사업자가 다음 각 호의 어느 하나에 해당하면 각 호에 따른 금액을 납부세액에 더하거나 환급세액에서 뺀다. 이 경우 제1호 또는 제2호가 적용되는 부분은 제3호부터 제5호까지를 적용하지 아니하고, 제5호가 적용되는 부분은 제3호 및 제4호를 적용하지 아니한다. 〈개정 2019.12.31.〉 … 5. 세금계산서의 필요적

위 제3항의 불성실가산세는 종전에 필요적 기재사항이 기재되지 않거나 사실과 다르게 기재된 세금계산서에 대하여 일률적으로 제2항의 불성실가산세를 부과하다가, 그 중 재화나 용역의 공급 없이 수수되는 세금계산서에 대하여 가중된 세율의 가산세를 부과하기 위하여 신설된 것이다. 이에 비추어 보면, **제3항의 불성실가산세**는 재화 또는 용역의 **공급 없이 수수되는 세금계산서만을 대상**으로 하여 해당 세금계산서의 공급가액란에 기재된 금액을 기준으로 부과하는 것이고, 재화 또는 용역의 **공급이 있지만 공급가액을 부풀린 세금계산서**는 그 대상에 해당하지 아니하고 **제2항의 불성실가산세 대상**에 해당한다고 봄이 타당하다.[1255]

나. 한편 법 제16조 제7항의 위임에 따라 세금계산서의 발급 특례를 정하고 있는 구 부가가치세법 시행령(2010. 12. 30. 대통령령 제22578호로 개정되기 전의 것) 제54조 제1항 제1호 및 제2호는 사업자가 거래처별로 1역월 또는 그 이내의 기간의 공급가액을 합계하여 해당 월의 말일자를 발행일자로 하는 **'월 합계 세금계산서'**를 발급할 수 있도록 규정하고 있다(2010. 2. 18. 대통령령 제22043호로 개정되기 전의 구 부가가치세법 시행령 제54조 제1항도 같은 취지이다).[1256]

위 규정에 의한 월 합계 세금계산서 제도는 개별 거래마다 각각의 세금계산서를 발행하여야 하는 원칙에 대한 예외로서 사업자의 편의를 위하여 1역월의 범위 내에서 동일한 거래처에 대한 여러 거래의 공급가액의 합계액만을 그 공급가액으로 기재하고 기간 말일을 발행일자로 하여 1장의 세금계산

기재사항의 전부 또는 일부가 착오 또는 과실로 적혀 있지 아니하거나 사실과 다른 경우 그 공급가액의 1퍼센트. 다만, 대통령령으로 정하는 바에 따라 거래사실이 확인되는 경우는 제외한다.

③ 사업자가 다음 각 호의 어느 하나에 해당하는 경우에는 해당 각 호에 따른 금액을 납부세액에 더하거나 환급세액에서 뺀다. 〈개정 2019.12.31.〉

1. 재화 또는 용역을 공급하지 아니하고 세금계산서 또는 제46조제3항에 따른 신용카드매출전표등(이하 "세금계산서등"이라 한다)을 발급한 경우: 그 세금계산서등에 적힌 공급가액의 3퍼센트
2. 재화 또는 용역을 공급받지 아니하고 세금계산서등을 발급받은 경우: 그 세금계산서등에 적힌 공급가액의 3퍼센트
3. 재화 또는 용역을 공급하고 실제로 재화 또는 용역을 공급하는 자가 아닌 자 또는 실제로 재화 또는 용역을 공급받는 자가 아닌 자의 명의로 세금계산서등을 발급한 경우: 그 공급가액의 2퍼센트
4. 재화 또는 용역을 공급받고 실제로 재화 또는 용역을 공급하는 자가 아닌 자의 명의로 세금계산서등을 발급받은 경우: 그 공급가액의 2퍼센트
5. 재화 또는 용역을 공급하고 세금계산서등의 공급가액을 과다하게 기재한 경우: 실제보다 과다하게 기재한 부분에 대한 공급가액의 2퍼센트
6. 재화 또는 용역을 공급받고 제5호가 적용되는 세금계산서등을 발급받은 경우: 실제보다 과다하게 기재된 부분에 대한 공급가액의 2퍼센트

1255) 2017.12.19.자 개정 시 부가가치세법 제60조(가산세) 제3항 제5호·제6호에 재화 또는 용역의 공급이 있지만 공급가액을 부풀린 세금계산서를 대상으로 과다 공급가액에 대한 2퍼센트의 가산세 규정이 신설되었다.

1256) **부가가치세법 제34조(세금계산서 발급시기)** ① 세금계산서는 사업자가 제15조 및 제16조에 따른 재화 또는 용역의 공급시기에 재화 또는 용역을 공급받는 자에게 발급하여야 한다. ② 제1항에도 불구하고 사업자는 제15조 또는 제16조에 따른 재화 또는 용역의 공급시기가 되기 전 제17조에 따른 때에 세금계산서를 발급할 수 있다. ③ 제1항에도 불구하고 다음 각 호의 어느 하나에 해당하는 경우에는 재화 또는 용역의 공급일이 속하는 달의 다음 달 10일(그 날이 공휴일 또는 토요일인 경우에는 바로 다음 영업일을 말한다)까지 세금계산서를 발급할 수 있다. 1. 거래처별로 1역월의 공급가액을 합하여 해당 달의 말일을 작성 연월일로 하여 세금계산서를 발급하는 경우 2. 거래처별로 1역월 이내에서 사업자가 임의로 정한 기간의 공급가액을 합하여 그 기간의 종료일을 작성 연월일로 하여 세금계산서를 발급하는 경우 3. 관계 증명서류 등에 따라 실제거래사실이 확인되는 경우로서 해당 거래일을 작성 연월일로 하여 세금계산서를 발급하는 경우

서로 발행할 수 있도록 하는 특례이고, 이에 따라 발행된 월 합계 세금계산서는 그 형식이 일반 세금계산서와 동일하여 외관상 구분되지 아니할 뿐만 아니라 세금계산서 자체로는 개별거래의 구분이 불가능하고, 제3항의 불성실가산세 조항에서 이를 달리 취급하도록 규정하고 있지도 아니하다. 이러한 점들을 감안하면, 재화 또는 용역의 **공급이 일부 있지만 그 공급가액을 부풀린 월 합계 세금계산서**도 일반 세금계산서의 경우와 마찬가지로 **제3항의 불성실가산세 부과대상**에 **해당하지 아니한다**고 보아야 한다.

[3] 구 법인세법(2008. 12. 26. 법률 제9267호로 개정되기 전의 것, 이하 같다) 제76조 제11항[1257]은 '신용카드가맹점이 제117조 제2항의 규정에 따른 신용카드매출전표의 발급을 거부하거나 사실과 다르게 발급한 경우'에는 발급거부금액 또는 사실과 다르게 발급한 금액의 100분의 5에 상당하는 가산세를 징수하고, 산출세액이 없는 경우에도 이를 징수하도록 규정하고 있다.[1258]

이처럼 규정 문언에서 신용카드가맹점이 신용카드매출전표를 사실과 다르게 발급한 경우를 적용대상으로 하고 있을 뿐 매출금액을 부풀려 발급한 경우를 제외하고 있지 않은 점, 이 규정은 신용카드가맹점 본인과 더불어 그 거래상대방에 대한 과세자료 확보를 위하여 신용카드가맹점에게 조세행정상 협력의무를 부과한 것인 점 등을 고려하여 보면, 신용카드가맹점이 **매출금액을 부풀려 신용카드매출전표**를 발급한 경우에도 구 법인세법 제76조 제11항의 **가산세 부과대상에 해당**된다고 보아야 한다.

13. 국세환급금과 환급가산금

환급·충당·환수

● 대법원 2015. 8. 27. 선고 2013다212639 판결 [부당이득금]

▌부당이득, 국세환급금, 실질과세

판시사항

[1] 납세자가 이미 존재와 범위가 확정되어 있는 **과오납부액**에 대하여 부당이득 반환을 구하는 **민사소송**으로 환급을 청구할 수 있는지 여부(○)

1257) **구 법인세법 제76조(가산세)** ⑪ 신용카드가맹점이 제117조제2항의 규정에 따른 신용카드매출전표의 발급을 거부하거나 사실과 다르게 발급한 경우에는 제117조 제4항 후단의 규정에 따라 해당사업연도의 거래에 대하여 관할세무서장으로부터 통보받은 건별 발급거부금액 또는 건별로 사실과 다르게 발급한 금액(건별로 발급하여야 할 금액과의 차액을 말한다)의 100분의 5에 상당하는 금액(건별로 계산한 금액이 5천원에 미달하는 경우는 5천원으로 한다)을 가산한 금액을 법인세로서 징수하여야 한다. 이 경우 산출세액이 없는 경우에도 가산세를 징수한다.

1258) **법인세법 제75조의6(신용카드 및 현금영수증 발급 불성실 가산세)** [본조신설 2018.12.24.] ① 제117조에 따른 신용카드가맹점으로 가입한 내국법인이 신용카드에 의한 거래를 거부하거나 신용카드 매출전표를 사실과 다르게 발급하여 같은 조 제4항 후단에 따라 납세지 관할 세무서장으로부터 통보받은 경우에는 통보받은 건별 거부 금액 또는 신용카드 매출전표를 사실과 다르게 발급한 금액(건별로 발급하여야 할 금액과의 차액을 말한다)의 100분의 5(건별로 계산한 금액이 5천원 미만이면 5천원으로 한다)를 가산세로 해당 사업연도의 법인세액에 더하여 납부하여야 한다.
③ 제1항 및 제2항에 따른 가산세는 산출세액이 없는 경우에도 적용한다.

[2] 실제사업자가 따로 있는데도 사업명의자에게 과세처분이 이루어져 사업명의자 명의로 세액이 납부되었으나 과세처분이 무효이거나 취소되어 과오납부액이 발생한 경우, 사업명의자 명의로 납부된 세액의 **환급청구권자**(= 사업명의자) ☞ 2019. 12. 31. 국세기본법 제51조 ⑪ **신설**[1259]로 이 부분 판시는 국세의 경우 이제 유효하지 않으나, 지방세의 경우 유효하다.

이 유

[1] 국세기본법 및 구 국세기본법(2007. 12. 31. 법률 제8830호로 개정되기 전의 것, 이하 이들을 '국세기본법'이라 한다) 제51조 제1항[1260] 본문은 '세무서장은 납세의무자가 국세·가산금 또는 체납처분비로서 납부한 금액 중 과오납부한 금액이 있거나 세법에 의하여 환급하여야 할 세액이 있는 때에는 즉시 그 오납액·초과납부액 또는 환급세액[1261]을 국세환급금으로 결정하여야 한다'고 규정하고 있다.

국세환급금에 관한 국세기본법 제51조 제1항은 이미 부당이득으로서 그 존재와 범위가 확정되어 있는 과오납부액이 있는 때에는 국가가 납세자의 환급신청을 기다리지 않고 이를 즉시 반환하는 것이 정의와 공평에 합당하다는 법리를 선언하고 있는 것이므로, 이미 그 존재와 범위가 확정되어 있는

1259) **국세기본법 제51조(국세환급금의 충당과 환급)** ⑪ 과세의 대상이 되는 소득, 수익, 재산, 행위 또는 거래의 귀속이 명의일 뿐이고 사실상 귀속되는 자(이하 이 항에서 "실질귀속자"라 한다)가 따로 있어 명의대여자에 대한 과세를 취소하고 실질귀속자를 납세의무자로 하여 과세하는 경우 명의대여자 대신 실질귀속자가 납부한 것으로 확인된 금액은 실질귀속자의 기납부세액으로 먼저 공제하고 남은 금액이 있는 경우에는 실질귀속자에게 환급한다. 〈신설 2019.12.31.〉 ☛ 이는 법 시행(2021. 1. 1.) 이후 국세를 환급하는 분부터 적용한다(부칙 제9조).

1260) **국세기본법 제51조(국세환급금의 충당과 환급)** ① 세무서장은 납세의무자가 국세 및 강제징수비로서 납부한 금액 중 잘못 납부하거나 초과하여 납부한 금액이 있거나 세법에 따라 환급하여야 할 환급세액(세법에 따라 환급세액에서 공제하여야 할 세액이 있을 때에는 공제한 후에 남은 금액을 말한다)이 있을 때에는 즉시 그 잘못 납부한 금액, 초과하여 납부한 금액 또는 환급세액을 국세환급금으로 결정하여야 한다. 이 경우 착오납부·이중납부로 인한 환급청구는 대통령령으로 정하는 바에 따른다. 〈개정 2020.12.22.〉 ☛ **지방세기본법 제60조(지방세환급금의 충당과 환급)** ①도 동일하다.

1261) 대법원 1989. 6. 15. 선고 88누6436 전원합의체판결 ; "**오납액**이라 함은 납부 또는 징수의 기초가 된 신고(신고납세의 경우) 또는 부과처분(부과과세의 경우)이 부존재하거나 당연무효임에도 불구하고 납부 또는 징수된 세액을 말하고, **초과납부액**은 신고 또는 부과처분이 당연무효는 아니나 그후 취소 또는 경정됨으로써 그 전부 또는 일부가 감소된 세액을 말하며, **환급세액**은 적법히 납부 또는 징수되었으나 그후 국가가 보유할 정당한 이유가 없게 되어 각 개별세법에서 환부하기로 정한 세액을 말하므로, 위 오납액과 초과납부액 및 환급세액은 모두 조세채무가 처음부터 존재하지 않거나 그후 소멸되었음에도 불구하고 국가가 법률상 원인 없이 수령하거나 보유하고 있는 부당이득에 해당한다. 그러므로 이러한 부당이득의 반환을 구하는 납세의무자의 국세환급청구권은 오납액의 경우에는 처음부터 법률상 원인이 없으므로 납부 또는 징수시에 이미 확정되어 있고, 초과납부액의 경우에는 신고 또는 부과처분의 취소 또는 경정에 의하여 조세채무의 전부 또는 일부가 소멸한 때에 확정되며, 환급세액의 경우에는 각 개별 세법에서 규정한 환급요건에 따라 확정되는 것이다. 그리고 환급가산금은 위 각 국세환급금이 확정되면 그 환급금액에 대하여 국세기본법 제52조 및 같은법시행령 제30조 제2항 소정의 기산일과 이율에 따라 당연히 확정된다. 결국 국세기본법 제51조 및 제52조의 국세환급금 및 국세가산금 결정에 관한 규정은 이미 납세의무자의 환급청구권이 확정된 국세환급금 및 가산금에 대하여 내부적 사무처리절차로서 과세관청의 환급절차를 규정한 것에 지나지 않고 위 규정에 의한 국세환급금(가산금 포함) 결정에 의하여 비로소 환급청구권이 확정되는 것은 아니므로, 위 국세환급금결정이나 이 결정을 구하는 신청에 대한 환급거부결정 등은 납세의무자가 갖는 환급청구권의 존부나 범위에 구체적이고 직접적인 영향을 미치는 처분이 아니어서 항고소송의 대상이 되는 처분이라고 볼 수 없는 것이다." ☞ 개별 세법에서 정한 환급세액의 반환도 일률적으로 부당이득반환이라고 함으로써 결과적으로 부가가치세 환급세액의 반환도 부당이득반환이라고 보는 취지의 판시 부분은 대법원 2013. 3. 21. 선고 2011다95564 전원합의체 판결에 의해 변경 되었다.

과오납부액은 납세자가 부당이득의 반환을 구하는 민사소송으로 그 환급을 청구할 수 있다(대법원 2009. 4. 23. 선고 2008다29918 판결[1262] 등 참조).

[2] 과세의 대상이 되는 소득·수익·재산·행위 또는 거래의 귀속이 명의일 뿐이고 사실상 귀속되는 사람이 따로 있는 때에는 사실상 귀속되는 사람을 납세의무자로 하여 세법을 적용하므로(국세기본법 제14조 제1항), 과세관청과 실제사업자 사이에서는 실질과세의 원칙에 따라 실질적으로 당해 과세대상을 지배·관리하는 실제사업자가 종국적으로 납세의무를 부담하는 법률관계가 존재한다(2011두9935 등 참조).

그런데 실제사업자가 따로 있음에도 과세관청이 사업명의자에게 과세처분을 한 경우에는, 사업명의자와 과세관청 사이에 과세처분에 따라 세액을 납부하는 법률관계가 성립된다.

이는 실제사업자와 과세관청 사이의 법률관계와는 별도의 법률관계로서, 사업명의자에 대한 과세처분에 대하여 실제사업자가 사업명의자 명의로 직접 납부행위를 하였거나 그 납부자금을 부담하였다고 하더라도 납부의 법률효과는 과세처분의 상대방인 사업명의자에게 귀속될 뿐이며, 실제사업자와 과세관청의 법률관계에서 실제사업자가 세액을 납부한 효과가 발생된다고 할 수 없다.

따라서 사업명의자에게 과세처분이 이루어져 사업명의자 명의로 세액이 납부되었으나 그 과세처분이 무효이거나 취소되어 과오납부액이 발생한 경우에, 사업명의자 명의로 납부된 세액의 환급청구권자는 사업명의자와 과세관청 사이의 법률관계에 관한 직접 당사자로서 세액 납부의 법률효과가 귀속되는 사업명의자로 보아야 한다.

1262) "[1] 국세환급금에 관한 국세기본법 제51조 제1항은 정부가 이미 부당이득으로서 그 존재와 범위가 확정되어 있는 과오납부액이나 환급세액이 있는 때에는 납세자의 환급신청을 기다릴 것 없이 이를 즉시 반환하는 것이 정의와 공평에 합당하다는 법리를 선언하고 있는 것이므로, 이미 그 존재와 범위가 확정되어 있는 과오납부액이나 환급세액은 납세자가 부당이득의 반환을 구하는 민사소송으로 그 환급을 청구할 수 있다고 할 것인바, 신고납세방식을 취하고 있는 종합소득세에 있어서는 소득세법 제70조에 의한 확정신고 또는 같은 법 제80조에 의한 경정결정에 의하여 그 과세표준 또는 납부세액이나 환급세액의 존재 및 범위가 확정되므로, 이러한 경우에는 납세자가 위에서 본 부당이득반환의 법리에 따라 위 확정신고 또는 경정결정에 의하여 이미 그 존재와 범위가 확정되어 있는 과오납부액이나 환급세액의 환급을 청구할 수 있다. [2] 한편, 국세환급금의 충당은 국세기본법 제51조 제2항 및 같은 법 시행령 제31조 등에 그 요건이나 절차, 방법이 따로 정하여져 있고 그 효과로 납세의무의 소멸을 규정(국세기본법 제26조 제1호)하고 있으나, 위 충당이 납세의무자가 갖는 환급청구권의 존부나 범위 또는 소멸에 구체적이고 직접적인 영향을 미치는 처분이라기보다는 충당행위가 있을 때 장래에 향하여 국세환급금채무와 조세채권이 대등액에서 소멸될 뿐이므로, 과세관청이 구 소득세법(2002. 12. 18. 법률 제6781호로 개정되기 전의 것, 이하 같다) 제61조 제4항에 의하여 주된 소득자의 종합소득금액에 대한 세액을 계산하면서 주된 소득자의 종합소득금액과 자산합산대상배우자의 자산소득금액의 합계액을 주된 소득자의 종합소득금액으로 보고 계산한 금액에서 주된 소득자의 종합소득금액과 자산합산대상배우자의 자산소득금액에 대하여 이미 납부한 세액의 합계액을 공제한 금액을 그 세액으로 결정하여 주된 소득자의 종합소득세로 납세고지하였다 하더라도 이를 가리켜 자산합산대상배우자의 확정된 국세환급금을 국세기본법 제51조 제2항에 따라 주된 소득자의 종합소득세에 충당한 것이라고 할 수 없다. … 구 소득세법 제2조 제3항은 주된 소득자와 자산합산대상배우자는 합산과세하는 자산소득에 대하여 연대하여 납세의무를 진다고 규정하고 있는데, 연대하여 납부할 세액의 범위가 주된 소득자의 종합소득에 합산된 자산합산대상배우자의 자산소득에 대한 세액에 한정됨은 구 소득세법 제2조 제3항의 법문상 명백하고(대법원 1998. 10. 27. 선고 97누7233 판결 참조), … 주된 소득자와 자산합산대상배우자의 연대납세의무 범위를 위와 같이 해석한다면, 자산합산대상배우자의 국세환급금으로 주된 소득자의 종합소득세액에 충당할 수 있는 범위도 주된 소득자의 종합소득에 합산된 자산합산대상배우자의 자산소득에 대한 세액으로 한정된다고 봄이 상당하다."

유사사례의 비교

○ 납세자가 **이미 존재와 범위가 확정되어 있는** **과오납부액**에 대하여 **부당이득 반환을 구하는 민사소송**으로 환급을 청구할 수 있는지 여부(적극)1263)

○ **국세환급금 결정**(물납재산에 대한 환급결정)이나 그 환급결정을 구하는 신청에 대한 **환급거부결정** ≠ **항고소송의 대상**이 되는 **처분**1264)

○ **납세의무자의 부가가치세 환급세액 지급청구** ; 납세의무자에 대한 국가의 부가가치세 환급세액 지급의무에 대응하는 국가에 대한 납세의무자의 **부가가치세 환급세액 지급청구**는 **민사소송이 아니라** 행정소송법 제3조 제2호에 규정된 **당사자소송의 절차에 따라야** 한다.1265)

1263) 대법원 2015. 8. 27. 선고 2013다212639 판결.

1264) 대법원 2009. 11. 26. 선고 2007두4018 판결 ; "오납액과 초과납부액은 조세채무가 처음부터 존재하지 않거나 그 후 소멸되었음에도 불구하고 국가가 법률상 원인 없이 수령하거나 보유하고 있는 부당이득에 해당하고, 그 국세환급금결정에 관한 규정은 이미 납세의무자의 환급청구권이 확정된 국세환급금에 대하여 내부적 사무처리절차로서 과세관청의 환급절차를 규정한 것에 지나지 않고 위 규정에 의한 국세환급금결정에 의하여 비로소 환급청구권이 확정되는 것은 아니므로, 위 국세환급금결정이나 이 결정을 구하는 신청에 대한 환급거부결정은 납세의무자가 갖는 환급청구권의 존부나 범위에 구체적이고 직접적인 영향을 미치는 처분이 아니어서 항고소송의 대상이 되는 처분이라고 볼 수 없다. 그런데 법 제51조의2 규정에 의한 물납재산의 환급 역시 국가가 과오납부한 세금을 환급한다는 점, 즉 국가가 법률상 원인 없이 보유하거나 수령하여 부당이득한 물납재산을 환급한다는 점에서 법 제51조 규정에 의한 환급과 성격이 동일한 것으로서 그 물납재산에 대한 환급청구권은 과세처분의 전부 또는 일부가 취소되거나 감액경정된 때에 확정되는 것이고, 과세관청의 환급결정에 의하여 비로소 확정되는 것은 아니므로, 특별한 사정이 없는 한 법 제51조의2 규정과 관련된 과세관청의 물납재산에 대한 환급결정이나 그 환급결정을 구하는 신청에 대한 환급거부결정도 법 제51조 소정의 환급결정이나 환급거부결정과 마찬가지로 납세의무자가 갖는 환급청구권의 존부 등에 구체적이고 직접적인 영향을 미치는 처분이 아니어서 항고소송의 대상이 되는 처분이라고 볼 수 없다."

1265) 대법원 2013. 3. 21. 선고 2011다95564 전원합의체 판결 ; "부가가치세법령이 환급세액의 정의 규정, 그 지급시기와 산출방법에 관한 구체적인 규정과 함께 부가가치세 납세의무를 부담하는 사업자(이하 '납세의무자'라 한다)에 대한 국가의 환급세액 지급의무를 규정한 이유는, 입법자가 과세 및 징수의 편의를 도모하고 중복과세를 방지하는 등의 조세 정책적 목적을 달성하기 위한 입법적 결단을 통하여, 최종 소비자에 이르기 전의 각 거래단계에서 재화 또는 용역을 공급하는 사업자가 그 공급을 받는 사업자로부터 매출세액을 징수하여 국가에 납부하고, 그 세액을 징수당한 사업자는 이를 국가로부터 매입세액으로 공제·환급받는 과정을 통하여 그 세액의 부담을 다음 단계의 사업자에게 차례로 전가하여 궁극적으로 최종 소비자에게 이를 부담시키는 것을 근간으로 하는 전단계세액공제 제도를 채택한 결과, 어느 과세기간에 거래징수된 세액이 거래징수를 한 세액보다 많은 경우에는 그 납세의무자가 창출한 부가가치에 상응하는 세액보다 많은 세액이 거래징수되게 되므로 이를 조정하기 위한 과세기술상, 조세 정책적인 요청에 따라 특별히 인정한 것이라고 할 수 있다. 따라서 이와 같은 부가가치세법령의 내용, 형식 및 입법 취지 등에 비추어 보면, 납세의무자에 대한 국가의 부가가치세 환급세액 지급의무는 그 납세의무자로부터 어느 과세기간에 과다하게 거래징수된 세액 상당을 국가가 실제로 납부받았는지 여부와 관계없이 부가가치세법령의 규정에 의하여 직접 발생하는 것으로서, 그 법적 성질은 정의와 공평의 관념에서 수익자와 손실자 사이의 재산상태 조정을 위해 인정되는 부당이득 반환의무가 아니라 부가가치세법령에 의하여 그 존부나 범위가 구체적으로 확정되고 조세 정책적 관점에서 특별히 인정되는 공법상 의무라고 봄이 타당하다. 그렇다면 납세의무자에 대한 국가의 부가가치세 환급세액 지급의무에 대응하는 국가에 대한 납세의무자의 부가가치세 환급세액 지급청구는 민사소송이 아니라 행정소송법 제3조 제2호에 규정된 당사자소송의 절차에 따라야 한다. … 부가가치세 환급세액 지급청구권을 양수하였음을 내세우는 원고의 청구가 민사소송의 대상임을 전제로 민사소송절차에 의하여 심리·판단한 제1심판결을 취소하고 이 사건을 행정사건 관할법원인 의정부지방법원으로 이송한 조치는 정당하고"

● 대법원 2016. 7. 14. 선고 2014두45246 판결 [종합소득세경정거부처분취소]

▌원천징수, 환급청구권 범위

판시사항

원천징수 소득세에 대한 **환급청구권**의 범위 ; **원천납세의무자**는 **자신 명의로 납부된 세액**에 관하여만, **원천징수의무자 명의로 납부된 세액**에 관하여는 **원천징수의무자**가 그 환급청구권자가 된다.

이 유

원천징수의무자인 법인이 소득금액변동통지서를 받고 그에 따른 소득세를 납부한 경우 그 **법인 명의로 납부된 세액의 환급청구권자**는 소득금액변동통지로써 형성되는 과세관청과의 법률관계에 관한 직접 당사자인 **원천징수의무자**라고 할 것이므로, **원천납세의무자**가 소득세법 시행령 제134조 제1항에 따라 종합소득 과세표준 및 세액을 추가신고한 후에 추가신고의 대상이 된 과세표준과 세액 전부에 대하여 구 국세기본법 제45조의2 제1항 제1호에 따른 경정청구권을 행사함에 따라 환급청구권이 발생하는 경우에도 **원천납세의무자**는 **자신 명의로 납부된 세액**에 관하여만 **환급청구권자**가 될 수 있을 뿐이고 **원천징수의무자 명의로 납부된 세액**에 관하여는 **원천징수의무자**가 그 환급청구권자가 된다[1266]고 할 것이다.[1267]

● 대법원 2019. 6. 13. 선고 2016다239888 판결 [양수금]

▌환급금, 충당, 채권양도

판시사항

[1] 국세환급금 **충당**의 법적 성격 및 충당이 무효인 경우의 쟁송방법

[2] 납세자가 국세환급금 채권을 제3자에게 양도하고 세무서장에게 적법하게 양도 요구를 하였으나 세무서장이 위 요구를 받고도 지체없이 양도인의 체납 국세 등에 충당하지 않은 경우 그 후 세무서장

1266) 대법원 2003. 3. 14. 선고 2002다68294 판결 ; "원천징수 세제에 있어 원천징수의무자가 원천납세의무자로부터 원천징수대상이 아닌 소득에 대하여 세액을 징수·납부하였거나 징수하여야 할 세액을 초과하여 징수·납부하였다면, 이로 인한 환급청구권은 원천납세의무자가 아닌 원천징수의무자에게 귀속되는 것인바, 이는 원천징수의무자가 원천납세의무자에 대한 관계에서는 법률상 원인 없이 이익을 얻은 것이라 할 것이므로 원천납세의무자는 원천징수의무자에 대하여 환급청구권 상당액을 부당이득으로 구상할 수 있다 할 것이다."

1267) **【구체적 사안】**
소외 법인이 소득처분에 따른 소득금액변동통지에 따라 자기 부담으로 23억원 상당을 납부하고, 원고는 소득세법 시행령 제134조 제1항에 따라 종합소득 과세표준 및 세액을 추가신고한 후 1,900만원 상당의 차액을 추가 납부한 **사안**에서, 원천납세의무자는 추가 신고의 대상이 되었지만 본인이 납부하지 않은 부분, 즉 원천징수의무자가 자기 부담으로 납부한 23억원 부분도 1,900만원과 함께 경정청구할 수 있다고 하여 원심의 판단을 수긍하면서, 다만 경정청구권의 행사에 따른 환급청구권의 범위와 관련하여서는, 원천징수의무자가 납부한 23억원은 원천징수의무자에게 환급청구권이 있고, 원천납세의무자는 본인이 납부한 1,900만원 상당에 한해서만 환급청구권이 있다고 판시한 사안.

이 양도인의 체납 국세 등에 위 환급금을 충당한 행위의 효력(= 무효)

[3] 국세환급금 충당의 유효 여부 판단기준

이 유

국세환급금의 충당[1268][1269]은 납세의무자가 갖는 환급청구권의 존부나 범위 또는 소멸에 구체적이고 직접적인 영향을 미치는 처분이라기보다는 국가의 환급금 채무와 조세채권이 대등액에서 소멸되는 점에서 오히려 민법상의 상계와 비슷하고,[1270] 소멸대상인 조세채권이 존재하지 아니하거나 당연무효 또는 취소되는 경우에는 그 충당의 효력이 없는 것으로서 이러한 사유가 있는 경우에 납세의무자로서는 충당의 효력이 없음을 주장하여 언제든지 이미 결정된 국세환급금의 반환을 청구할 수 있다 (대법원 1994. 12. 2. 선고 92누14250 판결,[1271] 대법원 2004. 3. 25. 선고 2003다64435 판결 등 참조).

1268) **국세기본법 제51조(국세환급금의 충당과 환급)** ② 세무서장은 국세환급금으로 결정한 금액을 대통령령으로 정하는 바에 따라 다음 각 호의 국세 및 강제징수비에 충당하여야 한다. 다만, 제1호(「국세징수법」 제9조에 따른 납부기한 전 징수 사유에 해당하는 경우는 제외한다) 및 제3호의 국세에의 충당은 납세자가 그 충당에 동의하는 경우에만 한다. 〈개정 2020.12.29.〉
1. 납부고지에 의하여 납부하는 국세
2. 체납된 국세 및 강제징수비(다른 세무서에 체납된 국세 및 강제징수비를 포함한다)
3. 세법에 따라 자진납부하는 국세

③ 제2항제2호에의 충당이 있는 경우 체납된 국세 및 강제징수비와 국세환급금은 체납된 국세의 법정납부기한과 대통령령으로 정하는 국세환급금 발생일 중 늦은 때로 소급하여 대등액에 관하여 소멸한 것으로 본다. 〈신설 2010.12.27, 2020.12.22.〉 ☞ **충당의 소급효**

④ 납세자가 세법에 따라 환급받을 환급세액이 있는 경우에는 그 환급세액을 제2항 제1호 및 제3호의 국세에 충당할 것을 청구할 수 있다. 이 경우 충당된 세액의 충당청구를 한 날에 해당 국세를 납부한 것으로 본다. 〈개정 2010.12.27.〉

☞ **지방세기본법 제60조(지방세환급금의 충당과 환급)** ②~④도 동일하다.

1269) 헌재 2017. 7. 27. 2015헌바286 결정 ; "국세환급금 충당은 납세자가 납부할 조세와 과세관청이 환급할 국세환급금이 서로 대립하고 있는 경우 그 대등액에 있어 이를 동시에 소멸시키는 것을 말한다. 이는 절차상으로도 간편하고 국가의 조세채권 확보에도 유리하기 때문에 인정되는 것으로, 국가가 납세자에게 국세환급금을 돌려주었는데 납세자가 그 돈으로 세금을 납부하지 않고 다른 용도에 사용하거나 그 돈을 숨긴다면 국세를 징수하는 것이 곤란해질 수 있기 때문이다. 충당에는 직권충당, 동의충당, 신청충당 등 **3가지 유형**이 있다. 심판대상조항에 따른 충당은 체납된 국세·가산금과 체납처분비를 대상으로 과세관청이 납세자의 동의 없이 하는 충당으로 직권충당에 해당한다. 충당은 국세환급금채권과 조세채권을 대등액에서 소멸시킨다. 다만, 충당의 소급효가 인정되는지 여부에 관하여, 과거에는 소급효를 인정하는 규정이 없었고 대법원도 충당의 소급효를 인정하지 않았으나, 2010. 12. 27. 직권충당의 소급효를 인정하는 국세기본법 제51조 제3항이 신설되어 직권충당이 있는 경우 체납된 국세·가산금 또는 체납처분비와 국세환급금은 체납된 국세의 법정납부기한과 대통령령으로 정하는 국세환급금 발생일 중 늦은 때로 소급하여 대등액에 관하여 소멸한다. 한편, 국세기본법은 과세관청이 언제까지 국세환급금을 체납국세 등에 충당할 수 있는가라는 충당시기의 제한에 관하여 명시적인 규정을 두고 있지 않으나, 국세기본법 제51조 제6항이 국세환급금 중 충당 후 남은 금액을 국세환급금 결정일로부터 30일 내에 지급하여야 한다고 규정하고 있으므로, 이에 따라 충당도 국세환급금 결정일로부터 30일 이내에 이루어져야 하는 것이다. 따라서 국세환급금 결정일로부터 30일이 지나면 국세환급금은 납세자에게 확정적으로 귀속되므로 다른 체납국세 등에 충당할 수 없다."

1270) 대법원 2015. 9. 10. 선고 2013다205433 판결 ; "과세권자가 지방세환급금을 지방세 체납액에 **충당하는 조치가 있어야만** 비로소 지방세 납부 또는 납입의무의 소멸이라는 충당의 효과가 발생한다고 보아야 할 것이다."

1271) "세무서장의 국세환급금(국세환급가산금 포함, 이하 같다)에 대한 결정은 이미 납세의무자의 환급청구권이 확정된 국세환급금에 대하여 내부적인 사무처리절차로서 과세관청의 환급절차를 규정한 것에 지나지 않고 그 규정에 의한 국세환급금의 결정에 의하여 비로소 환급청구권이 확정되는 것이 아니므로, **국세환급금결정**이나 그 결정을 구하는

한편, 국세기본법 제51조 제1항, 제53조,[1272] 구 국세기본법 시행령(2013. 2. 15. 대통령령 제24366호로 개정되기 전의 것) 제43조의4[1273] 등의 규정들을 종합하면, 납세자가 자신이 환급받을 국세환급금 채권을 타인에게 양도한 다음 양도인 및 양수인의 주소와 성명, 양도하고자 하는 권리의 내용 등을 기재한 문서로 세무서장에게 통지하여 그 양도를 요구하면, 세무서장은 양도인이 납부할 다른 체납 국세 등이 있는지 여부를 조사·확인하여 체납 국세 등이 있는 때에는 지체 없이 체납 국세 등에 먼저 충당한 후 남은 금액이 있으면 이를 양수인에게 지급하여야 하고,[1274] 만일 세무서장이 이에 위배하여 납세자로부터 적법한 양도 요구를 받았음에도 **지체 없이 충당을 하지 않**는 경우에는 양수인이 양수한 **국세환급금 채권은 확정적으로 양수인에게 귀속**되고, **그 후**에 세무서장이 양도인의 체납 국세 등에 **충당**을 하더라도, 이러한 충당은 결국 양수인에게 확정적으로 귀속되어 더 이상 양도인 소유가 아닌 재산에 대하여 조세채권을 징수한 결과가 되어 그 **효력이 발생하지 않는다**고 보아야 할 것이다(2002다31834 등 참조). 여기서 충당이 유효한지 여부를 판단함에 있어서는 국세환급금채권이 확정된 이후에 양도 요구를 받은 경우에는 **양도 요구를 받은 때**로부터, 국세환급금 채권이 확정되기 전에 미리 양도 요구를 받은 경우에는 **국세환급금 채권이 확정된 때**로부터 각 지체 없이 충당하였는지를 **기준**으로 판단하여야 한다(대법원 2009. 3. 26. 선고 2008다31768 판결[1275] 참조).[1276]

신청에 대한 **환급거부결정** 등은 항고소송의 대상이 되는 **처분**이라고 **볼 수 없다**는 것이 당원의 견해(88누6436 전원합의체 판결)이다. 한편, **국세환급금의 충당**은 … 국세환급결정이나 그 국세환급신청에 대한 거부결정과 마찬가지로 항고소송의 대상이 되는 **처분이라고 할 수 없다**고 할 것이다."

1272) **국세기본법 제53조(국세환급금에 관한 권리의 양도와 충당)** ① 납세자는 국세환급금에 관한 권리를 대통령령으로 정하는 바에 따라 타인에게 양도할 수 있다. ② 세무서장은 국세환급금에 관한 권리의 양도 요구가 있는 경우에 양도인 또는 양수인이 납부할 국세 및 강제징수비가 있으면 그 국세 및 강제징수비에 충당하고, 남은 금액에 대해서는 양도의 요구에 지체 없이 따라야 한다. 〈신설 2019.12.31, 2020.12.22〉 **[신설이유]** 국세환급금을 체납국세에 우선적으로 충당하도록 하는 것은 납세자와 제3자의 권리에 중요한 영향을 미치는 사항이라는 점을 고려하여, 국세환급금에 관한 권리의 양도가 있는 경우 양도인 또는 양수인이 납부할 국세 및 체납처분비가 있으면 환급하기 전에 먼저 충당하도록 하는 내용의 시행령 제43조의4 제2항(2012. 2. 2. 신설)을 법률로 상향하여 2019. 12. 31. 법 제53조 제2항을 신설하고, 2020. 2. 11. 위 시행령 규정은 삭제되었다.
지방세기본법 제63조(지방세환급금에 관한 권리의 양도) 지방세환급금(환급가산금을 포함한다)에 관한 납세자의 권리는 대통령령으로 정하는 바에 따라 타인에게 양도할 수 있다. **시행령 제44조** ② 지방자치단체의 장은 제1항에 따른 신청서를 접수하였을 때에는 양도인과 양수인의 다른 체납액이 없으면 이에 응하여야 한다.

1273) **국세기본법 시행령 제43조의4(국세환급금의 양도)** ① 법 제53조에 따라 국세환급금에 관한 권리를 타인에게 양도하려는 납세자는 세무서장이 국세환급금통지서를 발급하기 전에 다음 각 호의 사항을 적은 문서로 관할 세무서장에게 양도를 요구하여야 한다. 1. 양도인의 주소와 성명 2. 양수인의 주소와 성명 3. 양도하려는 권리의 내용 ② 삭제 〈2020.2.11.〉 ☞ 국세기본법 제53조 제2항 신설로 동일 내용의 영 제43조의4 ②을 삭제함.

1274) 헌재 2017. 7. 27. 2015헌바286 결정 ; "국세환급금채권의 양도 요구가 있는 경우 양도인에 대한 체납국세 등을 양수인에게 지급할 국세환급금으로 충당할 수 있는 권리를 선충당권이라 한다. 선충당권은 국세우선권에 근거하여 국가재정의 기초가 되는 국세를 효율적으로 징수하기 위하여 민법상 채권양도의 법리에 대한 예외를 인정한 것으로서, 과세관청은 국세환급금채권의 양도시점이 아닌 **충당시점**을 **기준**으로 국세환급금을 양도인의 체납국세 등에 충당할 수 있다."

1275) "국세기본법 제35조, 지방세법 제31조는 국가 또는 지방자치단체 존립의 재정적 기초를 이루는 조세를 능률적으로 확보하기 위하여 국세와 지방세 및 그 가산금·체납처분비를 다른 채권에 우선하여 징수하도록 규정하고 있고, 헌법재판소는 1997. 4. 24. 93헌마83 결정으로 이러한 조세우선권을 규정한 법률규정이 헌법에 위반되지 아니한다고 선언한 점, 앞서 본 바와 같이 세무서장이 납세자로부터 적법한 양도 요구를 받았음에도 지체 없이 충당을 하지 않는 경우에는 충당의 효력이 발생하지 않는 점 등을 고려해 볼 때, 세무서장은 **충당 당시**에 양도인이 납부할

● 대법원 2016. 2. 18. 선고 2013다206610 판결 [부당이득금반환]

▌결손금 소급 공제, 환급, 환수, 행정처분

판시사항

[1] 구 법인세법 제72조의 결손금 소급공제에 의하여 법인세를 환급받은 법인이 후에 **결손금 소급공제 대상 법인이 아닌** 것으로 밝혀진 경우, **착오환급**한 환급세액에 대하여 **민사소송**의 방법으로 **부당이득반환**을 구할 수 있는지(×) **국세기본법** 소정의 **환수절차에 따라 강제징수**하여야 하는지(○)

[2] **결손금 소급공제 환급결정** = **행정처분** ∴ 결손금 소급공제 환급결정을 **직권으로 취소한 후** 착오환급·과다환급한 환급세액 **강제징수**

다른 국세·가산금 또는 체납처분비에 충당할 수 있다고 할 것이다. … 원심이 2003. 11.경 이 사건 국세환급금채권에 대한 채권양도 및 그 통지절차가 이루어졌으나 이 사건 국세환급금채권이 2006. 3. 7. **확정**되고 그 **직후인** 2006. 3. 29. 이 사건 국세환급금을 당시에 소외 2 주식회사가 납부할 다른 체납 국세 등에 모두 충당한 것은 적법하다고 판단한 것은 옳고"

1276) **【구체적 사안】**

원심이, ① 소외 회사 1, 2(양도법인들)가 2011. 12.경 약 4억 8천만 원과 10억 원의 각 부가가치세 환급결정을 받은 사실, 위 각 부가가치세 환급금이 **2011. 12.**경 양도법인들의 2010 사업연도 각 법인세(이 사건 각 법인세)에 충당된 사실, ② 양도법인들은 2011. 12. 2. 원고에게 약 4억 원과 2억 7천만 원의 국세환급금 채권을 양도하고 **2012. 2. 3.** 관할 세무서장에게 각 국세환급금 양도요구서를 제출한 사실, ③ 관할 세무서장은 이 사건 각 법인세 경정청구 거부처분에 대한 취소소송 진행 중인 **2014. 6. 30.**과 같은 해 **7. 10.**경 이 사건 각 법인세를 감액경정한 사실, ④ 관할 세무서장은 **2014. 7. 3.**과 같은 달 **10.** 양도법인들의 국세환급금 약 5억 3천만 원과 12억 7천만 원을 각 그 당시까지 발생한 각 양도법인들의 체납 국세 등에 충당한 사실 등을 인정한 다음, 관할 세무서장이 이 사건 각 법인세를 감액경정함으로써 원고가 양수한 양도법인들의 이 사건 각 법인세 환급금 채권이 확정되었다는 전제에서, 관할 세무서장이 2014. 7. 3.과 같은 달 10. 이 사건 각 법인세 환급금을 각 그 당시까지 발생한 양도법인들의 체납 국세 등에 충당한 것은 적법하다고 보아, 양도법인들로부터 양수한 국세환급금 등의 지급을 구하는 원고의 청구를 모두 기각한 데 대하여, **대법원**은, "2011. 12.경 충당의 대상이 되었던 이 사건 각 법인세가 감액경정되었으므로 위 충당은 그 감액된 범위에서 효력이 없고, 이에 따라 이 사건 각 **법인세의 환급금 채권이 그 시점에 새로이 확정되어 발생하는 것이 아니라**, **당초 확정되었다가 이 사건 각 법인세에 충당되었던 각 부가가치세 환급금 채권**이 그 범위에서 **되살아나는 것**으로 보아야 한다. 그렇다면, 양도법인들의 각 **부가가치세 환급금 채권**은 당초 **2011. 12.경 확정**된 반면 이 사건 각 법인세가 감액됨에 따라 되살아나는 위 각 부가가치세 환급금 채권 중 원고가 양수한 부분에 대하여는, **과거에 이 사건 각 법인세에 충당되었던 것을 고려할 필요 없이** 2012. 2. 3.경 **이미 적법한 양도 요구가 있었다**고 보아야 한다. 나아가 관할세무서장이 2014. 7. 3.과 같은 달 10. 위 각 부가가치세 환급금 채권을 위 각 시점까지 발생한 양도법인들의 체납 국세 등에 충당한 것으로 선해하여 살펴보더라도, 이는 그 양도 요구일로부터 약 2년 5개월이 지난 뒤에 이루어진 것으로서 양도 요구를 받은 때로부터 지체없이 이루어졌다고 보기 어렵고, 따라서 원고가 양수한 각 부가가치세환급 금 부분에 관하여 관할 세무서장이 2014. 7.경 충당처리한 것은 효력이 없다고 볼 여지가 많다. … 다만 기록에 의하면, 원고가 양수하여 지급을 구하는 양도법인들의 각 부가가치세 환급금 채권에는 **공법상 의무인 부가가치세 환급세액 지급의무**에 대응하는 **부가가치세 환급세액 지급청구권**이 포함되어 있다고 볼 여지가 있다. 만일 그렇다면, 이러한 청구는 민사소송이 아니라 **행정소송법** 제3조 제2호에 규정된 **당사자소송의 절차에 따라야** 하므로(대법원 2013. 3. 21. 선고 2011다95564 전원합의체 판결 등 참조), 이 사건의 제1심 전속관할 법원은 관계행정청인 이천세무서장의 소재지를 관할하는 수원지방법원이고, 이와 같이 볼 경우 제1심과 원심은 이 사건 소가 서울중앙지방법원에 제기되어 **전속관할을 위반**하였음을 간과한 채 본안판단에 이르렀다고 할 것이므로, 제1심과 원심의 이러한 조치에는 행정소송법상 당사자소송에 관한 법리를 오해하여 전속관할에 관한 규정을 위반한 잘못이 있고, 이 사건 소는 이송 후 부적법하게 되어 각하될 것이 명백한 경우에 해당한다고 보기도 어려워, 관할법원으로 이송함이 상당하다는 점을 지적하여 둔다(대법원 2008. 7. 24. 선고 2007다25261 판결, 대법원 2013. 4. 26. 선고 2012다203522 판결 등 참조)."

이 유

직권으로 판단한다.

구 국세기본법(2006. 12. 30. 법률 제8139호로 개정되기 전의 것, 이하 같다) 제51조 제7항은 "세무서장이 국세환급금의 결정이 취소됨에 따라 이미 충당 또는 지급된 금액의 반환을 청구함에 있어서는 국세징수법의 고지·독촉 및 체납처분의 규정을 준용한다."고 규정하고 있다.[1277]

이는 국세를 **착오환급** 내지 **과다환급**한 경우와 관련하여 그 존부 내지 금액을 확정하는 권한과 임의의 이행이 없는 경우의 강제징수권·자력집행권을 모두 납세지 관할세무서장에게 부여함으로써 착오환급 내지 과다환급한 환급세액을 효율적으로 징수할 수 있도록 **특별히** 그 **환수절차를 마련**한 것이다.

이와 같은 규정 내용 및 입법취지 등을 감안하면 구 법인세법(2006. 12. 30. 법률 제8141호로 개정되기 전의 것, 이하 같다) 제72조[1278]의 결손금 소급공제에 의하여 법인세를 환급받은 법인이 후에 **결손금**

1277) **국세기본법 제51조(국세환급금의 충당과 환급)** ⑨ 세무서장이 국세환급금의 결정이 취소됨에 따라 이미 충당되거나 지급된 금액의 반환을 청구하는 경우에는 「국세징수법」의 고지·독촉 및 체납처분의 규정을 준용한다. 〈개정 2017.12.19〉 ☞ **지방세기본법 제60조(지방세환급금의 충당과 환급)** ⑨도 동일하다.

1278) **구 법인세법 제72조(결손금 소급공제에 의한 환급)** ① 제25조 제1항 제1호의 규정에 의한 중소기업은 각 사업연도에 제14조 제2항의 규정에 의한 결손금이 발생한 경우 그 결손금에 대하여 직전 사업연도의 소득에 대하여 과세된 법인세액(대통령령이 정하는 법인세액을 말한다)을 한도로 대통령령이 정하는 바에 따라 계산한 금액을 환급·신청할 수 있다. 이 경우 당해 결손금에 대하여는 제13조 제1호의 규정을 적용함에 있어서 이를 공제받은 금액으로 본다. ② 제1항의 규정에 의한 법인세액의 환급을 받고자 하는 내국법인은 제60조의 규정에 의한 신고기한 내에 대통령령이 정하는 바에 따라 납세지 관할세무서장에게 신청하여야 한다. ③ 납세지 관할세무서장이 제2항의 규정에 의한 신청을 받은 때에는 지체없이 **환급세액을 결정**하여 국세기본법 제51조 및 제52조의 규정에 의하여 **환급**하여야 한다. ④ 제1항 내지 제3항의 규정은 당해 내국법인이 제60조의 규정에 의한 신고기한 내에 결손금이 발생한 사업연도와 그 직전 사업연도의 소득에 대한 법인세의 과세표준 및 세액을 각각 신고한 경우에 한하여 이를 적용한다. ⑤ 납세지 관할세무서장은 제3항의 규정에 의하여 법인세를 **환급한 후 결손금이 발생한 사업연도**에 대한 법인세의 과세표준과 **세액을 경정**함으로써 **결손금이 감소**된 경우에는 **환급세액** 중 그 감소된 결손금에 상당하는 세액에 대통령령이 정하는 바에 따라 계산한 이자상당액을 가산한 금액을 당해 결손금이 발생한 사업연도의 법인세로서 **징수**한다. ⑥ 결손금의 소급공제에 의한 환급세액의 계산 기타 필요한 사항은 대통령령으로 정한다.
⇒ **법인세법 제72조(중소기업의 결손금 소급공제에 따른 환급)** ① 중소기업에 해당하는 내국법인은 각 사업연도에 결손금이 발생한 경우 대통령령으로 정하는 직전 사업연도의 법인세액(이하 이 조에서 "직전 사업연도의 법인세액"이라 한다)을 한도로 제1호의 금액에서 제2호의 금액을 차감한 금액을 환급 신청할 수 있다. 〈개정 2018.12.24.〉 … ② 제1항에 따라 법인세액을 환급받으려는 내국법인은 제60조에 따른 신고기한까지 대통령령으로 정하는 바에 따라 납세지 관할 세무서장에게 신청하여야 한다. ③ 납세지 관할 세무서장은 제2항에 따른 신청을 받으면 지체 없이 환급세액을 결정하여 「국세기본법」 제51조 및 제52조에 따라 환급하여야 한다. ④ 제1항부터 제3항까지의 규정은 해당 내국법인이 제60조에 따른 신고기한 내에 결손금이 발생한 사업연도와 그 직전 사업연도의 소득에 대한 법인세의 과세표준 및 세액을 각각 신고한 경우에만 적용한다. ⑤ 납세지 관할 세무서장은 다음 각 호의 어느 하나에 해당되는 경우에는 환급세액(제1호 및 제2호의 경우에는 과다하게 환급한 세액 상당액)에 대통령령으로 정하는 바에 따라 계산한 이자상당액을 더한 금액을 해당 결손금이 발생한 사업연도의 법인세로서 징수한다. 〈개정 2018.12.24.〉 1. 제3항에 따라 법인세를 환급한 후 결손금이 발생한 사업연도에 대한 법인세 과세표준과 세액을 제66조에 따라 경정함으로써 결손금이 감소된 경우 2. 결손금이 발생한 사업연도의 직전 사업연도에 대한 법인세 과세표준과 세액을 제66조에 따라 경정함으로써 환급세액이 감소된 경우 3. 중소기업에 해당하지 아니하는 내국법인이 법인세를 환급받은 경우 ⑥ 납세지 관할 세무서장은 제3항에 따른 환급세액(이하 이 항에서 "당초 환급세액"이라 한다)을 결정한 후 당초 환급세액 계산의 기초가 된 직전 사업연도의 법인세액 또는 과세표준이 달라진 경우에는

소급공제 대상 법인이 아닌 것으로 밝혀진 경우 납세지 관할 세무서장은 그 착오환급한 환급세액을 구 국세기본법 제51조 제7항에 따라 **강제징수**[1279] 할 수 있을 뿐이고, **민사소송의 방법으로 부당이득 반환을 구할 수는 없다**고 보아야 할 것이다.

한편 구 법인세법상 결손금 소급공제는 일정한 중소기업을 대상으로 특별히 조세정책적 목적에서 인정된 제도로서 납세자의 신청에 기하여 관할 세무서장이 이월결손금의 발생 등 그 실체적 요건 및 절차적 요건의 충족 여부를 판단하여 환급세액을 결정함으로써 납세자의 환급청구권이 비로소 확정되므로(대법원 2000. 10. 27. 선고 2000다25590 판결[1280] 참조), **결손금 소급공제 환급결정**은 납세자의 권리·의무에 직접 영향을 미치는 과세관청의 행위로서 **행정처분**에 해당한다고 보아야 한다. 따라서 과세관청은 **결손금 소급공제 환급결정을 직권으로 취소한 이후에야** 비로소 납세자를 상대로 **착오환급 내지 과다환급한 환급세액을 강제징수** 할 수 있다고 할 것이다.[1281]

즉시 당초 환급세액을 경정하여 추가로 환급하거나 과다하게 환급한 세액 상당액을 징수하여야 한다.〈신설 2018.12.24.〉 ⑦ 제1항부터 제6항까지의 규정을 적용할 때 결손금 소급공제에 따른 환급세액의 계산 등에 필요한 사항은 대통령령으로 정한다.〈개정 2018.12.24〉

1279) ◎ **국세환급금의 환수처분에 관한 납세고지서의 기재 방식**
대법원 2014. 1. 16. 선고 2013두17305 판결 ; "국세징수법의 납세고지에 관한 규정은 헌법상 적법절차의 원칙과 행정절차법의 기본 원리를 과세처분의 영역에도 그대로 받아들여, 과세관청으로 하여금 자의를 배제한 신중하고도 합리적인 과세처분을 하게 함으로써 조세행정의 공정을 기함과 아울러 납세의무자에게 과세처분의 내용을 자세히 알려주어 이에 대한 불복 여부의 결정과 불복신청의 편의를 주려는 데 그 근본취지가 있다. 그런데 이미 충당 또는 지급된 금액의 반환을 구하기 위한 **국세환급금의 환수처분**은 국세의 징수에 부수하는 처분으로서 국세의 징수에 관한 규정이 그대로 준용되지만, 그 반환 자체에 대하여는 국세기본법상 국세환급가산금에 관한 규정이 유추적용될 뿐이므로, 납세의무와 세액을 구체적으로 확정하는 부과처분 또는 확정된 세액을 징수하고 그 체납에 대하여 국세징수법상 가산금에 관한 규정이 적용되는 징수처분과는 그 성질이 다르다. 따라서 국세환급금의 환수처분에 관한 납세고지서에는 그것이 국세환급금의 환수처분임을 명시함으로써 납세의무자의 불복 여부의 결정이나 불복신청에 지장을 초래하지 아니하도록 하여야 하고, 그 납세고지서에 이러한 사항이 제대로 기재되지 아니하였다면 특별한 사정이 없는 한 그에 관한 환수처분은 위법하다고 보아야 할 것이다. 그러나 납세고지서에 기재된 문언 내용 등에 비추어 납세의무자가 개별 세법에 근거한 부과처분이나 그 세액의 징수에 관한 징수처분과 구별되는 초과환급금의 환수처분이라는 점과 환수를 요하는 구체적인 사유 등을 알 수 있을 정도라면, 초과환급금의 반환을 구하는 납세고지서에 국세기본법 제51조 제7항과 같은 근거규정을 적시하지 아니하였다거나 초과환급금 액수의 구체적 계산내역을 기재하지 아니하였다는 사정만으로 그에 관한 환수처분을 위법하다고 볼 것은 아니다."

1280) 대법원 2000. 10. 27. 선고 2000다25590 판결[주민세**환급거부처분취소**] ; "구 법인세법(1998. 12. 28. 법률 제5581호로 개정되기 전의 것) 제38조의2의 결손금소급공제는 중소기업을 대상으로 특별히 조세정책적 목적에서 인정된 제도로서 이 경우의 환급청구권은 납세자의 신청에 기하여 관할 세무서장이 이월결손금의 발생 등 그 실체적 요건 및 절차적 요건의 충족 여부를 판단하여 **환급세액을 결정**함으로써 비로소 **확정**되므로 위 환급세액의 성질은 과오납의 성질을 가지는 것이라 볼 수 없으며, 구 지방세법(1998. 12. 31. 법률 제5615호로 개정되기 전의 것) 제178조 제2항에서 법인세의 결정·경정이라 함은 납세의무자가 과세표준신고를 하지 않아 과세관청이 조사하여 결정하거나 과세표준신고는 하였지만 그 신고에 오류·탈루가 있어 이를 시정하여 결정하는 것을 말하므로, 구 법인세법 제38조의2의 결손금소급공제에 의한 환급세액의 결정은 구 지방세법 제178조 제2항의 결정·경정에 해당한다고 볼 수 없고, 구 지방세법 제178조 제2항이 1998. 12. 31. 법률 제5615호로 개정되어 결손금소급공제에 의한 환급으로 인하여 세액이 달라진 경우가 법인세할 주민세의 환부 대상에 추가되었다고 하더라도 개정된 규정은 시행 후(1999. 1. 1.) 최초로 법인세를 환급 받는 분부터 적용하도록 되어 있으므로 이와 달리 볼 것도 아니다. 또한 법인세할 주민세는 비록 법인세액을 그 과세표준으로 하는 것이지만 이는 지방세로서 국세인 법인세와는 그 부과주체, 과세요건, 부과절차 등에 있어서 서로 다른 별개의 조세이므로, 구 법인세법 제38조의2에 의한 환급결정이 있었다 하더라도 그에 따라 법인세할 주민세가 당연히 환부되어야 하는 것은 아니다."

환급가산금

● 대법원 2020. 3. 12. 선고 2018다264161 판결 [부당이득금]

▌환급가산금, 기산일

판시사항

동일한 과세기간 및 세목의 국세에 대하여 당초 신고 또는 부과에 따른 납부 이후에 **증액경정처분** 및 그에 따른 납부가 이루어진 경우 국세환급가산금의 기산일 ; 영 제43조의3 제1항 제1호 **본문**에 따른 '**각각의 납부일**의 **다음날**'(제1호 단서의 '그 국세가 2회 이상 분할납부된 경우'에 해당하지 않는다)

이 유

위와 같은 관련 규정[1282)][1283)]의 내용과 체계 및 **국세환급가산금**은 국세환급금에 대한 법정이자로

1281) **【구체적 사안】**
원심이, 민사소송상 부당이득반환청구의 방법으로 착오환급 내지 과다환급한 환급세액의 반환을 구할 수 있다는 전제 하에 결손금 소급공제 결정은 행정처분이 아니므로 위 결정이 과세관청에 의하여 직권 취소되었는지 여부와 관계없이 납세자는 그 자체로 법률상 원인 없이 이득을 얻고 있는 것이 되고, 따라서 피고는 원고에게 환급세액 상당 금원을 부당이득으로 반환하여야 한다고 판단한 것은 **위법**하다 하여, 원심판결을 파기, 자판하고 소를 각하한 예.

1282) 구 국세기본법(2017. 12. 19. 법률 제15220호로 개정되기 전의 것) 제52조는 '세무서장이 국세환급금을 지급할 때에는 대통령령으로 정하는 국세환급가산금 기산일부터 지급결정을 하는 날까지의 기간과 대통령령으로 정하는 이자율에 따라 계산한 금액(이하 "국세환급가산금"이라 한다)을 국세환급금에 가산하여야 한다.'고 규정하고 있고, 그 위임에 따라 국세기본법 시행령 제43조의3 제1항 제1호 본문은 '착오납부, 이중납부 또는 납부 후 그 납부의 기초가 된 신고 또는 부과를 경정(제5호에 해당하는 경우는 제외한다)하거나 취소함에 따라 발생한 국세환급금'의 경우 '국세 납부일의 다음날'을 원칙적인 기산일로 규정하면서도, 같은 호 단서는 예외적으로 '그 국세가 2회 이상 분할납부된 것인 경우'에는 '그 마지막 납부일의 다음날'부터 국세환급가산금을 기산하되, '국세환급금이 마지막에 납부된 금액을 초과하는 경우'에는 '그 금액이 될 때까지 납부일의 순서로 소급하여 계산한 국세의 각 납부일의 다음날'을 국세환급가산금 기산일로 정하고 있다.

1283) **국세기본법 제52조(국세환급가산금)** ① 세무서장은 국세환급금을 제51조에 따라 충당하거나 지급할 때에는 대통령령으로 정하는 국세환급가산금 기산일부터 충당하는 날 또는 지급결정을 하는 날까지의 기간과 금융회사 등의 예금이자율 등을 고려하여 대통령령으로 정하는 이자율에 따라 계산한 금액(이하 "국세환급가산금"이라 한다)을 국세환급금에 가산하여야 한다. 〈개정 2017.12.19.〉 ② 제51조 제8항에 따라 국세에 충당하는 경우 국세환급가산금은 지급결정을 한 날까지 가산한다. 〈신설 2017.12.19.〉 ③ 제1항 및 제2항에도 불구하고 다음 각 호의 어느 하나에 해당하는 사유 없이 대통령령으로 정하는 고충민원의 처리에 따라 국세환급금을 충당하거나 지급하는 경우에는 국세환급가산금을 가산하지 아니한다. 〈신설 2020.12.22.〉 1. 제45조의2에 따른 경정 등의 청구 2. 제7장에 따른 이의신청, 심사청구, 심판청구, 「감사원법」에 따른 심사청구 또는 「행정소송법」에 따른 소송에 대한 결정이나 판결
⇒ **국세기본법 시행령 제43조의3(국세환급가산금)** ① 법 제52조 제1항에서 "대통령령으로 정하는 국세환급가산금 기산일"이란 다음 각 호의 구분에 따른 날의 다음 날로 한다. 〈개정 2021. 2. 17.〉
1. 착오납부, 이중납부 또는 납부 후 그 납부의 기초가 된 신고 또는 부과를 경정(제5호에 해당하는 경우는 제외한다)하거나 취소함에 따라 발생한 국세환급금: 국세 납부일. 다만, 그 국세가 2회 이상 분할납부된 것인 경우에는 그 마지막 납부일로 하되, 국세환급금이 마지막에 납부된 금액을 초과하는 경우에는 그 금액이 될 때까지 납부일의 순서로 소급하여 계산한 국세의 각 납부일로 하며, 세법에 따른 중간예납액 또는 원천징수에 의한 납부액은 해당 세목의 법정신고기한 만료일에 납부된 것으로 본다.
2. 적법하게 납부된 국세의 감면으로 발생한 국세환급금: 감면 결정일
3. 적법하게 납부된 후 법률이 개정되어 발생한 국세환급금: 개정된 법률의 시행일

서의 성질을 가진 지급금이라는 점 등을 고려하면, 납부 후 그 납부의 기초가 된 신고 또는 부과를 취소함에 따라 발생한 국세환급금의 경우 국세환급가산금의 기산일은 국세기본법 시행령 제43조의3 제1항 제1호[1284] 단서에 따라 '그 국세가 2회 이상 분할납부된 경우' 등이 아닌 이상 같은 호 본문에

---

4. 소득세법·법인세법·부가가치세법·개별소비세법·주세법, 교통·에너지·환경세법 또는 조세특례제한법에 따른 환급세액의 신고, 환급신청, 경정 또는 결정으로 인하여 환급하는 경우: 신고를 한 날(신고한 날이 법정신고기일 전인 경우에는 해당 법정신고기일) 또는 신청을 한 날부터 30일이 지난 날(세법에서 환급기한을 정하고 있는 경우에는 그 환급기한의 다음 날). 다만, 환급세액을 법정신고기한까지 신고하지 않음에 따른 결정으로 인하여 발생한 환급세액을 환급할 때에는 해당 결정일부터 30일이 지난 날로 한다. ☞ [2021. 2. 17. 개정이유] 각 세법에서 환급세액 신고에 따른 환급기한을 별도로 정하고 있는 경우에는 그 환급기한이 지난 날부터 국세환급가산금을 계산하도록 함.

5. 삭제 〈2021. 2. 17.〉 ☞ [2021. 2. 17. 개정이유] 납세자의 권익을 보호하기 위해 납세자가 경정청구하여 환급하는 경우에도 경정청구일이 아닌 국세 납부일부터 기산하여 지급하도록 함. 이는 영 시행(2021. 2. 17.) 전에 경정청구되어 영 시행 이후 그 경정에 따라 산정하는 국세환급가산금에 대해서도 적용한다(부칙 제4조 제1항). ⇔ **종전 규정** ; "법 제45조의2에 따른 경정의 청구에 따라 납부한 세액 또는 환급한 세액을 경정함으로 인하여 환급하는 경우: 경정청구일(경정청구일이 국세 납부일보다 빠른 경우에는 국세 납부일)" [2015. 2. 3. 개정이유] 납세자가 납부할 세액을 과다하게 신고하거나 환급받을 세액을 과소하게 신고하여 경정 청구를 통하여 납세자에게 세액이 환급되는 경우 국세환급금에 대한 이자적 성격의 국세환급가산금 계산의 기산일을 종전에는 청구의 내용에 따라 납부일, 신고를 한 날 또는 원천징수 납부기한부터 30일이 지난 날의 다음 날 등으로 하였으나, 앞으로는 청구의 내용과 관계없이 경정청구일의 다음 날로 일원화 함.

② 법 제52조 제1항에서 "대통령령으로 정하는 이자율"이란 시중은행의 1년 만기 정기예금 평균 수신금리를 고려하여 기획재정부령으로 정하는 이자율(이하 이 항에서 "기본이자율"이라 한다)을 말한다. 다만, 납세자가 법 제7장에 따른 이의신청, 심사청구, 심판청구, 「감사원법」에 따른 심사청구 또는 「행정소송법」에 따른 소송을 제기하여 그 결정 또는 판결에 따라 세무서장이 국세환급금을 지급하는 경우로서 그 결정 또는 판결이 확정된 날부터 40일 이후에 납세자에게 국세환급금을 지급하는 경우에는 기본이자율의 1.5배에 해당하는 이자율을 적용한다. 〈2020. 2. 11. 단서 신설〉 ③ 법 제52조제3항 각 호 외의 부분에서 "대통령령으로 정하는 고충민원"이란 국세와 관련하여 납세자가 법 제52조제3항 각 호의 어느 하나에 해당하는 불복청구 등을 그 기한까지 제기하지 않은 사항에 대해 과세관청에 직권으로 이 법 또는 세법에 따른 처분의 취소, 변경이나 그 밖의 필요한 처분을 해 줄 것을 요청하는 민원을 말한다. 〈신설 2021. 2. 17.〉

1284) ○ 대법원 1991. 7. 23. 선고 91다6689 판결 ; "국세환급사유에 관한 원심의 설시('국세기본법에 규정된 국세환급사유에는, (1) 납부 또는 징수의 기초가 된 신고 또는 부과처분이 존재하지 않거나 당연무효임에도 납부 또는 징수된 오납액, (2) 신고 또는 부과처분이 당연무효는 아니지만 그 후 취소 또는 경정됨으로써 그 전부 또는 일부가 감소된 초과납부액, (3) 적법히 납부 또는 징수되었으나 그 후 국가가 보유할 정당한 이유가 없게 되어 각 개별 세법에서 환부하기로 정한 환급세액이 있는데, 원고가 부가가치세법상 과세대상이 아닌 자가공급거래액을 매출액에 포함시켜 부가가치세를 신고 납부한 것은 위 환급사유 중 초과납부액에 해당한다.'는 부분)는 당원의 견해(1989. 6. 15.선고 88누6436 판결)에 따른 것으로 정당하고, … 부가가치세법상의 환급세액은 납세의무자가 매입상대방과 거래 시 부가가치세액을 징수당하여 상대방이 과세관청에 납부한 세액 중, 후에 같은 과세기간 동안의 매출세액을 정산해 본 결과 초과 징수당한 셈이 된 금액만큼 과세관청이 지급(환급)해 주는 제도라고 할 수 있으므로, 이 사건 … 초과납부액을 부가가치세법의 절차에 따라 환급해 주는 환급세액과 같이 보거나, 이와 같은 경우 국세기본법 제52조 제6호 단서를 유추 적용할 것은 아니다. … 이 사건의 국세환급금은 국세기본법 제52조 제1호 소정의 납부 후 그 부과의 경정결정으로 인한 국세환급금에 해당한다고 보는 것이 옳다."

○ 대법원 2011. 6. 10. 선고 2009두898 판결 ; 구 조세감면규제법 제56조의2 제1항에 의해 처음으로 주식을 상장한 갑 주식회사가 자산재평가에 따른 재평가세를 납부하였으나 상장기한 2003. 12. 31까지 주식 상장을 하지 않았는데, 이에 과세관청이 2004. 1. 27. 재평가세를 환급하면서 그 각 납부일 다음날부터 2004. 1. 27.까지의 환급가산금을 가산하였다가 환급가산금이 착오라는 이유로 전액을 환수처분하였고 2008. 10. 23. 환급가산금의 기산일을 2004. 1. 1.로 보아 환수처분할 환급가산금을 위 각 납부일 다음날부터 2003. 12. 31.까지의 기간에 해당하는 금액을 감액경정한 환수처분을 한 사안에서, 갑 회사에 환급되는 자산재평가세액에 대하여는 구 국세기본법 제52조 제1호를 적용하여 그 납부일 다음날부터 국세환급가산금을 가산하여야 한다고 한 사례.

따라 '**국세 납부일의 다음날**'로 봄이 타당하다.[1285)]

따라서 동일한 과세기간 및 세목의 국세에 대하여 당초 신고 또는 부과에 따른 납부 이후에 **증액경정처분** 및 그에 따른 납부가 이루어진 경우 **국세환급가산금**의 **기산일**은 국세기본법 시행령 제43조의3 제1항 제1호 본문에 따라 **각각의 국세환급금이 발생한 국세 납부일의 다음날**로 보아야 한다. 그 이유는 다음[1286)]과 같다.

1285) **지방세기본법 제62조(지방세환급가산금)** [2016. 12. 27. 전부개정] ① 지방자치단체의 장은 지방세환급금을 제60조에 따라 충당하거나 지급할 때에는 다음 각 호의 구분에 따른 날의 다음 날부터 충당하는 날 또는 지급결정을 하는 날까지의 기간과 금융회사의 예금이자율 등을 고려하여 대통령령으로 정하는 이율에 따라 계산한 금액(이하 "지방세환급가산금"이라 한다)을 지방세환급금에 가산하여야 한다.

1. 착오납부, 이중납부 또는 납부 후 그 납부의 기초가 된 신고 또는 부과를 경정(제6호 및 제7호에 해당하는 경우는 제외한다)하거나 취소함에 따라 발생한 지방세환급금의 경우에는 그 지방세의 납부일. 다만, 그 지방세가 둘 이상의 납기가 있는 경우와 2회 이상 분할납부된 경우에는 그 마지막 납부일로 하되, 지방세환급금이 마지막에 납부된 금액을 초과하는 경우에는 그 금액이 될 때까지 납부일의 순서로 소급하여 계산한 지방세의 각 납부일로 하며, 특별징수에 의한 납부액은 해당 세목의 법정신고기한 만료일에 납부된 것으로 본다.
2. 「지방세법」 제128조제3항에 따라 연세액을 일시납부한 경우로서 같은 법 제130조에 따른 세액의 일할계산으로 인하여 발생한 환급금의 경우에는 소유권이전등록일·양도일 또는 사용을 폐지한 날. 다만, 납부일이 소유권이전등록일·양도일 또는 사용을 폐지한 날 이후일 경우 그 납부일로 한다. 〈2019.12.31. 단서 추가〉
3. 적법하게 납부된 지방세의 감면으로 발생한 지방세환급금의 경우에는 그 결정일
4. 적법하게 납부된 후 법령 또는 조례가 개정되어 발생한 지방세환급금의 경우에는 그 법령 또는 조례의 시행일
5. 이 법 또는 지방세관계법에 따른 환급세액의 신고 또는 잘못된 신고에 따른 경정(제6호에 해당하는 경우는 제외한다)을 원인으로 하여 지방세를 환급하는 경우에는 그 신고를 한 날(법정신고기일 전에 신고한 경우에는 그 법정신고기일)부터 30일이 지난 날. 다만, 환급세액을 신고하지 아니함에 따른 결정으로 발생한 환급세액을 환급하는 경우에는 그 결정일부터 30일이 지난 날로 한다.
6. 제50조에 따른 경정의 청구에 따라 납부한 세액 또는 환급한 세액을 경정함으로 인하여 환급하는 경우에는 그 경정청구일(경정청구일이 지방세 납부일보다 이른 경우에는 지방세 납부일) ☛ 국세의 경우 2021.2.17. 삭제
7. 다음 각 목의 어느 하나에 해당하는 사유로 지방소득세를 환급하는 경우에는 지방자치단체의 장이 지방세환급금으로 결정한 날부터 30일이 지난 날
   가. 제50조에 따른 경정청구 없이 세무서장 또는 지방국세청장이 결정 또는 경정한 자료에 따라 지방소득세를 환급하는 경우
   나. 「지방세법」 제103조의62에 따라 법인지방소득세 특별징수세액을 환급하는 경우
   다. 「지방세법」 제103조의64 제3항 제2호에 따라 지방소득세를 환급하는 경우〈2017.12.26. 추가〉

② 제60조 제6항에 따라 지방세환급금을 지방세에 충당하는 경우 지방세환급가산금은 지급결정을 한 날까지 가산한다.

③ 제1항 및 제2항에서 규정한 사항 외에 지방세환급가산금에 관하여 필요한 사항은 대통령령으로 정한다.

1286) "첫째, 위와 같은 경우 이는 납세자가 당초의 신고 또는 부과나 각 증액경정처분마다 그에 따른 각각의 세액을 별도로 납부한 것일 뿐 국세기본법 시행령 제43조의3 제1항 제1호 단서의 '분할납부'에 해당한다고 보기 어렵다. 둘째, 과세처분이 판결 또는 직권에 의해 취소된 경우에 취소의 효력은 그 취소된 국세 부과처분이 있었을 당시에 소급하여 발생하므로(94다16045, 2012다51097 등 참조), 증액경정처분 이후 전체 세액 중 일부가 경정 또는 취소됨에 따라 발생한 국세환급금의 경우 그 취소사유에 따른 환급세액이 각 신고 또는 부과에 따라 납부한 각각의 세액 중 일부로 특정된다면 그 국세환급금은 각각의 납부일에 소급하여 발생한 것으로 보아야 한다. 셋째, 과세표준과 세액을 증액하는 증액경정처분이 당초 신고나 결정에서의 과세표준과 세액을 그대로 둔 채 탈루된 부분만을 추가로 확정하는 처분이 아니라 이를 포함하여 전체로서 하나의 과세표준과 세액을 다시 결정하는 것이라 하더라도, 이로써 당초 신고나 결정에 따라 이미 이루어진 납부 등에 관한 실체적 법률관계까지 실효된다고 볼 수는 없다." ☞ 국세기본법 시행령상의 '분할납부'라는 용어가 국세기본법에는 존재하지 않고 개별 세법(상속세 및 증여세법 제70조(자진납부) 제2항, 제71조(연부연납) 제2항, 제72조(연부연납 가산금) 및 소득세법 제65조(중간예납) 제2항, 제77조(분할납부), 제112조(양도소득세의 분할납부), 조세특례제한법 제16조의3(벤처기업 주식매수선택권 행사이익 납부특례)

● 대법원 2018. 7. 19. 선고 2017다242409 전원합의체 판결 [부당이득금]

▌환급가산금, 지연손해금, 청구권 경합

판시사항

납세자가 조세환급금에 대하여 이행청구를 한 이후에는 **환급가산금청구권과 지연손해금청구권**이 **경합적**으로 **발생**[1287]하는지 여부(○)

이 유

조세환급금은 조세채무가 처음부터 존재하지 않거나 그 후 소멸하였음에도 불구하고 국가가 법률상 원인 없이 수령하거나 보유하고 있는 부당이득에 해당하고, **환급가산금**은 그 부당이득에 대한 **법정이자**로서의 성질을 가진다.[1288] 부당이득반환의무는 일반적으로 기한의 정함이 없는 채무로서, 수익자는 이행청구를 받은 다음 날부터 이행지체로 인한 지연손해금을 배상할 책임이 있다. 그러므로 납세자가 조세환급금에 대하여 이행청구를 한 이후에는 법정이자의 성질을 가지는 **환급가산금청구권** 및 이행지체로 인한 **지연손해금청구권**이 **경합적으로 발생**하고, 납세자는 자신의 선택에 좇아 그중 하나의 청구권을 행사할 수 있다(대법원 2009. 9. 10. 선고 2009다11808 판결[1289] 참조).[1290]

제1항 제2, 3호 등)에서 쓰이고 있는데, 위 단서 소정의 '분할납부'의 의미는 개별 세법에서의 그 용례와 동일하게 해석되어야 한다는 점에서 위 첫째 논거는 타당하다.

1287) 【comment】 **청구권 경합**의 경우, 두 청구는 소송물을 달리하고, 모두가 동일한 목적을 달성하기 위한 것으로서 어느 하나의 채권이 변제로 소멸한다면 나머지 채권도 그 목적 달성을 이유로 동시에 소멸하는 관계에 있으므로 선택적 병합 관계에 있다(2013다26425).

1288) ○ 대법원 2013. 10. 31. 선고 2012다200769 판결 ; "구 국세기본법은, 세무서장이 충당 또는 지급된 국세환급금에 착오환급 내지 과다환급 등의 이유로 제51조 제7항에 따라 국세환급금을 반환받아 이를 환수하였으나 거기에 다시 과오납부 등의 사정이 있어 그 환수금을 재환급하여야 할 경우에 관하여는 아무런 규정을 두고 있지 않으나, 국세환급금의 환수제도가 국세의 징수에 부수하는 절차로서 국세채권의 만족을 위한 것이며, 국세의 징수에 관한 규정이 그대로 준용되는 이상, 그 환수금을 재환급하는 경우에도 국세환급금에 대한 환급가산금에 관한 규정을 유추적용하여 환급가산금을 가산하는 것이 타당하다. 그리고 이러한 법리는 환급가산금의 환수에 따른 재환급의 경우에도 마찬가지로 적용된다고 할 것이다."

○ 대법원 2008. 1. 10. 선고 2007다79534 판결 ; "배분금의 환급도 국가가 공권력을 가진 우월한 지위에서 획득하였다가 원인 없이 보유하게 된 금전을 반환한다는 점에서 국세환급의 경우와 동일한 점 등에 비추어 보면, 국세징수법 제81조 제5항 소정의 '국세환급금의 환급의 례에 따른다'는 취지는 배분금의 환급에 있어서도 국세환급금의 환급과 마찬가지로 국세기본법 제52조에 의한 가산금을 환급금에 가산하여 지급한다는 취지를 포함하고 있다고 해석함이 상당하다."

○ 물납재산으로 환급하는 경우 국세환급가산금은 지급하지 않는다(국세기본법 제51조의2 ① 후단, 지방세기본법 제61조 ②).

1289) "조세환급금은 조세채무가 처음부터 존재하지 않거나 그 후 소멸하였음에도 불구하고 국가가 법률상 원인 없이 수령하거나 보유하고 있는 부당이득에 해당하고, 환급가산금은 그 부당이득에 대한 법정이자로서의 성질을 가진다. 이 때 환급가산금의 내용에 대한 세법상의 규정은 부당이득의 반환범위에 관한 민법 제748조에 대하여 그 특칙으로서의 성질을 가진다고 할 것이므로, 환급가산금은 수익자인 국가의 선의·악의를 불문하고 그 가산금에 관한 각 규정에서 정한 기산일과 비율에 의하여 확정된다. 한편 부당이득반환의무는 일반적으로 기한의 정함이 없는 채무로서, 수익자는 이행청구를 받은 다음날부터 이행지체로 인한 지연손해금을 배상할 책임이 있다. 그러므로 납세자가 조세환급금에 대하여 이행청구를 한 이후에는 법정이자의 성질을 가지는 환급가산금청구권 및 이행지체로 인한 지연손해금청구

○ 대법원 2018. 6. 28. 선고 2017다238660 판결 [국세환급금 등]

▌환급가산금, 기산일, 경정청구

판시사항

당연 무효 하자에는 해당하지 않는 상속세부과처분에 따라 원고가 납부한 세액을 원고의 후발적 경정청구에 따라 경정함으로 인하여 환급하는 경우,[1291] 국세환급가산금의 기산일은 국세기본법 시행령 제43조의3 제1항 제1호가 아니라 제5호에 따라 경정청구일의 다음 날로 보아야 한다고 한 예.[1292]

권이 경합적으로 발생하고, 납세자는 자신의 선택에 좇아 그 중 하나의 청구권을 행사할 수 있다. … 원고는 법적 성격을 명시하지 아니한 채 이 사건 환급금에 대한 부대청구로 2004. 8. 31.부터 소장부본 송달일까지 연 5%, 그 다음날부터 다 갚는 날까지 연 20%의 비율에 의한 금전의 지급을 구하고 있다. 그런데 이 사건 법정이자 기간에 대하여 구하는 위 5%의 비율은 위에서 인정된 그 기간 동안의 가산금율(1일 0.012% = 연 약 4.38%, 1일 0.01% = 연 약 3.65%)을 초과함이 계산상 명백한바, 그렇다면 원고의 위 부대청구는 이 사건 법정이자 기간에 대하여는 세법상의 환급가산금을 구하는 취지를 포함하고 있다고 할 것이고, 또한 그 다음날부터는 지연손해금을 구하는 취지라고 해석함이 상당하다. … 관세법 제48조가 환급가산금의 대상으로 '가산세'를 명시하고 있음에 반하여, 국세기본법 제52조가 환급가산금의 대상으로 하고 있는 국세기본법 제51조상의 국세환급금에는 '가산세'가 명시되어 있지 아니하다. 그러나 국세기본법 제47조 제2항은 "가산세는 해당 의무가 규정된 세법의 당해 국세의 세목으로 한다"고 규정하고 있으므로, 국세기본법 제51조의 '국세'에는 '가산세'가 당연히 포함되어 있는 것이다." ☞ 이 사건에서 '피고는 원고에게 이 사건 환급금 1,127,574,280원 중 관세환급금 147,781,680원에 대하여는 2004. 9. 2.부터 2005. 10. 27.까지 1일 0.012%의, 국세(주세, 교육세, 부가가치세)환급금 979,792,600원에 대하여는 2004. 9. 2.부터 같은 해 10. 14.까지 1일 0.012%의, 그 다음날부터 2005. 10. 27.까지 1일 0.01%의 각 비율에 의한 가산금을, 위 이 사건 환급금에 대하여 2005. 10. 28.부터 이 사건 소장부본 송달일인 2007. 7. 6.까지는 민법이 정한 연 5%, 그 다음날부터 다 갚는 날까지는 '소송촉진 등에 관한 특례법'이 정한 연 20%의 각 비율에 의한 지연손해금을 지급할 의무가 있다'고 결론을 지었는데, 처분권주의에 따라 원고가 구하는 바에 따른 것이고, 이행청구 시까지의 환급가산금을 원금으로 하는 지연손해금을 청구하는 것은 가능하다.

1290) 【구체적 사안】
원심이, 정당세액을 초과하는 부분에 해당하는 부과처분을 당연무효로 봄에 따라, 피고가 부당이득으로 그 정당세액 초과분 상당액과 환급가산금의 합계액 및 그중 위 정당세액 초과분 상당액에 대하여 소장 송달 다음 날부터 원심판결 선고일까지 민법이 정한 연 5%의, 그 다음 날부터 다 갚는 날까지 소송촉진 등에 관한 특례법이 정한 연 15%의 각 비율로 계산한 지연손해금을 지급할 의무가 있다고 판단한 것은 정당하다고 한 예.

1291) 【구체적 사안】
① 원고의 남편(피상속인)이 2009. 1. 10. 사망할 당시 이 사건 토지에 관하여 피상속인 앞으로 소유권이전등기가 되어 있어서 원고는 2009. 7. 31. 이 사건 토지를 상속재산에 포함하여 상속세를 신고하였는데, 세무서장은 2010년경 상속세 과세표준을 더 높게 산정하여 상속세 부과처분을 하였고, 그 부과처분에 대한 행정소송 끝에 세무서장은 2014. 6. 26. 원고에게 상속세 1,817,758,390원의 부과처분을 하였으며, ② 법원은 2014. 12. 18. 원고에게 이 사건 토지에 관하여 피상속인 앞으로 마쳐진 소유권이전등기와 원고 앞으로 마쳐진 소유권이전등기의 각 말소등기절차의 이행 등을 명하는 판결을 선고하였고, 이는 2015. 1. 15. 확정되었는데. 그 이유는, 이 사건 토지에 관한 피상속인 명의의 소유권이전등기가 3자간 등기명의신탁 약정에 따라 이루어진 것으로서 무효이고, 이에 터 잡아 상속을 원인으로 하여 원고 앞으로 이루어진 소유권이전등기 또한 무효라는 취지였고, ③ 이에 원고가 위 확정판결에 따라 2015. 3. 13. 세무서장에게, '원고가 납부한 상속세액'에서 '이 사건 토지를 상속재산에서 제외하여 계산한 상속세납부세액'을 뺀 나머지를 환급해 달라는 취지의 상속세 경정청구를 한 데 대하여, 세무서장은 2015. 5. 18. 원고의 경정청구를 받아들여 위 차액 상당액에 국세환급가산금을 가산하여 환급하는 결정을 하고 같은 달 19. 원고에게 그 금액을 지급하였는데, 이때 세무서장은 원고의 경정청구일 다음 날인 2015. 3. 14.부터 기산하여 그날부터 위 지급결정일까지의 기간에 따라 국세환급가산금을 계산하여 지급한 사안.

14. 납세자 보호

중복세무조사 금지

● 대법원 2016. 12. 15. 선고 2016두47659 판결 [증여세등부과처분취소]

▌세무조사, 권한남용금지, 구체적 법규성

판시사항

[1] 세무조사의 적법 요건으로 객관적 필요성, 최소성, 권한 남용의 금지 등을 규정한 **국세기본법 제81조의4 제1항**[1293]이, 법치국가원리를 조세절차법의 영역에서도 관철하기 위한 것으로서 그 자체

1292) 【이유】 "이 사건 토지는 상속개시 당시 피상속인 명의로 등기되어 있었기 때문에 이 사건 토지가 상속재산에 포함되는 것으로 오인할 만한 객관적인 사정이 있었고, 피상속인 명의의 소유권이전등기가 3자간 등기명의신탁약정에 따라 이루어진 것이어서 무효인지 여부는 그 사실관계를 정확히 조사하여야만 비로소 밝혀질 수 있었다고 봄이 타당하다. 따라서 세무서장이 이 사건 토지를 상속재산으로 오인한 하자는 외관상 명백하다고 할 수 없어, 상속세 부과처분 중 위 차액 상당액에 해당하는 부분이 당연무효라고 할 수 없으므로, 국세기본법 시행령 제43조의3 제1항 제1호 중 착오납부에 관한 규정이 적용될 수 없다. 또한 세무서장은 이러한 상속세부과처분에 따라 원고가 납부한 세액을 원고의 후발적 경정청구에 따라 경정함으로 인하여 환급하였으므로, 이 경우 그 국세환급가산금의 기산일은 국세기본법 시행령 제43조의3 제1항 제5호에 따라 경정청구일의 다음 날로 보아야 한다. 원고의 상고이유는, 원심이 국세기본법 시행령 제43조의3 제1항 제1호를 적용하였어야 함에도 같은 항 제5호를 적용한 잘못이 있다는 취지이다. 이러한 상고이유 주장은 상고심에 이르러 비로소 내세우는 새로운 주장이므로, 적법한 상고이유가 되지 못한다. 나아가 상고이유 주장을 살펴보더라도, … 국세기본법 시행령 제43조의3 제1항 제1호가 아니라 같은 항 제5호를 적용하여 원고의 경정청구일 다음날부터 기산한 기간에 따라 국세환급가산금을 계산한 원심의 판단은 정당하고"
cf. 이른바 중간생략등기형 명의신탁 또는 3자간 등기명의신탁은, 신탁자가 수탁자와 명의신탁 약정을 맺고 신탁자가 매매계약의 당사자가 되어 매도인과 매매계약을 체결하되 다만 등기를 매도인으로부터 수탁자 앞으로 직접 이전하는 명의신탁 관계를 말한다(2001도6209). 명의신탁약정 및 그에 따른 등기로 이루어진 부동산에 관한 물권변동은 무효이다(부동산실명법 제4조).
【comment】 위 판시는, 당연 무효의 부과처분이어서 '착오납부'에 해당하는 경우에는 납세자의 경정청구에 따른 경정의 형식을 취했다 하더라도 시행령 제43조의3 제1항 중 제5호가 아니라 제1호가 적용될 수 있다는 취지를 담고 있다. 즉, 제1호의 괄호 부분('제5호에 해당하는 경우는 제외한다')은 그 바로 앞의 '경정'만을 제한하는 것이지, 그 앞의 '착오납부, 이중납부'까지 제한하는 문구는 아니다('착오납부'와 '이중납부' 문구는 '납부 후 그 납부의 기초가 된 신고 또는 부과를 경정하거나 취소'의 문구와 함께 각각 그 다음의 '~함에 따라'에 연결된다). 사실상 강제나 유도에 의한 신고납부가 적지 않은 납세현실에 비추어, 시행령 규정만으로 '납부 후 그 납부의 기초가 된 신고 또는 부과'를 '경정청구에 따라 경정'하는 경우에는 언제나 과세관청을 선의의 수익자로 취급하여 경정청구 전의 법정이자를 면해 주는 것이 타당한지는 일부 의문이 있다. 국세의 경우 2021.2.17. 시행령 개정 시 위 제5호가 삭제되었으나, 지방세의 경우 동일 내용의 법 규정이 존치하고 있다.

1293) **국세기본법 제81조의4(세무조사권 남용 금지)** [전문개정 2010.1.1.] ① 세무공무원은 적정하고 공평한 과세를 실현하기 위하여 필요한 최소한의 범위에서 세무조사(「조세범 처벌절차법」에 따른 조세범칙조사를 포함한다. 이하 이 조에서 같다)를 하여야 하며, 다른 목적 등을 위하여 조사권을 남용해서는 아니 된다. 〈개정 2018.12.31.〉
② 세무공무원은 다음 각 호의 어느 하나에 해당하는 경우가 아니면 같은 세목 및 같은 과세기간에 대하여 재조사를 할 수 없다. 〈개정 2018.12.31〉
1. 조세탈루의 혐의를 인정할 만한 명백한 자료가 있는 경우
2. 거래상대방에 대한 조사가 필요한 경우
3. 2개 이상의 과세기간과 관련하여 잘못이 있는 경우
4. 제65조 제1항 제3호 단서(제66조제6항과 제81조에서 준용하는 경우를 포함한다) 또는 제81조의15 제5항 제2호

로 구체적인 법규적 효력을 가지는지 여부(○)[1294]

[2] 세무조사가 과세자료의 수집 또는 신고내용의 정확성 검증이라는 본연의 목적이 아니라 부정한 목적을 위하여 행하여진 경우, 세무조사에 의하여 수집된 과세자료를 기초로 한 과세처분이 위법한지 여부(○)[1295]

단서에 따른 재조사 결정에 따라 조사를 하는 경우(결정서 주문에 기재된 범위의 조사에 한정한다)

5. 납세자가 세무공무원에게 직무와 관련하여 금품을 제공하거나 금품제공을 알선한 경우 〈신설 2015.12.15〉

6. 제81조의11 제3항에 따른 부분조사를 실시한 후 해당 조사에 포함되지 아니한 부분에 대하여 조사하는 경우 〈신설 2017.12.19〉

7. 그 밖에 제1호부터 제6호까지와 유사한 경우로서 대통령령으로 정하는 경우

③ 세무공무원은 세무조사를 하기 위하여 필요한 최소한의 범위에서 장부등의 제출을 요구하여야 하며, 조사대상 세목 및 과세기간의 과세표준과 세액의 계산과 관련 없는 장부등의 제출을 요구해서는 아니 된다. 〈신설 2017.12.19〉

④ 누구든지 세무공무원으로 하여금 법령을 위반하게 하거나 지위 또는 권한을 남용하게 하는 등 공정한 세무조사를 저해하는 행위를 하여서는 아니 된다. 〈신설 2014.1.1, 2017.12.19.〉

☛ **지방세기본법 제80조(조사권의 남용 금지)**도 동일하다(제2항 제5호는 2018.12.24. 개정 시, 제2항 제6호와 제3항은 2019.12.31. 개정 시 각 추가되었다).

1294) **【이유】** "법치국가원리는 국가권력의 행사가 법의 지배 원칙에 따라 법적으로 구속을 받는 것을 뜻한다. 법치주의는 원래 국가권력의 자의적 행사를 막기 위한 데서 출발한 것이다. 국가권력의 행사가 공동선의 실현을 위하여서가 아니라 특정 개인이나 집단의 이익 또는 정파적 이해관계에 의하여 좌우된다면 권력의 남용과 오용이 발생하고 국민의 자유와 권리는 쉽사리 침해되어 힘에 의한 지배가 되고 만다. 법치주의는 국가권력의 중립성과 공공성 및 윤리성을 확보하기 위한 것이므로, 모든 국가기관과 공무원은 헌법과 법률에 위배되는 행위를 하여서는 아니 됨은 물론 헌법과 법률에 의하여 부여된 권한을 행사할 때에도 그 권한을 남용하여서는 아니 된다. 조세법의 영역에서 법치국가원리는 조세법률주의로 나타난다(헌법 제59조). 조세법률주의는 조세의 종목과 세율 그 밖의 과세요건과 조세의 부과·징수절차를 법률로 정하여야 한다는 것을 그 기본내용으로 한다. 조세채무는 법률이 정하는 과세요건이 충족되는 때에는 당연히 자동적으로 성립한다(대법원 1985. 1. 22. 선고 83누279 판결 참조). 그러나 법률의 규정에 의하여 조세채무가 성립한다고 하더라도 그 내용을 적법하게 확정하여 납부 및 징수 등의 후속절차가 이루어지도록 하려면 과세관청이 과세요건이 되는 사실관계를 정확하게 파악할 수 있어야 한다. 이러한 취지에서 세법은 세무공무원에게 납세의무자 또는 관계인에게 필요에 따라 질문을 하고, 관계서류, 장부 그 밖의 물건을 검사할 수 있는 권한을 부여하고 있다(소득세법 제170조, 법인세법 제122조, 부가가치세법 제74조 등). 질문검사권의 행사를 통해 과세요건사실을 조사·확인하고 과세에 필요한 직접·간접의 자료를 수집하는 일련의 행위가 세무조사이다(국세기본법 제81조의2 제2항 제1호).

국세기본법은 제81조의4 제1항에서 "세무공무원은 적정하고 공평한 과세를 실현하기 위하여 필요한 최소한의 범위에서 세무조사를 하여야 하며, 다른 목적 등을 위하여 조사권을 남용해서는 아니 된다."고 규정하고 있다(이하 '이 사건 조항'이라고 한다). 이 사건 조항은 세무조사의 적법 요건으로 객관적 필요성, 최소성, 권한 남용의 금지 등을 규정하고 있는데, 이는 법치국가원리를 조세절차법의 영역에서도 관철하기 위한 것으로서 그 자체로서 구체적인 법규적 효력을 가진다.

따라서 세무조사가 과세자료의 수집 또는 신고내용의 정확성 검증이라는 그 본연의 목적이 아니라 **부정한 목적을 위하여 행**하여진 것이라면 이는 **세무조사에 중대한 위법사유**가 있는 경우에 해당하고 **이러한 세무조사에 의하여 수집된 과세자료를 기초로 한 과세처분 역시 위법**하다고 보아야 한다. 세무조사가 국가의 과세권을 실현하기 위한 행정조사의 일종으로서 과세자료의 수집 또는 신고내용의 정확성 검증 등을 위하여 필요불가결하며, 종국적으로는 조세의 탈루를 막고 납세자의 성실한 신고를 담보하는 중요한 기능을 수행한다 하더라도 만약 그 남용이나 오용을 막지 못한다면 납세자의 영업활동 및 사생활의 평온이나 재산권을 침해하고 나아가 과세권의 중립성과 공공성 및 윤리성을 의심받는 결과가 발생할 것이기 때문이다."

1295) **【구체적 사안】**

이 사건 세무조사는 세무공무원인 이○○가 김○○과 토지 관련 분쟁관계에 있던 김□□의 부탁을 받고 세무조사라는 이름으로 김○○을 압박하여 분쟁 토지의 소유권을 반환하게 하기 위한 방편으로 행하여진 것으로서 세무조사의 객관적 필요성이 결여된 것이고, 이 사건 세무조사를 담당한 지방국세청 조사국 조사관리과로서는 조사 개시 직후

● 대법원 2015. 2. 26. 선고 2014두12062 판결 [세무조사결정행정처분취소]

▌세무조사, 처분성, 동일 세목·과세기간 재조사 금지

판시사항

[1] '세무조사결정'의 행정처분성이 인정됨[1296)][1297)]을 전제로 그 위법 여부를 본안 판단한 사례.

[2] 세무조사의 단위를 구분하는 원칙적인 기준 = 과세기간과 세목/ 어느 세목의 특정 과세기간의 특정 항목에 대하여 세무조사를 한 경우, 다시 그 세목의 같은 과세기간에 대하여 세무조사를 하는

김○○에게 부동산 저가 양수로 인한 증여세 포탈 혐의를 인정할 수 없다는 결론을 내렸음에도 불구하고 합리적인 이유 없이 이 사건 회사에 대한 포괄적인 법인세 통합조사로 조사의 범위를 확대하였는데 이는 최소성의 원칙에도 위반된 것이며, 이 사건 세무조사는 외관상으로는 세무조사의 형식을 취하고 있으나 그 실질은 세무공무원이 개인적 이익을 위하여 그 권한을 남용한 전형적 사례에 해당하고 그 위법의 정도가 매우 중대하고, 결국 이 사건 세무조사는 위법하므로 그에 근거하여 수집된 과세자료를 기초로 이루어진 이 사건 처분 역시 위법하다고 판단한 사례.

1296) 대법원 2011. 3. 10. 선고 2009두23617,23624 판결 ; "부과처분을 위한 과세관청의 질문조사권이 행해지는 세무조사결정이 있는 경우 납세의무자는 세무공무원의 과세자료 수집을 위한 질문에 대답하고 검사를 수인하여야 할 법적 의무를 부담하게 되는 점, 세무조사는 기본적으로 적정하고 공평한 과세의 실현을 위하여 필요한 최소한의 범위 안에서 행하여져야 하고, 더욱이 동일한 세목 및 과세기간에 대한 재조사는 납세자의 영업의 자유 등 권익을 심각하게 침해할 뿐만 아니라 과세관청에 의한 자의적인 세무조사의 위험마저 있으므로 조세공평의 원칙에 현저히 반하는 예외적인 경우를 제외하고는 금지될 필요가 있는 점, 납세의무자로 하여금 개개의 과태료 처분에 대하여 불복하거나 조사 종료 후의 과세처분에 대하여만 다툴 수 있도록 하는 것보다는 그에 앞서 세무조사결정에 대하여 다툼으로써 분쟁을 조기에 근본적으로 해결할 수 있는 점 등을 종합하면, 세무조사결정은 납세의무자의 권리·의무에 직접 영향을 미치는 공권력의 행사에 따른 행정작용으로서 항고소송의 대상이 된다고 할 것이다."

1297) **【comment】 세무조사결정의 행정처분성을 인정한다면,** 선행처분인 '세무조사결정'에 불복기간 도과로 불가쟁력이 생겨 그 효력을 다툴 수 없게 된 경우, 선행처분인 '세무조사결정'의 하자를 이유로 후행처분인 과세처분의 효력을 다툴 수 있는지가 문제될 수 있다. 대법원 1994. 1. 25. 선고 93누8542 판결은 '하자 승계에 관한 일반론'으로서 "두개 이상의 행정처분이 연속적으로 행하여지는 경우 ① 선행처분과 후행처분이 서로 결합하여 1개의 법률효과를 완성하는 때에는 선행처분에 하자가 있으면 그 하자는 후행처분에 승계되는 것이므로 선행처분에 불가쟁력이 생겨 그 효력을 다툴 수 없게 된 경우에도 선행처분의 하자를 이유로 후행처분의 효력을 다툴 수 있는 것이며, 반면 ② 선행처분과 후행처분이 서로 독립하여 별개의 법률효과를 목적으로 하는 때에는 선행처분에 불가쟁력이 생겨 그 효력을 다툴 수 없게 된 경우에는 선행처분의 하자가 중대하고 명백하여 당연 무효인 경우를 제외하고는 선행처분의 하자를 이유로 후행처분의 효력을 다툴 수 없는 것이 원칙이다. 그러나 ③ 선행처분과 후행처분이 서로 독립하여 별개의 효과를 목적으로 하는 경우에도 선행처분의 불가쟁력이나 구속력이 그로 인하여 불이익을 입게 되는 자에게 수인한도를 넘는 가혹함을 가져오며, 그 결과가 당사자에게 예측가능한 것이 아닌 경우에는 국민의 재판받을 권리를 보장하고 있는 헌법의 이념에 비추어 선행처분의 후행처분에 대한 구속력은 인정될 수 없다고 봄이 타당할 것이다."라고 하였다. 위 ②의 예로서 선행처분인 소득금액변동통지와 후행처분인 징수처분'과의 관계에 관하여, 대법원 2012. 1. 26. 선고 2009두14439 판결은 "선행처분인 소득금액변동통지에 하자가 존재하더라도 그 하자가 당연무효 사유에 해당하지 않는 한 후행처분인 징수처분에 그대로 승계되지 아니한다. 따라서 과세관청의 소득처분과 그에 따른 소득금액변동통지가 있는 경우 원천징수하는 소득세의 납세의무에 관하여는 이를 확정하는 소득금액변동통지에 대한 항고소송에서 다투어야 하고 그 소득금액변동통지가 당연무효가 아닌 한 징수처분에 대한 항고소송에서 이를 다툴 수는 없다고 해야 할 것이다."라고 하였다. 위 ③의 예로서, 대법원 1994. 1. 25. 선고 93누8542 판결은 개별공시지가결정과 양도소득세부과처분과의 관계에 관하여 "과세처분 등 행정처분의 취소를 구하는 행정소송에서도 선행처분인 개별공시지가결정의 위법을 독립된 위법사유로 주장할 수 있다."고 하였다. 세무조사결정과 그 후행처분인 과세처분의 관계는 위 ①과 ② 중에는 ②의 경우에 해당하는 것으로 볼 수 있는데, 후행처분인 과세처분에 대한 취소소송에서 선행처분인 세무조사결정에 불복기간 도과로 불가쟁력이 생겼는지 여부를 가리지 않고 중복세무조사를 위법사유로 인정하고 있는 현재의 재판실무례에 부합하기 위해서는 위 ②의 경우에서 나아가 위 ③의 경우에 해당해야 하지만, 과연 그러한지는 의문이 있을 수 있다.

것이 구 국세기본법 제81조의4 제2항에서 금지하는 **재조사**에 해당하는지 여부(○) 및 당초 세무조사를 한 특정 항목을 제외한 다른 **항목**에 대하여만 다시 세무조사를 함으로써 세무조사의 내용이 중첩되지 아니한 경우에도 마찬가지인지 여부(○) / 당초 세무조사를 한 항목을 제외한 **나머지 항목**에 대하여 다시 세무조사를 하는 것이 재조사에 해당하지 아니하는 경우(= 당초 세무조사 당시 **모든 항목에 걸쳐 세무조사를 하는 것이 무리**였다는 등의 **특별한 사정**이 있는 경우)

이 유

구 국세기본법(2013. 1. 1. 법률 제11604호로 개정되기 전의 것, 이하 같다) 제81조의4 제2항은 "세무공무원은 다음 각 호의 어느 하나에 해당하는 경우가 아니면 같은 세목 및 같은 과세기간에 대하여 재조사를 할 수 없다."고 규정하여 **세목과 과세기간**을 기준으로 재조사에 해당하는지를 판단하도록 하고 있다. 또한 구 국세기본법 제81조의7 제1항은 세무조사를 시작하기 전에 **통지**하여야 할 사항의 하나로 '조사대상 세목'을 들고 있으며,[1298] 제81조의9 제1항은 "세무공무원은 구체적인 세금탈루 혐의가 여러 과세기간 또는 다른 세목까지 관련되는 것으로 확인되는 경우 등 대통령령이 정하는 경우를 제외하고는 조사진행 중에 세무조사의 범위를 확대할 수 없다."고 규정하여[1299] **세무조사의 단위를 구분**하는 **원칙적인 기준이 과세기간**과 **세목**임을 밝히고 있다. 나아가 구 국세기본법 제81조의11은 "세무조사는 특정한 세목만을 조사할 필요가 있는 등 대통령령으로 정하는 경우를 제외하고는 납세자의 사업과 관련하여 세법에 따라 신고·납부의무가 있는 세목을 통합하여 실시하는 것을 원칙으로 한다."고 규정하고 있다.[1300][1301]

1298) **국세기본법 제81조의7(세무조사의 통지와 연기신청)** ① 세무공무원은 세무조사를 하는 경우에는 조사를 받을 납세자(납세자가 제82조에 따라 납세관리인을 정하여 관할 세무서장에게 신고한 경우에는 납세관리인을 말한다. 이하 이 조에서 같다)에게 조사를 시작하기 15일 전에 조사대상 세목, 조사기간 및 조사 사유, 그 밖에 대통령령으로 정하는 사항을 통지(이하 이 조에서 "사전통지"라 한다)하여야 한다. 다만, 사전통지를 하면 증거인멸 등으로 조사목적을 달성할 수 없다고 인정되는 경우에는 그러하지 아니하다. 〈개정 2018.12.31.〉 ☛ **지방세기본법 제83조**(세무조사의 사전통지와 연기신청)

1299) **국세기본법 제81조의9(세무조사 범위 확대의 제한)** ① 세무공무원은 구체적인 세금탈루 혐의가 여러 과세기간 또는 다른 세목까지 관련되는 것으로 확인되는 경우 등 대통령령으로 정하는 경우를 제외하고는 조사진행 중 세무조사의 범위를 확대할 수 없다. ② 세무공무원은 제1항에 따라 세무조사의 범위를 확대하는 경우에는 그 사유와 범위를 납세자에게 문서로 통지하여야 한다. [본조신설 2010.1.1.]

⇒ **영 제63조의10(세무조사 범위의 확대)** [전문개정 2019. 2. 12.] 법 제81조의9 제1항에서 "구체적인 세금탈루 혐의가 여러 과세기간 또는 다른 세목까지 관련되는 것으로 확인되는 경우 등 대통령령으로 정하는 경우"란 다음 각 호의 어느 하나에 해당하는 경우를 말한다.

1. 다른 과세기간·세목 또는 항목에 대한 구체적인 세금탈루 증거자료가 확인되어 다른 과세기간·세목 또는 항목에 대한 조사가 필요한 경우
2. 명백한 세금탈루 혐의 또는 세법 적용의 착오 등이 있는 조사대상 과세기간의 특정 항목이 다른 과세기간에도 있어 동일하거나 유사한 세금탈루 혐의 또는 세법 적용 착오 등이 있을 것으로 의심되어 다른 과세기간의 그 항목에 대한 조사가 필요한 경우

1300) **국세기본법 제81조의11(통합조사의 원칙)** ① 세무조사는 납세자의 사업과 관련하여 세법에 따라 신고·납부의무가 있는 세목을 통합하여 실시하는 것을 원칙으로 한다. 〈개정 2017.12.19.〉
② 제1항에도 불구하고 다음 각 호의 어느 하나에 해당하는 경우에는 특정한 세목만을 조사할 수 있다. 〈신설 2017.12.19〉

1. 세목의 특성, 납세자의 신고유형, 사업규모 또는 세금탈루 혐의 등을 고려하여 특정 세목만을 조사할 필요가

이러한 관련 규정의 문언과 체계, 같은 세목 및 과세기간에 대한 거듭된 세무조사는 납세자의 영업의 자유나 법적 안정성 등을 심각하게 침해할 뿐만 아니라 세무조사권의 남용으로 이어질 우려가 있으므로 조세공평의 원칙에 현저히 반하는 예외적인 경우를 제외하고는 금지될 필요가 있는 점, 재조사를 금지하는 입법 취지에는 세무조사기술의 선진화도 포함되어 있는 점 등을 종합하여 보면, 세무공무원이 어느 세목의 특정 과세기간에 대하여 모든 항목에 걸쳐 세무조사를 한 경우는 물론 그 과세기간의 특정 항목에 대하여만 세무조사를 한 경우에도 다시 그 **세목의 같은 과세기간에 대하여 세무조사**를 하는 것은 구 국세기본법 제81조의4 제2항에서 금지하는 **재조사**에 해당하고, 세무공무원이 당초 세무조사를 한 특정 항목을 제외한 다른 항목에 대하여만 다시 세무조사를 함으로써 **세무조사의 내용이 중첩되지 아니**하였다고 하여 달리 볼 것은 아니다.

다만 당초의 세무조사가 다른 세목이나 다른 과세기간에 대한 세무조사 도중에 해당 세목이나 과세

있는 경우

2. 조세채권의 확보 등을 위하여 특정 세목만을 긴급히 조사할 필요가 있는 경우
3. 그 밖에 세무조사의 효율성 및 납세자의 편의 등을 고려하여 특정 세목만을 조사할 필요가 있는 경우로서 대통령령으로 정하는 경우

③ 제1항 및 제2항에도 불구하고 다음 각 호의 어느 하나에 해당하는 경우에는 해당 호의 사항에 대한 확인을 위하여 필요한 부분에 한정한 조사(이하 "부분조사"라 한다)를 실시할 수 있다. 〈신설 2017.12.19, 2018.12.31〉

1. 제45조의2제3항, 「소득세법」 제156조의2제5항 및 제156조의6제5항, 「법인세법」 제98조의4제5항 및 제98조의6제5항에 따른 경정 등의 청구에 대한 처리 또는 제51조제1항에 따른 국세환급금의 결정을 위하여 확인이 필요한 경우
2. 제65조제1항제3호 단서(제66조제6항 및 제81조에서 준용하는 경우를 포함한다) 또는 제81조의15제5항제2호 단서에 따른 재조사 결정에 따라 사실관계의 확인 등이 필요한 경우
3. 거래상대방에 대한 세무조사 중에 거래 일부의 확인이 필요한 경우
4. 납세자에 대한 구체적인 탈세 제보가 있는 경우로서 해당 탈세 혐의에 대한 확인이 필요한 경우
5. 명의위장, 차명계좌의 이용을 통하여 세금을 탈루한 혐의에 대한 확인이 필요한 경우
6. 그 밖에 세무조사의 효율성 및 납세자의 편의 등을 고려하여 특정 사업장, 특정 항목 또는 특정 거래에 대한 확인이 필요한 경우로서 대통령령으로 정하는 경우

④ 제3항 제3호부터 제6호까지에 해당하는 사유로 인한 부분조사는 같은 세목 및 같은 과세기간에 대하여 2회를 초과하여 실시할 수 없다. 〈신설 2017.12.19.〉

⇒ 영 제63조의12(부분조사 사유) ① 법 제81조의11 제3항 제6호에서 "대통령령으로 정하는 경우"란 다음 각 호의 어느 하나에 해당하는 경우를 말한다. 〈개정 2021. 2. 17.〉

1. 법인이 주식 또는 출자지분을 시가보다 높거나 낮은 가액으로 거래하거나 「법인세법 시행령」 제88조제1항제8호 각 목 및 같은 항 제8호의2의 자본거래로 인하여 해당 법인의 특수관계인인 다른 주주 등에게 이익을 분여(分與)하거나 분여받은 구체적인 혐의가 있는 경우로서 해당 혐의에 대한 확인이 필요한 경우
2. 무자료거래, 위장·가공 거래 등 특정 거래 내용이 사실과 다른 구체적인 혐의가 있는 경우로서 조세채권의 확보 등을 위하여 긴급한 조사가 필요한 경우
3. 과세관청 외의 기관이 직무상 목적을 위해 작성하거나 취득하여 과세관청에 제공한 자료의 처리를 위해 조사하는 경우

1301) **지방세기본법 제84조의3(통합조사의 원칙)**은 국세기본법 제81조의11 ①, ②, ③과 같다.

⇒ 영 제55조의3(특정 세목에 대한 세무조사 사유) ① 법 제84조의3 제2항 제3호에서 "대통령령으로 정하는 경우"란 법 제82조 제2항 제4호에 따라 납세자가 특정 세목에 대하여 세무조사를 신청한 경우를 말한다. ② 법 제84조의3 제3항 제6호에서 "대통령령으로 정하는 경우"란 무자료거래, 위장·가공 거래 등 특정 거래 내용이 사실과 다른 구체적인 혐의가 있는 경우로서 조세채권의 확보 등을 위하여 긴급한 조사가 필요한 경우를 말한다.[본조신설 2019.12.31]

기간에도 동일한 잘못이나 세금탈루 혐의가 있다고 인정되어 **관련 항목**에 대하여 **세무조사 범위가** **확대**됨에 따라 **부분적으로만 이루어진 경우**와 같이 **당초 세무조사 당시 모든 항목에 걸쳐 세무조사를 하는 것이 무리**였다는 등의 **특별한 사정**이 있는 경우에는 당초 세무조사를 한 항목을 제외한 **나머지 항목에 대하여 향후 다시 세무조사**를 하는 것은 구 국세기본법 제81조의4 제2항에서 금지하는 **재조사에 해당하지 아니**한다고 볼 것이다.[1302)]

○ 대법원 2015. 3. 26. 선고 2012두14224 판결 [법인세부과처분취소]

▌세무조사, 재조사 금지 예외

판시사항

제1차 세무조사 당시 원고의 해외 자회사들에 대한 구상금채권 등의 회수 지연이 업무무관 가지급금에 해당한다고 보아 그에 국한하여 조사를 하였다가 제1차 세무조사 당시 조사한 항목을 제외한 나머지 항목에 대하여 제2차 세무조사를 하는 것은, 당초 세무조사 당시 다른 과세기간의 모든 항목에 걸쳐 세무조사를 하는 것이 무리였다는 등의 **특별한 사정이 있는 경우에 해당**하여, **금지하는 재조사에 해당하지 아니한다**고 한 사례.[1303)]

1302) **【구체적 사안】**
○ **사실관계** ; ① 피고가 2011. 7. 6. 원고에게 조사대상 세목을 '법인세 부분조사'로, 조사대상기간을 '2006. 1. 1.부터 2010. 12. 31.까지'로, 조사범위를 '본사 지방이전에 따른 임시특별세액 감면과 관련된 사항'으로 한 세무조사 결정처분을 하고, 이에 따라 세무조사를 실시한 사실, ② 피고는 2012. 3. 21. 다시 원고에게 조사대상 세목을 '법인제세 통합조사'로, 조사대상기간을 '2009. 1. 1.부터 2010. 12. 31.까지'로 하는 이 사건 세무조사결정처분을 한 사실.
○ **원심** ; 같은 세목 및 과세기간에 대하여 다시 세무조사를 하더라도 그 조사내용이 실질적으로 다른 경우에는 금지하는 재조사에 해당하지 아니한다는 이유로, 이 사건 세무조사결정처분 중 2010 사업연도 법인세 부분이 위법한 재조사에 해당한다는 원고의 주장을 배척.
○ **대법원** ; 2010 사업연도 법인세 부분은 특별한 사정이 없는 한 구 국세기본법 제81조의4 제2항에서 금지하는 재조사에 해당하고, 그에 앞서 이루어진 세무조사의 대상이 본사 지방이전에 따른 임시특별세액 감면과 관련한 부분에 한정되었고 이 사건 세무조사결정처분의 조사대상에서는 그 부분이 제외되었다고 하여 달리 볼 수는 없다. 원심이 들고 있는 대법원 2005. 1. 14. 선고 2004두10470 판결 등은 사안이 달라 이 사건에 원용하기에 적절하지 않다.

1303) **【구체적 사안】**
○ **사실관계** ; ① 지방국세청장은 2003. 10. 21.부터 2003. 12. 15.까지 원고의 **2000 및 2001** 각 사업연도에 대한 **정기 법인제세** 일반 세무조사(**'제1차** 세무조사')를 실시하여, 원고가 해외 현지 자회사(소외 회사들)에 대한 대여금채권, 보증채무 변제로 인한 구상금채권 및 관계회사에 대한 공사미수금채권의 **회수를 지연**하였음을 발견한 사실, ② 이에 지방국세청장은 소외 회사들에 대한 구상금채권 등의 회수지연이 이와 연접한 사업연도에도 계속되었는지와 그 폐업·청산시기를 확인할 필요가 있다고 보고 원고로부터 소외 회사들의 폐업·청산에 관한 자료 등을 제출받아 구상금채권 등의 회수지연이 계속되었는지와 관련된 내용을 위주로 조사한 다음, **1998 내지 2002** 각 사업연도 인정이자를 익금산입하고 **1998 내지 2000,** 2002 각 사업연도 차입금 지급이자를 손금불산입하는 내용의 세무조사결과를 피고에게 통보한 사실, ③ 한편 지방국세청장은 2006. 11. 15.부터 2007. 4. 23.까지 원고의 **2002 내지 2005** 사업연도에 대한 **법인제세 통합조사('제2차** 세무조사')를 실시하여, 원고가 **2002** 사업연도에 손금산입한 이 사건 **대손금을 손금불산**입하고 이를 업무무관 가지급금으로 보아 **2003 내지 2005** 사업연도 인정이자를 익금산입하는 내용의 세무조사결과를 피고에게 통보하였고, 피고는 2008. 1. 1. 원고에게 이 사건 대손금을 손금불산입하여 2002 사업연도 법인세를 부과하는 처분을 한 사실.

● 대법원 2017. 3. 16. 선고 2014두8360 판결 [부가가치세 및 종합소득세부과처분취소]

▌세무조사의 정의, 재조사금지 세무조사의 판단기준, 현지확인

판시사항

[1] 세무공무원의 **조사행위**가 실질적으로 납세자 등으로 하여금 **질문에 대답하고 검사를 수인**하도록 함으로써 납세자의 **영업의 자유 등에 영향**을 미치는 경우, **'현지확인'의 절차**에 따른 것이더라도, **재조사가 금지되는 '세무조사'에 해당**하는지 여부(○) / 납세자 등이 대답하거나 수인할 의무가 없고 납세자의 영업의 자유 등을 침해하거나 세무조사권이 남용될 염려가 없는 조사행위까지 재조사가 금지되는 '세무조사'에 해당하는지 여부(×)

[2] 재조사가 금지되는 '세무조사'에 해당하는지를 판단하는 기준 / 조사행위가 실질적으로 **과세표준과 세액을 결정 또는 경정하기 위**한 것으로서 **납세자 등의 사무실 등에서 납세자 등을 직접 접촉**하여 **상당한 시일에 걸쳐 질문하거나 일정한 기간 동안의 장부 등을 검사·조사**하는 경우, **재조사가 금지되는 '세무조사'**로 보는지 여부(원칙적 ○)

이 유

세무조사는 국가의 과세권을 실현하기 위한 **행정조사**의 일종으로서 국세의 과세표준과 세액을 결정 또는 경정하기 위하여 **질문**을 하고 장부·서류 그 밖의 물건을 **검사·조사**하거나 그 **제출을 명**하는 일체의 행위를 말하며, 부과처분을 위한 과세관청의 **질문조사권이 행**하여지는 세무조사의 경우 납세자 또는 그 납세자와 거래가 있다고 인정되는 자 등(이하 '납세자 등'이라 한다)은 세무공무원의 과세자료 수집을 위한 **질문에 대답**하고 **검사를 수인**하여야 할 **법적 의무**를 부담한다.

한편 같은 세목 및 과세기간에 대한 거듭된 세무조사는 납세자의 영업의 자유나 법적 안정성 등을 심각하게 침해할 뿐만 아니라 세무조사권의 남용으로 이어질 우려가 있으므로 **조세공평의 원칙에 현저히 반**하는 **예외적인 경우**를 **제외**하고는 **금지**될 필요가 있다.

이러한 세무조사의 성질과 효과, 중복세무조사를 금지하는 취지 등에 비추어 볼 때, 세무공무원의 조사행위가 실질적으로 납세자 등으로 하여금 **질문에 대답하고 검사를 수인하도록** 함으로써 납세자의 **영업의 자유 등에 영향**을 미치는 경우에는 국세청 훈령인 구 조사사무처리규정에서 정한 **'현지확인'**의 절차에 따른 것이라고 하더라도 그것은 재조사가 금지되는 **'세무조사'에 해당**한다고 보아야

○ **판단** ; **업무무관 가지급금 등 채권의 회수지연**이 있을 경우 그것은 해당 사업연도 인정이자 익금산입 대상 및 차입금 지급이자 손금불산입 대상이 되고 그러한 잘못은 **채권의 회수지연이 계속되는 한 다른 사업연도에도 영향**을 미치므로 이를 시정하는 기회에 **다른 사업연도의 잘못도 함께 시정할 필요**가 있는 점, 각 **사업연도마다 같은 종류의 잘못이 반복**되는 경우에는 그 조사대상이 한정될 뿐만 아니라 조사내용도 단순명료한 경우가 대부분이어서 조사에 따른 납세자의 부담은 크지 아니한 반면 이러한 사유가 있다고 하여 과세관청에 대하여 다른 사업연도 전반에 관한 조사로 확대하기를 기대하기는 어려운 점 등에 비추어 보면, 지방국세청장이 제1차 세무조사 당시 원고의 소외 회사들에 대한 구상금채권 등의 회수지연이 업무무관 가지급금에 해당한다고 보아 그에 국한하여 2002 사업연도에 관한 조사를 하였다가 제1차 세무조사 당시 조사한 항목을 제외한 나머지 항목에 대하여 제2차 세무조사를 하는 것은, **당초 세무조사 당시 다른 과세기간의 모든 항목에 걸쳐 세무조사를 하는 것이 무리였다는 등의 특별한 사정이 있는 경우에 해당**하여 구 국세기본법 제81조의4 제2항에서 **금지하는 재조사에 해당하지 아니**한다.

한다.

그러나 과세자료의 수집 또는 신고내용의 정확성 검증 등을 위한 과세관청의 모든 조사행위가 재조사가 금지되는 세무조사에 해당한다고 볼 경우에는 과세관청으로서는 단순한 사실관계의 확인만으로 충분한 사안에서 언제나 정식의 세무조사에 착수할 수밖에 없고 납세자 등으로서도 불필요하게 정식의 세무조사에 응하여야 하므로, 납세자 등이 **대답하거나 수인할 의무가 없**고 납세자의 **영업의 자유 등을 침해**하거나 **세무조사권이 남용될 염려가 없**는 조사행위까지 재조사가 금지되는 '세무조사'에 해당한다고 볼 것은 아니다.

그리고 세무공무원의 조사행위가 재조사가 금지되는 **'세무조사'**에 **해당**하는지 **여부**는 ① 조사의 목적과 ② 실시경위, ③ 질문조사의 대상과 방법 및 내용, ④ 조사를 통하여 획득한 자료, ⑤ 조사행위의 규모와 기간 등을 종합적으로 고려하여 구체적 사안에서 개별적으로 판단할 수밖에 없을 것인데, 세무공무원의 조사행위가 ① **사업장의 현황 확인**, ② **기장 여부의 단순 확인**, ③ **특정한 매출사실의 확인**, ④ **행정민원서류의 발급을 통한 확인**, ⑤ **납세자 등이 자발적으로 제출한 자료의 수령** 등과 같이 **단순한 사실관계의 확인**이나 **통상적**으로 이에 **수반**되는 **간단한 질문조사**에 그치는 것이어서 납세자 등으로서도 **손쉽게 응답할** 수 있을 것으로 기대되거나 납세자의 **영업의 자유 등에도 큰 영향이 없**는 경우에는 원칙적으로 재조사가 금지되는 **'세무조사'로 보기 어렵**지만, 그 조사행위가 ① **실질적으로** 과세표준과 세액을 **결정 또는 경정하기 위**한 것으로서 ② 납세자 등의 **사무실·사업장·공장 또는 주소지 등**에서 납세자 등을 **직접 접촉**하여 ⓐ **상당한 시일에 걸쳐 질문**하거나 ⓑ **일정한 기간** 동안의 **장부·서류·물건** 등을 **검사·조사**하는 경우에는 특별한 사정이 없는 한 재조사가 금지되는 **'세무조사'**로 보아야 할 것이다.[1304)]

1304) **【구체적 사안】**

○ **사실관계** ; ① 원고가 2005. 4. 16.부터 옥제품 도매업체를 운영하면서 고객들에게 옥제품을 판매한 사실, ② 피고 소속 세무공무원은 원고가 현금매출을 누락하는 등의 수법으로 세금을 탈루한다는 제보를 받고는 '2008. 12. 18.부터 2008. 12. 26.까지 탈세제보에 관한 **현지확인**을 하되 그 결과 탈세사실이 확인되면 그 즉시 세무조사로 전환하기로 한다'는 내용의 현지확인 계획을 세워 피고로부터 결재를 받은 사실, ③ 이에 피고 소속 세무공무원 5명은 2008. 12. 18. '총 매출금액 누락 여부 확인'이라는 확인 목적이 기재된 **'현지확인출장증'**을 소지하고 원고의 사업장을 방문하여 원고의 직원들로부터 컴퓨터 하드디스크를 임의로 제출받고 노트와 메모를 점검하여 차명계좌로 의심되는 계좌에 관한 정보 등을 얻거나 2008. 12. 26. 원고로부터 일별판매전표 및 지로판매에 의한 2005년 제1기부터 2008년 제1기까지의 매출금액에 관한 확인서를 작성 받는 등의 현장조사**(1차 조사)**를 한 사실, ④ 그 결과 피고는 원고가 타인 명의의 계좌로 옥제품 판매대금을 송금받는 방법으로 부가가치세에 관한 매출을 누락하였다고 보아, '조세대상세목 : 부가가치세, 조사대상기간: 2005. 4. 16. ~ 2008. 6. 30., 조사기간: 2009. 2. 2. ~ 2009. 2. 13.'로 한 세무조사**(2차 조사)**에 착수하였다가 금융거래확인을 위하여 조사기간을 연장하고 조사유형을 조세범칙조사로 전환한 후, 2009. 6. 1. 원고에게 2005년 제1기부터 2008년 제1기까지의 부가가치세를 부과하는 이 사건 처분을 한 사실 등.

○ **원심** ; 국세청 훈령인 구 **조사사무처리규정**(2010. 3. 30. 국세청 훈령 제1838호로 개정되기 전의 것) 제2조가 **'현지확인'**을 '자료상혐의자료, 위장가공자료, 범칙조사 파생자료 중 세무조사에 의하지 아니하고 단순사실 확인만으로 처리할 수 있는 업무, 민원처리 등을 위한 현장출장·확인이나 탈세제보자료, 과세자료 등의 처리를 위한 일회성 확인업무, 사업자에 대한 사업장현황 확인이나 기장확인 업무 등을 처리하기 위하여 납세자 등을 상대로 현장확인 계획에 따라 현장출장하여 사실관계를 확인하는 행위'로 정하고, **'세무조사'**를 '각 세법에 규정하는 질문조사권 또는 질문검사권 및 조세범처벌법, 조세범처벌절차법에 의하여 조사공무원이 납세자 또는 그 납세자와 거래가 있다고 인정되는 자 등을 상대로 질문하고 장부·서류·물건 등을 검사·조사하는 행위로서 조사계획에 의하여 실시하는

⇒ **관세법상 금지되는 재조사**에 관한 **동일 취지**의 판례 ; **대법원** 2020. 2. 13. 선고 2015두745 **판결**1305)

● 대법원 2017. 12. 13. 선고 2015두3805 판결 [증여세부과처분취소]

▌세무조사, 중복세무조사 긍정례

판시사항

회사의 **주식변동조사** 과정에서 **명의상 주주**를 상대로 주식의 양수·인수 경위에 관하여 질문조사를 실시하고 그 밖의 자료를 수집함으로써 과세요건이 되는 **명의신탁**에 관하여 **조사·확인**하고 과세에 필요한 직접·간접의 자료를 수집한 행위 = 명의신탁증여의제 **증여세**에 대한 세무조사1306)

일반세무조사와 조세범칙조사'로 정하고 있는데, 1차 조사의 경위나 내용 및 범위 등에 비추어 볼 때 1차 조사는 과세자료 등의 처리를 위한 일회성 확인업무 또는 사업자에 대한 사업장현황 확인업무 등을 처리하기 위하여 납세자를 상대로 현장확인 계획에 따라 현장출장하여 사실관계를 확인하는 행위인 **'현지확인'에 해당**할 뿐이고, 2차 조사는 이러한 현지확인 결과를 토대로 한 최초의 세무조사로 보아야 한다는 이유로, 1차 조사가 '세무조사'에 해당하여 2차 조사를 금지되는 재조사에 해당하는 것으로 보아야 한다는 원고의 주장을 배척하였다.

○ **대법원** ; 피고 소속 세무공무원이 국세청 훈령인 구 조사사무처리규정에서 정한 '현지확인'의 절차에 따라 1차 조사를 하였다고 하더라도, 그것은 실질적으로 원고의 총 매출누락 금액을 확인하기 위하여 원고의 사업장에서 원고나 그 직원들을 **직접 접촉**하여 **9일간**에 걸쳐 2005년 제1기부터 2008년 제1기까지의 매출사실에 대하여 **포괄적으로 질문조사권을 행사**하고 **과세자료를 획득**하는 것이어서, 재조사가 금지되는 '세무조사'로 보아야 한다. 따라서 2차 조사는 금지되는 재조사에 해당하므로 그에 기초하여 이루어진 이 사건 처분은 위법하다.

1305) "구 관세법(2011. 12. 31. 법률 제11121호로 개정되기 전의 것, 이하 같다) 제111조에 의하면, 세관공무원은 예외적인 경우를 제외하고는 해당 사안에 대하여 이미 조사를 받은 자에 대하여 재조사를 할 수 없다. 나아가 금지되는 재조사에 기하여 과세처분을 하는 것은 단순히 당초 과세처분의 오류를 경정하는 경우에 불과하다는 등의 특별한 사정이 없는 한 그 자체로 위법하고, 이는 과세관청이 그러한 재조사로 얻은 과세자료를 과세처분의 근거로 삼지 않았다거나 이를 배제하고서도 동일한 과세처분이 가능한 경우라고 하여 달리 볼 것은 아니다. 이때 세관공무원의 조사행위가 구 관세법 제111조가 적용되는 '조사'에 해당하는지 여부는 조사의 목적과 실시경위, 질문조사의 대상과 방법 및 내용, 조사를 통하여 획득한 자료, 조사행위의 규모와 기간 등을 종합적으로 고려하여 구체적 사안에서 개별적으로 판단하며, 납세자 등을 접촉하여 상당한 시일에 걸쳐 질문검사권을 행사하여 과세요건사실을 조사·확인하고 일정한 기간 과세에 필요한 직접·간접의 자료를 검사·조사하고 수집하는 일련의 행위를 한 경우에는 특별한 사정이 없는 한 재조사가 금지되는 '조사'로 보아야 한다. 한편 세관공무원이 어느 수입물품의 과세가격에 대하여 조사한 경우에 다시 동일한 수입물품의 과세가격에 대하여 조사를 하는 것은 특별한 사정이 없는 한 구 관세법 제111조에서 금지하는 재조사에 해당하고, 세관공무원이 동일한 사안에 대하여 당초 조사한 과세가격 결정방법이 아닌 다른 과세가격 결정방법을 조사하였다고 하여 달리 볼 것은 아니다."

1306) **【구체적 사안】**

○ **사실관계** ; ① 소외 회사 1의 대표이사인 김○○이 1998. 1. 12. 임○○ 등 3명으로부터 소외 회사 2 발행주식 160,000주를 취득하여 원고에게 90,000주를 명의신탁하였고, 1998. 1. 21. 소외 회사 2의 유상증자로 취득한 주식 800,000주 중 360,000주를 원고에게 명의신탁하였으며(이 사건 주식 명의신탁), 이후 원고가 1999. 7. 15. 김○○으로부터 명의신탁받은 이 사건 주식을 김○○의 동생 김□□ 등 9명에게 이전하였다. ② 지방국세청장은 2001. 7. 18.부터 2001. 9. 18.까지 소외 회사 2의 주식변동에 대한 세무조사(이 사건 주식변동조사)를 하여, 원고에 대한 이 사건 명의신탁 사실을 확인하였다. ③ 이후 피고는 2010. 10. 14.부터 2010. 11. 2.까지 이 사건 주식변동조사의 보고서 등을 근거로 원고에 대하여 증여세 조사를 실시하고(이 사건 증여세 조사), 2011. 2. 1. 이 사건 명의신탁에 대하여 원고에게 증여세를 부과하는 이 사건 처분을 하였다. ④ 지방국세청 소속 세무공무원들은 이 사건 주식변동조사를 하면서, 1998. 1. 12.자 주식매매 및 1998. 1. 21.자 유상증자의 거래당사자인 원고 등과 1999. 7. 15.자로

○ 대법원 2017. 10. 26. 선고 2017두42255 판결 [양도소득세부과처분취소]

▌세무조사, 중복세무조사 부정례

판시사항

금융실명법 제4조 제1항 제2호에 따라 소관 관서의 장이 하는 **금융거래정보 제공요구**가 국세기본법 등에 의한 **세무조사**에 해당하는지 여부(×)

이 유

금융실명거래 및 비밀보장에 관한 법률(이하 '금융실명법'이라 한다) 제4조[1307] 제1항 제2호는 소관

원고로부터 이 사건 주식 중 일부를 이전받은 김ㅁㅁ 등을 상대로 거래의 목적과 경위 등에 관한 문답서를 작성하거나, 주식 매매계약서, 주식거래대금의 출처 등에 관한 자료를 수집하였다. ⑤ 이후 위 세무공무원들은 2001. 9.경 이 사건 주식변동조사를 마무리하면서 대금지급 관련 자료와 원고 등에 대한 문답서를 토대로 '이 사건 주식을 양수하거나 인수한 명의상 주주는 원고이나, 실제로 주식을 취득한 자는 김○○이다'라는 취지로 조사종결보고서를 작성하였다. 다만 1999. 7. 15.자로 이 사건 주식을 이전받은 김ㅁㅁ 등에 대해서만 증여 또는 명의신탁에 따른 증여세가 과세되었고, 당시 원고에게는 과세처분이 이루어지지 아니하였다.

○ **원심** ; 이 사건 주식변동조사는 조사대상이 소외 회사 2로서 법인의 주식이동 전반에 관한 조사이지만, 이 사건 증여세 조사는 조사대상이 원고 개인이고 김○○과 원고 사이의 주식 명의신탁에 따른 증여추정에 관한 조사로서, 그 **조사대상이 서로 다르다.** 이 사건 증여세 조사가 이 사건 주식변동조사의 결과에 따라 파생된 조사라는 등의 사정만으로 금지되는 **재조사에 해당한다고 볼 수 없다.**

○ **대법원** ; 지방국세청 소속 세무공무원들은 이 사건 **주식변동조사 과정**에서 소외 회사 2의 명의상 주주인 **원고**를 상대로 이 사건 주식의 양수 및 인수 경위에 관하여 **질문조사**를 실시하고 그 밖의 자료를 수집함으로써 **과세요건**이 되는 이 사건 **명의신탁**에 관하여 **조사·확인**하고 과세에 필요한 직접·간접의 자료를 수집하는 일련의 행위를 하였음을 알 수 있다. 비록 원고에게는 과세처분이 이루어지지 아니하였지만, 1998. 1. 12.자 주식매매 및 1998. 1. 21.자 유상증자의 자금출처 등에 관한 조사가 이루어졌고, 나아가 원고로부터 이 사건 주식을 이전받은 김ㅁㅁ 등에 대하여 증여 또는 명의신탁에 따른 증여세가 과세된 사실을 보더라도, 이 사건 주식변동조사가 **법인인 소외 회사 2의 주식이동에 관한 조사에 그친 것으로 보기 어렵**고, **주식 이전에 관한 증여세 조사의 일환으로 주주인 원고의 증여세 탈루 여부를 확인하는 조사로 나아간 것**으로 판단된다. 따라서 이 사건 주식변동조사 과정에서 이 사건 명의신탁 사실 및 이에 따른 원고의 증여세에 대하여 세무조사가 이루어졌다고 볼 수 있고, 그로부터 9년이 지나 이 사건 명의신탁에 대하여 이루어진 이 사건 증여세 조사도 위와 같은 세무조사에 해당한다면 이는 금지하는 재조사로서 위법하다.

1307) **금융실명법 제4조(금융거래의 비밀보장)** [전문개정 2011.7.14.] ① 금융회사등에 종사하는 자는 명의인(신탁의 경우에는 위탁자 또는 수익자를 말한다)의 서면상의 요구나 동의를 받지 아니하고는 그 금융거래의 내용에 대한 정보 또는 자료(이하 "거래정보등"이라 한다)를 타인에게 제공하거나 누설하여서는 아니 되며, 누구든지 금융회사등에 종사하는 자에게 거래정보등의 제공을 요구하여서는 아니 된다. 다만, 다음 각 호의 어느 하나에 해당하는 경우로서 그 사용 목적에 필요한 최소한의 범위에서 거래정보등을 제공하거나 그 제공을 요구하는 경우에는 그러하지 아니하다. … 2. 조세에 관한 법률에 따라 제출의무가 있는 과세자료 등의 제공과 **소관 관서의 장**이 상속·증여 재산의 확인, 조세탈루의 혐의를 인정할 만한 명백한 자료의 확인, 체납자(**체납액 5천만원 이상인 체납자**의 경우에는 체납자의 재산을 은닉한 혐의가 있다고 인정되는 다음 각 목에 해당하는 사람을 포함한다)의 재산조회, 「국세징수법」 제14조 제1항 각 호의 어느 하나에 해당하는 사유로 조세에 관한 법률에 따른 **질문·조사를 위하여 필요**로 하는 거래정보등의 제공 가. 체납자의 배우자(사실상 혼인관계에 있는 사람을 포함한다) 나. 체납자의 6촌 이내 혈족 다. 체납자의 4촌 이내 인척 〈괄호 및 각 목 부분 2019. 11. 26. 개정 시 추가〉 ☞ [2019. 11. 26. **개정이유**] 체납액이 5천만원 이상인 체납자의 경우에는 체납자의 재산을 은닉한 혐의가 있다고 인정되는 체납자의 배우자, 6촌 이내의 혈족, 4촌 이내의 인척에 대해서도 명의인의 동의를 받지 않고 금융거래 정보 등을 제공받아 재산을 조회할 수 있도록 하려는 것임.

관서의 장이 금융회사 등에 조세탈루의 혐의를 인정할 만한 명백한 자료의 확인 등의 사유로 조세에 관한 법률에 따른 질문·조사를 위하여[1308] 필요로 하는 거래정보 등의 제공을 요구할 수 있도록 규정하고 있다. … 국세기본법 등에 의한 '세무조사'는 질문·조사권의 행사로서 상대방이 '납세의무자나 관계인'인 반면, 금융실명법에 따른 '**금융거래정보 제공요구**'는 그 **상대방**이 납세의무자나 관계인이 아니라 '**금융회사 등**'이다. 금융회사 등에 대한 금융거래정보 제공요구는 납세의무자나 그 관계인에게 질문을 하거나 그 보유 장부 등을 검사·조사 또는 그 제출을 명하는 것에 해당하지 아니하고, 납세의무자에게 수인의무를 부과하거나 납세의무자의 영업의 자유 등을 침해하는 것도 아니어서, 그 실질을 납세의무자 등에 대한 자료 제출 요구와 동일하게 볼 수 없다. 이러한 사정 등에 의하면, 금융실명법 제4조 제1항 제2호에 따라 소관 관서의 장이 하는 **금융거래정보 제공요구**가 국세기본법 등에 의한 **세무조사에 해당한다고 할 수 없다**. … 위와 같은 원심의 판단은 앞에서 본 규정과 법리에 기초한 것으로 보이고, 거기에 … 위법이 없다. …

금융실명법 제4조 제2항은 제1항 제2호 등에 따라 거래정보 등의 제공을 요구하는 자는 명의인의 인적 사항(제1호), 요구 대상 거래기간(제2호), 요구의 법적 근거(제3조), 사용 목적(제4호), 요구하는 거래정보 등의 내용(제5호) 등이 포함된 금융위원회가 정하는 표준양식에 의하여 금융회사 등의 '특정 점포'에 요구하는 것을 원칙으로 하고 있다.[1309] 한편 구 **상속세 및 증여세법**(2015. 12. 15. 법률 제13557호로

---

② 제1항 제1호부터 제4호까지 또는 제6호부터 제8호까지의 규정에 따라 거래정보등의 제공을 요구하는 자는 다음 각 호의 사항이 포함된 금융위원회가 정하는 표준양식에 의하여 금융회사등의 **특정 점포**에 이를 요구하여야 한다. 다만, 제1항 제1호에 따라 거래정보등의 제공을 요구하거나 같은 항 **제2호**에 따라 거래정보등의 제공을 요구하는 경우로서 부동산(부동산에 관한 권리를 포함한다. 이하 이 항에서 같다)의 보유기간, 보유 수, 거래 규모 및 거래 방법 등 명백한 자료에 의하여 대통령령으로 정하는 부동산거래와 관련한 소득세 또는 법인세의 탈루혐의가 인정되어 그 탈루사실의 확인이 필요한 자(해당 부동산 거래를 알선·중개한 자를 포함한다)에 대한 거래정보등의 제공을 요구하는 경우 또는 체납액 1천만원 이상인 체납자의 재산조회를 위하여 필요한 거래정보등의 제공을 대통령령으로 정하는 바에 따라 요구하는 경우에는 거래정보등을 **보관** 또는 **관리**하는 **부서**에 이를 요구할 수 있다. 1. 명의인의 인적사항 2. 요구 대상 거래기간 3. 요구의 법적 근거 4. 사용 목적 5. 요구하는 거래정보등의 내용 6. 요구하는 기관의 담당자 및 책임자의 성명과 직책 등 인적사항

③ 금융회사등에 종사하는 자는 제1항 또는 제2항을 위반하여 거래정보등의 제공을 요구받은 경우에는 그 요구를 거부하여야 한다. ⑥ 다음 각 호의 법률의 규정에 따라 거래정보등의 제공을 요구하는 경우에는 해당 법률의 규정에도 불구하고 제2항에 따른 금융위원회가 정한 표준양식으로 하여야 한다. … 5. 「상속세 및 증여세법」 제83조 제1항 6. 「특정 금융거래정보의 보고 및 이용 등에 관한 법률」 제10조 제3항 7. 「과세자료의 제출 및 관리에 관한 법률」 제6조 제1항

1308) **【comment】** 이 문언에 의하면, '금융거래정보 제공 요구'가 질문·조사권 행사 자체는 아니고, 세무조사를 위한 준비행위에 해당함을 알 수 있다.

1309) **과세자료의 제출 및 관리에 관한 법률 제6조(금융거래에 관한 과세자료의 제출)** ① 국세청장(지방국세청장을 포함한다. 이하 이 조에서 같다)은 **명백한 조세탈루 혐의**를 **확인**하기 위하여 필요한 경우로서 금융거래 관련 정보나 자료(이하 "금융거래정보"라 한다)에 의하지 아니하고는 조세탈루 사실을 확인할 수 없다고 인정되면 다른 법률의 규정에도 불구하고 「금융실명거래 및 비밀보장에 관한법률」 제2조 제1호에 따른 금융회사등(이하 이 조에서 "금융회사등"이라 한다)의 **장**에게 조세탈루의 혐의가 있다고 인정되는 자(법인을 포함한다)의 금융거래정보의 제출을 요구할 수 있다. 이 경우 그 목적에 필요한 최소한의 범위에서 금융거래정보의 제출을 요구하여야 한다. 〈개정 2011.7.14.〉 ② 제1항에 따라 금융거래정보의 제출을 요구받은 금융회사등의 장은 지체 없이 그 요구받은 자료를 국세청장에게 제출하여야 한다. 〈개정 2011.7.14.〉 ③ 국세청장이 제1항에 따라 금융거래정보의 제출을 요구할 때에는 다음 각 호의 사항을 적은 문서에 의하여야 한다. 1. 거래자의 인적사항 2. 사용목적 3. 요구하는 금융거래정보의 내용

개정되기 전의 것, 이하 같다) 제83조[1310] 제1항은 '국세청장(지방국세청장을 포함)은 금융회사 등의 장에게 금융실명법 제4조에도 불구하고 상속세나 증여세의 탈루 혐의가 있다고 인정되는 자(제1호) 등의 금융재산에 관한 과세자료를 일괄하여 조회할 수 있다'고 규정하고 있어, 위와 같은 금융실명법에 의한 거래정보 등의 제공 요구와 구별된다.[1311]

⇒ **영 제4조(금융거래에 관한 과세자료의 제출)** ① 국세청장 또는 지방국세청장은 법 제6조 제1항에 따라 금융실명거래 및 비밀보장에 관한법률 제2조 제1호에 따른 금융회사등(이하 "금융회사등"이라 한다)의 장에게 조세탈루 혐의가 있다고 인정되는 자(법인을 포함한다)의 금융거래정보를 요구할 때에는 조세탈루 혐의를 확인할 필요가 있는 금융거래 기간을 분명하게 적어야 한다.

1310) **상속세 및 증여세법 제83조(금융재산 일괄 조회)** ① 국세청장(지방국세청장을 포함한다. 이하 이 조에서 같다)은 세무서장등이 제76조에 따른 상속세 또는 증여세를 결정하거나 경정하기 위하여 조사하는 경우에는 금융회사등의 장에게 「금융실명거래 및 비밀보장에 관한 법률」 제4조에도 불구하고 다음 각 호의 어느 하나에 해당하는 자의 금융재산에 관한 과세자료를 일괄하여 조회할 수 있다. 〈개정2015.12.15.〉 1. 직업, 연령, 재산 상태, 소득신고 상황 등으로 볼 때 상속세나 증여세의 탈루 혐의가 있다고 인정되는 자 2. 제85조 제1항을 적용받는 상속인·피상속인 또는 증여자·수증자(이하 이 조에서 "피상속인등"이라 한다)

cf. **제85조(납세자별 재산 과세자료의 수집·관리)** ② 제1항에 따라 금융재산에 대한 조회를 요구받은 금융회사등의 장은 그 요구받은 과세자료를 지체 없이 국세청장에게 제출하여야 한다. 〈개정 2011.7.14.〉 ③ 국세청장은 제1항에 따라 금융회사등의 장에게 과세자료를 조회할 때에는 다음 각 호의 사항을 적은 문서로 요구하여야 한다. 〈개정 2011.7.14.〉 1. 피상속인등의 인적사항 2. 사용 목적 3. 요구하는 자료 등의 내용

1311) **【구체적 사안】**

○ **사실관계** ; (1) 원고는 2013. 9. 27. 이 사건 부동산을 양도한 다음, 2013. 11. 20. 이 사건 부동산이 주택임을 전제로 1세대 1주택에 따른 비과세 및 장기보유특별공제율을 적용하여 산출한 양도소득세를 신고·납부하였다. (2) 피고는 2014. 9. 25. 원고에게 위 부동산의 양도와 관련한 세무조사를 실시하겠다고 사전통지를 하는 한편, 2014. 9. 30.부터 2014. 10. 15.까지 3회에 걸쳐 국민은행을 비롯한 은행들의 개별 지점 등을 각 수신처로 하여 금융거래정보 제공요구(이하 '이 사건 금융거래정보 제공요구')를 하였는데, 각 금융거래정보 제공요구서에 요구의 법적 근거로 '금융실명법 제4조 제1항 제2호' 등을, 사용목적으로 '상속세 조사'를 기재하였다. 그에 따라 피고는 위 은행 등으로부터 개별 지점의 금융계좌와 관련된 원고의 거래내역 등 금융정보를 제공받았다. (3) 피고는 2014. 10. 10.부터 원고의 양도소득세에 관한 세무조사를 개시하였고, 원고의 요청에 따라 중지 기간을 거쳐 2014. 12. 15. 세무조사를 완료하였다. (4) 피고는 2015. 1. 2. 이 사건 부동산이 **주택이 아니라 상가**에 해당한다는 이유로, 이 사건 부동산의 양도가액 중 9억 원 부분에 대한 양도차익을 과세표준에 포함시키고 장기보유특별공제율을 달리 적용하여 2013년 귀속 양도소득세(**부당과소신고가산세** 포함)를 부과하는 이 사건 처분을 하였다.

○ **원심** ; (1) 금융실명법 제4조 제1항 제2호에 따라 소관 관서의 장이 하는 **금융거래정보 제공요구**가 국세기본법 등에 의한 **세무조사에 해당한다고 할 수 없다**. 결국 피고의 이 사건 금융거래정보 제공요구가 국세기본법 제81조의7 제1항(세무조사의 사전통지), 제81조의8(세무조사 기간), 제81조의9(세무조사 범위 확대의 제한)의 각 규정이 적용되는 세무조사에 해당한다는 취지의 원고 주장은 이유 없다. (2) ① 이 사건 금융거래정보 제공요구는 금융실명법 제4조 제2항에서 정한 금융위원회가 정하는 표준양식에 의하여 이루어졌고, 그 제공요구의 법적 근거로 '금융실명법 제4조 제1항 제2호'를 기재하고 금융회사 등의 특정 점포를 수신처로 하여 요구하는 거래정보의 내용도 특정하고 있으므로, **금융실명법 제4조에 따른 금융거래정보 제공요구**에 해당하고, 구 상속세 및 증여세법 제83조의 규정에 따른 **금융재산 일괄조회로 볼 수는 없다**. ② 이 사건 금융거래정보 제공요구 중 일부는 금융회사의 **본점 전산실(업무지원센터)**로 송부되었으나, 위 금융회사는 각 점포별 금융거래정보 제공업무를 원활하게 수행하기 위하여 본점 산하에 업무지원센터를 별도로 설치하고 그곳에서 각 점포별 금융거래정보 조회업무를 담당하도록 하고 있고, 실제로 제공된 금융거래정보도 조회서에 기재된 바에 따라 특정 점포의 거래정보에 한하여 회신이 이루어졌다. ③ 비록 피고가 위 각 금융거래정보 제공요구서의 **사용 목적**을 **'상속세 조사'**라고 기재한 것은 **잘못**이지만, 위와 같은 사정들에 비추어 보면 그 **절차적 하자가 중대하다고 보기 어렵다**. ④ 그리고 원고가 세무조사 과정에서 이 사건 부동산에 계속 거주하면서 이를 주택으로 사용해왔다는 취지로 주장함에 따라, 피고로서는 그 진위를 확인하기 위하여 **전세금, 공과금의 지출** 등에 관한 원고의 **수년간의 금융거래내역**을 **조사할 필요**가 있었으므로, 피고가 제공요구한 금융거래정보가 그 **사용 목적에 필요한 최소한의 범위**를 벗어났다고 보이지 아니한다. ⑤ 따라서 이 사건 금융거래정보

※ 재조사가 금지되는 '세무조사'에 해당하지 않는다고 한 사례

○ **대법원 2015. 10. 29. 선고 2015두41135 판결** ; 원고가 감사원의 질문조사권 행사에 따라 자료를 제출하였다고 인정할 증거가 없고, 오히려 **감사원**이 2012. 1. 26.부터 2012. 2. 22.까지 실시한 감사는 서울지방국세청에 대하여 실시한 **기관운영감사**로서 세무공무원이 납세의무자 또는 관계인에 대하여 행하는 질문조사권 등의 행사인 **세무조사와는 구별**되므로, 원고에 대한 **중복세무조사**에 해당한다고 볼 수 없다고 판단한 사례.

○ **대법원 2017. 4. 13. 선고 2016두64043 판결** ; 원고 회계팀장과 세무자문 회계사가 피고의 법인세 신고 담당 공무원의 요청으로 지방국세청의 감사 담당 공무원에게 당초 법인세 신고 당시에 원고가 제출한 자료를 중심으로 약 30분 내지 1시간 동안 그 계산근거 등에 대하여 설명을 한 것은 **재조사가 금지되는 세무조사**에 **해당하지 않는다**고 한 사례.[1312)]

○ **대법원 2019. 7. 11. 선고 2016두46380 판결** ; 원심[1313)]이, 피고에 대한 정기감사 과정에서 원고의 주식양도에 대한 양도소득세 세무조사 시에 **이미 제출되었던 서류를 검토**하여 그 주식이 원고에게 명의신탁된 것으로 **판단**하고, 원고에 대한 1차 증여세 부과처분 후 주식변동조사 과정에서 **1차 부과처분 관련 자료를 토대**로 **주식의 가치 평가만을 달리**하였을 뿐, 원고 등에 대하여 별도의 질의를 하거나 자료 제출 요구를 한 것으로 보이지는 않으며, 원고에게 주식 명의신탁에 관한 세무조사 사전통지 및 과세예고 통지를 한 사실은 인정되나 그 밖에 질문검사권 내지 질문조사권을 행사하여 질문을 하거나 장부·서류 또는 그 밖의 물건을 검사·조사하거나 그 제출을 명하는 방법으로 **실질적인 세무조사를 실시**하였음을 **인정할 자료가 없**는 점 등을 종합하면, 주식변동조사가 위법한 재조사에 해당한다고 볼 수 없다고 판단한 것은 정당하다고 한 예.

제공요구 절차는 **금융실명법 제4조**에 따른 **특정 점포에 대한 금융거래정보 제공요구**에 해당하고, 그로 인하여 이 사건 처분이 위법하다고 할 수 없다.

○ **대법원** ; 원심의 판단에 상고이유 주장과 같이 국세기본법 제81조의7 등이 적용되는 세무조사의 범위 및 그 해당 여부의 판단, 금융실명법 제4조에서 정한 요건 및 그 해석, 금융실명법에 의한 거래정보 제공요구의 허용 범위 및 제한, 과세처분의 절차적 요건 및 금융실명법 위반으로 인한 과세처분의 효력 등에 관한 법리를 오해하는 등의 위법이 없다. 상고이유로 들고 있는 대법원판결은 이 사건과 사안이 다르므로, 이 사건에 원용하기에 적절하지 아니하다.

1312) **【구체적 사안】**

원심이, ① 피고 법인세과 신고 담당 공무원은 지방국세청장의 피고에 대한 정기종합감사 과정에서 원고의 법인세 신고내용이 복잡하다는 이유로 원고에게 감사담당 공무원 앞에서 이를 대신 설명하여 달라고 요청한 점, ② 이에 원고 회계팀장과 세무자문 회계사는 피고 담당 공무원을 대신하여 감사담당 공무원에게 당초 법인세 신고 당시에 원고가 제출한 자료를 중심으로 약 30분 내지 1시간 동안 그 계산근거 등에 대하여 단순한 설명을 진행한 점 등에 비추어 보면, 원고가 피고의 요청에 따라 위와 같이 설명하였다는 사정만으로는 그것이 재조사가 금지되는 세무조사에 해당하여 그 이후에 실시된 원고에 대한 2007 내지 2011 사업연도 법인세 통합조사가 재조사로서 위법하다고 보기 어렵다고 판단한 것은, 정당하다고 한 예.

1313) 서울고등법원 2016. 7. 6. 선고 2015누63540 판결.

○ 대법원 2016. 7. 7. 선고 2016두34387 판결 [부가가치세등부과처분취소]

▌세무조사, 재조사 허용, 조세탈루혐의 자료

판시사항

구 국세기본법 제81조의4에서 재조사가 예외적으로 허용되는 경우의 하나로 규정하고 있는 '조세탈루의 혐의를 인정할 만한 명백한 자료가 있는 경우'의 의미 및 객관성과 합리성이 뒷받침되지 않는 한 탈세제보가 구체적이라는 사정만으로 위 규정에 해당한다고 볼 수 있는지 여부(×)

이 유

구 국세기본법(2013. 1. 1. 법률 제11604호로 개정되기 전의 것) 제81조의4 제2항 제1호에서 재조사가 예외적으로 허용되는 경우의 하나로 규정하고 있는 '조세탈루의 혐의를 인정할 만한 명백한 자료가 있는 경우'는 조세탈루사실에 대한 개연성이 객관성과 합리성 있는 자료[1314][1315]에 의하여 상당한 정도로 인정되는 경우로 한정되어야 한다.

따라서 세무공무원에게 탈세제보가 있더라도 그 탈세제보가 객관성과 합리성 있는 자료로 뒷받침되어 그것에 의하여 조세탈루의 개연성이 상당한 정도로 인정되는 경우가 아닌 한 그 제보내용이 구체적이라는 사정만으로는 위와 같은 재조사가 허용되는 경우에 해당한다고 보기 어렵다(대법원 2010. 12. 23. 선고 2008두10461 판결,[1316] 대법원 2011. 5. 26. 선고 2008두1146 판결 등 참조).[1317]

1314) 이러한 자료에 '종전 세무조사에서 이미 조사된 자료'는 포함되지 않는다(대법원 2011. 1. 27. 선고 2010두6083 판결).

1315) 대법원 2019. 7. 25. 선고 2017두65159 판결(긍정례) ; 소외인의 주식 명의신탁 및 증여에 대한 2차 세무조사가, 소외인이 주식을 명의신탁 하였다가 명의신탁 해지 후 자신 명의로 환원한 것을 증여받은 것으로 신고하여 납부한 증여세에 대하여 환급을 구하는 경정청구에 대한 거부처분의 취소 확정판결을 기초로 실시한 것으로서, 구 국세기본법 제81조의4 제2항 제1호(조세탈루의 혐의를 인정할 만한 명백한 자료가 있는 경우)에 따라 예외적으로 허용되는 재조사에 해당한다고 한 예(서울고등법원 2017. 9. 14. 선고 2017누32496 판결(원심), 서울행정법원 2016. 12. 27. 선고 2015구합83313 판결(1심) 참조).

1316) "세무조사는 기본적으로 적정하고 공평한 과세의 실현을 위하여 필요한 최소한의 범위 안에서 행하여져야 하고, 더욱이 동일한 세목 및 과세기간에 대한 재조사는 납세자의 영업의 자유 등 권익을 심각하게 침해할 뿐만 아니라 과세관청에 의한 자의적인 세무조사의 위험마저 있으므로 **조세공평의 원칙에 현저히 반하는 예외적인 경우를 제외**하고는 금지될 필요가 있는 점, 또한 납세자의 성실성 추정이 배제되어 **우선적 세무조사의 대상**이 되는 경우로서 구 국세기본법 시행령(1998. 2. 24. 대통령령 제15686호로 개정되기 전의 것) 제63조의4 제1항에서 규정하고 있는 '납세자에 대한 구체적인 탈세제보가 있는 경우', '신고내용에 탈루나 오류의 혐의를 인정할 만한 명백한 자료가 있는 경우' 등 보다는 재조사가 예외적으로 허용되는 경우를 **엄격히 제한하여 해석**하는 것이 **규정체계상 합리적**인 점, 재조사를 금지하는 입법 취지에는 납세자의 실질적인 권익보호뿐만 아니라 세무조사 기술의 선진화도 포함되어 있는 점 등을 종합하여 보면, 구 국세기본법 제81조의3에서 재조사가 예외적으로 허용되는 경우의 하나로 규정하고 있는 '조세탈루의 혐의를 인정할 만한 명백한 자료가 있는 경우'라 함은 조세의 탈루사실이 확인될 상당한 정도의 개연성이 객관성과 합리성이 뒷받침되는 자료에 의하여 인정되는 경우로 엄격히 제한되어야 한다. 따라서 객관성과 합리성이 뒷받침되지 않는 한 탈세제보가 구체적이라는 사정만으로는 여기에 해당한다고 보기 어렵다." ☞ 이 사건 2차 세무조사는 이 사건 1차 세무조사와 달리 소외 회사 및 원고 회사의 대표이사를 역임한 소외 2로부터 **관련 서류가 첨부된 탈세제보**에 따라 이루어진 것이고, 그 세무조사 결과 원고 회사가 실제로 상당한 규모의 부가가치세 및 법인세 등을 탈루한 사실이 적발된 사정을 종합하면, 이 사건 2차 세무조사는 조세탈루의 혐의를 인정할 만한 명백한 자료에 기하여 이루어진 세무조사로서 재조사금지의 원칙에 위반되지 않는다고 판단한 **원심**은, 이 사건

● 대법원 2017. 4. 27. 선고 2014두6562 판결[법인세등부과처분취소]

▌세무조사, 재조사, 2개 이상 사업연도 잘못

판시사항

[1] 구 국세기본법 제81조의4 제2항 제3호에서 정한 재조사의 예외적인 허용사유인 '2개 이상의 사업연도와 관련하여 잘못이 있는 경우'의 의미(= 하나의 원인으로 인하여 2개 이상의 사업연도에 걸쳐 과세표준 및 세액의 산정에 관한 오류 또는 누락이 발생한 경우) 및 하나의 행위가 그 자체로 완결적이지는 아니하더라도 그로 인해 과세표준 및 세액의 산정에 관한 오류 또는 누락의 원인이 되는 원칙이 결정되고, 이후에 2개 이상의 사업연도에 걸쳐 그 내용이 구체화되는 후속조치가 이루진 경우도 포함되는지 여부(○)

[2] 구 국세기본법 제81조의4 제2항 제3호에 따른 적법한 재조사에 해당하기 위하여 과세관청이 예외적인 허용사유를 뒷받침할 만한 구체적인 자료에 의하여 재조사를 개시하여야 하는지 여부(○)

이 유

구 국세기본법 … 제81조의4 … 제2항은 "세무공무원은 다음 각 호의 어느 하나에 해당하는 경우가 아니면 같은 세목 및 같은 과세기간에 대하여 재조사를 할 수 없다"고 규정하면서, 제3호에서 재조사가 예외적으로 허용되는 경우 중 하나로 '2개 이상의 사업연도와 관련하여 잘못이 있는 경우'를 들고 있다. …

이러한 관련 규정들의 문언과 체계 및 입법취지 등에 비추어 보면, 구 국세기본법 제81조의4 제2항 제3호에서 정한 재조사의 예외적인 허용사유인 '2개 이상의 사업연도와 관련하여 잘못이 있는 경우'란 하나의 원인으로 인하여 2개 이상의 사업연도에 걸쳐 과세표준 및 세액의 산정에 관한 오류 또는 누락이 발생한 경우를 의미한다고 해석함이 타당하다. 따라서 다른 사업연도에 발견된 것과 같은 종류의 잘못이 해당 사업연도에도 단순히 되풀이되는 때에는 이러한 재조사의 예외적인 허용사유에 해당한다고 볼 수 없다.

탈세제보자인 소외 2는 원심 피고 송파세무서장의 보조참가인 소외 3의 동생으로서 원고 회사가 탈세를 하였다고 하는 기간 중인 1997. 1. 3.부터 1997. 2. 4.까지 원고 회사의 법인등기부상 대표이사로 등재되어 있던 자인 점, 탈세제보에 허위 세금계산서를 수취한 방법과 여기에 사용된 통장사본 및 계좌번호가 구체적으로 적시되어 있고 관련 서류도 첨부되어 있는 점, 실제 위 탈세제보에 의하여 이 사건 부과처분의 과세자료가 된 세금계산서가 허위임이 적발되었고, 조사 결과 상당 부분 제보내용이 사실로 확인된 점 등에 비추어 보면, 정당하다고 한 사례.

1317) **【구체적 사안】**
원심이, 이 사건 2차 세무조사 중 2008년 1기부터 2011년 1기까지의 부가가치세 및 2007년부터 2010년까지의 종합소득세에 대한 부분(이 사건 재조사 부분)은 이 사건 1차 세무조사와 그 조사대상 세목과 과세기간이 중첩되어 재조사에 해당하고, 이 사건 탈세제보는 의명의 제보자가 한 일방적인 주장이나 추측에 불과하고 이를 뒷받침할 자료가 전혀 없으므로 그 내용이 구체적이라는 사정만으로는 재조사가 허용되는 '조세탈루의 혐의를 인정할 만한 명백한 자료가 있는 경우'로 볼 수 없으며, 나아가 '각종 과세자료의 처리를 위한 재조사'에도 해당하지 않으므로, 이 사건 재조사 부분은 금지되는 재조사이고, 그에 기초하여 이루어진 이 사건 처분은 위법하다고 판단한 것은 정당하다고 한 사례.

그런데 **완결적인 하나의 행위가 원인**이 되어 **같은 잘못**이 2개 이상의 사업연도에 걸쳐 **자동적으로 반복**되는 경우는 물론, **하나의 행위**가 그 자체로 완결적이지는 아니하더라도 그로 인해 과세표준 및 세액의 산정에 관한 **오류 또는 누락의 원인**이 되는 **원칙**이 **결정**되고, 이후에 2개 이상의 사업연도에 걸쳐 그 내용이 **구체화되는 후속조치**가 이루어질 때에는, 이러한 후속조치는 그 행위 당시부터 예정된 것이므로 마찬가지로 하나의 행위가 원인이 된 것으로서 이에 해당한다고 볼 수 있다.

그리고 위법한 세무조사를 금지하고 세무조사권의 남용을 방지하고자 하는 구 국세기본법 제81조의4의 규정 취지에 비추어 보면, **재조사의 예외적인 허용사유**는 **재조사 개시 당시에 구비되어야** 할 것이므로, 과세관청이 하나의 원인으로 인하여 2개 이상의 사업연도에 걸쳐 과세표준 및 세액의 산정에 관한 오류 또는 누락이 발생한 경우임을 **뒷받침**할 만한 **구체적인 자료**에 의하여 재조사를 개시한 경우에 비로소 구 국세기본법 제81조의4 제2항 제3호에 따른 적법한 재조사에 해당한다고 할 것이다.[1318]

1318) **【구체적 사안】**

○ **사실관계** ; (1) 원고는 2006 사업연도부터 2010 사업연도까지 원고의 등기이사 겸 이사회의장이자 원고의 주식 38.10%를 보유한 소외인에게 성과상여금 명목으로 각 9억 원, 15억 원, 18억 원, 19억 원, 19억 원(이 사건 성과상여금)을 각 지급하였다. (2) 지방국세청장은 2008. 7. 14.부터 2008. 8. 8.까지 원고에 대한 2005 사업연도 법인사업자통합조사(제1차 세무조사)를 하였는데, 당시 원고가 작성한 '세무조사반 요청서류'에 의하면 임원보수와 관련하여 2005 사업연도부터 2008 사업연도까지의 이사회회의록, 임원성과급규정 등이 제출된 것으로 기재되어 있다. (3) 이후 지방국세청장은 2008. 8. 4. 원고에게 2003 내지 2007 사업연도 법인세 항목이 적출된 제1차 세무조사 결과를 통지하였으나, 소외인에게 지급된 성과상여금에 대해서는 별다른 조치를 취하지 아니하였다. (4) 지방국세청장은 2011. 11. 8. 원고에 대한 2007 내지 2010 사업연도 법인제세 통합조사를 개시한 다음, 2012. 2. 14. 원고에게 그 조사범위에 2006 사업연도 중 일부를 포함하는 내용의 조사범위확대통지를 하고 2006 사업연도 법인제세 부분조사를 개시하였다(2006, 2007 각 사업연도에 대한 세무조사 중 소외인에게 지급된 성과상여금에 관한 조사 부분을 '제2차 세무조사'라 한다). (5) 지방국세청장은 2012. 3. 14. 원고에게, 이 사건 각 성과상여금은 지급기준 없이 지급된 잉여금 처분이므로 손금에 산입될 수 없다는 내용이 포함된 조사결과를 통지하였고, 이에 피고는 이 사건 성과상여금을 손금에 불산입하는 등 그 조사결과에 따른 내용을 반영하여 원고의 2006 내지 2010 사업연도의 법인세를 각 증액경정하였다.

○ **원심** ; [1] ① 제1차 세무조사에서 2003 사업연도 이후의 주주명부 등이 이미 제출된 바 있고, 원고가 제출한 '세무조사반 요청서류'에 따르면 임원보수와 관련하여 2005 사업연도부터 2008 사업연도까지의 이사회의사록, 임원성과급규정이 제출된 것으로 기재되어 있는 점, ② 제1차 세무조사에서 원고의 2006, 2007 사업연도 법인세 항목이 적출된 바 있는데, 제2차 세무조사에서 다시 2006 사업연도 부분조사 및 2007 사업연도 전부조사가 실시된 점 등을 고려하면, 제2차 세무조사는 재조사에 해당한다고 판단하고, [2] 이어서, '2개 이상의 사업연도와 관련하여 잘못이 있는 경우'란 어떠한 잘못이 2개 이상의 사업연도와 모두 관련되어 있으면서 그와 같은 잘못이 하나의 원인행위에서 비롯하여 2개 이상의 사업연도에 계속되는 경우를 의미한다고 전제한 다음, ① 비록 원고의 이사회가 2005. 11. 8. '당기순이익이 발생하는 경우 소외인에게 매년 백화점 및 호텔 임대수입의 10% 이내에서 성과상여금을 지급하되, 그 지급시기 및 금액 등은 매년 이사회에서 정한다'고 결의하기는 하였으나, 위 결의만으로는 소외인에게 매년 지급될 성과상여금의 구체적인 액수 및 그 지급여부에 관한 의사결정이 이루어졌다고 보기 어려운 점, ② 원고가 2006, 2007 각 사업연도에 소외인에게 지급한 각 성과상여금은 각 해당 연도에 개최된 주주총회 및 이사회에서 그 지급여부와 구체적인 지급액수가 정하여진 점 등에 비추어 보면, 이 사건 성과상여금을 손금에 산입한 것은 '2개 이상의 사업연도와 관련하여 잘못이 있는 경우'에 해당하지 아니한다는 이유로, 제2차 세무조사에 재조사의 예외적 허용사유가 있다는 피고의 주장을 배척.

○ **대법원** ; 원심의 판단 중 [1] 제2차 세무조사가 재조사에 해당하지 아니한다는 취지의 피고의 상고이유 주장은, 결국 사실심인 원심의 전권사항에 속하는 증거의 취사선택이나 사실인정을 탓하는 것에 불과하여 적법한 상고이유가 될 수 없으나, [2] 제2차 세무조사가 예외적으로 허용되는 재조사에 해당하지 아니하여 위법한지에 관하여는, ① 원고는 부동산임대업 등을 영위하는 법인으로 원고 발행 주식 대부분을 원래는 소외인이 보유하고 있었지만,

⇒ 동일 판시 ; 대법원 2020. 4. 9. 선고 2017두50492 판결[1319]

원고의 자금사정 악화로 인하여 그 주식 일부가 매각되어 2006년 무렵부터 2010년 무렵까지 ○○교 관련단체인 4개 법인이 원고 발행 주식의 60.02%를, 소외인이 38.10%를 각 보유하고 있었던 사실, ② 원고는 2003 사업연도까지 순손실이 발생하였으나 백화점과 호텔 등을 임차인으로 유치하는 등 그 영업이 정상화됨에 따라 2005 사업연도의 당기순이익이 260억 9,200만 원으로 급증한 사실, ③ 2005. 11. 8. 개최된 원고의 이사회에서'소외인이 창업주로서 건물을 분양하지 않고 임대시설로 유지하여 지속적인 수익가능모델을 만드는 데 일익하였고, 대형 임차인의 유치와 수수료율 인상 등 수익구조 개선에 크게 기여하였으며, 이사회의장으로서 조달자금의 금리인하와 절세방안을 제시하는 등 경영상 업적이 지대한 점을 감안하여, 향후 당기순이익이 발생하는 경우에 한하여 매년 임대수입의 10% 이내에서 성과상여금을 지급한다. 지급시기 및 금액 등은 원고의 여건, 자금사정 등을 고려하여 매년 이사회에서 정한다'는 내용의 이사회결의가 이루어진 사실, ④ 2006 내지 2010 각 사업연도에 원고의 당기순이익으로 각 243억 5,600만 원, 213억 200만 원, 243억 5,700만 원, 282억 8,600만 원, 373억 2,100만 원이 발생하자, 원고는 해당 사업연도에 소외인에게 백화점 및 호텔의 임대수입의 10% 이내의 범위에서 각 9억 원, 15억 원, 18억 원, 19억 원, 19억 원의 이 사건 성과상여금을 지급하는 한편, 다른 대주주인 ○○교 관련단체에는 각 해당 사업연도 기간 동안 그 관련단체에 기부금 및 광고선전비 명목으로 17억 3,300만 원, 28억 원, 30억 원, 36억 원, 38억 2,900만 원을 각 지급한 사실, ⑤ 이러한 성과상여금과 기부금 등은 당시 원고의 지분율에 따라 배분된 것으로, 원고는 임원 상여금의 지급기준과 산정근거에 관한 규정을 별도로 두고 있지 않아 대표이사가 임의로 판단하여 상여금을 책정하였으며, 소외인에게는 다른 임원들과도 차등을 두어 성과상여금을 지급한 사실 등을 알 수 있고, 이러한 사실관계를 앞서 본 법리에 비추어 살펴보면, 원고가 2006 내지 2010 각 사업연도에 이 사건 성과상여금을 지급한 것은 원고의 창업주이자 이사회의장의 지위에 있었던 소외인에게 매년 임대수입의 10% 이내에서 상여금을 지급하기로 한 **2005. 11. 8.자 이사회결의에 기초**한 것이고, 이러한 이사회결의는 그 내용 및 전후 경과에 비추어 보면 별다른 지급기준도 없이 실질적으로 잉여금 처분을 위한 분배금을 매년 소외인에게 지급하면서도 명목상으로만 손금산입대상이 되는 상여금의 형식을 갖추기로 한 것으로 볼 수 있으며, 비록 소외인에게 지급될 구체적인 성과상여금의 액수 등은 해당 사업연도별로 개최되었던 주주총회와 이사회 등에서 확정되었다고 하더라도 이는 소외인와 ○○교 관련단체가 원고 지분의 98% 이상을 차지하고 있는 상황 등을 감안할 때 앞서 2005. 11. 8.자 이사회결의에서 성과상여금을 지급하기로 결정한 후 그 **당시 예정한 바대로 각 사업연도별로 후속절차로서 이루어진 것**으로서 그와 **합께** 이 사건 성과상여금의 **지급원인**이 되었다고 봄이 상당하므로, 이러한 사정에 근거하여 이루어진 재조사는 구 국세기본법 제81조의4 제2항 제3호에서 **예외적으로 허용하고 있는 재조사에 해당**한다고 볼 여지가 있으므로, 원심으로서는 서울지방국세청장이 위와 같은 사정을 **뒷받침할 만한 구체적 자료에 의**하여 **제2차 세무조사를 개시**한 것인지 또는 **그와 무관하게 아무런 예외적인 허용사유 없이** 재조사를 개시한 것은 아닌지 등에 관하여 나아가 **심리**한 후 제2차 세무조사가 위법한지 여부를 판단하였어야 했다고 판단한 예.

1319) **【구체적 사안】**
○ 사실관계 ; ① 원고는 인천공장에서 소다회를 생산하면서 그로 인하여 발생한 폐석회를 오랜 기간 침전지에 적치하여 오던 중 2003. 12. 31. 인천광역시, 인천광역시 남구, '폐석회적정 처리방안 모색을 위한 시민위원회'와 폐석회를 침전지에서 수거하여 인천공장 내 유수지에 매립하고 유수지를 유원지로 조성하는 공사(폐석회처리공사)를 시행하는 내용 등의 폐석회 처리 협약(이 사건 협약)을 체결하였다. ② 원고는 2007 사업연도 법인세를 신고하면서 폐석회처리공사 비용을 통상적인 비용으로 손금 처리하였다. ③ 원고는 2008. 5. 1. 인천공장 화학제품제조 사업부문 등을 물적분할하여 소외 분할회사를 설립하고 2008. 5. 6. 분할등기를 마쳤는데, 소외 분할회사 역시 2008~2012 사업연도에 위와 같은 폐석회처리공사 비용을 지출하였다. ④ 원고는 2010 사업연도부터 소외 분할회사를 연결자법인으로 한 연결납세방식을 채택하여 법인세를 신고하면서 소외 분할회사가 지출한 폐석회처리공사 비용을 통상적인 비용으로 손금 처리하였다. ⑤ 한편 지방국세청장은 2009. 4. 20.~2009. 6. 24. 원고에 대한 2004, 2005 사업연도 법인사업자통합조사(이하 '2009년 세무조사')를 하였는데, 당시 원고가 작성한 '요구자료 현황'에는 '인천공장 폐석회 매립공사 공사도급계약서', '폐석회처리비용 토지 자본적 지출 해당 여부에 대한 검토서와 요약서', '폐석회 매립 진행경과 내용 관련 서류' 등이 제출된 것으로 기재되어 있다. 지방국세청장은 2009. 6. 25. 원고에게 2004~2008 사업연도 법인세 항목 등이 적출된 2009년 세무조사 결과를 통지하였으나, 폐석회처리공사 비용의 손금 처리에 대하여는 별다른 조치를 취하지 않았다. ⑥ 이후 지방국세청장은 2013. 3. 11. 원고에 대한 2009~2010 사업연도 법인사업자통합조사(이하 '2013년 세무조사')를 개시하였다가, 2013. 3. 27. 원고에게 조사범위를 '2007, 2008 사업연도 복구손실충당금 사용금액의 자산화 대상 여부'까지 포함하는 조사범위확대통지를 하였다. ⑦ 피고는 2013년

판시사항 [2]와 동일 판시 ; 대법원 2018. 7. 12. 선고 2017두534 판결[1320)]

세무조사 결과에 기초하여 폐석회처리공사 비용을 토지의 자본적 지출로서 처리해야 한다고 보고, 각 사업연도 폐석회처리공사 비용의 손금산입을 부인하여, 원고에게, 2013. 3. 27. 2007 사업연도 법인세 약 47억 원 등을 경정·고지하였고, 2013. 11. 26. 2010 사업연도 법인세 31억여 원 등을, 2011 사업연도 법인세 3억여 원 등을, 2012 사업연도 법인세 2844만여 원 등을 각 경정·고지하였다.

○ **판단** ; [1] 원심(서울고등법원 2017. 6. 1. 선고 2016누65185 판결)이, 폐석회처리공사는 택지 조성 등 토지의 가치를 현실적으로 증가시키는 것으로서 그 비용이 인천공장 부지에 대한 **자본적 지출**에 해당한다고 판단한 것은 정당하다. [2] 2013년 세무조사 중 2007 사업연도 법인세에 관한 부분은 재조사의 예외적인 허용사유인 '2개 이상의 과세기간과 관련하여 잘못이 있는 경우'에 해당하므로 적법한 세무조사라고 봄이 타당하다. 구체적 이유는 다음과 같다. 1) 원고와 소외 회사가 2007 내지 2012 사업연도에 폐석회처리공사 비용을 지출한 것은 이 사건 **협약에 기초**한 것이다. 한편 이 사건 협약에 따라 폐석회처리공사 예상비용이 복구손실충당금으로 설정되고 복구손실충당부채로 회계처리 되었으나, 복구손실충당부채는 원래 자산의 취득가액에 포함될 수 없는 것이고, 실제로 폐석회처리공사 비용이 **매 사업연도에 모두 동일한 방식으로 손금 처리**되었다. 이러한 점들에 비추어, 원고는 이 사건 협약 무렵 이미 폐석회처리공사 **비용을 손금 처리하기로 예정**하였던 것으로 보인다. 2) 따라서 이 사건 협약과 당초부터 원고가 폐석회처리공사 비용을 손금 처리하기로 예정하였던 것은 그에 따른 **후속조치**, 즉 복구손실충당금의 설정 및 매 사업연도 폐석회처리공사 비용 지출과 함께 **하나의 행위**가 되어 **부당 손금 처리의 원인**이 되었다고 볼 수 있다. 3) 나아가 지방국세청장은 2009년 세무조사 이후 이루어진 이 사건 협약 관련 유수지 매립 1단계 공사 완료를 인지하고, 인천공장 부지에 대한 감정평가서 등 폐석회처리공사 비용이 토지의 자본적 지출에 해당한다고 볼 만한 **구체적인 자료를 확보**하여 2013년 세무조사 중 2007 사업연도에 대한 **조사를 개시**하였다고 보인다.

1320) **【구체적 사안】**

○ **사실관계** ; ① 원고는 2006~2010 사업연도까지 원고의 등기이사 겸 이사회의장이자 원고의 주식 38.10%를 보유한 소외인에게 성과상여금 명목으로 각각 9억 원, 15억 원, 18억 원, 19억 원, 19억 원(이 사건 성과상여금)을 지급하였다. ② 지방국세청장은 2008. 7. 14.~8. 8. 원고에 대한 2005 사업연도 법인사업자통합조사(제1차 세무조사)를 하였는데, 당시 원고가 작성한 '세무조사반 요청서류'에 의하면 임원보수와 관련하여 2005 사업연도부터 2008 사업연도까지의 이사회회의록, 임원성과급규정 등이 제출된 것으로 기재되어 있다. ③ 이후 지방국세청장은 2008. 8. 4. 원고에게 2003 내지 2007 사업연도 법인세 항목이 적출된 제1차 세무조사 결과를 통지하였으나, 이 사건 성과상여금 중 2006, 2007 각 사업연도에 소외인에게 지급된 부분에 대해서는 별다른 조치를 취하지 아니하였다. ④ 지방국세청장은 2011. 11. 8. 원고에 대한 2007 내지 2010 사업연도 법인제세 통합조사를 개시한 다음, 2012. 2. 14. 원고에게 그 조사범위에 2006 사업연도 중 일부를 포함하는 내용의 조사범위확대통지를 하고 2006 사업연도 법인제세 부분조사를 개시하였다(이 사건 성과상여금 중 2006, 2007 각 사업연도에 소외인에게 지급된 부분에 관한 조사를 '제2차 세무조사'라 한다). ⑤ 지방국세청장은 2012. 3. 14. 원고에게, 이 사건 성과상여금은 지급기준 없이 지급된 잉여금 처분이므로 손금에 산입될 수 없다는 내용이 포함된 조사결과를 통지하였고, 이에 피고는 이 사건 성과상여금을 손금에 불산입하는 등 그 조사결과에 따른 내용을 반영하여 원고의 2006~2010 사업연도의 법인세를 각각 증액경정하였다.

○ **원심** ; 제2차 세무조사는 원칙적으로 금지하고 있는 재조사에 해당하나, 구 국세기본법 제81조의4 제2항 제3호에서 예외적으로 허용하고 있는 재조사에 해당한다고 봄이 타당하다고 판단.

○ **대법원** ; 원고는 원심 제4차 변론기일에서 '지방국세청장은 재조사의 예외적 허용사유를 뒷받침하는 구체적인 자료가 없었음에도 재조사에 해당하는 제2차 세무조사를 개시하였는데, 이는 위법한 세무조사에 해당한다'는 취지의 주장을 한 사실을 알 수 있다. 그렇다면 원심으로서는 재조사에 해당하는 제2차 세무조사가 2007 사업연도에 관하여는 그 개시 당시에, 2006 사업연도에 관하여는 조사범위확대 당시에 각각 재조사의 예외적인 허용사유인 '하나의 원인으로 인하여 2개 이상의 사업연도에 걸쳐 과세표준 및 세액의 산정에 관한 오류 또는 누락이 발생한 경우'임을 뒷받침할 만한 구체적인 자료가 있었는지 여부에 관하여 심리·판단하였어야 할 것이다. 그럼에도 이러한 심리·판단을 하지 아니한 채 제2차 세무조사가 예외적으로 허용하고 있는 재조사에 해당하여 적법하다고 판단한 원심판결에는 필요한 심리를 다하지 아니하거나 판단을 누락하여 판결 결과에 영향을 미친 위법이 있다.

● 대법원 2018. 6. 19. 선고 2016두1240 판결 [증여세부과처분취소]

▌세무조사, 재조사, 과세자료 처리

판시사항

[1] 증여세에 대한 후속 세무조사가 종전 세무조사와 실질적으로 같은 과세요건사실에 대한 것일 경우 금지되는 재조사에 해당하는지 여부(○)와 그 판단기준

[2] 구 국세기본법 시행령 제63조의2 제2호 전단에 정한 '각종 과세자료의 처리를 위한 재조사'에서의 '각종 과세자료'의 의미(= 과세관청 외의 기관이 그 직무상 목적을 위하여 작성하거나 취득하여 과세관청에 제공한 자료) 및 이러한 자료에 종전 세무조사에서 작성하거나 취득한 과세자료가 포함되는지 여부(×)

[3] 감사원의 감사결과 처분요구가 종전 세무조사에서 이미 작성하거나 취득한 자료를 토대로 하면서도 사실관계 인정 여부에 대한 판단만을 달리하여 이루어진 경우 이에 따른 재조사가 예외적으로 허용되는지 여부(×)

이 유

'각종 과세자료의 처리를 위한 재조사'는 구 국세기본법 제81조의4 제2항 제5호, 구 국세기본법 시행령(2016. 2. 5. 대통령령 제26946호로 개정되기 전의 것, 이하 같다) 제63조의2 제2호 전단에 따라 예외적으로 재조사가 허용된다.[1321] …

세무조사의 성질과 효과, 중복세무조사를 원칙적으로 금지하는 취지, 증여세의 과세대상 등을 고려하면, 증여세에 대한 후속 세무조사가 조사의 목적과 실시 경위, 질문조사의 대상과 방법 및 내용, 조사를 통하여 획득한 자료 등에 비추어 종전 세무조사와 실질적으로 같은 과세요건사실에 대한 것에 불과할 경우에는, 구 국세기본법(2013. 1. 1. 법률 제11604호로 개정되기 전의 것) 제81조의4 제2항에 따라 금지되는 재조사에 해당하는 것으로 보아야 한다.

1321) **국세기본법 시행령 제63조의2(세무조사를 다시 할 수 있는 경우)** 법 제81조의4 제2항 제7호에서 "대통령령으로 정하는 경우"란 다음 각 호의 어느 하나에 해당하는 경우를 말한다. 〈개정 2019.2.12.〉

1. 부동산투기, 매점매석, 무자료거래 등 경제질서 교란 등을 통한 세금탈루 혐의가 있는 자에 대하여 일제조사를 하는 경우
2. 과세관청 외의 기관이 직무상 목적을 위해 작성하거나 취득해 과세관청에 제공한 자료의 처리를 위해 조사하는 경우
3. 국세환급금의 결정을 위한 확인조사를 하는 경우
4. 「조세범 처벌절차법」 제2조 제1호에 따른 조세범칙행위의 혐의를 인정할 만한 명백한 자료가 있는 경우. 다만, 해당 자료에 대하여 「조세범 처벌절차법」 제5조 제1항 제1호에 따라 조세범칙조사심의위원회가 조세범칙조사의 실시에 관한 심의를 한 결과 조세범칙행위의 혐의가 없다고 의결한 경우에는 조세범칙행위의 혐의를 인정할 만한 명백한 자료로 인정하지 아니한다.

지방세기본법 시행령 제52조(재조사 금지의 예외) 법 제80조제2항제7호에서 "대통령령으로 정하는 경우"란 다음 각 호의 어느 하나에 해당하는 경우를 말한다. 〈개정 2019.12.31〉

1. 법 제102조부터 제109조까지의 규정에 따른 지방세에 관한 범칙사건을 조사(이하 "범칙사건조사"라 한다)하는 경우
2. 세무조사 중 서면조사만 하였으나 법 또는 지방세관계법에 따른 경정을 다시 할 필요가 있는 경우
3. 각종 과세정보의 처리를 위한 재조사나 지방세환급금의 결정을 위한 확인조사 등을 하는 경우

그리고 구 국세기본법 시행령(2016. 2. 5. 대통령령 제26946호로 개정되기 전의 것) 제63조의2 제2호 전단에서 말하는 **각종 과세자료**란 세무조사권을 남용하거나 자의적으로 행사할 우려가 없는 **과세관청 외의 기관**이 그 직무상 목적을 위하여 작성하거나 취득하여 과세관청에 제공한 자료로서 국세의 부과·징수와 납세의 관리에 필요한 자료[1322]를 의미하고, 이러한 자료에는 **과세관청이 종전 세무조사에서 작성하거나 취득한 과세자료**는 **포함되지 않**는다(대법원 2015. 5. 28. 선고 2014두43257 판결[1323] 등 참조).[1324]

1322) 이 부분 '각종 과세자료'의 개념 정의는, **'과세자료의 제출 및 관리에 관한 법률' 제2조 제2호** 소정의 **"과세자료"**의 정의를 그대로 인용한 것이다. cf. 과세자료의 제출 및 관리에 관한 법률 제2조(정의) 제2호 ; "과세자료"란 제4조에 따른 과세자료제출기관이 직무상 작성 또는 취득하여 관리하는 자료로서 국세의 부과·징수와 납세의 관리에 필요한 자료를 말한다.

1323) **【구체적 사안】**
① 피고는 2009. 8. 24.부터 2009. 9. 1.까지 원고에 대하여 이 사건 각 부동산에 관한 자금출처 등을 파악하기 위한 세무조사를 실시하여, 원고가 소외 2로부터 이 사건 제1부동산을 2억 600만 원에, 소외 3으로부터 이 사건 제2부동산을 7억 원에, 소외 4로부터 이 사건 제3부동산을 9억 2,600만 원에 각 취득하였고, 이 사건 제4부동산의 취득가액이 2억 2,000만 원임을 확인하였으나, 원고가 1995. 2. 10.부터 ○○상사라는 상호로 화섬·직물 도매업을 하여 이 사건 각 부동산을 취득할 능력이 있었던 것으로 보인다는 이유로 원고의 1995년부터 2005년까지의 추정소득금액을 이 사건 각 부동산의 취득자금에 대한 출처로 인정하여 증여세를 부과하지 아니하였던 사실, ② 그런데 광주지방국세청은 2011. 8. 22.부터 2011. 9. 8.까지 동대문세무서에 대한 정기 업무종합감사를 실시하면서, 피고가 원고에게 이 사건 각 부동산의 취득자금에 관한 증여세를 부과하지 아니한 데 오류와 비위가 있다고 판단한 다음, 이 사건 제2부동산의 양도인인 소외 3에게 질문하여 그 매매대금이 7억 원이고 원고가 아닌 다른 사람과 거래하였다는 답변을 받았고, 이 사건 제3부동산의 양도인인 소외 4에게 질문하여 매매대금이 8억 1,496만 원이고 원고 및 원고의 아버지와 매매계약을 체결하였다는 취지의 답변을 받는 한편, 이 사건 제4부동산 공사대금을 확인하기 위하여 세금계산서를 제출받거나 그 내역을 확인하였던 사실, ③ 이에 광주지방국세청은 감사를 종결하면서, 피고에 대하여 이 사건 각 부동산 취득가액에서 원고의 소득금액과 대출금을 공제한 나머지 금액을 재력이 있는 아버지로부터 증여받은 것으로 추정하여 원고에게 증여세를 부과하도록 요구한 사실 등을 알 수 있는바, 이러한 사실관계를 앞서 본 법리에 비추어 보면, 피고가 종전 세무조사에서 작성 또는 취득한 과세자료는 구 국세기본법 시행령 제63조의2 제2호 전단에 정한 **'각종 과세자료의 처리를 위한 재조사'**에서의 **'과세자료'에 해당하지 아니**하므로, 이와 같은 과세자료에 기초하여 광주지방국세청이 감사 과정에서 실시한 재조사는 '각종 과세자료의 처리를 위한 재조사'에 해당한다고 할 수 없다고 한 예.

1324) **【구체적 사안】**
○ **사실관계** ; ① 지방국세청은 이 사건 회사에 대하여 2008. 4. 22.부터 2008. 7. 3.까지 세무조사를 실시하였다. 그 과정에서 이 사건 회사의 대주주 겸 회장인 소외 1은 자신이 작성하여 보관하고 있었다는 이 사건 회사의 주주명부와 이 사건 회사 발행 주권을 제출하였다. ② 이 사건 주주명부에는 이 사건 주식 중 일부가 1991. 3. 1. 소외 1의 아들인 원고 2에게, 나머지가 1994. 3. 9. 또 다른 아들인 원고 1에게 양도된 것으로 기재되어 있다. ③ 지방국세청 세무조사 담당공무원은 이 사건 주주명부와 주권이 진실한 것이어서 이 사건 주식이 그 기재 내용대로 증여된 것인지를 중점적으로 조사하였다. 소외 1과 원고들 및 이 사건 주식의 명의자인 소외 2, 소외 3 등 관련자들에 대한 질문조사와 자료검토 등 조사를 거쳐 나온 조사결과는, 이 사건 주주명부가 허위로 조작된 것이 아니고 상법상 유효한 주주명부에 해당한다는 것이었다. ④ 이에 따라 지방국세청은 소외 1이 이 사건 주식의 일부를 1991. 3. 1. 원고 2에게, 나머지를 1994. 3. 9. 원고 1에게 각 증여한 것으로 보아 2008. 7. 8. 세무조사결과를 통지하였다. 과세관청은 위 조사결과에 따라, 이 사건 주식의 증여에 대한 증여세는 이미 부과제척기간이 경과하였다는 이유로 부과하지 않는 대신, 소외 1이 원고들에게 1996. 12. 19.과 2004. 7. 30.자로 이루어진 이 사건 주식에 관한 유상증자 대금을 증여한 것으로 보아 그 유상증자 대금에 대하여만 증여세를 부과하였다. 또한, 과세관청은 같은 전제에서 소외 3, 소외 2가 소외 1이 아닌 원고들로부터 이 사건 주식을 명의신탁 받은 것으로 보아 명의신탁 증여의제 규정에 의하여 증여세를 부과할 것이라고 과세예고통지를 하였다. ⑤ 원고들은 2008년 세무조사 결과통지를 받은 다음날인 2008. 7. 9. ○○세무서장에게 이 사건 주식의 주주명의를 소외 2, 소외 3으로부터 실질주주인 원고들

명의로 정정하는 '결산서 부속명세서상 주주명의 정정신고서'를 제출하였다. 그리고 같은 날 금융위원회 및 한국증권선물거래소에, 소외 1은 이 사건 주식에 대한 실명전환으로 변경된 원고들의 보유주식수를 보고하는 내용의 '주식등의 대량보유상황보고서'를, 소외 2와 소외 3은 이 사건 주식에 대한 실명전환으로 인하여 더 이상 자신들이 소유하는 이 사건 회사의 주식이 없게 되었음을 보고하는 내용의 '주식등의 대량보유상황보고서'를, 원고들은 이 사건 주식의 실명전환으로 보유주식이 증가하였음을 보고하는 내용의 '임원·주요주주소유주식보고서'를 각 제출하였다(명의정정 등 행위). ⑥ 그런데 감사원은 2010. 10.경 지방국세청에 대한 정기감사를 실시하였고, 이 사건 회사에 대한 2008년도 세무조사에 대하여 '이 사건 주식의 실소유자가 소외 1임을 쉽게 알 수 있음에도 임의로 작성된 주주명부를 근거로 이 사건 주식의 실소유자를 원고들로 인정해 줌으로써 증여세 부담 없이 위 주식이 이전되는 부당한 결과를 초래하였으니, 소외 1이 임원 명의로 보유하던 이 사건 주식을 원고들 명의로 변경한 데 대한 수시 주식변동조사를 실시하여 부족 징수된 관련 증여세 등을 추가 징수하는 방안을 마련하라.'는 취지로 결정하여 지방국세청에 통보하였다. 위 통보는 '감사결과 처분요구서'라는 문서를 통해 이루어졌는데, 2008년 세무조사 당시 확보된 진술과 자료를 토대로 한 것일 뿐 새로운 진술이나 자료를 기초로 한 것은 아니었다. ⑦ 이에 따라 지방국세청은 2011. 4. 18.부터 2011. 7. 1.까지 이 사건 회사에 대하여 세무조사를 실시하였다. 그 조사원증에는 조사목적란에 '감사원 감사결과 처분지시에 대한 부분'이라는 기재와 '임원명의로 명의신탁된 이 사건 회사 주식의 실소유자 부분'이라는 기재가 있고, 세무조사 실시 공문에 첨부된 업체별 조사계획에도 유사한 취지의 기재가 있다. ⑧ 2011년 세무조사 당시 지방국세청 세무조사 담당공무원은 소외 1, 원고들, 소외 2, 소외 3 등을 비롯하여 이 사건 회사 직원 등 관련자들에 대해 질문조사를 하였는데, 전체적으로 그 질문조사의 내용이나 대상은, 주로 이 사건 주주명부와 주권에 기재된 것과 같이 1991. 3.과 1994. 3.경 소외 1이 이 사건 주식을 원고들에게 증여하였는지 여부에 관한 것으로서 2008년 세무조사 당시 이루어졌던 질문조사와 별반 다르지 않다. ⑨ 지방국세청은 2008년 세무조사 결과와는 달리 2011년 세무조사 결과, 이 사건 주주명부가 2004년 12월 이후 허위로 작성된 것이고, 이 사건 주권은 2008년 당시 이 사건 주주명부에 맞추기 위해 급조되어 인쇄된 것으로 보았다. 이에 따라 지방국세청은, 소외 1이 거짓증빙과 허위진술 등으로 증여세를 포탈하였다고 검찰에 고발 조치하였다. ⑩ 피고들은 원고들이 2008. 7. 9. 소외 1로부터 이 사건 주식을 증여받았다고 보고 그에 따라 2011. 8. 10. 원고들에게 증여세를 부과하는 처분을 하였다.

○ **원심** ; 2008년 세무조사는 2006년경 소외 3, 소외 2 명의로 되어 있던 이 사건 주식에 관한 증여행위가 있었는지에 관한 것인 반면, 2011년 세무조사는 2008. 7. 9. 이 사건 주식의 명의를 소외 3, 소외 2에서 원고들 명의로 변경한 것이 별도의 증여행위에 해당하는지에 관한 것이다. 각 세무조사는 대상기간과 조사대상행위를 달리하므로, 2011년 세무조사가 재조사에 해당한다고 할 수 없다. 감사원이 지방국세청에 대한 정기감사에서 2008년 세무조사과정의 잘못을 발견하고 수시 주식변동조사를 통하여 시정하라는 통보를 하여 지방국세청이 그에 따라 2011년 세무조사를 한 것이므로, 감사원의 위와 같은 통보는 재조사가 허용되는 예외를 규정하고 있는 구 국세기본법 시행령 제63조의2 제2호 전단에 정한 '각종 과세자료의 처리를 위한 재조사'에서의 '각종 과세자료'에 해당한다.

○ **대법원** ; [1] 2011년 세무조사는 조사의 목적과 실시 경위, 질문조사의 대상과 방법 및 내용, 조사를 통하여 획득한 자료 등에 비추어 보아 2008년 세무조사와 **실질적으로 같은 증여 사실**에 대한 것이라고 봄이 타당하므로, **2011년 세무조사의 명목이나 형식만을 내세워** 이를 2008년 세무조사 후에 이루어진 **별개의 증여 사실에 대한 세무조사라고 할 수 없다**. (1) 2011년 세무조사에 따른 결과통지나 그 세무조사 당시 제시된 조사원증 등에 기재된 **형식이나 명목상**으로는 2008년 세무조사 후에 비로소 이루어진 명의정정 등 행위가 증여에 해당하는지 조사하는 것처럼 보일 여지가 없지는 않다. (2) 하지만 2008년 세무조사 결과에서 이미 소외 1이 원고들에게 1991년과 1994년에 이 사건 주식을 증여하였다고 인정하였고, 2008. 7. 9. 명의정정 등 행위는 이러한 2008년 세무조사 결과의 취지를 그대로 따른 것에 불과하다. 감사원의 감사결과 처분요구의 취지대로 명의정정 등 행위를 가지고 소외 1이 원고들에게 이 사건 주식을 증여한 것으로 인정하기 위해서는, **이와 양립할 수 없는 2008년 세무조사 결과를 번복**하여 **2008년 세무조사에서 인정한 증여 사실을 부정하여야 하는 관계**에 있었다. (3) 이러한 상태에서 지방국세청은 2011년 세무조사를 실시하였고, 그 세무조사의 대상과 내용에는 2008. 7. 9. 이루어진 명의정정 등 행위가 증여에 해당하는지를 판단하기 위한 논리적 전제로, 이 사건 주식 명의의 변천 과정에서 과연 누가 주식의 실질적인 소유자인지가 포함되어 있었고 이 부분이 주된 것이었다. 종전의 2008년 세무조사 결과에도 불구하고 이를 다시 밝히는 것이 2011년 세무조사의 주된 목적 중 하나였다고 봄이 타당하고, 실제 2011년 세무조사 과정에서 작성된 서류에는 그러한 목적을 추단할 수 있는 취지의 기재도 있다. (4) 2011년 세무조사에서 이루어진 실제 질문조사의 대상과 방법 및 내용, 조사를 통하여 획득한 자료 등을 보면, 소외 1이 이 사건 주식을 1991년과 1994년에 이미 원고들에게 증여하였는지에 관한 직접적 또는 간접적 사실관계에 대하여 소외 1, 원고들, 소외 2, 소외 3 등을 비롯하여 이 사건 회사 직원 등 관련자들

● 대법원 2018. 6. 28. 선고 2016두40986 판결[법인세등부과처분취소]

▌세무조사, 재조사, 과세자료 처리

판시사항

적격분할이 아니라는 이유로 취득세 등을 부과한 지방세 과세관청(구청장)이 지방국세청장에 제공한 과세자료의 처리를 위하여 원고에 대한 세무조사 사업연도를 2008 사업연도와 2012 사업연도까지 확대한 것은 금지되는 중복세무조사에 해당하지 않는다고 판단한 예.

이 유

원심1325)이, 2013년 실시한 세무조사에서 그 대상을 2008 사업연도 등에 확대한 것은 인천광역시

에게 질문조사하고 이에 관련한 자료를 조사한 것으로서 실질적으로 2008년 세무조사의 대상과 다름없어 보인다. 2011년 세무조사 당시 2008년 세무조사 과정에서 질문조사하지 않았던 사람들에 대하여도 일부 새롭게 질문조사가 이루어지기는 하였으나, 그 내용 역시 2008. 7. 9. 명의정정 등 행위에 관한 것이 아니라 1991년과 1994년에 이미 원고들에게 이 사건 주식이 증여되었는지에 관한 직접적 또는 간접적 사실에 관한 것이었다. 한편, 조세범칙조사로 전환된 후 이루어진 소외 1과 원고들에 대한 질문조사의 내용에는 2008. 7. 9. 명의정정 등 행위에 관한 부분이 포함되어 있으나, 이는 고발을 위한 부수적인 조사내용에 불과할 뿐 주된 내용이라고 보기 어렵고, 그 외의 다른 사람들에 대한 질문조사의 내용에는 2008. 7. 9. 명의정정 등 행위에 관한 내용이 별로 포함되어 있지 않다. (5) 과세관청은 실제로 2011년 세무조사 결과에 기초하여 2008년 세무조사 결과를 번복하고, 소외 1이 1991년과 1994년에 이 사건 주식을 원고들에게 증여하지 않았다고 판단하였다. 이에 따라 2008년 세무조사 당시까지 소외 1이 이 사건 주식을 원고들에게 증여하지 않고 계속 소유하고 있었다는 전제에서, 관련된 명의신탁 증여의제로 인한 증여세 부과처분을 하였고, 이와 다른 전제에서 내려진 종전의 유상증자 대금 관련 증여세 부과처분을 취소하였으며, 2008. 7. 9. 명의정정 등 행위를 통해 원고들이 소외 1로부터 이 사건 주식을 증여받았다고 보아 이에 대한 증여세를 부과하는 이 사건 부과처분을 하였다. [2] 감사원의 감사결과 처분요구 통보에 관한 '감사결과 처분요구서'는 2008년 세무조사의 내용에 그대로 터잡은 것으로서, 이 사건 주식이 1991년과 1994년에 이미 원고들에게 증여되었다고 본 판단 내지 결론은 잘못이라는 것에 불과하다. 즉, 감사결과 처분요구는 2008년 세무조사 당시 확보된 진술과 각종 자료를 토대로 하면서 이 사건 주주명부와 주권의 진정성을 중심으로 단순히 개별 증여사실 인정 여부에 대한 가치평가나 판단만을 달리하고 있음을 알 수 있다. 이러한 사정을 앞서 본 법리에 비추어 보면, 감사결과 처분요구는 새로운 진술이나 자료를 기초로 한 것이 아니라, 과세관청이 종전 세무조사에서 이미 작성하거나 취득한 자료를 토대로 하면서도 사실관계 인정 여부에 대한 판단 등만을 달리하여 이루어진 것인 만큼, 이를 두고 구 국세기본법 시행령 제63조의2 제2호에서 재조사 허용사유의 하나로 규정하고 있는 '각종 과세자료'에 해당한다고 볼 수는 없다.

1325) **원심(서울고등법원 2016. 5. 12. 선고 2015누38414 판결)** ; "구 조세자료의 제출 및 관리에 관한 법률(이하 '조세자료법'이라 한다) 제2조 제2호, 제4조 제2호, 제5조, 제8조의 각 규정에 의하면, 세무관서의 장은 지방자치단체가 직무상 작성 또는 취득하여 관리하는 자료로서 국세의 부과·징수와 납세의 관리에 필요한 자료로 활용될 가치가 있다고 인정되는 자료가 있으면 해당 지방자치단체의 장에게 그 자료의 수집에 협조하여 줄 것을 요청할 수 있다. … 2013년 세무조사에서 원고에 대한 세무조사의 사업연도를 2008 사업연도와 2012 사업연도까지 확대한 것은 '조세탈루의 혐의를 인정할 만한 명백한 자료가 있는 경우' 또는 '각종 과세자료의 처리를 위한 재조사 등을 하는 경우'에 해당하여 구 국세기본법 제81조의4에 의하여 금지되는 중복세무조사에 해당하지 않는다고 봄이 타당하다. … (1) 이 사건 분할이 적격분할에 해당하지 않는다면 이와 관련하여 법인세 및 부가가치세가 부과될 수밖에 없는데, 인천광역시 남구청장이 이 사건 분할이 적격분할이 아니라는 이유로 BBBB에 취득세 등을 부과·고지하였고, 서울지방국세청장이 인천광역시 남구청장으로부터 이 사건 과세자료를 제출받아 자체 분석한 결과 이 사건 분할이 적격분할에 해당하는지에 관하여 조사가 필요하다고 판단하여 2013년 세무조사의 사업연도를 확대한 것으로 보인다. (2) 동일한 쟁점에 관하여 인천광역시 남구청장이 취득세 등을 부과한 상태에서 서울지방국세청장은 그로부터 이 사건 과세자료를 통보받았는바, 통상 다른 과세관청의 동일한 쟁점에 관한 과세사실 및 관련 자료를 통해 조세탈루사실을 확인할

남구청장이 직무상 목적을 위하여 작성하거나 취득하여 서울지방국세청장에 제공한 각종 과세자료의 처리를 위한 재조사 등에 해당하여 금지되는 중복세무조사에 해당하지 않는다고 판단한 것은 정당하다.

● 대법원 2017. 12. 13. 선고 2016두55421 판결[양도소득세부과처분취소]

▌세무조사, 재조사금지 위반 효과

판시사항

금지되는 재조사에 기하여 과세처분을 하는 것이 **그 자체로 위**법한지 여부(원칙적 ○) 및 이는 과세관청이 그러한 **재조사로 얻은 과세자료**를 과세처분의 **근거로 삼지 않**았다거나 이를 **배제하고서도 동일한 과세처분이 가능**한 경우에도 **마찬가지**인지 여부(○) ☞ 재조사와 과세처분과의 '**인과관계**'는 과세처분 위법의 요건이 아님.

이 유

세무조사는 기본적으로 적정하고 공평한 과세의 실현을 위하여 필요한 최소한의 범위 안에서만 행하여져야 하고, 더욱이 같은 세목 및 같은 과세기간에 대한 재조사는 납세자의 영업의 자유나 법적 안정성을 심각하게 침해할 뿐만 아니라 세무조사권의 남용으로 이어질 우려가 있으므로 조세공평의 원칙에 현저히 반하는 예외적인 경우를 제외하고는 금지할 필요가 있다.

같은 취지에서 국세기본법은 재조사가 예외적으로 허용되는 경우를 엄격히 제한하고 있는바, 그와 같이 한정적으로 열거된 요건을 갖추지 못한 경우 같은 세목 및 같은 과세기간에 대한 재조사는 원칙적으로 금지되고, 나아가 이러한 중복세무조사금지의 원칙을 위반한 때에는 과세처분의 효력을 부정하는 방법으로 통제할 수밖에 없는 중대한 절차적 하자가 존재한다고 보아야 한다.

이러한 관련 규정들의 문언과 체계, 재조사를 엄격하게 제한하는 입법취지, 그 위반의 효과 등을 종합하여 보면, 구 국세기본법 제81조의4 제2항에 따라 금지되는 재조사에 기하여 과세처분을 하는 것은 단순히 당초 과세처분의 오류를 **경정**하는 경우에 불과하다[1326]는 등의 **특별한 사정**이 없는 한

수 있는 개연성은 상당하다고 할 것이므로, 서울지방국세청장이 인천광역시 남구청장으로부터 송부받은 이 사건 과세자료는 조세의 탈루사실이 확인될 상당한 정도의 개연성이 객관적이고 합리적으로 뒷받침되는 자료라고 볼 수 있다. (3) 관할 지방자치단체장이 분할신설법인을 설립한 기업체에 대하여 그 분할이 적격분할이 아니라는 이유로 취득세 등을 부과하였다고 하여 반드시 관할 세무서장이 그 기업체에 법인세 등을 부과할 수는 없다고 하더라도, 만약 관할 지방자치단체장이 그 분할이 적격분할이 아니라는 이유로 취득세 등을 부과하였다면 관할 세무서장은 그 과세가 적법하게 이루어진 것인지 검증할 필요성이 있다고 볼 수 있다. (4) 인천광역시 남구청장은 서울지방국세청장에 이 사건 과세자료를 송부하였고, 서울지방국세청장은 이 사건 과세자료를 처리하기 위하여 2013년 세무조사 대상 사업연도를 2008 사업연도까지 확장한 것으로 볼 수 있다. (5) 이 사건 과세자료는 해당 과세관청(서울지방국세청장) 외의 기관인 인천광역시 남구청장이 직무상 목적을 위하여 작성하거나 취득하여 과세관청인 서울지방국세청장에게 제공한 자료이다. (6) 인천광역시 남구청장은 과세자료법 제4조 제2호에서 정한 과세자료제출기관임이 명백하고, 이 사건 과세자료는 구 국세기본법 시행령 제63조의2 제2호 전단에서 정한 '각종 과세자료'에 해당한다고 할 수 있다."

그 자체로 위법하고, 이는 과세관청이 그러한 재조사로 얻은 과세자료를 과세처분의 근거로 삼지 않았다거나 이를 배제하고서도 동일한 과세처분이 가능한 경우라고 하여 달리 볼 것은 아니다.[1327)]

○ 대법원 2019. 1. 31. 선고 2018두53849 판결 [법인세등부과처분취소]

▌비정기 세무조사 대상자 선정

판시사항

원심이, "피고는 원고가 제출한 법인세 신고서, 매입처별세금계산서합계표, 부가가치세신고서, 근로소득·퇴직소득지급명세서, 사업자등록, 법인등기부 등 객관성과 합리성이 충분히 뒷받침되는 자료에 의해 원고의 신고내용에 탈루나 오류가 있다고 보아 원고를 비정기조사 대상자로 선정하였으므로,[1328)] 피고의 세무조사 대상자 선정이 위법[1329)]하다고 보기 어렵다."라고 판단한 데에 잘못이 없다

1326) 대법원 2011. 1. 27. 선고 2010두6083 판결 ; "이 사건 부과처분 중 원고가 과세·면세겸영 사업자임에도 공통매입세액 전액을 매입세액으로 공제한 것은 잘못이라는 이유로 공통매입세액 중 면세사업에 해당하는 부분의 매입세액을 불공제한 부분(2003년 제1기분 부가가치세 27,268,580원 및 2003년 제2기분 부가가치세 207,021,129원 중 일부)은, 2차 세무조사와는 무관하게 당초 경정처분의 **오류를 경정**한 것뿐이어서, 2차 세무조사가 위법한지 여부와 상관없이 적법하다고 할 것"

1327) **【구체적 사안】**

○ **사실관계** ; ① 원고는 2004. 10. 12. 이 사건 부동산을 경매로 취득한 후, 2012. 2. 26. 소외 회사에 양도하였다. ② 원고는 2012. 4. 27. 양도소득세를 신고하면서, 2004. 11. 1.부터 2005. 6. 1.까지 사이에 이 사건 부동산 중 건물에 대한 리모델링 공사(이 사건 공사)를 하여 시공업체에 공사비 285,000,000원을 지급하였고, 그 외에 전기승압 공사비 26,500,000원을 지급하였음을 이유로 위 비용들을 필요경비로 신고하였다. ③ 강동세무서장은 2012. 10. 4.부터 2012. 10. 23.까지 원고에 대하여 세무조사를 하였고, 원고가 이 사건 공사에 대한 공사계약서 및 공사내역서, 금융거래내역서, 소외 양수회사가 2006. 12. 19. 이 사건 부동산을 임차할 당시 리모델링 공사가 되어 있었다는 취지의 소외 회사 대표자의 확인서를 제출하자 이 사건 공사비에 한하여 필요경비로 인정하는 것으로 세무조사를 종결하였다. ④ 그 후 국세청은 강동세무서에 대한 **업무감사**를 실시하여, 시공업체가 공사비에 대한 세금계산서를 발급하지 않았고 원고가 제시한 공사비 지급내역도 수취자 미확인 등으로 신빙성이 없다는 이유로, 이 사건 공사가 실제 진행되었는지를 검토하여 원고에 대한 양도소득세를 재경정하도록 시정지시를 하였다. ⑤ 이에 강동세무서의 조사담당 공무원은 2014. 7. 23.부터 2014. 7. 25.까지 이 사건 공사여부를 확인하기 위해 이 사건 부동산을 **현장방문**하여, 소외 회사의 **대표자와 직원을 만나서** 대표자 명의의 확인서가 위조되었고 실제는 이 사건 공사가 이루어지지 않았다는 취지의 **진술서**와 **관련 장부**를 **제출받**은 후, 이 사건 공사가 실제로 이루어지지 않았다고 보아 이 사건 공사비를 부인하였다(이 사건 재조사). 원고의 주소지를 관할하는 피고는 2014. 10. 1. 원고에 대하여 2012년 귀속 양도소득세를 부과하는 이 사건 처분을 하였다.

○ **원심** ; 피고가 이 사건 재조사로 얻은 과세자료를 판단의 근거로 삼지 않았고, 그 과세자료를 제외하더라도 이 사건 처분이 가능하였다는 이유로 이 사건 처분이 적법하다고 판단.

○ 대법원 ; 이 사건 재조사에 기한 이 사건 처분은 이 사건 **재조사로 얻은 과세자료를 근거로 삼았는지 또는 이를 배제하고서도 가능한지를 따질 것도 없이** 위법하다.

1328) **국세기본법 제81조의6(세무조사 관할 및 대상자 선정)** ② 세무공무원은 다음 각 호의 어느 하나에 해당하는 경우에 정기적으로 신고의 적정성을 검증하기 위하여 대상을 선정(이하 "정기선정"이라 한다)하여 세무조사를 할 수 있다. 이 경우 세무공무원은 객관적 기준에 따라 공정하게 그 대상을 선정하여야 한다. 〈개정 2017.12.19〉

1. 국세청장이 납세자의 신고 내용에 대하여 과세자료, 세무정보 및 「주식회사의 외부감사에 관한 법률」에 따른 감사의견, 외부감사 실시내용 등 회계성실도 자료 등을 고려하여 정기적으로 성실도를 분석한 결과 불성실 혐의가 있다고 인정하는 경우
2. 최근 4과세기간 이상 같은 세목의 세무조사를 받지 아니한 납세자에 대하여 업종, 규모, 경제력 집중 등을 고려하여

고 한 예.

● 대법원 2019. 6. 13. 선고 2016두50792 판결[증여세부과처분취소]

▌세무조사 통지

판시사항

원심[1330]이, 구 국세기본법(2017. 12. 19. 법률 제15220호로 개정되기 전의 것) 제81조의7 제1항,[1331] 구

대통령령으로 정하는 바에 따라 신고 내용이 적정한지를 검증할 필요가 있는 경우
3. 무작위추출방식으로 표본조사를 하려는 경우
③ 세무공무원은 제2항에 따른 정기선정에 의한 조사 외에 다음 각 호의 어느 하나에 해당하는 경우에는 세무조사를 할 수 있다. 〈개정 2015.12.15〉
1. 납세자가 세법에서 정하는 신고, 성실신고확인서의 제출, 세금계산서 또는 계산서의 작성·교부·제출, 지급명세서의 작성·제출 등의 납세협력의무를 이행하지 아니한 경우
2. 무자료거래, 위장·가공거래 등 거래 내용이 사실과 다른 혐의가 있는 경우
3. 납세자에 대한 구체적인 탈세 제보가 있는 경우
4. 신고 내용에 탈루나 오류의 혐의를 인정할 만한 명백한 자료가 있는 경우
5. 납세자가 세무공무원에게 직무와 관련하여 금품을 제공하거나 금품제공을 알선한 경우
④ 세무공무원은 과세관청의 조사결정에 의하여 과세표준과 세액이 확정되는 세목의 경우 과세표준과 세액을 결정하기 위하여 세무조사를 할 수 있다. 〈개정 2014.1.1.〉
☛ **지방세기본법 제82조(세무조사 대상자 선정)** 제1항 1~3호는 국세기본법 제81조의6 제2항 1~3호와 동일하고, 지방세기본법 제82조 제2항 1~3호는 국세기본법 제81조의6 제3항 1, 3, 4호와 같이 규정한 다음 4호로 '납세자가 세무조사를 신청하는 경우'를 추가하고 있다.

1329) 대법원 2014. 6. 26. 선고 2012두911 판결 ; "세무조사대상의 기준과 선정방식에 관한 구 국세기본법 제81조의5가 도입된 배경과 취지, 구 국세기본법 제81조의5가 포함된 제7장의2에 관한 구 국세기본법과 개별 세법의 관계 등을 종합하여 보면, 구 국세기본법 제81조의5가 마련된 이후에는 개별 세법이 정한 질문·조사권은 구 국세기본법 제81조의5가 정한 요건과 한계 내에서만 허용된다고 보아야 한다. 또한 구 국세기본법 제81조의5가 정한 세무조사대상 선정사유가 없음에도 세무조사대상으로 선정하여 과세자료를 수집하고 그에 기하여 과세처분을 하는 것은 적법절차의 원칙을 어기고 구 국세기본법 제81조의5와 제81조의3 제1항을 위반한 것으로서 특별한 사정이 없는 한 그 과세처분은 위법하다고 할 것이다. … 원심은, 이 사건 세무조사 결과 원고가 한 신고내용이 일부 사실과 다르다는 점이 밝혀진 것일 뿐 원고가 세법이 정하는 신고 등 각종 납세협력의무를 이행하지 아니하였다고 인정할 아무런 증거가 없고, 서울지방국세청장은 소외인과 관련한 세무신고자료나 전산자료에 나타난 소외인의 재산현황에 비추어 이 사건 부동산의 취득자금 출처가 불분명하다고 보았을 뿐 원고의 신고내용 자체에 탈루나 오류의 혐의를 인정할 만한 명백한 자료를 갖고 있지 아니하였으며, 피고들은 원고의 신고내용에 대한 성실도 분석을 한 결과자료를 제출하지 아니하여 원고의 신고내용에 대한 성실도 분석결과 불성실혐의가 있다고 볼 수도 없고, 원고에 대한 조사대상 세목은 종합소득세, 부가가치세 등으로서 과세관청의 조사결정에 의하여 과세표준과 세액이 확정되는 세목이 아니라는 등의 이유로, 이 사건 각 처분은 구 국세기본법에 정한 세무조사대상 선정사유가 없음에도 위법하게 개시된 세무조사를 기초로 한 것이어서 위법하다고 판단하면서, 구 국세기본법 제81조의5 제2항 제1호, 제4호, 제5호 또는 제4항에 따른 세무조사대상 선정사유가 있다는 피고들의 주장을 배척하였다. … 원심의 이러한 판단은 정당하고"
☞ 납세협력의무의 불이행, 거래 내용이 사실과 다른 혐의의 존재, 신고 내용에 탈루나 오류의 혐의를 인정할 만한 명백한 자료의 존재, 성실도 분석결과 불성실혐의의 존재 등 **세무조사대상 선정사유의 존재**에 대해서 **과세관청**이 **증명책임**을 진다.

1330) 서울고등법원 2016. 8. 16. 선고 2016누33027 판결(원심), 서울행정법원 2015. 12. 29. 선고 2014구합68461 판결(1심).

1331) **국세기본법 제81조의7(세무조사의 통지와 연기신청)** ① 세무공무원은 세무조사를 하는 경우에는 조사를 받을 납세자(납세자가 제82조에 따라 납세관리인을 정하여 관할 세무서장에게 신고한 경우에는 납세관리인을 말한다. 이하

국세기본법 시행령(2018. 2. 13. 대통령령 제28644호로 개정되기 전의 것) 제63조의6[1332]의 각 규정 내용과 원심 판시 사정 등에 비추어, 이 사건은 원고에게 **사전통지를 하는 경우 증거인멸 등으로 조사목적을 달성할 수 없**는 경우에 해당하고, **조사대상 세목**도 통지하였으므로, 피고가 원고에 대한 세무조사에 착수하거나 조사범위를 확대하면서 사전통지절차를 위반하거나 조사대상 세목을 원고에게 고지하지 않은 절차상 위법을 저질렀다고 볼 수 없다고 판단한 것은 정당하다고 한 예.[1333][1334] ☞ **같은 취지** ;

이 조에서 같다)에게 조사를 시작하기 15일 전에 조사대상 세목, 조사기간 및 조사 사유, 그 밖에 대통령령으로 정하는 사항을 통지(이하 이 조에서 "사전통지"라 한다)하여야 한다. 다만, 사전통지를 하면 증거인멸 등으로 조사목적을 달성할 수 없다고 인정되는 경우에는 그러하지 아니하다. 〈개정 2018.12.31.〉 ④ 세무공무원은 제1항 단서에 따라 사전통지를 하지 아니하고 세무조사를 하는 경우 세무조사를 개시할 때 다음 각 호의 사항이 포함된 세무조사통지서를 세무조사를 받을 납세자에게 교부하여야 한다. 다만, 폐업 등 대통령령으로 정하는 경우에는 그러하지 아니하다. 〈신설 2017.12.19.〉 1. 사전통지 사항 2. 사전통지를 하지 아니한 사유 3. 그 밖에 대통령령으로 정하는 사항 ☛ **지방세기본법 제83조(세무조사의 사전통지와 연기신청) ①, ④**도 동일하다.

1332) **국세기본법 시행령 제63조의6(세무조사의 통지)** ① 법 제81조의7 제1항에 따라 납세자 또는 납세관리인에게 세무조사에 관한 사전통지를 하는 경우에는 다음 각 호의 사항을 적은 문서로 하여야 한다. 〈개정 2018.2.13.〉 1. 납세자 또는 납세관리인의 성명과 주소 또는 거소 2. 조사기간 3. 조사대상 세목, 과세기간 및 조사 사유 4. 법 제81조의11 제3항에 따른 부분조사를 실시하는 경우에는 해당 부분조사의 범위 5. 그 밖에 필요한 사항

1333) **[사실관계]** ○○지방국세청이 2012. 1. 11. 원고에 대한 세무조사를 실시하면서 구 국세기본법 제81조의7 제1항 단서에 따라 원고에게 사전통지를 하지 아니하였고, 위 세무조사 당일 원고에게 조사대상세목을 '자금출처조사', 조사대상기간을 '2003. 1. 1. ~ 2004. 12. 31.', 조사기간을 '2012. 1. 11.부터 2012. 2. 20.까지', 조사사유를 '귀하의 자산취득자금 증여 혐의 검증을 위하여 조사대상자로 선정되었습니다'라고 통지하였고, 2012. 2.경 원고에 대한 세무조사 범위를 확대하면서, 세목을 '자금출처조사', 확대기간을 '1996. 1. 1. ~ 2002. 12. 31.', 확대범위를 '기간 중 소외 회사의 주식 취득자금 출처', 확대사유를 '장○○로부터 소외 회사의 주식을 명의수탁 받은 시기가 다른 과세기간으로 연결되어 있음'이라고 통지하였는데, 피고는 원고가 장○○로부터 소외 회사 주식을 명의신탁받은 것으로 보고 2012. 10. 12. 원고에게 증여세를 결정·고지한 사안.

1334) 서울고등법원 2016. 8. 16. 선고 2016누33027 판결 ; "**사전 통지절차에 위법이 있는지**에 관하여 보면, ① 세무조사 이전에 장○○와 원고 사이의 소외 회사 주식 소유에 대한 분쟁과정에서 장○○가 소외 회사 주식의 실제 소유자였다는 점이 인정되었으나, 피고가 명의신탁 사실을 직접적으로 확인할 과세자료를 확보하고 있지는 못하였다고 보이는 점, ② 원고는 장○○와 사이에 2008년경부터 소외 회사 주식에 관한 소유권분쟁을 시작하였고, 위 사건에서 소외 회사를 통하여 자신이 실제 주식을 인수하였다고 주장하였으며, 이 사건 처분 이후에 조세심판청구사건에서도 자신이 실제 주식을 인수하였다고 주장하였고, 이 사건 처분으로 고지받은 세액이 000억 원의 거액이므로, 세무조사과정에서 자신이 실제 주식을 인수하였다는 주장을 하며 관련 증거들을 인멸, 은닉하거나, 작출할 가능성이 높았다고 보이는 점, ③ 사전 통지절차를 생략한 세무조사를 한 결과 증거가 인멸되지 않았다면, 이는 결과적으로 조사의 목적이 달성된 것이라고 보아야 하는 것이지 이를 이유로 세무조사를 실시하기 이전에 증거인멸의 가능성이 없었다고 볼 수는 없는 점 등에 비추어 보면, 피고가 원고에게 **사전 통지를 하면 증거인멸 등으로 조사 목적을 달성할 수 없을 수 있었다**고 봄이 상당하다. … **조사대상 세목을 통지하지 않은 위법**이 있는지에 대하여 보면, ○○지방국세청장이 세무조사 당일 원고에게 앞서 본 인정사실과 같이 통지하여 '원고가 2003년부터 2004년까지 취득한 자산의 취득자금을 증여받은 것을 사유로 한 증여세'를 세무조사의 대상으로 삼은 취지를 통지하여 조사대상 세목을 통지하였다고 할 것이다. 그리고 ○○지방국세청장이 증여세를 부과할 것이라는 정도의 통지를 넘어서 '명의신탁 증여의제에 따른 증여세'라고 세목을 명확하게 특정하여 통지할 의무가 있다고 보기는 어려울 뿐만 아니라 ○○지방국세청장이 세무조사를 실시할 당시 세무조사로 어떠한 자료가 확보되어 어떠한 조사결과가 나올지 알 수 없어 그와 같은 통지가 가능하다고 보이지도 않는다. 또한 세무조사의 대상이 된 납세자가 자신의 자금으로 주식을 취득한 것이 아니라면, 납세자가 그 취득자금을 제3자로부터 증여받은 것이거나 제3자 소유의 주식을 명의신탁 받은 것으로 귀결되므로, 원고가 자신 명의로 된 소외 회사 주식의 취득자금 출처에 대한 세무조사가 진행되는 과정에서 위 주식의 명의신탁 여부에 대한 조사가 이루어질 수 있다는 것을 예측할 수 없었다고 보기 어렵다. 조사대상 세목이 원고에게 고지되지 않은 절차상 하자가 있다고 볼 수 없다. … **세무조사 범위 확대** 과정에서 구체적인 조사대상 세목이 고지되지 않은

대법원 2019. 1. 31. 선고 2018두53849 **판결**[1335] cf. **대법원** 2016. 2. 18. 선고 2014두43639 **판결**[1336]

과세전적부심사청구

● 대법원 2016. 4. 15. 선고 2015두52326 판결[법인세등부과처분취소]

▌과세예고 통지, 과세전적부심사

판시사항

[1] 과세관청이 **과세예고 통지를 하지 아니**함으로써 납세자에게 과세전적부심사의 기회를 부여하지 아니한 채 과세처분을 한 경우, 과세처분이 위법한지 여부(○) ☞ **당연무효**

[2] **감사원의 감사결과 처분지시 또는 시정요구**에 따라 과세처분을 하는 경우 ≠ 과세관청이 **과세예고 통지를 생략**하거나 납세자에게 **과세전적부심사의 기회를 부여하지 아니**한 채 과세처분을 할 수 있는 **예외사유** ☞ 2017. 2. 7. 영 개정 시 제63조의14 제2항 제3호 단서에 예외사유가 신설되었다가, 2018. 12. 31. 법 개정 시 제81조의15 제1항 제3호 단서로 올려 규정됨.

이 유

[1] (구) **국세기본법 제81조의15**[1337] 제1항 본문은 "다음 각 호의 어느 하나에 해당하는 통지를

절차상 하자가 있다고 볼 수 없고, 위 통지 내용에 비추어 보면 원고가 1996년부터 2002년까지 소외 회사 주식의 명의신탁 여부에 대한 세무조사가 추가로 이루어질 것이라는 점을 예상할 수 없었다고 보기도 어렵다."

1335) 원심이, "세무조사의 착수, 진행 경위에 비추어 볼 때, 피고가 사전통지 절차를 생략한 것은 원고의 신고내용에 탈루나 오류의 혐의가 있었고 원고의 증거인멸이 우려되는 상황에서 이루어졌으므로, 이러한 피고의 조치가 현저히 합리성을 잃어 위법하다고 볼 수 없다."고 판단한 데에 잘못이 없다고 한 예.

1336) **원심**이, 피고가 납세자인 원고에게 세무조사 사전 통지를 하고 소명기회를 부여한 이상 그러한 세무조사에 기초한 사건 처분은 적법하다고 판단한 데 대하여, **대법원**은, 이 부분 상고이유는 피고가 참고인에게 소명자료제출 요청 공문을 보내면서 이미 경과한 제출요구기한을 기재한 것이 세무조사의 절차상 위법에 해당한다는 것이나, 세무조사의 상대방이 아니라 참고인에 대한 소명자료제출 요청은 세무조사의 임의적 절차에 불과한 점에 비추어 살펴보면 원심의 위와 같은 판단은 정당하다고 한 예.

1337) **국세기본법 제81조의15(과세전적부심사)** ① 세무서장 또는 지방국세청장은 다음 각 호의 어느 하나에 해당하는 경우에는 미리 납세자에게 그 내용을 서면으로 통지(이하 이 조에서 "과세예고통지"라 한다)하여야 한다. 〈신설 2018.12.31〉

1. 세무서 또는 지방국세청에 대한 지방국세청장 또는 국세청장의 업무감사 결과(현지에서 시정조치하는 경우를 포함한다)에 따라 세무서장 또는 지방국세청장이 과세하는 경우
2. 세무조사에서 확인된 것으로 조사대상자 외의 자에 대한 과세자료 및 현지 확인조사에 따라 세무서장 또는 지방국세청장이 과세하는 경우
3. 납부고지하려는 세액이 100만원 이상인 경우. 다만, 「감사원법」 제33조에 따른 시정요구에 따라 세무서장 또는 지방국세청장이 과세처분하는 경우로서 시정요구 전에 과세처분 대상자가 감사원의 지적사항에 대한 소명안내를 받은 경우는 제외한다. ☛ 단서 규정은, 2017. 2. 7. 영 개정 시 제63조의14 제2항 제3호 단서에 예외사유로 신설되었다가, 2018. 12. 31. 법 개정 시 법으로 올려 규정됨.

② 다음 각 호의 어느 하나에 해당하는 통지를 받은 자는 통지를 받은 날부터 30일 이내에 통지를 한 세무서장이나 지방국세청장에게 통지 내용의 적법성에 관한 심사[이하 이 조에서 "과세전적부심사"라 한다]를 청구할 수 있다.

받은 자는 통지를 받은 날부터 30일 이내에 통지를 한 세무서장이나 지방국세청장에게 통지 내용의 적법성에 관한 심사(이하 이 조에서 '**과세전적부심사**'라고 한다)를 청구할 수 있다."고 하면서, '제81조의12에 따른 세무조사 결과에 대한 서면통지'(제1호), '그 밖에 대통령령으로 정하는 과세예고 통지'(제2호)를 들고 있다.

또한 같은 조 제2항은 "다음 각 호의 어느 하나에 해당하는 경우에는 제1항을 적용하지 아니한다."고 하면서, '국세징수법 제14조에 규정된 납기 전 징수의 사유[1338]가 있거나 세법에서 규정하는 수시부과의 사유가 있는 경우'(제1호), '조세범처벌법 위반으로 고발 또는 통고처분하는 경우'(제2호), '세무조사 결과 통지 및 과세예고 통지를 하는 날부터 국세부과 제척기간의 만료일까지의 기간이 3개월 이하인 경우'(제3호) 등을 들고 있는데, **국세청 훈령**인 과세전적부심사사무처리규정 제5조 제6호는 국세기본법 제81조의15에 따른 **과세전적부심사의 대상이 아닌 경우**의 하나로 **'감사원 감사결과 처분**

다만, 법령과 관련하여 국세청장의 유권해석을 변경하여야 하거나 새로운 해석이 필요한 경우 등 대통령령으로 정하는 사항에 대해서는 국세청장에게 청구할 수 있다. 〈개정 2018.12.31〉

1. 제81조의12에 따른 세무조사 결과에 대한 서면통지
2. 제1항 각 호에 따른 과세예고통지

③ 다음 각 호의 어느 하나에 해당하는 경우에는 제2항을 적용하지 아니한다. 〈개정 2018.12.31, 2020.12.29〉 ☛ **과세적부심사 대상 제외 사유**

1. 「국세징수법」 제9조에 규정된 납부기한 전 징수의 사유가 있거나 세법에서 규정하는 수시부과의 사유가 있는 경우 ☛ 지방세의 경우 전 단계인 과세예고통지 대상 제외사유로 지기령 제58조 제3항 제4, 5호에 규정
2. 「조세범 처벌법」 위반으로 고발 또는 통고처분하는 경우
3. 세무조사 결과 통지 및 과세예고통지를 하는 날부터 국세부과 제척기간의 만료일까지의 기간이 3개월 이하인 경우
4. 그 밖에 대통령령으로 정하는 경우 ☛ 영 제63조의15 ③ ; '상호합의 절차 개시 요청', '재조사 결정에 따른 조사'

④ 과세전적부심사 청구를 받은 세무서장, 지방국세청장 또는 국세청장은 각각 국세심사위원회의 심사를 거쳐 결정을 하고 그 결과를 청구를 받은 날부터 30일 이내에 청구인에게 통지하여야 한다. 〈개정 2018.12.31.〉

⑤ 과세전적부심사 청구에 대한 결정은 다음 각 호의 구분에 따른다. 〈개정 2018.12.31〉

1. 청구가 이유 없다고 인정되는 경우: 채택하지 아니한다는 결정
2. 청구가 이유 있다고 인정되는 경우: 채택하거나 일부 채택하는 결정. 다만, 구체적인 채택의 범위를 정하기 위하여 사실관계 확인 등 추가적으로 조사가 필요한 경우에는 제2항 각 호의 통지를 한 세무서장이나 지방국세청장으로 하여금 이를 재조사하여 그 결과에 따라 당초 통지 내용을 수정하여 통지하도록 하는 재조사 결정을 할 수 있다.
3. 청구기간이 지났거나 보정기간에 보정하지 아니한 경우: 심사하지 아니한다는 결정

1338) 대법원 2012. 10. 11. 선고 2010두19713 판결 ; "과세전적부심사제도는 과세처분 이후의 사후적 구제제도와는 별도로 과세처분 이전의 단계에서 납세자의 주장을 반영함으로써 권리구제의 실효성을 높이기 위하여 마련된 사전적 구제제도이기는 하지만, 조세 부과의 제척기간이 임박한 경우에는 이를 생략할 수 있는 등 과세처분의 필수적 전제가 되는 것은 아닐 뿐만 아니라 납세자에게 신용실추, 자력상실 등의 사정이 발생하여 **납기 전 징수의 사유**가 있는 경우에도 조세징수권의 조기 확보를 위하여 그 대상이나 심사의 범위를 제한할 필요가 있다. 이에 따라 구 국세기본법 제81조의12 제1항, 제2항, 구 국세기본법 시행령 제63조의9 제4항 등은 과세전적부심사를 청구할 수 없는 사유 또는 과세전적부심사청구에 대한 결정이 있을 때까지 과세처분을 유보하지 않아도 되는 사유의 하나로 '납기 전 징수의 사유가 있는 경우'를 규정하고 있는데, 과세전적부심사청구 당시에는 납기 전 징수의 사유가 발생하지 아니하여 과세전적부심사청구가 허용된 경우라도 그 후 납기 전 징수의 사유가 발생하였다면 세무서장 등은 과세전적부심사에 대한 결정이 있기 전이라도 과세처분을 할 수 있다고 할 것이고, 세무서장 등이 구 국세기본법 제81조의12 제3항에서 규정한 과세전적부심사청구에 대한 결정 및 통지의 기한(과세전적부심사청구를 받은 날부터 30일)을 넘겨 그 결정이나 통지를 하지 않던 중 납기 전 징수의 사유가 발생한 경우라고 하여 달리 볼 것은 아니다."

지시 또는 시정요구에 따라 고지하는 경우'를 추가하여 규정하고 있다.[1339]

한편 구 국세기본법 시행령(2015. 2. 3. 대통령령 제26066호로 개정되기 전의 것, 이하 같다) 제63조의14 제2항은 "법 제81조의15 제1항 제2호에서 **'대통령령으로 정하는 과세예고 통지'**란 다음 각 호의 어느 하나에 해당하는 것을 말한다."고 하면서, '세무서 또는 지방국세청에 대한 지방국세청장 또는 국세청장의 **업무감사** 결과(현지에서 시정조치하는 경우를 포함한다)에 따라 세무서장 또는 지방국세청장이 하는 과세예고 통지'(제1호), '세무조사에서 확인된 **해당 납세자 외의 자**에 대한 과세자료 및 현지 확인조사에 따라 세무서장 또는 지방국세청장이 하는 과세예고 통지'(제2호), '납세고지하려는 **세액이 3백만원 이상**인 과세예고 통지'(제3호)를 들고 있는데, 같은 조 제4항은 "법 제81조의15 제1항에 따라 과세전적부심사 청구를 받은 세무서장·지방국세청장 또는 국세청장은 그 청구부분에 대하여 같은 조 제3항에 따른 결정이 있을 때까지 과세표준 및 세액의 결정이나 경정결정을 유보하여야 한다. 다만 법

1339) **지방세기본법 제88조(과세전적부심사)** ① 지방자치단체의 장은 다음 각 호의 어느 하나에 해당하는 경우에는 미리 납세자에게 그 내용을 서면으로 통지(이하 이 조에서 "과세예고통지"라 한다)하여야 한다. 〈신설 2019.12.31, 2020.12.29〉

1. 지방세 업무에 대한 감사나 지도·점검 결과 등에 따라 과세하는 경우. 다만, 제150조, 「감사원법」 제33조, 「지방자치법」 제169조 및 제171조에 따른 시정요구에 따라 과세처분하는 경우로서 시정요구 전에 과세처분 대상자가 지적사항에 대한 소명안내를 받은 경우는 제외한다.
2. 세무조사에서 확인된 해당 납세자 외의 자에 대한 과세자료 및 현지 확인조사에 따라 과세하는 경우
3. 비과세 또는 감면 신청을 반려하여 과세하는 경우(「지방세법」에서 정한 납기에 따라 납세고지하는 경우는 제외한다)
4. 비과세 또는 감면한 세액을 추징하는 경우
5. 납세고지하려는 세액이 30만원 이상인 경우(「지방세법」에서 정한 납기에 따라 납세고지하는 경우 등 대통령령으로 정하는 사유에 따라 과세하는 경우는 제외한다)

② 다음 각 호의 어느 하나에 해당하는 통지를 받은 자는 통지받은 날부터 30일 이내에 지방자치단체의 장에게 통지내용의 적법성에 관한 심사(이하 "과세전적부심사"라 한다)를 청구할 수 있다. 〈개정 2019.12.31.〉 1. 세무조사결과에 대한 서면 통지 2. 제1항 각 호에 따른 과세예고통지

③ 다음 각 호의 어느 하나에 해당하는 경우에는 제2항을 적용하지 아니한다. 〈개정 2019.12.31〉 ☛ **과세적부심사 대상 제외 사유**

1. 삭제 〈2020.12.29.〉 ☛ 전 단계인 과세예고통지 대상 제외사유로 영 제58조 제3항 제4, 5호에 옮겨 규정
2. 범칙사건조사를 하는 경우
3. 세무조사결과 통지 및 과세예고통지를 하는 날부터 지방세 부과 제척기간의 만료일까지의 기간이 3개월 이하인 경우
4. 그 밖에 법령과 관련하여 유권해석을 변경하여야 하거나 새로운 해석이 필요한 경우 등 대통령령으로 정하는 경우

④ 과세전적부심사청구를 받은 지방자치단체의 장은 제147조제1항에 따른 지방세심의위원회의 심사를 거쳐 제5항에 따른 결정을 하고 그 결과를 청구받은 날부터 30일 이내에 청구인에게 알려야 한다. 이 경우 대통령령으로 정하는 사유가 있으면 30일의 범위에서 1회에 한정하여 심사기간을 연장할 수 있다. 〈개정 2019.12.31〉

⑤ 과세전적부심사청구에 대한 결정은 다음 각 호의 구분에 따른다. 〈개정 2019.12.31〉

1. 청구가 이유 없다고 인정되는 경우: 채택하지 아니한다는 결정
2. 청구가 이유 있다고 인정되는 경우: 채택하거나 일부 채택한다는 결정. 다만, 구체적인 채택의 범위를 정하기 위하여 사실관계 확인 등 추가적으로 조사가 필요한 경우에는 제2항 각 호의 통지를 한 지방자치단체의 장으로 하여금 이를 재조사하여 그 결과에 따라 당초 통지 내용을 수정하여 통지하도록 하는 재조사 결정을 할 수 있다.
3. 청구기간이 지났거나 보정기간에 보정하지 아니하는 경우: 심사하지 아니한다는 결정

제81조의15 제2항 각 호의 어느 하나에 해당하는 경우 또는 같은 조 제7항에 따른 신청이 있는 경우에는 그러하지 아니하다."고 규정하고 있다.[1340)1341)] …

1340) **국세기본법 시행령 제63조의15(과세전적부심사의 범위 및 청구 절차 등)**[2020. 2. 11. 개정 시 제63조의14에서 이동] ① 법 제81조의15 제2항 각 호 외의 부분 단서에서 "법령과 관련하여 국세청장의 유권해석을 변경하여야 하거나 새로운 해석이 필요한 경우 등 대통령령으로 정하는 사항"이란 다음 각 호의 어느 하나에 해당하는 것을 말한다. 〈개정 2019.2.12.〉 ☛ '국세청장'에 대한 과세전적부심사청구 사유

1. 법령과 관련하여 국세청장의 유권해석을 변경하여야 하거나 새로운 해석이 필요한 것
2. 국세청장의 훈령·예규·고시 등과 관련하여 새로운 해석이 필요한 것
3. 세무서 또는 지방국세청에 대한 국세청장의 업무감사 결과(현지에서 시정조치하는 경우를 포함한다)에 따라 세무서장 또는 지방국세청장이 하는 과세예고 통지에 관한 것
4. 제1호부터 제3호까지의 규정에 해당하지 아니하는 사항 중 과세전적부심사 청구금액이 10억원 이상인 것
5. 감사원법 제33조에 따른 시정요구에 따라 세무서장 또는 지방국세청장이 과세처분하는 경우로서 시정 요구 전에 과세처분 대상자가 감사원의 지적사항에 대한 소명안내를 받지 못한 것

② 삭제 〈2019.2.12.〉 ☞ 법률로 올려 규정함.

③ **법** 제81조의15 **제3항 제4호**에서 "대통령령으로 정하는 경우"란 다음 각 호의 어느 하나에 해당하는 경우를 말한다. 〈개정 2019.2.12.〉 ☛ **과세적부심사 대상 제외 사유**

1. 「국제조세조정에 관한 법률」에 따라 조세조약을 체결한 상대국이 상호합의 절차의 개시를 요청한 경우
2. 법 제65조 제1항 제3호 단서(법 제66조 제6항 및 제81조에서 준용하는 경우를 포함한다) 및 제81조의15 제5항 제2호 단서에 따른 재조사 결정에 따라 조사를 하는 경우 ☛ 지방세의 경우 전 단계인 과세예고통지 대상 제외사유로 지기령 제58조 제3항 제6호에 규정

④ 법 제81조의15 제2항에 따라 과세전적부심사 청구를 받은 세무서장·지방국세청장 또는 국세청장은 그 청구부분에 대하여 같은 조 제4항에 따른 결정이 있을 때까지 과세표준 및 세액의 결정이나 경정결정을 유보하여야 한다. 다만, 법 제81조의15 제3항 각 호의 어느 하나에 해당하는 경우 또는 같은 조 제8항에 따른 신청이 있는 경우에는 그러하지 아니하다. 〈개정 2019.2.12.〉

1341) **지방세기본법 시행령 제58조(과세전적부심사)** ① 법 제88조제2항에 따라 과세전적부심사를 청구하려는 자는 다음 각 호의 사항을 적은 과세전적부심사청구서에 증거서류나 증거물을 첨부(증거서류나 증거물이 있는 경우에 한정한다)하여 지방자치단체의 장(법 제90조에 따른 이의신청의 결정기관을 말한다)에게 제출해야 한다. 〈개정 2019.12.31.〉 1. 청구인의 성명과 주소 또는 영업소 2. 법 제88조제2항 각 호의 통지를 받은 연월일 3. 청구세액 4. 청구 내용 및 이유

② 제1항에 따라 과세전적부심사청구서를 제출받은 지방자치단체의 장은 그 청구부분에 대하여 법 제88조제4항에 따른 결정이 있을 때까지 과세표준 및 세액의 결정이나 경정결정을 유보해야 한다. 다만, 법 제88조제3항 각 호의 어느 하나에 해당하는 경우에는 그렇지 않다. 〈개정 2019.12.31.〉

③ **법** 제88조 **제1항 제5호**에서 "「지방세법」에서 정한 납기에 따라 납세고지하는 경우 등 대통령령으로 정하는 사유에 따라 과세하는 경우"란 다음 각 호의 경우를 말한다. 〈신설 2020.12.31.〉 ☛ **과세예고통지 대상 제외 사유**

1. 「지방세법」에서 정한 납기에 따라 납세고지하는 경우
2. 납세의무자가 신고한 후 납부하지 않은 세액에 대하여 납세고지하는 경우
3. 세무서장 또는 지방국세청장이 결정 또는 경정한 자료에 따라 지방소득세를 납세고지하는 경우
4. 「지방세징수법」 제22조제2항 전단에 따라 납기 전에 징수하기 위하여 고지하는 경우
5. 「지방세법」 제62조·제98조·제103조의9·제103조의26 및 제128조제2항 단서에 따라 수시로 그 세액을 결정하여 부과·징수하는 경우
6. 법 제88조제5항제2호 단서, 제96조제1항제3호 단서 또는 제96조제6항 및 「국세기본법」 제81조에 따라 준용되는 같은 법 제65조제1항제3호 단서에 따른 재조사 결정을 하여 그 재조사한 결과에 따라 과세하는 경우

④ 삭제 〈2020.12.31〉

⑤ **법** 제88조 **제3항 제4호**에서 "법령과 관련하여 유권해석을 변경하여야 하거나 새로운 해석이 필요한 경우 등 대통령령으로 정하는 경우"란 다음 각 호의 어느 하나에 해당하는 경우를 말한다. 〈개정 2018.12.31, 2019.12.31.〉

☛ **과세적부심사 대상 제외 사유**

1. 법령과 관련하여 유권해석을 변경하여야 하거나 새로운 해석이 필요한 경우

헌법 제12조 제1항에서 규정하고 있는 적법절차의 원칙은 형사소송절차에 국한되지 아니하고 모든 국가작용 전반에 대하여 적용되며, 세무공무원이 과세권을 행사하는 경우에도 이러한 적법절차의 원칙은 마찬가지로 준수하여야 한다(대법원 2014. 6. 26. 선고 2012두911 판결 참조).

한편 **과세예고 통지**는 과세관청이 조사한 사실 등의 정보를 미리 납세자에게 알려줌으로써 납세자가 충분한 시간을 가지고 준비하여 과세전적부심사와 같은 의견청취절차에서 의견을 진술할 기회를 가짐으로써 자신의 권익을 보호할 수 있도록 하기 위한 처분의 사전통지로서의 성질을 가진다. 또한 과세처분 이후에 행하여지는 심사·심판청구나 행정소송은 시간과 비용이 많이 소요되어 효율적인 구제수단으로 미흡한 측면이 있다는 점과 대비하여 볼 때, **과세전적부심사 제도**는 과세관청이 위법·부당한 처분을 행할 가능성을 줄이고 납세자도 과세처분 이전에 자신의 주장을 반영할 수 있도록 하는 **예방적 구제제도의 성질**을 가진다. 이러한 과세예고 통지와 과세전적부심사 제도는 1999. 8. 31. 법률 제5993호로 국세기본법이 개정되면서 납세자의 권익 향상과 세정의 선진화를 위하여 도입되었는데, 과세예고 통지를 받은 자가 청구할 수 있는 과세전적부심사는 위법한 처분은 물론 부당한 처분도 심사대상으로 삼고 있어 행정소송과 같은 사후적 구제절차에 비하여 그 권리구제의 폭이 넓다.

이와 같이 사전구제절차로서 과세예고 통지와 과세전적부심사 제도가 가지는 기능과 이를 통해 권리구제가 가능한 범위, 이러한 제도가 도입된 경위와 취지, 납세자의 절차적 권리 침해를 효율적으로 방지하기 위한 통제방법 등을 종합적으로 고려하여 보면, 국세기본법 및 구 국세기본법 시행령이 과세예고 통지의 대상으로 삼고 있지 않다거나 과세전적부심사를 거치지 않고 곧바로 과세처분을 할 수 있는 예외사유로 정하고 있는 등의 **특별한 사정이 없는 한**, 과세관청이 과세처분에 앞서 필수적으로 행하여야 할 **과세예고 통지를 하지 아니함**으로써 납세자에게 과세전적부심사의 기회를 부여하지 아니한 채 과세처분을 하였다면, 이는 납세자의 절차적 권리를 침해한 것으로서 **과세처분의 효력을 부정**하는 방법으로 통제할 수밖에 없는 **중대한 절차적 하자**가 존재하는 경우에 해당하므로, 그 과세처분은 **위법**하다고 보아야 할 것이다.

[2] 그리고 국세기본법 제81조의15 제2항 각 호는 긴급한 과세처분의 필요가 있다거나 형사절차상 과세관청이 반드시 과세처분을 할 수밖에 없는 등의 일정한 사유가 있는 경우에는 과세전적부심사를 거치지 않아도 된다고 규정하고 있는데, 과세관청이 **감사원의 감사결과 처분지시 또는 시정요구에 따라 과세처분**을 하는 경우라도 국가기관 간의 사정만으로는 납세자가 가지는 절차적 권리의 침해를

---

2. 「국제조세조정에 관한 법률」에 따라 조세조약을 체결한 상대국이 상호합의절차의 개시를 요청한 경우
3. 삭제 〈2020.12.31.〉 ☛ 전 단계인 과세예고통지 대상 제외사유로 제3항 제2, 3호에 규정
4. 삭제 〈2020.12.31.〉 ☛ 전 단계인 과세예고통지 대상 제외사유로 제3항 제6호에 규정

⑥ 법 제88조 **제4항 후단**에서 "대통령령으로 정하는 사유"란 다음 각 호의 어느 하나에 해당하는 경우를 말한다. 〈개정 2019.12.31.〉 ☛ **심사기간 연장사유**

1. 다른 기관에 법령해석을 요청하는 경우 2. 풍수해, 화재, 천재지변 등으로 법 제147조에 따른 지방세심의위원회를 소집할 수 없는 경우 3. 청구인의 요청이 있거나 관련 자료의 조사 등을 위하여 필요한 경우로서 법 제147조에 따른 지방세심의위원회에서 심사기간의 연장을 결정하는 경우 4. 법 제93조의2제2항에 따른 대리인의 선정 등을 위해 필요한 경우

용인할 수 있는 사유로 볼 수 없고, 그와 같은 처분지시나 시정요구가 납세자가 가지는 절차적 권리를 무시하면서까지 긴급히 과세처분을 하라는 취지도 아니므로, 위와 같은 사유는 과세관청이 과세예고 통지를 생략하거나 납세자에게 과세전적부심사의 기회를 부여하지 아니한 채 과세처분을 할 수 있는 예외사유에 해당한다고 할 수 없다.[1342)]

● 대법원 2020. 10. 29. 선고 2017두51174 판결 [법인세등부과처분취소]

▌과세전적부심사 예외사유, 소득금액변동통지

판시사항

[1] 과세관청이 세무조사결과통지 후 **과세전적부심사 청구**나 그에 대한 **결정**이 있기 **전**에 과세처분을 한 경우, 절차상 하자가 중대하고도 명백하여 과세처분이 **무효**인지 여부(원칙적 ○) / 이러한 주장이 원심 변론종결 이전에는 제기되지 않고 상고심에 이르러 처음으로 제기되는 경우, **적법한 상고이유**인지(×)

[2] 과세관청이 법인에 대하여 세무조사결과통지를 하면서 익금누락 등으로 인한 **법인세 포탈**에 관하여 조세범 처벌법 위반으로 **고발 또는 통고처분**을 한 경우, **소득처분에 따른 소득금액변동통지와 관련**된 **조세포탈**에 대하여도 **과세전적부심사의 예외사유**인 '**고발 또는 통고처분**'을 한 것으로 볼 수 있는지 여부(×) 및 이 경우 세무조사결과통지 후 과세전적부심사 청구 또는 그에 대한 결정이 있기 **전**에 이루어진 소득금액변동통지의 효력(원칙적 무효)

이 유

사전구제절차로서 과세전적부심사 제도가 가지는 기능과 이를 통해 권리구제가 가능한 범위, 이러한 제도가 도입된 경위와 취지, 납세자의 절차적 권리 침해를 효율적으로 방지하기 위한 통제 방법과 더불어, 헌법 제12조 제1항에서 규정하고 있는 적법절차의 원칙은 형사소송절차에 국한되지 아니하고, 세무공무원이 과세권을 행사하는 경우에도 마찬가지로 준수하여야 하는 점 등을 고려하여 보면, 구 국세기본법 등이 과세전적부심사를 거치지 않고 곧바로 과세처분을 할 수 있거나 과세전적부심사에 대한 결정이 있기 전이라도 과세처분을 할 수 있는 예외사유로 정하고 있다는 등의 특별한 사정이 없는 한, 세무조사결과통지 후 과세전적부심사 청구나 그에 대한 결정이 있기도 **전**에 과세처분을

1342) **[구체적 사안]**
원심이, 과세전적부심사 제도는 과세처분 이후의 사후적 구제제도와는 별도로 과세처분 이전 단계에서 납세자의 주장을 반영함으로써 권리구제의 실효성을 높이기 위하여 마련된 사전적 구제제도이지만 과세처분의 필수적 전제가 되는 것은 아닐 뿐만 아니라, 납세자에게 과세전적부심사의 기회를 주지 않았다고 하여 납세자의 권리의무에 직접 어떠한 영향을 끼치는 것은 아니며, 사후적 구제절차로서 법령에서 규정한 이의신청·심사·심판청구나 행정소송 등의 절차를 통하여 과세의 적부에 대하여 불복할 수 있는 절차가 남아 있는 점 등을 감안할 때, 피고가 감사원의 감사결과 시정요구에 따르기 위해 2012. 8. 10. 원고에게 2007 내지 2010 사업연도 법인세를 부과하는 이 사건 처분을 하면서 과세예고 통지를 하지 아니하였거나 원고에게 과세전적부심사의 기회를 주지 않았다고 하더라도 그것은 이 사건 처분이 위법하다고 볼 만한 중대한 절차 위반에 해당하는 것으로 볼 수 없다고 판단한 것은 법리를 오해한 위법이 있다고 한 사례.

하는 것은 원칙적으로 과세전적부심사 이후에 이루어져야 하는 과세처분을 그보다 앞서 함으로써 과세전적부심사 제도 자체를 형해화시킬 뿐 아니라 과세전적부심사 결정과 과세처분 사이의 관계 및 그 불복절차를 불분명하게 할 우려가 있으므로, 그와 같은 과세처분은 납세자의 절차적 권리를 침해하는 것으로서 그 **절차상 하자가 중대하고도 명백하여 무효**라고 할 것이다(대법원 2016. 12. 27. 선고 2016두49228 판결 참조).[1343] …

앞서 본 **관련 규정**[1344]의 문언과 체계, 입법 취지 등에 비추어 보면, 과세관청의 익금산입 등에 따른 법인세 부과처분과 그 익금 등의 소득처분에 따른 소득금액변동통지는 각각 **별개의 처분**이므로, 과세관청이 법인에 대하여 세무조사결과통지를 하면서 익금누락 등으로 인한 **법인세 포탈**에 관하여 조세범처벌법 위반으로 **고발 또는 통고처분**을 하였더라도 이는 포탈한 법인세에 대하여 구 국세기본법 제81조의15 제2항 제2호의 '조세범처벌법 위반으로 고발 또는 통고처분하는 경우'에 해당할 뿐이지, **소득처분에 따른 소득금액변동통지와 관련**된 **조세포탈**에 대해서까지 과세전적부심사의 예외사유인 '**고발 또는 통고처분**'을 한 것으로 **볼 수는 없다**.

따라서 이러한 경우 과세전적부심사를 거치기 전이라도 소득금액변동통지를 할 수 있는 다른 예외사유가 있다는 등의 특별한 사정이 없는 한, 과세관청은 소득금액변동통지를 하기 **전**에 납세자인 해당 법인에게 과세전적부심사의 기회를 부여하여야 한다. 이와 같은 특별한 사정이 없음에도 세무조사결과통지가 있은 후 과세전적부심사 청구 또는 그에 대한 결정이 있기 전에 이루어진 소득금액변동통지는 납세자의 절차적 권리를 침해하는 것으로서 그 **절차상 하자가 중대하고도 명백하여 무효**라고

1343) ◎ **동일 취지 판례**

○ **대법원 2016. 12. 27. 선고 2016두49228 판결** ; "과세전적부심사를 청구할 수 있는 기간이 경과하지 아니하여 원고가 과세전적부심사 청구를 하기도 전에 이루어진 이 사건 소득금액변동통지는 납세자의 절차적 권리를 침해한 것으로서 그 하자가 중대·명백하여 무효이고, 이에 기초한 이 사건 **배당소득세 본세 징수처분** 및 **가산세 부과처분** 역시 아무런 근거가 없는 것이어서 **무효**라고 보아 원고의 주위적 청구를 받아들인 것은 정당하고"

○ **대법원 2020. 4. 9. 선고 2018두57490 판결** ; 원심이, 구 국세기본법 시행령 제63조의14 제4항 단서에서 과세전적부심사의 청구에 대한 결정을 하기 전이라도 과세처분을 할 수 있는 예외사유로 정한 국세기본법 제81조의15 제2항 제3호에서 말하는 '국세부과 제척기간의 만료일까지의 기간이 3개월 미만인 경우'인지의 판단 기준일은 '세무조사 결과 통지 및 과세예고 통지를 하는 날'일 뿐 피고의 주장과 같이 '과세처분일'이라고 볼 수 없다고 판단한 다음, 원고가 피고로부터 2005 사업연도 법인세에 관한 세무조사 결과 통지 및 과세예고 통지를 받은 2010. 11. 30.부터 위 과세처분의 부과제척기간 만료일인 2011. 3. 31.까지의 기간이 3월을 초과함(4개월)은 역수상 분명하므로, 피고의 주장과 같이 위 제3호에서 정한 예외사유가 있다고 볼 수 없고, 달리 과세전적부심사에 대한 결정이 있기 전이라도 과세처분을 할 수 있는 특별한 사정이 없음에도 불구하고, 피고가 과세전적부심사의 청구에 대한 결정을 하기도 전에 원고에게 2005년 법인세 부과처분을 한 것은, 납세자의 절차적 권리를 침해하는 것으로서 그 **절차상 하자가 중대하고도 명백**하여 **무효**라고 판단한 것은, 정당하다고 한 예.

1344) 구 **법인세법**(2014. 1. 1. 법률 제12166호로 개정되기 전의 것, 이하 같다) **제67조**는 과세관청이 법인세 과세표준을 결정 또는 경정을 하면서 익금에 산입한 금액을 그 귀속자 등에게 상여·배당·기타사외유출·사내유보 등 대통령령으로 정하는 바에 따라 소득처분을 하도록 정하고, 그 위임을 받은 구 **법인세법 시행령**(2016. 2. 12. 대통령령 제26981호로 개정되기 전의 것, 이하 같다) **제106조 제1항 제1호 단서**는 사외유출된 금액의 귀속이 불분명한 경우에는 대표자에게 귀속된 것으로 보아 상여로 처분하도록 정하고 있다. 그리고 구 **조세범처벌법**(2010. 1. 1. 법률 제9919호로 개정되기 전의 것) **제9조**는 사기 기타 부정한 행위로써 조세를 포탈한 자를 처벌하도록 정하면서, **제9조의2 제2호**는 정부가 법인세의 과세표준을 결정 또는 경정하면서 그 법인의 주주·사원·사용인 기타 특수한 관계에 있는 자의 소득으로 처분한 금액을 사기 기타 부정한 행위로 인하여 생긴 소득금액으로 보지 않는다고 정하고 있다.

봄이 타당하다. 비록 **소득세법 시행령 제192조 제1항**에서 세무서장 또는 지방국세청장이 법인소득금액을 결정 또는 경정할 때 그 결정일 또는 경정일부터 15일 내에 배당·상여 및 기타소득으로 처분된 소득금액을 소득금액변동통지서에 의하여 해당 법인에게 통지하도록 정하였더라도, 이와 달리 볼 것이 아니다.[1345] …

원고는 이 부분 상고이유로 위 각 부과처분은 이 사건 세무조사결과통지 이후 조세범처벌법 위반으로 고발 또는 통고처분된 바 없음에도 과세전적부심사 청구나 그에 대한 결정이 있기도 전에 이루어진 것이므로 위법하다는 취지로 주장하나, 위 주장은 원심의 변론종결 이전에는 제기되지 않았고, 상고심에 이르러 처음으로 제기되는 것이므로 **적법한 상고이유가 될 수 없다**.

1345) **【구체적 사안】**
과세관청이 원고에 대하여 세무조사통지를 하면서 익금누락 등으로 인한 법인세 포탈에 관하여 조세범처벌법 위반으로 고발 또는 통고처분을 한 후 과세전적부심사 청구 또는 그에 대한 결정이 있기 전에 그 익금 등에 관하여 법인세·부가가치세 부과처분 및 소득처분에 따른 소득금액변동통지를 한 **사안**에서, 피고 세무서장의 법인세·부가가치세 부과처분에 대해서는 납세고지서의 기재사항, 세무조사 유형 전환에 관한 통지, 세금계산서를 수수하지 않은 매입대금의 공급가액 계산 및 손금불산입에 관한 위법이 없다는 이유로 원고의 상고를 기각한 반면, 피고 지방국세청장의 소득금액변동통지에 대해서는 세무조사결과통지 후 과세전적부심사 청구 또는 그에 대한 결정이 있기 전에 그 익금 등의 소득처분에 따라 이루어진 소득금액변동통지가 원칙적으로 무효라는 이유로 파기환송한 사례.

판례색인

[서울고등법원]

[부산고등법원]

[대전고등법원]

[부산지방법원]

[대전지방법원]

[수원지방법원]

[창원지방법원]

[서울행정법원]

[헌법재판소]

저 자 약 력

❖ 최 진 수(崔 珍 洙)

- 서울대학교 법과대학 졸업(1984)
- 제26회 사법시험 합격(1984)
- 사법연수원 수료(제16기)
- 인천지방법원 판사 임관(1990. 3.)
- 대법원 재판연구관(조세 분야, 2000. 2. ~ 2001. 8.)
- 창원지방법원 부장판사(2002. 2. ~ 2004. 2.)
- 사법연수원 교수(2004. 2. ~ 2007. 2.)
- 사법연수원 민사재판실무 총괄교수(2006. 2. ~ 2007. 2.)
- 서울중앙지방법원 부장판사(2007. 2. ~ 2010. 2.)
- 서울지방국세청 송무국장(2015. 3. ~ 2018. 3.)

- 사법시험 출제위원(민법, 민사소송법)
- 변호사시험 출제위원
- 국세청 법률고문
- 서울지방국세청 국세심사위원회 위원
- 서울중앙지방법원 상근조정위원
- 대한상사중재원 중재인
- 고려대학교 법학전문대학원 겸임교수 '민사기록연습' 강의
- 한양대학교 법학전문대학원 겸임교수 '민사법 연습' 강의
- 중앙대학교 법학전문대학원 겸임교수 '민사변호사실무' 강의
- 성균관대학교 법학전문대학원 겸임교수 '민사소송실무', '요건사실론' 강의
- 강원대학교·경북대학교·경희대학교·고려대학교·충남대학교·한국외국어대학교·한양대학교 각 법학전문대학원 '요건사실론', '최근 3년간 민사주요판례' 특강 등

현재〉 법률사무소 서화담 변호사

저서〉 요건사실과 주장증명책임(1~9판)/진원사(2012.~2020.)
최신 조세판례의 현황과 쟁점(2020년판)/진원사(2020. 5.)
2013년 주요 민사판례/진원사(2014. 2.)
2014년 주요 민사판례/진원사(2015. 2.)

[2021년판] 판례·쟁점 중심 국세·지방세 기본법

저 자 최 진 수 | 2021년 3월 26일 초판 인쇄
발 행 인 양 진 수 | 2021년 4월 5일 초판 발행
발 행 처 진 원 사

서울시 송파구 법원로9길 26, C동 1107호 (문정동, H비즈니스파크)
전화 : 02) 916 - 1850 / 팩스 : 02) 916 - 3442
신고번호 제 2018 - 000026호
http://www.jinwonsa.co.kr
http://www.lawbookstore.co.kr
e-mail : hhansin@hanmail.net

인 지

본서의 무단전재나 복제행위를 금합니다.
저작권법 제97조의 5에 의거하여 5년 이하의 징역 또는 5,000만원 이하의 벌금에 처하게 됩니다.

ISBN : 978-89-6346-587-6 93360 정가 35,000원